Das Ezechielbuch als Trauma-Literatur

Supplements

to

Vetus Testamentum

Editor-in-Chief

CHRISTL M. MAIER

Editorial Board

R.P. GORDON – J. JOOSTEN – G.N. KNOPPERS – A. VAN DER KOOIJ –

A. LEMAIRE – S.L. McKENZIE – C.A. NEWSOM – H. SPIECKERMANN –

J. TREBOLLE BARRERA – N. WAZANA – S.D. WEEKS – H.G.M. WILLIAMSON

VOLUME 154

The titles published in this series are listed at brill.nl/vts

Das Ezechielbuch als Trauma-Literatur

von

Ruth Poser

BRILL

LEIDEN · BOSTON
2012

This book is printed on acid-free paper.

Library of Congress Cataloging-in-Publication Data

Poser, Ruth.
   Das Ezechielbuch als Trauma-Literatur / von Ruth Poser.
      p. cm. — (Supplements to Vetus Testamentum, ISSN 0083-5889 ; v. 154)
   Originally presented as the author's thesis—Marburg, 2011.
   Includes bibliographical references (p.) and index.
   ISBN 978-90-04-22744-6 (hardback : alk. paper)
1. Bible. O.T. Ezekiel—Criticism, interpretation, etc. I. Title.

   BS1545.52.P67 2012
   224'.406—dc23

2012000058

This publication has been typeset in the multilingual "Brill" typeface. With over 5,100 characters covering Latin, IPA, Greek, and Cyrillic, this typeface is especially suitable for use in the humanities. For more information, please see www.brill.nl/brill-typeface.

ISSN 0083-5889
ISBN 978 90 04 22744 6 (hardback)
ISBN 978 90 04 22745 3 (e-book)

PRINTED BY DRUKKERIJ WILCO B.V. - AMERSFOORT, THE NETHERLANDS

INHALTSVERZEICHNIS

Vorwort ix
Abkürzungen xi
Abbildungen xvii

1. Einleitung: Das Ezechielbuch verwunde(r)t 1

2. Die Befremdlichkeiten des Ezechielbuchs im Spiegel der
   Forschung 11
   A. Die Diagnostizierung des Historischen Autor-Propheten
      Ezechiel 12
      1. Katalepsie 12
      2. Schizophrenie 14
      3. Keine eindeutige Diagnose 17
      4. Frühkindliche Traumata 19
      5. Melancholia 21
      6. Posttraumatische Belastungsstörung 24
      7. Auswertung 28
   B. Die (Re-)Prophetisierung des Historischen Autor-Propheten
      Ezechiel 30
      1. Totale Inanspruchnahme des Propheten durch Gott 30
      2. Prophetische Erfahrung des Ganz-Anderen 32
      3. Prophetische Ekstase als *Altered State of Consciousness
         Experience* (ASC) 33
      4. Auswertung 34
   C. Ezechiels Sprachlosigkeit und Gebundensein in Literar-
      und Redaktions-kritischer Perspektive 35
      1. Das aus Kap. 24 in den Berufungsbericht gewanderte
         Stummheitsmotiv 36
      2. Die Einfügung des Stummheitsmotivs als nachträgliche
         Rechtfertigung Ezechiels 38
      3. Die Ausarbeitung des Stummheitsmotivs als Folge
         verschiedener Redaktionen des Ezechielbuchs 39
      4. Das Stummheitsmotiv in buchkompositorisch-
         theologischer Funktion 40
      5. Auswertung 41

D. Gemischte, vermittelnde und weitere Deutungen 43
  1. Ezechiel als verletzlicher Mensch bzw. verletzlicher
     Prophet 43
  2. Ezechiel als Schrift-Prophet 46
  3. Ezechiel als Interpret akkadischer Beschwörungstexte 47
  4. Ezechiel als sprachloser Prophet 49
E. Überlegungen zum Weiteren Vorgehen Oder:
   Der traumatisierte Prophet als Literarisches Phänomen 50

3. Trauma – ein literarhistorisches Sensibilisierungs-,
   Beschreibungs- und Erkenntnismodell 57
   A. Trauma I: Individuelles Trauma in Psychotraumatologischer
      Perspektive 59
      1. Eine ganz kurze Geschichte der Psychotraumatologie 59
      2. Was heißt ,psychische Traumatisierung'? 61
      3. Zur Phänomenologie des (individuellen) Traumas 65
      4. Aspekte des therapeutischen Umgangs mit
         Traumatisierungen und Trauma-Behandlung 75
   B. Trauma II: Kollektives Trauma in Sozialpsychologischer
      und kultur-wissenschaftlicher Perspektive 78
      1. Vom individuellen zum kollektiven Trauma 80
      2. Vom kollektiven Gedächtnis zum kollektiven Trauma 86
   C. Trauma III: Trauma und Literatur, Trauma als Literatur –
      (Wie) ist Trauma Erzählbar? 105
      1. Von der Unmöglichkeit und der Notwendigkeit des
         Erzählens 106
      2. Erzählen als Bezeugen 109
      3. Traumatisches Erzählen, Zeugenschaft – und
         Fiktionalität 110
      4. Merkmale und Kennzeichen trauma-bearbeitender
         Literatur 114

4. Geschichtliche und psychotraumatologische Referenzpunkte
   des Ezechielbuchs 121
   A. Geschichtliche Referenzpunkte des Ezechielbuchs 121
      1. Hinführung und Quellen 121
      2. Zur politischen Großwetterlage in der Levante in der
         zweiten Hälfte des 7. Jh.s v.u.Z. 122
      3. Politische Entwicklungen in Juda zwischen 701 und
         582 v.u.Z. 131
      4. Der archäologische Blick 152

B. Zum psychotraumatologischen Hintergrund des
Ezechielbuchs 158
   1. Die Kriegs- und Deportationsereignisse in Juda/
   Jerusalem zu Beginn des 6. Jh.s v.u.Z. und der
   Trauma-Begriff 159
   2. Quellen 163
   3. Traumatogenese I: Antiker Belagerungskrieg 169
   4. Traumatogenese II: Massendeportation(en) und
   Exilssituation(en) 207

5. Das Ezechielbuch als (Trauma-)Literatur 249
A. Zum Genre des Ezechielbuchs oder: Das Ezechielbuch als
fiktionale Erzählung 249
   1. Einleitendes 249
   2. Fiktionalität als besondere Repräsentationsform von
   Wirklichkeit 254
   3. Das Ezechielbuch als fiktionale Erzählung 263
   4. Zusammenfassung 286
B. Traumatische Strukturen im Ezechielbuch –
Annäherungen 288
   1. Das Ezechielbuch als Trauma-Literatur wahrnehmen:
   Herangehensweisen und Leitfragen 288
   2. Traumatogene (Erzähl-)Ereignisse im Ezechielbuch 291
   3. Exemplarischer Trauma-Text: Ez 7 – der Tag der
   Katastrophe 296
   4. √שׁמם – ein Trauma-Wort im Ezechielbuch? 311
C. Das Ezechielbuch als *trauma response* 334
   1. Die Strukturelemente der *trauma response* 335
   2. Die Strukturelemente *fragmentation, regression* und
   reunification im Ezechielbuch 338

6. Das Ezechielbuch als *trauma response* – eine kursorische
Lektüre mit Vertiefungen 341
A. Ez 1,1–3,15 342
   1. *Vertiefung*: Prophetische Berufung oder: Ezechiel
   muss (s)ein Trauma schlucken (Ez 2,8b–3,3) 345
B. Ez 3,16–7,27 360
C. Ez 8,1–19,14 362
   2. *Vertiefung*: (Kriegs-)Traumata und Geschlecht
   (Ez 16,1–43) 371
D. Ez 20,1–23,49 409

3. *Vertiefung*: Bildüberfälle – Bildüberfülle (Ez 21) 413
4. *Vertiefung*: Geschichtsklitterung und exzessiver
   Realismus einer Metapher (Ez 23) 435
E. Ez 24,1–25,17 468
5. *Vertiefung*: Traumatische Rache-Impulse 473
F. Ez 26,1–28,26 490
G. Ez 29,1–16 494
H. Ez 29,17–30,19 495
I. Ez 30,20–26 498
J. Ez 31,1–18 499
K. Ez 32,1–16 501
L. Ez 32,17–33,20 502
M. Exkurs: Die Datumsangaben in Ez 24 bis 33 505
N. Ez 33,21–39,29 509
6. *Vertiefung*: Beschämung und Scham im Ezechielbuch 517
7. *Vertiefung*: Re-Symbolisierung am Beispiel von רוח 543
8. *Vertiefung*: Re-Inszenierung der traumatischen
   Katastrophe mit anderen Ausgängen (Ez 38–39) 570
O. Ez 40–48 613
9. *Vertiefung*: Ez 40–48 als literarische Raumdarstellung
   und als priesterlich geprägte Imagination eines
   „sicheren Ortes" 615

7. Schlussbetrachtung: Das Ezechielbuch in
   trauma-t(he)ologischer Perspektive 639
A. Die Präsenz der Phänomenologie des individuellen
   Traumas im Ezechielbuch 639
B. Kollektive Trauma-Phänomene im Ezechielbuch 649
1. Individuelles und kollektives Trauma im Ezechielbuch 650
2. Kollektives Gedächtnis und kollektives Trauma im
   Ezechielbuch 655
C. Das Ezechielbuch als fiktionales Zeugnis vom ‚Anderen der
   Geschichte' 662
1. Das Ezechielbuch als fiktionale Trauma-Literatur 662
2. Zum Verhältnis von Trauma und Geschichte im
   Ezechielbuch 668
3. Das Ezechielbuch als Zeugnis-Literatur 672
D. Noch einmal: Das Ezechielbuch verwunde(r)t 679

Bibliographie 687
Bibelstellenregister 715
Sachregister 735

VORWORT

Warum stecken die Texte des Ezechielbuchs so voller Gewalt? Warum zeichnet diese biblische Schrift über weite Strecken eine derart gewalt(tät)ige Gottheit? – Seitdem ich im Jahr 2002 im Rahmen des Projekts „Bibel in gerechter Sprache" mit der Übersetzung großer Teile des Ezechielbuchs begann, haben mich diese Fragen bewegt, habe ich mit diesen Fragen gerungen. Daraus ist die Idee zu (m)einem Promotionsvorhaben erwachsen, in dem ich nicht nur meiner Leidenschaft einer tiefgehenden Auseinandersetzung mit biblischen Texten nachgehen, sondern – mit der Bezugnahme auf unterschiedliche Trauma-Konzeptionen – gleichsam interdisziplinär an Erfahrungen aus meiner Ausbildung zur und Berufstätigkeit als Ergotherapeutin anknüpfen konnte.

Im Sommersemester 2011 wurde die vorliegende Arbeit am Fachbereich Evangelische Theologie als Dissertationsschrift angenommen und danach geringfügig überarbeitet. Damit ist ein Weg an sein (vorläufiges) Ziel gekommen, den viele Menschen – ganz oder abschnittweise – mitgegangen sind und bereichert haben.

Mein herzlicher Dank gilt Prof. Dr. Rainer Kessler als Erstgutachter, der diese Arbeit mit Offenheit, Zuversicht und durchgängiger Gesprächsbereitschaft begleitet hat. Prof. Dr. Christl M. Maier danke ich für die Erstellung des Zweitgutachtens und ihre Unterstützung im Hinblick auf die Veröffentlichung. Ivon Fischer gilt mein Dank für ihr durchgängiges freundschaftliches Geleit, für kontinuierliche Bereitschaft zur Auseinandersetzung mit komplizierten Denk- und Schreibversuchen und für sorgfältiges Korrekturlesen, Aliyah El-Mansy, Dr. Michaela Geiger und Dr. Uta Schmidt für konstruktive Hinweise und fachlichen Rat, Ute Ochtendong für die Hilfestellung bei der Gestaltung des Manuskripts. Danken möchte ich auch PD Dr. Klara Butting, Erika Füchtbauer, Mareike Hilbrig, Prof. Dr. Claudia Janssen, Felicitas Mormann, Prof. Dr. Luise Schottroff, Prof. Dr. Angela Standhartinger, Prof. Dr. Ulrike Wagner-Rau und Katrin Wienold-Hocke, die mich – auf je ganz unterschiedliche Art und Weise – immer wieder zu dieser Arbeit, zur (biblischen) Theologie und zu (theologischem) Eigensinn ermutigt haben. Meinen Kletterpartnerinnen Bettina Rübsamen und Helene Worbes danke ich für besondere Herausforderungen nicht-wissenschaftlicher Art.

In vielen verschiedenen Zusammenhängen konnte ich Ideen zu und schließlich Teile meiner Arbeit vorstellen, ins Gespräch bringen, befragen lassen und weiterentwickeln. Ausdrücklich seien genannt: die Marburger Übersetzungsgruppe zur „Bibel in gerechter Sprache", das Marburger Oberseminar Altes Testament, der Marburger Exegetische Arbeitskreis, das „Landkreis"-Kolloquium, die Knesebecker Tagungen von Erev-Rav, Verein für biblische und politische Bildung e.V., sowie das Promotions- und Habilitationskolleg der Evangelischen Kirche in Hessen und Nassau. Mein Dank gilt in diesem Zusammenhang auch den Teilnehmerinnen an der Übung zum Thema „Das Ezechielbuch als Überlebensliteratur" im Wintersemester 2008/09.

Den Herausgebenden danke ich für die Aufnahme der Arbeit in die Reihe „Supplements to Vetus Testamentum" und Liesbeth Hugenholtz vom Brill-Verlag für die freundliche verlegerische Betreuung. Lisa Sedlmeyer danke ich für ihre Unterstützung bei der Erstellung der Indices.

Marburg, im November 2011   Ruth Poser

ABKÜRZUNGEN

ABD	Anchor Bible Dictionary, Band I–VI, hg. von D. N. Freedman, New York u.a. 1992.
ABG	Arbeiten zur Bibel und ihrer Geschichte
AHw	W. von Soden, Akkadisches Handwörterbuch, unter Benutzung des lexikalischen Nachlasses von B. Meissner, Band 1–3, Wiesbaden 1965–1981.
AnBib	Analecta Biblica
AncB	Anchor Bible
ANEP	The Ancient Near East in Pictures Relating to the Old Testament, hg. von J. B. Pritchard, Princeton ²1969 [1954].
ANET	Ancient Near Eastern Texts Relating to the Old Testament, hg. von J. B. Pritchard, Princeton ²1955 [1950].
ANETS	Ancient Near Eastern Texts and Studies
AnSt	*Anatolian Studies*
AOAT	Alter Orient und Altes Testament
ARAB	D. D. Luckenbill, Ancient Records of Assyria and Babylonia, Band 1 und 2, Chicago 1926f.
ATD	Altes Testament Deutsch
AThANT	Abhandlungen zur Theologie des Alten und Neuen Testaments
ATSAT	Arbeiten zu Text und Sprache im Alten Testament
BA	*Biblical Archaeologist*
BArR	*Biblical Archaeology Review*
BBB	Bonner Biblische Beiträge
bBer	Talmud Bavli: Traktat Berachot
BE	Biblische Enzyklopädie
BEAT	Beiträge zur Erforschung des Alten Testaments und des antiken Judentums
BerR	Midrasch Bereshit Rabba
BEThL	Bibliotheca Ephemeridum theologicarum Lovaniensium
BHTh	Beiträge zur historischen Theologie
Bib.	*Biblica*
Bibl.Interpr.	*Biblical Interpretation*
Bibl.Interpr.S	Biblical Interpretation Series

BigS	Ulrike Bail u.a. (Hg.), Bibel in gerechter Sprache, Gütersloh 2006.
BiKi	*Bibel und Kirche*
BK	Biblischer Kommentar. Altes Testament
BN	*Biblische Notizen*
BRL	K. Galling, Biblisches Reallexikon, Tübingen ²1977 [1937].
Brockhaus[19]	Brockhaus-Enzyklopädie in vierundzwanzig Bänden. Neunzehnte, völlig neu bearbeitete Aufl., Mannheim 1986–1994.
bSanh	Talmud Bavli: Traktat Sanhedrin
bSota	Talmud Bavli: Traktat Sota
BThSt	Biblisch-theologische Studien
Buber/ Rosenzweig	Die Schrift. Aus dem Hebräischen verdeutscht von Martin Buber gemeinsam mit Franz Rosenzweig, Stuttgart 1992 [1954–1962].
BWANT	Beiträge zur Wissenschaft vom Alten und Neuen Testament
BZ	*Biblische Zeitschrift*
BZAW	Beihefte zur Zeitschrift für die alttestamentliche Wissenschaft
CAH	The Cambridge Ancient History
CBQ	*Catholic Biblical Quarterly*
CBQ.MS	Catholic Biblical Quarterly Monograph Series
CChr.SL	Corpus Christianorum Series Latina
CHJud	Cambridge History of Judaism
CRB	Cahiers de la Revue biblique
DBI	L. Ryken u.a. (Hg.), Dictionary of Biblical Imagery, Downers Grove/Leicester 1998.
DCH	D. J. A. Clines (Hg.), The Dictionary of Classical Hebrew, Sheffield 1993ff.
EdF	Erträge der Forschung
EHPhR	Études d'Histoire et de Philosophie Religieuses
EHS.T	Europäische Hochschulschriften Reihe 23: Theologie
EJ	Encyclopaedia Judaica
ErIs	*Ereṣ Yiʿsrāʾēl*
EThL	*Ephemerides theologicae Lovanienses*
EvTh	*Evangelische Theologie*
ExuZ	Exegese in unserer Zeit
FAT	Forschungen zum Alten Testament
Flav.Jos.Ant.	Flavius Josephus, Antiquitates Judaicae

Flav.Jos.Ap.	Flavius Josephus, Contra Apionem
FOTL	The Forms of the Old Testament Literature
FRLANT	Forschungen zur Religion und Literatur des Alten und Neuen Testaments
fzb	Forschungen zur Bibel
GAT	Grundrisse zum Alten Testament
Ges[17]	W. Gesenius/F. Buhl, Hebräisches und aramäisches Handwörterbuch über das Alte Testament, 17. Aufl., Leipzig 1915.
Ges[18]	R. Meyer u.a. (Hg.), Wilhelm Gesenius Hebräisches und aramäisches Handwörterbuch über das Alte Testament, 18. Aufl., Berlin u.a. 1987–2010.
Ges-K	W. Gesenius/E. Kautzsch/G. Bergrsträsser, Hebräische Grammatik, 28. Aufl., Leipzig 1909.
HAR	*Hebrew Annual Review*
HAL[3]	Hebräisches und aramäisches Lexikon zum Alten Testament von L. Köhler und W. Baumgartner, 3. Aufl., Leiden 1967–1995, unveränderter Nachdruck 2004.
HAT	Handbuch zum Alten Testament
HBS	Herders Biblische Studien
Hdt.	Herodot, Historiae
Hier.comm.Hiez.	S. Hieronymi Presbyteri Opera, Pars I: Opera Exegetica, 4: Commentariorum in Hiezechielem Libri XIV (CChr. SL 75), Turnhout 1964.
HSM	Harvard Semitic Monographs
HThKAT	Herders Theologischer Kommentar zum Alten Testament
HUCA	*Hebrew Union College Annual*
ICC	International Critical Commentary of the Holy Scriptures of the Old and New Testaments
IEJ	*Israel Exploration Journal*
Interp.	*Interpretation*
JANES	*Journal of the Ancient Near Eastern Society*
JAOS	*Journal of the American Oriental Society*
JAPA	*Journal of the American Psychoanalytic Society*
JBL	*Journal of Biblical Literature*
JJS	*Journal of Jewish Studies*
JK	*Junge Kirche*
JNES	*Journal of Near Eastern Studies*

JSHRZ	Jüdische Schriften aus hellenistisch-römischer Zeit
JSJ.S	Supplements to the Journal for the Study of Judaism
JSOT	*Journal for the Study of the Old Testament*
JSOT.S	Journal for the Study of the Old Testament Supplement Series
JThS	*Journal of Theological Studies*
Jud.	*Judaica*
KAT	Kommentar zum Alten Testament
KHC	Kurzer Hand-Commentar zum Alten Testament
KStTh	Kohlhammer Studienbücher Theologie
KTU	Die keilalphabetischen Texte aus Ugarit
LHBOTS	Library of Hebrew Bible/Old Testament Studies
LM	*Lutherische Monatshefte*
LThK	Lexikon für Theologie und Kirche, 3. Aufl., Band 1–10, hg. von W. Kasper, Freiburg i.Br. 1993–2001.
MLL	D. Burdorf u.a. (Hg.), Metzler Lexikon Literatur, Stuttgart/ Weimar ³2007.
MLLK	A. Nünning (Hg.), Metzler Lexikon Literatur- und Kulturtheorie. Ansätze – Personen – Grundbegriffe, Stuttgart/ Weimar ³2004.
NBL	Neues Bibel-Lexikon, Band I-III, hg. von M. Görg u.a., Berlin 1991–2001.
NEB.AT	Neue Echter Bibel: Kommentar zum Alten Testament mit der Einheitsübersetzung
NEB.AT.E	Neue Echter Bibel: Ergänzungsband zum Alten Testament
NIC.OT	The New International Commentary on the Old Testament
NSK.AT	Neuer Stuttgarter Kommentar Altes Testament
OA	*Oriens Antiquus*
OBO	Orbis biblicus et orientalis
OLA	Orientalia Lovaniensia analecta
OLB	Orte und Lanschaften der Bibel
Or.	*Orientalia*
OTE	*Old Testament Essays*
OTGu	Old Testament Guides
OTM	Oxford Theological Monographs
OTS	Oudtestamentische studiën
OTSt	Old Testament Studies
PEQ	*Palestine Exploration Quarterly*
PesK	Pesiqta deRav Kahana

Pschyrembel[254]	Willibald Pschyrembel, Klinisches Wörterbuch. Mit klinischen Syndromen und Nomina anatomica, 254. Aufl., Berlin 1982.
Pschyrembel[260]	Willibald Pschyrembel, Pschyrembel Klinisches Wörterbuch, 260. Aufl., Berlin u.a. 2004.
PzB	*Protokolle zur Bibel*
QD	Quaestiones disputatae
RB	*Revue Biblique*
RestQ	*Restoration Quarterly*
RExp	*Review & Expositor*
RGG[4]	Religion in Geschichte und Gegenwart, 4., völlig neu bearbeitete Aufl., Band 1–8, hg. von H. D. Betz u.a., Tübingen 1998–2005.
SBB	Stuttgarter biblische Beiträge
SBL.DS	Society of Biblical Literature Dissertation Series
SBL.SP	*Society of Biblical Literature Seminar Papers*
SBL.SS	Society of Biblical Literature Symposium Series
SBS	Stuttgarter Bibelstudien
SgWB	Frank Crüsemann u.a. (Hg.), Sozialgeschichtliches Wörterbuch zur Bibel, Gütersloh 2009.
SHCANE	Studies in the History and Culture of the Ancient Near East
SHR	Studies in the History of Religions
SJOT	*Scandinavian Journal of the Old Testament*
SO	Symbolae Osloenses
Taan	Mischnatraktat Ta'anit
TB	Theologische Bücherei
THAT	Theologisches Handwörterbuch zum Alten Testament, Band I–II, hg. von E. Jenni unter Mitarbeit von C. Westermann, Gütersloh [5]1994 [1971]–[5]1995 [1975].
ThLZ	*Theologische Literaturzeitung*
ThST (B)	Theologische Studien
ThStKr	*Theologische Studien und Kritiken*
ThV	*Theologische Versuche*
ThW	Theologische Wissenschaft
ThWAT	Theologisches Wörterbuch zum Alten Testament, Band I–X, hg. von G. J. Botterweck und H. Ringgren, Stuttgart u.a. 1973–2000.
ThZ	*Theologische Zeitschrift*

TRE	Theologische Real-Enzyklopädie, Band 1–36, hg. von G. Krause und G. Müller, Berlin 1976–2004.
Traumaz. Psychoth.	U. Sachsse (Hg.), Traumazentrierte Psychotherapie. Theorie, Klinik und Praxis, Stuttgart/New York 2004.
TUAT	O. Kaiser (Hg.), Texte aus der Umwelt des Alten Testaments, Band I–III und Ergänzungsband, Gütersloh 1982–2001.
UF	*Ugarit-Forschungen*
VF	*Verkündigung und Forschung*
VT	*Vetus Testamentum*
VT.S	Vetus Testamentum Supplements
VWGTh	Veröffentlichungen der Wissenschaftlichen Gesellschaft für Theologie
WBC	World Biblical Commentary
WMANT	Wissenschaftliche Monographien zum Alten und Neuen Testament
WUB	*Welt und Umwelt der Bibel*
WUNT	Wissenschaftliche Untersuchungen zum Neuen Testament
WzM	*Wege zum Menschen*
ZAH	*Zeitschrift für Althebraistik*
ZAR	*Zeitschrift für altorientalische und biblische Rechtsgeschichte*
ZAW	*Zeitschrift für die alttestamentliche Wissenschaft*
ZBK.AT	Zürcher Bibelkommentare Altes Testament
ZWTh	Zeitschrift für wissenschaftliche Theologie

ABBILDUNGEN

BILDNACHWEISE

1. Rammbock, Tore Salmanassers III. (858–824 v.u.Z.) in Balawat, Foto/Detail (© British Museum, London [Registration Number: Rm.1038]). 171
2. Das sog. Schinden, Lachisch-Relief Sanheribs (705–681 v.u.Z.) in Kuyunjik, Foto/Detail (© Bristish Museum, London [Registration Number: 1856,0909.14]). 182
3. Sexualisierte Kriegsgewalt, Relief Tiglatpilesers III. (745–727 v.u.Z.), Umzeichnung (aus: Othmar Keel, *Die Welt der altorientalischen Bildsymbolik und das Alte Testament. Am Beispiel der Psalmen*, Zürich u.a. ³1980 [1972], 90, Nr. 132, © Othmar Keel). 182
4. Kriegsgefangene Frauen, die die Säume ihrer Kleider anheben, Tore Salmanassers III. (858–824 v.u.Z.) in Balawat, Foto/Detail (aus King, Bronze Reliefs, Plate LXXV, © British Museum, London). 192
5. Kriegsgefangene Männer (links und Mitte), kriegsgefangene Frauen (rechts), Tore Salmanassers III. (858–824 v.u.Z.) in Balawat, Foto/Detail (aus King, Bronze Reliefs, Plate XLV, © British Museum, London). 192
6. Klagefigurine vom Tell 'Aitun, Zeichnung (Erstpublikation bei Trude Dothan, Another Female Mourning Figurine from the Lachish-Region, *ErIs* 11 [1973], 120f, hier nach: Dothan, Philistines, 239, fig. 10 [Ausschnitt] © Trude Dothan). 462
7. Klagefigurine aus Kamiros auf Rhodos (© British Museum, London [Registration number: 1860,0404.59]). 463

KAPITEL EINS

EINLEITUNG: DAS EZECHIELBUCH VERWUNDE(R)T

> The book attributed to [Ezekiel] is the most unusual of
> the prophetic books [...][1].

> Verrückt ist im Ezechielbuch so einiges [...][2].

Wer das Ezechielbuch einer eingehenden Lektüre zu unterziehen versucht, gerät womöglich immer wieder ins Stolpern. Der dritte der sog. Großen Propheten konfrontiert mit einer Vielzahl nicht nur von Verstehensproblemen, sondern von strukturellen und inhaltlichen Befremdlichkeiten.

Da ist zunächst der Umstand, dass die Kap. 4–24 fast ausschließlich um die Zerstörung Jerusalems kreisen und diese in immer neuen, gewalt(tät)igeren Sprachbildern antizipieren, wobei gelegentlich – und völlig unerwartet – verheißungsvollere Szenarien aufleuchten (vgl. Ez 11,14–21; 16,59–63; 17,22–24; 20,40–44). Mit dem Moment, in dem innerhalb des Buchverlaufs das Anfangsdatum der Belagerung unter Nebukadnezar II. (605–562 v.u.Z.) erreicht ist (Ez 24,1f), wendet sich der Blick (JHWHs) von der judäischen Hauptstadt auf die Juda umgebenden Nationen. In den in Ez 25–32 enthaltenen sog. Fremdvölkersprüchen wird diesen ein Juda/Jerusalem vergleichbares Schicksal angekündigt, worin eine Art ‚Vergeltungsstruktur' zu erkennen ist. Diese bestimmt auch die etwas positiver gefärbten Kap. 33–48 noch so lange (vgl. Ez 33,23–29; 35), bis der letzte Feind JHWHs, Gog von Magog, besiegt ist (Ez 38–39). Und wenn in den letzten Kapiteln des Buches die Vision eines neuen Tempels, einer ‚renovierten' Hauptstadt und eines an die zwölf Stämme zu verteilenden weiträumigen Landes aufscheint (Ez 40–48), so mutet dieser utopische Entwurf bei näherem Hinsehen doch als ein Paradies mit allzu strengen Regeln[3] an.

Befremdlich ist aber auch das im Ezechielbuch präsentierte Bild seines Protagonisten, des Priester-Propheten Ezechiel: Er wird von JHWH

---

[1] Michael D. Coogan, *The Old Testament: A Historical and Literary Introduction to the Hebrew Scriptures*, New York/Oxford 2006, 386.

[2] Bettina Eltrop, „Ver-rückte Welten", *BiKi* 60 (2005), 129, 129.

[3] Vgl. hierzu den Titel eines Aufsatzes von Michael Konkel: „Paradies mit strengen Regeln. Die Schlussvision des Ezechielbuches (Ez 40–48)", *BiKi* 60 (2005), 167–172.

zum „Haus Israel" bzw. zu den nach Babylonien Deportierten gesandt
(vgl. Ez 2,3–7; 3,4–11), zugleich aber werden ihm Gebundensein und
Sprachlosigkeit angekündigt (vgl. Ez 3,25–27; 4,8; 24,25–27; 33,22). Das
Schlucken(-Müssen) einer ihm von JHWH vorgesetzten Schriftrolle macht
ihn schreckensstarr (vgl. Ez 2,8b-3,3.14f). Von Gott zum Zeichen für das
Haus Israel bestimmt (vgl. Ez 12,6.11; 24,24.27), wird der Körper des Propheten zur offenen Wunde, welche die den (verschleppten) Bewohner-
Innen Jerusalems zugefügte Gewalt (re-)präsentiert (vgl. Ez 4–5; 6,11;
12,1–16.17–20; 21,11f.13–22; 24,15–24).

Auch die sprachliche Gestaltung der Ezechielprophetie erscheint stellenweise merkwürdig – oder jedenfalls bemerkenswert. Auffällig sind vor
allem die hohe Dichte an wiederkehrenden Wendungen – wie ohnehin
das Moment der Wiederholung eine herausragende Rolle spielt – und eine
gewisse Uneigentlichkeit in der Rede, die durch den mehrfachen Wechsel
der Redeebenen bedingt ist und weite Teile des Textes als ‚Zitat eines
Zitats eines Zitats' erscheinen lässt (vgl. z.B. Ez 12,8–11). Leerstellen (vgl.
z.B. die Darstellung des Handelns der Schreibergestalt in Ez 9), Abbrüche
(vgl. z.B. Ez 24 mit Ez 25) und Inkonsistenzen, wie etwa das Nebeneinander widersprüchlicher Schuld-Aussagen (vgl. z.B. Ez 18,20–24 mit 21,8f),
kommen hinzu.

Im wahrsten Sinne des Wortes anstößig aber ist vor allem das im Ezechielbuch vorgestellte Gottes- und Menschenbild. Die Gottheit Israels,
ihr Volk und nicht zuletzt die erwähnten Nationen erscheinen unrettbar
gewaltverstrickt; jeweils sind sie Täter und Opfer von lebenvernichten-
dem und -verneinendem Handeln. Den Gipfel dieses Gewaltdiskurses
stellen die Kap. 16 und 23 dar, in denen sich JHWH als (sexueller) Gewalttäter an der als sex-süchtige Frau gezeichneten Stadt Jerusalem inszeniert
und die Nationen zu Mittätern bzw. Augenzeugen seines zerstörerischen
Handelns an seiner ‚Stadt-Frau' macht. Und wenn JHWH schließlich von
seinen Strafaktionen Abstand nimmt, so nicht, weil Gottes Eigenschaften
der Barmherzigkeit sich über seine Eigenschaften des Rechtes gewälzt
hätten[4], sondern ohne Reue und allein um der eigenen Ehre willen. Die
Wiederherstellung Israels wie der Untergang der Nationen dienen, so der
Eindruck, allein JHWHs egoistischen Motiven; vom Gottesvolk selbst wird
auf Dauer nichts Gutes erwartet. JHWH bringt (oder zwingt) es in die Lage,
im Sinne seiner Weisung funktionieren zu können, doch scheint er den
Seinen weder Freiheit noch Verantwortung zuzutrauen – von positiven

---

[4] Vgl. bBer 7a.

Gefühlen ihnen gegenüber gar nicht zu reden[5]. Alles in allem stellt sich die im Ezechielbuch zum Tragen kommende Theo- und Anthropologie, jedenfalls auf den ersten Blick, als zutiefst problematisch und als zumal in zeitgenössischen Diskursen kaum anschlussfähig dar.

Wie ist den skizzierten Merkwürdigkeiten genauer auf die Spur zu kommen? (Wie) lassen sie sich einer schlüssigen Deutung zuführen? Und ist es möglich, die genannten Phänomene dabei nicht isoliert oder gar isolierend zu betrachten, sondern sie in den Zusammenhang einer innovativen Interpretation des Ezechielbuchs (in seiner Endgestalt) hineinzustellen?

Eine „allgemein überzeugende literarkritische Lösung", die zumindest einige der aufgeführten Befremdlichkeiten erklären könnte, ist „bis heute nicht gefunden"[6] – die vielfältigen, mit Gustav Hölschers Studie *Hesekiel – Der Dichter und das Buch* (1924)[7] anhebenden Versuche, das Ezechielbuch in verschiedene Kompositionsschichten einzuteilen, lassen keinerlei Forschungskonsens erkennen[8].

Bei der Suche nach ersten Antworten auf die genannten Fragen bin ich auf einen anderen Zweig der Ezechielforschung gestoßen, der zunächst

---

[5] Zu dieser Position vgl. vor allem Moshe Greenberg, „Salvation of the Impenitent Ad Majorem Dei Gloriam: Ezek 36:16–32", in: Jan Assmann/Guy G. Stroumsa (Hg.), *Transformation of the Inner Self in Ancient Religion* (SHR 83), Leiden u.a. 1999, 263–272, passim; Baruch J. Schwartz, „Ezekiel's Dim View of Israel's Restoration", in: Margaret S. Odell/John T. Strong (Hg.), *The Book of Ezekiel: Theological and Anthropological Perspectives* (SBL.SS 9), Atlanta 2000, 43–67, passim; ders., „The Ultimate Aim of Israel's Restoration in Ezekiel", in: Chaim Cohen u.a. (Hg.), *Birkat Shalom* (FS S. M. Paul), Volume 1, Winona Lake 2008, 305–319, passim.

[6] Rainer Albertz, *Die Exilszeit. 6. Jahrhundert v. Chr.* (BE 7), Stuttgart u.a. 2001, 261.

[7] Gustav Hölscher, *Hesekiel – Der Dichter und das Buch. Eine literarkritische Untersuchung* (BZAW 39), Gießen 1924. Vgl. auch Hermann Schulz, *Das Todesrecht im Alten Testament. Studien zur Rechtsform der Mot-Jumat-Sätze* (BZAW 114), Berlin 1969, 163–187; Jörg Garscha, *Studien zum Ezechielbuch. Eine redaktionskritische Untersuchung von 1–39* (EHS.T 23), Bern/Frankfurt a.M. 1974; Frank-Lothar Hossfeld, *Untersuchungen zu Komposition und Theologie des Ezechielbuches* (fzb 20), Würzburg 1977; Karl-Friedrich Pohlmann, *Ezechielstudien. Zur Redaktionsgeschichte des Buches und zur Frage nach den ältesten Texten* (BZAW 202), Berlin/New York 1992; ders., *Das Buch des Propheten Hesekiel (Ezechiel) Kapitel 1–19* (ATD 22/1), Göttingen 1996; ders., *Das Buch des Propheten Hesekiel (Ezechiel) Kapitel 20–48* (ATD 22/2), Göttingen 2001; Thilo A. Rudnig, *Heilig und Profan. Redaktionskritische Studien zu Ez 40–48* (BZAW 287), Berlin/New York 2000; Anja Klein, *Schriftauslegung im Ezechielbuch. Redaktionsgeschichtliche Untersuchungen zu Ez 34–39* (BZAW 391), Berlin/New York 2008.

[8] Vgl. hierzu Moshe Greenberg, „What are valid Criteria for Determining Inauthentic Matter in Ezekiel?", in: Johan Lust (Hg.), *Ezekiel and His Book: Textual and Literary Criticism and their Interrelation* (BEThL 74), Leuven 1986, 123–135, passim; Paul M. Joyce, „Synchronic and Diachronic Perspectives on Ezekiel", in: Johannes C. de Moor (Hg.), *Synchronic or Diachronic? A Debate on Method in Old Testament Exegesis* (OTS 34), Leiden u.a. 1995, 115–128, 117–122; Albertz, Exilszeit, 261–263.

einigermaßen kurios erscheint. Immer wieder nämlich wurde versucht, die beschriebenen Merkwürdigkeiten als Folge einer Erkrankung des (historischen) Propheten Ezechiel nachzuweisen. Die Diagnosen, die man Ezechiel im Verlauf von mehr als einem Jahrhundert Forschungsgeschichte attestiert hat, reichen dabei von Katalepsie[9] (August Klostermann 1877) über Schizophrenie (Edwin C. Broome 1946; Karl Jaspers 1947) und frühkindliche Traumatisierung (David J. Halperin 1993) bis hin zu Posttraumatischer Belastungsstörung (Dereck M. Daschke 1999; Daniel L. Smith-Christopher 2002; Nancy R. Bowen 2010). Eine wesentliche Schwierigkeit dieses Krankheitsansatzes besteht allerdings darin, dass man ihn auf den (vermeintlichen) Autor der in Frage stehenden Schrift bezogen hat. Dass es sich bei dem im Ezechielbuch präsentierten Propheten um die literarische Hervorbringung des antiken Textes handelt, von der auf dessen konkreten Urheber nicht geschlossen werden kann, bleibt weitestgehend unberücksichtigt. Unzureichende Berücksichtigung findet in aller Regel auch der literarische Charakter, die literarische Eigenart des Ezechielbuchs selbst, wird dieses doch in erster Linie als Informationsquelle für eine außerhalb seiner selbst liegende Wirklichkeit betrachtet.

Wenn ich die Beschäftigung mit Ezechiels ‚Krankenakte' dennoch als weiterführend für die Erforschung des nach ihm benannten Buches betrachte, so vor allem wegen des Trauma-Begriffs. ‚Trauma', ein Wort aus dem Griechischen, das ursprünglich „Wunde" bedeutet, findet heute sowohl in medizinischen und (sozial-)psychologischen als auch in kultur- und literaturwissenschaftlichen Konzeptionen breite Verwendung. Um mich dem Ezechielbuch in seiner auf die Katastrophe von 587/86 v.u.Z. bezogenen Literarizität und den in ihm enthaltenen Verwund(er)ungen[10] anzunähern, erscheint mir deshalb der Trauma-Begriff als ein in besonderer Weise geeigneter hermeneutischer Schlüssel.

Dies verspricht zugleich, den mir wichtigen Zusammenhalt von literaturwissenschaftlicher, d.h. auf den Text an sich bezogener, und sozialgeschichtlicher, d.h. auf den Text im Kontext und als Hervorbringung bestimmter soziohistorischer Verhältnisse bezogener, Lesart – grob gesprochen: von synchroner und diachroner Exegese – gewährleisten zu können.

---

[9] Zur Definition dieses Krankheitsbildes vgl. Pschyrembel[260], 913, wonach Katalepsie ein „anhaltendes Verharren in einer best. (evtl. passiv gegebenen) Körperhaltung (meist bei erhöhtem Muskeltonus) mit der Unfähigkeit, sich trotz intakter Körperfunktionen spontan zu bewegen", bezeichnet.

[10] Zu diesem Sprachspiel vgl. auch unten Kap. Drei, Anm. 207.

Die folgende Studie stellt dementsprechend den Versuch dar, das Ezechielbuch als Trauma-Literatur zu lesen und zu analysieren, als literarisches Werk also, dem sich individuelle und kollektive Gewalterfahrungen eingeschrieben haben. Diese stehen, so vermute ich, mit den Kriegs- und Deportationsereignissen in Juda zu Beginn des 6. Jh.s v.u.Z., d.h. mit der Exilskatastrophe, in Zusammenhang. Als schriftliches Zeugnis einer traumatisierten Gemeinschaft von nach Babylonien Deportierten und/oder deren Nachkommen hält das Ezechielbuch, so meine These, einerseits erlittenes Unheil fest und stellt andererseits einen literarischen Raum für die theologische Auseinandersetzung mit diesen Schreckenserfahrungen bereit. Dies zu beschreiben und zu erklären, zum einen überblicksartig für das Ezechielbuch in seiner Gesamtheit, zum anderen anhand exemplarischer Textabschnitte und Phänomene, ist das Hauptanliegen meiner Studie. Die aufgeführten strukturellen und inhaltlichen Befremdlichkeiten hoffe ich innerhalb dieses Rahmens als literarische Widerspiegelungen traumatischen Erlebens plausibel machen zu können. Gleichzeitig lässt sich das Befremdende auf diesem Wege möglicherweise als integraler Bestandteil des vorliegenden literarischen Zeugnisses begreifen[11].

Für die deutschsprachige Exegese wird damit ein noch weitgehend unberührtes Forschungsgebiet betreten. Dies gilt zum einen bereits für den literarisch gefärbten Blick auf die Ezechielprophetie – noch nie ist diese meines Wissens systematisch als (fiktionale) Erzählung betrachtet und behandelt worden –, zum anderen und mehr noch für den Einbezug von Trauma-Konzepten. Im us-amerikanischen Kontext hingegen etabliert sich Trauma seit einigen Jahren als wichtige Kategorie der biblischen Exegese. Dass dem so ist, hängt vermutlich in besonderer Weise mit den Ereignissen des 11. September 2001 (,9/11') und den durch sie ausgelösten Erschütterungen der us-amerikanischen Gesellschaft zusammen. Aber auch im deutschsprachigen Kontext wurden und werden verstärkt Trauma-Diskurse geführt, etwa in der Folge der Schul-Amokläufe von Erfurt im April 2002 und Winnenden im März 2009, der Aufdeckung bzw. Öffentlichwerdung einer Vielzahl von sexuellen Übergriffen auf Kinder und Jugendliche in kirchlichen und staatlichen Einrichtungen im Frühjahr 2010 oder im Hinblick auf die psychischen Notlagen von Bundeswehr-SoldatInnen, die am Afghanistan-Einsatz beteiligt waren. Das Wissen

---

[11] Dies entspricht in etwa dem Ansatz, den Robert R. Wilson in seinem Artikel „Prophecy in Crisis: The Call of Ezekiel", *Interp.* 38 (1984), 117–130, als wegweisend für die zukünftige Auslegung des Ezechielbuchs vorgeschlagen hat.

darum, was das Erleiden (zwischen-)menschlicher Gewalt für betroffene Überlebende bedeuten kann, wie wichtig es ist, diese Gewalt nicht zu verschleiern, sondern öffentlich zu machen und (gemeinschaftliche) Wege der Auseinandersetzung und Bearbeitung zu finden, welche die einzelnen Opfer anerkennen und unterstützen, hat in den letzten Jahren auch hierzulande zugenommen. Auch vor diesem Hintergrund erscheint es durchaus aussichtsreich, den Trauma-Begriff in die Exegese der Hebräischen Bibel einzubeziehen – in der Hoffnung, dadurch nicht nur den Deutungsrahmen für ersttestamentliche Texte um eine Facette zu bereichern, sondern auch zur Erweiterung und Differenzierung zeitgenössischer Trauma-Konzeptionen beizutragen, etwa im Hinblick auf deren theologische, religiöse oder spirituelle Dimensionen. So könnte der Trauma-Ansatz einerseits zum Verstehen von alttestamentlichen Gewaltdarstellungen und Gottesbildern der Gewalt beitragen – Momente, die nicht selten zu einer pauschalen Abwertung und Ablehnung des ersten Teils des christlichen Kanons geführt haben.[12] Andererseits könnten die biblisch-literarischen Wege des An- und Aussprechens von lebenzerstörenden und -vernichtenden Erfahrungen und des göttlichen und menschlichen Umgangs damit für das Verstehen von gegenwärtigen Unheilserfahrungen, womöglich auch für therapeutische und seelsorgerliche Prozesse in Beziehung zu traumatisierten Einzelnen und Gemeinschaften fruchtbar gemacht werden.

Trotz ihrer ungewöhnlichen Herangehensweise an die Ezechielprophetie ist diese Studie im intensiven Austausch nicht nur mit der zeitgenössischen us-amerikanischen (bzw. weiterer englischsprachiger) Forschungsliteratur entstanden; sie steht zugleich im intensiven Gespräch mit der deutschsprachigen Ezechielforschung vor allem des 20. Jh.s. Im Rahmen meiner Auseinandersetzung mit Vor- und MitdenkerInnen ist mir dabei immer wieder aufgefallen, dass eine ‚Trauma-Exegese' des Ezechielbuchs an manchen (losen) Faden der Auslegungsgeschichte anknüpfen kann. Denn auch dort, wo der Trauma-Begriff nicht fällt, wird der Katastrophe von 587/86 v.u.Z. und den durch sie ausgelösten kollektiven wie individuellen Erschütterungen oftmals ein besonderer Stellenwert für Entstehung und Gestalt dieser biblischen Schrift beigemessen.

Im Bereich der Forschungsgeschichte nimmt die folgende Ezechielstudie auch ihren Anfang: In *Kapitel Zwei* werden, eingeteilt in vier

---

[12] Vgl. hierzu Gerlinde Baumann, *Gottesbilder der Gewalt im Alten Testament verstehen*, Darmstadt 2006, 9–14.

Kategorien, verschiedene Modelle vorgestellt, vermittels derer man die Wunderlichkeiten des Ezechielbuchs zu erklären versucht hat; dabei ist ein Schwerpunkt bei den die Gestalt des Propheten betreffenden Befremdlichkeiten gesetzt (A. bis D.). In Auseinandersetzung mit den vorgestellten Erklärungsmodellen entwickle ich sodann Kriterien für mein eigenes weiteres Vorgehen, das wesentlich durch die Entscheidung, den traumatisiert erscheinenden Propheten als literarisches Phänomen betrachten zu wollen, geprägt ist (E.).

Kapitel Drei präsentiert den Verstehenshorizont, vor dem das Ezechielbuch in dieser Studie beleuchtet wird. In einem Dreischritt vom individuellen über das kollektive zum literarischen Trauma (bzw. zum Trauma in der Literatur) zeichne ich unterschiedliche Bereiche und Dimensionen des Trauma-Begriffs bzw. der *trauma studies* nach, wobei Konzeptionen aus sehr verschiedenen wissenschaftlichen Disziplinen (u.a. Medizin, Psychologie, Soziologie, Politikwissenschaft, Literaturwissenschaft) aufgegriffen werden (A. bis C.).

Kapitel Vier geht sodann der Frage nach, inwiefern in Bezug auf die Kriegs- und Deportationsereignisse in Juda zu Beginn des 6. Jh.s v.u.Z. – (den) Ereignissen, die das Ezechielbuch selbst als seine geschichtlichen Referenzpunkte benennt – von traumatischen oder, vorsichtiger, von traumatogenen Ereignissen gesprochen werden kann. Dazu wird zunächst ein Überblick über die Geschichte Judas im ausgehenden 7. und im beginnenden 6. Jh. v.u.Z. vor dem Hintergrund der Geschichte der Großmächte Assyrien, Ägypten und Babylonien geboten (A.). Der zweite Teil des Kapitels (B.) stellt eine sozialgeschichtliche Untersuchung des antiken mesopotamischen Belagerungskriegs und der antiken mesopotamischen Massendeportationspraxis und damit der psychotraumatologischen Referenzpunkte des Ezechielbuchs dar. Die Untersuchung bleibt auf den beschriebenen historischen Kontext bezogen und speist sich vornehmlich aus assyrischen Text- und Bildquellen, greift aber, wo möglich, auch auf babylonische sowie auf Texte der Hebräischen Bibel zurück. Indem die beiden Kriegspraktiken schließlich jeweils im Spiegel zeitgenössischer Traumaforschung – zu den Folgen kriegerischer Gewalt einerseits, den Folgen forcierter Migration andererseits – betrachtet werden, wird das ihnen inhärente traumatogene Potential besonders hervorgehoben.

Am Anfang von *Kapitel Fünf* stehen Überlegungen zum Genre des Ezechielbuchs, welches von mir als fiktionale Erzählung bestimmt wird (A.). Ein zweiter Abschnitt (B.) dient der vorsichtigen Annäherung an den traumatischen Charakter der Ezechielerzählung: Den Anfang bildet die Formulierung von Leitfragen, die von einer knappen Zusammenschau traumatogener (Erzähl-)Ereignisse im Ezechielbuch gefolgt wird. Zwei exemplarische Untersuchungen, eine Analyse von Ez 7 auf der einen, eine Analyse der Vorkommen von ‎√שׁמם‎ im linearen Verlauf des Buches auf der anderen Seite, anhand derer die Tragfähigkeit des Trauma-Ansatzes für die Ezechielexegese erprobt werden soll, schließen sich an. Ein dritter Abschnitt (C.) dient der Vorstellung des *trauma-response*-Modells von Ronald Granofsky, demzufolge die moderne *trauma novel* die sich gegenseitig durchdringenden Phasen-Elemente *fragmentation, regression* und *reunification* umfasst. Dieses Modell stellt den methodischen Bezugspunkt für die Textanalyse(n) in Kapitel Sechs dar, mit dessen Hilfe herausgearbeitet werden soll, dass nicht nur einzelne Textabschnitte des Ezechielbuchs traumatisch geprägt sind, sondern dass die Ezechielerzählung in ihrer Endgestalt eine Art „traumatischen Prozess" widerspiegelt und somit als Trauma-Literatur angesprochen werden kann.

Kapitel Sechs stellt das eigentliche Hauptkapitel dieser Studie dar, das ganz der Untersuchung des Ezechielbuchs als Trauma-Literatur gewidmet ist. Als Textgrundlage meiner Analysen habe ich die in der jüdischen Tradition eindeutig festgelegte gewählt, ich richte mich also nach dem masoretischen Text des Buches ‎יחזקאל‎, und dies aus einem doppelten Grund. Zum einen: Auch wenn in der Ezechielforschung immer wieder erwogen wird, dass der Septuaginta-Text des Ezechielbuchs (in Teilen) auf eine gegenüber dem masoretischen Text ältere hebräische Vorlage zurückgehe[13], so liegt dieser ältere hebräische Text bzw. eine Rekonstruktion desselben doch bislang nicht vor. Zum anderen: Sowohl was die (hebräische) Sprache und entsprechende semantische Untersuchungen als auch was die Reihenfolge der biblischen Bücher angeht, ist meine Studie auf den jüdischen Kanon, den *Tanach*, bezogen. Es wird ein Durchgang durch die Ezechielerzählung geboten, in den neun als „Vertiefungen" bezeichnete Einzelanalysen zu in traumatologischer Hinsicht interessanten und relevanten Textpassagen und -phänomenen des Buches integriert sind.

Die Schlussbetrachtung in *Kapitel Sieben* dient zum einen der Zusammenschau der Ergebnisse der durchgeführten Textanalysen; gleichzeitig sollen diese biblisch-theologisch perspektiviert werden. Die Darstellung greift die in Kapitel Drei vorgestellten traumatheoretischen Grundlagen

---

[13] Diskutiert wird dies vor allem für Ez 36–39. Vgl. hierzu z.B. Johan Lust, „Ezekiel 36–40 in the Oldest Greek Manuscript", *CBQ* 43 (1981), 517-533, passim; Konrad Schmid, „Hintere Propheten (Nebiim)", in: Jan Christian Gertz (Hg.), *Grundinformation Altes Testament. Eine Einführung in Literatur, Religion und Geschichte des Alten Testaments*, Göttingen ³2009 [2006], 313–412, 363.

in ihren unterschiedlichen Facetten auf, wodurch diese rückwirkend noch einmal eingeholt werden sollen (A. bis C.). Ganz am Ende komme ich noch einmal auf die durch das Ezechielbuch ausgelösten Verwund(er)ungen, wie sie in dieser Einleitung vorgestellt wurden, zurück, wobei auf das Moment der göttlichen Gewaltverstricktheit besonderes Gewicht fällt (D.).

KAPITEL ZWEI

DIE BEFREMDLICHKEITEN DES EZECHIELBUCHS IM SPIEGEL DER FORSCHUNG

Wie nun hat man die beschriebenen Befremdlichkeiten des Ezechielbuchs zu erklären versucht? Im Folgenden sollen beispielhaft verschiedene Forschungsbeiträge vorgestellt werden, in denen die ‚Symptomsprache‘ dieser biblischen Schrift einer genaueren Analyse unterzogen und um deren Sinn gerungen wird. Der Schwerpunkt liegt dabei auf den die prophetische Gestalt Ezechiels betreffenden Auffälligkeiten. Gleichzeitig wird ein Ausschnitt der Geschichte der Ezechielauslegung nachgezeichnet.

Obwohl in den aufgenommenen Beiträgen je unterschiedliche (Lösungs-) Wege beschritten werden, lassen sich doch einigermaßen eindeutig drei bzw. vier Gruppen von Erklärungsmodellen ausmachen: In einer ersten Gruppe werden die Merkwürdigkeiten im Erleben und Verhalten Ezechiels auf eine (psychische) Erkrankung des historischen Autor-Propheten zurückgeführt. Sofern ich meinen eigenen Ansatz zum Ezechielbuch insbesondere von dieser Auslegungslinie inspiriert sehe, stelle ich sie in Abschnitt A. etwas lückenloser vor. In einem zweiten Erklärungsmodell werden die angesprochenen Auffälligkeiten – grob gesprochen – mit dem prophetischen Amt bzw. der prophetischen Rolle des historischen Ezechiel begründet (Abschnitt B.). Eine dritte Gruppe von AuslegerInnen versucht, der Skurrilitäten des Buches vermittels literar-, redaktions- und kompositionskritischer Methodik Herr zu werden (Abschnitt C.), wobei vor allem der merkwürdige Umstand, dass Ezechiel von Jhwh zum Propheten berufen, dann aber mit Sprachlosigkeit geschlagen wird (Ez 3,22–27; 24,25–27; 33,21f), als erklärungsbedürftig empfunden wird. In Abschnitt D. schließlich stelle ich solche Forschungsbeiträge vor, die sich keinem der vorgestellten Modelle einfügen – sei es, weil sie Mischformen darstellen, sei es, weil in ihnen noch einmal andere Erklärungsmöglichkeiten erwogen werden. Jeder Abschnitt schließt mit einer kritischen Auswertung, die die Stärken und Schwächen der jeweiligen Erklärungsmodelle herauszustellen sucht (A., 7.; B., 4.; C., 5.; in Abschnitt D. schließt sich die Auswertung jeweils sofort an die Vorstellung des Forschungsbeitrags an). Sofern dies für mein eigenes Interpretationsmodell von herausragender Bedeutung ist, gehe ich dabei vor allem auf texthermeneutische Probleme

ein; darüber hinaus spielt auch die Frage nach der sozialgeschichtlichen
Rückbindung der jeweiligen Ansätze eine wichtige Rolle. Auf der Grundlage des zuvor Dargestellten formuliere ich in Schluss-Abschnitt E. Kriterien für mein eigenes weiteres Vorgehen.

A. Die Diagnostizierung des Historischen Autor-Propheten Ezechiel

1. *Katalepsie*

Der Erste, der Ezechiels Eigentümlichkeiten im Sinne einer medizinischen Diagnose bzw. psychopathologischer Symptomatik zu erklären
versuchte, war der Theologe August Klostermann (1837–1913). In seinem
1877 erschienenen Aufsatz „Ezechiel. Ein Beitrag zu besserer Würdigung
seiner Person und seiner Schrift" formuliert er als vordringliche Aufgabe
der alttestamentlichen Wissenschaft, „daß wir die Individualität der Propheten als gegebene hinnehmen, sie als wirkliche Menschen mit Hinge-
bung, ohne Herzubringung fremder Maße, wie sie in sich selbst sind, zu
fixieren suchen, um von da aus ihr Reden und ihr Thun zu begreifen".[1]
Gegen seine Forscherkollegen Julius Wellhausen (1844–1918) und Bernhard Duhm (1847–1928), die „Ezechiels eigene Prophetie als ein Symptom dafür angesehen [haben], daß die Prophetie überhaupt verfallen,
ja durch einen unechten Sprößling des prophetischen Triebes verdrängt
und ertödtet ist",[2] geht es Klostermann darum, den „arme[n] Ezechiel"[3] zu
rehabilitieren, ohne seine göttliche Inspiriertheit in Frage zu stellen, und
ihm auf diese Weise den ihm angemessenen Ort in der Geschichte Gottes
mit seinem Volk und den Völkern zurückzugeben.

Die Merkwürdigkeiten des Ezechielbuchs – Klostermann bezieht sich
hier in erster Line auf die Phänomene des Stummseins (Ez 3,24–27; 24,25–
27; 33,21f) sowie des Gebundenseins und der Erstarrung (3,15.25; 4,1–8) –
seien am natürlichsten als Symptome einer Krankheit zu verstehen, die
ein gewisser Dr. Bartels als „Katalepsie oder Starrsucht"[4] identifiziert habe.
Zu den Hauptsymptomen dieses Leidens gehörten plötzlich auftretende
und ohne ersichtlichen Grund wieder zurücktretende Lähmungs- und

---

[1] August Klostermann, „Ezechiel. Ein Beitrag zu besserer Würdigung seiner Person und
seiner Schrift", *ThStKr* 50 (1877), 391–439, 402.
[2] Klostermann, Ezechiel, 396.
[3] Klostermann, Ezechiel, 391.
[4] Klostermann, Ezechiel, 425. Zum Ganzen vgl. a.a.O., 420–424.

Stummheitserscheinungen, darüber hinaus kämen gelegentlich Zittern, heftiges Weinen und Essstörungen vor, wie sie auch in Ez 4,10f, 6,11, 12,17 und 21,11f.19 zu finden seien. Besonderes Gewicht misst Klostermann einem medizinischen Bericht über einen sechzigjährigen englischen Arbeiter zu, der plötzlich in einen tranceartigen Zustand verfiel, „his arms outstretched, his legs fixed, the whole body rigid and immoveable".[5] Diese Phänomene seien wie bei Ezechiel (vgl. Ez 24,15–27) wenige Tage nach dem unerwarteten Tod seiner Frau aufgetreten, wobei die unmittelbare Reaktion auf diese Verlusterfahrung in visuellen und akustischen Halluzinationen bestanden habe – Symptome, die sich ebenfalls bei Ezechiel ausmachen ließen (vgl. Ez 1,26–28; 3,12f)[6]. Aus all dem sei, so Klostermann, zu schlussfolgern,

> daß wir Ezechiel als einen Mann anzusehen haben, der nach einem für Katalepsie prädisponirenden Leidens- und Schwächezustande im Zusammenhang mit einer im 30. Lebensjahre gehabten aufregenden Vision von dieser eigentümlichen Krankheit ergriffen wurde. Und wenn nach Eulenburg [...] zu der primären Ursache, nämlich irgend welcher Neuropathie, als secundäre hinzuzukommen pflegen aufregende Erlebnisse, religiöse Schwärmerei und mystische Speculationen, endlich auch Malariainfectionen, so dürfen wir bei Ezechiel dieses alles, wenn es zur Erklärung nöthig ist, in reichstem Maße voraussetzen. Denn wenn irgend einen, so mußte den fünfundzwanzigjährigen Priester der schmähliche Sturz des legitimen Fürstenhauses, die Verschleppung in unreines Land, das immer deutlicher klingende prophetische Zeugnis, daß diese Transportation der Häupter und Stützen des Staates der Anfang vom Ende sei, in die äußerste Aufregung versetzen und ihn in geistiger Beziehung gleichsam entwurzeln; und war er beweglichen Geistes – wie denn nach Eulenburg [...] die Intelligenz bei Kranken dieser Art ausgezeichnet entwickelt sein kann [...] –, so konnte er nicht anders, als in Gedanken beständig an der Auflösung des Conflictes arbeiten, in welchen die Thatsachen mit den göttlichen Verheißungen, die Wirklichkeit seines Lebens mit seinem Glauben getreten waren. Endlich war die Versetzung aus dem Berglande Israels an einen babylonischen Kanal eine solche Verschlechterung der klimatischen Lebensbedingungen für ihn, daß wir es völlig begreiflich finden würden, wenn wir in dem verlornen Anfange seines Buches[7], falls er uns einmal wieder gezeigt würde, berichtet läsen, daß er von seiner Ankunft in Chaldäa an sich unwohl befunden habe[8].

---

[5] Klostermann, Ezechiel, 426 (Zitat des englischen Originals).
[6] Vgl. Klostermann, Ezechiel, 427.430.
[7] Wegen der Erwähnung des 30. Jahres in Ez 1,1 nimmt Klostermann an, es habe ursprünglich einen vorgeschalteten Buchteil mit „weitere[n] persönliche[n] und private[n] Nachrichten" gegeben (ders., Ezechiel, 410).
[8] Klostermann, Ezechiel, 431.

Dem möglichen Einwand, dass in dem Maße, wie Ezechiels Verhalten als Symptomatik einer natürlichen Erkrankung erklärlich werde, die göttliche Inspiriertheit dieses Verhaltens in Zweifel gezogen und dezimiert werde, begegnet Klostermann mit dem Hinweis, dass Katalepsie keine natürliche Krankheit sei – die medizinischen Fachleute würden selbst eingestehen, dass sie die Krankheitserscheinungen „aus den ihrer Forschung zugänglichen, in der materiellen Organisation wirkenden Factoren nicht herausrechnen können"[9]. Wenn einer der mit Katalepsie befassten Ärzte, ein gewisser Prof. Brücke, auf das psychische Element einer „dunklen Vorstellung, eines Traumbildes"[10] rekurriere, um die Ursache dieser außergewöhnlichen Symptomatik zu erläutern, dann müsse es auch „bei der offenbaren Einheitlichkeit und der überall identischen ideellen Abzwekkung der Zustände Ezechiels gestattet sein, eine von Gott seiner Seele eingepflanzte Idee als bewirkende Ursache anzuerkennen"[11].

2. Schizophrenie

Knapp siebzig Jahre später, nach ungeheuren politischen und kulturgeschichtlichen Umwälzungen, zu denen u.a. die ‚Erfindung' der Freudschen Psychoanalyse gehörte, erschien 1946 der Aufsatz „Ezekiel's Abnormal Personality" des amerikanischen Bibelwissenschaftlers Edwin C. Broome, der für Ezechiel das Krankheitsbild einer Paranoiden Schizophrenie nachzuweisen suchte. Folgende Symptome seien, so der Autor zu Beginn seines Artikels, für diese Erkrankung charakteristisch: 1. stumpfe oder verzerrte Emotionen und extreme Stimmungsschwankungen; 2. bizarre, phantasmatische und unlogische Denk- und Wahrnehmungsmuster mit schweren wahnhaften Elementen, etwa mit Verfolgungserleben[12]; 3. „regression to primitive forms of narcissistic, erotic, or aggressive expression" sowie 4. motorische Auffälligkeiten wie Tics und plötzliche katatone bzw. Erstarrungszustände[13].

Wie Klostermann, dessen Artikel er als „still worth reading"[14] bezeichnet, geht auch Broome von den im Ezechielbuch beschriebenen Merk-

---

[9] Klostermann, Ezechiel, 438.
[10] Klostermann, Ezechiel, 438.
[11] Klostermann, Ezechiel, 439.
[12] Vgl. Edwin C. Broome, „Ezekiel's Abnormal Personality", *JBL* 65 (1946), 277–292, 279: „The patient may complain that people are trying to ‚get' him; he may attempt to harm himself physically, or more likely to harm someone else."
[13] Vgl. Broome, Personality, 277, Anm. 1.
[14] Broome, Personality, 278.

würdigkeiten im Erleben und Verhalten des Propheten aus, wobei er besonders betont, dass allein die gefundene Häufung von Symptomen die Stellung einer psychiatrischen Diagnose rechtfertige[15]. Er beschäftigt sich zunächst mit Ezechiels Unbeweglichkeit in Ez 3,24–4,8, die er als Katatonie identifiziert[16]. Sodann kommt er auf Ezechiels „dream visions"[17] zu sprechen – die Berufungsvision (Ez 1,4–28) etwa beginne als Feuertraum, einer Form des Angsttraums, der, ähnlich wie die Wahrnehmung der Tiergesichter (vgl. V10) oder die Omnipräsenz von Augen um ihn herum (vgl. V18), „may reflect the nameless terror of the paranoid"[18]. Das masochistische Element, das in dieser Angst zum Ausdruck komme, stehe einem narzisstischen gegenüber, welches im Bezug auf das eigene Lebensalter und damit auf die eigene Bedeutsamkeit in Ez 1,1[19] erkennbar werde. Der Ezechiel erscheinende Thronwagen sei darüber hinaus mit den mysteriösen „influencing machines" als Bestandteil eines Verfolgungssystems zu vergleichen, dem sich an Paranoider Schizophrenie erkrankte Personen häufig ausgesetzt fühlten[20].

In Anlehnung an Sigmund Freud bringt Broome einige der Auffälligkeiten im Erleben und Verhalten des Propheten mit (früh-)kindlichen Traumata bzw. Störungen in Verbindung: Das Hören eines Geräuschs von rauschendem Wasser (Ez 1,24) etwa verweise auf das Trauma des Geburtsvorgangs[21]. „[T]he penis-symbol of the scroll" in Ez 2,8–3,3[22] sei Zeichen für den Rückfall in die orale Phase und spiegele den weiblichen Masochismus Ezechiels wider, wie er sich auch in der als abscheulich erlebten Erfahrung des Grabens, der Tür und des kleinen Raums („symbolic of the act of coitus"[23] in Ez 8,7–13 Ausdruck verschaffe.

Ezechiels Konstitution sei, so fasst Broome seine Ausführungen schließlich zusammen, durch abnormale Verhaltensmuster gekennzeichnet, welche zusammengenommen die Diagnose Paranoide Schizophrenie rechtfertigten und plausibel machten. Diese Diagnose aber, so beeilt er sich ohne weitergehende Begründung festzuhalten, tue der religiösen Bedeutsamkeit dieses ersttestamentlichen Propheten keinen Abbruch:

---

[15] Vgl. Broome, Personality, 278f.
[16] Vgl. Broome, Personality, 279–281.
[17] Broome, Personality, 282.
[18] Broome, Personality, 283.
[19] Vgl. Broome, Personality, 282: „No other chronology really mattered [...]."
[20] Vgl. Broome, Personality, 285–287 (Zitat a.a.O., 285).
[21] Vgl. Broome, Personality, 285.
[22] Broome, Personality, 288.
[23] Broome, Personality, 289.

> The fact that each of these [abnormalities] is couched in religious termi-
> nology has rallied many to the defense of the prophet's normal mentality,
> but his religious significance is by no means impaired by our diagnosis of a
> paranoic condition [...][24].

Offenbar ohne Kenntnis des Artikels von Broome veröffentlichte der Phi-
losoph und Psychopathologe Karl Jaspers im darauffolgenden Jahr, 1947,
den Aufsatz „Der Prophet Ezechiel. Eine pathographische Studie". Ausgangspunkt seiner Ausführungen sind die ausgesprochen divergierenden
Ansichten über das Ezechielbuch und seinen Protagonisten im Kontext
der alttestamentlichen Wissenschaft[25]. Ein psychopathologisches Gutach-
ten, so mutmaßt der Autor, könnte den Alttestamentlern vielleicht dann
etwas sagen und in ihren Analysen helfen, wenn „ein Zugleichsein von
Phänomenen aufgewiesen werden könnte, die nicht sinnhaft, sondern
als Symptome einer durch Erfahrung gekannten typischen Erkrankung
zusammengehören"[26]. Zwar sei Gewissheit bei der Art der vorliegenden
Dokumentation nicht zu erreichen – hier erscheint Jaspers wesentlich
zurückhaltender als seine Vorläufer Klostermann und Broome –, das Buch
Ezechiel sei aber gleichwohl „das einzige im Alten Testament, das durch
die Menge der Angaben eine solche Betrachtung immerhin nicht ganz
unsinnig erscheinen"[27] lasse. Als psychopathologische Erlebens- und Verhaltensweisen Ezechiels kommen laut Jaspers die folgenden Phänomene
in Betracht[28]: 1. Visionen in abnormen Zuständen (Ez 1,1–3,15; 8,1–11,24;
37,1–10; 40–48), wobei vor allem solche Erscheinungen relevant seien, die
Veränderungen des Bewusstseinszustands kennzeichnen (z.B. das plötzliche Überfallenwerden in Anwesenheit der Ältesten); 2. kataplektische
Anfälle von Bewegungslosigkeit und Stummheit (Ez 3,25–27; 4,8; 24,27;
33,22); 3. starke Erregung (Ez 6,11; 21,11); 4. sexuelle Gleichnisse, die von
Ezechiel in ausgesprochener Breite und Direktheit ausgemalt würden
(Ez 16; 23); 5. die Art der sinnbildlichen Handlungen, welche „erstens
besonders zahlreich und zweitens wunderlich verzwickt, umständlich
und ausgedacht" erschienen und zum Teil aus „schizophrenen Zuständen erwachsen"[29] sein könnten (4,1–3.9–17; 5,1–4; 12,3–7; 24,3–14.15–25);
sowie 6. Stil und Stimmung vieler Abschnitte des Ezechielbuchs („grelle

---

[24] Broome, Personality, 292. Zum Ganzen vgl. a.a.O., 291f.
[25] Vgl. Karl Jaspers, „Der Prophet Ezechiel. Eine pathographische Studie", in: ders.,
Rechenschaft und Ausblick. Reden und Aufsätze, München 1951, 95–106 [1947], 95.
[26] Jaspers, Prophet, 96.
[27] Jaspers, Prophet, 96. Vgl. auch a.a.O., 102–104.
[28] Zum Folgenden vgl. Jaspers, Prophet, 96–101.
[29] Jaspers, Prophet, 100.

Deutlichkeit", „pedantische, kleinliche Durchführung von Entwürfen"
[Ez 40–48], „Monotonie", „Neigung zum Wiederholen")[30].

Insgesamt sei bei Ezechiel in aller Leidenschaft und Großartigkeit „oft
eine Kälte, eine unmenschliche Fremdheit spürbar", wobei, so formuliert
Jaspers unter Verzicht auf eine direkte Diagnose-Stellung zögernd, „sowohl
der Mangel wie das Eindrucksvolle, zum Erschauern Bringende durch den
schizophrenen Einschlag bedingt" sein könnte[31]. Über die Krankheit aus-
lösende Faktoren stellt Jaspers keine Hypothesen an, wohl aber weist er
ähnlich wie seine Vorgänger darauf hin, „daß psychopathologische Analyse nichts über den sachlichen und geschichtlichen Wert der geistigen
Gehalte"[32] aussage. Während allerdings Klostermann die These vom Ezechielbuch als ‚Symptom' einer vermeintlichen Negativentwicklung in der
Geschichte Israels mit seinen Bemühungen um die Person des Propheten
zu widerlegen suchte, kommt Jaspers zu einem umgekehrten Schluss. Im
Endergebnis nämlich sei es möglich, bei Ezechiel „ein Absinken des Geistes zu sehen, der aus der prophetischen Religion erwachsen war", was
die Frage nach der Psychopathologie dieses alttestamentlichen Propheten
auch aus religionsgeschichtlicher Perspektive relevant erscheinen lasse[33].

3. *Keine eindeutige Diagnose*

In seinem 1981 erschienenen Forschungsbericht *Ezechiel: Der Prophet und
das Buch* widmet der Alttestamentler Bernhard Lang „de[m] kranke[n]
Prophet[en]" ein eigenes Kapitel[34]. Nach ausführlicher Diskussion der
Beiträge von Klostermann, Broome und Jaspers und (partieller) Zurückweisung vor allem des Broomschen Ansatzes[35], bleibt für Lang „ein auffäl-
liger, am ehesten als Krankheitsbild gedeuteter Befund: Lähmungsanfälle
und zeitweise Verlust des Sprechvermögens".[36] Dieser Befund stehe „einer
medizinischen Deutung offen",[37] wobei es allerdings schwierig sei, „dafür
eine eindeutige Diagnose zu stellen".[38]

---

[30] Jaspers, Prophet, 100f.
[31] Jaspers, Prophet, 101.
[32] Jaspers, Prophet, 105.
[33] Jaspers, Prophet, 106.
[34] Vgl. Bernhard Lang, *Ezechiel. Der Prophet und das Buch* (EdF 153), Darmstadt 1981,
57–76.
[35] Vgl. Lang, Prophet, 57–63.
[36] Lang, Prophet, 63.
[37] Lang, Prophet, 63.
[38] Lang, Prophet, 57.

Die Deutungen jedenfalls, die auf eine Krankheitshypothese verzichten, vermögen laut Lang „nicht voll [zu] befriedigen",[39] so dass in einigen (neueren) Kommentaren (u.a. Walther Eichrodt 1959; Walther Zimmerli 1969) und Aufsätzen (Ernst Vogt 1970; William H. Brownlee 1978[40]) wieder mit einer Krankheit des Propheten gerechnet werde[41]. All diese Auslegungen seien gleichsam als Spielarten der Position zu betrachten, die Richard Kraetzschmar in seinem Ezechiel-Kommentar aus dem Jahr 1900 eingenommen hat – Kraetzschmar zufolge litt Ezechiel seit 593 v.u.Z. an einer „mehrjährige[n] intermittierende[n] Lähmung mit Stummheit"[42], von der er mit dem Eintreffen des Flüchtlings aus dem zerstörten Jerusalem im Jahr 585 v.u.Z. (vgl. Ez 33,21f) endgültig geheilt worden sei.

Was die Ursachen der Erkrankung Ezechiels angeht, heißt es – bei ausdrücklicher Bezugnahme auf Klostermann – bei Lang:

> Ezechiel befindet sich unfreiwillig in einem fernen, fremden und politisch feindlichen Land. Die Rückkehr nach Hause ist ihm und seinen Mitverbannten [...] mindestens vorerst nicht in Aussicht gestellt. Schon die damit gegebene Irritation und Entwurzelung ruft bei nicht wenigen Menschen [...] Krankheitssymptome hervor, die von Ärzten und Psychologen auf einen ‚Kulturschock' zurückgeführt werden. [...] [...] Ezechiel ist nicht nur in [...] eine andere Klimazone (sumpfiges Tiefland statt Bergland) versetzt, sondern hat auch seine berufliche und soziale Position eingebüßt. [...] Schließlich erlebt er den Tod seiner Frau (Ez 24,18). [...] – Diese Überlegungen erklären zwar keineswegs die Lähmungsanfälle und die zeitweise Aphasie des Propheten, lassen aber seine persönliche Situation als sehr belastet und ‚pathogen' erscheinen[43].

In seinem kleinen Artikel „Ezechiel: Ort, Zeit und Botschaft des Propheten" aus dem Jahr 2005 geht Lang weiterhin davon aus, dass Ezechiel an einer Krankheit gelitten habe, aufgrund derer er zeitweilig an seine Hütte gebunden gewesen sei[44]. Was die genaue Diagnose angeht, wagt sich der Autor – bei aller Unsicherheit, die er nach wie vor festhält – nun doch ein Stück weiter vor:

---

[39] Lang, Prophet, 63. Zum Ganzen vgl. a.a.O., 63–66.

[40] Vgl. William H. Brownlee, „Ezekiel's Parable of the Watchman and the Editing of Ezekiel", *VT* 28 (1978), 392–408, passim.

[41] Vgl. Lang, Prophet, 66–73.

[42] Lang, Prophet, 67. Vgl. auch Richard Kraetzschmar, *Das Buch Ezechiel* (HAT III, 3/1), Göttingen 1900, VI.40.198.239.

[43] Lang, Prophet, 73f.

[44] Vgl. Bernhard Lang, „Ezechiel: Ort, Zeit und Botschaft des Propheten", *BiKi* 60 (2005), 130–135, 131.

Leider erlauben die Andeutungen, die uns das Ezechielbuch gibt, keine wirkliche Diagnose. Ob man an jene Traumatisierung denken darf, die bei Überlebenden einer Katastrophe, bei Flüchtlingen, Verschleppten und Gefangenen oft zu beobachten ist[45]?

4. Frühkindliche Traumata

In seiner 1993 erschienen Monographie *Seeking Ezekiel: Text and Psychology* unternahm der jüdische Religionswissenschaftler David J. Halperin erneut den Versuch, sich der Person Ezechiel(s) auf psychoanalytischem Wege anzunähern, wobei er explizit auf die Beobachtungen von Broome aus dem Jahr 1946 zurückgriff[46]. Seine eigene Einschätzung von Ezechiel als einem unter einem tiefsitzenden ödipalen Trauma leidenden Individuum entwickelt Halperin vor allem in Auseinandersetzung mit den hinter den sog. Tempelgräueln (Ez 8,5–18) und den Beschreibungen Jerusalems als hurerischer Stadtfrau (Ez 16; 23) vermuteten bzw. imaginierten psycho(patho)logischen Prozessen[47].

Bezogen auf die Entheiligung des Tempels in Ez 8,5–18 schließt er sich einem Votum Yehezkel Kaufmanns an, wonach Ezechiel mit den „Gräueln" Dinge sah, die niemals passierten[48]. Doch gerade als reines Phantasiegebilde sei die Gräuelskizze des Propheten im Hinblick auf die in ihm sich abspielenden psychologischen Abläufe ausgesprochen aufschlussreich:

> For, if we wish to understand Ezekiel as a human being, this fantasy is of the greatest importance. Ezekiel's ‚abominations' are his own aversions, fears and desires. All are, at bottom, sexual. Some may reflect events of his early life. They are our guides to the psychopathology of an extraordinary and influential man and, indirectly, to the psychopathology of a society that bore him and that ultimately canonized him[49].

Hinsichtlich der in Ez 16 und 23 dargestellten Promiskuität der Stadtfrau Jerusalem argumentiert Halperin ähnlich. Auch wenn sich diese auf die (verfehlte) Bündnispolitik der politisch Verantwortlichen und die Abkehr von JHWH hin zu anderen Gottheiten beziehen lasse, so könne doch die Anklage dieser Zustände kaum der einzige Grund für die Abfassung

---

[45] Lang, Ezechiel, 131.

[46] Vgl. David J. Halperin, *Seeking Ezekiel: Text and Psychology*, University Park 1993, 11–18.

[47] Vgl. Halperin, Ezekiel, 39–183.

[48] Vgl. Yehezkel Kaufmann, *The Religion of Israel: From Its Beginnings to the Babylonian Exile*, Chicago 1960, 428–432.

[49] Halperin, Ezekiel, 140.

dieser Textpassagen und deren „erotic intensity – perverted into obscenity"[50]
gewesen sein. Aus der diese Kapitel kennzeichnenden „stylistic wildness"
in Verbindung mit dem fast zwanghaften Vertieftsein des Propheten in
sexuell konnotierte Gedanken spreche eine „nearly unbearable psychic
pain"[51], in der sich Ezechiels eigene (Kindheits-)Erfahrungen widerspie-
gelten und unter dem Deckmantel der historischen Allegorie ins Wort
gebracht würden:

> [T]his experience was essentially the familiar Oedipal conflict of father with
> male child, over the love of the mother. We will need presently to consi-
> der why Ezekiel found this conflict so painful and intractable, and why it
> continued for so long to dominate his mental life. Accordingly, the child
> Ezekiel will have discovered that the woman who was his first and best love
> preferred to sleep with another male. His rival's genitalia, compared with his
> own, will have seemed like those of a horse or of an ass [...]. His mother's
> preference will have appeared a stunning and outrageous betrayal, which
> he could explain only as a mark of her heedless promiscuity. The adult
> Ezekiel's experience of captivity [...] revived and sharpened the child's pain.
> Led off to exile – no doubt ‚naked and barefoot, with uncovered buttocks'
> (Isaiah 20:4), thirsty, exhausted, and sick – Ezekiel could not have failed to
> contrast his own impotent misery and shame with the splendor of his cap-
> tors. The sexual humiliation of the child became fused with the physical
> humiliation of the adult[52].

Halperin geht noch weiter – die Ursache des durch sexuelles Begehren und
gewalttätige Wut bestimmten Leidens Ezechiels, das sich in der pathologischen Misogynie der von ihm gebrauchten Bilder niederschlage, sieht
er darin, dass der Prophet als Kind von einem erwachsenen Mann sexuell
missbraucht wurde und dass er seine – von ihm begehrte – Mutter als an
der ihm zugefügten sexuellen Gewalt mitschuldig ansah[53]. Dieser zuletzt
genannte Aspekt komme etwa in dem Motiv der ihre Kinder opfernden
Mutter (Ez 16,20f.36; 23,37) zum Ausdruck[54] und spiele auch im Zusammenhang des unterdrückten Trauerns um seine Ehefrau in Ez 24,15–24
eine wichtige Rolle[55].

Ausführlich geht Halperin am Ende seines Buches auf Ezechiels Sprachlosigkeit und Gebundensein ein. Nach Erörterung der entsprechenden

---

[50] Halperin, Ezekiel, 145.
[51] Halperin, Ezekiel, 157.
[52] Halperin, Ezekiel, 147f.
[53] Vgl. Halperin, Ezekiel, 164f.
[54] Vgl. Halperin, Ezekiel, 166.
[55] Vgl. Halperin, Ezekiel, 176–183.

Schlüsselstellen (Ez 3,22–27; 24,25–27; 33,21f) und bisheriger Auslegungen derselben[56] schlägt er vor, die Stummheit des Propheten im Sinne eines Konversionssymptoms zu deuten, d.h. im Sinne einer körperlichen Funktionseinschränkung, die durch die unbewusste Transformation eines durch negative Empfindungen, z.b. durch Angst, erzeugten Überschusses an psychischer Energie entsteht. Dabei stehe das physische Zeichen in einem symbolischen Zusammenhang mit der zurückgedrängten Emotion, vor der man sich schützen möchte – paradoxerweise werde es genau aus diesem Grund ‚gewählt‘: „[T]he symptom must express both an anxiety-producing unconscious wish, and a tactic used to repress that wish"[57]. Entsprechend ließen sich Ezechiels sprachliches und körperliches Gebundensein einerseits als Schutzmaßnahmen deuten, die den Propheten davon abgehalten hätten, dem Zwang, sich für die ihm in der Kindheit zugefügten Wunden zu rächen, nachzugeben, und die zugleich die Erinnerung an diese Wunden zu unterdrücken halfen. Gleichzeitig reinszeniere seine Unbeweglichkeit die kindliche Hilflosigkeit, während seine Sprachlosigkeit die Erfahrung, ungehört um Hilfe zu schreien, wiederhole. Insofern dienten diese Symptome „at once to *reenact* his early traumas, and to *repress* expressions of the hate and rage these traumas provoked"[58].

Nach eigener Aussage geht es Halperin nicht darum, Ezechiel zu pathologisieren und ihn als ‚ganz Anderen‘ hinzustellen. Ezechiel sei verwundbar gewesen wie wir alle, habe unter Gewalterfahrungen zu leiden gehabt, die es im Verlauf der Geschichte bis heute noch nicht zu überwinden gelungen sei, für die aber die psychoanalytische Annäherung an die Person des Propheten Möglichkeiten der Auseinandersetzung schaffen könne:

> In comtemplating Ezekiel's illness, we may perhaps come to contemplate how, in better circumstances, he might have found healing. This may in turn lead us to contemplate how we ourselves may be healed. If so, psychoanalytic study of Ezekiel's personality, unpleasant as it perhaps may be, will not be in vain[59].

5. *Melancholia*

Von einer psychoanalytischen Perspektive auf das Ezechielbuch ist auch der Aufsatz „Desolate Among Them: Loss, Fantasy, and Recovery in the

---

[56] Vgl. Halperin, Ezekiel, 186–194.
[57] Halperin, Ezekiel, 201.
[58] Halperin, Ezekiel, 212.
[59] Halperin, Ezekiel, 5.

Book of Ezekiel" des amerikanischen Psychologen und Religionswissen-
schaftlers Dereck M. Daschke aus dem Jahr 1999 geprägt. Auf der Grundlage von Peter Homans kulturtheoretischer Entfaltung der von Freud in
Trauer und Melancholie (1917) vorgestellten Psychologie des Trauerns[60]
unternimmt der Autor den Versuch, sich dem Ezechielbuch objektbezie-
hungstheoretisch anzunähern, um hierüber zur „clarification of the sub-
jective experience and symbolism represented in the Book of Ezekiel"[61]
beizutragen. Den Propheten betrachtet er dabei „as a first-hand witness of
one of the most significant events in world history, the Babylonian conquest of Jerusalem"[62].

Nicht die Pathologisierung Ezechiels bzw. die Stellung einer Diagnose
steht für ihn im Zentrum[63], vielmehr geht es Daschke um die Herausar-
beitung unbewusster psychologischer Mechanismen in Reaktion auf den
durch die Katastrophen zu Beginn des 6. Jh.s v.u.Z. ausgelösten Zusammenbruch des kulturell-religiösen Symbolsystems und den Verlust des
‚guten Objekts‘, der bundestreuen Gottheit JHWH – Sinnabbrüche, die Ezechiel als im priesterlichen Denken verwurzeltes Individuum mit besonderer Härte treffen mussten:

> The wrenching experience of the absence of one's God and home without a
> ready explanation for it in one's worldview can produce a kind of interrup-
> ted mourning known as *melancholia*. In Freud's determination, melancholia
> involves the withdrawal of vital aspects of the loss from consciousness; in
> effect, a dual loss occurs – first, the object; second, the conscious experience
> of the original loss [...]. The conscious recognition of the experienced loss
> of Yahweh and all that is personally and culturally associated with it would
> be overwhelming; it would be literally incomprehensible to many Israelites.
> Thus it could be concealed from consciousness, essentially repressed[64].

---

[60] Vgl. Sigmund Freud, „Trauer und Melancholie" [1917], in: ders., *Psychologie des Unbewußten*, Frankfurt a.M. 2000, 193–212, passim; Peter Homans, *The Ability to Mourn*, Chicago
1989, passim.

[61] Vgl. Dereck M. Daschke, „Desolate Among Them: Loss, Fantasy, and Recovery in the
Book of Ezekiel", *American Imago* 56.2 (1999), 105–132, 105.

[62] Daschke, Loss, 106.

[63] Vgl. Daschke, Loss, 108: „If Ezekiel suffers from a sickness, I believe, it is heartsickness
or homesickness, not a personality disorder." Im Kontext der Erörterung der ezechielischen Zeichenhandlungen heißt es allerdings (a.a.O., 120 [Hervorhebung R.P.]): „We may
also note that, clinically speaking, Ezekiel's behaviour could easily be diagnosed as *Post-
Traumatic Stress Disorder*, a classification which has deep roots in Freud's originative ideas
on loss and its mastery."

[64] Daschke, Loss, 110.

Die melancholische Reaktion auf die Unerträglichkeit des Verlusts sei, so Daschke weiter, Freud zufolge durch angstvolle Niedergeschlagenheit, Interessenverlust, Verlust der Liebesfähigkeit, Aktivitätsrückgang, Minderung der Selbstachtung, Selbstvorwürfe oder Selbstverunglimpfung bis hin zu wahnhaften Bestrafungserwartungen gekennzeichnet. Dies habe mit dem beängstigenden, ambivalenten Charakter des Verlusts zu tun: Einerseits werde das Objekt geliebt, andererseits erzeuge der Bindungsrückgang auch auf das Objekt bezogene Zerstörungsphantasien. Der natürliche Schutzmechanismus vor solchen Empfindungen bestehe in der Regel darin, das geliebte Objekt in der Phantasie zu bewahren, die narzisstische Bindung durch unbewusste Identifikation mit dem Objekt zu reetablieren und die auf das gute Objekt sich richtenden negativen Affekte, wie z.B. Zorn, abzuspalten und in eine andere Richtung zu lenken, etwa gegen die eigene Person oder gegen andere Personen als Substitute des eigenen Ego[65]. Entsprechend sei auch Ezechiels Ego gespalten:

> [O]ne half has set up a narcissistic identification with Yahweh and assumed the function of critical agency; the other half has become the target of the critical agency. This half is the first displacement of the unconscious rage felt at Yahweh's absence; it is displaced again onto natural ego substitutes: the people of Israel, the Temple, Jerusalem – all formerly inclusive designations of Ezekiel's adult identity[66].

Greifbar würden diese unbewussten psychischen Prozesse etwa in der Szene vom Essen der Schriftrolle in Ez 2,8–3,3; dieses symbolisiere einerseits die Identifikation des Propheten mit JHWH, andererseits die Rücklenkung der zunächst auf JHWH gerichteten negativen Empfindungen (vgl. Ez 2,10: „Tiefstes Wehklagen, Ach und Weh") auf Ezechiel selbst, die in der Folge wiederum auf das Haus Israel verschoben würden (vgl. Ez 3,4–11)[67]. Der Impuls, das (verlorene) geliebte Objekt zu zerstören, komme in einer ähnlichen Umlenkung von Emotionen in den Kap. 8–11 zum Ausdruck – nicht werde Gott angegriffen, sondern Gott greife an und zerstöre in *seinem* Zorn die Repräsentation seiner selbst, den Tempel, wobei „[t]he experience of observing the wickedness of the inhabitants of Jerusalem defiling the Temple with foreign cult worship prepares Ezekiel for and justifies to him their subsequent decimation, both theologically and

---

[65] Vgl. Daschke, Loss, 110f.
[66] Daschke, Loss, 112.
[67] Vgl. Daschke, Loss, 113f.

psychologically"[68] Auf psychosozialer Ebene erfülle dies – ebenso wie die Unterbindung des Trauerprozesses in Ez 24,15–24 – den Zweck, eine Gegenvision zu installieren, um die Mitexilierten darauf vorzubereiten, „to give up their attachment to their former Temple and all that is represented in terms of national and religious security"[69]. Dies führe dazu, dass zu dem Zeitpunkt, an dem die Zerstörung von Tempel und Stadt Realität werde (Ez 33,21f), „the followers of Ezekiel stand ready to accept a new vision of the future, for they have already been given a new vision of the past"[70]; im selben Moment verschwinde auch „the last of the prophet's melancholic symptoms"[71], seine Stummheit bzw. Sprachlosigkeit.

Nachdem die Trauer vorwegnehmend durchgearbeitet worden sei, nähme die Prophetie Ezechiels mit dem endgültigen Fall des Tempels einen völlig anderen Ton an – heilvolle Bilder gingen nun Hand in Hand mit dem regelmäßig wiederkehrenden Versprechen einer idealen Zukunft, wobei die Rückkehr der göttlichen Gegenwart (vgl. z.B. Ez 37,25–28) aber nicht die Rückkehr zu den Wegen der Vergangenheit bedeute (vgl. z.B. Ez 36,25–28)[72].

Anders als in den vorhergehenden Visionen sei die Vision des neuen Tempels und der neuen Stadt in Ez 40–48 nicht länger durch Angstmomente geprägt, sondern sei „a carefully created picture of new hopes and expectations based on a restructured understanding of reality"[73]; die in Ez 8–11 vorherrschende ‚Unheimlichkeit' sei kaum noch zu spüren. Als besonders wichtig für Ezechiel erweise sich dabei, dass die interne Logik seiner eigenen, in die Zukunft projizierten Wiederherstellung und sein Verstehen der Wiederherstellung Israels in einem einzigen visionären Bild korrelierten – „[t]he completed work of mourning includes the reinvention of Ezekiel's own capacity for priestly work"[74].

6. Posttraumatische Belastungsstörung

Die in den Klageliedern und im Ezechielbuch sich manifestierenden Gewalterfahrungen reflektiert der amerikanische Theologe Daniel L. Smith-Christopher in seiner 2002 erschienenen Monographie *A Biblical*

---

[68] Daschke, Loss, 121.
[69] Daschke, Loss, 123.
[70] Daschke, Loss, 123.
[71] Daschke, Loss, 124.
[72] Vgl. Daschke, Loss, 124f.
[73] Daschke, Loss, 129.
[74] Daschke, Loss, 130.

Theology of Exile in einem Kapitel mit der Überschrift „Listening to Cries From Babylon: On the Exegesis of Suffering in Ezekiel and Lamentations"[75]. In beiden biblischen Büchern ließen sich die Stimmen traumatisierter Gemeinschaften vernehmen – hier, bei den Opfern selbst, habe die Analyse der biblischen Auseinandersetzung mit den Exilsereignissen zu Beginn des 6. Jh.s v.u.Z. ihren Ausgangspunkt zu nehmen[76]. Um sich den Erfahrungen der Opfer anzunähern, setzt sich Smith-Christopher zunächst mit zeitgenössischen Studien über die Folgen von Flucht, Vertreibung und Deportation im Kontext von Kriegen und anderen kollektiven Gewalterfahrungen auseinander[77].

Ausführlich geht er in der Folge auf die psychoanalytische Auslegung Halperins ein, vor allem auf dessen Deutung von Ez 8,7–12 im Sinne (verdrängten) sexuellen Begehrens[78]. Die Erwähnung eines Lochs (חר) in der Mauer (V7) und die an den Propheten ergehende Aufforderung, die Mauer zu durchgraben (√חתר, V8), müssten auf die Situation der Belagerung Jerusalems und das Gefährdetsein der Stadt bezogen werden: „Thus, an image of Ezekiel digging through walls ought to suggest damage done to Jerusalem walls in a siege, and all Ezekiel must do is dig a bit further, and ‚behold,‘ an opening"[79]! Was Smith-Christopher an Halperins Überlegungen besonders kritisiert, ist die Vernachlässigung der im Ezechielbuch sich widerspiegelnden politischen Ereignisse – würden diese einbezogen, seien die Beweggründe des Propheten wesentlich plausibler und auf eine Weise zu erklären, die den Opfern der Katastrophe um Vieles gerechter werde:

> What appears to have driven Ezekiel [...] to act out the horrors of conquest – the scattering of refugees in fear, the butchering of those captured, and the taking of exiles – is what causes thousands upon thousands of traumatized humans to relieved memories that can literally drive them to despair, alcoholism, silence, and suicide. When analyzing a refugee's paranoia, surely a sword is sometimes actually a sword[80].

---

[75] Vgl. Daniel L. Smith-Christopher, *A Biblical Theology of Exile*, Minneapolis 2002, 75–104.

[76] Vgl. Smith-Christopher, Theology, 75–77.

[77] Vgl. Smith-Christopher, Theology, 78–83.

[78] Vgl. Smith-Christopher, Theology, 83–89, sowie Halperin, Ezekiel, 117: „Ezekiel 8:7–12 describes an act of sexual intercourse, represented in symbolic language and freighted with a heavy load of male sexual dread. I have shown that the language of the passage, especially [חר] and [חתר], is well suited to this interpretation."

[79] Smith-Christopher, Theology, 87.

[80] Smith-Christopher, Theology, 88 (mit Bezug auf Ez 5,1–4).

Was er daher im Folgenden vorschlägt, ist eine Analyse des Ezechielbuchs
unter Einbezug der Erkenntnisse der auf Individuen und Gemeinschaften ausgerichteten Trauma-Forschung, etwa in Orientierung an den im
Diagnostic and Statistical Manual of Mental Disorders (DSM) für *Posttraumatic Stress Disorder* aufgeführten Symptomen[81]. Die sich anschließende
knappe Analyse der im Ezechielbuch beschriebenen Zeichenhandlungen
vollzieht Smith-Christopher zwar vor dem eingeklagten Hintergrund,
allerdings ohne expliziten Rückbezug auf die vorgestellte zeitgenössische Psychotraumatologie. Wichtiger ist ihm in diesem Zusammenhang
die Verknüpfung von Ezechielbuch und Klageliedern, spiegelten doch
Ez 3,22–27 und Klgl 3,7 (Gebundensein mit Ketten), Ez 4,1–3 und Klgl 1,11,
2,12, 4,4–10 (Knappheit an Lebensmitteln und entsprechende Konsequenzen in der Belagerungssituation), Ez 5,1–17 und Klgl 1,1, 2,21 (dreifache
Bestrafung Jerusalems), Ez 12 und Klgl 1,3.18, 2,8 (Durchbrechen der Mauer
und Wegführung ins Exil) sowie Ez 21 und Klgl 2,21, 5,9 (die babylonische
Eroberungsmacht als „Schwert") dieselben peri- und posttraumatischen
Ereignisse und Erfahrungen wider[82].

Den Rest des Kapitels widmet der Autor der aus den wörtlichen und
motivlichen Ähnlichkeiten resultierenden Frage, ob die in biblischen Texten häufig festzustellenden stereotypen Formen der Klage und des Fluchs
als Hinweis auf die Nicht-Tatsächlichkeit der in ihnen betrauerten bzw. als
Fluchfolge angekündigten Geschehnisse zu bewerten sei, ein Urteil, das in
der neueren Forschung etwa in Form einer quasi generellen Leugnung des
Exils als historischem Ereignis mehr und mehr um sich greife[83]. Smith-
Christopher zufolge bricht sich in einer solchen Sichtweise ein „colonial
gaze"[84] Bahn, der im Verdacht stehe, Opferbeschuldigung zu betreiben:

> To read these texts [Ez; Klgl, R.P.] without some sense of the trauma of exile
> is tantamount of blaming the victims at the very least, and perhaps grossly
> misunderstanding much of the power of the text in its social context[85].

Unter Bezugnahme auf die Monographie von Smith-Christopher hat die
Alttestamentlerin Nancy R. Bowen im Jahr 2010 einen Ezechielkommentar
veröffentlicht, für den die Trauma-Perspektive von besonderer Wichtig-

---

[81] Vgl. Smith-Christopher, Theology, 89–94.
[82] Vgl. Smith-Christopher, Theology, 95f.
[83] Vgl. Smith-Christopher, Theology, 96–104.
[84] Smith-Christopher, Theology, 103.
[85] Smith-Christopher, Theology, 104.

keit ist[86]. Dabei nimmt die Autorin ihren Ausgangspunkt bei den traumatischen Deportationserfahrungen der (historischen) Prophetengestalt:

> If Ezekiel were such a refugee [den auf den Lachisch-Reliefs dargestellten Kriegsgefangenen vergleichbar, R.P.], might he have suffered from PTSD? This question was the impetus for exploring the connections between Ezekiel and trauma in this commentary[87].

Vor diesem Hintergrund macht Bowen im Ezechielbuch eine Vielzahl individueller wie kollektiver traumatischer Phänomene aus, die sie in den jeweiligen Zusammenhängen ausführlich bespricht (und auf die ich in meiner Auslegung der entsprechenden Textpassagen in Kapitel Sechs häufiger zurückkomme). Dabei, so jedenfalls mein Eindruck, scheint sie eher von der Annahme auszugehen, dass der Text Traumatisches *abbildet* als dass er *literarisch-theologische Auseinandersetzung* mit traumatischer Erfahrung ist. Das Ezechielbuch in seiner Gesamtanlage kommt daher nicht so sehr in den Blick, auch wenn Bowen annimmt, dass die verschiedenen Buchteile jeweils verschiedene Fragen von Trauma-Opfern beantworten wollen (Ez 1–24: „what happened?", „why did it happen?", „why did I act as I did then?"; Ez 25–32: „Why didn't anyone help me?"; Ez 34–48: „what if it happens again?")[88]. Insgesamt ist ihr Ansatz, was die Psychotraumatologie betrifft, kein durchgehender, systematischer, was vielleicht damit zusammenhängt, dass es der Autorin in besonderer Weise um die Bedeutung des Ezechielbuchs für den gegenwärtigen us-amerikanischen Kontext zu tun ist. Sie schreibt (und löst diese Vorgabe in den auf die Exegese jedes Buchabschnitts folgenden „theologisch-ethischen Analysen" auch ein):

> Where it seems appropriate, the commentary will consider the extent to which Ezekiel reflects issues of trauma and how contemporary knowledge of trauma might help illuminate and interpret Ezekiel. The most pertinent question is how study of trauma might help or hinder considering the significance of Ezekiel in today's context. Ezekiel is a response to national trauma. This commentary was written in the aftermath of the national trauma of September 11. It was also written during the war in Iraq. Trauma, individually and collectively, happens on a daily basis. The interplay of ancient and contemporary traumas will be evident throughout[89].

---

[86] Vgl. Nancy R. Bowen, *Ezekiel* (Abingdon Old Testament Commentaries), Nashville 2010, xv–xix. Die Bezugnahme auf Smith-Christopher, Theology, findet sich a.a.O., xvi.

[87] Vgl. Bowen, Ezekiel, xvi.

[88] Bowen, Ezekiel, xviii.152.

[89] Bowen, Ezekiel, xviii.

7. Auswertung

Alle in Abschnitt A. vorgestellten Ansätze basieren auf der Annahme, dass es sich bei „Ezechiel" um eine tatsächliche historische (Propheten-)Gestalt handelt, deren Persönlichkeit bzw. persönliches Ergehen aus dem – hier kommt eine weitere, keineswegs unumstrittene Annahme hinzu – von ihr verfassten literarischen Werk, dem Ezechielbuch, erschlossen werden kann. Auch Smith-Christophers Ausführungen beruhen m.E. weitgehend auf dieser Grundlegung; ein anderes Textmodell findet sich bei ihm aber immerhin angedeutet, wenn er Ez und Klgl als „voices of traumatized communities" bezeichnet[90].

Einigen AutorInnen scheint es dabei in erster Linie um den antiken Menschen Ezechiel und seine (Patho-)Biographie zu gehen (Broome, Jaspers, Lang, Halperin), während es anderen eher um ein Neu- oder Anders-Verstehen ‚seiner' Schrift zu tun ist (Daschke, Smith-Christopher, Bowen); Klostermann zielt, wie schon der Titel seines Beitrags verrät, auf beides. Tendenziell werden – Lang bildet hier eine Ausnahme – diesen Interessen entsprechend sozialgeschichtliche Überlegungen ausgeblendet oder (verstärkt) einbezogen. Die mögliche kollektive Dimension der Erkrankung des Propheten und sozialpsychologisch orientierte Überlegungen kommen nur bei Daschke, Smith-Christopher und Bowen in den Blick. Halperin hingegen deutet selbst noch diejenigen Textelemente, bei denen sich ein geschichtlicher Bezug auf die Kriegs- und Deportationsereignisse in Juda zu Beginn des 6. Jh.s v.u.Z. unzweifelhaft aufdrängt, im Sinne der psychoanalytischen Entwicklungsphasen und diesbezüglicher Störungen – ein Umstand, der ihm nicht nur den Widerspruch von Smith-Christopher eingetragen hat[91].

Aller Kritik an Halperins Ausführungen ist aber meiner Ansicht nach positiv entgegenzuhalten, dass er sich um eine neue Lesart der proble-

---

[90] Smith-Christopher, Theology, 76. Vgl. hierzu auch a.a.O., 95, wo es heißt: „To read Ezekiel with an eye to Lamentations suggests that many of Ezekiel's ‚bizarre' actions can be seen as modeling the trauma of the fall of Jerusalem, whether Ezekiel is acting on personal knowledge, or knowledge brought to him by recent refugees, or whether the texts have been redacted to reflect these realities."

[91] Vgl. hierzu David G. Garber, „Traumatizing Ezekiel, the Exilic Prophet", in: J. Harold Ellens/Wayne G. Rollins (Hg.), *Psychology and the Bible: A New Way to Read the Scriptures, Volume Two: From Genesis to Apocalyptic Vision*, Westport/London 2004, 215–235, 218f; David Jobling, „An Adequate Psychological Approach to the Book of Ezekiel", in: J. Harold Ellens/Wayne G. Rollins (Hg.), *Psychology and the Bible: A New Way to Read the Scriptures, Volume Two: From Genesis to Apocalyptic Vision*, Westport/London 2004, 203–213, 203–207; John J. Schmitt, „Psychoanalyzing Ezekiel", in: J. Harold Ellens/Wayne G. Rollins (Hg.), *Psychology and the Bible: A New Way to Read the Scriptures, Volume Two: From Genesis to Apocalyptic Vision*, Westport/London 2004, 185–201, 196.

matischen Kapitel Ez 16 und 23 und der diesen inhärenten Gewaltmetaphorik bemüht hat, die der in vielen Kommentaren implizit vorhandenen
Identifikation mit der Jerusalem (be-)treffenden Gewalttätigkeit JHWHs
eindeutig widerrät[92].

Der schwerwiegendste Einwand nicht nur gegenüber Halperin, sondern
gegenüber allen auf einen historischen Autor-Propheten Ezechiel bezogenen Diagnostizierungsversuchen ist letztlich ein texthermeneutischer:
Ein Text nämlich – und nur aus einem solchen wissen wir überhaupt
von „Ezechiel" – ist weder als Fenster zur (antiken) Wirklichkeit noch als
unmittelbare Widerspiegelung der Persönlichkeit seines Autors bzw. seiner Autorin zu betrachten. Im Falle des Ezechielbuchs kommt erschwerend hinzu, dass wir über seine Urheberschaft nur spekulieren können.
Sofern es einen historischen Ezechiel überhaupt gegeben hat, was man
immerhin postulieren kann – hat er sein Buch oder Teile davon verfasst?
Hatte er SchülerInnen, die über ihn geschrieben haben? Haben sie von
ihm geschrieben, wie sie ihn selbst erlebt haben? Welche Gruppierungen
haben (mögliche) ältere Buchausgaben überarbeitet und aktualisiert, mit
welchen Interessen? Wer ist – etwa bei der Einfügung des Ezechielbuchs
in den Kanonteil der Schriftprophetie – redigierend tätig gewesen? Doch
selbst wenn sich all diese Fragen beantworten ließen, wäre der Rückschluss auf den historischen Propheten und seinen Gesundheitszustand
zumindest problematisch, ist doch der im Ezechielbuch präsentierte Prophet eine literarische Hervorbringung des Textes, so dass jedenfalls Einzelheiten der historischen Persönlichkeit „Ezechiel" nicht rekonstruiert
werden können[93].

Zwar, so bleibt abschließend festzuhalten, eröffnen die hier
besprochenen Abhandlungen jede Menge neuer und interessanter
Ezechiel-Deutungen (und nicht zuletzt liest sich dieser Zweig der Forschungsgeschichte zum Ezechielbuch wie eine ‚kurze Geschichte der
Psychopathologie') – manches erweist sich jedoch vor allem aufgrund
methodisch-hermeneutischer Überlegungen als fraglich.

---

[92] Vgl. hierzu Schmitt, Ezekiel, 197: „One wonders where in the world Ezekiel got those
feelings that produced such words [Ez 16; 23, R.P.]. [...] Understanding where those feelings of Ezekiel come from helps people to not emulate such feelings. Halperin explicitly
encourages the reader not to rely on Ezekiel's depiction of God."
[93] Vgl. auch Garber, Ezekiel, 220, und hierzu unten Abschnitt E. Pohlmann hingegen
hält den „Rückschluß auf den historischen Ezechiel und [...] seine psychische Konstitution" dann für möglich, „wenn die Redaktionsgeschichte des Buches durchschaut und
der Unterschied zwischen primären Überlieferungen und sekundären Ausgestaltungen
erkannt ist" (ders., Hesekiel 1–19, 40).

B. Die (Re-)Prophetisierung des Historischen Autor-Propheten Ezechiel

1. *Totale Inanspruchnahme des Propheten durch Gott*

In seinem Artikel „Zur Psychopathologie und Verkündigung Ezechiels. Zum Phänomen der prophetischen Ekstase" aus dem Jahr 1981 skizziert der Psychiater und Theologe Bernhard Bron zunächst Stationen der psychopathologischen Deutungsgeschichte der Ezechielprophetie, wobei er sich vor allem auf die Ausführungen von Karl Jaspers bezieht[94]. Den Propheten betrachtet Bron als tatsächliche historische Gestalt, als Hintergrund seines Wirkens nimmt er den im Ezechielbuch selbst geschilderten zeitlichen und räumlichen Rahmen an[95]. (Visionär-)ekstatische Phänomene, wie sie sich auch im Kontext schizophrener Psychosen in unterschiedlichsten Formen beobachten lassen, nähmen bei Ezechiel einen breiten Raum ein und erführen vielfältige Umschreibungen, etwa im Motiv des Kommens (Ez 1,3; 3,22; 8,1; 33,22; 37,1; 40,1) oder Lastens (3,14) der Hand Jhwhs, in den Einwirkungen des Geistes Jhwhs (3,12; 8,3; 11,1.24; 43,5), im Niederfallen (1,28; 3,23; 9,8; 43,3; 44,4), Verstummen (3,22–27; 24,25–27; 33,21–22) und Erstarren (3,15) sowie in den „Entraffungen" des Propheten (3,22–24; 8–11; 37,1f; 40,1; 43,1–9; 44,1–3; 47,1–12)[96]. Die im Ezechielbuch beschriebenen symbolischen Handlungen zeichneten sich, so Bron weiter, durch „teilweise sehr bizarre Ausgestaltungen"[97] aus, wichtig sei aber ihre untrennbare Verknüpfung mit dem Wort Gottes. Dadurch – und durch die der Ezechielprophetie eigentümliche Stilisierung der Zeichenhandlungen – seien sie nicht nur eine Verdeutlichung und Versinnbildlichung des göttlichen Wortes, sondern selbst Verkündigung; gleichzeitig ließen sie, wie auch der existentielle Einbruch des visionär-ekstatischen Erlebens und die Verpflichtung Ezechiels zum Wächter, „die totale Inanspruchnahme des Propheten durch seinen Auftrag deutlich werden"[98].

---

[94] Vgl. Bernhard Bron, „Zur Psychopathologie und Verkündigung des Propheten Ezechiel. Zum Phänomen der prophetischen Ekstase", *Schweizer Archiv für Neurologie, Neurochirurgie und Psychiatrie* 128 (1981), 21–31, 21f.

[95] Vgl. Bron, Psychopathologie, 23.

[96] Vgl. Bron, Psychopathologie, 22–24.

[97] Bron, Psychopathologie, 25.

[98] Vgl. Bron, Psychopathologie, 27f.

In seinem [Ezechiels, R.P.] Leben zeigt sich die Radikalität und Uneinge-
schränktheit des von Gott geforderten Vertrauens und Gehorsams. Gottes
Anspruch ist total und umfasst das ganze Leben des Propheten[99].

Der Nachweis einer Geisteskrankheit bei den ersttestamentlichen Propheten dürfte – diesen Punkt hebt Bron gegen Ende seiner Ausführungen besonders hervor – „vor allem an der Kulturbedingtheit des Urteils
scheitern"[100]. Die von Jaspers zur Begründung seiner These aufgeführten
psychopathologischen Phänomene fügten sich, berücksichtige man das
religiös-kulturelle Umfeld, in die Verkündigung des Propheten ein, und
stellten keine Überschreitung sonstiger Beschreibungen (religiöser) ekstatischer Erlebnisse dar. Auch eine radikale Geschiedenheit zwischen der
Welt des Propheten und seiner Mitwelt, die auf eine Geisteskrankheit hindeuten könnte, lasse sich nicht feststellen.

> Die pathobiographische Analyse Ezechiels lässt deutlich werden, wie
> schwierig die Beurteilung psychopathologischer Phänomene im transkultu-
> rellen Bereich sein kann, wenn die historische Distanz und Unterschiede
> des kulturellen und religiösen Lebens sehr gross sind, so dass ein Zugang
> nur in begrenztem Rahmen und mit Zurückhaltung möglich ist[101].

Im Einleitungsteil seines zweibändigen Ezechielkommentars aus den
Jahren 1997 und 1998 bezeichnet der Bibelwissenschaftler Daniel I.
Block die psychoanalytische Herangehensweise als „far too speculative
about Ezekiel's past and too conjectural about his emotional state to be
convincing"[102]. Die Phänomene, die von anderen AutorInnen als Hinweise
auf eine Erkrankung Ezechiels betrachtet werden, sieht er ähnlich wie
Bron als Folge der göttlichen Einwirkung auf den Propheten und dessen –
positiv verstandener – Besessenheit durch Jhwh.

> His [Ezekiel's, R.P.] prophetic experiences, symbolic actions, and oracular
> pronouncements derive from encounters with God that have affected his
> entire being but were all directly related to his ministry. What other pro-
> phets spoke of, Ezekiel suffers. He is a man totally possessed by the Spirit of
> Yahweh, called, equipped, and gripped by the hand of God[103].

---

[99] Bron, Psychopathologie, 28.
[100] Bron, Psychopathologie, 28.
[101] Bron, Psychopathologie, 30.
[102] Daniel I. Block, *The Book of Ezekiel: Chapters 1–24* (NIC.OT), Grand Rapids 1997, 11.
[103] Block, Ezekiel 1–24, 11.

2. *Prophetische Erfahrung des Ganz-Anderen*

Der Psychiater Hubertus Tellenbach zeichnet in seinem Aufsatz „Ezechiel: Wetterleuchten einer ‚Schizophrenie' (Jaspers) oder prophetische Erfahrung des Ganz-Anderen" (1987) zunächst die Krankengeschichte Ezechiels bis hin zu den Ausführungen von Jaspers nach, wobei er vor allem die Deutung Edwin C. Broomes als „Konstruktion" herausstellt[104]. Tellenbach zufolge sind die „erregten Berichte Ezechiels" nicht im Sinne einer pathologischen Bewusstseinsveränderung zu verstehen, sondern „eher ein Hinweis darauf, dass es bei ihm, angesichts seines unmittelbaren dialogischen Gegenüber zu Jahwe, zu einer ungeheuren *Steigerung* des Bewusstseins gekommen ist"[105]. Wie Ezechiel die Offenbarung mit allen Sinnen aufnehme – Beispiel hierfür sei das Essen der Schriftrolle in Ez 2,8–3,3 –, so greife die Bildwelt des Symbolischen auch auf die Sphäre des Geschlechtlichen über, doch auch das von Jaspers in diesem Bereich beanstandete ‚Zuviel' stehe im Dienst der Sache und werde von Ezechiel überwunden, sei mithin also nicht als Hinweis auf eine Schizophrenie in Anspruch zu nehmen[106]. Die den Berichten Ezechiels innewohnende ‚Kälte' und ‚unmenschliche Fremdheit', von Jaspers ebenfalls im Sinne schizophrener Pathologie gedeutet, nimmt auch Tellenbach wahr, sieht in ihnen aber eine Wappnung des Protagonisten gegen die unerträgliche Härte des prophetischen Amts und mit Gerhard von Rad die Widerspiegelung einer „außergewöhnliche[n] geistige[n] Gestaltungskraft"[107]. Schließlich – und das ist Tellenbachs Hauptthese gegen eine Pathologisierung Ezechiels – sei die prophetische Erfahrung, anders als „jede[r] psychotische[] Einbruch", bei dem immer „irgendwelche biographischen Voraussetzungen erkannt werden können", „vollends *abiographisch*"[108]:

> Nichts deutet in der Lebensgeschichte eines Propheten auf eine der so sehr spezifischen Berufungen hin – auch nicht in retrospektiver Einstellung. Der Bios der prophetischen Erfahrung ist nicht der Bios der Biographie, in den sie eindringt wie Fremdes, um danach ganz ausschließlich über ihn zu verfügen, bis tief hinein in den Bios der Biologie – wenn auch zeitlich nicht

---

[104] Vgl. Hubertus Tellenbach, Ezechiel: „Wetterleuchten einer ‚Schizophrenie' (Jaspers) oder prophetische Erfahrung des Ganz-Anderen", *Daseinsanalyse* 4 (1987), 227–236, 227–230 (Zitat a.a.O., 229).

[105] Tellenbach, Ezechiel, 231.

[106] Vgl. Tellenbach, Ezechiel, 232.

[107] Vgl. Tellenbach, Ezechiel, 233–235. Das Zitat stammt aus Gerhard von Rad, *Theologie des Alten Testaments, Band II: Die Theologie der prophetischen Überlieferungen Israels*, München ⁷1980 [1960], 231.

[108] Tellenbach, Ezechiel, 235.

unbegrenzt. Insofern ist – genetisch gesehen – die prophetische Erfahrung primär ahistorisch, von der Berufung an aber historisch absolut prägend. Sie ist von grandioser Unfreiwilligkeit. Man spürt in ihr eine ,luft von anderen planeten'[109].

3. *Prophetische Ekstase als* Altered State of Consciousness Experience (*ASC*)

Anders als in den bisher vorgestellten Veröffentlichungen nimmt der Theologe John J. Pilch in seinem Aufsatz „Ezekiel – An Altered State of Consciousness Experience" aus dem Jahr 2006 seinen Ausgangspunkt nicht bei der Diagnostizierung Ezechiels. Vielmehr bezieht er sich auf die prophetische Berufungserfahrung und die Gattung ,Berufungsbericht', wie sie Norman Habel auch für Ez 1,1–3,27 beschrieben hat[110]. Während Letzterer allerdings festhielt, dass „it is virtually impossible to analyze the psychological dimensions of the prophetic calls"[111], will Pilch eben diese Lücke schließen, indem er nachzuweisen sucht „that the calls of individuals to be prophets or messengers of God took place in ASCs"[112]. Solche veränderten Bewusstseinszustände – eine genauere Definition derselben bietet der Autor nicht – seien, so hätten anthropologische und neurowissenschaftliche Untersuchungen ergeben, als transhistorische und transkulturelle Phänomene zu begreifen[113].

Vor diesem Hintergrund unternimmt er es sodann, die in Ez 1,1–3,27 beschriebenen Erfahrungen des Propheten, darunter einige, die andere AutorInnen als Symptome einer psychischen Erkrankung Ezechiels beurteilen, als Elemente einer ASC darzulegen (z.B. Ezechiels ,Besetztwerden' durch die göttliche Hand [vgl. z.B. Ez 1,3], die Lichterscheinungen in Ez 1,4–28a, das spirituelle Bewegtwerden des Propheten [vgl. Ez 2,2; 3,12.14.24] sowie dessen Sprachlosigkeit [vgl. 3,22–27])[114].

---

[109] Tellenbach, Ezechiel, 235 (unter Verwendung eines Zitats des Dichters Stefan George).

[110] Vgl. John J. Pilch, „Ezekiel – An Altered State of Consciousness Experience. The Call of Ezekiel: Ezekiel 1–3", in: Philip F. Esler (Hg.): *The Old Testament in its Social Context*, Minneapolis 2006, 208–222, 208–211.

[111] Norman Habel, „The Form and Significance of the Call Narratives", *ZAW* 77 (1965), 297–323, 317.

[112] Pilch, Ezekiel, 222.

[113] Vgl. Pilch, Ezekiel, 211.

[114] Vgl. Pilch, Ezekiel, 211–221.

Die Frage, warum einige Propheten sich der Gattung Berufungsbericht bedient hätten, um das ihnen Widerfahrene zu beschreiben, sei, so schließt Pilch, in diesem Zusammenhang einfach zu beantworten:

> It is not simply that they were struggling to put the ineffable into words and reached for the stereotypical. [...] Since the social system also specifies the behavioral pattern by which ASCs are experienced and interpreted, it is quite plausible that visionaries did behave in just the way the literary pattern reports. The report of Ezekiel's call vision fits the pattern of ASC experiences described by contemporary cognitive neuroscience and cultural anthropology[115].

4. *Auswertung*

Auch den in den Abschnitten B. präsentierten Forschungsbeiträgen geht es um die historische Prophetengestalt, wie man sie dem Ezechielbuch entnehmen zu können glaubt – insofern trifft die in Abschnitt A., 7. formulierte texthermeneutische Kritik hier genauso zu.

Zwar ist man sich grundsätzlich darin einig, es mit einer Persönlichkeit einer anderen Zeit und Kultur zu tun zu haben – Bron führt dies sogar explizit an, um zur Vorsicht gegenüber psychopathologischen Aussagen zu mahnen –, weitergehende (sozial-)geschichtliche Überlegungen werden aber von keinem der vier Autoren angestellt. Tellenbach betont gerade das „Ahistorische" der prophetischen Berufung, während Pilch diese als *Altered State of Consciousness Experience* als etwas Transkulturelles und Transhistorisches charakterisiert, das sich gleichwohl in kulturell und historisch gebundenen Formen (‚Berufungsbericht') niederschlage. Ersteres ist u.a. deshalb problematisch, weil uns Biographien der ersttestamentlichen ProphetInnen schlechterdings nicht zur Verfügung stehen – hier ist einmal mehr an den texthermeneutischen Einwand zu erinnern. Dem Ansatz von Pilch kann ich in seiner Annahme transkultureller und -historischer anthropologischer Grunderfahrungen durchaus zustimmen, problematisch allerdings erscheint mir, dass der Autor an keiner Stelle nach den Auslösern von ASCs fragt. Nicht erst die Begegnung mit dem Göttlichen – wie auch immer man sich diese vorzustellen hat –, sondern auch die Einnahme bestimmter Substanzen, diverse Erkrankungen und

---

[115] Pilch, Ezekiel, 222.

nicht zuletzt Traumata können zu veränderten Bewusstseinszuständen führen[116].

Insbesondere bei Block, ansatzweise auch bei Bron und Tellenbach, ist das Bemühen zu spüren, ein bestimmtes Bild des Propheten als herausragender Einzelgestalt mit außergewöhnlichem Gottesbezug zu (re-)konstruieren[117], in das eine Erkrankung, noch dazu eine psychische, nicht hineinzupassen scheint. Hier führt wohl auch der Wunsch, (den historischen Autor-Propheten) Ezechiel vor allzu menschlicher Betrachtung oder gar vor ‚übler Nachrede' zu bewahren, dazu, dass Überlegungen zur Wirklichkeitsreferenz des Textes ebenso zu kurz kommen wie solche zum Verhältnis von Text und Erfahrung. Nur so ist es m.E. zu erklären, dass Block verschiedene, dem Ezechielbuch entnommene Sprachbilder (z.B. das der Hand JHWHS, vgl. hierzu das in Abschnitt 1. aufgenommene Zitat) als ‚Beweis' für das besondere Gottesverhältnis Ezechiels anführt, ohne dass nach dem Woher und Wohin dieser Sprachbilder gefragt würde. Die Befremdlichkeiten des Ezechielbuchs werden weniger als Sache der Auslegung denn als selbstevidente Glaubenssache zur Darstellung gebracht, sind doch „the ways of the Lord [...] often strange and inscrutable"[118].

Insgesamt vermögen also auch diejenigen Ansätze, die die Merkwürdigkeiten des Ezechielbuchs auf das Außergewöhnliche der prophetischen Erfahrung (Ezechiels) zurückführen, nicht voll zu überzeugen.

C. Ezechiels Sprachlosigkeit und Gebundensein in Literar- und Redaktions-kritischer Perspektive

Unabhängig von der Frage, ob und inwiefern das Ezechielbuch Aufschlüsse über den Gesundheitszustand des (historischen) Propheten erlaubt, wurde das in Ez 3,22–27, 24,25–27 und 33,21f enthaltene Motiv der

---

[116] Vgl. hierzu John P. Wilson, *Trauma, Transformation and Healing: An Integrative Approach to Theory, Research, and Post-Traumatic Therapy*, New York 1989, 38–71. Wilson macht darauf aufmerksam, dass das traditionelle Schwitzhüttenritual der Native Americans zur Reduktion traumatischer Zustände eingesetzt werden kann, weil es einen *Altered State of Consciousness* hervorruft (vgl. hierzu auch unten Kap. Drei, Anm. 7).

[117] Vgl. hierzu auch Karin Schöpflin, *Theologie als Biographie im Ezechielbuch. Ein Beitrag zur Konzeption alttestamentlicher Prophetie* (FAT 36), Tübingen 2002, 10–17.

[118] So schreibt Block (ders., Ezekiel 1–24, 161) zu den theologischen Implikationen von Ez 3,22–27. Zur Kritik an Blocks Kommentarwerk, das nichtsdestotrotz eine ungeheure Fülle an Informationen zum Ezechielbuch zusammenträgt, vgl. auch Karl-Friedrich Pohlmann, *Ezechiel. Der Stand der theologischen Diskussion*, Darmstadt 2008, 35f.

Sprachlosigkeit Ezechiels in der ersttestamentlichen Forschung immer wieder als erklärungsbedürftig empfunden. Dies hängt vor allem mit den (vermeintlichen) Widersprüchen zusammen, die sich aus der Sprachlosigkeitsankündigung in 3,26f ergeben – denn wie sollte ein stummgemachter Prophet (weiter) seines Amtes walten können? Von den zahlreichen Versuchen, diesen Umstand literar-, redaktions- oder kompositionskritisch zu erläutern[119], stelle ich im Folgenden vier recht unterschiedliche vor, zwei etwas ältere von Ernst Vogt und Robert R. Wilson, die in der neueren Forschungsliteratur vielfach aufgenommen worden sind[120], und zwei jüngere von Karl-Friedrich Pohlmann und Karin Schöpflin, die anzeigen, dass literar-, redaktions- und kompositionskritische Überlegungen in Bezug auf das ezechielische Stummheitsmotiv nach wie vor, wenn auch unter teilweise veränderten Vorzeichen, durchaus prominent sind. Bei Vogt und Pohlmann zielen diese Überlegungen vorrangig auf die Erhellung der Entstehungsgeschichte des Textes, während es Wilson und Schöpflin stärker um die (theologische) Bedeutung der prophetischen Sprachlosigkeit geht.

1. Das aus Kap. 24 in den Berufungsbericht gewanderte Stummheitsmotiv

In seinem 1970 veröffentlichten Festschriftsbeitrag für Walther Eichrodt, „Die Lähmung und Stummheit des Propheten Ezechiel", macht es sich der Alttestamentler Ernst Vogt zur Aufgabe, den literarhistorischen Zusammenhang von Ez 3,25f, 4,4–8, 24,25–27 und 33,21f und der in diesen Textpassagen vorkommenden Motive der Stummheit und Lähmung Ezechiels einer möglichst überzeugenden Erklärung zuzuführen.

Aufgrund des harten Übergangs zwischen V24 und V25 sei, so hält Vogt zunächst fest, zu vermuten, dass Ez 3,25f „einmal andere Worte vorausgegangen sind"[121]; viel schwerer aber falle die Stellung von V25f am Anfang

---

[119] Vgl. hierzu Johannes Herrmann, *Ezechiel* (KAT XI), Leipzig/Erlangen 1924, 153f; Hölscher, Hesekiel, 55–61; George A. Cooke, *The Book of Ezekiel* (ICC 20), Edinburgh 1951 [1936], 46–48; Georg Fohrer, *Die Hauptprobleme des Buches Ezechiel* (BZAW 72), Berlin 1952, 86f; Garscha, Studien, 83–86; Hans Ferdinand Fuhs, *Ezechiel* (NEB.AT 7), Würzburg 1984, 30–32.133.185f; Joseph Blenkinsopp, Ezekiel (Interpretation), Louisville 1990, 31f; Leslie C. Allen, *Ezekiel 1–19* (WBC 28), Nashville 1994, 61–63; Franz Sedlmeier, *Das Buch Ezechiel. Kapitel 1–24* (NSK.AT 21/1), Stuttgart 2002, 327f.

[120] Vgl. nur die Auseinandersetzung bei Gregory Y. Glazov, *The Bridling of the Tongue and the Opening of the Mouth in Biblical Prophecy* (JSOT.S 311), Sheffield 2001, 244–253.

[121] Ernst Vogt, „Die Lähmung und Stummheit des Propheten Ezechiel", in: Hans Joachim Stoebe u.a. (Hg.), *Wort – Gebot – Glaube* (FS W. Eichrodt) (AThANT 59), Zürich 1970, 87–100, 88.

des Buches ins Gewicht, komme dadurch doch Gott mit sich selbst in direkten Widerspruch:

> Eben noch hat er [Gott, R.P.] den Propheten feierlich zum Volk gesandt und ihn dringend beauftragt, unentwegt zum Volk zu sprechen, und gleich darauf hindert er ihn absichtlich durch die Stummheit an der Ausführung seines eigenen Auftrages. Eine sofortige Unterbindung der Redefähigkeit, die erst nach dem Fall Jerusalems aufhörte (33,21f), widerspricht auch der ganzen in Ez 4–24 berichteten Tätigkeit des Propheten, die keine solche Behinderung verrät[122].

Die Schwierigkeiten von Ez 24,25–27 wiederum – etwa, „daß das Ende der Stummheit unvermittelt angekündigt wird, ohne daß im ganzen Kapitel überhaupt von Stummheit, noch weniger von ihrem Beginn die Rede gewesen wäre"[123] – berechtigten dazu, „hier nach einer Textlücke auszuschauen und zu versuchen, sie durch die Ankündigung der Stummheit von 3,25–26 zu schließen"[124]. Ez 3,25aβ-26a sei dementsprechend hinter Ez 24,26aα einzuordnen, wodurch sich sowohl in Kap. 3 als auch in Kap. 24 „zwei vollständige, stilistisch tadellose und einander sowohl strukturell als auch inhaltlich entsprechende Aussagen über Beginn und Ende der Stummheit" ergäben[125]. Die Sprachlosigkeit des Propheten habe demnach am Tag der Zerstörung Jerusalems begonnen (vgl. Ez 24,25) und, so sei sodann aus Ez 33,21f zu schließen, bis zu dem Tag gedauert, an dem der Flüchtling aus Jerusalem bei Ezechiel eintraf, also 25 Wochen[126]. Die in Ez 4,4–8 enthaltenen Formulierungen schließlich seien als noch einmal mehrfach in sich geschichtete Nach- bzw. Uminterpretation des aus Ez 24 nach vorne gerückten Stummheits- bzw. Bindungsmotivs zu begreifen[127].

Eine Erklärung für die von ihm vermuteten Textumstellungen – durch die ja nach Meinung von Vogt der ursprünglich sinnvolle Wortlaut von Ez 24,25–27 verunstaltet worden ist – liefert der Autor indes nicht[128].

---

[122] Vogt, Lähmung, 88.
[123] Vogt, Lähmung, 91.
[124] Vogt, Lähmung, 92.
[125] Vogt, Lähmung, 93.
[126] Vgl. Vogt, Lähmung, 93–96.
[127] Vgl. Vogt, Lähmung, 96–100.
[128] Vgl. hierzu aber Ernst Vogt, *Untersuchungen zum Buch Ezechiel* (AnBib 95), Rom 1981, 94f. In der Wiederveröffentlichung des in Frage stehenden Aufsatzes im Jahr 1981 hat Vogt hier einige Ergänzungen vorgenommen. Er formuliert nun, dass „der jetzige Text von Ez 24,25–27 sicher sinnlos ist und gewiss nicht so von Ezechiel verfasst worden ist. Also ist sein ursprünglicher Text, der jedenfalls sinnvoll gewesen ist, ohne Zweifel gewaltsam gestört worden, doch wohl von späteren Bearbeitern." (A.a.O., 95.) Begründet wird die Textzerstörung in Kap. 24 folgendermaßen (ebd.): „Gleich nach dem Bericht über die 1.

2. Die Einfügung des Stummheitsmotivs als nachträgliche Rechtfertigung Ezechiels

Der Alttestamentler Robert R. Wilson geht in seinem 1972 veröffentlichten Artikel „An Interpretation of Ezekiel's Dumbness" davon aus, dass die von Ezechiels Stummheit handelnden Passagen (Ez 3,22–27; 24,25–27; 33,21f) von einem Redaktor/Herausgeber in ein älteres Prophetenbuch eingefügt wurden[129]. Obwohl es dadurch zu Widersprüchen zur Berufungserzählung in Ez 1,1–3,21 (der zunächst zum redenden [!?] Wächter Israels bestellte Prophet werde in Ez 3,26 sprachlos gemacht) und zu den Kap. 4–33 (die Kapitel enthalten eine Reihe prophetischer Reden, deren Übermittlung Ezechiel zumindest aufgegeben wird) gekommen sei, habe der Verfasser dieser Verse den Lesenden offensichtlich zu verstehen geben wollen, „that the dumbness continued from the prophetic call to the fall of the city"[130]. Diesen Umstand gelte es, so Wilson weiter, zu erklären – der Hinweis, dass Ez 3,22–27 ursprünglich an eine andere Stelle des Buches gehört habe, reiche zur Klärung kaum aus. Ezechiel werde, so arbeitet der Autor dann in der Folge heraus, deshalb stumm gemacht und ans Haus gebunden, um nicht als Mediator oder Schlichter zwischen Volk und Gott fungieren zu können. Die Aufgabe des איש־מוכיח nämlich, die dem Propheten in Ez 3,26 infolge seiner Sprachlosigkeit verunmöglicht wird, liege in rechtlichen Kontexten darin, widerstreitende Parteien miteinander ins Gespräch zu bringen[131].

> The implication of iii 26 is that in the dialogue which Yahweh carries on with his people through the prophet, communication can now move in only one direction: from Yahweh to the people. No longer can the people argue with Yahweh through the prophet. The time for a fair trial has past. [...] The prophet is *only* to deliver the sentence of the Divine Judge[132].

Ziel der Einfügung der Stummheitsnotizen sei letztlich die Rechtfertigung des Propheten, zu dessen Aufgaben es eigentlich gehört hätte, für sein

---

Aufgabe des Propheten, Unheil vorauszusagen (2,8–3,15), wurde die zeitlich viel spätere 2. Aufgabe, als Wächter vor dem Tod zu bewahren, aus Kap. 33 in 3,17–21 vorausgenommen. Ähnlich wurde die 3. Aufgabe des Propheten, durch die ihm von Jahwe auferlegte Stummheit und Lähmung die bereits erfolgte Einnahme Jerusalems passiv zu bezeugen, aus Kap. 24 irgendwie in das Kap. 3 übertragen. So wurden alle drei Aspekte des Prophetenamtes Ezechiels dem Leser gleich zu Beginn des Buches vor Augen gestellt."

[129] Vgl. Robert R. Wilson, „An Interpretation of Ezekiel's Dumbness", *VT* 22 (1972), 91–104, 93f.104.

[130] Wilson, Dumbness, 93.

[131] Vgl. Wilson, Dumbness, 97–102.

[132] Wilson, Dumbness, 101f.

Volk bei Jhwh Fürsprache zu halten, um so den Untergang Jerusalems zu verhindern (vgl. Ez 13,5). Dadurch, dass Ezechiel durch Jhwh unmittelbar im Anschluss an seine Berufung zur Sprachlosigkeit verdammt worden sei, sei ihm von vornherein jede Möglichkeit genommen worden, zugunsten Israels bei Jhwh einzutreten: „So the prophet could be absolved of any laxity in performing his office."[133]

3. Die Ausarbeitung des Stummheitsmotivs als Folge verschiedener Redaktionen des Ezechielbuchs

Grundsätzlich rechnet der Alttestamentler Karl-Friedrich Pohlmann damit, „dass für die Genese des Buches im Wesentlichen vier prägende Kompositions- und Bearbeitungsprozesse ausschlaggebend waren"[134]. Ein älteres, vermutlich noch aus exilischer Zeit stammendes Prophetenbuch sei im ausgehenden 5. Jh. v.u.Z. zunächst von einer „golaorientierten Redaktion" überarbeitet worden, die den Sonderstatus der ersten *Gola* von 598/97 v.u.Z. habe herausstellen wollen. Durch die sich anschließende „diasporaorientierte[] Bearbeitung" (4. Jh. v.u.Z.) habe man diesen Sonderstatus auf die weltweite Diaspora ausweiten wollen. Des Weiteren sei von „apokalyptisierenden/protoapokalyptischen Bearbeitung[en]" auszugehen[135].

Das Verstummungsmotiv sowie das Beziehungsgeflecht von Ez 3,22–27, 24,25–27 und 33,21f sei auf mit der golaorientierten Redaktion einerseits, der diasporaorientierten Bearbeitung andererseits in Zusammenhang stehende buchkonzeptionelle Anliegen zurückzuführen, wobei auch die Textpassagen über Ezechiels Bestellung zum Wächter in 3,16b-21 und 33,1–20 eine wesentliche Rolle spielten[136]. Die in Ez 3,16b-27 und 33,1–22 vorliegenden Verknüpfungen der beiden Motive ‚Ezechiel als Wächter' und ‚Ezechiels Verstummen' seien „in der tendenziösen Absicht vorgenommen worden, den von der golaorientierten Redaktion betonten Sonderstatus der ersten Gola zu nivellieren"[137]. Mit Ez 3,16b-21 nämlich habe die golaorientierte Redaktion Ezechiel exklusiv als Wächter für die erste *Gola* vereinnahmen wollen. Die diasporaorientierte Bearbeitung allerdings habe diesem Anspruch zu widersprechen versucht, indem sie mit

---

[133] Wilson, Dumbness, 104.
[134] Pohlmann, Ezechiel, 94.
[135] Vgl. ausführlich Pohlmann, Ezechiel, 81–94. Zur zeitlichen Einordnung der verschiedenen Schichten bzw. Redaktionsstufen des Buches vgl. ders., Hesekiel 1–19, 33f.
[136] Vgl. Pohlmann, Ezechiel, 189.
[137] Pohlmann, Ezechiel, 189.

der Einfügung von Ez 3,22–27 zum Ausdruck gebracht habe, dass Ezechiel sein Wächteramt für die erste *Gola* aufgrund einer Stummheit nicht habe ausüben können, wobei sie auf eine bereits im älteren Prophetenbuch enthaltene (Ez 24,25–27*) und von der golaorientierten Redaktion ausgebaute Sprachlosigkeitsnotiz (Ez 33,21f) habe zurückgreifen können[138]. Mit der Verdoppelung des Wächtermotivs aus Ez 3,16b-21 in Ez 33,1–20 – vor der sich anschließenden Bemerkung über die Aufhebung von Ezechiels Stummheit im Zusammenhang mit der Benachrichtigung über die endgültige Zerstörung Jerusalems – schließlich hätten die diasporaorientierten Bearbeiter noch einmal verdeutlicht, „dass Ezechiel eben bis zu diesem Zeitpunkt sein Wächteramt für die erste Gola nicht wahrnehmen durfte"[139]. Sie hätten damit zeigen wollen, dass sein „Wirken als Wächter ebenso wie die in Ez 34 ff. ihm aufgetragenen Heilsworte [...] auch den der Katastrophe von 587 v.Chr. Entronnenen" bzw. der „Diaspora generell" gelten[140].

4. *Das Stummheitsmotiv in buchkompositorisch-theologischer Funktion*

In ihrer im Jahr 2002 erschienenen Monographie *Theologie als Biographie im Ezechielbuch. Ein Beitrag zur Konzeption alttestamentlicher Prophetie* analysiert die Alttestamentlerin Karin Schöpflin u.a. Ez 1–7[141]. Bei diesen Kapiteln handele es sich um „eine breite programmatische Einleitung, die deutlich als literarisches Produkt, hinter dem keine echte Biographie steht", zu erkennen sei[142]. Nach einem ausführlichen Überblick über die bisherige Forschung zum „sogenannte[n] Verstummungsmotiv (3,24b-27)"[143], in den sie durchaus auch die Krankheitshypothese einbezieht[144], gelangt die Autorin zu dem Schluss, dass die in Frage stehende Passage „eine kompositorische und zugleich programmatisch theologische Funktion erfüllt"[145]. Ez 3,26 und 33,22 korrespondierten einander, so dass das Motiv der Sprachlosigkeit die Unheilsankündigungen des Ezechielbuches rahme[146]. Auch in Ez 24,25–27 markiere das Verstummungsmotiv eine Schnittstelle „am Ende der Drohworte gegen Israel und vor dem Beginn der Sammlung

---

[138] Vgl. Pohlmann, Ezechiel, 189f.
[139] Pohlmann, Ezechiel, 189.
[140] Pohlmann, Ezechiel, 189.
[141] Vgl. Schöpflin, Theologie, 127–254.
[142] Schöpflin, Theologie, 346.
[143] Schöpflin, Theologie, 171.
[144] Vgl. Schöpflin, Theologie, 173–178.
[145] Schöpflin, Theologie, 178.
[146] Vgl. Schöpflin, Theologie, 178.

der Völkersprüche"[147]. Insgesamt also scheint Schöpflin für alle drei Passagen mit einem einzigen Verfasser zu rechnen – doch kommt es ihr eher auf die literarische Gestalt(ung) des Buches an. Die konzeptionellen Beobachtungen jedenfalls legten es, so die Autorin weiter, nahe, in Ezechiels Sprechunfähigkeit eine „rein theologisch begründete Beschränkung[] der Kommunikation [...] mit seinen Mitbürgern"[148] zu sehen:

> Betont werden soll die Tatsache, daß YHWH von einem bestimmten Zeitpunkt an nur noch das nahe bevorstehende Unheil ansagen läßt, bis es schließlich eingetreten ist. Um dies zu erreichen, nimmt Gott Ezechiel vollständig und exklusiv in seinen Dienst – Ezechiel wird zum reinen Instrument Gottes. Ein persönliches Leiden dieses Menschen an diesen Lebensumständen ist dabei – anders als im Jeremiabuch – nicht im Blick. Ezechiels Klausur und sein Schweigen sind somit theologisches Programm[149].

5. Auswertung

Die in Abschnitt C. skizzierten Beiträge stellen gegenüber den in Abschnitt A. und B. vorgestellten insofern eine Besonderheit dar, als sie sich nahezu ausschließlich nur auf die Auslegung des Stummheits- und Gebundenheitsmotiv in Ez 3,22–27, 24,25–27 und 33,21f und dessen Relation zum Ganzen des Ezechielbuchs beziehen. Obwohl Vogt und Wilson gleichsam selbstverständlich um dessen Existenz zu wissen scheinen, ist der historische Ezechiel dabei nicht primär im Blick – Pohlmann und Schöpflin gehen gar von der Annahme aus, über den Text an eine geschichtliche Prophetengestalt nicht herankommen zu können.

Startpunkt der literar-/redaktionskritischen Überlegungen sind – zumindest bei Vogt, Wilson und Pohlmann – die (vermeintlichen) Widersprüche oder Inkonsistenzen des Textes, die Vogt darüber hinaus als ‚unmögliche' Widersprüche in Gott selbst wahrnimmt. Wilson bietet das einfachste Modell zur Lösung dieser Widersprüche, indem er alle drei in Frage stehenden Textpassagen als sekundär eingefügt betrachtet, und liefert mit der nachträglichen Rehabilitation des Propheten eine auf den ersten Blick überzeugende Begründung für die Anreicherung des Textes. Vogt hingegen muss sich – auch wenn seine Textoperationen vordergründig zu bestechen vermögen – die Frage gefallen lassen, warum ein Redaktor einen ursprünglich sinnvollen Text (Kap. 24) durch die

---

[147] Schöpflin, Theologie, 178.
[148] Schöpflin, Theologie, 179.
[149] Schöpflin, Theologie, 179.

Herausnahme von Sätzen zerstört und einen anderen ursprünglich sinnvollen Zusammenhang (Kap. 3) durch die Einfügung ebendieser Sätze in
Widersprüche verwickelt haben sollte. Die Lösung von Pohlmann schließlich ist m.E. zu komplex, um als Text- oder Buchentstehungsmodell überzeugen zu können. Allein die doppelte Annahme einer golaorientierten
Redaktion gegen Ende des 5. Jh.s und einer diasporaorientierten Bearbeitung im 4. Jh. v.u.Z. erscheint mir hoch problematisch – sollte man knapp
zwei Jahrhunderte nach den Deportationen von 598/97 und 587/86 v.u.Z.
noch zwischen den Nachkommen der ersten und der zweiten *Gola*
unterschieden haben? Auch ist nicht recht einzsehen, warum „150–200
Jahre nach dem Ende des Exils [...] noch eine Notwendigkeit bestanden
haben soll, die Ansprüche der Gola gegen die Daheimgebliebenen zu
verteidigen"[150]. Und schließlich leuchtet auch die These von der exklusiven Golaorientierung von Ez 3,16b-21, die ja den Anlass für die Einfügung
bzw. die weitere Ausgestaltung des Stummheitsmotivs in 3,22–27 bzw.
33,21f geboten haben soll, m.E. keineswegs ohne Weiteres ein.

Weitestgehend ausgeklammert, das zeigen bereits die zuletzt aufgeworfenen Fragen, bleiben bei den hier dargestellten Beiträgen Überlegungen,
inwiefern bestimmte sozialgeschichtliche Umstände den Entstehungspro-
zess des Ezechielbuchs im Allgemeinen und der Sprachlosigkeitspassagen
im Besonderen angestoßen und beeinflusst haben könnten. Dies gilt auch
für die Konzeption von Schöpflin, die zwar einerseits wirklich ernst macht
mit der Wahrnehmung des Ezechielbuchs als „planvoll gestaltete[m]
literarische[n] Werk"[151], von dem aus auf einen historischen Propheten
nicht geschlossen werden kann, bei der aber dann umgekehrt alles (über-
zeitliches) „theologisches Programm" wird.

Verwunderlich ist, dass alle vier AutorInnen trotz der Anwendung
ähnlicher Methoden der Literar-, Redaktions- und Kompositionskritik zu
derart unterschiedlichen Ergebnissen kommen. Hier scheint sich wider-
zuspiegeln, worauf Paul M. Joyce in einem Artikel zur synchronen und
diachronen Ezechielexegese aus dem Jahr 1995 mit Nachdruck aufmerksam gemacht hat, dass nämlich das Ezechielbuch „has proved notoriously
resistant to any straightforward division between primary and secondary
material"[152] – das Textmaterial ist zu einheitlich, der Stil des gesamten

---

[150] Albertz, Exilszeit, 263. Zur weiteren Kritik an der Konzeption von Pohlmann vgl.
a.a.O., 262f.
[151] Schöpflin, Theologie, 343. Zum Ganzen vgl. auch a.a.O., 343–358.
[152] Joyce, Perspectives, 118. Vgl. auch Paul M. Joyce, „Temple and Worship in Ezekiel
40–48", in: John Day (Hg.), *Temple and Worship in Biblical Israel*, London/New York 2007

Buches so typisch ‚ezechielisch', als dass sich (hierüber) Kriterien für eine Schichtung finden ließen. Letztlich spielt auch in diesen Zusammenhang die Texthermeneutik wieder entscheidend hinein – sehe ich ein biblisches Buch von Vornherein als etwas zu Zergliederndes, dessen Sinn in einem herauszuschneidenden Ursprungskern liegt oder sich aus der Summe der ‚Einzelsinne' freigelegter literarischer Schichten ergibt? Oder nehme ich es als etwas Ganzes wahr, das in und mit seinen Merkwürdigkeiten, Inkonsistenzen und Widersprüchen ‚Sinn macht', Sinn aus sich herauszusetzen vermag?

D. Gemischte, vermittelnde und weitere Deutungen

1. Ezechiel als verletzlicher Mensch bzw. verletzlicher Prophet

In seinem 1966 erstmals veröffentlichten, von der Dialektischen Theologie geprägten Kommentar lehnt Walther Eichrodt den „Versuch, von K. Jaspers, Hesekiel als schizophren veranlagten Paranoiker zu verstehen" entschieden ab[153]. Das Ezechielbuch sieht er als „Geschichte einer radikalen inneren Umstellung", in der sich eine Transformation Ezechiels hin zur „völligen Bindung an die ihm zuteilwerdende Weisung" vollziehe, in der sich aber „[n]irgends [...] eine Spur von geistiger Anormalität oder gar eigentlicher Krankheit" finde[154]. So formuliert er auch für das Gebundensein des Propheten in Ez 4,4–8 keine (bestimmte) Diagnose[155]. An späterer Stelle allerdings bezeichnet Eichrodt die dortigen Phänomene als „langdauernde Lähmung"[156], und Ezechiels Freiwerden von körperlichen Symptomen im Zusammenhang der Nachricht vom endgültigen Fall Jerusalems (Ez 24,25–27; 33,21f) beschreibt er im Sinne einer lange ersehnten Heilung. Zu Ez 33,21f heißt es bei ihm:

[2005], 145–163, 146; sowie Susan Niditch, „Ezekiel 40–48 in a Visionary Context", *CBQ* 48 (1986), 208–224, 211; Albertz, Exilszeit, 262. Bei Joachim Becker, „Erwägungen zur ezechielischen Frage", in: Lothar Ruppert u.a. (Hg.), *Künder des Wortes (FS J. Schreiner)*, Würzburg 1982, 137–149, 139, heißt es über das Ezechielbuch: „Sprachliche Unterschiede [...] sind nicht feststellbar. Das gilt wortstatistisch und noch besonders mit Bezug auf den bekannten intensiven Formelgebrauch des Buches. [...] Die einheitliche Sprache ist sowohl in den prosaischen als auch in den poetischen Partien erkennbar. Wie muß ein sprachlich einheitliches Werk eigentlich aussehen, wenn das Ez-Buch nicht als solches gelten kann?"

[153] Walther Eichrodt, *Der Prophet Hesekiel* (ATD 22), Göttingen 1978 [1966], 20*.
[154] Eichrodt, Hesekiel, 20*.
[155] Vgl. Eichrodt, Hesekiel, 28.
[156] Eichrodt, Hesekiel, 234.

In der vorausgehenden Nacht war so wie einst nach der Berufungsvision
(3,14) die Hand Jahves über ihn gekommen und hatte ihn wiederum in den
Zustand ekstatischer Lähmung versetzt, in dem er sich alles eigenen Wol-
lens entkleidet und nur als Werkzeug im Dienst eines Höheren fühlte. Es
war nach der vorausgegangenen monatelangen Körperstarre, in der er als
wortloser Gerichtsbote seines Gottes Israels Schicksal abbildete, eine letzte
starke Leidenserfahrung seines unter der schweren Aufgabe immer wieder
zusammenbrechenden Körpers, die ihn um so sehnsüchtiger nach der verheißenen Erlösung ausschauen ließ. Der Morgen brachte sie, und mit dem
freien Gebrauch seiner Glieder stellte sich auch das Sprachvermögen wieder
ein [...][157].

Ganz im Sinne der Dialektischen Theologie betont Eichrodt das existentielle Getroffensein des Propheten durch Gott. Einfühlsam bringt er zur
Darstellung, was solches Getroffenwerden für einen Menschen bedeuten
kann; der Prophet wird, obwohl ihn der Autor durchaus als historische
Figur wahrzunehmen scheint, darin zu einer Art menschlichem Paradigma. Die (etwas widersprüchliche) Ablehnung der Krankheitsthese hat
bei Eichrodt m.E. weniger mit der Verteidigung eines bestimmten Prophetenbildes als vielmehr mit dem Festhaltenwollen an der positiv-trans-
formierenden Wirkmächtigkeit Gottes inmitten menschlichen Lebens
zu tun. Vor diesem Hintergrund überrascht es dann auch kaum, dass
der Autor jedenfalls in Bezug auf die Persönlichkeit des Propheten auf
(sozial-)geschichtliche Erwägungen verzichtet.

Die von Walther Zimmerli in der Einleitung seines zweibändigen Kom-
mentarwerks zum Ezechielbuch (1969) vorgebrachten Vorbehalte gegenüber psychopathologischen Deutungsversuchen haben vor allem mit
literarhistorischen Erwägungen zu tun[158]. Erstens habe die Ezechielprophetie eine starke Nachbearbeitung erfahren und könne deshalb in ihrer
jetzt vorliegenden Gestalt nicht einfach auf den Propheten selbst zurückgeführt werden, zweitens zeigten auch die eventuell von diesem selbst
stammenden Visions- und Zeichenhandlungsberichte eine derart stili-
sierte Gestalt, dass sie „keinesfalls [...] schlicht als Schilderung eines biographischen Tatbestandes zu lesen und auszuwerten" seien[159]. Gleichwohl
dürfe diese Beobachtung nicht zu der falschen Schlussfolgerung führen,
dass das gesamte Buch nichts anderes sei als reine literarische Fiktion.
Verschiedene, voneinander unabhängige Momente des prophetischen

---

[157] Eichrodt, Hesekiel, 318.
[158] Vgl. Walther Zimmerli, *Ezechiel 1. Teilband. Ezechiel 1–24* (BK XIII/1), Neukirchen-
Vluyn 1969, 25*–31*.
[159] Zimmerli, Ezechiel 1, 27*.

Handelns, etwa die Dramatik eigener Beteiligung Ezechiels im Kontext der Visionen sowie die starke Hervorhebung der Zeichen- und Gebärde-handlungen, erlaubten „die Feststellung, daß Ezechiel ein Prophet von besonderer Sensibilität und dramatischer Erlebniskraft gewesen" sei[160]. Zu dieser Sensibilität gehörten, so Zimmerli weiter,

> dann wohl auch die Züge, die man dem Propheten als Züge krankhafter Konstitution hat anlasten wollen: das erschreckte Verstummen durch die ganze Woche hin, die der Berufungserfahrung folgte (3,15), der auch später noch mindestens einmal erfolgende Verlust der Sprachmächtigkeit, der bei der Redaktion des Buches zum Signum der ganzen ersten Verkündigungs-zeit des Propheten gemacht worden ist (3,26f.; 24,25–27; 33,21f. [...])[161]. Auch die Starre, die den Propheten beim jähen Tod seiner Frau überfällt [...], fügt sich in dieses Bild[162].

Doch selbst wenn darüber hinaus in Ez 3,25 und 4,4–8 „eine Zeit der Gebundenheit [...] durch Krankheit" durchscheine und sich weitere Momente körperlicher Schwachheit etwa in Ez 12,18 und 21,11 andeuteten, reichten all diese Erscheinungen „schwerlich aus, um mit einem in der Medizin am ‚normalen Kranken' gewonnenen Schlüssel dem Propheten eine bestimmte Krankheitsdiagnose zu stellen"[163].

Die Ausführungen von Zimmerli nehmen am deutlichsten Aspekte aus allen unter Abschnitt A. bis C. vorgestellten Erklärungsmodellen auf: Eine Erkrankung des historischen Ezechiel wird zwar nicht grundsätzlich aus-geschlossen; der Autor weist aber auch darauf hin, dass man über das von Prophetenschülern ‚fortgeschriebene' Ezechielbuch[164] nicht ohne Weiteres an den geschichtlichen Propheten herankommen könne und dass zeitge-nössisch am „normalen Kranken" gewonnene Diagnosen schwerlich zur Begutachtung desselben geeignet seien. Dabei wird allerdings m.E. nicht

---

[160] Zimmerli, Ezechiel 1, 29*.

[161] Ez 3,25–27 und 24,25–27 stammen laut Zimmerli nicht von Ezechiel selbst, sondern sind als Elemente der Nachinterpretation zu betrachten (vgl. ders., Ezechiel 1, 111.577f). „An der Ursprünglichkeit und Echtheit des kurzen Berichts" in Ez 33,21f hingegen „sollte nicht gezweifelt werden" (Walther Zimmerli, Ezechiel 2. Teilband: Ezechiel 25–48 [BK XIII/2], Neukirchen-Vluyn 1969, 811).

[162] Zimmerli, Ezechiel 1, 29*f.

[163] Zimmerli, Ezechiel 1, 30*.

[164] Zimmerli nahm an – und hat damit die Ezechielexegese nachhaltig beeinflusst –, dass vom Propheten Ezechiel selbst verfasste literarische Kernelemente von dessen Schü-lern (bzw. einer ‚Ezechielschule') „in einem Prozeß der sukzessiven Anreicherung [...] gedanklich weitergeführt oder ergänzt" (ders., Ezechiel 1, 342) wurden. Die Nachinterpre-tationen der ‚Schule' liegen Zimmerli zufolge „auf der vom Propheten selber bezeichneten Grundlinie" (a.a.O., 38*). Zur Kritik an diesem sog. Fortschreibungsmodell vgl. Albertz, Exilszeit, 261f.

recht deutlich, ob dies mit der Kontextgebundenheit dieser Diagnosen, mit der angenommenen Besonderheit eines biblischen Propheten oder damit zusammenhängt, dass wir von Ezechiel nur über ‚sein' Buch wissen. Letzten Endes laufen Zimmerlis Überlegungen auf die (Verteidigung der) herausragende(n) prophetische(n) Einzelgestalt hinaus, deren genialer Schaffenskraft eine außergewöhnliche Sensibilität entspricht. Mit äußeren (geschichtlichen) Ereignissen verbundene Gründe für das mitunter merkwürdige Ergehen und Verhalten des Propheten (bzw. die Darstellung desselben) erwähnt Zimmerli nicht, obwohl diese in seinem Kommentarwerk sonst durchaus eine Rolle spielen. Einzig die Hinweise, dass Ezechiel möglicherweise angefeindet und nicht verstanden worden sei[165], gehen in diese Richtung, gehören aber wiederum auch zum klassischen alttestamentlichen Prophetenbild.[166]

2. Ezechiel als Schrift-Prophet

Die Theologin Ellen F. Davis geht in ihrer 1989 erschienenen Monographie *Swallowing the Scroll: Textuality and the Dynamics of Discourse in Ezekiel's Prophecy* von der Annahme aus, der historische Kontext des babylonischen Exils habe eine „transformation of prophecy"[167] im Sinne einer „reorientation from prophecy as a current mode of activity to prophecy as a written record"[168] herausgefordert. Die Merkwürdigkeiten in der Darstellung Ezechiels müssten innerhalb dieses sozialgeschichtlichen Rahmens erläutert werden – seine Stummheit etwa sei als „a metaphor for the move toward textualization of Israel's sacred traditions" zu interpretieren[169]. Eine solche Herangehensweise biete sich auch deswegen an, weil das Ezechielbuch kaum Informationen über die Persönlichkeit des Propheten beinhalte, sondern ihn als ein „almost transparent vessel of the divine word" zeichne[170].

Obwohl die Autorin dem Ezechielbuch also so gut wie keine Hinweise auf die Person des Propheten entnehmen zu können glaubt, führt sie die von ihr angenommene Transformation der Prophetie auf Ezechiel als tatsächliche historische Gestalt des 7./6. Jh.s v.u.Z. und alleinigen Verfasser des nach ihm benannten Buches zurück. So sieht sie einerseits „clear

---

[165] Vgl. Zimmerli, Ezechiel 1, 30*f.
[166] Vgl. Schöpflin, Theologie, 17.
[167] Ellen F. Davis, *Swallowing the Scroll: Textuality and the Dynamics of Discourse in Ezekiel's Prophecy* (JSOT.S 78), Sheffield 1989, 133.
[168] Davis, Scroll, 130.
[169] Davis, Scroll, 50.
[170] Davis, Scroll, 134.

indications that he talked with the people (24.18), that he was sought out as one who trafficked in the word of YHWH (20.1; 33.30–33; cf. 14.1)", und hebt andererseits hervor, „that he never functioned in a purely or even primarily oral mode"[171].

Die Frage, warum die im Ezechielbuch geschilderten Stummheits- und Gebundenheitsphänomene allein im übertragenen Sinne auf die Transformation der Prophetie Israels zu deuten sein sollten, während dort angedeutete Redesituationen Aufschluss über das tatsächliche Handeln eines realen Propheten zu geben vermögen könnten, wird von Davis nicht (explizit) bedacht – ein Manko, das ihre Argumentation m.E. entscheidend schwächt. Sofern die Autorin außerdem angibt, sozialgeschichtlich arbeiten zu wollen, müsste sie auch die Frage aufwerfen, ob nicht der soziohistorische Kontext des babylonischen Exils in den Texten des Ezechielbuchs auch über die beschriebene Transformation der prophetischen Rolle hinaus präsent ist und die Sprachgestalt des Buches – etwa im Hinblick auf die Wahl der Metaphorik – beeinflusst hat. In diesem Sinne ist es m.E. auch nicht angemessen, Überlegungen, inwiefern im Ezechielbuch pathologische Phänomene zur Darstellung kommen, mit dem Hinweis, Ezechiels Worte und Handlungen müssten als Elemente seiner öffentlichen prophetischen Wirksamkeit bzw. als literarische Repräsentationen derselben verstanden werden, von Vornherein auszuschließen, wie dies bei Davis geschieht.

3. Ezechiel als Interpret akkadischer Beschwörungstexte

Mit seinem aus dem Jahr 1989 stammenden Artikel „Another Model for Ezekiel's Abnormalities" wendet sich der Bibelwissenschaftler Stephen Garfinkel sowohl gegen die Beiträge, die Ezechiels psychische Stabilität in Frage zu stellen, als auch gegen diejenigen, die dieselbe zu verteidigen versuchen[172].

Psychiatric evaluation without in-depth interview, discussion, and testing, is methodologically questionable, if not foolhardy. It is not so much an ‚unwillingness of students of Ezekiel to admit to the prophet's abnormality' that is at issue here [...] but rather the pertinence, or even possibility, of dealing with that notion at all[173].

---

[171] Davis, Scroll, 37f.
[172] Vgl. Stephen Garfinkel, „Another Model for Ezekiel's Abnormalities", *JANES* 19 (1989), 39–50, 39–41.
[173] Garfinkel, Model, 41 (unter Verwendung eines Zitats aus Broome, Personality, 281).

Für die Merkwürdigkeiten im Erleben und Verhalten Ezechiels, vorrangig allerdings für Ez 3,22–27, führt der Autor sodann eine ganze Reihe von Motivparallelen aus akkadischen Beschwörungstexten an, etwa die ‚lastende Hand' von Gottheiten sowie auf göttliches Eingreifen zurückzuführendes Verstummen, Gelähmt- und Gebundensein[174]. Insbesondere ein *Ludlul* (*bēl nēmeqi*) genannter Text weise eine ganze Reihe von Ähnlichkeiten mit Ez 3,22–27 auf[175]. Dass Ezechiel auf dieses ältere literarische Genre Bezug nehme, könne, so Garfinkel, zum einen mit der in *Ludlul* zum Ausdruck kommenden feindseligen Haltung der Außenwelt dem/ der Sprechenden gegenüber zusammenhängen, wie sie auch für Ezechiel im Gegenüber zur Gruppe der Exilierten anzunehmen sei[176]. Zum anderen seien sowohl der Sprecher in *Ludlul* als auch Ezechiel mit der Aufgabe betraut, angesichts solcher Feindseligkeit den Willen Gottes zu verkünden[177]. Die Ergebnisse seiner Untersuchung fasst Garfinkel wie folgt zusammen:

> [E]ven without reliance upon the psychological or medical testimonies about Ezekiel, which are – in reality – unavailable or uninterpretable, we have found a model that contributes to our understanding of the pericope of Ezekiel's dumbness. Ezekiel may, indeed, have borrowed and modified the description of dumbness and immobility found in the Akkadian incantation texts or their popularized form. After all, his restraint was, in many senses, the work of a spirit[178].

Garfinkel weist also – meiner Ansicht nach sehr zu Recht – sowohl die Infragestellung der psychischen Gesundheit des historischen Ezechiel als auch die Verteidigung derselben als unmöglich zurück. Es erstaunt allerdings ein wenig, dass er dafür keine exegetische Begründung anführt, sondern sich auf die Gepflogenheiten der psychiatrischen Diagnostik beruft. Sein eigenes Lösungsmodell für „Ezekiel's Abnormalities" vermag indes nicht vollends zu überzeugen – die Parallelen zu den akkadischen Beschwörungstexten beziehen sich auf einzelne Motive und sind deshalb m.E. weniger zwingend, als der Autor sie darstellt. Auch werden die Kontexte des zu Rate gezogenen mesopotamischen Genres kaum erörtert – wiewohl sich auch dort Sprachlosigkeits- und Gebundenheitsmetaphern keineswegs von selbst erklären. Die Argumentation zum *Warum?* der

---

[174] Vgl. Garfinkel, Model, 42–47.
[175] Vgl. Garfinkel, Model, 47–50.
[176] Vgl. Garfinkel, Model, 49.
[177] Vgl. Garfinkel, Model, 49f.
[178] Garfinkel, Model, 50.

Übernahme von Motiven aus *Ludlul* oder vergleichbaren Texten schließlich bedient wieder das klassische Bild des einsamen, unverstandenen und angefeindeten Propheten, ohne näher auf mögliche lebensweltliche Gegebenheiten im Rahmen der Entstehung der Ezechielprophetie einzugehen.

4. Ezechiel als sprachloser Prophet

In Auseinandersetzung mit den Überlegungen von Ernst Vogt und Robert R. Wilson entwickelt der Bibelwissenschaftler Gregory Y. Glazov in seiner im Jahr 2001 veröffentlichten Monographie *The Bridling of the Tongue and the Opening of the Mouth in Biblical Prophecy* eine neue Deutung von Ezechiels Stummsein, die ohne die Annahme einer sekundären Einfügung des Sprachlosigkeitsmotivs sowie anderer auf dieses Motiv bezogener redaktioneller Prozesse auskommt[179]. Von besonderer Bedeutung für seinen Entwurf ist dabei (ohne dass seine Argumentation hier im Einzelnen nachgezeichnet werden könnte), dass er Ezechiels Verstummen-Müssen (Ez 3,22–27) nicht im Widerspruch zu dessen Schlucken-Müssen der Schriftrolle (2,8b–3,3) und Berufung zum Wächter (3,16b–21) sieht – vielmehr ergänzten diese Textpassagen, in denen es immer auch darum gehe, dass der Prophet stellvertretend leide[180], einander.

> Ezekiel's suffering [...] involves him in symbolically foreshadowing, but by the same token also bearing, the punishment of exile to be meted out to his people[181].

Die Frage, ob „YHWH is contriving to punish the very man he commands"[182], sei dementsprechend, so Glazov weiter, mit Ja zu beantworten[183].

Glazov geht, so ist festzuhalten, vom Ezechielbuch in seiner uns vorliegenden Endgestalt aus. Dessen Merkwürdigkeiten sieht er als Gegebenheiten, die es innerhalb des Buchganzen und im Dialog mit anderen biblischen Büchern zu erläutern gilt. Zu (s)einer eigenen Interpretation

---

[179] Vgl. Glazov, Tongue, 220–274.

[180] Für Ez 2,8b-3,3 verweist Glazov auf die bitteren Folgen des Schluckens der Schriftrolle, wie sie sich in Ez 3,15 andeuten (vgl. ders., Tongue, 236–238.272), für Ez 3,16b-21 hält er fest (a.a.O., 273): „As the watchman incurs bloodguilt by failure to reprove, Ezekiel's silence with regard to being an [אישׁ־מוכיח] against the people entails that he should come to bear their sin and suffer on their account."

[181] Glazov, Tongue, 273.

[182] Joel Rosenberg, „Jeremiah and Ezekiel", in: Robert Alter/Frank Kermode (Hg.), *The Literary Guide to the Bible*, London 1987, 184–206, 197 (zitiert nach Glazov, Tongue, 273).

[183] Vgl. Glazov, Tongue, 273.

des Stummheitsmotivs vermag er m.E. deshalb zu finden, weil er sich – ohne dies explizit zu formulieren – auf das Ezechielbuch in seiner Literarizität einlässt. Ezechiel und seine Gottheit werden eher als literarische Charaktere denn unter dem Verdikt eines bestimmten Gottes- oder Prophetenbildes betrachtet, so dass auch ein problematisch anmutendes Verhalten Jhwhs (bzw. die Darstellung desselben) aufgedeckt und benannt werden kann. Sofern es dem Autor in erster Linie um die Phänomene des ‚Zügelns der Zunge' und der ‚Mundöffnung' in den prophetischen Büchern zu tun ist, führt er seinen Ansatz selbstverständlich nicht für das ganze Ezechielbuch durch; gerade mit der Entdeckung des stellvertretenden (und darin paradigmatischen?) Leidens Ezechiels eröffnet er aber eine m.E. vielversprechende Spur, die sich weiter ausziehen lässt. Was (sozial-) geschichtliche Fragestellungen betrifft, bezieht sich Glazov auf den vom Ezechielbuch selbst gesetzten Rahmen des babylonischen Exils, ohne allerdings an irgendeiner Stelle weiter ins Detail zu gehen.

E. Überlegungen zum Weiteren Vorgehen Oder: Der traumatisierte Prophet als literarisches Phänomen

In einem Artikel zu Berufung Ezechiels, der ein gutes Jahrzehnt nach dem oben in Abschnitt C., 2. vorgestellten Aufsatz erschienen ist, schreibt Robert R. Wilson:

> Interpreters must explore the possibility that the aberrant characteristics of the book are not primarily the result of the prophet's ‚abnormal' personality or of the heavy-handed work of a later editor but are themselves part of the message which the prophet and his disciples sought to deliver to concrete Israelite communities facing specific theological and social problems. The viability of this approach to Ezekiel is supported by the fact that Ezekiel and his disciples seem to have been greatly concerned with setting their oracles and vision reports into definite historical contexts[184].

Wilson spricht hier zwei Aspekte an, die mir für eine angemessene biblisch-theologische Herangehensweise an die Befremdlichkeiten des Ezechielbuchs essentiell erscheinen, nämlich die Wahrnehmung des Textes in der vorfindlichen (!) literarischen Gestalt und die Bezugnahme auf konkrete (sozial-)geschichtliche Umstände, wie sie sich durch das Ezechielbuch selbst nahe legt. Wenn ich im Folgenden – nach intensiver

---

[184] Wilson, Prophecy, 119.

Auseinandersetzung mit diesbezüglicher Forschungsliteratur – thesenartig wesentliche Merkmale meines eigenen Ansatzes formuliere, so begreife ich diesen gleichsam als Radikalisierung der von Wilson vorgetragenen Forderung(en):

1) Texte – noch dazu antike Texte mit oftmals komplexen Entstehungsgeschichten – können nicht als (unmittelbar durchsichtige) ‚Fenster' auf dahinterliegende Wirklichkeiten, seien es Personen oder Sachverhalte, betrachtet werden. Auch geben sie keinen (unmittelbaren) Aufschluss über ihren vermeintlichen Verfasser/ihre vermeintliche Verfasserin bzw. deren Persönlichkeitsstruktur.

2) Umgekehrt lassen sich die Merkwürdigkeiten des Ezechielbuchs weder auf den (eingeschränkten) Gesundheitszustand oder gar eine Persönlichkeitsstörung des historischen Propheten Ezechiel zurückführen (vgl. oben A.), noch lassen sie sich ohne Weiteres mit der prophetischen Rolle begründen (vgl. oben B.), wissen wir doch – gerade im Hinblick auf ersttestamentliche Prophetie – von dieser Rolle fast ausschließlich aus (literarischen) Texten. Auch die Rückführung der Befremdlichkeiten auf (wenig geschickte) Eingriffe späterer Redaktoren oder Buchherausgeber (vgl. oben C.) wird dem Ezechielbuch – das sich derart einheitlich darstellt, dass eine Trennung zwischen primärem und sekundärem Material kaum möglich ist – nicht gerecht.

3) Es gilt dementsprechend, die Auffälligkeiten des Buches als textlichliterarische Phänomene und als Bestandteile der Botschaft(en) des Ezechielbuchs zu lesen und ernst zu nehmen. Sofern aber das ganze Buch ‚die Botschaft' bzw. ‚die Botschaften' ist, ist dabei vom ganzen Ezechielbuch in seiner Endgestalt auszugehen, das von seiner Anlage her als fiktionale Erzählung betrachtet werden kann.

4) Für eine solche Herangehensweise kann dann auch die ‚Krankengeschichte' Ezechiels wieder ausgesprochen inspirierend sein – es geht ja nun nicht mehr um die Symptome einer hinter dem Text vermuteten geschichtlichen Gestalt, sondern um die Symptomsprache einer Erzählfigur als literarischer Hervorbringung des Textes. Zu fragen ist dann etwa nach der (symbolischen) Funktion einer Symptome tragenden Erzählfigur für den Plot des fiktionalen Textes. Von hier aus ließe sich dann etwa auch erörtern, in welchem Sinne ein kranker bzw. von (der Erzählfigur!) Jhwh krank gemachter Prophet zur ersttestamentlichen Prophetie- und ProphetInnen-Vorstellung in ihrer Literarizität beizutragen vermag.

5) Der Einbezug traumatheoretischer Erwägungen, wie ihn Daniel L. Smith-Christopher in Ansätzen und noch ausgeprägter Nancy R. Bowen vorgenommen haben (vgl. oben A., 6.), bietet sich in diesem Zusammenhang vor allem deshalb an, weil ‚Trauma' nicht nur ein medizinisches oder psychologisches Thema ist, sondern sich in Gestalt etwa von literarischen Trauma-Theorien längst als literatur- und kulturwissenschaftliches Konzept etabliert hat. Hinzu kommt, dass dem (zeitgenössischen) Trauma-Begriff von Vornherein eine soziale Dimension inhärent ist, so dass sich dieser auf Individuen *und* Kollektive anwenden lässt. Vor diesem Hintergrund ist es dann etwa auch möglich, die Ich-Erzählfigur Ezechiel als stellvertretenden oder paradigmatischen Überlebenden zu verstehen.

6) Bei einer solchen Herangehensweise an das Ezechielbuch werden (sozial-)geschichtliche Überlegungen nicht etwa ausgeblendet, sondern gewinnen – wenn auch etwas indirekter – an Gewicht. Zum einen nämlich stellen Literarizität und Historizität keine unüberwindlichen Gegensätze dar, weiß man doch heute darum, „dass auch ‚fiktive' biblische Texte lebensweltliche Plausibilität beanspruchen und insofern für die Rekonstruktion der Einstellungen und Werte antiker Verfasser und Rezipienten herangezogen werden können"[185]. Zum anderen sind Trauma und (Sozial-)Geschichte auf besondere Weise miteinander verknüpft. Im Trauma nämlich geht es um konkrete geschichtliche Gewalt-Ereignisse und -Erfahrungen, die nicht bewusst erinnert werden können – und doch das Gedächtnis heimsuchen. In diesem Sinne stellt Trauma das Andere der Erinnerung und der Geschichte dar, das durch seine Präsenz dem Wahrheitspostulat einer Siegergeschichtsschreibung widerspricht. Sollen diese Überlegungen auf das Ezechielbuch angewendet werden, so ist zuallererst der von diesem selbst gesetzte sozialgeschichtliche Rahmen, der die Schauplätze Jerusalem und Babylonien in den Jahren 594/93–572/71 v.u.Z. umfasst, ernst zu nehmen[186].

---

[185] Friedhelm Hartenstein, „Kulturwissenschaften und Altes Testament – Themen und Perspektiven", VF 54 (2009), 31–42, 34.

[186] Dies hat zuletzt Franz Sedlmeier, der allerdings von einem anderen texthermeneutischen Modell ausgeht, mit besonderer Vehemenz festgehalten (ders., „Transformationen. Zur Anthropologie Ezechiels", in: Andreas Wagner [Hg.], *Anthropologische Aufbrüche. Alttestamentliche und interdisziplinäre Zugänge zur historischen Anthropologie* [FRLANT 232], Göttingen 2009, 203–233, 203): „Das Ezechielbuch will von seinem Selbstverständnis her Exilsliteratur sein. Der historische Kontext des babylonischen Exils, auf den dieses Prophetenbuch ausdrücklich Bezug nimmt, behielt auch in den nachfolgenden Jahrhun-

7) Theologisch ist das hier vorgestellte Herangehen insofern, als ich das Ezechielbuch als literarische Bearbeitung der Exilskatastrophe *angesichts Gottes* begreife. Die literaturwissenschaftlichen, traumatheoretischen und sozialgeschichtlichen Überlegungen, das ist meine Überzeugung, stehen dazu nicht in Widerspruch, sondern können – in ihrer Komplementarität – dazu beitragen, ‚ein Stück Theologie' des Ezechielbuchs zu bergen.

In seinem Aufsatz „Traumatizing Ezekiel, the Exilic Prophet" aus dem Jahr 2004 schlägt David G. Garber eine ähnliche Herangehensweise an das Ezechielbuch vor wie die hier von mir gewählte. „[I]nstead of trying to formulate a medical past of the exilic prophet", so heißt es bei ihm, „we should look at the book of Ezekiel from a literary perspective, as literature of survival produced by a community that lived in the aftermath of the traumatic events of the destruction of the Temple in Jerusalem and the subsequent exile"[187]. Nach kritischer Auseinandersetzung mit bisherigen medizinisch-psychologischen Forschungsbeiträgen zum Ezechielbuch und den entsprechenden Gegenstimmen[188] klagt der Autor einen Wechsel „from the diagnostic to the literary" ein, der im Dialog mit der „Literary Trauma Theory" vollzogen werden könne[189]. In der Folge deutet er unter Aufnahme diverser Konzeptionen an, wie verschiedene textliche Phänomene des Ezechielbuchs mittels traumatheoretischer Überlegungen verständlich(er) gemacht werden könnten, etwa „Ezekiel's loss of self"[190], „its [the book's, R.P.] stress on the culpability of the community"[191] oder die die ersten 24 Kapitel des Buches bestimmende Todes-Metaphorik[192]. Garber formuliert drei Vorteile seines Ansatzes gegenüber den exegetischen Diagnostizierungsversuchen: Erstens umgehe man den Versuch, die

---

derten seine Gültigkeit, in denen man die ursprüngliche Botschaft Ezechiels fortschrieb und aktualisierend neu interpretierte. Die geschichtliche Erfahrung des großen Verlierens und eines Lebens in der Diaspora gewann dadurch paradigmatische Bedeutung und wirkt als bleibende Leseanleitung für das Verständnis des gesamten Buches weiter. Die Verlusterfahrungen des Exils und der Zerstreuung und die damit einhergehende Um- und Neuorientierung verweisen somit nicht nur auf den real gegebenen historischen Kontext des babylonischen Exils, sie bilden zugleich einen ‚existentiellen' Kontext und dienen als Interpretationsschlüssel sowohl für die ursprüngliche prophetische Verkündigung wie für die späteren Aktualisierungen der ezechielischen Botschaft."

[187] Garber, Ezekiel, 216.
[188] Vgl. Garber, Ezekiel, 216–220.
[189] Vgl. Garber, Ezekiel, 221–224 (Zitate a.a.O., 221).
[190] Garber, Ezekiel, 225.
[191] Garber, Ezekiel, 226.
[192] Vgl. Garber, Ezekiel, 227f.

Lebensgeschichte eines historischen Ezechiel rekonstruieren zu wollen;
zweitens eröffne sich ein (neuer) Weg, die schwierige und vielschich-
tige Bilderwelt des Ezechielbuchs als Herausforderung, „to confront or
encounter the traumatic destruction of Jerusalem", zu untersuchen; und
drittens könne zur Klärung der Frage beigetragen werden, „why a traumatized community would produce and adopt ethically problematic texts
[…] as their expression of loss", z.B. Ez 16 und 23[193]. Allerdings nimmt der
Autor seine innovativen texthermeneutischen Überlegungen wieder ein
Stück weit zurück, wenn er in seiner Schlussfolgerung schreibt:

> Obviously, the categories of trauma and survival are concepts that the com-
> munity would not have in mind at the time it recorded and transmitted the
> text. I do not suggest that the author(s) intended to produce a literature of
> survival or even intended to sustain the survival of the community through
> the production of this literature[194].

Während der erste Satz des Zitats (jedenfalls, was den Trauma-Begriff
angeht) sicher zutreffend ist, erscheint mir die unbedingte Gültigkeit des
zweiten fraglich. Es lässt sich nämlich m.E. zeigen – und dies soll auch
im weiteren Verlauf dieser Studie geschehen –, dass das Ezechielbuch
durchaus als Trauma- oder Überlebensliteratur in dem Sinne angelegt ist,
dass es im Prozess des Hörens oder Lesens des Textes eine konstruktive
literarisch-theologische Auseinandersetzung mit der Katastrophe von
587/86 v.u.Z. eröffnet und ermöglicht. Der Unsicherheit im Hinblick auf
die Anwendung des Trauma-Begriffs oder von Trauma-Konzepten auf
antike geschichtliche Zusammenhänge, die sich in dem zitierten Statement von Garber widerspiegelt, lässt sich m.E. entgegenwirken, wenn
erstens nach der Naturgeschichte der Psychotraumatologie bzw. nach der
Transhistorizität und Transkulturalität von Trauma gefragt wird, zweitens der Versuch unternommen wird, den möglicherweise traumatischen
Charakter der Kriegs- und Deportationsereignisse in Juda zu Beginn des
6. Jh.s v.u.Z. sozialgeschichtlich (noch) genauer zu erfassen, und drittens
zeitgenössische anthropologische Studien zur Situation etwa von Kriegs-
oder Folteropfern sowie von Flüchtlingen, Verschleppten und Zwangsumgesiedelten vergleichend herangezogen werden. Auf all diese Aspekte
werde ich im Verlauf dieser Studie zurückkommen.

---

[193] Garber, Ezekiel, 229.
[194] Garber, Ezekiel, 229.

Dass Garber, trotz der zuletzt genannten Einschränkungen, eine Art Trauma-Hermeneutik für das Ezechielbuch entwickelt, hat mich angeregt und ermutigt, auf diesem Weg weiter zu gehen und diese biblische Schrift gleichsam systematisch unter diesem Blickwinkel zu betrachten – zumal, wie Brad E. Kelle in einem im Jahr 2009 veröffentlichten Artikel festhält, die Trauma-Perspektive jedenfalls in der us-amerikanischen Exegese des Ezechielbuchs bereits „an increasingly prominent place among the more standard approaches"[195] gefunden hat.

Im folgenden Kapitel aber soll zunächst methodisch vertiefend auf den Trauma-Begriff, die ‚Symptomsprache' von Traumata auf individueller und kollektiver Ebene sowie schließlich auf literarische Trauma-Theorien und die Kennzeichen von Trauma- bzw. Überlebensliteratur geblickt werden.

---

[195] Brad E. Kelle, „Dealing with the Trauma of Defeat: The Rhetoric of the Devastation and Rejuvenation of Nature in Ezekiel", *JBL* 128 (2009), 469–490, 469. Zum Ganzen vgl. a.a.O., 469f.

KAPITEL DREI

TRAUMA – EIN LITERARHISTORISCHES SENSIBILISIERUNGS-, BESCHREIBUNGS- UND ERKENNTNISMODELL

Der Begriff ‚Trauma' (von griech. τραῦμα, „Verletzung, Verwundung, Wunde") wird gegenwärtig sowohl zur Bezeichnung körperlicher als auch zur Bezeichnung seelischer Verletzungen verwendet. Längst allerdings ist Trauma nicht mehr nur ein medizinischer Terminus – in Reaktion auf und in Auseinandersetzung mit den Kriegs-, Terror- und Gewaltszenarien des 20. und zu Beginn des 21. Jh.s und den unzähligen psychischen Verwundungen, die diese geschlagen haben, hat sich nicht nur die wissenschaftliche Disziplin der Psychotraumatologie entwickelt. Vielmehr hat der Trauma-Begriff und haben verschiedene Trauma-Konzepte in nahezu alle Bereiche der Kulturwissenschaften Einzug gehalten[1]. So ist etwa vor allem im Zusammenhang mit den Berichten und Erzählungen von Shoah-Überlebenden der Zweig der literarischen Trauma-Theorie entstanden[2].

Inzwischen wird bereits vor einem (zu) inflationären Gebrauch des Trauma-Begriffs gewarnt, weil man dessen Aushöhlung befürchtet[3]. Auch wird der (ungebrochene) Export von im Westen entstandenen Trauma-Konzeptionen mittlerweile kritisch hinterfragt – „[w]enn es auch bestimmte Universalien in der Reaktion auf schwere körperliche und psychische Verletzungen geben mag [...], so gilt mit Sicherheit, dass die Vorstellungen vom Heilwerden und Heilsein kulturell und historisch stark differieren"[4].

---

[1] Vgl. Birgit Neumann, „Art. Trauma und Literatur", MLLK (³2004), 669f, 670; Serene Jones, *Trauma and Grace: Theology in a Ruptured World*, Louisville 2009, 12f.

[2] Vgl. hierzu Sven Kramer, „Art. Holocaust-Literatur", MLL (³2007), 324f, passim.

[3] Vgl. Bettina Fraisl, „Trauma. Individuum, Kollektiv, Kultur", in: dies. /Monika Stromberger (Hg.), *Stadt und Trauma. Annäherungen – Konzepte – Analysen*, Würzburg 2004, 19–39, 19.

[4] Angela Kühner, *Kollektive Traumata – Annahmen, Argumente, Konzepte. Eine Bestandsaufnahme nach dem 11. September*, Berlin 2002, 22. Vgl. Rita Rosner/Maria Gavranidou, „Psychische Erkrankung als Folge von Flucht und Vertreibung", in: Manfred Zielke u.a. (Hg.), *Das Ende der Geborgenheit? Die Bedeutung von traumatischen Erfahrungen in verschiedenen Lebens- und Ereignisbereichen: Epidemiologie, Prävention, Behandlungskonzepte und klinische Erfahrungen*, Lengerich 2003, 386–408, 389–392; Fraisl, Trauma, 19, Anm. 2.

Im Zusammenhang dieser Studie geht es mir darum, ‚Trauma' als literarhistorisches Sensibilisierungs-, Beschreibungs- und Erkenntnismodell zu etablieren, von dem ausgehend ein anderer Blick auf das Ezechielbuch als Ganzes und Teile desselben – möglicherweise auch auf andere biblische Bücher – eröffnet werden kann[5]. Es ist mir also nicht um die Stellung einer medizinischen bzw. psychiatrischen Diagnose zu tun, sondern um die kreative Auseinandersetzung mit einem Stück antiker (fiktionaler) Literatur, die Teil des biblischen Kanons ist.

Für das Ezechielbuch lässt sich – um das mir Wesentliche vorwegzunehmen – die Trauma-Perspektive in vielfältiger Hinsicht zur Anwendung bringen:

1) Traumatisches lässt sich etwa an den *Erzählcharakteren*, seien es Einzelfiguren oder Figurengruppen, beobachten;

2) wesentliche *Themen des Buches* spielen in der Phänomenologie des Traumas eine wesentliche Rolle;

3) traumatisch erscheinen sowohl der *Aufbau* der Erzählung wie auch die Art und Weise ihrer *literarischen Darstellung*;

4) eine traumatisierende Katastrophe, die Belagerung, Eroberung und Zerstörung Jerusalems 587/86 v.u.Z. unter Nebukadnezar und die damit in Verbindung stehenden Deportationen von Kriegsgefangenen nach Babylonien, bildet nach Maßgabe des Buches selbst (vgl. die Datierungen des Buches und insbesondere Ez 40,1) den *sozialgeschichtlichen Referenzrahmen* der Ezechielerzählung.

Um diesen recht unterschiedlichen Aspekten bzw. Ebenen von Trauma im Ezechielbuch gerecht werden zu können, stelle ich im Folgenden mehrere Dimensionen und Konzeptionen von Trauma, wie sie in unterschiedlichen Wissenschaftsbereichen eine Rolle spielen, vor. In Unterkapitel A. werden Facetten des individuellen psychischen Traumas aufgezeigt; dabei greife ich vor allem auf Darstellungen zurück, die im Kontext der Spezialdisziplin der Psychotraumatologie entstanden sind. Auf einen kurzen Abriss der Geschichte der Psychotraumatologie selbst (1.) folgt hier ein Abschnitt darüber, was mit dem Begriff der ‚psychischen Traumatisierung' genauer gemeint ist (2.), bevor die Phänomenologie des Traumas

---

[5] Vgl. Jay Geller, „Art. Trauma", in: A. K. M. Adam (Hg.), *Handbook of Postmodern Biblical Interpretation*, St. Louis 2000, 261–267, passim. Gellers Artikel ist meines Wissens die einzige Veröffentlichung, in der versucht wird, die Kategorie ‚Trauma' für (die) allgemeine biblische Hermeneutik fruchtbar zu machen.

(3.) und wichtige Aspekte der Trauma-Behandlung (4.) vorgestellt werden. In Unterkapitel B. geht es um ‚kollektives Trauma' als Phänomen, das zur Zeit vor allem in (Sozial-)Psychologie und Kulturwissenschaft erörtert wird. Unterkapitel C. schließlich beleuchtet, wie Trauma erzählbar und literarisch wird. Sofern dabei ein zentrales traumatisches Symptom, die Nicht-Erzählbarkeit des Traumas als ‚Nicht-zu-Fassendes', den Ausgangspunkt bildet, bewegen sich die diesbezüglichen Überlegungen gleichsam auf der Grenze von Psychotraumatologie und Literaturwissenschaft.

A. TRAUMA I: INDIVIDUELLES TRAUMA IN PSYCHOTRAUMATOLOGISCHER PERSPEKTIVE

1. Eine ganz kurze Geschichte der Psychotraumatologie

Trauma – der Einbruch des Unverständlichen, des Unerwarteten, des Unerwartbaren in ein gewohnt geordnetes Alltagsleben. Ein Schnittpunkt in der Chronologie einer Lebensgeschichte; nachher ist nichts mehr so, wie es vorher war. Auch das Vorher nicht: Ihm kommen nun die Qualitäten des Noch-nicht und des Nie-mehr zu, die das Trauma mit erzeugt. Erschüttert sind nicht nur einige wenige Überzeugungen, sondern gewissermaßen die Koordinaten eines Lebensentwurfs: Das Vertrauen in die eigenen Möglichkeiten, die Perspektive auf die Anderen, die Hoffnung auf eine gestaltbare Zukunft[6].

Massive seelische Verletzungen als Folge von Natur- und menschengemachten Katastrophen, von Verletzungen und Verlusten hat es – nach allem, was wir wissen – zu allen Zeiten und in allen Kulturen immer wieder gegeben. Dass sie der Aufmerksamkeit der Menschen zu keiner Zeit entgangen sind, ja, dass „die Menschen seit frühester Zeit über Kenntnisse und Praktiken zur Milderung traumatischer Erfahrungen verfügten"[7], ist

---

[6] Fraisl, Trauma, 20.

[7] Gottfried Fischer/Peter Riedesser, *Lehrbuch der Psychotraumatologie*, München/Basel ³2003, 31. Vgl. Ulrike Bail, „Hautritzen als Körperinszenierung der Trauer und des Verlustes im Alten Testament", in: Jürgen Ebach u.a. (Hg.), *„Dies ist mein Leib" – Leibliches, Leibeigenes und Leibhaftes bei Gott und den Menschen* (Jabboq 6), Gütersloh 2006, 54–80, passim. Vgl. auch Wilson, Transformation, 38–71.159–195. Wilson berichtet von einem Projekt, in dem u.a. ein traditionelles Schwitzhüttenritual von Native Americans zur Behandlung von kriegsbedingten Traumata eingesetzt wurde. Zu den Effekten des Schwitzhüttenrituals schreibt er (a.a.O., 70f): „The psychosocial and behavioral result is a reduction in both intrusive and avoidance symptoms of PTSD. [...] [T]he effect of the ritual is allosteric and a form of natural healing. [...] [I]t appears that this simple ceremony, conducted in an earthy environment, can restore a sense of well-being, connectedness, and continuity with meaningful forms of personal and cultural integration."

etwa den literarischen und ikonographischen Darstellungen von Selbst-
minderungs- und Trauerritualen zu entnehmen, die in den verschiedensten Kulturen seit der Antike bezeugt sind.

Die von dieser *Natural History* zu unterscheidende Geschichte der wissenschaftlichen Auseinandersetzung mit psychischen Traumata, die im
19. Jh. begann, war (und ist!) eine schwankende, weil sie mit der Geschichte
der Auseinandersetzung um bestimmte politische und gesellschaftliche
Prozesse aufs Engste verwoben ist. Die Wahrnehmung psychischen Traumas verlangt einen gesellschaftlichen Diskurs über die historische Wahrheit traumatischen Geschehens und um die zerstörerische Wirklichkeit
und Wirksamkeit von Gewalt. Es gilt, die Opfer gleichzeitig als ZeugInnen
einer besonderen geschichtlichen Realität wahrzunehmen[8].

Folgende Stationen sind für die Geschichte der Psychotraumatologie[9]
besonders markant:

1) Ende des 19. Jh.s versuchte der französische Neurologe Jean-Martin
   Charcot die ‚Hysterie', die damals als rätselhafte, gleichsam magisch-
   religiöse Frauenkrankheit galt, deren Ursache man in der Gebärmutter
   (griech. ὑστέρα) suchen zu müssen meinte, zu entmystifizieren und
   medizinisch zu erfassen. 1896 beschrieb Sigmund Freud die Hysterie
   als Folge früher sexueller Gewalterfahrungen. Seine These stieß jedoch
   in der Fachwelt auf so massive Ablehnung, dass er sie einige Jahre später widerrief.

2) Freud war es auch, der 1920, kurz nach dem Ende des Ersten Weltkriegs, feststellte, dass die sog. Kriegsneurosen den traumatischen
   Neurosen des Friedens gleichen. Aufgrund der breiten Akzeptanz des
   Krieges wurden kriegstraumatisierte Soldaten jedoch häufig als Simu-
   lanten abgestempelt; bemühte man sich medizinisch um sie, ging es in
   erster Linie darum, sie wieder ‚kriegstauglich' zu machen[10].

---

   [8] Vgl. hierzu Bohleber, „Die Entwicklung der Traumatheorie in der Psychoanalyse", *Psyche* 9/10 (2000), 797–839, 823f; Martina Kopf, *Trauma und Literatur. Das Nicht-Erzählbare
erzählen – Assia Djebar und Yvonne Vera*, Frankfurt a.M. 2005, 18.22f; Judith Herman, *Die
Narben der Gewalt. Traumatische Erfahrungen verstehen und überwinden* (Konzepte der
Psychotraumatologie 3), Paderborn ²2006 [amerikanische Originalausgabe 1992], 17–20.
   [9] Zur Geschichte der Psychotraumatologie vgl. ausführlich Martin Bergmann, „Fünf
Stadien in der Entwicklung der psychoanalytischen Trauma-Konzeption", *Mittelweg 36* 5/2
(1996), 12–22, 12–19; Bohleber, Traumatheorie, passim; Fischer/Riedesser, Psychotraumatologie, 31–43; Kopf, Trauma, 15–26; Herman, Narben, 17–51.
   [10] Zur Geschichte der Kriegstraumatisierungen vgl. auch Jürgen P. Furtwängler, „Historischer Abriss der Psychotraumatologie – eine Geschichte der Kriegstraumatisierungen",
in: Manfred Zielke u.a. (Hg.), *Das Ende der Geborgenheit? Die Bedeutung von traumatischen*

3) In den 1960er Jahren wurden die Traumata der Shoah-Überlebenden sichtbar(er), wobei nicht auflösbare Trauer und Überlebensschuld als wesentliche Merkmale beschrieben wurden. In diesem Zusammenhang fand man auch erste deutliche Hinweise darauf, dass massive Traumata generationenübergreifende Folgen haben.

4) Ab den 1970er Jahren schließlich wurden im Rahmen der (zweiten) Frauenbewegung die Folgen (häuslicher) sexueller Gewalt an Frauen und Kindern thematisiert.

5) Aufgrund des Engagements von us-amerikanischen Vietnam-Veteranen, die, unterstützt durch die Anti-Kriegsbewegung, für die öffentliche Anerkennung ihrer kriegsbedingten Leiden und eine entsprechende Behandlung eintraten, nahm man 1980 die Diagnose *Post-Traumatic Stress-Disorder* (PTSD/PTBS) in das offizielle Handbuch seelischer Erkrankungen auf.

Die seit den 1990er Jahren zunehmende Verbreitung des Trauma-Begriffs ist vor allem vor dem Hintergrund des zunehmenden Wissens um Gewalt und deren Folgen zu betrachten. „Wie Gewalt", schreibt Martina Kopf, „so scheinen auch die psychischen Wunden, die sie schlägt, keine geographischen, politischen oder kulturellen Grenzen zu kennen"[11]. Dennoch gelte es, Überlegungen zur Universalität des Traumakonzepts durch Überlegungen zu dessen Differenzierung zu ergänzen.

2. Was heißt ,psychische Traumatisierung'?

In ihrem *Lehrbuch der Psychotraumatologie* (2003) definieren Gottfried Fischer und Peter Riedesser psychisches Trauma als „vitales Diskrepanzerlebnis zwischen bedrohlichen Situationsfaktoren und den individuellen Bewältigungsmöglichkeiten, das mit Gefühlen von Hilflosigkeit und schutzloser Preisgabe einhergeht und so eine dauerhafte Erschütterung von Selbst- und Weltverständnis bewirkt"[12].

Erfahrungen in verschiedenen Lebens- und Ereignisbereichen: Epidemiologie, Prävention, Behandlungskonzepte und klinische Erfahrungen, Lengerich 2003, 163–169, passim. Zum sog. *Combat Stress* vgl. Rolf Meermann, Combat Stress und seine kurz- und langfristigen Folgen", in: Manfred Zielke u.a. (Hg.), *Das Ende der Geborgenheit? Die Bedeutung von traumatischen Erfahrungen in verschiedenen Lebens- und Ereignisbereichen: Epidemiologie, Prävention, Behandlungskonzepte und klinische Erfahrungen*, Lengerich 2003, 182–193, 183–190.

[11] Kopf, Trauma, 26.

[12] Fischer/Riedesser, Psychotraumatologie, 82.375. Vgl. Jochen Peichl, *Die inneren Trauma-Landschaften. Borderline – Ego-State – Täter-Introjekt*, Stuttgart 2007, 52.

Ausgangspunkt für die Entwicklung von Traumata sind tatsächliche, extrem stressreiche äußere Ereignisse, die für die betroffene Person eine Vernichtungsdrohung bedeuten[13]. Das Gehirn reagiert auf solche tödlichen Bedrohungen reflexartig mit einem doppelten Mechanismus, mit Kampf oder Flucht (*Fight or Flight*). Wo allerdings beides unmöglich ist, bleibt dem Gehirn nur die sog. *Freeze-and-Fragment*-Reaktion, um der Auflösung des Selbst zu entkommen. *Freeze* meint eine Art ,Einfrier'- oder Lähmungsreaktion. Weil der aggressive, gewalttätige Reiz *äußerlich* nicht niedergerungen werden kann, versucht der Organismus, dies *innerlich* zu tun, innerlich in Distanz zu dem unbewältigbaren Schreckensereignis zu gehen. Die Ausschüttung von Endorphinen, schmerzbetäubenden körperlichem Opiaten, unterstützt diese innere Distanzierung; die Ausschüttung des Hormons Noradrenalin verhindert, dass das Ereignis ,normal' wahrgenommen wird. Anders als normale Geschehnisse wird ein Trauma-Geschehnis nicht wirklich erfahren, sondern – und hier spricht man von der *Fragment*-Reaktion – zersplittert. Die ,Erinnerungsfetzen' werden aus dem Bewusstsein abgedrängt, wodurch das äußere Ereignis nicht mehr als zusammenhängendes empfunden und erinnert werden kann[14].

Trauma gilt also nicht als eine einem Ereignis oder einem Erlebnis als solchem inhärente Qualität; wesentlich ist vielmehr „die Relation von Ereignis und erlebendem Subjekt"[15]. In diesem Sinne orientieren sich Beschreibungen von Trauma heute in aller Regel an einem Verlaufsmodell psychischer Traumatisierung, wobei zumeist, wie bei dem im Folgenden vorgestellten Modell, drei – in einem dynamischen, nicht aber unbedingt in einem zeitlichen Verhältnis zueinander stehende – Phasen unterschieden werden[16]: Die erste Phase bildet die biographisch, zeitlich und räumlich bestimmbare *traumatische Situation*, wie sie oben beschrieben wurde, die dadurch gekennzeichnet ist, dass auf sie subjektiv nicht angemessen geantwortet werden kann. Auf sie folgt, als zweite Phase, die *traumatische Reaktion*, bei der es um die paradox anmutende Frage geht, „wie [...] das betroffene Individuum oder die soziale Gruppe eine Situationserfahrung [verarbeitet], die ihre subjektive Verarbeitungskapazität oder vielleicht

---

[13] Vgl. Jones, Trauma, 13f.

[14] Vgl. hierzu ausführlicher Michaela Huber, *Trauma und die Folgen. Trauma und Traumabehandlung: Teil 1*, Paderborn 2003, 37–51; Peichl, Trauma-Landschaften, 21–50. Vgl. auch Kathleen M. O'Connor, „A Family Comes Undone (Jeremiah 2:1–4:2)", *RExp* 105 (2008), 201–212, 201f.

[15] Fischer/Riedesser, Psychotraumatologie, 62.

[16] Vgl. Fischer/Riedesser, Psychotraumatologie, 62f; Peichl, Trauma-Landschaften, 51–55.

die von uns allen überschreitet"[17]. Die dritte Phase im Verlaufsmodell stellt der *traumatische Prozess* dar, in dem das „Paradoxon der traumatischen Reaktion [...] gewissermaßen auf Zeit gestellt [ist]"[18]. Der traumatische Prozess ist durch den Versuch der Betroffenen geprägt, längerfristig Reparaturvorgänge zu aktivieren, um die durch das Trauma geschlagene Wunde zu heilen oder zumindest den Schaden für die Person so gering wie möglich zu halten. In diesem – oft lebenslang dauernden – Prozess geht es darum, das Erfahrene in eine Sinnstruktur, eine autobiographische Erzählung über sich selbst und die Welt, d.h. in ein sog. narratives Skript, zu integrieren; gelingt dies nicht, „muss das Überleben dadurch gesichert werden, dass die traumatische Erfahrung abgekapselt und jene bedrohliche Erinnerung isoliert wird"[19]. So oder so hinterlässt die Auseinandersetzung mit dem Erlittenen in den Überlebenden Spuren: als narbenvoller Ausheilungsprozess, als infektiöse Wunde, als vergiftete Erinnerung.

Nicht jeder Mensch, der einem potentiell traumatisierenden Ereignis ausgesetzt ist, entwickelt traumatische Symptome und Syndrome als mögliche Folgeerscheinungen; auch ist mit einer großen Variationsbreite traumatischer Folgeerscheinungen zu rechnen. Im DSM IV aus dem Jahr 1994 (vierte Überarbeitung des *Diagnostic and Statistic Manual for Mental Health* der *American Psychiatric Association*) etwa wird (u.a.) zwischen der ‚Akuten Belastungsstörung‘, der mittelfristigen ‚Anpassungsstörung‘, sowie der langfristigen ‚Posttraumatischen Belastungsstörung‘ (PTSD/PTBS)[20] differenziert. Die durchschnittliche Häufigkeit der PTBS nach potentiell traumatogenen Ereignissen wird mit etwa 20% angegeben. Flüchtlinge und AsylbewerberInnen allerdings weisen epidemiologischen Erhebungen zufolge zu etwa 50% ein traumatisches Syndrom auf, bei Vergewaltigungsopfern sind es mindestens 30%, nach anderen Gewaltverbrechen etwa 25%. Opfer von schweren Verkehrsunfällen erkranken mit einer Häufigkeit von 15–20%, Menschen, die plötzlich einen ihnen

---

[17] Fischer/Riedesser, Psychotraumatologie, 63.
[18] Fischer/Riedesser, Psychotraumatologie, 63.
[19] Peichl, Trauma-Landschaften, 52.
[20] PTSD steht als Abkürzung für *Post-Traumatic Stress-Disorder*. In der europäischen Variante des DSM, der ICD-10 aus dem Jahr 1992 (zehnte Überarbeitung der *International Statistical Classification of Diseases and Related Health Problems*), findet sich eine vergleichbare Einteilung der traumatischen Syndrome (vgl. Fraisl, Trauma, 24).
Fischer und Riedesser schlüsseln PTBS als ‚Psychotraumatisches Belastungssyndrom‘ auf, da die Vorsilbe ‚post‘ „die Gleichsetzung von Trauma und traumatischem Ereignis suggeriert, während Trauma nach unserem Verständnis und auch im üblichen Sprachgebrauch eher einen prozessuralen Verlauf nahe legt. Das ‚Trauma‘ ist nicht vorbei, wenn die traumatische Situation vorüber ist." (Fischer/Riedesser, Psychotraumatologie, 43f.)

nahe stehenden Menschen verloren haben, mit einer Häufigkeit von etwa 15%[21].

Generell ist davon auszugehen, dass „die traumatisierende Wirkung [eines] Ereignisses umso stärker [ist], je größer der Anteil von Menschen an seiner Verursachung und je enger die Beziehung des Verursachers zum Betroffenen ist"[22]. Des Weiteren spielen die Gefährdung der eigenen Person und der Grad der Involviertheit, die Nähe zu Verletzung und Tod, die Häufung und Dauer der traumatischen Situation(en) und nicht zuletzt die vorhandenen und zur Verfügung gestellten Bewältigungsressourcen (sog. *Coping*-Möglichkeiten oder -Mechanismen) eine wesentliche Rolle. Traumatische Reaktionen können auch bei nicht unmittelbar betroffenen Personen auftreten, etwa bei AugenzeugInnen extremer Gewaltanwendung[23].

Ob Überlebende nach einem potentiell traumatischen Geschehen psychische Schwierigkeiten entwickeln, hängt nicht nur davon ab, wie schwerwiegend dieses Geschehen *an sich* war, sondern wird auch entscheidend dadurch beeinflusst, wie es unmittelbar danach und später weitergeht. Hans Keilson, der in einer systematischen Langzeituntersuchung die Entwicklung jüdischer Kriegswaisen in Holland analysierte, hat diesen prozesshaften Charakter des Traumas erstmals beschrieben und für ihn den Begriff der „sequentiellen Traumatisierung" geprägt[24]. Seine

---

[21] Vgl. Fraisl, Trauma, 25, Anm. 26; vgl. auch Alexander C. McFarlane/Rachel Yehuda, „Widerstandskraft, Vulnerabilität und der Verlauf posttraumatischer Reaktionen", in: Bessel A. van der Kolk u.a. (Hg.), *Traumatic Stress: Grundlagen und Behandlungsansätze. Theorie, Praxis und Forschung zu posttraumatischem Streß sowie Traumatherapie*, Paderborn 2000, 141–167, 145–147; Winfried Hackhausen, „Die Bedeutung des Posttraumatischen Belastungssyndroms (PTBS) für die Sozialmedizin und die medizinische Rehabilitation", in: Manfred Zielke u.a. (Hg.), *Das Ende der Geborgenheit? Die Bedeutung von traumatischen Erfahrungen in verschiedenen Lebens- und Ereignisbereichen: Epidemiologie, Prävention, Behandlungskonzepte und klinische Erfahrungen*, Lengerich 2003, 42–52, 44f. Zur Häufigkeit von traumatischen Symptomen und Syndromen bei SoldatInnen und Kriegsopfern vgl. McFarlane/Yehuda, Widerstandskraft, 145, sowie Zahava Solomon/Nathaniel Laror/Alexander C. McFarlane, „Posttraumatische Akutreaktionen bei Soldaten und Zivilisten", in: Bessel A. van der Kolk u.a. (Hg.), *Traumatic Stress: Grundlagen und Behandlungsansätze. Theorie, Praxis und Forschung zu posttraumatischem Streß sowie Traumatherapie*, Paderborn 2000, 117–127, passim; zum Vorkommen von PTSD bei Flüchtlingen vgl. auch Rosner/Gavranidou, Erkrankung, 386.396f; Peter Kaiser, *Religion in der Psychiatrie. Eine (un)bewusste Verdrängung?*, Göttingen 2007, 483–487. Insgesamt ist ein deutliches Divergieren der Prävalenzwerte zu beobachten.

[22] Peter Riedesser, „Belastende Kriegserfahrungen in der Kleinkindzeit", in: Hartmut Radebold u.a. (Hg.), *Kindheiten im Zweiten Weltkrieg. Kriegserfahrungen und deren Folgen aus psychohistorischer Perspektive*, Weinheim/München 2006, 37–50, 37.

[23] Vgl. Herman, Narben, 54; Jones, Trauma, 14.

[24] Keilson zufolge wurden die Kinder in drei Phasen traumatisiert, „zunächst im Rahmen der feindlichen Besetzung der Niederlande, die den Beginn des Terrors markierte;

Konzeption ist vor allem deshalb als revolutionär zu bezeichnen, weil sie alle mit in die Pflicht nimmt, die mit dem Opfer zu tun hatten – und *nach* der Traumatisierung zu tun haben. Dies hat insofern eine unmittelbare politische Bedeutung, als eine Gesellschaft z.B. für traumatisierte Flüchtlinge Rahmenbedingungen schaffen kann, die zur Bewältigung und Heilung des Traumas beitragen. Umgekehrt kann sie allerdings auch, wo solche Rahmenbedingungen und die entsprechende Sensibilität fehlen, einer Re-Traumatisierung der Betroffenen Vorschub leisten[25].

Wichtig ist in diesem Zusammenhang auch, darauf hat vor allem Angela Kühner nachdrücklich hingewiesen, die Entpathologisierung der Opfer. In Abgrenzung zu dem falschen Bild, es stimme in erster Linie etwas mit den Gewaltüberlebenden nicht, welches u.a. durch das Operieren mit psychologischen bzw. psychiatrischen Begriffen entstehe, müsse von der „Pathologie der Wirklichkeit"[26] gesprochen werden.

3. Zur Phänomenologie des (individuellen) Traumas

3.1. Die Dialektik zwischen Auseinandersetzung und Abwehr

Traumatische Ereignisse lösen, dies ist bereits angeklungen, in den betroffenen Personen zumeist eine große Vielfalt an Reaktionsweisen oder ‚Symptomen' aus, von denen sich viele bei näherem Hinsehen

---

dann durch die direkte Verfolgung, die Deportation von Eltern und Kindern, Trennungen, den Aufenthalt in Konzentrationslagern; die dritte Phase schließlich war die Zeit nach dem Krieg, in welcher das weitere Schicksal der Kinder – bei holländischen Familien bleiben oder in eine jüdische Umgebung kommen – kontrovers debattiert wurde" (Fraisl, Trauma, 30). Keilson konnte beobachten, dass „die psychotraumatische Belastung in Folge einer sehr negativ erlebten dritten Phase und einer nicht ganz so schlimmen zweiten Phase [...] größer war als jene nach einer sehr schlimmen zweiten Phase, auf die eine verhältnismäßig entlastende dritte Phase folgte" (ebd.).

[25] Vgl. Kühner, Traumata, 27. Fischer und Riedesser sprechen in diesem Zusammenhang von der „sozialen Dimension" eines Traumas und erläutern dies folgendermaßen (dies., Psychotraumatologie, 61): „Lehnt ein Kollektiv es beispielsweise ab, die Verantwortung zu übernehmen für Gewalttaten oder sonstiges Unrecht gegen Außenstehende und Minoritäten, so untergräbt die verleugnete Schuld die moralische Substanz der Täter- oder Verursachergruppe oft über Generationen hinweg. Der ‚traumatische Prozeß' ist also nicht nur ein individueller, sondern stets auch ein sozialer Vorgang, worin die Täter-Opfer-Beziehung bzw. das soziale Netzwerk der Betroffenen und letztlich das soziale Kollektiv einbezogen sind."

[26] Kühner, Traumata, 22, unter Verwendung einer Formulierung von Elisabeth Brainin, Vera Ligeti und Sami Teicher (vgl. ausführlich dies., „Psychoanalytische Überlegungen zur Pathologie der Wirklichkeit", in: Hans Stoffels [Hg.], *Terrorlandschaften der Seele. Beiträge zur Theorie und Therapie von Extremtraumatisierungen*, Regensburg 1994, 54–71, passim). Vgl. hierzu auch Sabine Bobert, „Trauma und Schuld: Fremder Schuld geopfert sein", *WzM* 56 (2004), 421–435, 422–424; Fraisl, Trauma, 24.

zwei grundlegenden, entgegengesetzten Impulsen zuordnen lassen: Einerseits lässt die erlittene Gewalt den Opfern keine Ruhe, drängt sich ihnen immer wieder auf, andererseits versuchen sie – oft mit aller verbliebenen Kraft –, Angst, Schmerz und Ohnmacht abzuwehren und sich vor allem, was mit dem Trauma in Zusammenhang steht, zu schützen. Sog. Intrusionssymptome (von spätlat. *intrudere*, „hineindrängen"), d.h. Zustände, in denen die traumatische Situation erneut erlebt wird (z.B. sich aufdrängende Gedanken, Alpträume, *flashbacks*) und sog. Konstriktionssymptome (von lat. *constringere*, „zusammenschnüren, zusammenziehen"), d.h. Zustände, die der Abwehr der traumatischen Situation dienen (z.B. psychische Lähmung, Erstarrung, emotionale Teilnahmslosigkeit, sozialer Rückzug), stehen einander gegenüber. In den diagnostischen Kriterien der PTBS nach DSM IV kommen als dritte Gruppe Symptome erhöhten Arousals, also eines anhaltend erhöhten physiologischen Erregungsniveaus, hinzu. Dieses zeigt „den permanenten Alarmzustand einer Person an[], die sich beständig gefährdet glaubt"[27], und äußert sich etwa in Schlafstörungen, Reizbarkeit, Konzentrationsstörungen, Schreckhaftigkeit und weiteren körperlichen Reaktionen.

Eng verbunden mit der beschriebenen Dialektik von Auseinandersetzung und Abwehr bzw. Selbstschutz sind die Aspekte des Schweigens und des Aussprechens, die sowohl den individuellen als auch den kollektiven Umgang mit Traumatisierungen betreffen. Bei den Gewaltüberlebenden kommt es nicht selten dazu, dass das Erlittene allenfalls bruchstückhaft erzählt werden kann – man „erzählt, ohne richtig zu erzählen"[28]. Häufig hat dieses bruchstückhafte Erzählen der Traumatisierten die schreckliche Konsequenz, dass ihnen nicht geglaubt wird. Und auch in den Reaktionen des sozialen Umfelds spiegelt sich das Hin- und Hergerissensein zwischen Auseinandersetzung und Abwehr wider, indem die Opfer entweder zur Bearbeitung des Geschehenen ermutigt oder aber zur Verleugnung desselben angehalten werden.

Selbstverständlich sind in diesem Zusammenhang unterschiedliche kulturelle Wertungen zu berücksichtigen – Schweigen und Aussprechen können ganz unterschiedliche Gründe und Bedeutungen haben. Während etwa die Traumatherapeutin Luise Reddemann die schützende Funktion von ‚Vermeidungssymptomen' betont und dafür plädiert, nicht immer

---

[27] Fraisl, Trauma, 25. Zum Ganzen vgl. a.a.O., 24f; Fischer/Riedesser, Psychotraumatologie, 44–46.
[28] Kühner, Traumata, 24. Vgl. auch Herman, Narben, 9.

alles (sofort) auszusprechen[29], hebt der lateinamerikanische Psychotherapeut Marcelo Vinar die emanzipatorische Funktion des Aussprechens hervor, beschreibt sogar in seinen Beiträgen bewusst Foltergeschichten. „Für ihn ist das therapeutische Ziel mit dem politischen verbunden, Folter vor der Weltöffentlichkeit weiter zu skandalisieren"[30].

3.2. Traumatische Informationsverarbeitung

Der Traumaforscher Bessel A. van der Kolk sieht die Ursache für das Nicht- bzw. Kaum-Erzählen-Können traumatischen Geschehens und „die wesentliche Grundlage für die Pathologie der PTBS" darin, dass traumatische Erfahrungen nicht – wie es für ihre „korrekte Klassifizierung und Integration in andere Erfahrungen" notwendig ist – symbolisch verarbeitet werden können, sondern sich „im Unterschied zur gewöhnlichen Informationsverarbeitung [...] zuerst in Form von Empfindungen oder Gefühlszuständen niederschlagen"[31]. Entsprechend nimmt er die Existenz eines ‚traumatischen Gedächtnisses' mit spezifischen Enkodierungs- und Speicherprozessen an. Traumatische Erinnerungen seien vielfach nicht explizit abrufbar; sie würden vielmehr vorwiegend als Affektzustände, in Form von visuellen Bildern[32] oder körperlichen Empfindungen wiedererlebt. In diesen durch Bruchstückhaftigkeit gekennzeichneten emotionalen und sensorischen Zuständen besteht nur wenig verbale Repräsentationsfähigkeit, so dass den Betroffenen die Übersetzung des Erlittenen in ein persönliches Narrativ oftmals nicht möglich ist[33]. Folgen dieser spezifischen Enkodierung können auch Gedächtnisstörungen in Form partieller oder vollständiger Amnesie, generalisierter Störungen im Hinblick sowohl auf kulturelle als auch auf autobiographische Ereignisse und dissoziative („spaltende") Prozesse sein, die sich „als sensorische und emotionale Fragmentierung von Erfahrung darstellen"[34].

---

[29] Vgl. Luise Reddemann, *Imagination als heilsame Kraft. Zur Behandlung von Traumafolgen mit ressourcenorientierten Verfahren* (Leben lernen 141), Stuttgart [9]2003 [2001], 109–113.

[30] Kühner, Traumata, 41.

[31] Bessel A. van der Kolk, „Trauma und Gedächtnis", in: ders. u.a. (Hg.), *Traumatic Stress: Grundlagen und Behandlungsansätze. Theorie, Praxis und Forschung zu posttraumatischem Streß sowie Traumatherapie*, Paderborn 2000, 221–240, 239.

[32] Vgl. hierzu auch Jones, Trauma, 19–22.

[33] Zum Ganzen vgl. Kolk, Gedächtnis, passim; Fraisl, Trauma, 26–29.

[34] Sabine von Hinckeldey/Gottfried Fischer, *Psychotraumatologie der Gedächtnisleistung. Diagnostik, Begutachtung und Therapie traumatischer Erinnerungen*, München/Basel 2002, 112.

Gleichwohl unterliegen traumatische Erinnerungen in geringerem
Maße erinnerungsüblichen Verzerrungen und können oft lebenslang
durch bestimmte interne wie externe Reize (sog. *trigger*) ausgelöst und
dadurch (plötzlich) bewusst(er) werden, wobei die Erinnerungen dann
häufig ebenso emotional und sensorisch intensiv erlebt werden wie das
ursprüngliche traumatische Ereignis.

3.3. *Latenz und Nachträglichkeit*

Der Logik der bereits oben besprochenen sequentiellen Traumatisierung
und dem unbegreifbaren Gewaltakt selbst entsprechen die traumatischen
Phänomene von Latenz und Nachträglichkeit, mit deren Hilfe man zu
beschreiben versucht, warum den Betroffenen traumatische Situationen
manchmal erst nach Jahren oder Jahrzehnten ins Bewusstsein dringen
und es erst lange nach dem traumatogenen Ereignis zur Ausbildung bzw.
zu einer massiven Verschärfung von traumatischen Symptomen kommen
kann. Beide Phänomene stehen mit der im vorhergehenden Abschnitt
vorgestellten traumatischen Informationsverarbeitung in Verbindung.

Das Merkmal der Latenz beschreibt den Umstand, dass die „volle
Bedeutung, das Ausmaß der Lebensgefahr und damit die volle Wucht des
Traumas [...] das Opfer oft erst viel später [erfasst]"[35]. Das hängt damit
zusammen, dass während der traumatischen Situation eine Art Wahr-
nehmungsschutz aufgebaut wird, der verhindert, dass die Betroffenen die
volle Tragweite des Geschehens erkennen – ein Mechanismus, der dem
psychischen und physischen Überleben dient.

Das Merkmal der Nachträglichkeit illustriert den Prozesscharakter des
Traumas, sofern das „vergangene Trauma [...] nicht nur (linear-kausal)
auf das gegenwärtige Erleben [wirkt], sondern das gegenwärtige Leben
[...] auf die traumatische Erinnerung zurück[wirkt], die Gegenwart [...]
die Vergangenheit [verändert]"[36]. Nachträglich umgearbeitet wird vor
allem das, was in dem Augenblick, in dem es erlebt wurde, nicht vollständig in einen Bedeutungszusammenhang integriert werden konnte – dies
kann etwa bedeuten, dass Menschen, die in der Kindheit Opfer sexueller
Gewalt geworden sind, sich der Bedeutung und des Ausmaßes des Erlebten erst im Kontext späterer Erfahrungen bewusst werden und daraufhin
(verstärkt) Symptome entwickeln.

---

[35] Kühner, Traumata, 27f.
[36] Kühner, Traumata, 29. Vgl. auch Fischer/Riedesser, Psychotraumatologie, 48.

3.4. *Komplexes psychotraumatisches Belastungssyndrom*

Will man wirklich erfassen und beschreiben, woran Trauma-Opfer leiden, reicht nach Meinung einzelner PsychotraumatologInnen die Konzentration auf die Diagnosekriterien der PTBS nach DSM IV – Intrusion, Konstriktion, (Über-)Erregung – nicht aus, kann sie doch „der Beobachtung dessen, wie Personen auf ein Trauma reagieren, erhebliche Grenzen setzen und daher eine geeignete Behandlung verunmöglichen"[37]. Diesem Umstand Rechnung tragend, hat die amerikanische Psychotraumatologin Judith Herman 1992 einen Zusammenhang traumatischer Symptome beschrieben, den sie „Komplexe posttraumatische Belastungsstörung" nannte[38]. Diese diagnostische Kategorie, die in der gegenwärtigen Trauma-Diagnostik nach wie vor positiv aufgenommen wird[39], erscheint mir als eine Art hermeneutischer Schlüssel im Rahmen meiner Überlegungen zum Ezechielbuch vor allem deshalb angemessen, weil sie sich auf lang anhaltende, wiederholte Traumata (z.B. Kriegsgefangenschaft) bezieht und weil sie die Vielgestaltigkeit der traumatischen Folgeerscheinungen, die derart schwerwiegende Gewalterfahrungen nach sich ziehen können, zu beschreiben sucht. Selbstverständlich wird an anderer Stelle noch zu bedenken sein, wie sich eine derartige – auf ein Individuum zugeschnittene – Symptombeschreibung auf eine Gruppe von Menschen anwenden lässt, und was es bedeutet, eine solche Beschreibung als hermeneutischen Schlüssel für einen literarischen Text zu begreifen.

Im Folgenden sollen die sieben Kriterien bzw. Symptomgruppen, die Herman der Komplexen posttraumatischen Belastungsstörung zugrunde legt, kurz vorgestellt und, wo nötig, ergänzend erläutert werden[40].

1) *Unterworfensein unter totalitäre Kontrolle über einen längeren Zeitraum* (Monate bis Jahre), z.B. bei Geiselhaft, Kriegsgefangenschaft, Unterdrückung im familiären Bereich/im engsten Bezugssystem in Form von physischer Misshandlung und/oder sexueller Gewalt.

---

[37] Bessel A. van der Kolk/Alexander C. McFarlane, „Trauma – ein schwarzes Loch", in: dies. u.a. (Hg.), *Traumatic Stress: Grundlagen und Behandlungsansätze. Theorie, Praxis und Forschung zu posttraumatischem Streß sowie Traumatherapie*, Paderborn 2000, 27–45, 42. Vgl. auch Boris Drožđek, „The Rebirth of Contextual Thinking in Psychotraumatology", in: ders./John P. Wilson (Hg.), *Voices of Trauma: Treating Psychological Trauma Across Cultures*, New York 2007, 1–25, 9–11.

[38] Herman, Narben, 169. Fischer und Riedesser (dies., Psychotraumatologie, 50) nennen das von Herman vorgestellte Syndrom „Komplexes psychotraumatisches Belastungssyndrom" – diese Benennung habe ich als Abschnittsüberschrift gewählt.

[39] Vgl. z.B. Fischer/Riedesser, Psychotraumatologie, 49f.

[40] Zum Folgenden vgl. Herman, Narben, 169f; Fischer/Riedesser, Psychotraumatologie, 50.

2) *Veränderungen der Affektregulation.* Hierunter zählen u.a. anhaltende dysphorische Verstimmungen, anhaltende Beschäftigung mit Suizidideen, selbstverletzendes Verhalten, aufbrausende oder extrem unterdrückte Wut (eventuell im Wechsel) sowie zwanghafte oder extrem gehemmte Sexualität (eventuell im Wechsel).

Zu derartigen Veränderungen der Affektregulation kommt es in Reaktion auf die Affektstürme, von denen ein Mensch im Zustand der Traumatisierung überflutet wird und die „diffus-undifferenziert, konfus oder heftig widersprüchlich sind, so daß Gefühle von Todesangst, Ekel, Schmerz, Scham, Verzweiflung, Demütigung, Ohnmacht und Wut gleichzeitig oder in raschem Wechsel durchlitten werden"[41]. Selbstverletzungen können ein Mittel sein, aus solchen als katastrophisch empfundenen, unerträglichen Zuständen herauszukommen[42]. Der wichtigste diesbezügliche Coping-Mechanismus ist die unter Punkt 3 beschriebene menschliche Fähigkeit zur Dissoziation.

3) *Bewusstseinsveränderungen.* Hierunter fallen Phänomene wie Amnesie oder Hypermnesie, was die traumatischen Ereignisse anbelangt, dissoziative Episoden, Depersonalisation und Derealisation und Wiederholungen des traumatischen Geschehens in Form intrusiver Symptome oder in Form von ständigem Grübeln.

Unter Dissoziation versteht man einen wesentlichen Trauma-Coping-Mechanismus, der dann eingesetzt wird, wenn es keine Möglichkeit für Kampf oder Flucht gibt. Mit John P. Wilson lässt sich dieses Phänomen beschreiben als ein „Prozess, durch den bestimmte Gedanken, Einstellungen oder andere psychische Aktivitäten ihre Relation [...] zur übrigen Persönlichkeit verlieren, sich abspalten und mehr oder minder unabhängig funktionieren"[43]. Verselbständigt sich dieser ursprünglich schützende Mechanismus, der von Gewaltopfern z.B. als Heraustreten aus dem eigenen Körper und Von-außen-Beobachtung ihrer selbst beschrieben wird, kann dies, etwa bedingt durch bestimmte Auslösereize, zu einem wiederkehrenden unwillkürlichen Verlassen der Realität (Derealisation) oder dem vorübergehenden oder dauerhaften Verlust einer stabilen Ich-Identität (Depersonalisation)[44] führen. Der

---

[41] Ulrich Sachsse, *Selbstverletzendes Verhalten: Psychodynamik – Psychotherapie. Das Trauma, die Dissoziation und die Behandlung*, Göttingen ⁷2008 [1994], 46.

[42] Vgl. Sachsse, Psychodynamik, 50–52.

[43] Zitiert nach Kühner, Traumata, 26; vgl. Fischer/Riedesser, Psychotraumatologie, 365f.

[44] Als Extremreaktion kann es zu einer „multiplen Persönlichkeitsorganisation" kommen, die durch das „Vorhandensein von zwei oder mehreren unterschiedlichen Identitäten oder Persönlichkeitszuständen (jede mit einer relativ überdauernden Weise des Wahrnehmens, der Beziehungsgestaltung und der Einstellung gegenüber der Umgebung und der eigenen Person)" geprägt ist (Fischer/Riedesser, Psychotraumatologie, 51). Vgl. auch Huber, Trauma, 56.

bei vielen Gewaltüberlebenden vorhandene Impuls, sich selbst zu verletzen, wird in der zeitgenössischen Psychotraumatologie (u.a.) als – fatalerweise – wirksamstes Mittel begriffen, gegen ein derartiges Erleben vorzugehen[45].

Zur Wiederholung des traumatischen Geschehens kommt es, weil die Verarbeitungsmöglichkeiten der menschlichen Psyche im Kontext der traumatischen Situation völlig überfordert sind – eine unmittelbare Reaktion ist innerhalb dieser Situation oft nicht möglich. Stattdessen ‚speichert‘ die Psyche die Gewalttat und sucht zu einem späteren Zeitpunkt nach einem Ausdruck für das Trauma. Die traumatisierte Person stellt dann (imaginativ) Szenen her oder sucht Szenen auf, die der traumatischen Situation ähnlich sind, um mittels bzw. in dieser Re-Inszenierung eine andere, bessere Erfahrung zu machen. Die Ähnlichkeit der Wiederholung mit der traumatisierenden Situation kann aber umgekehrt dazu führen, dass die Betroffenen re-traumatisiert werden – in diesem Fall spricht man von Wiederholungszwang. Während in der Re-Inszenierung – mit anderem Ausgang! – eine Heilungschance liegt, ist der Wiederholungszwang dessen größtes Hindernis[46].

4) *Veränderungen der Selbstwahrnehmung.* Hierzu sind u.a. Ohnmachts- gefühle und Initiativverlust, Scham- und Schuldgefühle, das Phänomen der Selbstbezichtigung, Gefühle von Beschmutzung, Wertlosigkeit oder Stigmatisierung zu rechnen. Auch die Empfindung, sich grundlegend von anderen zu unterscheiden, wie sie etwa im Erleben äußerster Einsamkeit oder in der Überzeugung, von niemandem verstanden werden zu können, zum Ausdruck kommt, gehört hierher.

Herman selbst bezeichnet das Erleben von Ohnmacht als „die entscheidende Verwundung durch das Trauma"[47]. Was in der oben vorgestellten allgemeinen Bestimmung des Trauma-Begriffs „Überforderung der zur Verfügung stehenden Kompensationsmechanismen" genannt wurde, lässt sich auch als Erfahrung absoluter Hilflosigkeit und absoluten Ausgeliefertseins beschreiben[48]. Analog sind viele der dem Trauma folgenden Symptome durch das Gefühl

---

[45] Vgl. hierzu Sachsse, Psychodynamik, 52: „Der Körper kommt im Erleben [von Zustän- den der Depersonalisation, R.P.] quasi abhanden. Die Patientin ist ‚außer sich'. Das SVV [selbstverletzende Verhalten, R.P.] schafft hier ein Grenzerleben und vermittelt das Gefühl von Lebendigkeit. Die anästhetische Haut wird wieder spürbar. Der Schnitt selbst ist schmerzfrei, erst nachträglich stellt sich ein begrenzendes Schmerzempfinden ein. Das warme pulsierende Blut ist ein Zeichen inneren Lebens."

[46] Vgl. Kühner, Traumata, 34; Jones, Trauma, 17. Vgl. auch Fraisl, Trauma, 22f, wo es heißt: „Der sich [...] ergebende Drang, die Handlung wieder aufzunehmen, kommt in Wie- derholungstendenzen zum Ausdruck, die sowohl zur Perpetuierung des eigenen Opfer- status führen können als auch dazu, andere zu Opfern von beispielsweise zuvor selbst erlebter Gewalt zu machen."

[47] Herman, Narben, 64. Vgl. hierzu auch Jones, Trauma, 15.17f.

[48] Vgl. hierzu Herman, Narben, 64, wo das Erleben von Hilflosigkeit und Ohnmacht als „die entscheidende Verwundung durch das Trauma" bezeichnet wird.

des Überrolltwerdens und Kontrollverlust gekennzeichnet (z.B. sich aufdrängende Erinnerungen, *flashbacks*, Dissoziationen). Ob ein Trauma bewältigt werden oder heilen kann, ist dementsprechend in besonderem Maße davon abhängig, dass die Gewaltüberlebenden im Sinne des *empowerment* Möglichkeiten finden – und durch psychosoziale und gesellschaftliche Interventionen eröffnet bekommen –, die zur Wiedergewinnung von Macht über die eigene Person und der Wahrnehmung eigener Handlungsmöglichkeiten führen[49].

Schuld und Schuldgefühle scheinen für Gewaltüberlebende eine herausragende Rolle zu spielen. Das irrationale Empfinden von Schuld – der paradox anmutende Prozess, dass das Opfer die Schuldgefühle hat, die der Täter haben sollte – ist psychodynamisch so zu erklären, „dass es für das psychische Gleichgewicht leichter erträglich sein kann, schuld gewesen statt völlig ohnmächtig gewesen zu sein"[50]. Für Kinder, denen von einer nahen, geliebten Bezugsperson Gewalt angetan wurde, ist es oft einfacher, „die Schuld auf sich zu nehmen (also etwa sich zu Recht bestraft zu fühlen) als – psychisch – die Bezugsperson zu verlieren"[51]. Meist, so Kühner, übersteige das Schuldgefühl in seinem Ausmaß jede reale Verantwortung, es könne aber dennoch wichtig sein, den Teil der Verantwortung anzuerkennen, der tatsächlich bei der/dem Traumatisierten lag. Dies ist allerdings ein schwieriger Balanceakt, trifft doch die Frage nach der Mitschuld nicht selten auf die typische Abwehrstrategie der Umwelt, die die Schuld allzu schnell bei den Opfern sucht (*blaming-the-victim*-Strategie)[52]. In anderen Zusammenhängen, wo eine tatsächliche Verquickung von Täter- und Opfergewordensein festzustellen sei, wie etwa bei Kriegsveteranen, müsse es darum gehen, die „Schuldgefühle in etwas Lebendig-Machendes zu verwandeln, von der Lähmung zum Handeln zu kommen"[53].

Insbesondere im Hinblick auf Überlebende der Shoah wurde das Phänomen der Überlebensschuld beschrieben – Schuldgefühle des eigenen Überlebens wegen angesichts der Ermordung von Verwandten, FreundInnen und weiteren Angehörigen der eigenen Gruppe[54].

Scham scheint – auch je nach kulturellem Kontext – bei unterschiedlichen Traumatisierungen eine unterschiedlich ausgeprägte Rolle zu spielen. Insbe-

---

[49] Vgl. Kühner, Traumata, 35f.
[50] Kühner, Traumata, 32; vgl. Bobert, Trauma, 425–427.
[51] Kühner, Traumata, 32; vgl. Bobert, Trauma, 426.
[52] Vgl. Kühner, Traumata, 32f.
[53] Kühner, Traumata, 33.
[54] Vgl. Fischer/Riedesser, Psychotraumatologie, 256f. Fischer und Riedesser machen darauf aufmerksam, dass sich „Schuldgefühle des eigenen Überlebens wegen [...] auch häufig bei Opfern von Desastern und auch Desasterhelfern [finden]", dass diese jedoch „[i]n den Nazi-Camps [...] von der Lagerverwaltung geradezu gezüchtet und systematisch ausgenützt [wurden]" (a.a.O., 257). Vgl. auch Boris Drožđek/Silvana Turkovic/John P. Wilson, „Posttraumatic Shame and Guilt: Culture and the Posttraumatic Self", in: John P. Wilson (Hg.), *The Posttraumatic Self: Restoring Meaning and Wholeness to Personality*, New York/London 2006, 333–368, 344f.

sondere Opfer sexueller Gewalt oder sexueller Folter empfinden das Erlebte häufig als etwas, das „mit Ekelgefühlen behaftet immer noch an ihnen klebt und das sie vermuten lässt, vom gegenwärtigen Gegenüber als Ekel erregend wahrgenommen zu werden, so als wären sie an dem Erlebten schuld"[55]. Stephan Marks beschreibt *traumatische Scham* als Folge der Zertrümmerung der einen Menschen in seinen physischen und psychischen Grenzen schützenden, gesunden *Intimitäts-Scham* durch sexualisierte, sexuelle oder weitere Formen intrusiver Gewalt, Folter oder andere Übergriffe[56].

5) *Veränderungen in der Wahrnehmung des Täters.* Hierunter zählen etwa die ständige Beschäftigung mit ihm, auch in Form von Rachegedanken, eine unrealistische Einschätzung des Täters als über- oder allmächtig (wobei allerdings die Betroffenen die Machtverhältnisse unter Umständen realistischer einschätzen können als Therapeut oder Therapeutin!), die Idealisierung des Täters oder eine paradoxe Dankbarkeit ihm gegenüber sowie die Übernahme des Überzeugungssystems oder der Rechtfertigungen des Täters.

Im Verstehen des Beziehungsgeschehens zwischen Täter und Opfer liegt ein zentraler Schlüssel für das Begreifen von durch menschliche Gewalt hervorgerufenen Traumata. Wesentlich ist dabei das Phänomen der Introjektion, das Mathias Hirsch folgendermaßen beschreibt: „Schwere Traumatisierung bedeutet massive Grenzüberschreitung, ein Einreißen der Grenze zwischen Subjekt und Objekt, Täter und Opfer. Der Implantation des Bösen durch den Folterer folgt die Introjektion, das Errichten einer entsprechenden ‚tyrannischen Instanz' im Opfer selbst, die es nun weiter entwertet und schuldig spricht – das Introjekt macht Schuldgefühle"[57]. Der Täter dringe, so erläutert Kühner, durch die Tat in die Innenwelt des Opfers ein und zerstöre dessen gesamte psychische Struktur. In vielen Fällen von *man-made disasters* sei es für die Betroffenen überlebensnotwendig, sich partiell mit dem Täter zu identifizieren, etwa um dessen Absichten durchschauen und ein Stück Kontrolle über die ansonsten von purer Ohnmacht gekennzeichnete Situation zu bekommen. Paradoxerweise könne sich sogar ein unwillkürliches Gefühl der Nähe zum Täter einstellen[58] – manchmal kommt es sogar dazu, „dass Traumatisierte [...] ‚die Seite wechseln', die Partei der Täter ergreifen"[59].

---

[55] Kühner, Traumata, 40.

[56] Vgl. Stephan Marks, *Scham – die tabuisierte Emotion*, Düsseldorf 2007, 29–33.

[57] Mathias Hirsch, „Art. Schuld und Schuldgefühl", in: Wolfgang Mertens/Bruno Waldvogel (Hg.), *Handbuch psychoanalytischer Grundbegriffe*, Stuttgart ³2008, 671–677, 674.

[58] Vgl. Kühner, Traumata, 36f.

[59] Ulrich Sachsse, „Täter-Introjekte und Opfer-Introjekte: Fremdkörper im Selbst", in: Traumaz. Psychoth., 216–228, 218. Zum Phänomen der sog. Täter-Introjekte vgl. ausführlich a.a.O., 216–228; Peichl, Trauma-Landschaften, 224–248.

Bedingt durch die zentrale Trauma-Erfahrung der Ohnmacht und des Ausgeliefertseins (vgl. Punkt 4) entwickeln Gewaltüberlebende nicht selten Rache- und Vergebungsphantasien, die man als Versuche deuten kann, „die ohnmächtige Position wenigstens in der Vorstellung zu überwinden und stattdessen [...] die Macht zu haben, vergeben oder rächen zu können"[60]. Für die Betroffenen sind Wünsche nach Rache oft scham- und schuldbesetzt, so dass sie sie nicht zu äußern wagen, ja, nicht selten erschreckt sind angesichts der eigenen aggressiven und destruktiven Impulse[61]. Weil sich die Rachebilder häufig an der ursprünglichen Tat orientieren, können sie zudem die quälenden Erinnerungen verstärken und angstinduzierend, mitunter sogar re-traumatisierend wirken.

6) *Veränderungen in den sozialen Beziehungen.* Diese äußern sich u.a. in Isolation und Rückzug, im Abbruch von intimen Beziehungen, in der fortgesetzten Suche nach einer rettenden Instanz (eventuell im Wechsel mit Isolation und Rückzug) und im wiederholten Versagen beim Schutz der eigenen Person.

Für das Verständnis vieler Traumatisierungen ist es darüber hinaus wesentlich, die besondere Beziehung der Gewaltüberlebenden zu den Ermordeten zu berücksichtigen. Im Zentrum des Traumas nämlich steht die Auseinandersetzung mit dem Tod – dem eigenen oder dem naher Menschen[62]. Überlebende kollektiver Traumata wurden meist nicht nur mit der Möglichkeit des eigenen oder fremden Todes konfrontiert, sondern haben das Sterben von vielen anderen miterlebt. Erlebte Todesnähe und das Wissen um die zu Tode Gekommenen prägen ihren Kontakt mit Lebenden in der Phase nach dem traumatisierenden Ereignis; auch kann das Gefühl, die Aufgabe zu haben, Zeugnis für die Toten abzulegen, für das eigene Überleben entscheidend (gewesen) sein[63].

7) *Veränderungen des Wertesystems,* wie sie etwa im Verlust vormals stabiler Überzeugungen sowie in Gefühlen von Hoffnungslosigkeit und

---

[60] Kühner, Traumata, 37. Vgl. auch Herman, Narben, 170.268–270.

[61] Vgl. Ulrich Sachsse, „Ein klinisches Beispiel", in: Traumaz. Psychoth., 299–311, 310.

[62] Vgl. hierzu Shelly Rambo, „Saturday in New Orleans: Rethinking the Holy Spirit in the Aftermath of Trauma", *RExp* 105 (2008), 229–244, 235–237. Rambo spricht davon, dass „[t]he delineation between death and life, and a progression from one to another, are shattered in trauma" (a.a.O., 235) und dass „in trauma, ‚death' persists in life" (a.a.O., 236).

[63] Vgl. Kühner, Traumata, 42f. Der Psychologe David Becker vermutet etwa, „dass viele KZ-Überlebende real den Toten näher stehen als den Lebenden, weil diese Toten das KZ erlebt haben und das Schicksal der Überlebenden verstanden hätten, während wir, die wir nicht im KZ waren, uns mit der Qual auseinandersetzen müssen, von diesem Tod zu hören" (ders., „Wenn die Gesellschaft in der Psychoanalyse durchbricht: Zum Umgang mit Traumata in Theorie und Praxis", Vortrag zum Symposium „Das Schweigen der Psychoanalyse im öffentlichen Raum" am 1.12.2001 in Berlin, zitiert nach Kühner, Traumata, 43).

Verzweiflung zum Ausdruck kommen. Manche Traumata gehen sogar mit einer regelrechten ‚Zerstörung des Davor' einher, die sich sowohl auf Materielles als auch auf Ideelles beziehen kann[64]

Die Psychologin Ronnie Janoff-Bulman beschreibt die erschütterten Grundüberzeugungen (*shattered assumptions*) als Kern jeden Traumas. Durch das traumatische Erlebnis werden das selbstverständliche Sich-Verlassen auf die eigene Selbstwirksamkeit sowie die tragende Gewissheit, in einer einigermaßen guten Welt zu leben, radikal in Frage gestellt. Eine vormals Halt gebende Religiosität kann zusammenbrechen, das Vertrauen auf eine (gute) Gottheit verlorengehen[65]. Entsprechend gelten Reorganisation und Restitution von Selbst- und Welt- (und Gottes-)Verständnis als wesentliche Bestandteile der Traumaverarbeitung[66].

4. Aspekte des therapeutischen Umgangs mit Traumatisierungen und Trauma-Behandlung

Das Schlüsselelement der Psychotherapie mit Personen mit PTBS ist die Integration des Fremden, Inakzeptablen, Erschreckenden und Unfaßbaren. Das Trauma sollte als ein integrierter Aspekt der eigenen persönlichen Vergangenheit ‚personalisiert' werden[67].

In den verschiedenen psychotherapeutischen Richtungen besteht in Bezug auf die Behandlung einer PTBS weitestgehend Einigkeit darüber,

---

[64] Vgl. Kühner, Traumata, 68.

[65] Vgl. Henry Krystal, „Trauma and Aging: A Thirty-Year Follow-Up", in: Cathy Caruth (Hg.), *Trauma: Explorations in Memory*, Baltimore/London 1995, 76–99, 86, wo es in Bezug auf Überlebende der Shoah heißt: „Desperate attempts are made by many survivors to restore and maintain their faith in God. However, the problems of aggression and the destruction of basic trust resulting from the events of the Holocaust [...] make true faith and trust in the benevolence of an omnipotent God impossible." Zum Ganzen vgl. auch Herman, Narben, 79–84; Kaiser, Psychiatrie, 480–483; Samuel E. Balentine, „Traumatizing Job", *RExp* 105 (2008), 213–228, 213f. Cornelia Faulde weist darauf hin, dass Überlebende sexueller Gewalt häufig an einem destruktiven Gottesbild leiden, das mitunter Züge des Gewalttäters trägt (vgl. dies., *Wenn frühe Wunden schmerzen. Glaube auf dem Weg zur Traumaheilung*, Mainz 2002, 28f). Zum Ganzen vgl. auch a.a.O., 28–39.

[66] Zum Ganzen vgl. Kühner, Traumata, 29f. Vgl. auch Jean Améry, „Tortur", in: ders., *Jenseits von Schuld und Sühne. Bewältigungsversuche eines Überwältigten*, Stuttgart ⁶2008 [1966], 46–73; 55–57.73; Kai Erikson, „Notes on Trauma and Community", in: Cathy Caruth (Hg.), *Trauma: Explorations in Memory*, Baltimore/London 1995, 183–199, 195–198. Erikson nennt die Zerstörung des Urvertrauens als schwerwiegendstes Trauma-Symptom (a.a.O., 197): „[T]he hardest earned and most fragile accomplishment of childhood, basic trust, can be damaged beyond repair by trauma."

[67] Bessel A. van der Kolk/Alexander C. McFarlane/Lars Weisaeth, „Vorwort der Originalausgabe", in: dies. (Hg.), *Traumatic Stress: Grundlagen und Behandlungsansätze. Theorie, Praxis und Forschung zu posttraumatischem Streß sowie Traumatherapie*, Paderborn 2000, 11–19, 17.

dass im Verlauf der Therapie eine sog. Trauma-Exposition erfolgen soll.
Als zentraler Wirkgedanke eines Wieder-Durchlebens der traumatischen
Situation gilt dabei nicht, wie man früher annahm, die Vorstellung einer
Abreaktion zur inneren Reinigung, zur Katharsis, sondern die Möglichkeit
der Trauma-Synthese, d.h. „dass Wort und Bild (also Kognition), Affekt
und Körpersensation, die durch die Traumatisierung peritraumatisch
fraktioniert worden sind, wieder zusammengeführt werden zu einem
ganzheitlichen, gestalthaften Erleben"[68]. Es ist – auch das ist weitgehender Konsens – allerdings von herausragender Bedeutung, dass vor einer
solchen Konfrontation mit dem Trauma, die für die Gewaltüberlebenden
eine seelisch und körperlich extrem schmerzhafte Erfahrung darstellt,
eine Art Sicherheitsrahmen geschaffen wird. Die Trauma-Exposition konfrontiert die Betroffenen nämlich nicht allein mit dem Geschehen an sich,
sondern auch mit den Emotionen, „die unvollständig oder gar nicht gelebt
werden konnten, während das Trauma geschah"[69] und die in der Folge –
weil sie unerträglich gewesen ‚wären' – dissoziiert wurden.

Dem – und dem Gedanken, das eine Genesung im Sinne einer vollständigen Auflösung des Traumas illusorisch ist[70] – entsprechend haben Luise
Reddemann und Ulrich Sachsse das Konzept der „Imaginativen traumazentrierten Psychotherapie" entwickelt, das die Phasen *Stabilisierung*
(I), *Trauma-Synthese* (II) und *Trauer und Neuorientierung* (III) umfasst[71].
Kennzeichnend für dieses Konzept ist einerseits, dass Abwehr- und Ver-
meidungssymptome als Schutzmechanismen der Betroffenen im Sinne
von Selbstheilungsversuchen Anerkennung finden[72]; andererseits, dass

---

[68] Ulrich Sachsse, „Trauma-Synthese durch Trauma-Exposition: Allgemeines zur Wirksamkeit und zum therapeutischen Vorgehen", in: Traumaz. Psychoth., 264–272, 265.
[69] Michaela Huber, *Multiple Persönlichkeit. Überlebende extremer Gewalt*, Frankfurt a.M.
1995, 305.
[70] Herman, Narben, 303.
[71] Dabei „wechseln sich diese Phasen dynamisch ab, beeinflussen einander und stehen
in einer eher komplexen Beziehung zueinander. Stabilisierung etwa ist für eine Patientin
oft über das Therapie-Ende hinaus erforderlich, manchmal lebensbegleitend, nicht selten
täglich. Stabilisierung ist nach fast jeder erfolgreichen Trauma-Synthese erst einmal wieder indiziert [...]. Und Trauer und die Notwendigkeit zur Neuorientierung können auch
von einer erfolgreichen Stabilisierungs-Übung ausgelöst werden." (Ulrich Sachsse, „Stabilisierung", in: Traumaz. Psychoth., 198–200, 198.) Ein Überblick über die Phasen der „Imaginativen traumazentrierten Psychotherapie" findet sich bei Reddemann, Imagination,
203–206, sowie bei Ulrich Sachsse, „Sei Borderline!", in: Traumaz. Psychoth., 192–195, 193.
Auch Herman nennt drei Phasen der Genesung von einem Trauma, „Sicherheit", „Erinnern
und Trauern" sowie „Wiederanknüpfung" (dies., Narben, 216; zum Ganzen vgl. ausführlich
a.a.O., 215–306).
[72] Vgl. auch Bobert, Trauma, 428f.

imaginatives Erleben – viele Gewaltopfer kennen das Überfallen-Werden durch Schreckensbilder in Form von *flashbacks* oder Alpträumen, für viele stellt aber umgekehrt die Dissoziation, das Weg-Kippen in imaginierte Welten eine wesentliche Überlebensmöglichkeit dar – bewusst eingesetzt und evoziert wird[73].

Während der *Stabilisierungsphase*, in der es vor allem darum geht, dass die Betroffenen größtmögliche äußere und innere Sicherheit, Achtsamkeit und Aufmerksamkeit sich selbst gegenüber sowie Kontrolle über dissoziative Reaktionen erlangen und dass eine tragfähige therapeutische Beziehung entsteht[74], entwickeln die Gewaltüberlebenden im Kontakt mit TherapeutInnen z.B. Bilder eines „sicheren inneren Ortes" oder „innerer HelferInnen" als Symbolisierungen von Schutz und Trost[75].

Im Kontext der zweiten Phase, die neben der *Trauma-Synthese* auf die „Integration der traumatischen Erfahrung ins verbale Bewusstsein" zielt, werden darüber hinaus imaginative Verfahren und dissoziative Techniken benutzt, die einerseits das traumatische Ereignis in geschütztem Rahmen evozieren (,triggern') und die andererseits die (Selbst-)Kontrolle der PatientInnen in Auseinandersetzung mit diesem Ereignis befördern und dazu beitragen können, Leid und Grauen erträglich(er) zu machen und inneren Trost anzuregen. Schonender als ein direktes Hineinspringen in die traumatische Situation ist es etwa, wenn diese von den Betroffenen aus der Perspektive eines/einer Beobachtenden oder wie auf einem Bildschirm angeschaut wird (*Beobachter-Technik* bzw. *Bildschirm-Technik*)[76]. Dies ermöglicht es, dass das Erleben auf zwei Ebenen gleichzeitig abläuft, „auf der Ebene des (Wieder-)Erlebens und Durchleidens einerseits und der Ebene des möglichst nicht wertenden Betrachtens (,So war es')

---

[73] Vgl. Ulrich Sachsse, „Imaginationsübungen", in: Traumaz. Psychoth., 228–243, 228f; Gabriele Kahn, „Das Innere-Kinder-Retten – eine Methode der imaginativen Traumatherapie", *Trauma & Gewalt* 1 (2008), 48–52, 49.

[74] Vgl. Reddemann, Imagination, 23–108; Ulrich Sachsse, „Die therapeutische Beziehung", in: Traumaz. Psychoth., 184–192, passim; ders., Borderline, passim. Im Hinblick auf die Gestaltung der therapeutischen Beziehung ist unbedingt zu berücksichtigen, dass die meisten Menschen in Beziehungen traumatisiert wurden und dass das Beziehungsgeschehen zwischen Täter und Opfer weitreichende Folgen für das Beziehungserleben von Gewaltopfern hat: „Beziehungen sind darum für sie nicht mehr selbstverständlich ein Hort von Sicherheit, auch nahe Beziehungen nicht. Vielleicht ist es sogar umgekehrt: Je näher, je dichter eine Beziehung wird, umso ähnlicher wird sie der traumatisierenden Beziehung." (Sachsse, Beziehung, 189; vgl. auch Herman, Narben, 183–187.)

[75] Vgl. Reddemann, Imagination, 40–60; Sachsse, Imaginationsübungen, 231–240.

[76] Vgl. hierzu Reddemann, Imagination, 109–131; Ulrich Sachsse, „Die Beobachter-Technik", in: Traumaz. Psychoth., 278f, passim; ders., „Die Bildschirm-Technik (Screen-Technik)", in: Traumaz. Psychoth., 279–288, passim.

andererseits"[77], und erleichtert zugleich die Unterbrechung der Trauma-Exposition, wenn völlige Affektüberflutung und Kontrollverlust drohen.

Um weitergehende Integration des Traumas in die eigene Lebensge-schichte geht es in der dritten Phase *Trauern und Neubeginn*. Traumata sind, so beschreibt es Reddemann, „Extremerfahrungen von Verlust: vor allem Verlust von Vertrauen, Vertrauen in das Selbst und in eine andere Person bzw. das Schicksal, Verlust von Hoffnung, von Stabilität, Gebor-genheit, Gerechtigkeit, Sinn"[78] – in diesem Sinne seien ein längerer Trau-erprozess und intensive Trauerarbeit oft (im wahrsten Sinne des Wortes) notwendig, um eine traumatische Geschichte annehmen und Zukunfts-perspektiven entwickeln zu können. Im Vordergrund stehe in dieser Phase, die Betroffenen zum Erkennen, Benennen und Durcharbeiten der Folgen des Grauens und zu Veränderungen im Umgang mit sich selbst und mit anderen zu ermutigen[79].

B. Trauma II: Kollektives Trauma in Sozialpsychologischer und Kultur-wissenschaftlicher Perspektive

Obwohl der Begriff des ‚kollektiven Traumas' in der Literatur fast inflatio-när gebraucht wird und kaum ein psychologischer Artikel über Trauma *nicht* auf dessen kollektive Dimensionen verweist, gibt es bislang nur wenige systematische Abhandlungen, die den Begriff genauer explizieren. Den Versuch einer umfassenderen Konzeptionalisierung kollektiver Trau-mata hat 2002 die Psychologin Angela Kühner vorgelegt. Trotz der Kritik am Begriff des kollektiven Traumas, die sich vor allem auf die Gefahr der Vernachlässigung der spezifischen historischen, wirtschaftlichen und poli-tischen Hintergründe kollektiver Gewalterfahrungen und der Subsumie-rung ganz konkreter Einzelschicksale unter den abstrahierenden Begriff eines Gruppenschicksals bezieht[80], gebe es, so sagt sie,

> wichtige Argumente, die dafür sprechen, bei der Untersuchung der gesell-schaftlichen bzw. politischen Auswirkungen massenhafter kollektiver Gewalt [...] mit der Hypothese vom ‚kollektiven Trauma' zu arbeiten. So kann es bei aller Einzigartigkeit des eigenen Leidens für die einzelnen Traumatisier-ten von enormer Bedeutung sein, ihr Einzelschicksal in eine gemeinsame,

---

[77] Sachsse, Trauma-Synthese, 266.
[78] Luise Reddemann, „Trauer und Neuorientierung: ‚Es ist was es ist'", in: Traumaz. Psy-choth., 311–321, 312f.
[79] Vgl. Reddemann, Imagination, 166–176; dies., Trauer, passim.
[80] Vgl. Kühner, Traumata, 12f.

von anderen geteilte Geschichte einbetten zu können. [...] Obwohl Kollektive ungleich komplexer funktionieren als Individuen, könnte in Analogie zur individuellen Traumatherapie gelten, dass zwar jede Heilung gemäß der je spezifischen Geschichte anders verläuft, dass es jedoch bestimmte Grundregeln und Muster gibt. Zumindest jedoch könnte das Wissen über kollektives Trauma sensibilisierende Konzepte bereitstellen, mit denen man sich einem neuen Kontext nähern kann. In diesem Sinne spricht vor allem die praktische Relevanz für eine systematische Auseinandersetzung mit der Annahme, dass es kollektiv wirksame Traumata gibt[81].

Dem Konstrukt ,kollektives Trauma' nähert sich Kühner aus zwei entgegengesetzten Richtungen, indem sie einerseits die Phänomenologie individueller Traumata dahingehend beleuchtet, ob und wie diese auf der Ebene eines Kollektivs gedacht werden können (*vom individuellen zum kollektiven Trauma*), und indem sie andererseits mögliche Implikationen der kollektiven Phänomene ,Identität' und ,Gedächtnis' für kollektive Traumata aufzeigt und diskutiert (*vom kollektiven Gedächtnis zum kollektiven Trauma*)[82]. Beide Denkwege werden im Folgenden vorgestellt.

Im Rahmen des ersten Unterkapitels (1.) werden zunächst Zusammenhänge zwischen individuellem Trauma und Gesellschaft/Gemeinschaft präsentiert (1.1.), anschließend wird anhand verschiedener Beispiele aufgezeigt, wo und wie sich Elemente einer individuellen Trauma-Symptomsprache im Erleben und Verhalten eines von einem Katastrophenereignis heimgesuchten Kollektivs widerspiegeln können (1.2.).

Im ersten Teil des zweiten Unterkapitels (2.) geht es zunächst um kollektives Gedächtnis und kollektive Erinnerung (2.1.). Zuerst stelle ich das Konzept des kollektiven Gedächtnisses, wie es vor allem Jan Assmann (weiter-)entwickelt hat, etwas ausführlicher vor. Über eine wesentliche Dimension des kollektiven Gedächtnisses, das Gedenken an die Verstorbenen oder Getöteten, das, wenn auch unter etwas anderen Vorzeichen, auch für die Phänomenologie des Traumas prägend ist, ergibt sich ein erster Brückenschlag zwischen kollektivem Gedächtnis und (kollektivem) Trauma. Nachdem mit der These vom „kontrapräsentischen Gedächtnis Israels" der von Assmann selbst vollzogene Brückenschlag zwischen kollektivem Gedächtnis und der kollektiven Katastrophe des babylonischen Exils nachgezeichnet worden ist, wird abschließend der kaum zu überschätzenden Bedeutung der kollektiven Erinnerung an Tempelzerstörung und Exil in der jüdischen Tradition nachgegangen.

---

[81] Kühner, Traumata, 14.
[82] Vgl. Kühner, Traumata, 15–17.

Im zweiten Teil des zweiten Unterkapitels werden verschiedene Dimensionen des Zusammenhangs von kollektivem Gedächtnis, kollektiver Identität und kollektivem Trauma reflektiert (2.2.). Dabei gehe ich zunächst der Frage nach, wie es überhaupt zur Ausbildung eines gemeinschaftlichen Trauma-Gedächtnisses kommen kann. Sodann erörtere ich eine These von Vamik D. Volkan, der annimmt, dass gemeinschaftlich erlittene Katastrophen durch unbewusste Wahl im Gedächtnis einer Großgruppe verankert werden, wo sie – vor allem, wenn sie unbearbeitet bleiben – über viele Generationen hinweg ein Reservoir negativer Affekte bilden. Der letzte Teilabschnitt ist der Frage nach dem Verhältnis von Trauma und Geschichte bzw. Geschichtsschreibung gewidmet.

1. Vom individuellen zum kollektiven Trauma

1.1. Interdependenzen zwischen individuellem Trauma und Gesellschaft bzw. Gemeinschaft

Der/die Traumatisierte als ambivalentes Symbol: Leo Eitinger, der vor allem norwegische KZ-Überlebende betreute, beschreibt die Beziehung zwischen Traumatisierten und der Gemeinschaft als einen ungleichen Dialog. Anfangs hätten in Norwegen die KZ-Überlebenden, die durch ihre bloße Anwesenheit an das schmerzvolle Ereignis des Krieges erinnerten, mit großer Sympathie und Unterstützung rechnen können; sie galten als HeldInnen, die aufgrund ihres Einsatzes für die Zukunft ihres Landes gelitten hatten. „Erst mit der Zeit entstand und entsteht wohl regelmäßig eine Kluft zwischen der Gemeinschaft, die nicht mehr an das schmerzvolle Ereignis [...] erinnert werden möchte, und dem Opfer, das nicht anders kann, als sich zu erinnern"[83]. Irgendwann würden aus den Gewaltüberlebenden Symbole unangenehmer Erinnerungen. Kühner nimmt an, dass es sich bei dem von Eitinger beobachteten „Mechanismus [...] jenseits der spezifischen Zuspitzungen um ein allgemeines Phänomen" im gesellschaftlichen Umgang mit Traumaopfern handelt[84].

---

[83] Kühner, Traumata, 53. Zum Ganzen vgl. a.a.O., 53f. Vgl. hierzu auch Alexander C. McFarlane/Bessel A. van der Kolk, „Trauma und seine Herausforderung an die Gesellschaft", in: Bessel A. van der Kolk u.a. (Hg.), *Traumatic Stress: Grundlagen und Behandlungsansätze. Theorie, Praxis und Forschung zu posttraumatischem Streß sowie Traumatherapie*, Paderborn 2000, 47–69, 49–51. Die beiden Autoren erklären die negativen Reaktionen der Gesellschaft damit, „daß ihre Illusionen von Sicherheit und Vorhersagbarkeit durch Personen zerstört werden, die sie daran erinnern, wie zerbrechlich diese Sicherheit sein kann" (a.a.O., 50).
[84] Kühner, Traumata, 54. Zum Ganzen vgl. auch Zahava Solomon, „Jüdische Überlebende in Israel und im Ausland", *Mittelweg 36* 5/2 (1996), 23–37, passim.

Neben der fortbestehenden Tendenz zur Verleugnung gebe es allerdings in den letzten Jahren einen gegenläufigen kulturellen Trend, den Status des Opfers aufzuwerten – den Opfern werde eine Art Deutungsautorität zugeschrieben, die Jan Philipp Reemtsma auf das „kollektive Sterblichkeitsbewusstsein" bezieht, das der Zeitraum von 1914–1945 „mit seinen militärischen und zivilen Massakern und der Zerstörung zivilisatorischer Hoffnung [...] erneut [...] mit sich gebracht"[85] habe:

> Man könnte sagen, dass die Memoiren Überlebender so etwas sind wie der Realitätsbezug dieses Sterblichkeitsbewusstseins. In ihnen wird etwas ‚real', was in den Köpfen der anderen nur eine beziehungslose Emotion ist. [...] Das Gewaltopfer ‚weiß etwas', das zu wissen allen Not täte, weil dieses Wissen zu unserem kulturellen Selbstverständnis gehört, aber nicht allen erreichbar ist[86].

Umgang mit Schuld: Bei der Auseinandersetzung mit der Schuld an der Tat wird die Interdependenz zwischen individueller Verarbeitung und Gemeinschaft ausgesprochen deutlich. Gewaltopfer erleben den (juristischen) Umgang mit den TäterInnen zu Recht als Ausdruck dessen, wie die Gemeinschaft die Tat beurteilt:

> Durch die Bestrafung und im damit assoziierten öffentlichen Diskurs drückt eine Gesellschaft aus, ob sie sich eher mit den Opfern oder eher mit den Tätern identifiziert und solidarisiert. Plädoyers für Amnestie und Vergessen oder fehlendes Engagement für Bestrafung wirken auf die Opfer wie eine stille Zustimmung zu dem, was geschah[87].

Gerade für Gewaltüberlebende, die sich, obwohl unschuldig, mitschuldig für das Erlittene fühlen, ist die Bestrafung des Täters oft ein wesentlicher Schritt auf dem Weg zur Heilung und zur Reintegration in die Gesellschaft, während umgekehrt die Entsolidarisierung der Gemeinschaft und das Straflos-Bleiben des Täters zur Verstärkung der Traumatisierung führen können.

Rehabilitation der Überlebenden – Gedenken an die Toten: Wie oben beschrieben, wirkt die Zerstörungslogik des Täters auf destruktive Art im Gewaltopfer weiter. Dieser Zerstörungslogik könne die Gemeinschaft, so Kühner, durch symbolische Akte entgegenwirken, etwa indem „Straßen nach Freiheitskämpfern oder Opfern benannt" oder „an bedeutsamen

---

[85] Jan Philipp Reemtsma, „‚Trauma' – Aspekte der ambivalenten Karriere eines Konzepts", *Sozialpsychiatrische Informationen* 33/2 (2003), 37–43, 41.
[86] Reemtsma, Trauma, 41. Zum Ganzen vgl. ausführlicher a.a.O., passim.
[87] Kühner, Traumata, 55.

Orten Gedenktafeln aufgestellt werden. Gedenktage und die dazugehö-
rigen Rituale können auf unterschiedliche Weise die Solidarität mit den
Opfern ausdrücken"[88]. Besonders wichtig könne es sein, die gesellschaftliche Rehabilitation der überlebenden Opfer eng mit der Würdigung und
dem Gedenken an die ermordeten Opfer zu verbinden, um so dem Gefühl
der Nähe zwischen Gewaltüberlebenden und Ermordeten Ausdruck zu
verleihen und einen Teil der Aufgabe des Gedenkens und Bezeugens, die
oft schwer auf den Überlebenden lastet, kollektiv zu übernehmen[89].

Weitergabe von Traumata: Als ein Erklärungsmodell für die oft schwerwiegenden Langzeitfolgen von (individuellen) Traumatisierungen, die das
nahe soziale Umfeld der Gewaltüberlebenden, aber auch größere Gruppen bis hin zu ganzen Gesellschaften betreffen können, bietet sich das
Modell der Trauma-Weitergabe von einer Generation zur nächsten an.
Dieses Modell lasse sich, so Kühner, als Brückenschlag zwischen individuellem und kollektivem Trauma begreifen[90]; auch weist es darauf hin, dass
der „anteilnehmende Umgang Anderer mit traumatisierten Menschen
[...] tatsächlich nicht völlig frei vom Risiko eigener Gefährdung ist"[91]. In
den 60er und 70er Jahren des letzten Jahrhunderts förderten Forschungs-
arbeiten die Erkenntnis zutage, dass Kinder von Holocaust-Überlebenden
deren Traumata sowohl in Träumen und Phantasien als auch in ihrem
konkreten Erleben und Verhalten bearbeiteten.

Weitergehende Untersuchungen zu den psychologischen Prozessen,
die eine solche „Transmission von Traumata" bewirken, kamen zu dem
Ergebnis, dass schwer traumatisierte Eltern nur in begrenztem Maße in
der Lage seien, einen „geschützten Raum" für die Entwicklung ihrer Kinder
zu schaffen, und dass sie „durch eigene Ängste, aufgestaute Haßimpulse,
Bindung an verlorene Objekte, Affektlähmung [...] sich nicht adäquat in
die Bedürfnisse ihrer Kinder einfühlen"[92] könnten. Unbewusst werde, so
beschreibt es Werner Bohleber, vom Kind erwartet, „daß es die affektiv
belastenden Traumata ungeschehen macht, die die seelische Struktur
der Eltern zerstört haben", wobei es häufig „als Ersatz eines ermordeten
geliebten Familienmitglieds" fungiere oder einen „besonderen Auftrag
zugeschrieben" bekomme, um „den Familienstolz durch persönliche

---

[88]   Kühner, Traumata, 56f.
[89]   Vgl. Kühner, Traumata, 57; Fraisl, Trauma, 32.
[90]   Vgl. Kühner, Traumata, 45–52.
[91]   Fraisl, Trauma, 32.
[92]   Bohleber, Traumatheorie, 815.

Leistungen wieder her[zu]stellen und vergangene Verletzungen [zu] heilen"[93]. Bei den Kindern, die in der Konsequenz in zwei Wirklichkeiten leben – der eigenen und der, die der traumatischen Geschichte der Eltern angehört –, wirken diese Prozesse im Sinne einer kumulativen Traumatisierung, in deren Folge die Nachkommen der zweiten Generation vor allem unter Depressionen, Schuldgefühlen oder Apathie insbesondere im Kontext von Individuations- und Trennungsprozessen leiden.

1.2. *Mögliche trauma-analoge Prozesse auf gesellschaftlicher Ebene*
Der Ausdruck ‚kollektives Trauma' unterstellt, dass die für die individuelle Traumatisierung beschriebenen Phänomene und Prozesse in analoger Weise auf kollektiver Ebene stattfinden. Im Hinblick auf bestimmte traumatische Gefühle und aus ihnen erwachsende Verhaltensweisen gelingt der Transfer auf die kollektive Ebene vergleichsweise gut – wenn etwa „sehr viele Menschen unter Scham- oder Schuldgefühlen leiden, dann kann man sich so etwas wie eine kollektive Stimmung der Schuld und/ oder Scham, also ein kollektives, von vielen geteiltes Grundgefühl vorstellen", das „dann häufig in entsprechende Verhaltensweisen, wie etwa Schweigen"[94] mündet. Dies lässt sich auch als reziproker Prozess zwischen Individuum und Gemeinschaft beschreiben: Während die Einzelnen mit ihren persönlichen Gefühlen im traumatisierten Kollektiv aufgehoben sind, legt das Kollektiv umgekehrt bestimmte Gefühle nahe, sanktioniert sie, und klassifiziert andere als unnormal.

Für andere traumaspezifische Reaktionsmuster und Mechanismen allerdings stellt sich, dies zeigen die folgenden Beispiele, diese Übertragung ungleich komplizierter dar. Dies gilt vor allem dann, wenn man die Frage, „was ‚Trauma' in einem Kontext meinen kann, in dem ein traumatisches Erlebnis zwar den Bezugspunkt, nicht jedoch notwendigerweise die geteilte Erfahrung einer traumatisierten Gruppe bildet"[95], in die Überlegungen einbezieht.

Dialektik von Auseinandersetzung und Abwehr und Latenz: Die Dialektik von Auseinandersetzung und Abwehr kennzeichnet sowohl den individuellen psychotraumatischen Prozess als auch den Umgang von Gruppen und Gemeinschaften mit einzelnen Gewaltüberlebenden. Auch im

---

[93] Bohleber, Traumatheorie, 816.
[94] Kühner, Traumata, 58.
[95] Fraisl, Trauma, 20.

Kontext kollektiver Traumata spielt sie, wie Bohleber festhält, eine bedeutende Rolle:

> [Die] Vermeidung der Konfrontation mit der Realität traumatischer Erfahrung findet sich nicht nur bei den direkt Traumatisierten, sondern bei allen, die am Trauma teilhaben als Täter, Zuschauer oder eher entferntere historische Zeugen [...]. Die nachträgliche Konfrontation mit dem Trauma erzeugt in allen heftige Gefühle von Angst, Schmerz, Wut, Scham, Schuld, gegen die eine Abwehr aufgerichtet wird, um nicht [...] damit in Berührung zu kommen. [...] Auf diese Weise sind nicht nur in der individuellen Erinnerung, sondern auch im kollektiven Gedächtnis und in der politischen Auseinandersetzung affektive Abkapselung, bearbeitende Phantasie und die Anerkennung der historischen Realität kollektiver Katastrophen ineinander verwoben[96].

Empirische Untersuchungen zum kollektiven Gedächtnis haben darüber hinaus darauf aufmerksam gemacht, dass ein Gedenkort für die Opfer eines (kollektiven) Traumas typischerweise erst etwa 20 bis 25 Jahre nach einem traumatisierenden Ereignis errichtet wird[97]. Es würde allerdings zu kurz greifen, diese Latenzzeit bzw. diese phasenhaften Verläufe in der öffentlichen Auseinandersetzung um ein kollektives Trauma – häufig folgt eine Phase intensiver Konfrontation mit dem traumatischen Ereignis erst auf eine längere Phase kollektiver Erstarrung und Verleugnung – in schlichter Analogie zum individuellen Trauma als Ausdruck der Dialektik von Auseinandersetzung und Abwehr zu verstehen:

> Bei genauerem Hinsehen besteht diese Ähnlichkeit im Verarbeitungsprozess [...] nur auf der Oberfläche: Phasen innerhalb einer ganzen Gesellschaft bedeuten etwas radikal anderes als die Phasen eines individuellen Verarbeitungsprozesses. Je nach Trauma gibt es innerhalb einer Gesellschaft höchst unterschiedliche, sogar entgegengesetzte Perspektiven, die durch die unterschiedlichen Positionen von Tätern, Opfern und Zuschauern während der Gewaltausübung bestimmt und in bezug auf Auseinandersetzung, Verleugnung und ‚Abwehr‘ mit ganz konkreten unterschiedlichen Interessen verbunden sind. Selten sind alle Mitglieder einer Gesellschaft oder Gemeinschaft wirklich auf vergleichbare Weise traumatisiert[98].

---

[96] Werner Bohleber, „Trauma, Trauer und Geschichte", in: Burkhard Liebsch/Jörn Rüsen (Hg.), *Trauer und Geschichte* (Beiträge zur Geschichtskultur 22), Köln u.a. 2001, 131–145, 141.

[97] Vgl. James W. Pennebaker/Becky Banasik, „On the Creation and Maintenance of Collective Memories: History as Social Psychology", in: ders. u.a. (Hg.), *Collective Memory of Political Events: Social Psychological Perspectives*, Mahwah 1997, 3–19, 11–13.

[98] Kühner, Traumata, 59f.

In diesem Sinne können Tendenzen zu Auseinandersetzung, Verleugnung oder Abwehr auch die ganz unterschiedlichen Interessen verschiedener Individuen oder Gruppen – im Extremfall die entgegengesetzten Interessen von Opfern auf der einen und TäterInnen auf der anderen Seite – widerspiegeln[99]. Während Vermeidung beim individuellen Trauma mit dem (Selbst-)Schutz der Gewaltüberlebenden zusammenhängt, scheint sie also beim kollektiven Trauma nicht selten etwas mit dem (Selbst-) Schutz der TäterInnen zu tun zu haben.

Über diese notwendige Differenzierung hinaus aber stellt sich gleichwohl die Frage, ob von einem traumatischen Ereignis betroffene Kollektive nicht – analog zu traumatisierten Einzelnen – in jedem Fall eine Stabilisierungsphase brauchen, ehe das Trauma bearbeitet, verstanden und integriert werden kann.

Stabilität und Erschütterung: Kollektive Traumata, so ist des Weiteren festzuhalten, erschüttern nicht nur die Grundüberzeugungen der einzelnen traumatisierten Personen, sondern die der Gruppe insgesamt, sofern nämlich wesentliche Anschauungen und Gewissheiten von den meisten Mitgliedern eines Kollektivs geteilt werden. Obwohl diese Erschütterung mit Sicherheit für die konkreten Opfer wesentlich massiver und existentieller ist, schmiede sie, so Kühner, eine Verbindung zwischen direkt und „symbolvermittelt" Traumatisierten[100]:

> Während sich der Einzelne beim individuellen Trauma mit seinem Gefühl, sich auf die Welt nicht mehr verlassen zu können, meist zusätzlich einsam fühlt, entsteht bei der kollektiven Erschütterung eher eine Solidarisierung: Das Kollektiv versucht gemeinsam, mit der Erschütterung fertig zu werden und die Angst zu bewältigen. Dabei steht häufig die Wiederherstellung von Sicherheit im Vordergrund[101].

---

[99] Vgl. hierzu Kühner, Traumata, 60, wonach die ‚typischen' 20 bis 25 Jahre, die bis zur Errichtung eines Erinnerungsortes häufig vergehen, auch den Zeitraum markieren könnten, „in dem diejenigen, die in irgendeiner Weise für das Geschehen mit verantwortlich sind, noch an der Macht sind und eine intensivere Auseinandersetzung mit der Frage nach der Verantwortung unterbinden wollen".

[100] Zu dieser Bezeichnung vgl. Kühner, Traumata, 15: „Der Ausdruck ‚kollektives symbolvermitteltes Trauma' [...] rückt den Teil des Kollektivs in den Blick, der nicht an Traumasymptomen im engeren Sinne leidet, sondern, durch Nähe zu und in partieller Identifikation mit den Opfern – ‚symbolvermittelt' – schwer erschüttert ist."

[101] Kühner, Traumata, 61f.

Re-Inszenierung, Macht und Ohnmacht, Rache: Geht ein Unterdrückungs-
regime zu Ende, geschieht es nicht selten, dass die ehemals Unterdrückten die Gewalt, die sie selbst erlitten haben, in erschütternd ähnlicher
Weise an anderen wiederholen. Folgende Traumareaktionsmuster bieten
sich diesbezüglich als Erklärungsmodelle an:

1) Das Bedürfnis nach Rache;
2) der Wunsch nach Wiedergewinnung von Macht und Kontrolle;
3) das Phänomen der Re-Inszenierung.

> Das Bedürfnis nach Rache, das bei der individuellen Traumatisierung das
> Opfer eher zum einsamen Rächer macht, kann beim kollektiven Trauma
> den gegenteiligen Effekt haben: Während das Individuum alleine in Kon-
> flikt mit den Interessen der Gemeinschaft und mit seinem Ich-Ideal gerät
> und deshalb meist auf Rache verzichtet, können sich die Rachebedürfnisse
> der Einzelnen im kollektiven Trauma leicht gegenseitig verstärken. [...] Der
> Einzelne muss sich nicht mehr unbedingt für seine Rachebedürfnisse schä-
> men, wenn andere sie teilen[102].

Rachebedürfnisse auf unbewusster Ebene treten oft als Re-Inszenierungen mit umgekehrten Vorzeichen auf – das traumatisierende Szenario
wird wiederholt in der Hoffnung, ihm diesmal nicht ohnmächtig ausgeliefert zu sein und Macht und Kontrolle wieder bzw. neu zu gewinnen.
Kühner vermutet, dass „vor allem diejenigen Gesellschaften oder Gruppen
die Dynamik der kollektiven Wiederholung traumatisierender Verletzungen entfalten, für die ein anderer Wiedergewinn von Macht und Stabilität
sowie eine Wiederherstellung von Gerechtigkeit nicht möglich war"[103].

2. Vom kollektiven Gedächtnis zum kollektiven Trauma

2.1. Kollektives Gedächtnis und kollektive Erinnerung
*Das Konzept ‚kollektives Gedächtnis' bei Maurice Halbwachs und Jan Ass-
mann*: Als Begründer der kulturwissenschaftlichen Gedächtnisforschung
gilt der französische Soziologe Maurice Halbwachs (1877–1945), als dessen
Hauptwerk häufig *La mémoire collective* (1950 posthum) angesehen wird.
Halbwachs zufolge ist Erinnerung kein rein individuelles Phänomen, sondern sozial bedingt – wir erinnern nicht nur, was wir persönlich erlebt
haben, vielmehr ist Erinnern in besonderer Weise geprägt von dem, was
andere uns erzählen. Durch Kommunikation und Interaktion erzeugen

---

[102] Kühner, Traumata, 62.
[103] Kühner, Traumata, 63.

und vermitteln Gruppen ein kollektives Gedächtnis, an dem die Einzelnen über den Rückgriff auf „soziale Rahmen"[104] teilhaben und das nicht nur auf das Erinnern selbst zurückwirkt, sondern zugleich das Erleben der Gegenwart (mit-)konstituiert. In diesem Sinne dient, so Halbwachs, gemeinschaftliches Erinnern der Bildung kollektiver Identität[105].

Im Rahmen seines kulturhistorischen Ansatzes hat Assmann diese Vorstellung eines kollektiven Gedächtnisses weitergeführt und im Hinblick auf dessen Inhalte, kulturelle Rahmenbedingungen und gesellschaftliche Überlieferungsformen systematisch präzisiert. Assmann differenziert gemeinschaftliches Erinnern in ein *kommunikatives Gedächtnis* der ‚Alltagskultur', einen durch „persönlich verbürgte und kommunizierte Erfahrung gebildete[n] Erinnerungsraum"[106], der sich durch einen beschränkten Zeithorizont auszeichne und mit seinen jeweiligen TrägerInnen entstehe und vergehe[107], und in ein *kulturelles Gedächtnis* der ‚Festkultur', für das Alltagsferne, ein übergreifender Zeithorizont und die sechs Merkmale „‚Identitätskonkretheit' oder Gruppenbezogenheit", „Rekonstruktivität", „Geformtheit", „Organisiertheit", „Verbindlichkeit" sowie „Reflexivität"[108]

---

[104] Zu den „sozialen Bezugsrahmen" bzw. „cadres sociaux" bei Halbwachs vgl. Fraisl, Trauma, 36, Anm. 77: „Soziale Bezugsrahmen sind zum einen andere Menschen, durch die eine Person als soziales Wesen überhaupt erst Zugang nicht nur etwa zur Sprache, sondern auch zum Gedächtnis erhalte, da sie in Bezug auf etwas gemeinsam Erfahrenes hilfreich für die Erinnerung sein könnten. Zum anderen aber ist es die kollektive symbolische Ordnung, die es Menschen ermöglicht, Erfahrungen zu verorten, ihnen Bedeutung zu verleihen und sie zu erinnern. Darüber hinaus präge die soziale Gruppe, zu der ein Mensch gehöre, seine Wahrnehmungen, indem sie sozusagen als ‚Filter' dafür fungiere. In den individuellen Gedächtnissen der Gruppenmitglieder realisiere sich das ‚kollektive Gedächtnis'; es sei also keine anorganische, überindividuelle Instanz."

[105] Vgl. Kühner, Traumata, 66; Astrid Erll, „Art. Maurice Halbwachs", MLLK (³2004), 243f, 244.

[106] Jan Assmann, *Das kulturelle Gedächtnis. Schrift, Erinnerung und politische Identität in frühen Hochkulturen*, München ⁵2005 [1992], 50.

[107] Nach Assmann entspricht dieser kommunikative Erinnerungsraum „biblisch den 3–4 Generationen, die etwa für eine Schuld einstehen müssen" (ders., Gedächtnis, 50).

[108] Zu den sechs Merkmalen im Einzelnen vgl. Ansgar Nünning, „Art. Gedächtnis, kulturelles", MLLK (³2004), 218f, 218: „Das Merkmal der Gruppenbezogenheit betont, daß das kulturelle Gedächtnis nie den Wissensvorrat aller Mitglieder einer Gesellschaft konserviert, sondern den einer bestimmten Gruppe oder Schicht, die durch die kulturelle Überlieferung ihre Identität festigt. Das Konzept der Rekonstruktivität trägt der Einsicht der konstruktivistischen Gedächtnisforschung Rechnung, daß das Gedächtnis kein Speicher ist, der die Vergangenheit selbst bewahrt, sondern daß die Gesellschaft von ihrer jeweils gegenwärtigen Situation aus ihre Geschichte(n) unter wechselndem Bezugsrahmen neu konstruiert [...]. Das Merkmal der Geformtheit bezeichnet den Umstand, daß sich kollektiv geteiltes Wissen in einem Medium objektivieren und kristallisieren muß, um kulturell überliefert zu werden. Das Kennzeichen der Organisiertheit bezieht sich auf die ‚institutionelle Absicherung von Kommunikation' sowie die ‚Spezialisierung der Trä-

kennzeichnend seien. Im kulturellen Gedächtnis gerinne die Vergangenheit zu „symbolischen Formen, an die sich die Erinnerung heftet"[109], es überliefere Erinnerungen als Symbolisierungen, „in denen der sinnhafte Erfahrungsgehalt – oder dessen nachträgliche Bedeutungsgebung durch die Nachgeborenen – eine andere Gestalt gefunden hat"[110].

Damit die einheitsstiftenden und handlungsorientierenden Impulse des kulturellen Gedächtnisses zur Geltung gebracht werden können, müssen laut Assmann drei Funktionen erfüllt sein: „Speicherung, Abrufung, Mitteilung, oder: poetische Form, rituelle Inszenierung und kollektive Partizipation"[111]. Das von der Poetik in Form gebrachte identitätssichernde Wissen brauche die ‚wieder-holende' und wiederholte multimediale Inszenierung, „die den sprachlichen Text unlösbar einbettet in Stimme, Körper, Mimik, Gestik, Tanz, Rhythmus und rituelle Handlung"[112]. Darüber hinaus seien zugleich kollektive Partizipationsformen vonnöten, damit die Gruppe Anteil am – von spezialisierten TraditionsträgerInnen transportierten – kulturellen Gedächtnis gewinnen kann. Primäre Partizipationsformen, die auf die Zusammenkunft und die persönliche Anwesenheit aller Gruppenmitglieder zielen, sind Feste und Riten. Vor allem in schriftlosen Kulturen ist die Tradierung kultureller Erinnerung ohne solche geschaffenen Anlässe kaum denkbar:

> Feste und Riten sorgen im Regelmaß ihrer Wiederkehr für die Vermittlung und Weitergabe des identitätssichernden Wissens und damit für die Reproduktion der kulturellen Identität. Rituelle Wiederholung sichert die Kohärenz der Gruppe in Raum und Zeit[113].

Wichtigstes Mittel der kollektiven und kulturellen Mnemotechnik ist Assmann zufolge wie in der Gedächtniskunst die Verräumlichung. Während

---

ger des kulturellen Gedächtnisses' [...]. Verbindlich ist das kollektive Gedächtnis insofern, als sich durch den Bezug auf ein normatives Selbstbild der jeweiligen Gruppe ‚eine klare Wertperspektive und ein Relevanzgefälle' ergibt, ‚das den kulturellen Wissensvorrat und Symbolhaushalt strukturiert' [...]. Reflexiv ist das kulturelle Gedächtnis, weil es deutend, kritisierend und kontrollierend auf sich selbst, verbreitete Konventionen und das Selbstbild der jeweiligen Gruppe Bezug nimmt." Vgl. auch Assmann, Gedächtnis, 52–56.

[109] Assmann, Gedächtnis, 52. Gleich im Anschluss heißt es ebd.: „Die Vätergeschichten, Exodus, Wüstenwanderung, Landnahme, Exil sind etwa solche Erinnerungsfiguren, wie sie in Festen liturgisch begangen werden und wie sie jeweilige Gegenwartssituationen beleuchten."

[110] Kühner, Traumata, 67.

[111] Assmann, Gedächtnis, 56.

[112] Assmann, Gedächtnis, 56f.

[113] Assmann, Gedächtnis, 57.

die Gedächtniskunst aber mit *imaginierten Räumen* arbeite[114], gehe es bei der Erinnerungskultur um Zeichensetzung im *natürlichen Raum,* wobei Orte und Landschaften durch Zeichen ('Denkmäler') akzentuiert oder als Ganze in den Rang eines Zeichens erhoben, d.h. semiotisiert werden können[115]. M.E. allerdings müssen sich Zeichensetzung und Semiotisierung als Verräumlichungen des kulturellen Gedächtnisses nicht allein auf den 'natürlichen' Raum beziehen – vielmehr sind sie etwa auch als Phänomene in literarischen Texten zu beobachten, so dass ein 'Raum im Text' und ein 'Text als Raum' die Stelle eines geographischen (Erinnerungs-) Raums einnehmen und auf dessen (Be-)Deutung und (Re-)Konstruktion einwirken kann – hier sei an Heinrich Heines Formulierung von der 'Schrift' als „portativem Vaterland" erinnert (vgl. hierzu unten). Umgekehrt stellt sich die Frage, ob es so etwas wie den (leeren, bedeutungslosen) 'natürlichen' Raum, der nachträglich bezeichnet oder zum Zeichen wird, überhaupt gibt – eher ist m.E. von Um-Strukturierung, Um-Deutung und Um-Schreibung von unhintergehbar bereits gesellschaftlich, symbolisch und ästhetisch angeeigneten (Natur-)Räumen zu reden[116].

Kollektives Gedächtnis, Tod und die Toten: Kollektives Gedächtnis und Totengedenken sind, so Assmann, aufs Engste miteinander verwoben:

> Wenn Erinnerungskultur vor allem Vergangenheitsbezug ist, und wenn Vergangenheit entsteht, wo eine Differenz zwischen Gestern und Heute bewußt wird, dann ist der Tod die Ur-Erfahrung solcher Differenz und die an die Toten sich knüpfende Erinnerung die Urform kultureller Erinnerung[117].

Sowohl die (ursprünglichere) retrospektive Dimension des Gedenkens an den Tod und die Toten (die Lebenden eines Kollektivs halten ihre Verstorbenen fortschreitend gegenwärtig) als auch dessen prospektive Dimension (die Lebenden hoffen auf ein Weiterleben im Andenken ihres Kollektiv auch nach dem Tod) gehören laut Assmann „zu den universalen Grundstrukturen der menschlichen Existenz"[118]. Das Totengedenken sei dabei in paradigmatischer Weise ein Gedächtnis, das Gemeinschaft stiftet – in Rückbindung an die Toten vergewissere sich ein Kollektiv

---

[114] Vgl. hierzu Stefan Goldmann, „Statt Totenklage Gedächtnis. Zur Erfindung der Mnemotechnik durch Simonides von Keos", *Poetica* 21 (1989), 43–66, passim.
[115] Vgl. Assmann, Gedächtnis, 60.
[116] Vgl. hierzu Ulrike Bail, *„Die verzogene Sehnsucht hinkt an ihren Ort". Literarische Überlebensstrategien nach der Zerstörung Jerusalems im Alten Testament,* Gütersloh 2004, 12f.
[117] Assmann, Gedächtnis, 61.
[118] Assmann, Gedächtnis, 63.

seiner selbst, sofern in der Verpflichtung auf bestimmte Namen und mit diesen Namen verbundene Geschichte(n) immer auch das Bekenntnis zu einer soziopolitischen Identität mit enthalten sei. In diesem Sinne sind Denkmäler – so hat es der Historiker Reinhart Koselleck ausgedrückt – immer auch „Identitätsstiftungen der Überlebenden"[119].

Unter Umständen eröffnet diese Dimension des kollektiven Gedächtnisses – etwa wenn der Ermordeten eines Massakers gedacht wird – einen Raum, in den das traumatische Phänomen der Todesnähe einfließen kann und in dem sich die Gewaltüberlebenden mit ihrer besonderen Beziehung zu den Ermordeten ein Stück weit gemeinschaftlich verstanden und getragen fühlen.

Das kontrapräsentische Gedächtnis Israels: Nach Assmann ist das kulturelle Gedächtnis – auch das kulturelle Gedächtnis Israels – (zunächst) in erster Linie auf die „absolute Vergangenheit einer mythischen Urzeit" bezogen. Die „Festzeit oder ‚Traumzeit' der großen Zusammenkünfte" weite den „Horizont ins Kosmische, in die Zeit der Schöpfung, der Ursprünge und großen Umschwünge, die die Welt in der Urzeit hervorgebracht haben"[120] – in ihr bekomme der im Alltag ausgeblendete Hintergrund des Daseins Raum, werde der Alltag allererst in eine allgemeine Zeitordnung eingebunden[121]. Das festliche Erinnern zielt damit primär auf die Aufhebung der Alltagsgegenwart in ein größeres Ganzes und macht das Kollektiv von der Urzeit her der Stimmigkeit zwischen allgemeiner Ordnung und alltäglichem Dasein bewusst. Neben dieser Form des Gedenkens, die auf die Kongruenz zwischen allgemeiner Zeit und Gegenwart ausgerichtet ist, weist Assmann allerdings auch auf das „Prinzip der kontrapräsentischen Erinnerung"[122] hin, als deren „Gründungslegende und ‚Urszene'" er „die Geschichte der Auffindung des Buches Deuteronomium und der darauf aufbauenden Josianischen Reform"[123] 622 v.u.Z. (2 Kön 22–23) ansieht. Die gewissermaßen ‚unnatürliche'[124] Erinnerung an den Exodus und die

---

[119] Vgl. den vollständigen Titel des folgenden Aufsatzes: Reinhart Koselleck, „Kriegerdenkmale als Identitätsstiftungen der Überlebenden", in: Odo Marquard/Karl-Heinz Stierle (Hg.), *Identität*, München 1979, 255–275.

[120] Assmann, Gedächtnis, 56f.

[121] Vgl. Assmann, Gedächtnis, 58.

[122] Assmann, Gedächtnis, 227.

[123] Assmann, Gedächtnis, 215.

[124] Vgl. Assmann, Gedächtnis, 214: „Nichts ist natürlicher als im Gelobten Land die Wüste und in Babylon Jerusalem zu vergessen. Die im Deuteronomium geforderte Erinnerung ist demgegenüber das Unwahrscheinliche, Paradoxe und nur durch tägliche Übung und Konzentration zu Bewerkstelligende."

Ereignisse des 40-jährigen Wüstenzugs sei die Devise dieser Reform, „deren Erfolg sich wohl in der Tat nur erklären läßt, wenn man sie als ein Drama der Erinnerung [...] versteht und davon ausgeht, daß es etwas gab, an das mit den Erinnerungsfiguren *Exodus*, *Sinai* und *Landgabe* zu appellieren war"[125]: die Identität des Gottesvolkes Israel – und zwar *als Identität außerhalb des Landes*, losgelöst vom eigenen Territorium[126]. Mit dem Deuteronomium, das die eigentlich fundierenden ‚lieux de memoire‘ – Ägypten, Sinai, Wüste, Moab – außerhalb des Gelobten Landes lokalisiert sein lasse, das seine (als im Land Israel angesiedelt gedachten) AdressatInnen als AugenzeugInnen einer fernen Vergangenheit anrufe und das äußerst vielfältige Verfahren kulturell geformter Erinnerung etabliere[127], werde

> eine Mnemotechnik fundiert, die es möglich macht, sich außerhalb Israels an Israel zu erinnern, und das heißt, auf den historischen Ort dieser Ideen bezogen: im babylonischen Exil Jerusalems nicht zu vergessen (Ps. 137.5). Wer es fertig bringt, in Israel an Ägypten, Sinai und die Wüstenwanderung zu denken, der vermag auch in Babylonien an Israel festzuhalten[128].

Die Erfindung dieser kontrapräsentischen bzw. „utopische[n] Erinnerung"[129] – zugleich die Erfindung der Religion als Rück-Bindung (*re-ligio*) und bewahrendes Gedenken, die zum Maßstab aller späteren Religionen geworden seien[130] – geht, das macht schon das obige Zitat deutlich, Assmann zufolge auf die Krisenerfahrung des Babylonischen Exils zurück:

> Die Juden haben in der Not des Babylonischen Exils die Fundamente einer kulturellen Mnemotechnik gelegt, die in der Menschheitsgeschichte beispiellos dasteht. Das besondere und ‚artifizielle‘ dieser Erinnerungskunst

---

[125] Assmann, Gedächtnis, 226f.

[126] Bernd Witte spricht davon, dass „das traditionelle Judentum [...] von Anfang an seine eigene Geschichte enträumlicht [hat]", dass es sich „von Anfang an nicht von einem Raum her definiert, den es erobert oder besetzt hält, sondern im Gegenteil durch den Entzug der irdischen Heimat und durch den Bezug auf das geoffenbarte Gesetz Gottes" (ders., „Kulturelles Gedächtnis und Geschichtsschreibung im Judentum", in: Gert Kaiser [Hg.], *Jahrbuch der Heinrich-Heine-Universität Düsseldorf 2001*, Düsseldorf 2001, 266–278, 267f).

[127] Assmann nennt acht solcher Erinnerungsverfahren (vgl. ders., Gedächtnis, 218–222): 1. Bewusstmachung, Beherzigung (Dtn 6,6; 11,18); 2. Erziehung, Weitergabe an die folgenden Generationen (Dtn 6,7; 11,20); 3. Sichtbarmachung – Körpermarkierung (Dtn 6,8; 11,18); 4. limitische Symbolik – Inschrift auf den Türpfosten (Dtn 6,9; 11,21); 5. Speicherung und Veröffentlichung – Inschrift auf gekalkten Steinen (Dtn 27,2–8); 6. Feste der kollektiven Erinnerung – Mazzot (Dtn 16,3), Schawuot (Dtn 16,12), Sukkot; 7. mündliche Überlieferung – Poesie als Kodifikation der Geschichtserinnerung (Dtn 31,19–21); 8. Kanonisierung des Vertragstextes (‚Tora‘) als Grundlage ‚buchstäblicher‘ Einhaltung (Dtn 4,2; 12,32).

[128] Assmann, Gedächtnis, 213.

[129] Assmann, Gedächtnis, 227.

[130] Vgl. Assmann, Gedächtnis, 227f.

liegt darin, daß sie eine Erinnerung festhält, die in den Bezugsrahmen der jeweiligen Wirklichkeit nicht nur keine Bestätigung findet, sondern zu ihr in krassestem Widerspruch steht: die Wüste im Gegensatz zum Gelobten Land, Jerusalem im Gegensatz zu Babylon. Mit Hilfe dieser Mnemotechnik haben die Juden es verstanden, über fast zweitausend Jahre hinweg, in alle Weltgegenden verstreut, die Erinnerung an ein Land und an eine Lebensform, die zu ihrer jeweiligen Gegenwart in schärfstem Widerspruch standen, als Hoffnung lebendig zu erhalten: ‚Dieses Jahr Knechte, nächstes Jahr Freie, dieses Jahr hier, nächstes Jahr in Jerusalem'[131].

Die Zerstörung des (ersten) Tempels und das (babylonische) Exil im kollektiven/kontrapräsentischen Gedächtnis Israels: Im Judentum ist das babylonische Exil gleichsam von Anfang an als *der* Beginn jüdischer Exils- und Diasporaexistenz betrachtet worden, die das Leben jüdischer Menschen zutiefst geprägt und bestimmt hat und bestimmt: „Seit den Wegführungen vom Anfang des 6. Jhs. lebt Israel in der Doppelexistenz eines Bevölkerungsteils im Land und eines anderen außerhalb des Landes", und „selbst der historische Einschnitt der Gründung eines modernen Staates Israel im Jahr 1948 hat die Grundstruktur dieser Doppelexistenz nicht beendet"[132].

Der Beginn des jüdischen Exils wird traditionell nicht in der ersten von den Babyloniern initiierten Deportation 597 v.u.Z. gesehen, sondern mit der Zerstörung Jerusalems und des Tempels 587/86 v.u.Z. zusammengebracht, dem „Ereignis, das mehr als jedes andere das Ende der Unabhängigkeit Israels im eigenen Land und die Zerstörung von Herz und Mittelpunkt des Volkes symbolisiert"[133]. Der 9. Aw, an dem der (erste) Tempel in Brand gesteckt wurde (vgl. 2 Kön 25,8; Jer 52,12), ist der wichtigste als Fastentag begangene Gedenktag der Tempelzerstörung, an dem die Lesung der Klagelieder eine besondere Rolle spielt – dieser Tag markiert zugleich den Beginn des Exils Israels[134]. Daneben gibt es im Judentum zwei weitere Fasten-/Gedenktage, deren Terminierung ebenfalls auf Ereignisse zurückgeführt wird, die mit dem babylonischen Angriff auf Juda und Jerusalem und deren Eroberung in Zusammenhang stehen, der 10. Tewet, an dem die Belagerung Jerusalems durch Nebukadnezar begann

---

[131] Assmann, Gedächtnis, 227.

[132] Rainer Kessler, *Sozialgeschichte des alten Israel. Eine Einführung*, Darmstadt ²2008, 132.

[133] Israel M. Lau, *Wie Juden leben. Glaube – Alltag – Feste*, Gütersloh 1988, 224.

[134] Vgl. Lau, Juden, 224. A.a.O., 288, heißt es über den 9. Aw: „Dieser Tag – ein Tag nationaler Trauer – bringt mehr als jeder andere die Erinnerung sowohl an die Zerstörung des Tempels zum Ausdruck als auch an das frühere Leben in der Diaspora und an die Verfolgungen, denen Israel im Laufe der Geschichte ausgesetzt war – alle waren ja das Ergebnis und die Folge dieses bitteren Tages."

(vgl. 2 Kön 25,1; Jer 52,4; Ez 24,1) und der 3. Tischri, an dem Gedalja ben-Achikam ermordet wurde (vgl. 2 Kön 25,25; Jer 41,1–2). Der vierte Fasten-/Gedenktag ist der 17. Tammus, Beginn der Zerstörung des Zweiten Tempels, an dem zugleich daran erinnert wird, wie Nebukadnezar während der Belagerung 587/86 v.u.Z. Breschen in die Jerusalemer Stadtmauer schlug (am 9. Tammus, vgl. 2 Kön 25,3f; Jer 52,6).

Die vier Tage (vgl. auch Sach 8,19) zum Gedenken der Tempelzerstörung(en), deren Fastenordnung auf Ps 137 zurückgeführt wird[135], nahmen im Verlauf der Geschichte des jüdischen Volkes weitere Anlässe des Gedenkens in sich auf[136]. Kurz nach der Gründung des Staates Israel 1948 bestimmte das israelische Oberrabbinat den 10. Tewet als ‚Tag des allgemeinen Kaddisch‘, als Tag des Kaddisch-Sagens für die Toten, deren Todesdatum unbekannt ist – zu ihnen gehören auch die Ermordeten der Shoah. Im Gedenken, das die Geschichte(n) der Opfer von Gewalt und Terror präsent zu halten versucht, rücken damit die Zerstörung Jerusalems und des Tempels, das babylonische Exil und die Shoah in eine Relation, die sich folgendermaßen beschreiben lässt:

> Mit der Auswahl dieses Tages zeigte das Oberrabbinat, dass es die zeitgenoessische Tragoedie der Schoah in einen Zusammenhang mit jenen Katastrophen stellt, die zur Zerstoerung des Tempels fuehrten. Das Fasten am 10. Tewet symbolisiert die Saat der Zerstoerung. Der Holocaust und die Zerstoerung des Tempels waren geplante Aktionen, die nicht nur einfach ‚passierten‘. Beide ‚belagern‘ die juedische Seele fuer immer[137].

Die traumatisierenden Katastrophen der fernen und der jüngsten Vergangenheit werden wach gehalten und in diesen Tag versammelt, nicht, weil sie in ihren Ausmaßen verglichen werden könnten, sondern weil sie *eine* Ursache haben: von Menschen ins Werk gesetzte Zerstörung und durch Menschen entfesselte systematische Gewalt, die sich in die Überlebenden und deren Nachkommen – als Individuen und als Kollektiv – unhintergehbar eingebrannt haben. Jüdinnen und Juden erinnern die Tempelzerstörung(en) und die damit in Zusammenhang stehenden Ereignisse als Paradigma menschengemachter Gewalt gegen das eigene Volk,

---

[135] Vgl. Lau, Juden, 224.

[136] In Bezug auf den 17. Tammus und den 9. Aw zählt die Mischna jeweils fünf Katastrophen auf, die sich an diesen Tagen ereigneten (Taan IV,6). Vgl. hierzu Lau, Juden, 286.288–290. Die drei Wochen vom 17. Tammus bis zum 9. Aw werden als die Tage „in der Bedrängnis" (vgl. Klgl 1,3) zugleich als eine Zeitspanne sich verstärkender tiefer Trauer begangen (vgl. a.a.O., 287f).

[137] So die Internetseite http://www.hagalil.com/judentum/fasttage/tewet-10.htm zum Fasttag des 10. Tewet, Zugriff am 11.8.2011.

dem mit der Verwüstung von Stadt und Tempel sein religiöses Symbolsystem zerstört wurde – und das diese Katastrophe(n) zu überleben vermochte, indem es Ohnmacht, Schrecken und Desorientierung in Sprache und Reflexion zu überführen begann[138].

Hoffnung auf Zukunft, Überlebensperspektiven, die überhaupt nur als gebrochene zu erfahren sind, können, so möchte ich diesen Zusammenhang vorsichtig deuten, nur dort aufscheinen, wo Bewältigungsmöglichkeiten gefunden werden, welche die zerbrochenen Sehnsüchte der Toten und die Un-Orte der Zerstörung nicht ins Vergessen abdrängen, sondern sie erinnern und gegenwärtig halten – als bleibende (An-)Klage aus der Perspektive der Opfer, als Einforderung dessen, was nicht mehr und noch nicht Raum in der Wirklichkeit hat[139]. Ulrike Bail deutet die biblischen Klagelieder und im Kontext der Zerstörung Jerusalems 587/86 v.u.Z. entstandene oder fortgeschriebene prophetische Texte als ‚Ins-Wort-Bringen‘ des leeren und zerstörten Raums, als textgewordene Suchbewegung zwischen dem, was nicht mehr, und dem, was noch nicht ist, eine Suchbewegung, die selbst Raum – Textraum – geworden ist:

> Viele Texte der hebräischen Bibel gingen durch die Zerstörung und das Exil hindurch; sie wurden nicht einfach ad acta gelegt, sondern in einem Prozess produktiver Rezeption und rezeptiver Produktion bewahrt, weitergeschrieben, neu geschrieben. Die ‚Schrift‘ trat an die Stelle von Tempel und Staat, sie wurde zur Urkunde der Identität Israels, zum ‚portative[n] Vaterland‘, das durch das Exil und die weiteren Exilssituationen mitgenommen werden konnte. ‚In der Schrift konnte zu Hause sein, wer im Exil [...], im Ghetto, in den Ländern der Gola nie ganz zu Hause sein konnte‘[140].

In diesem Sinne lassen sich die im Zusammenhang der und in Reaktion auf die Exilskatastrophe entstandenen biblischen Texte als „literarische[] Überlebensstrategien"[141] begreifen, als textliches Ringen um Orientierung inmitten der Desorientierung, um sichere Orte inmitten der Zerstörung,

---

[138] Vgl. Bail, Sehnsucht, 9–12.

[139] Vgl. hierzu auch Lau, Juden, 225, wo es zum 10. Tewet heißt: „Daß wir uns an diese beiden tragischen Ereignisse – zuerst die Zerstörung des Ersten Tempels und dann der Versuch, das ganze jüdische Volk in unserer Generation zu vernichten – an einem Gedenktag erinnern, darin liegt eine besondere Symbolik: Indem diese beiden Ereignisse zusammengefasst werden, bringen wir unsere Hoffnung zum Ausdruck, daß mit den Massenvernichtungen in Europa das Leid des jüdischen Volkes zu Ende gegangen ist."

[140] Bail, Sehnsucht, 14, unter Verwendung eines Begriffs von Heinrich Heine (ders., Sämtliche Schriften, Band VI/1, hg. v. K. Briegleb, München ²1985, 483) und eines Zitats von Jürgen Ebach (ders., „Vom Werden eines [Heiligen] Buches", in: ders., Vielfalt ohne Beliebigkeit. Theologische Reden 5, Bochum 2002, 230–248, 235).

[141] Bail, Sehnsucht, 15.

ein Ringen auch um die Gegenwart und Parteinahme Gottes inmitten der Leere. Jüdische Auslegung hat dieses Ringen immer wieder transparent zu machen versucht auf die bis heute fortdauernden Exilszeiten und -räume und auf die Gewalterfahrungen hin, denen das jüdische Volk wiederkehrend ausgesetzt war. Dem ‚Schrift(w)ort' gewordenen Ringen ist damit im Lauf der Jahrhunderte und Jahrtausende neue Bedeutung zugewachsen, ohne dass der Text in seiner Form wesentlich verändert worden ist. „Allein die Fülle der Bedeutungen, die er im Laufe der Zeit erhalten hat, begleitet ihn schattenhaft und versteckt – gesehen oder ungesehen – in seinen Textfalten. Er hat Geschichte und Geschichten haften an ihm"[142]. Der Entstehungskontext der biblischen Exilsliteratur ist ein Kontext von von Menschen ins Werk gesetzter Zerstörung und der Trauerarbeit inmitten der Trümmer; die dieser Literatur zugewachsenen Geschichten sind Geschichten menschengemachter Gewalt und des Aufschreis gegen sie. Ersttestamentliche Exegese – zumal, wenn sie aus christlicher Perspektive erfolgt – darf m.E. an dieser erschütternden Dimension der Texte nicht vorbeigehen. Statt der Normalität oder der Alltäglichkeit von Gewalt (sei es für die Antike, sei es für andere geschichtliche Zusammenhänge) das Wort zu reden, sollte sie sich herausfordern lassen, Beschreibungs- und Verstehensmodelle zu finden, die diese Dimension, die sowohl für die Entstehung als auch für die Geschichte der Exilsliteratur (mit-)bestimmend (gewesen) ist, wahrnehmbar und begreifbar machen. Die Anwendung des Begriffs ‚kollektives Trauma' und dahinter stehender Konzeptionen begreife ich als einen Versuch in diese Richtung.

2.2. *Kollektives Gedächtnis, kollektive Identität und kollektives Trauma*

Wie lassen sich kollektives Gedächtnis, kollektive Identität und kollektives Trauma grundsätzlicher zusammendenken? Warum und wie wird aus der traumatischen Erfahrung einer Gruppe bzw. eines Teils einer Gruppe, deren einzelne Mitglieder im Gesamtzusammenhang der Katastrophe wiederum sehr Unterschiedliches erlebt haben mögen, die (über-)dauernde) Erinnerung eines Kollektivs in dem Sinne, dass auch nicht unmittelbar Betroffene und noch nachfolgende Generationen das Trauma als bestimmend für ihre (kollektive) Identität ansehen oder annehmen bzw. von diesem Trauma bestimmt werden? Und wie hängen schließlich

---

[142] Christina Spaller, „*Die Geschichte des Buches ist die Geschichte seiner Auslöschung…*" *Die Lektüre von Koh 1,2–11 in vier ausgewählten Kommentaren* (ExuZ 7), Münster 2001, 9.

(kollektives) Trauma und Geschichtsschreibung miteinander zusammen? Diesen Fragen soll im Folgenden nachgegangen werden.

Die ‚Zerstörung des Davor' und die Suche nach kollektiver Identität: Insbesondere Gewalttaten, denen eine genozidale Absicht zugrunde liegt, haben für die Überlebenden die Konsequenz, dass es „keine Rückkehr in die Welt davor"[143] gibt. Dies gilt, wenn auch unter Umständen nicht in demselben Ausmaß, auch für politisch motivierte Gewaltakte und -erfahrungen etwa im Zusammenhang von Kriegen, wie Verschleppungen, Vertreibungen, Kriegsgefangenschaft und Flucht, sowie für das Weiter-/ Überlebenmüssen an Orten kriegerischer Zerstörung. In diesem Zusammenhang erscheint es verständlich, wenn ‚das Trauma' – so unterschiedlich es sich im Einzelnen darstellen mag – zum wesentlichen gemeinsamen Bezugspunkt einer Gruppe von Menschen wird, denen ihr Vorher und damit ihre Geschichte(n) gewaltsam zerschlagen worden sind. Dieses durch das Trauma zerstörte Vorher kann nur noch in geteilter Erinnerung überdauern; nur wo Erinnerungsbruchstücke ausgetauscht werden können, bleibt vielleicht das Wissen darum lebendig, dass es ein Vorher, eine andere Lebenswirklichkeit, überhaupt gegeben hat, wird gleichsam vielleicht auch die Sehnsucht nach einer Veränderung der Verhältnisse offen gehalten.

Wenn überhaupt ein Zusammengehörigkeitsgefühl entstehen kann, so nur in der Rekonstruktion einer gemeinsamen Vergangenheit, die die Gewalterfahrungen der Einzelnen in den größeren Zusammenhang einer kollektiv erlittenen Traumatisierung aufzuheben vermag[144]. Die allgemeinere Erinnerung legt sich dabei über die Einzelschicksale sowohl der unmittelbar Traumatisierten, deren persönliche Leidensgeschichten unter das kollektive Trauma subsumiert werden[145], als auch der als Angehörige

---

[143] Kühner, Traumata, 68.

[144] Vgl. hierzu Erikson, Notes, 185–187. Erikson betont gleichzeitig, dass kollektive Traumata auch gemeinschaftszerstörend wirken können (vgl. a.a.O., 187–190) und kommt zu folgendem Schluss (a.a.O., 190): „So communal trauma […] can take two forms, either alone or in combination: damage to the tissues that hold human groups intact, and the creation of social climates, communal moods, that come to dominate a group's spirit."

[145] Der Historiker Lutz Niethammer verweist in diesem Zusammenhang auf die Zweigesichtigkeit des kollektiven Gedächtnisses. Einerseits stehe zu vermuten, dass es nicht die Stimme oder die Version der direkt betroffenen Opfer ist, die im kulturellen Gedächtnis als Erstes oder am stärksten repräsentiert ist. Andererseits erwägt er jedoch, ob nicht die Phase der kulturellen Gedächtnisbildung eine Art Voraussetzung für die Artikulation der ganz konkreten grausamen Erfahrungen der Gewaltüberlebenden sein könnte (ders., „Diesseits des ‚Floating Gap'. Das kollektive Gedächtnis und die Konstruktion von Identität

nachfolgender Generationen nicht mehr unmittelbar Betroffenen, deren Geschichte gleichwohl durch die traumatische Katastrophe bestimmt bleibt.

Auch wenn Kollektiv, kollektive Identität und kollektives Gedächtnis dementsprechend eine Art Schutzraum für die traumatisierten Gruppenmitglieder darstellen können, bedeutet das noch nicht automatisch, dass in ihnen an der Integration der traumatischen Katastrophe und mit ihr in Verbindung stehender (individueller) Gewalterfahrungen gearbeitet werden kann bzw. gearbeitet wird. Im Gegenteil – sofern das Trauma für das Kollektiv in gewisser Weise identitätsbegründend war, wird seine Bearbeitung im Zusammenhang der Gemeinschaft womöglich eher verhindert als ermöglicht.

Ein traumatisches Ereignis ist in seinen Auswirkungen auf die Gewaltüberlebenden außerdem dadurch charakterisiert, dass es nicht wie andere (lebens-)geschichtliche Ereignisse ‚gespeichert‘ und verbalisiert werden kann, sondern spezifische Formen des Erinnerns und Vergessens evoziert und sich in der oben beschriebenen Symptomsprache Ausdruck verschafft. Eine traumatische Erfahrung lässt sich weder dem narrativen Skript eines bzw. einer Einzelnen noch dem eines Kollektivs einfach einschreiben. Insofern gleicht das traumatische Ereignis auch dort, wo es den wesentlichen Bezugspunkt einer Gemeinschaft darstellt, einem ‚schwarzen Loch‘, das erlebte Vergangenheit und erhoffte Zukunft in sich hineingezogen hat und dessen Anblick man nur ausweichen kann, will man nicht selbst gänzlich in es hineingesogen werden.

Oft erlaubt es die Situation, in der eine Gruppe sich nach der traumatischen Katastrophe vorfindet, auch nicht, sich dem Grauen auf irgendeine Art und Weise anzunähern, sei es, weil weiterhin die Gefahr traumatisierender Gewalttaten droht, sei es, weil alle Kraft dafür benötigt wird, das Überleben zu organisieren. Als ‚Phantom‘, ‚Amorphes‘ und ‚Anderes der Erinnerung‘ wird das unbearbeitete Trauma gleichsam mitgenommen, drängen sich erlittene Gewalt und erlebter Schrecken immer wieder auf oder brechen, je nach Situation, unvermittelt und unkontrollierbar neu

---

im wissenschaftlichen Diskurs", in: Kristin Platt/Mirhan Dabag [Hg.], *Generation und Gedächtnis. Erinnerungen und kollektive Identitäten*, Opladen 1995, 25–50, 38): „Erst nachdem das jeweilige Kulturgedächtnis über Massendokumentationen, historische Forschung und Verbildlichung einer kollektiven Identität vorgearbeitet hatte und sich wie ein schützender Kokon um den entblößten und verwundeten Einzelnen schloss, erweiterte sich die Möglichkeit, die konkrete Eigenerinnerung zur Sprache zu bringen, und zwar oft im Widerspruch gegen die nun schon etablierten kollektiven Sinngebungen." Zum Ganzen vgl. auch Kühner, Traumata, 68–70.

ein, so dass sie über lange Zeiträume für das Fühlen, Erleben und Verhalten der Gruppe bestimmend bleiben können[146]. Der Psychoanalytiker Dori Laub erläutert diese generationenübergreifenden Vorgänge als „aktive[s] Nicht-Wissen" der Traumatisierung:

> Traumatisierung schließt das Wissen vom Trauma aus. Dieser Ausschluß sowie die dissoziierte Erfahrung und Erinnerung des Traumas sind kein passives Ende der Wahrnehmung oder Erinnerung. Das Nicht-Wissen ist vielmehr eine aktive, hartnäckige, gewaltsame Verweigerung, eine Auslöschung, eine Zerstörung von Form und Struktur. [...] Das aktive Nicht-Wissen des Traumas kann viele Formen annehmen, von der völligen Auslöschung über Ersatz, Verschiebung oder Reinszenierung des Wissens bis zu einer Form des Wissens durch Metaphern und Kunst[147].

Lässt sich also so etwas wie ein kollektives traumatisches Gedächtnis durchaus beschreiben, so bleibt doch seine konkrete Ausprägung im Einzelnen von vielen weiteren Faktoren abhängig – etwa davon, ob und inwiefern das Ende der direkten Gewalterfahrungen auch eine Veränderung der politischen Verhältnisse mit sich bringt oder ob wenigstens Aussicht auf eine solche Änderung besteht, ob man gezwungen ist, im Angesicht und unter der Herrschaft der Gewalttäter zu (über-)leben, ob überhaupt Gestaltungsspielräume bleiben, die im Hinblick auf die Bestärkung der Betroffenen und eine Auseinandersetzung mit dem Erlittenen genutzt werden können, ob Traditionen und Symbolsysteme erinnert werden, an die – in Weiter-, Um- und Neubearbeitung – inmitten der Katastrophe und der Katastrophe zum Trotz in irgendeiner Weise angeknüpft werden kann.

Chosen Trauma – der Konzeptionalisierungsversuch von Vamik D. Volkan: Im Zusammenhang seiner Untersuchungen zur Psychologie der Großgruppe und der „Psychodynamiken internationaler Beziehungen"[148] hat der Psychoanalytiker Vamik D. Volkan den Begriff des *chosen trauma*,

---

[146] Vgl. hierzu Laub, „Eros oder Thanatos? Der Kampf um die Erzählbarkeit des Traumas", *Psyche* 9/10 (2000), 860–894, 867: „Schwere Traumatisierung färbt und formt über mehrere Generationen die gesamte innere Repräsentation von Realität; das Trauma wird zum unbewußten Strukturprinzip, das die Eltern weitergeben und die Kinder internalisieren. Aufgrund der Ahistorizität des Traumas sind die Auswirkungen tendenziell generationenübergreifend; sie begründen einen Evolutionsprozeß, der sich erst nach mehreren Generationen erschöpft."

[147] Laub, Eros, 867f.

[148] So die Übersetzung des Titels seines gemeinsam mit Demetrios A. Julius und Joseph V. Montville 1990 herausgegebenen Buches (dies. [Hg.], *The Psychodynamics of International Relationships, Volume 1: Concepts and Theories*, Lexington 1990).

des „gewählten Traumas", geprägt. Seine Konzeption bezieht sich dabei weniger auf die direkten Folgen kollektiver Gewalterfahrungen; in erster Linie beleuchtet sie solche Prozesse, die mit der langfristigen Bindung von Großgruppenidentitäten an bestimmte prägende Geschehnisse zusammenhängen. Nicht nur „gewählte Traumata", auch „gewählte Ruhmesblätter" spielen dabei eine Rolle – beide beschreibt Volkan als „psychische Repräsentationen von in der Vergangenheit liegenden kollektiven historischen Ereignissen und ihren Helden und Schurken"[149]. Die Entstehung von „gewählten Ruhmesblättern", gemeinschaftlich geteilten, mit Gefühlen des Erfolgs und des Triumphs verbundenen ritualisierten Erinnerungen (z.B. an gewonnene Kriege oder Schlachten, an große Errungenschaften in Kunst, Technik oder Wissenschaft), unterliege allerdings wesentlich weniger komplexen Prozessen als die Entstehung eines „gewählten Traumas", das deshalb „ein sehr viel einflußreicheres Großgruppenmerkmal"[150] darstelle. Gewählte Traumata, so Volkan weiter,

> beziehen sich auf die geistige Repräsentanz von einem Ereignis, das dazu führte, daß eine Großgruppe durch eine andere Gruppe schwere Verluste hinnehmen mußte, dahin gebracht wurde, daß sie sich hilflos und als Opfer fühlte und eine demütigende Verletzung miteinander zu teilen hatte. Da eine Gruppe es nicht selbst wählt, Opfer zu werden [...], erheben manche Einwände gegen den Begriff ‚gewählte' Traumata. Ich glaube jedoch, daß er die unbewußte ‚Wahl' einer Gruppe widerspiegelt, die geistige Repräsentanz von einem Ereignis einer vergangenen Generation der eigenen Identität hinzuzufügen[151].

Diese unbewusste Wahl habe damit zu tun, dass die Auswirkungen einer Katastrophe, die „alle oder die meisten Angehörigen einer Großgruppe betrifft, [...] eine Verbindung zwischen der Psychologie des einzelnen

---

[149] Vamik D. Volkan, „Großgruppenidentität und auserwähltes Trauma", *Psyche* 9/10 (2000), 931–953, 941.

[150] Volkan, Großgruppenidentität, 942f. Vgl. Vamik D. Volkan, *Das Versagen der Diplomatie. Zur Psychoanalyse nationaler, ethnischer und religiöser Konflikte*, Gießen ³2003 [1999], 70–73.

[151] Volkan, Diplomatie, 73. Trotz der Erläuterung erscheint mir der Begriff der ‚Wahl' im Kontext traumatischer Erfahrung problematisch. Weder ‚wählt' es ja die erste Generation, die mentale Repräsentanz des Traumas und die unbewältigte bzw. unbewältigbare Trauer an die nachfolgende weiterzugeben, noch haben spätere Generationen die ‚Wahl', mit den Traumafolgen konfrontiert zu werden – diese Prozesse sind nicht das Resultat einer Entscheidung, sondern hängen mit spezifischen Trauma-Reaktionen zusammen. Von Wahlmöglichkeiten ist deshalb m.E. erst dort zu sprechen, wo Rahmenbedingungen für die – aus Not aufgeschobene – Trauerarbeit und die Suche nach Bewältigungsstrategien gegeben sind oder aufgebaut werden können.

und jener der Gruppe [schmieden]"[152]. Unmittelbar nach einem solchen
Ereignis beginne dessen mentale Repräsentanz, die allen Mitgliedern
gemeinsam ist, Form anzunehmen – in einer kompakten Sammlung
gemeinsamer Gefühle, Vorstellungen, Phantasien und Interpretationen,
in Bildern bedeutender Gestalten, in mentalen Schutzmechanismen
gegen schmerzhafte oder inakzeptable Gefühle und Gedanken. Langfristige Effekte zeitige das *chosen trauma* vor allem dann, wenn es einer
Großgruppe innerhalb einer Generation nicht gelingt, die Gefühle des
Verletztseins und der Demütigung zu bearbeiten bzw. zu reparieren, und
die unmittelbar betroffene Generation die unerledigte Trauer „in den sich
entwickelnden Selbstbildern ihrer Kinder ‚deponiert'"[153]:

> Wenn die mentale Repräsentation so belastend wird, dass Mitglieder der
> Gruppe nicht mehr im Stande sind, das Trauern über ihre Verluste einzulei-
> ten oder zu Ende zu bringen oder ihre Gefühle der Erniedrigung umzukeh-
> ren, dann werden ihre Bilder von ihrem Selbst an spätere Generationen in
> der Hoffnung weitergegeben, dass andere fähig sein werden zu trauern und
> zu bewerkstelligen, was frühere Generationen nicht leisten konnten[154].

Im Zusammenhang dieser Weitergabe von Generation zu Generation –
Resultat meist unbewusst bleibender psychologischer Prozesse[155] – nehme
das gewählte Trauma neue Aufgaben und Funktionen an[156]. Während es
in einer Generation die kollektive Identität im Sinne des Opfer-Gewor-
denseins stütze, könne es in einer anderen dazu dienen, der Gruppe eine
Identität als Rächer zu verleihen. Manchmal ‚schlummere' es auch im
kollektiven Gedächtnis, um in Zeiten der Spannung und der Gefährdung
der Gruppe reaktiviert und von den politisch Verantwortlichen dazu verwendet zu werden, die von der Gruppe geteilten Gefühle in Bezug auf sich
selbst und auf feindliche Kollektive zu schüren. In diesem Zusammenhang komme es häufig zu einem „Zeitkollaps" – das „erwählte Trauma"
werde so erlebt, als habe es erst gestern stattgefunden. Gefühle, Wahr-

---

[152] Vamik D. Volkan, *Blutsgrenzen. Die historischen Wurzeln und die psychologischen
Mechanismen ethnischer Konflikte und ihre Bedeutung bei Friedensverhandlungen*, Bern
u.a. 1999, 65.
[153] Volkan, Großgruppenidentität, 945.
[154] Volkan, Blutsgrenzen, 66f.
[155] Volkan nennt diesbezüglich einerseits „psychologische[] Mechanismen wie Externalisierung, Verschiebung und Identifikation" (ders., Großgruppenidentität, 944), und spricht
andererseits davon, dass das kollektive Trauma „mit der Kernidentität eines jeden einzelnen Mitglieds verwoben werden [müsse]" (ebd.), etwa indem das einschneidende Ereignis
an Jahrestagen (rituell) erinnert wird.
[156] Vgl. Volkan, Großgruppenidentität, 944–947.

nehmungen und Erwartungen, die mit einer vergangenen Traumatisierung assoziiert werden, verschmelzen mit jenen, die sich auf Erfahrungen
der Gegenwart beziehen, und führen so zu Fehlanpassungen im Grup-
penverhalten, zu irrationalen Entscheidungen, mitunter zu masochisti-
schen oder sadistischen Verhaltensweisen[157]. In diesem Sinne lassen sich
kollektive Traumata „als eine Art Reservoir rasch aktivierbarer kollektiver
Affekte verstehen, das es im Moment der (tatsächlichen oder eingebilde-
ten) Gefahr erlaubt, einen einheitlichen politischen Mehrheitswillen zu
erzeugen"[158].

Was m.E. bei Volkan offen bleibt, ist die Frage, *ob* und *wie* ein
Kollektiv – sei es in der ersten, sei es in nachfolgenden Generationen –
Möglichkeiten finden kann, ein (unfreiwillig!) gewähltes Trauma zu bearbeiten und dem kollektiven Gedächtnis so zu integrieren, dass es den
Charakter eines unkontrollierten und unkontrollierbaren Affekt-Reser-
voirs zumindest ein Stück weit verliert und dass die ‚umrungenen' oder
gefundenen Bewältigungsstrategien vielleicht sogar im Sinne eines *konstruktiven* Paradigmas für zukünftige Krisenerfahrungen weiterwirken.
Wenn Volkan die Zerstörung des Jerusalemer Tempels 587/86 v.u.Z. unter
Nebukadnezar als *chosen trauma* zumindest des orthodoxen Judentums
erwähnt[159], so scheint er damit das – ausgesprochen intensive – biblische
wie nachbiblische jüdische Bemühen um eine Auseinandersetzung mit
der Exilskatastrophe, das durchaus vielstimmig und von dem das Ezechielbuch ein Teil ist, zu negieren.

Auch wenn das Modell Volkans plausibel zu machen vermag, wie und
warum traumatische Ereignisse unter Umständen jahrhundertelang und
im Hinblick auf größere Kollektive wirksam bleiben bzw. immer wieder
wirksam (gemacht) werden können, birgt es darüber hinaus die Gefahr in

---

[157] Vgl. Volkan, Großgruppenidentität, 947–950. Vgl. auch Franziska Lamott, „Das
Trauma als symbolisches Kapital. Zu Risiken und Nebenwirkungen des Trauma-Diskurses",
psychosozial 26/1 (2003), 53–62, 58–61.

[158] Kühner, Traumata, 74; vgl. Fraisl, Trauma, 38.

[159] Das entsprechende Zitat – das seine eigene Problematik hat – lautet (Volkan, Großgruppenidentität, 946f): „Und natürlich definieren die Israelis und die Juden in aller
Welt ihre Großgruppenidentität bis zu einem gewissen Grad indirekt oder direkt über
den Holocaust, auch wenn sie persönlich nicht betroffen gewesen sind. Die miteinander
geteilte psychische Repräsentation des Holocaust hat sich zu einem ethnischen Merkmal
entwickelt, […] auch wenn die orthodoxen Juden immer noch auf die Zerstörung des
Jüdischen Tempels in Jerusalem durch den Babylonier Nebuchadnezzar II (586 v.Chr.) als
das auserwählte Trauma der Juden verweisen und auch Israelis afrikanischer Herkunft
zuweilen anklingen lassen, daß sie sich vom Holocaust weniger betroffen fühlen als andere
Juden."

sich, dass die konkreten Gewalterfahrungen, die konkrete Menschen in konkreten Situationen erlitten haben, aus dem Blick geraten bzw. nicht mehr unterschieden werden[160].

Trauma und Geschichte: Wie lassen sich die tendenzielle Nicht-Erzählbarkeit des Traumas und das Erzählen von Geschichte zueinander in Beziehung setzen? Wenn Traumata sich dem narrativen Skript der Lebensgeschichte eines oder einer Einzelnen oder der Geschichte eines Kollektivs nicht einfach einschreiben lassen, wie oben erläutert wurde – welche Geschichtsschreibung könnte sie aufbewahren, und zwar so, dass in ihr die Perspektive der Opfer zum Tragen kommt?

In Auseinandersetzung mit diesen und weiteren Fragen – vor allem der Verlust von Referenzialität im Kontext des Poststrukturalismus und damit die Gefahr einer politischen und ethischen Paralyse spielen hier eine Rolle – hat die amerikanische Literaturwissenschaftlerin Cathie Caruth den Versuch unternommen, Geschichte *als* Trauma zu reformulieren:

> I would propose that it is here, in the equally widespread and bewildering encounter with trauma – both in its occurence and in the attempt to understand it – that we can begin to recognize the possibility of a history that is no longer straightforwardly referential (that is, no longer based on simple models of experience and reference). Through the notion of trauma, I will argue, we can understand that a rethinking of reference is aimed not at eliminating history but at resituating it in our understanding, that is, at precisely permitting history to arise where immediate understanding may not[161].

Das Außergewöhnliche traumatischer Erinnerung sei, so sagt sie an anderer Stelle, dass sie „not a simple memory" darstelle, sondern dadurch gekennzeichnet sei, dass „while the images of traumatic reenactment remain absolutely accurate and precise, they are largely inaccessible to conscious recall and control"[162] – das Trauma stehe für eine „strange connection between the *elision* of memory and the *precision* of recall"[163]. Geschichte entspringe dort und nur dort[164], so postuliert Caruth damit, wo ein unmittelbares Verstehen unmöglich, wo der Zugang zum Verstehen blockiert

---

[160] Zu diesem Kritikpunkt vgl. auch Fraisl, Trauma, 38f.

[161] Cathy Caruth, *Unclaimed Experience. Trauma, Narrative, and History*, Baltimore 1996, 11.

[162] Cathy Caruth, „Recapturing the Past: Introduction", in: dies. (Hg.), *Trauma: Explorations in Memory*, Baltimore/London 1995, 151–157, 151.

[163] Caruth, Introduction, 153.

[164] Vgl. Caruth, Experience, 18: „For history to be a history of trauma means that it is referential precisely to the extent that is not fully perceived as it occurs; or to put it

oder abgeschnitten ist: im Trauma. Dieser Ansatz läuft allerdings letztlich darauf hinaus, dass der traumatische Bruch absolut gesetzt und gleichsam positiviert wird. Die traumatischen Störungen des Gedächtnisses bzw. im Gedächtnis werden damit nicht etwa radikaler wahr-genommen, sondern, wie Birgit R. Erdle festhält, letztendlich nivelliert:

> [B]ezogen auf das Gedächtnis des Nazismus und der Shoah in Deutschland findet über die Universalisierung des Traumas eine andere Form von Normalisierung statt, die ich als negative Normalisierung bezeichnen möchte. [...] Über eine Universalisierung des Traumas läßt sich demnach ein Kontinuum stiften, ein Kontinuum menschlicher Destruktivität und katastrophischer Einbrüche – also gerade das, was das Trauma radikal zunichte macht. Das so gestiftete Kontinuum ist aber nicht (mehr) im Sinne einer longue durée zu verstehen, sondern es stellt eher ein Netz von Symmetrien oder Ähnlichkeiten dar. In ihm sind ,Krieg und Genozid, rassische Verfolgung und ethnische Säuberungen', ,innerfamiliäre Gewalt, sexueller Mißbrauch und Gewalt im sozialen Kontext' miteinander verknüpft [...]. Auschwitz ist in diesem Netz lose assoziiert, gewissermaßen zu einem Extremfall unter Extremfällen geworden [...]. Dies deutet auf eine paradoxe Denkfigur: einerseits ist der Holocaust in dieser Konzeption zum Paradigma der Geschichte des 20. Jahrhunderts geworden, um aber andererseits aufgelöst zu werden in der Universalisierung, die über den Trauma-Begriff möglich wird[165].

Anders als Caruth, die das Trauma als komplexes und paradoxes Anderes *zur* Erinnerung (*elision of memory*) denkt, hat Manfred Weinberg den Versuch unternommen, das Trauma als „Anderes *der* Erinnerung"[166] und als ,Anderes *der* Geschichte' zu (re-)konstruieren. Dabei beruft er sich auf die besondere Struktur der traumatischen Erinnerung, wie er sie bei Sigmund Freud angesprochen sieht: Während nämlich in der ,normalen' Erinnerung das zu erinnernde Ereignis einem bewussten Rückruf zugänglich, jedoch nur entstellt zu haben sei, sei die traumatische Rückführung (wie sie etwa im Alptraum geschieht) unentstellt, aber weder bewusst herbeizuführen noch dem Bewusstsein zu integrieren, mit anderen Worten: „im

---

somewhat differently, that a history can be grasped only in the very inaccessibility of its occurence."

[165] Birgit R. Erdle, „Die Verführung der Parallelen. Zu Übertragungsverhältnissen zwischen Ereignis, Ort und Zitat", in: Elisabeth Bronfen u.a. (Hg.), *Trauma. Zwischen Psychoanalyse und kulturellem Deutungsmuster*, Köln u.a. 1999, 27–50, 31f. Vgl. auch Sigrid Weigel, „Télescopage im Unbewußten. Zum Verhältnis von Trauma, Geschichtsbegriff und Literatur", in: Elisabeth Bronfen u.a. (Hg.), *Trauma. Zwischen Psychoanalyse und kulturellem Deutungsmuster*, Köln u.a. 1999, 51–76, 52–54.

[166] Manfred Weinberg, „Trauma – Geschichte, Gespenst, Literatur – und Gedächtnis", in: Elisabeth Bronfen u.a. (Hg.), *Trauma. Zwischen Psychoanalyse und kulturellem Deutungsmuster*, Köln u.a. 1999, 173–206, 176.

alltäglichen Erinnern ist das zu erinnernde Ereignis verfügbar, aber inadäquat repräsentiert; in der traumatischen Rückführung ist das Ereignis
unverfügbar, aber adäquat repräsentiert"[167].

Eine dem individuellen Trauma entsprechende Struktur könne man
in theoretischen Konzeptionalisierungen der Historiographie beschrie-
ben finden, etwa in der Differenz von ‚Geschehenem' und ‚Geschichte':
Nicht das Geschehene sei Geschichte, sondern eine Erinnerung, die die
Vergangenheit immer schon simplifizierend auf Namen und Begriffe, auf
Urteile und Gedanken gebracht hat, das, was – in den Worten des Histori-
kers Johann Gustav Droysen – „aus seiner Äußerlichkeit in den wissenden
Geist"[168] verlegt worden sei. Gleichzeitig sei dies nicht alles, was von der
Vergangenheit übrig bleibt – wie kämen wir sonst auf die Idee, dass es da
noch etwas anderes gegeben haben könnte? Es lasse sich vielmehr noch
eine andere, der traumatischen Rückführung vergleichbare Form der
Überlieferung annehmen, „die jenseits der Zurichtungen eines bewußten
Erinnerns verläuft" und die als Entstelltes „den vergangenen Ereignissen
adäquat(er) ist und sich dem vorsätzlichen Erinnern entzieht, weil ihr Ver-
gangenheitsbezug gar nicht erst bewußt wird"[169]. Die Re-Präsentation der
Vergangenheit sei dementsprechend an die doppelte Überlieferung von
bewusstem Erinnern und unbewusst in die Gegenwart Gerettetem gebunden[170]. Auch wenn dieses „Andere *der* Erinnerung" in Vergessenheit fallen
‚müsse', um eine Geschichtsschreibung im Sinne des Historismus überhaupt zu ermöglichen, werde, so Weinberg weiter, eine solche Geschichtsschreibung dieses Andere doch nicht los. Das Entstellte, das Trauma suche
die Erinnerung „in und ab jenem Moment heim[…], in dem diese sich
selbst eine abgrenzbare Gestalt – z.B. mit Droysen als ‚wissender Geist' –
zu geben versucht"[171]. Als unverfügbare, aber adäquate Re-Präsentation
erinnere das Trauma an die ursprüngliche Unverfügbarkeit der Wahrheit
und desavouiere so das Wahrheitspostulat des vorsätzlichen Erinnerns,
indem es auf die Entstellung hinweist, die jede erinnernde Bearbeitung, so
auch jeder Versuch von Geschichtsschreibung, zur Folge hat[172]:

---

[167] Weinberg, Trauma, 175.

[168] Johann Gustav Droysen, *Historik*. Historisch-Kritische Ausgabe von Peter Leyh, Band 1,
Stuttgart/Bad Canstatt 1977, 8 (zitiert nach Weinberg, Trauma, 179).

[169] Weinberg, Trauma, 180.

[170] Vgl. hierzu auch Dori Laub, „From Speechlessness to Narrative: The Cases of Holocaust Historians and of Psychiatrically Hospitalized Survivors", *Literature and Medicine* 24
(2005), 253–265, 256: „Not only what survivors could say but also what they could not say
about their traumatic experiences constitute most valuable sources of information."

[171] Weinberg, Trauma, 181. Zum Ganzen vgl. a.a.O., 177–181.

[172] Vgl. Weinberg, Trauma, 203.

Das Trauma ist dem Gedächtnis immer schon eingeschrieben, ist wirksam als dessen ‚andauernde Implikation'; doch muß es gerade deshalb unverfügbar bleiben. Es kann nicht darum gehen, das im Trauma Vergessene und *darum* adäquat Bewahrte nun erinnern zu wollen. Dies wäre nicht mehr als die Exkorporation des Traumas, seine Überführung in die inadäquate Repräsentation bewußten Erinnerns. Es geht vielmehr darum, mit Hilfe des Traumas eine Gedächtniskonstellation entwerfen zu können, die den mit dem Trauma eröffneten und immer schon vergessenen Raum zumindest zu be-schreiben vermag[173].

Schließlich verweist Weinberg auf die Rolle der Literatur für das unmögliche Erinnern des Traumatischen – und spricht damit das Thema an, um das es im folgenden Abschnitt C. schwerpunktmäßig gehen soll:

Während aber in der Philosophie und in der Geschichtsschreibung die traumatische Rückseite jeden Erinnerns vergessen (gemacht) werden muß, können literarische Texte sich auf das Zusammenspiel von Trauma und Erinnerung einlassen und solches Zusammenspiel zu ihrem Strukturprinzip machen[174].

C. Trauma III: Trauma und Literatur, Trauma als Literatur – (Wie) ist Trauma Erzählbar?

Sofern diese Studie nicht auf die (Psycho-)Analyse einer lebenden Person, sondern gewissermaßen auf die ‚(Psycho-)Analyse' eines antiken literarischen Werks zielt, sind die bislang vorgestellten Trauma-Dimensionen bzw. -konzeptionen auf das Ezechielbuch nur mittelbar anwendbar.

Im Folgenden soll nun ein weiterer Zweig von Trauma-Forschung vorgestellt werden, bei dem es schwerpunktmäßig um den Zusammenhang von Trauma und Erzählen/Erzählung bzw. Trauma und Literatur geht: die literarische Trauma-Theorie (*Literary Trauma Theory*). Der erwähnte Zusammenhang ist der Trauma-Thematik insofern inhärent, als die Dialektik von Schweigen und Aussprechen zu den bestimmenden Trauma-Phänomenen gehört und das Erzählen-Können des Geschehenen einen wesentlichen Schritt auf dem Weg zur Heilung darstellt.

In Abschnitt 1. soll dementsprechend die wortwörtliche Notwendigkeit dieses Erzählens, dem die Unmöglichkeit, Unfassbares sprachlich zu (be-)greifen, widerstreitet, noch einmal ausführlicher beleuchtet werden. Abschnitt 2. beschreibt diesen (unmöglichen) Erzählvorgang als *Bezeugen*

---

[173] Weinberg, Trauma, 205f.
[174] Weinberg, Trauma, 206.

und damit als einen Prozess, für den die Haltung des/der Zuhörenden, der/die das Zeugnis des/der Überlebenden aufnimmt, von herausragender Bedeutung ist. In Abschnitt 3. geht es sodann um den Zusammenhang von traumatischem Erzählen, Zeugenschaft und Fiktionalität, wobei u.a. die Frage erörtert wird, inwiefern (der Produktions- und Rezeptionsprozess) fiktionale(r) Literatur wahrheitsgemäß von bestimmten traumatischen Ereignissen und von den durch diese Ereignisse Getroffenen zeugen kann. Wesentliche Merkmale von (fiktionaler) traumatischer bzw. trauma-bearbeitender Literatur werden schließlich in Abschnitt 4. vorgestellt – viele dieser Merkmale hängen wiederum mit der Dialektik von Schweigen und Aussprechen zusammen.

Sofern viele der nun darzustellenden Einsichten anhand von Shoah-Literatur und in Auseinandersetzung mit zeitgenössischen literarischen Werken gewonnen wurden, bleibt die oben angesprochene Mittelbarkeit, was die Anwendung auf das Ezechielbuch angeht, ein Stück weit bestehen. Gleichwohl gibt es m.E. – wie bereits in den beiden vorhergehenden Unterkapiteln – auch in den sich anschließenden Abschnitten jede Menge Aspekte, die die Bezugnahme auf die Exilskatastrophe 587/86 v.u.Z. und auf die (fiktionale) Ezechielerzählung lohnen.

1. *Von der Unmöglichkeit und der Notwendigkeit des Erzählens*

Traumatische Erinnerungen unterscheiden sich fundamental von dem Gedächtnisvorgang, den wir üblicherweise als ‚Erinnerung' bezeichnen. Sie widersetzen sich einer Integration in Sprache und Erzählung und verweisen uns an die Grenzen des Erfahr- und Mitteilbaren. Gleichzeitig lassen sie sich nicht aus dem Gedächtnis verbannen. Es geht etwas Zwingendes von ihnen aus, als ob derselbe Widerstand, den sie narrativer Erinnerung entgegensetzen, auch ein Vergessen verhindert. Weder lassen sie sich fassen, noch scheint es möglich, von ihnen loszulassen. Jedes Bemühen nach [sic!] Erzählung verweist uns auf die ursprüngliche Abwesenheit von Sprache als integralem Teil traumatischer Erfahrung, auf ein Fehlen von Worten und Bedeutung. Wie kann Literatur als kreative Arbeit mit und an Sprache diesem Fehlen begegnen? Wie kann sie sinnstiftend mit der ursprünglichen Zerstörung von Sinn und Bedeutung umgehen, die im Fehlen der Worte fortwirkt? Kann sie ihr entgegenwirken[175]?

Trauma und Erzählung zeichnen sich, darauf machen diese Sätze der Literaturwissenschaftlerin Martina Kopf wie auch die oben dargestellte Phänomenologie des Traumas aufmerksam, wenn nicht durch ein Gegensatz-,

---

[175] Kopf, Trauma, 10.

so doch durch ein paradoxes Verhältnis aus: Trauma als das „Andere der Erinnerung" ist das schlechthin Nicht-Erzählbare, das sich sprachlicher Symbolisierung Widersetzende – wenn es sich Ausdruck verschafft, dann in einer an die Stelle von Erinnerung und Vergessen tretenden Sprache von Symptomen, die „Zeichen und Maßstab für die Präsenz eines Leidens"[176] sind. Die Präsenz der absoluten Leerstelle und das „Fehlen von Worten und Bedeutung", die in der symptomatischen Wiederkehr des Traumas erfahren und entäußert werden, verweisen zum einen auf die Unmöglichkeit des Erzählens und der Erzählung, zum anderen auf die unbedingte Überlebensnotwendigkeit, Schrecken, Ohnmacht und Vernichtung mitzuteilen[177].

Die für das Verhältnis von Trauma und Narration auszumachende paradoxe Struktur, die nicht allein für literaturwissenschaftliche Überlegungen, sondern auch für die therapeutische Begleitung Gewaltüberlebender von größter Relevanz ist, bezieht sich nicht nur auf den Gegenstand des Wissens in dem Sinne, dass Worte für ein Nichts, die Abwesenheit jeglichen Sinns, jeglicher (Be-)Deutung gefunden werden müssen – sie bezieht sich auch auf den Prozess des (Be-)Deutens bzw. der Symbolisierung selbst:

> Das unerwartet Erfahrene steht zunächst auf dem Boden des Erwartbaren, das ihm seinen Sinn verleiht und von dem es sich abhebt. Die massive traumatische Erfahrung zerbricht dann diese Basis, indem sie das Vertrauen in die gemeinsame symbolisch vermittelte Welt, die uns vorbewußt verbindet und die wir in allen Interaktionen voraussetzen, zerstört. Das Trauma stellt insofern eine Crux für alle hermeneutisch-narrativen und konstruktivistischen Theorien dar. Was diese vor allem bei massiven traumatischen Erfahrungen nicht mehr erfassen können, ist der Zusammenbruch des Konstruktionsprozesses selbst, mit dem wir Bedeutung generieren. Das destruktive Element, die unmittelbare traumatisierende Gewalt, entzieht sich der Bedeutungsgebung[178].

Nicht allein die sprachliche Ausdrucksfähigkeit wird durch das Erleben traumatisierender Gewalt beeinträchtigt. Dadurch, dass „das Vertrauen in die gemeinsame symbolisch vermittelte Welt" als vorbewusste Grundlage allen menschlichen Interagierens destruiert wird, verletzt eine massive Gewalterfahrung darüber hinaus „jene Schicht der Persönlichkeit, die der Sprache vorgelagert ist und auf der Sprache erst aufbaut und Sinn

---

[176] Kopf, Trauma, 39.
[177] Vgl. hierzu Dori Laub, „Truth and Testimony: The Process and the Struggle", in: Cathy Caruth (Hg.), *Trauma: Explorations in Memory*, Baltimore/London 1995, 61–75, 62–65.
[178] Bohleber, Traumatheorie, 825f.

macht"[179], das, was sich auch als Urvertrauen in die kontinuierliche Präsenz guter Objekte und die Erwartbarkeit mitmenschlicher Empathie beschreiben lässt[180]. Traumatische Erfahrung sprengt die Beziehung zur/ zum Anderen und zur eigenen Person und damit den Zusammenhang, in dem Sprache überhaupt erst ihre Relevanz gewinnt.

Psychotraumatologische Therapiekonzeptionen gehen deshalb selbstverständlich davon aus, dass die Integration traumatischer Erinnerung ins narrative Gedächtnis nur dort möglich ist, wo sie mit einer Erneuerung oder Wieder-Ermöglichung von Beziehung zur/zum Anderen und zu sich selbst einhergeht – heilende Erzählung kann nur innerhalb einer heilenden Beziehung entstehen[181]. „Eine Kommunikation muss in Gang gesetzt werden, die die tödliche Erstarrung, die im Trauma wirkt, wieder zum Fließen bringt, und die der Leere und Abwesenheit sinnvoll begegnen kann"[182]. Die Etablierung eines solchen Kommunikationsprozesses ist für beide Seiten – die Person, die traumatisches Erleben mitzuteilen versucht, und diejenige, die sich als ansprechbares Gegenüber in dieses Geschehen einbringt – aber gleichwohl mit tiefsten Ambivalenzen und Schwierigkeiten behaftet: Die erzählende Person setzt sich einer Suche nach Worten für ein Ereignis aus, das trotz seiner überwältigenden und zwingenden Realität für sie selbst noch nicht zur Wirklichkeit geworden ist. Sie muss versuchen, dieses Ereignis in eine fundamental andere Form zu übersetzen, in ein Wissen, das sich erinnern lässt und damit zugleich der Gefahr des Vergessens ausgesetzt ist, in ein Wissen, das von den Betroffenen nicht selten als eine Form der Banalisierung des tatsächlich Geschehenen empfunden wird[183]. Viele Gewaltüberlebende begreifen daher, so Dori Laub, Schweigen als den adäquateren Ausdruck für das von ihnen Erlittene:

> Schweigen ist für die Überlebenden des Traumas oft wie ein vom Schicksal verhängtes Exil, aber auch wie ein Zuhause. Es ist zugleich ein Bestimmungsort und ein bindender Eid. Aus diesem Schweigen *nicht* zurückzukehren, ist eher die Regel als die Ausnahme[184].

---

[179] Kopf, Trauma, 42.

[180] Vgl. Bohleber, Traumatheorie, 821.

[181] Vgl. Kopf, Trauma, 42f.

[182] Martina Kopf, „A Voice Full of Unremembered Things: Literarische Darstellung sexueller Gewalt in Yvonne Veras Roman *Under the Tongue*", Stichproben: Wiener Zeitschrift für kritische Afrikastudien 2/4 (2002), 1–21, 7.

[183] Vgl. Kopf, Trauma, 44f.

[184] Dori Laub, „Zeugnis ablegen oder Die Schwierigkeiten des Zuhörens", in: Ulrich Baer (Hg.), *Niemand zeugt für den Zeugen. Erinnerungskultur nach der Shoah*, Frankfurt a.M. 2000, 68–83, 69f.

2. *Erzählen als Bezeugen*

Dies hängt auch damit zusammen, dass ein empathisches Gegenüber, „das die Qual der Erinnerungen wahrnehmen kann und sie so als wirklich bestätigt und erkennt"[185], oft nicht gefunden wird, ist doch das Zurückweichen vor dem Trauma der/des Anderen die gängige Reaktion der Nichtbetroffenen – eine Reaktion, die nicht nur eine mögliche Erzählung zerstört, sondern die zugleich die traumatische Zerstörung von Beziehung wiederholt. Wer sich umgekehrt als ZuhörerIn zur Verfügung stellt, sieht sich oft vor eine ungeheure Herausforderung gestellt, die leicht in Überforderung münden kann – Zuhören bedeutet in diesem Prozess „kein passives Aufnehmen, sondern eine aktive Beteiligung, eine imaginative Tätigkeit", es ist der Ermöglichungsgrund dafür, „dass eine Geschichte entstehen und erzählt werden kann"[186]. „Was notwendig ist, ist eine unbedingte Präsenz, ein Versprechen, im Akt des Zuhörens gegenwärtig zu sein, nicht vor der Angst, dem Unwillen, der Zerstörung zurückzuweichen, die mit der Geschichte unweigerlich verbunden sind"[187]. Wer zuhört, wird dadurch nicht allein zur Zeugin/zum Zeugen der mit der traumatischen Erfahrung verbundenen Leere und Abwesenheit, die es zu halten und auszuhalten gilt, sondern wird in einen durch die erlittene Gewalt hergestellten „Zwischenbereich der Involviertheit"[188] hineingezogen, zu dem sie/er sich in irgendeiner Weise verhalten muss. Sie/er wird zur Zeugin/zum Zeugen eines „schuldbehafteten Wissens"[189], das sich mittels des Opfer-Täter-Schemas nicht einfach (er-)fassen lässt, das vielmehr in die Auseinandersetzung mit eigener Verstrickheit und mit dem potenziellen eigenen Opfer- oder Täter-/Täterin-Sein drängt:

> Zuhören bedeutet im Zusammenhang von Trauma und Erzählung auch, für eine Wahrheit ansprechbar zu sein, die sich nicht im Gesagten, sondern nur durch das Gesagte hindurch ausdrücken kann und die Améry mit dem schlichten Satz ausspricht: ‚Er ist an mir und vernichtet mich damit.' Was

[185] Laub, Zeugnis, 76f.
[186] Kopf, Trauma, 45. Vgl. hierzu auch Laub, Speechlessness, 261: „In many instances survivors gave us not a coherent story but only fragments, often very affect-laden, and we, the interviewers, had to serve as a holding container that allowed such fragments to come together. We were the ones who constructed the narrative, or at least part of it, and told it back to them."
[187] Kopf, Trauma, 46. Zur Haltung des Zuhörers/der Zuhörerin vgl. auch Harold Schweizer, „To Give Suffering a Language", *Literature and Medicine* 14 (1995), 210–221, passim.
[188] Kopf, Trauma, 52. Vgl. auch Enida Delalic, „Das Trauma in der Erzählung", *psychosozial* 26/1 (2003), 27–38, 31.
[189] Herman, Narben, 101.

diese Wahrheit so schwierig macht, ist unter anderem das, was sie für uns, die wir zuhören, unausgesprochen impliziert: ,Ein/e andere/r *kann mich* vernichten.' *Und*: ,Ich kann die/der andere sein, die/der ein anderes Ich vernichtet'[190].

Das schwer erträgliche Gefühl eigener Involviertheit und die schwer aus-zuhaltenden Einsichten, dass einerseits Gewaltüberlebende selbst oft Schuld oder Mitschuld an dem, was ihnen zugestoßen ist, empfinden und dass Schuldgefühle Teil des Traumas sind, und dass andererseits, wie u.a. Studien mit Veteranen des Vietnamkriegs gezeigt haben[191], verübte Gewalt-taten auch im Leben von Tätern traumatisch fortwirken, lassen sich nicht einfach überspringen, wo eine heilsame, Heilung befördernde Erzählung oder Überlebensgeschichte ins Wort gebracht und bezeugt werden will. Judith Herman zufolge erwartet das Opfer „von den Menschen, vor denen es Zeugnis ablegt, keine Absolution, sondern Fairneß, Mitgefühl und die Bereitschaft, das schuldbehaftete Wissen darum, was in Extremsituatio-nen mit Menschen geschieht, zu teilen"[192].

3. *Traumatisches Erzählen, Zeugenschaft – und Fiktionalität*

Die beschriebenen Aspekte und Überlegungen beziehen sich zunächst auf die psychotraumatologische bzw. traumatherapeutische Kommunika-tionssituation, sie lassen sich jedoch – dies hat vor allem Kopf gezeigt, deren Ausführungen ich im Folgenden weiter aufgreife – für den und im Bereich der Literatur weiterführen. Von besonderer Bedeutung ist dabei die These, dass die (literarische) Darstellung menschengemachter Gewalt und menschlicher Grausamkeit, für deren Aufarbeitung nach gängiger Auffassung zumeist größtmögliche Realitätstreue gefordert wird, die auf dem Wege einer ästhetisch motivierten Herangehensweise nicht zu lei-sten sei, „notwendigerweise bis zu einem gewissen Grad *Fiktion* ist"[193]:

---

[190] Kopf, Trauma, 52 (unter Aufnahme eines Zitats von Améry [ders., Tortur, 56]).

[191] Vgl. hierzu z.B. Herman, Narben, 81: „20 Prozent der im Rahmen einer Studie befrag-ten Vietnamveteranen gaben an, sie hätten während ihrer Dienstzeit in Vietnam Greuelta-ten mit angesehen, weitere 9 Prozent sagten, sie hätten selbst Greueltaten begangen. Jahre nach der Rückkehr aus dem Krieg zeigten diejenigen Männer die meisten Symptome, die mit angesehen hatten, wie anderen Menschen brutal Gewalt angetan wurde oder die selbst an solchen Gewalttaten beteiligt gewesen waren. Eine andere Studie bestätigt diese Ergebnisse: Danach litten alle Vietnamveteranen, die nach eigenen Aussagen an Greuel-taten beteiligt gewesen waren, noch über zehn Jahre nach Kriegsende an einer posttrau-matischen Belastungsstörung."

[192] Herman, Narben, 101.

[193] Kopf, Trauma, 53.

Statt zu sagen, die Faktizität von Gewalt und Leid verbiete eine imaginative und kreative Auseinandersetzung damit, stelle ich hier die These auf, dass sie im Gegenteil *danach verlangt*. Historische und juristische Aufarbeitung sind notwendig, das Ereignis der Gewalt zu erfassen, eine gesellschaftliche Anerkennung seiner Realität zu erwirken und der unterdrückten Geschichte der Opfer einen Raum zu schaffen, in dem sie artikuliert werden kann. Fiktionalisierende, künstlerische und kreative Aufarbeitungen hingegen sind notwendig, die Geschichte der Wunde zu erfassen *und zu vermitteln* und der Erstarrung und Einkapselung traumatischer Inhalte entgegenzuwirken. Ich begreife unsere Fähigkeit zur Imagination als eigentliche Gegenkraft zum Zusammenbruch des Konstruktionsprozesses und der Auslöschung von Form und Struktur, wie sie die Traumatheorie beschreibt[194].

Das in diesen Gedanken implizierte Verhältnis von traumatischer Erfahrung, historischer Wahrheit, Imagination und (sekundärer) Zeugenschaft[195] verdeutlicht Kopf ausgehend von einem Interview, das Laub mit einer jüdischen Überlebenden von Auschwitz für das *Fortunoff Video Archive for Holocaust Testimonies* in Yale geführt hat und das er folgendermaßen reflektiert:

Obwohl sie über eine Katastrophe von überwältigenden Ausmaßen berichtete, war ihre Gegenwart kaum spürbar. [...] Erst als diese Frau ihre Erinnerungen als Augenzeugin des Aufstandes in Auschwitz schilderte, brach aus ihrer Erzählung plötzlich Intensität, Leidenschaft und Farbe hervor. Sie war auf einmal präsent. ‚Plötzlich‘, sagte sie, ‚sahen wir vier Schornsteine explodieren und in Flammen aufgehen. Die Flammen schossen in den Himmel, Menschen rannten. Es war unglaublich.‘ Die Worte der Frau hallten laut in der undurchdringlichen Stille des Raumes wider, so als wären sie das Echo der Begeisterungsschreie, die hinter dem Stacheldraht hervorbrechen, das Echo des panischen Ansturms losbrechender Menschen, der Widerhall der Schreie, Schüsse und Explosionen. Auf einmal herrschte nicht mehr die tödliche Zeitlosigkeit von Auschwitz. [...] Die Frau verfiel wieder in ihr Schweigen, und das Echo verklang. Sie verschloß sich erneut, und ihre Stimme nahm wieder den teilnahmslosen, fast monotonen und klagenden Ton an[196].

---

[194] Kopf, Trauma, 53. Vgl. auch Neumann, Art. Trauma, 670.

[195] Zum Begriff der (sekundären) Zeugenschaft vgl. Bohleber, Traumatheorie, 823 (Hervorhebung R.P.): „Die sogenannten ‚man-made-disasters‘ wie Holocaust, Krieg, ethnische Verfolgung und Folter zielen auf die Annihilation der geschichtlich-sozialen Existenz des Menschen [...]. Die traumatische Erfahrung in ein übergeordnetes Narrativ einzubinden, kann dem Einzelnen deshalb nicht in einem rein individuellen Akt gelingen, sondern es bedarf abgesehen von einem empathischen Zuhörer auch eines gesellschaftlichen Diskurses über die historische Wahrheit des traumatischen Geschehens und über dessen Verleugnung und Abwehr. *Die Opfer sind gleichzeitig Zeugen einer besonderen geschichtlichen Realität.*"

[196] Laub, Zeugnis, 70f.

Für Laub, der während einer Monate später stattfindenden Konferenz, auf der die Videoaufzeichnung des Interviews gezeigt wurde, von HistorikerInnen dafür kritisiert wurde, dass er die historisch ungenaue Aussage nicht auf der Grundlage seines historischen Wissens korrigiert habe, liegt die eigentliche Botschaft dieses Moments nicht in der Zahl der gesprengten Schornsteine. Die Frau habe vielmehr Zeugnis davon abgelegt, „wie der alles bezwingende Rahmen von Auschwitz gesprengt wurde, der keine bewaffneten jüdischen Aufstände erlaubte" und „wie die Grundlagen des Systems zerbrachen" – darin bestehe „die historische Wahrheit ihres Berichts"[197]. Sie habe „nicht einfach die empirischen historischen Fakten" bezeugt, „sondern das Geheimnis des Überlebens und des Widerstands gegen Vernichtung"[198]. *Diese* historische Wahrheit kommt nicht allein in den Worten der Erzählerin zum Ausdruck – es geschieht unerwartet und neu in dem kommunikativen Ereignis, im Akt der Narration selbst, den die Zuhörenden mit der Sprecherin teilen, wobei die Imagination als „Mittel zur Wahrheitserfahrung" eine herausragende Rolle spielt: In Laubs Wiedergabe des Berichts vom Lageraufstand „werden Rede und Schweigen der Augenzeugin-Erzählerin gedoppelt durch eine Vorstellung des Zuhörers-Zeugen, als ob der Lärm des vergangenen Ereignisses plötzlich präsent wäre"[199]. Indem Laub in der Stille des Raums den Nachhall der Worte imaginiere, „als wären sie das Echo der Begeisterungsschreie", kreiere er eine Fiktion, die aber keine Erfindung, sondern eine „bildhafte Vorstellung, eine Umsetzung des Berichts in eine andere Form"[200] sei und die sowohl die Worte als auch das Schweigen der Augenzeugin zu realisieren vermöge:

> Es sind ihre Worte, die eine Vorstellung in ihm auslösen, die ihrerseits den Bericht der Augenzeugin unterstützt. Was seine ‚Fiktion' veranschaulicht, ist jedoch nicht das vergangene Ereignis [...]. Vielmehr arbeitet sie den nicht in Worten dokumentierten Moment heraus, der eine ‚tödliche Zeitlosigkeit' durchbricht und in dem eine Geschichte, Bilder und Zeitlichkeit entstehen. [...] Laubs Erzählung gibt Zeugnis davon, dass in der Aufnahme des Berichts durch eine empathische Zuhörerschaft die Frau in Konfrontation mit ihrer traumatischen Vergangenheit einen Moment lang in Beziehung treten kann: zu sich selbst – sie war ‚präsent' –, zum Gegenüber *und* zu ihrer Erinnerung. [...] Erst innerhalb dieser vielschichtigen Interaktion von Aussage, zuhö-

---

[197] Laub, Zeugnis, 71.
[198] Laub, Zeugnis, 74.
[199] Kopf, Trauma, 57.
[200] Kopf, Trauma, 57.

rendem und aufnehmendem Interesse, unterstützt und gedoppelt durch die Zeugenschaft des Zuhörers *macht die Erinnerung der Frau Sinn*[201].

Ähnliches könne man, so Kopf weiter, für (fiktionale) literarische Texte annehmen, die „von einem spezifischen Interesse an Geschichte und ihrer Vermittlung" getragen sind, „sich realen Ereignissen und traumatischen Inhalten zuwenden und sich zu ihnen hin öffnen, sich auf die Suche danach machen, was im Schweigen und in Symptomen spricht, wie äußere Realität in inneren Realitäten fortexistiert, wenn das Ereignis vorüber und doch nicht vergangen ist"[202]. Ob der Moment des Überlebens inmitten „der Abwesenheit, des Nicht-Wissens und der Isoliertheit"[203] wieder-(ge-)holt und imaginiert werden könne, sei dabei nicht einfach eine Frage dessen, „*was* diese Texte erzählen, was in ihnen geschieht, sondern was sie *geschehen machen*" – im Akt des Hörens auf sie, im Akt des Lesens, der Hörende und Lesende in einen Prozess des Bezeugens oder der sekundären Zeugenschaft verstrickt. Sofern fiktionalisierte Formen einen narrativen Raum zu eröffnen suchen, „der *sowohl* von der Nicht-Erzählbarkeit vernichteten Lebens *als auch* vom Überleben zeugt"[204], können sie wesentlich dazu beitragen, dass die Struktur traumatischer Erinnerung (öffentlich) zugänglich gemacht und verstanden wird. Während nämlich medizinisch-therapeutische und juridische Formen der Auseinandersetzung mit traumatischer Erfahrung um des einzelnen Opfers und um des Gemeinwesens willen notwendigerweise auf eine Überwindung der Dialektik des Traumas, des Schweigens durch Sprechen zielen (müssen)[205], kann die literarische Darstellung traumatischen Geschehens einen Zwischenbereich eröffnen und offen halten, der die Grenzen des Erzählbaren und den Widerstand, den das Trauma narrativer Repräsentation entgegensetzt, ebenso vor Augen führt wie die Möglichkeiten kreativer Transformation durch Narration und Sprache. In diesem Sinne entfalten traumatische Erzählungen „ein komplexes Zusammenspiel von Zuhören, Bezeugen und Erinnern"[206], das dort wirksam – und heilsam – zu werden beginnt, wo Hörende bzw. Lesende die mit traumatischem Erleben verbundene ‚anhaltende Verwund(er)ung‘[207]

---

[201] Kopf, Trauma, 57.
[202] Kopf, Trauma, 60.
[203] Kopf, Trauma, 65.
[204] Kopf, Trauma, 57 (Hervorhebung R.P.).
[205] Vgl. hierzu Lamott, Trauma, 54–56.
[206] Vgl. Kopf, Trauma, 201.
[207] Vgl. hierzu Améry, Tortur, 72 (Hervorhebung R.P.): „Sofern überhaupt aus der Erfahrung der Tortur eine über das bloß Alptraumhafte hinausgehende Erkenntnis bleibt, ist es

in ihrer Abgründigkeit aushalten und anerkennen, sie imaginativ aufnehmen und so Anteil erhalten an der Vermittlung und Weitergabe eines Wissens, das Laub das „Geheimnis des Überlebens" (s.o.) nennt.

4. *Merkmale und Kennzeichen trauma-bearbeitender Literatur*

Während es in den vorangehenden Abschnitten in erster Linie darum ging, (fiktionales) literarisches Erzählen von traumatischen Inhalten als bezeugendes, wahr-nehmendes und imaginativ-veränderndes Geschehen zu beschreiben, soll im Folgenden ausführlicher erörtert werden, *wie* und *in/mit welchen* Erzählmotiven und -strukturen individuelle und kollektive traumatische Erfahrungen in literarischen Texten zur Darstellung gebracht werden können. Dass die literarische Repräsentation von Traumata in einem Grenzbereich zwischen der Nicht-Erzählbarkeit massiver Gewalterfahrungen und dem Ringen um sprachliche Formen für diese Erfahrungen angesiedelt ist bzw. Erzählende wie Lesende in einen solchen Grenzbereich hineinführt, wurde bereits eigens betont. Die Grenzwertigkeit sprachlichen Geschehens entspricht dabei der zentralen Dialektik des Traumas als innerem Konflikt der Betroffenen, als Hin- und Hergerissensein zwischen dem Wunsch zu sprechen und dem Wunsch zu verdrängen einerseits, und als Konflikt zwischen Außenwelt und Trauma, in dem sich dieses Hin- und Hergerissensein widerspiegelt, andererseits[208].

Erzählerisch abbildbar wird diese Dialektik, wie Stephan Freißmann herausgearbeitet hat, durch „bestimmte Strategien der Wiederholung und der Unsagbarkeit"[209], wobei das ,Sich-immer-wieder-Aufdrängen' des traumatischen Geschehens durch repetitive Strukturen, dessen Abwehr durch

---

die einer großen *Verwunderung* und einer durch keinerlei spätere menschliche Kommunikation auszugleichenden Fremdheit in der Welt." Kopf merkt zu dieser Aussage Amérys an (dies., Trauma, 31f): „Da von Tortur die Rede ist, erzeugt der Satz geradezu die Erwartung, dass hier ,Verwundung' stehen müsste. [...] Würde hier aber tatsächlich ,Verwundung' stehen, würden wir uns nicht weiter darüber wundern [...]. Indem Améry an dieser Stelle von Verwunderung spricht, verwundert er auch uns. Er gibt eine Irritation an uns weiter, eine Störung, die in diesem Satz bestehen bleibt. Ohne von einer Wunde zu sprechen, ruft er den Gedanken an eine Verwundung wach. Wir *wissen*, dass Folter verwundet. Doch um diese Verwundung zu begreifen, sollen wir über unser Wissen hinaus gehen. Wir sollen uns darüber wundern, dass die Verwundung, an die der Satz assoziativ rührt, nicht *bezeichnet* wird. Als ob es dafür kein angemessenes sprachliches Zeichen gäbe."

[208] Vgl. Kopf, Trauma, 32f.

[209] Stephan Freißmann, *Trauma als Erzählstrategie*, Magisterarbeit Konstanz 2005, 13 (Quelle: http://kops.ub.uni-konstanz.de/volltexte/2007/2302/pdf/Freissmann_Mag.pdf, Zugriff am 11.8.2011).

Leerstellen[210] und (Ab-)Brüche an auffälligen Textorten zum Ausdruck gebracht werden kann. Bezogen auf die Phänomenologie des Traumas ‚inszenieren' repetitive Strukturen in erster Linie die sog. Intrusionssymptome (z.B. sich immer wieder aufdrängende Gedanken, Alpträume), während Leerstellen und (Ab-)Brüche vorrangig auf die sog. Konstriktionssymptome (z.B. Erstarrung, sozialer Rückzug, partielle und totale Amnesie) verweisen[211].

Mittels wiederholender Elemente struktureller und inhaltlicher Art kann darüber hinaus das für Traumata charakteristische Reaktionsmuster der Re-Inszenierung in Sprache umgesetzt werden, mittels plötzlicher Risse im Erzählfaden, Wechsel in der Erzählperspektive und Fragmentierungen im Erzählgeschehen das durch massives Gewalterleben hervorgerufene Phänomen der Dissoziation. Momente des Bruchs können darüber hinaus dazu eingesetzt werden, die mit dem Trauma verbundenen charakteristischen Gefühle der totalen Erschütterung jedweder Grundüberzeugung und tragender Ordnungen, der Ohnmacht und völligen Hilflosigkeit sowie der Todesnähe zu vermitteln.

Die Aspekte der Latenz und der Nachträglichkeit können eventuell in der zeitlichen Strukturierung des Erzählgeschehens und – sofern diese(r) benannt wird/werden – in dem/den Zeitpunkt(en), an dem/denen erzählt wird oder allererst erzählt werden kann, zur Darstellung gebracht werden.

Auf der Handlungsebene verdienten, so Freißmann, „‚psychisch verdächtige' Vorgänge wie Träume und Visionen, in denen Flashbacks auftreten oder das entsprechende traumatische Ereignis verfremdet wieder in die aktuelle Lebenswirklichkeit der Charaktere eindringt"[212], so dass Vergangenes deren Gegenwart unwillkürlich ‚belagert', besondere Aufmerksamkeit. Auch die Auseinandersetzung um Schuld(gefühle), Scham

---

[210] Laut Freißmann ist die ‚traumatische Leerstelle' dabei besonders charakterisiert: „Wenn die Leerstelle im Verständnis von Wolfgang Iser ein Loch im textuellen Gewebe ist, das durch den Rezipienten geschlossen werden muss, so manifestiert sich das Trauma als eine Leerstelle, die nicht geschlossen werden kann." (Freißmann, Trauma, 13)

[211] Vgl. hierzu auch Geller, Art. Trauma, 266f. Geller verweist auf die repetitiven Strukturen des DtrG und hält diesbezüglich fest: „The repetitions that we credit to the Deuteronomic source in the TaNaKh, the endless cycle of transgression, punishment, and repentance, may be a case in point. If we consider the traumatic nature of the textual construction, such repetitions may be seen not as a trait or trope of oral transmission, nor as moral condemnation of a stiff-necked people, but rather as an acting out of what cannot be integrated into a community's self-understanding [...]. The continuous backsliding of the children of Israel represents a structural repetition of some transgressive action or traumatizing experience that can be neither acknowledged or restored to some pristine original meaning."

[212] Freißmann, Trauma, 12.

und Rache(wünsche) kann explizit oder implizit auf der Handlungsebene der Charaktere ausgetragen werden, wobei der Anordnung der Aktanten, etwa in einander gegenüberstehenden, gegensätzlichen Gruppen, ebenso große Bedeutung zukommt wie den durch solche Konstellationen bei den Hörenden oder Lesenden ausgelösten bzw. ihnen nahe gelegten identifikatorischen Prozessen. Letzteres spielt auch für die Vermittlung der Täter-Opfer-Konstellation und des Phänomens der Introjektion einerseits, für die erzählerische Etablierung heilenden Beziehungsgeschehens andererseits eine kaum zu überschätzende Rolle.

In seinem Buch *The Trauma Novel. Contemporary Symbolic Depictions of Collective Disaster* (1995) beschreibt Ronald Granofsky den Prozess der literarischen (Re-)Symbolisierung als wesentliche Technik der *trauma novel*, die er als eine bestimmte Form bzw. ein Sub-Genre des zeitgenössischen Romans nach 1945 begreift. Im Zentrum der *trauma novel*, die es vor allem aufgrund des in ihr implizierten ,Humanismus' vom ,Relativismus' des postmodernen Romans abzugrenzen gelte[213], stehe „the fictional depiction of imagined trauma"[214] bzw. die Auseinandersetzung mit (möglichen) kollektiven Gewalt- und Katastrophenszenarien, in Reaktion auf den „shock at the destructive potential in human depravity given free rein by modern technology"[215]. Literarische Symbolisierung sei für die *trauma novel* nicht nur insofern von Bedeutung, als die „traumatische Situation und deren Wirkung [...] die Fähigkeit, sie zu symbolisieren und ihre Bedeutung zu erfassen [zerstört]"[216] und „das Trauma [...] nur assimiliert werden kann, indem es in die symbolische Ordnung eintritt"[217], sondern auch, weil über

---

[213] Vgl. Ronald Granofsky, *The Trauma Novel. Contemporary Symbolic Depictions of Collective Disaster*, (American University Studies, Series III: Comparative Literature 55), New York u.a. 1995, 12. Die Literaturwissenschaftlerin Shoshana Felman beschreibt das Aufkommen bestimmter Literaturformen im 20. Jh. (als Beispiel nennt sie *Die Pest* von A.Camus), in denen sich „the new awareness and the new moral and political imperative of an Age of Testimony" ankündige, als „an age whose writing task (and reading task) is to confront the horror of its own destructiveness, to attest to the unthinkable disaster of culture's breakdown, and to attempt to assimilate the massive trauma, and the cataclysmic shift in being that resulted, within some reworked frame of culture or within some revolutionized order of consciousness" (dies., „Camus' The Plague, or A Monument of Witnessing", in: dies./Dori Laub, *Testimony: Crises of Witnessing in Literature, Psychoanalysis, and History*, New York/London 1992, 93–119, 114).

[214] Granofsky, Trauma Novel, 7.

[215] Granofsky, Trauma Novel, 11.

[216] Bohleber, Traumatheorie, 823.

[217] Bohleber, Traumatheorie, 822. Vgl. hierzu Granofsky, Trauma Novel, 6: „The symbolic mode comes into play when new information resists easy assimilation into memory."

den Prozess der Symbolisierung eine einigermaßen geschützte Konfrontation mit traumatischen Inhalten möglich werde:

> The literary symbol in the trauma novel facilitates a removal from unpleasant actuality by use of distance and selection. While human memory achieves distance temporally, the symbol in fiction achieves it spatially by imposing itself between the reader and the thing symbolized. Selection is achieved in the mind by the very nature of the faculty of memory, which is capable of expunging painful experiences from consciousness. Similarly, the symbol's analogical mechanism, by which correspondent aspects of two or more otherwise distinct phenomena are linked, allows only certain selected aspects of the fictional experience to come to the foreground of the text. In this way, literary symbolism allows for a ‚safe‘ confrontation with a traumatic experience[218].

Aufgrund der Technik der Symbolisierung sowie bedingt durch den Charakter der Ereignisse, die zu kollektiven Traumatisierungen führen, teilten *trauma novels* darüber hinaus, so Granofsky weiter, eine Anzahl kennzeichnender Merkmale:

1) Eine wichtige Rolle spiele zunächst die Thematik des Bezeugens oder des Zeugnisses, die sich häufig „in the guise of a pervasive literal and metaphorical emphasis on vision, looking, or eyes"[219] manifestiere.

2) Besondere Bedeutung komme auch dem Thema des Überlebens zu, wobei die Ereignisse häufig aus der Retrospektive, d.h. aus der Perspektive einer/eines Überlebenden bzw. einer/eines Angehörigen einer späteren Generation geschildert würden[220].

3) Besonders extensiv fänden ferner Motive Verwendung, die direkt oder indirekt mit biologischen Funktionen oder Entwicklungsphasen zu tun haben (z.B. Geburt, Wachstum, Sexualität, Tod). Vor allem das Motiv des Essens werde symbolisch bzw. (re-)symbolisierend eingesetzt:

> One biological function that proves to be powerfully symbolic of much that is involved in the human experience of trauma is eating. The ‚perversion‘ of normal eating patterns in, for example, cannibalism will often be a symbol

---

[218] Granofsky, Trauma Novel, 6f. Vgl. auch O'Connor, Family, 202f (mit Bezug auf Jer 2,1–4,2).

[219] Granofsky, Trauma Novel, 13.

[220] Vgl. Granofsky, Trauma Novel, 13f. Ähnlich wie Laub und Kopf sieht auch Granofsky die Motive des Bezeugens und des Überlebens in engem Zusammenhang (ders., Trauma Novel, 14): „[T]he survivor's perspective is often implicitly present in many [...] novels, especially in connection with the motif of witnessing. The very fact of survival seems to carry with it the responsibility of assuming the role of historical witness."

for the dislocating effects of trauma both on an individual and a collective scale. In the trauma novel, certain kinds of eating may be symbolic of the necessity to assimilate raw experience, so to speak[221].

Das Einbrechen inhumaner Essensmuster (z.B. Kannibalismus) oder die Verkehrung normalen bzw. kulturell geprägten Essverhaltens (wenn etwa Tiere Menschen [fr]essen) diene nicht allein der Versinnbildlichung „of a fundamental dislocation of individual experience and of social disorder"[222], sondern werde zugleich häufig mit den unter Punkt 5) bis 7) genannten charakteristischen Erzähltechniken der *trauma novel* verbunden[223].

4) Ein anderes Motiv, das in traumatischen Erzählungen vielfach (symbolisch) benutzt, von Granofsky allerdings nicht eigens benannt wird, ist der Literaturwissenschaftlerin Stefanie Rinke zufolge das des ,Fallens' oder des ,Gefallenseins'[224].

5) Als wesentliche Erzähltechnik der *trauma novel* nennt Granofsky Infragestellung und Aufgabe der „Verstehenskategorien" (*categories of understanding*) Zeit, Raum, Kausalität und der Unterscheidung Ich – Andere(s), „by which we (and most fictional characters) normally conduct the business of daily life"[225]. Vermittels dieser Technik werde verdeutlicht, dass sich Traumatisches normalen Verstehensprozessen

---

[221] Granofsky, Trauma Novel, 14.

[222] Granofsky, Trauma Novel, 15. Als Vorläufer für die symbolische Rolle des Essens im Trauma-Roman nennt Granofsky die Paradies-Erzählung in Gen 2,4–3,24 sowie die Jona-Erzählung (vgl. a.a.O., 15f).

[223] Vgl. Granofsky, Trauma Novel, 16.

[224] Stefanie Rinke erörtert als „Fall'geschichte[]" (dies., „Körper und Medien. Spuren des Traumas bei Emmy Hennings und Irmgard Keun", in: Fraisl, Bettina/Monika Stromberger [Hg.], *Stadt und Trauma. Annäherungen – Konzepte – Analysen*, Würzburg 2004, 281–296, 283) das erstmals 1920 erschienene fiktive Tagebuch *Das Brandmal* der Schriftstellerin Emmy Hennings und schreibt dazu (a.a.O., 282f): „Das ,Fallen' oder das ,Gefallen Sein' ist mehrdeutig und kann auf vieles verweisen, zum Beispiel auf den sozialen Ab,fall', im Sinne eines Zurückbleibens, auf halt- und orientierungslose Zufälle oder eine physische Verletzung, auf den Unfall, der mit Schmerzen verbunden ist. Wenn der Begriff ,Fallen' in philosophischen und literarischen Texten verwendet wird, dann lässt sich dies auch auf die Verarbeitung einer traumatischen Erfahrung zurückführen [...]. ,Fallen' ist dann eine Spur oder Chiffre für eine innere Verletzung des Individuums, welches sich, so soll angenommen werden, durch das Schreiben dem Ereignis des Traumas zu nähern sucht." Mit 54 Vorkommen des Verbs נפל (bei insgesamt 434 Belegstellen in der Hebräischen Bibel) erscheint auch das Ezechielbuch als eine Art ,Fall'-Geschichte.

[225] Granofsky, Trauma Novel, 16. Zum Ganzen vgl. auch a.a.O., 21–25. Delalic zufolge sind Zeitangaben beim ,traumatischen Erzählen' gleichwohl ausgesprochen wichtig, um „die Wiedergabe der chaotischen Ereignisse ordnen zu können" (dies., Trauma, 34).

entzieht; gleichzeitig ermögliche sie es, das Undenkbare und das nicht Einzuordnende doch ,irgendwie' ins Wort zu bringen.

6) Eine weitere Erzähltechnik ist Granofsky zufolge das Verfahren der „elemental dissolution"[226]. Er geht dabei von der interessanten Beobachtung aus, dass in zeitgenössischen *trauma novels* sehr häufig auf das von Heraklit (geb. um 540 v.u.Z.) und Empedokles (geb. um 500 v.u.Z.) zuerst formulierte traditionelle Konzept der Vier Elemente, wonach das physikalische Universum aus Erde, Feuer, Wasser und Luft zusammengesetzt sei, zurückgegriffen werde – obwohl doch heute über 100 Elemente bekannt seien.

> There is no logical reason for a contemporary writer to present the world in terms of a pre-Socratic philosophy. [...] Yet within the trauma novel sub-genre, writer after writer continues to use the four elements fictionally because they are symbolically powerful[227].

Sofern das Konzept der Vier Elemente sowohl die Fragmentierung als auch die ursprüngliche Einheit des Fragmentarischen zu repräsentieren vermöge, sei es „obviously relevant to the conception and portrayal of a psyche shattered by the stress of trauma and to the suggestion that recovery of integrity is possible"[228].

7) Granofsky zufolge verlangt (kollektives) Trauma nach einer fiktionalen Antwort, die das Trauma (re-)inszeniere, damit es – sofern das überhaupt möglich ist – stufenweise überwunden bzw. integriert werden könne. Diese „trauma response"[229] weise in den untersuchten *trauma novels*, so unterschiedlich diese im Einzelnen sein mögen, eine vergleichbare Struktur auf, welche die interdependenten Elemente „fragmentation" ([wiederholter] Versuch der Abbildung des Unbegreiflichen) – „regression" ([unbewusste] Versuche, das Trauma abzuwehren, sich vor ihm zu schützen) – „reunification" (Integration des Traumas in das narrative Skript [der Erzählung bzw. des/der Einzelnen oder der Gemeinschaft]) umfasse[230].

---

[226] Granofsky, Trauma Novel, 66.
[227] Granofsky, Trauma Novel, 17.
[228] Granofsky, Trauma Novel, 65.
[229] Granofsky, Trauma Novel, 18 u.ö.
[230] Granofsky, Trauma Novel, 18. Zum Ganzen vgl. ausführlicher a.a.O., 107–114.

KAPITEL VIER

GESCHICHTLICHE UND PSYCHOTRAUMATOLOGISCHE REFERENZPUNKTE DES EZECHIELBUCHS

A. Geschichtliche Referenzpunkte des Ezechielbuchs

1. *Hinführung und Quellen*

Im Folgenden soll es darum gehen, den im Ezechielbuch reflektierten geschichtlichen Rahmen sowohl bezogen auf die politische Großwetterlage als auch auf wesentliche Geschehnisse in Juda und dessen Hauptstadt Jerusalem in der Zeit von ca. 650 bis ca. 560 v.u.Z. abzustecken. Da es mir in dieser Studie um die literarisch-theologische Bearbeitung der Exilskatastrophe und der mit dieser zusammenhängenden traumatischen Erfahrungen geht, konzentriere ich mich dabei auf die geschichtlichen Entwicklungen, auf welche die Ezechielerzählung direkt oder indirekt Bezug nimmt, nicht auf diejenigen, die – nimmt man etwa eine späte(re) Entstehung des Buches an – auch noch in es eingeflossen sein könnten. Dabei gehe ich von dem m.E. unhintergehbaren Umstand aus, dass jeder Blick auf die Vergangenheit an die je eigene Gegenwart gebunden ist und bleibt. Damit ist er zum einen zwangsläufig eingeschränkt, kann also nicht beanspruchen, das Ganze zu erfassen, wie es gewesen ist, zum anderen ist er unabweisbar eigentümlich, kann also besondere Facetten dieses Ganzen, wie es gewesen sein könnte, zur Anschauung bringen[1].

Was die politische Geschichte des neubabylonischen Reiches (626–539 v.u.Z.) angeht, ist die Quellenlage, verglichen mit dem neuassyrischen Reich, deutlich dürftiger und lückenhafter. Hier sind wir im Wesentlichen auf die Babylonischen Chroniken angewiesen, die zwar vermutlich relativ zeitnah – in der frühen persischen Zeit – entstanden sind, die aber gravierende Lücken, und zwar für die Jahre 594–558, 556, 552–550 und 544–540 v.u.Z., aufweisen[2]. Auch verschiedene biblische Texte nehmen

---

[1] Vgl. hierzu Laurenz Volkmann, „Art. New Historicism", MLLK (³2004), 494–497, passim.

[2] Vgl. Albertz, Exilszeit, 49. Zum Charakter der Babylonischen Chroniken vgl. auch Mordechai Cogan, *The Raging Torrent: Historical Inscriptions From Assyria and Babylonia Relating to Ancient Israel*, Jerusalem 2008, 6–8.

auf Ereignisse und Entwicklungen in Juda und Jerusalem während der in
Frage stehenden Epoche Bezug (vor allem 2 Kön 22–25 par. 2 Chr 34–36;
verschiedene Texte aus dem Jeremiabuch; Klgl 1–5), doch ist hier immer
deren literarisch-theologischer Charakter in Rechnung zu stellen, der eine
Rekonstruktion der realgeschichtlichen Abläufe kaum zulässt[3]. Selbstverständlich liegen für weite Teile des damaligen neubabylonischen Reiches
und auch für Juda und Jerusalem im 6. Jh. v.u.Z. auch archäologische
Zeugnisse vor. Auch diese sind – und darin gleichen sie antiken Literaturen – keineswegs selbstevident, sondern „[können] erst durch *Interpretation* zum Sprechen gebracht werden"[4].

Auf – archäologisch begründete – geopolitische und demographische
Veränderungen, wie sie zuletzt Oded Lipschits für die Wende vom eisen-
zeitlichen zum Juda in neubabylonischer Zeit herausgearbeitet hat, werde
ich am Schluss dieses ersten Unterkapitels eingehen (4.). Zunächst soll ein
Blick auf die weltpolitischen Verschiebungen, wie sie im letzten Drittel
des 7. Jh.s v.u.Z. zwischen den Juda umgebenden Großmächten Assyrien,
Ägypten und Babylonien stattfanden, geworfen werden (2.); ein weiterer
Unterabschnitt (3.) ist den politischen Entwicklungen in Juda in den Jahren 701–582 v.u.Z. gewidmet, wobei der Schwerpunkt auf den Ereignissen
im späten 7. Jh. und im frühen 6. Jh. v.u.Z. liegt.

2. Zur politischen Großwetterlage in der Levante in der zweiten Hälfte des 7. Jh.s v.u.Z.

2.1. Der Aufstieg des neubabylonischen und der Niedergang des neuassyrischen Reiches

Nach den Glanzzeiten der sumerischen (Stadt-)Königtümer (ab dem
4. Jt. v.u.Z.) und des akkadischen bzw. altbabylonischen Reiches (ab ca.
2400 bis ca. 1600 v.u.Z.) erlebte das im Südosten des Fruchtbaren Halb-
monds gelegene Babylonien in der ersten Hälfte des 1. Jt.s v.u.Z. eine lange
Phase politischer Schwäche. Unterschiedliche, miteinander rivalisierende
Bevölkerungsgruppen, unter ihnen die in den traditionsreichen städtischen Zentren konzentrierten Akkader, die in fünf Stämme aufgeteil-
ten ursprünglich aramäischen Chaldäer, die ebenfalls tribal organisierte
Gruppe der Aramäer und nicht zuletzt eine große Zahl von Einwanderern

---

[3] Vgl. Albertz, Exilszeit, 66f.
[4] Kessler, Sozialgeschichte, 31.

aus Elam, Ägypten, Assyrien und Arabien bzw. deren Nachkommen, verhinderten die Ausbildung einer stabilen politischen Zentralgewalt[5].

Die Heterogenität des babylonischen Bevölkerungsgemischs erleichterte es den immer stärker werdenden Assyrern, Babylonien ab etwa 730 v.u.Z. zu unterwerfen[6]; umgekehrt allerdings beschleunigte die assyrische Kontrolle die Einung der babylonischen Bevölkerungsgruppen, führte zu einem schrittweisen (Wieder-)Aufleben nationalen Gedankenguts und schließlich zur Ausbildung eines starken, geschlossenen Königreichs[7]. Die chaldäischen Gruppen fungierten dabei als Hauptträger des Widerstands gegen die assyrische Besatzungsmacht.

Bevor das babylonische Königtum aber mit der Thronbesteigung des chaldäischen Herrschers Nabopolassar 626 v.u.Z. seine erste offizielle Ausgestaltung fand, kam es zu mehreren Serien von Aufstandsbewegungen, deren erste ab ca. 705 v.u.Z., maßgeblich geschürt durch den Chaldäer Marduk-apla-iddin, in die völlige Verwüstung der Stadt Babylon und deren durch Vertreibung und Massendeportationen herbeigeführte Entvölkerung[8] unter dem assyrischen König Sanherib (705–681 v.u.Z.) mündete (9. Kislew 689 v.u.Z.). Das Ausmaß dieser dem Zentrum der babylonischen Kultur und seiner Einwohnerschaft zugefügten Katastrophe – Sanherib schreckte nicht einmal vor der Zerstörung des Marduktempels Esagila und der Statue der Stadtgottheit Marduk, die auch von einem Großteil der assyrischen Bevölkerung verehrt wurde, sowie der Flutung des Stadtgebiets zurück[9] – lässt sich vielleicht daran ermessen, dass einer der späteren neubabylonischen Herrscher, vermutlich Nabopolassar, den Untergang des neuassyrischen Reiches auf eben dieses Ereignis zurückführte bzw. sein kriegerisches Vorgehen gegen Assyrien mit einem Racheaufruf

[5] Vgl. hierzu Albertz, Exilszeit, 47f; Oded Lipschits, *The Fall and Rise of Jerusalem: Judah under Babylonian Rule*, Winona Lake 2005, 29f; Othmar Keel, *Die Geschichte Jerusalems und die Entstehung des Monotheismus, Teil 1 und 2* (OLB IV, 1–2), Göttingen 2007, 603.

[6] Vgl. Albertz, Exilszeit, 48.

[7] Vgl. Lipschits, Jerusalem, 30; Keel, Geschichte, 607.

[8] Den neuassyrischen Königsinschriften zufolge wurden unter Tiglat-Pileser III. (745–727 v.u.Z.), Sargon II. (722–705 v.u.Z.) und Sanherib (705–681 v.u.Z.) mehr als 800.000 Menschen in andere Regionen des assyrischen Reiches deportiert (zu den Deportationszahlen vgl. die Tabelle bei Bustenay Oded, *Mass Deportations and Deportees in the Neo-Assyrian Empire*, Wiesbaden 1979, 20). Ein großer Teil dieser Deportationen betraf wahrscheinlich die babylonischen Bevölkerungsgruppen (vgl. Albertz, Exilszeit, 48f, Anm. 8, sowie 2 Kön 17,24) – Sanherib gibt an, in *einem* Deportationszug 208.000 Personen von Babylonien nach Assyrien verschleppt zu haben (vgl. Oded, Mass Deportations, 21).

[9] Vgl. Albertz, Exilszeit, 48; Keel, Geschichte, 603f.

Marduks für diese Babylon zugefügten Vergehen begründete[10]. Noch der letzte babylonische König, Nabonid, kam auf die zu seiner Regierungszeit (556–539 v.u.Z.) bereits knapp anderthalb Jahrhunderte zurückliegenden Untaten Sanheribs zurück und rechtfertigte die Vernichtung assyrischer Städte und Heiligtümer als „gottgewollte Vergeltung für Babylon"[11]. Rainer Albertz sieht in der „traumatische[n] Tempel- und Stadtzerstörung so etwas wie den ‚Gründungsmythos' des neubabylonischen Reiches"[12]. Legt man die Ausführungen von Vamik D. Volkan zugrunde, lässt sich die Wiederholung dieser kollektiven Gewalt- und Zerstörungserfahrung auch im Sinne eines ‚gewählten Traumas' beschreiben, welches – soweit dies zu ermessen ist – die neubabylonische (militär-)politische Ideologie und deren Umsetzung entscheidend beeinflusste.

Nach einer Phase vorsichtiger Versöhnungspolitik unter Sanheribs Sohn und Nachfolger Asarhaddon (681–669 v.u.Z.) und unter dessen Thronerben Aššurbanipal (669–631 v.u.Z.) kam es 652–648 v.u.Z. zu einer neuerlichen Aufstandswelle[13]. Ein kräftezehrender, zerstörerischer Bürgerkrieg entbrannte, in dem es Aššurbanipal und seinen Truppen nur unter großen Mühen gelang, Babylon in einem fast zwei Jahre dauernden Belagerungskrieg im Jahr 648 v.u.Z. ein weiteres Mal zu erobern[14].

Ausgangspunkt für den endgültigen Zusammenbruch des neuassyrischen Reiches waren Konflikte um die Thronnachfolge Aššur-etel-ilānis (631–627 v.u.Z.). Kriegerische Auseinandersetzungen zwischen dem Thronerben Sin-šar-iškun (627–612 v.u.Z.) und dem Rebellen Sin-šum-lišir, in deren Mittelpunkt die Vorherrschaft über Städte im Norden Babylo-

---

[10] Der entsprechende Text eines babylonischen Königs, dessen Name nicht genannt wird, „contains a declaration of war against an Assyrian king, whose name is likewise not preserved, and against the land of Aššur [...]. The casus belli is Assyria's past crimes against Babylon and spoliation of the Esagil and Ezida temples" and „provides a dramatic statement of Marduk's commission of the Babylonian king to avenge his city against Assyria" (David S. Vanderhooft, *The Neo-Babylonian Empire and Babylon in the Latter Prophets* [HSM 59], Atlanta 1999, 26). Vgl. hierzu auch Albertz, Exilszeit, 49–51; Lipschits, Jerusalem, 12f.

[11] So Albertz, Exilszeit, 51.

[12] Rainer Albertz, „Die Zerstörung des Jerusalemer Tempels 587 v. Chr. Historische Einordnung und religionspolitische Bedeutung", in: Johannes Hahn (Hg.), *Zerstörungen des Jerusalemer Tempels. Geschehen – Wahrnehmung – Bewältigung* (WUNT 147), Tübingen 2002, 23–39, 34; vgl. Keel, Geschichte, 606f.

[13] Vgl. ausführlich Keel, Geschichte, 604–606.

[14] Vgl. Martin Metzger, *Grundriß der Geschichte Israels*, Neukirchen-Vluyn ⁶1983 [1963], 131; Herbert Donner, *Geschichte des Volkes Israel und seiner Nachbarn in Grundzügen, Teil 2: Von der Königszeit bis zu Alexander dem Großen* (GAT 4/2), Göttingen ⁴2008 [1987], 331–333; Albertz, Exilszeit, 49.

niens (u.a. Babylon und Nippur) stand, nutzte vermutlich Nabopolassar, ein „Chaldäerscheich aus dem Meerland"[15], um seine Machtposition im Süden Babyloniens entscheidend auszubauen[16]. Nach dem Tod Sin-šum-liširs weiteten Nabopolassar und seine Anhänger ihren Aktionsradius nach Norden hin aus, besetzten nun ihrerseits die Stadt Babylon und vermochten den letzten auf die Hauptstadt bezogenen assyrischen Rückeroberungsversuch abzuwehren.

Die offizielle Thronbesteigung Nabopolassars erfolgte im Jahr 626 v.u.Z., nachdem ihm die Königswürde von der Stadtbevölkerung von Babylon angetragen worden war[17]. Gleichwohl bedeutete dies nicht das Ende der kriegerischen Auseinandersetzungen – Assyrien versuchte nach wie vor, die babylonische(n) Revolte(n) zu unterdrücken und seine Vormachtstellung wiederherzustellen, indem es gegen die babylonisch besetzten Städte vorging. Nach und nach aber gelang es Nabopolassar, die letzten assyrischen Stützpunkte in Babylonien einzunehmen und seine Herrschaft bis etwa 616 v.u.Z. auf das ganze Land auszudehnen[18], wobei es immer wieder zu lokalen (Belagerungs-)Kriegen kam[19].

Aus den jahrzehntelangen Konflikten mit Assyrien ging Babylonien dementsprechend als ein zwar in den nationalen Machtverhältnissen konsolidiertes, aber durch Kriegsgewalt zutiefst gezeichnetes Land hervor: Mehrere städtische Zentren waren verwüstet, Wirtschaft und Handel stagnierten, die agrarische Infrastruktur war zerstört – Faktoren, die in der Folge auch die internationale (Militär-)Politik der aufstrebenden Weltmacht Babylon nachhaltig bestimmen sollten[20].

Etwa ab 616 v.u.Z. unternahmen die Babylonier Versuche, ihr Territorium zum mittleren Euphrat hin auszuweiten und assyrisches Gebiet zu erobern. Psammetich I. von Ägypten (664–610 v.u.Z.), der zu diesem Zeitpunkt mit dem Ausbau seiner Herrschaft in den Küstenregionen des östlichen Mittelmeerraums befasst war, sammelte sein Heer, um Assyrien militärisch zu unterstützen – ein Hilfsangebot, das mit den imperialistischen Interessen Ägyptens in engem Zusammenhang stand, war Ägypten doch vor den Babyloniern und den im Osten sich immer stärker etablierenden Medern weitgehend geschützt und konnte auf einen Großteil der

---

[15] Albertz, Exilszeit, 49; vgl. Donner, Geschichte, 394f.
[16] Vgl. Lipschits, Jerusalem, 13f.
[17] Vgl. Donner, Geschichte, 371; Albertz, Exilszeit, 49f; Lipschits, Jerusalem, 14.
[18] Vgl. Lipschits, Jerusalem, 15f.
[19] Vgl. Albertz, Exilszeit, 50.
[20] Vgl. Albertz, Exilszeit, 56; Lipschits, Jerusalem, 30f.

Regionen westlich des Euphrat übergreifen, solange Assyrien als Puffer-
zone fungierte[21]. Nachdem die Babylonier den Assyrern bei Qablīnu am
mittleren Euphrat 616 v.u.Z. eine Niederlage beigebracht hatten, von den
Aššur zur Hilfe eilenden Ägyptern aber wieder zurückgedrängt worden
waren[22], berichtet die Babylonische Chronik allerdings erst für das Jahr
610 v.u.Z. wieder von einer ägyptisch-assyrischen Allianz[23].

In den folgenden Jahren versuchten die Neubabylonier weiterhin, gegen
Sin-šar-iškun und dessen Truppen an (assyrischem) Boden zu gewinnen,
erreichten das von ihnen intendierte Ziel aber nur teilweise; Nabopolassars
Vorstoß gegen die Hauptstadt Aššur etwa wurde von den Assyrern abgewehrt. Fast gleichzeitig rückten die Meder unter ihrem König Kyaxares
immer weiter nach Westen, zunächst in die im Osten Assyriens gelegene
Region von Arrapha, vor, attackierten sodann u.a. die am Tigris gelegenen
Städte Kalhu (Nimrūd) und Ninive und belagerten 614 v.u.Z. schließlich
ihrerseits das etwas südlicher gelegene Aššur[24], dem sich nun auch die
neubabylonischen Truppen wieder näherten. Der Babylonischen Chronik zufolge erreichten die Neubabylonier die assyrische Hauptstadt erst,
nachdem die Meder sie bereits eingenommen, völlig verwüstet und viele
EinwohnerInnen getötet bzw. gefangen genommen hatten. Gleichwohl
nutzten die beiden Herrscher die Gelegenheit, um einen (antiassyrischen)
Pakt zu schließen[25]. Zusammen rückten Nabopolassar und Kyaxares etwa
zwei Jahre später (612 v.u.Z.) gegen Ninive vor und nahmen es nach ungefähr dreimonatiger Belagerung ein. Daran, dass die beiden Armeen dabei
ausgesprochen brutal vorgingen, lässt die Babylonische Chronik keinen
Zweifel[26]. Mit der Eroberung Ninives erhob sich im „alten assyrischen
Stammland [...] ein furchtbares Gemetzel. Die Städte am oberen Tigris
wurden dem Erdboden gleichgemacht"[27], und in Ninive und Aššur „there
are no traces of renewed settlement [...] until the Hellenistic Period"[28].

---

[21] Vgl. Donner, Geschichte, 372; Lipschits, Jerusalem, 16f.

[22] Vgl. Donner, Geschichte, 372; Albertz, Exilszeit, 50.

[23] Vgl. Lipschits, Jerusalem, 17.

[24] Vgl. Lipschits, Jerusalem, 17f.

[25] Vgl. Babylonische Chronik BM 21901, Obv., 26–30 (Donald J. Wiseman, *Chronicles of Chaldaean Kings* [*626–556 B.C.*] *in the British Museum*, London 1956, 56–59; Manfred Weip-pert, *Historisches Textbuch zum Alten Testament* [GAT 10], Göttingen 2010, 411).

[26] Vgl. Babylonische Chronik BM 21901, Rev., 40–46 (Wiseman, Chronicles, 58–61; Weip-pert, Textbuch, 412).

[27] Donner, Geschichte, 373.

[28] So Lipschits, Jerusalem, 19, Anm. 74, mit Bezug auf Joan Oates, „The Fall of Assyria (635–609 B.C.)", CAH² III/2 (1991), 162–193, 181f.189f.

Anschließend setzten die Neubabylonier ihre Eroberungszüge in Richtung Nordwesten fort, während der letzte assyrische König, Aššur-uballit II., nach dem Zusammenbruch der zentralen assyrischen Machtbasis den Versuch unternahm, im nordsyrischen Harran einen Reststaat aufzubauen[29]. „[A]t this stage", so Lipschits, „Assyria had in fact ceased to exist"[30], und so erscheint es kaum verwunderlich, dass es der nachrückenden Armee Nabopolassars, wiederum begleitet von medischen Truppen, im Jahr 609 v.u.Z. gelang, auch Harran einzunehmen. Die Präsenz der alliierten Ägypter unter dem Nachfolger Psammetichs I., Necho II. (610–595 v.u.Z.), konnte den Fall dieses letzten assyrischen Zentrums nicht verhindern; ein nur wenige Monate später unternommener Rückeroberungsversuch, in dessen Zusammenhang die Babylonische Chronik Assyrien ein letztes Mal erwähnt, durch ein ägyptisch-assyrisches Heer scheiterte ebenfalls[31].

2.2. Die Auseinandersetzungen zwischen Ägypten und Babylonien und die Herrschaftskonsolidierung unter Nebukadnezar II. (605–562 v.u.Z.)

In den Jahren des Rückzugs Assyriens aus dem östlichen Mittelmeerraum ab etwa 630 v.u.Z. trat zunächst Ägypten an dessen Stelle, übernahm die Herrschaft über die Levante und expandierte sein Reichsgebiet bis an die Grenzen des Euphrat. Von dort aus griffen die Könige der 26. ägyptischen Dynastie (sog. Saïtendynastie), Psammetich I. und sein Nachfolger Necho II., 616 bzw. 610/09 v.u.Z. zugunsten des immer schwächer werdenden Aššur in die assyrisch-babylonisch-medischen Auseinandersetzungen ein[32]. Den Niedergang Assyriens vermochten die Saïten jedoch nicht zu verhindern, so dass es „zwischen den ägyptischen und babylonischen Erben des neuassyrischen Reiches früher oder später zur Entscheidung über die Hegemonie in den Westgebieten kommen [musste]"[33].

Zuvor allerdings dominierte Ägypten für etwas mehr als 20 Jahre – bis zum Jahr 605/04 v.u.Z. – eine Region, die von den längs der östlichen Mittelmeerküste gelegenen Provinzen bzw. Vasallen-Stadtstaaten (u.a. das phönizische Tyrus und das philistäische Ashdod bzw. die ebenfalls

---

[29] Vgl. Donner, Geschichte, 388; Albertz, Exilszeit, 51; Lipschits, Jerusalem, 18f.

[30] Lipschits, Jerusalem, 19.

[31] Vgl. Metzger, Geschichte, 135; Lipschits, Jerusalem, 19f; Angelika Berlejung, „Geschichte und Religionsgeschichte ,Israels': Historischer Abriss" in: Jan Christian Gertz (Hg.), Grundinformation Altes Testament. Eine Einführung in Literatur, Religion und Geschichte des Alten Testaments, Göttingen ³2009 [2006], 89–192, 117.

[32] Vgl. hierzu Donner, Geschichte, 392f; Lipschits, Jerusalem, 24f.

[33] Berlejung, Geschichte, 117; vgl. auch Lipschits, Jerusalem, 25.

philistäischen Städte Gaza, Ashkelon und Ekron) über die Bergregion von Israel mit dem kleinen Königreich Juda und den beiden Provinzen Sāmerīnu und Magidû sowie die drei unabhängigen Kleinkönigtümer Ammon, Moab und Edom bis nach Syrien reichte[34].

Vorerst ausschlaggebend dafür, dass Neubabylonien die Herrschaft über die Levante übernahm und in der Folgezeit rasch ausbaute, war die Schlacht bei Karkemisch im Frühsommer des Jahres 605 v.u.Z. Die am Ostufer des Euphrat in Syrien gelegene Ortschaft wurde von den Ägyptern unter Necho II. wahrscheinlich schon längere Zeit besetzt gehalten und als Truppenstützpunkt genutzt. Nachdem es den Babyloniern zu Jahresbeginn, noch unter Nabopolassar, gelungen war, einige Städte westlich des Euphrat zu erobern, überquerten die Ägypter ihrerseits den Euphrat und nahmen die Stadt Quaramati ein. Wenig später brach eine bayblonische Armee unter Führung des Kronprinzen Nebukadnezar in Richtung Karkemisch auf, wo sie den ägyptischen Truppen die entscheidende Niederlage beibrachte[35]. Die Babylonische Chronik beschreibt die Ereignisse wie folgt:

> JAHR 21 (605/04). Der König von Akkad (blieb) in seinem Land. Nebukadnezar, sein ältester Sohn, der Kronprinz, ²bot die Truppen von Akkad auf und stellte sich an die Spitze seiner Truppen und zog nach Gal(ga)meš, das am Ufer des Euphrat (liegt) und ³überschritt den Fluss [gegen die Truppen von Ägy]pten, die in der Stadt Galgameš lagerten und ⁴[. . .] schlugen [aufei]nander ein und die Truppen von Ägypten wandten sich zur Flucht, und ⁵ihre [Niederlage] bewirkte er und rieb sie vollständig auf. Den Rest der Truppen von [Ägypten], ⁶[die aus] der Niederlage entkommen waren und die die Waffe nicht ereilt hatte, ⁷holten die Truppen von Akkad in der Provinz Hamath ein. [Kein] einziger Mensch [kehrte] nach seinem Land [zurück][36].

Mit dieser Niederlage der Ägypter, die sich nun nur noch nach Süden zurückziehen konnten, um die unmittelbaren Grenzen des Reiches zu verteidigen[37], hatte

---

[34] Vgl. Lipschits, Jerusalem, 27.

[35] Vgl. Donner, Geschichte, 395f; Vanderhooft, Empire, 81; Albertz, Exilszeit, 51; Berlejung, Geschichte, 117; Lipschits, Jerusalem, 33–35; Keel, Geschichte, 608.

[36] Babylonische Chronik BM 21946, Obv., 1–7 (zitiert nach Weippert, Textbuch, 415). Vgl. hierzu auch Jer 46,2–12, eine Drohrede gegen Ägypten, die auf dessen Niederlage am Euphrat bei Karkemisch im 4. Jahr Jojakims (605/04 v.u.Z.) Bezug nimmt (vgl. insbesondere V2.6.10).

[37] Vgl. hierzu Lipschits, Jerusalem, 39: „It appears that Egyptian rule throughout southern Syria, the Phoenician coast, and Palestine crumbled after the battle at Carchemish. Necho's army withdrew to Egypt, leaving the entire region like a ripe fruit for the Babylonians to pluck."

sich eine neue Machtkonstellation im Vorderen Orient etabliert: Die Babylonier überließen den Medern das Kernland Assyriens und dessen nordsy-
rische Besitzungen einschließlich Harran, sie selber meldeten aber ihren
Anspruch auf die westlichen und südwestlichen Territorien des assyrischen
Reiches in Cilicien, Südsyrien, Phönizien und Palästina an[38].

Nebukadnezar machte sich augenscheinlich sofort daran, diesen Anspruch
in Taten umzusetzen – die Region um Hamat scheint er unmittelbar im
Anschluss an die Schlacht bei Karkemisch unter babylonische Hegemonie gebracht zu haben. Nach einem kurzen Aufenthalt in Babylon im
August 605 v.u.Z., wo er, nach dem zwischenzeitlichen Tod seines Vaters,
den babylonischen Thron offiziell bestieg, kehrte er zu Beginn des Jahres
604 v.u.Z. nach Hatti-Land zurück, um seine Herrschaft in Syrien zu befes-
tigen. Dabei forderte er schweren Tribut ein und baute Ribla, den vormals
ägyptischen Stützpunkt, als babylonisches Administrations- und Militär-
zentrum auf (vgl. 2 Kön 25,6.20.21; Jer 39,5.6; 52,9.10.26.27)[39]. Bereits während eines weiteren Kriegszugs in die Levante nur wenige Monate später
drang Nebukadnezar mit seinen Truppen wahrscheinlich über Südsyrien
und Palästina bis nach Gaza, also in die Nähe Ägyptens (!), vor.

Seinem Ansinnen, ganz Hatti-Land zu unterwerfen, scheint in den
einzelnen Regionen wenig Widerstand entgegengesetzt worden zu sein –
in der Babylonischen Chronik für das Jahr 604/03 v.u.Z. heißt es jedenfalls, dass Nebukadnezar „siegreich in Hattu umher[zog]" und dass „[a]
lle Könige von Hattu [...] vor ihn [kamen], und er [...] ihren schweren
Tribut [empfing]"[40]. Einzig der König von Ashkelon hat sich – sei es aus
Loyalität gegenüber Ägypten, sei es aus Hoffnung auf Unterstützung
von dort – dem babylonischen Druck offenbar nicht gebeugt, woraufhin
Nebukadnezar die unmittelbare Zerstörung der Stadt anordnete, deren
Ausmaß und Heftigkeit sich aus dem Wortlaut der Babylonischen Chronik[41] und aufgrund von archäologischen Zeugnissen ansatzweise erahnen
lassen[42]. Denkbar ist, dass Nebukadnezar mit dieser Vernichtungsaktion
ein abschreckendes Exempel zu statuieren und seine Überlegenheit zu
demonstrieren suchte, um das von ihm intendierte Ziel, die Kapitulation

---

[38] Albertz, Exilszeit, 51.
[39] Vgl. Lipschits, Jerusalem, 38f.
[40] Babylonische Chronik BM 21946, Obv., 16f (zitiert nach Weippert, Textbuch, 416).
[41] Vgl. Babylonische Chronik BM 21946, Obv., 18–20 (zitiert nach Weippert, Textbuch,
416): „Nach Askalon zog er [Nebukadnezar, R.P.] und im Monat Kislev nahm er es ein.
[19]Seinen König nahm er gefangen. Raub und Beute machte er dort. [20]Die Stadt verwandelte
er in einen Ruinenhügel und in Ödland. [...]."
[42] Vgl. hierzu Lawrence E. Stager, „Ashkelon and the Archaeology of Destruction: Kislev
604 BCE", ErIs 25 (1996), 61*-74*; Lipschits, Jerusalem, 40f; Keel, Geschichte, 608.

ganz Hatti-Lands, möglichst rasch zu erreichen[43]. Zwar gibt es keine
diesbezüglichen Dokumente, doch ist anzunehmen, dass sich auch das
Königreich Juda, die (vormals assyrische) Provinz Sāmerīnu und die
Kleinkönigtümer jenseits des Jordan bereits im Jahr 604 v.u.Z. der babylonischen Hegemonie unterwarfen und ihren Vasallenstatus dem neuen
Weltherrscher gegenüber (zumindest vorübergehend) anerkannten (vgl.
auch 2 Kön 24,1)[44]. Wahrscheinlich begaben sie sich damit ‚nur' von einer
Abhängigkeit in eine andere, und umgekehrt scheinen die Babylonier es
vorgezogen zu haben

> to leave in place the administrative organization that they had found when
> they arrived on the scene. One of the main expressions of this policy was
> leaving Jehoiakim, king of Judah, on the throne, even though he had been
> appointed by Egypt only five years prior[45].

Lipschits zufolge jedenfalls ist davon auszugehen, dass sich das babylonische Herrschaftsgebaren in der Levante – mit Ausnahme der (philistäischen) Küstenregion – zunächst auf Minimalinterventionen beschränkte:
Die während der assyrischen und ägyptischen Oberhoheit etablierten
administrativen Strukturen wurden wohl weitgehend übernommen; die
schwerwiegendsten Auflagen der Babylonier bestanden wahrscheinlich
in der Einforderung hoher Tribute und Steuern und der Versorgung der
babylonischen Truppen während der (jährlichen) ‚Macht-Demonstra-
tions-Märsche' Nebukadnezars – Forderungen, die gleichwohl nur unter
zunehmender Ausbeutung der ärmeren Bevölkerungsschichten zu erfüllen waren. Wo die Babylonier Deportationen durchführten, machten sie
sich, anders als die Assyrer, nicht die Mühe, die Weggeführten durch die
Ansiedlung von Bevölkerungsgruppen aus anderen Teilen des Reiches zu
ersetzen[46]. Auch gibt es keine Hinweise darauf, dass ihnen – wiederum
im Gegensatz zu den Assyrern – daran lag, die annektierten Gebiete auf
längere Sicht wirtschaftlich zu entwickeln, eher scheint es ihnen darum
gegangen zu sein, unter minimalem Aufwand (kurzfristig) maximalen

---

[43] Vgl. hierzu auch Lipschits, Jerusalem, 47, Anm. 38.
[44] Vgl. Lipschits, Jerusalem, 41f.
[45] Lipschits, Jerusalem, 42. Vgl. auch a.a.O., 48.
[46] Vgl. Vanderhooft, Empire, 110; Lipschits, Jerusalem, 48; Berlejung, Geschichte, 156.
Oded (vgl. ders., Mass-Deportations, 45), nimmt demgegenüber an, dass an Stelle der
Deportierten babylonische Garnisonen angesiedelt wurden, wobei er sich auf die Babylonische Chronik BM 22047, Rev., 15 (Wiseman, Chronicles, 64f; Weippert, Textbuch, 414)
beruft.

Gewinn aus den eroberten Regionen herauszuschlagen[47]. Die mit dieser Minimal-Politik einhergehende relative interne Freiheit der Kleinkönigtümer und übrigen Staatsgebilde in der Levante fand, so Lipschits, etwa mit dem Jahr 589 v.u.Z. ein jähes Ende, als nämlich Nebukadnezar aufgrund um sich greifender Abfalls- und Aufstandsbewegungen einen radikalen Wechsel seines militärpolitischen Kurses in Hatti-Land vornahm[48]. Da die Entwicklungen in Juda wahrscheinlich einerseits mit zu diesem Politikwechsel beitrugen und andererseits als zeitgeschichtliche Referenzpunkte des Ezechielbuchs angesehen werden können, sollen sie im Folgenden ausführlicher dargestellt werden.

3. Politische Entwicklungen in Juda zwischen 701 und 582 v.u.Z.

3.1. Entwicklungen in Juda bis zum Tod König Joschijas 609 v.u.Z

Während das assyrische Weltreich in der ersten Hälfte des 7. Jh.s v.u.Z. den Zenit seiner Macht und etwa 664/63 v.u.Z. mit der – allerdings ausgesprochen instabilen – Herrschaft auch über Ägypten seine größte Ausdehnung erreichte, konnte sich das auf ein kleines Gebiet um Jerusalem reduzierte Vasallenkönigreich Juda nur langsam von den ihm während des assyrischen Feldzugs unter Sanherib (705–681 v.u.Z.) 701 v.u.Z. zugefügten Kriegsereignissen erholen. Zwar hatte König Hiskija (723–695 v.u.Z.) von Juda die Eroberung des bereits von den Assyrern belagerten Jerusalem im letzten Moment abwenden können, indem er einen immensen Tribut zahlte – und weil Sanherib offenbar andere Prioritäten setzte –[49], doch waren weite Teile des Landes von den Assyrern verwüstet und die judäischen Städte und Festungen in der Schefela, unter ihnen Lachisch[50],

---

[47] Vgl. hierzu Vanderhooft, Empire, 109: „Babylonian involvement [...] was not aimed at colonization or systematic economic exploitation, but was rather focused on control of the region through periodic military appearances that insured delivery of tribute." Vgl. auch a.a.O., 110–112, sowie David S. Vanderhooft, „Babylonian Strategies of Imperial Control in the West: Royal Practice and Rhetoric", in: Oded Lipschits/Joseph Blenkinsopp (Hg.), *Judah and the Judeans in the Neo-Babylonian Period*, Winona Lake 2003, 235–262, passim; John W. Betlyon, „Neo Babylonian Military Operations Other Than War in Judah and Jerusalem", in: Oded Lipschits/Joseph Blenkinsopp (Hg.), *Judah and the Judeans in the Neo-Babylonian Period*, Winona Lake 2003, 263–283, passim.

[48] Vgl. Lipschits, Jerusalem, 62–67.

[49] Vgl. Donner, Geschichte, 352–359; Metzger, Geschichte, 125f; Antonius H. J. Gunneweg, *Geschichte Israels bis Bar Kochba* (ThW 2), Stuttgart u.a. 1972, 118; Rainer Albertz, *Religionsgeschichte Israels in alttestamentlicher Zeit, erster und zweiter Teilband* (GAT 8), Göttingen 1992, 254f; Berlejung, Geschichte, 116; Kessler, Sozialgeschichte, 114.

[50] Vgl. hierzu David Ussishkin, *The Conquest of Lachish by Sennacherib* (Publications of the Institute of Archaeology 6), Tel Aviv 1982, passim; Diana Edelman, „What If We Had

sowie viele andere Ortsanlagen zerstört und große Teile der Bevölkerung ermordet, deportiert oder zur Flucht genötigt worden[51].

Umgekehrt konnte der kleine judäische Reststaat unter Hiskijas Nachfolger Manasse (694–640 v.u.Z.) und aufgrund dessen „konsequente[r] assyrienfreundliche[r] Politik"[52] von der sich unter der assyrischen Herrschaft in der gesamten Region etablierenden ökonomischen Prosperität profitieren, so dass die Regierungszeit Manasses zumeist als eine Phase wirtschaftlicher Blüte und zunehmender politischer Stabilisierung angesehen wird[53]. Gleichzeitig steht zu vermuten, dass diese Blüte nur einem kleineren Teil der judäischen Bevölkerung zugutekam, der sich eng an die assyrischen Oberherren anlehnte und sich an deren Lebensstil anzugleichen versuchte. Die Lebenssituation der zahlenmäßig weitaus größeren ärmeren und armen Bevölkerungsschichten dürfte sich während der hier besprochenen Zeitspanne hingegen kaum verbessert haben – eher ist mit einer zunehmenden „Klassenspaltung" zu rechnen[54].

Während der judäische König Manasse im Deuteronomistischen Geschichtswerk eine ausgesprochen negative Bewertung erfährt und für den Untergang des Staates Juda verantwortlich gemacht wird (vgl. 2 Kön 21,1–18; 23,26f; 24,3f), gilt der nur wenig später nach der Ermordung seines Vaters und Königs Amon (vgl. 2 Kön 21,19–26) im Alter von acht Jahren durch die freien Grundbesitzer Judas (עַם הָאָרֶץ) auf den Thron gebrachte Joschija (639–609 v.u.Z.) den deuteronomistischen Erzählern als das letzte königliche Glanzlicht in der Geschichte des Südreichs (vgl. 2 Kön 22,2; 23,25). Seine Regierungszeit – die *de facto* wohl eine Phase der (Co-)Regentschaft des auf nationale Einung bedachten עַם הָאָרֶץ war[55] –

No Accounts of Sennacherib's Third Campaign or the Palace Reliefs Depicting His Capture of Lachish?", *Bibl.Interpr.* 8 (2000), 88–103, passim.

[51] Vgl. hierzu Sanheribs Feldzugsbericht (Weippert, Textbuch, 329–333) und 2 Kön 18,13f. Zu den Auswirkungen des Sanherib-Feldzugs 701 v.u.Z. vgl. auch Richard J. Sklba, „‚Until the Spirit from on High Is Poured out on Us' (Isa 32:15): Reflections on the Role of the Spirit in the Exile", *CBQ* 46 (1984), 1–17, 3–6; Albertz, Religionsgeschichte, 255; Jörn Kiefer, *Exil und Diaspora. Begrifflichkeit und Deutungen im antiken Judentum und in der Hebräischen Bibel* (ABG 19), Leipzig 2005, 64–67; Berlejung, Geschichte, 116.156; Kessler, Sozialgeschichte, 127.

[52] Berlejung, Geschichte, 118.

[53] Vgl. Lipschits, Jerusalem, 10f; Hans-Christoph Schmitt, *Arbeitsbuch zum Alten Testament. Grundzüge der Geschichte Israels und der alttestamentlichen Schriften*, Göttingen 2005, 76; Berlejung, Geschichte, 118f.

[54] Vgl. Kessler, Sozialgeschichte, 116–119.

[55] Vgl. hierzu Frank Crüsemann, *Die Tora. Theologie und Sozialgeschichte des alttestamentlichen Gesetzes*, Gütersloh ²1997 [1992], 249: „Nach ihnen [den historisch zuverlässigen offiziellen Annalen des Jerusalemer Hofes, R.P.] hat das judäische Landvolk beim Regie-

wird als eine Phase umfassender innerer Reformen angesehen, als deren Grundurkunde der Grundbestand des deuteronomischen Gesetzes, Dtn 12–26, mit den dort gebotenen Weisungen zur Konzentration des Kultes auf Jhwh bzw. auf den einen Ort, an dem Jhwh seinen Namen wohnen lassen will, einerseits, den Weisungen zum sozialen Miteinander Israels andererseits gilt[56].

Des Weiteren wird Joschijas Regentschaft häufig mit der Wiederherstellung der politischen Unabhängigkeit Judas, nicht selten auch mit Gebietserweiterungen bis hin zur Restauration eines Großreichs Israel in (idealer) davidisch-salomonischer Ausgestaltung in Zusammenhang gebracht[57]. Demgegenüber hat zuletzt Lipschits darauf hingewiesen, dass solche Annahmen einer genaueren Untersuchung nicht standzuhalten vermögen[58]. Es sei nicht damit zu rechnen, dass Joschija unter den spätestens ab 630 v.u.Z. auf die Levante übergreifenden Ägyptern bis an die – im Zentrum ägyptischen Interesses stehende – Mittelmeerküste oder in die vormals assyrische, alsbald unter ägyptische Hegemonie geratenen Provinzen Sāmerīnu und Magidû[59] habe vordringen können. Insgesamt sei allenfalls davon auszugehen, dass die Grenze des judäischen Königreichs im letzten Drittel des 7. Jh.s v.u.Z. geringfügig nach Norden, etwa bis nach Bet-El oder leicht darüber hinaus, verschoben worden sei. Nach Westen hin habe das Reichsgebiet Teile der Schefela (u.a. Lachisch[60], nicht aber Ekron und Timna) umfasst, im Süden sei die Grenze entlang einer Linie von Befestigungen in den Tälern von Beerscheba und Arad verlaufen, während im Osten der Jordan und das Tote Meer die Grenzmarken gebildet hätten[61].

---

rungsantritt wie beim Tode Josias alle politischen Fäden in der Hand. Es besteht keinerlei Grund zu der Annahme, es habe die Macht in den dreißig Jahren dazwischen aus der Hand gegeben." Zum הארץ עם bzw. zur dtn Bewegung vgl. ausführlicher auch a.a.O., 248–251.311–314, sowie Kessler, Sozialgeschichte, 102–105.

[56] Vgl. Kessler, Sozialgeschichte, 115.

[57] So insbesondere Donner, vgl. ders., Geschichte, 379f. Vgl. auch Albertz, Religionsgeschichte, 316f; Metzger, Geschichte, 131.133f; Gunneweg, Geschichte, 120–122; Crüsemann, Tora, 250f; Schmitt, Arbeitsbuch, 76f; Kessler, Sozialgeschichte, 115; Berlejung, Geschichte, 119f.

[58] Vgl. Lipschits, Jerusalem, 135–146.

[59] Dass „Joschija die Provinz Samaria […] und schließlich auch die Provinz Megiddo (Galiläa mit Jesreelebene) annektieren [konnte]", nimmt z.B. Gunneweg an (ders., Geschichte, 133). Vgl. hierzu auch Donner, Geschichte, 380.

[60] Wahrscheinlich wurde die Festungsstadt Lachisch, „die Hauptsicherung des judäischen Hügellands gegen die Ebene hin" (Berlejung, Geschichte, 119), unter Joschija neu aufgebaut und befestigt.

[61] Vgl. hierzu die Karte bei Lipschits, Jerusalem, 145.

Dafür, dass Joschija bzw. der עם הארץ in der längsten Zeit ihrer Regentschaft keine von ägyptischen Interessen unberührte Außenpolitik betreiben konnten, sondern in ihren – wahrscheinlich gleichwohl auf nationale Eigenständigkeit ausgerichteten[62] – Bemühungen durch eben diese Interessen beschränkt wurden, spricht das Erzählmoment von der Hinrichtung Joschijas durch Necho II. in 2 Kön 23,29f[63]. Nur wenige Monate nach diesem Zwischenfall scheint der ägyptische Herrscher ein weiteres Mal massiv in die Politik Judas eingegriffen zu haben, indem er den vom עם הארץ zum König erhobenen jüngeren Sohn Joschijas, Joahas-Schallum, nach nur dreimonatiger Regierungszeit kurzerhand absetzte und nach Ägypten verschleppte. Er substituierte ihn durch Eljakim-Jojakim (609/08–598/97 v.u.Z.), den älteren Sohn Joschijas, und damit durch einen gegen die freien Grundbesitzer agierenden, pro-ägyptischen Herrscher, nicht ohne Juda schweren Tribut aufzuerlegen (vgl. 2 Kön 23,31–35)[64].

Darüber, was in Juda während der ersten vier Regierungsjahre Jojakims, d.h. bis zur entscheidenden ägyptisch-babylonischen Auseinandersetzung im Jahr 605 v.u.Z., geschah, gibt es keine Informationen[65]; vermutlich aber verhinderten die räumliche Nähe Judas zu Ägypten bzw. zu dessen philistäischer Schutzzone und die ägyptische Kontrolle über die syro-palästinischen Gebiete „any political or military leeway, and it is probable that Jehoiakim had no choice but to remain loyal to Egypt"[66].

---

[62] Dass dabei auch an die Unabhängigkeit von Ägypten gedacht war, könnte sich im Ägyptenbild des Deuteronomiums widerspiegeln; die Weisung an den König, das Volk nur nicht wieder nach Ägypten zurückzubringen (Dtn 17,16) spricht hier eine besonders deutliche Sprache. Vgl. hierzu ausführlich Crüsemann, Tora, 274–277; anders Rainer Kessler, *Die Ägyptenbilder der Hebräischen Bibel. Ein Beitrag zur neueren Monotheismusdebatte* (SBS 197), Stuttgart 2002, 102–105.

[63] Vgl. Donner, Geschichte, 388f; Gunneweg, Geschichte, 121; Kessler, Ägyptenbilder, 42f; Schmitt, Arbeitsbuch, 77; Kessler, Sozialgeschichte, 115; Berlejung, Geschichte, 120.

[64] Vgl. Donner, Geschichte, 402f; Metzger, Geschichte, 134; Gunneweg, Geschichte, 122; Crüsemann, Tora, 249; Schmitt, Arbeitsbuch, 119; Lipschits, Jerusalem, 32.43f.

[65] Lipschits hält es allerdings für denkbar, dass die unter Fronarbeit stattfindende Errichtung eines zedernholzgetäfelten Luxuspalastes, die in Jer 22,13–15 angeprangert wird, mit dieser ersten Phase der Regierung Jojakims in Verbindung zu bringen ist. Die Erwähnung von Zedernholz und Purpur (vgl. V.14) spreche für Handelsverbindungen mit den Phöniziern, die während der turbulenten Phase der Machtübernahme durch die Babylonier kaum denkbar seien (vgl. Lipschits, Jerusalem, 45, Anm. 30, sowie Crüsemann, Tora, 249).

[66] Lipschits, Jerusalem, 45.

3.2. *Juda während der ersten Phase der neubabylonischen Vorherrschaft in der Levante (605–598/97 v.u.Z.)*

Jojakims ägyptische Vasallität endete vermutlich erst im Jahr 604 v.u.Z., als – in Folge des Sieges Nebukadnezars in der Schlacht bei Karkemisch 605 v.u.Z. – er sich dem babylonischen Herrscher zu unterwerfen gezwungen sah und ihm tributpflichtig wurde: „In seinen [Jojakims, R.P.] Tagen zog Nebukadnezar, der König von Babel, herauf, und Jojakim wurde sein Vasall (עבד), drei Jahre lang" (2 Kön 24,1abα). Bereits dieser Fall Judas von einer imperialen Abhängigkeit in die nächste vermag anzudeuten, dass der Verlust der Eigenstaatlichkeit und die Zerstörung des Südreichs 587/86 v.u.Z. als Konsequenz seiner geographischen und ideologisch-politischen Lage zwischen den beiden Großmächten Ägypten und Babylonien betrachtet werden können. Daneben aber ist der Niedergang Judas auch „the outcome of the reckless and improvident policy of the last kings of Judah and of political and religious turmoil among various sectors of the Jerusalem elite"[67]. Dabei spielte nicht zuletzt auch die von einzelnen ProphetInnen beklagte soziale Spaltung innerhalb der judäischen Gesellschaft, der auch die Joschijanische Reform nicht grundlegend hatte entgegenwirken können[68], eine wesentliche Rolle.

Zum ersten Mal wird die Schaukelpolitik Jojakims und seiner Nachfolger in dessen Reaktion auf den erfolglosen Invasions- und Annexionsversuch Nebukadnezars gegenüber Ägypten im Winter des Jahres 601/00 v.u.Z. deutlich, der Jojakim, unterstützt durch eine sich immer lautstarker artikulierende pro-ägyptische (oder doch zumindest anti-babylonische, national-religiöse?) Partei[69], offenbar zum mehr oder weniger sofortigen Abfall von den Babyloniern bewegte (vgl. 2 Kön 24,1bβ: „Dann aber kehrte er [Jojakim, R.P.] sich ab und lehnte sich gegen ihn [Nebukadnezar, R.P.] auf"). Der Kampf zwischen Ägyptern und Babyloniern – folgerichtige Fortsetzung des andauernden Konflikts um die Hegemonie über die Levante –, in dem sie einander in offener Feldschlacht „[an]griffen [. . .] und [. . .] schwere Verluste bei[brachten]"[70], der, mit anderen

---

[67] Lipschits, Jerusalem, 42f.

[68] Vgl. hierzu Kessler, Sozialgeschichte, 118f.

[69] Vgl. Albertz, Religionsgeschichte, 367; Lipschits, Jerusalem, 45; Berlejung, Geschichte, 120f.

[70] So die Babylonische Chronik BM 21946, Rev., 7 (zitiert nach TGI³, Nr. 44, 74; vgl. auch Weippert, Textbuch, 416). Sofern die Babylonische Chronik in diesem Zusammenhang – ganz gegen die antike Gewohnheit – auch die Toten in den eigenen Reihen nicht ganz

Worten, zu unzähligen Todesopfern auf beiden Seiten führte, endete mit dem Rückzug Nebukadnezars und des Rests seiner Truppen. Vermutlich ging diese Niederlage mit einer zwischenzeitlichen Minderung der babylonischen Kontrolle über den syro-palästinischen Raum einher, während die Ägypter ihren dortigen Einfluss erneuern konnten[71]. Erst nach einer ein- oder sogar zweijährigen Regenerationsphase, im Jahr 598/97 v.u.Z., nahm Nebukadnezar seine regelmäßigen ‚Tribut-Kampagnen' nach Hatti-Land wieder auf und stellte die babylonische Hegemonie wieder her, wobei seine Strafaktion gegen Jerusalem augenscheinlich von so großer Wichtigkeit war, dass ihr in der Babylonischen Chronik als einzigem Einzelereignis dieses Jahres ein eigener Abschnitt gewidmet wurde[72]:

> Siebtes Jahr: Im Monat Kislew (Nov./Dez.) musterte der König von Akkad seine Truppen und marschierte nach Hatti (Syrien/Palästina). Die Stadt Juda belagerte er und im Monat Adar (Feb./März), am 2. Tag, nahm er die Stadt ein. Den König nahm er gefangen. Einen König nach seinem Herzen setzte er ein. Ihren schweren Tribut nahm er und brachte (ihn) nach Babylon[73].

Auch 2 Kön 24,2.10–17 bezieht sich offenbar auf diese Ereignisse, enthält aber einige zusätzliche bzw. leicht differierende Angaben: Danach scheint Nebukadnezar die Belagerung Jerusalems nicht selbst durchgeführt, sondern chaldäische, aramäische, moabitische und ammonitische Streifscharen bzw. Hilfstruppen vorausgeschickt zu haben (vgl. V2), die die Stadt noch eingeschlossen hielten, als er sie nach einem Belagerungszeitraum von etwa drei Monaten gegen Ende seines siebten Regierungsjahrs einnahm (vgl. V11) – bzw. als Jojachin, der mittlerweile an Stelle seines zwischenzeitlich verstorbenen Vaters Jojakim König geworden war, sie übergab und sich den Babyloniern unterwarf (vgl. V12)[74]. Auch wissen die Königebücher zu berichten, dass Nebukadnezar nicht nur den jungen König mitsamt der Königinmutter, den Frauen des Königs und dessen (Hof-)Beamten nach Babylonien deportierte (vgl. 2 Kön 24,15), sondern

---

verschweigt (vgl. hierzu Berlejung, Gewalt, 205–207), war die Niederlage wahrscheinlich ausgesprochen massiv.

[71] Vgl. Lipschits, Jerusalem, 50f; Keel, Geschichte, 608f.

[72] Vgl. Albertz, Exilszeit, 52; Keel, Geschichte, 610.

[73] Babylonische Chronik BM 21946, Rev., 11–13 (zitiert nach Albertz, Exilszeit, 71; vgl. auch Weippert, Textbuch, 417).

[74] Vgl. Keel, Geschichte, 610–612. Wahrscheinlich verstarb Jojakim, dem die babylonische Strafaktion eigentlich gelten sollte, während der Zeit des Heranrückens der babylonischen Truppen (vgl. Kessler, Sozialgeschichte, 127). Es steht zu vermuten, dass der plötzliche Thronwechsel Jerusalem und seine Führungsschicht (zunächst) vor noch härteren babylonischen Vergeltungsmaßnahmen bewahrte (vgl. Lipschits, Jerusalem, 53–55).

„ganz Jerusalem (אֵת־כָּל־יְרוּשָׁלַ֫ם)", „mit Ausnahme der Ärmsten vom Volk des Landes (זוּלַת דַּלַּת עַם־הָאָ֫רֶץ)" (V14), eine allerdings anachronistisch anmutende Notiz, die aus 2 Kön 25,12 eingetragen worden sein könnte[75]. Auch habe er den Tempel und den Königspalast geplündert bzw. plündern lassen (V13). Zuvor schon hatte der babylonische Herrscher als „König nach seinem Herzen" einen Onkel Jojachins und weiteren Sohn Joschijas, Mattanja, den letzten König des Südreichs (597/96–587/86 v.u.Z.), auf dem judäischen Thron installiert, dessen Namen er in Zidkija änderte (vgl. 2 Kön 24,17). Insgesamt erweckt sowohl das in der Babylonischen Chronik als auch das in 2 Kön 24,2.10–17 Berichtete den Eindruck, dass – auch wenn insbesondere die Deportationen einen nicht zu unterschätzenden Einschnitt für das kleine Land Juda bedeuteten und für die von ihnen Betroffenen m.E. im Sinne eines traumatischen Ereignisses zu bewerten sind – „the conquerors nevertheless allowed the continued existence of the smaller, diminished kingdom"[76].

3.3. *Juda und das neubabylonische Reich zwischen 598/97 und 589/88 v.u.Z.*

Während seines Feldzugs nach Hatti-Land 598/97 v.u.Z. stabilisierte Nebukadnezar die babylonische Hegemonie über die Levante vermutlich auch dadurch, dass er dort eine (rudimentäre) Administrationsstruktur sowie für die Steuer- und Tributeintreibung verantwortliche Garnisonen installierte[77]. In seinem achten Regierungsjahr (597/96 v.u.Z.) jedenfalls scheint er seinen ‚Jahresmarsch' (deshalb?) nur bis Karkemisch fortgesetzt zu haben[78], während er in seinem neunten Jahr (596/95 v.u.Z.) in Auseinandersetzungen mit den Elamitern, die die Ostgrenze des babylonischen Reiches bedrohten, verwickelt war[79]. Bevor Nebukadnezar in seinem zehnten Regierungsjahr erneut zu einem Feldzug in den syro-palästinischen Raum aufbrach, um den schweren Tribut der dortigen Könige und Beamten in Empfang zu nehmen[80], hatte er eine interne Revolte zu bekämpfen[81]. Vor

---

[75] Vgl. Kessler, Sozialgeschichte, 130.

[76] Lipschits, Jerusalem, 59. Zum Ganzen vgl. a.a.O., 56–62, sowie Donner, Geschichte, 405–407; Metzger, Geschichte, 137; Gunneweg, Geschichte, 123f.

[77] Vgl. Lipschits, Jerusalem, 62.

[78] Vgl. die Babylonische Chronik BM 21946, Rev., 14f (Wiseman, Chronicles, 72f; Weippert, Textbuch, 417).

[79] Vgl. die Babylonische Chronik BM 21946, Rev., 16–20 (Wiseman, Chronicles, 72f; Weippert, Textbuch, 417).

[80] Vgl. die Babylonische Chronik BM 21946, Rev., 23f (Wiseman, Chronicles, 72f; Weippert, Textbuch, 417).

[81] Vgl. die Babylonische Chronik BM 21946, Rev., 22 (Wiseman, Chronicles, 72f; Weippert, Textbuch, 417), sowie Lipschits, Jerusalem, 62f; Albertz, Exilszeit, 53.

dem Hintergrund dieser vorübergehenden babylonischen Schwächeperiode gelang es augenscheinlich den Ägyptern unter ihrem neuen König Psammetich II. (595–589 v.u.Z.), u.a. durch Kriegszüge nach Nubien 593 v.u.Z. und eine Expedition zur phönizischen Küste im darauffolgenden Jahr[82], eine wachsende imperiale Stärke zu demonstrieren, die bei den levantinischen Vasallen Nebukadnezars eine propagandistische Wirkung gezeitigt und die Hoffnung auf Abschüttelung des babylonischen Jochs geschürt zu haben scheint[83].

Bevor sich allerdings Zidkija endgültig zur Rebellion gegen die Babylonier entschloss, vermutlich, indem er die geforderten Tributzahlungen einstellte, bekundete er – so jedenfalls Jer 51,59 (vgl. auch Jer 29,3) – Nebukadnezar gegenüber noch einmal seine Loyalität, indem er in seinem vierten Regierungsjahr (594/93 v.u.Z.) selbst an dessen Hof in Babylon erschien bzw. einen seiner höchsten Beamten dort seine Aufwartung machen ließ. Für dasselbe Jahr berichtet die Babylonische Chronik, die eine solche judäische Gesandtschaft nicht erwähnt, noch einmal von einem babylonischen Feldzug nach Hatti-Land[84]. Danach bricht sie ersatzlos ab, so dass eine Darstellung der folgenden Jahre, die für den syro-palästinischen Raum eine tiefe Krise bedeuteten, fast ausschließlich auf biblische Notizen und archäologische Zeugnisse zurückgreifen muss.

Die These von Lipschits, „that events surrounding the beginning of Hophra's reign (589 B.C.E.) led Nebuchadrezzar to modify his policy: he decided to conquer the remaining small vassal kingdoms close to the border with Egypt, to annex them, and to rule over them directly, as Babylonian provinces"[85], lässt sich dementsprechend anhand von Quellen nicht sicher belegen. Gleichwohl aber erscheint es plausibel, dass das Aufbegehren Zidkijas (vgl. 2 Kön 24,20; Jer 52,3) wahrscheinlich gegen Ende der 590er Jahre v.u.Z. in eine Phase fiel, in der die Ägypter (wieder) mehr und mehr Fuß im Süden des syro-palästinischen Raums zu fassen und die Stabilität der dortigen babylonischen Hegemonie zunehmend zu bedrohen begannen.

---

[82] Vgl. hierzu Julie Galambush, „The Northern Voyage of Psammeticus II and Its Implications for Ezekiel 44.7–9", in: Lester L. Grabbe/Alice Ogden Bellis (Hg.), *The Priests in the Prophets: The Portrayal of Priests, Prophets and Other Religious Specialists in the Latter Prophets* (JSOT.S 408), London/New York 2006 [2004], 65–78, passim.

[83] Vgl. Lipschits, Jerusalem, 63f, sowie Donner, Geschichte, 409f; Gunneweg, Geschichte, 124; Albertz, Exilszeit, 53.

[84] Vgl. die Babylonische Chronik BM 21946, Rev., 25 (Wiseman, Chronicles, 74f; Weippert, Textbuch, 417).

[85] Lipschits, Jerusalem, 68. Vgl. auch a.a.O., 66f.

3.4. Der Fall Jerusalem(s) – zu den Umständen der Belagerung und Zerstörung der Stadt in den Jahren 589/88 bis 587/86 v.u.Z.

Vieles spricht dafür, dass die Initiierung und Aufrechterhaltung der ‚judäischen' Aufstandsbewegung gegen Babylon, die vermutlich mit einer im ganzen syro-palästinischen Raum immer stärker werdenden anti-babylonischen Haltung, vielleicht sogar mit einem anti-babylonischen Bündnis in Zusammenhang stand[86], auf ein ganzes Bündel an politischen, sozialen und ideologisch-theologischen Ursachen zurückgeführt werden kann[87]. U.a. das (religiöse) Ideal von der Unversehrbarkeit und Uneinnehmbarkeit der Gottesstadt, dessen Wahrheitsgehalt man aus dem Abzug Sanheribs gut 100 Jahre zuvor entnehmen zu können glaubte, dürfte eine wichtige Rolle gespielt haben (vgl. hierzu z.B. Jer 7,4). Daneben erzählt das Jeremiabuch von offenbar zunehmend lauter werdenden (prophetischen) Stimmen, die dazu rieten, sich vom Joch Nebukadnezar(s) zu befreien, oder die diese Befreiung als unmittelbar bevorstehend ankündigten (vgl. z.B. Jer 27,9.14.16; 28,1–4.10f), während Jeremia dazu aufforderte, sich eben diesem Joch zu beugen, um weiteres Unheil abzuwenden (vgl. z.B. Jer 27,2–8.11.12f.17; 28,14).

Der biblische Bericht von der Belagerung, Einnahme, Plünderung, Entvölkerung und Zerstörung Jerusalems in 2 Kön 25,1–21 und den Parallelüberlieferungen in Jer 39,1–10 sowie Jer 52,4–30 hingegen enthält keine Begründung für den babylonischen Angriff; relativ nüchtern wird hier zunächst die Geschichte der Belagerung und des ‚Aufbruchs' der Stadt kurz nachgezeichnet (2 Kön 25,1–4aα; vgl. Jer 39,1–3; 52,4–7aα), bevor die Flucht der judäischen Krieger sowie Zidkijas, sodann dessen Schicksal und das seiner Söhne beschrieben werden (2 Kön 25,4aβ-7; vgl. Jer 39,4–7; 52,7aβ–11[88]). 2 Kön 25,8–12 (vgl. Jer 39,8f; 52,12–15) ist dem Ergehen Jerusalems und seiner EinwohnerInnen gewidmet, während 2 Kön 25,13–17 (vgl. Jer 52,17–23) die Zerstörung und Plünderung von Tempelgut fokussiert. In 2 Kön 25,18–21a (vgl. Jer 52,24–27a) wird von der Gefangennahme von 72 (bzw. 74) Jerusalemer Führungspersönlichkeiten (Priester, Beamte und

---

[86] Allerdings gibt es für ein derartiges Bündnis – sieht man von Jer 27,3, einem Vers, der häufig auf eine Art konspiratives Treffen der Könige von Edom, Moab, Ammon, Tyrus und Sidon bei Zidkija in Jerusalem gedeutet wird, ab – nur indirekte Hinweise. Vgl. hierzu Lipschits, Jerusalem, 72.

[87] Vgl. Lipschits, Jerusalem, 70–72. Keel sieht vor allem im Machtwechsel in Ägypten (von Psammetich II. zu Apries/Hofra [589–570 v.u.Z.]) eine wesentliche Ursache für Zidkijas Abfall (vgl. ders., Geschichte, 613f).

[88] Jer 52,11b umfasst dabei die über 2 Kön 25 und Jer 39 hinausgehende Information, Zidkija sei in Babel bis zum Tag seines Todes ins Gefängnis gesperrt worden.

Männer „vom Volk des Landes") und deren Ermordung durch Nebukadnezar in Ribla berichtet, bevor es in 2 Kön 25,21b und Jer 52,27b (abschließend) heißt: „Und Juda wurde von seiner Ackererde deportiert". Der Bericht in Jer 39,1–10, der diese (Schluss-)Bemerkung wie auch die Hinweise auf das Tempelgut und das Massaker in Ribla nicht enthält, endet hingegen mit der (in 2 Kön 25,12; Jer 52,16 ähnlich formulierten) Information, Nebusaradan, der Befehlshaber der babylonischen Leibgarde, habe von den „geringen Leuten, die nichts besaßen" einige im Land zurückgelassen und ihnen Weinberge und Äcker gegeben (V10).

2 Kön 25,1a zufolge begann die Belagerung Jerusalems durch das babylonische Heer im 9. Jahr, im 10. Monat, am 10. des Monats der Königsherrschaft Zidkijas (vgl. Jer 39,1a; 52,4a), d.h. im Januar 589/88 v.u.Z.[89], wobei Nebukadnezars Truppen offenbar alsbald einen Belagerungswall rings um die Stadt errichteten (vgl. 2 Kön 25,1b; Jer 52,4b), so dass diese in Bedrängnis geriet bzw. eingeschlossen wurde (ותבא העיר במצור, vgl. 2 Kön 25,2a; Jer 52,5a). Aufgebrochen bzw. eingenommen (√בקע Nif'al) wurde sie rund eineinhalb Jahre später, im 11. Jahr, im 4. Monat, am 9. des Monats (vgl. 2 Kön 25,2b-4aα [hier fehlt die Monatsangabe]; Jer 39,2; 52,5b–7aα), d.h. im Juli 587/86 v.u.Z. Das Nicht-mehr-Standhalten(-Können) der JerusalemerInnen wird dabei indirekt mit einer im Zuge der Belagerung massiv um sich greifenden Hungersnot und der daraus resultierenden Erschöpfung in Verbindung gebracht: „Am 9. des Monats war der Hunger groß in der Stadt, und es gab kein Brot mehr für das Volk des Landes" (2 Kön 25,3; vgl. Jer 52,6)[90].

Was während der knapp 18-monatigen Einschließung der Stadt genauer geschah, darüber schweigen die Berichte des Zweiten Königs- bzw. des Jeremiabuchs. Außerhalb von Jer 39,1–10 allerdings lassen sich noch einige weitere Verse der biografischen Erzählung in Jer 37,1–43,7, in deren Zentrum das Ergehen Jeremias in der Zeit Zidkijas sowie der babylonischen Besatzungsmacht steht, auf Ereignisse während der Belagerung Jerusalems beziehen: So wird zum einen die Hungersnot noch einmal greifbar (vgl. Jer 37,21; 38,9); darüber hinaus weiß Jer 37,5.11 davon zu berichten, dass ein ägyptisches Heer den JudäerInnen zur Hilfe kam und die babylonische

---

[89] Je nach gewählter Chronologie kommt man auch auf Januar 588/87 v.u.Z. Vgl. hierzu Gershon Galil, *The Chronology of the Kings of Israel an Judah* (SHCANE 9), Leiden u.a. 1996, 108–126; Albertz, Exilszeit, 69–73.

[90] Vgl. hierzu auch das Lachisch-Ostrakon Nr. 3, das eventuell als Hinweis darauf zu deuten ist, dass man in Lachisch aus Ägypten Essensvorräte zu besorgen versuchte (TGI³, Nr. 45, 76; Weippert, Textbuch, 421f; vgl. Donner, Geschichte, 411).

Armee zur vorübergehenden Unterbrechung der Belagerung der Davidsstadt nötigte (vgl. auch Jer 34,21f)[91], eine Situation, die möglicherweise von
einzelnen JerusalemerInnen genutzt wurde, um aus der Stadt zu entkommen (und zu den Babyloniern überzulaufen)[92]. Möglicherweise blieben nur
diejenigen „who believed in the revolt and who were confident that the
city could stand firm against the Babylonians"[93], als Letztere, nachdem sie
das ägyptische Heer zurückgedrängt hatten, die Einschließung der Stadt
erneuerten. Lipschits zufolge ist dieses Manifestwerden zweier politischer
Lager „with different ideological roots and social standing" von herausragender Bedeutung für das Verstehen der sozialen und politischen Prozesse *nach* dem Fall der Stadt; auch erkläre es „the harsh measures taken
against anyone suspected of treason, incitement, or lowering the moral
of the soldiers", wie sie etwa der zur Unterwerfung unter die Babylonier
aufrufende Jeremia erfahren zu haben scheint (vgl. Jer 37,15f; 38,6)[94].

Alle weiteren in den genannten Texten enthaltenen Nachrichten beziehen sich auf die Zeit nach der Durchbrechung der Stadtmauer durch die
Babylonier im Juli 587 v.u.Z.:

1) Umittelbar im Anschluss an dieses Ereignis scheint Zidkija mit einem
   Teil seines Heeres einen Fluchtversuch in Richtung Osten unternommen zu haben. Er wurde jedoch von den ihm nachsetzenden babylonischen Truppen aufgegriffen, nach Ribla gebracht und dort (von
   Nebukadnezar?) verurteilt und grausam bestraft: Seine Kinder (vgl.
   noch Jer 38,23) wurden vor seinen Augen ermordet[95], er selbst wurde
   geblendet und in doppelten Ketten nach Babylonien verschleppt
   (vgl. 2 Kön 25,4aβ-7; Jer 39,4–7; 52,7aβ-11).

---

[91] So auch Flav.Jos.Ant. X, 108–110. Vgl. Donner, Geschichte, 411; Metzger, Geschichte,
137; Gunneweg, Geschichte, 124; Albertz, Exilszeit, 53; Lipschits, Jerusalem, 75–77; Schmitt,
Arbeitsbuch, 120; Berlejung, Geschichte, 121.

[92] Dies jedenfalls ist der Vorwurf, den Jirija, ein Wachhabender am Benjamin-Tor, gegen
Jeremia erhebt, als dieser die Stadt zu verlassen sucht, um sich in Benjamin einer Erb-
schaftsangelegenheit anzunehmen (Jer 37,13f; vgl. Jer 38,19; 39,9; 52,15).

[93] Lipschits, Jerusalem, 77.

[94] Lipschits, Jerusalem, 77. Vgl. auch das Lachisch-Ostrakon Nr. 6 (TGI³, Nr. 45, 77f;
Weippert, Textbuch, 423f) und hierzu Donner, Geschichte, 411.

[95] Es ist kaum anzunehmen, dass die Kinder Zidkijas, der zu diesem Zeitpunkt etwa
31 Jahre alt gewesen sein dürfte, sich bereits in einem Alter befanden, in dem sie aktiv
an den Kampfhandlungen beteiligt waren. Ihre brutale Ermordung (im hebräischen Text
wird √שחט, „schlachten", verwendet [2 Kön 25,7; Jer 39,6; 52,10]) zielte deshalb vermutlich
darauf, mit der Nachkommenschaft Zidkijas auch die davidische Dynastie in Juda auszulöschen und das babylonische Durchsetzungsvermögen auf er- bzw. abschreckende Weise
zu demonstrieren.

2) Rund einen Monat nach der Kapitulation erreichte Nebusaradan, der
„Befehlshaber der Leibgarde"[96] Nebukadnezars, Jerusalem und ord-
nete die Verbrennung des Tempels, des Königspalasts und aller (großen) Stadthäuser sowie das Niederreißen der Stadtmauern an (vgl.
2 Kön 25,8–10; Jer 39,8 [hier fehlt die explizite Erwähnung des Tem-
pels]; 52,12–14). Dass zwischen der Eroberung und der Zerstörung der
Stadt etwa vier Wochen vergingen, ist Albertz zufolge dahingehend zu
deuten, dass „Nebukadnezar gezögert [habe], Jerusalem das gleiche
furchtbare Schicksal anzutun, das Sanherib ungefähr hundert Jahre
früher Babylon angetan hatte"[97]; es könnte jedoch auch dafür sprechen, dass die Verwüstung Jerusalems kein spontaner, sondern ein
von den Babyloniern politisch durchdachter, systematisch geplanter
Akt war, dem sie eine Phase des Beutemachens und der Vorbereitung
der Deportationen vorschalteten[98]:

> Evidence of Nebuchadrezzar's desire to eliminate Jerusalem as a religious
> and political center may be found in the burning of the centers of govern-
> ment and religious ritual in the city: ‚the house of the Lord' and ‚the house
> of the king (= the palace)' (v. 9). The totality of the devastation is highlighted
> in the description of burning ‚all of the houses of Jerusalem' and ‚every large
> house', as well as ‚tore down the walls of Jerusalem all about' (v. 10). This
> description accords with the archaeological finds that were revealed in the
> excavations of the City of David and of the Ophel [...], as well as the account
> by Nehemiah (2:13–15) when he surveyed the city walls some 130 years later.
> The destruction inflicted on the city was exceptionally grievous[99].

3) Nach 2 Kön 25,11 (vgl. Jer 39,9; 52,15) war es ebenfalls Nebusaradan, der
die Exilierung der in der Stadt verbliebenen Personen organisierte.

---

[96] So die Übersetzung von רב־טבחים, der Berufs-/Funktionsbezeichnung Nebusaradans, nach der Zürcher Bibel 2007.

[97] Albertz, Exilszeit, 54; vgl. auch ders., Zerstörung, 34. Aus traumatheoretischer Perspektive ist die Albertzsche Argumentation m.E. nicht plausibel – die Phänomenologie
des Traumas lässt eher ein gegensätzliches Handeln als das von Albertz beschriebene
erwarten. Walter Mayer nimmt indes an, dass die Zerstörung des Jerusalemer Tempels
587/86 v.u.Z. „im Rahmen einer im Alten Orient geübten Praxis [erfolgte], die sich über
mehr als ein Jahrtausend nachweisen läßt" (ders., „Die Zerstörung des Jerusalemer Tempels 587 v. Chr. im Kontext der Praxis von Heiligtumszerstörungen im antiken Vorderen
Orient", in: Johannes Hahn [Hg.], Zerstörungen des Jerusalemer Tempels. Geschehen –
Wahrnehmung – Bewältigung [WUNT 147], Tübingen 2002, 1–22, 2).

[98] Vgl. Lipschits, Jerusalem, 79f.

[99] Lipschits, Jerusalem, 80–82. Vgl. auch Albertz, Exilszeit, 54, wo es heißt, Nebukadnezar habe sich entschlossen, „den Mythos von der Unverletzlichkeit des Zion drastisch zu
widerlegen", um „die religiöse Quelle der antibabylonischen Umtriebe in Juda ein für alle
Male aus[zu]löschen".

Drei Gruppen werden genannt, die er nach Babylonien deportieren
ließ, der „Rest des Volkes, die in der Stadt übrig Gebliebenen (יתר העם
הנשארים בעיר)", die „Überlaufenden, die zum König von Babel über-
gelaufen waren (הנפלים אשר נפלו על־המלך בבל)", und der „Rest
der Menge (יתר ההמון)". Jer 52,15 erwähnt – in Kopfstellung – noch
eine vierte Gruppe, „von den Geringen des Volkes (מדלות העם)", eine
Formulierung, die aus V16 eingetragen worden sein könnte; Jer 39,9
spricht bei der dritten Gruppe nicht wie das Zweite Königsbuch vom
„Rest der Menge", sondern ein weiteres Mal vom übrig gebliebenen
Rest des Volkes (יתר העם הנשארים), allerdings ohne die Ortsangabe
„in der Stadt" noch einmal hinzusetzen. Dem hier entstehenden Eindruck, die *ganze* Restbevölkerung *Jerusalems* sei durch Nebusaradan
nach Babylonien verschleppt worden, entspricht der weitere Kontext
der hier besprochenen Berichte, der weitestgehend auf das Ergehen
der judäischen Hauptstadt fokussiert bleibt; ihm entspricht auch der
bereits angesprochene archäologische Befund. Dass – entgegen der vermutlich aus der Perspektive der Exulanten formulierten, die Berichte
in 2 Kön 25,21b und Jer 52,27b abschließenden Bemerkung, *(ganz) Juda*
sei von seiner Ackererde fort ins Exil gebracht worden – Menschen im
Land zurückblieben, findet darin einen Ausdruck, dass in den jeweils
folgenden Versen „die Geringen des Landes" (דלות הארץ [2 Kön 25,12;
Jer 52,16]) bzw. „die geringen Leute, die nichts besaßen" (העם הדלים
אשר אין־להם מאומה [Jer 39,10]) in den Blick genommen werden,
von denen Nebusaradan einige übrig gelassen habe „als Wein- und
Ackerbauleute" (2 Kön 25,12; Jer 52,16; vgl. Jer 39,10). Möglich ist,
dass hier (u.a.) an vormals in und um Jerusalem lebende, von Groß-
grundbesitzern abhängige LohnarbeiterInnen bzw. SchuldsklavInnen
(vgl. Jer 34,8–22) gedacht ist, die nun in der Gegend um Mizpa (vgl.
Jer 40,6–12), „von dem Besitz derer [erhalten], in deren Abhängigkeit
sie einst aufgrund ihrer Überschuldung geraten waren"[100].

4) Dem Bericht über die aus Jerusalem deportierten Personen schließt
sich in 2 Kön 25,13–17 und Jer 52,17–23 eine Auflistung der Gegenstände,
Gerätschaften und Gefäße an, die die Babylonier aus dem Jerusalemer
Tempel als Beute nach Babylonien überführten. Besonderes Gewicht
fällt dabei auf die beiden Säulen im Bereich der Tempelvorhalle („Jachin"
und „Boas"; vgl. 1 Kön 7,15–22), deren Schönheit und Kostbarkeit noch
einmal beschrieben wird (vgl. 2 Kön 25,17; Jer 52,21–23), die aber, wie

---

[100] Kessler, Sozialgeschichte, 130.

auch die Kesselwagen und das „Meer" (2 Kön 25,13.16; Jer 52,17.20; vgl. 1 Kön 7,23–26 bzw. 7,27–39) von den Babyloniern zerschlagen worden seien, um ihre – schon damals unbestimmbare (vgl. 1 Kön 7,47) – Menge an Bronze abzutransportieren. Wenn daneben noch Töpfe, Schaufeln, Messer, Schüsseln und weitere Geräte aus Bronze, „mit denen der Dienst verrichtet worden war", sowie Pfannen und Schüsseln aus Gold und Silber (2 Kön 25,14f; vgl. Jer 52,18f) erwähnt werden, läuft die Aufzählung letztlich nicht nur darauf hinaus, die Plünderung des gesamten, von Hiram von Tyrus verfertigten Tempelinventars (vgl. die Liste in 1 Kön 7,41–45), sondern einmal mehr die Vollständigkeit und Unwiderruflichkeit der Zerstörung festzuhalten[101].

5) Eine weitere Liste in 2 Kön 25,18–21a (vgl. Jer 52,24–27a) umfasst insgesamt 72 (bzw. 74) Männer in herausgehobenen religiösen und (militär-) politischen Positionen, die von Nebusaradan in der Stadt aufgegriffen, nach Ribla gebracht und dort unter Nebukadnezar hingerichtet wurden. Als Opfer dieses Massakers werden der erste und der zweite Priester, Seraja und Zefanja, drei Angehörige der Wachpriesterschaft, ein für die Truppen(-musterung) zuständiger hoher Beamter, fünf (bzw. sieben) enge Vertraute des Königs, der Schreiber des Heereskommandeurs sowie 60 Männer vom עם הארץ genannt.

Zusammenfassend lässt sich feststellen, dass die relativ ,untheologischen', an religiöser wie politisch-historischer Ursachenforschung kaum interessierten Erzähl-Berichte in 2 Kön 25,1–21, Jer 39,1–10 und Jer 52,4–27 vor allem die harten Fakten ins Zentrum zu rücken versuchen. In 2 Kön 25,1–21, dem vermutlich ältesten der drei Texte, werden drei Daten genannt, die jeweils den Anfang vom immer vollständiger sich abzeichnenden Ende Jerusalems markieren (V1.3.8); den Aufzählungen (der verbrannten bzw. zerstörten Gebäude und Bauten, der deportierten Bevölkerungsgruppen, des geplünderten Tempelinventars, der in Ribla ermordeten Oberen) haftet etwas Statistisches an. Sie alle heben die Totalität und Irreversibilität dieses Endes hervor, eines Endes, das zugleich am Ende des Königs(geschlechts) sowie am Ende der religiösen und (militär-)politischen Führungseliten verdeutlicht wird. Dass ein besonderes Interesse am Schicksal der Führungs- und Oberschicht besteht, wird auch darin erkennbar, dass einerseits vom verschleppten „Rest des Volkes" (V11) bzw. vom verschleppten Juda (V21), andererseits aber von den zurückge-

---

[101] Vgl. Lipschits, Jerusalem, 83f.

lassenen „Geringen des Landes" (V12), die offenbar *nicht* zu den beiden zuerst genannten Gruppen gerechnet werden (!), die Rede ist. In dieser – gleichsam paradoxen – Darstellung dürfte sich einerseits die Perspektive der nach Babylonien Deportierten[102], andererseits die soziale Zerklüftung widerspiegeln, die die judäische Gesellschaft etwa seit dem Beginn des 8. Jh.s v.u.Z. durchzog und die Israel auch in exilischer und nachexilischer Zeit[103] entscheidend prägen sollte.

Wie dieser soziale Riss lassen sich auch die Schrecken des Belagerungskriegs und der Zerstörung der judäischen Hauptstadt mehr oder weniger nur zwischen den Zeilen herauslesen – die etwa 18-monatige Belagerungszeit wird in nur drei Versen zusammengefasst (V1–3); allein in der doppelten Erwähnung der Hungersnot deutet sich das qualvolle Leiden (und Sterben) vieler der in Jerusalem Verbliebenen an. Die Abschnitte über das Vorgehen Nebukadnezars gegen Zidkija und dessen Kinder (V6f) sowie gegen die 72 Führungspersonen (V21a), mit denen er jeweils kurzen Prozess macht, bringen eher die unerbittliche Konsequenz des babylonischen Herrschers als Entsetzen oder Trauer angesichts der hier erzählten Ereignisse zum Ausdruck. Allein hinter der detaillierten Beschreibung der Tempelsäulen lässt sich vielleicht ein Schmerz über deren Verlust erahnen[104].

3.5. Zur Situation in Juda nach 587/86 v.u.Z.

Siedlungsbewegungen bzw. archäologisch nachweisbare Siedlungsstrukturen deuten darauf hin, dass die Babylonier in der Region zwischen Benjamin und dem nördlichen Judäischen Gebirge eine alternative administrative (Provinzial-)Struktur aufzubauen versuchten, als deren Zentrum die kleine Stadt Mizpa (vermutlich *Tell en-Naṣbe*)[105] 12 km nördlich von Jerusalem diente. Auch wenn sich nur wenig über die Entwicklungen in Juda nach 587/86 v.u.Z. sagen lässt, korrelieren die archäologischen (Be-) Funde und das, was in einzelnen biblischen Texten, vor allem des Jeremiabuchs (Jer 40,7–41,18; vgl. 2 Kön 25,22–26) berichtet wird, in einigen wesentlichen Punkten. Was sich bezogen auf diese Entwicklungen – mit der gebotenen Vorsicht – aus den vorhandenen Quellen erschließen lässt, soll im Folgenden kurz skizziert werden.

---

[102] Vgl. Lipschits, Jerusalem, 102f.

[103] Vgl. Kessler, Sozialgeschichte, 143–148.

[104] Vgl. Norbert Clemens Baumgart, „Das zweite Buch der Könige", in: Erich Zenger (Hg.), *Stuttgarter Altes Testament. Einheitsübersetzung mit Kommentar und Lexikon*, Stuttgart ³2005 [2004], 619–669, 668.

[105] Vgl. hierzu Georg Fischer, *Jeremia 26–52* (HThKAT), Freiburg i.Br. u.a. 2005, 370f.

An 2 Kön 25,21b, dem Hinweis auf die Exilierung (ganz) Judas, schließt sich in V22–26 ein kurzer Bericht darüber an, was in Juda nach der Zerstörung der Stadt, den Deportationen, die wahrscheinlich vorrangig die Einwohnerschaft Jerusalems betrafen, und der Bestrafung einiger Verantwortlicher geschah: Nebukadnezar setzt einen gewissen Gedalja, Sohn Achikams und Enkel Schafans, über das im Land Juda übrig gebliebene Volk ein (V22; vgl. Jer 40,7aβb). Als das bekannt wird, kommen einzelne Heereskommandeure (ein Teil der Eliten befindet sich also nach wie vor im Land!) mit ihren Leuten zu Gedalja nach Mizpa (V23; vgl. Jer 40,7aα.8). Gedalja schwört ihnen, dass sie sich vor den Babyloniern nicht zu fürchten brauchen – dienen sie dem König von Babel, wird es ihnen gut gehen (V24; vgl. Jer 40,9). Das ist schon alles, was sich dem Zweiten Königsbuch hinsichtlich der Amtsperiode Gedaljas entnehmen lässt – bereits im nächsten Vers wird seine Ermordung durch den Davididen Jischmael geschildert, wobei dem Anschlag neben Gedalja auch die bei ihm in Mizpa befindlichen judäischen und babylonischen Leute zum Opfer fallen (V25; vgl. Jer 41,1–3). Aus Furcht vor den Babyloniern flieht daraufhin das ganze (restliche) Volk samt den Heeresobersten nach Ägypten (V26; vgl. Jer 41,16–18).

Jer 40,7–41,18 enthält, darauf weisen die oben in Klammern angegebenen Parallelstellen hin, diese Informationen ebenfalls, darüber hinaus aber noch eine ganze Reihe weiterer, über 2 Kön 25,22–26 hinausgehender Angaben, und zwar:

1) Jer 40,10b: Gedalja fordert die Heereskommandeure und deren Leute zur Ernte und zur Einlagerung von Wein, Obst und Öl sowie zum Siedeln in den Städten, „die in eurem Besitz sind", auf.

2) Jer 40,11f: (Judäische) Flüchtlinge aus den Nachbarländern kommen zu Gedalja nach Mizpa und ernten reichlich Wein und Obst.

3) Jer 40,13–16: Die Heeresobersten warnen Gedalja vor Jischmael, der, im Auftrag des Königs von Ammon, einen Mordanschlag auf ihn plane, doch Gedalja glaubt ihnen nicht. Einer der Heereskommandeure, Jochanan, der Sohn Kareachs, bietet Gedalja im Verborgenen an, Jischmael zuvorzukommen und diesen heimlich zu erschlagen, damit nicht „der Rest Judas zugrunde geht" (V15). Gedalja will davon nicht wissen.

4) Jer 41,4–8: Am Tag nach der Ermordung Gedaljas kommen 80 Pilger aus Sichem, Schilo und Samaria, um im „Haus JHWHs" Speisegaben und Weihrauch darzubringen[106]. Auf hinterhältige Weise lockt Jisch-

---

[106] Die jeremianische Schilderung der Zeichen der Trauer (geschorenen Bart, zerrissene Kleider, Schnittwunden) tragenden, „Gabe und Weihrauch", d.h. unblutige Opfer, mitfüh-

mael die Gruppe nach Mizpa und schlachtet 70 von ihnen ab; nur zehn Pilger, die sich mit Nahrungsmitteln freizukaufen vermögen, lässt er am Leben.

5) Jer 41,9: Jischmael wirft die Leichen der von ihm Hingemetzelten in eine Zisterne (und macht damit „die wohl größte Sicherung von Wasservorrat für Mizpa"[107] unbrauchbar).

6) Jer 41,10: Jischmael führt die in Mizpa übrig Gebliebenen in die Gefangenschaft; er selbst macht sich auf den Weg zu den Ammonitern.

7) Jer 41,11–15: Jochanan und die anderen Heeresoberen sammeln ihre Leute, um Jischmael zu stellen und zu bekämpfen. Es gelingt ihnen, das von Jischmael entführte Volk auf ihre Seite zu ziehen; Jischmael aber entkommt mit acht Gefolgsleuten zu den Ammonitern.

Sowohl 2 Kön 25,22–26 als auch Jer 40,7–41,18, darauf haben AuslegerInnen immer wieder hingewiesen, sind in starkem Maße in die Diskurse des Deuteronomistischen Geschichtswerks bzw. des Jeremiabuchs eingebunden. Bei der Suche nach historischen Referenzpunkten ist in Rechnung zu stellen, dass der Bericht des Zweiten Königsbuchs die nach Babylonien deportierte (Jerusalemer) Elite als das wahre Juda ins Bild setzt, und darüber hinaus ein weitestgehend entleertes Land zeichnet, in dem nur einige wenige von den Ärmsten des Landes hinterblieben sind. Die Biographie Jeremias (Jer 37,1–43,7) hingegen bringt die Zerstörung Jerusalems und das Exil als verpasste bzw. zerstörte Gelegenheit zur Veränderung von politischen Strukturen in Juda zur Sprache und versucht damit zugleich die Umstände zu erhellen, die zur (erzwungenen) Abwanderung Jeremias und der das Massaker Jischmaels überlebenden Gruppe um Jochanan ben-Kareach nach Ägypten führten. „The description focuses on the latter group and is not concerned with those who remained in the country"[108] – auch

---

renden Pilger aus Sichem, Schilo und Samaria (allesamt im ehemaligen Nordreich liegende Orte mit alten, bedeutsamen Kulttraditionen [vgl. Fischer, Jeremia 26–52, 385f]), die zum „Haus Jhwhs" unterwegs sind (Jer 41,5), wird oftmals als Hinweis darauf betrachtet, dass „an der Ruinenstätte" des Jerusalemer Heiligtums „ein reduzierter Opferkultus weiterging" (Helmut Utzschneider, *Das Heiligtum und das Gesetz. Studien zur Bedeutung der sinaitischen Heiligtumstexte* [Ex 25–40; Lev 8–9] [OBO 77], Fribourg/Göttingen 1988, 267). Albertz geht mit Hinweis auf Jer 41,5 sogar davon aus, dass die „vier öffentliche[n] Klagegottesdienste im Jahr" (vgl. Sach 7,2–14; 8,18f) in „Juda [...] wahrscheinlich in den Trümmern des Jerusalemer Heiligtums statt[fanden]" (ders., Exilszeit, 118; vgl. auch Metzger, Geschichte, 138; Schmitt, Arbeitsbuch, 121). Lipschits zufolge (ders., Jerusalem, 113) hat es wahrscheinlich Leute gegeben, die Jerusalem weiterhin als religiöses Zentrum betrachteten; auf der anderen Seite „there were also those who sought alternative places for worship and worked to establish them. Bethel, Mizpah, Gibeon, and Shechem were likely candidates."

[107] Fischer, Jeremia 26–52, 389.
[108] Lipschits, Jerusalem, 120.

hier entsteht somit letztlich das Bild eines entvölkerten Landes. Die verpasste bzw. zerstörte Chance auf ein Wiederaufleben Judas nach den Ereignissen von 587/86 v.u.Z. hebt Jer 40,7–41,18 durch eine ausgesprochene
Gedalja-Freundlichkeit und durch die Zeichnung Jischmaels im Bilde eines
skrupellosen, menschenverachtenden Verbrechers besonders hervor.

Diese Tendenzhaftigkeit der biblischen Quellen vorausgesetzt, sollen
im Folgenden wesentliche Aspekte der Gedalja-Zeit benannt werden:

> Als Schafanide gehörte Gedalja zu den (Nachkommen der) Exponenten des
> עם הארץ bzw. der deuteronomischen Bewegung, in deren Händen in den
> Jahren der Regentschaft Joschijas entscheidende Macht lag und die auch
> in der Folgezeit immer wieder gewichtige (politische) Ämter innehatten[109].
> Zwei in Lachisch gefundene Siegel deuten darauf hin[110], dass Gedalja wäh-
> rend der Regierungszeit Zidkijas, also vor der Zerstörung der Stadt, eine her-
> ausragende Position in der judäischen Administration, möglicherweise das
> Amt eines Haushofhalters, bekleidete. Von der politischen Positionierung
> her scheint er Jeremia nahegestanden zu haben[111]. Die Babylonier scheinen
> mit dem Nicht-Davididen Gedalja also eine Person in die Funktion des Statt-
> halters[112] eingesetzt zu haben, die sich einerseits in der königlichen Adminis-
> tration Judas bestens auskannte und andererseits eine besonnene, moderate
> Politik bzw. eine realpolitische Haltung vertrat. Sie dürften Gedalja zuge-
> traut haben, Juda zügig wiederaufzubauen, die Verwaltungsstrukturen unter
> babylonischer Aufsicht zu reorganisieren und die Region zu stabilisieren,
> und konnten erwarten, dass er ihre Hegemonie bis zu einem gewissen
> Grade anerkannte[113].

---

[109] Vgl. hierzu Crüsemann, Tora, 311–313.

[110] Auf einem der aus dem 6. Jh. v.u.Z. stammenden Siegel ist von (einem) „Gedalja, der
über das Haus ist", die Rede (vgl. 1 Kön 4,6; 16,9; 2 Kön 10,5; 19,2; Jes 22,15 u.ö.), die andere Sie-
gelinschrift lautet: „Dem Gedalja, dem Diener des Königs". Vgl. hierzu Metzger, Geschichte,
139; Albertz, Exilszeit, 81, Anm. 151; Lipschits, Jerusalem, 36f; Keel, Geschichte, 776f.

[111] Jer 26,24 zufolge war es Achikam, der Sohn des Schafan, der Jeremia „vor der
national-religiös erregten Volksmenge geschützt" (Albertz, Exilszeit, 81) und so dessen
Ermordung verhindert hatte. Auch wird Jeremia, bereits auf dem Weg ins babylonische
Exil, von Nebusaradan ausdrücklich vor die Option gestellt, Gedalja in Mizpa aufzusuchen
und bei ihm zu bleiben, eine Option, die Jeremia schließlich ergreift (vgl. Jer 40,1–6). Zum
Ganzen vgl. auch Joël P. Weinberg, „The Babylonian Conquest of Judah: Some Additional
Remarks to a Scientific Consensus", ZAW 118 (2006), 597–610, 603–609.

[112] Es ist allerdings umstritten, ob das Engagement der Babylonier überhaupt so weit
ging, in den von ihnen eroberten Regionen eine Provinzialstruktur unter der Führung von
Statthaltern zu etablieren bzw. ob sie eine solche Struktur von den Assyrern übernahmen
(vgl. hierzu Vanderhooft, Empire, 104–110; ders., Strategies, passim; Betlyon, Operations,
278.) Lipschits spricht von einer „Babylonian practice of establishing Babylonian provinces
on the basis of agents whose loyalty to Babylon was well known, enabling them to rebuild
the country quickly" (ders., Jerusalem, 95f).

[113] Vgl. Lipschits, Jerusalem, 87.

Sowohl 2 Kön 25,22 als auch Jer 40,7aβb berichten davon, dass Gedalja durch Nebukadnezar über „das im Land Juda übrig gebliebene Volk" (2 Kön) bzw. über „das Land" (Jer) eingesetzt worden sei (פקד Hif'il + על). Sowohl das Subjekt der Einsetzung als auch die für diese verwendete Verbform weisen darauf hin, dass ein offizieller, autoritativer Akt beschrieben werden soll[114] – „the author of this description saw Gedaliah as appointed by the Babylonian authorities to be responsible for Judah"[115]. Kraft seines Amtes, so scheint es, vermag Gedalja die judäischen Heeresobersten und deren Leute aufzufordern, Wein, Obst und Öl zu ernten und einzulagern und sich in „ihren Städten", die sie „eingenommen haben", anzusiedeln (Jer 40,10b), womit wahrscheinlich zum Ausdruck gebracht ist, dass er die Befugnis hatte, Häuser und Ackerland, vermutlich auch den (früheren) Besitz von Deportierten sowie im Krieg Geflohenen und Getöteten, zuzuteilen bzw. umzuverteilen. Dass diese Zuteilungen nicht nur den (ehemaligen) judäischen Heeresangehörigen, sondern allen in Juda Zurückgebliebenen zugute kommen, scheint der Text vorauszusetzen – bereits die den Charakter einer Bodenreform tragende Maßnahme Nebusaradans, den Besitzlosen Äcker und Weinberge zu geben[116], deutet in diese Richtung. Und wenn das Jeremiabuch gleich im Anschluss von in die Nachbarländer geflohenen JudäerInnen berichtet, die, nachdem sie von der Einsetzung Gedaljas gehört haben, nun ebenfalls nach Mizpa kommen (Jer 40,11–12a) und „Wein und Obst in sehr großer Menge ernteten" (V12b), so ist damit nicht nur zum Ausdruck gebracht, dass es dem Statthalter offenbar gelang, „die ackerbäuerliche Produktion und die Versorgung der Bevölkerung erstaunlich schnell wieder in Gang [zu bringen]"[117], sondern auch, dass „Landreform und Flüchtlingsansiedlung nicht nur ein Akt der Wiederherstellung von Gerechtigkeit sind, sondern dass auf ihnen auch der Segen einer reichen Ernte liegt"[118].

Als Administrationssitz dürfte Gedalja Mizpa, eine kleine Stadt nahe der Nordgrenze Judas, im benjaminitischen Gebiet, gedient haben (vgl. Jer 40,6.8.12.13; 41,1; 2 Kön 25,23). Dafür, dass die Babylonier versucht haben

---

[114] Vgl. hierzu Gen 39,4f (Potifar setzt Josef über sein Haus ein [פקד Hif'il + על]), 41,34 (Pharao möge, so Josef, einen Aufseher über das Land einsetzen [פקד Hif'il + על]); 1 Kön 11,28 (Salomo setzt Jerobeam über alle Lastenträger des Hauses Josef ein [פקד Hif'il + ל]), Est 2,3 (Ahaschverosch setzt in allen Provinzen seines Königreichs Sonderbeauftragte ein [פקד Hif'il + ב]).

[115] Lipschits, Jerusalem, 88.

[116] Vgl. hierzu Kessler, Sozialgeschichte, 130.

[117] Albertz, Exilszeit, 82.

[118] Kessler, Sozialgeschichte, 131.

könnten, Mizpa zu einer Art Provinzhauptstadt umzufunktionieren, bieten auch die in *Tell en-Naṣbe* durchgeführten archäologischen Untersuchungen einige Anhaltspunkte: Zum einen wurde die Stadt am Ende der Eisenzeit II nicht zerstört und weist am Übergang vom 7. zum 6. Jh. v.u.Z. keine Besiedlungslücke auf, zum anderen hat man dort die Überreste von (Verwaltungs-)Gebäuden von vergleichsweise hoher Konstruktionsqualität gefunden[119].

Dass die Babylonier Mizpa zum Zentrum bestimmten, könnte einerseits damit zusammenhängen, dass Jerusalem aufgrund der babylonischen (Militär-)Maßnahmen unbewohnbar geworden war[120]; andererseits wird in dieser (erzwungenen) Umorientierung das Ende der realen Davidsstadt und des mit ihr verbundenen realen Königtums noch einmal manifest, mit dem die Babylonier vermutlich auch das Ende bestimmter mit Zion verbundener politischer wie religiöser Ideologien zu besiegeln wünschten[121].

Die Frage nach der Dauer der Gedalja-Herrschaft lässt sich kaum sicher beantworten. Die meisten ExegetInnen nehmen eine rund vierjährige Statthalterschaft Gedaljas an, wobei sie die in Jer 52,30 für das 23. Jahr Nebukadnezars, d.h. für 582/81 v.u.Z., erwähnte Deportation von 745 Judäer(Inne?)n als babylonische Strafmaßnahme für die Ermordung Gedaljas in eben diesem Zeitraum deuten[122]. In 2 Kön 25,25 und Jer 41,1 ist als Zeitpunkt der Ermordung allerdings nur der 7. Monat – ohne Jahr – angegeben, so dass es sich, legt man das im Vorfeld Erzählte zugrunde, eigentlich noch um das Jahr der Einnahme (im 4. Monat Tammus) und Zerstörung Jerusalems (im 5. Monat Aw) handeln müsste. Lipschits nimmt an, dass

> Gedaliah managed to rule a bit longer than seven weeks after the destruction, until he was assassinated [...]. This means that the crisis of his assassination came relatively soon after the trauma of the destruction of Jerusalem, when only some of the refugees had returned to Judah and when those who

---

[119] Vgl. Lipschits, Jerusalem, 237–241. In *Tell en-Naṣbe* hat man darüber hinaus die meisten der wahrscheinlich zur Kennzeichnung von Waren dienenden *m(w)ṣh*-Siegelabdrücke entdeckt, die auf die Bedeutung von Mizpa als (ökonomischem) Verwaltungszentrum hindeuten könnten. Es ist allerdings umstritten, ob die in Frage stehenden Abdrücke in die babylonische Zeit zu datieren sind. Zum Ganzen vgl. ausführlich Lipschits, Jerusalem, 149–152.174–181.

[120] Anders Kessler, Sozialgeschichte, 129.

[121] Vgl. Abertz, Exilszeit, 54. Zum Ganzen vgl. auch Keel, Geschichte, 777–779.

[122] Vgl. Albertz, Exilszeit, 83f; Fischer, Jeremia 26–52, 366.383.385; Kiefer, Exil, 68.74; Kessler, Sozialgeschichte, 128; Berlejung, Geschichte, 121.

remained in Judah had not yet completed the first stage of stabilization or begun the rebuilding process[123].

Eine so kurze Amtsperiode Gedaljas lässt sich für manche nur schwer „mit den von ihm betriebenen Maßnahmen [...] vereinbaren"[124], doch kommt man hier m.E. über Spekulationen nicht hinaus. Da das Jeremiabuch in seiner Gedalja-Freundlichkeit vor allem daran interessiert erscheint, Gedaljas Amtszeit einerseits mit möglichst raschen Erfolgen zu schmücken und andererseits das ebenso rasche Scheitern seiner Bemühungen (und der Juda mit seinem Amtsantritt eröffneten Chancen) durch den Fanatiker Jischmael und seine Gefolgsleute darzustellen, ist es m.E. problematisch, von hier aus auf eine bestimmte – kürzere oder längere – Amtszeit Gedaljas zu schließen. Im Zweiten Königsbuch bleibt die Gedalja-Zeit ohnehin eine Mini-Episode, die in die Abwanderung des letzten Rests des judäischen Volkes nach Ägypten mündet und so der Idee vom entvölkerten, brachliegenden Land weitere Nahrung gibt.

Muss schon für die Gedalja-Zeit Vieles Spekulation bleiben, so gilt das in noch größerem Maße für das, was in Juda nach der Ermordung Gedaljas geschah. Wahrscheinlich betrauten die Babylonier nicht noch einmal einen Judäer mit der Provinzialverwaltung, sondern setzten einen Statthalter aus ihren eigenen Reihen ein; möglich ist aber auch, dass sie Juda von Samaria aus verwalten ließen[125]. Auch, dass „sich die Lage in Juda [...] spürbar verschlechterte"[126], wie Albertz annimmt, lässt sich nur vermuten – vielleicht hatte sie sich noch gar nicht entscheidend verbessert, als diese erneute Krise, die bei den im Lande Zurückgebliebenen einiges an aufkeimender Hoffnung zerstört haben dürfte, über Juda hereinbrach.

In der Hebräischen Bibel erscheint die Folgezeit bis zur Rückkehr einzelner ExulantInnen(-Gruppen) nach Jerusalem ab ca. 520 v.u.Z[127]. als „gähnende Lücke" und „düsteres Loch [...], das nur durch vereinzelte

---

[123] Lipschits, Jerusalem, 101f.

[124] Kessler, Sozialgeschichte, 128; vgl. Keel, Geschichte, 780. Eine „Fülle" an von Gedalja unternommenen Maßnahmen ist allerdings in 2 Kön 25,22–26 und Jer 40,7–41,18 kaum zu erkennen. Vgl. hierzu auch Lipschits, Jerusalem, 101.

[125] Dies entspräche dann – so jedenfalls wird weithin angenommen – „der Rechtslage in der frühen persischen Zeit, welche die Perser nicht erst geschaffen, sondern bereits vorgefunden haben" (Gunneweg, Geschichte, 127; vgl. auch Metzger, Geschichte, 139f; Albertz, Exilszeit, 84; Lipschits, Jerusalem, 121.124f; Kessler, Sozialgeschichte, 129; Berlejung, Geschichte, 159).

[126] Albertz, Exilszeit, 84.

[127] Zur Datierung der Rückwanderungsbewegungen vgl. Albertz, Exilszeit, 11.106; Kessler, Sozialgeschichte, 128.139.

Spotlights ein wenig aufgehellt ist"[128]. Alle großen bzw. größeren Exilskonzeptionen, deren Interesse es nicht ist, historische Ereignisse und Konstellationen um ihrer selbst willen abzubilden, sondern diese in den theologischen Horizont der Geschichte Jhwhs mit seinem Volk Israel einzuschreiben, präsentieren die Exilsperiode gewissermaßen als Unzeit: Die Jeremia-Biographie skizziert das Exil bzw. die ersten Wochen nach dem Untergang der judäischen Hauptstadt als „verspielte Heilschance", das Zweite Königsbuch als „(vorläufiges) Ende der Geschichte" und das Zweite Chronikbuch als „Sabbatruhe für das Land"[129]. Alle drei Konzepte gewinnen ihre (theologische) Überzeugungskraft dadurch, dass sie die Geschichte des Landes Juda einige Jahrzehnte ,aussetzen' – es liegt überhaupt nicht in ihrem Interesse, das unter babylonischer Hegemonie stehende Juda als wenigstens in Teilen noch funktionierenden Lebensraum zu schildern.

Gleichzeitig ist aber auch damit zu rechnen, dass die Kriegs- und Gewalterfahrungen aufgrund ihres traumatischen Charakters in ein ,normales' narratives Skript, in eine ,normale' Geschichts-Erzählung nicht sofort und nicht einfach integrierbar waren. Die Be- und Verarbeitung dieser Katastrophenerfahrung(en) erfolgte wahrscheinlich nur nach und nach und in Literaturgattungen, die, wie etwa die fiktionale Erzählung oder bestimmte poetische Formen, Raum für das Sagen des Unsagbaren bieten, die aber die Ereignisse nicht in einem stringenten Referenzsystem zur Darstellung bringen.

Bevor ich in Abschnitt B. ausführlicher auf den traumatischen bzw. traumatogenen Charakter der bislang vornehmlich historiographisch beleuchteten Ereignisse in Juda/Jerusalem zu Beginn des 6. Jh.s v.u.Z. eingehe, soll jedoch zunächst zusammengetragen werden, wie sich diese in archäologischer Perspektive darstellen.

4. *Der archäologische Blick*

4.1. *Jerusalem am Ende der Eisenzeit II/zu Beginn des 6. Jh.s v.u.Z.*
Der sich aus den Erzähl-Berichten vom Fall der Stadt im Zweiten Könige- bzw. im Jeremiabuch ergebende Eindruck einer (fast) vollständigen Zerstörung Jerusalems sowie einer (fast) vollständigen Entvölkerung der judäischen Hauptstadt entspricht weitgehend dem, was ArchäologInnen über deren Situation am Ende der Eisenzeit II festgestellt haben: Zahl-

---

[128] Albertz, Exilszeit, 13.
[129] So mit Albertz, Exilszeit, 14.16.20.

reiche in Ascheschichten aufgefundene Pfeilspitzen, u.a. vom sog. skytischen Typ, „whose earliest appearance in the land of Israel is not earlier than the mid-seventh century B.C.E."[130], lassen darauf schließen, dass ein (Belagerungs-)Krieg stattgefunden hat, der, dafür sprechen auch die in die Zeit um 600 v.u.Z. zu datierenden Zerstörungszeichen an Gebäuden sowie an Stadtmauerteilen, in eine Erstürmung und Verwüstung der Stadt mündete. Dass diese Zerstörung umfassend, ja nahezu vollständig war, wird daran erkennbar, dass an fast allen untersuchten baulichen Strukturen und an allen – über die Stadt und ihre unmittelbare Umgebung verteilten – Grabungsstätten Anhaltspunkte für eine massive Destruktion durch Feuer und Waffengewalt in eben diesem Zeitraum ausgemacht werden konnten[131]. Die (nicht) aufgefundenen Keramiken weisen darüber hinaus auf eine längerdauernde Besiedlungslücke im Anschluss an die Zerstörung Jerusalems hin, die sowohl die Stadt selbst als auch die an sie angrenzenden Regionen betraf[132] – selbst in der Mitte der persischen Zeit, d.h. um 450–400 v.u.Z., hatte Jerusalem die für das Ende der Eisenzeit II angenommene Größe und Einwohnerzahl noch keineswegs wieder erreicht.

Den meisten ForscherInnen gilt es als ausgesprochen wahrscheinlich, dass dieser – hier nur recht grob skizzierte – Befund, sowohl was die Zerstörung, als auch was die Besiedlungslücke(n) angeht, mit einem Jerusalem durch die Babylonier zugefügten „mortal blow"[133] in Zusammenhang zu bringen ist[134]. Insbesondere der massive Rückgang bewohnter Flächen in der und um die Stadt erscheint dabei als Nachweis für die Massivität der gewaltsamen Vernichtung, die der Region unter Nebukadnezar und dessen Truppen zugefügt wurde. Laut Lipschits ist es darüber hinaus denkbar, dass die Babylonier nicht bei der Zerstörung aller Lebensgrundlagen in der ehemaligen judäischen Hauptstadt stehenblieben, sondern

---

[130] Hillel Geva, „Western Jerusalem at the End of the First Temple Period in Light of the Excavations in the Jewish Quarter", in: Andrew G. Vaughn/Ann E. Killebrew (Hg.), *Jerusalem in Bible and Archaeology: The First Temple Period* (SBL.SS 18), Atlanta 2003, 183–208, 199. Vgl. auch Lipschits, Jerusalem, 210.

[131] So z.B. W. Harold Mare, *The Archaeology of the Jerusalem Area*, Grand Rapids 1987, 112 (mit Verweis auf Yigal Shiloh, *Excavations at the City of David, I.* [Qedem 19], Jerusalem 1984, 14.29). Vgl. auch Betlyon, Operations, 266; Lipschits, Jerusalem, 210–218. Zu den Ausmaßen der Zerstörung in verschiedenen Teilen Jerusalems vgl. Eilat Mazar/Benjamin Mazar, *Excavations in the South of the Temple Mount: The Ophel of Biblical Jerusalem* (Qedem 29), Jerusalem 1989 (Hebr.), 21.43.59 (Stätten südlich des Tempelbergs); Shiloh, Excavations, 18f; Geva, Western Jerusalem, 199 (Weststadt bzw. Neustadt).

[132] Vgl. Lipschits, Jerusalem, 217f.

[133] Lipschits, Jerusalem, 218.

[134] Vgl. z.B. Mare, Achaeology, 112f; Ephraim Stern, „The Babylonian Gap", *BArR* 26/6 (2000), 45–51.76, passim; Betlyon, Operations, 266; Lipschits, Jerusalem, 218.

dass sie in der Folge den Wiederaufbau von Stadt und Tempel sowie die
Wiederbesiedlung des Stadtgebiets auch *aktiv* verhinderten:

> In light of the demographic evidence, it is also possible that, like Hadrian in
> later times, who prohibited the Jews from living in Jerusalem after the Bar-
> Kochba revolt, the Babylonians prohibited Jews from settling in Jerusalem.
> If this were not the case, it is difficult to explain why at least some of the
> refugees did not return to the city and why the city did not experience any
> recovery before the beginning of the Persian Period[135].

4.2. *Demographische und geopolitische Prozesse in Juda im 6. Jh. v.u.Z.*
Archäologische Untersuchungen im Gebiet des damaligen Juda lassen
den Schluss zu, dass sich in dessen verschiedenen Regionen am Ende der
Eisenzeit II, d.h. um 600 v.u.Z., ganz unterschiedliche demographische
und geopolitische Prozesse abgespielt haben.

1) In mehreren (Festungs-)Städten der *Schefela* (Lachisch, Aseka, Tel
   Goded, Marescha) lassen sich Besiedlungslücken, teilweise auch deutliche Hinweise auf eine militärische Invasion (Ascheschichten, Pfeilspitzen, Mauerbreschen, vollständige Gebäudezerstörungen) ausmachen.
   Lipschits rechnet damit, dass die besiedelte Fläche der Schefela vom
   Ausgang des 7. bis zum Beginn des 5. Jh.s v.u.Z. um mehr als 80%
   zurückging[136]. Dieses regelrechte ‚Besiedlungsvakuum' ist dabei aller
   Wahrscheinlichkeit nach mit babylonischen Militäraktionen in Verbindung zu bringen, die der Belagerung Jerusalems vorausgingen bzw.
   zu deren Vorbereitung dienten[137].

2) Nahezu alle archäologisch untersuchten Ortschaften im *Negev*, unter
   ihnen zahlreiche Grenzforts, weisen gravierende, in die ausgehende
   Eisenzeit II zu datierende Zerstörungsmerkmale auf; die Besiedlungsfläche ging um etwa 75% zurück. Archäologisch ist allerdings nicht
   auszumachen, wann die im Negev liegenden Ortsanlagen aufgegeben und/oder vernichtet wurden, und was/wer die Ursache dieses
   Besiedlungsrückgangs war. Am wahrscheinlichsten ist von einem
   (langsam) fortschreitenden Kollaps der Region auszugehen, wobei
   der Zusammenbruch der die Negev-Siedlungen schützenden Verteidi-
   gungsanlagen, sei es während oder infolge der Belagerung und Zerstörung Jerusalems durch die Babylonier, zur Flucht der dort ansässigen

---

[135] Lipschits, Jerusalem, 218.
[136] Vgl. Lipschits, Jerusalem, 218–223.262.
[137] Vgl. Lipschits, Jerusalem, 218.

JudäerInnen geführt haben könnte. Denkbar ist, dass dieser Prozess in hohem Maße von halbnomadischen Gruppen beeinflusst und forciert wurde, die zuvor im Grenzgebiet zwischen Juda und Edom gelebt hatten (‚EdomiterInnen‘)[138], nun aber, infolge des Durchlässigwerdens der judäischen Südgrenze, nach Norden vordringen konnten[139].

3) Mit einer ähnlichen Entwicklung wie im Negev ist auch im *südlichen judäischen Bergland* zu rechnen. Während die Zahl der Siedlungen im nördlichen (und zentralen) judäischen Bergland, d.h. nördlich von Hebron, in etwa stabil blieb, ging sie im südlichen judäischen Bergland, d.h. südlich von Hebron, zwischen dem Ende des 7. Jh.s v.u.Z. und der persischen Zeit um etwa 60% zurück[140].

4) Nach einer wirtschaftlichen Blütezeit ab der Mitte des 7. Jh.s v.u.Z.[141]. erfuhr der *Osten Judas* (Jordantal, judäische Wüste, westliche Küstenregion des Toten Meeres) gegen Ende des 7. Jh.s v.u.Z. massive Zerstörung, wobei umstritten ist, ob diese auf den Zusammenbruch der militärischen und ökonomischen Strukturen nach dem Fall Jerusalems oder auf eine systematische militärische Offensive der babylonischen Armee im Vorfeld bzw. während der Belagerung der judäischen Hauptstadt zurückzuführen ist. Einzelne Orte könnten geplant aufgegeben worden sein[142]. Vieles weist darauf hin, „that the collapse of the settlement array in this region at the beginning of the

---

[138] Viele AuslegerInnen gehen heute davon aus, dass das edomitische Kleinkönigreich die Situation der Schwäche Judas ab 598/97 bzw. 587/86 v.u.Z. ausgenutzt und sein Gebiet auf Kosten Judas vergrößert habe (vgl. Albertz, Exilszeit, 84f; Keel, Geschichte, 794.848f; Berlejung, Geschichte, 121). Biblisch stellt sich die Situation nicht ganz eindeutig dar – Jer 40,11 jedenfalls beschreibt die Rückkehr judäischer Flüchtlinge, die während der babylonischen Invasion in Edom Aufnahme gefunden haben. Auch finden die gegen Edom gerichteten feindseligen Äußerungen in Teilen der Prophetie, des Psalters und der Klagelieder (vgl. Jes 34; Jer 49,7–22; Ez 25,12–14; 35; Joel 4,19; Mal 1,2–5; Ps 137,7; Klgl 4,20f) keinen Widerhall in den Berichten vom Ende Judas/Jerusalems des Zweiten Königs- und des Jeremiabuchs. Margaret S. Odell geht davon aus, dass Edom mit dem Zusammenbruch des assyrischen Reiches in tribale Strukturen ‚zurückgefallen‘ sei (vgl. dies., *Ezekiel* [Smyth & Helwys Bible Commentary 16], Macon 2005, 437). Vor diesem Hintergrund ist es kaum wahrscheinlich, dass ein organisierter edomitischer Staat militärstrategisch gegen das von den Babyloniern bedrohte Juda vorging und sich Teile Judas einverleibte. Zum Ganzen vgl. auch Lipschits, Jerusalem, 141–146.

[139] Vgl. Lipschits, Jerusalem, 224–230. Etwas anders beurteilt Albertz (ders., Exilszeit, 84f) die Vorgänge.

[140] Vgl. Lipschits, Jerusalem, 230–232.

[141] Vgl. Stern, Babylonian Gap, 275f; Lipschits, Jerusalem, 232f.

[142] Vgl. Lipschits, Jerusalem, 233.233, Anm. 175. Stern zufolge allerdings weisen die Ausgrabungen in En-Gedi eindeutig auf eine Zerstörung durch die Babylonier hin (vgl. ders., Babylonian Gap, 276).

sixth century B.C.E. was universal – the area was depleted of its entire population"[143].

5) Während weite Teile Judas zu Beginn des 6. Jh.s v.u.Z. mehr oder weniger verwüstet wurden und für längere Zeit nahezu unbesiedelt blieben, stellt sich die Situation in der *Region Benjamin*, die nach den biblischen Berichten in 2 Kön 25,22–26 und Jer 40,7–41,18 nach der Zerstörung Jerusalems zum judäischen Zentrum avancierte, auch in archäologischer Perspektive überraschend anders dar. Was für Mizpa (*Tell en-Naṣbe*) bereits festgehalten wurde – dass während des 6. Jh.s durchgehende Besiedlung und keine Destruktionszeichen festzustellen sind –, gilt in ähnlicher Weise auch für die drei anderen größeren Siedlungsanlagen der Region, Gibea (*Tell el-Fûl*), Bet-El (*Beitin*) und Gibeon (*el-Jib*)[144]. Zu dem zwischen dem Ende der Eisenzeit und der persischen Zeit gleichwohl zu verzeichnenden Rückgang an Besiedlungsfläche von etwa 60% kam es dementsprechend vermutlich erst im Verlauf des 5. Jh.s v.u.Z[145].

6) Im *nördlichen und zentralen judäischen Bergland* blieb die insgesamt besiedelte Fläche am Übergang von der Eisenzeit II zur persischen Zeit nahezu gleich, wobei allerdings signifikante Veränderungen hinsichtlich des Siedlungsmusters festzustellen sind (Bedeutungsverlust der großen Siedlungsanlagen, Zunahme der mittleren und kleinen Siedlungsanlagen)[146].

In den meisten Regionen Judas ging also die Besiedlungsfläche zwischen dem Ende der Eisenzeit II und der persischen Zeit deutlich zurück, was – aller Wahrscheinlichkeit nach – zum Teil direkt auf die militärische Invasion der Babylonier (Jerusalem und Umgebung, Schefela) zurückgeführt werden kann, zum Teil (eher) als indirekte Folge des babylonischen Vorgehens gegen Juda und Jerusalem zu werten ist (Negev, südliches judäisches Bergland, Ostjuda). Einzig in der Region Benjamin sowie im nördlichen und zentralen judäischen Bergland blieb die Besiedlungsfläche (jedenfalls zunächst) annähernd stabil. *Insgesamt* ist dementsprechend ein Rückgang

---

[143] Lipschits, Jerusalem, 236f.

[144] Vgl. Lipschits, Jerusalem, 237–248; Charles E. Carter, *The Emergence of Yehud in the Persian Period: A Social and Demographic Study* (JSOT.S 294), Sheffield 1999, 200; Albertz, Exilszeit, 84f; Berlejung, Geschichte, 156. Albertz und Berlejung übernehmen diesen archäologischen Befund allerdings nur ansatzweise.

[145] Vgl. hierzu Lipschits, Jerusalem, 248f.

[146] Vgl. Lipschits, Jerusalem, 250–258.

von fast 70% der besiedelten Fläche zu verzeichnen[147]. Setzt man diese – ausnahmslos archäologisch gewonnenen Daten! – in Bevölkerungszahlen um[148], lässt sich, so Lipschits, die Anzahl der vor der Exilskatastrophe in Juda lebenden Menschen mit etwa 108.000, der in der babylonischen Zeit in Juda lebenden Menschen mit etwa 40.000 angeben, wohingegen die persische Provinz Jehud ca. 30.000 EinwohnerInnen gehabt habe[149].

Folgendes lässt sich, thesenartig formuliert – und damit soll dieser Abschnitt über die geschichtlichen Referenzpunkte des Ezechielbuchs auch zum Abschluss gebracht werden – aus diesen Zahlen entnehmen[150]:

1) Die Zerstörung Jerusalems und die Zerschlagung des judäischen Königreichs durch die Babylonier gingen mit dem gravierendsten demographischen Einschnitt in der Geschichte Judas überhaupt einher. Fast zwei Drittel der judäischen Bevölkerung sind demnach im Zuge dieser Ereignisse umgekommen, geflohen, ausgewandert oder deportiert worden. Vor diesem Hintergrund lässt sich zwar nicht von einem völlig entvölkerten Land, noch weniger aber von einem *„myth of the empty land"* (Hans Barstad)[151] sprechen.

2) Die Babylonier konzentrierten ihre Angriffe auf die (Festungs-)Städte der Schefela einerseits, auf Jerusalem und die Umgegend der judäischen Hauptstadt andererseits. Vieles deutet darauf hin, dass Nebukadnezar in diesen Gebieten Judas eine *scorched earth policy* verfolgte. Die meisten der nach Babylonien Deportierten waren dementsprechend vormalige BewohnerInnen dieser Gegenden.

3) Die Region Benjamin mit der Stadt Mizpa sowie das nördliche und zentrale judäische Bergland waren von dem Bevölkerungsrückgang nicht betroffen. Vielmehr bilden diese Regionen das Zentrum judäischen Lebens in der babylonischen, und, trotz einiger signifikanter Verschiebungen, auch noch während der persischen Zeit[152].

---

[147] Vgl. Lipschits, Jerusalem, 261–263. Der Rückgang an Besiedlungsfläche in der Region Benjamin ist dabei eingeschlossen, obwohl er vermutlich nicht mit der babylonischen Invasion in Juda in Zusammenhang steht.

[148] Zum Verfahren und diesbezüglichen Unsicherheiten vgl. Lipschits, Jerusalem, 258–261. Vgl. auch Rainer Kessler/Heike Omerzu, „Art. Bevölkerungsverhältnisse/-politik", SgWB (2009), 52–55, 53f.

[149] Vgl. Lipschits, Jerusalem, 270; Keel, Geschichte, 774f. Auch Albertz nimmt, unabhängig von Lipschits, an, dass Juda um 580 v.u.Z. ca. 40.000 EinwohnerInnen hatte (vgl. Albertz, Exilszeit, 80).

[150] Zum Folgenden vgl. Lipschits, Jerusalem, 270f.

[151] Vgl. hierzu unten Anm. 328.

[152] Vgl. auch Weinberg, Conquest, 609.

4) Die Rückkehr zum Zion um/ab 520 v.u.Z. hat, was die Gesamt-Besied-
lungsfläche und die Bevölkerungszahlen Judas angeht, keine Veränderungen gezeitigt. Zwar lässt sich durchaus eine Neubesiedlung
Jerusalems und von dessen näherer Umgebung ausmachen, insgesamt aber gingen die Besiedlungsfläche und die Bevölkerung Judas
im Verlauf des 5. Jh.s merklich zurück! Noch um 450 v.u.Z. lebten im
Großraum Jerusalem nur etwa 3.000 Leute, d.h. etwa zehn Prozent der
Gesamtbevölkerung Jehuds (vgl. hierzu auch Neh 7,4; 11,1).

> This fact is proof of the long-term effect of the blow that Jerusalem suffered
> at the hands of the Babylonians at the time of its destruction and the extent
> to which Jerusalem was unsuccessful in recovering and once again becom-
> ing a large, significant urban center; Jerusalem was not again a major city
> until the beginning of the Hellenistic Period.[153]

B. Zum psychotraumatologischen Hintergrund des Ezechielbuchs

Die vorausgehende Darstellung des geschichtlichen Referenzrah-
mens des Ezechielbuchs ist über weite Strecken eine Darstellung von
militär(politisch)en Aktivitäten widerstreitender Nationen und der Folgen, die diese Aktivitäten auf (militär-)politischer Ebene zeitigten. In
einem Aufsatz von Israel Eph'al aus dem Jahr 1983 heißt es zu dieser weit
verbreiteten Form der Geschichtsschreibung:

> Much of our historical information refers to wars and related events (includ-
> ing an outcome terminating in the surrender of one of the parties, or in
> peace between them). Since historiography – ancient and modern alike –
> focuses mainly upon this subject, it is therefore natural that details about
> wars, their courses and consequences have become milestones in historical
> surveys, including those on the Ancient Near East.[154]

Zugleich aber, so Eph'al weiter, sei es – und die Etablierung neuer Hilfs-
mittel, neuer Forschungsmethoden und die Veröffentlichung neuer Quellen ermöglichten dies – von entscheidender Wichtigkeit,

> to work toward a parallel advance in a comprehensive study of military
> activity, moving beyond mere discussion of details, in order to improve our

---

[153] Lipschits, Jerusalem, 271. Vgl. auch Kiefer, Exil, 85–87.
[154] Israel Eph'al, „On Warfare and Military Control in the Ancient Near Eastern Empires:
A Research Outline", in: Hayim Tadmor/Moshe Weinfeld (Hg.), *History, Historiography and
Interpretation: Studies in Biblical and Cuneiform Literature*, Jerusalem 1983, 88–106, 89.

understanding of the basic factors involved and the military problems which the ancient empires faced, to clarify their significance for the ruling peoples and countries and for the peoples and countries under their control, and to sharpen our perception of the ancient control and warfare systems in order to obtain a clearer idea of the military element, which plays a major role in political reality.[155]

Die folgenden Ausführungen verstehe ich als einen Beitrag in diesem Sinne – sie sind der Versuch einer möglichst weitgehenden Annäherung an die Phänomene des antiken Belagerungskriegs und der antiken Massendeportationen, und zwar in erster Linie aus der Perspektive derer, die als Opfer (*victims*)[156] von diesen gewaltförmigen Kriegsmaßnahmen betroffen waren. Ziel ist es herauszuarbeiten, was genau die Kriegs- und Deportationsereignisse in Juda/Jerusalem zu Beginn des 6. Jh.s v.u.Z. für die mit ihnen Konfrontierten bedeutet haben könnten, und diese Ereignisse als psychotraumatologischen Hintergrund des Ezechielbuchs plausibel zu machen.

Dabei beginne ich mit einigen grundsätzlichen Überlegungen zur Anwendung des Traumabegriffs bzw. von Traumakonzepten auf die in Frage stehenden geschichtlichen Ereignisse (1.); ein Abschnitt über die entsprechenden Quellen samt einer kritischen Beurteilung derselben schließt sich an (2.). Die nachfolgenden Unterkapitel behandeln sodann den traumatogenen Charakter des antiken Belagerungskriegs unter besonderer Berücksichtigung der Belagerung, Eroberung und Zerstörung Jerusalems in den Jahren 589/88–587/86 v.u.Z. (3.) und der antiken Massendeportationen mit expliziter Schwerpunktsetzung bei den Verschleppungen, von denen Juda/Jerusalem 598/97 und 587/86 v.u.Z. betroffen war (4.).

1. Die Kriegs- und Deportationsereignisse in Juda/Jerusalem zu Beginn des 6. Jh.s v.u.Z. und der Trauma-Begriff

Though the physical events of destruction and exile were certainly devastating, the real nub of the disaster lies in its psychological and emotional impact, the *traumatic* depth of which Smith-Christopher (2002) vividly presents. And it is especially the theological dimension of this *trauma* that is crucial for understanding the book of Ezekiel. For within just a few years Judah was robbed of all the main elements in her theological system: land,

---

[155] Eph'al, Warfare, 91.

[156] Zur Problematik wie zu Reformulierungen von Opfer-Begriff und Opfer-Rede aus feministisch-ethischer Perspektive vgl. Maria Katharina Moser, *Opfer zwischen Affirmation und Ablehnung. Feministisch-ethische Analysen zu einer politischen und theologischen Kategorie* (Studien der Moraltheologie 34), Wien/Münster 2007, 458–486.

chosen people status, city, temple and monarchy. The events of defeat and
exile at the hands of the Babylonians and the theological questions that they
posed are the essential key to understanding Ezekiel and his tradition[157].

Wie dieses Beispiel aus dem im Jahr 2007 erschienenen Ezechielkommentar von Paul M. Joyce zeigt, wenden einige AuslegerInnen den
Trauma-Begriff auf die Exilskatastrophe von 587/86 v.u.Z. und damit auf
den sozialgeschichtlichen Referenzrahmen des Ezechielbuchs mit großer
Selbstverständlichkeit an[158]. Andere widersprechen dem Gebrauch des
Begriffs etwa mit dem Hinweis, es entzöge sich unserer Kenntnis, „[i]
nwieweit [...] die aus unserer Sicht katastrophalen Ereignisse von 597
und 587 v. Chr. ein Trauma hinterlassen haben"[159]. Vor dem Hintergrund
einer solchen Position verbietet sich allerdings m.E. gleichsam *jede* Aussage in Bezug auf die psycho-physische Situation der von den in Frage
stehenden Ereignissen Betroffenen.

Sieht man einmal von der Reichweite und der Zerstörungskapazität
moderner Waffensysteme ab, haben sich die meisten Mittel und Wege des
Krieges bzw. der Kriegsführung bis heute, bis in die Zeit der sog. (Post-)
Moderne hinein, *nicht* entscheidend verändert. In keinem Jahrhundert
hat es vermutlich, trotz Genfer Konventionen, so viele durch Kriegsereignisse unmittelbar oder mittelbar traumatisierte Personen gegeben wie im
20. „[E]xile is the daily reality for millions of human beings at the opening of the twenty-first century"[160] – die Gesamtzahl aller Flüchtlinge und
Menschen in flüchtlingsähnlichen Situationen dürfte heute weltweit bei
rund 43 Millionen liegen[161]. Mit dem Hinweis, dass „Gewalt allgemein und
Kriegsgefangenschaft, Flucht und Vertreibung insbesondere [...] zum
antiken Alltag [gehörten]"[162], gleichsam alltäglicher waren als heute, wird
man die Kriegs- und Deportationsereignisse zu Beginn des 6. Jh.s v.u.Z.

---

[157] Paul M. Joyce, *Ezekiel: A Commentary* (LHBOTS 482), New York/London 2007, 3f
(Hervorhebung R.P.), mit Bezug auf Smith-Christopher, Theology.

[158] Vgl. z.B. auch Gale A. Yee, *Poor Banished Children of Eve: Woman as Evil in the Hebrew
Bible*, Minneapolis 2003, 115.117; Garber, Ezekiel, passim; Johanna Stiebert, *The Exile and
the Prophet's Wife: Historic Events and Marginal Perspectives*, Collegeville 2005, 20; Dale
F. Launderville, *Spirit and Reason: The Embodied Character of Ezekiel's Symbolic Thinking*,
Waco 2007, 2.237; Bowen, Ezekiel, passim.

[159] Kiefer, Exil, 82.

[160] Smith-Christopher, Theology, 28.

[161] So der Bericht „2009 Global Trends: Refugees, Asylum-seekers, Returnees, Internally Displaced and Stateless Persons" der UN Refugee Agency (UNHCR) im Juni 2010, 1
(Quelle: http://www.unhcr.org/cgi-bin/texis/vtx/search?page=search&docid=4c11fobe9&q
uery=2009%20Global%20Trends, Zugriff am 10.10.2011).

[162] Kiefer, Exil, 83.

dementsprechend nicht relativieren, ihnen ihren traumatischen Charakter nicht absprechen können.

Nach allem, was wir heute von den Folgen für die von Kriegsgewalt im engeren und weiteren Sinne Betroffenen wissen, ist anzunehmen, dass es psychische (Kriegs-)Traumatisierung wie auch Versuche, mit psychischer (Kriegs-)Traumatisierung zurechtzukommen, zu allen Zeiten und an allen Orten gegeben hat[163]. So hat etwa der amerikanische Psychiater Jonathan Shay darauf aufmerksam gemacht, dass die Ilias – das älteste erhaltene Werk der europäischen Literatur – „ein Kriegstrauma detailliert beschreibt und [. . .] Wege zu seiner Überwindung aufzeigt"[164]: Das Epos zeige Achill, den bedeutendsten Helden der Griechen, in der Schlacht vor Troja als Kriegstraumatisierten, dessen „psychotraumatische Symptome [. . .] recht genau denen, die wir heute kennen, entsprechen"[165]. In ähnlichem Sinne spricht John B. Wilson von einem „Trauma Archetype" und meint damit „universal forms of traumatic experiences across time, space, culture, and history"[166].

> The Trauma Archetype is a primordial type of human experience in which a psychological experience is encoded into personality dynamics. The Trauma Archetype gives birth to Trauma Complexes which, in turn, represent how traumatic experiences are encapsulated in individualized ways in the psyche. [. . .] The conceptualization of Trauma Archetypes and Trauma Complexes has much utility when looking at trauma and culture, since these concepts are universal in nature and not ‚wedded' to the concept of PTSD per se or Western perspectives of psychiatric illness[167].

---

[163] Zur sog. *Natural History* bzw. Naturgeschichte der Psychotraumatologie vgl. Fischer/ Riedesser, Psychotraumatologie, 31–34. Zum Zusammenhang von Historischer Psychologie und Exegese vgl. Petra von Gemünden, „Methodische Überlegungen zur historischen Psychologie exemplifiziert am Themenkomplex der Trauer in der Bibel und ihrer Umwelt", in: Bernd Janowski/Kathrin Liess (Hg.): *Der Mensch im Alten Israel. Neuere Forschungen zur alttestamentlichen Anthropologie* (HBS 59), Freiburg i.Br. u.a. 2009, 41–68, passim.

[164] Fischer/Riedesser, Psychotraumatologie, 33; vgl. auch Jonathan Shay, „Learning About Combat Stress From Homer's Ilias", *Journal of Traumatic Stress* 4 (1991), 561–579, passim. Zur Kritik an Shays extrem negativer Sicht der biblischen Tradition vgl. Frank Crüsemann, „Der Gewalt nicht glauben. Hiobbuch und Klagepsalmen – zwei Modelle theologischer Verarbeitung traumatischer Gewalterfahrungen", in: ders. u.a. (Hg.), *Dem Tod nicht glauben* (*FS L. Schottroff*), Gütersloh 2004, 251–268, 251–256.

[165] Fischer/Riedesser, Psychotraumatologie, 33. Zu den Symptomen im Einzelnen vgl. ausführlich a.a.O., 33f, sowie Shay, Combat Stress, passim.

[166] John P. Wilson, „The Lens of Culture: Theoretical and Conceptual Perspectives in the Assessment of Psychological Trauma and PTSD", in: ders./Catherine So-kum Tang (Hg.), *Cross-Cultural Assessment of Trauma and PTSD*, Berlin 2007, 3–30, 25. Vgl. auch Droždek, Rebirth, 9.

[167] Wilson, Lens, 25–27.

Nicht zuletzt hat Michael Ermann in seinem Rundfunkvortrag *Wir Kriegs-kinder* (2003) festgehalten, „dass ein Krieg – ein jeder Krieg, egal zwischen wem und wo er stattfindet – immer ein generationsübergreifendes, psychosoziales Inferno darstellt", das die Seelen der Großeltern, der Eltern und der Kinder zerbreche. Kriege hätten überall die gleichen traumatischen Wirkungen und Folgen, schlügen unheilbare Wunden, führten in ein „Dilemma ohne Ausweg", dessen Lösung auch noch so gute Therapien nicht gewährleisten könnten[168].

Wenn ich in dieser Studie von „traumatischen Ereignissen" spreche und schreibe, so gebe ich damit meiner Überzeugung Ausdruck, dass die mit der (babylonischen) Exilskatastrophe verbundenen Geschehnisse so schwerwiegend waren, dass sie bei Teilen der Bevölkerung Judas und vor allem Jerusalems auf individueller wie kollektiver Ebene traumatische Reaktionen ausgelöst haben. Zwar lassen sich Spuren von traumatischen Reaktionen bzw. der oben beschriebenen Trauma-Phänomenologie in den mit dem babylonischen Exil in Zusammenhang stehenden literarischen Werken Israels ausmachen; einer Diagnostizierung der mit den in Frage stehenden Geschehnissen konfrontierten Menschen soll damit allerdings nicht das Wort geredet werden – diese ist schlechterdings unmöglich[169]. Um diesen und denjenigen Umstand, dass es keinen zwingenden Kausalzusammenhang zwischen traumatischem Ereignis und traumatischer Reaktion bzw. traumatischer Symptomsprache gibt, präsent zu halten, benutze ich im Folgenden gelegentlich den Begriff „traumatogen" für Ereignisse, die Traumata auslösen *können*, aber nicht auslösen *müssen*.

In einem so abgesteckten Rahmen bieten traumatheoretische Erwägungen m.E. die Chance, die Kriegs- und Deportationsereignisse, von denen die in Jerusalem/Juda lebenden Menschen zu Beginn des 6. Jh.s v.u.Z. betroffen waren, und die mit diesen Ereignissen in Verbindung stehenden (aus ihnen hervorgegangenen bzw. auf sie sich beziehenden) Literaturen noch einmal neu oder anders wahrzunehmen und diesbezüglich weitere Verstehensmöglichkeiten zu gewinnen, aus denen Verstehens- und Handlungsperspektiven auch im Hinblick auf heutige (Gewalt-)Verhältnisse und die an und unter ihnen unsäglich Leidenden erwachsen könnten[170].

---

[168] Michael Ermann, Wir Kriegskinder. Rundfunkvortrag im Südwestrundfunk im November 2003 (Quelle: http://www.warchildhood.net/html/_wir_kriegskinder_.html, Zugriff am 10.10.2011).

[169] Vgl. hierzu auch Gemünden, Überlegungen, 44f.

[170] Zu diesem wechselseitigen Verstehensverhältnis im Zusammenhang der Aufnahme traumatheoretischer Erwägungen in die biblische Exegese vgl. auch Garber, Ezekiel, 229f:

2. Quellen

Was den traumatischen bzw. den traumatogenen Charakter der Exilska-tastrophe von 587/86 v.u.Z. angeht, stehen uns im Großen und Ganzen keine anderen als die im Rahmen der (sozial-)geschichtlichen Darstellung der fraglichen Geschehnisse verwendeten Quellen zur Verfügung[171]. Viel-mehr ist die Perspektive auf die Quellen eine andere, sofern diese sich von Erkenntnissen der Psychotraumatologie und von Forschungen zur Repräsentation von Traumata in literarischen Werken beeinflussen lässt. Im Folgenden geht es mir darum, die für die Unterkapitel 3. und 4. zu Rate gezogenen Quellen kurz vorzustellen und sie in ihrer Aussagekraft für die nun zu verhandelnde Thematik einer kritischen Beurteilung zu unterzie-hen. Dabei wird auch die Frage eine Rolle spielen, inwiefern die von den Assyrern hinterlassenen Schrift- und Bildwerke für eine Darstellung der babylonischen Kriegsführung fruchtbar gemacht werden können, gibt es doch von den Babyloniern keine entsprechenden Dokumente.

Dass die Quellen bezogen auf die neubabylonische Zeit wesentlich spärlicher fließen als bezogen auf die neuassyrische Epoche, wurde bereits gesagt. Hinzu kommt, dass die *neubabylonischen* Königsinschriften – anders als die Inschriften der *assyrischen* Herrscher, in denen es sehr häu-fig um politische Beziehungen, militärische Auseinandersetzungen und heroische Taten im Zusammenhang großer Schlachten geht – zum A-poli-tischen tendieren und eher mit nach Babylonien fließenden Rohstoffen und Baumaterialien befasst sind[172]. Den Schluss, die Babylonier seien

---

„Because trauma theory is itself a developing discipline, one can also read trauma theory in light of the biblical text. Naturally, the field of trauma studies has grown out of investigati-ons of twentieth-century atrocities, both individual and communal – the Holocaust, Hiros-hima, Vietnam War narratives, domestic abuse narratives, and the like. Reading trauma theory in light of the biblical text can offer trauma theory an avenue to explore ancient and theological attempts at testimony, an exploration that can possibly yield a greater understanding of how such texts have served traumatized communities in the past and that may enlighten our understanding of how traumatized communities of the present make similar moves when trying to grapple with the basic human dilemma of extreme suffering."

[171] Zu den sich auf den antiken Belagerungskrieg beziehenden Quellen vgl. ausführlich Israel Eph'al, *The City Besieged: Siege and Its Manifestations in the Ancient Near East* (Cul-ture and History of the Ancient Near East 36), Leiden/Boston 2009, 7–34. Eine besondere Quelle stellen die sog. Belagerungsdokumente aus der nordsyrischen Stadt Emar (13.-12. Jh. v.u.Z.) und aus Babylonien (7. Jh. v.u.Z.) dar (vgl. a.a.O., 18.114–151).

[172] Vgl. Bruno Meissner, *Babylonien und Assyrien, Erster Band*, Heidelberg 1920, 80; Muhammad A. Dandamaev, „Neo-Babylonian Society and Economy", CAH² III/2 (1991), 252–275, 253 („What is remarkable, however, is that the numerous inscriptions of the Neo-Babylonian kings tell only of the erection of new temples and repairs to old ones, and of

weniger kriegerisch gewesen als die Assyrer, wird man daraus nicht ziehen dürfen[173]; eher ist dahinter – wie David S. Vanderhooft herausgearbeitet hat – ein sich deutlich von den Assyrern abhebendes Konzept imperialer Herrschaft anzunehmen. Dieses bezieht sich, insbesondere unter Nebukadnezar II., vor allem auf das altbabylonische Königtum Hammurapis (18./17. Jh. v.u.Z.) zurück und konstruiert und inszeniert den babylonischen Regenten als Beschützer der Menschheit[174]. Auf der anderen Seite nämlich sind in den Babylonischen Chroniken militärische und kriegerische Erwägungen durchaus zentral, wird – ohne allzusehr ins Detail zu gehen – immer wieder von Feldzügen, Belagerungen, Schlachten, erbeuteten Menschen, Tieren und Gütern berichtet. Außerdem attestieren archäologische (Be-)Funde massive kriegerische Zerstörungen, für die aller Wahrscheinlichkeit nach die babylonische Armee verantwortlich zeichnet. Vieles deutet darauf hin, dass es zwischen dem assyrischen und dem babylonischen Kriegswesen, was z.B. Aufbau und Ausrüstung des Heeres, Strategie und Taktik betraf, große Übereinstimmungen gab[175].

---

pious gifts to various sanctuaries, while the many successful military campaigns are hardly ever mentioned"); Donald J. Wiseman, „Babylonia 605–539 B.C.", CAH² III/2 (1991), 229–251, 239; Vanderhooft, Empire, 9–12; Albertz, Exilszeit, 47.

[173] Vgl. hierzu Meissner, Babylonien, 80: „Früher als man für die Kenntnis des babylonischen Kriegswesens im wesentlichen auf die neubabylonischen Inschriften angewiesen war, hat man [...] häufig generalisierend die Ansicht ausgesprochen, daß die Babylonier im Gegensatz zu den Assyrern ein friedliebendes Volk gewesen seien. Wenn dieses Urteil für manche Partien der babylonischen Geschichte auch zutreffend sein mag, so darf man die Anschauung von dem unkriegerischen Charakter dieses Volkes doch nicht allzu schnell verallgemeinern." Vgl. hierzu auch Israel Eph'al, „Nebukadnezzar the Warrior: Remarks on his Military Achievements", IEJ 53 (2003), 178–191, passim. Eph'al zeigt auf, dass militärische Aktivitäten für Nebukadnezar zwar eine herausragende Rolle spielten, dass er bei seinen Unternehmungen allerdings nicht sonderlich ‚erfolgreich' war (a.a.O., 188f): „[W]hen we sum up Nebuchadnezzar's achievements, it appears that at his death, after more than 42 years on the throne and after numerous wars, he left a kingdom whose borders were not wider than those of his first regnal year. The main antagonist, Egypt, had not submitted."

[174] Vgl. Vanderhooft, Empire, 33–51.

[175] Vgl. hierzu Albert Kirk Grayson, „Assyrian Civilization", CAH² III/2 (1991), 194–228, 217. Grayson zufolge eröffnet „the fact that the armies of the succeeding Oriental powers, the Babylonian and Persian, were in many respects modelled after the Assyrian", sogar die Möglichkeit, aus den griechischen Berichten über die Perser während der persisch-griechischen Kriege im 5. Jh. v.u.Z. „information generally applicable to Assyrian warfare" zu gewinnen. Zur Übereinstimmung von assyrischen und babylonischen militärischen Praktiken vgl. auch Daniel L. Smith-Christopher, „Ezekiel in Abu Ghraib: Rereading Ezekiel 16:37–39 in the Context of Imperial Conquest", in: Stephen L. Cook/Corrine L. Patton (Hg.): Ezekiel's Hierarchical World: Wrestling With a Tiered Reality (SBL.SS 31), Atlanta 2004, 141–157, 149, sowie Allen, Ezekiel 1–19, 64. Auch Mayer schreibt (ders., Zerstörung, 18): „Die Babylonier [...] folgten nach der Zerschlagung Assyriens in jeder Beziehung dem assyrischen Vorbild."

Stellt man die große geographische Nähe zwischen den beiden Völkern und die Tatsache in Rechnung, dass sie sich etwa ein Jahrhundert lang bürgerkriegsähnlich bekämpften, bevor die Assyrer sich endgültig den Babyloniern beugen mussten, so erscheint es ausgesprochen plausibel, beiden ein vergleichbares Gewaltpotential sowie vergleichbare Ideen und Ideale hinsichtlich der kriegerischen Ein- und Umsetzung dieses Potentials zu unterstellen. Dabei dürfte die maßlose Zerstörung Babylons unter dem Assyrerkönig Sanherib im Jahr 689 v.u.Z. als initiales kollektives Trauma und als Ursprungsort immer hemmungsloser um sich greifender (Kriegs-)Gewalt eine wesentliche Rolle gespielt haben.

Vor diesem Hintergrund ist es m.E. möglich und legitim, grundsätzliche Aussagen über die Kriegsführung der Babylonier und das traumatogene Potential ihres kriegerischen Vorgehens, die eine gewisse Wahrscheinlichkeit für sich beanspruchen können, im Wesentlichen auf neuassyrische Quellen aufzubauen. Denn sowohl von den mesopotamischen Belagerungskriegen als auch von den mesopotamischen Massendeportationen wissen wir hauptsächlich aus Hinterlassenschaften der neuassyrischen Regenten, den Feldzugsberichten als wichtig(st)em Bestandteil der assyrischen königlichen Annalen einerseits, den assyrischen Palastreliefs andererseits, Dokumentationsformen, die in neubabylonischer Zeit nicht bezeugt sind.

Inschriften wie Reliefs sind jedoch nicht als Berichterstattung von den (geschichtlichen) Ereignissen, auf welche sie Bezug nehmen, zu begreifen, sondern als „ideological compositions", die dem Festhalten der Errungenschaften eines bestimmten Königs dienen[176], zugleich aber das (militär-) politische Programm der assyrischen Herrscher bzw. des assyrischen Systems widerspiegeln. Zwar ist durchaus davon auszugehen, dass „die Assyrer die von ihnen selbst beschriebenen Greueltaten wirklich begangen haben"[177], doch ist zugleich immer die propagandistische Wirkung in Rechnung zu stellen, die sie mit der schriftlichen oder bildlichen Darstellung der Feldzüge, Belagerungen, Eroberungen und Schlachten verbanden. Bei Angelika Berlejung heißt es über die assyrischen Palastreliefs:

> Die bestellten Darstellungen waren Zielgruppen orientiert [sic!] und erfüllten die Regeln der modernen Public-Relations-Konzepte und Kommunikationstheorie. Die Bilder hatten auf den Ebenen der kognitiven, affektiven

---

[176] Cogan, Torrent, 1.

[177] Giovanni Pettinato, *Semiramis. Herrin über Assur und Babylon*, München 1991 [italienisches Original 1985], 176. Vgl. auch Paul Bentley Kern, *Ancient Siege Warfare*, Bloomington 1999, 69: „Intimidation would not work, however, if those who viewed these terrible records did not know that such things could and did happen."

und der konativen Orientierung eine klare Zielsetzung: Sie sollten bei den
Betrachtern dazu führen, dass sie erkannten, dass der assyrische König
mächtig und unschlagbar war; sie sollten durch die Schreckensbilder emotional in Angst versetzt werden und ihre Handlungsweise sollte so gesteuert
werden, dass sie von Gehorsam und Loyalität bestimmt war. Dies galt für
ausländische Diplomaten, Geiseln, aktuelle wie zukünftige Vasallenkönige,
aber auch für die eigenen Höflinge, Beamten und Untertanen des Königs. Sie
sollten sich als loyale Untergebene in königlich garantierter Sicherheit und
Ordnung glauben und königstreu handeln. Zugleich konnten sie sich ein
Bild davon machen, wie der Herrscher mit Rebellen und Feinden verfuhr.
Glorifikation des Herrschers, Abschreckung vor königsfeindlichen Unternehmungen und die Motivation zu Gehorsam waren die drei Wirkungen,
die die Bilder erzielen sollten[178].

Der „Bilderkanon des Schreckens"[179], den die assyrischen Palastreliefs –
übrigens eher im unzugänglicheren Inneren als an den öffentlicheren
Außenfassaden der Königshäuser – zur Schau stell(t)en, ist also, so kann
man vielleicht schließen, ebenso real wie irreal. Ersteres ist etwa im
Hinblick auf das tatsächliche Vorkommen der in Szene gesetzten Grausamkeiten des (Belagerungs-)Krieges, wie z.b. die Zerstörung von Fruchtbäumen, Heiligtumsschändung, Folter, Verstümmelung, Tötung und
Hinrichtung der Feinde sowie die Sammlung von Kriegsgefangenen und
die In-Marsch-Setzung von Deportationszügen, der Fall[180], Letzteres etwa
dahingehend, dass immer nur ‚die Anderen' „verstümmelt, erschlagen,
gefoltert oder sonst wie getötet werden"[181], während der assyrische König
nie verliert und als ewiger Garant einer ewigen assyrischen Ordnung in
die Geschichte eingeht[182].

Auch aus (einzelnen) biblischen Texten erfahren wir etwas über die
Schrecken des – unter den Assyrern ‚perfektionierten' – (Stadt-)Belage-
rungskriegs, und zwar aus der Perspektive derer, die von den damit verbundenen Formen der Kriegsgewalt betroffen waren. Auch hier handelt
es sich nicht um Kriegsberichterstattung – die Bezugnahmen finden sich
in ganz unterschiedlichen Genres wie (Geschichts-)Erzählungen (vgl. z.B.

---

[178] Angelika Berlejung, „Gewalt ins Bild gesetzt. Kriegsdarstellungen auf neuassyrischen
Palastreliefs", *BiKi* 60 (2005), 205–211, 205. Vgl. auch Pettinato, Semiramis, 175f; Odell,
Ezekiel, 60.

[179] Berlejung, Gewalt, 210.

[180] Vgl. Berlejung, Gewalt, 210f. Vgl. hierzu auch Kern, Siege Warfare, 68: „Assyrian
sources provide a vivid picture of their conduct of siege warfare. It is a shockingly cruel
picture."

[181] Berlejung, Gewalt, 205. Vgl. auch Zainab Bahrani, *Rituals of War: The Body and Violence in Mesopotamia*, New York 2008, 24.32.

[182] Zu den „Artistic Representations of Siege Warfare" vgl. auch Eph'al, City, 24f.

2 Kön 6,24–7,20), poetischen Formen (vgl. z.B. Klgl 1–5), prophetischen
(Droh-)Reden (vgl. z.B. Jer 4–6) und Fluchkatalogen (vgl. z.B. Lev 26,14–
45; Dtn 28,15–68) –, sondern um literarisch-theologische Reflexionen,
deren (mittelbarer) Erfahrungsbezug gleichwohl keineswegs in Abrede
zu stellen ist.

Die Praxis der Massendeportationen, wie sie ab Mitte des 8. Jh.s bis zur
Mitte des 6. Jh.s v.u.Z. durch die mesopotamischen Herrscher zur Anwendung kam, spiegelt sich ebenfalls in der Hebräischen Bibel wider (vgl. z.B.
2 Kön 17; Jes 5,13; 20; Am 6,7; Klgl 1,3.5.18). Die (Geschichts-)Erzählungen
in 2 Kön 23,29–25,30 (vgl. die Parallelüberlieferung in Jer 52, die in V28–30
eine zusätzliche Liste von Exilierten enthält), Jer 39 und 2 Chr 36 beziehen
sich auf die Deportationen von 598/97 und 587/86 v.u.Z. als historische
Ereignisse, tragen aber je unterschiedliche Perspektiven und Wertungen
ein[183]. Die Ezechielerzählung wählt ihren geschichtlichen Referenzpunkt
bei der *Gola* des Jahres 598/97 v.u.Z., ja, stellt sich als Ganze als Erzählung aus dem Exil – genauer aus *Tel Abib* am Kebar-Kanal (vgl. Ez 1,1–3;
3,15) – dar. Auch Jes 40–55 und Ps 137 nehmen implizit wie explizit auf die
babylonische *Gola* und deren Ergehen in der (fortgeschrittenen) Exilszeit
Bezug; und Jer 29,1–20 enthält einen Brief des Propheten an die Angehörigen der Jojachin-*Gola*, in dem diese u.a. aufgefordert werden, sich auf
einen längeren Aufenthalt in Babylonien einzustellen und ihr Leben vor
Ort in die Hand zu nehmen. Wiederum haben wir es hier mit literarisch-
theologischen Be- und Verarbeitungsversuchen von – gleichwohl tatsächlichen! – Deportations- und Exilserfahrungen zu tun. In diesem Sinne
stellt auch das Ezechielbuch keine (unmittelbare) Nachrichtenquelle zum
babylonischen Exil dar, wiewohl es häufig als solche gebraucht wird[184].

---

[183] Vgl. Albertz, Exilszeit, 13–23.66.

[184] Nahezu alle von mir eingesehenen Entwürfe zur Geschichte Israels in biblischer
Zeit nutzen das Ezechielbuch als mehr oder weniger direkte Quelle für realgeschichtliche
Daten, die über die Situation der babylonischen *Gola* und die Verhältnisse in Jerusalem
und Juda nach 592 v.u.Z. Aufschluss zu geben vermögen. Bei Martin Noth heißt es sogar
explizit (ders., *Geschichte Israels*, Göttingen ⁹1981 [1950], 267f): „Wenn auch die Drohworte
des Propheten aus der Zeit vor dem Fall Jerusalems entgegen der späteren Überlieferung
wahrscheinlich in Jerusalem gesprochen worden sind, so ist er doch vermutlich im Jahre
587 v.Chr. [sic!] mit nach Babylonien deportiert worden, und jedenfalls ist das Buch Hesekiel in Babylonien und aus dem Gesichtskreis der dortigen Verhältnisse heraus redigiert
worden; und so ist es eine Quelle für die Lebensweise der dorthin Deportierten." Vgl.
auch Metzger, Geschichte, 140f.145–148; Bustenay Oded, „Judah and the Exile", in: John
H. Hayes/J. Maxwell Miller (Hg.), *Israelite and Judaean History*, London 1977, 435–488,
476–478.481–485; Donner, Geschichte, 408f.416–419; Gunneweg, Geschichte, 126.129–132;
Alberto J. Soggin, *Einführung in die Geschichte Israels und Judas. Von den Ursprüngen bis
zur Geschichte Bar Kochbas*, Darmstadt 1991, 180–187; Albertz, Religionsgeschichte, 379–381

Was das weitere Ergehen der von Assyrern und Babyloniern verschleppten Kriegsgefangenen angeht, kommen noch andere – vertrauenswürdige,
weil keinem Ideologieverdacht unterliegende – Quellen zum Tragen: die
zumeist in Form von Keilschrifttafeln erhaltenen Verwaltungs-, Handels-
und Rechtsurkunden aus assyrischer, babylonischer und persischer Zeit.
Gelegentlich sind in ihnen Deportationen erwähnt, die in den Inschriften
nicht genannt werden. Zwar sind zumindest die assyrischen Dokumente
oftmals undatiert und nur fragmentarisch überliefert, was ihre Interpretation erheblich erschwert[185]; doch sind die in Frage stehenden Tafeln
auch deshalb von besonderer Bedeutung, weil in ihnen eine Vielzahl von
Personen- und Ortsnamen verzeichnet sind, die bei genauerer Untersuchung Rückschlüsse auf die national-ethnische Herkunft der erwähnten
NamensträgerInnen erlauben. Enthält etwa ein Personenname das theo-
phore Element *Ia-ú*, so steht zu vermuten, dass die so benannte Person
ursprünglich aus dem Nord- oder Südreich Israels stammt – bzw. Nach-
komme von IsraelitInnen bzw. JudäerInnen ist, die als Kriegsgefangene
nach Assyrien bzw. Babylonien verbracht wurden[186]. Für die 598/97 und
587/86 v.u.Z. aus Juda/Jerusalem Verschleppten und deren Geschichte in
Babylonien sind diesbezüglich vor allem die von Ernst F. Weidner 1939
veröffentlichten Rationenlisten, die im Südpalast Nebukadnezars in Baby-

---

u.ö.; Jon L. Berquist, *Judaism in Persia's Shadow: A Social and Historical Approach*, Minneapolis 1995, 15f; Dirk Kinet, *Geschichte Israels* (NEB.AT.E 2), Würzburg 2001, 176–182.184–186;
Markus Sasse, *Geschichte Israels in der Zeit des Zweiten Tempels. Historische Ereignisse –
Archäologie – Sozialgeschichte – Religions- und Geistesgeschichte*, Neukirchen Vluyn 2004,
8.12–15.18f.21–24.29; Schmitt, Arbeitsbuch, 121–123; Kessler, Sozialgeschichte, 133f; Berlejung, Geschichte, 156f.
Ähnliches ist auch für Arbeiten zu beobachten, die sich ausschließlich oder schwerpunktmäßig mit der Exilsepoche (597–520 v.u.Z.) beschäftigen, vgl. z.B. Peter R. Ackroyd, *Exile and
Restoration. A Study of Hebrew Thought of the Sixth Century BC*, London 1968, 31–38 (Ackroyd
bezeichnet die aus dem Ezechielbuch zu entnehmenden Nachrichten allerdings als „indi-
rect information" [a.a.O., 32]); James D. Newsome, *By the Waters of Babylon: An Introduction
to the History and Theology of the Exile*, Atlanta 1979, 69–90 (dieses Buch stellt insofern
eine Besonderheit dar, als sein Autor bekennt, seine geschichtliche Darstellung an einigen
Stellen imaginativ aufzufüllen [vgl. a.a.O., 8], und seiner Geschichts(be)schreibung einen
narrativen Charakter verleiht); Albertz, Exilszeit, 66–68.82.86–97 u.ö.; Smith-Christopher,
Theology, 103f u.ö.; Christoph Dohmen, „,In weiter Ferne, so nah!' Ezechiel – Prophet für
das Exil", *WUB* 10/3 (2005), 43–47, 43f; Kiefer, Exil, 67, Anm. 112.74–83.
[185] Vgl. Oded, Mass Deportations, 8–11.
[186] Vgl. Oded, Mass Deportations, 11–16. Vgl. hierzu auch die Beiträge von Israel Eph'al
(ders., „The Western Minorities in Babylonia in the 6th – 5th Centuries B.C.: Maintenance
and Cohesion", *Or.* 47 [1978], 74–90, passim), Ran Zadok (ders., *The Jews in Babylonia
During the Chaldean and Achaeminian Periods According to the Babylonian Sources*, Haifa
1979, passim) und Francis Joannès (ders., „Von der Verzweiflung zum Neuanfang. Das
Leben der Deportierten in Babylonien", *WUB* 10/3 [2005], 26–29, passim).

lon gefunden wurden, die Keilschrifttafeln des Murašu-Archivs und des erst vor wenigen Jahren entdeckten, bislang nur unvollständig veröffentlichten sog. TAYN-Korpus (=Texts from āl-Yāhūdu and Našar) von besonderer Bedeutung.

3. *Traumatogenese I: Antiker Belagerungskrieg*

The indelible impression that siege warfare left on the collective memories of the inhabitants of the ancient Near East, and especially Judah and Israel, cannot be underestimated. It brought the conflict of nations to the very hearts of those nations (Jer. 4.10). No longer could battle be spoken of in the abstract as though it were confined to the defeat of enemy armies on the distant fields of battle. The scribes who now wrote the histories suffered themselves with their families, and the descriptions contain a sense of immediacy and vividness which the battlefield encounters do not have[187].

Mit der assyrischen ‚Perfektionierung‘ des (Stadt-)Belagerungskriegs ab dem 8. Jh. v.u.Z. entstand (für die Städte) im Nord- und Südreich Israel und die dort lebenden Menschen eine neue Situation[188]. Kriege waren nicht länger vorrangig eine Angelegenheit der für sie zuständigen, mitunter auch ausgebildeten Soldaten und Militärspezialisten und fanden nicht länger vorrangig auf Schlachtfeldern außerhalb der Städte und Dörfer statt, sondern kamen in der Mitte der Gesellschaft an[189]. Belagerungskriege betrafen immer auch die Zivilbevölkerung unmittelbar – „den jungen Mann, die junge Frau, den Säugling zusammen mit den Ergrauten", wie es in Dtn 32,25 heißt (vgl. auch Jer 51,22; Ez 9,6; 2 Chr 36,17). Auch die gesellschaftlich Schwächsten wurden damit zu direkten Opfern von Kriegsgewalt, Kriegsgräueln und Kriegstraumata (die es selbstverständlich vorher auch gegeben hat).

(Stadt-)Belagerungskriege bedeuteten auch deshalb eine Potenzierung des Elends, weil sie häufig ausgesprochen langwierig waren. Die israelitischen Städte befanden sich meist über mehrere Jahrhunderte an derselben

---

[187] Thomas R. Hobbs, *A Time For War: A Study of Warfare in the Old Testament* (OTSt 3), Wilmington 1989, 181.

[188] Die ‚Perfektionierung‘ des Belagerungskrieges spiegelt sich auch im Ezechielbuch wider – in Ez 4,2 und 21,27 werden eine ganze Reihe von bei Stadtbelagerungen eingesetzten Spezialgeräten und -maßnahmen genannt. Vgl. hierzu auch Allen, Ezekiel 1–19, 64: „The specification of siege equipment that follows reflects the development of siege warfare under the Assyrians, which the neo-Babylonian army took over." Zu den Charakteristika des Belagerungskriegs vgl. auch Eph'al, City, 1–3.

[189] Vgl. auch Frank Crüsemann/Martin Oeming/Ulrike Wagener, „Art. Friede / Krieg", SgWB (2009), 170–176, 172.

Stelle, so dass allmählich ein Tell mit bis zu 40 m hohen steilen Flanken entstand. „Wollte man eine Stadt erstürmen, musste man zunächst diese Flanken überwinden und dann noch die Stadtmauer bezwingen."[190] Die Hebräische Bibel berichtet für die Nordreichshauptstadt Samaria von einer Belagerungszeit von „drei Jahren" bis zur endgültigen Eroberung (2 Kön 17,5f), was allerdings auch eine Zeitspanne von ‚nur' 14 Monaten meinen kann, für die Südreichshauptstadt Jerusalem ergibt sich ein Belagerungszeitraum von ca. anderthalb Jahren (von Januar 588 bis Juli 587 v.u.Z., vgl. 2 Kön 25,1–3). Während dieser Zeiten waren die betroffenen Städte weitestgehend abgeriegelt, so dass, einerseits, keine Nahrungsmittel hinein und, andererseits, die an Zahl zunehmenden Toten, die normalerweise außerhalb der Städte bestattet wurden, nicht hinausgebracht werden konnten. Hungersnöte und Seuchen waren die Folge. In diesem Sinne dürfte die formelhaft anmutende sog. Heimsuchungstrias aus „Schwert, Hunger und Seuche" – wobei das Schwert wohl für jede Form des gewaltsamen Kriegstodes steht –, die sich in Reinform vor allem im Jeremia-, teilweise erweitert auch mehrfach im Ezechielbuch findet[191] und die sich fast immer auf den Untergang des judäischen Staates 587 v.u.Z. bezieht, die furchtbaren Konsequenzen des Belagerungskrieges durchaus realistisch und erfahrungsbezogen wiedergeben[192]. Auch die assyrischen Herrscher und Heerführer setzten, wenn sie eine Stadt einschlossen, sehr bewusst auf dieses typische Belagerungselend, wie ein Auszug aus den Annalen Aššurbanipals (669–627 v.u.Z.) zeigt:

> To those who plot evil against Assurbanipal, and instigate hostility, I will apportion (*lit.*, give as gift) an evil death. Through the swift (thrust) of the iron dagger, (through) conflagration of fire, (through) famine (and) the outbreak of the plague, I will bring their lives to an end[193].

Im Folgenden wird zuerst das traumatische/traumatogene Potential der Belagerungsphase detailliert beschrieben (3.1.). Eine Darstellung von Kriegshandlungen und Kriegsgräueln, wie sie in der Phase nach der Durchbrechung der Stadtmauer vorkommen konnten (und vorkamen), schließt sich an (3.2.). Im Schlussabschnitt des Unterkapitels werden diese

---

[190] Wolfgang Zwickel/Achim Lichtenberger, „Art. Belagerung", SgWB (2009), 41–44, 41.

[191] Vgl. Lev 26,25f; Jer 14,12; 21,7.9; 24,10; 27,8.13; 29,17.18; 32,24.36; 34,17; 38,2; 42,17.22; 44,13; Ez 5,12.17; 6,11.12; 7,15; 12,16; 14,21.

[192] Vgl. hierzu auch Otto Kaiser, „Art. חרב", ThWAT III (1982), 164–176, 174f; Günter Mayer, „Art. דבר", ThWAT II (1977), 133–135, 134f.

[193] ARAB 2, Nr. 790, 302.

antiken Kriegsereignisse aus der Perspektive zeitgenössischer Traumaforschung beleuchtet (3.3.).

3.1. Die Phase der Belagerung

Die Assyrer bzw. die – vermutlich hochgradig spezialisierten – assyrischen Belagerungstruppen[194] und in ihrem Gefolge wahrscheinlich auch die Babylonier setzten in aller Regel drei Methoden gleichzeitig ein, um in eine befestigte Stadt einzudringen: Während ein Teil der Soldaten versuchte, an einer oder an mehreren Stellen mit Hilfe von Rammböcken (vgl. Abb. 1)[195] Breschen in die Stadtmauern zu schlagen (um diese Rammböcke einsetzen zu können, musste zumeist zuvor eine Rampe angelegt werden), machten sich andere, mit Schild und Lanze bzw. Bogen und

Abb. 1. Rammbock

---

[194] Vgl. hierzu Kern, Siege Warfare, 56–58.
[195] Weitere Beispiele für solche Rammböcke sind abgebildet bei Yigael Yadin, *The Art of Warfare in Biblical Lands in the Light of Archaeological Discovery*, Jerusalem 1963, 314f.

Pfeilen ausgerüstete Soldaten daran, die Stadtmauer mit Hilfe von Leitern zu überklettern[196]; wieder andere, die, durch spezielle Belagerungsschilde geschützt[197], am Fuße der Mauer eingesetzt waren, dürften gleichzeitig damit beschäftigt gewesen sein, die Stadtmauer zu untergraben, um diese hierüber zum Einsturz zu bringen[198].

Solange die Angreifenden diese Maßnahmen aktiv verfolgten, sich aber (noch) keinen Zugang ins Innere zu verschaffen vermochten, standen sie in der Gefahr, durch diejenigen, die die Stadt von der Mauer oder von deren Türmen aus, d.h. von oben her, mit Bogen und Pfeilen, Schleudern, großen Steinen und brennenden Fackeln verteidigten, verletzt oder sogar getötet zu werden[199]. Für die Belagerten hingegen war dieses Risiko in *dieser* Phase (noch) nicht allzu groß – noch waren sie durch ihre Stadt vor den Pfeilen und Steinen des Gegners einigermaßen geschützt.

Oft konnten die assyrischen Spezialeinheiten eine Stadt – je nach Stärke ihrer Befestigungen – allerdings innerhalb kürzester Zeit okkupieren. So rühmt sich etwa König Asarhaddon (681–669 v.u.Z.), das ägyptische Memphis in nur einem halben Tag durch „Minen, Breschen und Sturmleitern"[200] eingenommen zu haben. Schlug der kurzfristige Sturmangriff jedoch fehl, verlegten sich die angreifenden Truppen auf eine passive Belagerung, die sich zuweilen über mehrere Jahre hinziehen konnte[201]. Doch auch in einem solchen Fall gaben sich die Belagernden in aller Regel nicht damit zufrieden, „to sit out passively until the city surrendered. Throughout the period of siege, they would try from time to time by various ruses and stratagems to draw the defenders out of the city or to infiltrate their own forces into the city."[202] Auch wurde der Angriff mit Mitteln psychologischer Kriegsführung fortgesetzt, etwa indem den Belagerten an die Kapitulation geknüpfte Versprechungen

---

[196] Vgl. auch Joel 2,7–9, wo sich die Bilder vom Vordringen des Heuschreckenheers und eines die Stadtmauer überkletternden Soldatenheers ineinander schieben. Vgl. hierzu Jörg Jeremias, *Die Propheten Joel, Obadja, Jona, Micha* (ATD 24/3), Göttingen 2007, 24–26.

[197] Beispiele für solche Belagerungsschilde sind abgebildet bei Yadin, Warfare, 295 (Abb. rechts oben).

[198] Zu diesen drei Methoden vgl. ausführlich Kern, Siege Warfare, 46–52. Vgl. hierzu auch Ez 13,1–16, wo wiederholt vom Zusammenbruch einer – metaphorischen – trügerischen Schutzmauer die Rede ist. Zum Ganzen vgl. auch Eph'al, City, 68–102.

[199] Vgl. Kern, Siege Warfare, 52f. Zu den Schwierigkeiten, mit denen die belagernde Partei in einem Belagerungskrieg zu ringen hatte, vgl. auch Eph'al, City, 106–113.

[200] ANET, 293 (Übersetzung R.P.).

[201] Vgl. Eph'al, Warfare, 93–95; Kern, Siege Warfare, 54.

[202] Yadin, Warfare, 318. Vgl. auch Kern, Siege Warfare, 21; Jacob L. Wright, „Warfare and Wanton Destruction: A Reexamination of Deuteronomy 20:19–20 in Relation to Ancient Siegecraft", *JBL* 127 (2008), 423–458, 430–434; Eph'al, City, 102f.

gemacht oder diese mit (verbalen) Drohungen konfrontiert wurden (vgl. hierzu 2 Kön 18,31f par. Jes 36,16f [Versprechen]; 2 Kön 18,27 par. Jes 36,12 [Drohung]; vgl. auch Dtn 20,10f)[203]. Auch das Fällen von Fruchtbäumen in außerhalb der Stadt gelegenen Feldern und Gärten, wie es in Dtn 20,19f als Maßnahme während einer längerdauernden Belagerung (כִּי־תָצוּר אֶל־ עִיר יָמִים רַבִּים, V19) Erwähnung findet, ist vielleicht am ehesten als eine psychologisch-propagandistische Kriegsmaßnahme zu beurteilen, mit der die Angreifenden ein doppeltes Ziel verfolgten: „(1) to elicit a decisive battle on open ground, and (2) to precipitate the city's capitulation"[204]. Die Vernichtung der Bäume bedeutete dabei nicht nur einen massiven Angriff auf das subsistenzwirtschaftliche Potential einer Stadt, sondern stellte eine symbolische Attacke gegen die in der Stadt lebenden Menschen selbst und – sofern (Frucht-)Gärten nicht selten Prestigeobjekte und Herrschaftszeichen waren – gegen die politische Führung der Stadt bzw. des Landes dar[205].

Die schwerwiegendste Waffe im passiven Belagerungskrieg war aber gleichwohl das – in der Zerstörung von zur Stadt gehörenden (Wein-) Gärten und Fruchtbäumen gleichsam vorweggenommene – Aushungern. Entweder zwang die Hungersnot die in der besetzten Stadt wohnenden und diese verteidigenden Menschen über kurz oder lang zur Kapitulation, oder sie schwächte die verbleibenden BewohnerInnen derart, dass sie früher oder später überrannt werden konnten. Bei Eph'al heißt es:

> The primary and most common result of blockade is famine, which is intended to break the spirit of the besieged population and to put an end to their ability to resist[206].

Nicht selten scheinen die Angreifer die Nahrungs- und, wo immer möglich, auch die Wasserknappheit[207] in den von ihnen eingeschlossenen

---

[203] Vgl. hierzu ausführlich Eph'al, City, 43–57; Nili Wazana, „Are Trees of the Field Human? A Biblical War Law (Deuteronomy 20:19–20) and Neo-Assyrian Propaganda", in: Mordechai Cogan/Dan'el Kahn (Hg.), Treasures on Camels Humps (FS I. Eph'al), Jerusalem 2008, 274–295, 283f.

[204] Wright, Warfare, 436.

[205] Vgl. Wright, Warfare, 434f.

[206] Eph'al, City, 57. Zum Ganzen vgl. a.a.O., 57–64. Die Lebensmittelknappheit sei oft deshalb besonders massiv gewesen, so Eph'al, weil sich angesichts einer heranmarschierenden Armee oft große Teile der Landbevölkerung in die Städte zurückzogen, dort also sogar mehr Menschen als in Friedenszeiten mit Nahrungsmitteln versorgt werden mussten (vgl. auch Kiefer, Exil, 71f).

[207] Vgl. hierzu Meissner, Babylonien, 108f; Yadin, Warfare, 24; Kern, Siege Warfare, 36f; Eph'al, City, 64–66. Ein Fragment eines Reliefs im Palast Aššurnasirpals II. (883– 859 v.u.Z.) in Nimrud zeigt einen Soldaten, der die provisorische Wasserversorgung einer

Orten zusätzlich (und systematisch) forciert zu haben – Asarhaddon gibt
beispielsweise an, das von ihm belagerte Tyrus von Wasser und Brot abgeschnitten zu haben: „I withheld from them [...] food and (fresh) water
which sustain life."[208] Sargon II. (722–705 v.u.Z.) berichtet, wie er im Zuge
der Besetzung einer Metropole die kleineren Orte in der Umgebung einnahm, die dortigen Getreidespeicher öffnete und seine Armee „let devour
its abundant grain, in measureless quantities"[209], eine Maßnahme, die –
regelmäßig angewandt – die Ernährung der eigenen Leute sicherzustel-
len und die Hungersnot in dem besetzten Zentrum (sofern es überhaupt
möglich war, dieses auf irgendeinem Wege mit Nachschub zu versorgen)[210]
noch zu steigern versprach. Logische Konsequenz des Knappwerdens der
Lebensmittel waren zudem sich potenzierende Teuerungsraten[211], die sich
vor allem unter den sozial schwächer gestellten StadtbewohnerInnen ver-
heerend auswirken mussten – und außergewöhnliche Maßnahmen nach
sich zogen. So belegen neubabylonische Rechtsurkunden, dass es nicht
unüblich war, dass ärmere Personen Söhne oder Töchter während der
Zeit der Belagerung an wohlhabendere Leute verkauften, und diese sich
im Gegenzug verpflichteten, das Kind am Leben zu erhalten. Nach dem

---

von assyrischen Truppen eingeschlossenen Stadt zerstört (das Relieffragment ist abgebildet bei Yadin, Warfare, 46of, zur Erläuterung vgl. auch a.a.O., 318). Vgl. auch ARAB 2,
Nr. 827, 317 [Aššurbanipal]: „[I]n every place where there were springs or wells of water,
I set guards over them and deprived them (the inhabitants) of the water (which would)
keep them alive. [...] Through thirst and deprivation they perished. Those who were
left ripped open their riding-camels, and (to quench) their thirst, drank the blood and
water of the excreta." Die Sicherstellung der Wasserversorgung Jerusalems angesichts
der assyrischen (Belagerungs-)Bedrohung 701 v.u.Z. war wahrscheinlich der Grund dafür,
dass Hiskija den sog. Siloah-Tunnel graben ließ, „der das Wasser der Gihonquelle in die
ummauerte Stadt hineinbrachte" (Keel, Geschichte, 413; vgl. auch Yadin, Warfare, 32of;
Metzger, Geschichte, 125; Gunneweg, Geschichte, 117f; Donner, Geschichte, 359f; Berlejung,
Geschichte, 114). Die Wasser der Gihonquelle konnten den Wasserbedarf Jerusalems, als
dieses vermutlich gegen Ende des 8. Jh.s v.u.Z. seine höchste Bevölkerungsdichte erreichte,
jedoch kaum mehr alleine decken (vgl. hierzu Keel, Geschichte, 414).

[208] ANET, 292. Zur Systematik des Vorgehens vgl. auch Yadin, Warfare, 318: „The attak-
ker, for his part, naturally did all he could to aggravate these problems [Wasser- und Nahrungsmittelknappheit, R.P.], as an essential part of his siege tactics."

[209] ARAB 2, Nr. 161, 87; vgl. auch a.a.O., Nr. 262, 132.

[210] Es dürfte ausgesprochen schwierig gewesen sein, Nahrungsmittel in eine belagerte
Stadt hineinzubringen, jedenfalls solange die Angreifenden diese mit allen Mitteln eingeschlossen hielten bzw. halten konnten.

[211] Das Drama der Teuerungen in Zeiten der Belagerung stellt 2 Kön 6,25 geradezu plastisch vor Augen, wird doch dort erzählt, das in der von Ben-Hadad, dem König von Aram,
und seinem Heer eingeschlossenen Stadt Samaria „ein Eselskopf 80 und ein Viertel Maß
Taubenmist fünf Silberstücke kostete" (BigS). Vgl. auch Eph'al, City, 124–127.

Krieg konnten die Eltern Sohn oder Tochter wieder auslösen, mussten dafür aber einen weitaus höheren als den Ursprungspreis bezahlen[212].

Nicht nur biblische Texte wissen um die mit einer Stadt-Einschließung einhergehenden, deren BewohnerInnen physisch und psychisch völlig zermürbenden Hungersnot, die zur Aufhebung von Esstabus (vgl. 2 Kön 6,25; 18,27 par. Jes 36,12) bis hin zum Kannibalismus führen konnte. Dieses unvorstellbare Horroszenario deutet sich auch in einer Inschrift des assyrischen Königs Aššurbanipal (669–631 v.u.Z.) an, in der er lakonisch vermerkt, die Leute im von den Assyrern belagerten Babylon hätten das Fleisch ihrer Söhne und Töchter gegessen, um ihren Hunger zu stillen, und auf Lederriemen herumgekaut[213]. Sensibler, wenn auch nicht weniger beklemmend, ist dieses Grauen in den Klageliedern beschrieben (vgl. Klgl 2,19f; 4,9f) – ein Grauen, aus dem es für die in der Stadt Eingeschlossenen kein Entrinnen gibt, das sich ihnen unweigerlich einbrennt und mit dem es sich, so kommt es vor allem in Klgl 4,9f zum Ausdruck, kaum weiterleben lässt (BigS):

> (Klgl 4) [9]Besser erging's den vom Schwert als den vom Hunger Erschlagenen; denn sie verbluteten durchbohrt, fernab den Erträgen des Feldes.
> [10]Empfindsamer Frauen Hände kochten ihre Kinder, zur Notkost wurden sie ihnen, da zerbrochen mein Volk, die Tochter.

Die Hebräische Bibel erwähnt Anthropo- bzw. Teknophagie einzig im Kontext von Belagerungskriegen (vgl. noch Lev 26,29; Dtn 28,52–57; 2 Kön 6,27–29; Jes 9,19; Jer 19,9; Ez 5,10; Sach 11,9), ein wohl zutiefst realistischer Hinweis darauf, wie schwerwiegend Hungersnöte in eingeschlossenen Städten werden konnten[214]. Kinder und ältere sowie durch Krankheiten oder (Kriegs-)Verletzungen geschwächte Personen fielen der Unterernährung wahrscheinlich als Erste zum Opfer. War ihr qualvolles Dahinsiechen endlich beendet, konnten ihre Leichname nicht begraben werden – die Grabstätten lagen zumeist außerhalb der Stadt, d.h. auf einem Areal, das nun der Kontrolle des Angreifers unterlag. „With no place to bury the dead, corpses rotted in the streets, eaten away by

---

[212] Vgl. hierzu A. L. Oppenheim, „‚Siege Documents' from Nippur", *Iraq* 17 (1955), 69–89, passim, Dandamaev, Society, 260; Kern, Siege Warfare, 56; Eph'al, City, 127–129.

[213] Vgl. ARAB 2, Nr. 794, 303; vgl. auch a.a.O., Nr. 821, 315; Nr. 828, 318; Nr. 870, 338.

[214] Vgl. hierzu Andreas Michel, *Gott und Gewalt gegen Kinder im Alten Testament* (FAT 37), Tübingen 2003, 200–245. In Bezug auf altorientalische Quellen vgl. Eph'al, City, 62, wo es heißt: „[C]annibalism of one's offspring is evident as a distinctive literary motif in ancient Near Eastern sources relating to siege."

maggots and vermin (Jer 14:16; cf. Isa 5:25; 66:24)"[215], was Erkrankungen
für die mit den verwesenden Körpern in Kontakt Kommenden, mitunter
sogar eine Verseuchung der Trinkwasservorräte und Epidemien zur Folge
haben konnte[216].

Die Zerstörungsberichte in 2 Kön 25 und Jer 52 nennen das „Schwer-
werden" bzw. „Schwersein" (חזק Qal) der Hungersnot (√רעב) bzw. den
Nahrungsmangel für die Bevölkerung als einzige (indirekte) Begründung
dafür (2 Kön 25,3; Jer 52,6; vgl. auch Jer 32,24; 37,21; 38,9), dass es den Babyloniern schließlich gelang, Jerusalem nach etwa eineinhalbjähriger Belagerung ‚aufzubrechen' (בקע Nifʿal, 2 Kön 25,4; Jer 52,7). Die biblischen
Erzählungen vermitteln den Eindruck, dass die Einschließung der Stadt
in diesem langen Zeitraum allenfalls ein einziges Mal für wenige Tage (?)
unterbrochen bzw. gelockert wurde, als nämlich das babylonische Heer –
oder nur ein Teil desselben? – kurzfristig abrücken musste, um eine hera-
neilende ägyptische Hilfstruppe abzuwehren (vgl. Jer 37,5.11; daneben
auch Jer 34,21f und Ez 17,17). Auch das Ezechielbuch, das etwa in den dem
Propheten aufgetragenen Analogiehandlungen[217] in Kap. 4 und 5 deutlich
auf die kriegerische Einschließung der judäischen Hauptstadt rekurriert,
bringt die Schrecknisse der Belagerungszeit allein in den genannten Kapiteln mehrere Male mit Hunger (und Durst) in Verbindung (vgl. Ez 4,9–
11.16f; 5,12.16f); auch die Aufhebung von Essenstabus bis hin zum Essen
von Menschenfleisch werden erwähnt (vgl. Ez 4,12–15[218]; 5,10)[219]. Dem kulturellen Gedächtnis Israels scheint sich die (in 2 Kön 25, Jer 39 und 52 auf
nur wenige Worte zusammengeschmolzene) ausgesprochen lange Zeit
der Besetzung Jerusalems zwischen Januar 589/88 und Juli 587/86 v.u.Z.
also vor allem als ungeheure Hungerzeit – mit allen daraus resultierenden schrecklichen Konsequenzen – eingeprägt zu haben. Das Buch der
Klagelieder legt darüber hinaus den Schluss nahe, dass auch die Zeit nach

---

[215] Yee, Children, 115.

[216] Vgl. Hobbs, War, 180; Ephʿal, City, 66–68.

[217] Zum Begriff der „prophetischen Analogiehandlung" vgl. Katrin Ott, *Die prophetischen Analogiehandlungen im Alten Testament* (BWANT 185), Stuttgart 2009, 17–30.

[218] In Ez 4,12 fordert Jhwh den Propheten auf, ein Gerstenbrot zu backen – als Brenn-stoff soll er Menschenkot verwenden. Im Folgenden wird dieses Tun allerdings nicht auf die Belagerungssituation, sondern auf das Essen unreiner Speise im Exil interpretiert (vgl. V13), weshalb einige AuslegerInnen Ez 4,12–15 bzw. Teile davon als sekundären Ein-schub bewerten (vgl. z.B. Zimmerli, Ezechiel 1, 125–128; Moshe Greenberg, *Ezechiel 1–20* [HThKAT], Freiburg i.Br. u.a. 2001, 125f; Schöpflin, Theologie, 207f; Odell, Ezekiel, 64).

[219] Darüber hinaus ist auch in Ez 6,11f; 7,15.19; 12,16.18f; 14,13.21 von einer Juda/Jerusa-lem im Zusammenhang des babylonischen Angriffs bzw. des richtenden Handelns Jhwhs überkommenen Lebensmittelknappheit bzw. Hungersnot die Rede.

der Eroberung für die in Jerusalems Trümmern Verbliebenen von großer Hungersnot geprägt war – Leidtragende waren auch hier zuallererst die Kinder (vgl. Klgl 1,11; 2,11f; 4,3–5; 5,10). Dies dürfte damit zusammenhängen, dass während der anderthalbjährigen Belagerungszeit eventuell noch vorhandene Ernten nicht eingebracht und die Felder im Nahbereich der Hauptstadt nicht neu bestellt werden konnten – und dass die Äcker und Gärten betreffende kriegerische Zerstörung nicht ohne Weiteres wiedergutzumachen war (auch wenn, wie es in 2 Kön 25,12 par. Jer 52,16 heißt, einem Teil der armen Landbevölkerung Weinberge und Felder zur Bewirtschaftung übergeben wurden).

In seinen Überlegungen zum (spät-)modernen Trauma-Roman beschreibt Ronald Granofsky die Nahrungsaufnahme als „[o]ne biological function that proves to be powerfully symbolic of much that is involved in the human experience of trauma"[220]. Die Verkehrung normaler Essensmuster, die Aufgabe von Essenstabus und das Vorkommen von Anthropophagie beispielsweise würden in den von ihm analysierten Romanen oftmals als Symbole für die ‚ver-rückenden' Effekte traumatischen Erlebens auf Einzelpersonen und auf Gruppen verwendet[221]. Wenn also das Phänomen des Hunger(n)s in den biblischen Erzählungen vom Ende der Stadt Jerusalem derart drastisch ins Zentrum rückt, so lässt sich dies gewissermaßen doppelt deuten: Zum einen dürften darin Fragmente einer alle Grenzen des Erträglichen überschreitenden Wirklichkeitserfahrung aufgehoben sein, zum anderen ist, folgt man Granofsky, gerade die Skizzierung von Essensperversionen, wie sie beispielsweise im Ezechielbuch breiten Raum einnimmt, eine Möglichkeit, traumatisches Erleben an sich ins Wort zu bringen.

Bedeutete für die Attackierten eine lange Belagerungszeit zunehmendes Geschwächtwerden in jeglicher Hinsicht, das sich, insbesondere unter der Zivilbevölkerung, aber auch unter denjenigen, die die Stadt militärisch zu verteidigen versuchten, emotional vermutlich häufiger in Depression und Apathie als in Aggression und Enthemmung äußerte, verhielt es sich bei den Angreifenden tendenziell umgekehrt. Sofern nicht irgendein besonderes Vorkommnis die Aggressoren doch noch zum Abzug zwang, wurde in dieser Situation die Einnahme der Stadt immer wahrscheinlicher. Mit ihr kamen, auch aufgrund der geschilderten Gefühlslage, weitere Schrecken auf die in dem attackierten Zentrum Verbliebenen zu, weil nun

---

[220] Granofsky, Trauma Novel, 14.
[221] Vgl. Granofsky, Trauma Novel, 14–16.

nicht nur die Phase der (Nah-)Kampfhandlungen, sondern auch die der
Kriegsgräuel begann:

> At the moment when the defenders were too weak to lift the sword, the
> attackers would break the walls and enter the city. The frustration of the
> besiegers, building up over weeks and months of waiting, would be let loose,
> and few commanders had the discipline, and even the inclination to hold
> back their troops. Now they came to claim the reward for waiting[222].

3.2. Die Phase nach dem Überranntwerden der belagerten Stadt

War eine (lange) belagerte Stadt an einer Stelle erst einmal gebrochen,
war es für die Angreifenden in aller Regel ein Leichtes, die Stadt zu erstürmen. Was sich danach auf und mit dem eroberten Terrain abspielte, war
sicherlich im Einzelnen sehr unterschiedlich, wobei die Behandlung der
in der Stadt verbliebenen Soldaten sowie der Zivilbevölkerung auch davon
abhing, in welchem Ausmaß man den Belagernden Widerstand entgegen-
gebracht hatte[223]. Und nicht nur das – zumindest assyrischen Texten und
Bildern zufolge traf die „grausamste und schonungsloseste Behandlung
[...] diejenigen, die sich zuerst der assyrischen Hegemonie unterworfen
hatten, Vasalleneide geschworen, Auslieferungsabkommen unterschrieben, Tribut gebracht oder zugesichert hatten, sich jedoch später anders
besannen und vetragsbrüchig geworden waren"[224] – Tatbestände, derer
sich Juda/Jerusalem, wenn auch im Gegenüber zu den Babyloniern, nicht
zum ersten, sondern bereits zum wiederholten Male schuldig gemacht
hatte. Schon deshalb ist m.E. damit zu rechnen, dass die Babylonier mit
äußerster Härte, ja Brutalität gegen die Stadt und die in ihr übrig gebliebenen BewohnerInnen vorgingen. Die insbesondere in die schriftprophetischen Bücher der Hebräischen Bibel eingegangenen sprachgewaltigen
Bilder von der Eroberung des Zion, die Intensität, mit der in der jüdischen Tradition auf dieses Ereignis rekurriert wird sowie die präsentierten archäologischen Befunde und deren mögliche Deutungen sprechen
m.E. ebenfalls dafür. Viele der im Folgenden skizzierten (Horror-)Szena-
rien könnten deshalb so oder ähnlich bei der Einnahme der judäischen
Hauptstadt vorgekommen sein. Trifft dies auch nur annähernd zu, so ist
davon auszugehen, dass diejenigen, die die Unterwerfung ‚ihrer' Stadt

---

[222] Hobbs, War, 180.

[223] Vgl. Kern, Siege Warfare, 70. So gibt der assyrische König Sanherib (705–681 v.u.Z.)
z.B. einmal an, er habe die Städte belagert, erobert und geplündert, „who had not speedily
bowed in submission at my feet" (ARAB 2, Nr. 239, 119).

[224] Berlejung, Gewalt, 206.

Jerusalem überlebten, in einem so erheblichen Ausmaß mit traumatogenen Erfahrungen konfrontiert waren, dass sich dies auch in die von ihnen bzw. ihren Nachkommen verfassten Literaturen in irgendeiner Weise eingeschrieben haben muss[225].

‚Normale Härte‘ und Kriegsgräuel: Hatte die attackierende Partei die Befestigungen der Stadt überwunden und war in deren Inneres eingedrungen, gingen die ihr Angehörenden vermutlich zuallererst auf diejenigen EinwohnerInnen los, die nicht sofort kapitulierten, sondern weiterhin Widerstand zu leisten versuchten, und verwickelten sie in – vielfach tödliche – Nahkampfhandlungen. Da, jedenfalls nach einer länger dauernden Belagerung, die in der Stadt Eingeschlossenen in aller Regel sehr geschwächt waren, dürften die Angreifenden, die zumeist Schwerter, Keulen, Äxte und Lanzen als Waffen einsetzten[226], in aller Regel schnell mit ihnen ‚fertig geworden sein‘. Fraglich ist, ob erstere dabei (immer) zwischen Heeresangehörigen und Zivilbevölkerung unterschieden – wahrscheinlicher ist es m.E., dass sich die während des langen Wartens auf den Durchbruch bei den Invasoren angestauten Aggressionen in einer Welle von Gewalt ziemlich ungehemmt und unterschiedslos Bahn brachen.

Das assyrische Bildprogramm allerdings erweckt den Eindruck, als habe man durch Unterwerfung unter die siegreiche Großmacht Leben, Besitz und Familie retten können – wer sich ergibt, so stellt es zumindest das Alabaster-Relief Sanheribs, das die Eroberung der judäischen Stadt Lachisch im Jahr 701 v.u.Z. in Szene(n) setzt, dar – gelangt aus dem totalen Chaos des Krieges in ein geordnetes Dasein, wenn diese Ordnung auch nur in einem planmäßig organisierten (Kriegs-)Gefangenenzug besteht[227].

---

[225] In diesem Sinne bezeichnet Smith-Christopher das Buch der Klagelieder und das Ezechielbuch als „voices of traumatized communities" (ders., Theology, 76).

[226] Vgl. hierzu Wolfgang Zwickel/Achim Lichtenberger, „Art. Waffen / Befestigung", SgWB (2009), 626–633, 628–630.

[227] Vgl. Berlejung, Gewalt, 208f; Cynthia A. Chapman, „Sculpted Warriors: Sexuality and the Sacred in the Depiction of Warfare in the Assyrian Palace Reliefs and in Ezekiel 23:14–17", lectio difficilior 1/2007, 6 (http://www.lectio.unibe.ch). Dass die assyrischen Eroberer durchaus – je nach vorhergehendem Verhalten – Unterschiede bei ihren Strafmaßnahmen machten, zeigt eine Stelle in den Annalen Sanheribs, der zufolge er ‚nur‘ die verantwortlichen Aufrührer tötete und pfählte, während er die mit ihnen kollaborierenden BewohnerInnen deportieren, die übrige Einwohnerschaft aber in der Stadt bleiben ließ (vgl. ARAB 2, Nr. 240, 120). Kern hält diese differenzierenden Angaben durchaus für glaubwürdig – es sei „reasonable to suspect that this provides a better insight into Assyrian policy than the constant formulaic reports of mass destruction", wiewohl auch diese nicht als „a figment of the scribes' imaginations" zu betrachten seien (ders., Siege Warfare, 74).

Eine ganz andere Sprache jedoch spricht eine Entdeckung, die man bei archäologischen Grabungen in Tel Lachisch gemacht hat – und die sehr wahrscheinlich mit den Kriegsereignissen in Verbindung zu bringen ist, auf die auch das Lachisch-Relief rekurriert: Hier ist man nämlich auf eine als Massengrab verwendete Höhle mit Skelettüberresten von schätzungsweise 1.500 Menschen gestoßen, deren Schädel man zum Teil eingehender untersucht hat. 360 der 695 analysierten Schädel gehörten zu erwachsenen männlichen und 274 zu erwachsenen weiblichen Personen, während es sich bei den restlichen 61 Schädeln um solche von Kindern handelte, so dass man folgern kann „that these people were civilians and not warriors killed in battle"[228]. Massive Verletzungen wurden nur an einem einzigen Schädel festgestellt, was eher auf (belagerungsbedingte[n]) Hunger oder Krankheit als auf direkte Gewalteinwirkung als Todesursache schließen lässt[229]. Einige Knochen wiesen Verbrennungszeichen auf – möglich ist, dass sich die (Körper der) Betroffenen in oder in der Nähe von brennenden Gebäuden befanden, bevor sie in das Höhlengrab verfrachtet wurden. Israel Eph'al zufolge ist es denkbar, dass bei der Belagerung und Eroberung von Lachisch 701 v.u.Z. nahezu dessen gesamte Bevölkerung ums Leben kam: „[T]he number of dead in conquered Lachish", heißt es bei ihm, „was close to the overall number of inhabitants in a city of similar proportions."[230]

Für Massaker sowohl an verteidigenden Soldaten als auch an Zivilpersonen im Anschluss an die Eroberung einer Stadt bieten die Inschriften und Reliefs fast aller assyrischen Herrscher des 9. bis 7. Jh.s v.u.Z. ausgesprochen grausige Beispiele[231]. So berichtet beispielsweise Aššurnasirpal II. (883–859 v.u.Z.) nicht nur, dass assyrische Soldaten bei den von ihm angeführten Stadteroberungen durchschnittlich etwa 800 GegnerInnen getötet haben[232], sondern brüstet sich mehrfach auch damit, dass er von denen,

---

Auch Aššurbanipal (668–630 v.u.Z.) gibt gelegentlich an, er habe nur diejenigen getötet, die sich nicht ergeben hätten (vgl. a.a.O., 75).

[228] Ussishkin, Conquest, 56. Zum Ganzen vgl. a.a.O., 56–58, sowie Kern, Siege Warfare, 81.

[229] So Eph'al, City, 32.34. Vgl. hierzu aber die Fotographien bei Ussishkin, Conquest, 58. Die dort abgebildeten Schädel, aus denen Knochenstücke herausgetrennt wurden, könnten auf versuchte Operationen hinweisen, durch die man Menschen zu retten versuchte, die, z.B. durch einen Keulenschlag oder durch einen Sturz auf den Kopf, ein Schädel-Hirn-Trauma erlitten hatten.

[230] Eph'al, City, 33f.

[231] Vgl. Meissner, Babylonien, 107f.111–113.

[232] Die Anzahl der Todesopfer scheint man dabei dadurch festgestellt zu haben, dass man die abgeschlagenen Köpfe zählte (vgl. Kern, Siege Warfare, 69) – die Enthauptung

die die Erstürmung der Stadt überlebten, einige habe bei lebendigem Leib verbrennen, andere habe pfählen oder häuten, wieder andere an Händen, Fingern, Gliedmaßen, Nasen und Ohren habe verstümmeln[233] oder lebendig begraben lassen[234]. Von Salmanasser III. (858–824 v.u.Z.) hören (und sehen) wir Vergleichbares[235]. Zu einer signifikanten Veränderung in der Behandlung der eingenommenen Städte kam es offenkundig unter Tiglat-Pileser III. (745–727 v.u.Z), ist er doch der Erste, der systematisch die BewohnerInnen aus eroberten Gebieten deportieren und in anderen Regionen seines Reiches ansiedeln ließ[236], eine Maßnahme die „undoubtedly reduced the number of massacres following a siege". Dennoch ist auch unter Tiglat-Pileser III. von der Verstümmelung und Pfählung einzelner Kriegsgefangener die Rede[237] und setzen auch dessen Reliefs derartige Grausamkeiten ins Bild[238]. Vergleichbares gilt auch für die schriftlichen bzw. epigraphischen Hinterlassenschaften seiner Nachfolger, Sargon II. (721–705 v.u.Z.) und Sanherib (705–681 v.u.Z.). Das sog. Lachisch-Relief aus dem Palast Sanheribs in Kuyunjik (Ninive) etwa zeigt sowohl das Schinden (Enthäuten) als auch das Pfählen von (rebellischen?) Stadtbewohnern durch assyrische Soldaten, Maßnahmen, durch die die Betroffenen langsam zu Tode gebracht bzw. gefoltert wurden (vgl. Abb. 2 und Abb. 3)[239]. Die Gepfählten und anderweitig Ermordeten scheint man zudem oftmals nicht sofort begraben, sondern – als Abschreckungs- wie als Maßnahme

---

war, das nimmt zumindest Meissner an, eine gängige Todesart für die Delinquenten (vgl. ders., Babylonien, 112f). Vgl. hierzu auch Bahrani, Rituals, 23–55.

[233] Vgl. Ez 23,25f.

[234] Vgl. Kern, Siege Warfare, 69f, sowie die Abbildungen bei Yadin, Warfare, 382f.386f.

[235] Vgl. Kern, Siege Warfare, 70f, sowie die Abbildungen bei Leonard W. King (Hg.), *Bronze Reliefs From the Gates of Shalmaneser, King of Assyria B.C. 860–825*, London 1915, Plate IX (oben), Plate XVII (unten), Plate XVIII (unten), Plate XXI (unten), Plate XLVIII (oben), Plate XLIX (oben); Plate LVI (unten).

[236] Vgl. hierzu Oded, Mass Deportations, 19 (vgl. auch a.a.O., 2): „The widespread use of the system of mass deportation starting with the reign of Tiglath-pileser III is not fortuitous, but is completely in accord with the fact that Tiglath-pileser III was the king who laid the firm foundations for a real empire. The deportation system was thus one of the cornerstones of the construction and development of the Assyrian empire." Allein Sargon II. (722–705 v.u.Z.) scheint annähernd die gleiche Anzahl an Deportationen (bei allerdings insgesamt deutlich weniger deportierten Personen) durchgeführt zu haben wie Tiglat-Pileser III. Von Sanherib (705–681 v.u.Z.) sind zwar nur knapp halb so viele Deportationen berichtet wie von Tiglat-Pileser III., von Sanheribs Deportationen waren aber gleichwohl insgesamt deutlich mehr Menschen betroffen (vgl. hierzu a.a.O., 20).

[237] Vgl. ARAB 1, Nr. 766, 271; Nr. 768, 272.

[238] Vgl. die Abbildung bei Yadin, Warfare, 406f.

[239] Vgl. hierzu Bahrani, Rituals, 154–158.

Abb. 2. Das sog. Schinden

Abb. 3. Sexualisierte Kriegsgewalt

zur Darstellung der Herrschaft über Leben und Tod auf Seiten des mesopotamischen Herrschers – regelrecht ausgestellt zu haben[240].

Zwar blieben die Deportationen wesentliches Mittel der assyrischen
und später der babylonischen Eroberungspolitik, daneben werden aber
immer wieder auch kleinere oder größere Massaker und vor allem massive Zerstörungen von eingenommenen Städten sowie von Obstplanta-
gen u.ä. berichtet[241]. Der letzte assyrische König, von dem ausführliche
Kriegserzählungen in Wort und Bild übermittelt sind, ist Aššurbanipal
(668–630 v.u.Z.). Während seiner Regierungszeit kam es zu einer umfassenden babylonischen Aufstandsbewegung unter seinem älteren Bruder
Šamaš-šuma-ukin, den ihr Vater Asarhaddon (681–669 v.u.Z.) als (Stadt-)
König von Babylon eingesetzt hatte. Im Verlauf des dadurch entfesselten
Bürgerkrieges führten Aššurbanipal und seine Truppen Belagerungskriege
gegen Sippar, Babylon, Borsippa und Kutha[242]. Nachdem die Assyrer den
Krieg gegen Babylon erst nach rund zweijähriger Einschließung der Stadt
und wahrscheinlich nur unter Aufbietung der allerletzten Kräfte zu ihren
Gunsten entscheiden konnten, wurden die Rebellen, so jedenfalls ist es
dem sog. Rassam-Zylinder eingeschrieben, auf bestialische Weise bestraft.
Ein Ausschnitt dieses scheußlichen Erzählszenarios wird im Folgenden
zum einen deshalb wiedergegeben, weil dies zu verdeutlichen vermag,
dass die Babylonier den Belagerungskrieg kennen (und führen) lernten,
indem sie selbst von ihm – in einer äußerst brutalen Form – betroffen
waren; zum anderen, weil hier das Phänomen der (generationenüberdau-
ernden) Rache, das im Zusammenhang unbearbeiteter kollektiver Traumata oftmals eine wesentliche Rolle spielt, deutlich zu erkennen ist:

> As for those men (and) their vulgar mouths, who uttered vulgarity against
> Assur, my god, and plotted evil against me, the prince who fears him, – I
> slit their mouths (v., tongues) and brought them low. The rest of the people,
> alive, by the colossi, between which they had cut down Sennacherib, the
> father of the father who begot me, – at that time, I cut down those people

---

[240] So Nili Wazana in einem Vortrag in Marburg am 6.9.2009. Wazana deutet die Weisung aus Dtn 21,22f, wonach ein Gehängter/eine Gehängte noch am Tag des Vollzugs der
Todesstrafe begraben werden soll, als eine Art Gegenentwurf zu der entsprechenden assyrischen Kriegspropaganda und -praxis. In Jos 8,29 und 10,26 werde – im Zusammenhang
der (fiktionalen) Erzählung von der Eroberung des Landes – die Erfüllung dieser Weisung
durch Josua innerhalb eines Kriegskontexts geschildert. Berlejung hat darüber hinaus darauf hingewiesen, dass die Platten des Lachisch-Reliefs im Palast Sanheribs so angebracht
waren, dass der Blick beim Betreten des entsprechenden Raums direkt auf die Szene mit
den drei Gepfählten fallen musste (vgl. dies., Gewalt, 208).
[241] Vgl. Kern, Siege Warfare, 73.
[242] Vgl. Metzger, Geschichte, 131; Donner, Geschichte, 331–333; Albertz, Exilszeit, 49.

there, as an offering to his shade. Their dismembered bodies (*lit.*, flesh) I fed
to the dogs, swine, wolves, and eagles, to the birds of heaven and the fish
of the deep. [...] [T]he corpses of the people whom the plague (-god) had
brought low, and of those who had lost (*lit.*, laid down) their lives through
hunger and want, – what was left of the feast of the dogs and swine, of their
members which blocked the streets and filled the squares, I ordered them to
remove from Babylon, Kutha and Sippar, and to cast them upon heaps[243].

Wie bereits die meisten seiner Vorgänger ließ Aššurbanipal solche
und ähnliche Folter- und Todesszenarien auch auf einem Palastrelief
porträtieren[244].

Darüber, wie die Babylonier feindliche Städte nach deren Eroberung
behandelten, zumal, wenn sie deren Führungseliten der Rebellion, konkreter: der Annäherung an Ägypten verdächtigten, geben die Ausgrabungen in der philistäischen Hafenstadt Aschkelon einigen Aufschluss. Diese
zeigen deren massive Zerstörung gegen Ende des 7. Jh.s v.u.Z., ein Ereignis, das, dafür sprechen auch drei textliche Quellen, die sich auf dieses
Ereignis beziehen, wohl nur auf die Babylonier zurückgeführt werden
kann[245]. So heißt es in der Babylonischen Chronik:

Nach Askalon zog er [Nebukadnezar, R.P.] und im Monat Kislew nahm er es
ein. [19]Seinen König nahm er gefangen. Raub und Beute machte er dort. Die
Stadt verwandelte er in einen Ruinenhügel und in Ödland [...][246].

Folgt man den archäologischen (Be-)Funden, so müssen Nebukadnezar
und seine Truppen tief ins Innere der Stadt vorgedrungen sein und sie in
einen einzigen Trümmerhaufen verwandelt haben, „in other words, made
it a tell"[247], der bis in die Hellenistische Zeit hinein unbewohnt blieb. Zer-
störungsspuren, vor allem durch Feuer, sind nämlich nicht nur an den
massiven (Außen-)Befestigungen, sondern an Gebäuden und Strukturen –
unter anderem konnten eine Winzerei und der Marktplatz mit einzelnen kleinen Geschäften identifiziert werden – in allen Teilen Aschkelons

---

[243] ARAB 2, Nr. 796, 304; vgl. auch a.a.O., Nr. 773, 294f; Nr. 788, 300; Nr. 830, 319; Nr. 831,
320; Nr. 844, 324; Nr. 863, 333; Nr. 866, 334f.
[244] Vgl. hierzu Erika Bleibtreu, „Grisly Assyrian Records of Torture and Death", *BArR* 17
(1991), 52–61.75, 53.56; Kern, Siege Warfare, 75.
[245] Vgl. hierzu Stager, Ashkelon, 61*f. Neben der Babylonischen Chronik (BM 21946,
Obv., 18–20 [Weippert, Textbuch, 416]) und Jer 47,3–5 bezieht sich, so Stager, auch der
griechische Literat Alcaeus in einem Gedicht auf die Eroberung Aschkelons durch die
Babylonier.
[246] Babylonische Chronik BM 21946, Obv., 18–20 (zitiert nach Weippert, Textbuch, 416).
[247] Stager, Ashkelon, 62*.

festzustellen[248]. Dass die Babylonier bei der Erstürmung einer Stadt unter Umständen nicht nur die verteidigenden Soldaten, sondern auch Angehörige der Zivilbevölkerung grausam bestraften, lässt sich vielleicht aus dem Fund des Skeletts einer etwa 35-jährigen Frau in den Überresten eines der Geschäfte schließen – die archäologisch Forschenden entdeckten sie zwischen den Resten von Vorratskrügen, wo sie sich niedergekauert hatte, um vor den Angreifenden versteckt zu sein:

> When we found her, she was lying on her back, her legs flexed and akimbo, her left arm reaching toward her head. The skull was badly fragmented. We removed the skeleton to the laboratory of physical anthropologist Patricia Smith of the Hebrew University of Jerusalem, who carefully reconstructed the skull and determined that the woman had been clubbed in the head with a blunt instrument[249].

Der letzte babylonische König Nabonid (556–539 v.u.Z.) wird – eine Ausnahme unter den neubabylonischen Herrschern – direkt mit dem Ausüben von Kriegsgräueln in Verbindung gebracht. Während die Nabonid-Chronik über seine Taten im dritten Regierungsjahr (553/52) nur lückenhaft und schwer verständlich berichtet: „[Against the town A]dummu they pitched (camp) ... and the numerous troops ... the town Shindini ... he killed him"[250], malt ein (u.a.) dasselbe Regierungsjahr betreffendes Dokument aus seleukidischer oder parthischer Zeit ein schreckliches Kriegsszenario aus:

> Im Monat Ijar des 3. Jahres stellte er [Nabonid, R.P.] sich [in Bab]ylon an die Spitze seiner Truppen. [...] bot [er] auf, und am 13. Tag kamen sie im Gebirge [...] an. Die Köpfe der Menschen, die in Ammanānu wohnten, (und) ihre [...] schnitt er ab und [...] ... zu Haufen. [Den König] hängte er [an einen P]fahl und [...] ... des Gebirges, verteilte er. [Jene] St[adt], die inmitten der Berge (lag), – die Frucht [ihrer] Gärten [.........] in ihrer Gesamtheit Feue[r......]..., deren (Wasser-)Tiefe unergründ[lich ist, ...] machte er für immer [zur Einöde].[251]

---

[248] Vgl. Stager, Ashkelon, 62*–66*.71*.
[249] Stager, Ashkelon, 72*. Zum Ganzen vgl. a.a.O., 71*f.
[250] Nabonid-Chronik I, 17–20, zitiert nach ANET, 305 (vgl. auch *Chroniques Mésopotamiennes*. Présentées et traduites par Jean-Jaques Glassner [La Roue à Livres], Paris 1993, 202; Weippert, Textbuch, 440f).
[251] Zitiert nach Weippert, Textbuch, 445; vgl. auch Wiseman, Babylonia, 245; Glassner, Chroniques, 242. Weippert zufolge handelt es sich um einen „[c]hronikartige[n] Text" oder ein „Prosaepos über Nabonid" (ders., Textbuch, 444). Glassner rechnet das Dokument zu den „Chroniques Hypothétiques" (vgl. ders., Chroniques, 241f).

Sexuelle Gewalt und sexualisierte Demütigungen im Kontext von Belagerungskriegen: Die kriegerische Eroberung von Städten (und der Diskurs darüber) ist (sind) zutiefst von einem Mechanismus geprägt, den man mit Daniel L. Smith-Christopher als „engendering of warfare"[252] bezeichnen kann. So beeinflusst die Kategorie ‚Geschlecht' schon Krieg und Kriegsdiskurse an sich, wobei die folgenden kulturellen Praxen eine besondere Rolle spielen:

1) Jungen werden in besonderer Weise ertüchtigt; Tapferkeit und Disziplin in Kriegszusammenhängen werden in besonderer Weise mit ‚Männlichkeit' verbunden[253].

2) Frauen in ‚weiblichen' Kriegsrollen wie der der Mutter, der Geliebten oder der Krankenschwester untermauern und verstärken die tüchtige, tapfere Männlichkeit von Männern aktiv.

3) Männliche Soldaten (in heutiger Zeit auch zunehmend Soldatinnen) nehmen die Kategorie Geschlecht in Gebrauch, um Herrschaft dadurch einzuschreiben und herzustellen, dass sie Feinde (und Feindinnen) feminisieren. Männlichkeit ist in dieser Hinsicht weniger ein Attribut von *Männern* als ein Attribut von Herrschaft und Herrschenden[254].

---

[252] Smith-Christopher, Abu Ghraib, 152.

[253] Vgl. auch Gabriela Mischkowski, „Sexualised Violence in War – A Chronicle", in: medica mondiale (Hg.), *Violence against Women in War: Handbook For Professionals Working With Traumatised Women*, Frankfurt a.M. ²2008 [2005], 15–62, 40f.

[254] Vgl. hierzu Charlotte Hooper, „Masculinities in Transition: The Case of Globalization", in: M. H. Marchand/ A. S. Runyan (Hg.), *Gender and Global Restructuring: Sightings, Sites, and Resistances*, London/New York 2000, 59–73, 62 (zitiert nach Smith-Christopher, Abu Ghraib, 156): „Once masculinity is seen as an attribute of power rather than as an attribute of men, it becomes clear that while all men gain to some extent from the associations between masculinity and power, not all men have equal access to these associations. Strategies of feminization can be used to marginalize groups of men as well as women." Vgl. hierzu auch Harold C. Washington, „Violence and the Construction of Gender in the Hebrew Bible: A New Historicist Approach", *Bibl.Interpr.* 5 (1997), 324–363, 331, wo in Bezug auf den ‚Feminisierungsdiskurs' in Jes 19,16; Jer 50,37; 51,30; Nah 3,13 (vgl. auch 1 Sam 4,9) festgehalten ist: „In this discourse ‚man' and ‚woman' are mobile constructs, a complementary pair of signifiers reciprocally determined by their relation to violence. Here violent power is marked as masculine, subjugation and defeat as feminine." Vgl. außerdem Claudia D. Bergmann, „‚We Have Seen the Enemy, and He Is Only a »She«': The Portrayal of Warriors as Women", in: Brad E. Kelle/Frank Ritchel Ames (Hg.), *Writing and Reading War: Rhetoric, Gender, and Ethics in Biblical and Modern Contexts* (SBL.SS 42), Atlanta 2008, 129–142, 138–141. In ihrem Artikel vergleicht Bergmann die in der Hebräischen Bibel enthaltenen Metaphern „crisis is (like) birth" (vgl. z.B. Jes 13,7f; Jer 30,5–7) und „men are (like) women" (a.a.O., 130) miteinander und kommt zu dem Schluss, dass „[b]eing in crisis and being (like) a woman giving birth is something to be honored rather than ridiculed" (a.a.O., 141), während „[w]arriors who have turned into women do what women stereotypically do: they do not bear arms, they wear women's garb, or they passively endure the

In noch höherem Maße gilt diese Einflussnahme der Kategorie Geschlecht m.E. in Bezug auf die (antiken) (Stadt-)Belagerungskriege:

1) Dies hängt zum einen damit zusammen, dass Frauen (neben anderen Zivilpersonen wie Kindern und alten Menschen), als in den betroffenen Städten Mit-Eingeschlossene, von dieser Form des Krieges – anders als von den klassischen Schlachten, die Männer, von besonderen Ausnahmen abgesehen, unter sich austrugen – unmittelbar(er) betroffen waren und zu direkten Opfern von (männlicher) Kriegsgewalt werden konnten. Paul Bentley Kern beschreibt die Folgen des Gegenwärtigseins von Frauen (und Kindern) in einem (gleichwohl vorrangig von Männern umkämpften) städtischen Zentrum wie folgt:

> Women and children were an essential part of siege warfare. Their presence threatened the notion of war as a contest between warriors, undermined the conventional standards of honor and prowess that governed ancient warfare, and paradoxically made war less restrained by creating a morally chaotic cityscape in which not only the walls collapsed but deeply rooted social and moral distinctions as well. We cannot understand siege warfare without understanding the plight of women and children and the effect of their presence on war[255].

2) Zum anderen ist in diesem Zusammenhang von besonderer Bedeutung, dass Städte im Kontext verschiedener Diskurse als weibliche Größen präsentiert wurden (und werden)[256]; in der Folge skizziert der Kriegsdiskurs die gewaltsame Eroberung und Beherrschung einer Stadt häufig in (Sprach-)Bildern von der gewaltsamen Eroberung und Beherrschung einer Frau[257]. Im Rahmen eines wirklichen Kriegsgeschehens ging tatsächliche Gewalt gegen die *metaphorische* Frau, die Stadt, oftmals in

---

aggressive or oppressive acts of enemy men. Their masculinity is ridiculed and negated at every level." (A.a.O., 137.) Anders hingegen Amy Kalmanofsky, „Israel's Baby: The Horror of Childbirth in the Biblical Prophets", *Bibl.Interpr.* 16 (2008), 60–82, passim.

[255] Kern, Siege Warfare, 4.

[256] Vgl. hierzu vor allem Brad E. Kelle, „Wartime Rhetoric: Prophetic Metaphorization of Cities as Female", in: ders./Frank Ritchel Ames (Hg.), *Writing and Reading War: Rhetoric, Gender, and Ethics in Biblical and Modern Contexts* (SBL.SS 42), Atlanta 2008, 95–111, passim. Für die Literatur der Moderne vgl. Sigrid Weigel, *Topographien der Geschlechter. Kulturgeschichtliche Studien zur Literatur*, Reinbek bei Hamburg 1990, 149–179.

[257] Vgl. hierzu Washington, Violence, 346; Pamela Gordon/Harold C. Washington, „Rape as a Military Metaphor in the Hebrew Bible", in: Athalya Brenner (Hg.), *A Feminist Companion to the Latter Prophets* (The Feminist Companion to the Bible 8), Sheffield 1995, 308–325, 313–317; Ulrike Bail, *Gegen das Schweigen klagen. Eine intertextuelle Studie zu den Klagepsalmen Ps 6 und Ps 55 und der Erzählung von der Vergewaltigung Tamars*, Gütersloh

tatsächliche Gewalt gegen in dieser Stadt lebende *reale* Frauen über, wie wiederum Kern festhält:

> Rape was the ultimate violation of women, marking the complete posses-
> sion of them by the soldiers who had taken possession of their city. From the
> phallic shape of the battering ram trying to penetrate the walls of a city to
> priapic soldiers pillaging and raping in a violated city was a logical progres-
> sion. All warfare has a strong sexual undercurrent, but siege warfare was an
> explicit battle for sexual rights. [...] The raping that frequently followed the
> fall of a city starkly symbolized total victory in total war[258].

Gerade aufgrund des hier geschilderten geschlechtlich-sexuell konnotier-ten ,Untergrunds' des antiken Belagerungskriegs ist es m.E. wahrschein-lich, dass sexuelle Gewalt und sexualisierte Demütigungen in seinem Rahmen nicht nur vorkamen, sondern dass sie – wie es heute nach wie vor geschieht[259] – sogar systematisch als Kriegswaffen eingesetzt wurden und zu bestimmten Phasen des Krieges, etwa der des Plünderns und Beu-temachens, selbstverständlich dazugehörten, auch wenn dies in den (assy-rischen) Königsinschriften wie auch auf den Palastreliefs weit(est)gehend verschwiegen wird. Allein das dessen Araberfeldzug in Szene(n) setzende Relief Aššurbanipals bringt – vielleicht – auch noch dieses Grauen zur Darstellung[260]; und was die schriftlichen Zeugnisse angeht, so ist Hero-dot einer der wenigen, der, im Zusammenhang seiner Darstellung eines persischen Kriegszugs durch die griechische Landschaft Phokis im Jahr 480 v.u.Z., von der Vergewaltigung dort lebender Frauen durch erobernde Soldaten berichtet[261].

1998, 196–201. Bail arbeitet heraus, dass die Vergewaltigung Tamars in 2 Sam 13,1–22 im Bild der Zerstörung einer Stadt dargestellt ist. Vgl. außerdem Kelle, Wartime Rhetoric, 96–101.

[258] Kern, Siege Warfare, 81. Vgl. auch Kelle, Wartime Rhetoric, 104: „Certainly the viola-tion of women as a metaphor fits the destruction of capital cities, for the stripping, pene-tration, exposure, and humiliation of the women is analogous to siege warfare, with its breaching of the wall, entrance through the gate, and so forth."

[259] Vgl. hierzu die Mischkowski, Sexualised Violence, passim. Zu den traumatischen Folgen sexualisierter Kriegsgewalt vgl. Ingeborg Joachim, „Sexualised Violence in War and Its Consequences", in: medica mondiale (Hg.), *Violence against Women in War: Handbook For Professionals Working With Traumatised Women*, Frankfurt a.M. ²2008 [2005], 63–110, passim.

[260] Vgl. Berlejung, Gewalt, 211. Eine Abbildung des in Frage stehenden Reliefs findet sich bei Thomas Staubli, *Das Image der Nomaden im Alten Israel und in der Ikonographie seiner sesshaften Nachbarn* (OBO 107), Fribourg/Göttingen 1991 (beigegebene Falttafel III, Block 9).

[261] Vgl. Hdt. VIII, 33: „Eine Anzahl Phoker konnten sie [die ,Barbaren', R.P.] auf der Ver-folgung am Fuße des Gebirges einholen und gefangennehmen, und einige ihrer Frauen kamen um, weil sie von vielen mißbraucht wurden."

Einige Male wird sexuelle Gewalt an Frauen im Kontext von (Belage-
rungs-)Kriegen in der Hebräischen Bibel benannt, und auch der Umstand,
dass es sich hierbei zweimal um prophetische Drohworte (Jes 13,16;
Sach 14,2), nur einmal um die Darstellung von in der Vergangenheit
liegenden Ereignissen (Klgl 5,11) handelt, spricht m.E. nicht gegen den
Erfahrungsbezug des hier Ge- bzw. Beschriebenen[262]. Auch biblische Erzählungen wie Gen 34, Ri 19 und 2 Sam 13 spiegeln ein Wissen um den engen
Zusammenhang zwischen sexueller und kriegerischer Gewalt wider –
der sexuelle Gewalt erleidende Frauenkörper fungiert hier, wie Alice A.
Keefe herausgearbeitet hat, als Metonymie für den sozialen Körper, der
durch Kriegsgewalt zerrissen wird[263].

Die soeben skizzierten Aspekte wie auch der Umstand, dass sowohl
die Hebräische Bibel (Dtn 21,10–14) als auch assyrische Gesetzeskodizes
Weisungen enthalten, die die sexuelle Gewalt gegen kriegsgefangene bzw.
eroberte Frauen wenn nicht zu verhindern, so doch gewissermaßen zu
reglementieren versuchen[264], deuten darauf hin, dass das Kriegsverbrechen der Vergewaltigung einerseits als Tabubruch und „nightmare repre-
senting the collapse of human culture" empfunden wurde, dass es aber
gleichzeitig „the most common atrocity against noncombatants in siege
warfare" war[265].

Gleichwohl ist nicht davon auszugehen, dass allein Frauen sexueller
Gewalt und sexualisierten Demütigungen durch die die Stadt erstür-
menden Soldaten ausgesetzt waren, wenn dies auch sehr häufig der Fall

---

[262] Vgl. hierzu Kern, Siege Warfare, 82f. Kern zufolge ist die Unheilsankündigung diejenige Form, in der das (Kriegs-)Gräuel der (systematischen) Vergewaltigung überhaupt
ins Wort gebracht, benannt werden konnte (a.a.O., 83): „The prophecies of rape by the
Hebrew prophets take us to an outer limit, but to cross this limit would reveal a world so
violent and out of control that it would bring into question the existence of any divine
structure at all. Such a world was too terrifying for either the Assyrians or the Hebrews
to enter. And so rape did not find its place in the boasts of conquerors, but only in the
Hebrew prophecies of doom."

[263] Vgl. Alicia A. Keefe, „Rapes of Women/Wars of Men", *Semeia* 61 (1993), 79–97, passim, sowie Mischkowski, Sexualised Violence, 33–38.

[264] Vgl. Kern, Siege Warfare, 82. Gegen die zum Teil äußerst beschönigenden Auslegungen von Dtn 21,10–14 ist mit Ulrike Bechmann festzuhalten, dass auch „eine Zwangsheirat
nach 30 Tagen [...] eine Vergewaltigung [bleibt]" (dies., „Die kriegsgefangene Frau [Dtn
21,10–14]", *BiKi* 60 [2005], 200–204, 203). Der Standpunkt der Gewalt erleidenden Kriegs-
sklavin werde im Text selbst gerade nicht zugedeckt, werde doch in V14 ihr Verkauf verboten, weil der Mann, der sie zur Frau genommen hat, sie „gebeugt" bzw. „vergewaltigt"
(√ענה) hat (vgl. ebd.). Vgl. hierzu auch Washington, Violence, 347–352.

[265] Kern, Siege Warfare, 83.

gewesen sein dürfte[266]. Sofern im „gendered warfare" der Mechanismus der Feminisierung des Feindes gezielt eingesetzt wird, um dessen Niederlage und den eigenen Sieg, die eigene Dominanz performativ her- bzw. darzustellen, waren wahrscheinlich auch männliche Zivilpersonen, noch häufiger wohl militärische Verteidiger einer Stadt von primär auf Entehrung und Beschämung zielenden sexuellen (oder sexuell konnotierten) Übergriffen betroffen, auch wenn dies in den verschiedenen Kriegsdarstellungen nur ausgesprochen selten – oder nur auf den zweiten Blick – erkennbar wird. Ein expliziter Hinweis auf genitale Verstümmelung der militärischen Gegner findet sich in einem Kriegszugsbericht Sanheribs: „(Their) testicles I cut off, and tore out their privates like the seeds of cucumbers [. . .]."[267] Die Motivik von (symbolischer) Kastration und Penetration in kriegerischen bzw. kriegsähnlichen Zusammenhängen klingt auch in einzelnen biblischen Texten, insbesondere in den Saul-David-Erzählungen (vgl. z.B. 1 Sam 18,11; 19,10; 20,33; 24,5; 26,7f), an. Mehrfach auch werden vor Furcht erstarrende, kampfunfähige männliche Krieger mit Frauen verglichen oder als Frauen bezeichnet (Jes 19,16; Jer 50,37; 51,30; Nah 3,13)[268], was, nimmt man mit Corrine L. Patton den Hinweis auf das Schwert, das nach Jer 50,37 die Widersacher „zu Frauen macht", ernst, nicht nur im übertragenen Sinne gemeint sein muss[269]. Auch die bildlichen Schilderungen machen von verschiedenen Mechanismen der

---

[266] Vgl. hierzu Kelle, Wartime Rhetoric, 105: „[T]he available evidence points to the conclusion that all such gendered warfare is likely related to actual practices of humiliation and perhaps sexual abuse done both to male warriors and female victims in ancient warfare." Vgl. auch Mischkowski, Sexualised Violence, 30.33.56f. Mischkowski zufolge „[r]ecent research has shown that sexual attacks on men are in fact much more widespread than has previously been assumed" (a.a.O., 33).

[267] ARAB 2, Nr. 254, 127. Vgl. hierzu auch Meissner, Babylonien, 108; Bleibtreu, Assyrian Records, 60; Corrine L. Patton, „ ‚Should Our Sister Be Treated Like a Whore?' A Response to Feminist Critiques of Ezekiel 23", in: Margaret S. Odell/John T. Strong (Hg.), The Book of Ezekiel: Theological and Anthropological Perspectives (SBL.SS 9), Atlanta 2000, 221–238, 234.

[268] Vgl. hierzu auch den Wortlaut eines hittitischen Gebets, in dem es im Hinblick auf eine feindliche Armee heißt (zitiert nach Washington, Violence, 330f): „Take from (their) men masculinity, prowess, robust health, swords (?), battle-axes, bows, arrows, and dagger(s)! And bring them to Hatti! Place in their hands the spindle and mirror of a woman! Dress them as women!"

[269] Vgl. Patton, Sister, 235. Patton verweist in diesem Zusammenhang auch auf ein Detail aus einem Palastrelief Sargons II. (vgl. die Zeichnung bei Yadin, Warfare, 420f, oben), auf dem u.a. kastrierte Gefallene dargestellt seien (vgl. Patton, Sister, 234f). Dies ist der Darstellung aber m.E. nicht in dieser Eindeutigkeit zu entnehmen – bei den fehlenden Körpergliedern, die Patton auflistet, könnte es sich auch um Beschädigungen der Oberfläche des Reliefs handeln. Vgl. hierzu auch Jes 56,3–5, wo von dem Einschluss kastrierter Männer in die nachexilische Tempelgemeinde die Rede ist, sowie Ez 32,17–32, wo auffällig oft von „schwerterschlagenen Unbeschnittenen" gesprochen wird.

Feminisierung des (männlichen) Gegners Gebrauch – und setzen damit denkbare reale Praxen plastisch-rekonstruierend fort und um. So präsentieren assyrische Palastreliefs die unterliegenden bzw. bereits geschlagenen Feinde nicht nur sehr häufig nackt[270], sondern

> the naked enemy male is almost always positioned such that his genitalia face the viewer, and in many cases are also within the gaze of the Assyrian king. Corresponding to the written boast of having pierced or bored through the enemy, the naked soldier is often depicted visually being penetrated by a weapon, sometimes in a clearly sexual way[271].

Es ist an dieser Stelle festzuhalten, dass weibliche Kriegsgefangene, anders als männliche Gefangene oder Getötete, auf den Reliefs, soweit erkennbar, an keiner Stelle völlig unbekleidet erscheinen (vgl. Abb. 5). Auf dem Bronzetor Salmanassers III. aber sind mehrere Szenen auszumachen, in denen kriegsgefangene Frauen ihre Gewandsäume angehoben haben (vgl. Abb. 4)[272], ein Bild, das in der Aufforderung an die Stadtfrau Babel in Jes 47,2: „Nimm die Handmühle und mahle Mehl, entblöße (גלי) deinen Schleier, raffe den Kleidersaum, entblöße (גלי) die Schenkel, wate durch Ströme!"[273] ins Wort gebracht sein könnte (vgl. auch Jer 13,22.26; Nah 3,5). Vermutlich handelt es sich hierbei um eine erzwungene Selbsterniedrigungsgeste. Gelegentlich zeigen die Reliefs auch Frauen, die eine Hand an/auf den Kopf gelegt haben, was ebenfalls Selbstminderung oder Trauer symbolisieren kann[274]. Männliche Kriegsgefangene bzw. entehrte oder erniedrigte Männer hingegen werden auch in der Hebräischen Bibel an einigen Stellen als „Nackte" (מערמים; 2 Chr 28,15; vgl. auch Jes 20,4; 2 Sam 10,1–11,1) bzw. als „ausgeplündert, ausgezogen" (שולל; Ijob 12,17.19) vor Augen geführt, und Propheten, die die Deportation von Kriegsgefangenen am eigenen Leibe in einer Analogiehandlung antizipieren, gehen „nackt und barfuß" (ערום ויחף; Jes 20,2) bzw. „ausgezogen und nackt" (שילל וערום [Q°re: שולל]; Mi 1,8). Aufgrund dieses Befundes ist es m.E. auch gut denkbar, dass die Sprachbilder vom Aufdecken bzw. Aufgedecktwerden (√גלה) oder Sehen bzw. Sichtbarwerden (√ראה) der „Nacktheit", „Blöße"

---

[270] Vgl. z.B. ANEP, Abb. 358.359, 124; vgl. auch a.a.O., Abb. 332, 111.

[271] Chapman, Warriors, 10. Vgl. hierzu auch Abb. 3.

[272] Vgl. außerdem King, Bronze Reliefs, Plate XXIII (unten), Plate L (unten – hier scheint sogar ein Mädchen abgebildet zu sein).

[273] Zur Stelle vgl. auch Ulrich Berges, *Jesaja 40–48* (HThKAT), Freiburg i.Br. u.a. 2008, 484; Vanderhooft, Empire, 181f; Ulrike Sals, *Die Biographie der „Hure Babylon". Studien zur Intertextualität der Babylon-Texte in der Bibel* (FAT II 6), Tübingen 2004, 300–306.

[274] Vgl. hierzu King, Bronze Reliefs, Plate XLVI (unten), Plate LXXV (unten [=Abb. 4]). Vgl. auch Yadin, Warfare, 388 (mittlere Reihe links).

Abb. 4. Kriegsgefangene Frauen, die die Säume ihrer Kleider anheben

Abb. 5. Kriegsgefangene Männer (links und Mitte), kriegsgefangene Frauen (rechts)

|oder „Scham" (עֶרְוָה, עֶרְיָה, קָלוֹן, מַעַר, נַבְלוּת) und vom Aufdecken bzw.
Aufgedecktwerden des Gewands oder eines Gewandteils (שׁוּל, שֹׁבֶל), die
wiederholt, vor allem im Zusammenhang kriegerischer Eroberungen, mit
Bezug auf (metaphorische) Stadtfrauen Verwendung finden (Jes 47,2.3;
Jer 13,22.26; Ez 16,37; 23,10.29; Nah 3,5f; Klgl 1,8; vgl. auch Hos 2,12; Mi 4,11;
Klgl 1,10[275]; 4,21), ihren Vergleichspunkt nicht oder doch nicht allein in von
Männern gegen Frauen gerichteten Akten (häuslicher) sexueller Gewalt
haben[276]. Nicht eine als pornographisch zu charakterisierende Praxis des
Kontrollierens weiblicher Sexualität oder der Bestrafung einer untreuen,
ehebrecherischen oder hurerischen Frau (durch Männer bzw. eine als
männlich gedachte Gottheit) muss im Hintergrund stehen – bildspendend
könnte ebenso das Entblößt- oder Ausgezogenwerden männlicher (und
bis zu einem gewissen Grade auch weiblicher) Kriegsgefangener und die
damit verbundene Gewalt gewirkt haben[277]. Nicht so sehr der männliche
Blick, der Frauen verobjektiviert, unterwirft, zu Opfern macht, sondern
der imperiale Blick, der feindliche Frauen *und* Männer passiv und wehrlos
werden lässt, in die Opferrolle zwingt und sexuell demütigt, würde dann
dieser Metaphorik zugrunde liegen. Das Bild der eroberten, entblößten und
vergewaltigten Stadtfrau steht – darauf hat insbesondere die feministische
Exegese der fraglichen Textpassagen immer wieder hingewiesen – in der
Gefahr, zur Legitimation von (häuslicher) Gewalt an Frauen herangezogen
zu werden, und zwar insbesondere dort, wo Eroberung, Entblößung und
Vergewaltigung als Strafe einer tendenziell männlich vorgestellten Gottheit, die im Bilde eines eifersüchtigen Eheherrn daherkommt, skizziert
werden (vgl. Jer 13,20–27; Ez 16; 23; Hos 2). Allein textlich ist eine solche
Auslegung nicht zu rechtfertigen – es bleibt zunächst festzuhalten, dass es
sich bei einer Stadtfrau, auch wenn sie weiblich vorgestellt wird, um eine

---

[275] Zu Klgl 1,10 (und 1,8) vgl. auch Frederick W. Dobbs-Allsopp/Tod Linafelt, „The Rape of Zion in Lamentations 1:14", *ZAW* 113 (2001), 77–81, passim.

[276] So z.B. Fokkelien van Dijk-Hemmes, „The Metaphorization of Woman in Prophetic Speech: An Analysis of Ezekiel 23", in: Athalya Brenner (Hg.), *A Feminist Companion to the Latter Prophets* (The Feminist Companion to the Bible 8), Sheffield 1995, 244–255, passim; Mary E. Shields, „Multiple Exposures: Body Rhetoric and Gender in Ezekiel 16", in: Athalya Brenner (Hg.), *Prophets and Daniel* (The Feminist Companion to the Bible, Second Series 8), Sheffield 2001, 137–153, passim; Baumann, Gottesbilder, 123–126.

[277] Vgl. hierzu Smith-Christopher, Abu Ghraib, 153: „The ,humiliation' of ,Jerusalem' as female must be directly connected to the ideology of, and practice of, Assyrian and Babylo- nian warfare. I would thus argue that it was the circumstances and practices of warfare by the Mesopotamian imperial states of the first millennium B.C.E. that suggested the imagery of stripping, and not a generally practiced punishment of adulterous women in Israelite society. Such contexts may also have given rise to other imagery where warfare itself is ,engendered'." Zum Ganzen vgl. a.a.O., 150–154.

Metapher, nicht um eine *reale* Frau handelt. Metaphorisch fungiert ‚sie' darüber hinaus als Repräsentantin ihrer Bewohnerinnen *und* Bewohner, die sie in Friedenszeiten zu schützen und zu ernähren vermag, während in der Situation des Belagerungskriegs das der Stadtfrau Angetane gleichermaßen Gewalterfahrungen der in ihr eingeschlossenen und schließlich überwältigten Frauen *und* Männer zu vergegenwärtigen und somit für alle Geschlechter Identifikationsmöglichkeiten bereitzustellen vermag[278].

Auffällig ist, dass die Hebräische Bibel auf das Entblößtwerden der besiegten GegnerInnen (metaphorisch) relativ häufig rekurriert, während „the image of the stripped enemy soldier" „[is] [t]he one repeated visual trope of violence in the [Assyrian, R.P.] palace reliefs that has no clear correlation to a written royal inscription"[279]. Der hebräischen Sprache könnte sich die mesopotamische Kriegspraxis des *stripping* hingegen so eingeprägt haben, dass √גלה schließlich zum *terminus technicus* für das (Trauma des) Exil(s) wurde (גלה *Qal*: „ins Exil gehen, deportiert werden", גלה *Hif'il*: „ins Exil führen, deportieren", גלה *Hof'al*: „ins Exil geführt, deportiert werden", גולה und גלות: „Exilierung, Deportation", „Exulantenschaft, Deportierte")[280].

Möglicherweise korreliert das Bild des nackten – oder, wie es in Mi 1,8 und Ijob 12,17.19 „ausgeplünderten" (שולל, von √שלל, „plündern, ausplündern") – Feindes mit der in den assyrischen Königsinschriften vielfach anzutreffenden Behauptung, die Widersacher geplündert oder als Kriegsbeute in Gebrauch genommen zu haben. In ähnlicher Weise findet sich auch in vereinzelten biblischen Aussagen die Gleichsetzung von eroberten materiellen Gütern und von eroberten Frauen (und Kindern), in deren Konsequenz die Vergewaltigung von Frauen im Kontext von Kriegen als ‚Benutzung' der gemachten Beute definiert wird (vgl. Dtn 20,14; 21,10–14; Ri 5,30)[281].

---

[278] Vgl. Smith-Christopher, Abu Ghraib, 154–157.

[279] Chapman, Warriors, 9.

[280] Vgl. Smith-Christopher, Abu Ghraib, 154: „Might the very reason that גלה comes to be used as a term for an exile be because of the Neo-Assyrian and Neo-Babylonian practice of stripping and humiliating captive males [and females, R.P.]?" Eine andere Position vertreten Claus Westermann und Rainer Albertz, die „für die Semasiologie zwei verschiedene Verben an[]nehmen [...]: transitives *glh* I ‚aufdecken' [...] und intransitives *glh* II ‚fortgehen, in die Verbannung geführt werden'" (dies., „Art גלה", THAT I [⁵1994 <1971>], 418–426, 419). Gleichzeitig spricht auch nach Ansicht von Westermann und Albertz „einiges dafür, daß *glh* ‚fortgehen' [...] erst dann die Spezialisierung zu ‚in die Verbannung geführt werden' erfuhr, als Deportationen ganzer Volksteile als Mittel der Eroberungspolitik in Israels Gesichtskreis traten; hier ist vor allem an die Massendeportationen und Umsiedlungen des neuassyrischen Reiches zu denken" (a.a.O., 421).

[281] Vgl. Susan Brooks Thistlethwaite, „‚You May Enjoy the Spoil of Your Enemies': Rape as a Biblical Metaphor for War", *Semeia* 61 (1993), 59–75, 59; Mischkowski, Sexualised Violence, 17–19.

Bevor das Plündern als Strategie des antiken Belagerungskriegs in seinen verschiedenen Dimensionen noch etwas eingehender beleuchtet wird, sollen hier zwei weitere Kriegsgräuel, von denen Frauen und (kleine) Kinder betroffen sein konnten, zumindest kurz angedeutet werden:

1) Vom Aufschneiden (√בקע)[282] schwangerer Frauen hören wir sowohl in der Hebräischen Bibel, und zwar wiederum im Kontext von Belagerungskriegen (2 Kön 8,12; 15,16; Hos 14,1; Am 1,13; vgl. auch Hos 10,14), als auch – die einzige Erwähnung im mesopotamischen Kontext[283] – in einem assyrischen Gedicht eines königlichen Kriegshelden[284], das möglicherweise Tiglatpileser I. (1114–1076 v.u.Z.) zuzuschreiben ist. Eine Zylinderinschrift dieses assyrischen Königs, die sich auf dieselbe Kriegsattacke beziehen könnte wie das Gedicht, benennt dieses Vergehen allerdings nicht. Daraus ist aber, so jedenfalls Mordechai Cogan, noch nicht zu schließen, „that the poetic account is any less accurate". Denn, so Cogan weiter,

> [w]e simply do not know the details of the battle itself, for we obviously do not have field diaries. At the same time, one may speculate that the poet chose to depict the king's valor and ferocity in stereotypical terms, without necessarily having checked the details. Out of the entire catalogue of the horrors of war, he singled out the attack upon the defenseless women [...]; and this in order to impress upon all that the cruelest of punishments awaits those who sin against Assyria's god[285].

In etwa ähnlich verhält es sich auch bei den diese Schreckenstat erwähnenden biblischen Passagen: Das Hoseabuch schaut sie für den Kontext der Eroberung Samarias voraus, während die Kriegsschilderung im Zweiten Königsbuch (2 Kön 17,5f) nichts von ihr weiß. Der Prophet Elischa sieht den zukünftigen König von Aram, Hasael, dieses Gräuel (unter anderen) an israelitischen Frauen vollziehen; Hasaels Reaktion

---

[282] In 2 Kön 25,4; Jer 39,2; 52,7; Ez 26,19; 30,16 wird √בקע für das „Aufbrechen" der Stadtmauer im Zusammenhang eines Belagerungskriegs verwendet. Auch hier schieben sich die Darstellung des der Frau und der Stadt Angetanen gleichsam ineinander.

[283] Es ist auffällig, dass auf den assyrischen Palastreliefs keine schwangeren Frauen abgebildet sind; Kinder stillende Frauen gibt es aber durchaus (vgl. Irène Schwyn, „Kinderbetreuung im 9.-7. Jahrhundert. Eine Untersuchung anhand der Darstellungen auf neuassyrischen Reliefs", *lectio difficilior* 1/2000, 3–7 (http://www.lectio.unibe.ch).

[284] Die entsprechende Zeile lautet (zitiert nach Mordechai Cogan, „'Ripping Open Pregnant Women' in Light of an Assyrian Analogue", *JAOS* 103 [1983], 755–757, 756): „He slits the wombs of pregnant women; he blinds the infants. He cuts the throats of their strong ones."

[285] Cogan, Pregnant Women, 756.

auf diese Ankündigung bleibt uneindeutig (2 Kön 8,13)[286]. Berichtet
wird das Aufschneiden von schwangeren Frauen gar von dem Usur-
pator Menachem von Israel, wobei ihm dies womöglich auch nach-
gesagt wird, um seine Schlechtigkeit noch besonders hervorzuheben
(vgl. 2 Kön 15,14.16.18–20)[287] – womit wiederum nicht der allgemeine
Erfahrungsbezug solcher ‚Nachrichten' in Frage gestellt werden soll.
Das Amosbuch bezichtigt die Ammoniter dieses Kriegsverbrechens,
„das als zynische Symbolhandlung den Besiegten jegliche Hoffnung
auf eigene Zukunft nehmen sollte"[288]. Allein hier wird dieses Handeln
eindeutig als strafwürdiges Vergehen gekennzeichnet (vgl. Am 1,14f); an
den anderen Stellen dient seine Erwähnung dazu, kaum denkbare oder
unaussprechliche Grausamkeit ins Wort zu bringen, die es – so oder
anders – im Zusammenhang antiker Belagerungskriege gegeben hat.

2) Zwei der soeben behandelten Verse (2 Kön 8,12; Hos 14,1), und darüber hinaus Jes 13,16, Nah 3,10 und Ps 137,9 (vgl. außerdem Hos 10,14[289])
nennen ein weiteres furchtbares Kriegsgräuel, das Zerschmettern von
(kleinen und kleinsten) Kindern (עוֹלְלִים). In den mesopotamischen
Quellen lesen wir von solchen Schreckenstaten, die einmal mehr
„die Grausamkeit der antiken Kriegshandlungen überhaupt"[290] zu
Bewusstsein bringen, nichts, die assyrischen Palastreliefs zeigen zwar
(kleine) Kinder, aber niemals als Ermordete, sondern höchstens als
Kriegsgefangene – und als solche, die ihre Lektionen, was die Anerkennung assyrischer Herrschaft angeht, im Angesicht des Horrors früh-
zeitig (zu) lernen (haben)[291]. Während 2 Kön 8,12, Jes 13,16 und Hos 14,1
die Ermordung der Kleinen für einen (bestimmten) geschichtlichen
Zusammenhang ankündigen (als weitere Untat des künftigen Königs
Hasael [2 Kön 8,7–15], als Bestandteil des grausamen Schicksals der
[Zivil-]Bevölkerung von Babylon, die in einem apokalyptisch anmuten-

---

[286] Der Wortlaut dieses Verses lässt offen, ob Hasael dies für ‚hündisch' oder – zyni-
scherweise – für ‚eine große Sache' hält.

[287] Vgl. Cogan, Pregnant Women, 757; Kern, Siege Warfare, 84f.

[288] Erich Zenger, „Das Buch Amos", in: ders. (Hg.), Stuttgarter Altes Testament. Einheitsübersetzung mit Kommentar und Lexikon, Stuttgart ³2005 [2004], 1756–1773, 1759.

[289] In Hos 10,14b – unmittelbarer Kontext ist die Kriegsankündigung in Hos 10,13b-15 –
geht es um Mutter und Kinder. Die Stelle lautet übersetzt: „Eine Mutter – über (den) Kindern (בנים) wird/ist sie zerschmettert."

[290] Hans-Joachim Kraus, Psalmen 2. Teilband: Psalmen 60–150 (BK XV/2), Neukirchen-
Vluyn ⁵1978 [1961], 1086 (zu Ps 137,7–9).

[291] Vgl. hierzu Abb. 2 (das Schinden der Stadtbewohner durch assyrische Soldaten findet
vor den Augen zweier Kinder statt!).

den Krieg untergehen wird [Jes 13,1–14,27][292], und im Kontext der Eroberung Samarias [Hos 13,1–14,1]), ruft Nah 3,10 dieses Horrorszenario als bei der Eroberung der Stadt No-Amon (Theben) geschehenes auf, um der assyrischen Hauptstadt Ninive das über sie kommende Unheil vor Augen zu stellen (Nah 3,8–17). Einzig Ps 137, der der jüdisch(-christlich)en Tradition als *der* Exilspsalm schlechthin und oftmals als (unmittelbarer) Reflex auf die Erfahrungen mit der babylonischen Großmacht und deren Brutalität gilt, spricht – wenn auch implizit – die Folgen an, die das Miterleben solchen menschengemachten Grauens für dessen ZeugInnen hat, wenn er mit einem einzigen Schrei nach Vergeltung für die getöteten Kinder[293] endet (Lutherübersetzung 1984):

(Ps 137) [8]Tochter Babel, du Verwüsterin,
wohl dem, der dir vergilt, was du uns angetan hast!
[9]Wohl dem, der deine jungen Kinder nimmt
und sie am Felsen zerschmettert!

Für Babels Kinder wird hier erwünscht, was Israels Kindern angetan wurde, wobei in der Schwere dieses Rachewunschs das Ausmaß traumatischen Erlebens – die tiefe Erniedrigung und Ohnmacht – von Menschen, die solche oder ähnliche Kriegsgräuel überlebt haben[294], greifbar wird. Sofern das Verlangen nach Vergeltung – so problematisch uns dieses erscheinen mag, so problematisch es der christlichen Tradition oft erschienen ist – hier Worte findet, können diese Psalmverse vielleicht sogar als ein notwendiger erster Schritt auf dem Weg

---

[292] Vgl. hierzu ausführlich Sals, Biographie, 217–253.

[293] Erich Zenger erwägt, ob V8f nicht „auch als Metapher gemeint" sein könnte: „Die ,Kinder' der ,Tochter Babylon' könnten die Kinder der in Babylon herrschenden Dynastie sein [...], so dass gemeint wäre: ,Selig, wer deiner sich stets erneuernden Herrschaft ein Ende bereitet!'" (Ders., „Die Psalmen", in: ders. [Hg.], *Stuttgarter Altes Testament. Einheitsübersetzung mit Kommentar und Lexikon*, Stuttgart ³2005 [2004], 1036–1219, 1201, vgl. auch a.a.O., 1200.) Die Bezeichnung der Opfer als עוֹלְלִים, „klein(st)e Kinder", steht zu dieser metaphorischen Deutung aber ein Stück weit im Widerspruch.

[294] Sofern Kinder von solchen und ähnlichen Kriegsverbrechen betroffen waren, ist es denkbar, dass nicht nur Erwachsene, sondern auch andere Kinder Zeugen derselben wurden. Die Traumatherapeuten Fischer und Riedesser stellen das Zitat von Ps 137,8f an den Anfang ihrer Überlegungen zur „Auswirkung von Kriegsereignissen auf Kinder" und betonen in der Folge mehrfach, dass zwar nicht, aber in verstärktem Maße bei Kindern die Beobachtung von Kriegsgewalt und Kriegsleiden (etwa von Angst- und Panikreaktionen der Eltern, von Verletzung, Tötung und Folterung von nahen Bezugspersonen sowie von Verletzten, Toten und Gräueltaten im weiteren sozialen Umfeld) traumainduzierend wirken kann (vgl. dies., Psychotraumatologie, 312–316).

hin zum Heilwerden von (und mit) individuellen und kollektiven traumatischen Kriegserfahrungen verstanden werden[295].

Die obigen Ausführungen lassen den Schluss, das Aufschneiden von
Schwangeren und das Zerschmettern von Kindern seien gängige Verbrechen im Zuge antiker Stadteroberungen gewesen, kaum zu. Gleichwohl
ist damit zu rechnen, dass sie vorgekommen sind, wenn auch offen bleiben muss, in welchem Umfang und welcher Häufigkeit. Zugleich aber
weisen die zitierten Texte einen doppelten Realitätsbezug dahingehend
auf, dass sie, unabhängig vom konkreten Tatbestand, die Wirklichkeit des
antiken Belagerungskriegs zutreffend beschreiben. Dies geschieht zum
einen dadurch, dass in ihnen Frauen und Kinder überhaupt als Opfer
bestialisch-sadistischer Kriegs(folge)handlungen genannt werden[296]. Zum
anderen scheint mir der Realitätsgehalt auch darin zu liegen, dass Menschen im Zuge von antiken (Stadt-)Eroberungskriegen von traumatogenen Erfahrungen betroffen waren, die, wenn überhaupt, sich nurmehr
formelhaft ins Wort bringen ließen. In diesem Sinne könnten die Textstellen vom Aufschneiden schwangerer Frauen und vom Zerschmettern
(klein[st]er) Kinder, welche die beiden Kriegsgräuel mehrfach zusammen und in zumeist sehr ähnlichen Worten festhalten, stellvertretend für
weitere unaussprechliche – aber gleichwohl tatsächlich von Menschen
erlittene – Kriegstraumatisierungen stehen[297].

---

[295] Vgl. hierzu Klara Butting, „Selig der, der dich spüren lässt, was du uns angetan hast.
Der Zorn Gottes und die Gewalt der Menschen", *Schlangenbrut* 76 (2002), 10–13, 12f; Ulrike
Bail, „Art. *nakam* (hebr.) – rächen, vergelten, ahnden; *nekama* (hebr.) – Vergeltung, Rache",
in: dies. u.a. (Hg.), *Bibel in gerechter Sprache*, Gütersloh 2006, 2370f, passim; Ruth Poser,
„Vergelt's Gott? Überlegungen zur Grenz-Wertigkeit biblischer Rachetexte", in: *JK* 68/2
(2007), 13–15, 13.

[296] In den assyrischen Königsinschriften wie in den assyrischen Palastreliefs wird die
Gewalt gegen Frauen und Kinder (sowie weitere Zivilpersonen) hingegen vollständig verschleiert – nichts in ihnen „spricht dafür, dass man sie despektierlich oder gar grausam
behandelt hätte" (Berlejung, Gewalt, 209).

[297] Im Hintergrund dieser Überlegungen steht der Umstand, dass ExegetInnen sog.
stereotyper oder formelhafter Sprache, etwa der des Fluchkatalogs in Dtn 28, oftmals
jeglichen Wahrheitsgehalt abgesprochen haben und noch absprechen (vgl. hierzu
Smith-Christopher, Theology, 96–103). Smith-Christopher schlägt demgegenüber vor, den
Versuch zu machen, „to read stereotypical language of the Bible in reference to suffering –
and particularly the suffering involved in siege warfare – as a measure not so much of the
historical details of the disaster or catastrophe, but rather as a measure of the emotional,
social, and obviously therefore spiritual impact of the disaster" (a.a.O., 104). Vgl. hierzu
auch Bail, Sehnsucht, 59–61.

Only siege warfare engulfed women and children so commonly that we naturally associate their destruction with it. Because of this, ancient siege warfare represented the most complete form of war as social conflict, and in this way it offers us the truest image of what war really is[298].

Plünderungen, Beutemachen, Zerstörung: ‚Erfolgreiche' Stadtbelagerungen waren, wie das folgende Zitat von Kern zeigt, für die siegreichen Mächte als Ganze von entscheidender Bedeutung, dienten sie doch nicht zuletzt dem Erhalt und dem Ausbau wirtschaftlicher Kapazitäten.

Sacking cities was the main source of booty. For this reason Assyrian military organization not only made siege warfare more effective; it also required siege to sustain itself. Indeed, much of the organization of the Assyrian Empire came to depend on a military system that could provide the resources necessary to sustain the empire. Military campaigns not only served to protect and expand the empire, but they also augmented its material and human resources. Money to fill the royal treasury and support the temples came from the tribute the Assyrians imposed on the cities of its expanding empire. Under this system, military campaigns became a sort of tax collection backed by the threat of force. Manpower for the army, horses for the cavalry, and scarce goods such as precious metals also flowed into Assyria through this system. [...] The general prosperity of the Assyrian people also depended on this system. Soldiers carried the booty they had seized in conquered towns back to Assyria where it enriched the general economy of Assyria. There is some evidence that the Assyrian king himself took care to distribute the booty in a way that spread its benefits as widely as possible. [...] Given these wide-ranging economic ramifications, it is no wonder that the Assyrian kings devoted themselves to the perfection of siege warfare[299].

Auch für den einzelnen Soldaten, insbesondere für Söldner oder dem assyrischen bzw. babylonischen Heer einverleibte (ehemalige) Kriegsgefangene aus anderen Ländern, bildete die Aussicht auf Beutestücke häufig die wesentliche Motivation, an den oftmals langwierigen Belagerungskriegen teilzunehmen[300]. Wenn 2 Kön 25,3.8 zufolge zwischen der ‚Öffnung' der Stadt durch das babylonische Heer und der Durchführung

---

[298] Kern, Siege Warfare, 85.

[299] Kern, Siege Warfare, 58. Vgl. auch Brian Kvasnica, „Shifts in Israelite War Ethics and Early Jewish Historiography of Plundering", in: Brad E. Kelle/Frank Ritchel Ames (Hg.), *Writing and Reading War: Rhetoric, Gender, and Ethics in Biblical and Modern Contexts* (SBL.SS 42), Atlanta 2008, 175–196, 179–182.

[300] Vgl. Kern, Siege Warfare, 57: „As the Assyrian Empire expanded, Assyrian kings filled the ranks of their army more and more with troops drawn from the conquered peoples of their empire. [...] Promise of booty was their main incentive to fight." Vgl. auch David

von Zerstörungs- und Deportationsmaßnahmen unter Nebusaradan vier Wochen verstreichen, könnte dies auch dafür sprechen, dass den an der langen Belagerung beteiligten Soldaten eine Möglichkeit eingeräumt wurde, aus dem Fundus der eroberten Stadt selbst für ihre Belohnung zu sorgen[301]. Es ist kaum auszudenken, welchen Schrecken derart einfallende Soldatenhorden bei den übrig geliebenen StadtbewohnerInnen verbreitet haben mögen.

Alles, was in irgendeiner Weise wertvoll oder brauchbar erschien, wurde aus den Städten herausgeholt. Zwischen Menschen, Tieren und Dingen (z.B. Waffen, [Edel-]Metallgefäßen, Schmuckstücken, Stoffen, Möbeln, Götterbildern, Hölzern u.v.m.)[302] differenzierte man in der Regel nicht, betrachtete alles gleichermaßen als zugefallenes Material und Kapital (vgl. auch Gen 34,29; Num 31,11; Dtn 20,14; Ri 5,30)[303]. In einem Feldzugsbericht Aššurbanipals, der sich auch mehrfach damit brüstet, die Töchter besiegter rebellischer Könige ins Konkubinat gezwungen zu haben[304], wird die Eroberung der ägyptischen Stadt Ni' wie folgt geschildert:

> That city my hands captured in its entirety, – with the aid of Assur and Ishtar. Silver, gold, precious stones, the goods of his palace, all there was, brightly colored and linen garments, great horses, the people, male and female, two tall obelisks, made by shining electrum[...], whose weight was 2,500 talents, (and) which stood by the gate of the temple, I removed from their positions and carried them off to Assyria. Heavy plunder, and countless, I carried away from Ni'[305].

Ganz ähnlich werden die Feld- bzw. Beutezüge Nabopolassars in dessen zehntem Regierungsjahr (616/15 v.u.Z.) beschrieben:

> [...] Ebenfalls im Monat Ab zog der König von Akkad nach Manê, Sahiru und Balīhu hinauf [u]nd raubte sie aus. Große Beute machte er in ihnen; ihre Götter führten sie weg. Im Monat Elul kehrte(n) der König von Akkad und seine Truppen um, und auf seinem Weg nahm er Hindānu und seine Götter mit nach Babylon. Im Monat Tischri kamen die Truppen von Ägyp-

---

Elgavish, „The Division of the Spoils of War in the Bible and in the Ancient Near East", *ZAR* 8 (2002), 242–273, 266–268.

[301] Vgl. auch Elgavish, Spoils, 249.

[302] Vgl. hierzu die Abbildungen bei Yadin, Warfare, 413.438.446; Ussishkin, Conquest, 84f.107. Vgl. auch Elgavish, Spoils, 246–249.

[303] Vgl. hierzu ausführlicher Bahrani, Rituals, 175–181; Bettina Faist, „An Elamite Deportee", in: Gershon Galil u.a. (Hg.), *Homeland and Exile* (*FS B. Oded*) (VT.S 130), Leiden/ Boston 2009, 59–69, 66.

[304] Vgl. ARAB 2, Nr. 780, 296f; Nr. 786, 299; Nr. 848, 325.

[305] ARAB 2, Nr. 778, 296; vgl. auch a.a.O., Nr. 809, 309.

ten und die von Assyrien hinter dem König von Akkad her bis [G]ablīnu; aber sie holten den König von Akkad nicht ein und zogen sich zurück. Im Monat Adar kämpften die Truppen von Assyrien und die von Akkad bei Madanu, das zu Arrapha (gehört), miteinander, und die Truppen von Assyrien wandten sich vor den Truppen von Akkad zur Flucht, und sie brachten ihnen eine große Niederlage bei. Zum Zaban-Fluss warfen sie sie (zurück). Strei[twagen] und Pferde nahmen sie ihnen ab, und großen Raub machten sie bei ihnen. Viele ihrer [...] ließen sie mit ihnen den Tigris überschreiten und brachten sie nach Babylon herein[306].

Das Plündern und die (vollständige) Zerstörung der eroberten Stadt gehören dabei, dies verdeutlichen die nachfolgenden Beispiele, sowohl in den Annalen der assyrischen Herrscher als auch in den Babylonischen Chroniken eng zusammen. Für Erstere ist etwa die folgende Wendung charakteristisch: „His strong cities, together with the small ones, whose number was countless [...] I captured, I destroyed, I devastated, I burned with fire. People, horses, asses, cattle and sheep, I brought out of those cities and accounted as booty."[307] In der Babylonischen Chronik heißt es über die Eroberung Ninives 612 v.u.Z.:

> [...] [T]hey [Nabopolassar and Cyaxares, R.P.] marched along the bank of the Tigris. [They encamp]ed against Nineveh. From the month Sivan until the month Ab, for three [*months*] x they attacked the city heavily. The month Ab, [day x], they inflicted a great [defeat] on a large number of people. [...] They carried off the rich spoil of the city and the temple, (and) [turned] the city into a ruin heap[308].

An diesem zuletzt genannten Beispiel wird deutlich, was auch aus 2 Kön 25 und entsprechenden archäologischen Untersuchungen geschlossen werden kann, dass nämlich die Babylonier die Tempel von besiegten Feindmächten nicht (immer) unangetastet ließen – wie ein weiteres Beispiel aus den Babylonischen Chroniken zeigt[309], stellen Plünderung und Zerstörung

---

[306] Babylonische Chronik BM 21901, Obv., 6–15 (zitiert nach Weippert, Textbuch, 410f).

[307] ARAB 2, Nr. 786, 298f (Aššurbanipal); vgl. auch a.a.O., Nr. 236, 117; Nr. 245, 123; Nr. 264, 132 (jeweils Sanherib).

[308] Babylonische Chronik BM 21901, Rev., 40–45 (zitiert nach Cogan, Torrent, 191f; vgl. Weippert, Textbuch, 412). Vgl. hierzu auch Eph'al, City, 31.

[309] Babylonische Chronik BM 21901, Rev., 63f (zitiert nach Weippert, Textbuch, 413; vgl. Cogan, Torrent, 193): „Der König von Akkad traf in Harrān ein und [...] eroberte [die S]tadt. Schwere Beute machte er in Stadt und Tempel. [...]" Darüber hinaus wird man auch dort, wo babylonische Stadtzerstörungen geschildert werden, von einem Mitbetroffensein von Heiligtümern ausgehen müssen. Vgl. hierzu auch Mayer, Zerstörung, 15f; Elgavish, Spoils, 247.

des Jerusalemer Heiligtums *keine* absolute Ausnahme dar[310]. Die Kombination aus vollständiger Plünderung einerseits, totaler Zerstörung andererseits wird auch im Hinblick auf den Tempel von Susa berichtet – eine
Untat wiederum Aššurbanipals einige Jahrzehnte zuvor (646 v.u.Z.):

> The zikkurat [...] of Susa [...] I broke down. [...] Shushinak, their god of
> revelation [...], who dwells in seclusion, the work [...] of whose divinity no
> one has (ever) seen, the gods Shumudu, Lagamaru, Partikira [...] – these
> gods and goddesses, together with thier paraphernalia, their property, their
> vessels, as well as their priests and attendants (?), I carried off to Assyria[311].

Laut Jeremy D. Smoak bezieht sich auch der in Dtn 28,30 enthaltene
Fluch: „Du wirst dir ein Haus bauen und nicht darin wohnen. Du wirst
einen Weinberg pflanzen und seine Früchte nicht genießen" (BigS) auf
die Zerstörung von Gebäuden und Pflanzungen im Rahmen des (Stadt-)
Belagerungskrieg, und zwar „during the final stages of a *successful* [...]
siege"[312]. Die assyrischen Text- und Bildquellen sprechen nämlich, wie
zuletzt mehrfach herausgearbeitet wurde, dafür, dass das Fällen von
Fruchtbäumen und die Verwüstung von Gärten als Maßnahmen im Rahmen der vollständigen Vernichtung einer eingenommenen rebellischen
(Haupt-)Stadt zu betrachten und nicht etwa mit der Herstellung von Bela-
gerungsgerät (z.B. Rampen) während oder zu Beginn einer Belagerung in
Verbindung zu bringen sind[313].

Vor diesem Hintergrund wird man die Zerstörung von Früchte tragenden Bäumen am ehesten als kriegerische Strafaktion zu deuten haben,
die auf die Vernichtung aller Lebensgrundlagen der (ursprünglich) in
den betroffenen Städten bzw. in deren Umgebung beheimateten Menschen deuten können. Durch verschiedene Zerstörungsmaßnahmen im
Anschluss an die Eroberung scheinen Assyrer wie Babylonier gelegentlich

---

[310] Gegen Albertz, der die vierwöchige Zeitspanne zwischen der Eroberung der Stadt
Jerusalem und der Zerstörung des Tempels mit dem babylonischen Zurückschrecken vor
Tempelzerstörungen erklärt (vgl. ders., Exilszeit, 54; ders., Zerstörung, passim).

[311] ARAB 2, Nr. 810, 309f. Vgl. hierzu auch Mayer, Zerstörung, 12–15. Mayer bespricht in
seinem Artikel eine ganze Reihe noch früherer mesopotamischer Heiligtumszerstörungen
(vgl. a.a.O., 4–12).

[312] Jeremy D. Smoak, „Building Houses and Planting Vineyards: The Early Inner-Biblical
Discourse on an Ancient Israelite Wartime Curse", *JBL* 127 (2008), 19–35, 24 (Hervorhebung
R.P.). Zum Ganzen vgl. a.a.O., 20–24.

[313] Vgl. Wright, Warfare, 438–445 (Abbildungen); Michael G. Hasel, „Assyrian Military
Practices and Deuteronomy's Law of Warfare", in: Brad E. Kelle/Frank Ritchel Ames (Hg.),
Writing and Reading War: Rhetoric, Gender, and Ethics in Biblical and Modern Contexts
(SBL.SS 42), Atlanta 2008, 67–81, 70–81 (Abbildungen). Vgl. auch Baumann, Gottesbilder,
100 (Abbildung b).

eine Art potenzierter Todessphäre geschaffen zu haben, die den besiegten Rebellen endgültig vor Augen stellen sollte, wer Herr über Leben und Tod ist: der jeweilige mesopotamische Herrscher[314]. Wo Fruchtbäume umgehauen und Gärten verwüstet werden, ist diese Todessphäre sowohl real als auch symbolisch gegenwärtig, repräsentieren doch Fruchtbäume ,das Leben schlechthin' wie ,das bewährte Leben' im Angesicht JHWHs. Auch im Ezechielbuch spielen (Frucht-)Bäume und (Baum-)Früchte und deren Zerstörung wie Wiederherstellung eine besondere Rolle (vgl. Ez 15,1–8; 17,1–10.22–24; 19,10–14; 21,1–4; 31,1–18; 34,27; 36,8.30; 47,7.12).

3.3. Zusammenfassung: Antike Belagerungskriege im Spiegel zeitgenössischer Traumaforschung

Im Folgenden soll zum einen zusammengefasst werden, mit welchen (Gewalt-)Erfahrungen ein längerdauernder, aus Sicht der Angreifenden erfolgreicher Belagerungskrieg die BewohnerInnen einer eingeschlossenen und schließlich eroberten Stadt im Alten Orient konfrontierte. Zum anderen sollen diese Erfahrungen im Lichte neuerer (empirischer) Forschungen zur Kriegstraumatologie, wie sie etwa im Zusammenhang der Kriegsereignisse auf dem Gebiet des früheren Jugoslawien in den Jahren 1991–1999 durchgeführt wurden, betrachtet werden.

Es dürfte deutlich geworden sein, dass die antiken Belagerungskriege eine Unzahl von Schreckensszenarien umfassten, von denen bereits jedes einzelne unter Umständen zu kurz- oder langfristigen traumatischen Reaktionen führen konnte. Während der Belagerung war es – über kurz oder lang – insbesondere die Hungersnot mit ihren furchtbaren physischen und psychischen Konsequenzen, elenden Toden, verheerenden Epidemien und unmenschlichen Tabubrüchen, die die in der Stadt Festgesetzten quälte. Viele dürften bereits hierdurch ihnen nahestehende oder anvertraute Menschen verloren haben, viele dürften, selbst geschwächt, gezwungen gewesen sein, den qualvollen Sterbeprozess von Angehörigen zu begleiten. Hinzu kamen die alltäglichen Kriegstode und -verletzungen, etwa wenn es den Angreifenden gelang, Treffer mit Schleudersteinen oder (Brand-)Pfeilen zu landen. Emotional dürfte die nicht allein aufgrund der

---

[314] Vgl. Wazana, Trees, 289f. Wazana geht davon aus, dass die Assyrer Fruchtbäume in der Umgebung belagerter Städte dann fällten, wenn sie eine Stadt und deren BewohnerInnen nicht erobern, nicht ,fällen' konnten; waren sie siegreich, ließen sie die Bäume stehen (vgl. a.a.O., 283–292). Dies stimmt allerdings m.E. nicht mit den textlichen und bildlichen assyrischen Quellen zusammen. Insgesamt geht es Wazana darum, Dtn 20,19f als Reaktion auf die assyrische Propaganda bzw. psychologische Kriegsführung plausibel zu machen.

physischen Entkräftung zunehmende Depression und Apathie von wachsender Angst vor der Niederlage begleitet gewesen sein, wusste man doch darum, dass die Strafmaßnahmen der Angreifenden umso heftiger ausfielen, je länger man sich ihnen zur Wehr setzte – ein verzweifeltes Dagegenhalten um jeden Preis, das die belagernden Soldaten nur noch mehr reizte, war vermutlich zumeist die Folge.

Gelang es den Belagerern, in die eingeschlossene Stadt einzudringen, bedeutete dies, dass Schrecken, Tod und Zerstörung noch hemmungsloser um sich griffen, sei es im Kampf ‚Mann gegen Mann', in gezielten Terrorakten, in Kriegsgräueln und weiteren, zum Teil sexuellen oder sexualisierten Gewalttaten. Diese konnten (und sollten) die gesamte Stadtbevölkerung, Frauen und Männer, Kinder und Alte, Ober- und Unterschicht treffen – und sei es allein dadurch, dass man die Besiegten zum tatenlosen Zusehen bei derartigen Gräueltaten zwang. Legt man die Definition der UN-Antifolterkonvention zugrunde, nach der jede Handlung als Folter zu werten ist, bei der Träger staatlicher Gewalt einer Person „vorsätzlich starke körperliche oder geistig-seelische Schmerzen oder Leiden" zufügen oder androhen, um eine Aussage zu erpressen, einzuschüchtern oder zu bestrafen, erscheint es durchaus angemessen, hier von vorsätzlicher Folter zu sprechen.

Die assyrischen und babylonischen Herrscher bzw. deren Armeen beließen es jedoch häufig nicht einmal dabei. Neben den üblichen kollektiven und privaten Plünderungen, mit denen sie die eroberten Städte überzogen und bei denen sie alles, Menschen, Tiere und Materielles, unterschiedslos als ihr Eigentum betrachteten und in Gebrauch nahmen, richteten sie oftmals brutale Zerstörungen an. Den StadtbewohnerInnen wurde damit nicht nur ihr konkreter Lebensraum genommen – mit der Vernichtung von Heiligtümern und politisch-repräsentativen Gebäuden wurde ihnen zugleich der Verlust ihrer religiösen und nationalen Identität ins Bewusstsein gebrannt, ihr gesamtes ‚Davor' zerschlagen. Vieles spricht m.E. dafür, dass die Überlebenden eines bis zum bitteren Ende geführten Stadtbelagerungskriegs sich in einer Sphäre potenzierten Todes wiederfanden, in der ihnen das eigene Überleben als unsinnig, zufällig oder gar als Schuld erscheinen musste.

Was aus der Perspektive der zeitgenössischen Psychotraumatologie gilt, dass es nämlich „wohl kein Geschehen [gibt], bei dem die Möglichkeiten so vielfältig sind und die Gefahr so groß ist, von traumatisierenden Ereignissen betroffen zu werden, wie einen Krieg"[315], trifft mit Sicherheit auch auf den

---

[315] Riedesser, Kriegserfahrungen, 39.

antiken Belagerungskrieg zu. Dass so viele mit Kriegsgeschehnissen konfrontierte Menschen traumatische Reaktionen entwickeln – manche Studien gehen von einer Prävalenz von mehr als 80% aus[316] – hängt einerseits
damit zusammen, dass Kriege an sich gleichsam eine Anhäufung traumatogener Erfahrungen (z.B. plötzlicher Tod, gravierende Verletzungen,
Folter, Vergewaltigung, Gefangenschaft, Verlust aller Lebensgrundlagen,
Deprivation) darstellen, die auch deshalb besonders schwerwiegend sind,
weil sie auf von Menschen induzierte organisierte und persönliche Gewalt
zurückgehen. Hinzu kommt, dass heilsame Unterstützung während und
unmittelbar nach der akuten Kriegssituation meist nicht zu finden sind –
im Gegenteil führen die Zerstörung der Infrastruktur, der Verlust aller
Sicherheiten und der Gültigkeit ethischer Normen in aller Regel zu weiteren massiven Belastungen[317].

Besonders verletzende und hochgradig trauma-induzierende Kriegsereignisse sind Folter, der Verlust von Angehörigen und FreundInnen
und das Miterlebenmüssen von Grausamkeiten, die nahestehenden Menschen angetan werden[318]. Das Risiko einer posttraumatischen Erkrankung ist aber auch für diejenigen ausgesprochen gravierend, die – etwa
als (verteidigende) SoldatInnen oder weil sie sich selbst oder Angehörige
dadurch glaubten retten zu können – „selbst aktiv an brutalen Tötungen
oder anderen Gewalttaten beteiligt war[en]"[319]. Kriegsbedingte Flucht,
Vertreibung oder Verschleppung sind, wie mehrere neuere Studien belegen, weitere wesentliche traumatogene Faktoren, die für die Entstehung
traumatischer Reaktionen bzw. für deren Schwere und Dauer (mit)verant-
wortlich sein können. Sofern Massendeportationen von Kriegsgefangenen
zum antiken Belagerungskrieg selbstverständlich dazugehörten, ist dies
ein für die Beurteilung des psychotraumatologischen Hintergrunds des
Ezechielbuchs entscheidender Aspekt.

---

[316] Vgl. Pam Bell, Pam/Isabel Bergeret/Lilijana Oruč, „Women From the Safe Haven:
The Psychological and Psychiatric Consequences of Extreme and Prolonged Trauma on
Women from Srebrenica", in: Steve Powell/Elvira Durakovic-Belko (Hg.), *Sarajevo 2000:
The Psychological Consequences of War: Results of Empirical Research From the Territory
of Former Yugoslavia, Presentations From a Symposium held at the Faculty of Philosophy
in Sarajevo, July 7 and 8, 2000*, 32–36, 32.34 (Quelle: http://psih.org/2000e.pdf, Zugriff am
16.8.2011).

[317] Vgl. Bell/Bergeret/Oruč, Women, 33; Riedesser, Kriegserfahrungen, 37–39.

[318] Vgl. Bell/Bergeret/Oruč, Women, 34f; Pam Bell/Lilijana Oruč/Kevin Spratt, „The
Effects of War Trauma in Bosnian Female Civilians: A Study Description", in: Steve Powell/
Elvira Durakovic-Belko (Hg.), *Sarajevo 2000: The Psychological Consequences of War: Results
of Empirical Research From the Territory of Former Yugoslavia, Presentations From a Symposium held at the Faculty of Philosophy in Sarajevo, July 7 and 8, 2000*, 37–41, 39f (Quelle: http://
psih.org/2000e.pdf, Zugriff am 16.8.2011).

[319] Herman, Narben, 81.

Das bisher Gesagte, das soll am Schluss dieses Abschnitts festgehalten werden, gilt in verstärktem Maße dann, wenn es sich – und das dürfte auch damals häufig der Fall gewesen sein – bei den überlebenden Kriegsopfern um Kinder oder Jugendliche handelt, deren individuelle Bewältigungsmöglichkeiten für belastende Ereignisse (Coping-Strategien) sich noch nicht in vollem Maße haben entwickeln können[320]. Alle genannten Kriegsereignisse treffen auch Kinder und Jugendliche – sei es direkt, sei es als Beobachtende von Gewalt und Leiden, wobei das Miterleben von Angst- und Panikreaktionen der Eltern und von Verletzung, Tötung und Folterung von Bezugspersonen besonders schwer wiegen, sei es als TäterInnen bzw. als zum Tätersein Gezwungene (z.B. Beteiligung an Gewalttaten als KindersoldatInnen)[321]. Erste (!) diesbezügliche Erhebungen wurden mit Kindern und Jugendlichen durchgeführt, die in den 1990er Jahren die Kriege im ehemaligen Jugoslawien er- und überlebten[322]. Deren Ergebnisse, konkret etwa die Ergebnisse einer Studie unter Schulkindern, die 1994 in der von April 1992 bis Februar 1996 belagerten Stadt Sarajevo befragt wurden, scheinen zu bestätigen, dass manchen Kriegsereignissen tatsächlich ein transhistorisch und transkulturell zu identifizierendes traumatisches Potential innewohnt:

> [L]osing an immediate family member to war was related to more symptoms of PTSD, while exposure to shooting by snipers was not. Deprivation of food, water, shelter and clothing due to war was also associated with more symptoms[323].

---

[320] Vgl. hierzu Werner Bohleber, „Kriegskindheiten und ihre lebenslangen seelischen Folgen", in: Hartmut Radebold u.a. (Hg.), *Kindheiten im Zweiten Weltkrieg. Kriegserfahrungen und deren Folgen aus psychohistorischer Perspektive*, Weinheim/München 2006, 51–59, 53–55; Riedesser, Kriegserfahrungen, 38f. Fischer und Riedesser machen in diesem Zusammenhang darauf aufmerksam, dass es je nach Lebensphase große Unterschiede im Erleben eines belastenden Ereignisses gibt (dies., Psychotraumatologie, 314): „Was für ein Kleinkind traumatisierend sein kann, z.B. Trennungserlebnisse, muss für einen Adoleszenten keine besondere Belastung sein. Was hingegen einen Jugendlichen traumatisieren kann, muss für einen Säugling oder ein Kleinkind nicht belastend sein, sondern kann bei diesem ins [...] ,affektive Nichts' fallen."

[321] Vgl. Fischer/Riedesser, Psychotraumatologie, 313f. Zum Schicksal von Kindern im Krieg in der Antike vgl. auch Bohleber, Kriegskindheiten, passim; Keel, Geschichte, 834f.

[322] Vgl. Syed Arshad Husain, „Posttraumatic Stress Reactions in the Children and Adolescents of Sarajevo during the War", in: Steve Powell/Elvira Durakovic-Belko (Hg.), *Sarajevo 2000: The Psychological Consequences of War: Results of Empirical Research From the Territory of Former Yugoslavia, Presentations From a Symposium held at the Faculty of Philosphy in Sarajevo, July 7 and 8, 2000*, 140–148, 140 (Quelle: http://psih.org/2000e.pdf, Zugriff am 16.8.2011). Vgl. hierzu auch die weiteren vielfältigen Fallstudienpräsentationen, die im zweiten Teil des von Powell und Durakovic-Belko herausgegebenen Sammelbandes *Sarajevo 2000: The Psychological Consequences of War* zusammengestellt sind.

[323] Husain, Posttraumatic Stress Reactions, 147.

Dies scheint auch für kriegsbedingte Flucht, Vertreibung und Verschleppung zu gelten, auf die Kinder und Jugendliche noch einmal verletzlicher
reagieren als Erwachsene – und die die Bewältigung anderer kriegsbedingter
Belastungen noch einmal zusätzlich erschweren. So fand man heraus, dass
der Krieg „as a cluster of stressors mostly affected displaced children"[324] –
„displaced children are a particularly traumatised population"[325].

Dass Kriegskindheiten beträchtliche, häufig lebenslange (bzw. in höherem Alter aufbrechende) Folgen in Form von psychischen und psychoso-
matischen Einschränkungen und Erkrankungen (z.B. PTBS, Depressionen)
nach sich ziehen können, ist eine Erkenntnis, die in unserer Gesellschaft
erst seit rund einem Jahrzehnt – mehr als ein halbes Jahrhundert nach dem
Ende des Zweiten Weltkriegs, mit dem diese Folgen zusammenhängen –
zunehmend zugelassen und breiter erforscht wird[326].

4. Traumatogenese II: Massendeportation(en) und Exilssituation(en)

To think of exile as beneficial, as a spur to humanism or to creativity, is
to belittle its mutilations. [...] It is produced by human beings for other
human beings; it has torn millions of people from the nourishment of tradition, family, and geography[327]. (Edward W. Said)

In der gegenwärtigen ersttestamentlichen Forschung gibt es verschiedentlich Tendenzen, das babylonische Exil Israels zum Mythos zu erklären –
oder es doch zumindest für nicht so schwerwiegend und einschneidend
zu halten, wie dies einzelne biblische Texte oder die sprichwörtliche Rede
von der „Babylonischen Gefangenschaft" nahe legen[328]. M.E. ist hier eine

---

[324] Branko Milosavljević/Vladimir Turjačanin, „Socio-Demographic Characteristics of
Children and their Experience of War-Related Trauma", in: Steve Powell/Elvira Durakovic-Belko (Hg.), *Sarajevo 2000: The Psychological Consequences of War: Results of Empirical
Research From the Territory of Former Yugoslavia, Presentations From a Symposium held
at the Faculty of Philosphy in Sarajevo, July 7 and 8, 2000*, 180–183, 181 (Quelle: http://psih
.org/2000e.pdf, Zugriff am 16.8.2011).
[325] Milosavljević/Turjačanin, Characteristics, 182.
[326] Vgl. hierzu insbesondere Hartmut Radebold, „Kriegskindheiten in Deutschland –
damals und heute", in: ders. u.a. (Hg.), *Kindheiten im Zweiten Weltkrieg. Kriegserfahrungen und deren Folgen aus psychohistorischer Perspektive*, Weinheim/München 2006, 15–25,
passim. Vgl. auch die weiteren Beiträge in diesem Sammelband, sowie die Beiträge in:
Hans-Heino Ewers u.a. (Hg.), *Erinnerungen an Kriegskindheiten. Erfahrungsräume, Erinnerungskultur und Geschichtspolitik unter sozial- und kulturwissenschaftlicher Perspektive*,
Weinheim/München 2006.
[327] Edward W. Said, „The Mind of Winter: Reflections on Life in Exile", *Harper's Magazine* September 1984, 49–55, 50 (zitiert nach Smith-Christopher, Theology, 21).
[328] Zur Charakterisierung des Exils als Mythos vgl. vor allem Hans M. Barstad, *The Myth
of the Empty Land: A Study in the History and Archaeology of Judah During the ‚Exilic' Period*

stärkere Differenzierung vonnöten. Wenn etwa der (späte) Text 2 Chr 36
das Bild eines völlig entleerten, brachliegenden Landes und der genau 70
Jahre währenden Exilszeit als Erfüllung eines von Jeremia gesprochenen
Gottesworts skizziert (vgl. V20f)[329], so ist dieses Szenario nicht nur im
Hinblick auf die Zeichnung eines wüst und leer daliegenden Landes Juda,
sondern auch im Hinblick auf das unterstellte Ende des Exils nach einer
genau bemessenen Frist als ideologisches und mythologisches Konstrukt
zu entlarven[330]. Dass das Leben im Land Juda nach der Eroberung und
Zerstörung Jerusalems 587/86 v.u.Z. weiterging, wenn auch in deutlich
kleineren Dimensionen und unter erheblich veränderten Bedingungen,
wurde oben dargelegt und ist weitgehender Forschungskonsens.

(SO 28), Oslo 1996, passim (wieder abgedruckt in: ders., *History and the Hebrew Bible: Studies in Ancient Israelite and Ancient Near Eastern Historiography* [FAT 61], Tübingen 2008,
90–134). Zwar nennt Barstad seinen Beitrag zum Thema „The Myth *of the Empty Land"*
(Hervorhebung R.P.); sofern er allerdings davon ausgeht, dass die Ereignisse der Jahre
598/97 und 587/86 v.u.Z. mehr oder weniger unbemerkt an Juda vorübergingen, alles in
etwa so blieb, wie es zuvor gewesen war, erhebt er gleichsam auch das babylonische Exil
andeutungsweise zu einem Mythologem. So heißt es bei ihm etwa (a.a.O. [2008], 132f):
„The very sharp distinction made between ‚before and after 586 BCE', overshadowing the
fact that we are dealing with a continuous culture, is inappropriate, and should be regar-
ded as ‚mythical' rather than ‚historical'. According to the sources that we do have access
to [...] there are clear indications of cultural and material continuity before and after 586
BCE, rather than any enormous gap. The gap is rather to be considered a construction
of later tradition. The whole matter of the ‚exile' must on the whole be characterized as
something of a ‚romanticist' idea which, to a large degree, has been detrimental to biblical
scholarship." Zur Kritik vgl. Smith-Christopher, Theology, 45–49; zum Mythos des leeren
bzw. entleerten Landes, zu mit ihm in Verbindung stehenden Mythenbildungen und zur
Notwendigkeit von deren ‚Entmythologisierung' vgl. ausführlich Robert P. Carroll, „The
Myth of the Empty Land", *Semeia* 59 (1992), 79–93, passim; ders., „Clio and Canons", *Bibl.
Interpr.* 5 (1997), 300–323, 308–315, sowie Ernst Axel Knauf, „Wie kann ich singen im frem-
den Land? Die ‚babylonische Gefangenschaft' Israels", *BiKi* 55 (2000), 132–139, passim.
   Den Schluss, „that the actual fate of the of the exiled Judaeans was not as harsh and
bitter as often has been assumed", hat zuletzt auch Bob Becking gezogen (ders., „Does
Exile Equal Suffering? A Fresh Look at Psalm 137", in: ders./Dirk Human (Hg.), *Exile and
Suffering: A Selection of Papers Read at the 50th Anniversary Meeting of the Old Testament
Society of South Africa OTWSA / OTSSA, Pretoria August 2007* (OTS 50), Leiden/Boston 2009,
183–202, 190; zum Ganzen vgl. a.a.O., 185–190).
   [329] Zu 2 Chr 36 als Exilskonzeption vgl. Albertz, Exilszeit, 20–22; Louis Jonker, „The Exile
as Sabbath Rest: The Chronicler's Interpretation of the Exile", in: Bob Becking/Dirk Human
(Hg.), *Exile and Suffering: A Selection of Papers Read at the 50th Anniversary Meeting of
the Old Testament Society of South Africa OTWSA / OTSSA, Pretoria August 2007* (OTS 50),
Leiden/Boston 2009, 213–229, passim.
   [330] Vgl. schon Enno Janssen, *Juda in der Exilszeit. Ein Beitrag zur Frage der Entstehung des
Judentums* (FRLANT 69), Göttingen 1956, passim; Noth, Geschichte, 261–270. An neueren
Veröffentlichungen vgl. z.B. Donner, Geschichte, 420–422; Berquist, Judaism, 14f; Albertz,
Exilszeit, 81–85; Sasse, Geschichte, 9–12; Kessler, Sozialgeschichte, 130.132.

Umgekehrt ist es allerdings nicht haltbar, in solcher Entmythologisierung die Basis für die Etablierung von Positionen zu sehen, welche „das biblische Bild von Exil und (teilweiser) Rückkehr nach dem Exil als einen Mythos auffassen, der entstand, um der Mischbevölkerung im perserzeitlichen und hellenistischen Juda eine gemeinsame Identität zu geben"[331], oder welche die biblischen Exilsdarstellungen (ausschließlich) im Sinne metaphorischer Redeweise verstehen[332]. Eine m.E. unzulässige Pauschalisierung und Relativierung des babylonischen Exils und der mit ihm verbundenen Gewalterfahrungen stellt auch die in nahezu jeder Geschichte Israels zu lesende Behauptung dar, die Deportierten hätten in Babylonien in (leidlich) guten Verhältnissen gelebt und wären alsbald zu (größerem) Wohlstand gelangt. Dies lässt sich (bislang) nicht belegen, vermuten lässt sich m.E. eher das Gegenteil – jedenfalls solange von den ersten Jahr(zehnt)en der babylonischen *Gola* und von der Mehrzahl der Exulanten die Rede ist. In Richtung eines *blaming the victim* geht meiner Ansicht nach auch die immer wiederkehrende These, nur die Angehörigen der Oberschicht seien verschleppt worden – so als hätten ‚die' es besonders verdient[333]. Stetig wird gleichsam auch die Aussage wiederholt,

---

[331] Kessler, Sozialgeschichte, 136f, Anm. 20. Zu den VertreterInnen einer solchen Position gehört z.B. Thomas L. Thompson, der zwar nicht an der Historizität antiker Massendeportationen zweifelt, in Bezug auf die biblischen Überlieferungen aber davon spricht, dass „[w]e have no proven connection between any of the known deportations and a corresponding ‚return', and we have much reason to assume that such connections are rather the results of interpretation and understanding" (ders., „The Exile in History and Myth: A Response to Hans Barstad", in: Lester L. Grabbe [Hg.], *Leading Captivity Captive: ‚The Exile'* *as History and Ideology* [JSOT.S 278], Sheffield 1998, 101–118, 106). Den biblischen Traditionen über Exil und Rückkehr aus dem Exil gehe es um den „process of unifying the people of Palestine, and especially the province of Jehud", die dort lebenden Menschen sollten unabhängig von ihren tatsächlichen historischen Wurzeln ermutigt werden, „to accept as their own the ancestral tradition of having returned as Jews from Babylon" (a.a.O., 107).

[332] Als Vertreter einer solchen ‚Metapherntheorie' ist ebenfalls Thompson zu nennen, wenn er formuliert (ders., Exile, 115): „Exile is Jerusalem as a wasteland; it is the emptiness of the soul; it is to be without God. This is not historiography at all, but a metaphor of pietism."

[333] Vgl. hierzu z.B. die Ausführungen von Jon L. Berquist (ders., *Surprises By the River:* *The Prophecy of Ezekiel*, Eugine 1993, 7), die m.E. eine gewisse Schadenfreude widerspiegeln – es entsteht jedenfalls der Eindruck, dass die verschleppten ‚OberschichtlerInnen' eigentlich keinen Grund hatten, sich ob ihres Deportationsschicksals zu beklagen: „[T]he Jewish exiles were not poor. Certainly, they were slaves who could not control their own lives, especially in terms of politics and economics, but the Babylonians did not mistreat them. Some of the exiles performed government service, and they lived within the palace in the middle of the capital city, Babylon, the greatest city that the world had yet known. Others settled on rich, fertile farms near the Tigris or the Euphrates rivers, where they could have some local autonomy. They needed to work all day on their farms, since they could never again order others to do their work for them, but at least they had good

die deportierten JudäerInnen/JerusalemerInnen seien keine SklavInnen gewesen, was – jedenfalls wenn es nicht näher ausgeführt wird – eine Gewalt(strukturen) verschleiernde Tendenz hat[334].

Diesem relativierenden Trend in der gegenwärtigen (christlichen?) Exegese steht die ungeheure Bedeutung des babylonischen Exils – und zwar (auch) als realgeschichtlichem Ereignis – in der jüdischen Tradition gegenüber. Im Judentum wurde und wird die babylonische *Gola* gleichsam von Anfang an als der Beginn jüdischer Exils- und Diasporaexistenz betrachtet, die das Leben jüdischer Menschen zutiefst bestimmt hat und bestimmt. Auch wenn das babylonische Exil in der Geschichte Israels nur eine (nicht einmal die erste) Exilserfahrung in einer fortwährenden Kette erzwungener innerer und äußerer Emigrationen darstellt, war und ist es, wie Gerhard Bodendorfer festhält, in seinen (Fort-)Wirkungen wesentlich für die Entfaltung und Bewahrung jüdischer Identität(en):

> Die Erfahrung des Exils hat die jüdische Existenz auf eine Weise geprägt wie kaum eine andere. Dies gilt bereits für das sogenannte babylonische Exil, in dem und in dessen Folge die fruchtbarsten und umfangreichsten Materialien des biblischen Korpus entstanden. Es ist sicher nicht vermessen, davon zu sprechen, dass die jüdische Bibel letztlich in ihrer kanonischen Gestalt aus der Erfahrung des Exils entstanden ist[335].

Eine genauere Vorstellung von dieser „Erfahrung des (babylonischen) Exils" und von dessen m.E. nicht in Abrede zu stellenden traumatischen Ausmaßen zu gewinnen – darum soll es im Folgenden gehen. Smith-Christopher hat zuletzt nachdrücklich eingefordert, „that the assessment of the impact of the Babylonian exile must make far more use of nonbi-

---

farmland. These exiles lived much better than modern refugees; they had all the necessities of life. If the exiles complained, it was because of how much they had lost, not just because of how little they had."

[334] Paradigmatisch sind etwa die folgenden Aussagen von Donner (ders., Geschichte, 416): „Den größeren Teil der Exulantenschaft siedelten die Babylonier in verschiedenen Kolonien an, die möglicherweise zum Domänenbesitz der Könige gehörten (Krongutländereien). Sie lebten dort als zwangsumgesiedelte Untertanenbevölkerung, keineswegs im Zustande der Sklaverei", und Kiefer, Exil, 78f: „Gegenüber allen Assoziationen, die Begriffe wie Exil, Kriegsgefangenschaft und Deportation mit sich bringen, muss also betont werden, dass biblische und babylonische Quellen darin übereinstimmen, dass die deportierten Judäer in Babylon weder interniert waren, noch Sklavenstatus hatten, sondern mehrheitlich als halbfreie Pächter von Kronland eingesetzt wurden, in Siedlungen mit teilautonomer Verwaltung und unter günstigen wirtschaftlichen Bedingungen lebten."

[335] Gerhard Bodendorfer, „Gott und Völker im Kontext von Exil und Leidbewältigung", *Jud.* 57 (2001), 162–181, 162. Vgl. auch Sasse, Geschichte, 11; Annette M. Böckler, „Das Judentum entsteht im Babylonischen Exil. 26 Jahrhunderte jüdisches Leben zwischen Euphrat und Tigris", *WUB* 10/3 (2005), 48–53, passim.

blical documents, archaeological reports, and a far more imaginative use of biblical texts read in the light of what we know about refugee studies, disaster studies, postcolonialist reflections, and sociologies of trauma"[336]. Dem versuche ich in den sich anschließenden Unterkapiteln Rechnung zu tragen. Zunächst werden die Massendeportationen als Bestandteil der assyrischen und babylonischen Kriegsführung und imperialen Politik beleuchtet (4.1.). Dabei spielt auch die Frage nach den Unterschieden zwischen der (wesentlich besser bezeugten) assyrischen und der babylonischen Deportationspraxis eine wichtige Rolle. Anschließend geht es um die Zwangsumsiedlungen, von denen das biblische Israel betroffen war, insbesondere um die *Golot* von 598/97 und 587/86 v.u.Z (4.2.). Dabei ist es mir ein wesentliches Anliegen, unter Bezugnahme auf die verschiedenen Quellen möglichst konkrete Bilder etwa der Deportationsmärsche und der (vielfältigen!) Schicksale der ins babylonische Kernland Verschleppten zu skizzieren. Danach werden die die Deportations- und Exilserfahrungen der babylonischen *Gola* bestimmenden Aspekte noch einmal benannt und zu Erkenntnissen der zeitgenössischen Traumaforschung in Beziehung gesetzt (4.3.).

4.1. Assyrische und babylonische Massendeportationspraxis

Systematische Deportationen von besiegten Bevölkerungsgruppen waren spätestens seit der Regentschaft Tiglatpilesers III. (744–727 v.u.Z.) eine regelmäßig angewendete kriegspolitische Strategie zunächst der neuassyrischen und später auch der neubabylonischen Herrscher. Unzählige Menschen – Bustenay Oded geht von 4,5 Millionen Verschleppten aus[337], Erhard S. Gerstenberger und Monika Schuol rechnen mit „viele[n] Hunderttausende[n]"[338] –, so belegen Siegesinschriften, Chroniken, Vasallenverträge, diplomatische Dokumente, Berichte und Abrechnungen, wurden aus ihrer Heimat getrieben und in andere Teile des Imperiums verpflanzt, oft mehrere hundert oder gar tausend Kilometer von ihrem Urspungsort entfernt. Sofern die Betroffenen die Übersiedlung überhaupt überlebten, erwarteten sie an ihren jeweiligen Bestimmungsorten

---

[336] Smith-Christopher, Theology, 33.

[337] Vgl. Oded, Mass Deportations, 19–22. Oded spricht dabei nur von den unter neuassyrischer Herrschaft Deportierten. Vgl. hierzu auch Kiefer, Exil, 47, sowie Pettinato, Semiramis, 172.

[338] Erhard S. Gerstenberger/Monika Schuol, „Art. Deportationen", SgWB (2009), 85f, 85. Diese Zahl scheint eher die Gesamtzahl der Deportierten unter neuassyrischer und neubabylonischer Herrschaft zu meinen.

unterschiedliche Schicksale. Vor allem Soldaten schlug man dem assyrischen bzw. babylonischen Heer zu[339]; HandwerkerInnen, aber auch ungelernte Kräfte zog man zur Mitarbeit an den oftmals gigantischen Bauprojekten der mesopotamischen Regenten heran[340], höhere Beamte, Intellektuelle und Priester verleibte man den staatlichen bzw. religiösen Institutionen ein[341].

Der vermutlich größte Teil der Kriegsgefangenen wurde durch die sog. Umsiedlungskommissare in den ländlichen Raum verbracht, wo verlassene oder zerstörte Ortschaften neu zu errichten, reichseigene Ackerflächen urbar zu machen und Bewässerungskanäle auszuheben waren. Dabei ging es vermutlich vor allem darum, Wiederaufbauhilfe in den durch den langen Bürgerkrieg zwischen Assyrern und Babyloniern (in dessen Rahmen Erstere große Teile des babylonischen Brudervolkes zwangsumgesiedelt hatten, so dass man in der Tat sagen kann, dass „[t]he Babylonians learned this tactic from personal experience"![342]) zerstörten und brachliegenden Regionen zu leisten[343]. Wirtschaftliche Erwägungen, etwa die Förderung des Handels, spielten neben sicherheitspolitischen Überlegungen, etwa dem Schutz von Handelsstraßen und Grenzregionen, auch dort eine Rolle, wo Kriegsgefangene in bereits bestehenden bzw. in neu oder wieder aufzubauenden urbanen Zentren innerhalb und außerhalb des Kernlands des jeweiligen Großreichs zu siedeln gezwungen wurden[344].

In Beiträgen, die sich mit den assyrischen und babylonischen Massendeportationen befassen, ist immer wieder zu lesen, die Verschleppten seien

---

[339] Vgl. Oded, Mass Deportations, 48–54; Eph'al, Warfare, 104f; Kern, Siege Warfare, 57f.73. Vgl. hierzu auch eine Inschrift Aššurbanipals, in der es heißt (ARAB 2, Nr. 814, 311f; vgl. a.a.O., Nr. 816, 313; Nr. 830, 319): „The men of the bow and the shield, the captains (?) and (heavy-armed?) bowmen, whom I had carried off from Elam, I added to my royal military establishment."

[340] Vgl. Oded, Mass Deportations, 54–59; Dandamaev, Society, 268f. Vgl. hierzu auch die Abbildung eines Reliefs aus dem Palast Sanheribs in Kuyunjik (Ninive) bei Ussishkin, Conquest, 128f, das Kriegsgefangene unterschiedlicher Herkunft beim Schleppen einer Steinskulptur zeigt; sowie Bob Becking, „Exile and Forced Labour in Bêt Har'oš: Remarks on a Recently Discovered Moabite Inscription", in: Gershon Galil u.a. (Hg.), *Homeland and Exile (FS B. Oded)* (VT.S 130), Leiden/Boston 2009, 3–12, passim. Becking bespricht eine 2003 edierte moabitische Inschrift, welche sich auf ammonitische Gefangene bezieht, die von einem unbekannten moabitischen König zur Mitarbeit an dessen Bauprojekten gezwungen wurden.

[341] Vgl. Oded, Mass Deportations, 104–107.

[342] Betlyon, Operations, 267.

[343] Vgl. Oded, Mass Deportations, 67–74; Yee, Children, 116.

[344] Vgl. Oded, Mass Deportations, 59–67.

‚nicht eigentlich' SklavInnen gewesen[345]. Dies ist aber, darauf hat Smith-Christopher nachdrücklich hingewiesen[346], eine Definitionsfrage – bzw. hat mit dem Personenstandsrecht im assyrischen und neubabylonischen Reich zu tun. Muhammad A. Dandamaev, der das babylonische SklavInnensystem einer genauen Analyse unterzogen hat, stellt heraus, dass

> [t]he greater part of the dependent population belonged to the estate of farm labourers (ikkaru). They owned no land of their own and laboured from one generation to the next on land belonging to the state, the temples, and private land-owners. [...] In the eyes of the law ikkaru were not considered as slaves; they lived with their families and could not be sold. Nevertheless, they were attached to the land and could not leave their place of residence without the permission of the owner[347].

Wenn nur wenige kriegsgefangene Männer und Frauen als ‚richtige' SklavInnen dem Palast, dem Tempel oder privaten Haushalten zugeteilt wurden[348], hänge das, so Dandamaev weiter, damit zusammen, dass „the slave sector in Babylonia, as elsewhere in the ancient Orient, was unable to absorb all the prisoners of war"[349] – SklavInnenarbeit habe sich als weniger effektiv und als der ständigen Überwachung bedürftig erwiesen. Vor diesem Hintergrund wird man davon sprechen müssen (und können!), dass viele der (babylonischen) Kriegsgefangenen zunächst nichts anderes waren als ZwangsarbeiterInnen auf den Ländereien der Krone[350] – bzw.

---

[345] Vgl. z.B. Gerstenberger/Schuol, Art. Deportationen, 86: „Von eigentlicher Versklavung der Deportierten hören wir jedoch nichts." Vgl. auch Donner, Geschichte, 416; Albertz, Exilszeit, 88f; Yee, Children, 116; Kiefer, Exil, 78f.

[346] Vgl. Daniel L. Smith-Christopher, „Reassessing the Historical and Sociological Impact of the Babylonian Exile", in: James M. Scott (Hg.), Exile: Old Testament, Jewish, and Christian Conceptions (JSJ.S 56), Leiden u.a. 1997, 7–36, 23–25; ders., Theology, 66–68.

[347] Dandamaev, Society, 266f.

[348] Ein assyrisches Rechtsdokument (VAT 9755) vermutlich aus der Zeit Aššurbanipals, in dem es um eine aus Elam deportierte und als Hausklavin verkaufte Witwe und deren Tochter geht, hat zuletzt Faist einer ausführlicheren Analyse unterzogen (vgl. dies., Deportee, passim).

[349] Dandamaev, Society, 269. Zum Ganzen vgl. a.a.O., 266–272; Muhammad A. Dandamaev, Slavery in Babylonia: From Nabopolassar to Alexander the Great (626–331 BC), DeKalb 1984, 651f; Kern, Siege Warfare, 71; Kiefer, Exil, 78f, Anm. 165.

[350] Vgl. Joannès, Verzweiflung, 28. Joannès spricht von den Exilierten als „Knecht[n] im Dienst der Krone", die „aller ihrer Rechte beraubt [waren]". Oded macht demgegenüber auf die Vielfältigkeit der Status der (von den Assyrern) Deportierten aufmerksam (ders., Mass Deportations, 115): „There were masters and dependants, full freemen and chattel slaves, soldiers and civilians, labouring freemen and labouring dependant persons, townsmen and villagers, free peasants and dependant farmers, free landholders, tenants and glebae adscripti."

auf den verschiedenen anderen ‚Baustellen' des Großreichs[351]. Dies änderte sich grundlegend wahrscheinlich – die entsprechenden Quellen fließen bis zum Ende der Herrschaft Nabonids ausgesprochen spärlich – erst mit dem Herrschaftsantritt des Perserkönigs Kyrus 539 v.u.Z. Erst im Zuge dieses politischen Wechsels wandelte sich auch der Status der Deportierten und ihrer Nachkommen; sie wurden Freie, konnten die königlichen Ländereien, auf denen sie lebten, pachten, „in ihrem eigenen Namen Güter erwerben oder leihen, Verträge abschließen und Laufbahnen in der neuen königlichen Verwaltung einschlagen"[352].

Neben der beschriebenen Rekrutierung von *manpower* verfolgten die Machthaber mit ihrer Deportationspolitik die folgenden Ziele: Vor allem wurden die Verschleppungen von Kriegsgefangenen als eine Form der Bestrafung für die Rebellion gegen die assyrische bzw. babylonische Herrschaft eingesetzt; als propagandistisches Mittel sollten die Deportationen abschreckend wirken. Dabei ging es in erster Linie um die Zersetzung konkurrierender Mächte und um die Schwächung von Widerstandszentren[353]. Indem man mit der Zwangsansiedlung von Kriegsgefangenen allerorts Minderheitengruppen ‚produzierte', die von den verbliebenen Einheimischen häufig angefeindet wurden, ‚produzierte' man darüber hinaus ein nicht zu unterschätzendes Maß an Loyalität den assyrischen bzw. babylonischen Herrschenden gegenüber, waren doch die Deportierten „compelled to support the local Assyrian governor, not out of gratitude to the king [...] but out of fear for their lives"[354].

Mit der Frage, wer überhaupt von den Massendeportationen betroffen war, sind zugleich die Unterschiede zwischen der assyrischen und der babylonischen Deportationspraxis angesprochen. So gilt zwar auch erstere als selektiv, was bedeutet, dass vorrangig Mitglieder der Oberschicht, erfahrene Soldaten und HandwerkerInnen, also die politisch und ökonomisch Einflussreichen und besonders (Aus-)Gebildeten der besiegten Bevölkerungen verschleppt wurden[355] – eine Annahme, die m.E. durch die horrenden Deportierten-Zahlen in den assyrischen Quellen ein Stück

---

[351] Vgl. hierzu Yee, Children, 116: „Although the Judean elites were not slaves, as Africans were enslaved in the United States, they were most likely subject to corvée-labor practices for numerous building projects."

[352] Joannès, Verzweiflung, 28.

[353] Vgl. Oded, Mass Deportations, 41–45; zum Ganzen vgl. auch Faist, Deportee, 59; Gerstenberger/Schuol, Art. Deportationen, 85f.

[354] Oded, Mass Deportations, 46; zum Ganzen vgl. a.a.O., 46–48. Vgl. auch Kiefer, Exil, 62.

[355] Vgl. Oded, Mass Deportations, 47.

weit in Frage gestellt wird[356]. Die Babylonier sollen, so wird zumeist vermutet, die Kriegsgefangenen noch genauer ausgewählt haben, eine These, die mit dem Hinweis auf die in 2 Kön 24–25, Jer 39 und Jer 52 enthaltenen Informationen gestützt wird[357]. In den Babylonischen Chroniken, der bedeutendsten Quelle für die politisch-militärischen Unternehmungen der Könige von Akkad, werden umfangreiche(re) Exilierungen, jedenfalls in den Regierungsjahren Nebukadnezars, nur selten erwähnt[358]; neben der Erwähnung „zahlreicher Gefangener" im Bericht über die Eroberung von in einer bergigen Region liegenden Festungsstädten durch Nebukadnezar 607/06 v.u.z. ist nur noch von der Gefangennahme und Zwangsumsiedlung zweier Könige – einer von ihnen ist Jojachin von Juda (598/97 v.u.Z.)[359] – die Rede. Allerdings dürften sich die vorhandenen Hinweise auf Plünderungen und erzielte Beute durchaus auch auf Kriegsgefangene erstrecken[360]. In den babylonischen Tempel- und Palastinschriften hören wir darüberhinaus wiederholt von den „BewohnerInnen ferner Länder", die Marduk in die Obhut des babylonischen Königs gegeben habe.

---

[356] Hinzu kommt, dass in den assyrischen Dokumenten zumeist nicht zwischen den gesellschaftlichen oder beruflichen Status der Deportierten differenziert wird (vgl. Oded, Mass Deportations, 22). Die typische Formulierung findet sich etwa in dem Bericht über den ersten Feldzug Sanheribs (705–681 v.u.Z.) gegen den Babylonier Merodach-Baladan (ARAB 2, Nr. 234, 116f; vgl. auch a.a.O., Nr. 267, 133; Nr. 274, 134): „208,000 people, great and small, male and female, horses, mules, asses, camels, cattle and sheep, without number, a heavy booty, I carried off to Assyria." Vgl. auch die von K. Lawson Younger aufgeführten Texte (ders., „The Deportations of the Israelites", *JBL* 117 [1998], 201–227, 201–219), sowie die Beispiele bei Oded, Mass Deportations, 2–4. Pettinato geht dementsprechend davon aus, dass von den Assyrern „[a]lle Bevölkerungsanteile [...] ohne Unterschied verschleppt [werden]: Männer und Frauen, Erwachsene und Kinder, die niederen Schichten wie auch die Honoratioren der Städte" (ders., Semiramis, 173).

[357] Vgl. Oded, Mass Deportations, 23, Anm. 13; Kiefer, Exil, 51.

[358] Vgl. aber die Babylonische Chronik über das 10. Jahr Nabopolassars (616/15 v.u.Z.) (BM 21901, Obv., 1–15, in Auszügen bereits zitiert oben S. 200f). Dort heißt es u.a. (zitiert nach Weippert, Textbuch, 410f): „Im Monat Elul kehrte(n) der König von Akkad und seine Truppen um, und auf seinem Weg nahm er Hindānu und seine Götter mit nach Babylon", und: „Viele ihrer [...] ließen sie mit ihnen den Tigris überschreiten und brachten sie nach Babylon herein."

[359] Vgl. Babylonische Chronik BM 22047, Obv., 9–11 (zitiert nach Cogan, Torrent, 199; vgl. Weippert, Textbuch, 414): „Afterwards Nebuchadnezzar attacked the mountain fortresses, he captured the fortresses, [set (them) on fire?], prisoners of the mountains in great number he took away. He captured all the mountains as far as the district of []." Vgl. auch BM 21946, Obv., 18–20 (Gefangennahme des Königs von Aschkelon, zitiert oben S. 184), sowie BM 21946, Rev., 11–13 (Gefangennahme Jojachins, zitiert oben S. 136).

[360] Vgl. z.B. Babylonische Chronik BM 25127, Obv., 13.20 (Wiseman, Chronicles, 50f; Weippert, Textbuch, 409); BM 22047, Obv., 4 (Wiseman, Chronicles 64f; Weippert, Textbuch, 414); Rev., 14f (evtl. ist hier direkt auf Kriegsgefangene angespielt, vgl. die unterschiedlichen Übersetzungen bei Wiseman, Chronicles, 64f, Cogan, Torrent, 199f, und Weippert, Textbuch, 414).17f.21–23 (Wiseman, Chronicles, 66f; Weippert, Textbuch, 414f).

Dafür, dass in der Zeit des neubabylonischen Reiches eine Vielzahl von Fremden im babylonischen Kernland (zwangs-)angesiedelt wurde, vor allem im Bereich der zentralen mesopotamischen Ebene, spricht die für das 6. Jh. v.u.Z. zu beobachtende enorme Zunahme von Siedlungen in dieser Region. Robert McCormick Adams deutet diesen Befund wie folgt:

> We may be justified in assuming that one component of this growth [der Siedlungen, R.P.] was the natural increase of local population, under condition of relative prosperity and tranquility imposed by strong dynasties. It is also likely that a large proportion of the Chaldeans and Arameans who had been forced into exile during the later years of Neo-Assyrian rule afterward drifted back to their former homes in southern Babylonia [...]. But there were in addition numerous Jews and other groups brought into Babylonia after the western conquests of Nebuchadnezzar II. The available documentary evidence for the latter clearly (although indirectly) suggests that large masses of people were involuntarily transferred as part of intensive Neo-Babylonian efforts to rehabilitate the central region of a domain that previously had suffered severely [...][361].

Wenn, wie aus verschiedenen Wirtschafts- und Rechtsdokumenten hervorgeht, einige dieser Ortschaften Toponyme tragen, die von ,westlichen' ethnischen und geographischen Ortsnamen herzuleiten sind, verstärkt dies nicht nur den Eindruck, dass eine große Anzahl von Menschen u.a. aus Kleinasien, Phönizien, Syrien, Philistäa und Ägypten nach Babylonien verpflanzt worden ist[362], sondern zeigt eine weitere Differenz im strategischen Vorgehen der Assyrer und Babylonier auf. Anders als die Assyrer nämlich scheinen die Babylonier die von ihnen Verschleppten zumindest teilweise nach Ethnie und Nationalität getrennt und in relativer Unabhängigkeit voneinander angesiedelt zu haben, wohingegen erstere „con-

---

[361] Robert McCormick Adams, *Heartland of Cities: Surveys of Ancient Settlement and Land Use on the Central Floodplain of the Euphrates*, Chicago/London 1981, 177f; vgl. auch Smith-Christopher, Impact, 25; Yee, Children, 116.

[362] Vgl. Eph'al, Minorities, 80–83. Im Zentrum von Eph'als Untersuchung steht eine Sammlung von 27 Keilschrifttafeln, die 1926/27 in Neirab 8 km südöstlich von Aleppo in Syrien gefunden wurden. Die Tafeln dokumentieren kleinere Handelsgeschäfte vorrangig von Mitgliedern einer einzigen Familie, der Nachkommen von Nusku-gabbē, und datieren in den Zeitraum 560–520 v.u.Z. Sie sind in babylonischer Sprache verfasst und erwähnen eine Stadt namens Neirab, die eindeutig in Babylonien zu lokalisieren ist (vgl. hierzu a.a.O., 84–87). „From the relationship of the Nusku-gabbē family to a Babylonian *Neirab, on the one hand, and to the Syrian Neirab, on the other", könne, so Eph'al weiter, geschlossen werden, „that an organized community of *émigrés* from a Syrian town flourished in Babylonia, and it returned to its home-town somewhat in the manner of the Jews" (a.a.O., 86f). Zu den Neirab-Dokumenten vgl. auch Frederick M. Fales, „Remarks on the Neirab Texts", *OA* 12 (1973), 131–142, passim.

sidered enforced ‚mingling' of the exiles, and their ‚Assyrianization', as one of the foundation-stones of their empire"[363]. Dies zeigt sich etwa an folgendem Abschnitt der Zylinderinschrift Sargons II. (721–705 v.u.Z.), in dem es – im Zusammenhang von Planungen zur Errichtung der neuen Hauptstadt – heißt:

> The people of the four (quarters), of foreign tongue and divergent speech, inhabitants of mountain and plain, all whom the Light of the gods, the lord of all, shepherded, whom I had carried off with my powerful scepter by the command of Aššur, my lord – I made them of one mouth and put them in its (Dur-Šarruken's) midst[364].

Die Vermischung von Exulanten ganz unterschiedlicher Herkunft hängt dabei auch mit der primär bidirektionalen Deportationspraxis der assyrischen im Unterschied zur vorrangig unidirektionalen Deportationspraxis der babylonischen Herrscher zusammen – führten die Assyrer Kriegsgefangene aus einer Region weg, füllten sie diese in aller Regel mit Kriegsgefangenen aus anderen Regionen wieder auf (vgl. hierzu 2 Kön 17,24–41)[365], wohingegen die Babylonier, wie (relative) Siedlungslücken (z.B. auch in Jerusalem) belegen, die entvölkerten Lebensräume in den entlegenen Provinzen eher brachliegen ließen[366].

Unter den Babyloniern, für die offenbar vorrangig die Nutzung der Arbeitskraft und des Wissenspotentials von Kriegsgefangenen im

---

[363] Eph'al, Minorities, 87. Oded hingegen nimmt auch im Hinblick auf die Deportationspraxis der Assyrer an, „that [...] they [...] tended to maintain the community framework of the deportees by transporting and resettling them in groups, according to common geographical provenance, and/or in rather small units according to national and cultural affinities" (ders., Mass Deportations, 23). Zugleich führt er allerdings eine Vielzahl von Beispielen dafür an, dass „[d]eportees from a certain city or country were usually scattered in several settlements and countries, and conversely deportees from several settlements and countries were brought to one place or country" (a.a.O., 30; zum Ganzen vgl. a.a.O., 27–32, sowie Kiefer, Exil, 51).

[364] Zitiert nach Younger, Deportations, 224. Vgl. hierzu auch Christoph Uehlinger, „‚Bauen wir uns eine Stadt und einen Turm...!'", *BiKi* 58 (2003), 37–42, 39f. Uehlinger geht davon aus, dass der Bau von Dur-Šarruken und die dahinter stehende Herrschaftsrhetorik „das Modell für die Erzählung Gen 11,1–9 [Turmbauerzählung, R.P.] abgegeben haben" (a.a.O., 40).

[365] Younger zeigt allerdings auf, dass auch im *assyrischen* Reich unidirektionale Deportationen durchgeführt wurden, wenn es aus wirtschaftlichen oder sicherheitspolitischen Erwägungen heraus sinnvoll erschien (vgl. ders., Deportations, passim).

[366] Vgl. hierzu Betlyon, Operations, 266: „Excavations in and around Jerusalem in the past twenty years have unearthed evidence of [...] massive destruction by the Babylonian army [...]. These excavations also demonstrate that the Babylonians made no effort to rebuild what they had destroyed." Auf andere von den Babyloniern zerstörte Lebensräume bezogen vgl. a.a.O., 268. Vgl. auch Vanderhooft, Empire, 110f; Berlejung, Geschichte, 156.

babylonischen Kernland von Interesse war und die sich weniger in deren
soziale und religiöse Belange einmischten, scheint es für die deportierten
Gemeinschaften dementsprechend leichter gewesen zu sein, ihr jeweiliges
kulturelles Leben zu bewahren und (weiter) zu gestalten[367].

4.2. Massendeportationen in Israel und Juda

Die durch den babylonischen Herrscher Nebukadnezar II. durchgeführten
Deportationen zu Beginn des 6. Jh.s v.u.Z. waren nicht die ersten und
einzigen, von denen Israel als Gesamtgröße aus Nord- und Südreich im
Laufe seiner Geschichte betroffen war. Schon der assyrische König Tiglat-
Pileser III. (745–727 v.u.Z.) gibt in seinen Annalen an, im Zusammenhang
seiner Annexion großer Teile des Nordreichs 732 v.u.Z. 13.520 IsraelitInnen aus den galiläischen Gebieten nach Assyrien zwangsumgesiedelt
zu haben (vgl. 2 Kön 15,29); Untergaliläa wurde durch diese – unter den
Assyrern eigentlich unüblichen – unidirektionalen Deportationen nahezu
entvölkert[368].

Nach der Eroberung Samarias 722 v.u.Z., die unter Salmanassar V. (727–
722 v.u.Z.) ins Werk gesetzt wurde und unter Sargon II. (722–705 v.u.Z.)
ihren Abschluss fand, kam es ein weiteres Mal zu Massenverschleppungen ins assyrische Kernland (vgl. 2 Kön 17,6; 18,11), von denen Inschriften zufolge 27.280 bzw. 27.290 Personen betroffen waren. Den Bevölkerungsverlust in den entsprechenden Regionen suchten die assyrischen
Herrscher durch die Ansiedlung von Exulanten aus anderen Teilen ihres
Großreichs auszugleichen (vgl. 2 Kön 17,24)[369]. Wie die Vorkommen heb-
räischer Namen in entsprechenden Dokumenten belegen, dürften die
deportierten IsraelitInnen vor allem zu Bauarbeiten in Sargons neuer
Hauptstadt Dur-Šarruken (Khorsabad) herangezogen und dem multinati-
onalen assyrischen Heer implementiert worden sein; wieder andere wurden in solche Regionen verbracht, die es strategisch zu sichern und in
denen es das von Versteppung bedrohte Kulturland zu bewahren galt[370].
Einzelne Verwaltungsdokumente, z.B. Rationenlisten, lassen des Weiteren
den Schluss zu, dass die Kriegsgefangenen in zwei Klassen zerfielen: sol-

---

[367] Vgl. Eph'al, Minorities, 87f. Vgl. hierzu aber auch J. M. Wilkie, „Nabonidus and the
Later Jewish Exiles", *JThS* NS 2 (1951), 36–44, passim. Wilkie nimmt an, dass die jüdischen
ExulantInnen während der Regierungszeit Nabonids (556–539 v.u.Z.) „were being sub-
jected to religious persecution" (a.a.O., 42), ein Umstand, der sich im Deuterojesajabuch
widerspiegele.
[368] Vgl. hierzu Kiefer, Exil, 51–54; Younger, Deportations, 206–214.
[369] Vgl. hierzu Kiefer, Exil, 54–56; Younger, Deportations, 214–219.
[370] Vgl. Kiefer, Exil, 56–62.

che, die eine bevorzugte oder doch angemessene Behandlung erfuhren, und solche, denen nur das absolute Existenzminimum zuteil wurde[371]. Aufgrund der assyrischen Deportationspolitik dürfte der größere Teil der 732 und 722 v.u.Z. Exilierten seine kulturelle Identität verloren haben und in der assyrischen Gesellschaft aufgegangen sein, zumal durch den Untergang des Nordreichs aktuelle Bezugspunkte in der alten Heimat fehlten[372].

Nur wenige Jahre später, 701 v.u.Z., kommt es in Juda ebenfalls zu Massenverschleppungen – in Reaktion auf die anti-assyrischen Umtriebe Hiskijas von Juda (725–697 v.u.Z.) überzieht Sanherib (705–681 v.u.Z.) das Land mit Krieg, erobert, wie es in seinen Annalen heißt, 46 judäische Städte (u.a. Lachisch), trennt weite Teile des judäischen Staatsgebiets ab und stößt schließlich bis Jerusalem vor, dessen Belagerung er allerdings abbricht, wohl weil sich Hiskija in letzter Minute doch noch zur Zahlung eines umfangreichen Tributs entschloss. Im Rahmen dieses Feldzugs will Sanherib 200.150 Personen erbeutet haben[373]. Zwar erscheint diese Zahl aus demographischen Gründen zweifelhaft, sie macht aber auf den heftigen Einschnitt, den dieser Krieg für das Südreich Israel bedeutete, aufmerksam, verlor doch Juda fast die Hälfte seiner Bevölkerung[374]. Von den 701 v.u.Z. verschleppten JudäerInnen haben sich nur wenige Spuren erhalten, ein Hinweis darauf, „dass die Masse der Deportierten [wahrscheinlich] in entvölkerten und teilweise abgelegenen Regionen angesiedelt worden"[375] und zu weiten Teilen – wie auch die 732 und um 722 v.u.Z. Exilierten – ‚assyrianisiert' worden ist. Es ist aber gleichwohl nicht auszuschließen, dass es vereinzelt gelang, die eigenen (religiösen) Traditionen zu bewahren, so dass im Laufe des 6. Jh.s v.u.Z. in Babylonien Kontakte zwischen den Nachkommen der gegen Ende des 8. Jh.s Deportierten und den unter Nebukadnezar Verschleppten bzw. deren Nachfahren entstanden[376].

Unter den Neubabyloniern, genauer unter Nebukadnezar II., kam es, so die Angaben in Jer 52,28–30, zu insgesamt drei Deportationen von Menschen aus Juda bzw. Jerusalem: Im 7. Jahr Nebukadnezars, also

---

[371] Vgl. Younger, Deportations, 219–224.
[372] Vgl. hierzu Kiefer, Exil, 63f. Die späteren Legenden um die zehn verlorenen Stämme allerdings bewahren die Hoffnung auf ein Weiterbestehen der Stämme des Nordreichs Israels im Verborgenen – gleichsam bis heute. Vgl. hierzu L. I. Rabinowitz, „Art. Tribes", EJ 15 (1972), 1003–1006, passim.
[373] Vgl. Weippert, Textbuch, 333.
[374] Vgl. Albertz, Exilszeit, 69; Kiefer, Exil, 64f; Kessler, Sozialgeschichte, 127.
[375] Kiefer, Exil, 67. Zum Ganzen vgl. a.a.O., 66f.
[376] Vgl. Smith-Christopher, Impact, 18; Kiefer, Exil, 63f.80.

598/97 v.u.Z.[377], zu derjenigen, der auch der judäische König Jojachin angehörte und die nicht nur in weiteren biblischen Texten Erwähnung findet
(vgl. 2 Kön 24,14–16; Jer 29,2; Ez 1,2; 2 Chr 36,10), sondern auch – ‚direkt‘
allerdings nur für Jojachin selbst – in der Babylonischen Chronik belegt
ist. Vom Aufenthalt Jojachins am Hof Nebukadnezars in Babylon zeugen
auch im Palastbereich gefundene Keilschrifttafeln, eine davon auf das Jahr
592 v.u.Z. datiert, die Sesamöl-Lieferungen für den König des Landes Juda,
fünf seiner Söhne und einzelne weitere Personen aus Juda auflisten[378].

Die zweite Deportation verzeichnet Jer 52,29 für Nebukadnezars 18. Jahr.
Auch in 2 Kön 25,11.21 par. Jer 52,15.27, Jer 39,9 und 2 Chr 36,29 wird diese
weitere Exilierung genannt; diesbezügliche babylonische Quellen wurden
hingegen (bislang) nicht gefunden. *Indirekt* allerdings spiegelt sich diese
neuerliche Verschleppung von EinwohnerInnen Judas/Jerusalems in den
auf massive Zerstörungen durch die Babylonier 587/86 v.u.Z. hinweisen-
den Grabungsbefunden in einer ganzen Reihe judäischer Städte, vor allem
in Jerusalem, wider[379].

Eine dritte Deportation erwähnt Jer 52,30 für das 23. Regierungsjahr
Nebukadnezars, also 582/81 v.u.Z. Diese wird häufig mit der Ermordung
Gedaljas (vgl. 2 Kön 25,25; Jer 41,1–3) in Verbindung gebracht, was aber,
sofern sowohl 2 Kön 25,25 als auch Jer 41,1 nur eine Monats-, nicht aber
eine Jahresangabe enthalten, durchaus umstritten ist.

Jüdinnen und Juden sehen den Beginn des jüdischen Exils traditionell
nicht in der ersten von den Babyloniern initiierten Deportation 598/97 v.u.Z.,
sondern in der Zerstörung Jerusalems und des Tempels 587/86 v.u.Z., dem
„Ereignis, das mehr als jedes andere das Ende der Unabhängigkeit Israels
im eigenen Land und die Zerstörung von Herz und Mittelpunkt des Volkes
symbolisiert"[380]. Vor diesem Hintergrund ist zwischen den Erfahrungen
der ‚ersten‘ und denen der ‚zweiten‘ *Gola*, wie sie in der Hebräischen Bibel
ihren literarisch-theologischen Niederschlag gefunden haben, kaum mehr

---

[377] In 2 Kön 24,12 ist anders als in Jer 52,28 nicht vom 7., sondern vom 8. Jahr Nebukadnezars die Rede, und 2 Kön 25,8 und Jer 52,12 verlegen die zweite Exilierung in Nebukadnezars 19. Jahr, wohingegen diese Jer 52,29 zufolge in dessen 18. Jahr stattgefunden hat.
Diese Ungereimtheiten lassen sich am ehesten damit erklären, dass 2 Kön 24,12, 25,8 und
Jer 52,12 auf einer Jahreszählung beruhen, bei der man aus dem Rückblick heraus das Jahr
des großen Sieges Nebukadnezars bei Karkemisch (605/04 v.u.Z.) als dessen 1. Regierungsjahr gezählt hat, obwohl dieses – wie Jer 52,28–30 richtig bewahrt hat – gemeinhin als
Nebukadnezars Akzessionsjahr gerechnet wurde. Vgl. hierzu Albertz, Exilszeit, 69–73.

[378] Vgl. hierzu Albertz, Exilszeit, 67.

[379] Vgl. Albertz, Exilszeit, 67.

[380] Lau, Juden, 224.

zu trennen[381]. Texte wie Ez 14,22f deuten zwar an, dass es zwischen den Angehörigen der Deportationen von 598/97 v.u.Z. und 587/86 v.u.Z. zu Konflikten gekommen sein dürfte, bieten jedoch auch – bei gleichzeitiger Höherschätzung der Jojachin-*Gola* – eine Erklärung dafür an, dass/wie es zu einer Durchmischung der beiden verschleppten Jahrgänge kam. Ohnehin ist die gesamte Ezechiel-Erzählung mindestens ebenso sehr von den Erfahrungen der zweiten Deportation, d.h. von den Erfahrungen derer, die die Zerstörung Jerusalems 587/86 v.u.Z. überlebten, wie von denen der ersten *Gola* bestimmt.

Der Umfang der Deportationen 598/97 und 587/86 v.u.Z.: Was den Umfang der Deportationen angeht, die Juda/Jerusalem 598/97 und 587/86 v.u.Z. getroffen haben, konfrontiert uns die Hebräische Bibel mit divergierenden Zahlenangaben, während alle anderen Quellen sich in Schweigen hüllen. 2 Kön 24,14–16 spricht zunächst von 10.000 Jerusalemer Verschleppten aus dem Kreis der Beamten (כל־השׂרים) und Angehörigen der militärischen Führungselite (כל־גבורי החיל), zu der noch eine nicht näher spezifizierte Zahl von HandwerkerInnen tritt (כל־החרשׁ והמסגר, V14). Im Anschluss wird auf die Deportation Jojachins, seiner Angehörigen, seines Hofstaats und der Vornehmen des Landes sowie – und hier kommt es zu schwer deutbaren Doppelungen – von 7.000 Angehörigen des Militärs (כל־אנשׁי החיל) und 1.000 HandwerkerInnen (והחרשׁ והמסגר) berichtet (V15f). Der *erste* Deportationszug im Jahr 598/97 v.u.Z. hätte demnach insgesamt 18.000 Personen umfasst. Da das Zweite Königsbuch bezogen auf die zweite *Gola* 587/86 v.u.Z. jedoch überhaupt keine Angaben macht, werden die in 2 Kön 24,14–16 genannten Zahlen gelegentlich auch als beide Deportationen einschließend gedeutet[382]. In der Liste in Jer 52,28–30 hingegen ist bezogen auf die erste Deportation „im siebten Jahr Nebukadnezars" (598/97 v.u.Z.) von 3.023 Personen aus Juda, bezogen auf die zweite „im 18. Jahr Nebukadnezars" (587/86 v.u.Z.) von 823 Personen aus Jerusalem die Rede.

In der Forschung wird den im Vergleich mit 2 Kön 24 deutlich geringeren (und gebrocheneren) Zahlen in Jer 52 zumeist eine größere

---

[381] Vgl. Keel, Geschichte, 614.
[382] Vgl. hierzu Albertz, Exilszeit, 78–80. Albertz zufolge „könnte es sehr gut sein, daß sich die im Kontext von 2.Kön 24 deutlich nachgetragene Angabe von 10000 Deportierten in V.14 ursprünglich auf die zweite Exilierung bezog und von den Dtr zur ersten versetzt worden wäre" (a.a.O., 80). Vgl. auch Kiefer, Exil, 72, Anm. 136; Keel, Geschichte, 617.

Plausibilität zugestanden[383]. Daneben gibt es verschiedene Versuche, die divergierenden Angaben miteinander in Einklang zu bringen, etwa indem die Vermutung zugrunde gelegt wird, die Jeremialiste umfasse jeweils nur männliche Personen bzw. Familienoberhäupter, während in 2 Kön 24 Frauen und Kinder hinzuaddiert seien, was den drei- bis viermal höheren Wert erkläre[384].

Laut Rainer Albertz sind die beiden Listen nicht in Übereinstimmung zu bringen. Seiner Einschätzung nach handelt es sich bei den Angaben des Jeremiabuchs um „offizielle[] Zahlen aus der babylonischen Verwaltung"[385], die „sehr wahrscheinlich exakt [sind], aber [...] längst nicht alle Deportationszüge, die die Babylonier zusammengestellt haben, [betreffen]"[386]. Er plädiert deshalb dafür, die (recht gut belegten) Angaben über die assyrischen Deportationszüge zugrunde zu legen, wonach von einer Quote von 25% Deportierten an der Gesamtbevölkerung auszugehen sei[387]. Auch Rainer Kessler zufolge „dürfte die Zahl der Exilierten [wahrscheinlich] bei einem Viertel bis maximal einem Drittel der Bevölkerung liegen"[388]. Geht man, wie es heute zumeist üblich ist, davon aus, dass Juda zu Beginn des 6. Jh.s v.u.Z. insgesamt etwa 80.000 EinwohnerInnen hatte[389], wäre dementsprechend damit zu rechnen, dass, beide *Golot* zusammengenommen, etwa 20.000 bis 25.000 JudäerInnen/ JerusalemerInnen nach Babylonien verschleppt worden sind – ein Zahlenwert, für den sich in der ersttestamentlichen Forschung durchaus eine gewisse Konsensfähigkeit abzeichnet[390]. Legt man hingegen die von Oded

---

[383] Vgl. Albertz, Exilszeit, 76. An den Zahlen der Jeremialiste orientieren sich z.B. William Foxwell Albright (vgl. ders., *The Biblical Period from Abraham to Ezra*, New York/ Evanston 1963 [1949], 85), Janssen (vgl. ders, Juda, 28–39), Metzger (vgl. ders., Geschichte, 138), Knauf (vgl. ders., Land, 133) und Keel (vgl. ders., Geschichte, 614–619). Einige ForscherInnen verzichten aufgrund des widersprüchlichen Textbefunds auch auf jede Zahlenangabe und auf eine eigene Beurteilung der Situation (vgl. z.B. Ackroyd, Exile, 22; Gunneweg, Geschichte, 126; Schmitt, Arbeitsbuch, 120; Berlejung, Geschichte, 156).

[384] Vgl. Janssen, Juda, 35; Knauf, Land, 133; Kiefer, Exil, 68–74. Der in Jer 52,29.30 verwendete Begriff נֶפֶשׁ, der „bei Zählungen die Personen, gerade ohne jede Geschlechtsspezifik" (Albertz, Exilszeit, 77) bezeichnet, spricht allerdings gegen die These, hier seien nur die Männer/Familienoberhäupter vermerkt. Vgl. auch Keel, Geschichte, 617.

[385] Albertz, Exilszeit, 77.

[386] Albertz, Exilszeit, 79. Zum Ganzen vgl. auch Lipschits, Jerusalem, 59, Anm. 85.

[387] Vgl. Albertz, Exilszeit, 79; Keel, Geschichte, 617.

[388] Kessler, Sozialgeschichte, 130.

[389] Vgl. hierzu Albertz, Exilszeit, 79; Kiefer, Exil, 86 („ca. 85.000 Menschen in Juda"); Kessler/Omerzu, Art. Bevölkerungsverhältnisse, 53.

[390] Vgl. auch Kurt Galling, *Studien zur Geschichte Israels im persischen Zeitalter*, Tübingen 1964, 51f; Joël P. Weinberg, „Demographische Notizen zur Geschichte der nachexilischen Gemeinde in Juda", *Klio* 54 (1972), 45–59, 46f; Kessler/Omerzu, Art. Bevölkerungsverhält-

Lipschits auf archäologischem Wege gewonnene Gesamtbevölkerungs-
zahl von 108.000 Personen zugrunde, kommt man auf 27.000 (25%) bzw.
32.400 (30%) Deportierte[391].
Jedenfalls spricht vieles dafür, dass die Deportationen 598/97 und
587/86 v.u.Z. für die Bevölkerungsverhältnisse in Juda – und potenziert
in Jerusalem, das den Schwerpunkt der Exilierungen bildete – ausgesprochen einschneidend waren, insbesondere im Verbund mit dem weiteren
Bevölkerungsverlust durch (gewaltsamen) Tod, Flucht und Auswande-
rung, der mit 25–50% ebenfalls beträchtlich gewesen sein dürfte[392]. Schon
rein statistisch kann und darf das babylonische Exil vor diesem Hintergrund nicht klein geredet werden.

Auch wird man die These, die Babylonier seien bei den in Frage stehenden Verschleppungen sehr wählerisch vorgegangen und hätten nur
Angehörige der Oberschicht deportiert, nicht aufrecht erhalten können.
M.E. ist eher davon auszugehen, dass das Kriterium der Arbeitsfähigkeit –
sicherlich auch das *spezieller* (militärischer und handwerklicher) Arbeits-
fähig- und -fertigkeiten – jedenfalls bezogen auf die Deportation von
598/97 v.u.Z. wesentlich war[393]. 587/86 v.u.Z. wurde vermutlich die gesamte
überlebende Restbevölkerung der judäischen Hauptstadt sowie weiterer
judäischer (Festungs-)Städte durch die Zwangsumsiedlung bestraft, wobei
die Babylonier wohl vor allem auf diejenigen StädterInnen zielten, die in
irgendeiner Weise an Kampfhandlungen zur Abwehr ihres Heeres beteiligt waren. Bei den zurückbleibenden „Armen des Landes" (דל[ו]ת הארץ,
2 Kön 25,12 par. Jer 25,16) muss es sich nicht zwangsläufig und keineswegs
ausschließlich um HauptstadtbewohnerInnen handeln.

Für die Beurteilung, dass die Massendeportationen von 598/97 und
587/86 v.u.Z. dramatische und traumatogene Ereignisse waren, die sowohl
für viele im Land Verbliebenen als auch für die zur Zwangsumsiedlung
Gezwungenen tiefste (Um-)Brüche bedeuteten, sind deren (genaue)

---

nisse, 53. Auch Kiefer setzt die Zahl der unter Nebukadnezar Deportierten auf „höchstens 20.000" an (ders., Exil, 87). Weinberg hat zuletzt noch einmal (weitere) Argumente
zusammengetragen, die für die ‚moderate Annahme' etwa von Albertz sprechen (vgl.
Weinberg, Conquest, 599–603).

[391] Lipschits selbst macht hierzu allerdings keine Angaben.

[392] Vgl. hierzu Albertz, Exilszeit, 80; Kiefer, Exil, 87. Albertz rechnet mit 20.000, Kiefer
sogar mit 40.000 Todesopfern, Kriegsflüchtlingen und Auswanderern.

[393] Vgl. hierzu Kiefer, Exil, 77f: „Allerdings darf die Nennung des Hofstaats in 2 Kön 24,14
nicht darüber hinweg täuschen, dass der weitaus größere Teil der Deportierten aus Fach-
handwerkern und Soldaten bestand." Ähnlich auch Keel, Geschichte, 616f.

zahlenmäßige Dimensionen (allein) kaum ausschlaggebend[394]. Deswegen soll in den folgenden Abschnitten versucht werden, noch etwas genauer an die mit diesen Ereignissen verbundenen Erfahrungen ‚heranzukommen'. Am Anfang soll ein Blick auf die Deportationszüge selbst stehen.

Die Deportationszüge: Blickt man darauf, wie die Sammlung von Kriegsgefangenen und der Beginn des Deportationszugs auf dem Lachisch-Relief in Szene gesetzt sind, glaubt man kaum, hier eine militär(polit)ische Zwangsmaßnahme vor Augen zu haben: Scheinbar unbeeinflusst vom Kriegschaos um sie herum, in gleichsam geordneten Bahnen, verlassen sechs BewohnerInnen – Männer und Frauen, die eine Art Sack über der Schulter tragen – die zusammenbrechende Stadt[395]. Weitere EinwohnerInnen ziehen in zwei Reihen auf den auf seinem Thron sitzenden assyrischen Herrscher zu, um ihm (dies gilt zumindest für die männlichen Gefangenen) ihre Aufwartung zu machen, indem sie ihn beklatschen und/ oder sich vor ihm verbeugen. Dabei sind mehrfach Familienverbände mit Besitztümern zur Darstellung gebracht – so sieht man beispielsweise ein von einem Mann gelenktes Rindergespann, das einen vollbeladenen Karren zieht. Auf den Gepäckstücken sitzen zwei Frauen und zwei Kinder, eines davon so klein, dass es auf dem Schoß gehalten werden muss[396].

Zwar tauchen in den beiden Reihen auch assyrische Soldaten auf, diese erscheinen aber nicht in direktem Kontakt mit den zu Exilierenden[397] – in der oberen Reihe erkennt man hauptsächlich assyrische Kriegsleute, die

---

[394] Vgl. hierzu Stiebert, Exile, 11, wo es im Hinblick auf die Deportation von 598/97 v.u.Z. heißt: „Whatever the precise numerical dimensions, this must have been a dramatic and traumatic event that left the city depleted of both leadership and an effective work and defense force." Vgl. auch Andrew Mein, *Ezekiel and the Ethics of Exile*, Oxford/New York 2001, 56.58.

[395] Segment III, Mitte (vgl. Ussishkin, Conquest, 82f). Links von der angesprochenen Personengruppe ist ein Stück des Reliefs ausgebrochen, auf dem vermutlich noch andere Kriegsgefangene zu sehen waren.

[396] Segment V, Mitte (vgl. Ussishkin, Conquest, 86f). Eine ähnliche Szene findet sich in Segment IV, unten (vgl. a.a.O., 84f). Zur Realitätsnähe der assyrischen Palastreliefs, was die Darstellung(en) von Kindern angeht, vgl. Schwyn, Kinderbetreuung, 9: „Die Reliefs erwecken den Eindruck, die Kinder sollten nicht noch über die mit der Deportation verbundenen Strapazen hinaus belastet werden. Ob damit realitätsnahe Verhältnisse wiedergegeben werden oder ob die schwere Belastung oder Misshandlung von Kindern nicht dargestellt wurde, weil sie dem Propagandazweck der Reliefs zuwiderlief, kann allein aufgrund hier [sic!] untersuchten Darstellungen nicht beantwortet werden, da die Reliefs aber generell Propagandazwecken dienten, muss Letzteres in Betracht gezogen werden."

[397] Einzig in Segment V, Mitte rechts (vgl. Ussishkin, Conquest, 86f) könnte ein assyrischer Soldat dargestellt sein, der einem vor ihm laufenden Gefangenen eine Art Keule in den Rücken drückt.

mit dem Fortschaffen von Beutestücken befasst sind[398], in der unteren Reihe sind zweimal zwei Assyrer zu sehen, welche Kriegsgräuel an zwei besiegten Soldaten (?) verüben[399]. Das in der linken der beiden Szenen dargestellte Schinden der Männer, die im Unterschied zu den Fortziehenden, welche alles Lebensnotwendige (Kleidung – jedoch keine Schuhe –, Sack und Krug) an und bei sich haben, nackt sind, spielt sich dabei unmittelbar vor den Augen eines gefangenen Judäers und zweier Jungen ab (vgl. Abb. 2). An den öffentlich Hingerichteten hat man, so scheint es, ein Exempel statuieren wollen sowohl im Hinblick auf diejenigen, die die Szene innerhalb des Bildes beobachten, als auch für alle BetracherInnen des Reliefs, „um sie von antiassyrischen Umtrieben abzuhalten"[400].

Wer sich hingegen – dies jedenfalls wird suggeriert – widerstandslos in den Gefangenenzug einreiht, hat nichts zu befürchten, bleibt mit den eigenen Leuten zusammen, rettet sein Hab und Gut und leidet keinen Mangel. „Dem Sieg [der Assyrer, R.P.]", schreibt Berlejung, „folgt für die Besiegten ein geordnetes Dasein. [...] Nichts spricht dafür, dass man sie despektierlich oder gar grausam behandelt hätte."[401]

Was die Inszenierung von Deportationszügen angeht, bildet das Lachisch-Relief keine Ausnahme – vergleichbare assyrische Reliefs existieren mehrere[402], unter ihnen auch solche, die zeigen, wie Gefangene unterwegs mit Nahrung versorgt werden[403]. Daneben allerdings gibt es auch zahlreiche Abbildungen, auf denen (männliche) Kriegsgefangene an Händen und/oder Füßen gebunden und nackt dargestellt werden[404], eine Maßnahme, die Oded zufolge nur Gefangene betraf „who were men of rank and status, such as the king and his courtiers, either in order to punish and humilate them or to prevent them from escaping or organizing a rebellion"[405]. Dies allerdings ist den Abbildungen selbst nicht zu

---

[398] Segment IV, Mitte (vgl. Ussishkin, Conquest, 84f).

[399] Segment V, unten Mitte bzw. unten rechts (vgl. Ussishkin, Conquest, 86f).

[400] Berlejung, Gewalt, 209. Zum Ganzen vgl. ebd.

[401] Berlejung, Gewalt, 209.

[402] Vgl. z.B. die Abbildungen bei Yadin, Warfare, 413.462f (rechte Seite); Oded, Mass Deportations, Anhang, Plates V/2, VI/3.

[403] Vgl. das bei Yadin, Warfare, 446, abgebildete Relief Aššurbanipals (668–630 v.u.Z.) aus Kuyunjik (Ninive); sowie a.a.O., 453 (=ANEP, Abb. 168, 51).

[404] Gefesselte männliche Kriegsgefangene zeigen die Abbildungen bei Yadin, Warfare, 398 (oben).462f (oben), und bei Oded, Mass Deportations, Anhang, Plates I, II, IV, V/1, VI/1 (oberste Reihe), VI/3 (oberste Reihe). Nackte, gebundene männliche Kriegsgefangene sind wiederholt auf dem Bronzetor Salmanassars III vom *Tell Balawat* zu sehen, vgl. King, Bronze Reliefs, Plate IV (unten), Plate XV (unten), Plate XLV (unten [=Abb. 5]), Plate L (unten), Plate LXVII (unten), Plate LXXIV (unten), Plate LXXVI (unten).

[405] Oded, Mass Deportations, 35.

entnehmen[406]. Gefangene Frauen hingegen werden – dies wurde bereits
oben ausführlich erörtert – niemals entkleidet, darüber hinaus auch niemals mit Hand- oder Fußfesseln gezeigt. Im Hebräischen können, auch
dies wurde bereits oben dargelegt, Entblößt- bzw. Ausgezogenwerden
mit derjenigen Wortwurzel, √גלה, bezeichnet werden, die schließlich das
Hauptwort für „Deportation" und „Exil" geworden ist – ein Umstand, der
möglicherweise gerade darauf zurückzuführen ist, dass das beschämende
Stripping der zu deportierenden Kriegsgefangenen häufiger Bestandteil
der assyrischen und babylonischen Deportationspraxis war.

Gleichwohl steht zu vermuten, dass die für die Deportationszüge verantwortlichen Assyrer und Babylonier daran interessiert waren und auch darauf hinwirkten, dass möglichst viele der Exulanten ihren Bestimmungsort
im fernen Mesopotamien bei Kräften und guter Gesundheit erreichten,
war es doch nur auf diesem Wege möglich, aus ihnen ‚(Human-)Kapital'
zu schlagen. Verschiedene assyrische Dokumente belegten, so Oded,

> that the central imperial authority [...] exercised control over the deporta-
> tions, in order to prevent any abuse of authority or exploitation of the cap-
> tives by the officials, soldiers and various governors charged with carrying
> out the deportations. Since the deportees were only able to take a limited
> stock of food with them and their journey to the destination or stopping-
> place prescribed by the king was a long one, the problem of feeding them
> was a matter of serious concern both to the imperial administrative authori-
> ties in the Assyrian capital and to those in charge of the deportations. The
> governors of the territories through which the deportees travelled were
> instructed to ensure their safety and to supply them with provisions[407].

Dies indes dürfte, selbst wenn man (und schon dies erscheint wenig realistisch!) allen Beteiligten gute Absichten unterstellt, keineswegs immer
geglückt sein, waren doch weite Reisen in der Antike schon bei optima-
len Gegebenheiten mit extremen Schwierigkeiten behaftet. Die Start-
bedingungen, unter denen die Kriegsgefangenen den mehrere hundert
Kilometer langen Marsch ins assyrische bzw. babylonische Kernland auf
sich zu nehmen gezwungen waren, erscheinen demgegenüber potenziert
schlechter, wie Kern festhält:

---

[406] Vgl. hierzu jedoch ARAB 2, Nr. 788, 300; Nr. 826, 317; Nr. 849, 326, wo von Fesse-
lungsmaßnahmen an besonders ‚renitenten' oder aufrührerischen Personen die Rede zu
sein scheint.

[407] Oded, Mass Deportations, 38. Zum Ganzen vgl. a.a.O., 33–40. Vgl. auch Kern, Siege
Warfare, 72; Kiefer, Exil, 49–51.

The victims of deportation will have lost everything in the sack of the city, and some may have been malnourished after a long, exhausting siege. The violence of the siege, the slaughter of many inhabitants, the sight of impaled or mutilated prisoners will have traumatized many. Many of the women will have been recently raped. It is difficult to imagine worse conditions under which to embark on a long and hazardous journey into the unknown[408].

Für die Situation der 587/86 v.u.Z. aus Jerusalem Verschleppten dürfte, nach allem, was wir wissen, diese Beschreibung ziemlich genau zutreffen. Und auch wenn im Falle der 598/97 v.u.Z. gefangen genommenen JerusalemerInnen nicht unbedingt von einer sehr schwerwiegenden Belagerungssituation auszugehen ist – gleichwohl ist in 2 Kön 24,10 von „Belagerung" (מצור), in der Babylonischen Chronik von Belagerung und Eroberung der judäischen Hauptstadt die Rede[409] –, dass die Ereignisse für die Betroffenen dramatisch, mitunter auch traumatisch gewesen sind, lässt sich kaum in Abrede stellen. Einen – auch hier wieder: nach allem, was wir wissen – durchaus realistischen Eindruck von der ersten Einschließung Jerusalems durch Nebukadnezars Gefolgsleute, von deren Eindringen in die Stadt, vom bangen Warten der BewohnerInnen, von der Sammlung der Deportationszüge, vom langen, für viele tödlichen Marsch ins entfernte Babylonien und von der schließlichen Ankunft dort vermittelt die folgende historische Imagination[410], die Johanna Stiebert aus der Perspektive einer Erzählfigur des Ezechielbuchs, der der Frau des Propheten (vgl. Ez 24,15–24), formuliert hat:

> It happened about three months after Jehoiachin's coronation. Weeks before already men had proclaimed in the city that Nebuchadnezzar's forces were on the move and coming toward Jerusalem. [...] Nebuchadnezzar's men surrounded our city and once they had done so, they waited. We were told how they assaulted and plundered the farmers of the surrounding countryside, demanding food; and, most frightening of all to me, how they took women and abused and defiled them in their tents and even in the open streets.[...]
>
> Those were days of terror. Naomi sensed my anxiety and cried almost incessantly. [...] Our food was running out and the children fretted. [...]
>
> After days and days of paralyzing tension, Jehoiachin surrendered. [...] And then, suddenly, there was a ceaseless cacophony and the terror increased even more. The Babylonians flooded through the city gates [...].

---

[408] Kern, Siege Warfare, 72. Vgl. auch Yee, Children, 115.

[409] Vgl. BM 21946, Rev., 12 (Wiseman, Chronicles, 72f; Weippert, Textbuch, 417).

[410] Zur Bedeutung von Imagination im Rahmen alttestamentlicher Exegese vgl. Izaak J. de Hulster, „Imagination: A Hermeneutical Tool for the Study of the Hebrew Bible", *Bibl. Interpr.* 18 (2010), 114–136, passim.

They thronged the streets and clanged their spears against the stones; they broke through doors and did just as they pleased. [...] Later we heard of women who were raped by the invaders. Some even claimed that there were men who suffered this horror. Thankfully, I was spared.

After what seemed like an eternity of listening to the rampaging in the streets, we heard a loud rap at the door. Buzi opened. We cowered behind him and peered with fear at the two sunburned men outside. [...] ‚Work?‘ one asked in a heavily accented voice. [...] ‚Priest,‘ he [Buzi, R.P.] replied [...]. [...] The men gestured for us to leave the house. Hurriedly, we seized what we could – garments, valuables, vessels, skins of water – and joined a large group on the streets. [...] More and more joined the crowd: priests, smiths, woodworkers, tool-builders, soldiers, members of the royal court and their families. [...]

It took several days – days of worry and rumors, of hunger and exposure to the day's sun and night's chill – until we found out more. [...] It emerged that the Babylonians planned to take us to their land between the rivers. What an awful march it was! We were, so it seemed to me, thousands upon thousands: most of the population of Jerusalem (2 Kgs 24:14–16). Along the way we ate little – the morsels the Babylonians would give us and the bread we could snatch from people with pity who would come to watch us file past in our slow, reluctant, apprehensive way, ever further from home. The sun beat down on us from above and parched our skin and lips. [...] And worse than the hunger and the thirst and the heat and the pain in my bones was the death of our little Naomi. She was simply too young and too weak to survive the hardships of this terrible journey. [...] Many died along our march, mostly the old and the young and with them our cherished past and the hopes for our future. [...] While we marched we did not have the strength to mourn; we did not even bury our dead. [...]

And eventually we did arrive. We were weak; we were homesick for and loyal to our Jerusalem, but we were relieved and we marveled when we saw Babylon![411]

Besonders eindrücklich kommen hier die der Deportation vorausgehenden Schrecken, die in herkömmlichen Geschichtsdarstellungen durchgehend ausgeblendet werden, sowie die Schrecken des Deportationszuges selbst zum Ausdruck. Dass „[d]ie Deportationen [...] für viele Betroffene [vermutlich Todesmärsche] [waren]"[412], ist kaum von der Hand zu weisen, stellt man sich nur vor Augen, dass die JerusalemerInnen bis ins babylonische Kernland zu Fuß (!) einen Weg von etwa 1.600 km zu bewältigen hatten – und dass sie die vier bis fünf Monate dauernde Reise psychisch und physisch angegriffen auf sich nehmen mussten[413]. Die mitgenom-

---

[411] Stiebert, Exile, 23–27.
[412] Gerstenberger/Schuol, Art. Deportationen, 86.
[413] Vgl. Eph'al, Warfare, 98f; Albertz, Exilszeit, 73, Anm. 117.

menen Vorräte dürften nur allzu schnell zur Neige gegangen sein, und wenn die mitgeführten Tiere zu Nahrungszwecken geschlachtet werden mussten, gingen Transportmöglichkeiten für die eigene Habe, aber auch für Kinder, Schwache und Kranke verloren, weil Wagen und Karren nicht mehr gezogen werden konnten. Hinzu kommt schließlich, dass es – anders als in aller Regel angenommen wird –, keineswegs als sicher gelten kann, dass „alle Deportierten ihre (nahen) Angehörigen mitführen durften oder [...] konnten"[414] – Ez 24,21 jedenfalls scheint davon auszugehen, dass Eltern und Kinder (teilweise) getrennt wurden. Auch wird es in vielen (Groß-)Familien Kriegsopfer und Flüchtlinge gegeben und werden (Nach-)Kriegswirren dazu geführt haben, dass man Verwandte und Bekannte aus den Augen verlor[415]. Zu den das eigene Überleben betreffenden Ängsten dürfte für viele Verschleppte dementsprechend die Angst um nahe stehende Menschen gehört haben, über deren Schicksal man völlig im Ungewissen war.

Die judäischen Deportierten in Babylonien: Wie den unter Assyrern und Babyloniern Deportierten insgesamt so dürften auch den 598/97 und 587/86 v.u.Z. zwangsumgesiedelten JudäerInnen/JerusalemerInnen sehr unterschiedliche Schicksale zuteilgeworden sein. Diese werden im Folgenden genauer beschrieben.

1) *Spuren von judäischen Kriegsgefangenen am Hof Nebukadnezars in Babylon*: Eine Ausnahme, von der – obwohl dies häufig geschieht – nicht auf die Situation der großen Masse der Verschleppten zu schließen ist[416], stellt das Ergehen Jojachins, seiner (wohl im Exil geborenen)

---

[414] Kiefer, Exil, 71. Vgl. Erich Klamroth, *Die wirtschaftliche Lage und das geistige Leben der jüdischen Exulanten in Babylon*, Königsberg 1912, 33; Kessler, Sozialgeschichte, 134.

[415] Vgl. hierzu Faist, Deportee, 66.

[416] So heißt es etwa bei Klaus Herrmann (ders., „‚An den Wassern Babels saßen wir' – Babylon aus der Sicht des Judentums", in: Joachim Marzahn/Günther Schauerte [Hg.], *Babylon: Wahrheit. Eine Ausstellung des Vorderasiatischen Museums*, Berlin 2008, 527–548, 547): „Man darf aus diesen Belegen [den bereits erwähnten Keilschrift-Rationslisten, die man im Palastbereich Nebukadnezars gefunden hat, R.P.] schließen, dass die in Babylon als königliche ‚politische Geiseln' gehaltenen Gefangenen aus vielen Regionen der Umwelt des Reiches durchaus entsprechend ihrer Bedeutung und Würde behandelt worden sind, so lange sie den Interessen des Königs dienten. Die babylonische Gefangenschaft bedeutete somit für die Exilanten aus Juda und von anderswo zumindest physisch kein Leid." Vgl. Donner, Geschichte, 406f.418; Albertz, Exilszeit, 87; Schmitt, Arbeitsbuch, 122. Alle drei Darstellungen sind in der beschriebenen Hinsicht m.E. ebenfalls nicht ganz eindeutig. Demgegenüber betont Mein, dass „the treatment of Jehoiachin will not have been typical of the experience of the rest of the Jewish exiles" (ders., Ethics, 61).

Nachkommen sowie einzelner weiterer Judäer(Innen) am Königspalast Nebukadnezars in Babylon dar. Vier im Palastbereich gefundene Keilschrifttafeln, auf denen Ölzuteilungen aufgelistet sind, belegen zunächst, dass Jojachin und seine Familie sowie 13 weitere Judäer, von denen fünf namentlich genannt werden, acht namenlos bleiben, sich in Babylon aufgehalten haben[417]. Die zweite dieser Tafeln ist ins 13. Jahr Nebukadnezars, d.h. ins Jahr 592/91 v.u.Z. datiert, ihre Aufschrift lautet wie folgt:

> 1 Sūtu [ca. 5–6 Liter, R.P.] für [Ia]-'u-kīn, König von Ia-[a-hu-du],
> 2½ Qa [ca. 2–2,5 Liter, R.P.] für die fü[nf Söh]ne des Königs von Ia-a-hu-du,
> 4 Qa [ca. 3,5–4 Liter] für 8 Judäöer (Ia-a-hu-da-a) [...][418]

Auffällig ist hier einerseits, dass Jojachin im Vergleich mit seinen (allerdings kaum dem Kleinkindalter entwachsenen)[419] Söhnen und den anderen Judäern die zehn- bis zwölffache Menge an Öl – es handelt sich jeweils um eine Monatsration – zugewiesen bekommt. Andererseits springt ins Auge, dass er nach wie vor als „König von Juda" bezeichnet wird, obwohl doch Nebukadnezar 598/97 v.u.Z. Mattanja/Zidkija als „König nach seinem Herzen"[420] in Jerusalem eingesetzt hatte. Jojachin hatte offenbar, so ist zu schließen, zumindest in den ersten Exilsjahren[421] „den Status eines Staatsgefangenen"[422] inne, denkbar ist darüber hinaus, dass er nicht nur von zahlreichen Angehörigen seines Volkes, sondern auch von den Babyloniern nach wie vor als (legitimer)

---

[417] Vgl. Jack Finegan, „The Chronology of Ezekiel", *JBL* 69 (1950), 61–66, 61: „Here [mit den gefundenen Keilschrifttafeln, R.P.] then was positive evidence, aside from the Biblical records, of the presence of Jehoiachin, king of the land of Judah', at Babylon in the time of Nebuchadnezzar [...]."

[418] Text nach TGI³, Nr. 46, 78f (vgl. auch Ernst F. Weidner, „Jojachin, König von Juda, in babylonischen Keilschrifttexten", in: *Mélanges Syriens offerts à Monsieur René Dussaud, Tome II*, Paris 1939, 923–935; 925; ANET, 308). Eine Abbildung der Rationenliste findet sich bei Herrmann, Babylon, 530, eine Besprechung derselben a.a.O., 546f.

[419] Jojachin war zum Zeitpunkt seiner Deportation 598/97 v.u.Z. erst 18 Jahre alt. Vgl. hierzu Albertz, Exilszeit, 90.

[420] So die Formulierung in der Babylonischen Chronik BM 21946, Rev., 13 (zitiert nach Weippert, Textbuch, 417).

[421] Aus 2 Kön 25,27, wo von Jojachins Entlassung aus dem Gefängnis (בית כלא) unter Amēl-Marduk 562/61 v.u.Z. berichtet wird, schließt Albertz, dass Jojachin „zwischen 592 und 562 [...] seinen ehrenvollen Status am babylonischen Hof eingebüßt haben und ins Gefängnis geworfen worden sein [muss]" (ders., Exilszeit, 90). Albertz bringt diese Gefangennahme mit der Ermordung Gedaljas 582 v.u.Z. (?) in Verbindung.

[422] Donner, Geschichte, 407.

Herrscher und die Regierung Zidkijas als Übergangslösung angesehen wurde[423].

Die Keilschrifttafeln machen außerdem deutlich, dass hochrangige und hochgebildete Deportierte aus aller Welt am Hof Nebukadnezars lebten bzw. dort versorgt wurden, sind doch auf ihnen Abgaben nicht nur an Judäer, sondern auch an Menschen aus Philistäa, Phönizien, Elam, Medien, Persien, Ägypten und Ionien verzeichnet[424]. Unter ihnen werden Schiffsbauer und Kunsthandwerker genannt, die der babylonischen Krone mit ihren besonderen Qualifikationen zu Dienste zu stehen hatten[425]. Dafür, dass auch judäische Kriegsgefangene dem Palastbereich als (Fach-)ArbeiterInnen zugewiesen werden konnten, scheint die Erwähnung des „Gärtner[s] Šalamyāma" in einem der Keilschriftdokumente zu sprechen[426]. Ähnlich sieht Oded „[t]he story in the Book of Daniel about Daniel, Hananiah, Mishael and Azariah (Daniel 1) [...] as an example (albeit late) of exploitation of a manpower made up of exiles in the service of the royal court"[427].

2) *Spuren von judäischen Kriegsgefangenen als ZwangsarbeiterInnen in den Bauprojekten der babylonischen Könige*: Nicht erst unter Nebukadnezar II., sondern bereits unter Nabopolassar (626–605 v.u.Z.), dem Begründer des neubabylonischen Reiches, kam es in den Städten des babylonischen Kernlands zu intensiver Bautätigkeit. Kriegsgefangene, vor allem – aber nicht ausschließlich – ausgebildete HandwerkerInnen, wurden zum Kanal- und Straßenbau sowie zum Palast- und Tempelbau herangezogen[428]. Seinen Höhepunkt allerdings erreichte der Bau-Boom unter Nebukadnezar, dessen „innenpolitisches Ziel [...] es [war], durch

---

[423] Vgl. hierzu William Foxwell Albright, „King Joiachin in Exile", *BA* 5/4 (1942), 49–55, 54; Finegan, Chronology, 61f; Zimmerli, Ezechiel 1, 43–45; Donner, Geschichte, 408; Bustenay Oded, „Observations on the Israelite/Judaean Exiles in Mesopotamia During the Eigth-Sixth Centuries BCE", in: K. van Lerberghe/A. Schoors (Hg.), *Immigration and Emigration Within the Ancient Near East (FS E. Lipiński)* (OLA 65), Leuven 1995, 205–212, 209–211; Kessler, Sozialgeschichte, 129.

[424] Vgl. Weidner, Jojachin, 928–933; Thomas Willi, „Leviten, Priester und Kult in vorhellenistischer Zeit. Die chronistische Optik in ihrem geschichtlichen Kontext", in: Beate Ego u.a. (Hg.), *Gemeinde ohne Tempel/Community without Temple. Zur Substitutierung und Transformation des Jerusalemer Tempels und seines Kults im Alten Testament, antiken Judentum und frühen Christentum* (WUNT 118), Tübingen 1999, 75–98, 76; Weippert, Textbuch, 425–430.

[425] Vgl. Dandamaev, Society, 269.

[426] Weippert, Textbuch, 430. Vgl. auch Oded, Observations, 206; Joannès, Verzweiflung, 27.

[427] Oded, Observations, 207.

[428] Vgl. Dandamaev, Society, 268.

möglichst effektive Ausbeutung und Nutzung der Wirtschaftsgüter und Arbeitskraft der unterworfenen Länder die Städte und Tempel des babylonischen Kernlandes prachtvoll auszubauen"[429]. Dass bei diesen gigantischen Baumaßnahmen, die, so jedenfalls Albertz, Nebukadnezar unternahm, um „die tiefe Demütigung des Landes unter assyrischer Herrschaft in seinen größten Triumph zu verkehren"[430], nicht nur Rohstoffe, sondern auch Verschleppte aus dem syro-palästinischen Raum zum Einsatz kamen, deutet sich in dem folgenden Ausschnitt einer Inschrift Nebukadnezars an:

> [D]as Land Hattim vom oberen Meer bis zum unteren Meer, das Land Šumeri und Akkadim, das Land Mesopotamien [...], die Könige ferner Inseln, die mitten im oberen Meer, die Könige ferner Inseln, die mitten im unteren Meer (gelegen sind), die Machthaber des Landes Hattim jenseits des Euphrates, gen Sonnenuntergang, deren Herrschaft auf Befehl Marduks, meines Herrn, ich ausübe, und (die) mächtige Zedernstämme vom Gebirge Libanon[431] nach meiner Stadt Babylon bringen, die Gesamtheit der Menschen weit(hin wohnend)er Völker, die Marduk, mein Herr, mir geschenkt hatte: beim Bau von Etemenanki *ließ ich sie Arbeit nehmen und legte ihnen den Ziegelkorb auf*[432].

Moshe Weinfeld zufolge charakterisiert das hier verwendete (in der Übersetzung kursiv hervorgehobene) akkadische Vokabular die beschriebenen Vorgänge eindeutig als Zwangsarbeit[433]. Ohnehin erscheinen die Herrschaft über verschiedene Völker(schaften) und das uneingeschränkte Verfügen-Können über deren Arbeitspotential, vor allem, was die (Zwangs-)Mitarbeit an Tempelbauten angeht, in den neubabylonischen Inschriften immer wieder in enger Verknüpfung miteinander[434].

---

[429] Albertz, Exilszeit, 52.

[430] Albertz, Exilszeit, 52. Zur Bautätigkeit der babylonischen Könige sowie zu deren (Selbst-)Verständnis als Bauarbeiter und Baumeister vgl. auch Gebhard J. Selz, „Das babylonische Königtum", in: Joachim Marzahn/Günther Schauerte (Hg.), *Babylon: Wahrheit. Eine Ausstellung des Vorderasiatischen Museums*, Berlin 2008, 105–138, 114–120.

[431] Vgl. auch Hab 2,17, wo vom „Raubbau am Libanon" die Rede ist, und dazu Vanderhooft, Empire, 152–163.

[432] Mit geringfügigen Veränderungen zitiert nach F. H. Weissbach, „Esagila und Etemenanki nach den keilschriftlichen Quellen", in: F. Wetzel/ders., *Das Haupttheiligtum des Marduk in Babylon, Esagila und Etemenanki*, Leipzig 1938, 37–85, 47. Vgl. auch die neuere englische Übersetzung von Smith-Christopher (ders., Theology, 66f).

[433] Vgl. Moshe Weinfeld, *Social Justice in Ancient Israel and in the Ancient Near East*, Jerusalem/Minneapolis 1995, 83–86; Smith-Christopher, Theology, 66f.

[434] Vgl. Smith-Christopher, Impact, 25; ders., Theology, 67. Vgl. hierzu auch die Inschrift auf einem Gründungszylinder Nebukadnezars, die bei Béatrice André-Salvini, „Das Erbe

3) *Spuren von judäischen Kriegsgefangenen als Mitgliedern der babylonischen Armee*: Darüber, wie die babylonischen Könige ihre Soldaten rekrutierten, haben wir keine ausführlicheren Informationen – vermutlich aber war der Aufbau des babylonischen Heeres dem der Assyrer (sowie dem der Perser) recht ähnlich[435]. Sofern sich die babylonischen Bürger vom Militärdienst freikaufen konnten, dürfte die babylonische Armee zu weiten Teilen aus in- und ausländischen Söldnern bestanden haben[436], wobei Verluste vermutlich auch durch die Zwangsrekrutierung von Soldaten eroberter Nationen ausgeglichen wurden[437]. Obwohl es nicht unwahrscheinlich ist, dass kriegsgefangene Judäer von solchen Zwangsrekrutierungen betroffen waren – weiß man doch immerhin, dass Kriegsgefangene aus Samaria dem assyrischen Heer einverleibt wurden[438] – existieren diesbezüglich für die Regierungszeit Nebukadnezars keine direkten Belege. In einer Inschrift Nabonids (555–539 v.u.Z.) allerdings heißt es, dass ihm Leute aus Hatti-Land übermittelt worden seien, die „für ihn Wache gehalten" hätten[439]. Aufgrund der Entfremdung zwischen Nabonid und dem babylonischen Volk, die zum Rückzug des babylonischen Herrschers in die Oase Tema in Arabien beigetragen haben mag[440], hält Cyrill J. Gadd es für denkbar, dass er sich sein Heer aus (ehemaligen) Soldaten anderer Nationen zusammensammeln musste. Eine Liste von Oasen, die Nabonid während seines selbstgewählten Exils eroberte, stimmt bis auf eine Ausnahme mit einer Liste von Ortschaften überein, an denen zur Zeit der Entstehung des Islam jüdisches Leben prosperierte. Zusammengenommen könnten, so Gadd weiter, die Hinweise auf Nabonids Ingebrauchnahme judäischer Menschen zu militärischen Zwecken kaum eindeutiger sein[441].

---

von Babylon", in: Joachim Marzahn/Günther Schauerte (Hg.), *Babylon: Wahrheit. Eine Ausstellung des Vorderasiatischen Museums*, Berlin 2008, 29–37, 36, wiedergegeben ist, sowie den folgenden Ausschnitt aus der Stele Nabonids (zitiert nach ANET, 311): „To Nebo and Nergal, my divine helpers, I (also) dedicated as temple slaves 2,850 men of the prisoners from the country Hume to carry the (earth) baskets (because) Marduk, my lord, has given more (prisoners) into my hands than (any of) my royal predecessors."

[435] Vgl. Dandamaev, Society, 262; Grayson, Civilization, 217.
[436] Vgl. Meissner, Babylonien, 87f; Dandamaev, Society, 262.
[437] Vgl. Oded, Observations, 207. Oded bezieht sich hier allerdings ausschließlich auf das assyrische Heer.
[438] Vgl. Oded, Observations, 207.
[439] Vgl. Cyrill J. Gadd, „The Harran Inscriptions of Nabonidus", *AnSt* 8 (1958), 35–92, 85.
[440] Zur Regentschaft Nabonids vgl. ausführlich Wiseman, Babylonia, 243–251.
[441] Vgl. Gadd, Inscriptions, 86. Zum Ganzen vgl. auch Smith-Christopher, Impact, 28; ders., Theology, 71.

4) *Spuren von judäischen Kriegsgefangenen in den (ländlichen) Regionen*
um Nippur und Borsippa: Die nachhaltigsten judäischen Spuren, die
mit den Deportationen 598/97 und 587/86 v.u.Z. in Zusammenhang
stehen dürften, hat man in vornehmlich ländlich geprägten Regionen
rund um die Stadt Nippur ca. 100 km südöstlich von Babylon bzw. in
Nippur selbst sowie in der Umgegend von Borsippa ca. 50 km südwestlich der babylonischen Hauptstadt gefunden. Dies bedeutet nicht
zwingend, dass der größte Teil der aus Juda/Jerusalem stammenden
Kriegsgefangenen in diese Gegenden verbracht worden ist; offenbar
aber war es diesen nun genauer in Augenschein zu nehmenden Gruppen bzw. deren Angehörigen am ehesten möglich, konstruktiv mit der
eigenen Identität und der eigenen Geschichte umzugehen, so dass wir
von ihnen die weitreichendsten Zeugnisse haben. In die im babylonischen Exil entstandenen literarischen Traditionen, die in der Hebräischen Bibel enthalten bzw. in sie eingeflossen sind, sind, so steht
meiner Ansicht nach zu vermuten, insbesondere die Stimmen derer
eingeflossen, die von den Babyloniern in jenen Exilskommunen im
babylonischen Kernland angesiedelt wurden.

In der Hebräischen Bibel werden – neben Tel-Abib am Kebar-Kanal
(נהר־כבר), dem Exil Ezechiels (vgl. u.a. Ez 3,15) – eine ganze Reihe solcher Exilskommunen namentlich erwähnt, so Tel Melach, Tel-Harscha,
Kerub-Addon und Immer (Esra 2,59; Neh 7,61), des Weiteren Kasifja
(Esra 8,17) und möglicherweise ein weiterer, am Ahawa-Kanal (נהר־
אהוא) gelegener Ort (Esra 8,15.21.31). Ps 137,1 erwähnt als Lebensraum
(ישׁב√) der Deportierten die „Kanäle Babyloniens" (נהרות־בבל). Die
genaue Lokalisation all dieser Siedlungsorte ist unbekannt[442], und auch
der Kebar-Kanal ist nicht ganz leicht zu identifizieren, gab es doch in
Babylonien drei Fließgewässer dieses Namens[443]. Wie Ernst Vogt dargelegt hat, ist im Ezechielbuch wahrscheinlich ein kleiner Kanal in der
Nähe von Nippur gemeint[444].

---

[442] Vgl. Bustenay Oded, „Israelite and Judean Exiles in Mesopotamia", in: Gershon Galil/
Moshe Weinfeld (Hg.), *Studies in Historical Geography and Biblical Historiography Presented to Zecharia Kallai*, Leiden u.a. 2000, 91–103, 99. Zu Ps 137,1 vgl. auch Becking, Exile,
196.

[443] Vgl. Vanderhooft, Empire, 110f.

[444] Vgl. Ernst Vogt, „Der Nehar Kebar: Ez 1", *Bib.* 39 (1958), 211–216, passim. Vogt zufolge
ist der Kebarkanal nicht mit dem in der Antike mitten durch Nippur verlaufenden Šaṭṭ
en-Nîl, dem „Eufrat von Nippur", gleichzusetzen (gegen Lambertus A. Snijders, „Art. נהר",
ThWAT V [1986], 281–291, 288; Keel, Geschichte, 683). Zur genaueren Lokalisierung des
Kebarkanals schreibt Vogt (vgl. ders., Nehar Kebar, 215): „Der Nâr Kabari war wohl nur
ein kleiner Kanal. Aber gerade dadurch wird sein [sic!] Lage näher umschrieben. Nicht

Dass einige Siedlungen den Bestandteil „Tel" im Namen tragen, legt die Vermutung nahe, dass die Exilsgemeinschaften in vom Krieg zerstörte oder verfallene Ortschaften verbracht wurden, die sie wiederaufzubauen und deren Anbauflächen sie zu (re-)kultivieren hatten – das Toponym Tel-Abib, das „Sintflut-Hügel" oder „Ähren-Hügel" bedeuten kann, macht eindrücklich sowohl auf den Aspekt der Zerstörung als auch auf den des Wiederaufbaus aufmerksam.

Auch das sog. Murašu-Archiv, eine Sammlung von etwa 730 Keilschriftdokumenten aus dem Handels- und Bankhaus Murašu in Nippur, die in die Jahre 455–403 v.u.Z. datieren, scheint die Ansiedlung von judäischen Deportierten in den ländlichen Regionen in der Umgebung von Nippur zu belegen, enthalten doch acht Prozent der Tafeln jüdische Namen[445]. Aus den angesprochenen Dokumenten ist indes – obwohl dies immer wieder geschieht[446] – nicht zu schließen, „that life in exile was obviously not so bad"[447]. Zum einen nämlich spiegeln die Urkunden nicht die Zeit des babylonischen Reiches (626–539 v.u.Z.), sondern einen wesentlich späteren Zeitraum innerhalb der persischen Zeit (539–333 v.u.Z.) wider[448]. Zum anderen belegt der Umstand, dass Menschen jüdischen/judäischen Ursprungs an Handels- und

---

irgendwo an dem 200 km langen, von Babylon bis Uruk verlaufenden Šaṭṭ en-Nîl schaute Ezechiel die Herrlichkeit Gottes, sondern an einem in der Nähe von Nippur gelegenen unbedeutenden Kanal, im Herzen der babylonischen Alluvialebene, die der eigentliche Sitz der sumerisch-babylonischen Kultur war [...]." Vgl. auch Greenberg, Ezechiel 1–20, 64; Block, Ezekiel 1–24, 84.

[445] Zur Einführung in die Murašu-Dokumente vgl. z.B. Elias J. Bickerman, „The Babylonian Captivity", CHJud 1 (1984), 342–358, 344f; Albertz, Exilszeit, 89; Smith-Christopher, Theology, 69; Laurie E. Pearce, „New Evidence for Judeans in Babylonia", in: Oded Lipschits/Manfred Oeming (Hg.), Judah and the Judeans in the Persian Period, Winona Lake 2006, 399–411, 399f.

[446] Vgl. z.B. Metzger, Geschichte, 141 („Im großen und ganzen müssen die Lebensbedingungen für die Deportierten erträglich, später sogar günstig gewesen sein. [...] Das ergibt sich [...] aus Geschäftsurkunden aus dem 5. Jahrhundert, die in Nippur gefunden wurden"); Schmitt, Arbeitsbuch, 122; Berlejung, Geschichte, 157 („Insgesamt zeigen außerbiblische Texte [gemeint sind die Murašu-Dokumente, R.P.], dass die Judäer in Babylonien ein komfortables Leben führten, bei dem sie Mobilien, Immobilien oder Sklaven erwerben, sich an wirtschaftlichen Unternehmungen beteiligen und Berufe ausüben konnten"). Auch Albertz tendiert in diese Richtung, wenn er – mit anschließendem Verweis auf die Murašu-Dokumente – formuliert, „daß nach einigen Anfangsschwierigkeiten die rechtliche und wirtschaftliche Lage der babylonischen Gola keineswegs drückend war" (ders., Exilszeit, 89; ähnlich auch Gunneweg, Geschichte, 119; Soggin, Geschichte, 184). Der früheste – auf eine Einzelperson – bezogene Nachweis, den Albertz hierfür erbringen kann, stammt allerdings aus dem Jahr 532 v.u.Z. (vgl. ders., Exilszeit, 89, Anm. 178).

[447] Smith-Christopher, Theology, 69.

[448] Vgl. Smith-Christopher, Theology, 69; Pearce, Evidence, 400.

Rechtsgeschäften beteiligt waren, *nicht*, dass sie einen privilegierten Status innegehabt haben oder zu Wohlstand gekommen sind. Denn die meisten der in den Murašu-Dokumenten erwähnten Personen mit israelitisch-judäischen Namen, die insgesamt nicht viel mehr als drei Prozent der Gesamtbevölkerung der Nippur-Region ausgemacht haben dürften[449], „belonged to the lower classes"[450]:

> Like their neighbours, most of the Jews in the Nippur rural area were engaged in agriculture as holders and tenants of small and middle-sized fiefs. Out of more than 250 bow-fiefs in the Nippur-area only ten, i.e. 4%, were in Jewish hands. This is in accordance with the assumed percentage of the Jews in the general population of Nippur. Two Jews were fishermen [...] and one was a shepherd [...]. Jewish artisans are not mentioned at Nippur, probably because the Murašû Archive deals mainly with agriculture. [...] Jewish merchants are not recorded. Although no conclusions can be drawn from this lack of information, there is no reason to believe that merchants were prominent in the occupational structure of Babylonian Jewry. [...] [C]ommerce was not in Jewish hands[451].

Spitzenpositionen hatten die Nachfahren der aus Juda/Jerusalem Deportierten den Murašu-Dokumenten zufolge nicht inne – unter den 200 erwähnten Beamten befinden sich nur elf vermeintlich judäischen Ursprungs, die zumeist niedere Ränge bekleideten[452]. Daneben werden auch vier Sklaven israelitisch-judäischer Herkunft aufgeführt[453]. Elias J. Bickerman fasst diesen Befund wie folgt zusammen:

> The modern idea, expressed originally by Voltaire, that the Jews became tradesmen and usurers in the Babylonian captivity, belongs to the professional mythology. The ordinary Jew, the Jew of the Murashu documents, appears in the book of Tobit anonymously, as one among the brethren who receive succour from the aristocracy[454].

Eine erst kürzlich im Zusammenhang des Ersten Golfkriegs entdeckte Sammlung von nahezu 100 Keilschrifttafeln (sog. TAYN-Korpus) enthält eine Vielzahl von Verweisen – der früheste stammt aus dem Jahr 572, ein weiterer aus dem Jahr 561 v.u.Z. – auf eine babylonische Ortslage mit dem Namen āl-Yāhūdu, „Stadt Judas", und macht damit deutlich,

---

[449] Vgl. Zadok, Jews, 78f.
[450] Bickerman, Captivity, 348. Vgl. auch Zadok, Jews, 86–89; Pearce, Evidence, 407.
[451] Zadok, Jews, 87f.
[452] Vgl. Zadok, Jews, 87; Bickerman, Captivity, 347.
[453] Vgl. Kiefer, Exil, 78f, Anm. 165, sowie Zadok, Jews, 73f; Bickerman, Captivity, 347.
[454] Bickerman, Captivity, 348.

dass auch (die) Kriegsgefangene(n) aus der judäischen Hauptstadt ihre/ eine Art Exilsmetropole, ihr/ein „Jérusalem de Babylonie"[455], hatten[456]. Zu lokalisieren ist āl-Yāhūdu – Entstehungsort von etwa einem Drittel der Textsammlung – vermutlich in der Nähe von Borsippa ca. 50 km südwestlich von Babylon[457]. Rund 120, d.h. 20% der in den Dokumenten erwähnten Personen, weitaus mehr als in den Texten des Murašu-Archivs, tragen Jh(wh)-Namen, die meisten von ihnen werden in den Texten aus āl-Yāhūdu genannt, so dass auf eine Konzentration von Menschen israelitisch-judäischer Herkunft an diesem Ort geschlossen werden kann[458].

Das Textkorpus enthält Urkunden aus dem ökonomisch-administrativen Bereich, z.B. Zahlungsbelege, Schuldscheine, Verkaufsnotizen sowie Miet- und Pachtverträge, wobei „all of the transactions are in the context of work done as obligations to royal lands. These are not transactions of entirely free people working in a true capitalistic market economy."[459] Auch macht das Korpus deutlich, dass so etwas wie ein Steuer-Distrikt – in Nippur und Umgebung wurden solche Distrikte *hatru* genannt[460] – existierte, der in weiten Teilen von JudäerInnen bewohnt wurde; für das erste Regierungsjahr des persischen Königs Kambyses (530–522 v.u.Z.) belegt einer der Texte einen in āl-Yāhūdu tätigen Steuer- und Abgabeneintreiber (*dēkû*) namens Yāmu-[i]zri[461]. Vor diesem Hintergrund spricht vieles dafür, dass die in āl-Yāhūdu und Umgebung angesiedelten Nachkommen der aus Juda/Jerusalem Deportierten in der ausgehenden Exilszeit in einer *hatru*-Organisation zusammengefasst waren, die „gewisse[] eingeschränkte[] Befugnisse[] zur Selbstverwaltung vor allem in zivilrechtlichen und wohl auch religiösen Belangen"[462] bot. Denkbar ist, dass die verschiedentlich

---

[455] So Francis Joannès/André Lemaire, „Trois tablettes cunéiformes à l'onomastique ouest-sémitique", *Transeuphratène* 17 (1999), 17–33, 26.

[456] Vgl. Pearce, Evidence, 400–402.

[457] Vgl. Pearce, Evidence, 402–404.

[458] Vgl. Pearce, Evidence, 404f.

[459] So Pearce im privaten Gespräch mit Becking (zitiert nach Becking, Exile, 189).

[460] Im Murašu-Archiv allerdings, das gleichwohl Hinweise auf *hatru*-Organisationen anderer Ethnien enthält, ist keine judäische *hatru*-Organisation belegt, was aber Zadok zufolge nicht bedeuten muss, dass es eine solche nicht gegeben habe (vgl. ders., Jews, 74).

[461] Vgl. Pearce, Evidence, 403.407. Ein weiterer *dēkû* namens Abdajahū (=Obadja) wird auf einer aus dem Jahr 532 v.u.Z. stammenden Tafel erwähnt. Vgl. hierzu Joannès/Lemaire, Tablettes, 27–30. Der Terminus *dēkû* „underscores the population's subordinate position vis-à-vis the crown" (so Pearce im privaten Gespräch mit Becking [zitiert nach Becking, Exile, 190]).

[462] Willi, Leviten, 76f. Vgl. auch Kiefer, Exil, 80f; Pearce, Evidence, 405f; Becking, Exile, 190.

erwähnten Ältesten mit dieser – oder einer vergleichbaren – Selbstverwaltungsstruktur in Verbindung zu bringen sind:

> Along with the autochthonous population of Babylonia, there were in the country about 30 ethnic groups, some of which had their own area under the jurisdiction of their prefects, who were overseers of landholders of these groups. For instance, an ‚assembly of Egyptian elders‘ functioned in Babylon that made decisions concerning lands belonging to individuals of Egyptian extraction (Camb. 85). Also known are ‚the elders of Judah‘ (Ezek 8:1)[463], that is, chiefs of Judahite settlements in Babylonia who decided problems related to the internal administration of these communities [...][464].

Ähnlich wie es das Neirab-Archiv (560–520 v.u.Z.) für eine syrische Gruppe aus Neirab in der Nähe von Aleppo tut[465], dokumentiert die TAYN-Sammlung „the presence of Judeans participating with Babylonian natives and other Judeans in common agricultural and economic activities at a point in time earlier than previously known"[466]. Bedauerlicherweise aber vermag sie uns nichts (Neues) im Hinblick auf den sozialen Status der aus Juda/Jerusalem Deportierten und ihrer Nachfahren mitzuteilen; auch über deren religiös-kultische Aktivitäten gibt sie keinerlei Auskunft[467]. Immerhin aber klingt im Namen der Ansiedlung „Stadt Judas" wie in der relativ großen Anzahl erwähnter Personen vielleicht eine Art großdörfliches oder gar städtisches Milieu an, für das auch die Vorstellung von an der Traditionsbewahrung und -entwicklung arbeitenden Priester- und/oder Schreibergruppen – jedenfalls in der fortgeschrittenen Exilszeit – nicht ganz abwegig ist.

Insgesamt aber wird man in Anbetracht dieses Befunds (weiterhin) davon ausgehen müssen, dass ein (größerer) Teil der judäischen Kriegsgefangenen auf Domänen zwangsangesiedelt wurde, die der königlichen Verwaltung unterstanden. Autoritätspersonen („Älteste"?)

---

[463] Vgl. auch Jer 29,1; Ez 14,1; 20,1.3; Esra 5,5–9; 6,7f.14.

[464] Muhammad A. Dandamaev, „Neo-Babylonian and Achaemenid State Administration in Mesopotamia", in: Oded Lipschits/Manfred Oeming (Hg.), *Judah and the Judeans in the Persian Period*, Winona Lake 2006, 373–398, 374. Dandamaev betont, dass es unterschiedliche Formen des Ältestenamtes (akkad. *šaknu*, hebr. זקן) gegeben habe (ders., Administration, 376): „[T]he distinction should be made between a *šaknu* of Nippur, which was an administrative title on the city level, and simple *šaknus* who were the overseers of various professional groups dependent on the state administration." Zu dem „Camb. 85" titulierten Dokument vgl. ausführlicher Eph'al, Minorities, 76f.

[465] Vgl. hierzu oben Anm. 362.

[466] Pearce, Evidence, 408.

[467] Vgl. Pearce, Evidence, 407.

aus der früheren Heimat, die auch als Verbindungsleute zur babylonischen Hierarchie fungierten, waren für die Leitung der Kommunen
zuständig; ihnen oblag die Sammlung und Weiterleitung von Steuern
und Abgaben sowie die Klärung interner rechtlicher und religiöser
Belange[468]. Um den eigenen Lebensunterhalt und die zu tätigenden
Abgaben zu erwirtschaften, mussten die Exulanten, die, was ihren
Status betrifft, vermutlich als *ikkaru* angesehen und behandelt wurden, vorrangig Landwirtschaft betreiben. Für (Stadt-)Menschen, die
mit agrarischer Arbeit im Allgemeinen und mit intensiver Bewässerungslandwirtschaft, wie sie in einer subtropischen, semi-ariden Zone
ohne nennenswerte Niederschläge wie dem babylonischen Kernland
erforderlich war[469], im Besonderen, keine Erfahrung hatten, dürfte
der Acker- und Gartenbau (zunächst) äußerst beschwerlich gewesen
sein und vielleicht kaum die notwendigen Erträge erbracht haben –
auch wenn die babylonischen Alluvialböden äußerst fruchtbar sein
konnten.

Wo immer – was häufig geschieht – generell von einem (traumatischen) Statusverlust nahezu aller Deportierten gesprochen wird[470],
sollten solche konkreten Überlegungen zum Lebensunterhalt der Exulanten einbezogen werden. Dass die historische Dokumentation über
die aus Juda/Jerusalem Verschleppten vor allem in den ersten Exilsjahrzehnten so dürftig ist, spricht m.E. dafür, dass sie zunächst ein nicht
allein in psychischer, sondern durchaus auch in physischer Hinsicht
beschwerliches und entbehrungsreiches Leben führten[471]. Indirekt
weist vielleicht sogar das Ezechielbuch auf solche mit der landwirtschaftlichen Nahrungsmittelproduktion zusammenhängenden Nöte

---

[468] Vgl. Joannès, Verzweiflung, 28.

[469] Vgl. hierzu ausführlich Joachim Marzahn, „Die Arbeitswelt – Wirtschaft und Verwaltung, Handel und Profit", in: ders./Günther Schauerte (Hg.), *Babylon: Wahrheit. Eine
Ausstellung des Vorderasiatischen Museums*, Berlin 2008, 231–276, 236–244. Zum Klima, zu
den hydrologischen Bedingungen und zu den natürlichen Ressourcen in Babylonien vgl.
auch Bernd Müller-Neuhof, „Geographie und Geschichte", in: Joachim Marzahn/Günther
Schauerte (Hg.), *Babylon: Wahrheit. Eine Ausstellung des Vorderasiatischen Museums*, Berlin 2008, 38–50, 38–40.

[470] Vgl. hierzu z.B. Yee, Children, 116: „Nevertheless, whatever socioeconomic level they
managed to attain in exile, all deportees suffered a radical reduction of the elite status
they possessed when they governed in Judah", sowie das oben in Anm. 333 aufgeführte
Zitat von Berquist.

[471] Vgl. hierzu auch Joannès, Verzweiflung, 28: „Bis zum Ende der Herrschaft des Nabonid (555–539), des letzten Königs von Babylon, bleibt die historische Dokumentation über
die Judäer im Exil dürftig, was durchaus logisch erscheint; waren sie ja aller ihrer Rechte
beraubt und konnten folglich nur wenige oder überhaupt keine Verträge abschließen."

hin, wenn es JHWH im Bild eines Gärtners/einer Gärtnerin zeichnet
(vgl. Ez 34,29; 36,8f.35f), der/die Israel fruchtbar machen und es mit
segensreichem Regen versorgen wird (vgl. 34,26–27a), so dass die Nationen keinerlei Anlass mehr haben, das Gottesvolk zu beschämen, weil
es hungern muss (vgl. 36,29f). Dass das Vorkommen von Früh- und
Spätregen einen kaum zu unterschätzenden Vorzug des verheißenen
Landes darstellt – im Unterschied zu Ägypten (und zu Babylonien),
wo man das Wasser vermittels komplizierter Techniken auf die Felder
leiten muss –, scheint auch Dtn 11,10f zu wissen:

> (Dtn 11) ¹⁰Ja, das Land in das du kommst, um es einzunehmen, ist nicht
> wie Ägypten, aus dem du ausgezogen bist. Dort hast du deine Saat aus-
> gebracht und musstest dann eigenhändig das Wasser herbeischaffen, wie
> für einen Gemüsegarten. ¹¹Das Land aber, in das ihr hinüberzieht, um es
> einzunehmen, ist ein Land mit Gebirgen und weiten Tälern, so dass es
> durch den Regen vom Himmel her bewässert wird[472].

Möglich ist, dass auch in Ez 19,13 („Nun ist sie in die Wüste verpflanzt –
auf ausgetrocknetes, verdurstetes Land") auf die problematischen (oder
zumindest ungewohnten) mesopotamischen Bodenverhältnisse angespielt wird.

Wenn JHWH in Ez 34,27b im unmittelbaren Kontext der bereits
erwähnten Belegstellen ankündigt, die Haken ihres [gemeint sind die
IsraelitInnen, R.P.] Jochs zu zerbrechen und sie aus der Hand derer,
die sie knechten, zu befreien (בשברי את־מטות עלם והצלתים מיד
העבדים בהם[473]), so lässt sich dieser Sprachgebrauch durchaus dahingehend deuten, dass die von den Deportierten geforderte landwirt-
schaftliche Arbeit als Zwangsarbeit bzw. Frondienst empfunden wurde
(vgl. auch Lev 26,13; 1 Kön 12,4.9.10.11.14; Jes 47,6). Auch in mesopotamischen Texten wird das „Tragen des Jochs' [...] zuweilen ausdrücklich mit Frondiensten gleichgesetzt"[474]. Besonders aufschlussreich ist

---

[472] Übersetzung: BigS. Zur Stelle vgl. auch Martin Rose, *5. Mose Teilband 2: 5. Mose 1–11
und 26–34. Rahmenstücke zum Gesetzeskorpus* (ZBK.AT 5), Zürich 1994, 519; J. Gordon
McConville, *Deuteronomy* (Apollos Old Testament Commentary 5), Leicester/Downers
Grove 2002, 203f.

[473] Anders als etwa Oded, der die Belege von √עבד im Kontext der Exilssituation (vgl.
auch 2 Chr 36,20) für metaphorisch hält (vgl. ders., Observations, 205f), nimmt Mein an,
dass „[t]hese and other biblical sources witness to the difficulty of the exiles' life, whatever
small freedoms they might have had, and whatever small degree of communal organization was left to them" (ders., Ethics, 70). Vgl. hierzu auch Smith-Christopher, Impact,
28–31.

[474] Hans Schmoldt, „Art. על", ThWAT VI (1989), 79–83, 79.

in diesem Zusammenhang eine Inschrift des persischen Königs Kyrus (557–529 v.u.Z.), in der dieser angibt, das auf den EinwohnerInnen von Babylon liegende „Joch" entfernt zu haben:

> My numerous troops walked around in Babylon [...] in peace, I did not allow anybody to terrorize (any place) of the [country of Sumer] and Akkad. I strove for peace in Babylon [...] and in all his (other) sacred cities. As to the inhabitants of Babylon [...], [who] against the will of the gods [had/ were ..., I abolished] the corvée (lit.: yoke) which was against their (social) standing. I brought relief to their dilapidated housing, putting (thus) an end to their (main) complaints[475].

Zur psychischen Situation der Deportierten: Es wird vermutlich einige Zeit gedauert haben, bis sich die aus Juda/Jerusalem Deportierten an die ganz anderen Lebensbedingungen, unter denen sie auf gänzlich unvertrauten Wegen für die Erwirtschaftung des Überlebensnotwendigen wie der geforderten Abgaben sorgen mussten, anpassen konnten. Dies dürfte noch dadurch erschwert worden sein, dass den Exulanten gleichsam *alle* Säulen, auf denen die Existenz der Einzelnen wie der Gemeinschaft bis dato ruhte, 587/86 v.u.Z. wegbrachen – die politisch-nationalstaatliche Identität ging mit der Eroberung und Zerschlagung der Hauptstadt Jerusalem ebenso verloren, wie das religiöse Symbolsystem mit der Zerstörung des Zionsheiligtums in sich zusammenfiel.

Und auch vor diesem endgültigen Ende dürfte die Situation für diejenigen, die bereits 598/97 v.u.Z. verschleppt worden waren, aufgrund der potenzierten Ungewissheit, was aus ihnen und dem, was sie hinter sich lassen mussten, werden würde, kaum leicht zu bewältigen gewesen sein. So scheint es nur allzu verständlich, wenn sie – solange es irgend ging – an der Hoffnung auf eine baldige Rückkehr festhielten und wenn sie auf die 587/86 v.u.Z. Deportierten mit Befremden und Ablehnung reagierten, verkörperten diese doch den definitiven Schlusspunkt ihrer Hoffnung[476]. Wo die Angehörigen der ersten und der zweiten *Gola* in den Exilsenklaven zusammentrafen, dürfte dies zunächst zu massiven Konflikten geführt

---

[475] ANET, 316. Vgl. auch TGI³, Nr. 50, 83f; Weippert, Textbuch, 455.

[476] Vgl. hierzu auch Sasse, Geschichte, 19: „Die Eroberung Jerusalems und die Zerstörung des Tempels im Jahre 587/86 v.Chr. bedeuteten jedoch ein Ende der Hoffnung auf baldige Rückehr und Wiederherstellung der alten Verhältnisse. Stärker noch als für die im Lande Vebliebenen mußte dies Ereignis auf die Deportierten geradezu traumatisch gewirkt haben. Mit dem Ende des Staates Juda waren sie nicht nur politisch entwurzelt, sondern auch sozial und wirtschaftlich durch die Enteignungsmaßnahmen unter Gedalja [...]."

haben; langfristig allerdings hat es die Auseinandersetzung mit der Exilskatastrophe im weitesten Sinne vielleicht allererst eröffnet.

Positive, die Exulanten stabilisierende Auswirkungen hatte wahrscheinlich vor allem der Umstand, dass die Babylonier einen Teil der Kriegsgefangenen an den jeweiligen Bestimmungsorten nach national-ethnischer
Herkunft ansiedelten, so dass diese über die bereits erlittenen Trennungen hinaus, wie sie sich bei der Auswahl der zu Deportierenden und bei
der Zuordnung Einzelner zu bestimmten Bauprojekten oder zum babylonischen Heer ergaben, nicht völlig isoliert wurden, sondern in und als
Gemeinschaft überlebten.

Ps 137, *der* Exilspsalm, der wohl bereits aus einem gewissen Abstand
heraus auf die Situation der Deportierten in Babylonien zurückblickt, ist
mit Albertz und Andrew Mein durchaus als literarisch-poetisches Zeugnis der seelisch-religiösen Nöte der babylonischen *Gola* anzusprechen[477].
In drei Teilen wird hier zunächst die verzweifelte, u.a. durch den Spott
der Großmacht geprägte Lage der Kriegsgefangenen (√שׁבה, V3) rekapituliert (V1–4) und auf das bedingungslose (innere) Festhalten an Jerusalem
gedrungen (V5f). Am Ende des Psalms (V7–9) stehen Straf-/Rachewün-
sche gegen die Edomiter und gegen Babylon[478]. Literarisch-traumatische
Spuren lassen sich hier in der gleichsam erstarrt anmutenden Traurig-
keit des ersten Teils, wie sie sich ähnlich auch in Ez 33,10 und 37,11 findet,
und in der als tödliche Selbstverwünschung[479] formulierten Aufforderung
zur Zions-Erinnerung im zweiten Teil ausmachen. Sofern letztere nurmehr als Erinnerung an einen verlorenen Ort möglich ist, legt sich hier
m.E. der Gedanke an die Chosen-Trauma-Konzeption des Psychoanaly-
tikers Vamik D. Volkan nahe – die zerstörte judäische Hauptstadt wird
als Lebensmittelpunkt des betenden Einzelnen wie der betenden Gruppe
angesprochen, beschworen. Von traumatischer Ohnmacht, die sich nicht
anders (aber immerhin: so!) zu helfen weiß, als einen anonymen Vergelter

---

[477] Vgl. Albertz, Exilszeit, 91; Mein, Ethics, 69. Vgl. hierzu auch Yair Zakovitch, „An den
Flüssen Babels." Psalm 137 – Erinnerung im Schatten des Traumas (Hebr.), in: Zipporah
Talshir u.a. (Hg.), *Homage to Shmuel: Studies in the World of the Bible* (*FS S. Ahituv*), Jerusalem 2001, 184–204, passim. Zakovitch rückt den Psalm sehr nah an die Zerstörung Jerusalems
heran und hält ihn für eine erste Reaktion ,im Schatten des Traumas' (vgl. den vollständigen
Titel seines Aufsatzes). Zur möglichen Datierung des Psalms vgl. ausführlich Frank-Lothar
Hossfeld/Erich Zenger, *Psalmen 101–150* (HThKAT), Freiburg i.Br. u.a. 2008, 687f.
[478] Zu Gliederung, Auslegung und Bedeutung von Ps 137 vgl. ausführlich Hossfeld/Zen-
ger, Psalmen 101–150, 688–701; Keel, Geschichte, 833–835; Becking, Exile, 191–202.
[479] Vgl. hierzu Hossfeld/Zenger, Psalmen 101–150, 694: „Sehr pointiert könnte man V 5–6
so paraphrasieren: Wenn ich Jerusalem (jetzt und in Zukunft!) nicht mehr zur Mitte meines Lebens mache, soll ich lieber tot sein!"

der erlittenen Kriegsgewalt und der erfahrenen Kriegsgräuel glücklich zu preisen, die darin sehr konkret ausgemalt (und ausgesprochen) werden, handelt schließlich der Schlussteil des Psalms.

Insgesamt ist also – selbst wenn diesbezüglich nur begründete Spekulationen möglich sind – davon auszugehen, „that the experience of defeat and deportation itself will have left a considerable psychological remark on those who went through it"[480].

4.3. Zusammenfassung: Die Deportationen von 598/97 und 587/86 v.u.Z. und die Exilssituation(en) in Babylonien im Spiegel zeitgenössischer Traumaforschung

Im Folgenden soll es darum gehen, die die Deportations- und Exilserfahrungen der babylonischen *Gola* bestimmenden Aspekte noch einmal zu benennen und diese mit Erkenntnissen aus der zeitgenössischen Traumaforschung in Beziehung zu setzen. Diese Verknüpfung legt sich aus zweierlei Gründen nahe: Zum einen erscheint das traumatogene Potential der in diesem Kapitel angesprochenen Ereignisse mehr als offenkundig, zum anderen stellen die Arbeit mit (wie sie zumeist verallgemeinernd genannt werden) MigrantInnen und die Auseinandersetzung mit den Folgen von Flucht, Vertreibung und Verschleppung wesentliche Schwerpunkte der Psychotraumatologie in Praxis und Forschung dar[481]. Etwa, dass „das forcierte Exil, die Vertreibung oppositioneller Personen aus [einem] Land" für die Betroffenen traumatische Auswirkungen haben kann und „zu einem Riss in der Persönlichkeit und Bruch in der sozialen Kontinuität [führt]"[482], gehört dabei zu den unhintergehbaren Grundeinsichten.

Dass „die Bewältigung einer Exilsituation die psychischen Möglichkeiten" schon „unter normalen Bedingungen [...] überfordern [kann]", betonen Gottfried Fischer und Peter Riedesser. E. Lee benennt eine ganze Reihe von (Belastungs-)Faktoren, die im Zusammenhang von

---

[480] Mein, Ethics, 69.

[481] Aus der Fülle der verschiedenen Beiträge aus Praxis und Forschung vgl. hierzu z.B. Mohammad E. Ardjomandi/Ulrich Streeck, „Migration – Trauma und Chance", in: Karin Bell u.a. (Hg.), *Migration und Verfolgung. Psychoanalytische Perspektiven*, Gießen 2002, 37–52, passim; Vamik D. Volkan, „Vorwort: Identitätsverlust – Migration und Verfolgung", in: Karin Bell u.a. (Hg.), *Migration und Verfolgung. Psychoanalytische Perspektiven*, Gießen 2002, 13–36, passim; Ruth Erken/Harald C. Traue, „Das Trauma eines tibetanischen Migranten", *psychosozial* 26/1 (2003), 89–97, passim; Edgar Forster, „Kriegserfahrung, Identität und Geschlecht. Beiträge zur Theorie und Praxis der Arbeit mit Flüchtlingen – Ein Forschungsbericht", *psychosozial* 26/1 (2003), 131–135, passim; Rosner/Gavranidou, Erkrankung, passim.

[482] Fischer/Riedesser, Psychotraumatologie, 261.

Migrationserfahrungen gegeben sein oder auftreten können und die die
Ausbildung traumatischer Reaktionen beeinflussen[483]:

1) Bezogen auf die *Situation vor der Migration* spielen z.b. der sozioöko-
   nomische Status, der Grad und die Art der Einbindung in Gemeinschaften des Heimatlandes, frühere traumatische Erfahrungen sowie
   der Grad des Erlebens von Verfolgung, Folter und (Kriegs-)Gräueln
   eine Rolle.
2) Bezogen auf die *Situation der Migration selbst* sind die Umstände der
   Entscheidung zur Flucht von wesentlicher Bedeutung. Als besonders
   einschneidend erweisen sich traumatische Ereignisse während der
   Flucht wie Überfälle, Vergewaltigung, Hunger, Todesgefahren, Trennung von oder Verlust von Bezugspersonen. Äußerst belastend ist häufig auch die Ungewissheit im Hinblick auf das künftige Schicksal (z.B.
   [Nicht-]Anerkennung als Flüchtling).
3) Bezogen auf die *Situation nach der Migration* sind z.B. Sprachprobleme
   und weitere Fremdheitserfahrungen, finanzielle Sorgen und Sorgen
   bezüglich des Lebensunterhalts, die Konfrontation mit einer veränderten Umwelt und Nachbarschaft und Veränderungen in den Bezie-
   hungskonstellationen der eigenen Familie sowie der Flüchtlingsgruppe
   in Rechnung zu stellen. Häufig ist ein regelrechter ‚Kulturschock‘ zu
   bewältigen.

Für die 598/97 und 587/86 v.u.Z. aus Juda/Jerusalem Verschleppten dürfte
der sog. (traumatogene) *Migrationsstress* erheblich gewesen sein. Das
erzwungene Exil bedeutete für sie den zunächst vorläufigen und schließlich endgültigen Verlust ihres gesellschaftlichen wie wirtschaftlichen
Status. Sofern die Kriegsgefangenen nach Tauglichkeit und Nützlichkeit
ausgewählt und wohl auch verteilt wurden, kam es im Zuge der Deportationen wahrscheinlich mehrfach zur Trennung von Familienangehöri-
gen und Vertrauten, selbst wenn die Babylonier die zum Wiederaufbau
zerstörter Regionen und zur Bewirtschaftung von Kronland bestimmten
Exulanten ihrer national-ethnischen Herkunft entsprechend ansiedelten.
Die 598/97 v.u.Z. Deportierten waren vor ihrer Verschleppung vermutlich
von einem mehrere Wochen, die 587/86 v.u.Z. Deportierten sogar von
einem anderthalb Jahre dauernden Belagerungskrieg bzw. von anderen

---

[483] Zum Folgenden vgl. Fischer/Riedesser, Psychotraumatologie, 264f, Rosner/Gavrani-
dou, Erkrankung, 397–403.

Kriegshandlungen betroffen; zum Teil werden sie sich selbst an Kriegshandlungen beteiligt haben. Nicht wenige von ihnen werden – ob durch
„Hunger, Schwert oder Seuche" – Verwandte und FreundInnen verloren
haben, manche werden ZeugInnen, manche selbst direkte Opfer von
Kriegsgräueln geworden sein. Die Deportationsmärsche, die die meisten Kriegsgefangenen ohnehin psychisch und physisch sehr geschwächt
antreten mussten, dürften viele von ihnen mit neuerlichen Schrecken,
z.B. mit dem qualvollen Hungertod der kleineren Kinder, der alten Eltern
oder mit Demütigungen durch die babylonischen Soldaten, konfrontiert
haben. Für den Großteil der Angehörigen der beiden *Golot* wird es also
kaum bei der einzelnen Gewalterfahrung der Zwangsumsiedlung geblieben sein; eher ist – psychotraumatologisch gesprochen – mit zahlreichen kumulativen oder Mehrfach-Traumatisierungen zu rechnen[484].
Die Situation nach der Ankunft in Babylonien wird – zumindest in den
Anfangsjahren – noch ein Übriges dazu beigetragen haben, waren doch
die Unterschiede zwischen dem Land Juda und dem babylonischen Kernland und damit der Kulturschock beträchtlich[485]. Dass die Kriegsgefangenen das Land der übermächtigen Feinde aufbauen mussten, während das
eigene mitsamt der Hauptstadt – und damit dem Zentrum der politischen
wie religiösen symbolischen Ordnung Israels – gerade zugrunde ging bzw.
zugrunde gegangen war, wird sich kaum positiv auf die psychische Situation der Exulanten ausgewirkt haben. Die beschwerliche Erwirtschaftung
des Lebensunterhalts, der Verlust von bürgerlichen Rechten wie dem der
Freizügigkeit und die Kontrolle durch die Angehörigen des babylonischen
Machtapparats trugen vermutlich noch zur Verstärkung der Ohnmachts-
und Niedergeschlagenheitsgefühle unter den Deportierten bei.

Der unter Umständen ebenfalls traumatogene sog. *Akkulturationsstress*,
der mit der von den MigrantInnen geforderten Anpassung an die neue
Kultur in Zusammenhang steht und u.a. von der Dauer des Aufenthalts
im Aufnahmeland und der kulturellen Differenz zwischen Heimat- und
Aufnahmeland abhängig ist, dürfte indes – zumindest für die in Exilskommunen national-ethnischer Herkunft angesiedelten JudäerInnen/

---

[484] Vgl. hierzu Smith-Christopher, Theology, 62: „Sociologists of disaster inform us of
the significance of memories of such trauma, especially when they come in a series of
disasters, and I have argued elsewhere that we do not even begin, for example, to fairly
assess common themes such as the behavior of Ezekiel until we consider the extent of
the trauma of 586. [...] The historical evidence [...] suggests a series of traumatic events
experienced by both communities, those in exile and those back in the land."
[485] Vgl. hierzu auch Lang, Prophet, 73f; ders., Ezechiel, 131.

JerusalemerInnen – nicht allzu beträchtlich gewesen sein. Im Gegenteil – der Umstand, dass die in diesen Kommunen lebenden Kriegsgefangenen nicht auch noch zur vollständigen Adaptation an die (in Vielem übermächtige, Jahrtausende alte) babylonische Kultur, zur Babylonisierung gezwungen wurden, sondern sich aufeinander und die eigenen (religiösen) Traditionen beziehen konnten, hat wahrscheinlich entscheidend dazu geführt, dass die Angehörigen einzelner Exulantengruppen und deren Nachkommen so etwas wie eine jüdische Exils- oder Diaspora-Identität mit den zentralen „Identitätssymbole[n], nämlich Beschneidung, Halten des Sabbat und Speisegesetze"[486] allererst ausbilden konnten. Die genannte Besonderheit der babylonischen Deportationspraxis könnte m.E. des Weiteren dazu beigetragen haben, dass die Möglichkeit (und Notwendigkeit) einer kollektive(re)n theologisch-literarischen Auseinandersetzung mit der politischen und religiösen Katastrophe der Zerstörung Jerusalems im Laufe der Exilsjahre überhaupt entdeckt und ergriffen werden konnte.

Für die Bewältigung von Migrationserfahrungen entscheidend ist schließlich, ob es gelingt, tragfähige Lösungen für bereits bestehende oder neu auftretende *Familien- oder Gruppenkonflikte* zu finden. In der Stress-Situation der Migration können sich solche Konflikte rasch potenzieren, destruktive Verhaltensmuster dringen mitunter leichter an die Oberfläche[487]. Im Ezechiel- wie auch im Deuterojesaja- und im Jeremiabuch, die je auf ihre Weise mit dem babylonischen Exil ,verlinkt' sind, deuten sich verschiedene Konflikte an, für welche dann auf textlicher Ebene mehr oder weniger überzeugende Lösungen angeboten werden. Für das Ezechielbuch sind hier etwa Differenzen zwischen den Angehörigen der Jojachin-*Gola* 598/97 v.u.Z. und den bis 587/86 v.u.Z. in Jerusalem Zurückgebliebenen bzw. den Angehörigen der zweiten *Gola* zu nennen (vgl. z.B. Ez 11,1–21; 14,22f; vgl. 33,23–29); sodann lässt Ez 18 einen massiven Intergenerationenkonflikt erkennen, bei dem es um nichts Geringeres als um die Verantwortung für die geschehene Katastrophe und die nun zu erleidenden Folgen derselben geht (vgl. Ez 18,2; vgl. Jer 31,29). Immer wieder wird auch die richtige Wahr-nehmung des (kommenden bzw. gekommenen) Unheils, für die die von höchster Stelle legitimierte Erzählfigur des Propheten einsteht, einer vermeintlich falschen, beschönigenden, unernsten Einschätzung desselben und der zu ziehenden Kon-

---

[486] Kessler, Sozialgeschichte, 134.
[487] Vgl. auch Smith-Christopher, Theology, 81.

sequenzen gegenübergestellt (vgl. z.B. Ez 12,21–25.26–28; 13,1–16; 17,1–21; 33,30–33) – hier finden sich sichtbare Spuren von politischen wie religiösen Auseinandersetzungen etwa um „Unterwerfung unter" versus „Rebellion gegen" die babylonische Großmacht, die offenbar auch im Exil noch virulent waren.

Mit dem Thema der (literarischen) Auseinandersetzung um bestehende Konflikte sind bereits die sog. *Coping-Strategien* der Einzelnen wie der Flüchtlingsgemeinschaft angesprochen, von denen es ebenfalls entscheidend abhängt, ob und in welchem Maße es im Rahmen von Migrationserfahrungen zur Ausbildung individueller und kollektiver Traumata kommt und ob und wie solche traumatischen Reaktionen bearbeitet und möglicherweise auch bewältigt werden können. Solche Coping- oder Problemlösungsstrategien können etwa darin bestehen, Negativ-Erfahrungen in einen Bedeutungsrahmen (z.B. Leiden ‚für die gerechte Sache' oder um eines höheren Ziels willen) einzustellen, indem man die eigene individuelle oder kollektive (Lebens-)Geschichte neu und anders erzählt. Nicht selten basieren diese Geschichts(re)konstruktionen auf der Annahme, verflucht, sündig oder zum Scheitern verurteilt zu sein – insbesondere das in Krisenerzählungen transkulturell vorfindliche Motiv „it's all because of our sin" scheint, so auch Smith-Christopher, eine recht effektive Coping-Strategie darzustellen:

> After all, if one's suffering is because of one's own oversights, and not because of the power of the emperor and his armies, then this holds out considerably more hope about a future restoration, given appropriate spiritual recovery[488].

Wo MigrantInnen (nach wie vor) unter unterdrückerischen Verhältnissen zu leben gezwungen sind, sind ihre Erzählungen oft durch besondere Sprach-Codes oder -Konzepte geprägt, beispielsweise durch das der *antilanguage*; manchmal auch enthält die offizielle Version einer Erzählung (*public transcript*) einen versteckten zweiten, herrschaftskritischen Diskurs (*hidden transcript*). Wichtig ist nicht zuletzt, inwiefern es gelingt, strukturelle und soziale Elemente des Lebens vor der Vertreibung, Deportation oder Flucht zu bewahren oder zu rekonstruieren – so hat man beispielsweise beobachtet, dass palästinensische Flüchtlingslager „were structurally arranged to mirror rural Palestine in a desire to re-form a

---

[488] Smith-Christopher, Theology, 81.

physical and social geography of trust"[489]; „Palestinians in refugee camps continue to use village destinations and re-create neighborhoods"[490]. Dass man einigen babylonischen Exilskommunitäten im 6. Jh. v.u.Z. Toponyme wie „Stadt Judas" zuwies und etwa mit den Ältesten althergebrachte (israelitische) politisch-religiöse Funktionen (neu) etablierte, stimmt mit diesen zeitgenössischen Beobachtungen auffällig überein.

Fast alle der genannten (und weitere) Coping-Strategien lassen sich – als Text gewordene – im Ezechielbuch ebenso ausmachen, wie dort literarische Spuren traumatischen Erlebens aufzufinden sind. Ja, auch als Ganze kann die Ezechielerzählung als literarisch-theologischer Versuch der Bearbeitung und Bewältigung der Exilskatastrophe und ihrer traumatischen Folgen auf der Ebene der Gemeinschaft wie der der Einzelnen betrachtet werden. Dies soll in den beiden sich anschließenden Kapiteln dieser Studie ausführlich geschehen.

---

[489] Julie M. Peteet, „Transforming Trust: Dispossession and Empowerment among Palestinian Refugees", in: E. Vakentine Daniel/John C. Knudsen (Hg.), *Mistrusting Refugees*, Berkeley 1995, 168–186, 174 (zitiert nach Smith-Christopher, Theology, 79).
[490] Smith-Christopher, Theology, 79.

KAPITEL FÜNF

DAS EZECHIELBUCH ALS (TRAUMA-)LITERATUR

Nachdem die Forschungslage zu den ezechielischen ‚Verrücktheiten‘ (Kap. Zwei), Trauma-Begriff und Trauma-Konzepte (Kap. Drei) sowie die (sozial-)geschichtlichen und psychotraumatologischen Referenzpunkte der Ezechielprophetie (Kap. Vier) in den vorhergehenden Kapiteln dieser Studie ausführlich erörtert worden sind, widmen sich die beiden folgenden Kapitel ganz dem Ezechielbuch als Trauma-Literatur. Kap. Fünf hat hinführenden Charakter und nimmt zunächst das Ezechielbuch als Literatur und als Trauma-Literatur in den Blick: Zu Beginn (Unterkapitel A.) erläutere ich meine Lesart des Ezechielbuchs als fiktionaler Erzählung, wobei u.a. an die Überlegungen zur Bedeutung von Fiktionalität im Rahmen traumatischen Erzählens angeknüpft wird. Unterkapitel B. bietet erste Annäherungen an das Ezechielbuch als Trauma-Literatur, indem entsprechende Leitfragen formuliert (1.) und (erste) traumatogene (Erzähl-) Ereignisse innerhalb des Buchverlaufs herausgearbeitet werden (2.). Zwei exemplarische Untersuchungen aus psychotraumatologischer Perspektive schließen sich an: Ez 7 wird als exemplarischer Trauma-Text (3.), die Vorkommen von √שׁמם werden als exemplarisches Trauma-Motiv, das im Verlauf des Buches gewichtige Veränderungen durchmacht (4.), wahrgenommen. In Unterkapitel C. stelle ich – als methodischen Bezugspunkt für die Textanalyse(n) in Kap. Sechs – das *trauma-response*-Modell von Ronald Granofsky ausführlicher vor.

A. Zum Genre des Ezechielbuchs oder: Das Ezechielbuch als fiktionale Erzählung

1. *Einleitendes*

Die moderne Literaturwissenschaft geht davon aus, dass Bedeutung und Verstehen von literarischen Texten genregebunden sind – d.h. ein Text wird unterschiedlich wahrgenommen und verändert sich, je nachdem, als was er gelesen wird, und je nachdem, ob Lesende die Spielregeln eines Genres kennen und für einen bestimmten Text zur Anwendung bringen. Und auf der anderen Seite stellen Genres keine absoluten Systeme dar, sondern wandeln sich im Laufe der Zeit, etwa indem ihnen Elemente zuwachsen oder ältere Elemente neu kombiniert werden. Entsprechend lässt sich der Charakter eines Genres „nur durch ein Bündel von unterschiedlichen formalen, strukturellen und thematischen Kriterien"[1] beschreiben.

Bezogen auf die Bücher der Schriftprophetie in ihrer Endgestalt sind Überlegungen zum literarischen Charakter und zur Genre-Bestimmung, wie Helmut Utzschneider und Stefan A. Nitsche in ihrem *Arbeitsbuch literaturwissenschaftliche Bibelauslegung* (2001) betonen, noch weitgehend unentdeckte Felder: „Im Grunde weiß man noch nicht, welche Art, welches Genre von Literatur sie darstellen, d.h. die Frage, ob sie einem übergreifenden Textbildungsprogramm folgen und wenn ja, welchem, ist noch nicht hinreichend geklärt"[2]. Dieser Mangel sei wahrscheinlich darauf zurückzuführen, „daß man bis vor kurzem eben sehr genau zu wissen glaubte, daß Prophetenbücher nichts anderes sind als ‚Sammlungen' und ‚Verschriftungen' mündlicher Orakel von Propheten ohne eigene literarische Qualität". Erst allmählich wachse „ein Bewußtsein dafür, daß Prophetexte nicht so sehr verschriftete mündliche Literatur als vielmehr schriftliche Literatur sind"[3]. Dass vor dem Wort als dem vermeintlich ältesten Einzelwort einer historischen prophetischen Gestalt das Prophetenbuch in seiner literarischen Verfasstheit stehen müsse, hat kürzlich auch Ulrich Berges als das „aktuelle Motto der Prophetenforschung"[4] ausgegeben. M.E. geht es dabei aber nicht so sehr darum, *das* übergreifende Textbildungsprogramm bzw. *das* Genre zu finden, dem sich *alle* Bücher der Schriftprophetie unterordnen lassen. Dies birgt nämlich – dies zeigt auch Utzschneiders eigene Kategorisierung prophetischer Texte als Dramen, sofern sie auf alle schriftprophetischen Bücher ausgedehnt wird[5] – die Gefahr in sich, dass wiederum die literarischen Eigenarten und Strukturen der *einzelnen* Prophetien nicht hinreichend wahrgenommen und gewürdigt werden. Um das Genre eines schriftprophetischen Buches erfassen zu können, kommt es deshalb darauf an, seinen jeweiligen literarischen

---

[1] Peter Wenzel, „Art. Gattung, literarische", MLLK (³2004), 209f, 209.

[2] Helmut Utzschneider/Stefan A. Nitsche, *Arbeitsbuch literaturwissenschaftliche Bibelauslegung. Eine Methodenlehre zur Exegese des Alten Testaments*, Gütersloh 2001, 132.

[3] Utzschneider/Nitsche, Arbeitsbuch, 132. Vgl. auch Margaret S. Odell, „Genre and Persona in Ezekiel 24:15–24", in: dies./John T. Strong (Hg.), *The Book of Ezekiel: Theological and Anthropological Perspectives* (SBL.SS 9), Atlanta 2000, 195–219[197].

[4] Ulrich Berges, „Das Jesajabuch als literarische Kathedrale. Ein Rundgang durch die Jahrhunderte", *BiKi* 61 (2006), 190–197, 190.

[5] Vgl. hierzu die stark verallgemeinernden Aussagen bei Helmut Utzschneider, *Michas Reise in die Zeit. Studien zum Drama als Genre der prophetischen Literatur des Alten Testaments* (SBS 180), Stuttgart 1999, 11f.

Eigenarten auf die Spur zu kommen und zugleich seine doppelte literarische Einbettung im Kontext der Schriftprophetie einerseits, im Kontext
des zweiten Kanonteils der Prophetie andererseits im Auge zu behalten[6].
„For the book of Ezekiel as a whole", so die Ezechielforscherin Margaret S. Odell, „very little of that work has yet been attempted"[7]. Wo überhaupt der Versuch unternommen wird, die Ezechielprophetie in ihrer
Endgestalt einem literarischen Genre zuzuordnen, laufen diesbezügliche
Ansätze meist auf die erzählende Gattung ‚Autobiographie' oder ‚fiktionale Autobiographie' hinaus, je nachdem, ob man einen historischen Propheten namens Ezechiel oder einen Pseudepigraphen für den Urheber des
vorliegenden Textes hält[8]. Die Bezeichnung als Autobiographie oder als
fiktionale Autobiographie, deren Anwendung auf die Bücher der Schriftprophetie schon bei Zugrundelegung der Kennzeichen antiker (Ideal-)
Biographien, mehr noch im Hinblick auf moderne Gattungsbeschreibungen

---

[6] Zum Ganzen vgl. auch die scharfe Kritik von Edgar Conrad, der im Hinblick auf das
Ezechielbuch formuliert (ders., *Reading the Latter Prophets: Toward a New Canonical Criticism* [JSOT.S 376], London/New York 2003, 162f): „The problem Ezekiel posed for historical-critical scholars was that Ezekiel did not fit the pattern of prophetic books such as
Jeremiah or Isaiah. [...] Eventually, [...] Ezekiel was made to look like other prophetic
books through diachronic analysis. [...] The distinctive features of each book were igno-
red. Each book was hammered into the general shape that the historical-critical scholar
had determined to characterize the origins and development of these ‚books' as disorgani-
zed collections of prophetic words and speeches."

[7] Odell, Genre, 196.

[8] Unter Autobiographie versteht man allgemein die „Erzählung des eigenen Lebens
oder eines größeren Teils daraus und der Geschichte der eigenen Persönlichkeit" (Helga
Schwalm, „Art. Autobiographie", MLL [³2007], 57–59, 57), wohingegen die fiktionale Autobiographie „die autobiographische Erzählform imitiert, ohne tatsächlich einen biographischen Bezug zum Autor zu besitzen" (dies., „Art. Autobiographischer Roman", MLL [³2007],
59, 59). Doch ist diese Abgrenzung schwierig, neigen doch auch „Autobiographen [...] zur
Stilisierung und Fiktionalisierung ihrer Lebensgeschichte" (ebd.).

Bei Block heißt es mit Bezug auf das Ezechielbuch, dass „[a]ll the prophecies are
written in a first-person, autobiographical style, suggesting that they may be based on
Ezekiel's personal memorabile" (ders., Ezekiel 1–24, 20). An anderer Stelle spricht Block
vom „autobiographical narrative (as opposed to poetic) style" des Ezechielbuchs (a.a.O.,
22). Schöpflin (dies., Theologie, 345) nennt das Ezechielbuch eine „autobiographische[]
Fiktion [...] in dem Sinne, daß nicht die Person, die innerhalb des Textes als Sprecher/Ver-
fasser in Erscheinung tritt, für das Buch verantwortlich zeichnet, sondern ein anonymer
Autor". Dies trifft allerdings auf jede (Ich-)Erzählung genauso zu. Zur Kritik am Ansatz von
Schöpflin vgl. auch Michael Konkel, „Ezechiel – Prophet ohne Eigenschaften. Biographie
zwischen Theologie und Anthropologie", in: Christian Frevel (Hg.), *Biblische Anthropologie.
Neue Einsichten aus dem Alten Testament* (QD 237), Freiburg i.Br. u.a. 2010, 216–242, 219f,
wo es u.a. heißt (a.a.O., 220): „Letztendlich verbleibt Schöpflin in den klassischen Bahnen
historisch-kritischer Forschung, indem die Frage nach dem historischen Propheten den
Referenzpunkt ihrer Thesen darstellt – auch wenn sie diesbezüglich zu einem negativen
Ergebnis kommt."

problematisch erscheint[9], zielt damit in erster Linie auf die Frage nach
der Verfasserschaft bzw. nach der Möglichkeit der Rekonstruktion eines/
des historischen Propheten Ezechiel, weniger auf die literarische Eigenart
des Buches[10].

Auf der anderen Seite gibt es – insbesondere im Kontext der US-
amerikanischen Forschung – ExegetInnen, die das Ezechielbuch ganz
selbstverständlich als Erzählung behandeln, so etwa Odell[11] selbst, Thomas Renz[12] und Corrine L. Patton. Als Beispiel sei ein Aufsatz von Patton
mit dem Titel „Priest, Prophet, and Exile: Ezekiel as a Literary Construct"
(2004) angeführt, in dem es vorrangig um die literarische Konstruktion
Ezechiels als idealer priesterlicher Gestalt geht, durch die sowohl dem
Publikum im Text als auch den LeserInnen des Buches JHWH präsentiert
und präsent werde. Die einführenden Zeilen ihres Artikels lesen sich wie
folgt:

> At the beginning of the book of Ezekiel, both the prophet and the *narra-*
> *tor* identify Ezekiel as a priest of the first deportation. The audience ‚reads'
> the rest of the book through the lens of this particular social setting (elite
> priest). In addition, the reader of the final form of the text should also rec-
> ognize *that the author and Ezekiel are not identical*: Ezekiel is a *character*
> within the *prophetic narrative*, through whom the reader experiences the
> exile. [...] As *a first-person sympathetic narrator*, Ezekiel is an *idealized fig-*
> *ure* in the book; the reader experiences all speech, all action, through this
> figure. [...] The *storytelling* in the book is so artful that it draws the reader
> into assuming that what it says about Ezekiel reflects a historical person's
> real experience[13].

---

⁹ Vgl. Odell, Genre, 208–210.

¹⁰ Demgegenüber hat sich jüngst Konkel auf einen funktionalen Biographie-Begriff,
der vom „Konstruktionscharakter einer jeden Biographie" (ders., Ezechiel, 217) ausgeht,
bezogen und die Frage in den Vordergrund gerückt, „welche Funktion die autobiographische Stilisierung des Buches im Zusammenspiel von Theologie und Anthropologie erfüllt"
(a.a.O., 220). Die Frage, wie sich autobiographische Stilisierung und Ich-Erzählung unterscheiden, findet bei ihm allerdings keine Berücksichtigung.

¹¹ In ihrem Artikel „Genre and Persona in Ezekiel 24:15–24" (2000) unternimmt Odell
den Versuch, das Ezechielbuch als antike „building story" zu lesen (vgl. dies., Genre, passim) – sie legt also eine antike narrative Gattung zugrunde.

¹² Thomas Renz beschreibt das Ezechielbuch als „theocentric narrative" (ders., *The Rhe-*
torical Function of the Book of Ezekiel [VT.S 76], Leiden u.a. 1999, 132.225 u.ö.).

¹³ Corrine L. Patton, „Priest, Prophet, and Exile: Ezekiel as a Literary Construct", in:
Stephen L. Cook/dies. (Hg.), *Ezekiel's Hierarchical World: Wrestling With a Tiered Reality*
(SBL.SS 31), Atlanta 2004, 73–89, 73f (Hervorhebung R.P.). In ihrer – im Rahmen eines
Forschungsprojekts zum Thema „Orte und Räume im Judentum" entstandenen – Mono-
graphie zu Ex 25–40 und Ez 40–48 hat zuletzt auch Franziska Bark das Ezechielbuch
selbstverständlich als Erzählung angesprochen (vgl. dies., *Ein Heiligtum im Kopf der Leser.*
Literaturanalytische Betrachtungen zu Ex 25–40 [SBS 218], Stuttgart 2009, 133–137).

Erzähltheoretische Begriffe wie „(*first-person sympathetic*) *narrator*", „*character*", „*idealized figure*" und „*storytelling*" werden hier einfach angewandt, die Zugehörigkeit des Ezechielbuchs zum narrativen Genre einfach vorausgesetzt, ohne im Folgenden eine Erläuterung oder methodische Rückbindung zu erfahren.

Edgar Conrad schließlich hat in einer im Jahr 2003 veröffentlichten Forschungsarbeit zur Schriftprophetie die Nähe zwischen Ezechiel- und Jonabuch und deren Anfängen hervorgehoben. Unter den Büchern Jesaja bis Maleachi eröffneten nur Ezechiel und Jona mit der (Pro-)Verbform ויהי, „und es geschah" – ein deutlicher Hinweis darauf, dass letztere als Erzählungen zu lesen seien[14]:

> Both Ezekiel and Jonah begin with the same phrase ,and it happened' (ויהי).
> [...] They are to be read as a narrative sequence and not as ,the words of '
> (דברי)[15] Ezekiel or Jonah. Elsewhere in the Hebrew Bible, ויהי suggests the
> beginning of a narrative sequence, as it does at the beginning of three of
> the scrolls of the so-called Former Prophets (Joshua, Judges and Samuel). *In
> the case of Ezekiel and Jonah, what follows is to be understood as a connected
> narrative, as something that happened to Jonah and Ezekiel*[16].

Es scheint so, als stelle sich dort, wo ausgehend vom vorliegenden Endtext des Ezechielbuchs mit relativer Offenheit nach dessen Genre gefragt wird, mehr oder weniger automatisch die Assoziation ,Erzählung' ein. Diese Selbstverständlichkeit ist zunächst überraschend, lässt sich aber vielleicht mit Hilfe einer Äußerung der Literaturwissenschaftlerin Monika Fludernik im Kontext ihrer Definition von Erzählung erklären. Sie schreibt dort: „Texte, die von Lesern als Erzählungen gelesen [...] werden, sind automatisch narrative Texte; sie dokumentieren dadurch ihre Narrativität [...]"[17]. Es gibt im Ezechielbuch offensichtlich narrative Signale und Strukturen – und schon dessen erstes Wort/Verb dürfte ein solches Signal sein –, die dazu führen, dass dieses als Erzählung wahrgenommen wird bzw. werden kann.

(Oberflächlich) begründen lässt sich der narrative Charakter des Ezechielbuchs bereits bei Zugrundelegung der klassischen Dreiteilung der

---

[14] Nur für das Jonabuch allerdings steht die erzählerische Eigenart in der ersttestamentlichen Forschung seit längerem außer Frage, vgl. z.B. Hans Walter Wolff, *Dodekapropheton 3: Obadja und Jona* (BK XIV/3), Neukirchen-Vluyn 1977, 58–64; Erich Zenger, „Das Zwölfprophetenbuch", in: ders. u.a., *Einleitung in das Alte Testament* (KStTh 1,1), Stuttgart [6]2006, 517–586, 547–549; Schmitt, Arbeitsbuch, 389f.

[15] Vgl. den Anfang des Jeremia- und des Amosbuchs.

[16] Conrad, Prophets, 16if (Hervorhebung R.P.).

[17] Monika Fludernik, *Einführung in die Erzähltheorie*, Darmstadt 2006, 15.

literarischen Erscheinungen in 1. Lyrik oder Poesie, 2. Dramatik und 3. Epik oder Erzählliteratur und von deren literaturwissenschaftlichen Bestimmungen. Während nämlich die Lyrik als Genre *ohne* Geschichte bzw. Plotstruktur, das Drama zwar als Genre *mit* Geschichte, aber gleichwohl *ohne* Erzählinstanz gilt, besitzt das Ezechielbuch diejenigen Kennzeichen, deren Vorhandensein für die Wahrnehmung eines literarischen Gebildes als Erzählung wesentlich sind: Es hat – wie etwa auch das Jonabuch – *beides*: Eine deutlich markierte Geschichte bzw. Plotstruktur einerseits, eine Instanz, die diese Geschichte erzählt, andererseits[18].

Wo ein Text als Erzählung angesprochen wird, stellt sich sogleich die Frage, ob es sich um faktuales oder um fiktionales Erzählen handelt. Als faktuale Rede gilt „[a]uthentische […] Rede aus Aussagesätzen, die von einem realen Sprecher mit behauptender Kraft geäußert werden"[19], als fiktionale Rede „Rede aus Aussagesätzen, die von einem realen Autor [oder einer realen AutorInnengruppe] als authentische Behauptungen eines von ihm erfundenen Sprechers (*Erzähler*) imaginiert werden"[20]. Wenn ich für das Ezechielbuch Letzteres annehme und es dementsprechend als fiktionale Erzählung anspreche, ist damit – dies ist bereits in den Ausführungen zu traumatischem Erzählen, Zeugenschaft und Fiktionalität angeklungen – nicht gesagt, dass es sich um ein Phantasma ohne zeit- und sozialgeschichtliche Bezüge handelt. Mit Wolfgang Iser und dessen funktionalem Fiktionalitätsmodell gehe ich vielmehr davon aus, dass fiktionale Literatur in Reaktion auf Schwächen, Negationen und Ausschlüsse herrschender (Sinn-)Systeme Gegenwelten oder -wirklichkeiten zu entwerfen versucht, wobei die soziohistorischen Realitäten, auf die ein fiktionaler Text antwortet, andeutungsweise oder zumindest in Form von Negationen in ihm präsent sind.

Bevor das Ezechielbuch in Abschnitt 3. als fiktionale Erzählung angesprochen und erschlossen wird, soll es im Anschluss zunächst darum gehen, das Moment der Fiktionalität noch eingehender zu beleuchten (2.).

2. *Fiktionalität als besondere Repräsentationsform von Wirklichkeit*

Im Folgenden skizziere ich zunächst Isers funktionales Fiktionalitätsmodell (2.1.); eine Passage zu Fiktionalitätssignalen, wie sie sich auch im

---

[18] Vgl. Fludernik, Einführung, 13–15.
[19] Matias Martinez/Michael Scheffel, *Einführung in die Erzähltheorie*, München [6]2005 [1999], 188.
[20] Martinez/Scheffel, Einführung, 188f.

Ezechielbuch ausmachen lassen, schließt sich an (2.2.). Danach geht es um die Frage der Anwendbarkeit des Iserschen Modells auf biblische Texte (2.3.), während abschließend die Frage nach dem Zusammenhang von Fiktionalität und Trauma noch einmal aufgegriffen wird (2.4.).

2.1. Das funktionale Fiktionalitätsmodell Wolfgang Isers

> Anyway, does anyone seriously believe that myth and literary fiction do *not* refer to the real world, tell truth about it, and provide useful knowledge of it?[21] (Hayden White)

Bei Iser wird die Opposition von Realität und Fiktion, nach der Fiktion – dem lateinischen Verb *fingere* entsprechend, das „bilden, erdichten, vortäuschen" meint – immer das Erfundene, das Unwahre oder gar das Erlogene ist, aufgelöst zugunsten der Triade *das Reale – das Fiktive – das Imaginäre*. In dieser „Triade wird das Fiktive zum Medium für das Imaginäre"[22], d.h. das Fiktive ermöglicht es allererst, dass das kaum zu fassende Imaginäre präsent werden kann. Im Akt des Fingierens wird lebensweltliche Realität in den Text eingeschlossen mit dem Ziel, das Imaginäre aus (s)einer diffusen Konstitution in eine bestimmte Form zu führen, wobei die außertextuelle Welt allerdings nicht in unmittelbarer Abspiegelung erscheint. Vielmehr werden im Akt des Fingierens einzelne Elemente aus vorhandenen Referenzräumen ausgewählt, ihrem angestammten Bezugssystem in der realen Welt entrissen (*Selektion*) und in ein neues (textliches) Bezugssystem hineingefügt (*Kombination*).

> Die als einzelne zu isolierenden Text- oder Bezugselemente erfahren darin eine besondere Kontur, insofern ihre Interpretation durch das anwesende neue Bezugssystem ebenso wie das noch durchschimmernde alte und in der Neuordnung in bestimmten Teilen abgewiesene Bezugssystem bestimmt ist. In dieser Duplizität der Elemente ergibt sich die ‚Duplizität des fiktionalen Textes'[23].

In einem dritten Akt nach Selektion und Kombination wird der literarischen Fiktion ihr Status als ‚inszenierter Diskurs'[24] gleichsam eingeschrieben –

---

[21] Hayden White, *Figural Realism: Studies in the Mimesis Effect*, Baltimore 1999, 22.

[22] Wolfgang Iser, „Das Imaginäre: kein isolierbares Phänomen", in: Dieter Henrich/ Wolfgang Iser (Hg.), *Funktionen des Fiktiven*, München 1983, 479–486, 484.

[23] Hanna Liss, „Kanon und Fiktion. Zur literarischen Funktion biblischer Rechtstexte", *BN* 121 (2004), 7–38, 15.

[24] Vgl. hierzu Rainer Warning, „Der inszenierte Diskurs. Bemerkungen zur pragmatischen Relation der Fiktion", in: Dieter Henrich/Wolfgang Iser (Hg.), *Funktionen des Fiktiven*, München 1983, 183–206, passim.

dementsprechend kann sie „weder vorgeben, das zu sein, wovon sie spricht, noch verschleiert sie, es nicht zu sein"[25], vielmehr präsentiert sie die dargestellte Welt im Modus des ‚Als-Ob'[26]. Dies geschieht in der Regel durch Fiktionalitätssignale, welche sich innerhalb (z.b. ein hohes Maß an Mehrdeutigkeit und intertextuellen Anspielungen) oder außerhalb des Textes (z.B. Paratexte wie die Gattungsbezeichnung ‚Roman') befinden können. Damit diese Signale als solche erkannt werden, bedarf es allerdings einer pragmatischen Vorannahme, die sich, so Hanna Liss, „entweder aus der reinen Anschauung ergibt, oder ihren Grund in einem kollektiven und für jede Gesellschaft je eigens zu bestimmenden Wissen hat"[27].

2.2. Fiktionalitätssignale

Für die Determination von Fiktionalitätssignalen sind in der Literaturwissenschaft eine Reihe von Parametern erarbeitet worden, die, wie die in Klammern gesetzten Hinweise zeigen, auch für das Verstehen des Ezechielbuchs von Bedeutung sein können[28]:

1) *Rahmungen/Rahmentexte und chronologische Muster* (vgl. etwa das Datierungssystem des Ezechielbuchs).

2) *Eine bestimmte erzählerische Qualität oder ‚Formelhaftigkeit' der Sprache* (vgl. etwa den ausgesprochen hohen Anteil an wiederkehrenden Wendungen und prophetischen Sprachformeln, die das gesamte Ezechielbuch durchziehen). In fiktionaler Literatur werden solche Formeln gebraucht, um atmosphärische Dichte zu erzeugen und das Moment literarischer Realität überzubetonen.

---

[25] Gerald Moers, *Fingierte Welten in der ägyptischen Literatur des 2. Jahrtausends v.Chr. Grenzüberschreitung, Reisemotiv und Fiktionalität* (Probleme der Ägyptologie 19), Leiden u.a. 2001, 33.

[26] Vgl. hierzu Wolfgang Iser, „Akte des Fingierens. Oder: Was ist das Fiktive im fiktionalen Text?", in: Dieter Henrich/Wolfgang Iser (Hg.), *Funktionen des Fiktiven*, München 1983, 121–151, 149; ders., *Das Fiktive und das Imaginäre. Perspektiven literarischer Anthropologie*, Frankfurt a.M. 1993 [1991], 37–48; Barbara Schmitz, „Die Bedeutung von Fiktionalität und Narratologie für die Schriftauslegung", in: Heinz-Günther Schöttler (Hg.), *„Der Leser begreife!" Vom Umgang mit der Fiktionalität biblischer Texte*, Berlin 2006, 137–149, 140.

[27] Liss, Kanon, 14. Vgl. hierzu auch Iser, Perspektiven, 35.

[28] Vgl. hierzu Moers, Welten, 79–105; Liss, Kanon, 17–19; Hanna Liss, „‚Describe the Temple to the House of Israel': Preliminary Remarks on the Temple Vision in the Book of Ezekiel and the Question of Fictionality in Priestly Literatures", in: Ehud Ben Zvi (Hg.), *Utopia and Dystopia in Prophetic Literature* (Publications of the Finnish Exegetical Society 92), Göttingen 2006, 122–143, 125–127. Einen guten Überblick über das Phänomen der Fiktionalitäts- bzw. Fiktionssignale bietet auch Ansgar Nünning (ders., „Art. Fiktionssignale", MLLK [³2004], 182f, passim).

3) *Bestimmte Raum-(Zeit-)Schemata und Symbolisierung von Raum und Zeit* (vgl. hierzu vor allem Ez 40–48, wo die Dimension des Raums eine herausragende Rolle spielt).

4) *Emblematische Namen und Begriffe* (vgl. hierzu einige der im Ezechielbuch verwendeten Namen – zunächst den des Propheten selbst: יחזקאל, „Gott möge [ihn] stärken", abgeleitet von der Verbalwurzel חזק, die im Kontext des Buches eine wichtige Rolle spielt[29]; auch scheint es kaum ein Zufall zu sein, dass der Name des Mannes, der während Ezechiels prophetischer Rede am Jerusalemer Tempel tot umfällt, פלטיהו בן־בניה lautet [vgl. Ez 11,1.13]. Pelatja bedeutet „JHWH hat gerettet", Benaja „JHWH hat gebaut" – sowohl √פלט als auch √בנה kommen auch an anderer Stelle des Ezechielbuchs vor)[30].

5) *Relevante Inkonsistenzen* (vgl. hierzu z.B. die Inkompatibilität zwischen den massiv befestigten Toren [50 Ellen, vgl. z.B. Ez 40,15] und den relativ dünnen Mauern [6 Ellen, vgl. z.B. 40,5] des Tempels, die eingebaut worden sein könnte, um den utopischen Charakter des Bauwerks hervorzuheben).

6) *Entgrenzung semantischer und pragmatischer Bestimmtheit(en)*, die etwa in Neu- oder Umprägungen einzelner Topoi greifbar wird (vgl. die Aufnahme und ‚Hyperrealisierung' von Jer 15,16 in Ez 2,8b–3,3).

2.3. *Biblische Literatur als fiktionale Literatur*
Ziel des mit solchen Mitteln inszenierten Diskurses ist die Irrealisierung von Realem. Die Fiktion gibt die direkte Referenz auf die Lebenswelt auf, „um sich statt dessen der Ausgestaltung dessen zu widmen, was in der Realität unmöglich ist oder verdeckt bleibt"[31], und scheint damit auf als eine Ermöglichungsbedingung menschlicher Selbstüberschreitung (mit einem anderen Wort: Transzendenz!). Es geht um die Inszenierung

---

[29] Vgl. Ez 2,4; 3,7.8.8.9.14; 7,13; 13,22; 16,49; 20,33.34; 22,14; 26,17; 27,9.27; 30,21.22.24.25; 34,4.4.16.16.

[30] Zu √פלט vgl. Ez 6,8.9; 7,16.16; 14,22; 24,26.27; 33,21.22. Zu √בנה vgl. nur die Charakterisierung JHWHs in Ez 36,36: „Ich bin JHWH. Ich baue auf (√בנה), was eingerissen ist, und bepflanze, was verwüstet daliegt. Ich bin JHWH – ich verspreche und halte es."

[31] Gerald Moers, „Fiktionalität und Intertextualität als Parameter ägyptologischer Literaturwissenschaft. Perspektiven und Grenzen der Anwendung zeitgenössischer Literaturtheorie", in: Jan Assmann u.a. (Hg.), *Literatur und Politik im pharaonischen und ptolemäischen Ägypten* (Bibliothèque d'Études 127), Kairo 1999, 37–52, 45. Bei Iser (ders., Perspektiven, 22) heißt es: „In der Überführung wiederholter lebensweltlicher Realität zum Zeichen für anderes manifestiert sich die Grenzüberschreitung als eine Form der Irrealisierung; in der Überführung des Imaginären als eines Diffusen in bestimmte Vorstellungen geschieht ein Realwerden des Imaginären."

möglicher Welten, in denen sich der Mensch wie in einem Spiegel von außen betrachten und seiner selbst als ein Anderer/eine Andere ansichtig werden kann, und zwar auf je neue, spielerische Art und Weise. Fiktionalität und Wirklichkeit stehen also nicht in einem Ausschluss-, sondern, wie Barbara Schmitz es formuliert, in einem „Mitteilungsverhältnis" zueinander:

> In der Fiktionalität wird ein eigener Blick auf die Wirklichkeit gerichtet, indem versucht wird, diese zu beschreiben und zu verstehen. Damit können über die Fiktionalität Erfahrungen verarbeitet, thematisiert, problematisiert und Defizite aufgespürt werden. Im Modus einer erfundenen, fiktiven Erzählung können Grenzen der Wirklichkeit überschritten und gesprengt, Alternativen entworfen und durchgespielt werden. Auf diese Weise kann von der Fiktionalität eine zutiefst schöpferische und lebensgestaltende Kraft ausgehen, die mitunter auch die herrschende Ordnung durchbrechen, Gegenentwürfe entfalten und neue Wirklichkeitsmodelle entwickeln kann[32].

Vor diesem Hintergrund sollte es eigentlich nicht länger problematisch erscheinen, einen Großteil der biblischen Texte als fiktionale Texte anzusprechen – ja, man könnte sogar sagen, dass mit Hilfe des funktionalen Fiktionalitätsmodells ein/das Charakteristikum biblischer Literatur zu (er-) fassen ist. Zweierlei ist dabei allerdings noch einmal gesondert zu bedenken, zum einen der Umstand, dass wir es bei den Texten der Hebräischen Bibel mit antiken Texten zu tun haben (1.), zum anderen die Frage, wo und wie das spezifisch Theologische ins Spiel kommt (2.), ist doch für Iser die Quelle, aus der sich Fiktionalisierung speist, allein im menschlichen Bewusstsein bzw. in dessen Fähigkeit zur Imagination angesiedelt[33].

Dass, um auf den zuerst genannten Aspekt zu kommen, ein fiktionaler Text „mögliche Einsicht in das Funktionieren des Systems bereit[stellt]" und „[auf]deckt [...], worin wir befangen sind"[34], gilt laut Iser nicht nur

---

[32] Schmitz, Bedeutung, 141.

[33] Vgl. hierzu Wolfgang Iser, *Prospecting: From Reader Response to Literary Anthropology*, Baltimore 1989, 273: „Yet fictionality is only an instrument that channels the necessary flow of fantasy into our everyday world. As an activity of consciousness it taps our imaginary resources, simultaneously shaping them for their employment, and so the interplay between the fictional and the imaginery turns out to be basic to the heuristics of literary anthropology." Iser spricht auch davon, dass der Mensch sich und seine Welten im Fingieren selbst erschafft: „As human beings' extensions of themselves, fictions are ‚ways of worldmaking' [...]." (Iser, Prospecting, 270; vgl. Wolfgang Iser, *Fingieren als anthropologische Dimension der Literatur* [Konstanzer Universitätsreden 175], Konstanz 1990, 18f.)

[34] Wolfgang Iser, „Die Wirklichkeit der Fiktion. Elemente eines funktionsgeschichtlichen Textmodells der Literatur", in: Rainer Warning (Hg.), *Rezeptionsästhetik. Theorie und Praxis*, München ²1979 [1975], 277–324, 306.

für die jeweils zeitgenössischen, sondern auch für die historisch späteren RezipientInnen, wobei sich der innovative Charakter allerdings in unterschiedlicher Gestalt zeigt:

> Entstammt der Text der Lebenswelt des Lesers, so hebt er durch die im Repertoire erfolgte Umcodierung geltender Normen diese aus ihrem sozio-kulturellen Funktionszusammenhang heraus und läßt dadurch die Reichweite ihrer Wirksamkeit erkennen [*partizipierende Einstellung der Lesenden*]. Sind aber die Normen des Repertoires für den Leser durch die zeitliche Distanz zu einer historischen Welt geworden, weil er nicht mehr an dem Geltungshorizont partizipiert, aus dem das Repertoire geschöpft ist, dann bieten sich ihm die umcodierten Normen als Verweisungen auf diesen Geltungshorizont. Dadurch läßt sich die historische Situation wiedergewinnen, auf die sich der Text als Problemlösung bezogen hatte [*betrachtende Einstellung der Lesenden*][35].

Im Hinblick auf biblische Texte und ihre Rezeption sind m.E. beide Aspekte relevant, sofern jene von heutigen LeserInnen gleichermaßen als historische Texte, d.h. *betrachtend* (etwa im Bereich der wissenschaftlichen Auseinandersetzung), als auch als je und je aktualisierte Texte der eigenen Lebenswelt, d.h. *partizipierend* (etwa im Kontext einer gottesdienstlichen Lesung), wahrgenommen werden (können). Für beide Zugangsweisen eröffnet das Isersche Modell überraschende Perspektiven: Für die *betrachtende* Rezeption ergeben sich Möglichkeiten, den fiktionalen Text aus den Verhältnissen zu entwickeln[36], wobei dieser gleichwohl nicht als „Widerspiegelung gegebener Realität"[37], sondern, sofern er über das Abgedrängte und Ausgeschlossene handelt, als Text gewordenes Widerstands- und Veränderungspotential dieser Realität und in diesem Sinne als „gefährliche Erinnerung" (Johann Baptist Metz)[38] betrachtet werden kann. Für die *partizipierende* Rezeption ergeben sich Möglichkeiten, „die jeweilige Position zu transzendieren, an die sie [die RezipientInnen, R.P.] in der Lebenswelt

---

[35] Iser, Wirklichkeit, 311.
[36] Vgl. hierzu Ton Veerkamp, Den Text aus den Verhältnissen, nicht die Verhältnisse aus dem Text entwickeln, in: *Neue Exegese. Materialheft*, Stuttgart 1978, 19f, passim. Veerkamp zufolge muss eine „materialistische, d.h. eine wissenschaftliche Exegese [...] den Text darstellen, wie er aus den ‚jedesmaligen wirklichen Lebensverhältnissen' hervorgeht", „und zwar nicht zufällig [...], sondern notwendig" (a.a.O., 19). „Es sind die Verhältnisse selber, oder vielmehr das Schreien der Menschen [...], die das Wort herbeirufen. [...] Und wir benützen marxistisches Werkzeug, um besser sehen zu können, welche Verhältnisse das waren, die die Menschen so schreien lassen, damit wir um so besser hören können, was dazu geredet wird." (A.a.O., 20.).
[37] Iser, Wirklichkeit, 312.
[38] Vgl. hierzu Schmitz, Bedeutung, 149.

gebunden sind"[39], und somit „hervorzukehren, was die Wirklichkeit, auf die man sich bezieht, nicht zu gewähren scheint"[40].

Beiden Rezeptionshaltungen, so die systematische Theologin Mirja Kutzer, „wird jede Sicht auf Welt als eine perspektivische ausgewiesen, die grundsätzlich veränderbar ist. [...] Dichtung wird [...] zum Medium, die verschiedensten Spielarten menschlicher Identität auszuloten und ihre Gefährdungen zu beleuchten"[41]. Isers literarische Anthropologie, nach der sich der Mensch im Fingieren je aufs Neue selbst überschreitet, und das biblische Verständnis von Welt und Mensch treffen sich laut Kutzer insofern, „als beide weder von einer endgültigen Definierbarkeit von Welt und Mensch ausgehen noch von einem überzeitlichen Wesen des Menschen"[42].

Für biblische Texte, und nun soll es um den zweiten oben genannten Aspekt gehen, ist nun entscheidend, dass sie von der Gottheit Israels als ihrem Ur-Bezugspunkt herkommen. Diese Gottheit ist es, die „die Texte zugleich koordiniert und sich ihnen entzieht", „die verschiedenen Perspektiven überhaupt erst ermöglicht und auf [die] jede Bewegung, in der der Mensch sich selbst überschreitet, zuläuft"[43]. So verstanden, lässt gerade die Zu-Gabe einer Fiktionalität biblischer Texte Raum für eine ‚literarische Theanthropologie'[44], die je neue Deutungen aus sich herauszusetzen vermag, ohne sich in Beliebigkeit zu verlieren. *Gerade* der fiktionale Charakter der Texte nämlich erschließt den Bezug einerseits auf Gott als diejenige Größe, die durch ihr Wort das Verheißene offen- und Ursprung und Ziel zusammenhält, den Bezug andererseits auf kontingente, brüchige, gebrochene menschliche Geschichte(n), für die trotz allem und

---

[39] Iser, Wirklichkeit, 312.

[40] Iser, Fingieren, 24.

[41] Mirja Kutzer, „Die Gegenwelt des Erfundenen. Fiktionale Texte als Medium biblischer Verheißung", *PzB* 15 (2006), 25–46, 45.

[42] Kutzer, Gegenwelt, 45.

[43] Kutzer, Gegenwelt, 46.

[44] Mit dem Begriff ‚literarische Theanthropologie', der den Iserschen Begriff der ‚literarischen Anthropologie' (vgl. etwa den vollständigen Titel von Iser, Perspektiven) gleichsam mit umfasst, soll dem theologischen Diktum Rechnung getragen werden, dass Menschen Fiktionalität und Transzendenz nicht aus sich selbst heraussetzen können, sondern dass beide ihnen – in der Geschichte der Gottheit Israels mit seinem Volk und den Völkern – immer schon vorausgehen, Vor-Gabe sind. Karl Barth, auf den der Begriff der „Theanthropologie" (ders., *Einführung in die evangelische Theologie*, Zürich 1962, 18) zurückgeht, fasste mit ihm die „Aufhebung von Theologie und Anthropologie in eine Geschichte, in der es [...] um die Geschichte Gottes mit den Menschen [geht], aus der allererst der Mensch seine Menschlichkeit gewinnt, dadurch, dass Gott sich ihm als Gott erweist" (Gunda Schneider-Flume, *Grundkurs Dogmatik. Nachdenken über Gottes Geschichte*, Göttingen 2004, 44).

immer wieder neu Gerechtigkeit, Erfüllung und Heilwerden erhofft und ersehnt werden. Dabei wird das In- und Miteinander dieser Bezugnahmen dadurch gewährt, dass beides stetig über sich selbst hinausweist. Für schriftprophetische Texte könnte dies insofern in besonderem Maße gelten, als diese ihre (schriftliche) Verfasstheit ihrem über sich selbst hinausweisenden Potential – mit anderen Worten: ihrer Fiktionalität – verdanken. Jörg Jeremias zufolge wurden die Worte der Propheten deshalb festgehalten, weil sie „nicht in der Stunde ihrer ersten Verkündigung auf[gingen]" und ihnen „eine Bedeutung weit über diese erste Stunde hinaus" zugeschrieben wurde, „die sich erst in den neuen Erfahrungen der späteren Generationen voll erweisen würde"[45].

2.4. Noch einmal: Fiktionalität und Trauma

> Die Macht der Imagination ist ein bedeutender Faktor in der Medizin. Sie kann Krankheiten verursachen [...] und heilen[46]. (Paracelsus)

Im Rahmen der obigen Ausführungen erschließt sich m.E. das, was in Kap. Drei, C., 3. zum Zusammenhang von Trauma und Fiktionalität ausgeführt wurde, dass nämlich fiktionalisierende Aufarbeitungen notwendig sind, um die Geschichte des Traumas zu begreifen und mitzuteilen und so der traumatischen Erstarrung entgegenzuwirken, noch einmal aus einer anderen Perspektive. Sofern nämlich, wie Martina Kopf es ausdrückt, „unsere Fähigkeit zur Imagination" die „eigentliche Gegenkraft" darstellt zum traumatischen „Zusammenbruch des Konstruktionsprozesses und der Auslöschung von Form und Struktur"[47], lässt sich vermittels des Iserschen Fiktionsmodells verdeutlichen, warum fiktionales Erzählen bzw. fiktionale Literatur für das Zugänglichwerden von Traumatischem von so herausragender Bedeutung ist: Iser zufolge kann diese (Gegen-)Kraft gar nicht anders Gestalt gewinnen als im Akt des Fingierens – nur dieser kann dem ‚Imaginären'[48] überhaupt Realität verleihen[49].

---

[45] Jörg Jeremias, „Das Proprium der alttestamentlichen Prophetie", ThLZ 119 (1994), 483–494, 490.

[46] Zitiert nach Luise Reddemann, „Trauma und Imagination", 2 (Quelle: http://www .traumhaus-bielefeld.de/dl/imagin.pdf, Zugriff am 17.8.2011).

[47] Kopf, Trauma, 53.

[48] Das ‚Imaginäre' ist allerdings naturgemäß ein schwer zu fassender Begriff (vgl. Iser, Perspektiven, 292–411; Annegreth Horatschek, „Art. Imaginäre, das", MLLK [³2004], 282f, passim; Janine Hauthal, „Art. Imaginär", MLL [³2007], 342, passim). Ich verwende ihn hier für das Phänomen innerer Bilder in seinem ganzen Spektrum.

[49] Vgl. Iser, Perspektiven, 22.

Das Fiktionale vermag dabei sowohl das Geheimnis des Überlebens und des Widerstands gegen die Vernichtung als auch die Nicht-Erzählbarkeit vernichteten Lebens zu umgreifen – denn auch die Nicht-Erzählbarkeit des Traumas hat mit der Macht des Imaginären, der Trauma-Opfer in Form sie überfallender Alpträume, Flashbacks oder Halluzinationen in besonderer Weise ausgesetzt sind, zu tun. Trauma-TherapeutInnen versuchen deshalb, „die bildhaften Vorgänge, die ohnehin ablaufen, in den verschiedenen Phasen der Traumabehandlung [zu] nutzen"[50], und mittels imaginativer Techniken (die gleichsam Akte des Fingierens sind) sowohl den Schreckensbildern eine geschlossen(er)e Form zu geben als auch Gegenbilder gegen die Schreckensbilder zu entwickeln. Dabei darf allerdings nicht außer Acht gelassen werden, dass Imaginationen auch Trigger für (Re-)Traumatisierungen sein können.

In diesem Sinne vermag fiktionale Trauma-Literatur traumatisches Geschehen nicht nur an Außenstehende zu vermitteln – das Schreiben und Lesen solcher Literatur kann gleichsam – wie immer wieder berichtet wurde und wird[51] – zur (schrittweisen) Bewältigung traumatischer Situationen und zum Heilwerden beitragen.

Vor dem Hintergrund des Gesagten wird man auch den *Zeugnis*-Charakter fiktionaler Literatur nicht hoch genug einschätzen können – folgt man dem funktionalen Fiktionalitätsmodell Isers, muss man im fiktionalen Erzählen gleichsam den Ort erkennen, an dem das Trauma als das Andere der Geschichte und als das Andere der (und damit als gefährliche?) Erinnerung bruchstückhaft geborgen werden kann.

---

[50] Reddemann, Trauma, 6.

[51] Vgl. hierzu Stefan Otto, „Auf der virtuellen Couch. Gewaltopfer beschreiben in einem ‚Lebenstagebuch' ihre Erlebnisse", *Frankfurter Rundschau* 65, Nr. 144 (25.06.2009), 15, passim. Otto beschreibt in seinem Artikel u.a. das Projekt „Lebenstagebuch", eine protokollbasierte, internetgestützte Schreibtherapie für ältere Menschen, die durch das Behandlungszentrum für Folteropfer Berlin e.V. angeboten wird (Quelle: http://www .lebenstagebuch.de, Zugriff am 17.8.2011). Vgl. auch Suzette A. Henke, *Shattered Subjects: Trauma and Testimony in Women's Life-Writing*, Basingstoke u.a. 1998, 141–144; Ursula Wirtz/Jürg Zöbeli, „Das Trauma der Gewalt – Der Tod des Sinns?", in: dies., *Hunger nach Sinn. Menschen in Grenzsituationen – Grenzen der Psychotherapie*, Zürich 1995, 114–168, 135.151; Rosmarie Barwinski Fäh, „Trauma, Symbolisierungsschwäche und Externalisierung im realen Feld", *Forum der Psychoanalyse* 17 (2001), 20–37, 33; sowie Bowen, Ezekiel, 271, wo es heißt: „The writing process changes a victim's assessment of situational meaning; the trauma becomes viewed as less stressful and less threatening. Writing also brings about changes in cognitive processing, reflected by decreased intrusions and avoidance [...]. Because of these changes in mental health, writing even results in improved physical health. Therefore, the very act of writing the book would have been beneficial to Ezekiel and to later editors [...]. The process of ‚disclosing trauma through writing' provides a model for moving toward recovery."

3. Das Ezechielbuch als fiktionale Erzählung

Bei den folgenden Ausführungen zum Ezechielbuch als fiktionaler Erzählung geht es mir um zweierlei: Zum einen soll herausgearbeitet werden, dass das Ezechielbuch tatsächlich als fiktionale Erzählung gelesen werden kann, zum anderen soll deutlich werden, wie sich die Perspektive auf dieses prophetische Buch durch diese Lesart verändern und wie einige in ihm enthaltene schwer einzuordnende Elemente überraschenden Deutungsmöglichkeiten zugänglich werden können.

Mit Fludernik lässt sich Erzählung genauer definieren als

> eine Darstellung in einem sprachlichen [...] Medium, in deren Zentrum eine oder mehrere Erzählfiguren anthropomorpher Prägung stehen, die in zeitlicher und räumlicher Hinsicht existenziell verankert sind und (zumeist) zielgerichtete Handlungen ausführen (Handlungs- oder Plotstruktur). Wenn es sich um eine Erzählung im herkömmlichen Sinn handelt, fungiert ein Erzähler als Vermittler im verbalen Medium der Darstellung. Der Erzähltext gestaltet die erzählte Welt auf der Darstellungs- bzw. Text-Ebene kreativ und individualistisch um, was insbesondere durch die (Um-)Ordnung der zeitlichen Abfolge in der Präsentation und durch die Auswahl der Fokalisierung (Perspektive) geschieht[52].

Ausgehend von dieser Definition sollen im Folgenden ausgewählte narrative Signale und Strukturen des Ezechielbuchs in fünf Unterabschnitten genauer erörtert werden. Ich beginne – das legt allerdings weniger diese Definition als vielmehr die Struktur des Ezechielbuchs selbst nahe – mit einigen Beobachtungen zum Verhältnis von Erzählung und erzählter Rede sowie zu den Erzähltempora (3.1.). Im Anschluss werden die Erzählinstanz und die Erzählperspektive des Buches (3.2.), seine Erzähleröffnung(en) in Ez 1,1–3 (3.3.) und seine Erzählsituation (3.4.) in den Blick genommen. Danach erläutere ich die zeitliche und räumliche Inszenierung des Ezechielbuchs und seine Ereignisstruktur(en) (3.5.), bevor in Abschnitt 4. eine Zusammenfassung von Unterkapitel A. erfolgt.

3.1. Erzählung, erzählte Rede und Erzähltempora im Ezechielbuch

Von den 1273 Versen des Ezechielbuchs liegen 242, also knapp ein Fünftel, ganz auf der Erzählebene E⁰[53], d.h. sie enthalten keine Anteile an erzählter Rede; weitere 56 Verse liegen teilweise auf E⁰, weisen also darüber

---

[52] Fludernik, Einführung, 15.

[53] Die Erzählebene E⁰ meint dasjenige Geschehen, das von der Erzählinstanz erzählt wird. Sobald diese Erzählinstanz in direkter Rede andere zu Wort kommen lässt, wird eine andere Erzählebene (E¹, E², E³ usw.) erreicht. Vgl. hierzu auch unten Anm. 62.

hinaus Anteile an erzählter Rede auf verschiedenen Redeebenen auf. Oft enthalten die Verse auf E⁰ selbst *Waw*-Imperfektformen (*wayyiqtol*-x-Formationen), daneben finden sich Nominal- bzw. Partizipialsätze (x-*qotel*-Formationen), die vorhergehenden Sätzen im Vergangenheitstempus zeitlich gleichgeordnet sind. Seltener gibt es auf Vorzeitigkeit gegenüber dem Erzähltempus verweisende x-*qatal*- bzw. *qatal*-x-Formationen sowie auf Nachzeitigkeit gegenüber dem Erzähltempus verweisende *wᵉqatal*-x-Formationen.

Ein Großteil (etwa vier Fünftel) der ganz oder teilweise auf der Erzählebene E⁰ angesiedelten Verse entfällt auf die Textpassagen, die Visionen bzw. visionäre Reisen Ezechiels schildern (Ez 1–5: 38 Verse auf E⁰/12 Verse teilweise auf E⁰; Ez 8–11: 36/22; Ez 40–48: 111/13; insgesamt: 185/47). In den dazwischenliegenden Textpassagen (vor allem in den Kapiteln 12–39) wird die Erzählebene E⁰ im wesentlichen durch die regelmäßig wiederkehrende Formulierung ויהי דבר־יהוה אלי לאמר, „da erreichte mich das Wort Jʜᴡʜs"[54], teilweise ergänzt durch Zeitangaben[55] und Schilderungen szenischer Wechsel[56], aufrechterhalten[57]. Ereignisse bzw. Ereignisketten, die über solche Redeeröffnungen[58] hinausgehen (diese aber mitunter auch enthalten), werden in Ez 12,1–7; 24,15–24; 33,21–22 und 37,1–14 in Szene gesetzt:

1) In 12,1–7 erhält Ezechiel den Auftrag zu einer die Deportation von Kriegsgefangenen symbolisierenden Handlung und führt diese Handlung aus;
2) in 24,15–24 wird Ezechiel der Tod seiner Frau angekündigt, auf den (bzw. auf die Ankündigung desselben) er ohne Klagerituale reagieren soll; er verhält sich entsprechend und antwortet auf die Frage des Volkes, was das bedeute, mit einem Gotteswort, das sein Verhalten auf das Verhalten des Volkes beim Untergang des Tempels bezieht;

---

[54] Ez 6,1; 7,1; 12,1.17.21.26; 13,1; 14,2.12; 15,1; 16,1; 17,1.11; 18,1; 20,2; 21,1.6.13.23; 22,1.17.23; 23,1; 24,1.15; 25,1; 27,1; 28,1.11.20; 30,1; 33,1.23; 34,1; 35,1; 36,16; 37,15; 38,1.

[55] Vgl. Ez 12,8 (ויהי דבר־יהוה אלי + Zeitangabe + לאמר); 20,1–2 (ויהי + Zeitangabe + szenischer Wechsel + ויהי דבר־יהוה אלי לאמר); 24,1 (ויהי דבר־יהוה אלי + Zeitangabe + לאמר). Die die Erzählung eines Wortgeschehens an die Nationen zeitlich einordnenden und eröffnenden E⁰-Verse folgen demgegenüber alle der Struktur ויהי + Zeitangabe + ויהי דבר־יהוה אלי לאמר (vgl. Ez 26,1; 29,1.17; 30,20; 31,1; 32,1.17).

[56] Vgl. Ez 14,1 (szenischer Wechsel + ויהי דבר־יהוה אלי לאמר); 20,1 (s.o.).

[57] Vgl. Renz, Function, 135.

[58] Vgl. neben den bereits genannten narrativen Redeeröffnungen noch Ez 21,5; 23,36.

3) in 33,21f kommt ein aus Jerusalem Geflohener zu Ezechiel und bringt die Nachricht vom Untergang der Stadt, bereits am Tag zuvor ist der Prophet von seiner Sprachlosigkeit befreit worden;

4) in 37,1–14 wird Ezechiel von JHWH in die Ebene voller Totengebeine geführt, die, vermittelt durch den Propheten, durch die herbeigerufene רוח zu neuem Leben gelangen; JHWH deutet diese Wiederbelebung auf einen neuen Exodus der Exilierten[59].

Außerhalb dieser Erzählabschnitte und der Visionsschilderungen, auf die damit besonderes Gewicht fällt, erfahren die Lesenden hingegen nur, dass in der Vergangenheit auf Gott zurückgeführte Wortereignisse stattgefunden haben, nicht aber – zumindest nicht explizit –, ob Ezechiel einzelnen Rede- oder Handlungsaufträgen tatsächlich nachgekommen ist, wie sein Publikum darauf reagiert hat oder ob die angekündigten Ereignisse dementsprechend eingetreten sind[60].

Entscheidend ist in diesem Zusammenhang allerdings zunächst, dass das *gesamte* Geschehen, auch die mitunter sehr langen (Gottes-)Reden, die sich zum Teil auf bereits geschehene, zum Teil auf gegenwärtige und zum Teil auf noch unabgeschlossene bzw. noch ausstehende Vorgänge beziehen, als *in der Vergangenheit liegende Ereignisse* präsentiert werden. Durch diese Art der Präsentation erhält das Ezechielbuch die für Erzählungen charakteristische „doppelte temporale Sequenz", nach der sich die „Zeit des Erzählten und die Zeit der Erzählung"[61] bzw. erzählte Zeit und Erzählzeit voneinander unterscheiden lassen.

---

[59] Der Textabschnitt Ez 37,1–14 wurde im Zusammenhang der Visionsschilderungen ausgespart, weil ihm ein etwas anderer Charakter eignet als den Kap. 1–3 (-5), 8–11 und 40–48, in denen der *visionäre* Charakter des Geschilderten durch die Verbform ואראה, „und ich schaute", deutlich expliziert wird. In Ez 37,1–14 liegen fünf Verse ganz, weitere vier teilweise auf Erzählebene E⁰.

[60] Vgl. Ez 6,1–14; 7,1–27; 12,8–16.17–20.21–25.26–28; 13,1–23; 14,1–11.12–23; 15,1–8; 16,1–63; 17,1–10.11–24; 18,1–19,14; 20,1–44; 21,1–5 (V5: erzählte Rede Ezechiels).6–12.13–22.23–37; 22,1–16.17–22.23–31; 23,1–35.36–42.43–49; 24,1–14.25–27; 25–32; 33,1–20.23–33; 34,1–31; 35,1–36,15; 36,16–38; 37,15–28; 38,1–39,29.

[61] Christian Metz, *Essais sur la signification au cinéma*, Paris 1968, 27 (zitiert nach: Gérard Genette, *Die Erzählung*, München 1994, 21). Vgl. hierzu auch Utzschneider/Nitsche, Arbeitsbuch, 150: „Erzählen ist ein Geschehen, das sich in mindestens zwei Welten und Zeiten gleichzeitig abspielt: in der Welt, von der erzählt wird und der Welt, in der erzählt wird; in der Vergangenheit und in der Gegenwart, in der erzählt wird. Wer erzählt oder erzählen hört, überschreitet beständig und vorsätzlich diese Grenzen, so daß sich die Welten vermischen und die Zeiten verbinden." Erzähltheoretisch werden die Begriffe ‚erzählte Zeit' und ‚Erzählzeit' mitunter auch für die Beschreibung der Dauer der Ereignisse in der Erzählung (erzählte Zeit) im Verhältnis zu dem Zeitraum, den es braucht, um diese Ereignisse zu erzählen (Erzählzeit), gebraucht.

Der narrative Charakter des Ezechielbuchs wird des Weiteren dadurch
verstärkt, dass Passagen einzelner Gottesreden Erzählungen in der Erzählung darstellen (vgl. insbesondere Ez 16,3–34.45–51; 17,3–8.12–15; 20,5–29;
23,2–21.37–44). Verweisen die *Waw*-Imperfektformen auf der Erzählebene
E⁰ auf die erzählte Zeit, so wird mit den in diesen auf den Redeebenen
E¹ bis E⁴ angesiedelten[62] Erzählungen in der Erzählung enthalten *Waw*-
Imperfektformen[63] und weiteren zeitlichen Markierungen[64] auf Geschehnisse angespielt, die der erzählten Zeit selbst noch vorgängig sind. Diese
sog. Geschichtserzählungen dienen damit u.a. dazu, in Form von Rückblicken zusätzliche Informationen in das Erzählgeschehen einzubringen[65].

3.2. Das Ezechielbuch als diegetische[66] Ich-Erzählung und seine Erzählperspektive

Wesentliches Merkmal einer Erzählung ist das Vorhandensein einer (fiktionalen) Erzählinstanz, die einerseits die erzählte Zeitlandschaft kreativ
herstellt und andererseits die Hörenden bzw. Lesenden „auf der Zeitreise durch diese Landschaft, die sich im Erzählprozess aufbaut"[67], leitet[68]. Im Ezechielbuch ist diese Instanz ein Ich-Erzähler (vgl. nur Ez 1,1),
der in Ez 1,3 durch eine von außen kommende Stimme als Ezechiel

---

[62] Die Redeebene E¹ wird dort erreicht, wo die Erzählinstanz das Wort an eine Erzählfigur abgibt. Zitiert diese Erzählfigur in ihrer Rede eine weitere Erzählfigur, liegt das Zitat
auf der Redeebene E²; wird innerhalb des Zitats wiederum zitiert, wird Redeebene E³
erreicht usw. Vgl. hierzu Utzschneider/Nitsche, Arbeitsbuch, 157–160; Uta Schmidt, *Zentrale Randfiguren. Strukturen der Darstellung von Frauen in den Erzählungen der Königebücher*, Gütersloh 2003, 48f. Die im Ezechielbuch erzählten Reden haben zumeist eine sehr
komplexe Ebenenstruktur. Wo das Wort an die Erzählfigur Jhwh abgegeben wird (E¹),
sagt Gott in der Regel, was Ezechiel an bestimmte Adressaten weitergeben soll (E²); dabei
handelt es sich dann sehr oft um mit der sog. Botenformel (כה־אמר יהוה) eingeleitete
Selbstzitate Gottes (E³), in denen gelegentlich zusätzlich andere Stimmen zitiert werden
(E⁴). Vgl. hierzu auch Jobling, Approach, 208–210.

[63] Vgl. Ez 16,5.6.7.8.9 u.ö.; 16,47.50.51; 17,3.4.5.6.7; 17,12.13.15; 20,5.7.8.9.10 u.ö.; 23,3.4.5.7.8
u.ö.; 23,39.42.43.44.

[64] Vgl. z.B. Ez 16,4.5 ביום הלדת/הולדת, „am Tag deiner Geburt"); 20,5 ביום בחרי
בישראל, „an dem Tag, an dem ich Israel erwählte); 20,6 (ההוא ביום, „an jenem Tag");
23,38.39 (ההוא ביום, „an jenem Tag").

[65] Vgl. hierzu Davis, Scroll, 105f; Eberhard Lämmert, *Bauformen des Erzählens*, Stuttgart
1955, 207–209; Susanne Gillmayr-Bucher, „Und es gab keinen Antwortenden. Einseitige
direkte Rede in biblischen Erzählungen", *PzB* 15 (2006), 47–60, 48.

[66] ‚Diegetisch' (von griech. διήγησις, „Erzählung") bedeutet ‚zur Erzählung gehörend, an
der Erzählung beteiligt', während ‚nichtdiegetisch' ‚nicht zur Erzählung gehörend, nicht
an deren Handlung beteiligt' meint. Vgl. hierzu Wolf Schmid, *Elemente der Narratologie*
(Narratologia 8), Berlin/New York 2005, 85f.

[67] Christof Hardmeier, *Textwelten der Bibel entdecken. Grundlagen und Verfahren einer
textpragmatischen Literaturwissenschaft der Bibel*, Gütersloh 2003, 65.

[68] In dieser doppelten Funktion der Erzählinstanz spiegelt sich die doppelte temporale
Sequenz aus Erzählzeit und erzählter Zeit wider.

identifiziert wird und der in Ez 24,24, wo er eine an ihn ergangene Gottesrede zitiert, von sich selbst als Ezechiel spricht. Als diegetischer Erzähler
gehört Ezechiel zur erzählten Welt hinzu, d.h. er erzählt – rückblickend –
von vergangenen Geschehnissen, an denen er selbst bzw. „sein früheres
Ich"[69] gemeinsam mit anderen Erzählfiguren (z.B. JHWH bzw. dessen כבוד
[„Gegenwart"], רוח, Botengestalten, Älteste Israels, Verschleppte am Fluss
Kebar, Volk, vertrocknete Knochen[70]) in einem bestimmten Zeitraum und
an bestimmten Orten beteiligt war. Ezechiel als erzähltes Ich ist dabei
neben JHWH eine der Hauptfiguren des erzählten Geschehens[71]; was er
in der geschilderten Beziehung mit JHWH, der Gottheit Israels, von der
er immer wieder als בן־אדם, „Mensch", angesprochen wird, erlebt, wird
in einer der Schlüsselpassagen, Ez 37,1–10, auf andere Erzählfiguren, die
vertrockneten Knochen übertragen, und stellt sich mehrfach als (zeichen-
hafte) Antizipation dessen dar, was die (idealen) RezipientInnen[72] für sich
selbst annehmen und erhoffen sollen.

Ezechiel bleibt Erzähler seiner Geschichte trotz der Tatsache, dass er
sie – inhaltlich betrachtet – über weite Passagen eher zu erleiden als
selbst zu gestalten scheint. Diese von zahlreichen AuslegerInnen festge-
stellte Passivität des Protagonisten beschreibt Renz wie folgt:

> [T]he narrator, strictly speaking, is not in charge with his narrative. More
> often he relates what happened to him, rather than what he did. [...] Usu-
> ally the narrator does not even indicate that he performed the sign actions
> he was commanded to do nor that he conveyed the oracles given to him.
> In this way the narrator portrays himself generally as being on the receiving
> end of communication rather than being the effector of communication.
> He understands himself as the first listener to God's speech rather than the
> initiator of speech[73].

In diesem Sinne bezeichnet Renz den Erzählprozess des Ezechielbuchs
als „creation of a theocentric narrative"[74], womit zugleich zum Ausdruck

---

[69] Schmid, Narratologie, 86.

[70] Diese exemplarische Liste verdeutlicht, dass dort, wo vom Ezechielbuch als (fiktionaler) Erzählung die Rede ist, auch JHWH als Erzählfigur angesprochen werden muss (vgl.
Ilse Müllner, „Zeit, Raum, Figuren, Blick. Hermeneutische und methodische Grundlagen
der Analyse biblischer Erzähltexte", PzB 15 [2006], 1–24, 11). Müllner zufolge stellt Gott
also „erzähltheoretisch zunächst keine ‚Sonderkategorie' dar[], sondern [handelt] als ein
Aktant unter anderen auf der Bühne des erzählten Geschehens" (ebd.). Gleichzeitig seien
auch nicht anthropomorphe Figuren, die als Subjekte des Erzählgeschehens in Erscheinung treten, als Erzählfiguren in den Blick zu nehmen.

[71] Vgl. Martinez/Scheffel, Einführung, 82f; Schmid, Narratologie, 94–96.

[72] Zu diesem Begriff und seiner Bedeutung vgl. unten Anm. 126.

[73] Renz, Function, 135. Vgl. hierzu auch Davis, Scroll, 81–85; Odell, Genre, 195.217.

[74] Renz, Function, 132. Vgl. ausführlicher a.a.O., 132–141.

gebracht ist, dass eben diese Theozentrik durch die Erzählinstanz vermittelt ist und Methode hat. Zum einen nämlich hebt die fast durchgehende Passivität Ezechiels die Passagen besonders hervor, an denen er
aktiv wird, und gibt diesen besonderes Gewicht – so sind Ez 11,13 und
37,7.10 die einzigen Stellen, an denen erzählt wird, dass der Prophet einer
Aufforderung Jhwhs, prophetisch zu handeln (√נבא), tatsächlich nachkommt, wobei sich das in der רוח Jhwhs gesprochene prophetische Wort
als ausgesprochen wirkmächtig erweist[75]. Nur in Ez 11,25, 12,7 und 24,18.20
werden tatsächliche, vor einem Publikum stattfindende ‚Performances'
des Ich-Erzählers geschildert, und wiederum handelt es sich hierbei um
Erzählabschnitte, die für den Plot des Buches von herausragender Bedeutung sind. Dass sich die Erzählinstanz nur ausnahmsweise als (machtvoll)
Handelnden schildert, passt zugleich zum traumatischen Charakter der
Ezechielerzählung, ist doch das Erleben von Ohnmacht und Kontrollverlust wesentliches Merkmal traumatischer Situationen.

Zum anderen aber hängt die Rezeptivität Ezechiels aufs Engste mit der
Erzählperspektive des Buches zusammen, d.h. mit der Frage danach, „aus
welcher Sicht das Handeln der Personen oder – allgemeiner – die Ereignisse der Story im Erzähltext dargestellt sind"[76]. Wolf Schmid versteht
die Kategorie der Erzählperspektive in einem weiten Sinne als den „von
inneren und äußeren Faktoren gebildeten Komplex von Bedingungen für
das Erfassen und Darstellen eines Geschehens"[77], welcher sich in die fünf
Parameter Perzeption, Ideologie, Raum, Zeit und Sprache untergliedern
lasse[78]. Auf das Ezechielbuch können diese Parameter folgendermaßen
angewandt werden:

Der mit seinem früheren Ich an dem von ihm Erzählten beteiligte
diegetische Ich-Erzähler Ezechiel schildert Ereignisse und Sachverhalte,
für deren Auswahl nicht er selbst, sondern Jhwh bzw. seine Botengestalt verantwortlich zu zeichnen scheinen (*perzeptive Perspektive*). Die
ideologische Perspektive ist die theologische – es ist *Gottes* Sicht auf die

---

[75] In Ez 11,13 führt das prophetische Handeln Ezechiels zum Tod Pelatjas, in Ez 37,10
bewirkt es das Wiederaufleben der vertrockneten Knochen bzw. der „Zerschlagenen".

[76] Utzschneider/Nitsche, Arbeitsbuch, 170. Zum Ganzen vgl. a.a.O., 170–173; Fludernik,
Einführung, 47–50.

[77] Schmid, Narratologie, 276; zum Ganzen vgl. auch a.a.O., 127–147.

[78] In jedem der genannten Parameter kann die Perspektive, so Schmid (ders., Narratologie, 276f), „narratorial (auf den Erzähler bezogen) oder personal (auf die Person [eine
andere Erzählfigur] bezogen) sein. Die beiden Perspektivmöglichkeiten (neben denen eine
dritte, ‚neutrale' nicht angenommen wird) gelten sowohl für diegetische als auch für nichtdiegetische Erzähler. [...] Die Perspektive kann kompakt, d. h. in allen fünf Parametern
auf ein und dieselbe Instanz bezogen, aber auch distributiv, d. h. in einigen Parametern
narratorial, in anderen personal sein."

Ereignisse, die das Ezechielbuch Hörenden bzw. Lesenden darzubieten vorgibt. Dadurch aber, dass das eigentlich Außermenschliche und Unzugängliche durchgehend vom *point of view* Ezechiels aus erzählt wird (*räumliche Perspektive*), tritt es – für Hörende bzw. Lesende mitvollziehbar – in den Horizont sinnlicher Erfahrbarkeit ein. Ezechiel erzählt von seinen außergewöhnlichen Wahrnehmungen so, dass sie als die eines gewöhnlichen Menschen (בן־אדם) erscheinen, nicht etwa als die eines besonders herausgehobenen Gottesmanns (איש האלהים)[79]. Verstärkt wird dieser Eindruck durch die Wahl der *zeitlichen* und der *sprachlichen Perspektive*, die ganz an den jeweiligen Ereignissen, d.h. an den erzählten Zeitpunkten und den zu diesen Zeitpunkten vorhandenen sprachlichen Ausdrucksmöglichkeiten, nicht an dem zum Zeitpunkt des Erzählens erreichten Überblick über das Ganze und dessen sprachlichen Kategorien orientiert werden. Den RezipientInnen erschließen sich die erzählten Erfahrungen Ezechiels im Hör- bzw. Leseprozess dadurch als diejenigen einer von äußeren Eindrücken je und je überwältigten, um genaue Worte für diese Eindrücke ringenden und darin besonders glaubwürdigen Figur, die ihnen gleichsam als Paradigma des bzw. der Menschen in Beziehung zu JHWH vor Augen geführt wird[80].

3.3. *Die doppelte Erzähleröffnung in Ez 1,1–3*

Der Anfang einer Erzählung stellt zugleich eine ihrer Schlüsselstellen dar. Die Bühne des Geschehens wird aufgebaut; typischerweise werden Zeit, Ort und historisches Umfeld des Erzählgeschehens genannt, wichtige Erzählfiguren(gruppen) bezeichnet und einführend charakterisiert, erste Erzählereignisse präsentiert und hierüber der Beginn von Spannungsbögen markiert. Dies alles trifft auch auf den Anfang des Ezechielbuchs zu; gleichzeitig aber weisen dessen erste drei Verse weitere Besonderheiten auf und sollen deshalb im Folgenden etwas eingehender besprochen werden.

Erzähltheoretisch wird für die Eröffnung von Erzählungen zwischen dem *emischen* und dem *etischen* Textbeginn unterschieden. Während emische Eröffnungen die LeserInnen ausführlich in die Welt des Textes einführen, versetzen etische die LeserInnen unmittelbar in die erzählte Welt, wobei das Referenzfeld des Textes als bekannt vorausgesetzt wird[81]. Das Ezechielbuch enthält beides – eine tendenziell etische Eröffnung aus

---

[79] Vgl. Patton, Priest, 76.
[80] Vgl. hierzu Odell, Genre, 215f.
[81] Vgl. Fludernik, Einführung, 55–57.170. Zur Exposition biblischer Erzählungen vgl. Shimon Bar-Efrat, *Wie die Bibel erzählt. Alttestamentliche Texte als literarische Kunstwerke verstehen*, Gütersloh 2006, 124–134.

der Perspektive der diegetischen Ich-Erzälfigur (Ez 1,1) und eine tendenziell emische aus der Perspektive einer nichtdiegetischen Erzählinstanz (Ez 1,2f), die nur an dieser Stelle der Erzählung das Wort ergreift:

> (Ez 1) ¹Und es geschah im 30. Jahr, im 4. Monat, am 5. Tag des Monats, als ich inmitten der Exulantenschaft am Kebarkanal war: Die Himmel wurden geöffnet, und ich schaute göttliche Visionen.
> ²Am 5. Tag des Monats – es war das 5. Jahr der Exilierung des Königs Jojachin – ³erging das Wort JHWHs an Ezechiel, Sohn des Priesters Busi, im Land Chaldäa, am Kebarkanal. Dort kam die Hand JHWHs über ihn.

Beide Anfänge je für sich genommen stellen gleichsam typische ersttestamentliche Erzählexpositionen dar, wie sie am Anfang eigenständiger Erzählungen oder neuer Erzählabschnitte häufig vorkommen[82]. Betrachtet man sie etwas genauer, wird darüber hinaus erkennbar, dass die in ihnen enthaltenen Elemente einander bis ins Detail korrespondieren. Ez 1,1 und Ez 1,2f umfassen – wenn auch in etwas unterschiedlicher Reihenfolge – je eine zeitliche, eine räumliche und eine ‚soziopolitische' Markierung, benennen bzw. charakterisieren die Ich-Erzählfigur und schildern jeweils zwei Erzählereignisse:

Element	V1 (etische Erzähleröffnung)	V2f (emische Erzähleröffnung)
	Und es geschah (ויהי)	
Zeitmarker	im 30. Jahr, im 4. Monat, am 5. Tag des Monats	(1) Am 5. Tag des Monats – es war das 5. Jahr
Ich-Erzählfigur	und ich (war) inmitten	(4) an Ezechiel, Sohn des Priesters Busi,
soziopolitischer Marker	der Exulantenschaft	(2) der Exilierung des Königs Jojachin –
Raummarker	am Kebarkanal:	(5) im Land Chaldäa, am Kebarkanal.
Ereignis 1	Die Himmel wurden geöffnet,	(3) erging das Wort JHWHs
Ereignis 2	und ich schaute göttliche Visionen.	(6) Da kam die Hand JHWHs über ihn.

[82] Zu Ez 1,1 vgl. innerhalb des Ezechielbuchs 3,16; 8,1; 20,1; 26,1; 29,17; 30,20; 31,1; 32,1.17; 33,21, außerhalb z.B. Gen 14,1; 22,1; 40,1; 41,1; Ex 2,11; Lev 9,1; Num 10,11; Jos 1,1 Ri 19,1; 1 Sam 8,1 u.ö (zu dieser Form der Erzähleröffnung vgl. auch Ges-K, §111 f-g). Zu Ez 1,2f vgl. innerhalb des Ezechielbuchs 29,1; 40,1, außerhalb z.B. 2 Kön 13,1; 15,37; 17,1; Jes 20,1; Est 1,2; Dan 1,1; 8,1 u.ö (zu dieser Form der Erzähleröffnung vgl. auch Rudolf Meyer, *Hebräische Grammatik*, Berlin/New York 1992, §100 3a). Zum Ganzen vgl. Utzschneider/Nitsche, Arbeitsbuch, 171; Hardmeier, Textwelten, 111; Hans-Dieter Neef, *Arbeitsbuch Hebräisch. Materialien, Beispiele und Übungen zum Biblisch-Hebräisch*, Tübingen 2003, 103.

Die emische, als Außenkommentar einer allwissenden Erzählinstanz gestaltete Exposition in Ez 1,2f ergänzt, konkretisiert, autorisiert und legitimiert die etische, in der 1. Pers. gehaltene in Ez 1,1, indem sie sie mit zusätzlichen Referenzen versieht. Während etwa die Ich-Erzählinstanz ihr Erleben in V1 zunächst in relativ singulären, ,subjektiven', nicht auf Anhieb einzuordnenden Formulierungen beschreibt, wählt die nichtdiegetische Erzählinstanz in V3 für das Erleben Ezechiels mit einer Variante der Wortgeschehensaussage[83] und der Rede von der Hand Jhwhs[84] biblisch vertraut(er)e Sprachbilder, die dieses gleichsam in die Nähe charakteristischen prophetischen Erlebens rücken[85]. (Erst) *danach* gehen die beiden Formulierungen √היה + דבר־יהוה + אֶל, „da erging das Wort Jhwhs an", und √היה + יד־יהוה + עַל, „da kam die Hand Jhwhs über", in den Sprachgebrauch der Ich-Erzählinstanz über und werden von ihr in der Folge immer wieder zur Einleitung neuer Erzählereignisse verwendet[86].

---

[83] Ez 1,3 ist die einzige Stelle innerhalb der Hebräischen Bibel, an der die Wortgeschehensaussage (√היה + דבר־יהוה + אֶל) mit dem der Perfektform הָיָה vorangestellten *infinitivus absolutus* הָיֹה derselben Wurzel konstruiert wird (*figura etymologica*); das Wortempfangsgeschehen wird dadurch mit besonderer Emphase beschrieben. Sofern sich die *figura etymologica* häufig am Beginn von (erzählter) Rede findet, und zwar so Ges-K §113 o, „nur im Interesse einer gewissen Volltönigkeit" (vgl. z.B. Gen 15,13; Ri 9,8; 1 Sam 10,16), könnte sie einfach dem Erzählanfang geschuldet sein. Da sie aber in Ez 1,3 den (auch im Ezechielbuch) gängigen Sprachgebrauch durchbricht, hat sie m.E. darüber hinaus die Funktion, die Gewissheit und Tatsächlichkeit des in der Folge Erzählten hervorzuheben.

[84] Vgl. z.B. 1 Sam 5,9; 1 Kön 18,46; 2 Kön 3,15; Ps 32,4; 80,18.

[85] Dies gilt vor allem für die ,beglaubigende' Wortgeschehensaussage, deren 116 Vorkommen in der Hebräischen Bibel bis auf drei Ausnahmen (Gen 15,1: Abram; 1 Kön 6,11: Salomo; 18,31: rückblickend von Jakob) auf dezidiert prophetische Gestalten beziehen (vgl. hierzu Schöpflin, Theologie, 65–67). Die Rede vom Kommen der Hand Jhwhs über Ezechiel ist indes nicht ganz so eindeutig einem bestimmten Kontext zuzuordnen, auch wenn die Verbindung der sprachlichen Elemente √היה + יד־יהוה + עַל N.N. häufig ebenfalls im Sinne einer (prophetisch) geprägten Wendung verstanden wird (vgl. z.B. Herrmann, Ezechiel, 11; Zimmerli, Ezechiel 1, 47; Ronald M. Hals, *Ezekiel* [FOTL 19], Grand Rapids 1989, 11; Block, Ezekiel 1–24, 35f; Schöpflin, Theologie, 68).

[86] Mit dem Gebrauch der Wortgeschehensaussage im Zusammenhang der Erzähleröffnung wird zugleich das im Ezechielbuch „deutlichste Gliederungssignal" (Schöpflin, Theologie, 67) eingeführt, das sich zwar zugleich über weite Strecken dessen erzählenden Charakter aufrechterhält (vgl. Ez 3,16; 6,1; 7,1; 11,14; 12,1.8.17.21.26; 13,1; 14,2.12; 15,1; 16,1; 17,1.11; 18,1; 20,2; 21,1.6.13.23; 22,1.17.23; 23,1; 24,1.15.20; 25,1; 26,1; 27,1; 28,1.11.20; 29,1.17; 30,1.20; 31,1; 32,1.17; 33,1.23; 34,1; 35,1; 36,16; 37,15; 38,1). Mit יד־יהוה wird das neben der Wortgeschehensaussage auf der Erzähllebene E⁰ wesentliche Gliederungssignal erstmals verwendet, mit dem im weiteren Erzählverlauf all jene Abschnitte beginnen, die sich aufgrund eines Ortswechsels Ezechiels und ihres visionären Erzählcharakters vom Kontext abgrenzen lassen, denen aber eine Einleitung durch die Wortgeschehensaussage fehlt (vgl. Ez 3,22; 8,1; 37,1; 40,1). Die Rede von der Hand Jhwhs kommt allerdings im Ezechielbuch auch in anderen Zusammenhängen vor (vgl. nur Ez 3,14; 13,9; 33,22).

Vergleichbares gilt für die Chronologisierung des weiteren Erzählgeschehens nach der Ära ‚Exilierung Jojachins' (V2) – auch sie wird von
der nichtdiegetischen Erzählinstanz eingeführt und wird von hier aus in
das Beschreibungs-/Deutungsrepertoire der Ich-Erzählinstanz übernommen. Deren eigene zeitliche Markierung in V1 hingegen (im 30. Jahr, im 4.
Monat, am 5. Tag des Monats) würde ohne die Konkretion in V2, die das
30. Jahr mit dem 5. Jahr der Deportation Jojachins (594/93 v.u.Z.) zusam-
menliest, vollkommen in der Luft hängen. Mit dieser Konkretion wird das
30. Jahr immerhin *deutbar*, auch wenn sich keine *eindeutige* Interpretation ergibt.

Insgesamt wird die Ich-Erzählfigur, die sich, das zeigt auch ihre Fortführung der Erzählung ab Ez 1,4, deutlich am eigenen Erlebens- und Erkenntnisprozess orientiert, durch den Kommentar der nichtdiegetischen,
allwissenden Erzählinstanz nicht nur mit einem Mehr an Biographie und
priesterlicher wie prophetischer Autorität versehen. Die Außenperspek-
tive verleiht dem Selbstbericht Ezechiels bzw. der Ich-Erzählinstanz selbst
gleichzeitig den Charakter des Gemachten – die Suggestion des „in der 1.
Pers. implizierte[n] Sprecher[s], daß er zugleich Verfasser des Textes ist"
und dessen damit verbundener „erhöhter Authentizitätsanspruch"[87], wie
z.B. Karin Schöpflin das fünfzigmalige Auftreten der Wortgeschehenssaussage im Munde der Ich-Erzählinstanz im weiteren Buchverlauf interpretiert, wird dadurch deutlich unterlaufen.

(Fiktionale) Erzählinstanzen sind – diese Erkenntnis gehört zu einer
der ersten Errungenschaften der Erzählwissenschaft – nicht mit den AutorInnen einer Erzählung deckungsgleich[88]. Dies muss, nimmt man den
Erzählcharakter des Ezechielbuchs ernst, auch für die beiden in Ez 1,1.4ff
und Ez 1,2f auszumachenden Erzählinstanzen angenommen werden. Es ist
deshalb nicht möglich, das Verhältnis dieser unterschiedlichen Stimmen
mit Patton als eines von Erzählinstanz (V1.4ff) und Buchautor(engruppe)
(V2f) zu deuten[89]. Gleichwohl ist die Präsenz *zweier* Erzählinstanzen als
expliziter Hinweis auf die Fiktionalität des Ezechielbuchs zu begreifen,
welche die Nicht-Identität von Autor(engruppe) und Ich-Erzählfigur

---

[87] Schöpflin, Theologie, 58.
[88] Vgl. Fludernik, Einführung, 69–72.
[89] Bei Corrine L. Patton (dies., „Priest, Prophet and Exile: Ezekiel as a Literary Construct",
SBL.SP 2000, 700–727, 700, Hervorhebung R.P.) heißt es mit Bezug auf Ez 1,2f: „Breaking
the frame of the majority of the book, the *author* tells the reader Ezekiel's parentage and
office." Vgl. auch Konkel, Ezechiel, 220f. Konkel zufolge steht in Ez 1,1 „das erzählende Ich
im Vordergrund" (a.a.O., 220), während sich in Ez 1,2f „ein Herausgeber zu Wort [meldet]"
(a.a.O., 221).

selbstverständlich in sich schließt. Die ausdrückliche Konstruiertheit Ezechiels, der sich nicht selbst (be-)nennt, sondern mit einem programmatischen Namen benannt, der sich nicht selbst (s)einem theologischen Stand
zuordnet, sondern gleich doppelt zugeordnet wird, zielt dabei m.E. darauf,
den exemplarischen Charakter dessen, der hier erzählt, besonders hervorzuheben (vgl. den Aspekt der Zeichenhaftigkeit Ezechiels in Ez 12,6.11;
24,24.27). Bezieht man an dieser Stelle traumatologische Erwägungen ein,
könnte man diesen Konstruktionsprozess auch dahingehend deuten, dass
die paradigmatische Gestalt *Gott-möge-stärken*/יחזקאל ihre in der/durch
die Exilskatastrophe verlorengegangene Identität allererst wiedergewin-
nen muss. In traumatologischer Hinsicht von Interesse ist darüber hinaus
der Umstand, dass die Aussage der Ich-Erzählinstanz Ezechiel in Ez 1,1
den Zuschreibungen der nichtdiegetischen Erzählinstanz in Ez 1,2f vorgeschaltet ist. Das Ezechielbuch inszeniert sich damit „vom ersten bis zum
letzten Wort als [...] Augenzeugenbericht"[90]; „[u]nabhängig davon, wie
fremd, unwahrscheinlich und radikal das ist, was im Folgenden berichtet wird: Die Wahrheit des Berichteten wird durch den Zeugen Ezechiel
verbürgt"[91]. Solche ‚Zeugnishaftigkeit' aber ist nicht nur ein wesentliches
Moment von Trauma-Literatur, sie ist – sofern sie anerkannt und geteilt
wird – gleichzeitig mitentscheidend für den Prozess der Traumaheilung.

3.4. *Zur Erzählsituation des Ezechielbuchs*

Das Ezechielbuch weist, dies wurde bereits erwähnt, die für Erzählungen
charakteristische doppelte temporale Sequenz auf, nach der sich Zeit(en)
und Situation(en) des *Erzählten* von Zeit und Situation des *Erzählens*
unterscheiden lassen. Hinweise auf das Erzählen selbst wie z.B. auf das
Ich des Erzählers zum Zeitpunkt des Erzählens, auf Zeit und Ort, in der
bzw. an dem erzählt wird, auf (fiktive) AdressatInnen, denen erzählt wird,
sowie auf die Textualität, Medialität oder den Konstruktcharakter der
Erzählung (sog. metatextuelle Signale)[92] enthält das Ezechielbuch allerdings nur in versteckter bzw. impliziter Form (eine *explizite* Thematisie-
rung der Situation des Erzählens findet sich hingegen in Lk 1,1–4; vgl. auch
Apg 1,1)[93]. Diese impliziten Hinweise sollen im Folgenden eingehender

---

[90] Konkel, Ezechiel, 221.
[91] Konkel, Ezechiel, 222.
[92] Vgl. hierzu Werner Wolf, „Art. Metatext und Metatextualität", MLLK (³2004), 453f, 453.
[93] Vgl. auch Jer 36,32 und hierzu Utzschneider/Nitsche, Arbeitsbuch, 222; Franz-Josef
Backhaus/Ivo Meyer, „Das Buch Jeremia", in: Erich Zenger u.a.: *Einleitung in das Alte Testament* (KStTh 1,1), Stuttgart ⁶2006 [1995], 452–483, 466–468.

besprochen werden, wobei ich zuerst auf den Zeitpunkt und den Ort des Erzählens (1), danach auf den Konstruktcharakter des Ezechielbuchs als von vornherein schriftlicher Erzählung eingehe (2).

1) *Zeitpunkt und Ort der Ezechielerzählung*: Fludernik zufolge, findet „Erzählung realistischerweise dann statt[], wenn die erzählten Ereignisse bereits vorüber sind"[94]. Für das Ezechielbuch ergibt sich so, folgt man der Inszenierung des Buches, ein Erzählzeitpunkt nach 571 v.u.Z. (vgl. Ez 29,17, den Vers, der die späteste der 14 auf der Verschleppung Jojachins basierenden Datierungen des Ezechielbuchs beinhaltet). Die Erzählfigur Ezechiel erzählt also mit einem zum Teil großen zeitlichen Abstand zu dem von ihr berichteten Geschehen, der sich allerdings im Verlauf der Erzählung immer mehr in Richtung auf den Zeitpunkt des Erzählens verkürzt, und in einem nicht mehr ganz jungen Alter[95]. Geht man davon aus, dass er 70 oder 80 Jahre alt geworden ist, so muss seine Erzählung spätestens etwa zwischen 550 und 540 v.u.Z. erfolgt sein – dies jedenfalls ist die Fiktion. Diese ‚Konstruktion' aber lässt zugleich Rückschlüsse auf das Ziel der Ezechielprophetie in ihrer Schrift gewordenen Form zu: Sofern das ganze Buch (geraume Zeit) nach 587/86 v.u.Z. erzählt wird, kann die Erzählabsicht nicht in der *Verhinderung*, sondern einzig – auch, was die in der Erzählung *vor* dem Beginn der Belagerung Jerusalems angesiedelten Ereignisse (Ez 1,1–23,49), angeht – in der *Interpretation* der traumatischen Katastrophe (und der zukünftigen Verhinderung ähnlicher Katastrophen) bestehen.

Der Ort des Erzählens bleibt völlig unmarkiert, obwohl innerhalb des Erzählten verschiedene Räume, ihre Gestalt(ung) und das Überschreiten von Grenzen zwischen ihnen eine herausragende Rolle spielen. Die große Schlussvision des Buches (Ez 40–48) legt alles Gewicht darauf, dass die Gottheit Israels ihren Ort findet und den utopischen Tempel mit ihrer ewigen Präsenz erfüllt (vgl. Ez 43,1–7; 44,4; 48,35), über den Verbleib des Erzählers Ezechiel hingegen können Hörende bzw. Lesende nur spekulieren. Sein letzter Aufenthaltsort, von dem er berichtet, ist das Ufer des Tempelflusses (Ez 47,6f), dessen lebendigmachende Kraft ihm von JHWHs Botengestalt erläutert wird (Ez 47,8–12).

---

[94] Fludernik, Einführung, 63.
[95] Deutet man das „30. Jahr" in Ez 1,1 als Hinweis auf das Lebensalter Ezechiels zum Zeitpunkt des 5. Jahrs nach der Verschleppung des Königs Jojachin, so erzählt er seine Geschichte frühestens im Alter von 52 Jahren.

Im Anschluss zitiert die Botengestalt eine Gottesrede über die Grenzen des neu zu verteilenden Landes (Ez 47,13–23), die Landzuteilung an die zwölf Stämme (Ez 48,1–29) sowie die Tore und den Namen der utopischen Stadt, „Jhwh-ist-hier" (Ez 48,30–35), wobei Ezechiel aber nicht mehr direkt angesprochen wird, auch keinen Auftrag zum Weitergeben des Gesehenen bzw. Gehörten mehr erhält, sondern in dem angeredeten „Ihr" eingeschlossen ist.

2) *Der Konstruktcharakter des Ezechielbuchs als von vornherein schriftlicher Erzählung*: Die letzten Aufforderungen, dem Haus Israel etwas mitzuteilen, erhält Ezechiel ohnehin bereits in Ez 40,4, 43,10–12 und 44,5f:

(Ez 40) [4]Die Botengestalt sprach zu mir: Mensch, sieh mit deinen Augen und höre mit deinen Ohren und richte dein Denken auf alles, was ich dir zeige. Denn du wurdest hergebracht, damit es dir gezeigt werde. Alles, was du siehst, mache dem Haus Israel bekannt (הגד).

(Ez 43) [10]Du, Mensch, mache dem Haus Israel das Tempelhaus bekannt (הגד), damit sie sich ihrer Verfehlungen schämen und seine Anlage (את־תכנית) ausmessen. [11]Wenn sie sich all dessen schämen, was sie getan haben, dann lasse sie die Form des Hauses (צורת־הבית [96]), seine Anlage (ותכונתו), seine Ausgänge und Eingänge, all seine Formen (וכל־צורתו) und all seine Bestimmungen (וכל־חקתיו) und all seine Formen (וכ־צורתו) und all seine Weisungen (וכל־תורתו) wissen (הודע) und schreibe (וכתב) sie vor ihren Augen auf, damit sie seine ganze Form (וכל־צורתו) und all seine Bestimmungen (חקתיו) bewahren und verwirklichen[97]. [12]Dies ist die Weisung für das Haus (תורת הבית): Auf dem Gipfel des Berges ist sein Gebiet ringsumher hochheilig. Siehe, dies ist die Weisung für das Haus.

(Ez 44) [5]Da sprach Jhwh zu mir: Mensch, richte dein Denken darauf, sieh mit deinen Augen und höre mit deinen Ohren alles, was ich dir im Hinblick auf alle Bestimmungen (לכל־חקות) des Hauses Jhwhs und all seine Weisungen (לכל־תורתו) sage (מדבר). Richte dein Denken auf die Eingänge

---

[96] Einige AuslegerInnen lesen an dieser Stelle mit LXX (καὶ διαγράψεις) וצרת, „und du sollst beschreiben", „assuming a metathesis in MT's [צורת]. The following sequence of nouns supports the latter." (Daniel I. Block, *The Book of Ezekiel: Chapters 25–48* [NIC.OT], Grand Rapids 1998, 587, Anm. 68.)

[97] Block zufolge (ders., Ezekiel 25–48, 587), „[t]he series of nouns in this list is irregular and overloaded". Er schlägt eine aus MT und LXX ‚gemischte' Lesart vor, die in deutscher Sprache wie folgt lautet: „Lasse sie die Form des Tempels, seine Anlage, seine Ausgänge und Eingänge und all seine Bestimmungen und all seine Weisungen wissen und schreibe sie vor ihren Augen auf, damit sie all meine Rechtssätze und alle meine Weisungen bewahren und befolgen." (A.a.O., 587f.) Alternative Rekonstruktionsversuche finden sich bei Hartmut Gese (ders., *Der Verfassungsentwurf des Ezechiel* [*Kap. 40–48*] *traditionsgeschichtlich untersucht* [BHTh 25], Tübingen 1957, 39–43) und Zimmerli (ders., Ezechiel 2, 410f).

des Hauses und die Ausgänge des Heiligtums. ⁶Und sprich zur Widerspenstigkeit (מרי), zum Haus Israel: So spricht Jнwн, mächtig über allen: Genug
ist es mit allen euren abscheulichen Taten [...].

Die drei Beauftragungsszenen sind untereinander vielfältig verknüpft
und weisen zudem auf Ezechiels prophetische Sendung am Anfang der
Erzählung (vgl. insbesondere Ez 1,28b-3,15) zurück (vgl. hierzu unten)⁹⁸.
Vergleicht man die drei Szenen miteinander, so fällt zunächst auf, dass
Ez 43,10f und 44,5 jeweils Konkretisierungen von Ez 40,4 enthalten. Während das Bekanntmachen (√נגד) in Ez 40,4 „alles, was du siehst" umfasst,
bezieht es sich in 43,10, d.h. nachdem Ezechiel von der Botengestalt durch
den Tempelkomplex geführt worden ist, die Vermessung der einzelnen
Gebäudeteile beobachtet hat (40,5–42,20) und schließlich Zeuge des Einzugs des כבוד Jнwнs in das Heiligtum geworden ist (43,1–9), auf das Tempelhaus. Soll sich Ezechiel nach Ez 40,4 mit allen seinen Sinnen auf das
ausrichten, was die Botengestalt ihm zeigen wird, so konkretisiert sich
dies in Ez 44,5 auf das hin, was Jнwн ihm bezüglich der Bestimmungen
und Weisungen des (Tempel-)Hauses sagt, sowie auf die Eingänge und
Ausgänge des Heiligtums.

Im Hinblick auf das Erzählen bzw. die Erzählsituation, auf die meine
Ausführungen in diesem Zusammenhang zielen, ist m.E. von besonderer
Bedeutung, dass sich das Bekanntmachen und Wissen-Lassen Ezechiels
nach Ez 43,11 im/durch Schreiben (√כתב) vollziehen soll⁹⁹, und erstaunlicherweise sollen in diesem/durch diesen Schreibakt „vor ihren Augen"
nicht nur die „Bestimmungen" und „Weisungen" des Tempelhauses, sondern auch Form und Formen, Anlage, Ausgänge und Eingänge desselben
zu ‚Papier' gebracht werden. Hierbei ist offensichtlich nicht an eine zu
zeichnende oder einzuritzende Karte gedacht – für flächige Darstellungen z.B. auf einem Ziegel oder auf Mauern werden im Ezechielbuch
die Verben √חקק (Ez 4,1¹⁰⁰; 23,14) bzw. √חקה (Ez 8,10; 23,14) verwendet,

---

⁹⁸ So kommt die Formulierung „Höre (Imp.) mit deinen Ohren" im Ezechielbuch nur
in Ez 3,10; 40,4; 44,5, die Formulierung „Höre (Imp.) + Part. *Pi'el* √דבר" nur in Ez 2,8; 44,5
(vgl. 1,28) vor. Die Anrede Israels als מרי (בית), „(Haus der) Widerspenstigkeit", findet sich
in Ez 40–48 nur in 44,6, die weiteren Belegstellen sind Ez 2,5.6.7.8.8; 3,9.26.27; 12,2.2.3.9.25;
17,12; 24,3.
⁹⁹ Vgl. hierzu auch Conrad, Prophets, 168–170. Conrad hält explizit fest, „that Ezekiel
is not to prophesy (נבא) these plans [of restoration, R.P.] but to write them down as the
torah of the house (temple)" (a.a.O., 170).
¹⁰⁰ Ez 4,1 („Du, Mensch, nimm dir einen Ziegel und lege ihn vor dich hin! Ritze [וחקות]
eine Stadt hinein, Jerusalem") spielt mit √חקק wahrscheinlich auf so etwas wie das Ein-
ritzen/Aufzeichnen eines Stadtplans an: „Der Prophet sollte eine Zeichnung oder vielleicht

wohingegen mit dem Verb כתב√ bezeichnete Vorgänge immer auf schriftlich festzuhaltende Worte, Sätze, Namen oder Zahlen bezogen sind.[101]
Form(en) (צוּרָה, צוּרֹת) und Weisung(en) (תּוֹרָה [vgl. Ez 43,12], תּוֹרֹת)
des Hauses sind hier gleichermaßen Objekt des Aufschreibens Ezechiels –
beide sollen (und können) Text werden[102]. Nach Ez 43,12 besteht „die Weisung des Hauses"[103] geradezu darin, dass Raum beschrieben bzw. ihm etwas
zugeschrieben wird: „Auf dem Gipfel des Berges ist sein Gebiet hochheilig
(קֹדֶשׁ קָדָשִׁים)." Ezechiel soll schreiben – einen Textraum kreieren, der
beides zugleich ist: Raum, der Weisung gibt, und Weisung, die Raum gibt,
toraorientierter Raum und raumorientierte Tora[104]. Dies geschieht aber
nicht in der Erzählung selbst, sondern *indem* (schriftlich) erzählt wird.

Insgesamt dreimal erwähnt Ezechiel einen an ihn gerichteten Auftrag
Jhwhs, etwas aufzuschreiben (vgl. noch Ez 24,2; 37,16), wobei der Umfang
des schriftlich Festzuhaltenden jeweils zuzunehmen scheint[105]; kein Mal
allerdings berichtet er von der Ausführung eines solchen Schreibauftrags.
Das legt m.E. den Schluss nahe, dass das Vorhandensein der (schriftlichen) Erzählung selbst, d.h. des Ezechiel*buchs*, als Ergebnis dieser
Schreibaufträge vorgestellt werden soll – indem die Erzählinstanz und
-figur Ezechiel gewissermaßen ständig Leerstellen hinsichtlich der an sie
gerichteten göttlichen Aufforderungen produziert (das gilt nicht nur für
die zu schreibenden, sondern mehr noch für die zu sprechenden Worte)

---

eine Karte [...] Jerusalems in den Ziegel einritzen, bevor dieser hart wurde [...]." (Greenberg, Ezechiel 1–20, 138.)

[101] Vgl. Ez 2,10.10 (die Ezechiel von Jhwh gerichtete Schriftrolle ist vorne und hinten mit
„tiefstem Wehklagen, Ach und Weh" beschrieben); 13,9 (die ‚falschen' ProphetInnen sollen nicht „im Buch des Hauses Israel" aufgeschrieben werden); 24,2 (Ezechiel soll sich ein
Datum aufschreiben); 37,16.16.20 (Ezechiel soll Worte auf Holz schreiben).

[102] Ähnlich soll Ezechiel nach Ez 44,5 sein Denken gleichermaßen auf die Bestimmungen und Weisungen sowie die Eingänge und Ausgänge des Heiligtums richten (wörtlich:
„sein Herz setzen" [שִׂים לֵב]). In diesem Vers überrascht es gleichsam, dass er alles, was
Jhwh ihm bezüglich der Bestimmungen und Weisungen sagt, denken, sehen und hören,
während er die Eingänge und Ausgänge scheinbar ‚nur' gedanklich erfassen soll.

[103] Die Formulierung „Weisung des Hauses" (תּוֹרַת הַבַּיִת) kann man dabei durchaus
sowohl als „Weisung für das Tempelhaus" als auch als „Weisung für das Haus Israel" verstehen (vgl. insbesondere Ez 43,10).

[104] Für Ez 40–48 fällt dabei besonders auf, dass die beschriebene Raumstruktur und die
Struktur des Textes/der Text-Raum einander entsprechen – so ergeht etwa die Weisung
über die Abgabe des ‚Landeszentrums' für Jhwh im Zentrum des Textes (Ez 45,1–8).

[105] In Ez 24,2 geht es um die schriftliche Fixierung des Datums (שֵׁם הַיּוֹם), an dem
Nebukadnezar die Belagerung Jerusalems beginnt; in Ez 37,16, im Kontext eines Auftrags
zu einer symbolischen Handlung, die sich auf die Wiedervereinigung der getrennten ‚Staaten' Juda und Israel bezieht, soll Ezechiel „an Juda und die Israelitinnen und Israeliten, die
mit ihm verbunden sind" und „an Josef, das Holz Efraims, und das gesamte Haus Israel, das
mit ihm verbunden ist" auf zwei Holzstücke schreiben. Vgl. hierzu auch Liss, Temple, 141.

und gleichzeitig davon berichtet, dass Jhwh sie zum Zeichen (מופת) für das Haus Israel bestimmt hat (12,6.11; 24,24.27), inspiriert sie die Idee, ihre Zeichenhaftigkeit in dem von ihr erzählten Text zu erblicken: Ezechiel wird Zeichen, indem er Sprache wird.

In diesem Sinne erscheint es dann auch nicht mehr so überraschend, dass Ezechiel mit dem letzten an ihn gerichteten Verkündigungsauftrag in Ez 44,5f mehr und mehr aus seiner eigenen Geschichte verschwindet, d.h. zunehmend nur noch als Erzählinstanz, nicht mehr als Erzählfigur vorhanden ist. Ez 47,1–12 ausgenommen, tritt er in den letzten Kapiteln weder als Handelnder noch als Angesprochener[106] in Erscheinung. „[H]e fades from the scene"[107] und ersetzt sich selbst durch sein Erzählen unter dem programmatischen Namen bzw. Titel „Gott möge stärken"[108].

Diesem impliziten Schriftlich-Werden Ezechiels, das die gesamte Erzählung durchzieht, korreliert seine lang dauernde Sprachlosigkeit. Die nur durch Jhwh aufzuhebende Stummheit des Propheten wird in Ez 3,26f, 24,25–27 und 33,21f ausdrücklich thematisiert und ist im Ganzen des Erzählverlaufs ursächlich mit der vieldeutigen Szene vom traumatischen Essen-Müssen der Schriftrolle in Ez 2,8b–3,3 in Verbindung zu bringen. Die Ezechiel von Jhwh im Zuge der Beauftragungsszene mehrfach zugewiesene Aufgabe, zum Haus Israel zu reden (vgl. Ez 2,7; 3,1.4.11: √דבר), findet auf der Ebene der Erzählung weitgehend keine Erfüllung – auch nach der Aufhebung seiner Stummheit, die mit (dem Kommen der Nachricht von) der endgültigen Zerstörung Jerusalems koinzidiert (Ez 33,22; vgl. 24,25–27), macht Ezechiel von seiner wiedergewonnenen Sprachfähigkeit kaum Gebrauch[109]. Die sich damit ergebende Situation ist, wie Conrad festhält, zumal für einen Propheten ausgesprochen paradox:

---

[106] Die im Ezechielbuch insgesamt 93-mal vorkommende Anrede Ezechiels mit בן־אדם, „Mensch", findet sich in Ez 40–48 nur in 40,4; 43,7.10.18; 44,5; 47,6.

[107] Patton, Priest, 87.

[108] Vgl. hierzu Schöpflin, Theologie, 345: „Man muß [...] die Möglichkeit in Betracht ziehen, daß ‚Ezechiel' ein programmatischer Personenname ist (analog zu Elijah), der die theologische Kernaussage des Buches umreißen will. Nicht umsonst kommen im Rahmen der Indienstnahme wortspielhafte Elemente zur Wurzel [חזק] vor."

[109] In 3,26f kündigt Jhwh an, den Mund des stumm gemachten Propheten öffnen zu wollen, wenn er ‚ihn zu sprechen' gedenkt (ובדברי אותך, V27 – das Waw bzw. Choläm magnum weist אותך als nota accusativi im Unterschied zur Präposition את, „mit", aus). In Ez 4,14; 9,8; 11,13.25; 24,18 vermag Ezechiel aber gleichwohl ohne Auftrag Jhwhs zu reden (vgl. außerdem Ez 11,13; 24,20; 37,3.7.10, wo Ezechiels Reden jeweils mit einem Impuls Jhwhs in Verbindung steht). Alle eigenmächtigen Reden Ezechiels finden also erstaunlicherweise vor Aufhebung seiner Sprachlosigkeit statt, wohingegen er danach (d.h. nach Ez 33,22) nicht mehr von sich aus spricht. Im gesamten Buchverlauf stehen rund 110 göttlichen Sprechaufforderungen an den Propheten (√אמר, √נבא, √דבר) nur elf sprachliche

Ezekiel is not depicted as prophesying the written words of a מגלת־ספר
[...]. The strange situation in Ezekiel appears to be that when his mouth is
opened to speak for Yahweh, the words already emerge as written words. [...]
Ezekiel the priest who prophesies has ingested the scroll Yahweh offered to
him and is presented as a passive prophet. This passivity distinguishes him
from the warrior-prophet, Jeremiah, who, as the mouth of Yahweh, more
actively participates in reading and dictating scrolls and other ספרים[110].

Das alles deutet m.E. darauf hin, dass die Schriftrollenszene wie die Schilderung der Sprachlosigkeit des Propheten *auch* als metatextuelles Signal
gedeutet werden können, und zwar in einem doppelten Sinne: Zum einen
nämlich, so hält Jürgen Ebach fest, wird hier auf die „Geburtsstunde der
Buchreligion" in der Zeit verwiesen, von der (das) Ezechiel(buch) erzählt:
„Ezechiel *isst* ein Buch – Ezechiel *ist* ein Buch"[111]. Zum anderen lässt sich
in der Schriftrollenszene vielleicht ein Hinweis auf die Art und Weise der
Buchentstehung als *von vornherein schriftlichem Werk*, als „eine als Buch
konzipierte Größe"[112] erkennen. Wie auch soll der von JHWH seiner Sprache beraubte, mit einer Buchrolle ‚abgefüllte' Prophet reden, wenn nicht,
indem er (schriftliche) (Nach-)Erzählung wird?

Gleichzeitig scheint es so, als komme Ezechiels Sendung, die innerhalb
der Erzählung selbst offen bleibt, mit der Buchwerdung des Propheten
noch nicht an ihr endgültiges Ziel. Sofern nämlich viele der an Ezechiel
ergehenden Reden *direkte* Verkündigungsaufträge enthalten (vgl. z.B.
Ez 6,2f; 11,4f.16f; 13,2 u.ö.), geht es auch um eine immer wieder neue ‚Verflüssigung' der Schrift gewordenen Kommunikation. Eine solche Verflüssigung – und auf diese Vorstellung wird m.E. innerhalb des Buches bewusst
gesetzt – ereignet sich dort, wo die Ezechielerzählung einer im Exil oder
in der Diaspora befindlichen Gruppe des Hauses Israel in irgendeiner
Form präsentiert, wo also erzählt wird.

3.5. *Aspekte der zeitlichen und räumlichen Verankerung;
Handlungsstränge*
Die oben wiedergegebene Definition von Erzählung von Fludernik nennt
als wesentliche Merkmale die zeitliche und die räumliche Verankerung

---

Äußerungen Ezechiels gegenüber. Die mit √דבר bezeichnete Aktivität führt er lediglich
zweimal aus (11,25; 24,18).

[110] Conrad, Prophets, 172.

[111] Jürgen Ebach, „Ezechiel isst ein Buch – Ezechiel ist ein Buch", in: ders., *„Iss dieses
Buch!", Theologische Reden* 8 (Erev-Rav-Hefte: Biblische Erkundungen 10), Wittingen 2008,
11–24, 13.

[112] Schöpflin, Theologie, 343.

der Erzählfiguren sowie deren (gezielte) Handlungsorientierung. Der Literaturwissenschaftler Jonathan Culler spricht diesbezüglich von „Transformation": „Es muss eine Ausgangssituation geben, einen Wandel, der irgendeine Verkehrung mit sich bringt, und eine Lösung, die den Wandel als bedeutungsvoll ausweist"[113]; Schmid nennt dies die „Ereignishaftigkeit" einer Erzählung[114]. Wesentliche Aspekte der zeitlichen und räumlichen Darbietung sowie die Ereignishaftigkeit des Ezechielbuchs sollen im folgenden kurz beschrieben werden.

Die *zeitliche Verankerung* der Erzählfiguren wird im Ezechielbuch im wesentlichen durch die chronologische Anordnung mittels der (bei Zusammenlesung von Ez 1,1 und 1,2) 14 Datierungen innerhalb des Buches erreicht. Diese Datierungen, haben zunächst einmal die Funktion, die Geschehnisse zeitlich nachvollziehbar anzuordnen; durch ihre (fiktionale) Vieldeutigkeit verknüpfen sie jedoch gleichzeitig das im Ezechielbuch Erzählte mit bedeutsamen Daten bzw. Ereignissen in der Geschichte Israels und mit für das Gedenken dieser Ereignisse wichtigen kultischen bzw. liturgischen Vollzügen, die in der folgenden Tabelle in der rechten Spalte ausgewiesen sind.

Für die bereits oben angesprochene zweifache zeitliche Markierung in Ez 1,1f bedeutet dies Folgendes: Über das 5. Jahr der Verschleppung Jojachins, 594/93 v.u.Z. (V2), das auch ein bzw. das 30. Jahr ist (V1), ergibt sich eine Verbindung der Ezechielerzählung mit der sog. Reform des Joschija 622 v.u.Z.; rechnet man nämlich von 594/93 v.u.Z. 30 Jahre zurück, kommt man (in etwa) auf diesen Zeitpunkt. Die erste *Gola* wäre nach dieser Zeitrechnung in das 25. Jahr der Reform Joschijas zu datieren – eine Verknüpfung, die auch im Targum Jonathan (7. Jh.) vorgenommen ist. Ez 1,1 liest sich dort wie folgt:

> It was in the thirtieth year, from the time that Hilkiah the High Priest found the Book of Torah in the Temple, in the court under the entrance; during the night, after the beginning of moonlight: in the days of Josiah son of Amon king of the tribe of the House of Judah; on the fifth day of the month of Tammuz. The prophet said: ‚I was among the exiles on the river Chebar, the heavens opened and I beheld, in the prophetic vision that rested upon me, a vision of the glory of the Shekinah of the Lord‘[116].

---

[113] Jonathan Culler, *Literaturtheorie. Eine kurze Einführung*, Stuttgart 2002 [amerikanisches Original 1997], 122f.

[114] Schmid, Narratologie, 20–22.

[115] Dieses Datum beruht allerdings nicht auf der Ära ‚Exilierung Jojachins‘, sondern folgt der offiziellen Lesart nach den Regierungsjahren Zidkijas (vgl. 2 Kön 25,1; Jer 52,4).

[116] Übersetzung aus Samson H. Levey, *The Targum of Ezekiel: Translated, with a Critical Introduction, Apparatus and Notes* (The Aramaic Bible 13), Collegeville 1987, 20. Zur

2 Kön 22	Auffindung des Tora-Buchs	623/22 v.u.Z.	1. Jahr des Jobels
2 Kön 24	erste *Gola* (Jojachin)	Nissan 598/97	25. Jahr des Jobels (als Tief- und Wendepunkt)
1a. Ez 1,1	30. J., 4. M., 5. T.	*Juli 594/93*	*30. Jahr des Jobels; Sommersonnenwende?*
1b. 1,2	5. J., 5. T.	*Juli 594/93*	*30. Jahr des Jobels = 5. Jahr der Gola Jojachins*
2. 3,15	sieben Tage lang	*Juli 594/93*	
3. 8,1	6. J., 6. M., 5. T.	*September 593/592*	?
4. 20,1	7. J., 5. M., 10. T.	*August 592/591*	?
5. 24,1	9. J., 10. M., 10. T.[115]	*Januar 589/88*	*vgl. 2 Kön 25,1; Jer 52,4; Wintersonnenwende?*
6. 26,1	11. J., –, 1. Tag	*März/April 588/87*	?
7. 29,1	10. J., 10. M., 12.T.	*Januar 589/88*	*Wintersonnenwende?*
8. 29,17	27. J., 1. M., 1. T.	*April 572/71*	*Vorbereitung auf Pessach nach Ez 45,18f*
9. 30,20	11. J., 1. M., 7. T.	*März/April 588/87*	*Vorbereitung auf Pessach nach Ez 45,20*
10. 31,1	11. J., 3. M., 1. T.	*Juni 588/87*	*Schawuot?*
11. 32,1	12. J., 12. M., 1. T.	*März 586/85*	*vor Pessach?*
12. 32,17	12. J., -, 15. T.	*(März) 586/85*	*vor Pessach? – LXX: an Pessach!*
13. 33,21	12. J., 10. M., 5. T.	*Januar 586/85*	*Wintersonnenwende?*
14. 40,1	25. J., בראש השנה, 10. T.	*September 574/73*	*50. Jahr des Jobels = Jobeljahr; Rosh haShana: Neujahr? (vgl. Lev 25,9); 10. Nissan: babylonisches Neujahrsfest*

Nach Rabbi Shlomo ben Yizchak (RaShY, 1040–1105) und Rabbi Dawid Qimhi (RaDaQ, ca. 1160–1235) ist das „30. Jahr" das 30. Jahr eines Jobel-jahrzyklus, der im Jahr der Auffindung des Torabuchs unter König Joschija 622 v.u.Z. begonnen hat[117]. Im Kommentar von RaShY heißt es zu Ez 1,2:

Datierung des Targums vgl. ders., „The Date of Targum Jonathan to the Prophets", *VT* 21 (1971), 186–196, passim. Die Verknüpfung von Ez 1,1 und 2 Kön 22–23 findet sich bereits bei Hieronymus (ca. 347–419/20). In seinem Ezechielkommentar heißt es zur Stelle (Hier. comm.Hiez., I, 1, 2–9): „Tricesimus annus non, ut plerique aestimant, aetatis prophetae dicitur, nec iubilaei qui est annus remissionis, sed a duodeuicesimo anno Iosiae regis Iudae quando inuentus est liber Deuteronomii in templo Dei, usque ad quintum capitituitatis annum Ioiachin cognomento Iechoniae, qui cum matre ductus est in Babylonem et cum Daniele tribusque pueris et Hiezechiel – quae est tribus Iudae prima captiuitas quando stillauit ira Dei super Hierusalem."

[117] Zu RaDaQ vgl. Cooke, Ezekiel, 7, wo es heißt: „Kimhi in loc. says that his father Joseph explained the date to be the thirtieth year of the current jubile-period […]".

We thus learn that the thirtieth year which he [Ezekiel, R.P.] counted was numbered from the beginning of the year of Jubilee, since the last year of Jubilee began in the eighteenth year of Josiah, that is the year in which Hilkiah, the priest, found the Book [vgl. 2 Kön 22,8–10, R.P.]. […] The year in which Ezekiel prophesied was the fifth year of his [Jehoiachin's, R.P.] exile. Notice that this is the thirtieth year of Jubilee. An allusion to this chronology according to the year of Jubilee can also be found at the end of his prophecy, for it is said: *In the twenty-fifth year of our exile, at the beginning of the year, on the tenth day of the month* [Ez 40,1, R.P.]. Our rabbis taught: When does it occur that the beginning of the year is on the tenth (day) of the month? Say: this is the year of Jubilee [vgl. Lev 25,8f, R.P.][118].

Die letzte große Vision Ezechiels in Ez 40–48 (im 25. Jahr der Verschleppung Jojachins [vgl. Ez 40,1] und im 50. Jahr der Reform Joschijas) würde demnach ebenfalls in ein Jobeljahr fallen; die erste *Gola* hätte nach dieser Zeitrechnung genau auf der Hälfte und damit am Tief- und Wendepunkt des Jobeljahrzyklus stattgefunden[119]. Schließlich lässt sich das 30. Jahr in Ez 1,1 auch auf das Lebensalter des Priester(sohn)s Ezechiel deuten – dieser Zeitrechnung zufolge begann dessen prophetisches Leben im priesterlichen Dienstantrittsalter von 30 Jahren und endete (mit Ausnahme von Ez 29,17–21) 20 Jahre später im priesterlichen Dienstaustrittsalter von 50 Jahren (vgl. Num 4,3.23.30; 1 Chr 23,3)[120]. Für den in Ez 40,1 enthaltenen Zeitmarker lässt sich – dies sei hier nur angedeutet – eine noch größere (Be-)Deutungsfülle ausmachen.

Wie ein Blick auf die obige Tabelle zeigt, ist die ezechielische Chronologie nicht gänzlich linear, sondern enthält immer wieder auch Durchbrechungen (vgl. Ez 29,1; 30,20; 33,21) und Uneindeutigkeiten etwa durch fehlende Monatsangaben (Ez 1,2; 26,1; 32,17; vgl. 40,1). Diese müssen nicht

---

[118] Text nach Liss, Temple, 128f. In neuerer Zeit ist diese Interpretation vor allem von Herrmann (ders., Ezechiel, 9f), Jan van Goudoever (ders., *Biblical Calendars*, Leiden ²1961, 84–86), Konkel (Michael Konkel, „Das Datum der zweiten Tempelvision Ezechiels [Ez 40,1]", *BN* 92 [1998], 55–70, 63–67; ders., Ezechiel, 223f) und Liss (dies., Temple, 127–132) aufgenommen und weitergeführt worden.

[119] Vgl. hierzu Jan van Goudoever, „Ezekiel sees in Exile a New Temple-City at the beginning of a Jobel Year", in: Johan Lust (Hg.), *Ezekiel and His Book: Textual and Literary Criticism and their Interrelation* (BEThL 74), Leuven 1986, 344–349, 347: „Ezekiel saw the new Temple-city in a Year of Jobel, and accordingly put his exile on Mid-Jobel. […] Half-way through a certain period gives a feeling of deepest distress but is also a point of no-return." Vgl. auch Konkel, Datum, 59.

[120] Vgl. z.B. Kraetzschmar, Ezechiel, 1–5; Karl Budde, „Zum Eingang des Buches Ezechiel", *JBL* 50 (1931), 20–41, 27–31; Zimmerli, Ezechiel 1, 43; Allen, Ezekiel 1–19, 21; Block, Ezekiel 1–24, 83; Margaret S. Odell, „You Are What You Eat: Ezekiel and the Scroll", *JBL* 117 (1998), 229–248, 238f; Patton, Priest, 84f; Konkel, Ezechiel, 223. Vgl. auch die im Apparat der Biblia Hebraica Kittel zu Ez 1,1 vorgeschlagene Konjektur („prps שְׁנָי vel ins לַחַיּ"), die den Bezug auf das Lebensalter Ezechiels explizit herstellt.

als ‚Systemfehler', sondern können im Hinblick auf die Gewichtung von Ereignissen und einmal mehr als Hinweis auf eine mehrdimensionale zeitliche Verknüpfung gelesen werden. Indem z.B. die chronologisch später anzusiedelnden Totenklagen über Ägypten (32,1–16.17–32) vor dem chronologisch früheren Kommen des die Zerstörung der Stadt berichtenden Flüchtlings aus Jerusalem (33,21) erzählt werden, erscheint Letzteres merkwürdig sekundär. Ohnehin fällt auf, dass das gewichtige Datum der Katastrophe um Tempel und Stadt – der Chronologie des Ezechielbuchs nach im 4. Monat des 12. Jahres anzusetzen – nicht eigens genannt wird und Leerstelle bleibt. Mit Beginn der Belagerung Jerusalems durch Nebukadnezar richtet die Erzählinstanz ihren Blick vielmehr auf das Schicksal anderer Nationen – sie schildert JHWHs Reden über Ammon, Moab und Seïr bzw. Edom, Philistäa, Tyrus (und Sidon) sowie Ägypten und deren Führungsgestalten (Ez 25–32), die sich damit genau während der für das Haus Israel traumatischen Situation ereignen.

Weitere Aspekte der zeitlichen Gestaltung einer Erzählung, die sich auch im Ezechielbuch finden, sind die Raffung der erzählten Ereignisse, wobei das Erzählen weniger Zeit in Anspruch nimmt als das erzählte Geschehen (vgl. etwa den Gesprächsbericht in Ez 11,25) und die Dehnung der erzählten Ereignisse, wobei das Erzählen die geschilderten Ereignisse zu überdauern scheint (dieser Eindruck entsteht etwa bei Ezechiels Schilderungen des Thronwagens in Ez 1,4–28 und 10,8–17), sowie Ellipsen oder Zeitsprünge, wie sie sich schon aus den teilweise Jahre auseinander liegenden Datierungen des Buches ergeben. Sog. Analepsen, Rückblicke, die sich auf den Zeitraum vor der erzählten Zeit beziehen, werden vor allem durch die Geschichtserzählungen JHWHs (vgl. Ez 16; 20; 23) eingebracht, während andere Reden JHWHs (z.B. Ez 38–39) den Charakter von sog. Prolepsen haben, d.h. sich auf „kommende Tage" (vgl. Ez 38,8) in einem nach dem erzählten Geschehen liegenden Zeitraum beziehen.

Insgesamt spielt die zeitliche Anordnung der Erzählereignisse für das Ezechielbuch eine so herausragende Rolle, dass es sinnvoll und geboten erscheint, sie als dessen Hauptgliederungsmerkmal zu betrachten. Legt man die textinternen Datumsangaben zugrunde, ergibt sich mit den Erzählabschnitten 1,1–3,15; 3,16–7,27; 8,1–19,14; 20,1–23,49; 24,1–25,17; 26,1–28,26; 29,1–16; 29,17–30,19; 30,20–26; 31,1–18; 32,1–16; 32,17–33,20; 33,21–39,29; 40,1–48,35 eine vor allem im Hinblick auf die Reichweite der Eröffnungskapitel (Ez 1–7)[121] und die Einbindung der Fremdvölkerworte (25,1–32,32)

---

[121] Die zeitliche Strukturierung mit dem von Ez 1,1f ‚abhängigen' Zeitmarker in Ez 3,16 legt es nahe, Ez 1–7 als *einen* Zusammenhang aufzufassen. Schöpflin hat Ez 1–7 zuletzt als

von der herkömmlichen dreigliedrigen Bucheinteilung (Kap. 1–24: Gericht über Israel, Kap. 25–32: Gericht über die Fremdvölker, Kap. 33–48: Heil für Israel[122]) abweichende Struktur. Drei Teile lassen sich indes auch dabei ausmachen – der erste (1,1–23,49) schildert Ereignisse *vor*, der zweite (24,1–33,20) Ereignisse *während* und der dritte (33,21–48,35) Ereignisse *nach der Belagerung, Eroberung und Zerstörung Jerusalems*. Von besonderer Bedeutung ist, dass die im Erzählverlauf unter einer Datierung verzeichneten Ereignisse, also z.b. die prophetische Performance in Ez 24,15–24 und die Beauftragung Ezechiels zu prophetischer Rede über Ammon, Moab, Edom und Philistäa in 25,1–17 bei durch die Reihenfolge gleichzeitig gewahrter Chronologie in *einem* (Deutungs-)Zusammenhang erscheinen.

Auch *Raum* und *Räume*, *Ortswechsel* und *Raumveränderungen* sind im Ezechielbuch von herausragender Bedeutung. Dabei geht es zunächst um die Verortung der Erzählfiguren – Ezechiel etwa hält sich, folgt man dem linearen Verlauf seiner Erzählung, an folgenden Orten auf bzw. wird an folgende Orte versetzt: Unter den Verschleppten am Fluss Kebar im Land Chaldäa (1,1–3), unter den Verschleppten in *Tel Abib* am Fluss Kebar (3,15), in der Ebene (3,23), in seinem Haus (8,1), im Tempelareal von Jerusalem (8,3), wo er unter der Leitung JHWHs verschiedene Lokalitäten erkundet, wiederum in Chaldäa bei den Verschleppten (11,24), ein weiteres Mal in der Ebene (37,1) und schließlich auf einem sehr hohen Berg im Land Israel (40,2), von wo aus er in das Tempelareal eines „Stadtgebildes" gebracht und dort herumgeführt wird; sein letzter Standort ist das Ufer des von diesem utopischen Tempel ausgehenden Tempelflusses (47,7).

Doch schon Ezechiels durch רוח bewirkte, Alltagserfahrungen übersteigende Ortswechsel, wie sie ihm in den visionären Reisen widerfahren, zeigen an, dass die genannten Räume nicht nur, wie die Narratologin Mieke Bal es ausdrückt, „place[s] of action", sondern dass sie zugleich „acting places" sind bzw. werden. Räume und die Möglichkeit, Grenzen zwischen verschiedenen Räumen überschreiten zu können, werden hier zum „object of presentation itself, for its own sake"[123]; in vielerlei Hinsicht erscheint das erzählte Geschehen als abhängig von der Raumpräsentation bzw. dieser untergeordnet. Dies wird noch deutlicher, wenn auf die

---

„breite programmatische Einleitung" des Buches beschrieben (dies., Theologie, 346; zum Ganzen vgl. a.a.O., 127–254).

[122] So z.B. Frank-Lothar Hossfeld, „Das Buch Ezechiel", in: Erich Zenger u.a.: *Einleitung in das Alte Testament* (KStTh 1,1), Stuttgart ⁶2006 [1995], 489–506, 494.

[123] Mieke Bal, *Narratology: Introduction to the Theory of Narrative*, Toronto u.a. ²1999 [1994], 136.

Verortungen und die Ortswechsel des כבוד JHWHs geblickt wird: Während der Jerusalemer Tempel in Ez 8–11 von Ezechiel als ein Raum erfahren wird, dessen Entheiligung so weit fortgeschritten ist, dass der כבוד sich aus ihm fort bewegt, wird der Prophet in Ez 40–48 in und durch einen Raum geleitet, der durch seine abgestufte Heiligkeit gefährliche Grenzüberschreitungen zwischen Heiligem und Profanem nahezu unmöglich macht. In diesen Raum zieht – für Hörende bzw. Lesende der Erzählung, die auf andere Art gar keinen Zugang zu diesem heiligen Ort hätten, mitvollziehbar – der כבוד JHWHs ein (Ez 43,1–12), um dort inmitten des Volkes Israel „auf Weltzeit" präsent zu sein.

Mit den Bewegungen des כבוד der Gottheit Israels[124] ist zugleich eine wesentliche *Ereigniskette* oder *Transformation* des Ezechielbuchs angesprochen – der כבוד, der in der Erzählung zunächst mehrfach an verschiedenen Orten, an denen man es kaum erwarten würde, erscheint und sodann sein angestammtes Heiligtum in Jerusalem in Richtung Osten verlässt, findet, den Weg des Auszugs umkehrend, in dem von Ezechiel visionär erfahrenen utopischen Heiligtum schließlich seinen Ort, an dem er auf ewig wohnen will. Ezechiel vollzieht, immer wieder von רוח bewegt, diesen Weg mit; auch er bleibt, gleichsam über das Ende der Erzählung hinaus, in diesem Leben ermöglichenden, von Gottes Gegenwart bestimmten Raum.

Gleichzeitig – und das ist ein dritter Strang der Handlungsstruktur – antizipiert er als בן־אדם den Weg der Verschleppten, die „Menschheit", אדם, JHWHs sind (vgl. Ez 34,31) und den Weg zurück auf ihr „Ackerland", auf ihre אדמה finden sollen (vgl. Ez 37,12 u.ö.). Dies deutet sich z.B. dadurch an, dass Ezechiel in 37,1–10 den „Erschlagenen" durch sein prophetisches Handeln in der רוח JHWHs das vermittelt, was er selbst mehrfach am eigenen Leib erfahren hat: Das Aufgerichtet- und Bewegtwerden durch רוח (vgl. nur Ez 2,2; 3,24), das JHWH sodann auf die Gabe *seiner* רוח deutet, welche das Aufsteigen aus den Gräbern, einen neuen Exodus und das Zur-Ruhe-Kommen (√נוח) „in eurem Land" (Ez 37,12–14) bewirkt. In seiner großen visionären Reise in Ez 40–48 nimmt der Prophet dieses Ausruhen-Dürfen im Land Israel wiederum vorweg, wenn es in 40,2 heißt: „[JHWH] brachte mich zum Land Israel und ließ mich auf einem sehr hohen Berg zur Ruhe kommen (וַיְנִיחֵנִי)"[125].

---

[124] Bewegungen des כבוד JHWHs werden in folgenden Buchabschnitten berichtet: Ez 1,4–28; 3,12f.23; 8,2–4; 9,3; 10,4.18–20; 11,22f; 43,1–12.

[125] Vgl. hierzu James Robson, *Word and Spirit in Ezekiel* (LHBOTS 447), New York/London 2006, 271–274; Konkel, Ezechiel, 237f.

Die Erzählung ist damit so angelegt, dass Hörende bzw. Lesende mit Ezechiel ‚mitgehen' und in dem von ihm Geschilderten ihren Ort finden. Der Raum des Textes bzw. der literarische Raum wird dabei zum wirklichen Raum, der den realen Raum – das Land Israel, zu dem eine Rückkehr (zur Zeit) unmöglich erscheint – repräsentiert, ja, ein Stück weit sogar an seine Stelle zu treten vermag.

4. *Zusammenfassung*

Die Selbstverständlichkeit, mit der das Ezechielbuch von einigen ForscherInnen dem narrativen Genre zugeordnet und als Erzählung betrachtet wird, ist kein Zufall. Vielmehr lassen sich in ihm eine ganze Reihe von Signalen und Strukturen ausmachen, welche die Lesart ‚Erzählung' für dieses schriftprophetische Werk fördern/fordern und plausibel machen.

Zwar bestehen weite Teile des Buches aus (Gottes-)Reden, wesentlich aber ist, dass *alle* aufgenommenen Geschehnisse, auch die angesprochenen Redeereignisse, als in der Vergangenheit liegende Ereignisse präsentiert werden, so dass die für Erzählungen typische doppelte temporale Sequenz aus erzählter Zeit und Erzählzeit entsteht. Auf das Genre ‚Erzählung' weist auch die durchgehende Präsenz des diegetischen, d.h. am Erzählgeschehen beteiligten, Ich-Erzählers Ezechiel hin. Dessen weitgehend perzeptive bzw. passive Rolle widerspricht der getroffenen Gattungsbestimmung nicht, sondern ist einerseits inhaltlichen Aspekten (etwa der Darstellung Ezechiels als exemplarischem Überlebenden), andererseits der Erzählperspektive (die Ich-Erzählfigur versucht, ihr von Jʜwʜ aufgezwungene über-/unmenschliche Ereignisse menschlich mitteilbar zu machen) geschuldet.

Des Weiteren enthält das Ezechielbuch gleich zwei typische ersttestamentliche Erzählexpositionen (Ez 1,1 bzw. 1,2f), die in ihrer ‚kombinierten Gemachtheit' die Fiktionalität der Ezechielerzählung fast augenfällig werden lassen.

Hinweise auf dessen Erzählsituation finden sich im Ezechielbuch nur in versteckter Form. Einzig der (fiktionale!) Erzählzeitpunkt zwischen 570 und 540 v.u.Z. lässt sich aufgrund des Datierungssystems des Buches etwas sicherer erschließen. Ein Anhaltspunkt für den Ort des Erzählens, das Ich des Erzählers zum Zeitpunkt des Erzählens und die fiktiven AdressatInnen[126] ergibt sich andeutungsweise aus Ez 40,1, wo die

---

[126] Der fiktive Adressat bzw. der fiktive Leser „ist der Adressat des fiktiven Erzählers, jene Instanz, an die er seine Erzählung richtet" (Schmid, Narratologie, 100). Definitorisch ist der fiktive Leser vom abstrakten Leser bzw. vom idealen Rezipienten zu unterschei-

prophetische Ich-Erzählfigur unvermittelt vom „25. Jahr *unserer* Gefangenschaft" spricht. Zwar handelt es sich auch hierbei um eine *erzählte Situation*, die inkludierende Formulierung in 1. Pers. Pl. eröffnet aber gleichwohl die Vorstellung von einer Erzählsituation, in der der (alt gewordene) Prophet zu seinen (alt gewordenen) MitexulantInnen spricht. Auch auf das Phänomen der Schriftwerdung des Erzählten, auf die innerhalb des Buches mehrfach angespielt wird, kann nur aufgrund der/den *erzählten* Situation(en) geschlossen werden. Diese Schrift-Werdung wiegt dabei vor allem deshalb besonders schwer, weil Ezechiel den zahlreichen an ihn ergehenden Redeaufforderungen innerhalb des Erzählten kaum nachkommt bzw. nachkommen kann, was u.a. mit seinem Status als (von Gott) Traumatisiertem zu tun hat.

Nicht zuletzt weisen die Aspekte der zeitlichen und der räumlichen Verankerung sowie mehrere feststellbare Handlungsstränge, die gewichtige Transformationen mit sich bringen, das Ezechielbuch als fiktionale Erzählung aus. Die zeitliche und die räumliche Struktur sind für die Erzählung als Ganze von so herausragender Bedeutung, dass man in Anlehnung an Bal nicht länger nur von ‚*moments and places of action*', sondern von ‚*acting moments and places*' sprechen kann.

Vor dem Hintergrund des funktionalen Fiktionalitätsmodells Isers erscheint es nicht nur möglich, sondern für ein vertiefendes Verstehen weiterführend, das Ezechielbuch als *fiktionale* Erzählung anzusprechen, zumal wenn dieses Modell um einen dezidiert theologischen Blickwinkel erweitert wird. Dies legen zum einen die verschiedenen im Text enthaltenen Fiktionalitätssignale, zum anderen die Anlage des Buches in seiner Gesamtheit nahe: Dem Ezechielbuch geht es um die Auseinandersetzung mit der traumatisierenden Exilskatastrophe, die es aber nicht in ihren historischen Details zu rekonstruieren, sondern deren Wirklichkeit es aus der Perspektive der Gottheit Israels zu re-imaginieren und zu vermitteln sucht. Die einer unsäglichen/unsagbaren Realität entstammenden Schreckensbilder, die sich mit den Deportationen von 598/97 und 587/86 v.u.Z. sowie der Belagerung, Eroberung und Zerstörung Jerusalems verbunden haben, werden ins Wort gebracht. Sie werden in eine *story* geborgen, bis

---

den – letzterer nämlich ist der unterstellte Adressat des abstrakten Autors (vgl. hierzu Schmid, Narratologie, 65–71). Der fiktive Leser ist Bestandteil der erzählten Welt, während der abstrakte Leser „bei all seiner Virtualität" zur außertextweltlichen Wirklichkeit gehört (Schmid, Narratologie, 68). Dennoch – im Ezechielbuch ist zwischen den beiden Instanzen bzw. deren ideologischen Positionen nur schwer zu trennen, was vor allem mit der Unmarkiertheit der fiktiven AdressatInnen zusammenhängt. Ich spreche deshalb in dieser Studie in der Regel von den „(idealen) RezipientInnen".

ihnen schließlich – auch dies aus der Perspektive Jhwhs – vorsichtig-verheißungsvolle Gegenbilder zuwachsen können. So entsteht das Ezechielbuch als fiktionale *Trauma*-Erzählung, deren wesentliche Momente im folgenden Unterkapitel B. ausführlicher besprochen werden sollen.

B. Traumatische Strukturen im Ezechielbuch – Annäherungen

1. *Das Ezechielbuch als Trauma-Literatur wahrnehmen: Herangehensweisen und Leitfragen*

Mit Ausnahme der im Jahr 1998 erschienenen Studie *Gegen das Schweigen klagen*, in der Ulrike Bail die Psalmen 6 und 55 auf dem Hintergrund der Erzählung von der Vergewaltigung Tamars in 2 Sam 13 als Bearbeitungen sexueller Gewalt interpretiert[127], einem Aufsatz von Frank Crüsemann zur Verarbeitung traumatischer Gewalterfahrungen im Hiobbuch und in den Klagepsalmen (2004)[128] sowie einem Überblicksartikel zu Trauma und Heilung in biblischen Texten von Renate Jost (ebenfalls 2004)[129] sind Trauma-Begriff und Trauma-Konzepte in der deutschsprachigen (erst-testamentlichen) Exegese bislang noch kaum aufgenommen worden. Systematisch(er)e Ansätze fehlen, nicht nur in Bezug auf das Ezechielbuch, bislang ganz.

Mit Blick auf die us-amerikanische Forschung jedoch hat zuletzt der Bibelwissenschaftler Brad E. Kelle „the use of trauma studies" als ein Fenster „into Ezekiel's language and theology" bezeichnet[130] und trau-

---

[127] Vgl. Bail, Schweigen, passim. Obwohl traumatische Phänomene wie etwa das der Dissoziation (vgl. a.a.O., 207–210) in Bails Monographie eine wichtige Rolle spielen, scheint der Trauma-Begriff selbst bewusst vermieden zu werden. Dies gilt ähnlich auch für eine weitere Untersuchung von Bail, in der es um „[l]iterarische Überlebensstrategien nach der Zerstörung Jerusalems im Alten Testament" geht (vgl. dies., Sehnsucht, passim; zum Zitat vgl. den vollständigen Titel der Studie).

[128] Vgl. Crüsemann, Gewalt, passim. Crüsemann stellt das Hiobbuch und die Klagepsalmen der Einzelnen als – kategorial verschiedene – biblische Modelle von Traumaverarbeitung vor (vgl. a.a.O., 256) und nimmt dabei den Begriff des „sicheren Ortes" auf, dem in der Therapie von Traumata eine wichtige Rolle zukommt (vgl. a.a.O., 265).

[129] Vgl. Renate Jost, „Debora in der neuen Welt", in: Frank Crüsemann u.a. (Hg.), *Dem Tod nicht glauben (FS L. Schottroff)*, Gütersloh 2004, 269–292, passim. Jost präsentiert zunächst einige wesentliche Aspekte der Traumaforschung (vgl. a.a.O., 271–284), um diese sodann mit Aspekten biblischer Texte in Verbindung zu bringen (vgl. a.a.O., 284–290). Da sich die Autorin dabei nicht auf einen bestimmten biblischen Textbereich konzentriert, sondern verschiedenste Stellen jeweils kurz anreißt, bleiben diese Verknüpfungen allerdings oberflächlich und allgemein.

[130] Kelle, Trauma, 470.

matheoretische Erwägungen neben der stärkeren Bezugnahme auf priester(schrift)liche Perspektiven und Traditionen sowie „ecological hermeneutics" als eine von drei innovativen Herangehensweisen an das Ezechielbuch präsentiert[131]. Als VertreterInnen des Trauma-Ansatzes nennt Kelle Daniel L. Smith-Christopher, David G. Garber und Nancy R. Bowen[132]. Da deren Studien bereits in Kap. Zwei dieser Studie ausführlicher vorgestellt wurden, skizziere ich im Folgenden nur kurz, welche Bedeutung traumatologischen Überlegungen in den jeweiligen Veröffentlichungen zukommt, um vor diesem Hintergrund mein eigenes Vorgehen stärker zu konturieren.

Smith-Christopher geht es vor allem darum, auf die Realität der mit der Katastrophe von 598/97 bzw. 587/86 v.u.Z. verbundenen Gewalterfahrungen zu verweisen. Daneben benennt er verschiedene Trauma-Aspekte, welche sich in zeitgenössischen Studien etwa mit Flüchtlingsgruppen als bedeutsam erwiesen haben, ohne diese allerdings umfassender auf das Ezechielbuch selbst anzuwenden. Die Ezechielerzählung in ihrer Gesamtanlage oder als (Trauma-)Literatur nimmt er dabei kaum in den Blick.

Garber bezieht die literaturwissenschaftliche Traumaforschung in seine Überlegungen ein und nimmt auf dieser Grundlage neben einzelnen Trauma-Phänomenen (z.B. „Ezekiel's loss of self"[133], [Überlebens-] Schuld, Todesnähe) auch literarische Strukturen der Ezechielerzählung (z.B. Wiederholungsmuster, die ‚Erfindung' neuer Gattungen zur Vergegenwärtigung von Geschichte) in den Blick. Eine systematische, auf das Buch als Ganzes bezogene Untersuchung dieser traumatischen Elemente unternimmt jedoch auch er nicht.

Kelle selbst ist es darum zu tun, die drei genannten innovativen Ansätze in Verbindung zu bringen und für die Interpretation des ezechielischen Diskurses um Naturzerstörung und -wiederherstellung fruchtbar zu machen. Auch wenn Kelle zufolge einige der im Ezechielbuch dargestellten Rede- und Handlungselemente „are perhaps best understood as in some way symptomatic of the prophet's personal experience of the trauma of the exile"[134], baut er seine Überlegungen nicht auf einem (bestimmten) Trauma-Konzept auf. Der Trauma-Begriff kommt für ihn insofern ins Spiel, als Ezechiel „effectively emplots the traumatic experiences of war,

---

[131] Vgl. Kelle, Trauma, 469–471.
[132] Vgl. Kelle, Trauma, 470, Anm. 7. Vgl. auch noch Yee, Children, 112–117; Jobling, Approach, 207–211.
[133] Garber, Ezekiel, 225.
[134] Kelle, Trauma, 482.

especially the desolation of the land by the Babylonians, into the priestly understanding of Yahweh's activity in the world and so renders these experiences understandable and even meaningful for those who had lived through them"[135], insofern also, als der Prophet die narrative Integration der traumatischen Katastrophe, wie sie für den Traumaheilungsprozess wesentlich ist, in das kollektive Gedächtnis Israels leistet.

Bowen bezieht ‚Trauma' als hermeneutische Kategorie dort ein, „[w]here it seems appropriate"[136]. In diesem Sinne spricht sie in ihrem Kommentar zum Ezechielbuch eine Fülle von Trauma-Phänomenen ausführlich an, wobei sie allerdings das Erzählte eher als Abbildung realer Trauma-Symptome denn als *literarische* Auseinandersetzung mit der Katastrophe von 587/86 v.u.Z. aufzufassen scheint – auch wenn literarische Fragen gelegentlich zum Tragen kommen.

Der Rückgriff auf Trauma-Begriff und Trauma-Konzepte findet, dies zeigt dieser knappe Überblick, in den genannten Veröffentlichungen mit recht unterschiedlicher Zielrichtung statt. Dass es sich beim Ezechielbuch um Trauma-*Literatur* handelt bzw. handeln könnte, deutet sich zwar in fast allen Beiträgen an, wird aber nirgendwo ausführlicher ausgewiesen. Wo ein biblisches Buch wirklich als Trauma-Literatur in den Blick kommen soll, empfiehlt sich deshalb und vor dem Hintergrund der bisherigen Ausführungen die Formulierung einiger Leitfragen, mit deren Hilfe literarische Phänomene in inhaltlicher wie formaler Hinsicht unter Trauma-Perspektive beleuchtet werden können:

1) Wird auf Ereignisse Bezug genommen, denen ein traumatogenes Potential zugeschrieben werden kann?
2) Werden traumatische Reaktionen beschrieben?
3) Lässt sich so etwas wie eine Auseinandersetzung mit traumatischen Themen (z.B. Ohnmacht, Scham, Schuld) feststellen?
4) Spiegelt sich die traumatische Dialektik von Intrusion und Konstriktion auf der Ebene der sprachlichen Gestaltung des Textes wider? Wird das Hin- und Hergerissensein zwischen Schweigen und Aussprechen implizit oder explizit thematisiert?
5) Stellt das literarische Werk in seiner Anlage eine Art *trauma response* (Ronald Granofsky) dar?

---

[135] Kelle, Trauma, 490.
[136] Bowen, Ezekiel, xviii.

In den folgenden Unterabschnitten werden diese Fragen, die sich nicht immer strikt voneinander trennen lassen, für das Ezechielbuch exemplarisch behandelt.

In Abschnitt 2. soll es zunächst darum gehen, welche (potentiell) traumatogenen Ereignisse im Ezechielbuch Erwähnung finden und wie diese in den Plot der Erzählung eingebunden sind (vgl. Leitfrage 1). Um erste Antworten auf die Leitfragen 2, 3 und 4 zu gewinnen, möchte ich sodann Ez 7 als exemplarischen Trauma-Text genauer in den Blick nehmen (3.). In einem weiteren Schritt, mit dem zugleich das Ezechielbuch in seiner Gesamtanlage (wieder) ins Zentrum rückt, wird die Bedeutung der (Trauma-)Wurzel שׁמם für die (Konzeption der) Ezechielerzählung genauer erörtert (4.).

2. Traumatogene (Erzähl-)Ereignisse im Ezechielbuch

Im Ezechielbuch kommt Traumatisches nicht nur in hoher Dichte, sondern in sehr unterschiedlichen Zusammenhängen und auf unterschiedlichen Ebenen zum Tragen. Die folgenden Unterpunkte sollen einen ersten Überblick über die vielfältige Verwobenheit des Trauma-Themas in die Ezechielerzählung ermöglichen.

1) *Die Situation, in der sich die Ich-Erzählfigur Ezechiel während der erzählten Zeit verortet, ist eine potentiell traumatische.* Ezechiel schildert sich als Angehörigen der 598/97 v.u.Z. deportierten (ersten) *Gola* (Jojachins), genauer als Mitglied einer (Teil-)Gruppe dieses Kriegsgefangenenzuges, die es an einen Ort namens Tel-Abib am Kebarkanal in Babylonien verschlagen hat (vgl. Ez 1,1; 3,15). Die Gruppe, zu der sich Ezechiel rechnet, hat also die erste Belagerung und Eroberung Jerusalems sowie den langen Marsch von der judäischen Hauptstadt ins babylonische Kernland miterlebt und überlebt; zu Beginn der Erzählung befindet sie sich bereits im fünften Jahr des Exils (vgl. Ez 1,2).

Im Verlauf der Erzählung verschlimmert sich die Lage dieser Gruppe in mehrfacher Hinsicht: Aus der Ferne und ohne etwas dagegen tun zu können, erlebt sie den endgültigen Untergang Jerusalems 587/86 v.u.Z. mit (vgl. nur Ez 24,1f; 33,21), der nicht nur mit der Zerstörung des nationalen und religiösen Symbolsystems einhergeht, sondern zugleich für dort zurückgebliebene Angehörige und FreundInnen den Tod bedeuten kann (vgl. Ez 24,15–24). Gleichzeitig wird mit der kriegerischen Vernichtung der Hauptstadt die Exilssituation (erst einmal) auf Dauer gestellt, die Hoffnung auf baldige Rückkehr in die – nurmehr als zerstörte gegebene – Heimat zunichte gemacht. Und schließlich scheinen weitere Deportationen aus Juda zu einem Anwachsen der Tel-Abiber Exilsgemeinschaft zu führen, was offenbar existentielle Konflikte mit sich bringt (vgl. Ez 12,16; 14,21–23).

Die Orte, an denen sich die Ich-Erzählfigur Ezechiel aufhalten muss bzw. an die sie durch äußere Einwirkung (visionär) verbracht wird, erscheinen alle traumatisch besetzt. Dies gilt sowohl für den Haupt-Aufenthalt am Kebarkanal (vgl. z.B. Ez 3,15) als auch für das vom Gericht JHWHs getroffene Jerusalem (vgl. Ez 8–11) sowie die Ebene der Totengebeine (vgl. Ez 37,1–14). Einzig das in Ez 40–48 spirituell bereiste Areal „im Land Israel" (vgl. Ez 40,2) wird im Bild eines „sicher(er)en Ortes" gezeichnet, dem allerdings zugleich – und notwendigerweise – der Charakter des *u-topos*, des (Noch-)Nicht-Ortes, anhaftet.

2) *Immer wieder wird im Ezechielbuch auf die (potentiell) traumatische Situation der Belagerung, Eroberung und Zerstörung Jerusalems Bezug genommen.* Diese wird in den Kapiteln 4 bis 23 des Buches in sich (über-)steigernden (Bild-)Szenarien wieder und wieder von JHWH angekündigt und von Ezechiel in einer visionären Reise (Ez 8–11) antizipiert, bevor sie sich – ohne explizit geschildert zu werden – ‚auf der Rückseite' von Ez 24,1–33,20 verwirklicht und in 33,21 als Faktum benannt wird.

3) Während sich die immer wieder angesagte Katastrophe Jerusalems realisiert, werden *weitere Katastrophen* ausgemalt (Ez 25–32). Diese haben einen ähnlichen Charakter wie diejenige, die über die judäische Hauptstadt kommt, beziehen sich jedoch auf Israel/Juda *umgebende Völker(schaften)*, welche das Haus Israel angesichts seines Schicksals verächtlich mach(t)en, aus diesem Profit zu schlagen hoff(t)en (vgl. Ez 25,1–28,23) oder die es, wie Ägypten, zum Abfall von JHWH verführt, sich aber dann als zutiefst unzuverlässig erwiesen haben (vgl. Ez 29,1–32,32).

Anders als die Zerstörung Jerusalems finden die in Ez 25–32 ange-kündigten Untergangsszenarien innerhalb der Erzählung keine Umsetzung, auch wenn die in Trauer- und Selbstminderungsrituale umgesetzten traumatischen Reaktionen der von diesen Szenarien (un-)mittelbar Betroffenen intensiv vorweggenommen werden (vgl. 26,17f; 27,3–27; 27,32–36; 28,12–19; 31; 32,2–16; 32,18–32). Der Untergang Jerusalems und seine furchtbaren Folgen hingegen werden nicht oder doch kaum von ritueller Trauer oder Selbstminderung des Hauses Israel begleitet. In Ez 24,15–24 wird solche rituelle Trauer sogar expli-zit von JHWH verboten bzw. unterbunden, was, psychotraumatologisch betrachtet, ein Trauma auf Dauer stellen oder (re-)traumatisierend wirken kann. Traumatischen Reaktionen auf Seiten der in Jerusalem Verbliebenen wie der Deportierten wird eher punktuell und vor allem indirekt und implizit Ausdruck verliehen (vgl. z.B. Ez 4,9–17; 7,12–27; 12,17–20; 21,11f).

4) Auch die heil- bzw. verheißungsvolle(re)n Textpassagen des Ezechielbuchs werden von der traumatischen Katastrophe bestimmt. Folgt man nämlich der Chronologie der Erzählung und dem durch diese implizierten Gliederungssystem, so kommt der explizite Bericht von der endgültigen Zerschlagung der judäischen Hauptstadt in Ez 33,21f als eine Art Überschrift zu stehen, die *das in Ez 33,23–39,29 Festgehaltene als Antwortversuche auf die durch die Katastrophe aufgeworfenen Fragen* ausweist[137]. Der Moment, in dem Jerusalem zerstört ist und alle Hoffnung zunichte scheint, ist dementsprechend *der* Knotenpunkt des Buches, dem die Notwendigkeit des Erzählens und der Erzählung allererst entspringt. Insofern erscheint es geradezu erzählerisch notwendig, dass die Ich-Erzählfigur Ezechiel im unmittelbaren Kontext der Katastrophenmeldung von ihrer Sprachlosigkeit befreit wird.

5) *Auch wird die Ezechielerzählung mit Ez 33,21f nicht einfach heilvoll und glücklich – Traumatisches bricht*, betrachtet man Textpassagen wie Ez 35,1–15 und 38,1–39,23, *immer wieder ein*, und die Verheißungen neuen Lebens beziehen sich nahezu durchgängig auf die durchlittenen Todesrealitäten zurück (vgl. z.B. Ez 34,23–31; 36,1–15.16–38; 37,1–14; 43,1–12; 47,1–12). Umgekehrt enthalten die in Ez 4–23 geschilderten Schreckensszenarien gelegentlich bereits Gegenbilder (vgl. z.B. Ez 11,14–21; 13,23; 14,11; 16,60–63; 17,22–24; 20,40–44; 21,33–37), doch sind auch diese kaum uneingeschränkt positiv, sondern bleiben von der Katastrophe geprägt. Wie – dies deutet sich in dieser doppelten Struktur m.E. an – sich einerseits das Traumatische der erinnernden Erzählung immer wieder aufdrängt, so kann andererseits Traumatisches nur erzählt werden angesichts eines impliziten Wissens um das „Geheimnis des Überlebens" (Dori Laub).

6) In der Ezechielerzählung sind *individuelles und kollektives Trauma in enger Verknüpfung* zur Darstellung gebracht. So wird etwa das auf das Haus Israel zukommende (bzw. zugekommene) Schreckensszenario wiederholt an der exemplarischen (Einzel-)Gestalt des Propheten

---

[137] Vgl. hierzu Marvin A. Sweeney, „The Assertion of Divine Power in Ezekiel 33:21–39:29", in: ders., *Form and Intertextuality in Prophetic and Apocalyptic Literature* (FAT 45), Tübingen 2005, 156–172, passim.

durchgespielt. Ezechiel selbst wird direkt von traumatischen Schlägen getroffen (vgl. z.B. Ez 2,8b-3,3; 24,16f), hat Traumatisches zu ‚performen' (vgl. z.B. Ez 4,1–5,4; 12,1–16.17–20; 21,11f) oder wird zum Augenzeugen traumatischer Ereignisse gemacht (vgl. Ez 8–11; 37,1–14). Indem Ezechiel diese Schläge jedenfalls teilweise mit Haut und Haar erlebt, kommt dem an ihm sich vollziehenden Geschehen auf der Ebene der Erzählung mindestens ebenso viel Wirklichkeit zu wie dem Untergang der judäischen Hauptstadt, der als wirkliches Ereignis nur nachträgliche Erwähnung findet (vgl. Ez 24,1f; 33,21f).

Das kollektive Trauma der Belagerung, Eroberung und Zerstörung Jerusalems wird im – immer wieder brechenden – Bild eines u.a. durch sexuelle Gewalt geprägten Beziehungstraumas gezeichnet (vgl. Ez 16; 23). Dadurch wird zum einen auf die traumatischen Auswirkungen des Kriegsgeschehens auf individueller Ebene verwiesen (sexuelle bzw. sexualisierte Gewalt als – systematisch eingesetztes – Kriegsgräuel gegen Männer und Frauen, gegen Soldaten und Zivilbevölkerung). Sofern die Kriegskatastrophe als Vergehen an einem kollektiven (weiblichen) Körper, neben der Stadtfrau Jerusalem etwa auch der Ackererde Israel, skizziert wird, rückt sie zum anderen den einzelnen HörerInnen und LeserInnen der Erzählung sehr eindringlich zu Leibe; gleichzeitig werden die Kriegs- und Deportationsereignisse von 598/97 und 587/86 v.u.Z. als Vernichtung individueller *und* gemeinschaftlicher Lebensmöglichkeiten gekennzeichnet.

7) Neben recht konkreten Kriegsszenarien (vgl. z.B. Ez 4,1–3; 12,1–16; 21,23–32; 26,7–14), die in der sog. Heimsuchungstrias aus Schwert, Hunger und Seuche eine Art Zusammenfassung finden (vgl. Ez 6,11.12; 7,15; 12,16; sowie die Variationen in 5,12.17; 14,21; 28,23; 33,27), wird der babylonische Überfall auf Jerusalem 589/88–587/86 v.u.Z. über die unter Punkt 6 beschriebenen hinaus noch in einer Reihe weiterer *Gerichtsmetaphern* vermittelt, etwa in der einer Fleischmahlzeit, die in einem Kessel gekocht bzw. verbrannt (vgl. Ez 11,1–13; 24,1–14), oder der von Metall, das in einem Ofen geschmolzen wird (vgl. Ez 22,17–22). Fast allen Sprachbildern wohnt dabei ein Moment totaler Vernichtung inne, über das die Massivität und die Unabwendbarkeit der Katastrophe zum Ausdruck gebracht sind. Das gilt auch für diejenigen Stellen, an denen diese als ökologisches Fiasko verbildlicht wird (vgl. z.B. Ez 6,1–14; 12,17–20; 15,8; 21,1–5; 30,7f.10–12; 33,28f; 35,1–15)[138]. Auch hierin können

---

[138] Vgl. hierzu auch die umfassende Übersicht bei Kelle, Trauma, 478.

konkrete Kriegspraktiken, wie sie in assyrischen Text- und Bildquellen vielfach belegt sind, angesprochen sein – immer wieder kam es im Zusammenhang von Belagerungskriegen auch zur Zerstörung der natürlichen Umwelt und natürlicher Ressourcen[139]. Gleichzeitig repräsentieren die von dieser Zerstörung betroffenen Größen (etwa die Berge Israels [Ez 6]; der Weinstock [Ez 15]; das Gebirge Seïr [Ez 35]) wiederum die kollektiven Körper(schaften) Israel und Edom. Wo eine Kriegskatastrophe im Bild einer Naturkatastrophe gezeichnet ist, wird darüber hinaus die Unausweichlichkeit des Geschehens besonders betont – ein Waldbrand etwa trifft „jeden grünen und jeden dürren Baum", respektive „Gerechte und Ungerechte" (Ez 21,3.8).

8) Die Geschichte der Ich-Erzählfigur Ezechiel lässt sich auch als Geschichte *mehrfacher (Re-)Traumatisierung* lesen – immer wieder wird die Prophetengestalt mit der Belagerung, Eroberung und Zerstörung Jerusalems konfrontiert, sei es in Sprachbildern, von denen sie überfallen wird, sei es in dem, was ihr konkret-körperlich widerfährt. Erlittenes Unheil wird hierin immer wieder abgebildet. Auch die sog. Fremdvölkersprüche (Ez 25–32; 35) lassen sich im Sinne einer (fiktionalen) *Re-Inszenierung* erlittener Gewalt interpretieren. Dies gilt auch für die sog. Gog-Perikope in Ez 38–39, die allerdings die Integration des Traumas insofern befördert, als sie imaginativ andere Ausgänge der Kriegskatastrophe ‚ausprobiert'.

9) *Ein wesentliches Moment der Theologie der Ezechielerzählung besteht in dem Versuch, alle Katastrophenszenarien auf JHWH selbst zurückzuführen*, wodurch sie gleichzeitig der herrschenden Weltmacht, den Babyloniern, entzogen werden. In ihrem (Sprach-)Handeln erscheint die Gottheit Israels dementsprechend als diejenige Größe, die für die Traumata ihres Volkes verantwortlich zeichnet – bzw. verantwortlich zeichnen will oder soll. Gleichzeitig aber wird JHWH selbst als durch das Verhalten seines Volkes und der Völker Traumatisierter skizziert, der von dem, was ihm angetan wurde, immer wieder albtraumartig eingeholt wird und nun nicht mehr anders kann, als die eigene Verletzung auszuagieren. Teilweise wird JHWH so sehr von dem Erlittenen und dem damit verbundenen Zorn aufgesogen, dass seine Worte nurmehr wahnsinnig und völlig außer Kontrolle anmuten (vgl. z.B. Ez 7,6f).

---

[139] Vgl. Kelle, Trauma, 484–488.

3. *Exemplarischer Trauma-Text: Ez 7 – der Tag der Katastrophe*

Um erste Antworten auf die in Abschnitt 1. formulierten Leitfragen 2, 3 und 4 zu erörtern, soll im Folgenden ein Kapitel des Ezechielbuchs, Ez 7, als exemplarischer Trauma-Text wahrgenommen und beschrieben werden.

Bei Ez 7 handelt es sich um den letzten großen Abschnitt der durch die siebentägige Unterbrechung in 3,15f in zwei Teile zerfallenden programmatischen Erzähleinführung, die vor allem um die Frage nach dem Auftrag des Priester-Propheten Ezechiel kreist. Bestimmendes Datum für diesen ersten Buchabschnitt ist der 5. Tag im 4. Monat im 5. Jahr (594/93 v.u.Z.) der Deportation Jojachins (vgl. Ez 1,1f). Inhaltlich nimmt Ez 7 die furchtbaren Ereignisse am unabwendbar kommenden Tag Jhwhs in den Blick.

3.1. *Textstruktur*

Ez 7,1–27 wird durch die Wortgeschehensaussagen in V1 und durch den Neueinsatz in Ez 8,1 (neues Datum, neuer Ort, neue Erzählereignisse) vom Vorhergehenden bzw. vom Nachfolgenden abgegrenzt. Auch durch seinen abgehackt-poetischen Stil hebt sich Ez 7,1–27 deutlich vom Kontext ab. Die durchgehend als Gottesrede formulierten Verse 2–27 untergliedern sich in zwei kürzere und einen längeren Unterabschnitt: Unterabschnitt eins (V2–4) und zwei (V5–9) sind nahezu parallel gestaltet[140]; sie beginnen jeweils mit der Botenformel, der in V2 eine Anrede an den Propheten („Du aber, Mensch!"), nicht aber, wie sonst häufig, ein Auftrag zur Weitergabe der Worte Jhwhs vorangestellt ist. In beiden Unterabschnitten schließt sich eine Kaskade von staccatoartigen End-Aussagen an (V2b[141]–3; V5b–8), mittels derer Jhwh der „Ackererde Israel" (vgl. V2) eine/die unmittelbar bevorstehende und unausweichlich kommende Katastrophe ankündigt. Die Unaufhaltsamkeit und die Massivität des hereinbrechenden Unheils (רעה, V5) finden in beiden Teilabschnitten eine gleich dreifache Begründung:

1) Jhwh lässt seinem Zorn freien Lauf (vgl. V3.8);
2) Jhwh gibt sein Mitleid auf (vgl. V4.9);
3) das Gerichtsgeschehen ist Konsequenz (und Spiegelbild) des „abscheulichen" (√תעב) Handelns Israels (V3f.8f).

---

[140] Vgl. hierzu die ausführliche Übersicht bei Block, Ezekiel 1–24, 241f.

[141] קץ steht in V2 zwar noch vor dem Atnach, ist aber als erste der staccatoartigen Aussagen zu bewerten: „(Ein) Ende! Es kommt das Ende über die vier Flügel des Landes!"

Beide Abschnitte enden mit der sog. Erkenntnisformel (ידעתם כי־אני
יהוה, V4.9), die in Ez 7,9 durch das Partizip מכה ergänzt ist: „Ihr werdet
erkennen: Ich bin Jhwh, zuschlagend". Nicht nur in diesem Punkt stellt
sich die zweite Teilpassage im Vergleich mit der ersten als Steigerung des
göttlichen Aufruhrs dar. M. Masson spricht im Hinblick auf Ez 7,6f von
einem „déchaînement de folie" („wahnsinnigen Wüten") sowie von einem
göttlichen „perte de contrôle" („Kontrollverlust") – vor lauter Zorn habe
Jhwh den Verstand verloren[142].

Der dritte Unterabschnitt von Ez 7 (V10–27) hebt in V10–12aα wiederum
mit atemlosen Sätzen bzw. Satzfragmenten an, die sich diesmal direkt auf
den Tag (Jhwhs) beziehen (V10.12, vgl. V7). V10b-11 enthalten schwer verständliche Wortverbindungen, die zum einen die Ursache(n) für die göttliche Raserei mit konkreteren Begriffen (z.B. זדון, חמס, רשע, vgl. auch
V23), zum anderen die Konsequenzen für die Betroffenen in „onomatopoeic expressions of alarm or grief"[143] (V11b: לא־מהם ולא מהמונם ולא
מהמהם ולא־נה בהם, „Nichts bleibt von ihnen, ihrem Getöse, Gelärme,
Geklage") zu benennen scheinen.

Im Folgenden (V12b–27a) ist dann plastisch von den (un-)mittelbaren
ökonomischen, psycho-physischen, religiösen und politischen Folgen der
Katastrophe die Rede, wobei in erster Linie die Konsequenzen für die
Bevölkerung des Landes angesprochen werden. Die Beschreibung der
Manifestation des Unheils lässt sich noch einmal in zwei Teile untergliedern, V12b-18 und V19–27a, die beide mit wirtschaftlichen Erwägungen
beginnen (V12aβ–13: Nutzlosigkeit von Kauf und Verkauf; V19: Nutzlosigkeit von Silber und Gold) und mit einer Beschreibung der Wirkungen des
Endtags an den konkreten Körpern der Überlebenden insgesamt (V17f)
bzw. der politisch Verantwortlichen (V27a) schließen. Dazwischen kommen im ersten Teil eher generelle Kriegsfolgeerscheinungen zur Sprache,
während der zweite Teil stärker institutionelle Auswirkungen in den Blick
nimmt. Von einer eigenen Beteiligung an den Geschehnissen spricht
Jhwh im ersten Teil nur ein Mal (V14: „Denn *mein* Zorn liegt auf all ihrem
Getöse"), im zweiten Teil hingegen gibt er sich deutlicher als diejenige
Größe, die Israel an eine furchterregende feindliche Macht ausliefert, zu
erkennen (V21f.24; vgl. V20)[144].

---

[142] M. Masson, „צפירה] (Ezéchiel VII 10)", *VT* 37 (1987), 301–311, 304f.
[143] Block, Ezekiel 1–24, 256.
[144] In V19 verweist Jhwh darüber hinaus in 3. Pers. Sing. auf sich selbst („[…] ihr Gold
kann sie nicht retten am Tag des überkochenden Zorns Jhwhs […]").

Ähnlich wie die ersten beiden Kapitelabschnitte in V4 und V9 endet der dritte in V27b mit dem Hinweis darauf, dass „ihnen" in diesem göttlichen Gerichtsgeschehen ihr eigener Weg bzw. Lebenswandel (דרך) und ihre eigenen Schlichtsprüche (משפטים) begegnen; ganz am Schluss steht wiederum die sog. Erkenntnisformel. Einen programmatischen Anstrich hat Ez 7 insofern, „als der Untergang Jerusalems in den folgenden Kapiteln bis Ez 24 in variierender Gestalt immer wieder angekündigt wird"[145].

3.2. Traumatische Situation(en) und traumatische Symptomsprache

Vor allem der dritte Unterabschnitt des 7. Kapitels des Ezechielbuchs (Ez 7,10–27) beschreibt bzw. umschließt Traumatisches. Der über das Land Israel hereinbrechende Tag Jhwhs meint ein verheerendes Kriegsgeschehen, das Chaos und Zerstörung, psychische und physische Beeinträchtigungen, Tod, Flucht, Gefangenschaft, den Verlust von Eigentum sowie den Zusammenbruch des wirtschaftlichen, politischen und religiösen (Symbol-)Systems mit sich bringt[146]. Dass damit auf den kriegsbedingten Untergang Jerusalems 587/86 v.u.Z. gezielt ist, wird nicht explizit gesagt, ergibt sich aber aus dem Plot des Ezechielbuchs (vgl. Kap. 4–5; 8–11) und des Weiteren aufgrund zweier textlicher Hinweise: Zum einen nämlich haftet die in V15 vorkommende sog. Heimsuchungstrias aus Schwert, Hunger und Seuche „am Untergang des judäischen Staates 587"[147], zum anderen wird die über Israel kommende feindliche Macht in V21–24 ähnlich charakterisiert wie diejenige in Ez 30,11f, die ausdrücklich mit Nebukadnezar, dem König von Babylon (vgl. Ez 30,10), identifiziert wird[148]. Diese – nur angedeutete – traumatische bzw. traumatogene Situation manifestiert sich, so jedenfalls schildert es Jhwh, an der Bevölkerung und ihrer Führung (vgl. V27a) in einer Art Symptomsprache, die in mancherlei Hinsicht an die Phänomenologie des (individuellen) Traumas erinnert:

1) V13bβ–14a („Die in ihrer Schuld leben, haben keine Kraft mehr. Sie blasen das Horn, alles ist vorbereitet, und doch – niemand zieht in den Kampf") lässt eine Art (wortwörtlicher) *no-fight-/no-flight-Situation* erkennen, die mit völliger Hilflosigkeit, Ohnmacht und Handlungsun-

---

[145] Schöpflin, Theologie, 254.
[146] Vgl. Bowen, Ezekiel, 43: „The picture Ezekiel paints accurately reflects the economic, social, and political meltdown that accompanies war. All that supports a society is destroyed."
[147] Mayer, Art. דבר, 134.
[148] Vgl. Greenberg, Ezechiel 1–20, 188f.

fähigkeit einhergeht und die sich – in einem Gefühl der Schwäche und einer Art *Freeze*-Reaktion (Totstellreflex) auch körperlich Ausdruck verschafft (vgl. V17a: „alle Hände hängen schlaff herunter“).

2) Auch der *plötzliche Kontrollverlust über Körperfunktionen* (vgl. V17b: „alle Knie triefen von Urin"[149]) gehört zu den physiologischen Komponenten des Paniksystems beim Menschen und lässt sich als Reaktion auf die totale Verlassenheitsbedrohung im Kontext einer traumatischen Situation begreifen[150].

3) Das *Sich-nicht-mehr-Bewegen(-Können)*, das auch in V18 („Schrecken bedeckt sie"; „auf allen Gesichtern liegt Scham“) und V27 („der Fürst ist in Schreckensstarre [שְׁמָמָה] gehüllt“) zum Ausdruck kommt, lässt ebenfalls an eine Art *Freeze*-Reaktion bzw. an das traumatische Phänomen der Konstriktion denken. √שׁמם ist vermutlich sogar im Sinne einer umfassenden traumatischen Reaktion zu verstehen.

4) Das *In-den-Bergen-Umherschweifen* „wie die Tauben der Täler“ (V16) könnte ein *zielloses In-Bewegung-Sein*, eine Art *Hyperarousal* beschreiben. Das in V18 (√פלט) und V27 (√בהל) erwähnte Zittern bzw. Beben weist in eine ähnliche Richtung.

5) In V16 deutet sich darüber hinaus ein *Nicht-mehr-Sprechen-* bzw. ein *Nur-noch-unartikulierte-Laute-von-sich-Geben(-Können)* an („[...] wie die Tauben der Täler. Alle stöhnen sie angesichts ihrer Schuld")[151]. An die Stelle des Erntejubels tritt (sprachlose) Bestürzung (vgl. V7)[152].

6) Die von der Kriegskatastrophe Betroffenen scheinen angesichts dessen, was sie am eigenen Leib oder als AugenzeugInnen miterleben müssen, eine Art *traumatisches Scham- und Schuldempfinden* zu entwikkeln (vgl. V13.16.19: עון; V18: בושה). V16 lässt sich sogar im Sinne von Überlebensschuld deuten[153]. Implizit – übertragen auf Silber, Gold und Schmuck, die zur נדה werden – wird auch das Erleben von Unreinheit und Stigmatisierung angesprochen.

7) Im (gleichsam absurden) Umgang mit Silber und Gold (V19f: es wird weggeworfen, nicht mehr angefasst) spiegelt sich die *totale*

---

[149] Dass eben dies mit der Aussage וכל־ברכים תלכנה מים gemeint sei, nehmen nahezu alle AuslegerInnen an (vgl. z.B. Zimmerli, Ezechiel 1, 177; Block, Ezekiel 1–24, 261; Greenberg, Ezechiel 1–20, 186f; Odell, Ezekiel, 93). Vgl. auch Ez 7,17 LXX; ARAB 2, Nr. 254, 128; bSota 44b.

[150] Vgl. hierzu Peichl, Trauma-Landschaften, 31f.

[151] Vgl. hierzu Greenberg, Ezechiel 1–20, 186.

[152] Zu V7 vgl. auch Odell, Ezekiel, 90: „What should have been rejoicing at the harvest now becomes mayhem as the full significance of the end becomes clear."

[153] Vgl. Bowen, Ezekiel, 40.

Erschütterung des vormaligen Wertesystems wider (vgl. auch V13[154]).
Was vor der Katastrophe selbstverständlich Gültigkeit beanspruchte,
Sicherheit vermittelte, worauf man sich verlassen konnte (bzw. verlas-
sen hat), ist auf den Kopf gestellt, zerstört[155].

8) Die Hoffnung auf Rettung und die Sehnsucht nach Orientierung bzw.
orientierenden Instanzen gehen ins Leere (vgl. V25f)[156]. Die Schrekken sind so unfassbar, dass ihnen nichts entgegengesetzt werden
kann, dass sie auch professionell nicht gedeutet werden können (vgl.
V26b). *Initiativverlust, Hoffnungslosigkeit, Hilflosigkeit und Verzweiflung*
(selbst) bei den gesellschaftlich Führenden sind die Folge (vgl. V27).

9) Neben den die Betroffenen unweigerlich überkommenden traumatischen Reaktionen werden (*erste*) *Ansätze zu kollektiven Trauer- bzw.
Selbstminderungsritualen* beschrieben (V18: Anlegen des שׂק, Scheren
einer Glatze; V27: √אבל[157]).

Explizit schildert Ez 7 vor allem unmittelbare Reaktionen auf die mit dem
Tag JHWHs verbundene Kriegsgewalt; *implizit* ist bereits eine mittelbare
bzw. längerfristige Auseinandersetzung mit dem Erlittenen zu erkennen,
welche vor allem in der Frage nach der Begründung bzw. Verursachung
des Geschehens zum Tragen kommt. Darauf – vor allem auf die Rolle
JHWHs im Rahmen (der Schilderung) dieses Geschehens – soll unten
noch ausführlicher eingegangen werden (3.4.). Zunächst aber möchte ich
die sprachliche Darstellung des sog. Gottestags und deren traumatischen
Charakter genauer in den Blick nehmen (3.3.).

3.3. *Sprachliche Aspekte*

In nahezu allen Kommentaren zu Ez 7 wird der ‚konfuse‘, inkohärente
sprachliche Charakter des Kapitels betont. Zwei Beispiele aus neueren
Arbeiten seien im Folgenden zitiert:

---

[154] Zu V13 vgl. Blenkinsopp, Ezekiel, 47: „Buying and selling is part of a settled order
that is simply taken for granted but that is suddenly to be undermined." Zur Stelle vgl.
auch Jes 24,2.

[155] Vgl. hierzu Block, Ezekiel 1–24, 269. Bei Odell, Ezekiel, 87, heißt es: „The consequence of such a judgment is profound, as Ezekiel 7 depicts the collapse of the entire
social order."

[156] Vgl. hierzu Blenkinsopp, Ezekiel, 49: „[T]he traditional religious solutions no longer
seem to apply."

[157] Vgl. hierzu Arnulf H. Baumann, „Art. אבל", ThWAT I (1973), 46–50, 47f. Baumann
zufolge ist אבל „offenbar terminus technicus für die Gesamtheit [der] Bräuche, die bei
einem Todesfall zu beobachten sind" (a.a.O., 47).

Der uns überlieferte Text ist streckenweise unheilbar verdorben; aber nicht nur deswegen steht man bei der Auslegung vor enormen Schwierigkeiten. Das Kapitel [...] kann dennoch keinesfalls als eine literarische Einheit betrachtet werden. Die im Text enthaltenen Dubletten und variierenden Wiederholungen, die passagenweise engen Berührungen und Übereinstimmungen mit anderen Texten des Ezechielbuches und Aussagen anderer Prophetenschriften sowie der Wechsel der Rederichtung sind deutliche Anzeichen für einen länger währenden komplizierten Wachstumsprozeß[158]. (Karl-Friedrich Pohlmann)

The passage is replete with redundancies, confusion of gender, omitted articles, missing verbs, obscure allusions, incomplete and garbled statements (v. 11), as well as words, forms, and constructions unheard of elsewhere. But perhaps the most striking feature is the use of repetition, specifically the restatement of the sermonic core in two remarkably correspondent panels [7,2–4 und 7,5–9, R.P.][159]. (Daniel I. Block)

Immer wieder haben, dies deutet sich vor allem bei Karl-Friedrich Pohlmann an, die Beobachtungen zur sprachlichen Gestalt von Ez 7 zu komplizierten literarkritischen Operationen Anlass gegeben[160]. Umgekehrt aber haben sich zuletzt auch die Stimmen derjenigen gemehrt, die eben jene sprachliche Gestalt bzw. Elemente derselben als bewusste(s) Stilmittel betrachten. Karin Schöpflin etwa beschreibt Ez 7,2–4 und 7,5–9 als „eine Art Kehrversgedicht", dessen refrainhafte Wiederholungen einer zunehmenden Bedrohlichkeit des skizzierten Geschehens Ausdruck verschaffen[161] – ihre Deutung bewegt sich auf der Ebene der Literarizität des Ezechielbuchs. Demgegenüber führen Daniel I. Block und Moshe Greenberg ihrem holistischen Ansatz entsprechend die textlichen Probleme (zumindest teilweise) auf den Propheten selbst zurück: Block zufolge spiegelt sich in diesen das emotionale Erregtsein Ezechiels angesichts des anzukündigenden Endes wider, so dass „[t]here is no time to worry about fine literary style"[162], wohingegen Greenberg im vorliegenden Text von Ez 7 eine kunstfertige dichterische Komposition des historischen Propheten erblickt:

Unmittelbare Perspektivenwechsel, Unverständlichkeit, selbst Inkohärenz (V 11b) zeugen von einer Leidenschaft und Erregung, die mittels der gängigen Prosa des Propheten nicht hätte vermittelt werden können. Er versuchte daher eine Umsetzung mittels einer Sprache und Bildern

---

[158] Pohlmann, Hesekiel 1–19, 113f. Ähnlich auch Blenkinsopp, Ezekiel, 44; Joyce, Ezekiel, 93.
[159] Block, Ezekiel 1–24, 241.
[160] Vgl. z.B. Zimmerli, Ezechiel 1, 159f; Pohlmann, Hesekiel 1–19, 113–122.
[161] Schöpflin, Theologie, 249.
[162] Block, Ezekiel 1–24, 243.

aus dem breiten Strom der hebräischen Poesie, die ihm offensichtlich bekannt war[163].

Ähnlich wie die zuletzt referierten AutorInnen (allerdings ohne die Rückbindung an einen unbewusst oder bewusst agierenden historischen Autor) gehe ich davon aus, dass die literarische Gestalt von Ez 7 mit den und durch die festzustellenden sprachlichen Schwierigkeiten Sinn ergibt – in ihnen nämlich wird der traumatische Charakter der Kriegsereignisse am Tag Jʜwʜs noch einmal auf einer anderen Ebene als der des Inhalts sinnfällig. Gleichzeitig kommt zum Ausdruck, wie sehr und inwiefern die Möglichkeit des Erzählens durch solche Ereignisse beeinträchtigt werden kann. Folgende Aspekte sind dabei von besonderer Bedeutung:

1) Die *repetitiven Strukturen auf Vers- und Abschnittsebene* vor allem in Ez 7,2–4.5–9 können als Inszenierung von mit den traumatischen Kriegsereignissen verbundenen Intrusionssymptomen gelesen werden. Albtraumartig drängen sich das erlittene Ende und das erlittene Unheil als kaum zu differenzierender Schrecken immer wieder auf.

2) Es braucht *mehrere Anläufe, bis das Geschehen überhaupt etwas ausgiebiger dargelegt werden kann.* Im Verlauf der Kapitelabschnitte wird die Katastrophenbeschreibung deutlicher und ausführlicher, jedoch „ohne die Besonderheit der Jerusalemer Situation in den Tagen Ez's konkreter sichtbar zu machen"[164] – dies scheint (noch) nicht möglich zu sein.

3) Dieser gewissen Entwicklung innerhalb des Kapitels steht eine *Nicht-Entwicklung* gegenüber – die drei Hauptteile Ez 7,2–4, 7,5–9 und 7,10–27 enden jeweils ähnlich mit Jʜwʜs Selbstaufforderung zur Mitleidlosigkeit (V4.9) bzw. der Schreckensstarre (שׁמם√) der politischen Führungsschicht (V27) und einem Hinweis auf Israels noch ausstehende Erkenntnis Jʜwʜs.

4) An mehreren Punkten stellt sich der Text gleichsam als (göttliches) *Ringen um Worte für die geschehen(d)en Schrecken* dar. Abgehackte, kaum als Sätze zu bezeichnende Wortkombinationen (vgl. z.B. V6f), sich ins Nichts verlierende Lautmalereien (vgl. V7: מהומה ולא־הד הרים; V11b), die Häufung/Wiederholung von Lexemen, die für nicht-sprachliche Äußerungen und Geräusche stehen (מהומה [V7], נה [V11], המונה [V12.13.14; vgl. V11], המה [V16]) bringen den Sprachverlust in

---

[163] Greenberg, Ezechiel 1–20, 178.
[164] Zimmerli, Ezechiel 1, 168.

sprachlicher Gestalt zum Ausdruck – Worte können kaum gefunden werden, Worte tragen nicht mehr.

> The numbing repetitiveness, the need to create words where none exist, and the rambling, fractured thoughts capture what it is like to try to speak the unspeakable, the terrible reality of war[165].

In den gescheiterten Sentenzen scheint die Unverständlichkeit eines Geschehens auf, das – paradoxerweise – durch diese Sentenzen gedeutet werden soll, sich solcher Deutung aber zugleich widersetzt. Der Umstand, dass die „traumatische Situation und deren Wirkung [...] die Fähigkeit, sie zu symbolisieren und ihre Bedeutung zu erfassen [zerstört]"[166], wird hier sprachlich greifbar.

5) Dass die mit der kommenden/gekommenen Kriegskatastrophe verbundenen Schrecken kaum benennbar sind, ist vielleicht auch daran zu erkennen, dass mehrfach *Hapaxlegomena* (הד, „Jubel"?[V7], תקוע, „Horn"? [V14], קפדה, „Angst, Panik?" [V25]) und darüber hinaus immer wieder *Begriffe, die sonst nur außerhalb des Ezechielbuchs belegt sind*[167], Verwendung finden. Die nächste Parallele stellt Jes 13 dar, eine Textpassage, in der es (wenn auch möglicherweise nicht ursprünglich, so doch zumindest redaktionell[168]) um den Gottestag *gegen Babylon* und dessen Schrecknisse geht[169]. Der Sprachverlust scheint hier also zu einem für das Ezechielbuch gleichwohl einzigartigen Rückgriff auf für das Motiv des Tages JHWHS geprägte Wendungen zu führen, wodurch ein Doppeltes erreicht wird: Es wird allererst möglich, überhaupt zu beschreiben, und gleichzeitig kommt zum Ausdruck, dass das Beschriebene unvergleichlich ist. Hier könnte auch eine Erklärung für die unter Punkt 2 erwähnte ‚relative Inkonkretheit' des in Ez 7 Geschilderten liegen.

6) Eine *crux interpretum* stellt der *Gebrauch des Substantivs* צפ(י)רה *in Ez 7,7.10* dar. In der hebräischen Bibel kommt das Lexem nur noch in Jes 28,5 vor, wo es – in eindeutig positiver Konnotation – eine „Krone" oder einen „Kranz" meint. In Ez 7 hingegen kann es sich aufgrund paralleler Formulierungen nur auf das kommende/gekommene Unheil bzw.

---

[165] Bowen, Ezekiel, 42.
[166] Bohleber, Traumatheorie, 823.
[167] Vgl. die Übersicht bei Greenberg, Ezechiel 1–20, 173.
[168] Vgl. die Diskussion bei Willem A. M. Beuken, *Jesaja 13–27* (HThKAT), Freiburg i.Br. u.a. 2007, 57–61.
[169] Vgl. Greenberg, Ezechiel 1–20, 174. Auch Ez 38–39 weist einige Parallelen zu Jes 13f auf.

ein Element desselben beziehen. Masson nun hat m.E. überzeugend herausgearbeitet, dass צפ(י)רה sowohl im Jesaja- als auch im Ezechielbuch für etwas Geflochtenes steht – in Ez 7,7.10 allerdings habe es die Bedeutung „Netz" und weise, ähnlich knapp wie die Aufforderung: „Mach Ketten daraus!" in Ez 7,23, auf Kriegsgefangenschaft und Deportation hin (vgl. auch Ez 12,11–13; 17,20)[170]. Der Autor sieht hier ein von Häme getränktes Wortspiel:

> En effet, [צפ(י)רה] signifie [...] à la fois ‚filet‘ et ‚couronne‘ – c.à.d. deux objets tressés mais dont l'un est associé à la réussite et l'autre à l'échec. Or, nous avons vu que le passage contient déjà un calembour et des jeux verbaux [...]. Un nouveau jeu de mot ne surprend donc pas ici d'autant plus qu'il correspond parfaitement à un contexte qui respire la Schadenfreude: ‚la [צפ(י)רה] vient vers toi – tu crois que je parle de couronne, mais c'est tout le contraire!‘ C'est de l'humour sardonique[171].

Möglicherweise aber zeigt die Verwendung des (auch in der Antike[172]) kaum übersetzbaren Wortes צפ(י)רה auch einmal mehr an, dass gängige Vokabeln zumindestens teilweise als für das Erzählen der Ereignisse von 587/86 v.u.Z. untragbar empfunden wurden; gleichzeitig spiegelt sich in der geschilderten Wortverwendung noch einmal der bereits angesprochene traumatische Zusammenbruch aller Werte wider.

7) Walther Zimmerli zufolge ist das Kapitel vor allem in weiten Teilen des dritten Hauptteils (V10–27) geprägt durch einen „ganz sachlich-unpersönlichen Stil" und eine „Indirektheit der Schilderung, die ein starkes Moment der Unbestimmtheit in sich birgt und den eigentlichen Gerichtsvorgang ungreifbar macht"[173]. An späterer Stelle spricht er diesbezüglich von einer „beängstigend sachlichen Abgekehrtheit" und von Zügen „erschreckender Sachlichkeit"[174]. Wie die „in ihrer Monotonie unheimliche Wiederholung"[175] der beiden Anfangsabschnitte (V2–4.5–9) erhöhe diese Abständigkeit „das Grauen der unbestimmten Erwartung". Aus traumatologischer Perspektive erinnert diese Stilbeschreibung an das *Erzählen ohne richtig zu erzählen* – das mit dem Schrecken verbundene (körperliche) Erleben, die mit ihm verbundenen

---

[170] Vgl. Masson, Ezéchiel VII 10, 306–309; zu Ez 7,23 vgl. auch Bowen, Ezekiel, 41f.
[171] Masson, Ezéchiel VII 10, 309.
[172] Vgl. Masson, Ezéchiel VII 10, 301f.
[173] Zimmerli, Ezechiel 1, 174.177.
[174] Zimmerli, Ezechiel 1, 184.185.
[175] Zimmerli, Ezechiel 1, 167.

Emotionen erscheinen abgeschnitten (dissoziiert), weil sie unaushaltbar sind; wären dieses Erleben, diese Emotionen präsent, wäre ein Erzählen völlig unmöglich.

3.4. Die Rolle Gottes im traumatischen Geschehen

Die in Inhalt und Form über weite Strecken traumatisch anmutende Schilderung von Ez 7 erscheint innerhalb des Plots der Ezechielerzählung nicht als (nachträglicher) menschlicher fiktionaler (Augen-)Zeugenbericht der Belagerung, Eroberung und Zerstörung Jerusalems 589/88 bis 587/86 v.u.Z., sondern wird Jhwh als Ankündigung seines Tages in den Mund gelegt – als eine Rede, die einige Zeit *vor* dem in Frage stehenden historischen Ereignis, nämlich im Juli 594/93 v.u.Z. (vgl. Ez 1,1f; 3,15f), ergeht. Innerhalb der (nach 572/71 v.u.Z. angesiedelten) Erzählung rückt Jhwh dadurch in große Nähe zu den geschilderten Kriegsereignissen – und zwar nicht nur im Sinne einer Deutung im Nachhinein, sondern als von vornherein in die Geschehnisse involvierte, ja sie entscheidend beeinflussende Größe. Was dies in traumatologischer Hinsicht – etwa im Hinblick auf die Opfer und die ,irdischen Täter' der Katastrophe – bedeutet, soll im Folgenden kurz skizziert werden.

1) Indem die (interpretierende) Ankündigung des Kriegsgeschehens als göttliche Rede inszeniert wird, *wird den traumatischen Ereignissen von höherer Stelle – und gleichsam im Vorfeld! – Sinn beigelegt.* Den von der Katastrophe Betroffenen hingegen – und das ist für traumatisches Erleben charakteristisch – ist eine solche Sinnbeilegung jedenfalls unmittelbar kaum möglich. Dies zeigt auch das Versagen aller professionellen RatgeberInnen in Ez 7,26. Dadurch, dass Jhwh die Interpretationshoheit anheimgestellt wird, ist zugleich zum Ausdruck gebracht, dass die ihn angesichts der Ereignisse von 587/86 v.u.Z. treffenden Infragestellungen zumindest nicht zur Gänze zutreffen können. Die Gottheit Israels hat sich die Dinge nicht aus der Hand nehmen lassen – weder hat sie sich zurückgezogen, noch ist sie von anderen Gottheiten besiegt worden –, sie hat die Fäden der (geschehenen wie der erzählten) Geschichte fest im Griff.

2) Anthropologisch betrachtet geschieht dabei eine deutliche *Rationalisierung: Die unfassbare, unerklärliche Katastrophe wird in eine Art Kausalzusammenhang eingebaut,* womit sowohl die Frage nach dem Grund für das Kommen des Endes – hier die Schuld des Landes/des Volkes Israel –, als auch nach der das Ende auslösenden Instanz, Jhwh, beantwortet wird. Die tatsächlichen Täter handeln nicht eigenmächtig,

sondern weil sie von der Gottheit Israels dazu bestimmt werden (vgl.
Ez 7,21–24).

3) Vor diesem Hintergrund drängt sich eine weitere Frage auf, die in Ez 7
   ebenfalls reflektiert wird: Wenn Jhwh die Macht hat, solches Unheil
   auszulösen – hat er nicht auch die Macht, solches Unheil zu *verhindern*? Warum hat er, als Gottheit, die das Leben will (vgl. Ez 18,32), dies
   nicht getan und Mitleid walten lassen (vgl. Ez 7,4.9)? Der diesbezügliche Antwortversuch an dieser und anderen Stellen des Ezechielbuchs
   besteht – erstaunlicherweise – darin, *Jhwh selbst traumatisches Erleben zuzuschreiben*: Aufgrund des entwürdigenden, gewalttätigen Tuns
   (der Führenden) seines Volkes, das implizit als etwas ihm Angetanes
   gezeichnet wird[176], ist Jhwh kaum noch in der Lage, seine Affekte zu
   regulieren bzw. zu kontrollieren – sein fast wahnsinnig zu nennender
   Zorn, der ihn kaum mehr (verständliche) Worte finden lässt, *muss* sich
   gleichsam Bahn brechen. Vermittels dieses Einblicks in die göttliche
   Emotionalität wird dem sich mit der Rückführung der Geschehnisse
   auf Jhwh möglicherweise einstellenden Vorwurf, man habe es hier mit
   den Strafen einer sadistischen Gottheit zu tun[177], zumindest ansatzweise entgegengesteuert.

4) *Der Ermächtigung Jhwhs entspricht eine Entmachtung der tatsächlichen Täter.* Diese vermögen Israels Schmuck (nur) deshalb zu entweihen, weil Jhwh diesen in ihre Hand gibt (Ez 7,21) und sein Angesicht
   abwendet (V22); die Feinde nehmen Israels Häuser in Besitz, entwürdi-
   gen Israels Heiligtümer (nur) deshalb, weil Jhwh sie heranbringt bzw.
   herankommen lässt (בוא Hifʿil, V24). Dieses ‚Machtspiel' eröffnet die
   Möglichkeit der Auseinandersetzung mit den wirklichen Tätern: Deren
   Übermacht kann eingestanden, deren Grausamkeit und Skrupellosig-
   keit kann benannt werden – das zeigen die Charakterisierungen der
   göttlichen Agenten als „die Fremden" (הזרים, V21), hier wahrscheinlich im Sinne von „die Feinde" gemeint[178], als „die Frevler der Erde"
   bzw. „die frevlerischsten Menschen auf Erden" (רשעי הארץ, V21)[179], als
   „Verbrecher" (פריצים, V22) sowie „übelste Völkerschaften" (רעי גוים,
   V24). Mit wem dieser Angreifer in der Hand Jhwhs zu identifizieren

---

[176] Vgl. hierzu Ez 7,3f.8f, wo die Emotionen Jhwhs und das Tun der Angesprochenen in
enger – wenn auch nicht in kausaler – Verknüpfung zur Darstellung gebracht sind.
[177] Vgl. Smith-Christopher, Abu Ghraib, 157.
[178] Vgl. Block, Ezekiel 1–24, 266.
[179] Die gewählte Formulierung zeigt vermutlich den Superlativ an (vgl. Allen, Ezekiel
1–19, 98.103; Block, Ezekiel 1–24, 266).

ist, lässt sich an dieser Stelle nur vermuten; erst mit Ez 30,10–12, wo
Nebukadnezar und seine mörderischen Horden als „gewalttätigste Völkerschaften" (עָרִיצֵי גוֹיִם, V11) und als „fremde" (זָרִים, V12) und „üble
Menschen" (רָעִים, V11) bezeichnet werden, wird dies explizit[180]. Sofern
die aufgeführten Charakterisierungen die babylonische Großmacht
als eindeutig negativ und Jhwh-feindlich (רַע, vgl. z.B. Ez 6,11; 8,9; 11,2;
20,44; 33,11; 36,31) ausweisen, kündigt sich die Notwendigkeit einer
Auseinandersetzung zwischen diesen beiden Täterinstanzen bereits
an dieser Stelle an. Den RezipientInnen jedenfalls – das ist aus traumatologischer Perspektive von Interesse – wird nicht die Identifikation
mit den tatsächlichen *bösen* Tätern nahe gelegt, *deren* Tun wird nicht
gerechtfertigt; vielmehr soll der ,gute Täter' Jhwh geschluckt und in
seinem Agieren verstanden werden.

5) Dieses Verstehen – und dies ist gleichsam der Preis dafür, dem tatsächlichen Täter und seiner Übermacht und Grausamkeit zu entkommen – ist allerdings nur möglich, *wenn die von Jhwh zugeschriebene
Schuld auf Seiten des Volkes eingestanden und anerkannt wird*, andernfalls muss Gottes Gerichtshandeln willkürlich, ja, sadistisch erscheinen. In Ez 7 bleibt die Schuld relativ inkonkret und allgemein: In den
ersten beiden Kapitelabschnitten ist mehrfach von den „abscheulichen
Taten" (תּוֹעֵבוֹת, V3.4.8.9) und dem „Lebenswandel" (דֶּרֶךְ, V3.4.8.9, vgl.
V27) der „Ackererde Israel" (!) die Rede, ohne dass diese Begriffe weiter gefüllt werden; im dritten Teil werden zwar die Vergehen etwas
greifbarer – hier fallen Termini wie חָמָס, „Gewalttat" (V11.23) und
מִשְׁפַּט דָּמִים, evtl. „Lynchjustiz" (V23), und in V19f deuten sich kultische Verfehlungen an –, Verantwortlichkeiten allerdings sind kaum
auszumachen[181]. Es entsteht der Eindruck, dass das Ausmaß der Schuld
groß gemacht werden muss, damit es das Ausmaß der Katastrophe zu
begründen vermag. Schließlich wird innerhalb der Textpassage immer
wieder betont, dass das Strafmaß den Vergehen genau entspricht:
Jhwh kündigt an, der Ackererde Israel ihrem Lebenswandel *entsprechend* (Präposition בְּ) den Schiedsspruch zukommen (שָׁפַט Qal, V3.8,

---

[180] זָדוֹן (Ez 7,10) ist in Jer 50,31f Deckname für Babel. Eventuell liegt in Ez 7 also noch
ein weiterer versteckter Hinweis auf die Babylonier als ,wirkliche' Täter vor. Vgl. hierzu
Zimmerli, Ezechiel 1, 175.
[181] Einzig der Begriff גְּאוֹן עֻזִּים, „Stolz der Mächtigen" (V24), könnte auf den Machtmiss-
brauch bzw. die Arroganz einer gesellschaftlich privilegierten Gruppierung hinweisen. In
der LXX findet sich an der entsprechenden Stelle allerdings τὸ φρύαγμα τῆς ἰσχύος αὐτῶν,
„der Stolz ihrer Macht", was möglicherweise auf eine andere Lesart des hebräischen Textes
(גְּאוֹן עֻזָּם) zurückzuführen ist.

vgl. V27) und *ihre* abscheulichen Taten bzw. *ihre* Lebensweise auf sie zurückfallen zu lassen (V3.4.8.9; vgl. hierzu auch Ez 9,4), so dass schließlich das, was sie getan hat, in ihrer Mitte präsent ist (Ez 7,4.9). Das aber bedeutet ein Doppeltes: Zum einen erscheint die Katastrophe nicht länger als plötzlicher Einbruch des Unverständlichen, Unerwarteten und Unerwartbaren. Die Kriegsereignisse von 587/86 v.u.Z. werden in eine nachvollziehbare Geschichte eingebunden, in ihrem traumatischen Charakter erklärt und dadurch – vielleicht – bewältigbar. Zum anderen wird eben diesem geschichtlichen Hergang seine Zwangsläufigkeit abgesprochen – die Kriegskatastrophe wäre vermeidbar gewesen, wenn Israel anders gehandelt hätte. Und: Israel kann etwas tun, damit solches Unheil nicht wieder geschieht[182].

An diesem Punkt ist m.E. das Phänomen der *traumatischen Schuldübernahme* mit Händen zu greifen: Schuld wird übernommen, weil dies leichter erträglich und lebensförderlicher sein kann als das hilflose, ohnmächtige Ausgeliefertsein an eine willkürliche feindliche Macht.

6) *JHWH vestrickt sich in Ez 7 allerdings auch in Widersprüche.* Dies geschieht zunächst dadurch, dass er als (alleiniger) Initiator der kommenden/ gekommenen Kriegskatastrophe gezeichnet wird (V3f.8f.27, vgl. vor allem die erweiterte ‚Erkenntnisformel‘ in V9: „Ihr werdet erkennen: Ich bin JHWH, zuschlagend" bzw. „Ihr werdet erkennen: Ich bin JHWH, ich bin's, der zuschlägt")[183]. Andererseits aber scheint er immer wieder hinter diese (ganz) aktiven Aussagen zurückzutreten, wenn er etwa davon spricht, dass „das Ende", „das Unheil" oder „der Tag" kommt (בוא *Qal*, V2.5.6.10), aufwacht (קיץ *Hif'il*, V6) oder nahe (קרוב) ist; immer wieder auch entsteht der Eindruck, „that the abominations themselves will be the punishment"[184] (vgl. z.B. V4.9: „Deine abscheulichen Taten werden in deiner Mitte sein" bzw. „Deine abscheulichen Taten werden sich in deiner Mitte auswirken" [תועבותיך בתוכך תהיין]) – als lasse JHWH den Dingen nur einfach ihren Lauf. Die wesentliche Diskursstrategie der Ermächtigung der Gottheit Israels bei gleichzeitiger Entmachtung der tatsächlichen Täter wird dadurch etwas entkräftet.

---

[182] Vgl. hierzu Bowen, Ezekiel, 270: „Ezekiel's behavioral self-blame is an example of the cognitive strategy of reinterpreting trauma [...]. Blaming oneself makes the world less threatening because one can take precautions to avoid such trauma in the future."

[183] Vgl. hierzu auch Schöpflin, Theologie, 248, wo es zu Ez 7,9 heißt: „Gott also ist für den Gerichtsschlag verantwortlich. Darin gipfelt der Abschnitt im MT."

[184] Odell, Ezekiel, 97. Zum Ganzen vgl. a.a.O., 96-98.

Des Weiteren ergibt sich ein gewisser Widerspruch zwischen JHWHs traumatischem Zorn und seinen Mitleidsaussagen in V4a.9a – diese erwecken den Eindruck, als müsse Gott sich selbst dazu auffordern, den einmal getroffenen Gerichtsbeschluss nur ja nicht wieder aufzugeben. Wenn dies jedoch noch möglich wäre – lässt sich dann die Darstellung des Geschehens als Entfesselung des nicht mehr aufzuhaltenden wahnsinnigen Zorns JHWHs aufrechterhalten?

Und schließlich: Kann dieses Ende wirklich dem Tun Israels entsprechen? Fordert es nicht unzählige Opfer, trifft es nicht auch die Unschuldigen, die ohnehin unter den bestehenden Verhältnissen Leidenden[185]? Was bedeutet es, dass JHWH die brutalsten Verbrecher der Erde (vgl. Punkt 4) als seine Gerichtsagenten heranzieht? Müsste diese nicht selbst zuallererst der göttliche Zorn treffen?

Aufschlussreich für die Frage nach dem Verstricktsein JHWHs in die traumatische/traumatisierende Gewalt der Exilskatastrophe sind die in Ez 7(-9) enthaltenen Anklänge an die Fluterzählung in Gen 6–9. Vor allem zu den der Priesterschrift zuzurechnenden Versen in Gen 6,11–13 gibt es Verbindungslinien:

> (Gen 6) ¹¹Und die Erde (אֶרֶץ, vgl. Ez 7,2.7.21.23.27) verdarb (√שׁחת, vgl. Ez 9,1.6.8) vor dem Angesicht (פָּנִים, vgl. Ez 7,22) Gottes, und die Erde wurde von Gewalt (חָמָס, vgl. Ez 7,11.23) erfüllt (√מלא, vgl. Ez 7,23). ¹²Da sah Gott die Erde an: Da! Sie ist verdorben. Ja, alles Fleisch hatte seinen Lebensweg (דֶּרֶךְ, vgl. Ez 7,3.4.8.9.27) verdorben (√שׁחת) auf der Erde. ¹³Da sprach Gott zu Noach: Das Ende (קֵץ, vgl. Ez 7,2.2.3.6) allen Fleisches ist gekommen (בּוֹא Qal, vgl. Ez 7,2.6.6 u.ö.) – in meinen Augen. Denn die Erde ist seinetwegen [wegen des Fleisches, R.P.] voll von Gewalt. Da! Ich bin dabei, es mit der Erde zu verderben.

Odil Hannes Steck erklärt die Parallelen zwischen den beiden Textkomplexen damit, „daß P die literarische Aussagenfolge Ez 7–9 gelesen und für Gen 6 benutzt hat in einem Umfang, der diese drei Ezechiel-Kapitel

---

[185] Die Frage nach dem Tod der Unschuldigen spielt in Ez 9 eine besondere Rolle – während seines visionären Aufenthalts am Jerusalemer Tempel schaut Ezechiel eine Schreibergestalt, die von JHWH beauftragt wird, diejenigen, „die stöhnen und ächzen angesichts all der abscheulichen Taten, die in ihrer Mitte verübt werden" (V4) mit einem ‚Verschonungszeichen' zu markieren. Die Erzählung lässt allerdings offen, ob jene Gerechten überhaupt gefunden werden, und spricht – auch hier sind Widersprüche unverkennbar – im unmittelbaren Kontext von der Vernichtung der (gesamten) Zivilbevölkerung (vgl. V6: „Alte, Jungen und Mädchen, Kinder und Frauen sollt ihr töten, verderben [...]").

als literarische Abfolge umspannt"[186], nimmt also eine eindimensionale literarische Abhängigkeit an. Ähnlich hat zuletzt Erich Bosshard-Nepustil alle im Ezechielbuch enthaltenen Anklänge an die Fluterzählung, etwa auch die Erwähnung Noachs in Ez 14,12–20, als Elemente betrachtet, welche die Verfasser der P-Urgeschichte aus dem (bzw. einem) Ezechielbuch übernommen haben[187]. Da das Ezechielbuch als Ganzes allerdings eine beträchtliche Nähe zu priester(schrift)lichen Traditionen aufweist, ist es m.E. plausibler, wechselseitige Beeinflussungen anzunehmen. Auch ist es m.E. wahrscheinlich, dass im Entstehungskontext des Ezechielbuchs ältere Fluttraditionen bekannt waren – und dass also in der Ezechielerzählung die Ereignisse von 587/86 v.u.Z. bewusst im Sinne eines Flutgerichts gedeutet werden[188]. Liest man kanonisch, müssen daher Gottes Worte in Ez 7 (und auch die ihm in Ez 9,6 in den Mund gelegte Verderbensaufforderung [√תחשׁ]) gleichsam als (Ankündigung des) Bruch(s) der in Gen 9,9–17 gegebenen Bundeszusage, das Leben auf Erden nie wieder verderben (√תחשׁ, V11.15) zu wollen, aufgefasst werden (vgl. auch Gen 8,21f). Dass die Exilskatastrophe theologisch durchaus im Sinne eines solchen Bruchs empfunden und gedeutet werden konnte, zeigt die (offenbar notwendige!) Konzeption eines Gegenbildes in Jes 54,8f[189]:

> (Jes 54) [8]Im Augenblick des Zorns habe ich mein Angesicht eine Weile vor dir verborgen, doch mit unaufhörlicher Treue habe ich mich deiner erbarmt, spricht JHWH, der dich auslöst. [9]Wie bei den Wassern Noachs ist das für mich, als ich geschworen habe: „Nie mehr sollen die Wasser Noachs die Erde überfluten!" So habe ich geschworen, nie mehr über dich in Zorn zu geraten und dich zu bedrohen.

Die nicht sicher zu beantwortende Frage, ob JHWH wirkmächtig oder ohnmächtig, zuverlässig oder willkürlich sei, läuft in Ez 7 und letztlich im ganzen Ezechielbuch kontinuierlich mit. Als beständiger Ein- oder

---

[186] Odil Hannes Steck, „Aufbauprobleme in der Priesterschrift", in: Dwight R. Daniels u.a. (Hg.), *Ernten, was man sät (FS K. Koch)*, Neukirchen-Vluyn 1991, 287–308, 301. Zum Ganzen vgl. ausführlicher a.a.O., 300–305; Erich Bosshard-Nepustil, *Vor uns die Sintflut. Studien zu Text, Kontexten und Rezeption der Fluterzählung Genesis 6–9* (BWANT 165), Stuttgart 2005, 164f; Bowen, Ezekiel, 38f.

[187] Vgl. Bosshard-Nepustil, Sintflut, 162–173.

[188] Vgl. Blenkinsopp, Ezekiel, 46: „But within Ezekiel's own priestly tradition the great paradigm of judgment is the deluge which put an end to the old world corrupted by violence and sin." Vgl. auch Bowen, Ezekiel, 39: „Ezekiel describes the end of Israel as equal to the disaster of the flood, but without Noah to rescue some from the devastation (compare 14:14, 20)."

[189] Vgl. hierzu Jürgen Ebach, *Noah. Die Geschichte eines Überlebenden* (Biblische Gestalten 3), Leipzig 2001, 154–156.

Widerspruch ist sie der traumatischen Auseinandersetzung mit den Ereignissen von 587/86 v.u.Z. gewissermaßen inhärent und signalisiert, dass deren konsistente Deutung nicht möglich ist. Der traumatische Charakter der Geschehnisse, dies rufen die in JHWH selbst angesiedelten Widersprüche ins Gedächtnis, lässt eine Erzählung, die (zu viel) Sinn macht[190], nicht zu; die traumatische Erzählung bleibt – notwendigerweise – fragmentarisch.

4. √שׁמם – ein Trauma-Wort im Ezechielbuch?

Da der Trauma-Begriff, wie er in dieser Studie verwendet wird, erst im ausgehenden 20. Jh. geprägt wurde, verwundert es nicht, dass ein äquivalentes Lexem im biblischen Hebräisch nicht vorkommt. Es gibt allerdings, so meine Überzeugung, eine Verbwurzel, mit der wesentliche Aspekte dessen, was heute als ‚Trauma' beschrieben wird, versprachlicht werden – √שׁמם.

√שׁמם kommt in der Hebräischen Bibel in zahlreichen Verbalstammformen (Qal, Nif'al, Hif'il, Hof'al, Po'el, Hitpo'el) und nominalen Ableitungen vor (Adj. שׁמם, Substantive משׁמה, שׁמה, שׁממה, שׁממה, שׁממון). Von den insgesamt 201 ersttestamentlichen Belegen entfallen 57 auf das Ezechiel-, 52 auf das Jeremiabuch[191] – und damit auf die Bücher, die schwerpunktmäßig um die traumatische Katastrophe des alten Israel, die Belagerung, Eroberung und Zerstörung Jerusalems 589/88–587/86 v.u.Z., und deren Voraussetzungen und Folgen kreisen. Zwar gibt es keine „[m]odernsprachliche[n] Äquivalente, die mit einer einzigen Wortgruppe die Bedeutungsbreite des bibl.-hebr. Wortfeldes wiedergeben könnten"; sofern aber „eine Vorstellung des ‚Erstarrens' die einerseits psychischen, andererseits kulturgeographisch/physischen Zustände und Vorgänge [...], die mit Formen von šmm benannt werden, [am ehesten] [andeuten] [kann]"[192], drängt sich eine Verknüpfung mit der Phänomenologie des Traumas, etwa mit der charakteristischen Freeze-Reaktion, m.E. geradezu auf. Als Übersetzung für √שׁמם habe ich daher zumeist (Derivate von) „schreckensstarr sein, werden" gewählt.

---

[190] Die der englischen Wortverbindung „to make sense" nachgebildete Phrase „Sinn machen", welche im Deutschen eigentlich keinen Sinn ergibt, ist hier bewusst gewählt, um den für Traumaliteratur wesentlichen Aspekt der – oft genug fragwürdigen – Sinnstiftung hervorzuheben.

[191] Im Pentateuch kommt √שׁמם zwölfmal vor (Schwerpunkt ist Lev 26 mit acht Belegen), in den prophetischen Büchern insgesamt 157-mal und in den Schriften 32-mal. Vgl. hierzu auch Fritz Stolz, „Art. שׁמם", THAT II (⁵1995 [1975]), 970–974, 970f.

[192] Ivo Meyer, „Art. שׁמם", ThWAT VIII (1995), 241–251, 242 (Hervorhebung R.P.).

Im Folgenden soll zunächst das (traumatische) (Be-)Deutungsspektrum von √שׁמם genauer erfasst werden, wobei ein Schwerpunkt auf die Erzählung von der Vergewaltigung Tamars in 2 Sam 13,1–22 gelegt wird, anhand derer sich dieses Spektrum in besonderer Weise erörtern lässt (4.1). Daran anschließend wird die Verwendung der Verbwurzel und ihrer Derivate im Verlauf des Ezechielbuchs ausführlicher beleuchtet und schließlich in ihren wesentlichen Punkten zusammengefasst (4.2).

4.1. √שׁמם als Trauma-Wort

√שׁמם wird biblisch sowohl von einzelnen Menschen und Menschengruppen (vgl. z.B. 2 Sam 13,20: Tamar; Ez 26,16: alle Fürsten des Meeres; 27,35: alle BewohnerInnen der Inseln) als auch von geographischen, topographischen und architektonischen Größen ausgesagt (vgl. z.B. Gen 47,19: Land; Jes 33,8: Straßen; Ez 6,6: Kulthöhen und Altäre), in aller Regel als Folge unmittelbarer (kriegerischer) Gewalteinwirkung, insbesondere „als Folge von Zerstörung durch die Eroberung einer Stadt oder eines Landes" (vgl. z.B. Jos 8,28; Ez 30,10–13; Am 7,9), oder, jedenfalls bei menschlichen Subjekten, bei Ansichtigwerden entsprechender Gewalt- und Zerstörungsszenarien (vgl. z.B. 1 Kön 9,8; Jes 52,14; Jer 4,9).

√שׁמם meint nie nur ein inneres menschliches Empfinden, von dem äußerlich nichts zu bemerken ist, und nie nur einen materialiter feststellbaren äußeren Zustand, der an Inneres nicht rührt[193]. Entsprechend vermögen angesichts von Gewalt oder Zerstörung erstarrte Menschen nicht länger an den alltäglichen Lebensvollzügen teilzunehmen, ihr Unterwegssein in Zeit und Raum wird unterbrochen, verändert sich; Unbehaustheit ist die Folge. Erstarrte topographische Größen sind ebenfalls durch einen Verlust an Lebendigkeit gekennzeichnet – sie sind menschenleer und ohne (Nutz-)Vieh, können weder Heimat noch Nahrung bieten, allenfalls wilde Tiere, Abkömmlinge der Chaosmacht, durchstreifen sie[194]. Schreckensstarr gemachte Menschen und schreckensstarr gemachte Landschaften

---

[193] Vor diesem Hintergrund erscheint auch die von Stolz (vgl. ders., Art. שׁמם, 971) vorgenommene Unterscheidung zwischen einem objektiv auf geographische Räume (Übersetzungsvorschläge: „brach, leblos daliegen" [שׁמם Qal], „Verödung" [שׁמם]) und einem subjektiv auf Menschen bezogenen Gebrauch (Übersetzungsvorschläge: „sich wie leblos fühlen, erstarren" bzw. „Erstarren, Entsetzen") kaum angemessen. Zur Kritik vgl. auch Bail, Schweigen, 197, Anm. 159).

[194] Vgl. hierzu auch Bail, Schweigen, 197: „Ein Land und eine Stadt, die von שׁמם getroffen sind, haben ihre lebensspendende und schützende Funktion verloren, sie sind ‚verbrannte Erde'."

repräsentieren die Sphäre des (unzeitigen) Todes – wer auf sie trifft, reagiert deshalb nicht selten ebenfalls mit Entsetzen und Erstarren.

Für ein angemessenes Verständnis der Verbwurzel שׁמם und ihrer traumatischen Affinität ist es darüber hinaus von Bedeutung, dass topographische oder architektonische Größen in biblischen Texten häufig als personale Größen angesprochen werden (etwa eine Stadt im Bild einer Frau) oder für kollektive Körper(schaften) stehen (etwa die „Ackererde Israel(s)" für das „Haus Israel"). Der einzelne (weibliche) Körper kann – vor allem als Gewalt leidender – den sozialen Leib Israel in seiner Fragilität repräsentieren[195].

Anhand der Erzählung von der Vergewaltigung Tamars in 2 Sam 13,1–22 lässt sich der traumatische Gehalt und lassen sich die bereits aufgeführten Aspekte von √שׁמם in besonderer Weise verdeutlichen. Hinzu kommt, dass es zwischen der Darstellung Tamars und derjenigen Ezechiels im Kontext seiner Berufung mehrere Parallelen gibt (vgl. insbesondere Ez 2,8b-3,3.14f). Ezechiel ist darüber hinaus neben Tamar die einzige konkrete (‚namhafte') Erzählfigur, von der in der Hebräischen Bibel ein Schreckensstarrwerden ausgesagt wird, so dass sich von der Tamarerzählung Interpretationsperspektiven für die Ezechielerzählung ergeben könnten – und umgekehrt. Vor diesem Hintergrund soll die Rede vom שׁמם-Werden Tamars in 2 Sam 13,20 im Folgenden zunächst im Zentrum stehen.

In 2 Sam 13,20 kommt √שׁמם im unmittelbaren Zusammenhang der ungewöhnlich konkreten und ausgesprochen realistischen Schilderung einer traumatisierenden Gewalttat vor: Nachdem Tamar von ihrem Halbbruder Amnon vergewaltigt worden ist, wird sie als שׁממה, „(schrekkens-)erstarrt" (Part. *Qal*) bezeichnet. Im Einzelnen wird ihre Situation im Anschluss an den Gewaltakt, über die sich das bereits angesprochene komplexe Bedeutungsspektrum von √שׁמם m.E. besonders prägnant herausarbeiten lässt, wie folgt dargestellt (V18b-20):

> (2 Sam 13) [18][...] Als nun sein [Amnons, R.P.] Diener sie nach draußen führte und die Tür hinter ihr zuschloss, [19]tat Tamar Staub auf ihren Kopf, zerriss das langärmelige Kleid, das sie trug, legte die Hand auf ihren Kopf und ging (ein Gehen), laut schreiend. [20]Da sagte ihr Bruder Abschalom zu ihr: „War dein Bruder Amnon bei dir? Nun, meine Schwester, sei still! Er ist ja dein Bruder. Nimm dir die Sache nicht so zu Herzen!" Und es blieb/wohnte Tamar – und/

---

[195] Vgl. hierzu Keefe, Rapes, passim.

aber (war) schreckenserstarrt – (im) Haus ihres Bruders Abschalom (ותשב
‏תמר ושממה בית אבשלום אחיה).

Das hier Beschriebene lässt sich – auch ohne traumatologische Spezial-
kenntnisse – im Sinne traumatischen Geschehens deuten: Die Vergewal-
tigungssituation selbst ist für Tamar eine Situation totaler Ohnmacht, eine
Situation, in der Kampf oder Flucht nicht möglich sind (*no-fight-/no-flight*):
„Er überwältigte (√חזק) sie, vergewaltigte (√ענה) sie und schlief mit ihr",
heißt es in V14b. Tamars Argumentation, mit der sie dem Täter die Folgen
seiner Gewalttat vor Augen zu stellen versucht, erreicht Amnon nicht – er
weigert sich, auf sie zu hören, sowohl vor als auch nach der Tat (ולא אבה
‏לשמע בקולה/לה, V14a.16b). Erst nachdem Tamar dem Gewalttäter und
dem Ort der Gewalttat entkommen ist, treten die normalen Reaktionen
auf das Konfrontiertsein mit intrusiver Gewalt, mit akuter Todesangst und
-nähe an die Oberfläche. In den teils rituell gebundenen (Staub-auf-den-
Kopf-Tun, Zerreißen des Kleids, Hand-auf-den-Kopf-Legen), teils sponta-
nen Handlungen (Schreien, [zielloses] [Herum-]Gehen), die von Tamar
berichtet werden, ist der Versuch zu erkennen, die erlittene Gewalt sichtbar und bezeugbar und hierüber bearbeitbar zu machen. Doch Tamars
Überlebensimpulse werden durch ihren Bruder Abschalom zunichte
gemacht: Abschalom weiß um die Gewalt, die Tamar von Amnon widerfahren ist – nur so sind seine Worte in V20a überhaupt verständlich –, er
weigert sich jedoch, die Untat zu benennen und zu bezeugen. Mit dem
fragwürdigen Verweis auf die verwandtschaftlichen Beziehungen („Er ist
ja dein Bruder") befiehlt er Tamar stattdessen, still zu sein bzw. zu schweigen (Imp. *Hif'il* חרש) und das Geschehene zu verdrängen („Lege diese
Sache nicht auf dein Herz!" = „Denk nicht weiter darüber nach!"). Indem
er sich wie Amnon weigert, (auf) Tamar zu hören und damit negiert, was
sie erlitten hat, fügt Abschalom seiner Schwester ein weiteres Trauma zu
bzw. stellt das ihr zugefügte Trauma auf Dauer, auch wenn er sie, wie aus
V20b hervorgeht, bei sich „wohnen" lässt. (Erst) in diesem Zusammenhang wird Tamar als שממה bezeichnet – neben יפה, „schön" (V1), übrigens die einzige Zuschreibung, die auf sie hin gemacht wird[196] –, so dass
man also, zumindest im gegebenen Kontext, davon ausgehen kann, dass
√שמם nicht (nur) zur Beschreibung einer kurzfristigen Schreckensreaktion

---

[196] Vgl. Ilse Müllner, *Gewalt im Hause Davids. Die Erzählung von Tamar und Amnon*
(*2 Sam 13,1–22*) (HBS 13), Freiburg i.Br. u.a. 1997, 195.

dient, sondern eine Art lebendiges Totsein infolge unbewältigter oder unbewältigbarer (menschlicher) Gewalteinwirkung meint[197].

In dem Satz „Und es blieb/wohnte Tamar – und (war) schreckenserstarrt – (im) Haus ihres Bruders Abschalom" scheint neben der traumatischen Erstarrung auch etwas von der traumatischen Zersplitterung von Erfahrung festgehalten zu werden. Zum einen nämlich evoziert √שׁמם ,eigentlich' die Konnotation des Unbewohnbar- oder des Menschenleer-Seins (vgl. nur Jer 34,22b: „Die Städte Judas mache ich zur Starre [שׁממה] ohne dort Wohnende [מאין ישׁב]"), in 2 Sam 13,20 hingegen ergibt sich „eine unauflösbare Spannung zwischen *verwüstet, unbewohnt sein* und *sie wohnte*"[198]. Darüber hinaus ist der Satz ותשׁב תמר ושׁממה בית אבשׁלום אחיה auch grammatikalisch ge-/zerbrochen: בית אבשׁלום steht ohne die zu erwartende Präposition ב, „in", was einmal mehr Tamars Ortlosigkeit betont. Außerdem zerschlägt das Partizip ושׁממה, „und/aber sie (war) schreckenserstarrt" den Satz in zwei nicht mehr zu verbindende Hälften, wodurch angezeigt wird, dass für Tamar die Möglichkeiten des Bleibens/Wohnens/Lebens auf Dauer zerstört sind. Und nicht nur das – auch die Sprache selbst ist ge-/zerbrochen.

Der Bibelwissenschaftlerin Ilse Müllner zufolge sind „[d]rei Aspekte der spannungsreichen Semantik von שׁמם [...] für 2 Sam 13,20 hervorzuheben: die Zerstörung des angemessenen sozialen Status, die topographische Verwendung und der Aspekt der Sprachlosigkeit"[199]. Der mit √שׁמם bezeichnete Zustand kann bedeuten, aus (allen) tragenden und schützenden sozialen Beziehungen herauszufallen bzw. diese gar nicht erst eingehen zu können. Wie Jes 54,1.3 und 62,4, Texte, die von der Stadt Jerusalem und „ihrem Land" im Bild einer Frau sprechen, nahe legen, verdammt das שׁממה-Sein eine junge Frau wie Tamar zu Ehe- und Kinderlosigkeit. Dies hängt wohl primär damit zusammen, dass eine ,geschändete Jungfrau' in einer patriarchalen antiken Gesellschaft wie der des alten Israel als für einen Eheherrn ,nicht zumutbar' galt (vgl. hierzu auch die Argumentation

---

[197] Vgl. hierzu auch Silvia Schroer, *Die Samuelbücher* (NSK.AT 7), Stuttgart 1992, 172; Müllner, Gewalt, 195. Schroer bezeichnet Tamar als „lebendig Begrabene", Müllner spricht mit Bezug auf V20 von einem „Zustand des lebendigen Todes". Bail (dies., Schweigen, 197f) macht darauf aufmerksam, dass über das von √ישׁם (verwandt mit √שׁמם) abzuleitende Nomen ישׁימון, „Wüste", „das Totenreich evoziert [wird], d.h. Tamar wird beschrieben als eine, deren Leben nahe dem Totenreich ist (vgl. Ps 88,5f). Sie hat den sozialen Tod erfahren, abgeschnitten von der Gemeinschaft lebt sie als Geächtete [...] ohne Perspektive in Absaloms Haus."

[198] Bail, Schweigen, 198.

[199] Müllner, Gewalt, 323f. Zum Ganzen vgl. a.a.O., 323–327, sowie Bail, Schweigen, 196–201.

Tamars in V13.16) – die dieser Position inhärente *blaming-the-victim*-Strategie ist unübersehbar. Gleichzeitig könnte sich hierin auch das Wissen darum niedergeschlagen haben, dass das Erleiden intrusiver Gewalt in die tiefste Isolation führen[200] und die Möglichkeit, (nahe) Beziehungen einzugehen, dauerhaft zerstören kann.

Der topographische Aspekt von √שׁמם kommt laut Müllner darüber zum Tragen, dass der „Begriff, der sonst nirgends von konkreten Frauen [allerdings von ‚konkreten Männern', nämlich Ezechiel <Ez 3,15>, Daniel <Dan 8,27>, Esra <Esra 9,3.4>, R.P.] ausgesagt wird, [...] die Metaphorisierung von Frauen als Orte mit ein[spielt]", welche einen „semiotische[n] Prozeß der Auslöschung realer Frauen und ihrer Erfahrung" darstelle[201]. Tamar verlasse die Erzählung, indem sie als Person zum Verschwinden gebracht und in eine Vorstellung von Landschaft verwandelt werde[202]. Diese Sichtweise erscheint mir indes zu einseitig; eher ist m.E. davon zu sprechen, dass sich – evoziert durch das Wort שׁמם – „das Bild der eroberten und zerstörten Stadt [bzw. des eroberten und zerstörten Landes, R.P.] [...] und der vergewaltigte Körper Tamars [...] ineinander[schieben]"[203]. So ist im ‚Kaputtgehen' Tamars das ‚Kaputtgehen' des kollektiven Körpers Israel präsent, wie umgekehrt im Erstarren einer eroberten Stadt oder eines verheerten Landes die Kriegs-Traumata der betroffenen (Zivil-)Bevölkerung mitgehört werden können. Dass in dieser doppelten Vergegenwärtigung Erfahrungen konkreter Frauen gerade nicht ausgelöscht, sondern mitgenommen werden, beschreibt auch Alice A. Keefe:

> [T]he woman's body, beautiful and then destroyed (in Tamar's case, left desolate, [שממה]), stands for Israel itself [...]. The sexual violence in this story functions not simply as a narrative catalyst for the violence between brothers and between father and son, but more than that, once again, the incestuous rape is itself a primary sign of the disorder and fracturing of royal family and nation[204].

Die Verletzung des Frauenkörpers, der als eine Art heiliges Zentrum die Quelle des Lebens und gemeinschaftlicher Verbindungen in Israel repräsentiere, stellt, so Alice A. Keefe weiter, eine Verletzung des Lebens und

---

[200] Vgl. hierzu auch Meyer, Art. שׁמם, 242f: „Der durch Amnon vergewaltigten und verstoßenen Tamar (2 Sam 13,20) [...] und der kinderlosen, verwitweten, verlassenen Tochter Zion (Jes 54,1) wird [...] offenbar ein Zustand der Isolation zugeschrieben."
[201] Müllner, Gewalt, 325.
[202] Vgl. Müllner, Gewalt, 325.
[203] Bail, Schweigen, 198.
[204] Keefe, Rapes, 87f.

der Gemeinschaft selbst dar, wobei Bilder sexueller Gewalt das Ge- und Zerbrochensein des Kollektivkörpers am intensivsten transportierten. Zwar seien die Vergewaltigungsszenen (Gen 34; Ri 19; 2 Sam 13) eingebettet „within a gendered symbol system", in dem männlicher Autorität die Kontrolle (über den Frauenkörper) anvertraut sei, dennoch verdamme das System das Weibliche nicht zu völliger Ohnmacht und Marginalität. Vielmehr würden die Kriege der Männer, von denen jeweils im unmittelbaren Anschluss erzählt wird, durch die Benennung der Vergewaltigung und die Vergegenwärtigung des Schreckens, „that is known through the eyes of these violated women" kritisiert und verurteilt. Der (schreckensstarr gemachte) (Frauen-)Körper, Zeichen für Gemeinschaft, Verbundenheit und Bund, eröffne durch die Bilder der Viktimisierung und der Gewalt hindurch ein machtvolles literarisches Zeugnis gegen die Realität der Zerrissenheit und Zerstörung innerhalb der menschlichen Gemeinschaft[205] – Aspekte, die sich, so meine Vermutung, auch auf (den viktimisierten Körper) Ezechiel(s) in der gleichnamigen Erzählung beziehen lassen.

Als dritten den Gebrauch von √שׁמם in 2 Sam 13,20 kennzeichnenden Aspekt nennt Müllner denjenigen der Sprachlosigkeit. Dass Tamar mehrfach nicht gehört und zum Verstummen genötigt wird und dass dies ihr Trauma, ihr שׁממה-Sein, forciert bzw. auf Dauer stellt, wurde bereits oben erläutert. So, wie die Dinge erzählt sind, wird man sogar sagen können, dass √שׁמם im gegebenen Kontext die Konnotation des traumatischen Sprachverlusts, des Verlusts von Narration und Narrativität in sich trägt[206].

---

[205] Vgl. Keefe, Rapes, 94 (Zitate ebd.).

[206] Auch Norbert Lohfink bringt √שׁמם vorrangig mit Verstummen und Sprachlosigkeit in Zusammenhang, wobei es ihm allerdings darum geht, das Schweigen als ein im Klageritus gebundenes nachzuweisen (vgl. ders., „Enthielten die im Alten Testament bezeugten Klageriten eine Phase des Schweigens?", *VT* 12 [1962], 260–277, passim). Seine These, √שׁמם sei (von vornherein) *terminus technicus* für eine entsprechende Phase im Klageritual (vgl. a.a.O., 267), die durch das Anstimmen des Klagegesangs beendet werde (vgl. a.a.O., 269–273), ist aber m.E. wenig überzeugend. Will man überhaupt von einem *terminus technicus* sprechen, dürfte es sich bei √שׁמם eher um ein ‚Hauptwort' für das traumatische Erstarren handeln, für das auch der Aspekt der Sprachlosigkeit kennzeichnend ist. Dass die Hebräische Bibel gelegentlich berichten kann, dass Menschen – vor allem im Ritual – aus diesem Zustand des sprachlosen Schreckens heraus in die Klage und darüber zu neuer Sprache finden (vgl. Ez 26,16f; Ijob 2,11–3,1; Esra 9,3–5), steht dazu nicht in Widerspruch. Häufiger behält, wo Menschen von √שׁמם betroffen sind, ohnehin die wortlose Bestürzung (erstmal) das letzte Wort (vgl. z.B. Ez 27,35; 28,19; Ijob 18,20; Klgl 1,13.16; 3,11). Dies gilt auch für Tamar, die ja von sich aus versucht, die ihr widerfahrene Gewalt zu entäußern und ihr dabei eine rituell gebundene Form zu geben, zu der ein Verstummen gerade *nicht* gehört.

Zusammenfassend soll Folgendes zu √שממ in der Hebräischen Bibel
festgehalten werden: In der Erzählung von der Vergewaltigung Tamars
durch ihren Halbbruder Amnon in 2 Sam 13 bezeichnet √שממ (V20) den
Zustand des Gewaltopfers im Anschluss an die Schreckenstat und an die
Zunichtemachung ihrer anfänglichen Versuche der Bewältigung oder des
Umgehens mit dem Erlittenen. Dies legt es nahe, in √שממ einen/den
Begriff für eine länger- oder langfristige traumatische Reaktion auf massive (menschengemachte) Gewalt zu sehen. Mindestens dreierlei ist, ausgehend von 2 Sam 13,20, für diese traumatische Reaktion kennzeichnend:

1) Sie führt in die soziale Isolation, in die Sphäre des (sozialen) Todes.

2) Sie geht mit völliger Ohnmacht, mit dem Verlust von Sprach- und
   Handlungsmöglichkeiten einher.

3) Sie hat individuelle und kollektive Dimensionen, die sich im sowohl
   personal als auch topographisch verwendeten שמם-Begriff ineinanderschieben. Im שממה-Sein Tamars bildet sich gleichsam die Pathologie des königlichen Machtapparats ab, wie umgekehrt das שממה-Sein
   einer Stadt oder eines Landes auf die den BewohnerInnen angetane
   Gewalt verweist.

4.2. √שממ als Trauma-Wort im Ezechielbuch

√שממ findet sich im Ezechielbuch überdurchschnittlich häufig – 57 von
insgesamt 201 ersttestamentlichen Vorkommen des Wortes stehen in der
Ezechielerzählung. Im Einzelnen entfallen dabei auf das Verb 27 Belege[207]
(von ersttestamentlich 92), auf die weitgehend synonymen Substantive
שְׁמָמָה 21 (von 56), משׁמה fünf (von sieben), שממון zwei (von zwei) sowie
auf שמה (von 40) und שְׁמָמָה[208] jeweils ein Beleg.

Ein „(Schreckens-)Starr-(gemacht-)Werden" wird im Verlauf des Ezechielbuchs recht unterschiedlichen Größen zugeschrieben; die Substantive
werden – deutlicher als das Verb – vorrangig mit Bezug auf topographische

---

Letzteres wird Tamar durch ihren Bruder Abschalom aufgezwungen und bleibt unüber-
wunden – das שממה-Sein ist das letzte, was von Tamar berichtet wird (2 Sam 13,19f).

[207] Elfmal findet sich das Verb im Qal ([schreckens-]starr sein, werden"), elfmal im
Nif'al („[schreckens-]starr [gemacht] werden) und fünfmal im Hif'il („[schreckens-]starr
sein" und „[schreckens-]starr machen"). Diese Zahlenwerte gelten dann, wenn שמות in
Ez 36,3 nicht als Plural des Substantivs שמה, sondern als besondere Infinitivform (Qal)
von שמם beurteilt wird (vgl. hierzu Block, Ezekiel 25–48, 325, Anm. 11).

[208] Die außergewöhnliche Vokalisierung שְׁמָמָה kommt alttestamentlich nur in Ez 35,7
vor. Zimmerli (vgl. ders., Ezechiel 2, 852) rechnet an dieser Stelle mit Textverderbnis von
ursprünglich משמה ושממה zu לשממה ושממה (vgl. auch Stolz, Art. שמם, 970). Zur
Synonymität der oben genannten Substantive vgl. a.a.O., 970f.

Einheiten verwendet. Von besonderem Interesse ist m.E., welche Erzählfiguren an welcher Stelle des Buches mit √שמם in Verbindung gebracht
werden – dabei sind nämlich durchaus signifikante Entwicklungen
festzustellen.

Der/das Erste, der/das im Ezechielbuch von √שמם getroffen wird, ist
Ezechiel selbst, der nach seiner Berufung bzw. dem ersten Teil derselben sieben Tage lang schreckensstarr (משמים, Part. *Hif'il*)[209] unter den
Verschleppten am Kebarkanal sitzt/lebt/bleibt (√ישב, Ez 3,15). Aufgrund
des seltenen Bezugs von √שמם auf eine einzelne Erzählfigur (vgl. noch
Dan 8,27; Esra 9,3.4) und der paradoxen Kombination von √שמם mit
√ישב (vgl. noch Esra 9,3.4) entsteht eine erstaunliche Nähe zwischen der
Gestalt Ezechiels und derjenigen Tamars in 2 Sam 13. Noch weitere Parallelen deuten darauf hin, dass der Prophet den Hörenden bzw. Lesenden als *Traumatisierter* vor Augen gestellt werden soll, und zwar – dies
allerdings ergibt sich eher implizit aus dem Erzählverlauf – als *von JHWH*
Traumatisierter! Als solcher wird er zum Propheten und Wächter (vgl.
Ez 3,16–21), zum Zeichen und zum Paradigma (vgl. Ez 12,6.11; 24,24.27) für
das von der Exilskatastrophe getroffene Haus Israel und dessen Land[210].

Alle oben für Tamars traumatische Reaktion festgehaltenen Charakteristika treffen auch auf Ezechiel zu: Nicht nur in der skizzierten Situation seines משמים-Seins, sondern über weite Strecken seiner Erzählung
erscheint er sozial isoliert und als Außenseiter (vgl. z.B. 3,25f; 4,8; 9,8; 21,5);
in den Handlungen, die ihm von JHWH aufgetragen werden, und dem, was
er erfahren muss, rückt er immer wieder in die Sphäre des Todes. Weite
Teile des Buches zeichnen den Propheten als ohnmächtig, ohne Einfluss
darauf, was (mit ihm) geschieht bzw. was JHWH (mit ihm) tut – „[t]he
divine presence and action in judgment [...] ,invades' and ,takes over' the
prophet, threatening and perhaps succeeding in emptying the prophet of
his individuality"[211]. Auch die eigene Sprache kommt ihm abhanden (vgl.
Ez 3,26f; 24,25–27) – und zwar bis zu dem Zeitpunkt (der erzählten Zeit),
an dem die Katastrophe als tatsächlich geschehen wahrgenommen und
damit in ein narratives Skript integriert wird (vgl. Ez 33,21f). Darüber hinaus
lässt die Verwendung von √שמם im weiteren Buchverlauf Ezechiels Körper als eine Art Kampfplatz erscheinen, an dem sich die gesellschaftliche

---

[209] Das Part. *Hif'il* wird hier wie in Ijob 21,5 sinngleich mit dem Part. *Qal* verwendet. Vgl.
hierzu Meyer, Art. שמם, 245f.
[210] Vgl. Bowen, Ezekiel, 12: „Ezekiel remains by the river for seven days, a bitter, furious,
and traumatized divine messenger."
[211] Garber, Ezekiel, 225.

Katastrophe abbildet oder gar austrägt – in ihm schieben sich individuelles und kollektives Trauma ineinander, werden das Schicksal der mit den Schrecken des Krieges konfrontierten Menschen und dasjenige des kriegerisch zerstörten Lebensraums aufeinander hin transparent. An ihm, mit ihm und durch ihn werden schließlich auch Möglichkeiten des Umgangs mit der Katastrophe und des Überlebens aufgezeigt.

Dass an Ezechiel die konkreten Schrecken des Krieges erkennbar und besprechbar werden (sollen), zeigen die folgenden √שמם-Stellen: Auf JHWHs Geheiß hin soll der in einen Belagerungszustand versetzte Prophet (vgl. 4,4–8) nurmehr absolute Notrationen an Essen und Trinken zu sich nehmen (vgl. 4,9–12) und verkörpert darin das angesichts von Lebensmittel- und Wasserknappheit sorgenvolle und schreckensstarre (בשממון) Essen und Trinken der in Jerusalem Belagerten (4,16) bzw. deren traumatisches Dahinvegetieren (V17b: „und sie werden schreckensstarr werden (שמם Nif'al), einer wie die andere, und werden verfaulen in ihrer Schuld"). Nicht die Starre selbst, wohl aber den diese auslösenden Hunger nennt JHWH im Kontext sein eigenes Werk (vgl. V16aβ).

Das nächste Vorkommen von √שמם findet sich in Ez 5,15 nicht als Reaktion von Angehörigen des Hauses Israel, sondern als Reaktion der Nationen ringsherum – für diese wird es „Mahnung und Schmähung, Warnung und Schreckensstarre (שממה)" sein, wenn JHWH seinem Zorn auf Jerusalem freien Lauf zu lassen beginnt. Während die *vierfache* Folge die Heftigkeit der göttlichen Raserei (des göttlichen Traumas?) erkennen lässt, weist diese Verwendung von √שמם auf den Umstand hin, dass traumatische Reaktionen nicht nur bei den direkt von Gewalt Betroffenen, sondern auch bei Augen- und OhrenzeugInnen von Gewalttaten vorkommen können – ein Umstand, um den das Ezechielbuch genau weiß (vgl. auch 7,27; 26,16; 27,35; 28,19). Dass dies nicht unbedingt zur Solidarität mit den Gewaltopfern, sondern immer wieder auch dahin führt, sich das Trauma der Anderen vermittels einer *blaming-the-victim*-Strategie vom Leibe zu halten, wird – als Reaktion der Nationen auf das Schicksal Israels – im weiteren Erzählverlauf ebenfalls thematisiert (vgl. 25,3; 35,12.15; 36,4).

In Ez 6, einer von Ezechiel weiterzugebenden Gerichtsrede über die Berge Israels, sind zum ersten Mal bauliche Größen bzw. funktionale Orte von √שמם betroffen – V4 zufolge werden die Altäre, V6 zufolge die heiligen Höhen[212] erstarren (שמם Nif'al bzw. Qal). Dass es dabei nicht allein um das Zur-Sprache-bringen einer materiellen Verwüstung, sondern um

---

[212] Viele AuslegerInnen (vgl. z.B. Zimmerli, Ezechiel 1, 140) konjizieren die Verbform ויאשמו („sie werden schuldig bzw. entheiligt sein") in Ez 6,6b zu וישמו und lesen sie als

die Inszenierung einer (nahezu) totalen Todeszenerie geht, wie sie sich im kulturellen Gedächtnis Israels mit der Katastrophe von 587/86 v.u.Z. verbindet, zeigt neben der Aufnahme der Trias aus Schwert, Hunger und Seuche (V11f) die wiederholte Nennung von „Durchbohrten" (חלל√, V4.7.13), Leichnamen und Knochen (V5). Der umfassende, Leute und Land (be-)treffende Charakter der Katastrophe wird in V14 unter neuerlicher Verwendung von שמם√ festgehalten, wobei sich Jhwh zum ersten Mal als direkter Verursacher des Schreckensszenarios zu erkennen gibt bzw. als solcher genannt wird: „Ich strecke meine Hand gegen sie [die Angehörigen des Hauses Israel, R.P.] aus und mache das Land zur schreckensstarren Starre (שממה ומשמה, vgl. noch Ez 33,28.29; 35,3.7 [App. BHS]) von der Wüste bis Dibla, wo immer sie leben. Dann werden sie erkennen: Ich bin Jhwh."

Die nächste Belegstelle, die eine außergewöhnliche Formulierung enthält, ist Ez 7,27. Angesichts der Ereignisse am Tag des Endes wird sich, so heißt es dort, der Fürst „in Schreckensstarre kleiden" (ונשיא ילבש שממה, vgl. noch Ez 26,16). Parallel stehen das Trauern (אבל√) des Königs und das Erschrecken (בהל√) der Hände des Landvolks – die Katastrophe macht also vor den politisch Mächtigen und Verantwortlichen nicht halt, sondern nimmt ihnen die *potestas* und deren Insignien. An die Stelle der fürstlichen Hoheitsgewänder, des fürstlichen Schmucks tritt das Umhülltsein von Starre, ein Sprachbild, das die Totalität des Betroffenseins eindrucksvoll vor Augen stellt.

Die folgenden drei Vorkommen von שמם√ stehen in Ez 12,17–20, einer Textpassage, die deutlich an Ez 4,9–17 erinnert. Jhwh fordert den Propheten auf, sein Brot mit Beben (ברעש) zu essen und sein Wasser in Zittern und Angst (ברגזה ובדאגה) zu trinken (V18) und darin das Ergehen der BewohnerInnen Jerusalems zu verkörpern. Diese nämlich werden – unter dem Eindruck des starr bzw. zur Starre gewordenen Landes (V19b: שמם *Qal*, V20: שממה) – ihre spärlichen Lebensmittelrationen in Angst (בדאגה) und Starre (בשממון) zu sich nehmen müssen (V19aβ). An dieser Stelle wird besonders augenfällig, wie sich das traumatische Schicksal Ezechiels, dasjenige Jerusalems und der dort Lebenden sowie das des Landes Israel gegenseitig abbilden und durchdringen. Gleichzeitig weist die Differenz zwischen dem, was dem Propheten aufgetragen wird (Beben, Zittern, Angst), und dem, was er laut Gottes Deutung damit inszeniert (Angst, Schreckensstarre [שממון]), darauf hin, dass שמם√ eine derart

---

weiteres Vorkommen von שמם√ (vgl. auch App. BHS). Vgl. aber Block, Ezekiel 1–24, 221, Anm. 16.

tiefgehende, erschütterte Reaktion darstellt, dass sie sich nicht einfach so in Szene setzen lässt. So gelesen, trägt √שמם wie der Trauma-Begriff die Konnotation des nicht zu Fassenden, Einzuordnenden, des kategorial Anderen in sich. Auffällig ist darüber hinaus, dass das Starrwerden des Landes (ארץ) in V19b explizit mit dem Verlust von dessen (Lebens-)Fülle (ממלאה) einhergeht – Friedhelm Hartenstein zufolge bezeugt Ez 12,19 in Verbindung mit den ähnlichen Stellen in Ez 19,7, 30,12 und 32,15 „den Gegensatz zwischen der ‚Fülle' des Landes (Ertrag und Bewohnerschaft) und seiner ‚Erstarrung' und ‚Verödung' (Verlust der ‚Fülle') als eine feste Bedeutungsverbindung"[213], welche mit dem für die Ezechielerzählung wesentlichen Gegensatz zwischen der Anwesenheit und der Abwesenheit des כבוד JHWHs in Zusammenhang steht. Inwiefern JHWH selbst bei den Geschehnissen die Finger im Spiel hat, bleibt in Ez 12,17–20 indes weitestgehend offen. Die Starre des Landes wird, auch dies eine besondere Formulierung, auf „Gewalttat" (חמס) zurückgeführt, näher bestimmt jedoch nicht als Gewalttat des babylonischen Heeres, sondern als Gewalttat „all derer, die das Land bewohnen" (כל־הישבים בה). Die unfassbaren Zerstörungsereignisse werden damit einmal mehr in einen (be-)greifbaren Kausalzusammenhang eingeordnet, der – und das eröffnet zugleich eine Zukunftsperspektive – bei entsprechendem Verhalten auf Seiten Israels hätte unterbunden werden können.

Die nächsten שמם-Stellen finden sich in Kap. 14: Wenn JHWH, so ist es ihm in Ez 14,12–23 in den Mund gelegt, die Schrecken des (Belagerungs-) Krieges (Schwert, Hunger, wilde Tiere und Seuchen) über ein Land hereinbrechen lässt, so vermögen einzelne Gerechte wie Noach, Daniel und Hiob nur ihr eigenes Leben davonzubringen. Das Leben ihrer Angehörigen und das ‚Leben' des Landes aber können sie nicht retten – es wird zur „Schreckensstarre", zur „Leblosigkeit" werden (V15.16: jeweils שממה).

Ähnlich wie Ez 6,14 schildert Ez 15,8 JHWHs direktes Verstricktsein in die mit √שמם bezeichnete Aktivität: Betroffen ist – nachdem zuvor die BewohnerInnen Jerusalems fokussiert wurden (V6f) – wiederum das Land: „Ich mache das Land zur Schreckensstarre (שממה), weil sie treulos die Treue gebrochen haben (מעלו מעל). Ausspruch JHWHs, mächtig über allen". JHWHs (traumatisierendes) Handeln lässt sich hier deuten als Folge

---

[213] Friedhelm Hartenstein, *Die Unzugänglichkeit Gottes im Heiligtum. Jesaja 6 und der Wohnort JHWHs in der Jerusalemer Kulttradition* (WMANT 75), Neukirchen-Vluyn 1997, 177. Zum Ganzen vgl. a.a.O., 136–182.

des Umstands, selbst zutiefst verletzt worden zu sein (vgl. auch Ez 20,27 [מעל√]).

In Ez 19,7 ist ein weiteres Mal vom Starrwerden des Landes und seiner Fülle (ותשם ארץ ומלאה) die Rede (vgl. Ez 12,19 und dazu oben). Subjekt des Verbs allerdings ist hier – und innerhalb des Ezechielbuchs *nur* hier – ein Oberhaupt Israels (vgl. Ez 19,1), das im Bild eines Löwen skizziert wird. Genauer wird die Starre des Landes auf das Brüllen des Raubtiers zurückgeführt (V7bβ), welches, bleibt man auf der metaphorischen Ebene, mit dem Reißen von Beute in Verbindung stehen könnte (vgl. Am 3,4; Jer 2,15). V7a beschreibt das gewaltvolle Handeln des Löwen-Fürsten (gedacht ist vielleicht an Jojakim oder an Zidkija von Juda)[214] als ein „Hervorbringen von" oder „Unrechttun an Witwen"[215] und als „Verheerung (חרב√) ihrer Städte". Implizit wird auch hier wieder das Deutungsmuster eingespielt, das oben für Ez 12,17–20 herausgearbeitet wurde und das das שמם-Werden des Landes im Zuge des Gerichtshandelns JHWHs als quasi natürliche oder notwendige Folge von (traumatisierenden) Gewalttaten auf Seiten (der politischen Elite) Israels zu erklären versucht.

In Ez 20,26b wird zum ersten Mal שמם *Hif'il* mit JHWH als Subjekt verwendet. Im Rahmen (s)einer negativ-schematischen Neuerzählung der Geschichte Israels schildert dessen Gott, wie er die zweite Wüstengeneration (V18–26)[216] schreckensstarr gemacht hat, um diese zur Erkenntnis des göttlichen Namens zu bewegen: Indem er denen, die die Leben ermöglichende göttliche Weisung nicht bewahrten und verwirklichten (V21.24), Bestimmungen gab, „die nicht gut waren, und Rechtssatzungen, in denen sie kein Leben fanden" (V25), und sie für unrein erklärte (טמא√)[217] „bei ihren Gaben (מתנות), wenn sie alle Erstgeburt darbrachten" (V26a)[218]. Rainer Kessler zufolge führt diese Formulierung über die

---

[214] Vgl. hierzu Block, Ezekiel 1–24, 603–607; Greenberg, Ezechiel 1–20, 398–400.

[215] Wörtlich heißt es in V7aα „Er kannte seine Witwen", der genaue Sinn dieser Formulierung ist allerdings kaum zu eruieren. Vgl. hierzu Block, Ezekiel 1–24, 596f, Anm. 29, sowie a.a.O., 602; Greenberg, Ezechiel 1–20, 404f. Vgl. auch Allen, Ezekiel 1–19, 282, wo sich folgende Übersetzung des Teilverses findet: „He did harm to women by making them widows".

[216] Zur Gliederung des Textes in die Epochen ‚Ägypten' (V5–10), ‚erste Wüstengeneration' (V11–17), ‚zweite Wüstengeneration' (V18–26) und ‚Zeit im Land' vgl. Block, Ezekiel 1–24, 620–645; Greenberg, Ezechiel 1–20, 412f; Thomas Krüger, *Geschichtskonzepte im Ezechielbuch* (BZAW 180), Berlin/New York 1989, 233–237; Rainer Kessler, „‚Gesetze, die nicht gut waren' (Ez 20,25) – eine Polemik gegen das Deuteronomium", in: Friedhelm Hartenstein u.a. (Hg.), *Schriftprophetie* (FS J. Jeremias), Neukirchen-Vluyn 2004, 253–263, 255.

[217] Vgl. hierzu Bowen, Ezekiel, 116, wo es heißt: „This is the only instance in the Bible where God is the subject of defile."

[218] Zur Übersetzung vgl. Kessler, Gesetze, 253f.

wörtliche Parallele in Ex 13,12 ins Deuteronomium: Die unguten Bestimmungen könnten etwa auf die in Dtn 16,16f festgehaltene Forderung, nur nicht mit leeren Händen vor Gott zu erscheinen, sondern mit einer „Gabe, die dem Segen JHWHs, deiner Gottheit, entspricht, den sie dir gibt", zu beziehen sein. Ez 20,25f würde sich also polemisch gegen die deuteronomische Segenstheologie richten, derzufolge „die Gabe an die Gottheit [...] dem Segen [entspringt], den Gott dem Geber gewährt hat" und die „den Kreislauf von Gabe und Gegengabe zwischen Gott und Mensch am Laufen [hält]"[219]. Ähnlich sehen Scott Walker Hahn und John Sietze Bergsma in Ez 20,25f eine Zurückweisung der deuteronomischen Erstgeburtsregelung, derzufolge alle Erstgeburt JHWH zu weihen (קדשׁ√) ist, wohingegen eben dies im priester(schrift)lichen Heiligkeitsgesetz untersagt wird (Lev 27,26; vgl. Num 3,13)[220]. So spannend diese Überlegungen im Hinblick auf die Geschichte der Kanonisierung von Tora und ProphetInnen und die dahinterliegenden Konzepte sind – aus traumatologischer Perspektive springt in Ez 20,25f zunächst anderes ins Auge: Ein Trauma Israels wird hier direkt – von JHWH selbst! – mit Israels Gottheit in Verbindung gebracht und auf ein Handeln zurückgeführt, das einzig und allein *von ihr* ausgehen kann: die Gabe ihrer Weisung(en)[221]! Deutlicher könnte JHWH kaum in die Verantwortung für den (Ver-)Fall seines Volkes genommen werden: Er hat lebensfeindliche Bestimmungen gesetzt, ohne dass man dies hätte erkennen können, und hat damit die Seinen in die Sphäre des Todes laufen lassen. Und auch wenn dies von einer längst untergegangenen Generation erzählt wird – über die göttliche Gesetzgebung, die ja ihre Gültigkeit im Verlauf der Jahrhunderte nicht verloren hat und „bis heute" befolgt werden will (vgl. Ez 20,31[222]), wirkt es bis in die erzählte

---

[219] Kessler, Gesetze, 261. Zum Ganzen vgl. a.a.O., 258–261. Karin Finsterbusch deutet die Stelle demgegenüber dahingehend, „that in Ezekiel's time first-born children were indeed sacrificed [...] apparently in the belief that a law of YHWH was being observed" (dies., „The First-Born between Sacrifice and Redemption in the Hebrew Bible", in: dies. u.a. [Hg.], *Human Sacrifice in Jewish and Christian Tradition* [Numen Book Series 112], Leiden/Boston 2007, 87–108, 91).

[220] Vgl. Scott Walker Hahn/John Sietze Bergsma, „What Laws Were ‚Not Good'? A Canonical Approach to the Theological Problem of Ezekiel 20:25–26", *JBL* 123 (2004), 201–218, 210–218.

[221] Bowen spricht im Hinblick auf das hier geschilderte Handeln Gottes von „shock therapy" (dies., Ezekiel, 117).

[222] Ez 20,31 (MT) bezieht das Darbringen von Gaben (מתנות) auf das – auch im Dtn (vgl. Dtn 18,10) untersagte – Kinderopfer, viele AuslegerInnen interpretieren deshalb Ez 20,25f vor diesem Hintergrund. Laut Kessler führt aber die Formulierung von V31 nicht diejenige von V26 weiter, „sondern [passt] sie an eine ganz andere Vorstellung an" (ders., Gesetze, 259). Sofern die LXX den Hinweis auf das Kinderopfer nicht enthält, empfehle es

Gegenwart hinein. Vor diesem Hintergrund kann man nur schließen, die Gottheit Israels ziehe sich hier selbst für die traumatische Ver(w)irrung des Hauses Israel, welche unweigerlich in die Exilskatastrophe münden musste, zur Rechenschaft. Keine andere Stelle des Ezechielbuchs enthält m.E. einen derart massiven Schuldzuweis an Jhwh, und so wundert es kaum, dass im Kontext immer wieder die ‚Schlechtigkeit' des erwählten Volkes ‚von allem Anfang an' aufgeführt und groß gemacht wird, welche das ‚rechtmäßige' (und irgendwann auch um seines heiligen Namens willen nicht mehr zurückzudrängende) Zornesglühen Jhwhs heraufbeschworen hat. Derart zwischen Be- und Entschuldigung Gottes und zwischen Be- und Entschuldigung Israels schwankend, trägt gleichsam diese ganze Geschichtserzählung den Charakter des Traumatischen in sich.

Dies gilt auch, noch deutlicher vielleicht, für die ebenfalls revisionistische Geschichtserzählung in Ez 23, die in V33b die beiden nächsten שמם-Vorkommen enthält. Jhwh kündigt an, Oholiba-Jerusalem den Gerichtsbecher – genauer: den „Becher von Entsetzen und Schreckensstarre" (כוס שמה ושממה) – reichen zu wollen, den zuvor ihre Schwester Samaria-Ohola trinken musste (V31–34). Vom Inhalt dieses riesigen Behältnisses (V32), der in nichts anderem besteht als der grausamen Kriegsgewalt der babylonischen Völkerschaften (vgl. V22–27), soll Oholiba voll werden (√מלא), voll an „Trunkenheit und Kummer" (שכרון ויגון). Was sonst auch „Taumelbecher" heißt (vgl. Jes 51,17–23; Jer 25,15–29), ist hier ein ‚Trauma-Becher', der die von Jerusalem als kollektivem Körper unabwendbar zu schluckende Kriegskatastrophe enthält, welche, ebenso unabwendbar, traumatische Reaktionen nach sich zieht (Ez 23,34). Sofern die geschilderten (Trauma-)Phänomene, in denen sich die Bilder der Betrunkenen und des Kriegsopfers ineinanderschieben, unmittelbar mit dem zu trinkenden Trauma-Becher in Verbindung stehen, tritt der traumatische Charakter von √שמם hier noch einmal in besonderer Deutlichkeit zutage. Was die Verantwortlichkeiten angeht, hat zwar auch hier Jhwh alle Fäden der Geschichte in der Hand (vgl. V31: Jhwh übergibt den Becher), die wirklichen Täter, das babylonische Heer unter Nebukadnezar, werden aber im Kontext sichtbar (vgl. Ez 23,23). Im Hinblick auf die Schuld Samarias bzw. Jerusalems zeichnet Ez 23 eine geschichtsklitternde Verfallsgeschichte, welche die Verantwortung der Stadt-Schwestern einerseits u.a. vermittels der Strategie der Opferbeschuldigung unerträglich groß erscheinen lässt,

---

sich dringend, „die Aussage von V.26 nicht von V.31 her zu lesen, sondern aus sich heraus zu verstehen" (a.a.O., 260).

diese aber andererseits wieder dadurch ein Stück weit zurücknimmt, dass sie dem Ganzen den Charakter des Fatal-Zwangsläufigen einschreibt.

Waren die bisherigen Belege von √שׁמם fast ausnahmslos auf das Haus Israel und dessen Angehörige sowie auf das Land Israel und die Stadt (-Frau) Jerusalem bezogen, ändert sich dies mit dem Erzählmoment, in dem die angekündigte Schreckensstarre (erzählerische) Realität zu werden beginnt. Als sich der König von Babylon auf Jerusalem stürzt (vgl. Ez 24,1f), wendet der Ich-Erzähler (und wendet Jhwh!) den Blick auf die Juda umgebenden Völkerschaften und berichtet von *deren* künftigem Ergehen, wie es von Jhwh vorgesehen ist – und zwar annähernd so lange, bis der Untergang der judäischen Hauptstadt Geschichte geworden ist (vgl. Ez 33,21f). Entsprechend betreffen die in dem beschriebenen ‚Erzählzwischenraum' enthaltenen 16 שׁמם-Vorkommen andere Topoi bzw. deren BewohnerInnen.

Einzig der erste dieser Belege bildet eine Ausnahme und markiert dadurch den beschriebenen Übergang des Blicks: In Ez 25,2–7 wird den AmmoniterInnen das Gericht Jhwhs u.a. deshalb angekündigt, weil jene die Ackererde Israel ob ihres Starrwerdens (שׁמם *Nif'al*) verspottet und beschämt haben (V3). Was also im Vorfeld mehrfach als furchtbare Konsequenz von Gottes richtendem Handeln an Israel festgehalten wurde, die Schreckensstarre des verheißenen Landes, wird nun zum Anlass für Jhwhs Eingreifen *zugunsten* Israels.

Die drei folgenden Vorkommen stehen zwar räumlich nicht unmittelbar beieinander (Ez 26,16; 27,35; 28,19); alle drei aber zielen darauf, die entsetzte Reaktion derer zu versprachlichen, die des plötzlichen Untergangs der namhaften, bewunderten Stadt Tyrus bzw. von deren fürstlichem Oberhaupt ansichtig werden (jeweils שׁמם *Qal*). In Ez 26,16f ist das Starrwerden der AugenzeugInnen von rituell gebundenen Bestürzungsbekundungen begleitet (Vom-Thron-Herabsteigen, Auf-die-Erde-Setzen, Ausziehen der [bunten] Kleider, Anstimmen einer Totenklage), in Ez 27,35 werden weitere spontane Schreckensreaktionen genannt (Schauern/Gänsehaut bekommen [√שׂער I.], Beben/Entgleisen der Gesichtszüge [רעם]), in Ez 28,19 spricht (die Verwendung) von √שׁמם für sich. Dass dem Entsetzen über den antizipierten Untergang von Tyrus so viel Platz eingeräumt wird, ist, zumindest auf den ersten Blick, verwunderlich – Betroffenheitsäußerungen in Bezug auf den Untergang Jerusalems erhalten im Ezechielbuch weit weniger Raum, werden zum Teil sogar unterbunden (vgl. Ez 24,15–24). Möglicherweise hat die ausführliche Darlegung des *fremden* Schicksals und der (traumatischen) Reaktionen darauf hier u.a. die Funktion, das *eigene* Ergehen vergegenwärtigen zu können. Für diese Lesart spricht m.E. der Umstand, dass vom zukünftigen Untergang von Tyrus erzählt wird, während der Untergang Jerusalems erzählerisch Realität wird oder besser noch: gegenwärtig ist. Im traumatischen Erstarren der Fürsten der Küstenstaaten (Ez 26,16), der InselbewohnerInnen (Ez 27,35) und aller, die den Fürsten von Tyrus kennen (Ez 28,19), wird also gleichsam das Trauma Israels ‚behandelt‘.

Alle weiteren שׁמם-Belege im Kontext der sog. Fremdvölkersprüche haben mittelbar oder unmittelbar mit (dem Land) Ägypten zu tun. Ägypten wird, so kündigt Jhwh an, Ähnliches treffen wie (das Land) Israel – es wird zur „Starre" (שׁממה) werden (Ez 29,9; vgl. z.B. 14,15.16) bzw. Jhwh wird es zur „Starre" machen (Ez 29,10.12.12; 32,15; vgl. z.B. 15,8), mitsamt seiner Fülle (vgl. Ez 12,19; 19,7) wird es, genau wie seine Verbündeten (vgl. Ez 30,7) (von Jhwh) „schreckensstarr (gemacht)" (Ez 30,12 [שׁמם Hif'il]; 32,15 [שׁמם Nif'al]). Auch das zunächst auf Patros verkleinerte und damit entmachtete Ägypten (vgl. Ez 29,14f) wird diesem Schicksal letztlich nicht entgehen (Ez 30,14 [שׁמם Hif'il]). Zweimal wird dabei formuliert, dass Ägypten inmitten verwüsteter Länder (בתוך ארצות נשמות) verwüstet daliegen wird (Ez 29,12; 30,7) – dies zielt wohl darauf, das Gericht an Ägypten nur als Teil eines viel umfassender zu denkenden Vergeltungshandelns erscheinen zu lassen. Nicht nur im Hinblick auf das, was ihm angetan werden wird, gleicht das Schicksal Ägyptens demjenigen Israels; dies gilt auch für das Verhalten der Völker/Nationen, die des Ergehens Ägyptens ansichtig werden: Wie diese sich über das Gericht Jhwhs an Israel entsetz(t)en (vgl. Ez 5,15), so wird Jhwh diese auch durch den Fall Ägypten(s) schreckensstarr machen (Ez 32,10 [שׁמם Hif'il]); diese sowie die im angesprochenen Vers parallel gebrauchten Wendungen („ihre Könige werden schauern/Gänsehaut bekommen" und „sie werden ununterbrochen um ihr Leben zittern") erscheinen gleichsam als Indikator für die Vehemenz des von Jhwh gegen Ägypten geplanten traumatischen Schlags. Deutlicher als die Worte gegen Tyrus (Kap. 26–28) tragen diejenigen gegen Ägypten (Kap. 29–32) Rachegedanken und -wünsche in sich; was Israel getroffen hat, soll – mit aller Konsequenz – auch Israels ärgsten Feind bzw. ärgsten Verführer zum Abfall von Babylon und Jhwh treffen. Zwar wird die Durchführung dieser Rache in erster Linie Jhwh anheimgestellt, zu ihr gehört allerdings auch, dass das Starrmachen Ägyptens (wie dasjenige Israels) „durch die Hand Nebukadnezars, des Königs von Babylon" geschieht (vgl. Ez 30,10–19, Zitat V10).

Mit Sehnsucht nach Rache haben – allerdings unter völlig veränderten Vorzeichen – auch die nächsten fünf שׁמם-Belege zu tun, die allesamt in Ez 33,28f zu finden sind. In Ez 33,23–29 nämlich, also unmittelbar nachdem

der Untergang Jerusalems als Realität geworden festgehalten worden ist
(vgl. V21f), wird dem in Trümmern liegenden Land sowie den dort verbliebenen Überlebenden ein weiterer Schlag JHWHs angekündigt, für den
ein buntes Gemisch an Begründungen aufgeführt wird (vgl. V24–26: unangemessene Besitzansprüche, kultische und soziale Vergehen bis hin zu
kriegerischer Gewalt und sexuellen Übergriffen gegen „die Frau des Nächsten"). Auch die in Juda übrig gebliebenen Unbehausten wird – letztlich –
noch eine für *alle* tödliche Trias aus Heimsuchungen (Schwert, wilde Tiere,
Seuche) treffen (V27), und Land und Berge werden, des letzten Funken
Lebens beraubt, *total* erstarren (שממה ומשׁמה [V28.29]; שׁמם *Qal* [V28]),
„wegen all ihrer Gräuel" (V29bβ). Den sozialgeschichtlichen Referenzrahmen dieser göttlichen Ansagen dürften die auf den Fall der judäischen
Hauptstadt folgenden Nachkriegswirren bilden, wie sie – aus je unterschiedlichen Perspektiven – etwa auch in Jer 39–41 und Klgl 5 anklingen[223].
Für die 598/97 v.u.Z. nach Babylonien verbrachten Kriegsgefangenen ver-
schärfte sich die Situation mit dem Untergang Jerusalems insofern, als sie
nun nicht mehr auf eine baldige Rückkehr hoffen konnten und eigene
Besitzansprüche in der alten Heimat *ad acta* legen mussten. Das Gefühl,
nichts mehr tun zu können, dürfte sich darüber hinaus noch durch die
(bleibende) Ungewissheit hinsichtlich des Schicksals von in Jerusalem/
Juda verbliebenen Angehörigen und Vertrauten verstärkt haben. Vor diesem Hintergrund wird ein vom Wunsch nach Rache getragener Text wie
Ez 33,23–29 verständlich(er) – weil die eigenen Lebensmöglichkeiten im
verheißenen Land endgültig zerstört worden sind, weil dieses Land uner-
reichbar geworden ist, wird das Bild eines Landes entworfen, in dem niemand mehr lebt und leben kann, das vollständig zur Todeszone geworden
ist. Theologisch ist dieser Entwurf insofern, als er (wie schon in Bezug
auf Ägypten) letztlich nicht Menschen, sondern JHWH zum Garanten dieser Rache macht. Gleichzeitig erscheint die *vollständige* Umsetzung und
Bewahrheitung der im Vorfeld ergangenen Gerichtsankündigungen, die,
was das Land bzw. die Ackererde Israel betrifft, immer wieder eine totale
Todesszenerie ins Bild gesetzt haben, als wesentliche theologische Voraussetzung dafür, dass Zukunftsperspektiven überhaupt entworfen und
als glaubwürdig empfunden werden können.

Die nächsten zehn Belege von √שׁמם stehen allesamt in Ez 35,
einem Kapitel, das wiederum von Rachewünschen – diesmal gegen das
Gebirge Seïr bzw. Edom – geprägt ist. Besonders prägnant wird dies im

---

[223] Vgl. hierzu Kessler, Sozialgeschichte, 130–132.

klimaktischen Schlussvers, in dem es heißt (V15): „Wie hast du [Seïr/Edom, R.P.] dich gefreut, dass das Erbteil des Hauses Israel Schreckensstarre (שממה) geworden ist. Dasselbe werde ich [JHWH, R.P.] mit dir machen! Das Gebirge Seïr und ganz Edom – das alles wird Schreckensstarre (שממה) werden. Sie werden erkennen: Ich bin JHWH." Begründet wird JHWHs richtendes Vorgehen mit – historisch nicht in dieser Deutlichkeit zu verifizierenden – edomitischen Gebietsansprüchen auf Israel/Juda, wie sie in den Zitaten in V10 und V12 zum Ausdruck kommen. Nach (unter-geschobener) Meinung der EdomiterInnen ist es nachgerade die Toten-starre der Berge Israels, die es ihnen erlaubt, sich diese einzuverleiben (V12): „Sie sind schreckensstarr (שמם Qal) – sie sind uns zum Verzehr (אכל√) bestimmt!" Nur wo vom Schreckensstarr-Werden des Gebirges Seïr die Rede ist – und das ist im Vorfeld von Ez 35,15 noch mehrfach der Fall, nennt sich JHWH als direktes Subjekt des Geschehens (vgl. V3.7: „ich mache dich שממה ומשמה", V14: ich mache das ganze Land שממה). In Bezug auf das Schreckensstarr-Gewordensein des „Erbteils Israels" werden hier und auch im weiteren Buchverlauf nurmehr neutrale oder passivi-sche Formulierungen gebraucht (vgl. Ez 35,12.15: שמם Qal; 36,34.35.35.36: שמם Nifʽal; 36,34: והיה שממה)[224] – und das, wo es im Zusammenhang des göttlichen Gerichts an Israel immer wieder darum ging, JHWH als direkten Urheber von שמם zu zeichnen (vgl. Ez 6,14; 15,8; 23,33; 33,28.29). Für die nun zu beobachtende Wende lassen sich mehrere Begründungsaspekte aufführen:

1) Dort, wo JHWH das Starrmachen Israels zugeschrieben wird, scheint dies auf eine (Neu-)Ermächtigung der Gottheit Israels und um eine Entmachtung der tatsächlichen Täter, der Babylonier, zu zielen. Nur eine ‚potente' Gottheit wird schließlich in der Lage sein, nicht nur die Feinde Israels schreckensstarr zu machen, sondern auch dem Zustand der Schreckensstarre Israels abzuhelfen und neues Leben zu ermögli-chen.

2) Dennoch weiß man um die eigentlichen weltlichen Täter – dafür sprechen, auf שמם√ bezogen, die zahlreichen indirekten oder passivi-schen Formulierungen. Die Deutungskonzeption, derzufolge JHWH die Babylonier als Agenten seines (שמם-)Gerichts an Israel oder an ande-ren Nationen einsetzt (vgl. vor allem Ez 23,22–35 [Jerusalem]; 30,10–19

---

[224] In Ez 36,3f deutet sich gar an, dass das שמם-Sein auf das Handeln der Nationen ringsum zurückzuführen ist.

[Ägypten]), integriert dieses Wissen und verknüpft es mit der unter (1) erläuterten Ermächtigungs- bzw. Entmachtungskonzeption.

3) Man würde JHWH in gewaltige Widersprüche verwickeln, würde man ihm in einem Zusammenhang explizit das Starrmachen Israels *und* das Starrmachen einer Israel feindlich gesonnenen Nation zuweisen – zumal das (zu unterbindende) Verhalten Edoms in Ez 35 auf den Erstarrungszustand des Gottesvolkes bzw. des verheißenen Landes zurückgeführt wird. Zwar birgt die Zeichnung Gottes als traumatisierendem Gewalttäter Ansätze zur Bewältigung der traumatisierenden Katastrophe in sich; wo es allerdings nicht mehr gelingt, diese Gottheit vermittels verschiedener Strategien aus der ‚Gewaltecke' herauszuholen, dürfte es auch kaum mehr möglich sein, sie mit neuen, lebensförderlichen Perspektiven zu verbinden.

Genau darum aber geht es bei den letzten שמם-Vorkommen des Buches zu Beginn (V3.4) und am Ende (V34.34.35.35.36) von Kap. 36. Nachdem Ezechiel in Ez 35,2–3aα mit einer Gerichtsrede gegen das Gebirge Seïr beauftragt worden ist, deren zentraler Punkt im Starrwerden dieser (topographischen) Größe bestand, soll er sich nun den Bergen Israels zuwenden (vgl. Ez 36,1) und ihnen die von JHWH für sie vorgesehenen Wiederbelebungsvorstellungen übermitteln[225]. Die Totenstarre der Berge Israels, die in einer allerdings nicht gänzlich sicher zu deutenden Wendung auf das Vorgehen der Völker(schaften) ringsum zurückgeführt wird, bildet dabei den Ausgangspunkt (Ez 36,3b–4a): „Weil man euch von allen Seiten schreckensstarr gemacht und zertreten hat (יען ביען שמות ושאף אתכם מסביב), weil ihr in den Besitz der übrigen Nationen übergegangen, ins Gerede gekommen und zum Gespött der Leute geworden seid, deshalb, Berge Israels, hört das Wort JHWHs, mächtig über allen." In V4b werden die AdressatInnen der göttlichen Rede weitergehend differenziert: Angesprochen sind „die Berge und Hügel, die Täler und Schluchten, die erstarrten (שמם Qal) Trümmer und verlassenen Städte" – Israel in seiner Gänze. Der vollkommen leblose Zustand des göttlichen Landes (vgl. V5: ארצי), der für die umgebenden Nationen so unaushaltbar ist, dass sie ihm mit *blaming-the-victim*-Strategien einerseits, mit Einverleibung in den eigenen Besitz andererseits begegnen (müssen), scheint in JHWH eine Verhaltensänderung auszulösen. So kündigt er an, mit den Israel beschämenden

---

[225] Dies geschieht, das Fehlen der Wortgeschehensaussage am Beginn von Kap. 36 zeigt dies an, innerhalb *eines* von Ez 35,1 bis 36,15 reichenden Erzählzusammenhangs.

Nationen in Auseinandersetzung treten zu wollen (V5f) und schwört, dass
diese selbst Beschämung werden (er-)tragen müssen (V7); wodurch – ob
ebenfalls aufgrund eines Zustands der Schreckensstarre – wird nicht explizit gesagt. Doch bleibt Jhwh bei diesen an die שׁמם-Belege in Ez 29–32
und Ez 35 erinnernden Rache-Impulsen nicht stehen, sondern verspricht,
das totenstarr gewordene Land neu zu beleben, und zwar in überfließen-
der Fülle. Ländliche und städtische Regionen sollen neu aufgebaut werden, Pflanzen, (Nutz-)Tiere und Menschen wird es im Überfluss geben
(V8–11); die „Ackererde Israel" wird dem zurückkehrenden Volk ein nahr-
hafter Wohnraum sein und eine dauerhafte Zukunftsperspektive vermitteln (vgl. V12–15). Im Zuge dieses heilvollen Genesungsprozesses definiert
Jhwh sich gleichsam neu – im Bilde eines Gärtners/einer Gärtnerin, der/
die das vom Krieg zerschundene und traumatisierte Land von Neuem zum
Grünen und Blühen bringt (vgl. insbesondere V9). Die in seinen verhei-
ßungsvollen Worten sich bahnbrechende potenzierte Lebensfülle macht
dabei – *ex positivo* – die mit √שׁמם verbundene potenzierte Todesrealität
noch einmal greifbar, diese wird nicht einfach geleugnet oder verdrängt.

Ganz ähnlich verhält es sich in der kurzen Textpassage Ez 36,33–36,
welche – in hoher Dichte – die letzten fünf Vorkommen der Trauma-
Wurzel שׁמם innerhalb des Ezechielbuchs enthält:

> (Ez 36) ³³So spricht Jhwh, mächtig über allen: An dem Tag, an dem ich euch
> von eurer Schuldverstrickung reinige, mache ich die Städte neu bewohn-
> bar, und die Trümmer werden aufgebaut. ³⁴Das schreckensstarr gewordene
> (שׁמם *Nifʿal*) Land wird bearbeitet (√עבד) statt Starre (שׁממה) zu sein vor
> den Augen aller Vorübergehenden. ³⁵Sie werden sagen: Dieses schreckens-
> starr gewordene (שׁמם *Nifʿal*) Land ist wie der Garten Eden geworden, und
> die zertrümmerten, schreckensstarr gewordenen (שׁמם *Nifʿal*) und eingeris-
> senen Städte sind befestigt und bewohnt. ³⁶Die Nationen, die rings um euch
> herum übrig geblieben sind, werden erkennen: Ich bin Jhwh – ich baue
> auf, was eingerissen ist, und bepflanze, was schreckensstarr geworden (שׁמם
> *Nifʿal*) ist. Ich bin Jhwh – ich habe gesprochen und verwirkliche es.

Über die vierfache Verwendung des *Nifʿal* ohne Nennung des- oder
derjenigen, der/die den schreckensstarren Zustand des Landes zu ver-
antworten hat/haben, distanziert sich Jhwh wie in Kap. 35 von seinem
שׁמם-Handeln an Israel (bzw. wird von ihm distanziert). Die veränderte
Selbst-Bestimmung der Gottheit Israels aus Ez 36,9 wird bekräftigt, nun
sogar im Kontext der sog. Erkenntnisformel und unter weitergehender
Bestätigung durch die sog. Verwirklichungsformel (V36): Jhwh will sein
Gott-Sein zukünftig dadurch erweisen, dass er die traumatische Starre
bepflanzt, mit neuem Leben erfüllt, heil werden lässt. Dabei geht es ihm

nicht nur um das Ergehen des Gottesvolkes, sondern auch um die Erkenntnis seiner selbst und die Anerkenntnis seines heiligen Namens, sowohl in Israel als auch unter den Völkern (vgl. insbesondere Ez 36,16–32). Wie die Reanimation der leblos gewordenen Berge Israels (die zugleich Israel als kollektiven Körper repräsentieren) deren Gotteserkenntnis zu befördern vermag (vgl. Ez 36,11: „Ihr [Berge Israels, R.P.] werdet erkennen: Ich bin JHWH"), so wird (erst) das wieder zum Blühen gebrachte Land die Nationen von der machtvollen Göttlichkeit JHWHs überzeugen (vgl. Ez 36,36: „Die Nationen [...] werden erkennen: Ich bin JHWH"). Immer wieder ist solche Erkenntnis im Vorfeld an Gottes שׁמם-Handeln an Israel und den Völkern festgemacht worden (vgl. nur die unmittelbare Nähe von שׁמם-Aussage und ‚Erkenntnisformel' in Ez 6,14; 12,20; 15,7f; 20,26; 29,9; 30,7f; 32,15; 33,29; 35,4.9.12.15) – hier nun wird sie an Gottes Wiederbelebung des Schreckensstarren gebunden! Gleichsam im Nachhinein macht dieser Wechsel deutlich, dass JHWHs שׁמם-Handeln niemanden von seiner göttlichen Gewichtigkeit hat überzeugen können – diese erweist sich nicht in einer Potenzierung des Todes, sondern in einer Potenzierung des Lebens. Auf die Trauma-Wurzel שׁמם bezogen bedeutet dies: So sehr sich das Ezechielbuch um Sinngebung der traumatischen Katastrophe bemüht – das Trauma macht immer auch keinen Sinn, und auch die Konnotation solcher Sinnlosigkeit schwingt in √שׁמם mit.

Nach Ez 36,36 kommt √שׁמם im Ezechielbuch nicht mehr vor. Dies könnte damit zusammenhängen, dass die Kapitel 37 bis 48 einen (literarischen) Weg des Heilwerdens von der traumatischen Katastrophe zu skizzieren versuchen. Dieser Weg wird nicht nur angekündigt, sondern findet in den (visionären) Bewegungen des Propheten, der in Ez 37,1–14 in die Ebene der Totengebeine und in Ez 40–48 ins Land Israel versetzt wird, seine tatsächliche erzählerische Umsetzung. Gleich im Anschluss an Ez 36 geht es in Ez 37 darum, dass eine potenzierte Todesrealität (man könnte auch sagen: eine שׁממה, eine „Schreckensstarre") mit neuem Leben erfüllt wird – geschildert wird dies in einem, wie die Rabbinen sagen, „wirklichen Gleichnis"[226].

Zusammenfassend lässt sich Folgendes zu √שׁמם im Ezechielbuch festhalten: In der prophetischen Ezechielerzählung wird zuallererst der Prophet selbst von Schreckensstarre getroffen (Ez 3,15). Von Anfang an

---

[226] bSanh 92b. Vgl. hierzu Klaus Wengst, *Ostern – ein wirkliches Gleichnis, eine wahre Geschichte. Zum neutestamentlichen Zeugnis von der Auferweckung Jesu*, München 1991, 11–19; Jürgen Ebach, „Ezechiels Auferstehungsvision (Ez 37)", *BiKi* 55 (2000), 120–126, 123.

erscheint er darin als exemplarischer Überlebender der Katastrophe, sein (traumatisches) Ergehen wird zum Paradigma nicht nur für das Erleben seiner VolksgenossInnen, sondern auch für das des Landes Israel als Lebensraum und als Gemeinschaftskörper – und immer wieder auch für das Erleben Jhwhs selbst. Doch nicht nur die gegenseitige Durchdringung von individuellem und kollektivem Trauma, auch die anderen wesentlichen Konnotationen der Verbalwurzel, soziale Isolation und Todesnähe einerseits, Verlust von Sprach- und Handlungsmöglichkeiten andererseits, kommen in Ezechiels מִשְׁמִים-Sein zum Tragen.

Im weiteren Buchverlauf erscheint die über Jerusalem (ge)kommen(d)e Katastrophe als ein Ereignis, das alle und alles in/an Israel schreckensstarr macht, vor allem das Land selbst, dann aber auch bauliche Größen, die in Jerusalem Belagerten, wobei sich auch die Elite nicht zu schützen vermag, und schließlich sogar die Nationen, die des die judäische Hauptstadt treffenden Infernos ansichtig werden. In Ez 20,26 wird erkennbar, dass Jhwh sein שׁמם-Handeln als Möglichkeit betrachtet(e), bei den Betroffenen Erkenntnis seiner selbst zu bewirken.

Wo vom שׁמם-Werden Israels die Rede ist (Kap. 4 bis 23), sind konstruktive und heilvolle Perspektiven – bei den Konnotationen der Wurzel verwundert dies kaum – erst einmal nicht zu greifen. Veränderungsimpulse ergeben sich allerdings dadurch, dass √שׁמם nun von anderen Größen ausgesagt wird. Verschiedene Aspekte sind hier von Bedeutung: Das (zukünftige) שׁמם-Werden derer, die AugenzeugInnen des Untergangs von Tyrus werden (Kap. 26–28), gibt dem Fall der bewunderten Wirtschaftsmetropole besonderes Gewicht und ermöglicht es, in deren Schicksal das der eigenen Hauptstadt zu bedauern und zu betrauern. Wo anderen Nationen (Ammon [Ez 25], Ägypten [Ez 29–32], Edom [Ez 35]) oder auch dem Land Israel *nach* dem Untergang Jerusalems (Ez 33,28f) Schreckensstarre angekündigt wird, kommen (traumatische) Rache-Gedanken zum Tragen.

Der wesentliche Anstoß dafür, dass die Gottheit Israels ihr שׁמם-Handeln an den Ihren fallen lässt, besteht darin, dass – so wird zumindest behauptet – die Schreckensstarre Israels umgebenden Nationen zum Anlass wird, *blaming the victim* zu betreiben und sich auf Kosten Israels zu bereichern. Weder bei ihrem eigenen Volk noch bei den Nationen, so muss sie schließlich erkennen, führt das Verbreiten von Schreckensstarre zur (An-)Erkenntnis ihres Gottseins und zur Wertschätzung ihres Namens – es lässt Israels Gottheit letztlich ohne ihr Volk (und die Völker) dastehen; die Schreckensstarre fällt auf sie selbst zurück. Im Rahmen der letzten שׁמם-Belege des Buches (Ez 36) definiert Jhwh sich gleichsam

neu (bzw. wird neu definiert), von einer Gottheit, die im Ringen um ihre
(An)-Erkenntnis schreckensstarr macht, hin zu einer Gottheit, die das zur
שממה Gewordene mit neuem Leben erfüllt und zum Blühen bringt –
und *dafür* angemessene Würdigung erfährt. √שמם erweist sich dabei
auch darin als Trauma-Wurzel, dass dem Zustand des שמם letztlich kein
Erkenntnisgewinn – kein Sinn! – zu entwachsen scheint.

C. Das Ezechielbuch als *Trauma Response*

Wie bereits angedeutet, erfolgt die Gliederung des Ezechielbuchs in
der ersttestamentlichen Exegese üblicherweise nach dem sog. „drei-
gliedrigen eschatologischen Schema" (Otto Kaiser)[227], wonach „[a]uf das
Gericht gegen das eigene Volk (Ez 1–24) und das gegen die fremden Völker (Ez 25–32) [...] Heil für das eigene Volk (Ez 33–39.40–48) [folgt]"[228].
Zwar kann diese Dreiteilung einen ersten Überblick über die Anlage des
Buches ermöglichen; sofern das Schema allerdings vorrangig aus dem
Ezechielbuch herausgelesen und von dort aus auf andere prophetische
Bücher übertragen wurde[229], birgt seine Zugrundelegung m.E. die Gefahr
von Zirkelschlüssen. Häufige Konsequenz dieser Lesart ist beispielsweise,
dass die ,heilvollen' Passagen (vgl. z.B. Ez 11,14–21; 17,22–24; 28,24–26) in
den ,Unheilsabschnitten' (Ez 1–24.25–32) und die ,unheilvollen' Passagen
(vgl. z.B. Ez 33,23–33; 35,1–15) in den ,Heilsabschnitten' (Ez 33–39.40–48)
a priori als Kennzeichen diachronen Wachstums betrachtet und auf dieser Basis als uneigentlich oder sekundär ausgeschieden werden.[230] Dass
Widersprüche, Oppositionen oder Brüche auch – eventuell sogar von
vornherein – erzählerisch intendiert sein können, findet bei einer solchen

---

[227] Otto Kaiser, *Einleitung in das Alte Testament. Eine Einführung in ihre Ergebnisse und Probleme*, Gütersloh 51984 [1969], 260.

[228] Schmid, Propheten, 362. Vgl. z.B. auch Kraetzschmar, Ezechiel, XI; Allen, Ezekiel 1–19, XXVI–XXXVI, Pohlmann, Hesekiel 1–19, 19f; Albertz, Exilszeit, 269; Greenberg, Ezechiel 1–20, 23; Sedlmeier, Ezechiel 1–24, 49f; Hossfeld, Ezechiel, 494.

[229] Vgl. hierzu auch Granofsky, Trauma Novel, 110, wo allerdings das konstruktive Potential einer Rachephantasie nicht ganz so stark gemacht wird: „Viewing the perpetrators of a traumatic event as totally evil [...] and using this as a causal explanation for the event itself, will be temporarily consoling, but will freeze the individual or society within the regressive stage of development."

[230] So z.B. Fuhs, Ezechiel, 9, wo es heißt: „[D]as Buch [ist] nicht aus einem Guß. [...] Das Gliederungsschema ,Unheilszeit – Heilszeit' ist mehrfach durchbrochen (5³⁻⁴ª 6⁸⁻¹⁰ 11¹⁴⁻²¹ 16⁵⁹⁻⁶³ 17²²⁻²⁴ 20³²⁻⁴⁴)"; ähnlich auch Hossfeld, Ezechiel, 500. Zur Kritik vgl. u.a. Block, Ezekiel 1–24, 342–346 (mit Bezug auf Ez 11,14–21).

Schematisierung oftmals zu wenig Beachtung[231]; auch lassen sich auf ihrer Grundlage (die) Eigenarten einer (bestimmten) prophetischen Schrift nur unzureichend erfassen.

Oben (A., 3.5.) wurde demgegenüber vorgeschlagen, der Gliederung der Ezechielerzählung die textinternen Datumsangaben zugrunde zu legen, die für deren Plot von kaum zu überschätzender Bedeutung sind. Darauf aufbauend soll im Folgenden noch einmal ausführlicher auf die Struktur des Buches eingegangen werden, wobei auch die Frage nach der oben beschriebenen Durchmischung von Unheils- und Heilsverkündigung eine Rolle spielt. Mein Ziel ist es, das Ezechielbuch in seiner Endgestalt als ein Stück Traumaliteratur im Sinne der *trauma response* (Ronald Granofsky) plausibel zu machen, für die auch das Ineinander von Unheils- und Heilsverkündigung nicht inadäquat, sondern vielmehr konstitutiv ist.

Im Folgenden stelle ich zunächst die Strukturelemente der *trauma response, fragmentation, regression* und *reunification*, in Anlehnung an Granofsky noch einmal ausführlicher vor (1.). Ein kurzer, überblicksartiger Abschnitt zum Vorkommen dieser Strukturelemente im Ezechielbuch schließt sich an (2.).

1. *Die Strukturelemente der* trauma response

Bei seiner Analyse zeitgenössischer Trauma-Romane hat Granofsky eine wiederkehrende literarische Struktur ausgemacht, deren interdependente Elemente er als *fragmentation, regression* und *reunification* beschreibt.[232] Der initiale literarische Antwortversuch auf ein tatsächliches oder fiktional(isiert)es Trauma bestehe, so heißt es bei ihm, oftmals in einer (mehrfachen) Abbildung des Traumas selbst „nach Art eines symbolischen Wiederholungszwangs" („in a kind of symbolic repetition compulsion"); ein Individuum oder eine Gemeinschaft unternehme dabei den paradoxen Versuch, aus Erfahrungssplittern ein unbegreifliches Ereignis zu rekonstruieren, um dieses menschlichem Verstehen zugänglich zu machen (*fragmentation*).[233]

---

[231] Vgl. hierzu auch Tova Ganzel, „The Descriptions of the Restoration of Israel in Ezekiel", *VT* 60 (2010), 197–211, passim. Ganzel arbeitet die spezifischen Gehalte der einzelnen Heilsverheißungen des Ezechielbuchs heraus, zeigt literarische Entwicklungen zwischen den vor und nach der Zerstörung Jerusalems ergehenden Wiederherstellungszusagen auf und kommt hierüber zu dem Schluss, dass die entsprechenden Texte „should [...] be seen as integral elements of the prophet's message in each context, rather than secondary material" (a.a.O., 205).

[232] Vgl. Granofsky, Trauma Novel, 18.107–114.

[233] Vgl. Granofsky, Trauma Novel, 107 (Zitat ebd.).

Viele Trauma-Romane enthielten sodann, auch aufgrund des eben genannten Abbildcharakters, eine individuelle oder gemeinschaftliche regressive Bewegung, die einerseits Teil des Traumas selbst sei, entspringe doch traumatische Gewalt häufig primitiven und brutalen menschlichen Impulsen, und andererseits als Selbstheilungsreaktion auf das Trauma begriffen werden könne (*regression*).

> The individual and society as a collection of individuals scurry back to a state characterized by a more protected and less independent existence comparable to life in the womb, where anxiety is avoided by the immediate gratification of all desires and responsibility is unknown[234].

Granofsky zufolge zielt dieser (unbewusste) Rückgang auf frühe(re), kindliche(re) Entwicklungsstufen[235] darauf, die Verantwortung für das Eintreten eines traumatischen Ereignisses und die damit verbundenen überfordernden Angst- und Schuldgefühle abzuwehren. Wesentlicher ist hier m.E. allerdings die Abdrängung des traumatischen Ereignisses und von dessen unaushaltbarer Vernichtungsdrohung selbst – hier ist an die in Kap. Drei, A., 4. dargelegte traumatherapeutische Konzeption zu erinnern, der zufolge der Trauma-Exposition eine Stabilisierungsphase vorgeschaltet werden muss, soll die neuerliche Konfrontation mit dem traumatischen Ereignis auch nur ansatzweise zu bewältigen sein. (Zu) einfache Erklärungsmodelle für das Trauma, Schwarz-Weiß-Malerei, Rache- oder Vergebungsphantasien, unrealistische Schuldzuweisungen oder auch -übernahme, Eingehen von Abhängigkeiten, das Abdriften in imaginäre heile Welten u.ä., die als regressive Verhaltensmuster betrachtet werden könn(t)en, stellen gleichsam traumatische Symptome dar, die sich für das Heilwerden von einem Trauma als im wahrsten Sinne des Wortes notwendig erweisen können.

Das Moment der *regression* vermag das Trauma nicht einfach ungeschehen zu machen – das ist schlichtweg nicht möglich –, vielmehr sind auch in ihm die Dimensionen des Traumas auf vereinfachte Weise präsent, wodurch eine niederschwelligere Form der Auseinandersetzung mit dem traumatischen Ereignis stattfinden kann. Dies ist etwa dort der Fall, wo, im Rahmen einer Rachephantasie, eigenes Ergehen als Schicksal Anderer oder des Täters imaginiert und versprachlicht wird – dieser

---

[234] Granofsky, Trauma Novel, 108. Zum Ganzen vgl. a.a.O., 108f.

[235] So die Definition von „Regression" im psychoanalytischen Sinne. Insbesondere (Klein-)Kinder, die ein Trauma erleiden, fallen in der Folge oftmals hinter bereits erreichte Entwicklungsschritte zurück (vgl. Riedesser, Kriegserfahrungen, 43–45).

‚Umweg' kann einen ersten Schritt hin zur Bewältigung dessen bedeuten, was man selbst erlitten hat[236]. Vor diesem Hintergrund verwundert es auch kaum, dass, so Granofsky, die Elemente *fragmentation* und *regression* oftmals in enger Verwobenheit auftreten[237], ein Umstand, der sich auch für das Ezechielbuch beobachten lässt. Es gilt also nicht nur, dass sich das Trauma als zersplitterte Erfahrung der Erinnerung immer wieder überfallartig aufdrängt (*fragmentation*), worauf die Betroffenen mit kindlich anmutenden Verhaltensschemata reagieren (*regression*), sondern auch, dass jene kindlich anmutenden Verhaltensschemata eine kontrollierte(re) Bewältigungsarbeit an den Trauma-Splittern allererst eröffnen (können). Statt von *regression* bzw. *regressiven* Aspekten spreche ich deshalb im Folgenden auch von *Stabilisierung* bzw. *stabilisierenden* Aspekten.

Als drittes Strukturelement der *trauma novel* nennt Granofsky dasjenige der *reunification*, das explizit oder implizit vorhanden sein kann (auch: Trauma-Synthese, *Integration* des Traumas). „The trauma must be worked through and integrated into the individual's [or community's, R.P.] world view"[238]. Nach einem längeren Aufenthalt in einer verworrenen oder symbolischen Welt endeten viele Trauma-Romane entsprechend mit einer Rückkehr in eine kontingente Wirklichkeit. In Ausnahmefällen komme es auch zur Anpassung ‚unserer' Welt an eine andersweltliche Realität[239].

Kennzeichnend für die *reunification* als letzter Phase der *trauma response* sind Granofsky zufolge die Versöhnung und Überwindung von Gegensätzen[240] und das Wieder-wahrnehmen-Können von Zwischentönen sowie – und darin folgt er dem Psychiater Robert J. Lifton, dessen klinisches Modell die Phasen *desymbolization, stasis* und *resymbolization* umfasst[241] – das Moment der Re-Symbolisierung. Letzteres hat sowohl damit zu tun, dass die traumatische Katastrophe einem narrativen Skript

---

[236] Vgl. hierzu auch Granofsky, Trauma Novel, 110, wo allerdings das konstruktive Potential einer Rachephantasie nicht ganz so stark gemacht wird: „Viewing the perpetrators of a traumatic event as totally evil [...] and using this as a causal explanation for the event itself, will be temporarily consoling, but will freeze the individual or society within the regressive stage of development."

[237] Vgl. hierzu auch Granofsky, Tauma Novel, 18: „The first two of these stages [fragmentation and regression, R.P.] often develop simultaneously and reinforce each other while the third [reunification, R.P.] sometimes exists merely as a potential development."

[238] Granofsky, Trauma Novel, 110.

[239] Vgl. Granofsky, Trauma Novel, 18.

[240] Vgl. hierzu Granofsky, Trauma Novel, 113: „It is reunification or the reconciling of opposites which in the trauma novel allows for a facing of the traumatic reality and a progression beyond it."

[241] Vgl. Granofsky, Trauma Novel, 111f.

eingeschrieben werden, also *sprachlich symbolisiert* werden kann, als auch damit, dass Worte (bzw. Zusammenhänge, auf die sie verweisen), deren symbolisches Potential durch das Trauma zerstört oder fragmentiert worden ist (*desymbolization*), symbolisches Potential wieder oder auf neue Art und Weise zu entfalten vermögen. Auf der Ebene des Plots sind *Inte-grations*momente auch dort zu erkennen, wo betroffenen Erzählfiguren Handlungsspielräume neu zugesprochen und zugeschrieben werden, wo also eine Art *empowerment* stattfindet – schließlich ist das Erleben von Ohnmacht eine der entscheidenden traumatischen Verwundungen, die eine Vielzahl traumatischer Symptome aus sich heraussetzt.

Die *Integration* des Traumas wird nun nicht dadurch angezeigt, dass es nicht (mehr) vorkommt – dies würde eher davon zeugen, dass man das Trauma (nach wie vor) abzuwehren versucht –, sondern dadurch, dass es als Ereignis der (Lebens-)Geschichte be-/genannt werden kann, ohne dass alles von traumatischer Symptomsprache verschlungen wird, und dass *angesichts* des Ereignisses neue Orientierungen und Perspektiven möglich werden. Da eine *vollständige* Auflösung des Traumas im Rahmen eines therapeutischen Prozesses als illusorisch gilt, wird man eine solche vollständige Auflösung, wo sie in literarischen Zusammenhängen vorkommt, ebenfalls im Sinne einer Illusion beurteilen müssen, die weniger von der Integration als vielmehr von der Abwehr des Traumas zeugt. Wirklichkeitsnäher erscheint eine Trauma-Synthese dort geschildert, wo Aspekte von *fragmentation, regression* und *reunification* unter Dominanz letzterer in gegenseitiger Durchdringung zur Darstellung kommen. Ähnlich, wie dies bereits oben beim Stichwort *regression* erwähnt wurde, gilt auch hier ein gleichsam paradoxes Verhältnis: Erst durch das (literarische) Hindurchgehen durch *fragmentation* und *regression* kann *reunification* möglich werden; umgekehrt ermöglicht ein gewisses Maß an *reunification* allererst, dass *fragmentation* und *regression* zur Darstellung gebracht und im Prozess des Hörens oder Lesens (wieder) erfahren werden können.

2. *Die Strukturelemente* fragmentation, regression *und* reunification
im Ezechielbuch

Im Ezechielbuch kommen die beschriebenen Strukturelemente allesamt vor. Aspekte von *fragmentation, regression* und *reunification* lösen einander im Verlauf des Buches nie vollständig ab, sondern sind jeweils in allen 14 Buchabschnitten auszumachen. Allerdings durchlaufen die drei Elemente im Fortschreiten der Erzählung unterschiedliche Entwicklungen: Das Moment der *fragmentation* ist von Erzählbeginn an bis Ez 32,16 in starkem Maße vorhanden, verliert gegen Ende der Erzählung aber immer deutlicher an Gewicht. Das Element der *regression* ist ebenfalls durchgehend präsent, gewinnt aber erst zur Buchmitte hin (insbesondere in den Abschnitten 24,1–25,17; 29,1–16; 29,17–30,19; 30,20–26; 31,1–18; 32,1–16; 32,17–33,20) höchste Priorität, die es in der Folge zunehmend wieder einbüßt. Aspekte von *reunification* finden sich zunächst nur in geringer Ausprägung und punktuell, um sich in Ez 33,21–39,29 und noch deutlicher in Ez 40,1–48,35 in den Vordergrund zu schieben.

Diese *tendezielle* Entwicklung von *fragmentation* über *regression* zu *reunification* lässt sich auch an der Verwendung des שׁמם-Begriffs beobachten: Zunächst wird allen und allem in Israel das Schreckensstarrwerden *an*gesagt (bzw.: von allen und allem in Israel wird das Schreckensstarrwerden *aus*gesagt), steht also die wiederholte Abbildung des Traumas und damit die *fragmentation* im Vordergrund (vor allem Kap. 3–23). Dann wird die Schreckensstarre mehr und mehr als Schicksal anderer (Nationen) imaginiert, wobei einerseits traumatische Rachegedanken zum Tragen kommen (vor allem Kap. 25; 29–35), in der Imagination fremden Entsetzens angesichts dieser Schicksale andererseits eigene Bestürzung über das Erlittene ansatzweise Raum bekommt (vor allem Kap. 26–28) – in beidem spielt das Element der *regression* die entscheidende Rolle. Von *reunification* schließlich lässt sich dort sprechen, wo Jhwh sein שׁמם-Handeln an Israel aufgibt und sich neu bestimmt als eine Gottheit, die Schreckensstarr-Gewordenes mit neuem Leben erfüllt (vor allem Kap. 36). Das *integrierende* Moment besteht hier vor allem darin, dass das Moment der Zerstörung nicht verleugnet, sondern mitgenommen wird, indem abschließend vehement betont wird, dass Jhwh *das* (*vormals*) *Schreckensstarre* zum Blühen bringt (vgl. Ez 36,34–36). Das Trauma wird mit-erzählt, der Charakter des Fragmentarischen bleibt erhalten.

KAPITEL SECHS

DAS EZECHIELBUCH ALS *TRAUMA RESPONSE* – EINE KURSORISCHE LEKTÜRE MIT VERTIEFUNGEN

Die für √שׁמם auszumachende Entwicklungstendenz von *fragmentation* über *regression* zu *reunification* bzw. von *Disintegration* über *Stasis* zu *Resymbolisierung* lässt sich m.E. für eine ganze Reihe von im Ezechielbuch vorkommenden Begriffen/Motiven und letztlich auch für das Ezechielbuch insgesamt aufzeigen. Dies soll im Rahmen dieses Kapitels geschehen. Die Unterabschnitte A. bis O. bieten einen Durchgang durch die 14 anhand der textinternen Datierungen gewonnenen Erzählabschnitte des Ezechielbuchs, dessen Ziel es ist, die *fragmentation-*, *regression-* und *reunification*-Momente der jeweiligen Passage herauszuarbeiten, diese in ihrem Verhältnis zueinander zu beleuchten und, bezogen auf die Ezechielerzählung als Ganze, traumatologisch interessante und relevante Entwicklungen aufzuzeigen.

Erzählpassagen, die an anderer Stelle dieser Studie nicht ausführlich(er) besprochen werden, bekommen dabei teilweise etwas mehr Gewicht. Zum Teil sind meine Ausführungen stärker an den drei Strukturelementen, denen Momente des Textes zugeordnet werden, orientiert (A. bis C.; O.), zum Teil gehe ich eher von den Texten aus und weise diesen die entsprechenden Elemente der *trauma response* zu (D. bis L.; N.).

Abschnitt M. stellt einen Exkurs dar, in dem die in Ez 24 bis 33 enthaltenen Datumsangaben, die zum Teil unvollständig, zum Teil chronologisch durcheinandergeraten erscheinen, vor dem Hintergrund der traumatischen Katastrophe von 587/86 v.u.Z. eingehender reflektiert werden.

An entsprechenden Stellen sind in den kursorischen Durchgang neun ‚Vertiefungen' eingebaut, die ausführlichere Untersuchungen von in traumatologischer Hinsicht besonders relevanten und interessanten Textpassagen des Buches einerseits, von die Ezechielprophetie als Ganze prägenden traumatischen Phänomenen oder Themen andererseits enthalten. An Buchabschnitten eingehender analysiert werden Ez 2,8b–3,3, wobei Ezechiel als traumatisierte Prophetengestalt im Zentrum steht (1. Vertiefung), Ez 16,1–43 mit Schwerpunkt auf der Verquickung von Trauma und Geschlecht (2. Vertiefung), Ez 21 als Beispiel für traumatische Bilderflut (3. Vertiefung), Ez 23 unter den Themen (traumatische)

Geschichtsklitterung und Dissoziation (4. Vertiefung), Ez 38–39 als literarische Re-Inszenierung der traumatischen Katastrophe mit anderen
Ausgängen (8. Vertiefung) sowie die Kapitel Ez 40–48, die als literarische
Raumdarstellung und priesterlich geprägte Imagination eines „sicheren
Ortes" näher beleuchtet werden (9. Vertiefung). Die sich auf das Ezechielbuch als Ganzes beziehenden Vertiefungen 5., 6. und 7. sind dem Phänomen traumatischer Rache-Impulse, den Themen ‚Beschämung und Scham'
und dem für die Trauma-Synthese wesentlichen Prozess der Re-Symbolisierung gewidmet. Das Ende einer Vertiefung wird durch *** angezeigt.

A. Ez 1,1–3,15

In dieser ersten Erzählpassage dominiert das Moment der *fragmentation*.
Die doppelte Erzähleröffnung in Ez 1,1 bzw. 1,2f lässt eine (potentiell) traumatische Situation anklingen, von welcher die gesamte Erzählung ihren
Ausgang nimmt. Doch nicht nur das: Im Folgenden wird Ezechiel von
JHWH überwältigt – durch dessen unbeschreibliche Offenbarung (Ez 1,4–
28a) einerseits, durch das gewaltförmige Essen-Müssen der Schriftrolle
(2,8b–3,3) andererseits. Ezechiel erscheint darin als exemplarisch Traumatisierter (vgl. vor allem 3,14f) – *als solcher* erhält er seine prophetische
Beauftragung und wird zum Haus Israel gesandt (2,3–8a; 3,4–11).

Für den Propheten (und mit ihm die Hörenden bzw. Lesenden) ist
nicht nur die Schriftrollenszene, die in ihrer selten wahrgenommenen
gewaltvollen Ausprägung unten in einer ersten Vertiefung ausführlich
besprochen wird, zutiefst erschütternd und verwirrend, sondern auch
die ihm widerfahrende Erscheinung des כבוד JHWHs. Diese lässt ihn zu
Boden gehen und beraubt ihn seiner Sinneswahrnehmung, ein Zustand,
den er nicht aus eigenen Stücken zu überwinden vermag (1,28b–2,2)[1]. Der
fragmentarisch-fragmentierende Charakter der Eröffnungsvision spiegelt
sich dabei deutlich in deren Sprachgebung wider: Ez 1,4–28a stellt sich als
ziemliches Text-Chaos dar, das vor kaum lösbare grammatikalische (z.B.
Inkonsistenzen in Genus und Numerus), stilistische (z.B. asyndetische

---

[1] Gleichzeitig gehört das Niederfallen zur antiken Hofetikette und ist als Ehrfurchts-
oder Demutsbezeugung die selbstverständliche Reaktion auf das Erscheinen JHWHs. Vgl.
hierzu Horst Seebass, „Art. נפל", ThWAT V (1986), 521–531, 524; Bowen, Ezekiel, 8f. Zum
Ganzen vgl. auch Jürgen Ebach, „*Ruach* – Wind, Atem, Gotteskraft, Geist(in). Auch ein
Beitrag zur Frage nach Bewußtsein und Selbstbewußtsein und über die Schwierigkeit, ich
zu sagen", in: ders., *Vielfalt ohne Beliebigkeit. Theologische Reden 5*, Bochum 2002, 153–170,
155f.

Konstruktionen, Dittographie) und substantielle (z.b. Redundanz, Sprung-
haftigkeit) Probleme stellt[2], und lässt sich als solches als Versuch, Unfassbares in Worte zu fassen, verstehen. Das Nicht-zu-Greifende ist darüber
hinaus auch an der annähernden Vagheit einiger Formulierungen (vgl.
z.b. V26: „Oberhalb des Gewölbes über ihren Köpfen erschien *etwas, das
aussah wie* Saphirstein, einem Thron *vergleichbar*, und auf dem Thron-
gebilde, nach oben hin, war *eine Gestalt, die aussah wie* ein Mensch"), an
der Verwendung von Hapaxlegomena und seltenen Wörtern sowie an der
traditionell unüblichen Verwendung von Wörtern abzulesen[3]. Das, was
Ezechiel sieht, ist und bleibt bizarr – auch wenn sich, wie Othmar Keel
gezeigt hat, einzelne Elemente des Geschauten in die Ikonographie des
Alten Orients einordnen lassen[4].

Die aufgeführten Inkonsistenzen müssen nicht, wie dies im Laufe der
Auslegungsgeschichte immer wieder geschehen ist[5], als text-, literar-
oder redaktionsgeschichtliche Eingriffe oder gar Verderbnisse beurteilt
werden – sie lassen sich auch als Widerspiegelung einer traumatischen
Sprachstörung zwischen Erzählen-Wollen und Nicht-Erzählen-Können
begreifen. Kirsten Nielsen hat zudem zuletzt herausgearbeitet, dass der
Prolog des Ezechielbuchs „is characterized by various kinds of category
transgressions", „man, fauna, culture and nature are confused"[6], wohingegen der Epilog (Ez 40–48) durch das genaue Gegenteil, durch Ordnung
und Stabilität gekennzeichnet sei. Nielsens Einordnung von Ez 1,4–28a
erinnert dabei unmittelbar an das Phänomen der Auflösung von selbst-
verständlichen Verstehenskategorien, das Ronald Granofsky als eine
wesentliche Erzähltechnik des zeitgenössischen Trauma-Romans festgehalten hat.

Die Mehrzahl der AuslegerInnen allerdings wertet das Auftauchen
des כבוד JHWHs im babylonischen Exil, also außerhalb des Jerusalemer
Tempels und im ‚unreinen' Land, als Zeichen göttlicher Zugewandtheit –
Walther Zimmerli beispielsweise spricht von einem „die Geschichte der

---

[2] Vgl. ausführlich Daniel I. Block, „Text and Emotion: A Study in the ‚Corruptions' in
Ezekiel's Inaugural Vision (Ezekiel 1:4–28)", *CBQ* 50 (1988), 418–442, 419–425.

[3] Vgl. Bowen, Ezekiel, 4f.

[4] Vgl. Othmar Keel, *Jahwe-Visionen und Siegelkunst. Eine neue Deutung der Majestätsschilderungen in Jes 6, Ez 1 und 10 und Sach 4* (SBS 84/85), Stuttgart 1977, 125–273; Othmar
Keel, „Merkwürdige Geschöpfe", *BiKi* 60 (2005), 139–144, passim, sowie Christoph Uehlinger /Susanne Müller Trufaut: „Ezekiel 1, Babylonian Cosmological Scholarship and Iconography: Attempts at Further Refinement", *ThZ* 57 (2001), 140–171, passim.

[5] Vgl. Block, Text, 425–427.

[6] Kirsten Nielsen, „Ezekiel's Visionary Call as Prologue: From Complexity and Changeability to Order and Stability?", *JSOT* 33 (2008), 99–114, 99.102.

Treue Gottes zu seinem Volke Israel an einer neuen Stelle überraschend aktualisier[endem] [Geschehnis]"[7], was zu einer traumatologischen Deutung nicht recht zu passen scheint. Leslie C. Allen hat demgegenüber auf die traditionsreiche und deshalb ambivalente Anlage der ezechielischen Eröffnungsvision verwiesen. Elemente der Throntheophanie seien mit Elementen der Sturmtheophanie, die Jhwhs Herankommen im Bilde eines mächtigen, seine Feinde erobernden und vernichtenden Kriegers porträtiere, verknüpft worden, um der Erscheinung den Charakter gewaltiger Dynamik zu verleihen. Auch wenn einzelne metaphorische Elemente, etwa das „Geöffnetwerden der Himmel" in V3 (Regen als Segen [vgl. 2 Kön 7,2; Mal 3,10] oder Flut [vgl. Gen 7,11; Jes 24,18]?) oder der Hinweis auf den Bogen in V28 (Regenbogen als Bundeszeichen [Gen 9] oder Bogen als Kriegswaffe [z.B. Hab 3,9]?), mehrdeutig seien, erscheine, auch in Verbindung mit der sich anschließenden Berufung Ezechiels zum Gerichtspropheten, Jhwh in erster Linie als Richter bzw. zum Gericht[8]. Dass (der כבוד) Jhwh(s) als eine Art Wagen(-Lenker) ins Bild gesetzt ist, von dem „Kriegslagergeräusche" ausgehen (Ez 1,24)[9], lässt an ein Kriegsszenario denken, das Elemente des Traumas wiederholt.

Insgesamt, denkt man von der Erzählzeit im Nachgang der katastrophalen Ereignisse des beginnenden 6. Jh.s v.u.Z. aus, lässt sich Ez 1 damit als eine Art Bildüberfall/*flashback* beschreiben, der Kriegs-/Schlachtbilder (etwa das eines herannahenden Heeres) wiederholt. Das Starrmachende, alle Verarbeitungskapazitäten Übersteigende entsprechender Erfahrungen ist bereits hier mit Händen zu greifen, auch wenn erst im weiteren Verlauf

---

[7] Zimmerli, Ezechiel 1, 84. Vgl. auch Eichrodt, Hesekiel, 8f; Hals, Ezekiel, 16; Block, Ezekiel 1–24, 108; Greenberg, Ezechiel 1–20, 61f; Joyce, Ezekiel, 74f, und zum Ganzen Leslie C. Allen, „The Structure and Intention of Ezekiel I", *VT* 43 (1993), 145–161, 151f.

[8] Vgl. Allen, Structure, 153–161. Auf die Ambivalenz des Motivs vom erscheinenden כבוד in allen Bereichen der Hebräischen Bibel hat zuletzt auch Gerhard Langer verwiesen (ders., „Herrlichkeit als kābōd in der hebräischen Bibel – mit einem Schwerpunkt auf dem Pentateuch", in: Rainer Kampling [Hg.], *Herrlichkeit. Zur Deutung einer theologischen Kategorie*, Paderborn u.a. 2008, 21–56, passim). Im Fazit seiner Untersuchung schreibt er (a.a.O., 56): „Ich meine, dass es aufgrund der Belege gute Gründe gibt, den kābōd als eine spezifische Erscheinungsform des Göttlichen zu bezeichnen, die nicht loszulösen ist von den Begriffen Gerechtigkeit und Recht und der sie durchsetzenden Macht. Sie wird zum ‚Heil' für alle, die in Gottes Rechtswillen und in der damit verbundenen ‚Reinheit' und ‚Heiligkeit' leben [...], sie wird aber zur Drohung für jene, die im Pochen auf eigene Macht oder auch in mangelndem Zutrauen zu diesem Gott und vor allem in der Zuwendung zu anderen Göttern handeln. Ihnen wird der kābōd zum Feind."

[9] Vgl. Bowen, Ezekiel, 4.52. In Ez 43,3, wo die von dem herankommenden כבוד ausgelösten Geräusche ebenfalls erwähnt werden, fehlen die Kriegsgeräusche – das dürfte kaum ein Zufall sein.

der Erzählung deutlich(er) wird, dass der herankommende ‚Gottes-Krieger' sich tatsächlich gegen sein eigenes Volk und gegen seinen erwählten Propheten richtet.

Ein *regressives* Element ist gleichsam von Anfang an in der Beschreibung der von Ezechiel ‚Anzusprechenden' auszumachen: Die IsraelitInnen sind, so hält JHWH wiederholt fest, widerspenstig, hörunwillig und starrherzig – und waren dies schon immer (vgl. Ez 2,3). Schon hier kommt also die nahezu das ganze Buch durchziehende Zuweisung übergroßer Schuld an Israel zum Tragen, welche die Massivität der es treffenden Katastrophe rechtfertigen soll, welche aber der Realität der Verhältnisse kaum standzuhalten vermag – hier wird etwas vereindeutigt, was so eindeutig in keiner Weise ist. Nancy R. Bowen sieht die Widerspenstigkeit und Verschlossenheit des Hauses Israel – und das ist aufgrund der doppelten Zeitstruktur der Erzählung, welche die längst geschehene Katastrophe als im Vorfeld unabwendbare beschreibt, durchaus plausibel – als Israels Reaktion auf JHWHs Erklärung der erlittenen Gewalt[10]. Eine solche Reaktion ist durchaus doppeldeutig – dient sie dazu, der Auseinandersetzung mit dem Trauma auszuweichen, trägt sie eher den Charakter der *regression*, läuft sie darauf hinaus, das Trauma als Element der eigenen Geschichte annehmen zu wollen, ohne es erklären oder ihm Sinn abringen zu müssen, eher den der *reunification*.

Ein (kleines) Moment von *reunification* ist (darüber hinaus) auch in Ez 2,1f zu entdecken: Die in Ezechiel hineinkommende und ihn auf seine Füße stellende „Geistkraft" lässt sich – zumal dieses Geschehen sich im Zusammenhang der Wiederbelebung des Totenfelds (Ez 37,1–14) wiederholt – als eine Art *empowerment* begreifen, das den Propheten befähigt, seinen Aufgaben im Angesicht der Katastrophe gerecht zu werden.

1. Vertiefung: *Prophetische Berufung oder: Ezechiel muss (s)ein Trauma schlucken (Ez 2,8b–3,3)*

1.1. *Zur Textstruktur oder: Eine Art Schluckauf*
Ez 2,8b–3,3, die Textpassage, in der Ezechiels visionäres Schlucken(müssen) einer über und über mit „tiefstem Wehklagen, Ach und Weh" beschriebenen Schriftrolle geschildert wird, bildet das kompositionelle Zentrum des konzentrisch aufgebauten ersten Buchabschnitts Ez 1,1–3,15[11]:

---

[10] Vgl. Bowen, Ezekiel, 11.
[11] Vgl. hierzu Fuhs, Ezechiel, 19f.

A: Zeit und Ort des Geschehens (Ez 1,1–3)
  B: Vision (Ez 1,4–28a)
    C: Audition (1,28b–2,2)
      D: Sendung, Beistandszusage, Ermahnung zum Gehorsam (2,3–8a)
        E/Zentrum: Buchrollenvision (2,8b–3,3[12])
      D': Sendung, Beistandszusage, Ermahnung zum Gehorsam (3,4–11)
    C': Audition (3,12)
  B': Vision (3,13)
A': Ort, Reaktion des Propheten (3,14f)

Die Schriftrollenszene selbst ist durch einen dreifachen Wechsel von Wort/Beauftragung und Tat/Ausführung strukturiert[13], den die folgende Übersetzung durch die Einrückung der ‚Ausführungen' zu verdeutlichen versucht. Wort und Tat – und das ist m.E. von besonderem Gewicht – entsprechen einander allerdings nicht vollständig.

Wort   *Tat*
(2,8b) „Reiße deinen Mund auf und iss, was ich dir gebe!"

  (2,9) Ich schaute – da! – eine Hand war zu mir ausgesandt. Da! – in ihr war eine Schriftrolle. (2,10) Er breitete sie vor mir aus. Sie war auf Vorder- und Rückseite beschrieben. Geschrieben war darauf: *Tiefstes Wehklagen, Ach und Weh.*

(3,1) Und er sprach zu mir: „Mensch, was du findest, iss! Iss diese Rolle und geh, rede zum Haus Israel!"

  (3,2) Ich öffnete meinen Mund, und er ließ mich diese Rolle essen

(3,3) und sprach zu mir: „Mensch, deinen Bauch sollst du essen lassen, deine Eingeweide sollst du füllen mit dieser Rolle, die ich dir gebe!"

  Da aß ich, und sie wurde in meinem Mund süß wie Honig (oder: und sie ließ sich mit meinem Mund wie Sirup [auf-]saugen).

Die erste Sequenz 2,8b–10 beginnt mit einem doppelten Auftrag Jhwhs an den Propheten, seinen Mund aufzureißen (פצה√) und zu essen (אכל Qal), was ihm von Gott gegeben wird (2,8b). Daraufhin schaut Ezechiel

---

[12] Diese Abgrenzung der Schriftrollenszene vom Vorhergehenden, wie sie auch von Vogt (vgl. ders., Untersuchungen, 13) und Fuhs (vgl. ders., Ezechiel, 19.27) vorgenommen wird, lässt sich vor allem damit begründen, dass die Ez 2,5–7 wesentlich prägenden Begriffe (שמע√, דבר√, ה[מרי] בית) in V8a noch einmal aufgenommen werden und erst in Ez 3,4–11 wieder eine Rolle spielen. Lässt man die Essenszene nicht wie üblich mit Ez 2,8a (vgl. z.B. Zimmerli, Ezechiel 1, 75; Allen, Ezekiel 1–19, 20; Block, Ezekiel 1–24, 122), sondern erst mit dem asyndetisch einsetzenden Imperativ פצה פיך, „Reiße deinen Mund auf", in V8b beginnen, enden zudem die beiden Beauftragungs(teil)szenen jeweils mit einer Höraufforderung an den Propheten, die in V8a durch den Vetitiv „Sei nicht widerspenstig...", in Ez 3,10f durch weitere Imperative (בא, ולך, קח) bzw. Jussive (ודברת, ואמרת) ergänzt werden.
[13] Vgl. Sedlmeier, Ezechiel 1–24, 94.101.

eine nicht näher bestimmte Hand, in der sich eine Buchrolle befindet; diese wird vor ihm ausgebreitet, so dass die Beschriftung (vgl. dazu unten) erkennbar wird (2,9f). Dass es sich bei dem ihm hier Aufgetischten um das von ihm zu Essende handelt, ist nicht ohne Weiteres evident. Explizit wird dies erst in der zweiten Sequenz 3,1f, die wiederum mit göttlichen Befehlen an den Propheten anhebt. Dieser wird angewiesen, zu essen, was er findet (מצא√), bzw. „diese Rolle" zu essen (אכל *Qal*), zu gehen und zum Haus Israel zu reden (V1). Ezechiel öffnet seinen Mund (V2a) und reagiert damit auf das bereits in 2,8b Aufgetragene. Sein – über פתח√ zum Ausdruck gebrachtes – Mundöffnen scheint allerdings zaghafter auszufallen als das von ihm über פצה√ geforderte, dient doch פצה√ in der Hebräischen Bibel wiederholt zur Beschreibung von ‚Großmäuligkeit' (vgl. z.B. Ri 11,35f; Ps 22,14; Klgl 2,16; 3,46). Auch die mit dem *Hif'il* von אכל√ gebildete Formulierung in Ez 3,2b („er [JHWH] ließ mich diese Rolle essen")[14] lässt sich mit den beiden Essensaufforderungen in V1 (jeweils Imp. *Qal*) nicht völlig zur Deckung bringen. Die Imperative nämlich fordern den Propheten als *handelndes Subjekt*, wohingegen er im erzählten Geschehen in V2 als *Objekt* zum Essen genötigt wird. Die Anweisung „und geh, rede zum Haus Israel" (V1b) schließlich hat weder innerhalb der zweiten Sequenz noch innerhalb von 2,8b–3,3 ein Pendant.

Erst in der dritten Sequenz (3,3) wird das Essen als aktive Handlung Ezechiels ausgesagt (V3bα); vorgeschaltet sind wiederum Worte JHWHs, die dem Propheten gebieten, seinen Bauch essen zu lassen (אכל *Hif'il*) und seine Eingeweide mit der Buchrolle zu füllen (מלא√, V3a). Gleichsam im Nachgang wird hier deutlich, dass das in V2b genannte göttliche „Essen-Lassen" darin bestanden haben muss, dem Angesprochenen die Rolle in den Mund zu stecken; geschluckt, in sein Inneres aufgenommen hat er sie scheinbar noch nicht. Dies geschieht erst nach nochmaliger Aufforderung – und führt bei Ezechiel zu einer außergewöhnlichen Erfahrung: „Da wurde sie [die Rolle] in meinem Mund süß wie Honig (כדבש למתוק)", wie V3bβ zumeist übersetzt wird. Viele AuslegerInnen deuten dies auf die Süße des Gottesworts, die der Prophet kosten dürfe[15], und

---

[14] Anders, als man vielleicht vermuten würde, ist von JHWH ausgesagtes „Essen-Lassen" (אכל *Hif'il*) keineswegs immer positiv konnotiert. JHWH gibt (den Seinen) nicht nur Manna (Ex 16,32; Dtn 8,3.16) und andere gute Lebensmittel (vgl. Ps 81,17; Ez 16,19; vgl. Hos 11,4) und übertragen das Erbe des Vaters Jakob, sondern auch Wermut (Jer 9,14; 23,15), „Tränenbrot" (Ps 80,6) und sogar „das Fleisch ihrer Söhne und ihrer Töchter" (Jer 19,9) zur Speise.

[15] Vgl. z.B. Kraetzschmar, Ezechiel, 29; Herrmann, Ezechiel, 22; Zimmerli, Ezechiel 1, 77f; Fuhs, Ezechiel, 27f; Allen, Ezekiel 1–19, 41; Block, Ezekiel 1–24, 126; Sedlmeier, Ezechiel 1–24, 101f; Schöpflin, Theologie, 164.

ziehen Ps 19,11 und 119,103 als Parallelstellen heran. Dort werden die göttlichen Urteile als „süßer als Honig" und die Rede Jhwhs als „eingängiger
als Honig" charakterisiert[16].

Die in Ez 3,3 gebrauchte Formulierung kann jedoch auch auf die Konsistenz der Buchrolle und den verwunderlichen Umstand gedeutet werden,
dass diese – ein riesiges, unverdauliches, starres Papyrus-Ding[17] – überhaupt ,hinuntergewürgt' werden kann. V3bβ lässt sich nämlich auch mit
„sie [die Rolle] ließ sich mit meinem Mund wie Sirup aufsaugen" wiedergeben: דבש nämlich „dürfte nicht durchweg nur das Erzeugnis der Bienen bezeichnen"; auch ist Bienen*zucht* für Israel „erst in der Mischna und
im Talmud sicher bezeugt"[18]. Im Ezechielbuch erscheint דבש mehrfach
in einer Reihe *agrarischer* Produkte (16,13.19; 27,17) und könnte deshalb
eher eine Art Fruchtsirup meinen, der durch das Einkochen von Trauben
oder Datteln gewonnen wurde, als (wilden) Bienenhonig[19]. Gelegentlich
scheint der Stoff דבש in Metaphern und Vergleichen auch gar nicht primär oder doch nicht allein deshalb Verwendung zu finden, weil er süß
schmeckt, sondern weil er eine angenehme Konsistenz hat. Vor allem in
Ps 119,103 steht die besondere Weichheit und Glätte von דבש im Vordergrund, heißt es doch dort: „Wie glatt/eingängig sind deine [Jhwhs, R.P.]

---

[16] Anders als in 3,3 geht es an den Psalmstellen nicht um einen Vergleich (כדבש) –
vielmehr dient die Erwähnung des Honigs dazu, die *unvergleichliche* Kostbarkeit (Ps 19,11)
bzw. Eingängigkeit (Ps 119,103) des göttlichen Wortes zu versprachlichen (deshalb steht
jeweils מדבש).

[17] Dass hier vermutlich an eine Papyrusrolle zu denken ist, begründet Menahem Haran
mit der in V10 erwähnten doppelseitigen Beschriftung der Rolle. Diese sei, so belegten
ägyptische Funde, ab Mitte des 2. Jahrtausends v.u.Z. üblich gewesen (ders., „Book-Scrolls
in Pre-Exilic Times", *JJS* 33 [1982], 161–173, 171). Die beidseitige Beschriftung von Leder hingegen – der andere hier in Frage kommende Schreibuntergrund – „was unknown before
the beginning of the Christian era" (a.a.O., 172). Zur Unverdaulichkeit der Schriftrolle vgl.
auch Greenberg, Ezechiel 1–20, 84f.

[18] A. Caquot, „Art. דבש", ThWAT II (1977), 135–139, 136f.

[19] Dies gilt Tova Forti zufolge für den überwiegenden Teil der biblischen דבש-Belege
(dies., „Bee's Honey – From Realia to Metaphor in Biblical Wisdom Literature", *VT* 56
[2006], 327–346, 327f): „In Biblical Literature, the word *debāš* denotes both various types
of fruit syrup as well as the honey produced by bees. This is why the meaning of *debāš* in
its many occurences in the Bible must be contextually determined. [...] The Bible does
not offer any explicit evidence of beekeeping as an organized agricultural activity. This
is why the most frequent interpretation of *debāš* in the Bible is sweet fruit syrup made
from the juicy pulp of grapes, dates, figs and carob." Dass mit דבש ein Agrarerzeugnis
gemeint sein kann, zeigt auch der Umstand, dass von ihm (als durch menschliche Arbeit
Hervorgebrachtem!) Lev 2,12 und 2 Chr 31,5 zufolge die Erstlinge darzubringen sind (vgl.
Caquot, Art. דבש, 137).

Worte meinem Gaumen, mehr als Honig für meinen Mund" (vgl. auch
noch Dtn 32,13; Ps 81,17[20]; Hld 4,11).

Und an Stelle von לִמְתוֹק, einer eigentlich unmöglichen Kombination
der Präposition לְ mit dem Adjektiv מתוק, „süß", lässt sich auch לִמְתוֹק,
Inf. constr. von מתק *Qal* lesen[21], ein Verb, das in seiner (seltenen) tran-
sitiven Bedeutung mit „saugen" übersetzt werden kann (vgl. Ijob 24,20)[22].
Dass Ez 3,3b nicht zuerst auf einen geistig-geistlichen, sondern auf einen
absonderlichen physischen Vorgang zielt, nimmt auch der mittelalterliche
Gelehrte Rabbi David Kimchi (ca. 1160–1235) an, wenn er die Stelle folgendermaßen glossiert: „So gab ich meinem Bauch zu essen, denn ich spie sie
[die Rolle, R.P.] nicht aus."[23]

1.2. *Das Menü oder: Verschlungenes Gestöhne*

Auch wenn Ezechiel die Schriftrolle letztlich zu verdrücken vermag – der
hier beschriebenen Speisung wohnt, stellt man sie sich konkret vor, etwas
Gewaltförmiges inne; sie lässt in Vielem sogar an eine Vergewaltigung denken. Dieser Eindruck potenziert sich durch die ‚Zähigkeit' der Szene – erst
nach dreimaliger intensiver Aufforderung und nachdem Jhwh die Rolle
förmlich in ihn hineingezwungen hat, schluckt der Prophet sie wirklich.
Das, was er da schluckt, ist über die ungenießbare materielle Beschaffen-
heit hinaus durch merkwürdige Einschreibungen auf Vorder- und Rückseite charakterisiert: קנים והגה והי, heißt es dort (2,10). Was mittels dieser
Substantive ausgedrückt werden soll, ist nicht ganz leicht auszumachen,
handelt es sich doch gewissermaßen um ‚Un-Wörter': קנים ist von dem
Subst. fem. קינה, „Wehklage, Totenklage", herzuleiten, stellt aber eine
singuläre Pluralbildung im Maskulinum dar, die als Amplifikativplural
zur Intensivierung der Wortbedeutung aufgefasst und dann mit „tiefstes

---

[20] Caquot zufolge zielt die Rede vom „Honig aus dem Felsen" (Dtn 32,13bα; Ps 81,17b)
ebenfalls in erster Linie auf die Konsistenz von דבש, gehe es doch an diesen Stellen um
„ein Bild, das die Flüssigkeit des eßbaren Erzeugnisses der Härte des Stoffes, der es hervor-
bringt, entgegensetzt" (ders., Art. דבש, 137).

[21] Vgl. Arnold B. Ehrlich, *Randglossen zur Hebräischen Bibel. Textkritisches, Sprachliches
und Sachliches, Fünfter Band: Ezechiel und die Kleinen Propheten*, Hildesheim 1968 [Repro-
grafischer Nachdruck der Ausgabe Leipzig 1912], 11.

[22] Vgl. Ges[17], 475. DCH, 573f, geht von zwei Wurzeln aus, מתק I, „be sweet, become
sweet" (*Qal*), und מתק II mit den *Qal*-Bedeutungen, „1. suck", „saugen" (in Ijob 24,20), „2.
suckle", „saugen" (in Ijob 21,33). Zum Verhältnis von Zustandsverb und Handlungsverb vgl.
Benjamin Kedar-Kopfstein, „Art. מתק", ThWAT V (1986), 112-117, 113.

[23] Zitiert nach Greenberg, Ezechiel 1-20, 96. Greenberg selbst setzt hinzu (ebd.): „Dies
[Ez 3,3bβ, R.P.] ist wörtlich gemeint, ganz anders als die Metaphern in Ps 19,11; 119,103."

Wehklagen" wiedergegeben werden kann[24]. Das Nomen הגה (vgl. noch Ps 90,9; Ijob 37,2) bezeichnet „mächtige und/oder intensive, jedenfalls nicht artikulierte Laute"[25], im Rahmen der mit קנים angesprochenen Entäußerung von Trauer also etwas wie „Gestöhne", „Geächze" oder „Geseufze". Das Hapaxlegomenon הי ist von hier aus möglicherweise als „onomatopoeic expression, echoing a cry of pain"[26] oder aber als Defektivschreibung von הוי, „Wehe" (Ez 2,10 LXX: οὐαί) aufzufassen[27]. Was dem Propheten hier mit der Buchrolle von JHWH eingegeben wird, sind wort-lose Äußerungen der Angst, des Schreckens, des Entsetzens!

Auf dem Höhepunkt des prophetischen Beauftragungsgeschehens macht Gott Ezechiel sprechunfähig. Als sprachloser Prophet (vgl. 3,26f; 24,27; 33,22) hat er, so paradox dies auch anmuten mag, zu seinen VolksgenossInnen zu gehen und zu ihnen zu „reden" (√דבר, vgl. 2,4.7; 3,1.4.11). Über weite Strecken des Buches redet Ezechiel nicht, jedenfalls nicht im eigentlichen Sinne. Dieser Umstand wird im weiteren Verlauf des ersten Buchabschnitts noch dadurch unterstrichen, dass er in 3,14f zwar zur *Gola* „geht" und „kommt", wie es ihm in V11 und ähnlich in V1.4 aufgetragen wurde. Allein an die Stelle des ihm ebenfalls gebotenen Redens tritt ein siebentägiges schreckensstarres Herumsitzen:

> (Ez 3) ¹[...] Und geh, rede zum Haus Israel.
> (Ez 3) ¹¹Und geh, komm zur *Gola* [...] und rede [...]
> (Ez 3) ¹⁴Und ich ging [...] ¹⁵und kam zur *Gola* [...] und saß (√ישב) [...] sieben Tage (שבעת ימים) lang schreckensstarr (√שמם) [...].

Mehr noch – die in V15 geschilderte Reaktion Ezechiels (√ישב + שבעת ימים + √שמם) verbindet die Tamars, nachdem diese von ihrem Bruder Amnon vergewaltigt worden ist (2 Sam 13,20: √ישב + √שמם), mit der des geschlagenen Hiob während des Besuchs der Freunde (Ijob 2,13: שבעת ימים + √ישב)[28]. Alle drei – Tamar, Hiob und Ezechiel – charakterisiert die Hebräische Bibel als Opfer massiver, eindringender Gewalt, als Traumatisierte.

---

[24] Vgl. Neef, Arbeitsbuch, 58; Ges-K §124 e. Zur Stelle vgl. Zimmerli, Ezechiel 1, 10. Die Septuaginta, die an Stelle von קנים den Sing. θρῆνος, „Wehklage, Totenklage" hat, scheint jedenfalls einen Sing. vorauszusetzen (oder hat in einen solchen geändert).

[25] Hans Strauß, *Hiob 2. Teilband: 19,1–42,17* (BK XVI/2), Neukirchen-Vluyn 2000, 318 (zu Ijob 37,2); vgl. auch A. Negoită, „Art. הגה", ThWAT II (1977), 343–347, 343f.

[26] Block, Ezekiel 1-24, 125.

[27] Vgl. Zimmerli, Ezechiel 1, 10; Schöpflin, Theologie, 162. Greenberg weist darauf hin, dass הי – ähnlich wie das biblische הוי – im Mischnahebräisch als „Interjektion, die Kummer zum Ausdruck bringt" (ders., Ezechiel 1-20, 95), benutzt wird.

[28] Vgl. Bowen, Ezekiel, 15.

1.3. *Die Nachwirkungen oder: Gottesvergiftung*

Die Schriftrollenszene und das (vorläufige) Ende des Beauftragungsgeschehens in 3,14f verbindet noch mehr. Erneut begegnet in V14bβ – jetzt eindeutig als solche identifziert – die Hand Jhwhs, von der es nun heißt, dass sie schwer (√חזק!) auf Ezechiel lastet (vgl. 1,3; 2,9). In der Beschreibung ihrer psycho-physischen Befindlichkeit (3,14bα: „ich ging, bitter, mein Atem vergiftet [ואלך מר בחמת רוחי]") benutzt die Ich-Erzählfigur mit dem Adjektiv מר, „bitter", außerdem den direkten Oppositionsbegriff zu מתוק, „süß" (vgl. Ex 15,23; Jes 5,20; Spr 27,7), und knüpft damit an Ez 3,3 an. „Bitter" an ‚Leib und Kehle' (vgl. den Ausdruck מר-נפש, z.B. Ijob 7,11) werden Menschen der Hebräischen Bibel zufolge angesichts von individuellen und kollektiven Krisenerfahrungen (vgl. z.B. 1 Sam 1,10; Jes 22,4; Ez 27,30f)[29]. Auf Speisen und Flüssigkeiten bezogen kann √מרר das Ungenießbare bis hin zum Giftigen be- und kennzeichnen (vgl. z.B. Ex 15,23; Spr 5,4; Klgl 3,15).

Das Substantiv חמה meint weitaus häufiger „Erregung, Zorn" (etwa 110 Belege) als den „feurigen Wein" (Jes 27,4; Hos 7,5; Hab 2,15; Ijob 36,18) und das „Gift" (Dtn 32,24.33; Ps 58,5 [2x]; 140,4; Ijob 6,4), die drei Bedeutungen hängen aber insofern zusammen, als für sie „die Vorstellung vom ‚Heiß-Sein' (durch Gift bzw. durch Wein bzw. vor Erregung) den Ausgangspunkt gebildet haben [dürfte]"[30]. Im Ezechielbuch, in dem das Lexem חמה mit insgesamt 33 Belegstellen überdurchschnittlich häufig vorkommt, bezieht es sich fast immer auf den Zorn Jhwhs, wobei im Kontext oftmals weitere Zornbegriffe erscheinen (vgl. z.B. 5,13.15; 16,38.42; 38,18f). Innerhalb des Buches stellt das Vorkommen von חמה in Ez 3,14 aber insofern eine Ausnahme dar, als es als einziges auf Erzählebene E⁰ lokalisiert ist und als es nicht von Jhwh, sondern vom Propheten – und zwar über sich selbst – ausgesagt wird. Dementsprechend könnte hier durchaus eine andere Art von „Hitze" gemeint sein[31].

---

[29] Vgl. hierzu Heinz-Josef Fabry/Helmer Ringgren, „Art. מרר", ThWAT V (1986), 16–20, 17–19; Hans Walter Wolff, *Anthropologie des Alten Testaments*, Gütersloh ⁷2002 [1973], 28f.36; Bowen, Ezekiel, 12. Vgl. hierzu auch Ez 21,11f, wo Ezechiel von Jhwh aufgefordert wird, die psycho-physischen Reaktionen auf das Eintreffen der Schreckensnachricht (vom Beginn der Belagerung Jerusalems durch Nebukadnezar, vgl. Ez 24,1f) am eigenen Leibe zur Darstellung zu bringen, indem er „mit brechenden Hüften und mit Bitterkeit (ובמרירות) vor ihren Augen" stöhnt (V11b).

[30] Klaus-Dietrich Schunck, „Art. חמה", ThWAT II (1977), 1032–1036, 1033.

[31] Auch Schunck hält für die Verwendung von חמה in Ez 3,14 einen Ausnahmecharakter sogar innerhalb der Hebräischen Bibel insgesamt fest. Diesen beschreibt er – wobei m.E. allerdings sowohl der mikro- als auch der makrokontextuelle Zusammenhang des Belegs ausgeblendet bleiben – wie folgt (ders., Art. חמה, 1034f): „Die *ḥemāh* des Menschen

Die Stellen der Hebräischen Bibel, die der Formulierung in Ez 3,14 am nächsten stehen, untermauern den Eindruck, dass mit den Worten מר בחמת רוחי auf Vergiftungserscheinungen gezielt ist[32]: In Dtn 32,32f werden חמה, „Gift", √מרר und weitere toxische Substanzen in einem Zusammenhang erwähnt, und in Ijob 6,4a heißt es von den „Pfeilen der Gottheit": „ihr Gift trinkt mein Atem" (חמתם שתה רוחי) – parallel ist von den „herankommenden Schrecken der Gottheit" (V4b) die Rede. Für den von Gott getroffenen Ezechiel dürfte dementsprechend gelten, was Jürgen Ebach in Bezug auf die fragliche Ijob-Stelle über den leidenden Gerechten schreibt:

> Hiob erlebt Gott als Feind, der ihn geradezu mit militärischen Mitteln bekämpft, ihn mit Giftpfeilen beschießt, Schrecken gegen ihn anrücken läßt. [...] Hiob erfährt Gott wie einen Pest- und Todesgott der Mythologie [...], der mit seinen Krankheit und Verderben bringenden Pfeilen die Menschen vernichtet. [...] Das Gift hat seinen Atem, d.h. auch seine Sprache, ‚vergiftet'.[33]

Die skizzierten Verbindungslinien zwischen der Schriftrollenszene und Ez 3,14f legen es nahe, die beschriebenen Vergiftungserscheinungen, die mit der רוח des Propheten auch sein Sprachvermögen betreffen, auf den Verzehr der – ihm von Gott vorgesetzten – Schriftrolle zurückzuführen[34]. Ezechiels Verschlingen(müssen) der *Megilla* in 2,8b–3,3 erscheint damit auch als Auslöser für seine (traumatische) Sprachstörung, auf die im weiteren Buchverlauf mehrfach verwiesen wird (3,25–27; 24,25–27; 29,21; 33,22; vgl. auch 16,63): „[T]he silencing in 3.25–27 simply makes explicit the silencing implicit in 2.8–3.4 but already becoming manifest at 3.15."[35] Was das für die – in der Forschung äußerst umstrittene – Interpretation des sog. Stummheitsmotivs bedeuten könnte, soll im folgenden Unterabschnitt eingehender beleuchtet werden.

---

wird – sofern eine Beurteilung gegeben wird – immer negativ bewertet. [...] Neben dieser negativen Bewertung steht als einzige, die menschliche *ḥemāh* positiv aufnehmende Aussage Ez 3,14. Indes handelt es sich hier um eine Erregung bei einem Propheten, die als Folge eines Ergriffenseins vom Geist JHWHs zu verstehen ist."

[32] Vgl. hierzu auch Glazov, Tongue, 222, wo es heißt (Hervorhebung R.P.): „It [the scroll, R.P.] tastes sweet but embitters and *inflames*, or rather *poisons*, Ezekiel's spirit, throwing him into a seven-day-long state of silent astonishment or stupefaction [...]."

[33] Jürgen Ebach, *Streiten mit Gott. Hiob, Teil 1: Hiob 1–20* (Kleine Biblische Bibliothek), Neukirchen-Vluyn 1995, 71.

[34] Vgl. Odell, Scroll, 244f.

[35] Glazov, Tongue, 272.

1.4. Spätfolgen oder: Prophet mit traumatischer Sprachstörung
Wird Ez 2,8b–3,3 in die Interpretation des Stummheitsmotivs einbezogen – und dies legt sich u.a. deshalb nahe, weil hier wie an allen anderen genannten Stellen vom Öffnen des Mundes (√פתח + פה) die Rede ist –, lässt sich dieses m.E. einer konsistenteren Deutung zuführen. Dabei sind allerdings verschiedene Deutungsebenen zu berücksichtigen:

1) Ezechiels prophetische Karriere beginnt mit (s)einer Traumatisierung durch JHWH[36], die vor allem als viele Jahre andauernde (Zer-)Störung seines *eigenen* Sprechens greifbar wird. Hierzu passt, dass der Prophet trotz multipler göttlicher Redeaufträge kaum je als sprechender in Erscheinung tritt, und zwar auch, nachdem JHWH ihn von seiner Stummheit befreit hat (vgl. Ez 33,22)[37]. Dies lässt sich als Hinweis darauf begreifen, dass das Ezechielbuch als von vornherein schriftliche fiktionale Erzählung verstanden werden kann und will. (Nur) im Rahmen eines solchen fiktionalen Erzählgeschehens ist davon auszugehen, dass „Israel [...] [will] be taught to know the Lord by a dumb prophet"[38]. Michael Konkel hat zuletzt noch einmal betont, dass Ezechiel im Verlauf seines Buches keine Entwicklung durchmache – seine *Botschaft* ändere sich mit dem Fall Jerusalems, nicht aber seine *Persönlichkeit*[39]. Dennoch werden an ihm, der sein Trauma – realistischerweise – nicht einfach abschüttelt, der über weite Strecken seines Buches ohnmächtig und passiv bleibt, Veränderungen erkennbar, die mit seinem Hindurchgehen durch (die) Katastrophe(n) zu tun haben. Immer wieder wird seine Erstarrung durch (Gottes) רוח gelöst, kommt er in Bewegung, so dass er auch die riesige Distanz zwischen Babylonien und Jerusalem zu überwinden vermag (Ez 2,1; 3,12.14.24; 8,3; 11,1.24; 37,1; 43,5). Durch sein Wort vermittelt er (Gottes) רוח und den durch sie initiierten Aufbruch an die ihn Hörenden bzw. Lesenden (vgl. 37,1–14). Sein letzter Blick ist der auf die dauerhaft Nahrung und Heilung spendenden Bäume am Ufer des ‚Lebensflusses' im Land Israel (Ez 47,7.12). In diesem Sinne zeichnet Ezechiel trotz allem einen Weg des Heilwerdens vor, welcher dadurch Konturen gewinnt, dass er dem, was Gott ihm zumutet, nicht

---

[36] Bowen überschreibt ihre Auslegung von Ez 2,1–3,15 dementsprechend mit „A Bitter and Traumatizing Call" (vgl. dies., Ezekiel, 6).
[37] Vgl. hierzu auch Konkel, Ezechiel, 233: „Es lässt sich nicht erkennen, dass nach Ez 33 die Person Ezechiel ein eigenständiges Profil gewinnt."
[38] Glazov, Tongue, 236.
[39] Vgl. Konkel, Ezechiel, 232–234.

ausweicht (nach Darstellung des Buches erscheint dies auch kaum möglich), sondern sich selbst mit ‚Körper und Kehle' als Schlachtfeld für JHWHs Auseinandersetzung mit den Seinen zur Verfügung stellt[40].

2) Als traumatisierter Prophet verkörpert Ezechiel *einerseits* das Schicksal Jerusalems – und zwar als Ergehen des (weiblich gedachten) Kollektivkörpers wie als Ergehen der Angehörigen der Jerusalemer Bevölkerung. Er bildet dieses Schicksal jedoch nicht einfach neutral ab, sondern zeichnet es mitsamt den traumatischen Reaktionen seiner VolksgenossInnen an seinem eigenen Leibe vor und identifiziert sich mit ihm – wie ihn mit dem Schlucken der Schriftrolle Schreckensstarre trifft, so wird Jerusalem mit dem Trinken des ‚Trauma-Bechers' Schreckensstarre treffen (vgl. Ez 23,32–34)[41]. Der paradigmatische Charakter der ezechielischen Traumatisierungen ist auch in Ez 24,15–24, einem Abschnitt, der mit einer auf JHWH zurückgeführten persönlichen Leiderfahrung des Propheten beginnt und mit dem Hinweis auf dessen Zeichenhaftigkeit für die Angehörigen seines Volkes endet, mit Händen zu greifen. Wie er angesichts des plötzlichen Todes seiner Frau zu ritualisierter Trauer nicht in der Lage ist, so wird auch das Haus Israel angesichts der Zerstörung des Tempels und der Ermordung von Söhnen und Töchtern unfähig sein zu trauern. Und wie der Priestersohn Ezechiel intrusiv-sexualisierte, feminisierende Gewalt erleidet (vgl. Ez 2,8b–3,3.14.25f; 4,4–8; 5,1–4), so wird auch Jerusalem bzw. die dort agierende (männliche) Elite vom Schicksal gewaltvoller Feminisierung heimgesucht werden (vgl. Ez 16; 23)[42].

---

[40] Zur Metaphorik des Körpers als Schlachtfeld heißt es in den Tagebüchern von Etty Hillesum (Juni 1941): „Ich habe [...] das Gefühl, ein kleines Schlachtfeld zu sein, auf dem die Probleme und Kämpfe dieser Zeit ausgetragen werden. Das einzige, was man tun kann, ist, sich demütig zur Verfügung zu stellen und sich zum Schlachtfeld machen zu lassen. Die Probleme müssen ja eine Unterkunft haben, sie müssen einen Ort finden, wo sie kämpfen und zur Ruhe kommen können, und wir armen, kleinen Menschen müssen unseren inneren Raum für sie öffnen und dürfen nicht davonlaufen." (Dies., *Das denkende Herz. Die Tagebücher von Etty Hillesum 1941–1943*, hrsg. und eingeleitet von J. G. Gaarlandt, Reinbek bei Hamburg [17]2003, 39.)

[41] Vgl. hierzu Glazov, Tongue, 236f: „For the ‚lamentation, mourning and woe' of the scroll mean that Judah [...] is to drink the ‚bitter cup' of the Lord's fiery venom ([חמה] [...]) which brings heart-peircing drunkenness, sorrow and stupefying astonishment [...] (23.33). Ezekiel's bitterness here [...] reflects his identification with his people [...]."

[42] Vgl. hierzu Sharon Moughtin-Mumby, *Sexual and Marital Metaphors in Hosea, Jeremiah, Isaiah, and Ezekiel* (OTM), Oxford/New York 2008, 204f; S. Tamar Kamionkowski, *Gender Reversal and Cosmic Chaos: A Study on the Book of Ezekiel* (JSOT.S 368), Sheffield 2003, 70.

Doch auch die Möglichkeit des Heilwerdens Jerusalems repräsentiert der Prophet in und mit seiner Person. Die Anerkenntnis der Faktizität der Katastrophe (vgl. Ez 33,21f) bewirkt, dass anders/Anderes erzählt werden kann – wenn diese Anerkenntnis auch für den Propheten (noch) nicht das Ende seiner traumatischen Sprach(zer)störung bedeutet (vgl. oben). Auch für dieses Andere lässt sich Ezechiel mit Haut und Haar in Anspruch nehmen[43]: Mit seiner Stimme vermittelt er den toten Gebeinen bzw. den Angehörigen des Volkes Israel Gottes רוח, deren belebende Wirkung er an sich selbst erfahren hat (vgl. oben). Durch seine Bewegung, die ihn – visionär dauerhaft – ins Land Israel bringt (Ez 40,1–3; vgl. auch 8,1–3; 37,1), wird er zum leibhaften Garanten eines neuen Exodus und der Heimkehr der Deportierten. In seinen Augen, in seinen Ohren und in seinem Herzen bzw. Hirn (vgl. 40,4) manifestieren sich der neue Tempel und die wiederaufgebaute Stadt, zu denen Ezechiel den ihn Hörenden bzw. Lesenden durch sein Mitgehen wie durch sein Schreiben (vgl. 43,11) auf Dauer Zugang verschafft.

3) *Gleichzeitig* aber hat Ezechiel – und dies macht sein Stummsein so ambivalent – das Gericht JHWHs bzw. JHWHs richtendes Handeln an seinem Volk und JHWHs diesbezügliche Beweggründe zu verkörpern. Es ist dies ein Gericht, von dem sich die Gottheit Israels, so macht sie immer wieder deutlich, nicht abbringen lassen kann und will (vgl. z.B. 5,11; 7,4.9; 8,18; 24,14). Aus diesem Grund hindert sie den Propheten an einer seiner ureigensten Aufgaben – dem Einsatz als איש מוכיח, als Fürsprecher oder Anwalt des Volkes (3,26) – und kündigt an „ihn zu sprechen", statt dass dieser selbst die Stimme erhebt (3,27)[44]. Aus diesem Grund auch – auch dies Bestandteil des prophetischen Amtes – lässt Gott sich nicht befragen (√דרש, 20,1.3.31; vgl. 14,3.4.7) und unterbindet Klage- und Trauerrituale, die ihn erweichen und vom Äußersten abhalten könnten (24,15–24)[45]. Erst wenn dieses Äußerste, die Zerstörung Jerusalems, (zentraler) Lebensraum des Volkes und weltlicher Lebensraum JHWHs, stattgefunden hat (vgl. 33,21f), wird JHWH sich wieder

---

[43] Vgl. hierzu auch Susanne Gillmayr-Bucher, „Inanspruchnahme mit ‚Haut und Haar'", *BiKi* 60 (2005), 136–138, passim.

[44] Vgl. Wilson, Dumbness, passim; Glazov, Tongue, 244–249.272f.

[45] Das Verbot von Trauer- und Klageritualen ist, wie Diana Lipton gezeigt hat (dies., „Early Mourning? Petitionary Versus Posthumous Ritual in Ezekiel XXIV", *VT* 56 [2006], 185–202, passim), (auch) auf die Zeit vor den jeweiligen Katastrophenszenarien zu beziehen.

für Neues öffnen und nach und nach auch von (s)einem gewalttätigen Handeln Abstand nehmen können. An kaum einer Stelle allerdings setzt Ezechiel in den ihm aufgetragenen Analogiehandlungen das richtende Handeln Gottes bzw. seiner Agenten in Reinform in Szene – oft ist er beides zugleich: Belagerer und Belagerter, Angreifer und Angegriffener, Kriegsherr und Kriegsopfer (vgl. insbesondere 4,1–8; 5,1–4; 12,1–16). Die von ihm auszuführenden Gesten erscheinen als Ausdruck von Genugtuung und Klage zugleich (vgl. 6,11; 21,17–22). Ezechiel trägt damit auch das Trauma JHWHs an sich, der, so *eine* Deutung des Ezechielbuchs, keinen anderen Ausweg sieht, als dem eigenen Volk solche Leiden zuzufügen, der aber von seinem Gericht wiederum selbst be-/getroffen ist.

Selbstverständlich dient das Stummheitsmotiv in diesem Zusammenhang auch und vor allem dazu, eine konsistente Erklärung dafür anzubieten, warum die Katastrophe von 587/86 v.u.Z. nicht zu verhindern war – JHWH *selbst* hat den von ihm eingesetzten Propheten davon abgehalten, zugunsten des Volkes bei seiner Gottheit einzutreten. Es rettet dies das Ansehen Ezechiels, der dadurch „of any laxity in performing his office" freigesprochen wird[46]; es rettet dies aber – ein Stück weit – auch das Ansehen Israels, dem (spätestens) seit Beginn der Wirksamkeit Ezechiels im Jahr 594/93 v.u.Z. keine Möglichkeit mehr blieb, den Verlauf der Geschichte positiv zu beeinflussen. Dass Ezechiel seine Funktion als איש מוכיח von JHWH verwehrt wird, scheint nämlich auch die Konsequenz zu haben, dass er die Angehörigen seines Volkes vor der Katastrophe nicht ‚lebensdienlich' zu warnen vermag, auch wenn er dazu berufen ist (Ez 3,16–21). Das bedeutet aber zugleich, wie Gregory Y. Glazov festhält, dass die Blutschuld der Ungewarnten auf ihn zurückfällt (3,18.20):

> As the watchman incurs bloodguilt by failure to reprove, Ezekiel's silence with regard to being an [איש מוכיח] against the people entails that he should come to bear their sins and suffer on their account. This is of course the meaning of the suffering in 24.16–24 as well as in 4.4–8 which explicitly links the immobilization announced in 3.25 to a ‚sin bearing' and thereby ‚atoning' confinement reminiscent of the one worked by Moses (cf. Deut. 9.13–21, 22–29). Assuming that his silence and immobilization are linked and have the common function of preventing him from exercising his duties as an [איש מוכיח], the fact that he is responsible for the bloodguilt of those

---

[46] Wilson, Dumbness, 104.

whom he does not reprove means that for the duration of his silence and confinement he is actually loaded with their bloodguilt[47].

Margaret S. Odell verweist in diesem Zusammenhang auf die notwendige Transformation Ezechiels vom Priester(sohn) zum Propheten – wie ein Priester-Ordinand ‚trage' Ezechiel Ez 4,4–8 zufolge die Schuld des Volkes (vgl. Lev 9,1–21), erwirke aber keine Sühne[48]. Welche Funktion aber kommt dem Schuld-Tragen(-Müssen) (עון + נשׂא *Qal*) Ezechiels in Folge der ihm von Jhwh zugefügten Sprachlosigkeit und traumatischen Starre dann zu? Man mag hier zum einen ein weiteres traumatisches Phänomen abgebildet sehen: Das unschuldige Opfer schreibt sich selbst die Schuld und damit die Ursache für das Erlittene zu, weil es darin die eigene Ohnmacht illusionär zu überwinden und seine Wirkmächtigkeit zurückzugewinnen vermag. Diese Möglichkeit legt das Ezechielbuch seinen RezipientInnen immer wieder nahe, wobei es mehrfach auch eine detailliertere Auseinandersetzung mit eigenen Schuldanteilen in Aussicht stellt (vgl. u.a. Ez 6,9; 20,43; 36,31) – Ezechiel wird dadurch, dass ihm (fremde) Schuld auferlegt wird, auch darin zum glaubwürdigen Paradigma. Zum anderen tut Ezechiel etwas, was an späterer Stelle sowohl von anderen Propheten (14,10) als auch von anderen Priestern (44,10.12, jeweils עון + נשׂא *Qal*) gefordert wird, damit das Haus Israel zukünftig nicht mehr von Jhwh abirrt (√תעה, 14,11; vgl. 44,10). In diesem Sinne hält Ezechiel von Anfang an die Möglichkeit einer erneuerten Bundesbeziehung zwischen der Gottheit Israels und ihrem Volk offen. Als unschuldig Schuldiger, der die ihm von Jhwh zugefügten Leiden, die Leiden des Gottesvolkes und die Leiden Jhwhs in und mit seiner ganzen Person bezeugt, steht er – in aussichtsloser Situation und gezwungenermaßen – dafür ein, dass diese Beziehung noch nicht an ihr Ende gekommen ist. Mit Ezechiel bzw. dem Buch, das er is(s)t, entsteht so ein Raum, in dem, bei aller Abgründigkeit, theologisch um diese Beziehung gerungen werden kann – und gerungen wird!

1.5. *Nährwerte oder: Das Surplus der Essensmotivik*
Abschließend möchte ich nun der Frage nachgehen, welchen ‚Mehrwert' es hat, dass die anfängliche Konfrontation Ezechiels mit Unheil und Leiden als Mahlzeit ins Bild gesetzt ist. Es sei hier zunächst noch einmal an

---

[47] Glazov, Tongue, 273.
[48] Vgl. Odell, Scroll, 236.

das erinnert, was Granofsky über die Essensmotivik in zeitgenössischen Trauma-Romanen schreibt:

> One biological function that proves to be powerfully symbolic of much that is involved in the human experience of trauma is eating. The ‚perversion‘ of normal eating patterns in, for example, cannibalism will often be a symbol for the dislocating effects of trauma both on an individual and a collective scale. In the trauma novel, certain kinds of eating may be symbolic of the necessity to assimilate raw experience [...][49].

Diese Ausführungen sind m.E. auch für das Ezechielbuch bedenkenswert. Denn dieses weist eine relative Dichte an ‚Essens-Vokabular‘ auf[50] und inszeniert damit auch über Ez 2,8b–3,3 hinaus eine Reihe merkwürdiger, mitunter beklemmender Mahlzeiten – über weite Strecken des Buches haben wir es mit *traumatischem* Essen zu tun[51].

Diesem wohnt, so ist im Hinblick auf das in Ez 2,8b–3,3 Geschilderte festzuhalten, ein hyperrealer Zug inne (vgl. auch Ez 24,3–14; 39,17–20), der vor allem im Vergleich mit Jer 15,16a deutlich hervortritt. In diesem Teilvers, auf den im gegebenen Kontext häufig verwiesen wird[52], heißt es: „Fanden sich (מצא√) Worte von dir, so aß (אכל *Qal*) ich sie, und deine Worte waren mir Glück und Herzensfreude". Im Ezechielbuch wird das, was im Jeremiabuch schwebendes Sprachbild ist, gleichsam realistisch überzeichnet – das nur metaphorisch mögliche Essen der Schrift erscheint als *tatsächlicher* Essensvorgang[53]. Ezechiel muss sich die Rolle im konkreten Sinne des Wortes einverleiben – und umgekehrt verleiblicht, somatisiert er das in ihn Hineingekommene wieder, indem er schreckensstarr und sprachlos wird.

---

[49] Granofsky, Trauma Novel, 14.

[50] So entfallen z.B. 50 der insgesamt 740 ersttestamentlichen Belege von אכל *Qal*, „essen", auf das Ezechielbuch, bei אכלה, „Speise", sind es zehn von insgesamt 18. שתה *Qal*, „trinken", kommt 16-mal vor (insgesamt 216-mal in der Hebräischen Bibel), das Verb בשל, „kochen", viermal (28-mal), סיר, „Kochtopf, Kessel" fünfmal (29-mal), לחם, „Brot" 20-mal (298-mal) und רעב, „Hunger(snot)" 14-mal (101-mal).

[51] Vgl. hierzu ausführlich Ruth Poser, „‚Das Gericht geht durch den Magen'. Die verschlungene Schriftrolle und andere Essenszenarien im Ezechielbuch", in: Michaela Geiger u.a. (Hg.), *Essen und Trinken in der Bibel. Ein literarisches Festmahl für Rainer Kessler zum 65. Geburtstag*, Gütersloh 2009, 116–130, 124–129.

[52] Vgl. Zimmerli, Ezechiel 1, 77f; Bodo Seidel, „Ezechiel und die zu vermutenden Anfänge der Schriftreligion im Umkreis der unmittelbaren Vorexilszeit Oder: Die Bitternis der Schriftrolle", *ZAW* 107 (1995), 51–64, 59; Greenberg, Ezechiel 1–20, 84–86.

[53] Vgl. hierzu auch Frank Crüsemann, „Essen und Erkennen (Gen 2 f.). Essen als Akt der Verinnerlichung von Normen und Fähigkeiten in der hebräischen Bibel", in: Michaela Geiger u.a. (Hg.), *Essen und Trinken in der Bibel. Ein literarisches Festmahl für Rainer Kessler zum 65. Geburtstag*, Gütersloh 2009, 85–100, 91f.

Als (auf Jhwh zurückgeführtes) gewaltförmiges Geschehen weist die
Szene auf die das ganze Buch bestimmende Exilskatastrophe und deren
Deutung als von Jhwh gesandtes Gericht voraus. Das Einhauchen von
‚exzessivem Realismus' scheint dabei vor allem auf die Darstellung der
konkret-körperlichen Dimensionen des Gerichtsgeschehens – bzw. des
psycho-physischen Ge-/Betroffenseins von den Schrecken des Krieges –
zu zielen. Zu diesen Dimensionen gehören auch Hunger und Durst, deren
Vergegenwärtigung im weiteren Buchverlauf vor allem im Rahmen (der
Ankündigung) der Belagerung Jerusalems breiten Raum einnimmt (vgl.
Kap. 4–5). Wie Ezechiels Schreckensstarre infolge der geschluckten
Schriftrolle paradigmatisch ist für alle(s) mit dem göttlichen Gericht
Konfrontierte(n), so bilden die ihm aufgetragenen Essens-Performances
das grauenhafte Dahinsiechen der Belagerten (vor-)ab (4,9–12.16f; 12,17–
20). Denkbar ist darüber hinaus, dass die geschilderten ‚Essstörungen' auch
auf die anzunehmende Nahrungsmittelknappheit während der Kriegsge-
fangenenzüge und der ersten Jahre im babylonischen Exil anspielen.

Auf einer (noch) stärker symbolischen Ebene – gemeint ist damit das
Potential eines Textbestandteils, auf Allgemeineres, Abstrakteres innerhalb
und außerhalb seiner selbst zu verweisen[54] – lässt die Schriftrollenszene
zugleich den Prozess der Auseinandersetzung anklingen, in den das Ezechielbuch hineinführen will. Dies ist vor allem am Beschaffenheitswechsel
der Schriftrolle zu erkennen, die zunächst „süß" bzw. „schluckbar" wird
(Ez 3,3) und später Vergiftungserscheinungen nach sich zieht (3,15). Mit
der Aufnahme der Speise wandelt sich diese, sie wird – auf welche Weise
auch immer – ‚umgesetzt'. In diesem Sinne repräsentiert die Schriftrollenszene den in den Jahr(zehnt)en nach der Zerstörung Jerusalems 587/86
v.u.Z. anhebenden Prozess der (theologischen) Auseinandersetzung mit
dieser kategorialen Katastrophe in einer gerafften Form: Diese wird, da
man sie nicht mehr ausspucken kann, durchgekaut, geschluckt, vielleicht
irgendwann – nach heftigsten Bauchschmerzen – auch einmal verdaut.
Das Bild der von Jhwh forcierten Nahrungsaufnahme suggeriert somit
einen unausweichlich-notwendigen theologischen Bearbeitungs- und Veränderungsprozess.

Das Ezechielbuch als Ganzes lässt sich als Teil dieses Prozesses begreifen und mutet diesen – als längeren Weg – auch seinen LeserInnen zu.
Denn anders als dies die Schriftrollenszene suggeriert, braucht es in Ezechiels Fall wie im Fall seines Buches lange Zeit, bevor „tiefstes Wehklagen,

---

[54] Vgl. Benedikt Jeßing, „Art. Symbol", MLL (³2007), 744, 744.

Ach und Weh" süß werden, bis das traumatische zum lebensförderlichen und nahrhaften Essen wird (vgl. Ez 47,12). „Das Heil muss sich lange durcharbeiten durch das Unheil."[55]

* * *

B. Ez 3,16–7,27

Auch in diesem Erzählabschnitt spielt das Element der *fragmentation* bzw. der (zwangsläufigen) Wiederholung der traumatischen Katastrophe die wesentliche Rolle. Es wird einerseits in den von Ezechiel durchzuführenden Analogiehandlungen, welche allesamt auf die Situation der Belagerung, Eroberung und Zerstörung Jerusalems und das Schicksal der dort lebenden Menschen zielen (Ez 4,1–5,17)[56], andererseits in den Ankündigungen des über die Berge (Ez 6,1–14) bzw. die Ackererde Israel (Ez 7,1–27) kommenden Unheils manifest. Ezechiels ‚Kriegsspiele' deutet Nancy R. Bowen dabei im Sinne von re-inszenierenden Selbstverletzungen:

> Ezekiel's reenactments of the trauma of the fall of Jerusalem [...] resemble the acts of victims who continue to live out the trauma through various forms of deliberate self-harm. The acts of starvation and eating repulsive food bear a striking resemblance to various eating disorders, especially anorexia [...]. The act of shaving with a sharp sword is indicative of a high risk behavior. Lying on the sides also reflects harmful behavior toward one's body. Such self destructive behaviors can be understood as symbolic or literal reenactments of the initial abuse[57].

Die gesamte Textpassage ist von potenzierter Todesrealität durchzogen (vgl. z.B. Ez 4,17; 5,10.12.16f; 6,4f.13f; 7,13–18). Darüber hinaus wird die traumatische Erfahrungszersplitterung im persönlichen Ergehen des Propheten sichtbar, der, so lässt Jhwh verlauten, Eingesperrt- und Gebundensein durchleben und dem die eigene Sprache genommen werden wird (Ez 3,25–27[58]).

---

[55] Ebach, Ezechiel, 23. Die Entwicklung der Essensmotivik im Verlauf des Ezechielbuchs lässt sich damit – ähnlich wie die Entwicklung des רוח-Begriffs – auch als Re-Symbolisierungsprozess begreifen, der das Hindurchgehen durch die traumatische Katastrophe und deren zunehmende Integration widerspiegelt (vgl. hierzu Poser, Gericht, 129f).

[56] Vgl. Bowen, Ezekiel, 20.

[57] Bowen, Ezekiel, 28.

[58] Vgl. auch Bowen, Ezekiel, 18, wo es heißt: „[W]hat God commands of Ezekiel is identified today with symptoms often associated with trauma. [...] [O]ne possible interpretation of 3:24b-26a is a type of *sign act* where Ezekiel enacts in his body the symptomatology of trauma."

Das Element der *regression* kommt auch hier im Groß-Machen der Schuld Israels zum Ausdruck, welche einerseits in kultischen (vgl. Ez 5,11; 6 [passim]; 7,20), andererseits in rechtlich-sozialen Vergehen (vgl. Ez 7,10f.23) gesehen wird. Immer wieder findet dabei der zumal im Ezechielbuch wenig spezifische Begriff תוֹעֵבוֹת, „Gräuel", „Gräueltaten", Verwendung[59], ohne genauer erläutert zu werden (vgl. Ez 5,9.11; 6,9.11; 7,3.4.8.9.20), so dass sich der Verdacht, dass Jerusalem bzw. Israel etwas ganz Furchtbares getan haben muss, fast automatisch einschleicht und erhärtet. In Ez 5,6f wird die auf Jerusalem bezogene Unheilsakkumulation gleichsam auf die Spitze getrieben, indem nun nicht der – auch im Ezechielbuch geläufige (vgl. Ez 11,12; 20,32) – Vorwurf der Anpassung an die גּוֹיִם, an die „Nationen", Verwendung findet, sondern indem Jerusalem als schlimmer und schlechter als die Nationen verunglimpft wird (V6: „frevlerischer als die Nationen", V7: „aufbrausender als die Nationen", „nicht einmal an den Rechtsvorstellungen der Nationen habt ihr euch orientiert"). Ein *regressives* Moment ist auch in der Rückführung des Unheils auf den nicht länger einzudämmenden göttlichen Zorn zu erkennen (vgl. Ez 5,13; 6,12; 7,3.8) – um den Preis, es mit einer sich nicht einmal selbst beherrschenden und daher willkürlichen Gottheit zu tun zu haben, wird die Verantwortung für die Katastrophe auf Jhwh zurückprojiziert, auch wenn eingeräumt wird, dass es womöglich das Handeln der derzeitigen/eigenen Generation war, das Jhwhs ‚Überkochen' bewirkt hat.

Etwas *Integrierendes* hat es demgegenüber, wenn Jhwh von seinem eigenen Zerbrechen (√שׁבר) an der Untreue Israels redet, das es erinnernd festzuhalten (√זכר) gilt:

> (Ez 6) ⁹Dann werden die Überlebenden unter euch sich meiner erinnern bei den Nationen bei denen sie gefangen gehalten werden: Wie ich zerbrach[60] an ihrem betrügerischen Herzen, das sich von mir abgewandt hatte, und an ihren Augen, die mich mit ihren Truggottheiten betrogen. Entsetzt werden sie sein über sich selbst wegen des Unheils, das sie angerichtet haben, weil sie verachteten, was heilig ist.

---

[59] תוֹעֵבוֹת wird im Ezechielbuch häufig für kultische Vergehen gebraucht (vgl. z.B. Ez 8,6.9.13.15.17), kommt aber durchaus auch für soziale Vergehen (vgl. Ez 16,47–51; 18,13.24) und für ‚unerlaubte' sexuelle Beziehungen bzw. für sexuelle Übergriffe (vgl. Ez 22,11) vor. Auch die in erster Linie politischen Fehltritte Samarias bzw. Jerusalems (verfehlte Bündnispolitik) werden pauschal als „Gräuel" bezeichnet (vgl. Ez 16,2.22.58; 23,36).

[60] Die *Nif'al*-Form נִשְׁבַּרְתִּי wird allerdings zumeist in die *Qal*-Form (Perf. cons.) וְשָׁבַרְתִּי konjiziert (vgl. App. BHS zur Stelle; Zimmerli, Ezechiel 1, 140). Damit ergibt sich, wie die Übersetzung von Zimmerli zeigt, ein völlig anderer Sinn (a.a.O., 139): „so werden eure Entronnenen [...] an mich denken, der ich ihr Herz, das buhlte, [das abgewichen ist] von mir weg, und ihre Augen, die nach ihren Götzen buhlten, zerbrochen habe [...]".

Zum einen nämlich wird hier traumatisches Erleben (Gottes) direkt in Sprache gefasst, zum anderen wird versucht, Jhwh in seinem vernichtenden Handeln verstehbar zu machen: Dass sich sein Volk von ihm abgewandt hat, hat ihn so massiv verletzt, dass er selbst nur noch massiv verletzen konnte – eine in traumatologischer Hinsicht durchaus plausible Erklärung, die das göttliche Handeln zugleich der Willkür oder des Sadismus enthebt. Als weiteres *integrierendes* Moment lässt sich auch in diesem Erzählabschnitt die Ezechiel widerfahrende Aufrichtung durch Geistkraft begreifen (Ez 3,24), die ihm – wenn auch nur in sehr geringem Umfang – Möglichkeiten der Selbsttätigkeit eröffnet. Schließlich ist auch Ezechiels Bestellung zum Wächter des Hauses Israel (Ez 3,16–21; vgl. 33,1–9) als *reunification*-Aspekt anzusprechen, wenn es auch den Anschein hat, als hindere Gott selbst ihn an der Ausübung der wesentlichen Aufgaben dieses Amtes, indem er ihn sprachlos macht (vgl. Ez 3,14f.25–27). Zumindest theoretisch nämlich wird hier die Möglichkeit der Umkehr zum Leben und zu gerechtem Handeln eingetragen und wird der Intervention des Wächters in gewissem Maße Veränderungspotential zugetraut – ein Gegengewicht zu den im Verlauf des Buches sich wiederholenden pauschalen Schuldvorwürfen, das in Kap. 18 weiter entfaltet werden wird.

C. Ez 8,1–19,14

Mit Ausnahme von Ez 12,21–28, 13,17–14,11 und 18,1–32, die einen etwas allgemeineren Charakter haben, stellt sich auch dieser Textabschnitt als mehrfache Wiederholung der traumatischen Katastrophe von 587/86 v.u.Z. dar (*fragmentation*). Besonders augenfällig ist dies in Ez 8,1–11,25 – im Zusammenhang einer spirituellen Reise des Propheten werden hier die Zerstörung von Tempel und Stadt sowie der Auszug des כבוד Jhwhs aus dem Heiligtum visionär vorweggenommen; das Tempelareal wird als Ort des totalen Chaos ins Bild gesetzt. In traumatologischer Perspektive lässt sich diese von der Plotstruktur her *antizipierende* Schreckensschau auch als literarisch inszenierter *flashback* begreifen[61], dessen Besonderheit es ist, Jhwh die Hauptrolle in einem Geschehen zuzuweisen, das ,eigentlich‘ nur mit seiner Abwesenheit zu begründen ist (vgl. Ez 8,12; 9,9). Dass die Gottheit Israels das Rufen ihres Volkes hätte hören *können*, es aber *willentlich nicht getan* hat (8,18), ist das Unfassbare, das die Tradition auf

---

[61] Vgl. Bowen, Ezekiel, 58f.

den Kopf stellt (vgl. z.B. Ex 2,23; 3,7; Dtn 26,7) und darin die Erschütterung wesentlicher vormals in Geltung stehender Glaubensüberzeugungen anzeigt. Diese Erschütterung zeigt sich auch in Ez 9,4–6, wo auf die rettenden ‚Pessach-Markierungen' aus Ex 12 angespielt wird. Doch „[w]hereas in Exodus, *all* the Hebrews receive the mark and are saved, in Ezekiel *all* the house of Israel are *un*marked and are killed"[62].

In Ez 12,1–16 und 12,17–20 stehen zwei prophetische Analogiehandlungen im Mittelpunkt, in denen es zum einen um die Verkörperung des über Jerusalem kommenden Deportations-Schicksals (V1–16), zum anderen um die Verkörperung der physischen und psychischen Belagerungsnot nach Einschließung der judäischen Hauptstadt geht (V17–20). Der Abschnitt Ez 12,21–28 enthält keinen expliziten Bezug auf die Katastrophe, macht sie aber dadurch präsent, dass er gleich zweimal (V21–25.26–28) das unabwendbare und baldige Eintreffen der Visionen und der prophetischen Reden Ezechiels festhält. Ez 13,1–16 stellt sich als Gerichtsankündigung gegen ‚falsche' ProphetInnen dar, denen vorgeworfen wird, sie kündigten – ohne überhaupt ein Wort oder eine Vision von JHWH empfangen zu haben – in einer Situation des Unheils Heil an. Das Schicksal Jerusalems wird dabei nicht nur implizit angedeutet; indem nämlich für das fragwürdige prophetische Handeln das Bild einer vom Volk erbauten, von den ProphetInnen mit wertlosem Anstrich übertünchten Hauswand heraufbeschworen wird (V10)[63], welche im Zuge eines Gottessturms zusammenbrechen wird (V11–13), wird auf die Erstürmung der Stadt und die Zerstörung der Mauern unter den Babyloniern angespielt (vgl. 2 Kön 25,3f.10). Der Wechsel von der metaphorischen Wand zur Jerusalemer Stadtmauer bzw. zur Stadt selbst wird in V14 durch einen Genuswechsel schließlich auch explizit vollzogen:

Ezekiel's shift in attention from symbol to referent, house to city, is reinforced by switching the gender from masculine (wall) to feminine verb ([נפלה]) and pronominal suffix ([בתכה]).The prophet is obviously now thinking of the fall of Jerusalem, and with this disaster also the elimination of false prophecy in Israel[64].

---

[62] Bowen, Ezekiel, 50. Zwar wird nicht explizit gesagt, dass die Schreibergestalt keine ‚zu Bezeichnenden' gefunden hat, die Aufforderung zur Tötung der Zivilbevölkerung in Ez 9,6 und die verzweifelte Frage des „allein übrig gebliebenen" Propheten in Ez 9,8: „Wehe, JHWH, mächtig über allen, willst du alles, was von Israel übrig ist, vernichten [...]?" legen dies allerdings nahe.

[63] Vgl. hierzu Greenberg, Ezechiel 1–20, 281.

[64] Block, Ezekiel 1–24, 408.

In Ez 13,17–23, einer Gerichtsrede, die Ezechiel gegen die prophetisch handelnden Töchter seines Volkes richten soll, und in 14,1–11, einem Abschnitt, der vom Missbrauch prophetischer Befragung (דרשׁ√) handelt, wird nicht über oder zu Jerusalem gesprochen, vielmehr sind jeweils Angehörige der Exulantengruppe im Blick[65]. Gleichwohl schwingt traumatisches Unheil – als dasjenige, das die Angehörigen der *Gola* von 598/97 v.u.Z. bereits getroffen hat, und/oder als dasjenige, das auf Jerusalem zukommt – zumindest in 14,1–11 zwischen den Zeilen mit, ist es doch „[i]mmer […] eine Notsituation, zu der durch die Befragung JHWHs Klärung und aus der […] durch diesen Gang zur Befragung Gottes Abhilfe erfolgen soll"[66]. Den Männern von den Ältesten Israels, die den Propheten Ez 14,2f zufolge für eine Gottesbefragung in Anspruch nehmen wollen, geht es also höchstwahrscheinlich darum, JHWH dahingehend zu beeinflussen, dass er von seinem Gerichtsbeschluss über Jerusalem, welcher zugleich die Verstetigung der Exilssituation mit sich bringen würde, abrückt[67].

Ez 14,12–23, 15,1–8 und 16,1–63 lassen sich sodann wieder sehr direkt als – auf der Ebene der Erzählung antizipierende – Wiederholungen der Juda und Jerusalem treffenden Schreckensereignisse in unterschiedlichen, teils ungemein grausamen Bildern auffassen (Ez 14,12–23: vier über das Land kommende göttliche Urteilssprüche: Schwert, Hunger, wilde Tiere, Seuche; Ez 15: verzehrendes Feuer; Ez 16: Kriegsgewalt und Kriegsgräuel [vgl. vor allem 38–41]). In Ez 16,1–43 findet dabei eine ausgesprochen anstößig anmutende Verquickung von Gewalt- und Geschlechterdiskurs statt, der im Anschluss an dieses Unterkapitel in einem eigenen Abschnitt ausführlich nachgegangen werden soll (vgl. unten 2. Vertiefung). Kap. 17 und Kap. 19 gehen in eine ähnliche Richtung wie Ez 14–16, fokussieren allerdings ausdrücklicher die Verfehlungen und das Ergehen der letzten

---

[65] Für Ez 14,1–11 ist das unmittelbar einsichtig, wird doch in V1 von Personen erzählt, die zu Ezechiel kommen und sich vor ihm niedersetzen. In seiner Rede nimmt JHWH ausdrücklich auf diese Personen (האנשׁים האלה, V3) Bezug. Die Formulierung „Töchter deines Volkes" (בנות עמך) in Ez 13,17 scheint sich ebenfalls auf Angehörige aus dem Kreis der Deportierten zu beziehen – in Ez 3,11 jedenfalls werden „die *Gola*" und „die Angehörigen deines Volkes" (בני עמך) parallelisiert, und auch die weiteren Belege von בני עמך in Ez 33,2.12.17.30; 37,18 zielen auf eine Kommunikationssituation vor Ort, d.h. unter den nach Babylonien Verschleppten. Zu Ez 13,17 vgl. auch Wilda C. Gafney, *Daughters of Miriam: Women Prophets in Ancient Israel*, Minneapolis 2008, 108.
[66] Siegfried Wagner, „Art. דרשׁ", ThWAT II (1977), 313–329, 324.
[67] Vgl. hierzu auch Block, Ezekiel 1–24, 425: „Whatever personal feelings they [the elders, R.P.] may have had about Ezekiel, some crisis appears to have driven them to seek another word from God through him."

judäischen Könige. In Ez 17 wird dabei die Situation des Belagerungskriegs von 589/88 bis 587/86 v.u.Z. mitsamt der Rolle Ägyptens recht genau dargelegt (vgl. V16–21). Ez 19 hat, dies hat zuletzt Corrine L. Carvalho überzeugend herausgearbeitet, die Form einer verkürzten Stadt-Klage, welche vor allem in ihrem zweiten, die ‚Stadt-Mutter' als Weinranke ins Bild setzenden Teil (V10–14) auf das grausige Ende Jerusalems eingeht[68].

Von der zwanghaften Wiederholung der traumatischen Situation weitgehend frei und eher unter den Stichwörtern *regression* und *reunification* anzusprechen ist Ez 18. Zwar bildet auch hier das über Israel hereingebrochene Unheil den Ausgangspunkt, und dies ist ein *regressives* Element insofern, als man sich durch dieses Unheil bzw. durch diejenigen, die es (vermeintlich) verursacht haben, auf ewig festgelegt sieht: „Eltern essen saure Trauben, und Kindern werden die Zähne stumpf" lautet die Aussage, die den Angehörigen der Exilsgemeinschaft von Jhwh in den Mund gelegt wird (Ez 18,2). Einerseits kommt darin die vermutlich weitverbreitete Annahme zum Tragen, dass eine nachfolgende Generation für die Vergehen der Vorfahren haftbar gemacht werden konnte oder büßen musste (vgl. die diesbezügliche Richtigstellung in V20). Andererseits stellt sich m.E. die Frage, warum das Essen von sauren Trauben schuldhaftes Handeln darstellen bzw. metaphorisch für ein solches Handeln stehen soll – Moshe Greenberg zufolge ist „der Brauch, unreife Trauben zu essen, in frühen und späten Quellen für Palästina-Syrien trotz der unangenehmen Wirkung auf die Zähne als sehr beliebt belegt" und „konstatiert einen Gemeinplatz, einen harmlosen Vorfall"[69]. Vielleicht wird man das Sprichwort deshalb auch dahingehend deuten können, dass hier auf die langfristigen Auswirkungen des Ergehens der „Eltern", die Unverdauliches schlucken mussten, auf das Ergehen der „Kinder", die mit dieser sich physisch wie psychisch auswirkenden Bürde kaum leben können, gezielt wird. Denkbar ist m.E. sogar, dass hier (auch) das Phänomen der Überlebensschuld mit hineinspielt[70] – vor allem das Ende des Kapitels mit den emphatischen Aufforderungen Jhwhs, sich dem Leben und lebensförderlichem Handeln zuzuwenden, lässt sich in diese Richtung lesen. Vor die-

---

[68] Die „Mutter" (V2.10) changiert dabei freilich zwischen Königin-Mutter und Stadt. Zum Ganzen vgl. Corrine L. Carvalho, „Putting the Mother Back in the Center: Metaphor and Multivalence in Ezekiel 19", in: John J. Ahn/Stephen L. Cook (Hg.), *Thus Says the Lord* (*FS R. R. Wilson*) (LHBOTS 502), New York/London 2009, 208–221, passim.

[69] Greenberg, Ezechiel 1–20, 387.

[70] Dies nimmt auch Garber an (vgl. ders., Ezechiel, 226f).

sem Hintergrund ließe sich das Sprichwort von den sauren Trauben auf einen bei den mittelbar von der traumatischen Katastrophe betroffenen „Kindern" sich ausbreitenden Zustand traumatischer Starre deuten, der durch Symptome wie Apathie[71], Depression, Ohnmacht, und Todesnähe bzw. -sehnsucht (vgl. V31: „Warum wollt ihr sterben, Haus Israel?") geprägt ist (vgl. auch Ez 33,10; 37,11)[72]. Die lange Antwort JHWHs hätte demzufolge auch etwas damit zu tun, die Angesprochenen als Gemeinschaft in die Sphäre des Lebens zurückzuholen, indem sie jedem und jeder Einzelnen gerechtes – in mehrfacher Hinsicht lebensförderliches – Handeln nicht in erster Linie vorschreibt, sondern zutraut! Aus einer Situation völliger Ohnmacht (neu) ins Handeln zu kommen, den Todeserfahrungen zum Trotz sich dem Leben (neu) zuzuwenden, dafür will Kap. 18 mit Nachdruck werben und dazu will es befähigen – traumatherapeutisch würde man wohl von *(re-)empowerment* sprechen.

Das Kapitel erweist sich damit als einer der am stärksten auf *reunification* ausgerichtetsten Texte des gesamten Buches, der der Generationen überdauernden Empfindung des Festgelegtseins auf das Unheil und damit dem *regressiven* Impetus, dem Trauma dauerhaft mit Haut und Haaren zu verfallen, durch im wahrsten Sinne des Wortes lebensnahe Weisungen vehement entgegensteuert. Im Sinne eines solchen *(re-)empowerment* lässt sich schließlich auch die göttliche Aufforderung an das Haus Israel verstehen, sich selbst (!) ein neues Herz und neue Geistkraft zu verschaffen (V31) – in Ez 11,19 und 36,26 wird dasselbe als Tun JHWHs an seinem Volk verheißen. Einige AuslegerInnen nehmen dies als problematischen Widerspruch wahr und sehen den Imperativ in Ez 18,31 dementsprechend als rein rhetorische Maßnahme, die darauf ziele „to highlight responsibility for the crisis which has engulfed the nation"[73] – „[t]he use of the imperative does not mean that Ezekiel believes his audience capable of

---

[71] Greenberg weist darauf hin, dass das in V2 verwendete Verb קהה, „stumpf, taub werden" „im späteren Hebräisch auch bei Sinnesempfindungen" gebraucht wird (ders., Ezechiel 1–20, 387).

[72] Vgl. hierzu auch Block, Ezekiel 1–24, 561, wo das Sprichwort eine ähnliche (wenn auch m.E. zu einseitige) Deutung erfährt: „The problem that the proverb poses for Ezekiel is not with punishment that children are bearing for the sins of the fathers, or even the issue of theodicy. On the contrary, it reflects a materialistic fatalism, a resignation to immutable cosmic rules of cause and effect, an embittered paralysis of the soul, that has left the exiles without hope and without God." Vgl. auch Jacqueline E. Lapsley, *Can These Bones Live? The Problem of the Moral Self in the Book of Ezekiel* (BZAW 301), Berlin/New York 2000, 74f.

[73] Paul M. Joyce, *Divine Initiative and Human Response in Ezekiel* (JSOT.S 51), Sheffield 1989, 128.

moral and spiritual self-transformation"[74]. Unberücksichtigt bleibt dabei allerdings, dass die göttlichen Zusagen in Ez 11,19 und 36,26 in starkem Maße auf die Selbsttätigkeit, das Ins-Handeln-Kommen der Angesprochenen ausgerichtet sind – es geht darum, dass diese JHWHs Bestimmungen folgen (√הלך) und sein Recht bewahren (√שמר) und verwirklichen (√עשה). Interpretiert man darüber hinaus Ez 37,1–14 als visionäre Verwirklichung des in Ez 11,19 und 36,26f Verheißenen, so wird deutlich, dass Gottes Gabe neuer Geistkraft auf menschliche Vermittlung durchaus angewiesen ist, ist es doch der Prophet, der die lebendigmachende רוח durch sein Wort heranholt. Das göttliche Trauma-Therapeutikum, das den Wiedereintritt in die Sphäre des Lebens durch die Hinwendung zu den Weisungen, „deren Erfüllung Menschen lebendig macht" (Ez 20,13.21) ermöglicht, ist an allen Stellen das Wort des Propheten, sei es als gesprochenes, sei es als geschriebenes!

Mit Ez 11,19 ist bereits ein weiteres *integrierendes* Moment innerhalb der Textpassage Ez 8,1–19,14 angesprochen. Allerdings baut die in Ez 11,14–21 zu findende göttliche Zusage, welche nicht nur psychosomatische Gesundung, sondern auch die Sammlung und Rückführung der Verschleppten ins Land Israel umfasst, auf einseitigen Schuldzuweisungen an die im Land Verbliebenen auf. Wohnt bereits solchen Schuldzuweisungen an ‚die Anderen' ein *regressiver* Zug inne, so gilt dies auch für die (unrealistische!) Vorstellung eines Lebens im Land, das allein von den zurückkehrenden Exulanten bestimmt wird – hier wird ein Neuanfang in Szene gesetzt, der die Deportierten zwar kurzfristig von Zukunftsängsten entlasten könnte, der aber keine wirkliche Integration der traumatischen Katastrophe zu leisten vermag.

Für eine solche *regressive* Schwarz-Weiß-Malerei lassen sich innerhalb des hier in Frage stehenden Erzählabschnitts noch weitere Beispiele anführen – gleich mehrere Texte wiederholen die traumatische Katastrophe, indem sie diese als logische Folge der (großgemachten) Sündhaftigkeit und Wertlosigkeit Judas/Jerusalems und der dort lebenden Menschen zeichnen (vgl. vor allem Ez 14,12–23; 15,1–8; 16,1–63), und bringen damit zugleich traumatisches Schuld- und Schamempfinden zum Ausdruck. Kap. 16 stellt gleichsam die Spitze der Schuldzuweisungen Jerusalem gegenüber dar; nicht nur wird die judäische Hauptstadt als hurerische Frau ins Bild gesetzt und als völlig verdorben skizziert (V3–43), auch wird die judäische Hauptstadt als noch verdorbener als Sodom charakterisiert,

---

[74] Block, Ezekiel 1–24, 588.

mit Gomorra *das* sprichwörtliche ‚Schlechtigkeits-Paradigma' unter den biblischen Städten (V44–58)[75]. Ihre Geschichte wird geklittert und neu erzählt – als Verfallsgeschichte, die zwangsläufig auf ein solches Ende hinauslaufen musste (vgl. auch Ez 20; 23). Implizit fordert der Text die nach Babylonien verschleppten IsraelitInnen – vermutlich vormals JerusalemerInnen! – dazu auf, Jerusalem seinem (verdienten) Schicksal zu überlassen und sich mit dem Gedanken, dass das Verlorene ohnehin nicht mehr zu retten war, über den traumatischen Verlust hinwegzuhelfen. Das, was an ‚Argumenten' gegen Jerusalem vorgebracht werden muss, um die RezipientInnen von dessen völliger Wertlosigkeit zu überzeugen, zeigt allerdings zugleich an, dass solches ‚Loslassen' ohne Weiteres kaum möglich ist. In ähnlichem Sinne wird auch den Überlebenden der Katastrophe von 587/86 v.u.Z. einzig die Funktion eines Negativ-Paradigmas zugebilligt – die Angehörigen der zweiten *Gola* bzw. „ihr Wandel und ihre Taten", so heißt es in Ez 14,22f (vgl. auch Ez 12,16) ausdrücklich, dienen dazu, die Angehörigen der ersten *Gola* über das über Jerusalem hereingebrochene Unheil hinwegzutrösten (√נחם)[76]. Der Versuch, Entlastung für die eigene Gruppe (die erste *Gola*) zu finden, geht hier also deutlich zu Lasten der von der traumatischen Katastrophe ebenfalls schwer getroffenen Landsleute (zweite *Gola*, im Land Verbliebene).

Nachdem dieser Versuch in Ez 16 seinen vorläufigen Höhepunkt erreicht hat, wird in den Kap. 17 und 19, was die Verantwortung für den Zusammenbruch Jerusalems angeht, eine Differenzierung eingetragen, indem nun das Verhalten der Könige Judas, d.h. der politisch *tatsächlich* Mit-Verantwortlichen, ins Zentrum gerückt wird[77]. Dieser *integrierende* Aspekt

---

[75] Vgl. hierzu bSanh 44b, wo mit Bezug auf Ez 16 die folgende kritische Frage überliefert ist: „Herr der Welt, würdest du, wenn Abraham und Sara kommen und vor dir stehen würden, ihnen dies sagen und sie beschämen!?" Zu dem nachgerade grotesken Vergleich von Sodom und Jerusalem vgl. auch Robert P. Carroll, „Whorusalamin: A Tale of Three Cities As Three Sisters", in: Bob Becking/Meindert Dijkstra (Hg.), *On Reading Prophetic Texts: Gender Specific and Related Studies in Memory of Fokkelien van Dijk-Hemmes* (Bibl.Interpr.S 18), Leiden u.a. 1996, 62–82, 80–82.

[76] Die ganze – paradox anmutende – Argumentation in Ez 14,12–23 zielt auf den Nachweis, dass die Überlebenden der Katastrophe keine Gerechten sind (nicht etwa: dass man aus dem Faktum ihres Überlebens nicht zwangsläufig schließen kann, dass sie Gerechte sind). In dem in V13–20 geschilderten hypothetischen Fall können einzig Noach, Daniel und Hiob aufgrund der eigenen Gerechtigkeit dem göttlichen Strafgericht entkommen, vermögen jedoch nicht, ihre (ungerechten) „Söhne und Töchter" zu retten; wo dennoch – wie im Falle Jerusalems 587/86 v.u.Z. (V21–23) – „Söhne und Töchter" herausgebracht werden (die allerdings nach Lage des Fallbeispiels gar nicht hätten überleben können), muss demzufolge von deren Ungerechtigkeit ausgegangen werden.

[77] Andeutungsweise geschieht dies bereits in Ez 16,59–63.

wird ergänzt durch einen weiteren, der in Ez 17,22–24 und mehr noch in Ez 16,59–63 zum Tragen kommt: Die Notwendigkeit der Wiederherstellung von Beziehung als Voraussetzung für das Heil(er)werden von einem Trauma, die in Ez 16,59–63 als Re-Etablierung des Bundes zwischen Jнwн und Jerusalem, in Ez 17,22–24 als göttliche Pflanzung neuen Königtums in Israel geschildert wird. Das in Ez 17,23 Vorgestellte, wo es von dem königlichen Setzling heißt: „Zweige wird er tragen und Früchte hervorbringen. Er wird zu einer majestätischen Zeder werden. Alle Vögel werden sich unter ihr niederlassen, alle gefiederten Tiere werden im Schatten ihrer Zweige wohnen", stellt zugleich ein Gegengewicht gegen die sich potenzierenden Schreckensbilder des Buches dar: Die majestätische Zeder stellt Nahrung, Wohnraum, Schatten und Schutz zur Verfügung, ohne dass man etwas dafür tun muss – und erinnert darin an die in der traumatherapeutischen Stabilisierungsphase anwendbare Imaginationsübung des Baumes, welche helfen kann, „die Erfahrung zu machen, dass das, was man braucht, auch da ist und dass man sich dafür nicht anstrengen muss, dass es einfach gegeben wird"[78].

Zuletzt ist hier noch auf Ez 19 als Text mit deutlichem *Integrations*- bzw. *reunification*-Potential einzugehen. Zwar bietet auch dieses Kapitel, dies wurde oben bereits gesagt, eine Wiederholung der (Exils-)Katastrophe, es tut dies jedoch in einer besonderen Form, in der der קינה, des „(Toten-) Klagelieds", das zunächst von einer Löwenmutter und ihren Junglöwen (V2–9) ‚singt', dann die Mutter mit einer Weinranke vergleicht (V10–14). Zwar bespricht der Text die sozialen Vergehen der Löwenjungen bzw. Könige (V3.6f) und deren Bestrafung durch Ägypten bzw. Babel (V4.8f), er kommt jedoch ohne explizite Bewertungen aus, hält einfach fest, was geschehen ist. Das Tetragramm kommt in Ez 19 nicht vor – sogar auf die sonst übliche Wortgeschehensaussage zu Beginn wird verzichtet –, so dass man fast den Eindruck gewinnen kann, als habe Jнwн mit den hier geschilderten Ereignissen nichts zu tun. Einzig V12aα „Dann wurde sie [die Weinranke, R.P.] ausgerissen *in glühendem Zorn* (בחמה) und zu Boden geschleudert" bringt die Gottheit Israels zumindest indirekt mit der Zerstörung ‚ihres' Weinstocks in Verbindung, beziehen sich doch nahezu alle der insgesamt 33 Belege von חמה im Ezechielbuch auf die Zornglut Jнwнs. Das für die קינה charakteristische Einst-Jetzt-Schema ist vor allem im zweiten Teil explizit präsent: Einst hatte die Weinranke fruchtbaren Boden (V10), „jetzt (עתה) ist sie in die Wüste gepflanzt – auf

---

[78] Reddemann, Imagination, 48f.

ausgetrocknetes, verdurstetes Land" (V13)[79]. Mit Ausnahme des hier benannten Ist-Zustands, der auf das babylonische Exil anspielen dürfte, sind beide Teile des Liedes deutlich als Narrativ angelegt, nahezu jeder Vers hebt mit einer *Waw*-Imperfektformation an. Der Untergang des Königtums und die Zerstörung der Stadt-Mutter werden damit als vergangene Ereignisse geschildert, so dass wir es hier – auf der Ebene der erzählten Zeit paradoxerweise *vor* dem Eintreffen jener Ereignisse – mit einer eigenen kleinen Trauma-Erzählung zu tun haben. Zwar wird die Katastrophe bzw. werden Ausschnitte derselben hier nur in metaphorisch-verschlüsselter Form dargeboten, dass überhaupt erzählt werden *kann*, zeigt allerdings bereits eine weitreichende *Integration* des traumatischen Geschehens an. Gleichzeitig stellt das Genre der קינה eine im Ezechielbuch so nur hier zu findende Möglichkeit bereit, über die erfahrenen Verluste zu klagen und zu trauern. Dass dieser Trauer-Text JHWH in den Mund gelegt ist, lässt sich dann einerseits dahingehend deuten, dass es sich um eine von göttlicher Seite eingeräumte Möglichkeit handelt; andererseits bekommt auf diese Weise auch JHWHS Trauer Raum.

Die einzige explizite Israel-קינה kommt damit an einer Stelle des Buches zu stehen, an der sich die Erzählung mehr und mehr auf das Eintreffen des im Vorfeld angekündigten Unheils, die Belagerung, Eroberung und Zerstörung Jerusalems, zu bewegt. Auf der Ebene der ‚großen' Trauma-Erzählung gibt Ez 19 Gelegenheit, innezuhalten und die (längst eingetroffenen) Schreckensereignisse zu betrauern[80], und bereitet so – ansatzweise – auf die Konfrontation mit den noch schrecklicheren Schreckensbildern, wie sie die folgenden Kapitel herausfordern, vor. Die beiden Kapitel Ez 18, der *empowerment*-Text, und Ez 19, das Klagelied, die durch das Fehlen der üblichen narrativen Einbettung mittels die Wortgeschehensaussage zu Beginn von Kap. 19 eng aufeinander bezogen sind, bieten gleichsam eine Stärkung, eine Art Wegzehrung an, welche die Erzählung bzw. Erzählende, Hörende bzw. Lesende allererst weiter auf das Grauen zugehen lässt.

---

[79] Vgl. Block, Ezekiel 1–24, 594. Block sieht das Einst-Jetzt-Schema auch in Ez 19,2–9 verwirklicht; dieser Textabschnitt enthält jedoch m.E. keinen expliziten Jetzt-Bezug. Zum Einst-Jetzt-Schema als Charakteristikum des (Toten-)Klagelieds vgl. auch Hedwig Jahnow, *Das hebräische Leichenlied im Rahmen der Völkerdichtung* (BZAW 36), Gießen 1923, 99.

[80] Vgl. hierzu auch Carvalho, Mother, 221. Carvalho nennt drei rhetorische Funktionen von Ez 19. Diejenige, die der hier von mir beschriebenen am nächsten kommt, beschreibt Carvalho folgendermaßen (ebd.): „As a *qînâ* to be used in the future, as suggested by the end of the chapter, the text also functions as an oracle of restoration: that is, the form implies a function for the exilic audience of the book."

2. Vertiefung: *(Kriegs-)Traumata und Geschlecht (Ez 16,1–43)*

2.1. *Hinführung*

Ez 16 entwirft die Geschichte der als Frau personifizierten Stadt Jerusalem aus der Perspektive ihres (Ehe-)Partners Jнwн, der ‚seine' Stadtfrau der Untreue und der Hurerei bezichtigt und sie deshalb massiv zu bestrafen ankündigt. Sofern die weibliche Personifikation das ganze Kapitel über durchgehalten ist, ja, die skizzierte Biographie der judäischen Hauptstadt trägt, lässt sich die Textpassage am treffendsten als *narrated metaphor/* erzählte Metapher beschreiben[81]. Den (durchgehend!) metaphorischen Charakter des Textes gilt es bei der Auslegung unbedingt im Auge zu behalten – zu oft wurde die Metapher zu gegenständlich oder zu einseitig gegenständlich ausgelegt. Dies gilt sowohl für die klassische Kommentarliteratur, die sich auf die konkrete Ehebrecherin oder die konkrete Hure ‚fixiert' und dann etwa alle Jerusalem zugedachten Strafen als Strafen für konkreten Ehebruch versteht (V39–41)[82]; dies gilt aber auch für einige feministische Auslegungen, die Ez 16 als Erzählung über (eine) reale Frau(en) und von dort aus etwa als Legitimation häuslicher (sexueller) Gewalt lesen[83]. Neuere Veröffentlichungen nehmen in aller Regel stärker auf die (sozial-)geschichtlichen Zusammenhänge des Textes Bezug, die in den Kriegs- und Deportationsereignissen in Juda zu Beginn des 6. Jh.s v.u.Z. zu sehen sind. Wesentlich sind dabei etwa Überlegungen zum (systematischen) Einsatz sexueller und sexualisierter Gewalt, von der sowohl Frauen als auch Männer betroffen waren, im Rahmen antiker Kriegsführung[84]. Die folgende Auslegung nimmt diese Ansätze auf und baut sie weiter auf. Ziel ist es, Ez 16 als Versuch der Bearbeitung massiver

---

[81] Vgl. Julie Galambush, *Jerusalem in the Book of Ezekiel: The City as Yahweh's Wife* (SBL. DS 130), Atlanta 1992, 11; Linda Day, „Rhetoric and Domestic Violence in Ezekiel 16", *Bibl. Interpr.* 8 (2000), 205–230, 205, Anm. 1; Christl M. Maier, *Daughter Zion, Mother Zion: Gender, Space, and the Sacred in Ancient Israel*, Minneapolis 2008, 112. Zum (altorientalischen) Hintergrund der weiblichen Personifikation von Städten in prophetischen Texten vgl. ausführlich a.a.O., 61–74; Kelle, Wartime Rhetoric, 96–104.

[82] Vgl. hierzu Peggy L. Day, „The Bitch Had it Coming to Her: Rhetoric and Interpretation in Ezekiel 16", *Bibl.Interpr.* 8 (2000), 231–254, 243–253.

[83] So z.B. Shields, Exposures; Day, Violence; vgl. auch Galambush, Jerusalem. Zuletzt hat allerdings Carol Meyers das Ezechielbuch auf alle in ihm vorkommenden Frauenfiguren hin untersucht (vgl. dies., „Engendering Ezekiel: Female Figures Reconsidered", in: Chaim Cohen u.a. [Hg.], *Birkat Shalom (FS S. M. Paul), Volume 1*, Winona Lake 2008, 281–297, passim) und kommt zu dem überraschenden Schluss, dass „[t]he negative reputation of the book of Ezekiel with respect to gender imagery is [...] not entirely justified" (a.a.O., 297).

[84] Vgl. z.B. Patton, Sister; Kamionkowski, Gender Reversal; Chapman, Warriors; Cynthia R. Chapman, *The Gendered Language of Warfare in the Israelite-Assyrian Encounter* (HSM 62), Winona Lake 2004; Smith-Christopher, Abu Ghraib; Maier, Daughter.

Kriegstraumatisierungen verständlich zu machen und die – zutiefst problematische – Durchmischung von Gewalt- und Geschlechterdiskurs, wie sie Ez 16 durchzieht, als wesentliches Element dieses traumatischen Bearbeitungsversuchs aufzuweisen.

2.2. Kontextabgrenzung und -einbettung; Aufbau; Begründung der Versauswahl

Die Ez 16 unmittelbar vorausgehende Rede Jhwhs schließt in Ez 15,7 mit der sog. Gottesspruchformel (נאם אדני יהוה) ab. Ez 16,1 springt auf die Erzählebene E⁰ zurück und bettet die nachstehende, auf unterschiedlichen Erzählebenen angesiedelte Gottesrede mittels der Wortgeschehenssaussage (ויהי דבר־יהוה אלי לאמר) narrativ ein. Die folgenden 62 Verse wollen als ein Zusammenhang wahrgenommen werden, der in V62f mit der (erweiterten) Erkenntnis- sowie der Gottesspruchformel schließt. Erst mit der nächsten Wortgeschehensaussage in Ez 17,1 wird ein weiterer, bis Ez 17,24 reichender Erzählabschnitt eröffnet.

Auf die narrative Einbettung in Ez 16,1 folgt zunächst die an forensischen Sprachgebrauch erinnernde[85] Aufforderung Jhwhs an Ezechiel, Jerusalem „ihre" Abscheulichkeiten wissen zu lassen (V2, ידע *Hif'il*) – dieser Auftrag kennzeichnet alles Weitere als Rede an die Stadtfrau Jerusalem, die im Folgenden durchgängig in 2. Pers. fem. Sing. angesprochen wird. Mit dem einzigen weiteren Vorkommen von √ידע im Verlauf des Kapitels innerhalb der Erkenntnisformel in V62 („und du wirst erkennen: ich bin Jhwh") ergibt sich eine Rahmung aller Worte Jhwhs, die zugleich das Ziel des Erkenntnisprozesses Jerusalems, den der Prophet zu initiieren beauftragt wird, benennt: Gotteserkenntnis!

Die durch Ezechiel zu übermittelnde göttliche Rede lässt sich in zwei unterschiedlich umfangreiche Hauptteile untergliedern (V3–43.44–58), an die eine kurze Coda (V59–63) angefügt ist, welche Jhwhs Wiederherstellung Jerusalems in den Blick nimmt. Während der erste Hauptteil die Geschichte der judäischen Hauptstadt als Erzählung von Jerusalem als (Ehe-)Frau Jhwhs in Szene setzt, fokussiert der zweite Jerusalem in erster Linie als Schwester der Stadtfrauen Samaria und Sodom.

Zwar enthalten auch der zweite Hauptteil und die Coda Traumatisches – vor allem die *blaming-the-victim*-Strategie und das Phänomen der (traumatischen) Scham sind hier zu nennen. Da aber bereits der erste Hauptteil einen kompletten Durchgang durch die Biographie der ‚Hauptstadtfrau' bietet und die angesprochene Durchmischung von (Kriegs-)Gewalt- und

---

[85] Vgl. Greenberg, Ezechiel 1–20, 330.

Geschlechterdiskurs in Ez 16,3–43 in besonderer Deutlichkeit zum Tragen kommt, konzentrieren sich die weiteren Ausführungen auf diesen ersten Kapitelabschnitt, der sich im Einzelnen wie folgt gliedert:

V3–14: JERUSALEMS KINDHEIT UND JUGEND: PASSIVITÄT

V3–5: Jerusalem als todgeweihter Säugling

V3b: Abstammung Jerusalems: amoritischer Vater, hetitische Mutter (vgl. V45)

V4aβ: ביום הולדת, „an dem Tag, an dem du geboren wurdest"

V5bα: בגעל נפשך, „weil dein Leben für Dreck erachtet wurde" (vgl. V45)

V5bβ: ביום הולדת, „an dem Tag, an dem du geboren wurdest"

V6f: JHWH gibt Jerusalem Leben und einen ersten Wachstumsschub

V6aα: Vorübergehen JHWHs (עבר√)

V6aβ: מתבוססת בדמיך, „strampelnd in deinem Blut"

V7bβ: ערם ועריה, „nackt und bloß"

V8–14: JHWH macht Jerusalem zur Ehefrau und puppet queen[86]

V8aα: Vorübergehen JHWHs (עבר√)

V8aδ: ערותך, „deine Nacktheit"

V14a: „du wurdest berühmt (ויצא לך שם) unter den Nationen wegen deiner Schönheit (ביפיך)"

V15–34: JERUSALEM ALS SELBSTBESTIMMTE FRAU: AKTIVITÄT

V15–22: Jerusalem geht Beziehungen mit (Bildern/Statuen von) anderen Gottheiten ein

V15a: „du vertrautest auf deine Schönheit (ביפיך), hurtest über deinem Ruhm (שמך)"

V15b: „über jeden Vorübergehenden" (עבר√)

V22a: Erinnerungsverlust in Bezug auf die Jugendzeit (לא זכרתי)

V22bα: ערם ועריה, „nackt und bloß"

V22bβ: מתבוססת בדמיך, „strampelnd in deinem Blut"

V23–34: Jerusalem geht Beziehungen mit anderen Nationen ein

V25aδ: „für jeden Vorübergehenden" (עבר√)

V35–43: JERUSALEMS (ZUKÜNFTIGES) SCHICKSAL: PASSIVITÄT

V35f: Zusammenfassender Vorwurf: die Aktivität(en) Jerusalems

V37–42: Die Verohnmachtung Jerusalems durch JHWH und die Liebhaber

V37bβ: ערותך, „deine Nacktheit" (2x)

V39b: ערם ועריה, „nackt und bloß"

V43: Zusammenfassung des Verohnmachtungsschicksals Jerusalems

V43aα: Erinnerungsverlust in Bezug auf die Jugendzeit (לא־זכרתי)

---

[86] Der englische Ausdruck „puppet king" („Marionettenkönig, -herrscher") oder „puppet queen" wird normalerweise für MachthaberInnen verwendet, deren Aufstieg und politisches Agieren völlig von anderen HerrscherInnen abhängig ist.

In Anlehnung an Julie Galambush lässt sich die in Frage stehende Textpassage auch als Ringkomposition begreifen, die insbesondere durch die
Vorkommen von √עבר sowie den Wechsel von der Passivität zur Aktivität
Jerusalems (bei umgekehrter Aktivität bzw. Passivität Jhwhs) und zurück
zur Passivität Jerusalems strukturiert wird[87]. Anfangs- und Endstadium
der Stadtfrau entsprechen einander: Sie liegt am Boden, in ihrem Blut,
dem Tod näher als dem Leben, wobei dies V3–5 zufolge damit zusammenhängt, dass niemand an ihr handelt, während es nach V35–43 Konsequenz
des gewaltvollen Handelns Jhwhs bzw. der von ihm zusammengerufenen
Liebhaber ist.

    A: Jerusalem in Todesnähe (V3–5)
        B: Jhwh „vorübergehend“ + erster Wachstumsschub (V6f)
            C: Jhwh „vorübergehend“ + Hochzeit + königliche Ausstaffierung
            (V8–14)
            C': mit „Vorübergehenden“ >>> Beziehungen mit Götterstatuen
            (V15–22)
        B': mit „Vorübergehenden“ >>> Beziehungen mit fremden Nationen
        (V23–34)
    A': Jerusalem in Todesnähe (V35–43)

Die einzelnen Elemente der Ringkomposition werden im Anschluss ausführlich besprochen; auf die Ausführungen zu den Abschnitten A bis C
(2.3. bis 2.5.) folgt dabei ein kurzes Zwischenfazit (2.6.), auf die Analyse
der Abschnitte C', B' (2.7.) und A' (2.8.) eine Gesamtauswertung (2.9.).

2.3. *Jerusalem in Todesnähe oder: Trauma I (V3–5)*

Im Anschluss an den Hinweis auf den kanaanäischen Ursprung Jerusalems, genauer auf deren Abstammung von einem amoritischen Vater und
einer hetitischen Mutter (V3; vgl. V45), welche dem Zentrum Israels die
Verbindung mit dessen traditionellen Vorfahren, den Erzeltern, abspricht
und ihm stattdessen eine unrühmliche, weil pagane Vergangenheit attestiert, lässt Unterabschnitt A die Geschichte Jerusalems mit dem Tag ihrer
Geburt beginnen. Unter Verwendung von vier negierten Passivformationen (לא + Verb im *Pu'al* bzw. *Hof'al*) wird zunächst festgehalten, dass
dem neugeborenen Mädchen jede medizinisch-pflegerische Maßnahme
(korrektes Abtrennen der Nabelschnur, Waschen, Einreiben mit Salz,

---

[87] Vgl. Galambush, Jerusalem, 100f.

[Ein-]Wickeln in/mit Tücher[n]) – und damit wohl auch jeder apotropäische Ritus[88] – verweigert wurde (V4).

Das erbarmungslose Ausgeliefertsein sowie die totale Schutzlosigkeit des Säuglings, die gleichsam tödlich enden *müssen*, werden in V5a noch einmal ausdrücklich hervorgehoben, wird hier doch auf diejenige Formulierung zurückgegriffen, mit der Jhwh ansonsten die eigene Unerbittlichkeit in Bezug auf das über Jerusalem/Juda kommende Unheil festhält (לֹא + √חוּס + עַיִן + לֹא + √חמל, vgl. Ez 5,11; 7,4.9; 8,18; 9,10; 24,14); gleichzeitig kommt hierin das völlige Fehlen jeder zwischenmenschlichen Beziehung zum Ausdruck. V5b hält, wiederum in einer Passivformation, die Aussetzung (√שׁלך)[89] der Neugeborenen auf dem „freien Feld" (פְּנֵי־שָׂדֶה), d.h. in einem zivilisatorischen Grenzraum, der im Ezechielbuch immer wieder mit Chaos und (Kriegs-)Tod in Verbindung gebracht ist[90], fest. Begründet wird dieses (Nicht-)Verhalten Jerusalem gegenüber mit den Worten בְּגֹעַל נַפְשֵׁךְ, „weil man dein Leben verabscheute" oder auch: „weil man dein Leben für Dreck erachtete"[91]. Insgesamt also evoziert Unterabschnitt A das Bild eines nicht nur unerwünschten, im Leben nicht willkommen geheißenen, sondern mit dem Moment der Geburt dem Tod ausgelieferten Säuglings – alles scheint darauf hinauszulaufen, dass das Kind, zugespitzt formuliert, im eigenen Blut und Kot elend verreckt. Eine gewisse Diskrepanz besteht zwischen der erzählten völligen Verachtung des Mädchens und dessen intensiver Fokussierung, wie sie sich aus den grammatischen Konstruktionen ergibt – innerhalb der Passivformationen

---

[88] Vgl. hierzu im Einzelnen Kamionkowski, Gender Reversal, 98–100.

[89] Dass es sich bei שׁלך *Hif'il* um einen *terminus technicus* für „Aussetzung" bzw. das „Sich-selbst-Überlassen" eines Menschen handelt, hat Morton Cogan (ders., „A Technical Term for Exposure", *JNES* 27 [1968], 133–135, passim) mit Verweis auf Gen 21,15, Jer 38,6, Ez 16,5 und Ps 71,9 festgehalten (vgl. hierzu schon Ehrlich, Randglossen, 52). Vermutlich handelte es sich hierbei um eine im Alten Orient nicht ganz unübliche Praxis, die häufiger weibliche als männliche Neugeborene betraf (vgl. Kamionkowski, Gender Reversal, 101). Meir Malul zufolge lehnten die Eltern mit einer solchen Aussetzung jede Verantwortungsübernahme für ihr Kind ab und verzichteten zugleich auf jegliche Rechtsansprüche ihrem ‚Eigentum' gegenüber (vgl. ders., „Adoption of Foundlings in the Bible and Mesopotamian Documents. A Study of Some Legal Metaphors in Ezekiel 16:1–7", *JSOT* 46 [1990], 97–126, 100f).

[90] Vgl. Kamionkowski, Gender Reversal, 101, Anm. 43. Zu שׂדה als „Handlungsfeld im Randbereich des Lebens" (Gerhard Wallis, „Art. שׂדה", ThWAT VII [1993], 709–718, 709) vgl. a.a.O., 715f. Im Ezechielbuch wird das Feld immer wieder sowohl als Ort des Kriegstods (vgl. Ez 7,15; 26,6.8; 39,5) als auch als Ort, an dem man von (wilden) Tieren vernichtet wird (vgl. Ez 29,5; 32,4; 33,27), genannt. Wo „Tiere des Feldes" vorkommen, sind diese mit dem Fressen von Mensch und (Haus-)Tier in Verbindung gebracht (34,5.8; 39,4.17).

[91] Vgl. hierzu Hans Ferdinand Fuhs, „Art. גּעל", ThWAT II (1977), 47–50, 49, wo die affektive Komponente von √גּעל besonders hervorgehoben ist.

erscheint Jerusalem als grammatikalisches Subjekt, allerdings als Subjekt, dem weder ein eigenes Handeln noch ein Behandeltwerden zugeschrieben wird. Wer hier aus welchen Motiven *nicht* handelt, rückt demgegenüber in den Hintergrund – ein Umstand, der nicht nur die Herkunft des Kindes gleichsam noch etwas zweifelhafter[92], sondern auch JHWHs rettendes Eingreifen noch etwas gewaltiger erscheinen lässt[93].

2.4. *JHWH behandelt Jerusalem I: Ein erster Wachstumsschub (V6f)*

Kontrastierend hebt Abschnitt B sogleich mit der Schilderung einer doppelten göttlichen Aktivität (*Waw*-Imperfektformationen) an, wobei das Tätigwerden JHWHs zunächst eher zufällig anmutet: JHWH geht an dem Säugling vorüber (עָבַר עַל) und sieht (√ראה) ihn. Auf den zweiten Blick allerdings fällt auf, dass die hier verwendeten Verben durchaus theologisch gewichtig sind: Gottes „Vorübergehen" bezeichnet mehrfach sein Vorbeiziehen bei der Theophanie (vgl. Ex 33,19.22; 34,6 [עבר Qal + עַל]; 1 Kön 19,11) oder sein richtendes Einschreiten (vgl. Ex 12,12.23; Am 5,17)[94]; in Ez 16,6 könnte darüber hinaus auch auf Gottes Grenzüberschreitung in den ‚Chaos-Raum' gezielt sein. Dem „Auge JHWHs" haftet zwar häufig etwas Prüfendes an[95], immer wieder aber gehen Gottes Sehen des Elends bzw. des/der Elenden und (die Hoffnung auf) Gottes rettendes Eingreifen auch eine enge Verbindung ein (vgl. z.B. Gen 16,13; Ex 3,7f; 1 Sam 1,11; Ps 10,14; 31,8; 106,44; 119,53)[96]; in Ez 16,6 kontrastiert der göttliche Blick auf das in seinem Blut strampelnde Mädchen (V6aβ) außerdem mit dem Fehlen jedes menschlich-mitleidenden ‚Augen-Blicks' im vorhergehenden Vers.

V6b berichtet von einem zweifachen Sprachhandeln JHWHs: „Ich sprach zu dir, als du in deinem Blut lagst: ‚Lebe!' " (V6bα=V6bβ), das wohl – entgegen der Auslegung von Meir Malul – nicht als Adoptionsformel[97], sondern mit Galambush im Sinne einer die Angeredete ins Leben (zurück-)

---

[92] In den Aussetzungs- bzw. Findlingslegenden um Sargon von Akkad (vgl. TUAT Erg., 56f) und Mose (Ex 2,1–10) hingegen sind die Motive für das Sich-selbst-Überlassen des Kindes (einigermaßen) deutlich und einsichtig. Anders als in Ez 16, wo es den eigentlich Verantwortlichen darum zu gehen scheint, das Kind loszuwerden, dient die Aussetzung in den zuerst genannten Erzählungen zu dessen Bewahrung (vgl. hierzu Kamionkowski, Gender Reversal, 97, Anm. 27).

[93] Vgl. hierzu Pohlmann, Hesekiel 1–19, 225.

[94] Vgl. hierzu Hans-Peter Stähli, „Art. עבר", THAT II (⁵1995 [1975]), 200–204, 203f.

[95] Vgl. Gerlinde Baumann, „Das göttliche Geschlecht. JHWHs Körper und die Gender-Frage", in: Hedwig-Jahnow-Forschungsprojekt (Hg.), *Körperkonzepte im Ersten Testament. Aspekte einer Feministischen Anthropologie*, Stuttgart 2003, 220–250, 226.

[96] Vgl. hierzu Dieter Vetter, „Art. ראה", THAT II (⁵1995 [1975]), 692–701, 695–697.

[97] Vgl. Malul, Adoption, 106–113.

rufenden, ihr Schutz zusprechenden Segensformel aufzufassen ist[98]. Auch V7 schildert JHWH eher in der Rolle des (Segen spendenden) Schöpfers als in der eines (Adoptiv-)Vaters, bemüht er sich doch nicht direkt, sondern nur indirekt-distanziert um die nach wie vor (!) „nackt und unbekleidet" (vgl. V7bβ) in ihrem Blut liegende Neugeborene: Gott gibt ihr (und mehr tut Gott zunächst einmal nicht) „Mehrung[99]/Wachstum wie einer Feld-blume" (רבבה כצמח השדה) – nach wie vor, so ist daraus zu schließen, befindet sich das Mädchen also in dem Grenzbereich des Feldes, in dem es ausgesetzt wurde[100]. Die folgenden Verbformationen „du wuchsest und wurdest groß und kamst in den höchsten Schmuck" (V7aγ-δ), deren Subjekt sie selbst, und nicht JHWH, ist, bringen nicht mehr und nicht weniger zum Ausdruck, als dass das physische (Über-)Leben des Kindes mittlerweile gesichert erscheint. Gleichwohl erinnert auch das in V7b Ausgesagte – obwohl hier geschildert wird, wie Jerusalem zur jungen Frau mit Brüsten und Schamhaaren ‚heranreift' – eher an das Gedeihen einer Pflanze als an das Heranwachsen eines menschlichen Wesens, ein Eindruck, der sich auch infolge der Ortsgebundenheit der Stadtfrau ergibt.

2.5. *JHWH behandelt Jerusalem II: Sie wird seine puppet queen (V8–14)*

Gottes Aktivitäten Jerusalem gegenüber verändern sich mit dem Beginn von Abschnitt C, als er ein zweites Mal an ihr vorübergeht (√עבר) und sieht (√ראה), dass sie das „Alter sexueller Beziehungen" (עת דדים)[101] erreicht

---

[98] Galambush fasst die Worte JHWHs als (wenn auch nicht ganz wörtliches) Gegen(sprach)bild zum priesterlich geprägten, einen ‚verdienten' Tod anzeigenden „con-cept of *dying* with one's blood on one", wie es etwa in Lev 20,9–15, Ez 18,13, 33,4f vorkommt, auf (dies., Jerusalem, 92; ähnlich, allerdings mit Textänderung, schon Zimmerli, Ezechiel 1, 350; vgl. auch Allen, Ezekiel 1–19, 237). Zur Auseinandersetzung mit der ‚Adoptionsthese' von Malul vgl. ausführlich S. Tamar Kamionkowski, „‚In Your Blood Live' (Ezekiel 16:6): A Reconsideration of Meir Malul's Adoption Formula", in: Kathryn F. Kravitz/Diane M. Sharon (Hg.), *Bringing the Hidden to Light* (*FS S. A. Geller*), Winona Lake 2007, 103–114, 106–110.

[99] Galambush zufolge kommt durch die Verwendung von √רבה eine Art Metaphern-sprung zustande (dies., Jerusalem, 93): „The image of Jerusalem ‚multiplying' abandons the figure of Jerusalem as a growing girl in favor of a metaphor that reflects the nation's numerical growth. The tenor of population growth is represented through the vehicle of spreading vegetation."

[100] Vgl. Maier, Daughter, 115.

[101] Vgl. Ez 23,17; Spr 7,18; Hld 1,2.4; 4,10; 5,1; 7,13, wo דודים/דדים ebenfalls auf sexuelle Beziehungen zielt, und zum Ganzen z.B. Galambush, Jerusalem, 65; Block, Ezekiel 1–24, 482, Anm. 117; Greenberg, Ezechiel 1–20, 334; S. Tamar Kamionkowski, „The Savage Made Civilized: An Examination of Ezekiel 16.8", in: Lester L. Grabbe/Robert D. Haak (Hg.), ‚*Every City shall be Forsaken': Urbanism and Prophecy in Ancient Israel and the Near East* (JSOT.S 330), Sheffield 2001, 124–136, 128f.129, Anm. 16; dies., Gender Reversal, 95.104; Maier, Daugh-ter, 115.249, Anm. 104.

hat (V8aα–β). Nun hat Jhwh nichts Eiligeres zu tun, als seine ‚Braut' in
Besitz zu nehmen, indem er 1. den (Gewand-)Saum über sie breitet (פרש
כנף על), 2. ihre Nacktheit bedeckt (גלה ערוה), 3. ihr zuschwört (שבע
Nif'al + ל) und 4. ein Bündnis mit ihr eingeht (בוא בברית ב), so dass sie –
nur hier ist Jerusalem grammatikalisches Subjekt – umgehend „sein wird".
Während die ersten beiden göttlichen Handlungen mehr die Konnotation
eines Rechtsanspruchs einer (zukünftigen) Ehefrau gegenüber haben[102],
erinnern die für die beiden folgenden Aktivitäten Jhwhs verwendeten
Verbformationen stärker an die „Schwur- und Bundesterminologie"[103].
Ehe- und Bündnismetaphorik erscheinen hier miteinander verwoben, ein
Umstand, den die besitzanzeigende Formulierung „und du wurdest mein"
(היה Qal + Präposition ל mit Suffix 1. Pers. comm. Sing.), die das für weite
Teile des Alten Orients charakteristische hierarchische Verhältnis zwischen Ehe-‚Herr' und Ehefrau[104] ebenso bezeichnen kann wie sie Bestandteil der sog. Bundesformel ist[105], ein weiteres Mal reflektiert.

Die folgenden vier Verse sind ein einziger Katalog von Maßnahmen, die
das Subjekt Jhwh an seinem ‚Liebesobjekt' Jerusalem vollzieht. Nun (endlich!) wird Jerusalem zuteil, was schon am Tag ihrer Geburt hätte geschehen sollen: Gott legt – im Unterschied zu Abschnitt B – direkt Hand an,
wäscht sie (vgl. V3γ), entfernt das Blut von ihr und salbt sie mit Öl (V9).
Er zieht ihr die edelsten Stoffe an (V10), „Buntgewirktes" (רקמה), das in Ez
26,16 als Kleidung der Fürsten der Küstenstaaten genannt wird und Ps 45,15
zufolge die auf ihre Hochzeit zugehende Königstochter (Tochter Zion?)
kleidet, „feines Leder" (תחש), „Leinen" (שש) – das Material, aus dem Gen

---

[102] Die Wortverbindung פרש כנף על kommt außerhalb von Ez 16,8 nur noch in Rut 3,9
vor, einer Stelle, die, mit Rut 2,12 zusammengelesen, vorrangig auf den konkreten Schutz
Ruts in der Ehe mit Boas zielt, gleichzeitig aber sexuell konnotiert ist (vgl. hierzu Irmtraud Fischer, Rut [HThKAT], Freiburg i.Br. u.a. 2001, 210–212, anders Gerlinde Baumann,
*Liebe und Gewalt. Die Ehe als Metapher für das Verhältnis Jhwh – Israel in den Propheten-
büchern* [SBS 185], Stuttgart 2000, 158–161). Kamionkowski arbeitet ebenfalls die sexuellen
Untertöne der Phrase – und damit des göttlichen Handelns – heraus, wobei ihr zufolge
das auch im Gilgameschepos enthaltene Motiv von der Zivilisierung der/des Wilden im
Hintergrund steht (vgl. dies., Savage, 128–136).

[103] Greenberg, Ezechiel 1–20, 335; vgl. auch Maier, Daughter, 115. Anders hingegen
Kamionkowski, Savage, 129f (Hervorhebung R.P.): „*Sexual activity* may also be suggested
by [...] ואבוא בברית [...]. The use of the *sexually nuanced* verb בוא ,to enter' ([c]f. Gen.
38.9, 15) in place of Ezekiel's usual phraseology for covenant making (כרת) may be significant here."

[104] Vgl. Maier, Daughter, 95f.

[105] Vgl. Greenberg, Ezechiel 1–20, 334f. Als Bestandteil der sog. Bundesformel findet
sich die Wortkombination היה Qal + לי, „mir, für mich" innerhalb des Ezechielbuchs in
Ez 11,20, 14,11, 36,28 und 37,23, wobei jeweils noch לעם hinzugefügt ist: „Sie [die Israelit-
Innen] werden/ihr werdet für mich [Jhwh] zum Volk." Vgl. auch Ez 22,18; 23,4.

41,42 auch das Josef von Pharao geschenkte Ehrenkleid besteht und in das sich laut Spr 31,22 auch die weise Frau hüllt – und „feines Gewebe" (? – מֶשִׁי kommt innerhalb der Hebräischen Bibel nur in Ez 16,10.13 vor). Ersttestamentlich finden die erwähnten Stoffe allerdings nicht nur bei der Herstellung von Kleidungsstücken für besonders angesehene Persönlichkeiten Verwendung – noch häufiger werden sie, wie Galambush herausgearbeitet hat, mit Bezug auf die Lade bzw. das Wüstenheiligtum sowie die Kleidung der Priester im Exodus- und im Numeribuch erwähnt[106].

Des Weiteren schmückt JHWH seine Frau mit einer Unmenge von Schmuckstücken (V11f), Auszeichnungen, wie sie auch – wenn auch nicht im selben Umfang! – die biblischen Gestalten Rebekka, Josef und David erhalten haben[107].

V13f lässt sich als eine Art zusammenfassende Weiterführung des ‚Dekorationsberichts' begreifen, wobei JHWH – ähnlich wie in V7aγ–b – nun überwiegend die Perspektive Jerusalems formuliert, die grammatikalisches Subjekt der folgenden Sätze ist: „*Du* schmücktest *dich* mit Gold und Silber [...]."

Ein bislang noch unerwähnter Aspekt wird in V13aγ eingeführt, die Nahrung der Stadtfrau: „Weizengrieß (סלת), Fruchtsirup (דבש) und Öl (שמן) aßest du". Dem, was oben über die Kleidung von Frau Jerusalem gesagt wurde, vergleichbar, lässt sich auch dies auf verschiedenen Ebenen lesen: Zum einen gehören Weizen (חטים), Fruchtsirup und (Oliven-)Öl zu den wesentlichen Erzeugnissen Israels bzw. Judas (Hos 12,2: Öl; 1 Kön 5,25: Weizenmehl [כר חטים] und Öl; Ez 27,17: Weizen, Fruchtsirup und Öl). Des Weiteren gelten Öl und Mehl als „notwendigste[] Lebensmittel"[108] (vgl. 1 Kön 17,12.14.16). Die genannten Nahrungsmittel sind somit wohl nicht zu den absoluten Luxusgütern zu rechnen, ihr (reichliches) Vorhandensein ist aber dennoch Ausdruck des guten Lebens im Lande und des göttlichen Segens (vgl. Dtn 8,8–10). Dementsprechend finden סלת und שמן besonders häufig auch als Speisegabe (מנחה) für JHWH Erwähnung (vgl. z.B. Lev 2,1–16; Ez 46,14). Da die pflanzlichen Gaben für JHWH aus Ungesäuertem bestehen sollen, darf Fruchtsirup bei Opfern allerdings nicht gebraucht

---

[106] Vgl. Galambush, Jerusalem, 95; vgl. auch Greenberg, Ezechiel 1–20, 335f; Maier, Daughter, 116.

[107] Mit Rebekka hat Jerusalem (Nasen-)Ring (נזם) und Armreifen (צמיד, vgl. für beides Gen 24,47), mit Josef die Halskette (רביד, vgl. Gen 41,42) und mit David die Krone (עטרה, vgl. 2 Sam 12,30 par. 1 Chr 20,2) gemeinsam. In Ez 23 hingegen sind nicht die Schwestern Samaria und Jerusalem, sondern die Männer, die aus der Wüste zu Jerusalems Gelage kommen, mit Armreifen und Kronen geschmückt (V42).

[108] Helmer Ringgren, „Art. שמן", ThWAT VIII (1995), 251–255, 252.

werden (vgl. Lev 2,4.11) – die Reihe aus Weizengrieß, דבש und Öl ist deshalb im Hinblick auf ihre kultischen Konnotationen nicht ganz auf einen Nenner zu bringen.

Die beiden nächsten Halbverse halten sodann das Ergebnis bzw. die Folgen der göttlichen Bemühungen fest: Die Stadtfrau wird außerordentlich (במאד מאד)[109] schön (יפה√), ein Merkmal, das sie wiederum (s.o.) mit einzelnen Erzmüttern und -vätern teilt (vgl. Gen 12,11.14; 29,17; 39,6) und das sie darüber hinaus – auch dies wird ausdrücklich festgehalten (V13bβ) – zum Königtum (למלוכה) gelangen lässt (צלח√)[110]. Durch diese Charakterisierung rückt Jerusalem in eine Reihe mit David, *dem* biblischen König schlechthin (vgl. 1 Sam 16,12; 17,42), und mit weiteren Angehörigen bzw. Nahestehenden der davidischen Königsfamilie (vgl. 1 Sam 25,3; 2 Sam 13,1; 1 Kön 1,3f; 2 Kön 14,25.27; vgl. auch Ez 31,3.7.8.9; Est 1,11; 2,7). Im Ezechielbuch selbst wird die (vormalige) außergewöhnliche Schönheit (יפי) der Handelsmacht Tyrus hervorgehoben (Ez 27,3.4.11), der die (durch dessen Hochmut zerstörte) Schönheit des Fürsten von Tyrus entspricht (vgl. Ez 28,7.12.17). Jerusalem selbst wird in der Hebräischen Bibel dreimal implizit oder explizit mit Schönheit in Verbindung gebracht: In Ps 48,3 kommt das Adjektiv יפה, „schön", zur Bezeichnung des hoch aufragenden heiligen Bergs (Zion) vor, und Ps 50,2 beschreibt Zion als Ort „vollkommener Schönheit" (ציון מכלל-יפי). Klgl 2,15 lässt die Sprichwörtlichkeit der Schönheit der judäischen Hauptstadt augenscheinlich werden:

> (Klgl 2) [15]Deinetwegen schlagen überm Kopf die Hände zusammen alle, die des Weges ziehen (כל-עברי דרך),
> pfeifen und schütteln ihren Kopf über die Tochter Jerusalem (בת ירושלם):
> ,Ist das die Stadt, von der man sprach:
> Vollendete Schönheit (כלילת יפי), der ganzen Welt Freude'?[111]

Auch Ez 16,14a zufolge ist es Frau Jerusalems Schönheit, die ihre unter den Nationen sich ausbreitende Sprichwörtlichkeit bzw. Namhaftigkeit begründet: ויצא לך שם בגוים ביפיך. V14b rückt einmal mehr den Ursprung bzw. die Urheberschaft der städtischen Schönheit ins Gedächtnis, wobei JHWH in die Rolle des (grammatikalischen) Subjekts, Jerusalem in die des (grammatikalischen) Objekts zurückkehrt: „denn diese war vollkommen

---

[109] Im Ezechielbuch kommt diese Wortverbindung auch zur Kennzeichnung der „überaus großen Schuld" Israels und Judas in Ez 9,9 vor. Vgl. außerdem Gen 17,2.6.20; Ex 1,7.

[110] Auch bei diesem Verb fällt die Verbindung zu Rebekka und Josef auf – das Verb kommt im Pentateuch mit Ausnahme von Num 14,41 und Dtn 28,29 nur in Gen 24 (V21.40.42.56) und Gen 39 (V2.3.23) vor.

[111] Übersetzung: BigS. Am Versende wurde die Punktuation geringfügig verändert.

(כְּלִיל) durch *meinen* Glanz (בַּהֲדָרִי), den *ich* auf dich gelegt hatte". Die Rede vom (göttlichen) Glanz bindet diesen Vers einerseits wiederum in die ersttestamentliche Königstheologie ein, die den König als von Jhwh „beglänzt", d.h. in besonderer Weise mit Würde ausgestattet, charakterisiert (vgl. Ps 21,6; 45,3–5 sowie Mi 2,9; Ps 8,6; 90,16). Andererseits (und zu allererst) gehört הָדָר zum Vorstellungskreis vom Königtum Gottes, ist gleichsam eines der Insignien, wenn Jhwh im Bilde des die Welt vor dem Chaos bewahrenden Regenten geschildert wird (vgl. Jes 2,10.19.21; 35,2; Ps 96,6; 104,1; 111,3 par. 1 Chr 16,27; Ps 145,5.12; Ijob 40,10). „Glänzend" wird auch die weise Frauengestalt in Spr 31,25 genannt, Ez 27,10 zufolge wurde dem (grammatikalisch weiblichen!) Handelsschiff Tyrus sein Glanz durch die Schilde und Helme verliehen, die Kriegsleute an ihm aufhängten.

Vom (göttlichen) Glanz der Stadt(-Frau) Jerusalem ist außerhalb von Ez 16 nur einmal die Rede: Klgl 1,6 beklagt, dass, u.a. infolge von Deportationen, ‚aus der Tochter Zion all ihr Glanz gewichen ist' (vgl. auch Jes 5,14).

2.6. *Zwischenfazit (V3–14)*

Insgesamt fällt hinsichtlich der Darstellung Jerusalems in den Unterabschnitten A–C vor allem deren vielfältiges Schillern auf: Die Stadtfrau changiert zwischen räumlich-baulicher und menschlicher Größe. Als räumlich-baulicher Größe kommen ihr Qualitäten zu, die außerhalb von Ezechiel 16 mit dem Wüstenheiligtum bzw. dem Jerusalemer Tempel, mit (dem Berg) Zion als herausragendem Ort und Wohnsitz der Gottheit Jhwh[112] und, innerhalb des Ezechielbuchs selbst, mit der als (wirtschafts-) politische Größe bewunderten Stadt(-Frau) Tyrus verbunden sind. Auch als menschliche Größe lässt sich Jerusalem kaum eindeutig festlegen – obwohl ihr in Ez 16,3 eine andere Herkunft bescheinigt wurde, teilt sie schließlich eine Reihe von Merkmalen mit einzelnen Erzeltern, daneben weist sie auch Gemeinsamkeiten mit bedeutenden königlichen Gestalten bzw. Mitgliedern der (davidischen) Königsfamilie auf. Bei näherem Hinsehen erscheint dabei auch ihre Darstellung als Frau – vom grammatikalisch femininen Geschlecht einmal abgesehen – als eindeutig-zweideutig. Denn auch wenn ihr in Ez 16,7f ein weiblicher Körper zugeschrieben und sie mehr oder weniger eindeutig als Braut und Ehefrau Jhwhs versprachlicht ist, legen die ihr zugewiesenen göttlichen Attribute sie nicht eindeutig auf eine Frauen- oder eine Männer-Rolle fest – betrachtet man

---

[112] D.h., dass das Ezechielbuch durchaus Elemente der traditionellen Zionstheologie enthält (vgl. auch Ez 24,16.21), auch wenn der Name „Zion" selbst nicht erwähnt wird.

etwa die Stichwortverbindungen zu Ps 45, lassen sich Verbindungslinien sowohl zur Darstellung des Königs als auch zur Darstellung der königlichen Braut ziehen.

Dass sich, was ihr Geschlecht angeht, dennoch der Eindruck der Unmissverständlichkeit aufdrängt, hat m.E. mit der einseitigen Zuweisung von *Aktivität* an Jhwh und von *Passivität* an Jerusalem zu tun, ein Umstand, der ein traditionelles Geschlechterklischee bedient und darin wohl auch der weithin über ein Ehre-Scham-System aufrechterhaltenen, hierarchisch-bipolaren Unterscheidung zwischen männlich und weiblich im Alten Israel entspricht[113]. Jhwh handelt, sie wird behandelt[114], und wo sie doch einmal grammatikalisches Subjekt eines Satzes ist (V7aγ-b.13), geht es um Zustandsbeschreibungen oder um natürliche physiologische Prozesse und nicht darum, die Stadtfrau im Bilde eines menschlich agierenden Subjekts zu schildern. Die genannte Zuschreibung – insbesondere die implizierte Unbeweglichkeit von Frau Jerusalem – lässt gleichzeitig ein weiteres Vexierbild entstehen, kann man doch kaum ganz sicher sein, ob es sich überhaupt um ein lebendiges Wesen und nicht vielmehr um eine (Göttinnen-)Statue handelt. Auch wenn dies paradox klingen mag – nimmt man an, dass ihr Herstellen von „Mannsbildern", das in V15–22 geschildert wird, „follows well-known procedures for constructing divine images in the ancient Near East: She forms them from precious metals, clothes them, and offers food to eat"[115], wird man den Verdacht, dass Jhwh

---

[113] Vgl. hierzu Johanna Stiebert, „Shame and Prophecy: Approaches Past and Present", *Bibl.Interpr.* 8 (2000), 255–275, passim; dies., *The Construction of Shame in the Hebrew Bible: The Prophetic Contribution* (JSOT.S 346), Sheffield 2002, 1–86; Jacqueline E. Lapsley, „Shame and Self-Knowledge: The Positive Role of Shame in Ezekiel's View of the Moral Self", in: Margaret S. Odell/John T. Strong (Hg.), *The Book of Ezekiel: Theological and Anthropological Perspectives* (SBL.SS 9), Atlanta 2000, 143–173, 148–150; dies., Bones, 134f; Maier, Daughter, 95f.125.

[114] Vgl. hierzu auch Kamionkowski, Gender Reversal, 110: „In these opening verses [Ez 16,3–14, R.P.], we are presented with stark contrasts between the female and male characters. The female is completely passive while the male has full control over every aspect of the female's life. He gives her life, introduces the young woman to her sexuality and provides her with material objects. She is utterly dependent upon him for life, love and material sustenance."

[115] Odell, Ezekiel, 191. Zur Herstellung von Kultbildern in Mesopotamien vgl. ausführlich Angelika Berlejung, *Die Theologie der Bilder. Herstellung und Einweihung von Kultbildern in Mesopotamien und die alttestamentliche Bilderpolemik* (OBO 162), Fribourg/Göttingen 1998, 80–177. Auch das Götterbild changiert zwischen lebendigem Wesen auf der einen und Statue auf der anderen Seite. Häufig werden z.B. „Parallelen zwischen der Herstellung einer Statue und der Geburt eines Menschen gezogen, indem für beide Vorgänge Vokabeln aus dem Umfeld des humanen Geburts- und Wachstumsvorganges verwendet werden" (a.a.O., 36; vgl. a.a.O., 135–141).

hier Ähnliches tut, nicht ganz von der Hand weisen können: JHWH schafft[116] sich eine Art *puppet queen*, wobei sowohl Elemente des Schaffensprozesses als auch des bzw. der Geschaffenen an ein mesopotamisches Göttinnenbild erinnern. Und dieses Bild, mit dem JHWH zutiefst identifiziert ist, trägt zugleich Züge seiner selbst, was etwa Nahrung und Bekleidung bzw. Behausung angeht[117].

Interessante Einsichten ergeben sich auch, wenn Ez 16,3–14 unter traumatologischen Gesichtspunkten betrachtet wird. Wohl wissend – dies wurde bei der vorstehenden Zusammenfassung auch noch einmal eigens herausgearbeitet –, dass die metaphorische Darstellung Jerusalems weder im Bild einer Frau noch im Bild einer menschlichen Gestalt aufgeht, soll an dieser Stelle kurz auf einige traumatheoretisch relevante Aspekte in der Geschichte der Stadtfrau hingewiesen werden:

1) Was Jerusalem am Tag ihrer Geburt zustößt, lässt sich auch als extreme Deprivationserfahrung bzw. als frühkindliches Beziehungstrauma lesen, das eigentlich physisch und psychisch nicht zu überleben war. Auch bei *physischem* Überleben einer solchen Erfahrung, wie es hier durch das Sprechhandeln JHWHs eröffnet wird, erscheinen eine ‚normale' Entwicklung und das uneingeschränkte Weiterleben des/der Betroffenen völlig undenkbar. Wer so verletzt wurde, ohne je anderes zu erleben, *muss* gleichsam *traumatische Symptome* entwickeln.

2) Im Fall Jerusalem kommt erschwerend hinzu, dass sie zwar – aufgrund göttlichen Willens – *physisch* überlebte, überleben musste, dass sie aber über Jahre in der traumatischen Situation belassen wurde. Dass JHWH

---

[116] Auch beim mesopotamischen Götterbild gilt die Gottheit selbst als dessen Schöpferin, Menschen arbeiten nur daran (vgl. Berlejung, Theologie, 135f).

[117] Erin Runions hat, was diese Identitätsverquickung angeht, auf eine einzelne Verbformen betreffende Eigenart von Ez 16 hingewiesen, „which produces an ambiguity between first-person verb forms (describing Yahweh) and second-person feminine verb forms (describing Jerusalem). Eight times in the chapter, the written consonants (Ketib) spell the first-person singular suffix form (‚I, Yahweh'), but are vocalized as the second-person feminine singular suffix form, and corrected in the margins (Qere) to the second-person feminine consonantal form (‚you, Jerusalem')" (dies., „Why Girls Cry: Gender Melancholia and Sexual Violence in *Boys Don't Cry* and Ezekiel 16", in: George Aichele/Richard Walsh [Hg.], *Screening Scripture: Intertextual Connections Between Scripture and Film*, Harrisburg 2002, 188–212, 203). Die hohe Konzentration dieser ‚archaischen' Femininformen (so in aller Regel die Erklärung des Phänomens, vgl. Ges-K §44 h sowie Zimmerli, Ezechiel 1, 335; Block, Ezekiel 1–24, 480, Anm. 102) innerhalb eines Kapitels (vgl. im Ezechielbuch ansonsten nur noch Ez 36,13) sei „at the very least suggestive of an uncertain identification between Yahweh and Jerusalem" (ebd.).

„an ihr vorüberging", sie aber (zunächst) nicht aus der traumatischen Situation herausholte, ist aus psychotraumatologischer Sicht wohl nur im Sinne einer *multiplen (Re-)Traumatisierung* zu deuten.

3) Umgekehrt lässt sich die Schilderung Jerusalems in Ez 16,3–14 auch als metaphorische Inszenierung der *Symptomsprache eines Traumaopfers* begreifen, etwa als literarische Umsetzung von verstörter Selbstwahrnehmung (z.B. Ohnmachtsgefühle; Lähmung jeglicher Initiative; Empfindung, anders zu sein), von verstörtem Beziehungserleben (z.B. Isolation, Rückzug, Suche nach einem Retter, Unfähigkeit zum Selbstschutz) und von Bewusstseinsveränderungen (z.B. Depersonalisation und Derealisation). Der erzählten Stadt-Metapher hat sich zwischen den Zeilen von Anfang an die Phänomenologie des Traumas eingeschrieben – ein Umstand, der für die Gesamtauslegung von Ez 16 von besonderer Bedeutung ist.

2.7. *Die Stadtfrau bricht aus ihrer Beziehung aus (V15–34)*

Die Unterabschnitte C' (V15–22) und B' (V23–34) stellen, mit je unterschiedlicher thematischer Schwerpunktsetzung, die völlige Verkehrung der in V3–14 geschilderten Verhältnisse dar. In – gleichsam verspäteter – Reaktion auf den göttlichen Ruf in V6 erwacht Jerusalem plötzlich zum (Eigen-)Leben; war in V6–14 JHWH das Subjekt verschiedenster Handlungsverben, als deren Objekt Jerusalem firmierte, so ist es nun JHWHs Frau, die in die Position des handelnden Subjekts einrückt. Doch ihr ‚Objekt' ist keineswegs JHWH, der vor Zeiten zwei Mal an ihr vorüberging (√עבר, V6.8) – es sind andere Männer, die zufällig bei ihr vorbeikommen (√עבר, V15.25), wobei diese Männer in Abschnitt C' fremde Gottheiten bzw. deren Abbildungen, in Abschnitt B' fremde Nationen (Ägypten, Assyrien, Chaldäa/Babylon) bzw. deren politische Vertreter repräsentieren. Anders als das *göttliche* Tun, das allein schon durch die Vielzahl der verwendeten Verben ausgesprochen kreativ erscheint, hat das Tun Jerusalems etwas Monotones, ein Eindruck, der in Unterabschnitt C' in erster Linie durch ein sich wiederholendes Handlungsmuster – die Frau *nimmt* (√לקח, V16.17.18.20), was JHWH ihr zuvor *gegeben* hat (√נתן, V17.19), und *macht* (√עשׂה, V16.17) daraus etwas für die fremden Götter(bilder) bzw. gibt (√נתן, V18.19.21) es diesen – erzeugt wird. In Unterabschnitt B' spitzt sich dieser Eindruck des (vergeblich) Gleichförmigen dadurch zu, dass ihre Aktivitäten in ungeheurer Dichte mit Derivaten von √זנה, „huren", belegt werden (zwölf der in Ez 16 insgesamt enthaltenen 21 Vorkommen von √זנה entfallen auf V25–34)[118]. Sofern √זנה auch die Konnotion von weiblicher (sexueller) Autonomie und Initiative eignet, ja, in der Verwendung des Wortes für „eine selbständig lebende Frau [...] die aus der matrilinearen Familienstruktur stammt"[119], die ursprüngliche Bedeutung des Begriffs zu suchen ist[120], scheinen beide Textpassagen in besonderer Weise die – ihrer (Frauen-)Rolle unangemessene – tätige Selbstbestimmung Jerusalems und damit die völlige Umkehrung des (hierarchischen) (Ehe-)Verhältnisses zwischen Jhwh und seiner Frau betonen zu wollen.

A Strong Woman Is a Man I (V15–22): Gleich zu Beginn von Abschnitt C', d.h. am Höhe- bzw. Wendepunkt der chiastischen Struktur, wird diese Umkehrung des zuvor nach Jhwhs Willen Geordneten sinnenfällig, indem zwei Begriffe aus V14, יפי und שם, aufgegriffen und in einen neuen Bedeutungszusammenhang gestellt werden (V15a): Jerusalem hat nach göttlicher Meinung auf ihre Schönheit vertraut (√בטח) – und eben *nicht* auf Jhwh, dem allein sie diese Schönheit zu verdanken hat – und „wegen ihres Namens/Ruhms" herumgehurt (√זנה) – und hat diesen damit (und Jhwh, der ihn begründet hat) in den Schmutz gezogen. Dass sie damit auch die Geschlechterordnung auf den Kopf stellt, deutet, wie S. Tamar Kamionkowski herausgearbeitet hat, V15b an: Was Jerusalem hier zugeschrieben wird, dass sie nämlich „ihre Hurereien (bzw. Lüste) ausgoss über jeden Vorübergehenden" (ותשפכי את־תזנותיך על), wird in Ez 23,8, wo von (gewalttätigen) sexuellen Übergriffen auf die (Stadt-)Schwestern Ohola und Oholiba durch die Ägypter die Rede ist, von Männern ausgesagt (וישפכו תזנותם על). In Ez 23,8 hat die Wendung ziemlich eindeutig die Konnotation „Ejakulation", so dass für Ez 16,15 auf „echoes of female ejaculation"[121] zu schließen ist. Eine gewisse Bestätigung findet diese

---

[118] Das Verb זנה kommt in V15.16.17.26.28 [2x].30.31.33.34.35.41, das Nomen תזנות in V15.20.22. 25.26.29.33.34.36 vor.

[119] Baumann, Liebe, 55 (Referat der Position von Hannelis Schulte [dies., „Beobachtungen zum Begriff der Zônâ im Alten Testament", *ZAW* 104 [1992], 255–262]).

[120] Vgl. hierzu Hannelis Schulte, *Dennoch gingen sie aufrecht. Frauengestalten im Alten Testament*, Neukirchen-Vluyn 1995, 75: „Meine These ist also: Wo uns das Wort [זונה] in den Erzählungen aus der alten Zeit Israels begegnet, hat es nicht die Bedeutung ‚Prostituierte', sondern bezeichnet die selbständig lebende Frau, die über ihren Verkehr mit Männern frei bestimmt." Zum Ganzen vgl. auch dies., Beobachtungen, passim; Rut Törnkvist, *The Use and Abuse of Female Sexual Imagery in the Book of Hosea: A Feminist Critical Approach to Hos 1–3*, Uppsala 1998, 95–115; Baumann, Liebe, 52–56.

[121] Kamionkowski, Gender Reversal, 126.

Annahme darüber hinaus in V36, wo Jerusalem das Ausgießen (שׁפך√)
„deines Ausflusses" vorgeworfen wird – zwar ist die genaue Bedeutung von
נחשת umstritten, doch lässt sich, so wiederum Kamionkowski, mesopotamischen Ritual- und Medizintexten entnehmen, dass sich das Wort auf
„a gynecological disorder characterized by a genital discharge" bezieht. Im
gegebenen Kontext von Ez 16 „the pouring out of a discharge could refer
to the fluids produced at sexual arousal"[122].

V16–19 schildert sodann, dass und wie Jerusalem die ihr von Gott zugewiesenen Gaben – in etwa in der Reihenfolge ihres Erhalts – zweckentfremdet: Zuerst nimmt sie „von ihren Gewändern" (מבגדיך, vgl. V10.13aβ),
gestaltet sie zu „bunten במות", womit wohl (illegitime) Kultstätten gemeint
sind (vgl. Ez 6,3.6; 20,29), und „hurt auf ihnen (עליהם) herum" (V16a). V17
beschreibt Jerusalems Umarbeitung der gottgegebenen Schmuckstücke
aus Gold und Silber (vgl. V11–13aα) zu „Mannsbildern" (צלמי זכר), mit
denen (בם) sie wiederum „Hurerei betreibt". Fraglich ist, worauf der
Begriff צלמי זכר genau zielt – man kann entweder an die Abbildung eines
(männlichen) Menschen oder an Phallussymbole bzw. -imitate denken.
Letzteres ist aufgrund der Wortwahl זכר wahrscheinlicher, geht es doch
bei diesem, ähnlich wie bei dem Oppositionsbegriff נקבה, in erster Linie
um äußerlich wahrnehmbare Geschlechtsmerkmale[123]. Darüber hinaus
ist die Präposition ב im fraglichen Zusammenhang vermutlich als *Beth
instrumenti* zu begreifen[124], so dass mit Kamionkowski zu übersetzen
wäre: „,you made yourself phallic images and used them as instruments
of fornication', that is, you gave yourself male genitalia, you usurped the
power of the phallus!"[125] Hier wird also einmal mehr die völlige Verdrehung der Geschlechterrollen und damit verwoben des Macht-Ohnmacht-
Verhältnisses thematisiert.

---

[122] Kamionkowski, Gender Reversal, 125; vgl. auch Block, Ezekiel 1–24, 500; Greenberg,
Ezechiel 1–20, 343f.

[123] Vgl. hierzu Ronald E. Clements, „Art. זכר", ThWAT II (1977), 593-599, 594: „[D]as
arabische Wort *dakar* [...] sowohl in der Bedeutung ,männlich' als auch ,Penis' unterstützt die in jedem Fall wahrscheinliche Folgerung, daß eine Grundbeziehung besteht zu
,Penis, Phallus'. Ez 16,17 bezeichnet der Ausdruck [צלמי זכר] offensichtlich Götzenbilder
mit Phallussymbolen [...]."

[124] So auch Ernst Jenni, *Die hebräischen Präpositionen Band 1: Die Präposition* Beth, Stuttgart 1992, 136. Diese Interpretation wird auch dadurch gestützt, dass das personale Objekt
von זנה√ an keiner Stelle der Hebräischen Bibel mit der Präposition ב konstruiert wird
(vgl. hierzu Ernst Kühlewein, „Art. זנה", THAT I [⁵1994 <1971>], 518–520, 518f).

[125] Kamionkowski, Gender Reversal, 121. Zum Ganzen vgl. a.a.O., 120--122; vgl. auch
Greenberg, Ezechiel 1–20, 337f.

In V18 ist zunächst wiederum (vgl. V16) von Jerusalems Kleidern, hier nun genauer von den buntgewirkten Gewändern (vgl. V10.13) die Rede – diese benutzt die Stadtfrau, um „sie", d.h. wohl die „Mannsbilder", zu bedecken. Der zweite Halbvers bringt insofern eine Neuerung, als er nicht nur von der Zweckentfremdung von JHWHs Öl (שֶׁמֶן, vgl. V9.13), sondern auch von JHWHs Räucherwerk (קְטֹרֶת) und damit nun auch explizit von religiös-kultischen Vollzügen angesichts der wie auch immer vorzustellenden Abbildungen/Gebilde die Rede ist.

Unter Aufnahme des Stichworts „Öl" bringt der folgende V19 Jerusalems ‚Missbrauch' der ihr von JHWH gegebenen Lebensmittel (vgl. V13) zur Darstellung. Statt die göttlichen Speisen zur eigenen Stärkung selbst zu konsumieren oder sie ihrer Gottheit als Opfermaterie vorzulegen, hat die Stadtfrau, so der Vorwurf, diese angesichts der ‚Mannsbilder' in „wohltuenden Duft" (רֵיחַ נִיחֹחַ) aufgehen lassen und sich damit JHWH bzw. der exklusiven (Segens-)Bindung an ihn einmal mehr entzogen[126].

V2of stellt gegenüber V16–19 eine Steigerung des verkehrt-verkehrenden Verhaltens der Stadtfrau dar, indem nun eine ‚Missbrauchsmaterie' eingeführt wird, von der zuvor noch gar nicht die Rede war: die Söhne und Töchter, die Jerusalem ihrem ‚Mann' JHWH geboren hat – ein deutlicher Hinweis darauf, dass der in V8 erwähnte Bund als Ehebündnis zu begreifen ist[127]. Was JHWH Jerusalem im Folgenden vorwirft, ist – die sich überschlagende, zum Teil schwer verständliche Sprachgebung der Verse 19–23 zeigt dies an – ungeheuerlich: Die Stadtfrau, die eigentlich für die Ernährung ihrer ‚Kinder' (respektive: ihrer BewohnerInnen) hätte sorgen müssen, soll ihre Söhne und Töchter „geschlachtet" (√זבח) und den ‚Mannsbildern' als Mahlzeit (√אכל) vorgesetzt haben (V20a)! V21 zufolge, der denselben Vorgang noch einmal mit anderen Worten zu beschreiben scheint, soll Jerusalem ihre Nachkommen gar „geschächtet" (√שׁחט) und sie den ‚Götzen' in einer Art Weihe übergeben haben (V21b: „und du gabst sie ihnen [√נתן], indem du sie zu ihnen hinübergehen ließest

---

[126] Vgl. hierzu Klaus Koch, „Art. נִיחוֹחַ", ThWAT V (1986), 442–445, 445. Koch zufolge schafft „der ‚wohltuende Geruch', der beim festlichen Opfer entsteht", „das rechte Klima für den segnenden Umgang Gottes mit der Kultgemeinde" (ebd.). Vgl. hierzu auch Lev 26,31, wo ein Zusammenhang hergestellt ist zwischen JHWHs Weigerung, „euren wohltuenden Duft" zu riechen, und der durch JHWH initiierten Verwüstung der Städte und Heiligtümer Israels.

[127] Vgl. z.B. Maier, Daughter, 115. Kamionkowski sieht hier darüber hinaus ein Indiz dafür, dass Ez 16,8 auf eine sexuelle Beziehung zwischen JHWH und Jerusalem anspielt (vgl. dies., Savage, 130). Letzteres lässt der Text aber m.E. bewusst in der Schwebe. Zur Formulierung יָלַד ל, „für jmd. gebären", vgl. z.B. Gen 16,1; 21,3; 24,26; 25,3; 29,34 u.ö.

[עבר *Hif'il*]"). Die gewählte Terminologie erinnert in Vielem an das in der Hebräischen Bibel mehrfach erwähnte ‚Kinderopfer', genauer an das im Ben-Hinnom-Tal lokalisierte ‚Feueropfer' für Molech (vgl. vor allem 2 Kön 23,10)[128]. Welche Praxis sich hinter dieser Terminologie verbirgt, ist in der Forschung zutiefst umstritten – während einige ExegetInnen an (letale!) Kinderopfer (für eine kanaanäische Gottheit) denken, deuten andere das Beschriebene im Sinne eines Reinigungsritus und einer Weihe an die Königsgottheit Adad-milki[129]. Theodor Seidl hat zuletzt die These aufgestellt, es handele sich um einen Adoleszenzritus mit Dedikation an eine Königsgottheit[130], während Thomas Hieke an die Übergabe von Kindern aus der jüdischen Gemeinschaft an die (nachexilische) persische Besatzungsmacht denkt, welche die Söhne etwa in militärische Dienste nahm[131]. Gerade die drastische Sprachgebung („durch Feuer verbrennen", „schlachten") jedenfalls weist die in Frage stehenden Stellen, so Andreas Michel, als Polemik aus und lässt nicht zwingend darauf schließen, „daß das Molechopfer eine Tötung von Kindern einschloß"[132]. Wie dem auch sei – für Ez 16 ist m.E. wesentlich, dass Jerusalem unterstellt wird, die ‚Kinder Gottes' dem Machtbereich Jhwhs entzogen, sie in den Einflussbereich anderer Mächte, seien es göttliche oder weltliche, übermittelt und sie damit der Sphäre des Todes ausgeliefert zu haben (vgl. Ez 13,17–23). Zentral ist dabei die *doppelte* Rollenverkehrung, derer Frau Jerusalem bezichtigt wird: Zum einen nämlich hat sie sich, und die Aktivität des Schlachtens bzw. Schächtens (שחט *Qal*), die ersttestamentlich nur in Ez 16,21 einer Frau zugeschrieben wird, zeigt dies an[133], als weibliche Gestalt

---

[128] Vgl. hierzu ausführlich Michel, Gott, 246–316; Francesca Stavrakopoulou, *King Manasseh and Child Sacrifice: Biblical Distorsions of Historical Realities* (BZAW 338), Berlin/ New York 2004, 141–206.

[129] Vgl. Albertz, Religionsgeschichte, 297–302. Zu Kinderopfern etwa in außergewöhnlichen (kriegsbedingten) Notsituationen vgl. Michaela Bauks, „Kinderopfer als Weihe- oder Gabeopfer – Anmerkungen zum *mlk*-Opfer", in: Markus Witte/Johannes F. Diehl (Hg.), *Israeliten und Phönizier. Ihre Beziehungen im Spiegel der Archäologie und der Literatur des Alten Testaments und seiner Umwelt* (OBO 235), Fribourg/Göttingen 2008, 233–251, passim; dies., „Opfer, Kinder und *mlk*. Das Menschenopfer und seine Auslösung", in: Armin Lange/K. F. Diethard Römheld (Hg.), *Wege zur Hebräischen Bibel. Denken – Sprache – Kultur. In memoriam Hans-Peter Müller* (FRLANT 228), Göttingen 2009, 215–232, passim.

[130] Vgl. Theodor Seidl, „Der ‚Moloch-Opferbrauch' ein ‚rite de passage'? Zur kontroversen Bewertung eines rätselhaften Ritus im Alten Testament", *OTE* 20 (2007), 432–455, passim.

[131] So Thomas Hieke bei einem Vortrag des Rhein-Main-Exegese-Treffens am 12. Juni 2010.

[132] Michel, Gott, 291.

[133] Vgl. Kamionkowski, Gender Reversal, 122f. Außerhalb von Ez 16,21 ist das Schächten, das vor allem in kultisch geprägten Texten für das Schlachten von (Opfer-)Tieren vorkommt, reine Männersache. Was das in V20 gebrauchte Verb זבח *Qal* angeht, gibt es mit

männliche Merkmale zugelegt und männliches Verhalten angemaßt. Zum anderen hat sie sich als Geschöpf JHWHs an die Stelle Gottes gesetzt und getan, was einzig Gott selbst zu tun zukommt (vgl. die Verwendung desselben Vokabulars für das Handeln JHWHs und dasjenige Jerusalems [נתן: V7.11.12 von JHWH, V18.19.21 von Jerusalem; כסה: V10 von JHWH, V18 von Jerusalem]) – schließlich hat sie sich sogar zur Entscheiderin über Tod und Leben aufgeschwungen. Dass sie damit alle geltenden Kategorien umgestürzt und ein totales Chaos heraufbeschworen hat, deutet sich möglicherweise in den jeweils kaum einzuordnenden Vorkommen von √היה am Ende von V15.16.19a.22 an[134], die sich als Konfusion oder Aufhebung der mit V8 hergestellten Ordnung – ותהיי לי, „und du wurdest mein" – verstehen lassen.

Traumatologisch von besonderem Interesse ist in diesem Zusammenhang, dass die metaphorische Stadtfrau ihren Kindern antut, was sie selbst als Neugeborene erlitten hat – sie liefert ihre Söhne und Töchter dem Tod aus, verfährt aber insofern in gewisser Weise ‚gnädiger', als sie ihnen keinen prolongierten Sterbeprozess zumutet[135]. Man könnte hierin auch den unbewussten Versuch Jerusalems geschildert sehen, das eigene Trauma zu verarbeiten – und das Grauen, das LeserInnen überfällt, wenn sie mit diesem (literarischen) Tun konfrontiert werden, als Indikator dafür nehmen, was unbearbeitete/unbearbeitbare Gewalterfahrungen mit und aus Menschen machen können[136].

Dieser zuletzt genannte Aspekt stimmt in besonderer Weise mit dem in V22 Ausgesagten zusammen: „Und bei all deinen Gräueln und all deinen Hurereien hast du dich nicht erinnert an deine Kindheit/Jugendzeit, als du nackt und unbekleidet warst und in deinem Blut strampeltest" (vgl. Ez 16,6f). Zwar hat der hier wiedergegebene Vers auch einen moralischen

---

1 Sam 28,24 außerhalb von Ez 16,20 eine Stelle, an der eine Frau Subjekt dieses Schlachtens (mit Bezug auf ein gemästetes Kalb) ist.

[134] V15: לו־יהי, V16: ולא יהיה, V19a: ויהי, V22: היית.

[135] Vgl. hierzu Block, Ezekiel 1-24, 491, wo es (allerdings in deutlich vorwurfsvollem Ton) heißt: „By offering her offspring Jerusalem proved her Canaanite ancestry beyond doubt. She who had been abandoned by her mother as an infant now sacrificed her own children." Vgl. auch Bowen, Ezekiel, 86f.

Judith Herman (dies., „Complex PTSD: A Syndrome in Survivors of Prolonged and Repeated Trauma", *Journal of Traumatic Stress* 5 [1991], 377–391, 387) hat darauf aufmerksam gemacht, „that contrary to the popular notion of a ‚generational cycle of abuse,' the great majority of survivors [of traumatic abuse, R.P.] do not abuse others [...]. For the sake of their children, survivors frequently mobilize caring and protective capacities that they have never been able to extend to themselves [...]." Vgl. auch dies., Narben, 158f.

[136] Vgl. hierzu Herman, Narben, 61–65.

Unterton – man mag heraushören, dass Jerusalem die Erinnerung willentlich verweigert hat –, bemerkenswert ist aber m.E., dass sich hier eine
Verbindung erkennen lässt zwischen der *Re-Inszenierung des Traumas*
und der *Unmöglichkeit des Erinnerns*. PsychotraumatologInnen sehen
hier einen Kausalnexus insofern, als das Trauma wiederholt werden muss,
eben *weil* es normaler Erinnerung nicht zugänglich ist. Dies gilt es m.E.
vor allem deshalb festzuhalten, weil als eine Konsequenz des Umgangs
JHWHs mit der Stadtfrau angegeben ist, dass diese das rechte Erinnern
(wieder) erlernen soll/wird (vgl. V61–63). Was darüber hinaus verwundert,
ist, dass JHWH Jerusalem nicht auf die Zeit und die Taten seiner *Rettung*
anspricht. Nicht an diese hätte seine Frau sich erinnern sollen, sondern an
die Situation *davor*, d.h. an die Situation, die für sie augenscheinlich von
totaler Ohnmacht, völligem Ausgeliefertsein, tiefster Beschämung und
Todesnähe verbunden und damit trauma-induzierend war.

A Strong Woman Is a Man II (V23–34): Sofern sich die beschriebenen
Muster in Abschnitt B' (Ez 16,23–34) in Vielem wiederholen, wobei das
Herumhuren Jerusalems „mit jedem Vorübergehenden" allerdings nicht
länger auf ihr Verhältnis zu fremden Gottheiten bzw. deren Abbildungen,
sondern auf ihre Beziehungen zu fremden Nationen bzw. deren Repräsentanten bezogen ist, sollen diese Verse nicht je für sich, sondern lediglich
auf einige Besonderheiten hin besprochen werden.

Zunächst springt ins Auge, dass die Darstellung noch um einiges obszö-
ner ausfällt als im vorhergehenden Abschnitt – die Dichte der Vorkommen von √זנה, dies wurde bereits erwähnt, nimmt deutlich zu, darüber
hinaus ist von dem „großen Fleisch bzw. Penis" der ägyptischen Nachbarn
und von Jerusalems „für alle gespreizten Beinen" (V26) die Rede.

Fragt man nach den historischen Korrelationspunkten des hier Geschil-
derten, so ist zunächst die Reihenfolge, in der die Nationen im Text
benannt werden, von Interesse: Erster Wunschpartner Jerusalems ist
Ägypten (V26) – eine Konstellation, durch die sich JHWH in besonderer
Weise verletzt fühlt (√כעס) und die ihn zum Ausstrecken seiner Hand, zur
Kürzung (√גרע, häufig „scheren", „abschneiden", vgl. Ez 5,11) von Jerusalems
„Festgesetztem" (חק, vgl. hierzu auch unten) und zur Auslieferung der
Stadtfrau an die durch deren Partnerwahl gedemütigten „Philisterinnen"
bewegt (V27). Im Anschluss werden Kontakte mit den Assyrern (V28) und
mit dem – im Hebräischen grammatikalisch femininen (!) – „Land der
Geschäfte, Chaldäa" (V29) geschildert. Grundsätzlich ist zunächst festzu-
halten, dass diese Zusammenstellung – Ägypten, Assyrien, Babylonien –

der historischen Chronologie der den (syro-)palästinischen Raum dominierenden Großmächte im Verlauf der ersten Hälfte des ersten Jahrtausends v.u.Z. grob entspricht[137]; darüber hinaus spielen diese drei Nationen,
wenn auch in der Folge Assyrien, Ägypten, Babylonien, in dem der Eroberung und Zerstörung Jerusalems vorausgehenden Jahrhundert *alle* eine
gewichtige Rolle: Mit Ausnahme wohl des überwiegenden Teils der Regierungsjahre Joschijas (639–609 v.u.Z.) war Juda/Jerusalem immer einer dieser Nationen tributpflichtig. Die Episode mit den Philisterinnen – gemeint
sind die philistäischen Stadtstaaten, die hier ebenfalls als Stadtfrauen ins
Bild gesetzt werden – lässt am ehesten an den massiven Eingriff Sanheribs
in Juda unter Hiskija im Jahr 701 v.u.Z. denken, durch den die „Grenzen"
(חק)[138] des Herrschaftsbereichs Judas/Jerusalems zugunsten Aschdods,
Ekrons und Gazas erheblich beschnitten wurden[139].

Insgesamt, so lässt sich diese knappe Skizze mit Christl M. Maier zusammenfassen, „there are several historical reference points for Ezekiel's argument that Jerusalem ‚whored' with political powers and bribed them to
assure their alliance"[140]. Dennoch – um diese Zusammenhänge zu versprachlichen, hätten andere Sprachbilder gewählt werden können als das
der exzessiv herumhurenden Hauptstadt-Frau, zumal Jerusalem bezogen
auf ein wesentliches Merkmal, im Geben an Stelle des Annehmens von
Bezahlung, „*nicht* wie die Hure war" (ולא־היית כזונה לקלס אתנן, V31b)[141].
Es fragt sich also, was diese Darstellungsweise dem bisher Ausgesagten
noch hinzuzufügen vermag. Hier sind m.E. drei Aspekte zu nennen:

---

[137] Vgl. Maier, Daughter, 119f.

[138] Das Substantiv חק, oben mit „Festgesetztes" wiedergegeben, kann durchaus die Konnotation „Grenze" haben – vgl. Jer 5,22; Mi 7,11; Ijob 26,10; 38,10; Spr 8,29.

[139] Vgl. Cooke, Ezekiel, 170f; Krüger, Geschichtskonzepte, 154.182; Maier, Daughter, 120.
In Sanheribs Annalen heißt es zu diesen Ereignissen (Weippert, Textbuch, 333): „Von His-
kia von Juda, der sich meinem Joch nicht unterworfen hatte, belagerte (und) eroberte ich 46
seiner Festungsstädte, ummauerte Orte und kleine Ortschaften in ihrer Umgebung ohne
Zahl [...]. [...] Seine Städte, die ich geplündert hatte, trennte ich von seinem Lande ab
und gab sie Mitint, dem König der Stadt Asdod, Padī, dem König der Stadt Ekron und Ṣil-
Bēl, dem König der Stadt Gaza, und verkleinerte so sein Land."

[140] Maier, Daughter, 120. Vgl. auch Odell, Ezekiel, 192f.

[141] In den Übersetzungen wird hier fast immer etwas hinzugefügt, z.B. (Hervorhebun-
gen R.P.): „Dazu warst du nicht wie *sonst* eine Hure" (Lutherübersetzung 1984), „Du warst
keine *gewöhnliche* Dirne" (Einheitsübersetzung), „Dabei warst du nicht <einmal> wie
eine <gewöhnliche> Hure" (Rev. Elberfelder). Vgl. hierzu auch Peggy L. Day, „A Prostitute
Unlike Women: Whoring as Metaphoric Vehicle for Foreign Alliances", in: Brad E. Kelle/
Megan Bishop Moore (Hg.), *Israel's Prophets and Israel's Past* (FS J. H. Hayes) (LHBOTS
446), New York/London 2006, 167–173, 171.

1) Die Metapher von der herumhurenden Stadtfrau rückt den Aus-
schließlichkeitsanspruch Jhwhs und das hierachische Moment der
Beziehung Jhwh – Jerusalem in besonderer Weise in den Vordergrund.
Dabei zielt die metaphorische Rede nicht auf das Verhalten einer einzelnen wirklichen Frau, sondern auf die (theo-)politisch einflussrei-
che (männliche und weibliche) (Stadt-)Bevölkerung – in den Worten
Maiers:

> [T]he story of Jerusalem's rise and her fall initiated by her whoring stresses
> the female element of the metaphor in order to suggest that the city should
> be submissive and thankful to her deity. In depicting Jerusalem as an adul-
> terous wife, Ezekiel portrays the ruling class as abandoning their national
> deity in search of protection by powerful nations and their gods[142].

2) Auch wenn es im Tenor der Metapher um (die Erfahrungen)
weibliche(r) *und* männliche(r) Menschen geht, ist doch die bereits
mehrfach angesprochene Geschlechterrollenverkehrung von ganz spe-
ziellem Gewicht. Diese erreicht in Ez 16,30–34, d.h. unmittelbar vor der
mit Unterabschnitt A' (V35–43) anhebenden nächsten Wende, ihren
Höhepunkt: V30 charakterisiert die Handlungen Jerusalems als מעשה
אשה זונה שלטת, „Taten einer hurerischen, dominanten Frau". Wie
verschiedenen außerbiblischen Quellen zu entnehmen ist, meint das
Adjektiv שלטה nicht nur finanzielle und soziale Unabhängigkeit, sondern beschreibt eine Position, in der es möglich ist, „to oversee or even
dominate others. The woman of Ezekiel 16 revels in her independence."[143]
In V31–34 schließlich wird die Verdrehung mehr oder weniger explizit
zum Thema gemacht, wobei vor allem der Begriff הפך ins Auge fällt:
„Aber du warst nicht wie die Hure, indem du Bezahlung verspottet hast.
[...] Es war bei dir das *Gegenteil* (הפך) von den Frauen (מן־הנשים)[144]
bei deinen Hurereien. Dir hinterher hurte man nicht, und indem du
Bezahlung gabst und dir keine Bezahlung gegeben wurde, wurdest
du zum *Gegenteil* (להפך)." Der Vorwurf, die einmal als Hure ins Bild
gesetzte Stadt(-Frau) habe sich nicht wie eine Hure verhalten, mutet

---

[142] Maier, Daughter, 120.

[143] Kamionkowski, Gender Reversal, 125. Zum Ganzen vgl. a.a.O., 123–125; vgl. auch
Greenberg, Ezechiel 1–20, 341.

[144] In den Übersetzungen wird hier fast immer etwas hinzugefügt, z.B. „So ist es bei
dir mit deiner Hurerei umgekehrt wie bei andern Frauen" (Lutherübersetzung 1984), „Bei
deiner Unzucht hast du es gerade umgekehrt gemacht wie andere Frauen" (Einheitsübersetzung), „So geschah bei dir das Gegenteil von <dem, was sonst üblich ist unter> den
Frauen" (Rev. Elberfelder). Vgl. hierzu auch Day, Prostitute, 172.

zunächst paradox an; gleichzeitig aber bringt er zu Bewusstsein, dass nach wie vor metaphorische Redeweise vorherrscht, die immer zwischen „ist wie" und „ist nicht" changiert[145]. Fast scheint es so, als würde hier implizit über die Grenzen metaphorischer Rede gehandelt![146] Die Konsequenz ist allerdings nicht, dass diese Redeweise verlassen wird, sie wird vielmehr dahingehend auf die Spitze getrieben, dass Jerusalem nun als Gegenteil bzw. Verkehrung „der Frauen" beschrieben wird. √הפך steht, sofern sie nicht auf ein Sich-Umwenden oder Umkehren als physischen bzw. Bewegungsvorgang zielt, häufig für einen „kategorialen Umsturz" der göttlichen Ordnung, und damit für eine Verkehrung, die zu initiieren normalerweise einzig JHWH vorbehalten ist (vgl. z.B. Ex 10,19: Ostwind – Westwind; Dtn 23,6: Fluch – Segen; Joel 3,4: Sonne – Finsternis, Mond – Blut; Ps 66,6: Meer – trockenes Land; 105,29: Fels – Wasserquelle). Sofern es dabei immer um (binäre) Oppositionen geht, impliziert dies für Ez 16,30–34 und für die Stadtfrau, „that she is not longer female, but male, and that she is playing the role of God, inverting the ,natural order', or rather, the divine order, by exhibiting male gender characteristics"[147]. Ez 16,15–34 also setzt die Entwicklung der Stadtfrau als mehr oder weniger plötzliches Umschlagen von passiv-dominierter zu aktiv-dominanter ,Weiblichkeit' – und das bedeutet: zu ,Männlichkeit'! – in Szene. Während hier eine Art Maskulinisierung beschrieben wird, zeichnet die in V35–43 folgende Strafankündigung (V35–43), dies sei vorwegnehmend gesagt, umgekehrt die (Re-)Feminisierung Jerusalems im Bild der die Stadtfrau überrollenden Kriegsgewalt, d.h. das Betroffensein von kriegerischer Gewalttätigkeit, das Zum-Kriegsopfer-Werden und die Erfahrung des Zur-Frau-gemacht-Werdens werden parallelisiert. In diesem Sinne vermag die gewählte Metapher offenbar ein weithin geteiltes, mit den Kriegsereignissen 598/97 und 587/86 v.u.Z. zusammenhängendes Erleben in Sprache zu kleiden, welches die Konstruktionen von Frau- und Mann-Sein unmittelbar betrifft.

---

[145] Vgl. hierzu Paul Ricœur, „Stellung und Funktion der Metapher in der biblischen Sprache", in: ders./Eberhard Jüngel, *Metapher. Zur Hermeneutik religiöser Sprache*, München 1974, 45–70, 53f.

[146] Vgl. hierzu Day, Prostitute, 173: „The lesson to be learned from Ezek 16:31b-34 is that we jettison the idea that all aspects of figurative portrayals must be consistent with the commonplaces associated with the same language employed literally. Otherwise personified Jerusalem's metaphorical whoring could not include giving payment rather than receiving it, and could not be described as unlike the prostitution engaged in by women."

[147] Kamionkowski, Gender Reversal, 127. Zum Ganzen vgl. a.a.O., 126f.

3) Gelegentlich ist das in Ez 16,15–34 dargestellte Verhalten der Stadtfrau auch als „nymphomania" bezeichnet worden, d.h. (wobei jede Definition problematisch ist) als „exzessiver Sexualtrieb mit aktuellem Befriedigungsdrang bei meist bewußtseinseingeengtem (kritiklosem, unbeherrschtem) Verhalten"[148], welches, und das hat mit kulturellen Normierungen zu tun, als solches nur Frauen zugeschrieben wird[149]. Auch wenn diese Deutung schon deshalb schwierig ist, weil in ihr eine wirkliche Frau an die Stelle der Stadtfrau zu treten scheint, so ist es aus traumatheoretischem Blickwinkel gleichwohl von Interesse, dass Jerusalems politische ‚Promiskuität' – die von den Propheten immer wieder kritisierte Schaukelpolitik Israels[150] – hier im Bilde übersteigerter, nicht zur Erfüllung führender Sexualität zur Darstellung gebracht ist. Sofern nämlich schwere Beziehungstraumata bei den Betroffenen ausgesprochen häufig zu Schwierigkeiten im Aufbau von (intimen) Beziehungen im weiteren Lebensverlauf führen, und „zwanghafte oder extrem gehemmte Sexualität"[151] zu den Symptomen der Posttraumatischen Belastungsstörung zu rechnen sind, wird Jerusalems ‚unmoralisches Benehmen' als Konsequenz dessen, was sie in Kindheit und Jugendzeit erlitten hat, verstehbar. Selbstzerstörerische und selbstgefährdende Verhaltensweisen – auch als solche lassen sich Jerusalems ‚Aktionen' begreifen, gehören ebenfalls zu den intrusiven Symptomen, unter denen Opfer von Gewalttaten häufig zu leiden haben[152]. Auch wenn der Text selbst kaum um dieses Verständnis ringt – interessant ist m.E., dass sich hier in der Wahl der Metaphorik ein (implizites) Wissen um die Folgen (traumainduzierender) Gewalt niedergeschlagen haben könnte.

---

[148] Pschyrembel[254], 840 (vgl. hingegen Psychrembel[260], 816.1298). In den Ezechielkommentaren fällt der Begriff z.B. bei Blenkinsopp, der seine Auslegung von Ez 16 mit „The Nymphomaniac Bride" überschreibt (vgl. ders., Ezekiel, 76, vgl. auch a.a.O., 78: „the woman's nymphomaniac excesses"). Vgl. auch Allen, Ezekiel 1–19, 240 („There is an impression of nymphomania, as Jerusalem grows increasingly promiscuous"); Block, Ezekiel 1–24, 494 („When her harlotry failed to satisfy her nymphomaniacal lusts, she turned to other nations"); Kraetzschmar, Ezechiel, 150.

[149] Ein analoges Verhalten bei Männern wird – wobei auch hier der kulturelle Kontext eine Rolle spielt – in der Regel weniger negativ bewertet.

[150] Vgl. hierzu Albertz, Religionsgeschichte, 261–265.

[151] Herman, Narben, 169. Vgl. auch Stiebert, Exile, 104, wo es heißt: „If trauma occurred in the first phase of sexual development in early childhood, this would invariably affect and shape an individual's sexuality as it expressed itself during the second phase beginning at puberty."

[152] Vgl. Herman, Narben, 62f; Smith-Christopher, Theology, 81; Stiebert, Exile, 103.

2.8. *Jerusalem in Todesnähe oder: Trauma II (V35–43)*

Mit dem durch die Konjunktion לכן eingeleiteten „Aufmerksamkeitsruf"[153] an die Stadtfrau, „Deshalb, Hure, höre das Wort Jhwhs" (V35), springt der Text in Unterabschnitt A' in die (erzählte) Gegenwart zurück und leitet im Anschluss an die umfassende Schilderung von Jerusalems (schuldhaftem) Handeln zur göttlichen Urteilsbekundung über. Dieser Ebenenwechsel wird auch durch das nochmalige Vorkommen der Botenformel in V36aα (vgl. V3 und damit den Beginn von Unterabschnitt A!) angezeigt. Zunächst (V36aβ-b) allerdings werden, eingeführt mit der Konjunktion יען, „weil", die Vergehen Jerusalems noch einmal zusammengefasst: Ihr wird 1. zur Last gelegt, dass sie ihren Ausfluss ausgegossen hat, worin einmal mehr ihr Männlichwerden angesprochen sein könnte (vgl. oben zu V15), 2. wird ihr vorgeworfen, dass ihre (V8 zufolge durch Jhwh bedeckte) Nacktheit (ערוה) aufgedeckt wurde (גלה *Nif'al*), als sie mit ihren Liebhabern (מאהביך, vgl. V23–34) bzw. ihren „abscheulichen Götzen" (vgl. V16–20) herumhurte, und 3. wird sie der Blutschuld an ihren Kindern bezichtigt (vgl. V21f).

Wiederum unter Verwendung der Konjunktion לכן hebt Jhwh in V37 mit den bis V41 reichenden Strafankündigungen an, wobei – dieser Eindruck entsteht vor allem durch die hier verwendete Partizipialkonstruktion הנני מקבץ – das Gericht als mit dem (Aussprechen des) Wort(es) sich vollziehend dargestellt ist. Die suffigierte Interjektion הנני, „Da! – ich", unterstreicht die nicht nur grammatikalische Subjektposition, die Jhwh in der erzählten Gegenwart (wieder) zukommt (vgl. Abschnitt A). Als erstes lässt Jhwh verlautbaren, die (aktuellen?) Liebhaber Jerusalems, zu denen sie so „nett" gewesen ist[154], alle, die sie geliebt und alle, die sie gehasst hat, von ringsum gegen die Stadtfrau versammeln zu wollen (V37a-bα). Alles spricht dafür, diese Liebenden, Geliebten und Gehassten mit den in V26–29 erwähnten politischen (Groß-)Mächten zu identifizieren, wurden doch bereits in V33 (die zuvor genannten) Nationen als Jerusalems Liebhaber betitelt. Hier schieben sich Ehe- und Bündnismetaphorik einmal mehr ineinander, denn das Verb „lieben" findet in der Hebräischen Bibel (√אהב) wie im Alten Orient insgesamt nicht nur für innere Gefühle und intime Beziehungen (zwischen Mann und Frau) Verwendung – häufig eignet ihm vielmehr eine politische Konnotation, welche die (gegenseitige)

Loyalität von BündnispartnerInnen beschreibt[155]. Umgekehrt kann das Verb „hassen" (שׂנא√, vgl. V27) die Haltung gegenüber außerhalb des Bündnisses stehenden Anderen oder die Verletzung eines bestehenden Vertrages bezeichnen[156].

Den anderen Nationen zu (אלהם) wird JHWH sodann die Nacktheit (ערוה) Jerusalems aufdecken (גלה Pi'el), so dass diese ihre „ganze Nacktheit sehen" (V37bβ-γ), womit JHWH, betrachtet man allein die verwendeten Wörter, wiederholt bzw. zu Ende führt, was Jerusalem V36 zufolge bereits (von den Nationen) angetan wurde. Entscheidend ist deshalb m.E. zunächst, dass JHWH *sich selbst* als handelnde Größe in Szene setzt und dass er sich für sein Tun ein Publikum zusammenholt, so dass ‚seine Frau' in aller Öffentlichkeit aller Würde beraubt wird.

Worauf die Wortkombination גלה Pi'el + ערוה über diese grundsätzliche Konnotation hinaus im gegebenen Zusammenhang genau zielt, lässt sich kaum festlegen; ihre Bedeutung schillert, je nachdem, ob Jerusalem als moralisch-rechtlich belangbare oder als baulich-räumliche Größe, als individueller oder kollektiver Körper, als Repräsentantin (einer Gruppe) weiblicher, männlicher oder gemischtgeschlechtlicher Menschen betrachtet wird – ein Phänomen, das m.E. intendiert ist und sich bei anderen Strafankündigungen wiederholt.

Schon im Ezechielbuch selbst, und dies gilt auch für die Hebräische Bibel insgesamt, differieren die Vorkommen von גלה√ in ihren Bedeutungen in hohem Maße: Für kriegsbedingte Deportationen wird das Verb in Ez 12,3 und 39,23.28 benutzt[157], eine auch ersttestamentlich besonders häufige Konnotation der Wurzel (vgl. z.B. 2 Kön 24,14f; 25,11.21; Mi 1,16 u.ö.). In Ez 13,14 beschreibt diese das Sichtbarwerden des Fundaments,

---

[155] Vgl. hierzu Crüsemann, Tora, 377; Peggy L. Day, „Adulterous Jerusalem's Imagined Demise: Death of a Metaphor in Ezekiel XVI", *VT* 50 (2000), 285–309, 307f.

[156] Vgl. z.B. 2 Sam 19,6f; 1 Kön 5,15; 2 Chr 19,2; Klgl 1,2 und dazu Hans-Peter Mathys, *Liebe deinen Nächsten wie dich selbst. Untersuchungen zum alttestamentlichen Gebot der Nächstenliebe (Lev 19,18)* (OBO 71), Fribourg/Göttingen 1986, 20–24, sowie Saul M. Olyan, „Honor, Shame, and Covenant Relations in Ancient Israel and Its Environments", *JBL* 115 (1996), 201–218, 208–217. Zu entsprechenden Beispielen in altorientalischen (Vertrags-) Texten vgl. Mathys, Untersuchungen, 24–28. Mathys führt eine Stelle aus einem Vertrag des assyrischen Königs Asarhaddon (681–669 v.u.Z.) an, derzufolge die Vasallen einen ‚Liebesschwur' gegenüber dem Kronprinzen ableisten müssen: „Ihr schwört, daß ihr Assurbanipal … lieben werdet wie (ihr) euer (eigenes) Leben (liebt)" (a.a.O., 26; vgl. auch TUAT I, 166).

[157] Vgl. auch Ez 1,1; 3,11.15; 11,24.25, wo das Substantiv גולה die/eine Gruppe von Deportierten bezeichnet (vgl. auch Ez 12,4.11; 25,3). In Ez 12,3.4.7 ist von „Exilsgepäck" (כלי גולה) die Rede. Das Substantiv גלות kommt in Ez 1,2, 33,21 und 40,1 und meint immer die Deportation, zu der auch der judäische König Jojachin und die Erzählfigur Ezechiel gehör(t)en.

wenn eine Mauer eingerissen wird (vgl. 2 Sam 22,16 par. Ps 18,16; Mi 1,6),
in 16,57 und 21,29 das (forcierte) Aufgedecktwerden von Schuld (vgl. Jes
26,21; Hos 7,1; Spr 26,26; Klgl 2,14; 4,22). Das mit √גלה bezeichnete „Enthül-
len" kann auch im Sinne von „sich bzw. etwas zu erkennen geben/bekannt
machen" gebraucht sein (vgl. z.B. 1 Sam 14,8; 22,8); ist Jhwh Urheber/Urhe-
berin solchen Enthüllens, wird häufig mit „sich offenbaren" bzw. „offenbar machen" übersetzt (vgl. z.B. Gen 35,7; 1 Sam 2,27; Jes 40,5; Ps 98,2).
גלה *Pi'el* kommt außerhalb von Kap. 16 und 23 nur noch in Ez 22,10f vor,
wo (die) Einwohner Jerusalems wegen illegitimen Sexualkontakts mit der
ערוה, d.h. hier der (Ehe-)Frau, des Vaters und weiterer sexueller (Gewalt-)
Verbrechen angeklagt werden; mit derselben Wortkombination, גלה *Pi'el*
+ ערוה, werden vor allem in Lev 18 und 20 ähnliche Unrechtsfälle, die von
Männern an ‚tabuisierten' (weil anderen Männern ‚gehörenden') Frauen
begangen werden könnten, katalogisiert. Doch auch die Blöße eines Priesters darf – angesichts Gottes – nicht aufgedeckt werden (vgl. Ex 20,26;
28,42). גלה *Pi'el* trägt als Objekt dementsprechend häufig das Entblößte,
gelegentlich aber auch das zu diesem Zweck Weggenommene bei sich[158].
Einige dieser Stellen sind dabei im Hinblick auf Ez 16 vor allem deshalb
von Interesse, weil sie die Themen Kriegsgefangenschaft/Deportation und
Entblößung/Nacktheit in einem Zusammenhang thematisieren:

> (Jes 20) ³Und Jhwh sprach: Wie Jesaja, der in meinem Dienst steht, drei
> Jahre lang nackt (ערום) und barfuß gegangen ist als Warnung und Zeichen
> für Ägypten und Äthiopien, ⁴so wird der König von Assur die Gefangenen
> Ägyptens und die Vertriebenen (גלות) von Äthiopien wegtreiben, Junge und
> Alte, nackt (ערום) und barfuß, mit entblößtem Gesäß, die Blöße (ערוה)
> Ägyptens.

> (Jes 47) ²Nimm [angesprochen ist die „Tochter Babel", R.P.] die Handmühle
> und mahle Mehl, decke deinen Schleier auf (גלי), raffe den Kleidersaum,
> entblöße (גלי) die Schenkel, wate durch Ströme[159]! ³Aufgedeckt werde (תגל)
> deine Blöße (ערותך), ja, deine Scham werde gesehen!

> (Nah 3) ⁴All das wegen der vielen Hurereien der anmutigen Hure [ange-
> sprochen ist die Stadtfrau Ninive, R.P.], der Zauberkünstlerin, die Völker
> verkaufte mit ihren Hurereien und Sippen mit ihren Zauberkünsten. ⁵Siehe,
> ich will an dich, spricht Jhwh der Heere. Ich werde deine Säume aufdecken
> (וגליתי) bis über dein Gesicht und werde die Nationen deine Blöße (מערך)
> sehen lassen und die Königreiche deine Schande. [...] ⁸Bist du besser als

---

[158] Vgl. Baumann, Liebe, 57.
[159] Dass es beim Durchwaten von Strömen um das „Schicksal von Exilierung und Deportation" geht, das „nun die einstige Zwingherrin am eigenen Leib erfahren" soll, zeigt Berges
(ders., Jesaja 40–48, 484f; Zitate a.a.O., 485).

No-Amon, das an den Strömen lag, von Wasser umgeben? Das Meer war sein Bollwerk, aus Meer bestand seine Mauer. [...] ¹⁰Auch diese Stadt ist in die Verbannung (לְגֹלָה), in die Gefangenschaft gezogen. [...] ¹³Siehe dein Volk – Weiber (הִנֵּה עַמֵּךְ נָשִׁים) sind sie in deiner Mitte¹⁶⁰.

Jes 20, ein Text, der mit Ez 16 die Begriffe עָרוֹם, „nackt", עֶרְוָה, „Nacktheit" und √גלה gemeinsam hat, ist schon häufig mit dem Ausgezogen-/ Entblößtwerden von männlichen Kriegsgefangenen verknüpft worden, die auf den assyrischen Palastreliefs häufig nackt dargestellt werden (vgl. hierzu Abb. 5). Jes 47 und Nah 3 (vgl. auch Jer 13,18–27; Nah 2,8) verbinden wie Ez 16 das Entblößt- mit dem Gesehenwerden (√ראה) durch ein Publikum – Nah 3,5 nennt sogar explizit die Nationen (גוים), die sich in Ez 16,37 hinter den Liebhabern, Geliebten und Gehassten verbergen. Beide Texte stellen darüber hinaus einen Zusammenhang zwischen öffentlichem *stripping* bzw. *being stripped* und einem Status- bzw. Kategorienwechsel der Betroffenen her: Während in Jes 47 „Tochter Babel" aufgefordert wird, von ihrem Thron herabzusteigen, sich in den Staub zu setzen, die Handmühle zu nehmen und Mehl zu mahlen (vgl. Ex 11,5; Ri 16,21; Klgl 5,13) – und somit von der ‚verwöhnten Prinzessin' zur niedrigsten Sklavin degradiert wird¹⁶¹ –, besteht der Kategorienwechsel in Nah 3 in der vollständigen Feminisierung der assyrischen Kriegsmannschaften, die, der Wurzelmetapher *A weak man is a woman*¹⁶² entsprechend, zu Frauen geworden sind.

Berücksichtigt man die verschiedenen Konnotationen der in Ez 16,37 verwendeten Formulierung(en) in Verbindung mit der reichen Sinnüberschuss generierenden Stadtfrau-Metapher, so können folgende Deutungsvarianten des in Frage stehenden (Teil-)Verses festgehalten werden:

1) JHWH macht sein in V8 geschildertes Handeln, wonach er seinen Gewandsaum über Jerusalem breitete und ihre Nacktheit bedeckte (וָאֶכַסֶּה עֶרְוָתֵךְ) rückgängig und versetzt sie damit wieder in die (traumatische) Situation der Schutzlosigkeit, des Ausgeliefertseins, der Todesnähe, wie sie vor der ‚Eheschließung' bestand.

2) Sofern ein Mann nur die „ihm gehörende Nacktheit" aufdecken, d.h. (legitimen) sexuellen Kontakt nur mit ‚seinen' Frauen haben darf, stellt das Tun JHWHs die legitimen Besitzverhältnisse wieder her, und

---

¹⁶⁰ Übersetzung von Jes 20,3f; 47,2f: BigS; Übersetzung von Nah 3,5.8.10: Rev. Elberfelder.
¹⁶¹ Vgl. Berges, Jesaja 40–48, 481–483.
¹⁶² Vgl. Kamionkowski, Gender Reversal, 58: „[T]he root metaphor that lies behind the marital metaphor of Ezekiel 16 is what I call THE WEAK MAN IS A WOMAN metaphor." Vgl. hierzu auch Bergmann, Enemy, passim; Kelle, Wartime Rhetoric, 105–107.

zwar angesichts der Liebhaber-Nationen, die – wenn auch, so der Text, auf Initiative Jerusalems – getan haben, was einzig Jhwh zukam.

3) Insofern im illegitimen Aufdecken der Blöße das Moment des Erzwungenen, Gewalttätigen mitschwingt – in Ez 22,10f stehen גלה *Pi'el* + ערוה und ענה, „vergewaltigen" [2x] parallel – könnte hier auf eine Vergewaltigung des Kollektivkörpers Jerusalem gezielt sein[163], d.h., berücksichtigt man den Kontext von Stadtbelagerung und -eroberung, auf (Massen-)Vergewaltigung als furchtbare Kriegswaffe, deren Opfer nach wie vor vor allem Frauen und Mädchen sind (vgl. Klgl 5,11–13)[164].

4) Ez 16,37 kann auch auf das *being stripped* von Kriegsgefangenen hin gelesen werden und damit auf mit sexuell konnotierter bzw. sexueller Gewalt einhergehende Maßnahmen, die die Sieger gegen die Besiegten ergriffen, um sie in besonderer Weise zu demütigen und zu beschämen, indem man sie als Frauen bezeichnete und behandelte (Feminisierung). Für Ez 16 erscheint diese Deutung insofern besonders passend, als es zuvor mehrfach um das (anmaßende) Männlich-Werden Jerusalems ging.

5) Im „Bloßgelegtwerden" (גלה) Jerusalems ist darüber hinaus schlicht die „Exilierung" (גלות) der Bevölkerung mitzuhören.

6) Auch das „Offenbarwerden des ‚wahren Gesichts' der Stadtfrau, der unrühmlichen Herkunft, die Jerusalem am Anfang des Kapitels zugeschrieben wurde, könnte (mit)gemeint sein, befindet sie sich doch *nach* alledem in dem Zustand, in den ihre Eltern sie *zuvor* gebracht haben: Sie ist עֵרֹם עֶרְיָה, „nackt und bloß" (vgl. Ez 16,7.22.39).

7) Wird Jerusalem stärker als bauliche Größe betrachtet, schwingt im „Aufgedecktwerden der Nacktheit" auch die Offenlegung der Stadtfundamente – und darin die Zerstörung von Gebäuden, die dem Erdboden gleichgemacht werden – mit (vgl. Ez 13,14).

8) Sofern Jerusalem zuvor wie ein/das Heiligtum mit erlesenen Stoffen und Schmuckstücken bedeckt (u.a. כסא, V10) worden ist, ist hier auch

---

[163] Vgl. hierzu Keefe, Rapes, passim. Keefe bezieht sich in ihrem Artikel auf Gen 34, Ri 19 und 2 Sam 13 und arbeitet heraus, wie jeweils „the violated body of a woman functions as a social body as it is disrupted in war". „[T]he horrors of rape in these narratives serve as loci of meaning in which the reality of war as the fragmentation of community life gains powerfully graphic expression." (A.a.O., 79.)

[164] Vgl. hierzu Monika Hauser/Ingeborg Joachim, „Sind die Folgen sexualisierter Kriegsgewalt zu behandeln? Über die Arbeit mit kriegstraumatisierten Frauen und Mädchen in Kriegs- und Krisengebieten", in: Manfred Zielke u.a. (Hg.), *Das Ende der Geborgenheit? Die Bedeutung von traumatischen Erfahrungen in verschiedenen Lebens- und Ereignisbereichen: Epidemiologie, Prävention, Behandlungskonzepte und klinische Erfahrungen*, Lengerich 2003, 409–434, 409–412; Mischkowski, Sexualised Violence, passim.

ein Hinweis „at the stripping of temple treasures twice recorded as a means of punishment by Nebuchadrezzar (2 Kgs 24:13, 25:13–17)"[165] zu erkennen.

Was sich hingegen hier und auch im Folgenden höchstwahrscheinlich *nicht* widerspiegelt, obwohl dies von vielen AuslegerInnen angenommen wird[166], sind – darauf hat Peggy L. Day mehrfach mit Nachdruck aufmerksam gemacht – (tatsächliche) gesetzliche Strafmaßnahmen gegen Ehebrecherinnen und Mörderinnen. Wenn Jhwh in V38 ankündigt, Jerusalem nach entsprechenden Rechtssätzen beurteilen zu wollen und sie in dieser Absicht in die Hände ihrer Liebhaber ausliefert (vgl. V39aα), so kann es sich (nach wie vor) nur um Ehebruch (und Mord) auf *metaphorischer* Ebene handeln – andernfalls müssten sowohl Jerusalem als auch ihre Liebhaber der Todesstrafe zugeführt werden (vgl. Lev 20,10; Dtn 22,22), könnten nicht die Nationen strafausführendes Organ sein[167]! Es gehe, so Day weiter, um das Schließen und Brechen von Bündnissen, und die geschilderten Strafen bezögen sich auf „standard threatened consequence[s] of and punishment[s] for covenant violation"[168]. Wie ein Blick auf ersttestamentliche und außerersttestamentliche Vertragstexte zeigt, stellen die grausamen Konsequenzen von (Belagerungs-)Krieg und Erobertwerden dabei mit die schlimmsten vertragsbrüchigen Nationen ‚zugewünschten' Bundesflüche dar (vgl. Lev 26,23–43; Dtn 28,25–68, insbesondere V52–57)[169]. Day spricht diesbezüglich von „examples of *hyperbolic* threatened consequences for breach of covenant"[170] – eine Charakterisierung, die m.E. deshalb nicht ganz angemessen ist, weil sie den Erfahrungsbezug des in den Fluchkatalogen Zusammengestellten in Frage zu stellen scheint. Auch wenn es sich bei den (Segens- und) Fluchformularen um eine Art Mustertext handelt,

---

[165] Maier, Daughter, 123.

[166] U.a. Kraetzschmar (vgl. ders., Ezechiel, 152), Eichrodt (vgl. ders., Hesekiel, 125f), Zimmerli (vgl. ders., Ezechiel 1, 360), Allen (vgl. ders., Ezekiel 1–19, 242), Block (vgl. ders., Ezekiel 1–24, 501f), Greenberg (vgl. ders., Ezekiel 1–20, 344f), Sedlmeier (ders., Ezechiel 1–24, 215f) und Odell (dies., Ezekiel, 194) betrachten die Entblößung bzw. das Ausziehen der Stadtfrau als Strafmaßnahme für Ehebrecherinnen bzw. als Akt der Scheidung.

[167] Vgl. Day, Bitch, 235–243; dies., Death, 294–301.

[168] Day, Death, 307; vgl. dies., Bitch, 242f; Maier, Daughter, 121f.

[169] Vgl. hierzu TUAT I, 159 (Vertrag Asarhaddons mit Baal von Tyrus): „So mögen Melqart und Eschmun euer Land der Zerstörung und eure Leute der Deportation preisgeben, aus eurem Lande [...]. So möge Astarte in schwerem Kampfe euren Bogen zerbrechen und euch zu Füßen [eures Feindes] sitzen lassen, ein fremder Feind möge euer Gut verteilen."

[170] Day, Death, 308, Anm. 88.

der in einem bestimmten Zeitabschnitt einem altorientalischen Vertrag gleichsam zwingend hinzuzusetzen war, bedeutet dies noch nicht, dass jene nurmehr (Gewalt-)Phantasien sind – und dass Texte wie Lev 26 und Dtn 28 nicht doch auf tatsächliches Erleben der Katastrophe von 587/86 v.u.Z. und damit auf konkretes Erleben eines Belagerungskrieges mit all seinen Schrecknissen rekurrieren[171].

Dies gilt meiner Ansicht nach auch für alles Weitere, was in Ez 16,39–41 an Strafmaßnahmen an der Stadtfrau Jerusalem figuriert wird, wobei die Reziprozität zwischen dem, was sie getan hat, und dem, was ihr nun angetan wird, im Verlauf der Verse abnimmt, wohingegen die Realität des Krieges umso eindeutiger zum Vorschein kommt. V39aβ kündigt das „Niederreißen (הרס) des Erhöhten" und das „Abreißen (נתץ) der Höhen – beides hat Jerusalem V16.24f.31 zufolge selbst (aus)gebaut, um darauf/damit „herumzuhuren" – und damit wohl von Siegesstelen verbündeter Nationen[172] sowie von illegitimen Kultorten/-stätten an. Sofern sowohl גב als auch במה unspezifisch gebraucht werden und einfach etwas nach oben Ragendes, Erhöhtes bezeichnen können, lässt diese Stelle gleichzeitig die Zerstörung der Stadt als baulicher Größe bzw. von baulichen Elementen anklingen, zumal √הרס und √נתץ im übrigen Ezechielbuch für das Einreißen von Türmen (Ez 26,4: הרס; 26,9: נתץ), prächtigen Häusern (Ez 26,12: נתץ), (Grund-)Mauern (Ez 13,14; 26,12; 30,4: jeweils הרס) und ganzen Städten (Ez 36,35f: הרס) Verwendung finden. Das Verb הרס kommt auch in 2 Kön 25,10 par. Jer 52,14 vor, wo das Einreißen der Jerusalemer Stadtmauer durch das babylonische Heer geschildert wird.

V39aγ–b spricht davon, dass die Nationen die Stadtfrau ihrer Kleidung und ihres Schmucks berauben (לקח + פשט) und sie „nackt und bloß" liegen lassen. Diese Äußerung JHWHs ist insofern erstaunlich, als die genannten Gegenstände, bliebe der Text vollständig im Bilde, gar nicht mehr in ihrem Besitz sein dürften – hier ist also erneut eine Art metaphorischer Bruch festzustellen. Ihre relative Unlogik allerdings macht diese Ankündigung transparent auf die der Eroberung einer Stadt folgende Plünderung durch die eindringenden Soldaten, die sich sowohl auf die in der Stadt Lebenden und deren Besitz als auch auf besondere Gebäude wie den Tempel, an den ja die Kleidung Jerusalems u.a. erinnerte und dessen ideell und materiell wertvolle Einrichtungsgegenstände richten kann (vgl.

---

[171] Vgl. hierzu Smith-Christopher, Theology, 96–103.
[172] Vgl. Maier, Daughter, 119.

2 Kön 25,13–17; Jer 52,17–23), eine Konnotation, die √פשׁט ebenfalls zu eigen ist (vgl. 1 Sam 31,8f par. 1 Chr 10,8f; 2 Sam 23,10)[173].

Auch die in V40 beschriebenen Aktionen, das „Aufbieten einer Versammlung/Mannschaft (קהל)“, das „Steinigen (רגם) mit Steinen" sowie das „Aufbrechen/Aufschneiden (בתק) mit Schwertern", die die Stadtfrau von den Nationen treffen sollen, weisen, anders als oftmals angenommen wird, *nicht* in den Kontext eines Rechtsverfahrens bei Ehebruch[174], sondern sind allesamt im Zusammenhang eines Kriegsgeschehens zu verorten: Das Substantiv קהל bezieht sich im Ezechielbuch immer wieder auf Gruppen von Soldaten bzw. Kriegsmannschaften (vgl. insbesondere Ez 17,17; 26,7; 38,4)[175], und das „Steinigen mit Steinen" könnte auf die Steinschleuder zielen, eine im antiken Belagerungskrieg gebräuchliche Waffe, die von speziellen Schleuderern (*slingers*) bedient wurde[176].

Bei בתק handelt es sich um ein ersttestamentliches Hapaxlegomenon, das wahrscheinlich von akk. *batāqu*, „abschneiden, durchschneiden, schlachten, durchlöchern, durchbrechen, zerteilen" herzuleiten ist[177] und dem hebräischen Verb בקע nahe steht. Letzteres kann in der Hebräischen Bibel im Rahmen von Kriegshandlungen das „Aufbrechen" einer Stadt vermittels Mauerbreschen bzw. – im weitesten Sinne – deren Eroberung bezeichnen (vgl. z.B. 2 Kön 25,4; Jer 39,2; 52,7; Ez 26,10; 30,16) oder aber das Kriegsgräuel des Aufschlitzens von schwangeren Frauen (vgl. 2 Kön 8,12; 15,16; Hos 14,1; Am 1,13). Deutet V40 also – zusätzlich ist hier auf die Erwähnung des Schwertes zu verweisen – schon recht plastisch auf den Kontext des Krieges hin, so lässt sich V41aα gleichsam *nur noch* konkret

---

[173] Zu den genannten Belegstellen vgl. Hans Schmoldt, „Art. פשׁט", ThWAT VI (1989), 787–791, 788.790f.

[174] Vgl. hierzu ausführlich Day, Death, 302–305. Insbesondere das „Steinigen mit Steinen" wird meist als Bestrafung für Ehebruch betrachtet (vgl. Kraetzschmar, Ezechiel, 152; Cooke, Ezekiel, 175; Eichrodt, Hesekiel, 125; Zimmerli, Ezechiel 1, 360f; Hals, Ezekiel, 107; Krüger, Geschichtskonzepte, 179; Allen, Ezekiel 1–19, 242; Block, Ezekiel 1–24, 503; Greenberg, Ezechiel 1–20, 345; Sedlmeier, Ezechiel 1–24, 215; Baumann, Gottesbilder, 118 [mit Bezug auf Ez 23,47]). Die Verse, die dabei als Beleg für die *Steinigung* als Todesstrafe bei Ehebruch angeführt werden, erwähnen diese jedoch nicht (Lev 20,10; Dtn 22,22) oder beziehen sich auf andere, wenn auch nicht unähnliche Vergehen (Dtn 22,20f.23f).

[175] Weitere Belegstellen sind Ez 23,24.46.47; 27,27.34; 32,3.22.23; 38,7.13.15.

[176] Vgl. hierzu Ussishkin, Conquest, 94 (Text).95f (Abbildungen). √רגם kommt wahrscheinlich ursprünglich die Grundbedeutung „aussenden" zu, die „im Hebr. dann speziell auf das Obj. ‚Stein' bezogen wurde" (Klaus-Dietrich Schunck, „Art. רגם", ThWAT VII [1993], 345–347, 345). „Das Nomen [מרגמה], dem [אבן] vorangestellt ist, [...] ist Bezeichnung für die Steinschleuder als Waffe und nimmt damit die Grundbedeutung der Wurzel ‚aussenden, werfen' wieder auf." (A.a.O., 347.)

[177] Vgl. Jonas C. Greenfield, „Lexicographical Notes I", HUCA 29 (1958), 203–228, 220f; AHw I, 114f.

verstehen, ist hier doch davon die Rede, dass die feindlichen Mächte Jerusalems Häuser „mit Feuer verbrennen" (שרפו בתיך באש). Dass *ganze Städte* im Rahmen kriegerischer Auseinandersetzungen durch Feuer vernichtet werden, wird in der Hebräischen Bibel wiederholt berichtet (vgl. z.B. Num 31,10; 1 Sam 30,1.3.14; Jes 1,7)[178] und angedroht, insbesondere im Jeremiabuch, wo dabei immer auf die Zerstörung Jerusalems gezielt ist[179]; darüber hinaus wird die Formulierung שׂרף√ + באש, „mit/im Feuer verbrennen", außerhalb von Ez 16,41 und 23,47 für das Verbrennen von *Gebäuden* nur noch in Ri 9,52, 2 Kön 25,9, Jer 39,8, 51,32 und 52,13 verwendet – und damit schwerpunktmäßig in den Zusammenhängen, die auf die Eroberung Jerusalems 587/86 v.u.Z. und die von den Babyloniern im Anschluss daran ergriffenen (Straf-)Maßnahmen rekurrieren (2 Kön 25,1–21; Jer 39,1–10; 52,4–30). Außerdem verweist V41aα zurück auf Ez 5,4, wo – im Rahmen der die Belagerung und Eroberung Jerusalems antizipierenden Analogiehandlungen – von „im Feuer" (באש) zu verbrennenden (שׂרף√) Haaren die Rede ist, von denen aus sich ein Feuer „zum ganzen Haus Israel hin" ausbreiten soll.

Der Rest des Verses, „und sie vollstrecken Rechtssätze an dir vor den Augen vieler Frauen, und ich mache deinem Hurendasein ein Ende, und auch Bezahlung wirst du nicht mehr geben", stellt eine Zusammenfassung des angekündigten Strafhandelns dar und formuliert dessen Konsequenzen. Ausdrücklich wird hier noch einmal das Zusammenwirken von Jhwh und den Nationen hervorgehoben: V38a zufolge hat *Jhwh* im Sinn, Jerusalem bestimmten Rechtssätzen (משפטים) entsprechend richten (שפט√) zu wollen, und übergibt sie zu diesem Zwecke in die Hand ihrer Liebhaber (V39aα); in V41aβ hingegen wird das Vollstrecken von Rechtssätzen (משפטים) den *Liebhabern* zugeschrieben – gleichzeitig aber setzt Jhwh damit den Aktivitäten seiner Frau ein Ende (V41bα). Dass sich das Gericht „vor den Augen vieler Frauen" vollzieht, meint wahrscheinlich zunächst, dass es sich um ein öffentliches, politisches Geschehen handelt, durch das die judäische Hauptstadt vor anderen Stadt- bzw. Nationen-Frauen

---

[178] Im Unterschied zu anderen Begriffen für „(Ver-)Brennen" beschreibt שׂרף√ „ein Vernichtungshandeln, das an Personen und Gegenständen ausgeübt wird, die ihrerseits durch Merkmale wie Feindschaft, rituelles Tabu oder besondere Abscheulichkeit gekennzeichnet sind" (Udo Rüterswörden, „Art. שׂרף", ThWAT VII [1993], 882–891, 883). Entsprechend wird auch dort, wo die Todesstrafe durch Verbrennen beschrieben ist, שׂרף√ verwendet, was in erster Linie auf den „besonders abscheulichen Charakter der begangenen Tat" zielt (a.a.O., 884; zum Ganzen vgl. a.a.O., 884f). Stadtzerstörungen durch Feuer werden auch in den assyrischen Königsinschriften besonders häufig erwähnt (vgl. z.B. ARAB 2, Nr. 341, 152).

[179] Vgl. Jer 21,10; 32,29; 34,2.22; 37,8.10; 38,17.18.23.

an Würde und Ansehen einbüßt[180]. Mit den die Strafaktionen bezeugenden „Frauen" könnten jedoch auch (oder zugleich) die Überlebenden
der Jerusalem überrollenden Kriegsgewalt gemeint sein. Dann wäre hier
das Feminisierungsschicksal der Besiegten festgehalten – ein Gedanke,
der auch deshalb plausibel erscheint, weil V41b die Vermännlichung der
Stadtfrau nochmals in Erinnerung ruft und damit gleichsam eine Art Kon-
trastfolie bereitstellt.

Ez 16,42f bündelt das (göttliche) Zerstörungsvorhaben noch einmal,
wobei der Schwerpunkt nun auf den mit diesem Vorhaben verbundenen
Emotionen JHWHs liegt: Wenn JHWH seine Zornglut an ihr gestillt hat –
so sagt er –, *dann* kehrt sein Eifer sich von ihr ab, findet er Ruhe und
wird nicht mehr unmutig sein (V42). Warum JHWH seinen Zorn, der die
Auslieferung seiner Stadtfrau an die Nationen gleichsam umgreift[181], auf
die angesprochene Art und Weise ausleben muss(te), ihn nicht zurück-
drängen kann/konnte, ist ihm in V43a in den Mund gelegt: Weil Jerusalem
sich ihrer Kindheit/Jugendzeit nicht erinnert (vgl. V22 und dazu oben)
und ihre Gottheit rasend gemacht hat (√רגז)[182] „durch all diese Dinge".
Insbesondere im zweiten Halbsatz ist hier die ungeheure Verstörung
JHWHs festgehalten, die durch das Tun seiner Bündnispartnerin in dieser – sehr menschlich gedachten – Gottheit ausgelöst wird, denn √רגז
meint immer eine „heftige äußere/innere Bewegung", wie sie etwa auf
Todes- und andere Schreckensnachrichten folgen kann (vgl. z.B. 2 Sam
19,1; Jes 32,10.11). Die über √רגז ins Wort gebrachte massive Erregung, die
in physischem Zittern und Beben anschaulich werden kann, ist in aller
Regel etwas, das durch *JHWHs* machtvolles In-Erscheinung-Treten in den
Geschöpfen ausgelöst wird (vgl. z.B. Ex 15,14; 2 Sam 14,15; Hab 3,16; Joel 2,1;
Ps 18,8) – darin, dass Jerusalem eine solche Reaktion in JHWH zu bewirken
vermag, wird wohl einmal mehr das Motiv der Umkehrung aller Verhältnisse eingespielt. Dem Ezechielbuch zufolge wird, dies lässt sich außerdem dem einzigen weiteren enthaltenen Beleg von √רגז entnehmen, der
von JHWH infolge seines Aufgewühltseins heraufbeschworene Kriegszu-
stand bei den BewohnerInnen Jerusalems eine entsprechende Reaktion

---

[180] Vgl. Galambush, Jerusalem, 105f, Anm. 45; Greenberg, Ezechiel 1–20, 346.
[181] Die Erwähnungen des Zorns JHWHs in V38b und V42 bilden eine Art Rahmen um das
Gerichtshandeln der Nationen.
[182] Diese Übersetzung setzt voraus, dass hier mit den Versionen die *Hif'il*-Form וַתַּרְגְּזִי
anstelle der schwer verständlichen *Qal*-Form וַתִּרְגְּזִי gelesen wird (vgl. Zimmerli, Ezechiel
1, 340; Block, Ezekiel 1–24, 499, Anm. 222). In der LXX wird ותרגזי mit ἐλύπεις, „du hast
mich gekränkt" wiedergegeben. רגז *Hif'il* + ל findet sich auch in Jer 50,34, רגז *Hif'il* + Akk.
ist in Ijob 12,6 belegt.

hervorrufen, soll doch Ezechiel, der diese Reaktion am eigenen Leibe vorwegzunehmen beauftragt wird, sein Brot „mit Beben" essen und sein Wasser „mit (sichtbarer) Erregung und Angst (ברגזה ובדאגה)" trinken (Ez 12,18).

Die Reziprozität von Schuld und Strafe – zumindest auf metaphorischer Ebene – wird in V43bα noch einmal erkennbar, indem mit der Formulierung „deinen Weg – auf (deinen) Kopf gebe ich (ihn) (דרכך בראש נתתי)" an V25 erinnert wird, wo Jerusalem beschuldigt wurde, „am Kopf eines jeden Weges" (אל־כל־ראש דרך) „ihre Höhe" einzurichten (vgl. auch V31: בראש כל־דרך)[183]. Im Rückverweis auf Ez 16,12 wird gleichzeitig der Kontrast zwischen der auf JHWHs Initiative wie eine Königin ausgestatteten (passiven) und der nun für ihr eigenmächtiges Handeln gemaßregelten (aktiven) Stadtfrau noch einmal abschließend hervorgehoben: Hatte JHWH ihr dort eine prachtvolle Krone auf den Kopf gegeben (ואתן [...] ועטרת תפארת בראשך), so ist es nun ihr in JHWHs Augen selbstherrlicher Weg, den er auf ihren Kopf zurückfallen lässt (בראש + √נתן, vgl. Ez 9,10; 11,21; 22,31) und der damit, so die in V43bγ formulierte Konsequenz, sein (endgültiges?) Ende findet.

Insgesamt schildert Ez 16,35–43 JHWH bzw. die in seinem Auftrag agierenden Nationen als brutale Gewalttäter, die die göttliche ‚Partnerin', nachdem sie sie sexuell unterworfen haben, nicht nur einmal, sondern mehrfach töten – mit Steinen, Schwertern und Feuer. In den sprichwörtlichen „tausend Toden", die die Stadtfrau hier stirbt, spiegelt sich die massive Grausamkeit des antiken (Belagerungs-)Krieges wider, der Jerusalem als kollektiven Körper und Lebensraum – Israels wie JHWHs[184] – zerstörte. Bleibt man auf der literarisch-metaphorischen Ebene, so weist dieses Ende der Stadtfrau auf ihren Anfang zurück. Wie JHWH das junge Mädchen einst – nach langen Jahren – aus der auf ihre Vernichtung zielenden traumatischen Situation herausholte, so versetzt er sie nun wieder in diese hinein (und lässt sie, wie der weitere Textverlauf zeigt, das Grauen ein weiteres Mal überleben). JHWH nimmt damit einerseits alles zurück, was er ihr Gutes getan hat (vgl. V8–14) – am Ende ist Jerusalem nicht nur wieder „nackt und bloß", sie liegt auch wieder in ihrem Blut (V38; vgl. V40). Gleichzeitig wird alles ausgelöscht, was sie JHWH ‚angetan' hat, indem sie seine Gaben für andere Männer/Mächte zweckentfremdet hat. Was Jerusalem schließlich an Schrecknissen und Grausamkeiten trifft, steht zu

---

[183] Vgl. Greenberg, Ezechiel 1–20, 346. Zur Reziprozität vgl. auch Maier, Daughter, 121.
[184] Vgl. hierzu Maier, Daughter, 123.

dem, was sie getan hat, in Wechselwirkung, ja, führt eigentlich das von ihr selbst gegen die göttliche Ordnung heraufbeschworene Chaos ‚nur' konsequent weiter, etwa wenn sie, der nichts anderes so wichtig war wie der Kontakt mit den Nationen, nun von diesen überrollt wird. Ihr, die sich für fremde Gottheiten ausgezogen hat (vgl. V16.18), werden nun alle Kleider vom Leib gerissen (vgl. V39). Sie, die sich anmaßte, männlich-autark zu agieren, hat nun das Schicksal zu erleiden, das unterliegende Männer in Kriegen trifft: das Schicksal der Feminisierung, welches textlich in den die Katastrophe bezeugenden „Frauen" (V41) festgehalten sein könnte.

2.9. Auswertung

Im Folgenden soll es vor allem um die Frage gehen, inwiefern Ez 16,1–43 als literarischer Bearbeitungsversuch der traumatischen Katastrophe von 587/86 v.u.Z. begriffen werden kann und welche Bedeutung der Vermengung von Gewalt- und Geschlechterdiskurs innerhalb dieses traumatischen Bewältigungsversuchs zukommt.

Durch die biographische Einbindung wird – und das ist m.E. zunächst wesentlich – der Katastrophe der Charakter des plötzlich Hereingebrochenen und des ganz Anderen genommen. Was mit Jerusalem und den dort Lebenden geschehen ist, wird in – unter JHWHs Kontrolle stehende – Ursache-Wirkung- bzw. Schuld-Strafe-Zusammenhänge eingebettet, wodurch es *angesichts Gottes* begreiflich (gemacht) werden soll. Mit dem Absurden, Grotesken und Konstruierten, das in dem hier entworfenen narrativen Skript enthalten ist, hat sich diesem, so mein Eindruck, gleichzeitig die Unmöglichkeit solchen Begreifens eingeschrieben.

Dabei spannt die biographische Erzählung verschiedene ‚Logik-Linien' aus, welche – zumindest auf den ersten Blick – JHWH *ent*- und Jerusalem *be*lasten; implizit wird allerdings auch Jerusalem *Ent*lastendes übermittelt. So wird mit dem Verweis auf den kanaanäischen Ursprung Jerusalems (V3) eine auf einer Art Vererbungslehre beruhende Begründung für das ‚unmoralische' Verhalten der erwachsenen Stadtfrau festgehalten[185]; die Aussetzung des Mädchens am Tag seiner Geburt (V4f) rückt dieses von Anfang an in eine Sphäre von Wildheit, Chaos und Tod, von der sich Jerusalem trotz aller Anstrengungen JHWHs nie gänzlich losgesagt hat. Sind diese Hinweise auch in erster Linie dazu angetan, die initiale ‚Schlechtigkeit' und ‚Zügellosigkeit' der Hauptstadtfrau – und JHWHs grenzenloses Erbarmen – anschaulich zu machen, so geben sie der Unheilsge-

---

[185] Vgl. Greenberg, Ezechiel 1–20, 323; Kamionkowski, Gender Reversal, 96f.

schichte Jerusalems doch gleichzeitig den Charakter des Zwangsläufigen. Die judäische Hauptstadt bzw. die die Geschicke Judas lenkenden politisch Mächtigen werden damit ein Stück weit der Verantwortung für die Katastrophe enthoben. Zwischen den Zeilen ist umgekehrt herauszulesen, dass Gottes Güte und Zuwendung offenbar nicht ausgereicht haben, um Jerusalems initiales Trauma zu überwinden – ihre Beziehungsfähigkeit erscheint dauerhaft zerstört, und immer wieder re-inszeniert sie das in der frühsten Kindheit Erlittene, indem sie die ihr von JHWH geschenkten ‚Lebensmittel' an andere Mächte weitergibt und schließlich sogar ihre eigenen Kinder tötet (und darin der eigenen Todessehnsucht Ausdruck verleiht!). In dem in Ez 16,1–43 Geschilderten spiegelt sich dementsprechend ein (Erfahrungs-)Wissen um traumatische Symptombildung und um die massiven und mitunter unüberwindlichen Beeinträchtigungen, die individuelle und kollektive Traumata mit sich bringen können, wider. Dass dieses (Erfahrungs-)Wissen im Rahmen der Belagerung, Eroberung und Zerstörung Jerusalems 587/86 v.u.Z. zum Tragen kommt, erscheint dabei kaum zufällig.

Kaum ein Zufall ist es auch, dass die Juda/Jerusalem zu Beginn des 6. Jh.s v.u.Z. durch die Babylonier zugefügte Kriegsgewalt hier vorrangig als sexualisierte/sexuelle Gewalt ins Bild gesetzt ist. Einerseits wird damit eine wesentliche Form von Gewalt- bzw. Gräueltaten, wie sie im Kontext von Belagerungskriegen zur Anwendung kamen, zur Sprache gebracht, eine Form, die Männer wie Frauen, Soldaten wie Angehörige der Zivilbevölkerung treffen konnte. Gleichzeitig ist das gewählte ‚Bildgebungsverfahren' – ähnlich wie die Verwendung der vielfältig schillernden Verbalwurzel גלה – ein Indikator für die Massivität der Schrecken wie sie sich im kulturellen Gedächtnis Israels mit den in Frage stehenden geschichtlichen Ereignissen verbunden haben. Und schließlich – auch das mag beim Versuch der Einbindung der Katastrophe in ‚sinnhafte' Zusammenhänge eine Rolle gespielt haben – entspricht die (metaphorische) ‚Strafe' in gewisser Weise der (metaphorischen) Schuld: Jerusalem bekommt, was sie, die Unersättliche (vgl. V28.28.29), immer gewollt hat. Wir haben es hier mit einer massiven Selbstbezichtigung zu tun, die im Gewand massiver Opferbeschuldigung (*blaming the victim*) daherkommt.

Dass verwoben mit dem Kriegsgewalt- ein Geschlechter(rollen)-Diskurs die in Frage stehende Textpassage durchzieht, hat darüber hinaus insbesondere mit der Zuweisung von Macht und Ohnmacht, von Aktivität und Passivität an die verschiedenen Erzählfiguren/-instanzen zu tun. Aus Sicht des Textes ‚funktioniert' die Beziehung zwischen JHWH und Jerusalem (nur) dort, wo JHWH männlich-aktiv und Jerusalem weiblich-passiv ist (vgl. V6–14); Jerusalems Vergehen besteht gleichsam darin, dass sie diese Ordnung auf den Kopf gestellt hat, an die Stelle Gottes getreten und selbst männlich-aktiv geworden ist (V15–34). Auch wenn diese Position ein wenig weltfremd anmutet – schließlich kann man als politische Größe nicht einfach nicht handeln –, implizit wird hier Jerusalems Mitmachen-Wollen beim ‚Spiel‘ der Großmächte kritisiert. Jerusalem hätte, diese Erklärung legt der Text JHWH in den Mund, nicht mehr tun müssen, als ihre ruhmreiche (vgl. V14) weiblich-passive Rolle im Gegenüber zu ihrem männlich-aktiven Bündnispartner anzunehmen – im Ernstfall, etwa der Bedrohung durch andere Mächte und Gewalten, hätte JHWH seine Verpflichtungen als Ehe- und Kriegsherr zugunsten seiner städtischen Partnerin selbstverständlich übernommen[186].

Überraschend ist, dass die (in jeder Hinsicht klischeehafte) weiblich-passive Rolle hier nur auf den ersten Blick einer Frau nahegelegt wird – ist der obige Kritikpunkt richtig benannt, zielt die Stadtfrau-Metapher hier in besonderer Weise auf die wohl vorrangig *männlichen* politisch Verantwortlichen, die sich mit der beschriebenen Frauenrolle identifizieren sollen[187]. Dass sie dies auch *können*, liegt in ihrem kriegsbedingten ‚Feminisierungsschicksal‘ begründet, welches Ez 16 eindrücklich in Szene setzt.

Traumatheoretisch betrachtet geschieht über die Idealisierung der weiblich-passiven Rolle noch mehr – was hier nämlich letztlich idealisiert wird, ist paradoxerweise die Ohnmacht, wie sie für die traumatische Situation generell kennzeichnend ist und wie sie die Situation des neugeborenen Mädchens in Ez 16,4f in besonderer Weise prägt. Nicht die Wiedererlangung von Handlungsmöglichkeiten, auf die aus traumatherapeutischer Sicht vorrangig zu zielen wäre, steht hier im Vordergrund. Den RezipientInnen wird vielmehr ‚angeraten‘, sich der traumatischen Schreckensstarre zu ergeben – so bleibt ihnen (und bleibt Jerusalem!) in einer ausweglosen Situation immerhin die Hoffnung auf einen irgendwann ‚vorübergehenden‘ göttlichen Retter (vgl. V6.8). Man mag dies einmal mehr als Hinweis auf die Schwere der mit der Katastrophe von 587/86 v.u.Z. verbundenen Traumata verstehen – deutlich ist jedenfalls, dass deren Integration an dieser Stelle der Erzählung noch weitestgehend aussteht.

Drei weitere Aspekte sind, was Ez 16 als literarischen Bearbeitungsversuch der Ereignisse von 587/86 v.u.Z. angeht, noch zu nennen:

---

[186] Vgl. hierzu auch Kelle, Wartime Rhetoric, 109f.
[187] Vgl. hierzu Yee, Children, 82; Kelle, Wartime Rhetoric, 107–109.

1) Über die geschilderte Emotionalität Jhwhs (vgl. z.B. V26.42f), zu der die Darstellung des Verhältnisses zwischen Jhwh und Jerusalem im Bild einer exklusiven Paarbeziehung entscheidend beiträgt, wird ähnlich wie in Ez 7 versucht, Verständnis für die (in die Rolle des Täters eingerückte) Gottheit zu wecken. Jhwh ‚musste' so reagieren, weil er selbst – und darin gleicht er wiederum seiner Stadtfrau – ein (anders) nicht zu bewältigendes Beziehungstrauma erlitten hat. Das Verb כעס, das in Ez 16,26.42 und darüber hinaus in Ez 8,17 und 20,28 für die affektive Verletzung Gottes verwendet wird, bezeichnet eine „sehr intensive Gefühlsregung"[188] und wird vor allem hervorgerufen „durch Untreue von jemand, dem man eng verbunden ist"[189]. In Ez 32,9 steht √כעס parallel zum ‚Trauma-Wort' √שׁמם, so dass das Trauma Jhwhs – jedenfalls indirekt – auch wörtlich angezeigt wird[190].

2) Ähnlich wie Ez 7 zielt auch Ez 16 auf eine Entmachtung der tatsächlichen Täter und auf eine Ermächtigung Jhwhs. Erstere haben sich nicht etwa deshalb als siegreich erwiesen, weil sie Jerusalem und seiner Gottheit überlegen waren, sondern weil Jhwh es angesichts der Schuld Jerusalems so gefügt hat. Die Möglichkeit zukünftiger Machterweise Jhwhs wird dadurch ebenso offengehalten wie Israels Hoffnung auf ein rettendes Eingreifen Jhwhs zugunsten der Seinen.

3) Mehrfach wurde in der obigen Auslegung auf die Nähe zwischen der Darstellung Jerusalems und der Darstellung von Tyrus in Ez 26–28 verwiesen. Dadurch, dass im Schicksal Jerusalems dasjenige von Tyrus aufleuchtet und umgekehrt, wird implizit möglich, was explizit unmöglich ist: Das Ende Jerusalems im Ende von Tyrus zu betrauern.

* * *

D. Ez 20,1–23,49

Kap. 20 ist, was die Elemente *fragmentation, regression* und *reunification* angeht, ausgesprochen komplex. Wie Ez 14,1–11 nimmt es seinen Ausgang bei einer (versuchten) Gottesbefragung (√דרשׁ), die Ezechiel durch Angehörige der Exulantengruppe angetragen wird (vgl. V1–3). Bezugspunkt der Befragung ist vermutlich – der Zusammenhang legt dies nahe – wiederum die Verhinderung oder Abmilderung des auf Jerusalem zurollenden

---

[188] Fritz Stolz, „Art. כעס", THAT I (⁵1994 [1971]), 838–842, 839.
[189] Norbert Lohfink, „Art. כעס", ThWAT IV (1984), 297–302, 300.
[190] Zu Ez 32,9 vgl. auch Stolz, Art. כעס, 839.

Unheils, das vermehrtes Unheil auch für die im Exil Lebenden bedeutet. Jhwh verneint die Möglichkeit der Befragung und damit die Erfüllung des ihr zugrunde liegenden Wunsches (V3.31), indem er die Geschichte des Hauses Israel ähnlich wie in Kap. 16 als Verfallsgeschichte erzählt, die „von Ägypten her" nur aus Götzendienerei und Ungehorsam ihm gegenüber bestand (V4–29)[191]. Auch die Angehörigen der (ersten) *Gola* hängen dem entwürdigenden Lebenswandel ihrer Vorfahren an (V30–32) – dass sie, wie es in V32 heißt, wie die Nationen sein und Holz und Stein anbeten wollen, muss allerdings nicht zwangsläufig im Sinne einer bewussten Entscheidung gegen Jhwh gelesen werden[192], es könnte auch Ausdruck einer tiefen Hoffnungslosigkeit sein, die einmal mehr die Erschütterung des vormals in Geltung stehenden Selbst-, Welt- und Gottesverständnisses und den in einer Situation des Exils drohenden Identitätsverlust anzeigt[193]. Jhwh jedoch verweigert nicht nur die Befragung (und damit die Rücknahme des auf Jerusalem bezogenen Gerichtsbeschlusses), sondern konfrontiert die Deportierten mit einem weiteren Gerichtsszenario: Mit einem neuen Exodus, der allerdings mit den heilsgeschichtlichen Traditionen des ‚alten' Exodus in Vielem bricht, indem nun etwa ein die aufrührerischen Elemente aussonderndes Scheidungsgericht[194] in der „Wüste der Völker" installiert wird (V33–38; vgl. Hos 2,16)[195]. Über die Formulierung „mit starker Hand, ausgerecktem Arm und brodelndem, glühendem Zorn" (ביד חזקה ובזרוע נטויה ובחמה שפוכה), mit denen Jhwh über die Herausgeführten zu gebieten gedenkt (Ez 20,33.34; vgl. Jer 21,5), werden nicht nur die im Vorfeld ergangenen Vorhersagen, dass Jhwh seinen Zorn über Jerusalem ausgießen werde (Ez 7,8; 9,8; 14,19; vgl. auch 22,22; 36,18), eingespielt. Gleichzeitig kommt zum Ausdruck, dass „die Grausamkeit, welche der Tradition zufolge beim alten Exodus entfesselt über Ägypten hereinbrach"[196], sich beim neuen Exodus gegen Israel selbst richten wird. Ez 20,39–44 schließlich enthält einen Ausblick auf ein neues Leben des „ganzen Hauses Israel" (V40) im Land, der deutlich auf Ez 40–48 voraus-

---

[191] Vgl. hierzu Bowen, Ezekiel, 113f.

[192] So z.B. Greenberg, Ezechiel 1–20, 434.

[193] So z.B. Zimmerli, Ezechiel 1, 453. Vgl. auch Jean-Pierre Ruiz, „An Exile's Baggage: Toward a Postcolonial Reading of Ezekiel", in: Jon L. Berquist (Hg.), *Approaching Yehud: New Approaches to the Study of the Persian Period* (SBL.SS 50), Atlanta 2007, 117–135, 127–134.

[194] Auffällig ist hierbei der Gebrauch von שפט *Nif'al*, „ins Gericht gehen" (20,35.36; vgl. noch 17,20; 38,22) – Jhwh steht (oder stellt sich) damit gewissermaßen selbst auf dem (den) Prüfstand.

[195] Zu Ez 20,33–38 vgl. insbesondere Krüger, Geschichtskonzepte, 266–270.

[196] Greenberg, Ezechiel 1–20, 435. Zum Ganzen vgl. auch Bowen, Ezekiel, 118f.

weist. Auf seinem heiligen Berg (vgl. Ez 43,12) wird Jhwh Israels Gaben einfordern (√דרש) und die Seinen gütig annehmen (√רצה; V40f); die Rückkehr ins verheißene Land ermöglicht zuletzt auch die Auseinandersetzung mit der eigenen Schuldgeschichte und die (An-)Erkenntnis der Gottheit Israels (V42–44).

Was geschieht, auf die Elemente der *trauma response* bezogen, in diesem Text? Zunächst wird implizit einmal mehr die Frage nach der Verantwortung für die kommende Katastrophe verhandelt; diese wird – ein *regressives* Moment – pauschal dem immer schon abtrünnigen und ungehorsamen Haus Israel in seiner Gesamtheit zugeschrieben. *Regressiv* ist auch die Zeichnung einer anders als in Ez 16 nun auf ganz Israel bezogenen Verfallsgeschichte, welche das gegenwärtige Unheil als notwendige Konsequenz aus dem Verlauf einer vermeintlichen Unheilsgeschichte erklärt[197]. In Bezug auf die Gruppe der Exulanten wird dabei allerdings mit mancher zu einfachen oder irrationalen Vorstellung aufgeräumt – die Strategie, sich dem traumatischen Schlag dadurch zu entziehen, dass man Jerusalem verantwortlich macht, sich selbst aber auf dem Heilsweg wähnt, wird problematisiert; aus dem Umstand des Überlebens im Exil ist nicht auf die Bewährtheit oder die Unbewährtheit der Überlebenden zu schließen (vgl. Ez 20,38). Ez 20,33–38 stellt darüber hinaus all jene einfachen Lösungen in Frage, welche den Schreckensbildern Bilder des Heils entgegenzusetzen versuchen, ohne sich den Schreckensszenarien aussetzen zu wollen. Mit der Wendung „mit starker Hand, ausgerecktem Arm und brodelndem, glühendem Zorn" wird gleich doppelt angezeigt, dass – auch und gerade für die nach Babylonien Deportierten – eine Zukunft ohne Konfrontation mit der traumatischen Gewalt undenkbar scheint, dass diese Gewalt für *ganz* Israel weiterhin bestimmend bleibt. Mit der Zusage der – allerdings allein auf der Gnade Jhwhs beruhenden – Wiederherstellung in Ez 20,39–44 scheint ganz zuletzt auch in diesem Abschnitt noch einmal ein *integrierendes* Moment auf, wird doch auch hier auf das Neuwerden der Beziehung zwischen Jhwh und seinem Volk abgehoben. Erstaunlich – aber durchaus realistisch – ist der Umstand, dass die Auseinandersetzung mit eigenen Schuldanteilen an die Rückkehr ins Verheißene Land gebunden wird (vgl. V43: „*Dort* werdet ihr euch an eure Lebensweise erinnern […]"). Im Kontext der Traumatherapie ist es weitgehender Konsens, dass

---

[197] Vgl. hierzu Bowen, Ezekiel, 122f. Bowen deutet Ez 20 als Versuch Ezechiels, Israels traumatische Vergangenheit zu erinnern, wobei er diese womöglich schrecklicher sehe, als sie tatsächlich war.

eine Trauma-Synthese erst nach einer Stabilisierungsphase möglich ist, umgekehrt ist der bisherige Verlauf des Ezechielbuchs über weite Strekken überwiegend von *traumatischer* Schuld-‚Bearbeitung' geprägt.

Kap. 21 enthält mit dem sog. Schwertlied (V13–22) und mit JHWHs Wutausbruch gegen den Fürsten Israels (V30–32), der in der dreifachen Chaos-Ankündigung gipfelt, mit die heftigsten *Fragmentierungs*-Texte des gesamten Buches. Mit der In-Marsch-Setzung Nebukadnezars in Richtung Westen und dem Orakelbescheid ‚Jerusalem', der zugleich Maßnahmen für eine beginnende Stadtbelagerung umfasst (V27), wird die Wiederholung der traumatischen Katastrophe in diesem Kapitel kurzfristig recht konkret. Die ersten beiden Abschnitte stellen ebenfalls Wiederholungen des Unheilsszenarios zum einen im Bild eines Waldbrands (V1–5), zum anderen im Bild eines im ganzen Land Israel wütenden (Gottes-) Schwertes dar (V6–10), welche ohne das *regressive* Moment pauschaler Schuldzuschreibungen auskommen. Vielmehr wird zugegeben, dass ein solches ‚Kriegs-Gericht' Gerechte und Ungerechte dahinrafft (V3.8f) und insofern auch als ‚Weltverbesserungs'- oder ‚Volksgesundungs'-Maßnahme keinen Sinn ergibt. Was bleibt, ist sprachloser Schrecken (V11f). Im weiteren Verlauf wird die Schuldfrage zwar durchaus wieder aufgegriffen – ein derartiges (menschengemachtes!) Grauen lässt sich kaum ins Wort bringen, ohne dass man auf diese Frage stößt – und einmal auch sehr pauschal beantwortet (vgl. V29), gleichzeitig ist diesbezüglich eine gewisse Differenzierung zu beobachten, indem JHWH in die Nähe zu seinem Volk rückt (vgl. V17) und vorrangig gegen den *Fürsten* Israels wütet und diesen haftbar macht. Letztlich ist natürlich auch dies wieder ausgesprochen pauschal. Das Kapitel endet mit einem ersten Racheabschnitt (V33–37), in dem der Kriegswaffe bzw. der Trägerin derselben, Babel, verschlüsselt Vernichtung angekündigt wird. Dies ist ein *regressives* Element, das im gegebenen Erzählzusammenhang auch dafür sorgt, dass sich Hörende bzw. Lesende dem auf Jerusalem zukommenden Unheil weiterhin auszusetzen vermögen – insofern kommt ihm auch eine *integrierende* Funktion zu.

Die folgende Vertiefung bietet eine detaillierte Analyse des Kapitels, die die albtraumartige Heftigkeit der in Ez 21 verwendeten Sprachbilder ausgesprochen ernst zu nehmen versucht. Immer wieder drängt sich dabei die Frage auf, wer (JHWH, Nebukadnezar, Ezechiel, Volk Israel, „Fürst Israels") wie in die fragmentierende Gewalt verstrickt ist – oder verstrickt sein könnte. Mehrfach legt sich auch ein Vergleich mit Ez 7 nahe.

3. Vertiefung: *Bildüberfälle – Bildüberfülle (Ez 21)*

Ez 21 steht unter der Zeitangabe von Ez 20,1 (10. Tag im 5. Monat im 7. Jahr [592/91 v.u.Z.]) – die nächste im Buchverlauf genannte Zeitangabe ist bereits die, mit der die Belagerung Jerusalems durch Nebukadnezar anhebt (vgl. Ez 24,1f), und so verwundert es kaum, wenn Jhwh berichtet, der König von Babel habe sich bereits in Marsch (auf Jerusalem zu) gesetzt (vgl. Ez 21,26f). Ez 21 umfasst – zumindest auf den ersten Blick – recht disparate Erzählmomente, die jedoch (wenn auch nicht nur) durch das Motiv des Schwertes (חרב), das insgesamt 15-mal erwähnt wird, zusammengehalten werden[198]. Das Kapitel weist, wie die folgende Auslegung zeigen wird, einige Ähnlichkeiten mit Ez 7 auf, daneben gibt es aber auch – vor allem was das Verstricktsein Jhwhs in die traumatische Katastrophe und damit die diesbezügliche Sinnerschließung angeht – wesentliche Unterschiede.

3.1. *Zur Makrostruktur von Ez 21*

Der erste Unterabschnitt der unter dem Datum „7. Jahr, 5. Monat, 10. Tag" (vgl. Ez 20,1) stehenden Kapitel Ez 20–23 endet in Ez 20,44 u.a. mit der sog. Erkenntnis- (וידעתם כי־אני יהוה) und der sog. Gottesspruchformel (נאם אדני יהוה). Mit der Wortgeschehensaussage in Ez 21,1 sowie der göttlichen Aufforderung an Ezechiel, das Angesicht nach Süden zu richten und „zum Wald des Südlands hin" (אל־יער השדה נגב) prophetisch aktiv zu werden, beginnt in Ez 21,1f ein neuer Unterabschnitt, der bis zum Neueinsatz in Ez 22,1f (die „blutrünstige Stadt" als neue Adressatin prophetischen Redens) reicht. Die Hinweise auf von Jhwh ausgehendes fressendes Feuer in Ez 21,3 und 21,37 rahmen die in Frage stehende Textpassage[199], welche in erster Linie um das über Jerusalem kommende Schwert – Jhwhs bzw. Nebukadnezars – kreist.

Inhaltliche und formale Aspekte legen eine weitere Untergliederung des Kapitels in drei Teile nahe: In V1–12 „ist von Gottes Schwert und dessen Opfern sozusagen aus himmlischer Sicht die Rede", in V13–22 „wird ein ‚anonymes' irdisches Schwert zunächst erwähnt und schließlich angeredet"; erst in V23–37 „wird das Schwert irdisch konkret: es handelt sich

---

[198] Vgl. Schöpflin, Theologie, 51. Bei Odell (dies., Ezekiel, 263) hingegen heißt es: „[T]he chapter is more coherent than generally assumed."
[199] Vgl. Zimmerli, Ezechiel 1, 460; Fuhs, Ezechiel, 109; Schöpflin, Theologie, 50.

um Nebukadnezzars Schwert, dessen Tun anschaulich geschildert wird."[200] Im Folgenden sollen die einzelnen Kapitelabschnitte noch etwas eingehender vorgestellt und darüber deren Struktur und traumatischer Charakter verdeutlicht werden.

3.2. *(Traumatische) Text-Strukturen in V1–12*

Der erste Teilabschnitt von Ez 21 besteht aus zwei annähernd parallel gestalteten Unheilsankündigungen (V1–5.6–10) sowie einer an Ezechiel ergehenden Anweisung zu einer prophetischen Analogiehandlung (V11f). Zunächst soll der Prophet dem „Wald des Südlands" – vermutlich eine Metonymie für den königlichen Palast in Jerusalem, „whose formal name was the House of the Forest of Lebanon (1 Kgs 7:2–12; 10:17, 21; cf. Isa 22:8) but which was called ‚the forest' (Jer 21:14)"[201] – das vollständige Gefressenwerden durch ein von JHWH entfachtes Flammeninferno ansagen (V1–4). Als Ezechiel – hier erzählt er, was selten vorkommt, eine eigene sprachliche Reaktion – gegen diesen Mitteilungsauftrag den grundsätzlichen Einwand erhebt, man halte ihn für einen „Sprüchemacher von Bildsprüchen" (מְמַשֵּׁל מְשָׁלִים, V5)[202], formuliert JHWH eine neue Unheilsandrohung „mit reduziertem Bildanteil"[203] (V6–10). Deren erste Adressatin soll nun die „Ackererde Israel" sein (V8, in V7 werden zusätzlich Jerusalem und [die dortigen] Heiligtümer genannt), gegen die JHWH nun vorzugehen und aus der er Gerechte und Ungerechte (צַדִּיק וְרָשָׁע, V8.9) mit seinem Schwert herauszuschneiden (√כרת, V8.9) gedenkt. Die wesentlichen Parallelen zwischen den beiden Gerichtsreden liegen in der Betonung der Vollständigkeit des Gerichts (V1–5: jeder grüne und jeder dürre Baum [V3], alle Gesichter [V3], alles Fleisch [V4]; V6–10: Gerechte und Ungerechte [V8.9], alles Fleisch [V9.10]), in der Hervorhebung von dessen Unwiderruflichkeit (V1–5: die verzehrende Flamme erlöscht nicht [V3.4]; V6–10: das gezogene Schwert kehrt nicht wieder [in die Scheide] zurück [V10]) und schließlich darin, dass JHWH als Urheber des Gerichtsgeschehens erkannt werden

---

[200] Moshe Greenberg, *Ezechiel 21–37* (HThKAT), Freiburg i.Br. u.a. 2005, 39. Vgl. auch Hals, Ezekiel, 143; Block, Ezekiel 1–24, 659f; Schöpflin, Theologie, 21–51; Odell, Ezekiel, 263.

[201] Odell, Ezekiel, 267.

[202] Vgl. hierzu Schöpflin, Theologie, 24: „Die Klage [Ez 21,5, R.P.] stellt Ezechiel als einen hin, der unter der Kritik seiner Hörerschaft leidet, die ihm offenkundig unverständliches Reden vorwirft – und ihn deshalb nicht ernst nimmt, ihm womöglich gar nicht mehr zuhören will." Traumatologisch gedeutet, könnte die beschriebene Ablehnung damit zusammenhängen, dass der Prophet das Trauma der Zerstörung Jerusalems und des Exils mit Haut und Haaren verkörpert, welches die Gesellschaft/Gemeinschaft (zumindest *auch*) verdrängen möchte.

[203] Schöpflin, Theologie, 32.

soll (vgl. die erweiterten ‚Erkenntnisformeln' in V4.10)[204]. Auffällig ist darüber hinaus, dass beide Unheilsankündigungen unbegründet bleiben[205]; anders als in Ez 7 etwa ist hier von einer Schuld der vom Feuer bzw. vom Schwert JHWHs Getroffenen (noch) keine Rede. Hierin könnte sich ein Wissen darum Ausdruck verschafft haben, „daß todbringende Kriegszeiten, Hungersnöte und Epidemien erfahrungsgemäß Menschen wahllos vernichten"[206], wie in Ez 7 allerdings wird die Katastrophe in die Verantwortung der Gottheit Israels verlegt statt die Übermacht des tatsächlichen weltlichen Feindes anzuerkennen. Mit dieser Interpretation der Ereignisse von 587/86 v.u.Z., die einerseits die Urheberschaft JHWHs, andererseits das Umkommen Unschuldiger betont, tritt die Frage nach der Verlässlichkeit und Zugewandtheit JHWHs mit besonderer Dringlichkeit auf den Plan, zumal Ez 21,1–10 anderen Textpassagen des Ezechielbuchs widerspricht:

> Wenn Jahwe tatsächlich beide [die Gerechten und die Ungerechten, R.P.] ausrottet, verstösst er gegen dasjenige [sic!] was in Ez 9 steht, wo die Getreuen ausgenommen werden, und gegen 14,12–23, wo immer die drei [צדקים] ihre Leben retten; und gegen 18, wo jeder Mensch persönlich seine Verantwortung hat. Kann man wirklich sagen, dass Gottes Schwert rücksichtslos [sic!] alle ausrottet? Wir schaudern bei diesem Gedanken[207].

Im weiteren Verlauf stellt sich Ez 21 dementsprechend nicht nur als traumatisch geprägte Auseinandersetzung mit der geschehen(d)en Kriegskatastrophe, sondern (als solche) auch als Frage nach der göttlichen Gewaltverstricktheit dar.

Zunächst allerdings werden die unmittelbaren Auswirkungen der kommenden/gekommenen Schreckensnachricht – gemeint ist vermutlich das Herankommen des Endtags (vgl. Ez 7,26) bzw. der Beginn der Belagerung Jerusalems durch das babylonische Heer (vgl. Ez 24,1f)[208] – ins Zentrum gerückt (Ez 21,11f): JHWH fordert den Propheten auf, vor ihren Augen zu stöhnen (√אנח), und zwar „mit Zusammenbruch der Hüften" (בשברון

---

[204] Zu den Parallelen zwischen den beiden Textabschnitten vgl. Block, Ezekiel 1–24, 666–669.

[205] Vgl. Schöpflin, Theologie, 22f.34.

[206] Pohlmann, Hesekiel 20–48, 322; vgl. Block, Ezekiel 1–24, 669; Bowen, Ezekiel, 125.

[207] Berend Maarsingh, „Das Schwertlied in Ez 21,13–22 und das Erra-Gedicht", in: Johan Lust (Hg.), *Ezekiel and His Book: Textual and Literary Criticism and their Interrelation* (BEThL 74), Leuven 1986, 350–358, 353. Vgl. auch Greenberg, Ezechiel 21–37, 41; Bowen, Ezekiel, 125.

[208] Vgl. Schöpflin, Theologie, 35f. Dass, wie Ott meint, die Botschaft das Stöhnen sei, Ezechiel also über das Stöhnen stöhne (vgl. dies., Analogiehandlungen, 121), ist hingegen m.E. kaum einleuchtend.

מתנים) und „mit Bitterkeit" (במרירות), um darin die traumatische Reaktion derer (vor-)abzubilden, die mit dieser Schreckensnachricht konfrontiert sind: „Dann schmilzt jedes Herz (oder auch: „setzt alles Denk- und Planungsvermögen aus"), und alle Hände hängen schlaff herunter, und es erlöscht jeder Geist (oder auch: „jede Energie"), und alle Schenkel triefen von Urin". Hier wird, noch deutlicher als in Ez 7,17, wo ‚nur' vom Erschlaffen der Hände und von Inkontinenz die Rede war, ein Einfrieren (*freezing*) aller physischen und psychischen Funktionen skizziert, wie es für *no-fight-/no-flight*-Situationen charakteristisch ist. Zwar „bedeutet der Schock der [...] Hörer der Botschaft eine klare Steigerung gegenüber dem Seufzen Ezechiels"[209], dennoch erscheint bereits das Verhalten des Propheten als unkontrolliert traumatisches – ein Stöhnen mit Bitterkeit und Hüftbruch ist jedenfalls kaum ohne Weiteres zu inszenieren[210].

Nicht ganz eindeutig zu klären ist, *wessen* traumatische Reaktion in V12 geschildert wird – sofern der Prophet im Kontext der Exilsgemeinschaft zu agieren scheint (vgl. Ez 21,12a) und von einer Schreckens*nachricht* (שמועה) die Rede ist, könnte auf die Reaktion der Verschleppten gezielt sein. In diesem Falle ginge es hier um das unwillkürliche Verhalten von Personen, die *indirekt* von dem angesprochenen Unheil betroffen sind. Wenn deren (erzählte) Antwort auf das Gehörte gleichwohl derart traumatisch ausfällt, so könnte sich darin die begründete Sorge um *direkt* betroffene Verwandte, FreundInnen und Landsleute Ausdruck verschaffen (vgl. Ez 24,21.25). Gleichzeitig ähnelt das diesen angekündigte Schicksal dem erlittenen der nach Babylonien Deportierten, so dass die beschriebene heftige Reaktion, so sie denn von den Deportierten berichtet wird, an das Phänomen der Re-Traumatisierung denken lässt. Annehmen ließe sich auch eine *neuerliche* Traumatisierung der Exulanten, bedeutet doch

---

[209] Schöpflin, Theologie, 35.

[210] Vgl. hierzu Samuel Terrien, „Ezekiel's Dance of the Sword and Prophetic Theonomy", in: Richard D. Weis/David M. Carr (Hg.), *A Gift of God in Due Season* (FS J. A. Sanders) (JSOT.S 225), Sheffield 1996, 119–132, 122: Ez 21,11f „also intimates the prophet's physiological reactions in a realistically clinical style. Ezekiel is ordered to groan heavily; his loins weaken and refuse to support him; a bitter sensation seizes him in the stomach; out of breath, he pants; and his knees melt like water". Demgegenüber hält Kelvin G. Friebel fest, dass „[t]he literary text does not allow this nonverbal behavior to be interpreted as one which merely arose naturally out of Ezekiel's own emotional distress" (ders., *Jeremiah's and Ezekiel's Sign-Acts: Rhetorical Nonverbal Communication* [JSOT.S 283], Sheffield 1999, 292). Walther Zimmerli, der wie Friebel von einer hinter dem Text stehenden historischen Prophetengestalt ausgeht, nimmt an, dass hier ein „passives Erleben" zum „Zeichen für die Botschaft wird" (ders., „Die Botschaft des Propheten Ezechiel", in: ders., *Studien zur alttestamentlichen Theologie und Prophetie. Gesammelte Aufsätze Band II* [TB 51], München 1974, 104–134, 115, Anm. 27; ähnlich auch Fuhs, Ezechiel, 110).

die unaufhaltsam auf Jerusalem/Juda zurollende Katastrophe auch das Zunichtewerden der Hoffnung auf eine baldige Rückkehr in die Heimat, ja, ein Zunichtewerden der Heimat selbst.

Sofern in V12 gleich viermal das Wort כל, „jeder, ganz, alle", Verwendung findet, soll die traumatische Reaktion möglicherweise gar nicht auf eine bestimmte Gruppe begrenzt werden – die herankommende Katastrophe, so wird deutlich, ist so fürchterlich, dass sie *grenzenloses* Entsetzen hervorruft. Denkbar ist m.E. sogar, dass JHWH selbst an der beschriebenen Schreckensstarre partizipiert – immer wieder verkörpert der Prophet in seinen Analogiehandlungen *gleichzeitig* das Haus Israel und seine Gottheit (vgl. z.B. Ez 5,1–4). „Im Stöhnen des Propheten ist es zu hören, daß in dem, was da geschieht, sich ein nach Gottes eigener Meinung wahrhaft verzweifeltes Geschehen über die Seinen vollzieht", heißt es dementsprechend bei Walther Zimmerli[211].

3.3. *(Traumatische) Text-Strukturen in V13–22*

Das sog. Schwertlied in Ez 21,13–22 „contains some of the most thrilling poetry in the book of Ezekiel, as well as a number of complex critical problems"[212] – einzelne Teilverse bleiben unverständlich (vgl. insbesondere V15b.18a), daneben fallen schwer zu deutende AdressatInnen- und Stimmungswechsel auf. Die grundsätzliche Aussageabsicht der Textpassage indes ist deutlich[213]: Es geht um ein Schwert, das für einen Kampf vorbereitet und in die Hand eines ‚Schlächters' gegeben wird. Das Losschlagen dieses Schwerts, das im Volk JHWHs ein furchtbares Gemetzel anrichtet, wird sodann performativ in Szene gesetzt. Insgesamt stellt sich der Abschnitt als (Spiegel-)Bild unbewältigter bzw. unbewältigbarer (Kriegs-)Gewalt dar, sei es im Sinne einer Momentaufnahme einer traumatischen Situation, sei es im Sinne eines nachträglichen Überfallenwerdens mit den Schreckensbildern, die sich in einer solchen Situation dem (inneren) Auge der Betroffenen eingebrannt haben.

Das eigentliche ‚Schwertlied' – die Wortgeschehensaussage in V13 dient hier einmal mehr der narrativen Einbettung der in V14–22 wiedergegebenen Gottes-Rede – lässt sich in drei Strophen (V14–16.17f.19f) und ein regelrechtes *finale furioso* (V21f) untergliedern[214]. Während die Strophen

---

[211] Zimmerli, Ezechiel 1, 468; vgl. auch a.a.O., 479. Vgl. auch Maarsingh, Schwertlied, 357 (zu Ez 21,17).
[212] Odell, Ezekiel, 267. Vgl. auch Terrien, Dance, 120f.
[213] Vgl. Odell, Ezekiel, 267f.
[214] Vgl. Terrien, Dance, 119f. Ähnlich auch Block, Ezekiel 1–24, 675f.

jeweils mit der בֶּן־אָדָם‎-Anrede und imperativischen Aufforderungen an
den Propheten anheben (√נבא‎ und √אמר‎ [V14], √זעק‎ und √ילל‎ [V17],
√נבא‎ und √נכה‎ [V19]), beginnt das Finale mit vier Appellen an das
Schwert selbst (V21a: אחד‎ *Hitpaʿel*, „scharf sein", ימן‎ *Hifʿil*, „sich nach
rechts wenden", שׂום‎ *Hifʿil*, „sich bereit machen", שׂמאל‎ *Hifʿil*, „sich nach
links wenden")[215] und endet – abgesehen von der formelhaften Bekräftigung des Gesagten durch „Ich, Jhwh, habe gesprochen" (V22b, vgl. auch
die sog. Gottesspruchformel in V18) – mit einem Hinweis auf den sich
Bahn brechenden göttlichen Zorn (והנחתי חמתי‎, V22aγ).

In der ersten Strophe (V14–16) wird der Prophet aufgefordert, (Jhwhs)
Worte über ein zunächst noch anonym bleibendes Schwert weiterzugeben. Auffällig ist, dass die in diesem Zusammenhang verwendete ‚Botenformel' nicht, wie im Ezechielbuch üblich[216], אדני יהוה‎ zum Subjekt hat,
sondern nur mit אדני‎ gebildet ist. Der Herrschaftstitel אדני‎ verdrängt an
dieser Stelle den göttlichen Eigennamen יהוה‎, ein Phänomen, das im Verlauf des Ezechielbuchs ansonsten nur im Rahmen von (Verständnis-)Fra-
gen des Hauses Israel vorkommt (Ez 18,25.29; 33,17.20) und anzeigt, dass
diesem sein Gott zutiefst fraglich (geworden) ist. Dies zugrunde gelegt,
würde über die besondere Gestalt der Botenformel in Ez 21,14 zum Ausdruck gebracht, dass die Eigentlichkeit der Gottheit Jhwh, wie sie sich in
der Offenbarung des Namens am Sinai widerspiegelt (Ex 3,14: „Ich werde
dasein, als der/die ich dasein werde"), in der ihr hier in den Mund gelegten Rede völlig unkenntlich geworden ist.

Die in 3. Pers. Sing. fem. gehaltene Beschreibung hebt dabei vor allem
auf das Scharf-Werden (3 × √חדד‎, 4 × √מרט‎) der Waffe ab, wodurch diese
wie der Blitz (ברק‎, V15aβ) niederzumetzeln (√טבח‎, V15aα) vermag, zielt
also in sich wiederholenden, abgehackten Formulierungen insbesondere
auf deren unheimliche Gefährlichkeit und Durchschlagskraft. V16 scheint
sich dem unglaublichen Umstand annähern zu wollen (oder: zu sollen),
dass dieses furchtbare Tötungswerkzeug scharf gemacht wurde, um es
tatsächlich in Gebrauch zu nehmen – es wurde zum Schleifen gegeben,
so heißt es dort, „um es mit der Hand zu ergreifen" bzw. „um es in die
Hand eines Mörders (√הרג‎) zu geben". Sofern הרג‎ nahezu ausschließlich

---

[215] Nur bei הימני‎ handelt es sich allerdings um eine geläufige Form – alle anderen Verbformen sind mehr oder weniger umstritten. Vgl. hierzu Block, Ezekiel 1–24, 675. Zu השׂמלי‎
vgl. Hans Bauer/Pontus Leander, *Historische Grammatik der hebräischen Sprache des Alten
Testaments, Teil I: Einleitung, Schriftlehre, Laut- und Formenlehre*, Hildesheim 1922, §50 v.
[216] Zur sog. Botenformel im Ezechielbuch vgl. ausführlich Schöpflin, Theologie, 91–99.

„ein Töten von Menschen durch Menschen [bezeichnet]"[217], kommt hier ein (konkreter) menschlicher Täter in den Blick (vgl. auch Ez 26,8.11, wo Nebukadnezar Subjekt des Verbs הרג ist), die Opfer des Gemetzels hingegen werden an dieser Stelle noch mit keinem Wort erwähnt. Fast hat es den Anschein, als könne man sich diesem furchtbaren Szenario nur nach und nach, wie in Zeitlupe annähern – trotz aller Erregung, die aus den in Frage stehenden Versen spricht[218].

Am Beginn der zweiten Strophe (V17f) steht der Appell an den Propheten, zu schreien und zu heulen, weil (כי) – und nun kommen die von dem Schwert Getroffenen doch in den Blick – „es [das Schwert, R.P.] gegen mein Volk (gerichtet) ist, gegen alle Fürsten (נשׂיאי) Israels" (V17aβγ). In V17bα werden die dem Zerstörungswerkzeug Ausgelieferten noch einmal mit etwas anderen Worten beschrieben („dem Schwert Hingeworfene sind sie [die Fürsten, R.P.] mit meinem Volk"), bevor – einem chiastischen Aufbau entsprechend – Ezechiel aufgefordert wird, sich auf die Hüfte zu schlagen (V17bβ). Umfangen, gehalten von einer (Körper-)Sprache der Bestürzung – nur so scheint das Opfer-Sein Israels überhaupt ausgedrückt werden zu können.

√זעק, „schreien", meint im Ezechielbuch immer den entsetzten Aufschrei angesichts von Gewalt (vgl. Ez 9,8; 11,13; 27,30); ילל *Hifʿil*, „heulen", das vor allem im Jesaja- und im Jeremiabuch Verwendung findet, kommt in ähnlichen Zusammenhängen, gelegentlich auch in Verknüpfung mit anderen Trauer- bzw. Selbstminderungshandlungen vor (vgl. Jes 15,2.3; Jer 4,8; 49,3; Hos 7,14; Joel 1,13; Mi 1,8). Auch das Sich-auf-die-Hüfte-Schlagen ist wahrscheinlich als Klagegeste aufzufassen (vgl. Jer 31,19)[219]. Wie in V11f stellt sich hier die Frage, wessen Entsetzen in diesen Imperativen verkörpert wird – das des Propheten selbst, das des Hauses Israel oder das JHWHs? M.E. zielt auch Ez 21,17 auf eine generelle Schreckensreaktion, welche nicht nur von der Traumatisierung Ezechiels und seiner Landsleute, sondern auch von der der Gottheit Israels zeugt. Zwei Beobachtungen unterstreichen dies: Zum einen erscheint JHWH, betrachtet man den

---

[217] Hans Ferdinand Fuhs, „Art. הרג", ThWAT II (1977), 483–494, 487.

[218] Vgl. hierzu Blenkinsopp, Ezekiel, 93: „We must imagine the poem to have been recited in a state of great agitation. There is talk of crying and wailing, of slapping the thigh, which is a gesture of grief and frustration, and then of clapping the hands to simulate and anticipate the triumphant swordsman as he goes about his work." Vgl. auch Block, Ezekiel 1–24, 660.675; Greenberg, Ezechiel 21–37, 31.41.

[219] Helmer Ringgren, „Art. ספק", ThWAT V (1986), 109f, 110. Vgl. auch Edouard Lipínski, „Se Battre La Cuisse", VT 20 (1970), 495, 495: „La phrase ‚il frappa sa cuisse' y désigne clairement un geste marquant la douleur et la tristesse […]."

bisherigen Verlauf des ‚Schwertlieds‘, nicht als aktiv Handelnde/r, sondern
vielmehr in der Rolle des Zuschauers bzw. der Zeugin, der/die gemeinsam
mit dem Propheten mit einem Grauensszenario konfrontiert wird[220]. Zum
anderen wird über die Formulierung „mein Volk" (עַמִּי) eine ausgesprochene Nähe zwischen der Gottheit Israels und den Ihren hergestellt[221], ein
Eindruck, der durch die Erwähnung der – nicht zu „meinem Volk" gehörenden? – נְשִׂיאֵי יִשְׂרָאֵל noch verstärkt wird. Fast könnte man schließen,
die Katastrophe treffe das Gottesvolk nur um seiner „Fürsten" – gemeint
sind vermutlich die politisch Verantwortlichen[222] – willen. Dies umso mehr,
als das die Unsäglichkeit/Unsagbarkeit des Geschehens repräsentierende
Wörter-Chaos in V18a (vgl. V15a) eine Anklage gegen den „Herrscherstab"
(שֵׁבֶט), d.h. gegen das Insignium königlicher Macht (vgl. Gen 49,10; Ez
19,11) zu enthalten scheint[223]. Möglich ist auch, dass über den Hinweis auf
die „Fürsten" die Auslöschung der königlichen Familie in Ribla eingespielt
werden soll – nach 2 Kön 25,7 wurden die Nachkommen Zidkijas von Juda
vor dessen Augen von den Babyloniern im Rahmen einer Massenexeku-
tion ‚geschlachtet‘ (√שׁחט)[224].

Die dritte Strophe (V19f) hebt wieder mit zwei Imperativen an den Propheten an (V19a). Wie in der ersten Strophe fordert Jhwh ihn auf, prophetisch tätig zu werden (נבא Nif ʻal), und ähnlich wie in der zweiten Strophe
soll er eine körperliche Handlung vollziehen, nämlich in die Hände klatschen (נכה כף אל־כף). Das Erstaunliche ist nun aber, dass Ezechiel vermittels dieses Klatschens auf das (offenbar real präsent gedachte) Schwert
Einfluss zu nehmen, es (in seiner unaufhaltsamen Schlagkraft?) zu ver-
doppeln bzw. zu verdreifachen vermag – zumindest wenn, was häufig
geschieht, die unsichere Phrase ותכפל חרב שלישתה als Fortsetzung der

---

[220] Vgl. hierzu Greenberg, Ezechiel 21–37, 33: „Gott und der Prophet erscheinen hier wie
Zuschauer bei einer Reihe von grausamen Vorgängen: Fast alle Verbformen im Zusam-
menhang mit dem Schwert und dessen Tätigkeit sind unpersönlich oder passiv, mit einer
Ausnahme (‚ich gebe‘, V 20)."

[221] Vgl. Sedlmeier, Ezechiel 1–24, 305f; Greenberg, Ezechiel 21–37, 33. Leslie C. Allen
(ders., Ezekiel 20–48 [WBC 29], Nashville 1990, 26) hingegen ist der Ansicht, dass der Ausdruck „does not function as expression of sympathy [...]. The repeated ‚my people‘ represents not divine pathos and patronage, as it often does in the prophets, including Ezekiel
(e.g., 13:10), but notes the discordant lengths to which Yahweh has to go in his estrange-
ment from his erstwhile partner [...]."

[222] Vgl. Block, Ezekiel 1–24, 679.

[223] Vgl. Block, Ezekiel 1–24, 677–679; zu Ez 21,15b.18a vgl. auch Leslie C. Allen, „The
Rejected Sceptre in Ezekiel XXI 15b, 18a", VT 39 (1981), 67–71, passim. Allen hält die beiden Teilverse für den Untergang der davidischen Monarchie reflektierende Glossen, die
ursprünglich zu Ez 21,3.32 gehörten und in das ‚Schwertlied‘ disloziert wurden.

[224] Vgl. Blenkinsopp, Ezekiel, 93.

Aufforderung in V19a betrachtet wird[225]. Diese Deutung ist aber keineswegs zwingend – die Aussage „und das Schwert verdoppelt sich dreifach"[226]
könnte auch die Beschreibung des Eigenlebens des Schwertes weiterführen, das vor JHWHs und Ezechiels Augen mehr und mehr Menschen
durchbohrt (vgl. die Fortsetzung von V19b). Im ersten Fall wäre das Klatschen, das in V22 explizit als Gottes Handeln ausgesagt wird, als Ausdruck
von Zorn, von Triumphgefühlen oder im Sinne eines ‚magischen' Aktes
zu begreifen; im zweiten Fall könnte man, wie bei den im Verlauf des
Kapitels bislang in Auftrag gegebenen Körpergesten, an eine Trauer- bzw.
Entsetzensgeste denken, vor allem wenn man den in V20b enthaltenen
Aufschrei אח, „Wehe!", „Ach!", der angesichts der ungeheuerlichen Potenz
des Schwertes ergeht, in die Deutung einbezieht[227]. Möglich ist auch, dass
beides gleichzeitig zum Ausdruck kommen soll: Der nicht mehr zurückzudrängende, überkochende Zorn JHWHs, der sich hier vor allem auf die
politisch Verantwortlichen des Hauses Israel bezieht, einerseits, und die
Erschütterung, die JHWH angesichts der unzähligen Ermordeten ergreift,
andererseits.

V20aαβ beschreibt einmal mehr die furchtbare Wirkmächtigkeit der
sich immer wilder gebärdenden Waffe, die das Herz zum Schwanken
bringt (למוג לב) bzw. den Verstand aussetzen lässt und die Strauchel-
den vermehrt. Entsprechend heißt es in V20b, und darin klingt die erste
Strophe des ‚Schwertlieds' noch einmal an, dass diese „zum Blitzen verfer-
tigt" und „zum Metzeln ergriffen"[228] worden ist.

Dazwischen allerdings steht in V20aγδ der einzige direkte Hinweis auf
JHWHs Beteiligung am Wüten des grausigen Mordwerkzeugs: „An alle ihre
Tore (שעריהם) gebe (√נתן) ich Schrecken/Schlachten/Klinge (אבחה)[229]
des Schwerts". Die bisherige Ebene des ‚Liedes', die das Schwert gleichsam
ohne Bezug auf ein reales Kriegsgeschehen ‚besingt', wird dabei verlassen;
mit den „Toren" ist der Hinweis auf eine befestigte Stadt und auf einen
Belagerungskrieg gesetzt – „[d]er Angriff eines Feindes konzentriert sich
[...] auf das Tor [...] und zielt darauf ab, die Tore zu durchbrechen, zu

---

[225] Vgl. z.B. Zimmerli, Ezechiel 1, 474.477; Allen, Ezekiel 20–48, 26; Block, Ezekiel 1–24,
679f.

[226] So die Übersetzung von Schöpflin (vgl. dies., Theologie, 39, Anm. 77).

[227] Zum Deutungspotential des ‚Händeklatschens' in der Hebräischen Bibel vgl. Friebel,
Sign-Acts, 301–304; Schöpflin, Theologie, 40f.

[228] Zur Übersetzung vgl. Terrien, Dance, 125.125, Anm.9.

[229] Die Bedeutung des Hapaxlegomenon אבחה ist umstritten. Zu den verschiedenen
Übersetzungsvorschlägen vgl. Block, Ezekiel 1–24, 674, Anm. 101; Greenberg, Ezechiel
21–37, 54.

besetzen und so in die Stadt einzudringen"[230]. In Ez 21,27, einem Vers, der
„konkrete[] belagerungstechnische[] Anweisungen"[231] an den König von
Babel enthält, welche sich auf Jerusalem beziehen, heißt es dementsprechend: „Rammböcke aufzustellen gegen die Tore (שערים)" (vgl. hierzu
unten). Sofern das Tor einer Ortschaft auch als Ort der Gerichtsbarkeit
gilt[232], ist damit zugleich Gottes Intervention gegen das – nach Ansicht des
Ezechielbuchs verkommene – Jerusalemer Rechtswesen zum Ausdruck
gebracht (vgl. z.B. Ez 5,6; 7,23; 11,12; 22,29; 45,9). Die hier gegebene Konkretion verleiht dem Rest des Textabschnitts, den Hörende bzw. Lesende als
makabre Phantasie beiseite zu schieben geneigt sein könnten, mit einem
Mal Tatsächlichkeit – das ‚Schwertlied‘ wird (be)greifbar als traumatische
Imagination, die Anhalt an der grausigen Realität des Krieges hat.

Der grausige Höhepunkt des Schwertszenarios wird allerdings erst in
V21 erreicht: Jhwh spricht nun nicht mehr, wie in den vorausgehenden
Strophen, mit dem Propheten, sondern richtet seine Imperative unmittelbar an das real präsent gedachte Schwert und treibt es zur Bewegung an.
Verständliche Sprache findet hier kaum mehr statt; zwar sind die Formen
in V21a als Imp. fem. Sing. erkennbar, nur bei הימני jedoch handelt es
sich um eine einigermaßen zu bestimmende Form (vgl. hierzu oben) –
die sprachliche Gestalt erscheint hier einmal mehr als Reflex höchster
Aufregung.

Die Fortsetzung des Satzes in V21b, „wohin immer dein Angesicht
(פניך)" – gemeint ist wahrscheinlich die Schneide des Schwerts – „gelenkt
wird (יעד Hof῾al)", macht einerseits den quasi personalen Charakter der
Waffe explizit[233], andererseits lässt die passivische Konstruktion erkennen,
dass diese von einer anderen – göttlichen? – Größe gesteuert wird.

In V22a, „Und auch ich (וגם אני) werde in die Hände klatschen und
meine Zornglut (חמה) zur Ruhe bringen", klingt das *finale furioso* des
Schwertlieds mit einem Verweis auf den göttlichen Grimm, der (unbedingt) gestillt werden muss, aus. Die Sprachgebung dieses Teilverses ist
überraschend – während nämlich V20f den Eindruck erweckt, Jhwh habe
sich das Schwertszenario nach und nach zu eigen gemacht, liest sich V22a
vor allem aufgrund des וגם אני so, als greife die Gottheit Israels erst an dieser Stelle und auf anderer Ebene in das Geschehen ein; in gewisser Weise
distanziert sie sich also von dem zuvor figurierten Gemetzel. Vor diesem

[230] Eckart Otto, „Art. שער", ThWAT VIII (1995), 358–403, 390.
[231] Pohlmann, Hesekiel 20–48, 320.
[232] Vgl. Otto, Art. שער, 396–398.
[233] Vgl. Zimmerli, Ezechiel 1, 478; Bowen, Ezekiel, 127.

Hintergrund wird man – dem Parallelismus mit dem göttlichen Zorn zum Trotz – in Jhwhs Übernahme des Händeklatschens (vgl. V19) Trauer und Entsetzen weiterhin mithören dürfen. Samuel Terrien geht sogar so weit, sich eine – durch den Propheten verkörperte – mit Schwertern jonglierende Gottheit vorzustellen, die sich durch das (gleichsam unausweichliche) Heraufbeschwören des Richtschwerts selbst Verletzungen zufügt:

> The prophet becomes a quasi-incarnation of Yahweh. He juggles with the sword blade and lets it fall over his own body. The slaying of Israel means the self-immolation of Yahweh. [...] [T]he words reveal that not only that [sic!] God is the judge and the executioner of his people but also that he participates in that people's agony. He wounds himself by exercising his justice. His slaughter hurts him in the core of his being[234].

Zwar vermag die von Terrien für den Jonglage-Akt gegebene Begründung nicht wirklich zu überzeugen – er stützt seine Argumentation insbesondere darauf, dass es unmöglich sei, zu klatschen, während man ein Schwert in Händen halte[235] –, zutreffend ist aber m.E. der Hinweis auf die Selbstverletzung Jhwhs durch das (von ihm initiierte) Gericht. Die Textpassage stellt es ja so dar, als würden nicht allein Menschen von diesen alptraumartigen Bildern überwältigt, sondern auch Israels Gottheit selbst, so dass, so jedenfalls die Anlage des Textes, *sie* kaum verständliche Worte für dieses Grauen zu finden vermag.

Im Hinblick auf die Belagerung, Eroberung und Zerstörung Jerusalems arbeitet das ‚Schwertlied' mit einer etwas anderen Rationalisierungsstrategie, als sie in Ez 7 zu beobachten war. Zwar wird die Katastrophe von 587/86 v.u.Z. in V20aγδ mit Gottes Wirken ebenso in Verbindung gebracht, wie Gott in V21 Einfluss auf das imaginierte Mordwerkzeug zu nehmen versucht, dennoch führt Jhwh dieses nicht selbst – und scheint es auch nicht vollständig beeinflussen zu können. Dadurch werden dem tatsächlichen Angreifer, Nebukadnezar, Anteile an dem Geschehen(d)en zugeschrieben. Dem und dem Schwanken in Jhwh selbst – zwischen Wut auf der einen und Entsetzen auf der anderen Seite – entspricht es, dass hier auf eine pauschale oder gar irrationale Schuldzuweisung an das ganze Haus Israel verzichtet wird. Eher besteht die Tendenz, diesbezüglich zwischen politisch Verantwortlichen und „meinem Volk" zu differenzieren, was allerdings nicht verhindern kann, dass mit den Schuldigen auch Unschuldige getötet (vgl. Ez 21,3.8f und hierzu oben) oder zutiefst

---

[234] Terrien, Dance, 130f.
[235] Vgl. Terrien, Dance, 124–126.

traumatisiert werden. Mit Letzteren aber solidarisiert sich JHWH insofern, als er sich, jedenfalls teilweise, selbst zum verstörten Opfer macht. Insofern ist das ‚Schwertlied' schließlich doch nicht nur vom Titel אֲדֹנָי (vgl. V14 und hierzu oben), sondern auch vom Eigennamen יהוה gesprochen (V22; vgl. auch V18).

3.4. *(Traumatische) Text-Strukturen in V23–37*

Der Textabschnitt Ez 21,23–37 hat, jedenfalls zu Beginn, einen sehr viel konkreteren Charakter als das ‚Schwertlied'. Nach der narrativen Einbettung der Passage durch die Wortgeschehensaussage in V23 nämlich wird Ezechiel von JHWH zu einer Analogiehandlung aufgefordert. Der Prophet soll eine Weggabelung mit zwei Wegen für das Schwert des Königs von Babel herstellen und diese mit Wegweisern versehen – der eine Weg soll nach Rabba, der Hauptstadt von Ammon, der andere nach „Juda, zur Festung Jerusalem" weisen (V24f). In V26–28 verlässt JHWH die Aufforderungsebene und führt die entworfene Szenerie narrativ weiter[236], indem er berichtet, Nebukadnezar sei bereits an die Wegscheide getreten, um dort vermittels verschiedener mantischer Praktiken (Schütteln von Pfeilen, Befragen der Terafim, Leberschau) ein Losorakel bezüglich des einzuschlagenden Wegs einzuholen. V27 enthält den Orakelbescheid mitsamt belagerungstechnischen Anweisungen, welche einige der im Rahmen eines (Stadt-)Belagerungskriegs getroffenen Maßnahmen realistisch ausmalen: „Zu ihrer Rechten [gemeint ist vermutlich die Leber[237], R.P.] das Los ‚Jerusalem' – Rammböcke aufzustellen, Maul aufzureißen zum Gebrüll, Rammböcke aufzustellen gegen die Tore, Rampe aufzuwerfen, Belagerungswall zu bauen."[238] V28 beschreibt, wie ein nicht näher spezifiziertes ‚Sie' – gemeint ist vermutlich das Haus Israel – auf diesen Losentscheid reagiert: ‚Sie' werten das Ganze als „Trugorakel" ab, weil sie sich

---

[236] Erzähltheoretisch ist dies insofern interessant, als hier ein weiterer Schritt auf die Belagerung, Eroberung und Zerstörung Jerusalems zu eingespielt wird. Dass das Ezechielbuch diese Ereignissse in besonderer Weise fokussiert, wird ansonsten zumeist über die Datierungen verdeutlicht, die diese Ereignisse gleichsam umkreisen. Hier nun erfahren Hörende bzw. Lesende durch eine eingebettete Erzählung JHWHs, dass sich Nebukadnezar bereits in Marsch Richtung Westen gesetzt hat – und schließlich auch, dass er auf Jerusalem zuhält.

[237] Greenberg (ders., Ezechiel 21–37, 60) hält fest, „dass bei babylonischen Leber-Orakeln Besonderheiten auf der rechten Seite der beschauten Leber als günstig für die eigene Partei galten", dass also Nebukadnezar ‚zu ihrer Rechten' das Zeichen dafür fand, „dass der Feldzug gegen Jerusalem für die Babylonier glücklich ausgehen würde".

[238] Übersetzung bei Greenberg, Ezechiel 21–37, 30. Vgl. hierzu auch Bowen, Ezekiel, 128f.

aufgrund feierlicher Eidschwüre durch andere Bündnispartner geschützt wähnen[239]. „Das aber" (וְהוּא, V28b) bringt, so JHWH weiter, eine Schuld (עָוֹן) in Erinnerung, „auf dass sie ergriffen werden (תפש√)". תפש√ (vgl. auch V29) bezieht sich hier vermutlich auf die Eroberung Jerusalems; im Vorfeld jedoch wird das Verb mehrfach für die Gefangensetzung Zidkijas durch die Babylonier verwendet (vgl. Ez 12,13; 17,20; 19,4.8). Auch die Erwähnung der Eidschwüre deutet darauf hin, dass hier nicht auf eine allgemeine Schuld, sondern auf ein konkretes Fehlgehen der politisch Verantwortlichen gezielt ist, das nach Meinung des Ezechielbuchs im Abfall von den Babyloniern und in der Hinwendung zu den Ägyptern bestand (vgl. z.B. Ez 17,12–21). Zum ersten Mal innerhalb von Kap. 21 ist hier also explizit von Judas/Jerusalems Schuld an den Ereignissen von 587/86 v.u.Z. die Rede, diese wird jedoch – anders als in Kap. 7 – nicht übermäßig aufgebauscht, sondern im Sinne verfehlten politischen Handelns realistisch benannt.

Insgesamt versucht der Textabschnitt Ez 21,24–28 eine Antwort auf die Frage, warum das Unheil Jerusalem treffen musste – und nicht einfach eine andere (Haupt-)Stadt getroffen hat. Einmal mehr geht es darum, den traumatischen Ereignissen u.a. des Belagerungskriegs (vgl. V27) theologischen Sinn abzuringen und den RezipientInnen vor Augen zu führen, dass das alles kein bloßer Zufall, sondern Folge konkreten politischen Fehlverhaltens auf Seiten Judas war, eines Fehlverhaltens, dem der trügerische Glaube an die Uneinnehmbarkeit Jerusalems zuspielte (vgl. die ironisch anmutende Rede vom befestigten Jerusalem in V25)[240]. Auch hier also wird die Katastrophe ihrer Unfassbarkeit enthoben und in ein geschichtliches Skript eingebettet, wodurch ihr nicht die Grausamkeit, wohl aber die Unvermeidbarkeit – auf Zukunft hin – abgesprochen wird. Implizit wird hier zugleich die Frage verhandelt, wie, so denn diesem Erklärungsmodell gefolgt wird, sich JHWH für sein Gericht eines ‚andersgläubigen‘ Volkes mit problematischen Praktiken der Zukunftsbefragung[241] bedienen

---

[239] Zu שְׁבֻעֵי שְׁבֻעוֹת לָהֶם (V28aβ) vgl. Greenberg, Ezechiel 21–37, 63f.

[240] Vgl. hierzu Block, Ezekiel 1–24, 685: „The adjective, a feminine passive participle from [בצר], ‚to enclose, fortify,‘ is often used to describe a city whose fortifications have been specially reinforced because of the site's strategic significance in the defense of a nation." Vgl. auch Fuhs, Ezechiel, 113.

[241] Vgl. die Zusammenfassung der Orakelpraktiken als קָסַם־קָסֶם (V26) und hierzu Ez 13,6.9.23; 21,34; 22,28 sowie Dtn 18,10.14. Zimmerli (ders., Ezechiel 1, 489) macht darauf aufmerksam, dass sich in „der dreifachen Gottesbefragung, die der bab. König nach Ez 21 26 an der Wegscheide hält, [...] Züge israelitischer Gottesbefragung mit solchen von spezifisch bab. Kolorit [mischen]". Die Aussage vom Schütteln der Pfeile erinnere an den im Alten

kann. Das (naive) Festhalten an bzw. das Fixiertsein auf prinzipielle(n) religiöse(n) Richtigkeiten hilft, so scheint hier zum Ausdruck zu kommen, im Hinblick auf die Frage, warum man sich (ausgerechnet) dem babylonischen Schwert hat beugen müssen, nicht weiter, es stürzt vielmehr noch in das Trauma hinein. Anerkannt werden soll demgegenüber „die erregende Behauptung, daß in ebenjenem ‚heidnischen‘ Orakelentscheid das Gottesurteil geschehen ist, das die Schuld enthüllt und auf das hin auch die Strafverhaftung geschehen wird"[242], womit zugleich festgehalten wird, dass JHWH – und nicht etwa Nebukadnezar und dessen Gottheiten – Herr der Geschichte ist. Ohnehin ist hier das letzte Wort über den Schwertbringer (Nebukadnezar) noch nicht gesprochen (vgl. unten zu Ez 21,33–37).

Ez 21,29 scheint die im Hinblick auf Schuld und Verantwortliche vorgenommene Konkretisierung und Differenzierung wieder zurückzunehmen, indem nun Bruchstücke des im vorausgehenden Vers Gesagten genommen und – in sich (sünden-)begrifflich übersteigernder Art und Weise – einem nicht näher spezifizierten ‚Ihr‘ vorgehalten werden[243]. In den sich anschließenden Versen Ez 21,30–32 nehmen Erregung und Zorn JHWHs derart zu, dass die Gottheit Israels kaum noch zu verstehen ist; gleichwohl wird hier wieder deutlich(er), dass sich ihre Wut und ihr Wüten in erster Linie gegen den judäischen König (bzw. „Fürsten" [נשׂיא]) Zidkija richten, der in V30 explizit angesprochen, fast müsste man sagen: angeschrien wird[244]. Im Duktus des Textes stellt sich das Folgende als Gerichtsankündigung an den Jerusalemer Machthaber dar, der zunächst angewiesen wird, seine Hoheitsinsignien abzulegen (V31a), bevor der Text in die fragmentarische Beschreibung eines totalen Chaos übergeht. Alle gewählten Formulierungen, „Dies (ist/bleibt) nicht dies!" (זאת לא־זאת, V31bα), „das Niedrige wird erhöht, das Hohe erniedrigt" (V31bβ) sowie das dreifache „Verkehrung, Verkehrung, Verkehrung – das mache ich daraus" (V32a)[245], zielen auf einen umfassenden Zusammenbruch: „Everything

Testament wohlbekannten Vorgang des Losens, und auch „die Befragung der Theraphim [...] scheint eine in Israel geübte Orakelpraxis zu bezeichnen" (ebd.).

[242] Zimmerli, Ezechiel 1, 491.

[243] Zimmerli zufolge ist V29 „als begründetes Gerichtswort ausgestaltet, in dem allerdings das Element der Begründung eine Ausgestaltung erfahren hat, die das Ebenmaß des Wortes sprengt" (ders., Ezechiel 1, 429).

[244] Zum traumatischen Charakter von V30–32 vgl. auch Fuhs, Ezechiel, 114: „Ez [schleudert] ihm [dem Fürsten, R.P.] das schlimmste Wort entgegen, das je ein Prophet dem Gesalbten Jahwes gesagt hat: gottloser Verbrecher. Ez ist derart erregt und von dem Grauen, das er schaut, derart gepackt, dass er nur noch Wortfetzen hervorstoßen kann. Sie lassen sich nicht mit letzter Sicherheit deuten."

[245] Nach Ges-K, §133 l dient die dreifache Wiederholung „zur Umschreibung des Superlativs" (vgl. auch Jes 6,3). Zur Stelle vgl. auch Schöpflin, Theologie, 47, wo es heißt: „V32a

loses its identity, nothing is fixed or stable."[246] Aus traumatologischer Perspektive spiegelt sich hier der mit der Katastrophe von 587/86 v.u.Z. einhergehende Kollaps bis dato geltender (Grund-)Überzeugungen sowie der Verstehens- und Bewältigungsmöglichkeiten wider – alles, was bislang Gültigkeit besessen hat, das gesamte ‚Davor‘ wird mit der Zerstörung Jerusalems als realem und symbolischem Raum zertrümmert. In V32b wird dies auf der Ebene der Schrift greifbar: Der Satz „Auch dies ist nicht geschehen bis zum Kommen dessen, der das Gericht hat und dem ich es gebe" (גַּם־זֹאת לֹא הָיָה עַד־בֹּא אֲשֶׁר־לוֹ הַמִּשְׁפָּט וּנְתַתִּיו) stellt sich nämlich gleichsam als Umkehrung des (vielleicht) auf David und die *pax Davidica* bezogenen Segensspruches in Gen 49,10 dar: „Nicht weichen soll das Szepter (שֵׁבֶט) von Juda und der Herrscherstab zwischen seinen Füßen, bis ihm Tribut gebracht wird (עַד כִּי־יָבֹא שִׁילֹה)[247] und ihm der Gehorsam der Völker gehört." Während Ez 21,32b früher häufig als Hinweis auf eine messianische Gestalt gedeutet wurde[248], nehmen zeitgenössische AuslegerInnen zumeist an, dass mit demjenigen, „der das Gericht hat", nur Nebukadnezar gemeint sein kann, zumal in Ez 23,24 in ähnlicher Weise von einer Übergabe des מִשְׁפָּט, „sozusagen [der] Exekutive"[249], an die Babylonier die Rede ist. Der erste Teil des Satzes (גַּם־זֹאת לֹא הָיָה) ließe sich dann dahingehend interpretieren, dass es ein solches Inferno wie das vorhergesagte vor dem Auftreten Nebukadnezars nicht gegeben hat (vgl. Ez 5,9) – auch darin käme also einmal mehr das Unfassbare der Ereignisse zu Beginn des 6. Jh.s v.u.Z. zum Ausdruck[250]. William L. Moran hält mit Bezug auf Ez 21,32 treffend fest:

---

stellt dreimal asyndetisch das Wort [עַוָּה] nebeneinander, ein nur hier vorkommendes Substantiv, das sich von dem Verbalstamm [עוה] herleitet, der ‚umkehren‘ im Sinne von ‚Umstülpen, das Oberste zu unterst kehren‘, bedeutet." Das an die Verbform angehängte Suffix im Fem. Pl. ist vermutlich im Sinne eines *casus pendens* zu betrachten (vgl. Block, Ezekiel 1–24, 683, Anm. 157).

[246] William L. Moran, „Gen 49,10 and Its Use in Ez 21,32", *Bib.* 39 (1958), 405–425, 418.

[247] Diese Stelle ist freilich eine der umstrittensten Stellen der Genesis (vgl. ausführlich Jürgen Ebach, *Genesis 37–50* [HThKAT], Freiburg i.Br. u.a. 2007, 600–605). Die gewählte Übersetzung folgt den Überlegungen von Moran, der nach ausführlicher Erörterung anderer Möglichkeiten für שִׁילֹה die Lesart שַׁי לוֹ zugrunde legt (vgl. ders., Gen 49,10, 405–416).

[248] Vgl. z.B. Kraetzschmar, Ezechiel, 182; Herrmann, Ezechiel, 134; Hölscher, Hesekiel, 115f; Eichrodt, Hesekiel, 199f.

[249] Greenberg, Ezechiel 21–37, 67.

[250] Vgl. hierzu Bernhard Lang, *Kein Aufstand in Jerusalem. Die Politik des Propheten Ezechiel* (SBB), Stuttgart ²1981, 119 (Hervorhebung R.P.): „[...] Nebukadnezzar ist der von Jahwe bestimmte Richter; er wird ein unerbittliches und schreckliches Strafgericht an Jerusalem vollziehen, *wie es das in der Geschichte Judas noch nie gegeben hat.*"

> Yahweh's promise to twist everything out of recognition could hardly find a better conclusion than a ‚twisting‘ of the sacred text itself: the arrival foreseen in Genesis issues, not in the tribute and subjection of the world to Judah, but in the judgment of Judah by the chief representative of that world which was to be at Judah's feet[251].

Was hier noch relativ verdeckt geschieht – die Verkehrung von (politischer!) Befreiungsgeschichte – kommt im Ezechielbuch in den Kap. 16, 20 und 23 in ausführlichen (Verfalls-)Geschichtserzählungen zum Tragen, die anzeigen, wie massiv die Zerstörung des Davor im Kontext der Ereignisse von 587/86 v.u.Z. empfunden wurde.

In Ez 21,33–37 kommt Jhwh wieder auf das (bzw. ein) Schwert zu sprechen, nachdem dieses zuletzt in V24f als „Schwert des Königs von Babel" ausdrücklich eine Rolle gespielt hat. Noch einmal fordert die Gottheit Israels Ezechiel auf, prophetisch zu reden, und zwar „im Hinblick auf die AmmoniterInnen und ihre Schmähung". Trotz dieser auf den ersten Blick eindeutig anmutenden Adresse, die innerhalb von Ez 21 auch durchaus Sinn macht – es ist nicht unwahrscheinlich, dass das (zunächst) verschonte Ammon[252] (vgl. V25–27) Juda ob seines Schicksals verhöhnte bzw. dass hier eine mögliche Reaktion davongekommener Kleinstaaten geschildert wird (vgl. auch Ez 25) –, ist der tatsächliche Bezugspunkt der folgenden Worte in der Forschung äußerst umstritten. Da in Ez 25,1–7 zwei im Kontext stimmige ‚Fremdvölkersprüche‘ gegen Ammon enthalten sind, hat man ein weiteres Wort gegen Ammon – noch dazu im Zusammenhang des Gerichts über Juda/Jerusalem – immer wieder als obsolet angesehen[253]. Hinzu kommt, dass in V33bβ–37 nicht etwa, wie man erwarten würde, ein Land, sondern durchgehend ein/das Schwert (vgl. V33bβ–34) bzw. die ‚Inkarnation des Schwertes‘ (vgl. V35–37) angeredet wird. Die plausibelste Lösung für diese Ungereimtheiten hat m.E. Daniel I. Block vorgelegt. Er betrachtet V33bβ–34 als Wiedergabe der ammonitischen Schmähworte in Form einer ‚Schwertlied‘-Version[254], auf die eine Reaktion

---

[251] Moran, Gen 49,10, 425; vgl. auch Zimmerli, Ezechiel 1, 495f; Christopher R. Seitz, *Theology in Conflict: Reactions to the Exile in the Book of Jeremiah* (BZAW 176), Berlin/New York 1989, 158; Block, Ezekiel 1–24, 692f.

[252] Josephus berichtet von Nebukadnezars Invasion in Ammon und Moab 582/81 v.u.Z. (Flav.Jos.Ant. X, 181). Vgl. hierzu Odell, Ezekiel, 272f.

[253] Vgl. z.B. Arnold B. Ehrlich, *Die Propheten. Mikra Ki-Peschuto III. Die Schrift nach ihrem Wortlaut. Scholien und kritische Bemerkungen zu den heiligen Schriften der Hebräer*, Berlin 1901 (Hebr.) (ohne Seitenangabe zitiert bei Greenberg, Ezechiel 21–37, 69); Lang, Aufstand, 121; Fuhs, Ezechiel, 115; Block, Ezekiel 1–24, 695f.

[254] Zu den Parallelen zwischen Ez 21,14f (Beginn des Schwertlieds) und Ez 21,33 vgl. Block, Ezekiel 1–24, 696f. Zum Ganzen vgl. a.a.O., 693–698. Auch zwischen Ez 21,30 und 21,34 bestehen Ähnlichkeiten.

(Jhwhs) gleichsam erst in Kap. 25 erfolgt. V35–37 hingegen sieht er als finales Gerichtswort über das Schwert bzw. dessen TrägerIn, Nebukadnezar oder Babel[255], selbst! Während also ein explizites ‚Fremdvölkerwort' gegen Babylon im Ezechielbuch fehlt, wird den Machenschaften dieser Weltmacht, schon Kap. 7 hatte dies ja nahe gelegt, von Jhwh implizit, vielleicht sogar unter „bewusste[r] Irreführung" der Kampf angesagt[256] – und dies im Verlauf des Ezechielbuchs m.E. nicht zum letzten Mal. Wenn in Ez 21,33–37 nur derart verschlüsselt vom Ende der babylonischen Großmacht gesprochen wird, hängt dies vermutlich mit der politischen Situation zusammen, in der die Exulantengruppen in Babylonien sich solches erzählten – man musste mindestens doppeldeutig reden, um bei den Herrschenden keinen Argwohn zu erregen[257].

Bernhard Lang und zuletzt auch Margaret S. Odell haben dieser Interpretation allerdings vehement widersprochen – beide halten Ez 21,33–37 für ein ursprünglich gegen Juda/Jerusalem gerichtetes Gotteswort, welches wegen seiner Unerträglichkeit auf eine andere Adresse umgemünzt worden sei[258]. Zwar ist auch dies ein traumatologisches Erklärungsmodell – etwa in dem Sinne, dass bestimmte Sprachbilder abgedrängt werden müssen, weil sie unaushaltbar sind. Dass in den in Frage stehenden Versen immer wieder Motive Verwendung finden, die im Vorfeld nur mit Bezug auf Jerusalem vorkommen[259] – für Odell die wesentliche Begründung für ihre Deutung – lässt sich nämlich auch so verstehen, dass wir es hier mit einer gegen Babel gerichteten Rachephantasie zu tun haben, wie sie im Zusammenhang traumatischer Prozesse häufig vorkommt. Rachewünsche und -gedanken treten dabei oft als Wiederholungen des traumatischen Geschehens mit umgekehrten Vorzeichen auf – was man selbst erlitten hat, wird als Schicksal des Täters oder der Täter imaginiert. Leitend ist das unbewusste Ansinnen, dem Geschehen nicht länger ohnmächtig ausgeliefert zu sein und Handlungsfähigkeit und Kontrolle zurückzuerlangen.

---

[255] Für Letzteres spricht die durchgehende Verwendung der 2. Pers. Sing. fem.

[256] Vgl. auch Zimmerli, Ezechiel 1, 496f; Hals, Ezekiel, 153; Allen, Ezekiel 20–48, 29; Schöpflin, Theologie, 41; Greenberg, Ezechiel 21–37, 68–72.

[257] Vgl. Greenberg, Ezechiel 21–37, 70.

[258] Vgl. Lang, Aufstand, 120–125; Odell, Ezekiel, 274f.

[259] Die Formulierungen „das Feuer meines überkochenden Zorns werde ich gegen dich anfachen" und „dem Feuer wirst du zum Fraß" weisen zurück auf den Anfang des Kapitels, wo Ähnliches in Bezug auf Juda/das judäische Königshaus gesagt wurde (vgl. Ez 21,3f; zum „überkochenden Zorn" vgl. auch Ez 7,19; 22,22). V36a wird in Ez 22,31a in nahezu wortwörtlicher Übereinstimmung den judäischen Eliten angekündigt. Die Wendung „dein Blut" (דמך) bezieht sich außerhalb von Ez 21,37 immer auf das Blut Jerusalems (Ez 16,6.9.22; 22,4.13). Das „Land deiner Herkunft" (V35) erscheint als Anleihe aus Ez 16,3, wo es den Ursprungsort Jerusalems meint.

In Ez 21,35–37 wird solche Rache Jhwh in den Mund gelegt. Damit wird einerseits dem Umstand entsprochen, dass die Gottheit Israels im Vorfeld immer wieder als emotional hin- und hergerissen, ja, selbst wie traumatisiert gezeichnet wurde, andererseits wird die Rache *der* Instanz anheimgestellt, die – so jedenfalls das Ezechielbuch – ihre Macht in der Verwirklichung des Gerichts an Juda/Jerusalem unter Beweis gestellt hat[260]. Ihr ist deshalb zuzutrauen, dass sie auch das personifizierte Schwert, Babel bzw. Nebukadnezar, in die Schranken weisen kann, so dass sie nicht nur das ‚Schwertlied', sondern auch die Ankündigung des Endes dieses Mordwerkzeugs mit der sog. Verwirklichungsformel[261] („Ich, Jhwh, habe es gesagt" [אֲנִי יהוה דברתי]) bekräftigt (vgl. Ez 21,22.37).

3.5. *Ein Blick aufs Ganze*

Die Besprechung der einzelnen Kapitelabschnitte hat deutlich gemacht, dass Ez 21 in vielerlei Hinsicht als traumatisch bezeichnet werden kann. Abschließend soll der Blick noch einmal auf das Kapitel in seiner Gesamtheit gerichtet werden, dessen Aufbau mir in traumatologischer Hinsicht ebenfalls instruktiv erscheint:

Am Anfang steht das relativ inkonkrete Bild eines von Jhwh angefachten Waldbrands, der den grünen und den dürren Baum im „Wald des Südlands" verzehren wird (V2–4). Nachdem Ezechiel das Bildwort indirekt als (zu) unverständlich – vielleicht auch: unangemessen? – zurückgewiesen hat, kündigt Jhwh Jerusalem und der Ackererde Israel das Kommen *seines* Schwertes an, das Gerechte und Ungerechte vernichten wird (V6–10). Die Szenerie ist damit schon etwas konkreter geworden – der Umstand jedoch, dass sich die Gottheit selbst als mit dem Schwert Agierende zeichnet, bleibt schwer einzuordnen und erscheint wenig realistisch.

Zutiefst realistisch werden aber im Anschluss die Reaktionen der mit den Schrecken des Schwertes bzw. des Krieges Konfrontierten gezeichnet (V11f), wobei der Prophet nicht nur die sprachlose Bestürzung der Bevölkerung, sondern auch diejenige Gottes zu verkörpern scheint. Entsprechend zeichnet Jhwh sich selbst im sog. Schwertlied (V13–22) jedenfalls zunächst weitestgehend passiv, das Schwert erscheint als Waffe eines „Mörders" (V16) bzw. als eine personifizierte Größe außerhalb Jhwhs,

---

[260] Diese Wirkmächtigkeit Jhwhs kommt in Ez 21,35 auch noch einmal dadurch zum Ausdruck, dass das Schwert als „geschaffenes" (√ברא) bezeichnet wird – das Verb ברא dient in der Hebräischen Bibel „ausschließlich zur Bezeichnung des göttlichen Schaffens" (Karl-Heinz Bernhardt, „Art. ברא III.", ThWAT I [1973], 774, 774).

[261] Vgl. hierzu Schöpflin, Theologie, 105–107.

auch wenn erkennbar bleibt, dass Gott bei dem, was mit Jerusalem geschieht, die Finger im Spiel hat (vgl. die Erwähnung der Tore in V20.27). Dass das Schwert wahllos metzelt, dass ihm alle ohne Unterschied zum Opfer fallen – darin ist, so ist anzunehmen, die tödliche Grausamkeit des (Belagerungs-)Kriegs, wie sie sich auch dem kollektiven Gedächtnis Israels eingebrannt hat, wirklichkeitsnah abgebildet. Die Frage, wie solche Umstände mit JHWH zu vereinbaren sind, wird innerhalb von Ez 21 (nur) andeutungsweise beantwortet. Innerhalb des ,Schwertlieds' erscheint die Gottheit Israels – immerhin – ambivalent; neben ihrem Zorn ist auch ihre Trauer über das Geschehen(d)e zu erkennen, neben der Ablehnung des Handelns der politisch Verantwortlichen auch die Solidarität mit ihrem Volk (vgl. V17), das um seiner Führung willen mit über die Klinge springen muss.

Karin Schöpflin hat darauf aufmerksam gemacht, dass das ,Schwertlied' im Stil eines Kriegslieds verfasst sein könnte, mit dem sich Soldaten vor einem Kampf „in die rechte Stimmung versetzen und ggf. ihr Singen mit Klatschen begleiten, sich vielleicht auch im Takt dazu bewegen"[262] – so betrachtet, verdichtet Ez 21,13–22 an dieser Stelle der Erzählung den Eindruck, dass ein kriegerisches Geschehen gegen das Haus Israel unmittelbar bevorsteht. Dementsprechend erfahren Hörende bzw. Lesende im direkten Anschluss (V24–28), dass das Schwert des Königs von Babel sich bereits in Marsch gesetzt hat. Die ,göttliche' Entscheidung Nebukadnezars, sich auf Jerusalem (und nicht auf Rabba Ammon) zu stürzen (vgl. Ez 24,2), erleben sie gleichsam live mit. Je mehr sich die Situation auf die Ereignisse der Belagerung, Eroberung und Zerstörung Jerusalems 589/88–587/86 v.u.Z. zuspitzt (vgl. vor allem Ez 21,27), desto deutlicher rücken hier die tatsächlichen Täter, die Babylonier, ins Blickfeld. Theologisch ist dieses Geschehen deshalb, weil in ihm die Schuld Israels als Schuld des/der politischen Führer(s) in Erinnerung gebracht wird (√זכר, V28.29). In diesem Sinne stellen sich die folgenden Verse (V30–32) als sich übersteigernder Wutausbruch Gottes gegen den Fürsten Israels dar, der ihn gezwungen hat, Juda/Jerusalem in ein totales Chaos zu stürzen bzw. stürzen zu lassen.

Dass sich hierin der gegen die eigene politische Führung sich richtende Zorn derjenigen niedergeschlagen hat, die, wie etwa die nach Babylonien deportierten Kriegsgefangenen, von der Katastrophe mittelbar oder unmittelbar betroffen waren, wird man annehmen dürfen. Ebenso lässt

---

[262] Schöpflin, Theologie, 41.

das Ringen um die sprachliche Abbildung der Katastrophe vor allem in den zuletzt besprochenen Versen deren total dramatischen und traumatischen Charakter erahnen[263].

Auffällig ist des Weiteren, dass der Blick auf die konkrete Stadtbelagerung nur einen Moment lang (V27) (aus-)gehalten wird. Die unmittelbar sich anschließende Wendung „Aber es wird für sie wie ein Lügenorakel in ihren Augen" (V28aα) lässt sich sowohl auf der Ebene der erzählten Zeit als auch auf der der Erzählzeit hören. In diesem Sinne dient sie einerseits dazu, die angekündigten, andererseits dazu, die erfahrenen Schrecken des Belagerungskriegs abzudrängen. Diese werden – ein weiteres Trauma-Phänomen – derealisiert.

Die zunehmende Konzentration auf das Thema Schuld, das in den ersten Abschnitten von Ez 21 keine Rolle spielt, sich dann aber immer mehr zuspitzt auf (den) einen Schuldigen, das politische Oberhaupt Israels (V30–32), bietet ein (wenn auch fragmentarisches) Erklärungsmodell für das Geschehen(d)e und ermöglicht es so, dass überhaupt etwas von diesen grundstürzenden Ereignissen mitgeteilt werden kann.

Allerdings bleibt Ez 21 auch dabei nicht stehen, sondern mündet in eine versteckt gegen Babylon – den wirklichen Täter/die wirkliche Täterin – gerichtete Rachephantasie ein (V33/35–37), welche zugleich die Brüchigkeit aller vorausgegangenen Erläuterungsversuche aufzeigt. Indem sie die Vernichtung des Schwertes bzw. der Schwertmacht ankündigt, tritt nun auch die im Vorfeld zwischen Zorn und Trauer schwankende Gottheit Israels in ein helleres Licht. Die ihr Volk zerstörende Größe darf auch in JHWHs Augen nicht das letzte Wort behalten – das ist die (göttliche) Einsicht, auf die Ez 21 in aller Grausamkeit und aller Grausamkeit zum trotz zuläuft. Traumatologisch ist dieser Zielpunkt zugleich als Ursprung aller vorausgehenden Sprechversuche zu begreifen – die Hoffnung auf Gottes Rache an den tatsächlichen Tätern ermöglicht es allererst, die Schreckensbilder zu versprachlichen, sie mitunter schlaglichtartig konkret werden zu lassen und realistischer über eigene Anteile zu reflektieren. Dass im Handeln Nebukadnezars Israels Schuld in Erinnerung gebracht wird (V28, √זכר), kann – paradoxerweise – deshalb gesagt werden, weil erhofft wird, dass man sich der Schwertmacht Babel nicht mehr erinnern wird (vgl. V37, √זכר). Traumatologisch (und theologisch?!) macht also nicht nur der

---

[263] Vgl. Bowen, Ezekiel, 123: „The fractured nature of the language might be indicative of the traumatic nature of exile [...]. [...] Ezekiel's garbled words and tortured syntax have the characteristics of a trauma victim."

Gesamtaufbau von Kap. 21, sondern auch dessen Ende mit einem ‚Fremd-
völkerspruch' Sinn – das Kapitel ist weit mehr als ein Konglomerat von
Texten zum Stichwort „Schwert".

* * *

Auch *Ez* 22 bleibt durch die (*regressive*) Suche nach den (internen) Ursachen für die traumatische Katastrophe Jerusalems[264] bzw. durch die Frage
nach den für diese Katastrophe Verantwortlichen sowie von der Wiederholung des vernichtenden Unheils geprägt. Dabei werden jedoch wiederum
auch Differenzierungen vorgenommen: In V1–16, einer an die „Blutstadt"
Jerusalem zu richtenden Textpassage (vgl. V2), werden zum einen die Fürsten Jerusalems als Gewalttäter gebrandmarkt (V6), zum anderen werden
konkrete Beispiele vor allem für soziale Vergehen aufgeführt[265]. Im Zentrum der Jerusalem anzukündigenden Strafe steht die vom Erzählverlauf
her auf das Jahr 587/86 v.u.Z. zu beziehende Zerstreuung unter die Nationen (vgl. V15f), in der zugleich das Schicksal der *Gola* von 598/97 v.u.Z.
angesprochen und wiederholt wird. In V23–31, der sog. Ständepredigt, wird
das Versagen der einzelnen gesellschaftlichen Gruppen bei ihren jeweiligen ureigensten Aufgaben benannt – nicht eine einzige Gruppe wird
hier für den Untergang Judas verantwortlich gemacht, „sondern sowohl
die Träger staatlicher Macht (Könige und Beamte) als auch die religiösen
Führer (Priester und ProphetInnen) als auch das Landvolk, d.h. die wirtschaftlich Mächtigen"[266]. Dass nicht ein(e) Einzige(r) gefunden wurde,
der/die die eigene Aufgabe rechtschaffen versah (vgl. V30), hat gegenüber
den eingetragenen Unterscheidungen wieder den Charakter eines generalisierenden Grundsatzurteils. Der generalisierende Charakter gilt auch
für die von den beiden Schuldabschnitten eingeschlossene Gerichtspas-
sage in V16–22, die das Ende des Hauses Israel mit einem metallurgischen
Schmelzprozess vergleicht, der, wie Moshe Greenberg festhält, nicht auf
Läuterung (vgl. Jes 1,21–26), sondern auf Zerstörung zielt:

> Der Schmied steckt das Erz, in dem Silber mit unedleren Metallen vermischt
> ist, in einen Schmelztiegel, um alles zusammen einzuschmelzen. Doch hier
> wird dieser Vorgang nicht als Läuterungsprozess zur Gewinnung von reinem

---

[264] Vgl. hierzu Rainer Kessler, *Staat und Gesellschaft im vorexilischen Juda. Vom 8. Jahrhundert bis zum Exil* (VT.S 47), Leiden u.a. 1992, 106: „Ezechiel hat den Untergang Judas
vor Augen [...], und er exemplifiziert an einer Fülle von Einzelbeispielen, warum es dazu
kommen mußte bzw. muß."

[265] Vgl. hierzu im Einzelnen Kessler, Staat, 103–106.

[266] Kessler, Staat, 111. Zum Ganzen vgl. a.a.O., 107–111.

Silber aufgefasst – Gott rechnet nicht mehr damit, Spuren von edlem Element darin aufzufinden (vgl. V 18) – sondern als Vernichtung durch Verflüssigung. Demnach gibt V 18 das Resultat der göttlichen Läuterung: Israel ist nunmehr Schlacke, während V 19 die Konsequenz aus diesem Befund zieht: Sie werden in den Schmelztiegel (Jerusalem) geworfen, um vernichtet zu werden[267].

Beide Seiten des Vergleichs (Metalllegierungen auf der einen, die Angehörigen des Hauses Israel auf der anderen Seite) werden dabei voll ausgeführt (vgl. V20–22), wodurch der vernichtende Aspekt der Jerusalem überrollenden traumatischen Gewalt besonders intensiv zur Geltung kommt. Zentral ist darin außerdem das Motiv der totalen Wertlosigkeit Israels bzw. seiner ‚Eliten‘, in dem das viele Trauma-Opfer besetzende Gefühl, ‚schlecht zu sein‘ und ‚es nicht anders verdient zu haben‘, mittransportiert wird[268]. Auffällig ist, dass Ez 22,31 unter Verwendung des konsekutiven Imperfekts und des Perfekts im Rückblick formuliert[269], was in V21f als (unmittelbar) bevorstehend angekündigt wird: „Da schüttete (וָאֶשְׁפֹּךְ) ich über sie meinen Grimm, im Feuer meines überkochenden Zorns vernichtete ich sie. Ihren Wandel brachte ich auf ihr Haupt – Ausspruch JHWHs, mächtig über allen" (Ez 22,31). Zum einen hebt dies noch einmal den narrativen Charakter des ganzen Buches ins Bewusstsein, zum anderen deutet sich an dieser Stelle an, dass eine differenziertere Analyse im Hinblick auf Ursachen und Verantwortlichkeiten (vgl. V25–29) erst aus einem gewissen Abstand heraus erfolgen kann, und nachdem die Katastrophe als Faktum anerkannt worden ist.

In *Kap. 23* wird die Geschichte (Samarias und) Jerusalems noch einmal als Verfallsgeschichte dargeboten. Ähnlich wie in Ez 16 (Jerusalem wurde als neugeborenes Mädchen aufs freie Feld geworfen) bildet auch hier wieder ein initiales Trauma den Ausgangspunkt (Samaria und Jerusalem waren sexuellen Übergriffen durch die Ägypter ausgesetzt [Ez 23,3.8.19–21]), so dass gleichsam von Anfang an feststeht, dass die beiden Stadt-Schwestern keine positive Entwicklung nehmen konnten. Während diese fatalistische Geschichtsklitterung als *regressives* Element betrachtet werden

---

[267] Greenberg, Ezechiel 21–37, 92; vgl. auch Eichrodt, Hesekiel, 207f; Bowen, Ezekiel, 135f.

[268] Vgl. Bowen, Ezekiel, 83.135.

[269] Vgl. auch Kessler, Staat, 107. Kessler zufolge wird der rückblickende Charakter von Ez 21,23–31 vor allem daran deutlich, dass die „Fürsten" in V25 in der Mehrzahl angesprochen werden – „die Geschichte des davidischen Könighauses [wird] [hier] gleichsam in einen Satz zusammengerafft" (ebd.).

kann, wird das Kapitel gleichzeitig von *fragmentation* beherrscht – die den Hauptstädten Israels und deren BewohnerInnen zugefügte Kriegsgewalt und die ihnen angetanen Kriegsgräuel werden gleich mehrfach wieder(ge)holt (vgl. Ez 23,9f.23–26.28f.32–34.45–47). Dabei fehlt – doch wundert dies angesichts des auf der Ebene der Erzählung unmittelbar bevorstehenden tatsächlichen Kriegsausbruchs (vgl. Ez 24,1f) kaum – in Ez 23 anders als in Kap. 16 und 20 jedes Moment von *reunification*: Weder gab es je eine gelingende Beziehung zwischen der Gottheit Israels und ihren Städten (vgl., bei aller Problematik, Ez 16,6–14), noch ist in diesem Moment der Erzählung ein Heilwerden dieser Beziehung vorstellbar (vgl., bei aller Problematik, Ez 16,59–63 und 20,39–44) – in Ez 23 dominiert, wie auch die sich anschließende Vertiefung zeigen wird, eindeutig die Erfahrungs-Zersplitterung.

4. Vertiefung: *Geschichtsklitterung und exzessiver Realismus einer Metapher (Ez 23)*

Anhand von Ez 23 soll im Folgenden das bereits mehrfach angeklungene Phänomen traumatischer Geschichtsklitterung genauer beleuchtet werden, wobei auch die Unterschiede zu dem zum Großteil bereits ausführlich besprochenen Kapitel 16 herausgearbeitet werden sollen. Anhand von Ez 23,31–34 wird anschließend der traumatische Selbstschutz-Mechanismus der Dissoziation (Derealisation, Depersonalisation) erläutert, einer Art Wahrnehmungsspaltung, die sich verselbständigen und manchmal nur noch durch Selbstverletzungen unterbrochen werden kann. Literarisch stellt sich Ez 23,31–34 – daher die Überschrift – als (hyper-)reale Überzeichnung der in der Hebräischen Bibel wiederholt belegten (Zorn-) Bechermetaphorik dar. Am Anfang steht die Skizzierung der Makrostruktur des mit 49 Versen relativ langen Gesamtkapitels.

4.1. *Zur Makrostruktur von Ez 23*

Ez 16 und 23 werden häufig in einem Atemzug genannt; „nicht nur nach ihrer Thematik, sondern auch nach dem formalen Aufbau" erscheinen die beiden Textabschnitte „als [...] nahe verwandte[] Gebilde"[270]: Sowohl Kap. 16 als auch Kap. 23 sind ausufernd lang, und beide Kapitel umfassen je zwei Hauptabschnitte (Ez 16,1–43.44–58; 23,1–35.36–44), wobei der zweite jeweils als nachträgliche, Chronologien sprengende Erweiterung

---

[270] Zimmerli, Ezechiel 1, 536.

des ersten angesehen werden kann[271]. Ein wesentlicher Unterschied besteht dabei darin, dass Ez 16 im ersten Hauptteil als Geschichte eines Einzelkindes, Jerusalem, beginnt, dem im zweiten Hauptteil eine ältere und eine jüngere Schwester, Samaria und Sodom zuwachsen, wohingegen in Ez 23 von vornherein von zwei Schwestern, Ohola-Samaria und Oholiba-Jerusalem die Rede ist (vgl. auch Jer 3,6–13). Nach der narrativen Verortung vermittels der Wortgeschehensaussage (Ez 23,1) und der knappen Schilderung der Vorgeschichte der Schwestern (V2–4) kommen zunächst der Wandel und Verfall Oholas (V5–10) zur Darstellung. Danach wird vom Wandel Oholibas erzählt (V11–21), bevor letztere mit ihrem Verfall konfrontiert wird (V22–35). V21, der von der bisher verwendeten 3. Pers. Sing. unvermittelt in die 2. Pers. Sing. springt, bereitet dabei die direkte Anrede der Stadtfrau in den folgenden Strafankündigungen vor[272]. Die Rede vom Becher ihrer Schwester, den Oholiba zu trinken gezwungen ist/wird (V32–34), stellt sich dabei als dritte Szene eines vierfachen, unterschiedliche Perspektiven vermittelnden Gerichtsszenarios dar (V22–27.28–31[273].32–34.35), dessen Teile jeweils mittels der Botenformel (V22.28.32.35) voneinander abgehoben werden.

V36 enthält sodann eine neuerliche, im Ezechielbuch nur an dieser Stelle zu findende narrative Einbettung (וַיֹּאמֶר יְהוָה אֵלַי, „Da sprach JHWH zu mir") sowie einen (bislang ausgebliebenen!) Mitteilungsauftrag an den Propheten (vgl. Ez 16,2), der überraschenderweise in Bezug auf *beide* Schwestern, d.h. auch im Hinblick auf die längst (hin-)gerichtete Ohola (vgl. Ez 23,10), ergeht. Ohnehin ist dieser mit V36 beginnende zweite Hauptabschnitt von Ez 23, wie Greenberg festhält, durch „mangelnde Kohärenz", „eigenwillige[n] Sprachgebrauch" und ein „irritierende[s] Schwanken in Numerus und Person der Pronominalendungen" gekennzeichnet[274] – insgesamt haben wir es hier mit einem einigermaßen chaotischen Textstück zu tun, welches in seinen formalen Aspekten das in den Augen JHWHs chaotische, seine göttlichen Ordnungen (zer-)störende Tun der beiden ‚Hauptstadt-Schwestern' (V37–45) und deren gewaltvolles Ende in „Schrecken und Plünderung" (vgl. V46) widerspiegelt (V46–49). Der Abschnitt liest sich wie ein wild zusammengewürfeltes Konglomerat, das auf frühere Schuldvorwürfe und Strafankündigungen vor allem aus

---

[271] Vgl. hierzu auch Moughtin-Mumby, Metaphors, 189f.
[272] Vgl. Greenberg, Ezechiel 21–37, 119.
[273] Sofern V31 bereits auf das Becherbild zugreift, kommt ihm eine zwischen der zweiten und dritten Gerichtsszene vermittelnde Übergangsfunktion zu (vgl. hierzu unten).
[274] Greenberg, Ezechiel 21–37, 105.

dem ersten Hauptteil (vgl. etwa Ez 23,24–27 und 23,45–48) sowie aus Kap.
16 (vgl. etwa Ez 16,37f und 23,45–48) und 20 (vgl. Ez 20,13.16.21.24 [sowie
22,8] und 23,38: Entheiligung des Schabbat) zurückgreift.

Im Überblick stellt sich die Gliederung von Ez 23 wie folgt dar:

V1–35: 1. Hauptteil: „The Twin Careers of Oholah and Oholibah"[275]
    V1: Wortgeschehensaussage
    V2–4: Vorgeschichte der beiden Schwestern
    V5–10: Wandel und Fall Ohola-Samarias
        V5–8: Oholas Sehnsucht nach fremden Männern/Nationen
        V9f: Oholas Ende durch die Assyrer
    V11–35: Wandel und (zukünftiger) Fall Oholiba-Jerusalems
        V11–21: Oholibas Sehnsucht nach fremden Männern/Nationen
            V11–13: Assyrer
            V14–18: Chaldäer/Babylonier
            V19–21: Ägypter
        V22–35: Oholibas Ende – vier Perspektiven
            V22–27: durch die Babylonier/Chaldäer
            V28–30: durch die (vormaligen) Liebhaber
            V31: Brückenvers
            V32–34: durch den Becher
            V35: fragmentarische Drohung/Zusammenfassung
V36–49: 2. Hauptteil: (Chaotische) Wiederaufnahmen
    V36: Narrative Verortung
    V37–45: Oholas und Oholibas chaotischer Lebenswandel
    V46–49:Oholas und Oholibas Ende im Chaos

4.2. *Ez 23 als traumatische Geschichtsklitterung*

Sowohl Ez 16 als auch Ez 23 versehen Jerusalem (und ihre Schwester[n])
mit einer Art Biographie und zeichnen dabei die Beziehung zwischen
Gottheit und Stadtfrau im Bild einer ehe(ähn)lichen Mann-Frau-Bezie-
hung, aus welcher der ‚weibliche' Part ausbricht, um sich mit Fremdem/
Fremden – in Ez 16 mit fremden Göttern/Kulten *und* fremden Nationen
bzw. deren Vertretern, in Ez 23 in erster Linie mit letzteren – einzulassen,
was wiederholt mit (Derivaten von) √זנה und weiteren sexuell konnotierten Sprachbildern beschrieben wird. Beide Kapitel enthalten darüber
hinaus ähnliche Gewaltszenarien, denen Oholiba-Jerusalem (und zuvor
Ohola-Samaria) ausgesetzt wird (werden), Ez 23 allerdings gibt diesen,
allein was den Textumfang betrifft, deutlich mehr Raum als Ez 16 und fügt
den dort beschriebenen Grausamkeiten weitere (etwa das Abschneiden

---

[275] So Odells Überschrift über diesem Textabschnitt (dies., Ezekiel, 299).

von Nase und Ohren in Ez 23,25, vgl. dazu unten) hinzu. Auch wird von einer (zukünftigen) Schicksalswende, wie sie sich in Ez 16,59–63 andeutet, in Ez 23 nicht gesprochen. Und nicht nur das – während Jhwh in Ez 16 durchaus positiv-leidenschaftliche Gefühle für seine Stadtfrau Jerusalem zu hegen scheint und sich ihr auch rettend und schützend zuwendet, verzichtet Ez 23 auf alles, was auf Jhwhs Wertschätzung Oholiba-Jerusalem gegenüber schließen lassen könnte. Die Biographie der jugendlichen Jerusalem, die Ez 16 im wahrsten Sinne des Wortes ausschmückend erzählt, ist in Ez 23 auf ein Minimum zusammengeschrumpft (vgl. Ez 23,2–4), wobei zwischen Ohola-Samaria und Oholiba-Jerusalem, auf die sich Ez 16 zufolge Jhwhs besonderes Interesse richtet, überhaupt nicht differenziert wird. Einziger Beziehungsaspekt zwischen Jhwh und den Schwestern ist in Ez 23 das ‚ehe-herrliche' Besitzverhältnis (ותהיינה לי, „und ihr gehörtet mir", V4aβ; vgl. Ez 16,8). Auch wenn letztlich in beiden Kapiteln die Erkenntnis Jhwhs durch die von den göttlichen Strafmaßnahmen Betroffenen bzw. durch die RezipientInnen als (ein) übergeordnetes Ziel zu stehen kommt (vgl. Ez 16,62; 23,49)[276], stellt sich in Bezug auf Ez 23 doch verschärft die Frage, welche bzw. was für eine Gottheit es dort zu erkennen gilt, erfährt man doch wenig mehr von ihr, als dass sie ihre Eigentumsansprüche ihren Stadtfrauen gegenüber durchzusetzen gedenkt[277] – und dass sie darin in Konkurrenz zu den in den Augen der beiden Schwestern ausgesprochen attraktiven weltlichen Machthabern aus Assyrien und Babylonien steht (vgl. Ez 23,7f.14f.23)[278].

---

[276] Ez 16 scheint dabei, was die grammatikalische Form angeht, auf die Gotteserkenntnis der Stadtfrau Jerusalem zu zielen („Und du [2. Pers. fem. Sing.] wirst erkennen..."), wohingegen Ez 23 eine ‚männliche' bzw. ‚männlich' dominierte Gruppe (die Gruppe der Exilierten?) im Blick zu haben scheint („Und ihr [2. Pers. mask. Pl.] werdet erkennen...").

[277] Sofern in Ez 23 von positiver Zuwendung Jhwhs den Stadtfrauen gegenüber an keiner Stelle die Rede ist, erscheint auch die folgende Interpretation von Odell (dies., Ezekiel, 302 [zu Ez 23,1–10]) nicht ganz zutreffend: „Though she could have known freedom under the rule of Yahweh, she prefers her former life of slavery. Because she has rejected him and the life he offered her, Yahweh hands her over to her lovers the Assyrians, who strip her off her gifts."

[278] Diesem Konkurrenzverhältnis entspricht es, dass in Ez 23 immer wieder auf die Schönheit, Erhabenheit und Potenz der militärisch-politischen Vertreter der Großreiche abgehoben wird (vgl. Ez 23,6f.12.14f.23) – in Ez 16 steht hingegen die (einzig auf Jhwh zurückzuführende) Schönheit Jerusalems im Mittelpunkt (vgl. Ez 16,10–14). Zu dem genannten Konkurrenzverhältnis vgl. auch Ez 23,42 – dort wird geschildert, wie ‚wildfremde Trinker aus der Wüste' zu Ohola und Oholiba kommen und mit ihr das tun, was Ez 16,11f zufolge ganz allein Jhwh gebührt: Sie schmücken (größtenteils unter Verwendung desselben Vokabulars) die Schwestern mit Armreifen und wertvollen Kronen. Vgl. Kamionkowski, Gender Reversal, 140f.

Die inhärente Schlechtigkeit der Schwestern, die auch in Ez 23 ein wesentliches Motiv darstellt, wird hier anders als in Ez 16 nicht an die biologische bzw. ethnische Herkunft der Mädchen geknüpft – die Lesenden erfahren nurmehr, dass diese „Töchter einer Mutter" sind (Ez 23,2bβ) –, sie wird vielmehr durch die auf die etische Erzähleröffnung in Ez 23,2 unmittelbar folgende Behauptung JHWHs impliziert, beide hätten bereits während ihrer Kindheit/Jugendzeit (בנעוריהן) in Ägypten herumgehurt (זנה√). Was zunächst wie eine – nur schwerlich vorstellbare – Aktivität der Schwestern klingt, wird durch das Folgende in ein anderes Licht gerückt: „Dort wurden ihre Brüste gedrückt (מעך√)[279], dort kneteten[280] sie [die Ägypter] ihre jugendlichen Nippel" (V3b; vgl. auch V21), und in V8 werden *„ihre* [hier: Oholas] Hurereien mit den Ägyptern" noch drastischer erläutert: „Ja, schon in ihrer [Oholas] Kindheit/Jugendzeit schliefen sie [die Ägypter] mit ihr[281], und sie kneteten ihre jugendlichen Nippel und gossen ihre Hurereien über sie aus"[282]. Nirgends ist hier von einem Tun Oholas bzw. Oholibas die Rede – bei näherem Hinsehen deutet vielmehr alles darauf hin, dass die Ägypter den Schwestern gegenüber sexuell übergriffig geworden sind, diese den ägyptischen Gelüsten mit Gewalt unterworfen haben. Oholas bzw. Oholibas Herumhuren, von dem im weiteren Textverlauf noch so oft die Rede sein wird[283], wird dementsprechend hier bestimmt als „allowing oneself to be taken by men"[284], wobei offensichtlich

---

[279] Betrachtet man die weiteren (leider spärlichen) Belegstellen von מעך√ in der Hebräischen Bibel, ist hier durchaus eine gewaltvolle Konnotation mitzuhören: In Lev 22,24 kennzeichnet das Verb ein ungeeignetes Opfertier: „Ein Tier mit einem zerquetschten (מעוך), zerstoßenen, abgerissenen (נתוק, vgl. Ez 23,34 und dazu unten!) oder abgeschnittenen Glied dürft ihr JHWH nicht darbringen, in eurem Land sollt ihr dies nicht tun" (Übersetzung: BigS), in 1 Sam 26,7 wird das Wort für den in den Boden ‚gedrückten' Speer Sauls gebraucht.

[280] עשׂו wird zumeist auf עשׂה√ II., „drücken, pressen", zurückgeführt; das Verb kommt so allerdings nur in Ez 23 (vgl. noch V8.21) vor. Vermutet wird ein Zusammenhang mit עסס√, einer Wurzel, die nur in Mal 3,21 in der Bedeutung „zertreten, zerstampfen" belegt ist. Vgl. auch Bowen, Ezekiel, 140, wo es zur Stelle heißt: „The sex was rough, which is often obscured in translation."

[281] Vgl. hierzu Willem A. M. Beuken, „Art. שׁכב", ThWAT VII (1993), 1306–1318, 1309–1311.

[282] Auch diese Aussage stellt gewissermaßen eine Korrektur der in Ez 16 – anmaßenderweise – von Frau Jerusalem übernommenen männlich-aktiven Rolle dar, wurde doch dort das hier von den Ägyptern ausgesagte ‚Ausgießen von Hurereien' der Stadtfrau zugeschrieben (vgl. Ez 16,15).

[283] Das Verb זנה kommt in Ez 23,3.3.5.19.30.43.44 vor, das Substantiv תזנות, „Hurerei", findet sich in Ez 23,7.8.8.11.14.17.18.19.29.43.

[284] Kamionkowski, Gender Reversal, 142; zum Ganzen vgl. auch a.a.O., 142f, sowie Dijk-Hemmes, Metaphorization, 249–253; Maier, Daughter, 127f. Block verkennt diesen Umstand, wenn er mit Bezug auf V4 formuliert (ders., Ezekiel 1–24, 734): „The description

nicht von Belang ist, ob die Betroffenen dieses Genommenwerden überhaupt hätten verhindern können.

Auch Kap. 23 nimmt also seinen Ausgangspunkt bei einem initial-traumatischen Erzählereignis, das wie die Schilderung der Aussetzung des nackten Säuglings in Ez 16 in den Raum der Nicht-Zivilisation Erfahrungen von sexualisierter Kriegsgewalt und Feminisierung zu integrieren vermag – anders als Ez 16 macht es allerdings die Schwestern für das ihnen Widerfahrene verantwortlich, indem es die Übergriffigkeit der Ägypter als (aktives!) Herumhuren Oholas und Oholibas kennzeichnet (*blaming the victim*). Gleichzeitig wird dabei zum Ausdruck gebracht, dass die Stadt- und Staatsgeschichte, die man nach der Katastrophe von 587/86 v.u.Z. neu zu erzählen sucht, von Anfang an unter keinem guten Stern stand und auch im weiteren Verlauf einzig von diesem initial-traumatischen Geschehen geprägt wurde. Wie die Aussetzung des Mädchens Jerusalem in Kap. 16 lässt sich auch der hier geschilderte ägyptische Übergriff im Sinne eines Beziehungstraumas lesen, das die Bindungs- und Beziehungsmöglichkeiten und -fähigkeiten der Betroffenen völlig zerstören kann. Es sind jene ägyptischen Verhältnisse[285], die die Geschichte(n) der beiden Schwestern entscheidend bestimmen – sie scheinen ihre Erinnerung (√זכר, vgl. V19.27)[286] besetzt zu halten und dafür verantwortlich zu zeichnen, dass Ohola und Oholiba ihre Sehnsucht auf politisch und militärisch potente, elegant-geschmackvolle Staatsmänner (vgl. die Darstellungen der Assyrer [V6f.12] sowie der Angehörigen babylonischer Volksgruppen [V14f.23]) richten, ohne in diesen Beziehungen je Erfüllung zu finden. Im Gegenteil, letztlich sind es diese – im Vergleich zu den eher ‚viehisch'

---

of the sisters's conduct leaves nothing to the imagination: they offered their breasts and nipples to the men of Egypt."

[285] Die begehrten politisch-militärischen Würdenträger, die die Sehnsucht der beiden Stadtfrauen bestimmen, werden in Ez 23,6.12.23 als פחות, „Gouverneure", סגנים, „Präfekten", פרשים, „Reiter" (nur V6.12), רכבי סוסים, „Reiter auf Pferden", und בחורי (חמד) „Auserlesene", bezeichnet; in V15.23 ist darüber hinaus von שלשים, „Adjutanten", die Rede. Dass hiermit der Herrschaftsbereich fremder Großreiche angesprochen ist, aus dem Israel der Exodus-Erzählung zufolge befreit werden sollte, kommt darin zum Ausdruck, dass mit רכב, סוס, פרש שליש und בחור Begriffe verwendet werden, die in Ex 14f zur Darstellung der Übermacht Ägyptens gebraucht werden. Vgl. hierzu ausführlicher Krüger, Geschichtskonzepte, 185f.

[286] Während Ez 16 Jerusalem wiederholt *fehlendes* Erinnerungsvermögen an die initial-traumatischen Ereignisse ihrer Kindheit/Jugendzeit vorwirft, wird Ohola in Ez 23 eines *verkehrten* Erinnerns beschuldigt – sie sei allein der ägyptischen Verhältnisse in ihrer Kindheit/Jugendzeit eingedenk (vgl. V19.27), habe aber JHWH vergessen (vgl. V35). Vgl. hierzu auch Krüger, Geschichtskonzepte, 161–163, Moughtin-Mumby, Metaphors, 200.

geschilderten Ägyptern (vgl. V20)[287] – elitären Edlen (bzw. Großmächte), die die Stadt-Schwestern auf JHWHS Befehl hin endgültig zugrunderichten (vgl. Ez 23,9.22f), nicht ohne sie erneut mit sexualisierter (Kriegs-)Gewalt zu überziehen (vgl. Ez 23,10.26.29).

In diesem Sinne werden die Geschichten von Ohola und Oholiba bzw. von Nord- und Südreich Israel hier gleichsam als Verfallsgeschichten geschildert, die, anders als Ez 16, weder eine (zumindest in den Augen JHWHS) ideale Jugend-Phase noch die Aussicht auf eine endlich gelingende Beziehung zwischen Gott und Volk Israel enthalten[288]. Ez 23 schließt mit der metaphorisch-realen Vernichtung der beiden Frauen, die gesteinigt und mit Schwertern erschlagen werden, ihrer Söhne und Töchter und des in den/durch die Stadt-Schwestern bereitgestellten Lebensraums (vgl. V47). Während also in Ez 16 die ‚weibliche' Passivität der Stadtfrau unter der Obhut JHWHS zum wiederherzustellenden Optimum erhoben wird, nachdem Jerusalem auf die Abwege ‚männlich'-autonomer Aktivität geraten ist – und darin durchaus eine Zukunftsperspektive anklingt –, fehlt in Ez 23 jeder Orientierungspunkt. Denn auch das (vermeintliche) Ideal der Passivität, dem Ohola und Oholiba, blickt man auf die ihnen zugeschriebenen Handlungen, zumindest im ersten Hauptteil von Kap. 23 (V1–35)[289], nahezu vollständig entsprechen[290], vermag beide nicht vor der (sexuellen) Ausbeutung durch die Ägypter und vor der kriegerischen Gewalt der von JHWH beauftragten Nationen zu bewahren. Ja, mehr noch – die relative Passivität, in der sie die in JHWHS Augen falschen Männer an sich heranließen, an sich heranlassen mussten, erscheint hier schließlich als der Straftatbestand, für den sie belangt werden[291].

S. Tamar Kamionkowski zufolge zielt Ez 23 dementsprechend nicht auf die Installierung ‚weiblicher' Passivität, welche die Feminisierungserfahrung

---

[287] Vgl. hierzu Odell, Ezekiel, 303. Odell formuliert noch weitgehender, dass Oholiba „takes animals for her lovers in the form of Egyptians".

[288] Im Verzicht auf die Schilderung einer positive Momente enthaltenden Kindheit/Jugendzeit entspricht Ez 23 der dritten großen Geschichts(re)konstruktion des Ezechielbuchs in Ez 20, ist doch dort vom ununterbrochenen Götzendienst Israels *bereits in Ägypten* die Rede (vgl. Ez 20,7f). Doch anders als in Ez 23 erscheint JHWH in Ez 20 als ausgesprochen emotionale Gottheit, die Israel Gutes tun will und tut, um nur endlich von ihrem Volk erkannt und anerkannt zu werden. Ähnlich wie Ez 16 – und anders als Ez 23 – enthält Ez 20 einen Zukunftsausblick, der eine gelingende Beziehung zwischen JHWH und seinem Volk ausmalt (vgl. Ez 20,40–44). Vgl. hierzu auch Kessler, Ägyptenbilder, 116–121.

[289] Im zweiten Hauptteil (Ez 23,36–49) wird demgegenüber verstärkt auf Schuldvorwürfe aus Ez 16 zurückgegriffen (vgl. insbesondere V37–41).

[290] Vgl. hierzu die Liste bei Kamionkowski, Gender Reversal, 141.

[291] Vgl. Kamionkowski, Gender Reversal, 143.149.

der kriegerischer Gewalt zum Opfer gefallenen Einwohnerinnen und Einwohner Jerusalems in sich zu bergen vermag, sondern auf die Bestätigung bzw. Wiederherstellung von ‚Männlichkeit':

> Under threat of emasculation, the author of this text reaffirms the importance of hegemonic masculinity. He may not feel powerful and successful, but he reaffirms that these qualities are desirable because they attract women and ultimately lead to power. While Ezekiel is locked up in his house in bondage, as it were, he presents a metaphor exploring and reaffirming everything that he currently does not have, but should[292].

Diese Deutung ist aber m.E. insofern nicht ganz schlüssig, als sich der geschilderte ‚männliche' Herrschaftsanspruch zwar siegreich durchsetzt, wobei JHWH und die weltlichen ‚Herren' gemeinsam agieren; die Konsequenz ist allerdings, dass JHWH verliert, was er Ez 23,4 zufolge zu besitzen glaubt. Nach dem vierfachen Gerichtsszenario in V22–35, spätestens aber am Ende des Kapitels sind auch Ohola und Oholiba völlig am Ende – allenfalls für andere Stadtfrauen (oder für die [idealen] RezipientInnen, die an der Erfahrung der Feminisierung schwer zu tragen haben) mögen sie noch ein warnendes Beispiel darstellen (V48; vgl. V10). Auch spricht m.E. einiges dafür, dass Ez 23,1–35 auch als subtile Kritik an ‚männlichem' Kriegsgebaren und an den Inszenierungen militärisch-politischer Macht gelesen werden kann – wenn nämlich den Stadtschwestern in all ihrer Passivität überhaupt irgendetwas vorzuwerfen ist, so vielleicht ihre sehnsüchtige Bewunderung für den stattlichen Machtapparat der Großmächte und deren Angehörige (V6f.14f.23), die Oholiba schließlich zur *aktiven* Kontaktaufnahme mit den Babyloniern bewegt (V16). Auf der Ebene der Erzählung sind es Oholas Wünsche nach intimer Begegnung mit diversen (*weltlichen*) hohen Herren, die ihr Ende heraufbeschwören. Was die außertextweltlichen Referenzpunkte angeht, dürfte den (überwiegend ‚männlichen') politisch Verantwortlichen in den Hauptstädten Samaria und Jerusalem solche Bewunderung nicht fremd gewesen sein – sicherlich hat sie auch im Zusammenhang von Israels bzw. Judas Bündnisbestrebungen keine ganz unwesentliche Rolle gespielt. Sofern sich also in Bezug auf Ez 23 überhaupt eine ‚Moral von der Geschicht' festhalten lässt, scheint diese zur „reaffirmation of masculinity"[293] durchaus quer zu liegen, müsste sie doch wie folgt formuliert werden: Hätten die politischen Leitgestalten in Nord- und Südreich der Anziehungskraft *weltlicher* Herrschaft(lichkeit)

---

[292] Kamionkowski, Gender Reversal, 148.
[293] Kamionkowski, Gender Reversal, 148.

widerstanden, hätten *weltliche* Herren ihre Länder nicht derart zerstörerisch überrollt. Ob eine *derartige* Passivität realpolitisch in irgendeiner Weise umsetzbar gewesen wäre, umsetzbar sein kann – danach fragt der Text hingegen nicht[294].

Letztlich, so wird man sagen müssen, enthält Ez 23, anders als Ez 16, wo Jerusalem die Annahme der ‚weiblich'-passiven Rolle im Gegenüber zur ‚männlich'-aktiven Rolle Jhwhs als (vermeintlich) lebbare Alternative vor Augen gestellt wird, *kein* (praktikables) Programm, dessen Befolgung die Katastrophe hätte verhindern können bzw. das vor zukünftigen Katastrophen zu schützen vermag – weder wird die Möglichkeit einer Verhaltensänderung Jerusalems noch die Möglichkeit eines konstruktiven Eingreifen Gottes in Aussicht gestellt. Vor diesem Hintergrund ist Ez 23 m.E. als traumatische bzw. katastrophengeprägte (Neu-)Erzählung der Geschichte von Nord- und Südreich Israel zu betrachten, die auf eine Situation zurückgeht bzw. eine Situation widerspiegelt, die einzig durch die Empfindung kollektiven Zerstörtseins geprägt ist – eine Situation, in der ein (zukünftiger) Neuanfang (noch) undenkbar erscheint, in der aber gleichzeitig auf den großen (vergangenen) Neuanfang, wie ihn die Exoduserzählung übermittelt, nicht mehr zurückgegriffen werden kann. Kap. 23 erwähnt diese für Israel konstitutive (literarische) Befreiungserfahrung nicht nur nicht[295], es schreibt sogar die ägyptischen Unterdrückungsverhältnisse um, werden doch die beiden Schwestern entweder als von vornherein unrettbar verdorben und verworfen[296] oder als für die Übergriffigkeit der Ägypter selbst verantwortlich zur Darstellung gebracht. Selbst die in der Hebräischen Bibel nachgerade unmissverständliche Adverbialphrase מֵאֶרֶץ מִצְרַיִם, „weg vom Land Ägypten", wird in diesem Zusammenhang in ihrer Bedeutung kategorial verrückt. Die drei Belegstellen im Buch Genesis (Gen 21,21; 45,19; 47,15) ausgenommen, beziehen sich nahezu alle der folgenden 89 Vorkommen dieser Phrase auf die Herausführung bzw. auf den Auszug מֵאֶרֶץ מִצְרַיִם als *der* befreienden Ursprungserfahrung Israels. Die Gottheit Jhwh selbst ist ‚wesentlich' dadurch bestimmt, dass sie ihr Volk

---

[294] Vgl. Bowen, Ezekiel, 141.143f.

[295] Es geht m.E. zu weit, die Phrase „Und sie wurden mein" (V4aβ) im Sinne dieser Befreiungserfahrung oder allgemeiner einer positiven Zugewandtheit Jhwhs zu deuten, wie dies etwa bei Fuhs anklingt (ders., Ezechiel, 121): „Trotz ihrer wesenhaften Verderbtheit nimmt Jahwe die beiden Schwestern zu Frauen und schenkt ihnen Söhne und Töchter. Ohne jedes Verdienst hat Jahwe Israel erwählt und es zu einem großen Volk gemacht." Ähnlich auch Sedlmeier, Ezechiel 1–24, 318.

[296] Vgl. Greenberg, Ezechiel 21–37, 110: „Die Frauen waren bereits verworfen, bevor Gott die Ehe mit ihnen einging (im Unterschied zu dem Findelkind aus 16,8)."

„weg vom Land Ägypten" holte (vgl. nur Ex 20,2; Dtn 5,6; Hos 12,10; 13,4) – eine Bestimmung, um die auch das Ezechielbuch weiß (vgl. Ez 20,6.9.10). Auch wenn es darüber hinaus einige wenige Bibelstellen gibt, an denen sich andeutet, dass ein neuer Exodus (aus dem Exil) sich möglicherweise gewichtiger darstellen wird als jener erste (vgl. Jer 23,7f) oder dass es einen neuerlichen Exodus aus Ägypten geben wird (vgl. Jer 44,28; Sach 10,10), so verliert die Wortverbindung מארץ מצרים doch *nie* ihre rettende Konnotation. Einzig das Ezechielbuch wagt es, von Oholas bzw. Oholibas „Hurereien מארץ מצרים" (Ez 23,27) zu sprechen – und verdreht damit gleichsam *das* unhintergehbare Grunddatum der Geschichte des Volkes Israel[297].

Nicht zuletzt wird diese klitternde Geschichserzählung in einen berufenen Mund gelegt – JHWH selbst erzählt sie so, so dass kaum zu bezweifeln ist, dass alles genau so geschehen ist, geschehen musste, dass die Katastrophen, die Nord- und Südreich getroffen haben, durch nichts und niemanden hätten aufgehalten werden können. Und mehr noch: Was vor der Katastrophe war und Gültigkeit beansprucht hat, ist zerbrochen, ist mit der Katastrophe unwiederbringlich zerstört.

Hier scheint ein Prozess zum Tragen zu kommen, der mit den Trauma-Phänomenen der „Zerstörung des Davor" und der „zerbrochenen Grundüberzeugungen" in Zusammenhang zu bringen ist und der, wie Daniel L. Smith Christopher festhält, im Rahmen von wissenschaftlichen Studien über von Flucht und Vertreibung betroffene Gruppen schon häufiger beobachtet worden ist: Das Schmieden neuer Geschichtserzählungen im Prozess der Wiederherstellung von Identität.

> Included among the options of this reconstruction of history, however, is the possibility that cultures can be reconstructed *on negative terms, such as being considered cursed, sinful, or doomed*[298].

Auch wenn dabei alles unter der Überschrift „Vergesst Jerusalem!" zu stehen scheint, ist dies vielleicht die einzige Möglichkeit, überhaupt zu

---

[297] Neben den bereits erwähnten Belegstellen Ez 20,6.9.10; 23,27 kommt מארץ מצרים im Ezechielbuch noch in Ez 30,13 vor, wobei das Exodusgeschehen ebenfalls keine Rolle zu spielen scheint. Block übersetzt den nicht ganz leicht zu verstehenden Versteil ונשיא מארץ־מצרים לא יהיה־עוד mit „Never again will a prince rise from the land of Egypt" (ders., Ezekiel 25–48, 164). Die Peschitta liest an der entsprechenden Stelle בארץ־מצרים, „im Land Ägypten" (vgl. App. BHS). Zum Ganzen vgl. auch Moughtin-Mumby, Metaphors, 192–194.

[298] Smith-Christopher, Theology, 80 (Hervorhebung R.P.). Vgl. auch O'Connor, Family, 206f (mit Bezug auf Jer 2,1–4,2).

erzählen und damit Fragmente kollektiver Eigenart durchzubringen, ins Exil hinüberzuretten.

Was in Ez 23 geschildert wird, entspricht der Position dieses Kapitels innerhalb der Gesamterzählung: Unaufhaltsam nämlich rollt diese auf die sie bestimmende Katastrophe, die kriegerische Zerstörung Jerusalems unter Nebukadnezar, zu – im unmittelbaren Anschluss an die Ankündigung des Endes in V46–49 wird von der Belagerung der judäischen Hauptstadt durch den babylonischen Herrscher berichtet (Ez 24,1f).

4.3. *Ez 23,31–34: Traumatische Dissoziation und exzessiver Realismus einer Metapher*

Das in Ez 23,31–34 verwendete Bechermotiv fügt sich dem soeben herausgearbeiteten Charakter des Kapitels als Verfalls-Geschichtserzählung insofern plausibel ein, als es einmal mehr die Unabänderlichkeit des gekommenen/kommenden Unheils ins Bild setzt. Ähnlich wie bei der Schriftrollenszene in Ez 2,8b–3,3.14f, mit der der nun zu besprechende Textabschnitt einige Übereinstimmungen aufweist, zeigt das Zu-sich-nehmen-Müssen des Becher(inhalt)s auch hier das unausweichliche, von JHWH erzwungene Schlucken-Müssen des Gerichts in seinen furchtbaren physischen und psychischen Konsequenzen an[299]. Bevor ich jedoch genauer darauf eingehe, inwiefern das in Ez 23 eingearbeitete Becherbild sinnerschließend mit traumatologischen Überlegungen in Verbindung zu bringen ist, soll die in Frage stehende Textpassage mitsamt ihren Rahmenversen (V31.35) und in ihrem Makrokontext (V22–35) etwas genauer erschlossen und die (mögliche) Herkunft des Bechermotivs und seine Verbreitung und Bedeutung in der Hebräischen Bibel kurz beleuchtet werden. Den Besonderheiten der (Zorn-)Bechermetapher in Ez 23,(31)32–34 ist ein eigener kurzer Abschnitt gewidmet.

Die Becherszene im Kontext der Gerichtsszenen Ez 23,22–35: Ez 23,(31)32–34 stellt, dies wurde oben bereits herausgehoben, die dritte von insgesamt vier mit der Botenformel eingeleiteten Gerichtsankündigungen dar. Die verschiedenen Szenarien, die dabei entworfen werden (V22–27; V28–30(31); V(31)32–34; V35), sind m.E. nicht als zeitlich nachgeordnet zu

---

[299] Vgl. hierzu Eichrodt, Hesekiel, 221: „Die unmittelbare Anschaulichkeit dieses Bildes hat den Propheten […] ein gern gebrauchtes Mittel in die Hand gegeben, um den Zwang zur Übernahme seines Schicksals, die Unmöglichkeit, es von sich zu weisen, das Zurückschaudern vor seiner Todeswirkung, die Bitterkeit seiner Leiden, die doch bis zum letzten ausgekostet werden müssen, ihren Hörern vor Augen zu stellen.“

begreifen, sondern beziehen sich auf ein und dasselbe Ereignis – die Zerstörung Jerusalems 587/86 v.u.Z. und deren Folgen –, setzen jedoch verschiedene Schwerpunkte und lassen unterschiedliche Perspektiven zum Tragen kommen.

Die erste Szene, V22–27, stellt die Katastrophe recht konkret als von babylonischen Völkerschaften[300] ausgehenden Belagerungskrieg gegen Oholiba-Jerusalem dar. Sowohl der Angriff der feindlichen Truppen (V23f) als auch die von diesen ausgehende Kriegsgewalt (Tod durchs Schwert, „Nehmen" [Deportation, Tötung?] der Söhne und Töchter, Zerstörung durch Feuer [V25]; Plünderung von Kleidern und Schmuck [V26]) bis hin zu grausigen Kriegsgräueln (Abschneiden von Nase und Ohren [V25][301]) lassen sich ohne weiteres in diesen Zusammenhang einordnen; hier kommt eine ganze Reihe von Begriffen vor, die auch in anderen Erzählpassagen, in denen es um (Nebukadnezars) kriegerische Übermacht (und später Ohnmacht!) geht, eine wesentliche Rolle spielen (vgl. vor allem Ez 26,7–10 sowie Ez 38–39)[302]. Die Rede von den (vormaligen) Liebhabern Oholibas bzw. von Oholibas „Hurerei von Ägypten her", die Jhwhs Erzählen über seine Stadtfrau von V11 bis V21 bestimmte, ist hier einzig in V22 und V27 von Bedeutung. Dadurch wird deutlich, dass es bei der das Kapitel über weite Strecken dominierenden Rede von Oholas bzw. Oholibas Herumhuren metaphorisch zwar um sexuelle, ‚eigentlich' allerdings um politisch-militärische Untreue Jhwh und den Nationen gegenüber geht, die sich konkret in kriegerischen Strafmaßnahmen bis hin zu furchtbaren Kriegsgräueln auswirken kann.

---

[300] Vgl. hierzu Greenberg, Ezechiel 21–37, 120.

[301] Baumann zufolge lässt sich „das Abschneiden der Nase und der Ohren [...] nicht aus dem Kriegskontext erklären", es gehöre vielmehr „in den Bereich der Rechtsfolgen des Ehebruchs", sei doch in Rechtstexten aus mittelassyrischer Zeit (Mitte des 14. bis Ende des 11. Jh.s v.u.Z.) vom Abschneiden der Nase einer Ehebrecherin die Rede (dies., Gottesbilder, 118). Vgl. aber demgegenüber den folgenden Ausschnitt aus den Annalen Aššurnasirpals (883–859 v.u.Z.): „Many captives from among them I burned with fire, and many I took as living captives. From some I cut off their hands and their fingers, and from others I cut off their noses, their ears, and their fingers(?), of many I put out the eyes." (ARAB I, Nr. 445, 147.)

[302] Dies gilt insbesondere für die in V24 vorkommenden Worte für Kriegsgerät, von denen einige ansonsten nur noch in Ez 26 sowie in 38–39 zu finden sind: רכב, „Wagen" (Ez 23,24; 26.7.10; 39,20); גלגל, „Räder" (10,2.6.13; 23,24; 26,10); צנה, „Langschild" (23,24; 26,8; 38,4; 39,9); מגן, „Kleinschild" (23,24; 27,10; 38,4.5; 39,9). Während es in Ez 23 um einen Angriff babylonischer Volksgruppen geht, wird in Ez 26 Nebukadnezar (נבוכדראצר) explizit erwähnt, möglicherweise ein Hinweis darauf, dass der im Zentrum von Ez 38–39 stehende Gog von Magog mit Nebukadnezar zu identifizieren ist.

Die zweite Gerichtsszene, V28–30(31), grenzt die Metaphorik des Herumhurens und die (Sprach-)Bilder des Krieges nicht so eindeutig voneinander ab wie die erste. Oholiba wird, so kündigt V29 an, von ihren ehemaligen Liebhabern ihres Besitzes beraubt und nackt und unbekleidet (עירם ועריה, vgl. Ez 16,7.22.39) zurückgelassen werden, was als Bezugspunkt sowohl die Stadt als Wohn- und Lebensraum als auch die Stadt im Bilde einer Frau bzw. eines Frauenkörpers haben kann (vgl. schon V26). Wenn es dann weiter heißt (V29b): „und es wird aufgedeckt (גלה *Nif'al*) die Blöße (ערוה) deiner Hurerei und deine Schandtat und deine Hurereien", so ruft dies zwar einerseits die schillernden Konnotationen, die √גלה auf eine eroberte Stadtfrau bezogen haben kann, in Erinnerung, gleichzeitig aber ist die konkrete Ebene des Krieges schon wieder ein Stück weit verlassen. Im Unterschied zur ersten Szene geht es hier weniger um die reale Kriegsgewalt, welche die Stadtfrau Jerusalem treffen wird, eher steht einmal mehr das forcierte Aufdecken ihrer Schuld – auch dies eine Konnotation von √גלה – im Mittelpunkt. Entsprechend fasst V30 den wesentlichen Anklagepunkt, Oholibas Herumhuren mit den Völkern, das hier nun als Unreinwerden durch deren Götzen veranschaulicht wird, noch einmal zusammen.

V31 lässt sich ebenfalls als eine Art Zusammenfassung lesen – die Erwähnung des Wegs der Schwester (Ohola), dem Oholiba gefolgt sei, ruft insbesondere V11, gleichzeitig aber die übereinstimmenden Verhaltensbeschreibungen in V5–8 und V11–21 noch einmal auf; die Rede vom „Becher deiner Schwester", den Jhwh in die Hand Oholibas zu geben ankündigt, lässt sich leicht auf das ebenfalls schon ausführlich geschilderte ähnliche Schicksal der beiden Stadtfrauen deuten. Da das Becherbild in V32–34 noch genauer ausgemalt wird – und zwar insbesondere im Hinblick auf die Auswirkungen, die das Trinken des Bechers für Oholiba hat –, stellt sich V31 gleichzeitig als Vorverweis auf die dritte Gerichtsszene dar; insgesamt kommt ihm also eine Übergangsfunktion zu.

Der knappe V35, der sich an den Abschnitt vom Becher anschließt, enthält zwar, anders als die vorhergehenden Unterabschnitte, kein eigenes Gerichtsszenario. Er ist aber insofern von besonderem Gewicht, als die Strafmaßnahmen, die Oholiba angekündigt worden sind, nun ihre göttliche Begründung in Jhwhs Emotionalität, in Jhwhs Gekränktsein finden: „Weil du mich vergessen (√שכח) und mich hinter dich geworfen hast[303]", heißt es in V35aγ-δ. Dass Jhwh von Oholiba etwas gewünscht und erhofft

---

[303] Zu diesem Sprachbild vgl. 1 Kön 14,9; Jes 38,17; Neh 9,26.

hat, war zuvor allenfalls zu erahnen (vgl. noch V25aα) und wird innerhalb von Ez 23 an keiner Stelle so deutlich wie hier, ganz am Ende des ersten Hauptteils des Kapitels (V1–35). Der Vergessensvorwurf nimmt dabei Bezug auf Oholibas Erinnern ihrer Jugendzeit, das von den Ägyptern und deren Übergriffen besetzt ist (V19, vgl. dazu oben) und das JHWH offenbar durch die Zufügung massiver Kriegstraumata auszulöschen gedenkt (vgl. V27) – was aber gleichsam das Ende Oholibas bedeutet. In diesem Sinne mündet auch V35 nicht in eine positive Perspektive, sei es für JHWH, sei es für seine Stadtfrau, sondern lediglich in den göttlichen Befehl an Oholiba, ihre Schandtat und ihre Hurereien zu tragen (Imp. fem. Sing. *Qal* √נשׂא), d.h. das nach dem Plot des Buches unmittelbar bevorstehende Gericht anzunehmen.

Die Becherszene im Einzelnen: Im Kontext des Becherbildes – und das mag nach der Vorstellung der umgebenden Szenen überraschen – wird die Metaphorik der sexuellen Untreue, von Hurerei und Ehebruch weitestgehend verlassen, allenfalls klingt sie im Hinweis auf den „Weg/Wandel deiner Schwester" (V31; vgl. V13) noch einmal an.

Übersetzen lässt sich der nicht immer ganz kohärente Textabschnitt Ez 23,31–34 wie folgt:

E⁰   E¹   E²

[31]Auf dem Weg deiner Schwester bist du gegangen, und ich habe ihren Becher in deine Hand gegeben.
[32]So spricht JHWH, mächtig über allen:
Den Becher deiner Schwester wirst du trinken, den tiefen und weiten – er wird zu Gelächter und Gespött werden[304], er fasst eine Menge[305].
[33]An Trunkenheit und Kummer wirst du voll.
Ein Becher von Entsetzen und Schreckensstarre, der Becher deiner Schwester Samaria.
[34]Du trinkst ihn und leerst (√מצה) (ihn) ganz aus, und seine Tonscherben zermalmst/zerkaust (√גרם) du.
Und deine Brüste wirst du zerreißen (√נתק).
Ja, ich, ich habe geredet –
Ausspruch JHWHs, mächtig über allen.

---

[304] Zu dieser Übersetzung, in der das Verb תהיה auf das im Femininum stehende Substantiv כוס bezogen ist, vgl. unten Anm. 309.

[305] Bei מרבָּה handelt es sich vielleicht um ein ansonsten nicht mehr belegtes Substantiv mit der Bedeutung „Größe, Weite" (vgl. Ges¹⁸, 735). Die gewählte Übersetzung setzt, im Anschluss an Ex 36,5, die Vokalisation מרבָּה (Part. fem. *Hif'il* רבה I) voraus (vgl. hierzu Ehrlich, Randglossen, 91; Zimmerli, Ezechiel 1, 534).

Bei den durch die Botenformel am Anfang (V32aα)und den doppelten formelhaften Schluss (V34b) gerahmten Aussagen Jhwhs in V32aβ–34a handelt es sich, dies suggeriert auch das Druckbild der BHS, um ein poetisches Gebilde, welches sich in drei Strophen unterteilen lässt (Strophe 1: V32aβ-b; Strophe 2: V33; Strophe 3: V34a). Es sind verschiedene Reimelemente auszumachen, und was das Metrum betrifft, könnte den Versen (ursprünglich) ein קינה-Rhythmus zugrundeliegen[306]. In der vorliegenden Form allerdings ist das sog. Becherlied „in such a condition of textual disorder that it is difficult to detect the meter and even at times the meaning"[307]. Manche AuslegerInnen hat Letzteres dazu veranlasst, hier die Wirkungen einer Alkoholintoxikation abgebildet zu sehen[308], man könnte jedoch auch an traumatisch bedingte Versprachlichungsschwierigkeiten denken.

Dennoch – es sind auch Regelmäßigkeiten auszumachen: Jede Strophe beginnt mit einer Bezugnahme auf Oholibas Trinken (V32aβ; V33a; V34aα) und enthält Ausführungen über die Wirkungen des Bechers, die einer gewissen Steigerung unterliegen: Während die erste Strophe mit der Erwähnung von Gelächter und Gespött auf die Reaktionen derer abzuheben scheint, die Oholiba in deren trunkenem (d.h. von den angekündigten Strafmaßnahmen! betroffenen) Zustand zu Gesicht bekommen[309], zielt die zweite stärker auf die (emotionalen) Folgen, die der Becher(inhalt) für Oholiba selbst hat, nämlich Trunkenheit, Kummer, Entsetzen (שׁמה) und Schreckensstarre (שׁממה). Dabei umfassen – dies gilt umso mehr, als es sich bei Oholiba um eine personifizierte geographische Größe handelt – die von √שׁמם abgeleiteten Lexeme einerseits den psycho-physischen Aspekt des mit dem Becher geschluckten Schreckens, andererseits die materielle Verheerung und Verwüstung, die topographisch wahrnehmbar ist. Die dritte Strophe schildert sodann, wie sich das Grauen, das Oholiba-Jerusalem sich trinkend einverleiben muss(te), wiederum nach außen Bahn bricht – in einer ‚ver-rückten‘, traumatischen Symptomsprache,

---

[306] Vgl. Zimmerli, Ezechiel 1, 552; Block, Ezekiel 1–24, 755. Zum ‚hinkenden Rhythmus‘ der קינה vgl. Bail, Sehnsucht, 62, Anm. 121.

[307] Blenkinsopp, Ezekiel, 101.

[308] Vgl. Blenkinsopp, Ezekiel, 101; Block, Ezekiel 1–24, 755.

[309] Das Motiv, dass Jerusalem bzw. das Haus Israel aufgrund des Unheils, das sie getroffen hat, verspottet, verhöhnt und beschämt werden, kommt im Ezechielbuch mehrfach vor (vgl. Zimmerli, Ezechiel 1, 552). Diese Interpretation ist auch dann möglich, wenn תהיה nicht als 3. Pers. fem. Sing. *Qal* von √היה auf den Becher bezogen, sondern als 2. Pers. fem. Sing. („Du wirst zu Gelächter und Gespött werden") verstanden wird (vgl. Greenberg, Ezechiel 21–37, 124f).

welche durch Dissoziation und selbstverletzendes Verhalten gekennzeichnet zu sein scheint.

Die (Zorn-)Bechermetapher in der Hebräischen Bibel: In der Hebräischen Bibel kommt der Becher (כוס) bei insgesamt 31 Belegstellen[310] einige Male als normales Trinkgefäß begüterter wie armer Menschen vor (vgl. Gen 40,11 [3x].13.21; 2 Sam 12,3; Jer 35,5), wobei er metonymisch für seinen gängigsten Inhalt, Wein, stehen kann[311]. Wesentlich häufiger denn als Mittel zur (lebensnotwendigen) Flüssigkeitsaufnahme findet sich die כוס ersttestamentlich allerdings in Zusammenhängen, in denen es um das ‚Trinken' eines bestimmten Ergehens geht, welches zumeist durch JHWH (vgl. z.B. Jes 51,17; Ez 23,31; Ps 23,5), gelegentlich durch Mittelsmenschen (Jer 25,15–29; vgl. Jer 16,7) verabreicht wird. Wiederholt steht der Becher als *nomen regens* dementsprechend in *Constructus*-Verbindungen, die als *nomen rectum* einen Abstraktbegriff enthalten, wobei diese Begriffe öfter negativ („Zorn- oder Rauschgiftbecher" [כוס־החמה[312], vgl. Jes 51,17.22; Jer 25,15]; „Taumelbecher" [Jes 51,17.22]; „Becher von Entsetzen und Schrekkensstarre" [Ez 23,33]) als positiv konnotiert sind („Trostbecher" [Jer 16,7]; „goldener Becher" [Jer 51,7][313]; „Heilsbecher" [Ps 116,13])[314]. Auch durch seine satz- und kontextsemantische Bestimmung erscheint der Becher nur zweimal als Zeichen bzw. im Zusammenhang einer positiven Zuwendung JHWHs (Ps 16,5f: „JHWH ist mein Anteil am Erbe und mein Becher. [...] Ja! Mein mir zugesprochenes Land gefällt mir gut"; Ps 23,5: „mein Becher ist Fülle"); die negative Besetzung der כוס als Werkzeug der Verurteilung und der Strafe JHWHs, das denjenigen, die den Becher (aus der göttlichen Hand) entgegennehmen (müssen), Gericht und Leid bringt (Jer 25,15.17.28; 49,12; Ez 23,31.32.33 [2x]; Ps 11,6; 75,9; Klgl 4,21), dominiert[315]. Dabei können sowohl das eigene Volk (Jes 51,17.22: Jerusalem; Jer 25,18: Jerusalem und die Städte Judas; Ez 23,31–34: [Ohola=Samaria und] Oholiba=Jerusalem) als auch fremde Nationen (Jer 25,15.17.28: alle Nationen, zu denen JHWH

---

[310] Vgl. Günter Mayer, „Art. כוס", ThWAT IV (1984), 107–111, 108.

[311] Vgl. Gen 40,11; Jer 25,15; 35,5; 51,7; Ps 75,9; Spr 23,31 sowie Carmen Diller, „‚Du füllst mir reichlich den Becher...' Der Becher als Zeichen der Gastfreundschaft am Beispiel von Ps 23", in: dies. u.a. (Hg.), ‚Erforsche mich, Gott, und erkenne mein Herz!' (FS H. Irsigler) (ATSAT 76), St. Ottilien 2005, 81–104, 97f.

[312] חמה kann sowohl „Zorn" als auch „Gift" heißen.

[313] Von einer positiven Konnotation des goldenen Bechers lässt sich hier allerdings nur auf den ersten Blick sprechen, macht doch sein Kontext mehr als deutlich, dass der goldene Becher Babel den Völkern Unheil gebracht hat (vgl. hierzu Diller, Becher, 88).

[314] Vgl. hierzu Diller, Becher, 87f.

[315] Vgl. DBI, 186; Diller, Becher, 88–90.

Jeremia sendet; Jer 49,12: [u.a.] Edom; 51,7: die Nationen [von Babels Becher in der Hand Jhwhs]; Hab 2,16: Babel?; Klgl 4,21: Edom) betroffen sein. Der Gerichtsbecher wird, wie Theodor Seidl festhält, „durch die Beschreibung seiner Wirkungen auf den/die Empfänger näher qualifiziert: Trunkensein, Wanken, Fallen, Speien, Entblößung und Nacktheit sind ihrerseits Bildspender für die verheerenden Wirkungen und Folgen des göttlichen Gerichts"[316], wie man es insbesondere in der Exilskatastrophe verwirklicht sah. In diesem Sinne gehören, so Theodor Seidl weiter, die „Taumelbechertexte [...] zur exilisch-nachexilischen Reflexionsliteratur, die den Einschnitt der Ereignisse von 587/586 und seine Konsequenzen geistig und moralisch zu bewältigen versucht", wobei Ez 23,31–34 „wegen seiner Binnenperspektive auf Israel und Juda zeitlich den Vorrang [hat] vor Jes 51,17–23 und Jer 51,7–10, die auf die Ereignisse aus größerer zeitlicher Distanz zurückschauen"[317].

Was die Herkunft bzw. den Sitz im Leben des (Zorn-)Bechermotivs angeht, hat man etwa an einen *mantischen Gebrauch* des Bechers, an ein *Eifersuchtsordal*, wie es in Num 5,11–31 geschildert wird, an ein *Tammuz-Motiv* oder an ein *göttliches Trinkgelage* anlässlich eines Thronbesteigungsfestes gedacht[318]; heute setzt sich jedoch mehr und mehr die Einsicht durch, dass „es sich in allen Becherstellen [...] um eine Symbolsprache handelt"[319], dass also die biblisch versprachlichten Becher „faktisch niemals dargereicht worden"[320] sind. Doch auch der metaphorische Becher (die Rede von der Metapher ist m.E. angemessener als die vom Symbol) hat eine Geschichte, eine erlebte Wirklichkeit, auf die er sich bezieht, und diese ist – wie übrigens auch in der ugaritischen Epik, wo das Bechermotiv ebenfalls mehrfach belegt ist[321] – wahrscheinlich am

---

[316] Theodor Seidl, *‚Der Becher in der Hand des Herrn': Studie zu den prophetischen ‚Taumelbecher'-Texten* (ATSAT 70), St. Ottilien 2001, 149. Vgl. auch Mayer, Art. כוס, 109; Manuel Dubach, *Trunkenheit im Alten Testament: Begrifflichkeit, Zeugnisse, Wertung* (BWANT 184), Stuttgart 2009, 252–258.

[317] Seidl, Becher, 149. Die weiteren Taumelbechertexte – an größeren Texten ist noch Hab 2,15–17 zu nennen – enthalten Seidl zufolge hingegen keine Kriterien für die Bestimmung einer relativen Chronologie (vgl. a.a.O., 149f).

[318] Vgl. Klaus-Dietrich Schunck, „Der Becher Jahwes: Weinbecher – Taumelbecher – Zornesbecher", in: Axel Graupner u.a. (Hg.), *Verbindungslinien* (FS W. H. Schmidt), Neukirchen-Vluyn 2000, 323–330, 329f, wo jeweils Beispiele benannt werden.

[319] Hendrik A. Brongers, „Der Zornesbecher", in: J. G. Vink u.a. (Hg.), *The Priestly Code and Seven Other Studies* (OTS 15), Leiden 1969, 177–192, 189.

[320] Brongers, Zornesbecher, 190.

[321] Vgl. hierzu Gisela Fuchs, „Das Symbol des Bechers in Ugarit und Israel. Vom ‚Becher der Fülle' zum ‚Zornesbecher' ", in: Axel Graupner u.a. (Hg.), *Verbindungslinien* (FS W. H. Schmidt), Neukirchen-Vluyn 2000, 65–84, 69–82.

ehesten im Rahmen eines Festmahls oder eines festlichen Umtrunks zu suchen[322], Gelegenheiten, bei denen ein den Gästen zugetaner (göttlicher) Gastgeber bzw. eine Gastgeberin diesen einen Becher mit (gutem!) Wein überreicht. Die bildliche Rede vom „Zorn- oder Rauschgiftbecher" würde dementsprechend so etwas wie ein „anti-banquet-theme"[323] darstellen, welches das (Sprach-)Bild von der einladenden Gottheit, die vermittels des Bechers Segen spendet und ihre Gäste glücklich macht, in sein grausames, tödliches Gegenteil verkehrt.

Für die Metaphorik vom Gerichtsbecher dürfte darüber hinaus auch das Wissen um die Wirkungen von (zuviel) Alkohol und von anderen toxischen Substanzen, die man dem Wein beimischen konnte[324], prägend gewesen sein. Wenn im Zusammenhang des Bechermotivs wiederholt vom Taumeln, Wanken und Fallen derer, die ihn sich einverleiben müssen, gesprochen wird, so scheint dies unmittelbar auf das Erscheinungsbild eines/ einer (völlig) Betrunkenen zurückzugreifen, wie es in der Hebräischen Bibel in unterschiedlichen Kontexten zur Darstellung kommt. Als Folgen von Trunkenheit benannt werden etwa der Verlust von Urteilsvermögen (1 Sam 25,36f) und Verstand (Hos 4,11), das Nicht-mehr-Schützen-Können der eigenen Intimsphäre (Gen 9,21) bis hin zu sexueller Enthemmung (vgl. 2 Sam 11,11–13) und sexuellen Grenzüberschreitungen (Gen 19,33–35), die Einbuße der Kontrolle über Körperfunktionen und Sprachvermögen (vgl. Jes 28,7–13), Wehrlosigkeit (vgl. 2 Sam 13,28) und Schwäche (vgl. Hos 7,5)[325]. Sofern allerdings ein vergleichbares Außer-Sich-Sein (bis hin zur Derealisation und Depersonalisation) auch zur Symptomsprache von Traumata gehören kann und nicht selten gehört[326], verschwimmen hier die

---

[322] Vgl. Fuchs, Symbol, 82f.

[323] W. McKane, „Poison, Trial by Ordeal and the Cup of Wrath", VT 30 (1980), 474–492, 491. Zum Ganzen vgl. a.a.O., 487–492, sowie Hugo Greßmann, *Der Ursprung der israelitisch-jüdischen Eschatologie*, Göttingen 1905, 134f; Fritz Stolz, „Rausch, Religion und Realität in Israel und seiner Umwelt", VT 26 (1976), 170–186, 183–186. Schunck, Becher, 326f. Schunck (a.a.O., 330) nimmt genauer an, „daß dieses Bild [vom Zornbecher, R.P.] einen genuin israelitischen Hintergrund hat, d.h. den ,Tag Jahwes' und seine in der prophetischen Verkündigung vollzogene Umdeutung von einem Festtag in einen Gerichtstag Jahwes" meint.

[324] Vgl. hierzu Greßmann, Ursprung, 133f; Schunck, Becher, 327–329. Zur Ambivalenz des Weins bzw. der Trunkenheit im Alten Orient sowie in der Hebräischen Bibel vgl. auch Stolz, Rausch, passim; Diller, Becher, 92–94; Dubach, Trunkenheit, 285–289.

[325] Vgl. Diller, Becher, 93.

[326] Vgl. hierzu Huber, Trauma, 58. Huber nennt drei Problembereiche, bei denen Dissoziation vermehrt auftreten kann: Bei (traumatischem) Stress, bei Substanzmittelmissbrauch (z.B. Alkohol) sowie bei bestimmten hirnorganischen Syndromen.

Grenzen zwischen Bildspender und Bildempfänger[327]: Wer den Gerichtsbecher Jhwhs, d.h. etwa die Exilskatastrophe in ihren vielfachen Gewalt-
dimensionen, zu schlucken gezwungen ist, wird (wie) trunken, taumelt
und bricht zusammen, „doch *nicht* vom Wein" (Jes 51,22) – in Texten wie
Jes 51,17–23, Jer 25,15–29 und Ez 23,31–34 schieben sich die Bilder des/der
Betrunkenen und des Kriegsopfers dementsprechend ineinander[328].

Besonderheiten der (Zorn-)Bechermetapher in Ez 23,(31)32–34: Die (Zorn-)
Bechermetapher in Ez 23,(31)32–34 fügt sich dem soeben beschriebenen
Rahmen nicht nur ein; folgt man der relativen Chronologie von Theodor
Seidl, könnte man sogar vermuten, dass sie für die Ausgestaltung des
Bildes in der Hebräischen Bibel (mit) prägend war. Gleichwohl weist sie
einige Charakteristika auf, die sich an anderen Stellen nicht wiederfinden.
Hierzu gehört zunächst der in V32 enthaltene dreifache Verweis auf die
riesigen Ausmaße des Oholiba gereichten Trinkgefäßes, das „tief" (עמק√)
und „weit" (רחב√) ist und eine Menge fasst (מרבה להכיל), was einerseits
als Hinweis auf die Massivität der (bereits vorgestellten) Strafe erscheint,
andererseits die (unterstellte) potenzierte Schuld Oholibas (vgl. V19:
רבה√ I) widerspiegeln könnte[329]. Wird der Becher auch als Sinnbild für
die feindliche Macht, Aššur bzw. Babel verstanden, kann man hier, ähnlich wie in Jer 51,7, wo Babel als goldener, die ganze Welt berauschender
Becher in der Hand Jhwhs, beschrieben wird, auch die (vorübergehende)
Durchsetzungsfähigkeit der babylonischen Kriegsmaschinerie angesprochen sehen.

Die Aussage, dass Oholibas Trinken des Bechers zu Gelächter und
Gespött (לצחק וללעג) führen wird (V32b), fügt sich dem Ezechielbuch
insofern gut ein, als in ihm wiederholt berichtet wird, dass/wie die umgebenden Nationen Israel aufgrund des erlittenen Unglücks verhöhnen
und beschämen (vgl. Ez 36,4 [ebenfalls לעג]). Was *genau* diese Reaktionen bei den Außenstehenden hervorruft, wird im in Frage stehenden Kontext nicht erwähnt; anders als in Hab 2,16, wo die vom Becher
Jhwhs trunkenen Babylonier (?) sich selbst entblößen, ist in Ez 23,32

---

[327] Vgl. Diller, Becher, 94.

[328] Vgl. hierzu vor allem Jer 25,15f, wo zuerst vom „Becher dieses Zornweins", von dem
alle Nationen trinken müssen, die Rede ist, während es im darauffolgenden Vers heißt: „Sie
[die Nationen, R.P.] sollen trinken, taumeln und verrückt werden angesichts des Schwertes, das ich [Jhwh, R.P.] unter sie schicke" (vgl. auch V27.29).

[329] Vgl. hierzu Fuchs, Symbol, 79–82. Fuchs vermutet einen Zusammenhang zwischen
dem in Ez 23,32 beschriebenen Becher und dem in einem ugaritischen Hymnus vorkommenden gewaltigen Becher Baals, der den Kosmos zu symbolisieren scheint.

kein unmittelbarer Scham-/Beschämungsanlass zu erkennen. Denkbar ist allerdings, dass hier bereits auf das in V34 geschilderte Verhalten Oholibas vorausgeblickt wird, welches als traumatische Reaktion auf die mit dem Becher inkorporierte massive Gerichtsgewalt interpretiert werden kann. In diesem Sinne kommt hier einmal mehr die Opferbeschuldigung zum Zuge, welche das Ezechielbuch vor allem im Hinblick auf Jerusalem immer wieder aufruft[330].

In V33a heißt es dann weiter, Oholiba werde mit „Trunkenheit" (שִׁכָּרוֹן, vgl. noch Ez 39,19) und „Kummer" (יָגוֹן)[331] voll werden (√מלא). Während, was kaum zu überraschen vermag, Derivate von √שכר („sich betrinken" [Qal]) im Kontext des Becherbilds wiederholt vorkommen (vgl. Jer 25,27; 51,7; Hab 2,15; Klgl 4,21), ist die Rede vom Gefülltwerden mit Kummer singulär[332]. Hier ist innerhalb der Metaphorik gewissermaßen ein Sprung zu verzeichnen: Während das Vollwerden an Trunkenheit auf der Vorstellung eines konkreten Becherinhalts (z.B. Wein, Rauschtrank) beruht, setzt das Vollwerden an Kummer den Wechsel auf eine abstrakt(er)e Ebene voraus, auf der Becherinhalt und (die grausamen Folgen des) Kriegsgericht(s) in eins gesetzt werden[333]. Der deutlich körperliche Aspekt der Bechermetaphorik, das Moment des Einverleibens (vgl. Ez 3,3 [ebenfalls √מלא]), bleibt hingegen erhalten, so dass hier einmal mehr zum Ausdruck gebracht ist, dass und wie die Exilskatastrophe den Kollektivkörper Jerusalem auf der einen, die konkreten Körper ihrer Bewohnerinnen und Bewohner auf der anderen Seite betrifft. Diese besondere Körperbezogenheit, die mit dem Durch-und-Durch-Gehen des mit dem Becher aufgenommenen Schicksals zu tun hat, ist auch für die übrigen Verse des ‚Becherlieds' in Ez 23,33b–34 prägend.

---

[330] Ganz anders verhält es sich in Jes 51,17–23, wo die durch den Zornbecher JHWHs trunken am Boden liegende Stadtfrau in erster Linie auf ihre Trostbedürftigkeit angesprochen wird – ein solches Moment würde sich allerdings dem in Ez 23 entworfenen (Verfalls-)Geschichtsbild kaum einfügen.

[331] Zur genauen Konnotation von יגה vgl. Siegfried Wagner, „Art. יגה", ThWAT III (1982), 406–412, 407: „Mit ‚Kummer' ist nicht an einen einzelnen physischen oder psychischen Schmerz gedacht, sondern an eine Grundstimmung des Lebensgefühls, die sich aus dem unterschiedlichsten Erleben von Schmerz, Leid, Gram u.ä. ergeben kann. ‚Kummer' ist das Gegenteil von Freude und Jubel."

[332] Vgl. noch Jes 51,20, wo es heißt, die Kinder Jerusalems seien voll vom Zorn JHWHs und „vom Drohen deiner Gottheit" – hier ist allerdings das Becherbild schon wieder ein Stück weit verlassen, das Vollwerden ist eher als Kriegsfolge gezeichnet.

[333] Vgl. hierzu Wagner, Art. יגה, 412, wo es zur Stelle heißt: „Aus dem Zusammenhang heraus erhält [יגון] die Deutung auf entsetzliche, schauerliche Verheerung, kriegerische Zerstörung der Stadt und darauffolgende Verödung."

Sie gilt auch für die Kennzeichnung der כוס als „Becher von Entsetzen und Schreckensstarre" (כוס שמה ושממה, V33bα), mit der ebenfalls auf ein Moment der (erweiterten) Schriftrollenszene, die Schreckensstarre des Propheten in Ez 3,15, angespielt wird. Darüber hinaus werden mittels der Trauma-Wurzel שמם auch jene Stellen aufgerufen, an denen das Trinken in Schreckensstarre gleichermaßen als Hinweis auf die absolute (Wasser-) Mangelsituation der Belagerung der judäischen Hauptstadt, auf das Starr-Werden der dort Lebenden sowie auf die Verwüstung Jerusalems und seiner Umgebung ausgemalt wurde (vgl. Ez 4,16f; 12,19). Dass der Becher hier nicht, anders als in Jes 51,17.22 und Jer 25,15, durch das Substantiv חמה als Zorn- oder Rauschgiftbecher näher bestimmt wird, wiewohl das Ezechielbuch diesen Begriff für die „Zornglut Jhwhs" ausgesprochen häufig gebraucht[334], sondern dass er, was einmalig ist[335], durch √שמם konnotiert wird, macht auch noch einmal deutlich, dass hier nicht in erster Linie die den Becher übermittelnde Gottheit Jhwh und deren Beweggründe und Emotionen, sondern die Folgen des Trinkens für Jerusalem – als räumliche und personale Größe – fokussiert werden.

V34 weitet diese Folgen noch einmal aus hin auf die traumatischen Phänomene der Dissoziation und der Selbstverletzung, wobei der Text auch hier im Bilde bleibt, ja, mehr noch: *realistisch* übersteigert. Dass das von Jhwh dargereichte Trinkgefäß vollständig, bis auf den Grund geleert, d.h. dass das zugedachte (Straf-)Geschick unumgänglich und in aller Schwere durchlitten werden muss (vgl. V34aα), deutet sich, ebenfalls über √מצה, „auspressen, ausschlürfen", zur Sprache gebracht, auch in Jes 51,17 und Ps 75,9 (vgl. auch Jer 25,28f; 49,12) an. Wenn es dann aber weiter heißt: „Seine [des Bechers, R.P.] (Ton-)Scherben (חרשיה[336] zermalmst/zerkaust (√גרם)[337] du" bzw. „du zermalmst/zerkaust ihn zu (Ton-)Scherben", so scheint darin das Umschlagen des Trinkvorgangs in ein irrationales Verhalten angezeigt zu sein. Verrückt-Werden oder -Sein wird nun auch an

---

[334] Besonders häufig wird in diesem Zusammenhang vom „Ausgießen des Zorns" (שפך√ + חמה) gesprochen, vgl. z.B. Ez 7,8; 9,8; 14,19; 21,36; 30,15 u.ö.

[335] Im Umfeld der Becherverse kommt √שמם (vgl. Jer 25,18; 49,13) allerdings durchaus vor; das Wort wird aber nie direkt mit dem Becher in Verbindung gebracht.

[336] Zu „(Ton-)Scherbe" als möglicher Bedeutung von חרש vgl. Jes 30,14; Ps 22,16; Ijob 2,8; 41,22.

[337] גרם Pi'el kommt außerhalb von Ez 23,34 nur noch in Num 24,8 vor, wo es von der aus Ägypten herausführenden Gottheit (im Bild eines Wildstiers) im *parallelismus membrorum* heißt: „Sie frisst die Nationen, die ihr feindlich sind, und ihre Knochen zermalmt/ zerkaut sie (יגרם)" – auch wenn hier keine Sicherheit zu gewinnen ist, spricht doch einiges dafür, dass mit גרם Pi'el eine dem Vorgang des Essens/Fressens nahe stehende Kaubewegung gemeint ist.

anderen Stellen der Hebräischen Bibel als Folge des Zu-sich-Nehmens der richtenden כוס JHWHs (vgl. Jer 25,16; 51,7: √הלל III[338]), genannt; nur im Ezechielbuch allerdings wird solches Verrückt-Werden ein Stück weit konkretisiert. Infolge des Schluckens des Trauma(-Becher)s, konfrontiert mit dem vor allem in Ez 23,22–30 dargestellten Kriegsgrauen, verhält sich Oholiba auf eine Art und Weise, die anzeigt, dass sie die Realität und sich selbst in dieser Realität nicht mehr adäquat wahrzunehmen vermag – weil das, was ihr geschieht, unfassbar, unaushaltbar, unbewältigbar ist. Aus traumatheoretischer Perspektive würde man dies als Derealisation und Depersonalisation bezeichnen – beides wiederum Formen der Dissoziation, d.h. eines Zustands, in dem ein oder mehrere Bereiche mentaler Prozesse (z.B. Gedächtnis, Identität, Wahrnehmung der Umwelt, Schmerzwahrnehmung) vom Bewusstsein getrennt werden und unabhängig voneinander verlaufen. Das Zerreißen (√נתק) der Brüste und, sofern es sich um ein solches handelt, vielleicht bereits das Zermalmen/Zerkauen des Bechers, wären dementsprechend im Sinne von mit diesem dissoziativen Zustand zusammenhängende Selbstverletzungen zu begreifen – Gale A. Yee spricht denn auch von „oral and mammary self-mutilation"[339]. Diese Beschreibung ist natürlich insofern nicht ganz unproblematisch, als wir es hier mit einer *metaphorischen* Frauengestalt, zu tun haben. Sie scheint mir jedoch deshalb möglich, weil die Metaphorik einerseits selbst durchaus auf die körperliche (!) Personalität der Stadtfrau setzt, andererseits immer wieder von nicht-metaphorischer Kriegsschilderung unterbrochen oder doch zumindest eingeholt wird. Auch gehen, wie die folgenden Zitate verdeutlichen, nahezu alle AuslegerInnen davon aus, dass hier ein tatsächliches Verhalten Oholibas zur Darstellung gebracht ist. Dabei wird das Moment der Opferbeschuldigung teilweise fortgesetzt, etwa indem behauptet wird, Oholiba habe ihre Brüste zuvor sehnsüchtig oder willentlich zum Streicheln angeboten[340].

> Das ist das Dämonische, dass man dabei sein eigen Unglück trinkt und nicht anders kann als immer gierig weiterzutrinken. Dieses verzweifelte ‚Muss' kann das Weib wohl dahin bringen, dass sie sich ihre Brüste zerreisst, als wäre sie ihretwegen (vgl. v 3 21) in dieses Unheil geraten. Sonst schlägt man sich nur in großer Bestürzung die Brust (Nah 2 8). Bei Hes.'s grausiger Realistik

---

[338] Die genaue Bedeutung von הלל III ist allerdings nicht eindeutig zu klären – vgl. hierzu Henri Cazelles, „Art. הלל III", ThWAT II (1977), 441–444, 442: „Das Verbum bezeichnet ein unvernünftiges Benehmen, aber welche Art von Unvernunft?"

[339] Yee, Children, 133.

[340] Zur Kritik s.o. sowie Kamionkowski, Gender Reversal, 142f.

könnte man sich auch denken, dass das Weib vom Trank berauscht, sich am Becher selbst die Brust aufreiße[341]. (Alfred Bertholet)

Der zur verzweifelten Selbstverwundung gesteigerte Gestus des Trauer verwandelt das Schlagen der Brüste, wie es uns aus antiken Abbildungen entgegentritt, in ein wildes Zerreißen, in dem sich die unerträgliche Qual Luft schafft[342]. (Walther Eichrodt)

Driven mad with torment, she will tear out her breasts, which she had so willingly offered to her lovers[343]. (Margaret S. Odell)

Für traumatheoretische Erwägungen fruchtbar zu machen ist m.E. am ehesten die Interpretation von Walther Eichrodt, insofern in ihr zum einen ernst genommen erscheint, dass Oholiba mit der Selbstverwundung etwas Unerträgliches nach außen bringt, das anderweitig nicht ausgedrückt werden kann, sich aber Luft verschaffen muss. Zum anderen unternimmt Eichrodt den Versuch, das literarische (Trauma-)Phänomen in den (sozial-)geschichtlichen Kontext altorientalischer Trauer- bzw. Minderungsriten einzuordnen. Beide Spuren möchte ich weiterverfolgen und, in Anlehnung an einen Artikel von Ulrike Bail zum Thema „Hautritzen als Körperinszenierung der Trauer und des Verlustes im Alten Testament"[344], aufeinander beziehen.

Der zermalmte ‚Trauma-Becher': Kriegstraumata und Selbstverletzung in Ez 23 und in der Hebräischen Bibel: Am Anfang dieses Abschnitts sollen einige Überlegungen zu selbstverletzendem Verhalten, wie es gegenwärtig in der Psychotraumatologie betrachtet wird, stehen. Wichtig ist zunächst – darauf weist der Traumatologe Ulrich Sachsse explizit hin, dass „Selbstschädigungen des eigenen Körpers [...] in verschiedenen Kulturen als Ausdruck der Trauer, als Mutprobe, als Initiationsritus, als Ausdruck von Ekstase bei religiösen Zeremonien, als Selbstopfer oder Selbstweihe anzutreffen [sind] und [...] keineswegs generell pathologisiert werden [dürfen]"[345]. Sofern dies allerdings auch für die Phänomenologie des Traumas gilt, in der sich weniger die Pathologie des/der Gewaltüberlebenden als vielmehr die *Pathologie der Wirklichkeit* widerspiegelt, und insofern den genannten Selbstschädigungen, wie sie in unterschiedlichen Kulturen in

---

[341] Alfred Bertholet, *Das Buch Hesekiel* (KHC 4), Freiburg i.Br. u.a. 1897, 124f.
[342] Eichrodt, Hesekiel, 222.
[343] Odell, Ezekiel, 304; vgl. auch Block, Ezekiel 1–24, 755f.
[344] Bail, Hautritzen. Ez 23,34 findet in den Überlegungen von Bail leider keine Berücksichtigung.
[345] Ulrich Sachsse, „Selbstverletzendes Verhalten", in: Traumaz. Psychoth., 80–91, 80f.

unterschiedlichen Zusammenhängen beobachtet werden können, durchaus ähnliche oder vergleichbare Prozesse (z.B. Trauer!) zugrunde liegen können, ist dieses Votum von Sachsse m.E. in doppelter Hinsicht zu relativieren – ohne dass damit vorschnellen Verallgemeinerungen oder Ineinssetzungen das Wort geredet werden soll.

Heute sind es vor allem Jugendliche und junge Erwachsene weiblichen Geschlechts, die ihren Körper durch Selbst-Schneiden, Selbst-Brennen, Selbst-Schlagen, Verhinderung der Wundheilung, schweres Selbst-Kratzen und Haare-Ausreißen schmerzhaft bearbeiten, nicht selten so, dass sichtbare Narben an Armen und Beinen, Kopf und Bauch, Brust und Genitalien zurückbleiben[346]. Dabei ist selbstverletzende Symptombildung fast immer mit einer Kindheitsgeschichte verbunden, in der es eine Kette von Realtraumatisierungen durch physische und/oder sexualisierte Gewalterfahrungen gab[347]. Während derartige Selbstverletzungen noch bis vor Kurzem entweder im Sinne suizidaler Handlungen oder gar als eigenständiges Syndrom betrachtet wurden[348], werden sie heute – zumindest in psychotraumatologischer Theorie und Praxis – „als autonome Selbstmedikation und Selbstregulation in intrusiven oder dissoziativen Zuständen"[349] verstanden, wobei der Körper manipuliert wird, um „nicht mehr auszuhaltende innere Spannungszustände und Belastungen [...] abzubauen", letztlich, „um einen inneren Schmerz zu überleben"[350]. Für die Gewaltüberlebenden besteht also eine wesentliche Funktion der Selbstverletzung darin, Zustände traumatischer Intrusion und traumatischer Konstriktion – beides Zustände, die durch massiven Kontrollverlust der eigenen Person und der Mit-/Umwelt gegenüber gekennzeichnet sind – beenden und in die Realität zurückkehren zu können. Dabei spielen die Empfindung des Schmerzes und der Anblick des Blutes als (Über-)Lebenszeichen eine besondere

---

[346] Vgl. Huber, Trauma, 165f; Sachsse, Selbstverletzendes Verhalten, 80.

[347] Vgl. Herman, Narben, 152; Huber, Trauma, 165; Sachsse, Selbstverletzendes Verhalten, 83f.

[348] Zur Geschichte der syndromen Zuordnung von selbstverletzendem Verhalten vgl. Sachsse, Selbstverletzendes Verhalten, 81–83. Vgl. auch Herman, Narben, 153.

[349] Sachsse, Selbstverletzendes Verhalten, 89; vgl. auch Herman, Narben, 152f.

[350] Bail, Hautritzen, 54. Zu den im Einzelnen unterschiedlichen intra- und interpersonalen Funktionen von selbstverletzendem Verhalten vgl. ausführlich Sachsse, Selbstverletzendes Verhalten, 84–88.
Psychodynamisch wird auch in der Selbstverletzung die Dialektik des Traumas erkennbar: „[E]s geht darum, etwas zu spüren: den Körper, einen Schmerz, Gefühle, Tränen, nachlassenden Druck, Erleichterung... und gleichzeitig etwas nicht zu spüren: das ‚Eigentliche', die Realität des Traumas, die Wahrheit des eigenen früheren Leides, die Unmöglichkeit, so weiter zu machen; die ohnmächtige Erschöpfung, die Wut..." (Huber, Trauma, 168).

Rolle[351]. Die anfänglich in diesem Sinne hilfreichen Selbstverwundungen können für die Betroffenen allerdings auch zutiefst problematische Konsequenzen haben, etwa, wenn der Drang, sich selbst zu verletzen, den Charakter einer Sucht annimmt[352] oder wenn die Verletzungen sich entzünden, die Scham, sie zu zeigen, jedoch zu groß ist – zumal die Umwelt oft wenig verständnisvoll reagiert[353]. Hinzuweisen ist darüber hinaus auf den Wiederholungs- bzw. Reinszenierungscharakter, den Selbstverletzungen in Bezug auf das traumatische Grundereignis annehmen können – in diesem Zusammenhang kann die Selbstverletzung auch zur Manifestation eines sog. Täter-Introjekts werden:

> Während einer Traumatisierung bleibt dem Opfer oft nichts anderes zum seelischen Überleben übrig, als den Täter als Introjekt in sich aufzunehmen. Dieses Täter-Introjekt wirkt dann wie ein innerer Feind und fordert Selbstabwertung, Selbstverachtung, Selbstbestrafung – oft gerade in Form von [selbstverletzendem Verhalten][354].

Selbstverletzungen nach sexueller Gewalt wiederholen Michaela Huber zufolge häufig das Eindringende und Zerstörende der Gewalterfahrung, mitunter sogar direkt[355]. Je nach Schwere der erlittenen Gewalt könne bei einigen Gewaltüberlebenden auch ein sehr starker Druck entstehen, die Todesnähe der traumainduzierenden Situation wiederholen zu müssen.

Interpersonell können – sofern sie oder aus ihr resultierende Narben überhaupt gezeigt werden – die beschriebenen Selbstbeschädigungen den Charakter eines averbalen Appells annehmen und damit dem Signalisieren einer Befindlichkeit dienen, die anders (noch) nicht ausgedrückt werden kann, „vielleicht, weil sie aus Konflikten aus einer präverbalen Lebenssphäre resultiert oder aus Unsagbarem wie einer Traumatisierung"[356].

---

[351] Vgl. Sachsse, Selbstverletzendes Verhalten, 86f; Herman, Narben, 153. Huber (dies., Trauma, 167), nennt als wesentlichen Zweck der Selbstverletzung, „die Kontrolle über Affekte, also Gefühlszustände, zu bekommen", und zwar „in dem Sinn, der traumatisierenden Grunderfahrung nicht mehr so hilflos ausgeliefert zu sein". Vgl. auch Fischer/Riedesser, Psychotraumatologie, 164.

[352] Vgl. Huber, Trauma, 169.

[353] Vgl. Huber, Trauma, 166.

[354] Sachsse, Selbstverletzendes Verhalten, 85; vgl. auch Huber, Trauma, 170.

[355] Vgl. hierzu Huber, Trauma, 170: „Manchmal geht es auch um eine direkte Wiederholung externer früherer Gewalterfahrung: [...] die verstümmelten Brustwarzen erinnern an die Bisswunden dort, die Täter ihr zugefügt haben [...]; die Wunden dürfen nicht heilen, weil sie damals auch so lange unversorgt blieben und im Grunde – zumindest seelisch – heute noch nicht verheilt sind..."

[356] Sachsse, Selbstverletzendes Verhalten, 88; vgl. auch Herman, Narben, 153; Huber, Trauma, 169f.

Was die Hebräische Bibel angeht, kommt das Phänomen der ‚Selbstverwundung' – hier nun im weitesten Sinne gefasst – nicht nur in Ez 23,34,
sondern auch in anderen Zusammenhängen wiederholt vor. Es ist dabei
mit Bail grundsätzlich vor einem doppelten Hintergrund zu betrachten:

1) Das Erste Testament kennt – und zwar in beträchtlicher Anzahl – sog.
   Minderungsriten, welche dort zum Tragen kommen, wo die Todessphäre ins Leben einbricht. Zwischen „der Trauer um einen Toten,
   erfahrenen traumatischen Situationen, befürchteten, angekündigten
   und erlebten Katastrophen sowie bestimmten Situationen der Bitte
   um Verschonung"[357] wird dabei, was das Vorkommen dieser Riten
   angeht, nicht getrennt.

2) Minderung und Verlust werden grundsätzlich körperlich inszeniert.
   Gefühle werden nicht in Worte gefasst, sondern gewinnen über am
   Körper sichtbar werdende Handlungen Gestalt. Der Körper kann hier-
   über zum Bedeutungsträger werden, über den in Phasen, in denen
   Orientierung und Identität verloren gegangen sind oder drohen, verlo-
   ren zu gehen, mögliche Sinnverluste und Sinnangebote materialisiert
   werden[358]. „Die Körperinszenierungen machen die Minderung, den
   Verlust, das Trauma und die Trauer sichtbar und lesbar."[359]

Im Rahmen der körperinszenierenden Minderungsriten[360] kennen sowohl
das Erste Testament als auch vergleichbare außerbiblische Quellen das
Sich-Schlagen auf die Brust (Jes 32,12 [עַל־שָׁדַיִם סֹפְדִים]; vgl. Nah 2,8),
die Lenden (Ez 21,17 [סְפֹק אֶל־יָרֵךְ]; vgl. auch 21,11f [Stöhnen „mit brechenden Hüften"]); Jer 31,19) oder den Kopf (vgl. 2 Sam 13,19)[361] und das

---

[357] Bail, Hautritzen, 61. Zum Ganzen vgl. a.a.O., 57–62, sowie Ernst Kutsch, „‚Trauerbräuche' und ‚Selbstminderungsriten' im Alten Testament", in: K. Lüthi u.a., *Drei Wiener Antrittsreden* (ThSt(B) 78), Zürich 1965, 25–37, passim; Melanie Köhlmoos, „In tiefer
Trauer. Mimik und Gestik angesichts von Tod und Schrecken", in: Andreas Wagner (Hg.),
*Anthropologische Aufbrüche. Alttestamentliche und interdisziplinäre Zugänge zur histori-
schen Anthropologie* (FRLANT 232), Göttingen 2009, 381–394, 382f.

[358] Vgl. Bail, Hautritzen, 62–64.

[359] Bail, Hautritzen, 64; vgl. auch Köhlmoos, Trauer, 383f.

[360] Zu deren Vielzahl und Vielfalt vgl. Kutsch, Trauerbräuche, 26.38f, Anm. 1–22; Köhlmoos, Trauer, 385–391. Vgl. auch Gemünden, Überlegungen, 51–53.

[361] Es ist allerdings nicht abschließend zu klären, ob 2 Sam 13,19 auf ein Selbst-Schlagen
des Kopfes zielt – dort heißt es einfach: „sie platzierte (שִׂים) ihre Hände auf (עַל) ihren
Kopf". Die figurativen Darstellungen (vgl. Abb. 6 und Abb. 7) zeigen die Hände häufiger in
einer ruhenden Position, wobei die linke Hand flach auf dem Haupthaar, die rechte Hand
auf der linken liegt. Thomas Podella zufolge ist die dargestellte Geste Teil einer Bewegung,

Sich-Ritzen bzw. Sich-Schneiden (√גדד, Dtn 14,1; 1 Kön 18,28[362]; Jer 16,6; 41,5; 47,5; 48,37; 49,3 [App. BHS]; Mi 4,14; √שׂרט, Lev 19,28; 21,5 [2x]). Für das in der Hebräischen Bibel häufige Verb ספד (30 Vorkommen) und das Substantiv מספד (16 Vorkommen), die zumeist allgemein mit „klagen" bzw. „Klage" wiedergegeben werden, ist wahrscheinlich sogar die Grundbedeutung „(zur Klage) auf die Brust schlagen" anzunehmen[363].

Dass – im Alten Orient wie in der Levante – die „Zufügung von Schmerz durch das Schlagen des eigenen Körpers [...] die Grundhaltung [ist], um Trauer und Trauma zu signalisieren", wird auch an verschiedenen archäologischen Fundstücken deutlich, die (professionelle Klage-)Frauen bei der Durchführung dieses Minderungsritus darstellen. Der aus dem 10. Jh. v.u.Z. stammende Sarkophag König Ahirams, den man in Byblos gefunden hat, zeigt auf den Schmalseiten je vier klagende Frauen mit entblößtem Oberkörper, von denen je zwei sich die Brust schlagen, je zwei die Hände an/ auf den Kopf legen[364]. Vier Figurinen, die philistäischen Nekropolen entstammen, stellen ebenfalls klagende Frauen dar – drei von ihnen haben beide Hände auf dem Kopf liegen (vgl. Abb. 6), bei der vierten befindet sich nur die linke Hand auf dem Kopf, die rechte ist unterhalb der nackten rechten Brust in leichter Krallenstellung an den Leib gepresst[365].

Dieselbe Haltung mit auf dem Kopf liegenden Händen (der rechte Arm ist allerdings knapp unterhalb des Ellbogens abgebrochen) zeigt auch eine aus dem 7. Jh. v.u.Z. stammende Klagefigurine, auf die man in Kamiros auf Rhodos gestoßen ist (vgl. Abb. 7). Die hier gestaltete Klagefrau weist jedoch, anders als die bisher beschriebenen, deutliche Einritzungen im gesamten Brustbereich sowie auf den Wangen auf, die – dafür spricht auch ihre ursprüngliche Hinterlegung mit roter Farbe – am ehesten im

---

bei der Kopf und Brust geschlagen werden (vgl. ders., „Ein mediterraner Trauerritus" *UF* 18 [1986], 263–269, 266f; vgl. auch Bail, Hautritzen, 58).

[362] An dieser Stelle – Kontext ist die Auseinandersetzung zwischen Elija und den BaalsprophetInnen auf dem Berg Karmel – könnte das Sich-Schneiden der Letzteren „nach ihrer Sitte mit Messern und Speeren [...] bis das Blut an ihnen herabfloss" (Übersetzung: BigS) auch darauf zielen, sich in Ekstase zu versetzen (vgl. 1 Kön 18,29 sowie Rainer Kessler, *Micha* [HThKAT], Freiburg i.Br. u.a. 1999, 221; anders Helmut Utzschneider, *Micha* (ZBK. AT), Zürich 2005, 110).

[363] Vgl. Kutsch, Trauerbräuche, 38f, Anm. 16; Josef Scharbert, „Art. ספד", ThWAT V (1986), 901–906, 901f.905; Bail, Hautritzen, 60; Köhlmoos, Trauer, 386.

[364] Vgl. hierzu Manfred Weippert, „Art. Sarkophag, Urne, Ossuar", BRL (²1977), 269–276, 269f; Bail, Hautritzen, 57f; Gemünden, Überlegungen, 53–55.

[365] Vgl. Trude Dothan, *The Philistines and Their Material Culture*, Jerusalem 1982, 237–249; Podella, Trauerritus, 264–266; Bail, Hautritzen, 58.

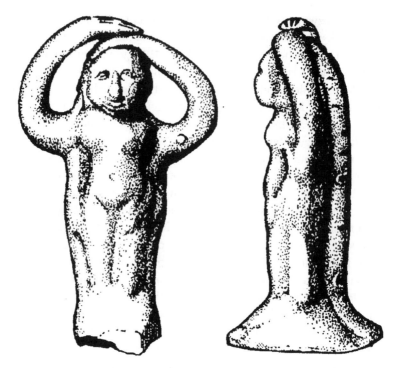

Abb. 6. Klagefigurine vom Tell 'Aitun

Sinne von blutigen Wunden, heftigen Kratzspuren oder Schnittwunden,
zu deuten sind[366].

Massive Selbstverletzungen, unter anderem im Brustbereich, erwähnt
auch ein ugaritischer Text, in dem von der Trauer des Gottes El und der
Göttin Anat angesichts von Baals Tod erzählt wird:

> Sodann der Gnädige, El, der Gutmütige,
> stieg herab vom Thron und setzte sich auf den Schemel,
> und vom Schemel setzte er sich auf die Erde!
> [...]
> Das Kleid schnitt er ab zu einem Schurz,
> die Haut zerkratzte er mit einem Stein zu einem Schnitzwerk,

---

[366] Vgl. hierzu Dothan, Philistines, 244; Podella, Trauerritus, 266; Bail, Hautritzen,
68f. Dothan und Podella deuten die Verletzungen im Brustbereich als Folge des „violent
breast beating" (Dothan, Philistines, 244). Bail hält es hingegen für möglich, dass hier
„beide Handlungsmuster, das Sich-selbst-Schlagen und das Sich-selbst-Verletzen [hier:
Sich-Ritzen bzw. -Schneiden, R.P.], dargestellt sind, also parallel zwei verschiedene Minderungsriten" (Bail, Hautritzen, 69).

Abb. 7. Klagefigurine aus Kamiros auf Rhodos

mit einem Schermesser zerschnitt er Wangen und Kinn.
Er zerfurchte seinen Oberarm,
er zerpflügte wie einen Garten die Brust,
wie eine Talebene zerfurchte er den Rücken[367].
Die Haut zerkratzte sie [Anat, R.P.] mit einem Stein,
die beiden Krümmungen zerschnitt sie mit einem Schermesser,
Wangen und Kinn zerfurchte sie dreifach,
ihren Oberarm zerpflügte sie.
Wie einen Garten <zerpflügte sie> die Brust,
wie ein Tal zerfurchte sie dreifach den Rücken[368].

Es ist m.E. nicht unwahrscheinlich, dass in Ez 23,34 an ein ähnliches Zer-
pflügen bzw. Zerschneiden der Brust, vielleicht unter Verwendung der
Tonscherben (vgl. Ijob 2,8)[369], gedacht ist – das hier verwendete Verb
נתק Pi'el „bedeutet meistens das ‚(heftige oder plötzliche) Zerreißen' von
Dingen, die sich normalerweise nicht leicht zerreißen lassen"[370], besonders häufig von Fesseln (vgl. z.B. Ri 16,9.12; Jer 2,20; 5,5; 30,8; Nah 1,13; Ps
107,14). Im Akkadischen hat *natāku(m)* im Grundstamm die Konnotation
„sich ergießen"[371] und kann schließlich auch das ‚Übertropftsein mit Blut'
bezeichnen[372].

Im Ersten Testament werden zwar, wie oben bereits erwähnt, für die
Beschreibung der (rituellen) Selbstverwundung Derivate von √גדד und
√שׂרט verwendet, auch bleibt die Lokalisation der Schnittwunden mit
Ausnahme von Jer 48,37 (dort sind es die Hände) unerwähnt; Gemein-
samkeiten zwischen Ez 23,34 und den Selbstverletzungsbelegen in den
Büchern der Schriftprophetie bestehen allerdings dahingehend, dass

---

[367] KTU 1.5 VI 11–22 (Übersetzung nach Manfred Dietrich/Oswald Loretz, „Die Trauer Els und Anats [KTU 1.5 VI 11–22. 31 – 1.6 I 5]", *UF* 18 [1986], 101–110, 105, Hervorhebung R.P.).

[368] KTU 1.6 I 2–5 (Übersetzung aus TUAT III, 6, 1185, Hervorhebung R.P.). Zum Ganzen vgl. auch Gary A. Anderson, *A Time to Mourn, a Time to Dance: The Expression of Grief and Joy in Israelite Religion*, Pennsylvania 1991, 60–69; Xuan Huong Thi Pham, *Mourning in the Ancient Near East and the Hebrew Bible* (JSOT.S 302), Sheffield 1999, 19f; Gemün-den, Überlegungen, 49–51. Gemünden führt Ausschnitte aus „Die Troerinnen" von Seneca (ca. 1–65 u.Z.) auf, in denen eine den oben zitierten Texten vergleichbare Motivik zum Tragen kommt.

[369] Vgl. das obige Zitat aus Bertholet, Hesekiel, 124f; anders hingegen Kraetzschmar, Eze-chiel, 193, wo es zur Stelle heißt: „Die Brüste zerreißt sie s. nicht an den Scherben, sondern mit ihren Nägeln in wahnsinniger Selbstzerfleischung."

[370] Tryggve Kronholm, „Art. נתק", ThWAT V (1986), 719–723, 721. In Lev 22,24 fungiert נתק Qal neben √מעך, √כתת und √כרת als „einer der vier Kastrationstermini: ‚Ihr sollt JHWH kein (Tier zum) Opfer bringen, dem (die Hoden) zerquetscht, zerstoßen, abgerissen ([נתק]) oder ausgeschnitten sind' " (a.a.O., 720; vgl. hierzu auch oben, Anm. 533).

[371] Vgl. Kronholm, Art. נתק, 720.

[372] Vgl. AHw II, 766.

das Sich-Ritzen bzw. Sich-Schneiden als (Selbst-)Minderungshandlung
vor allem im Zusammenhang von kriegsbedingten Katastrophen angesprochen wird (vgl. vor allem Jer 41,5[373]; 47,5; 48,37; 49,3). Mehrfach auch
erscheint das Sich-Schneiden als Handlung eines ‚weiblich' personifizierten Kollektivs (vgl. Jer 47,5: der „Überrest der Anakiter" wird, parallel zu
den Stadtfrauen Gaza und Aschkelon, im Fem. Sing. angeredet; Jer 49,3
[App. BHS]: die Stadt-Töchter von Rabba werden aufgefordert, ‚mit Ritz-
wunden umherzustreifen' [Fem. Pl.]). Besonders nahe allerdings scheinen
sich Ez 23,34 und Mi 4,14 zu stehen, wo es heißt (BigS):

> (Mi 4) [14]Jetzt – du ritzt dir [Fem. Sing.] Wunden der Trauer, Tochter voller
> Einritzungen (בת־גדוד)[374]. ‚Belagerung hat man über uns verhängt, mit dem
> Stock wird auf die Backe geschlagen, wer in Israel Recht spricht.'

Heute wird zumeist angenommen, dass dieser Vers auf die babylonische
Belagerung Jerusalems 587/86 v.u.Z., vielleicht auf die Situation unmittelbar
vor der Zerstörung der Stadt, Bezug nimmt (vgl. Mi 4,9f)[375]; בת־גדוד wird,
unter Verweis auf die Vorkommen von בת־ציון im unmittelbaren Kontext
(vgl. V8.10.13), als „Ersatzname[] für Jerusalem"[376] angesehen. In Mi 4,14
und Ez 23,34 wäre dementsprechend Ähnliches beschrieben, wobei der
Micha-Vers stärker auf den rituellen Charakter, der Ezechiel-Vers stärker
auf das impulsive bzw. das Moment (scheinbarer) Dekompensation der
Selbstverwundung(en) abhebt. Beide Stellen betonen damit zugleich die
Massivität der die Stadtfrau treffenden Gewaltereignisse, die zur Folge
haben, dass diese aus dem Sich-Schneiden gar nicht mehr herauskommt
(Mi) bzw. sich ganz erhebliche Verletzungen zufügt (Ez).

Fragt man vor diesem Hintergrund allgemeiner nach der Bedeutung,
die dem Phänomen des Sich-Ritzens bzw. Sich-Schneidens im Rahmen
der Hebräischen Bibel und in der altisraelitischen Lebenswelt zukam, so

---

[373] Zu Jer 41,5 vgl. John Arthur Thompson, *The Book of Jeremiah* (NIC.OT), Grand Rapids
1980, 659: „The pilgrims wore the signs of mourning and repentance, shaven beards, torn
clothes, and gashed bodies [...], no doubt because the temple had been destroyed." Auch
Jer 16,6 gehört im Grunde in diesen Zusammenhang kriegsbedingter Zerstörung – dort
wird Jerusalem/Juda allerdings ein so umfassendes Todesschicksal angekündigt, dass man
nicht einmal mehr wird trauern können – sämtliche Trauer- bzw. (Selbst-) Minderungs-
handlungen entfallen.

[374] Zu dieser Übersetzung vgl. auch Diethelm Michel, „Das Ende der ‚Tochter der Streifschar' (Mi 4,14)", *ZAH* 9 (1996), 196–198, passim. Die von Michel vorgeschlagenen Über-
setzungsmöglichkeiten lauten: „Kratze dich weiter, du Wundgekratzte" und „Mache dir
Trauereinschnitte, auch wenn du schon voll bist mit Trauereinschnitten" (a.a.O., 198).

[375] Vgl. Kessler, Micha, 228f; Utzschneider, Micha, 115; Jeremias, Propheten, 179.

[376] Kessler, Micha, 222.

ist zunächst mit Helmut Utzschneider festzuhalten, dass sich offenbar „[i]nsbesondere [...] Menschen in verzweifelten Kriegssituationen Kratzwunden [bzw. Ritz-/Schnittwunden, R.P.] bei[bringen] (vgl. Jer 16,6; 41,5)"[377]. Dass Männer und Frauen[378], so jedenfalls schildert es das Erste Testament, vor allem im Zusammenhang kollektiver Kriegskatastrophen – d.h. wohl auch: in Reaktion auf Kriegstraumata – etwa neben dem Scheren von Kopf- und Barthaar (vgl. Jer 16,6; 41,5; 47,5; 48,37), Veränderungen an der Kleidung (Jer 41,5; 48,37; 49,3) sowie dem Sich(-die-Brust)-Schlagen bzw. Klagen (Jer 16,6; 49,3) auf *diese* (rituelle) Minderungshandlung zurückgreifen, könnte darauf zurückzuführen sein, dass in den zugefügten Schnitten typische Kriegsverletzungen ein Stück weit zur Darstellung kommen. Ez 5,1 lässt vermuten, dass dies ähnlich auch für das Stutzen der Kopf- und Gesichtshaare gilt, zumal dort offenbar ein scharfes Schwert als Schermesser fungieren soll – und „Scheren" auch auf den kriegerischen Angriff selbst verweisen kann (vgl. insbesondere Jes 7,20; Ez 5,11):

> (Ez 5) ¹Du Mensch, nimm dir ein scharfes Schwert (חרב חדה), als Schermesser der Barbiere nimm es[379], und führe es über deinen Kopf und deinen Bart [...].

In Ez 23,34 kommt der Umstand, dass traumatische Situation und traumatisches Symptom häufig miteinander korrelieren[380], auf doppelte Weise zum Tragen, zum einen in der Verletzungsart, die auf das im in Frage stehenden Kapitel mehrfach erwähnte kriegsbedingte Getötetwerden mit dem Schwert verweist (vgl. V20.25.47), zum anderen in der Lokalisation der Verletzung im Bereich der Brüste, welche die initiale Gewalt aus

---

[377] Utzschneider, Micha, 110 (zu Mi 4,14).

[378] Zur Bedeutung der Kategorie ‚Geschlecht' im Rahmen der Minderungsriten vgl. Bail, Hautritzen, 64–67. Zwar sind die „Körper derjenigen, die Minderungsriten mit ihrem Körper inszenieren, [...] geschlechtlich nicht differenziert", gleichzeitig ist die professionelle Trauerarbeit fest in der Hand von Frauen, denen „gewissermaßen die kulturelle Dekodierung der Körperinszenierungen der Minderung und des Verlustes [obliegt]" (a.a.O., 64).

[379] Zu dieser Übersetzung vgl. Zimmerli, Ezechiel 1, 128, wo es zur Stelle heißt: „Wohl mit der Absicht, das Wort Jes 7 20 deutlicher anklingen zu lassen, ist hier ausgesagt, daß das Schwert, mit dem der Prophet sich die Haare abhaut, die Funktion des Schermessers zu erfüllen habe." Für diese Interpretation spricht auch, dass das Suffix im Fem. Sing. an תקחנה eher auf חרב als auf תער zu beziehen ist, steht doch חרב in aller Regel im Femininum, תער in aller Regel im Maskulinum.

[380] Vgl. hierzu das oben zu Selbstverletzungen nach sexueller Gewalt Gesagte sowie Fischer/Riedesser, Psychotraumatologie, 301: „Selbstbeschädigung und Essstörungen wie Magersucht können als kontrolliertes Darstellungsfeld gewählt werden, wenn ein Beziehungstrauma den oralen Versorgungsbereich oder die Frage körperlicher Unversehrtheit bzw. Lebendigkeit betrifft."

Oholas und Oholibas Jugendzeit noch einmal aufruft. Anders als es die oben wiedergegebenen Interpretationen suggerieren, ist Oholas ‚Aufreißen' der Brüste demzufolge nicht im Sinne einer Selbstbestrafung an den (vormaligen) „Zeichen der Lust und Freude an den Liebhabern"[381] zu verstehen, sondern im Sinne einer symptomalen Re-Inszenierung der in der Kindheit/Jugendzeit erfahrenen Übergriffe, die ihre Erinnerung nach wie vor bestimmen (vgl. V19–21.27). Was wie der ultimative Kontrollverlust aussieht, könnte schließlich ein ultimativer Versuch sein, die Kontrolle über das eigene Ergehen zurückzugewinnen.

Augenscheinlich war das Sich-Ritzen bzw. Sich-Schneiden im Alten Israel und bei den umliegenden Völkern eine vor allem in Reaktion auf erfahrene Kriegsgewalt praktizierte Minderungshandlung, die relativ selbstverständlich[382] und – anders als heute, wo sie zumeist im Verborgenen stattfindet – wohl im öffentlichen Raum praktiziert wurde[383]. Dass man sie anderen Körperinszenierungen des Trauerns und des Traumas an die Seite stellen konnte, ohne sie zu problematisieren, bzw. sie rituell kanalisierte, zeigt vielleicht an, dass man um das (Über-)Lebensförderliche solchen Handelns wusste[384].

* * *

---

[381] Sedlmeier, Ezechiel 1–24, 320. Zimmerli meint, hier solle im Rückblick auf V3.21 gezeigt werden, „wie das Gericht gerade die einst schamlos den Ägyptern preisgegebenen Brüste der Buhlerin trifft" (ders., Ezechiel 1, 552).

[382] Vgl. z.B. Kessler, Micha, 221; Timo Veijola, *Das 5. Buch Mose. Deuteronomium, Kapitel 1,1–16,17* (ATD 8,1), Göttingen 2004, 300; Bail, Hautritzen, 69f; Udo Rüterswörden, *Das Buch Deuteronomium* (NSK.AT 4), Stuttgart 2006, 88f.

[383] Vgl. Bail, Hautritzen, 74f.

[384] Es gibt allerdings – und darauf hat sich die ersttestamentliche Forschung zumeist konzentriert – drei Pentateuch-Stellen, an denen das Sich-Schneiden sowie bestimmte Formen des Sich-Scherens allen IsraelitInnen (Lev 19,28; Dtn 14,1) bzw. den Priestern (Lev 21,5), von deren Körpern man eine ihrem Umgang mit dem Heiligen entsprechende Integrität verlangte, untersagt wird. Die beiden zuerst genannten Belege beziehen sich dabei explizit auf die Situation eines Todesfalls (im näheren Umfeld der Großfamilie), und auch in Lev 21,5 folgt das Selbstverletzungsverbot auf die Darlegung der priesterlichen Begräbnisverpflichtungen im engsten Familienkreis (V1b-4) – anders als in den Büchern der Schriftprophetie ist hier also das körperinszenierende Minderungshandeln angesichts kollektiver Katastrophen nicht (direkt) im Blick. Dessen relativ ungeachtet, werden in der ersttestamentlichen Exegese (mindestens) drei Begründungen für die Ablehnung selbstverletzenden Verhaltens angeführt: 1. Besonders häufig wird die Abgrenzung von den umliegenden Nationen und deren religiösen Ritualen, insbesondere solchen, die man mit dem Totenkult in Verbindung brachte, genannt (so z.B. Thomas Staubli, *Die Bücher Levitikus, Numeri* [NSK.AT 3], Stuttgart 1996, 161f; Veijola, Deuteronomium, 300f; Rüterswörden, Deuteronomium, 88f; Jeremias, Propheten, 183; zur Kritik vgl. Bail, Hautritzen, 70f). 2. Wiederholt wird auch das Bluttabu als Begründung für die Abweisung von Selbstverletzungshandlungen angeführt (so z.B. Podella, Trauerritus, 267; Rüterswörden, Deuterono-

E. Ez 24,1–25,17

Ez 24,1–14: Mit Ez 24,1f beginnt auf der Ebene der Erzählung die Belagerung Jerusalems durch Nebukadnezar, der – ein *integrierendes* Element – auch explizit als Täter benannt wird. In Ez 24,3–14 allerdings folgt einer der grausigsten *fragmentation*-Texte des gesamten Buches, der das Ende der in Jerusalem lebenden Menschen und die Zerstörung der judäischen Hauptstadt selbst im Bild eines Kessels, in dem zunächst ein Fleischgericht verkocht/verbrannt und der anschließend selbst durch Verglühen zerstört wird, in Szene setzt (vgl. Ez 11,1–13). Es hat den Anschein, als fordere JHWH sich selbst, zunächst in einer Art Küchenlied (V3b–5), später in Variationen desselben (V9–11), zu diesem schaurigen Zerstörungshandeln auf, wobei man sich des Eindrucks kaum erwehren kann, dass seinen Worten ein sadistischer Zug oder jedenfalls höchste – traumatische? – Erregung innewohnt. Begründet wird das Gerichts-Szenario einmal mehr mit der unheilbaren ‚Verseuchung‘ der „Blutstadt" – die geschilderte ist gleichsam die einzige für sie denkbare Behandlungsmöglichkeit (V6–8.V12f). Einmal mehr wird hier also die Schuld Jerusalems *regressiv* pauschalisiert und groß gemacht; und auch den JHWH in den Mund gelegten Sätzen, dass er sich nicht von seinem Vernichtungsbeschluss wird abbringen lassen (V14), wohnt ein *regressiver* Zug inne, erklärt er doch die Katastrophe nicht als auf Entscheidungen beruhendes menschliches Handeln[385], sondern als

---

mium, 89). 3. Saul M. Olyan versucht sich dem Verbot der beiden Minderungsriten unter Zugrundelegung der Kriterien Reversibilität, Dauer und Sichtbarkeit anzunähern. Ihm zufolge sind sowohl bestimmte Formen der Rasur an Kopf- und Gesichtshaaren als auch das Sich-Ritzen, anders als andere Körperinszenierungen von Trauer und Trauma, kaum leicht und aus eigener Kraft rückgängig zu machen. Sie dürften die Trauerzeit von sieben Tagen, von der die meisten biblischen Texte ausgehen, bei weitem – wenn durch die Selbstverletzung Narben zurückbleiben, sogar für immer – überdauern (vgl. ausführlich ders., *Biblical Mourning: Ritual and Social Dimensions*, Oxford 2004, 111–123). Das Ritzen steht also in der Gefahr, „aus einer *temporären* Körperinszenierung der Trauer ein *permanentes* Körperzeichen der Trauer zu machen" (Bail, Hautritzen, 72, Hervorhebung R.P.) und hierüber die (ritualisierte) Trauerzeit derart auszudehnen, dass sie in die übrige *Lebens*zeit langfristig hineinragt, nicht wirklich abgeschlossen wird – und werden kann. Vielleicht schwingt darin auch ein Wissen um die möglichen Gefahren des Sich-Schneidens, wie sie oben dargelegt wurden, mit? Stellen wie Mi 4,14 („Mache dir Trauereinschnitte, auch wenn du schon voll bist mit Trauereinschnitten"), die gleichsam eine Potenzierung selbstverletzenden Verhaltens schildern, bringen demgegenüber zum Ausdruck, dass es – nicht nur, aber vor allem im Rahmen von Kriegen – zu individuellen und kollektiven Traumatisierungen kam, die sich den einzelnen Körpern und der Gemeinschaft als ‚Körperschaft‘ unweigerlich einschrieben.

[385] Dass das über Jerusalem gekommene Unheil doch – zumindest: auch! – menschliches Tun war, schleicht sich gleichsam als ‚Fehler‘ in den Text ein, wenn es in Ez 24,14

unabwendbares göttliches Tun. Auf der Ebene des göttlichen Wirkens allerdings haben die in Frage stehenden Sätze auch etwas *Integrierendes*, indem sie nämlich die Frage aufwerfen, ob nicht Jhwh doch noch Mitleid hätte walten lassen können. Insgesamt aber wird die Textpassage Ez 24,3–14 deutlich von den Elementen *fragmentation* und *regression* dominiert.

Ez 24,15–24 ist im Hinblick auf die Aspekte der *trauma response* vielschichtiger. Der Textabschnitt beginnt mit der göttlichen Ankündigung eines traumatischen Schlags für den Propheten selbst: Das Liebste, was er hat („die Sehnsucht seiner Augen" [מחמד עיניך, V16a]), seine Frau, wird ihm durch plötzlichen Tod genommen werden, und er, Ezechiel, wird/ soll angesichts dieses Ereignisses keine Trauer- bzw. Selbstminderungsrituale durchführen, sondern nur leise stöhnen (V16b–17). Im Folgenden erklärt Jhwh Ezechiels Verhalten im Sinne einer prophetischen Analogiehandlung für das Haus Israel: Gott wird „die Sehnsucht ihrer Augen", den Tempel und die im Land zurückgelassenen Söhne und Töchter, einem unheilvollen Schicksal ausliefern (V21; vgl. V25), und die Angehörigen des Hauses Israel werden angesichts dessen nicht (rituell) klagen (√ספד) und weinen (√בכה), sondern in ihrer Schuldverstrickung verrotten (ונמקתם בעונתיכם, V23, vgl. 4,17!) und gegeneinander Stöhnlaute hervorstoßen (ונהמתם איש אל־אחיו, 24,23). Auf der Ebene der erzählten Zeit gilt das Nicht-Trauern, wie vor allem aus V18 hervorgeht („Ich redete am Morgen (בבקר) zum Volk und meine Frau starb am Abend. Und ich handelte am Morgen (בבקר) so, wie es mir aufgetragen war"), für die Zeit zwischen der Ankündigung des Ereignisses und dem Eintreffen desselben[386], so dass hier, wie Diana Lipton herausgearbeitet hat, zunächst auf eine Unterbindung von Selbstminderungsritualen gezielt ist, die Jhwh von seinem Vernichtungsbeschluss abbringen sollen:

(vgl. 23,24) plötzlich heißt: „Gemäß deinem Wandel und deinen Taten *richten sie dich* (שפטון)."

[386] Vom hebräischen Text her ist es offensichtlich, dass in beiden Sätzen derselbe Morgen gemeint ist – das Nicht-Trauern Ezechiels findet also, ähnlich wie in 2 Sam 12,13–23, *vor* dem Tod seiner Frau statt (vgl. Lipton, Mourning, 192–199). In deutschen Übersetzungen wird das zweite בבקר allerdings manchmal so ergänzt, dass das Nicht-Trauern für die Zeit *nach* dem Tod der Frau Ezechiels gilt (vgl. z.B. Lutherübersetzung 1984: „Und als ich am Morgen zum Volk geredet hatte, starb mir am Abend meine Frau. Und ich tat am andern Morgen, wie mir befohlen war").

God is determined to destroy the temple and prohibits Ezekiel, and, by
extension, Israel, from undertaking petitionary mourning rituals that might
have persuaded Him to change His mind[387].

Schon diese Argumentationslinie – Gott hat das Ende beschlossen und
mit dem Verbot ritueller Klagehandlungen selbst dafür gesorgt, dass alles
wie angekündigt vonstattengehen ,muss' – trägt *regressive* Züge in sich.
Dies gilt umso mehr, wenn – was textlich durchaus (mit-)intendiert sein
könnte, sind doch die in Ez 24,15–24 angekündigten Ereignisse auf der
Ebene der Erzählzeit längst Realität geworden – die Unfähigkeit (rituell)
zu trauern auf die Zeit nach dem Tod der Frau Ezechiels bzw. nach der
Zerstörung des Tempels bezogen wird. So betrachtet, würde JHWH Ezechiel und den Exulanten eine normale gemeinschaftliche Reaktion auf
tiefgreifende Verlusterfahrungen versagen und damit eine Form gemeinschaftlicher Auseinandersetzung mit den erlittenen Schrecken und der
Integration derselben negieren. Psychotraumatologisch könnten hierin
auch die sog. Konstriktionssymptome angesprochen sein – es ist durchaus denkbar, dass die (Exils-)Gemeinschaft über einen längeren Zeitraum
zu paralysiert, zu ohnmächtig war, um Trauerrituale abzuhalten[388]. Ein
weiterer Zielpunkt für die Ähnlichkeit zwischen dem Verhalten Ezechiels
und dem Verhalten seiner VolksgenossInnen könnte auch in der Unmöglichkeit des Begraben-Könnens liegen – wie es, jedenfalls nach Maßgabe
der Tora, dem Priester(sohn) Ezechiel untersagt ist, seine Frau zu begraben (vgl. Lev 21,1–3), so bleibt es auch den nach Babylonien Deportierten verwehrt, ihre in Israel ermordeten Söhne und Töchter zu beerdigen
und auf diesem Wege deren Tod zu begreifen und von ihnen Abschied
zu nehmen[389].

---

[387] Lipton, Mourning, 202.

[388] Vgl. Bowen, Ezekiel, 150f, sowie Georg Fohrer, *Ezechiel* (HAT 13), Tübingen 1955,
142, wo es zur Stelle heißt: „Sie unterlassen es [das Trauern, R.P.] nicht, weil sie sich das
Geschick der Stadt nicht zu Herzen nähmen oder sie der Trauer nicht mehr für wert hielten. Vielmehr wird ihr Entsetzen so groß und ihr Schmerz so überwältigend sein, daß sie
nicht mehr imstande sind, die Klage anzustimmen. [...] Wenn sie der richtenden Hand
Gottes innewerden, gibt es für sie weder den Trost der mannigfachen Trauerbräuche, die
den Schmerz besänftigen, noch denjenigen der berechnenden Ehrungen, die das sinnlose
Hingemordetwerden im Kriege beschönigen sollen. Die Deportierten werden im Schmerz
erstarren und kein erlösendes und befreiendes Weinen finden, wenn sie endlich spüren,
daß Gott in diesem furchtbaren Ereignis am Werke war." Vgl. außerdem Werner Dommershausen, „Art. חלל", ThWAT II (1977), 972–981, 976; Greenberg, Ezechiel 21–37, 153f.
Odell zufolge zielt das Motiv des Nicht-Trauerns auf eine Statusänderung der Deportierten; es spiegele „the exiles' anticipation of a new life as the elect of God" (dies., Genre, 217)
wider. Auch in diesem Falle würde allerdings notwendige Trauerarbeit unterbunden.

[389] Vgl. hierzu Greenberg, Ezechiel 21–37, 157f. Vgl. auch Stephen L. Cook, „The
Speechless Suppression of Grief in Ezekiel 24:15–27: The Death of Ezekiel's Wife and the

Jacqueline E. Lapsley zufolge wird in Ez 24,16f.22f alles verboten, was es Menschen ermöglichen könnte, mit den Erfahrungen des Unheils umzugehen und aus ihnen „Sinn zu machen"[390]. Damit wird, ähnlich wie in Ez 16, die Ohnmacht, die die traumatische Situation bestimmt, prolongiert und als eine Art ‚Idealverhalten' propagiert. Die außertextweltliche Referenz der geschilderten Verhaltensnormierung könnte damit zusammenhängen, dass es den Deportierten nur mit Mühe gelang, sich von den Katastrophenszenarien zu lösen, oder dass die durchgemachten Traumata längere Zeit unbegreifbar blieben. *Theologisch* könnte es, wie Lapsley annimmt, darum gegangen sein, auf diesem Wege Raum zurückzugewinnen für das Handeln JHWHs, das vielen der von der Exilskatastrophe Betroffenen ebenfalls fraglich geworden sein dürfte:

> Ezekiel relativizes all human categories of meaning; they are inadequate and insufficient to deal with reality, and they deny the radical action of God[391].

Das traumatisierende oder *fragmentierende* Potential der Ereignisse von 587/86 v.u.Z. ist in Ez 24,15–24 auch dadurch ausgesprochen präsent, dass das den Propheten treffende Unheil und die die Deportierten treffenden Schrecken – individuelles und kollektives Trauma – aufeinander hin transparent werden. Es kommt zum Ausdruck (und darf zum Ausdruck kommen) – und dies ist zugleich ein Element der *reunification* –, wie furchtbar die Geschehnisse sind: Wenn der Tempel zerstört wird, so ist dies wie das plötzliche Wegsterben eines geliebten Menschen und umgekehrt. Gleichzeitig ist das Beispiel bzw. die Zeichenhaftigkeit Ezechiels (vgl. V24.27) im Hinblick auf den Verlust der Sehnsucht seiner Augen wohl auch deshalb so treffend, weil darin vermutlich eine wesentliche Schreckenserfahrung vieler Exulanten, die im Zuge der Kriegs- und Deportationsereignisse immer wieder mit dem gewaltsamen Tod von Verwandten und FreundInnen konfrontiert gewesen sein dürften (vgl. V21.25), aufgehoben ist.

In *Ez 24,25–27* spricht JHWH exklusiv den Propheten an: An dem Tag, an dem „ihnen" (vgl. V25) mit dem Jerusalemer Tempel ihre „Zuflucht" (מָעוֹז) und mit ihren Söhnen und Töchtern ihr „innigstes Verlangen" (מַשָּׂא־נֶפֶשׁ) genommen wird, wird, so kündigt JHWH an, ein Flüchtling

---

Prophet's Abnormal Response", in: John J. Ahn/Stephen L. Cook (Hg.), *Thus Says the Lord* (*FS R. R. Wilson*) (LHBOTS 502), New York/London 2009, 222–233, 225f.

[390] Vgl. Jacqueline E. Lapsley, „A Feeling for God: Emotions and Moral Formation in Ezekiel 24:15–27", in: M. Daniel Carroll R./dies. (Hg.), *Character Ethics and the Old Testament: Moral Dimensions of Scripture*, Louisville/London 2007, 93–102, 96.

[391] Lapsley, Feeling, 99.

zu Ezechiel kommen, um ihm das Geschehene mitzuteilen, und in diesem Zusammenhang wird Ezechiel von seiner Stummheit befreit werden. Neben dem *fragmentierenden* Element, das in der erneuten Wiederholung der Zerstörungsereignisse liegt, ist in diesen Versen auch etwas *Integrierendes* enthalten: (Erst) wenn die Katastrophe Faktum wird bzw. als Faktum anerkannt werden kann, ist es möglich, von ihr zu sprechen.

Ez 25,1–17: Auf der Ebene der erzählten Zeit ist solches Sprechen noch nicht möglich (obwohl natürlich ‚eigentlich' von nichts anderem gesprochen wird) – jetzt, wo das Ende Jerusalems mit dem Beginn der Belagerung näher und näher rückt, wird der Blick bis Kap. 33,21f nahezu durchgängig von der judäischen Hauptstadt abgewandt und auf die Nachbarnationen gelenkt. Indem JHWH diesen ein ähnliches Schicksal ankündigt, wie es Jerusalem erleiden muss(te), bleibt das eigene Ergehen wie in einem Spiegel gegenwärtig. In dem die sog. Fremdvölkersprüche (Ez 25–32) nahezu durchgehend dominierenden Moment der *regression*, das in Ez 25 recht deutlich als Schutzmechanismus zu erkennen ist, ist das Moment der *fragmentation* dementsprechend sehr präsent.

Die Beschreibungen des Handelns der Nationen setzen dabei (die sich gerade vollziehende) Zerstörung Jerusalems bereits voraus – dies gilt vor allem für Ez 25, wo von der Beschämung und Verachtung des besiegten Juda durch AmmoniterInnen (V1–5.6f), Moab (und Seïr) (V8–11), Edom (V12–14) und PhilisterInnen (V15–17) und von deren Bereicherung auf Kosten Judas die Rede ist. In diesem Sinne wird man diese kurzen ‚Fremdvölkerworte' (vgl. auch Ez 26,1–6: Tyrus) auch als *regressive* Rache-Texte betrachten können (vgl. das gehäufte Vorkommen von √נקם in Ez 25,12 [3x].14 [2x].15 [3x].17 [2x])[392], die anderen an den Hals wünschen, was man selbst durchgemacht hat – ein verzweifelter Versuch, es loszuwerden. Der Zusammenhang zwischen Trauma und Rache(phantasie), der bereits im Rahmen der traumatischen Symptomsprache Erwähnung gefunden hat, ist im gegebenen Kontext mit Händen zu greifen – ihm soll daher im Anschluss an diesen Abschnitt zu Ez 25 die nächste Vertiefung gewidmet werden.

Als (eher) *integrierender* Aspekt ist zu begreifen, dass in Kap. 25 das Erleben der Opferbeschuldigung, des *blaming the victim* ansprechbar wird. Gott schiebt diesem Verhalten – der den Nationen in den Mund gelegten Häme – einen deutlichen Riegel vor, bekämpft es (jedenfalls verbal)

---

[392] Außerhalb von Ez 25 kommt √נקם im Ezechielbuch nur noch in Ez 24,8 [2x] vor.

geradezu. Dies ist ein deutlicher Hinweis darauf, dass es kaum als angemessene Strategie im Umgang mit Katastrophenerfahrungen angesehen wurde, und zwar ganz gleich, ob wir es hier mit tatsächlichen Beschuldigungen durch die Nachbarstaaten oder mit auf die Nachbarstaaten projizierten Selbstbeschuldigungen Israels zu tun haben.

5. Vertiefung: *Traumatische Rache-Impulse*

5.1. *Zeitgenössische Konnotationen von Rache*

Die *Brockhaus-Enzyklopädie* aus dem Jahr 1992 bestimmt Rache als „archaische, dem modernen Rechtsempfinden und eth[ischen] Bewußtsein zuwiderlaufende Extremform der Vergeltung", wobei – „häufig unter Berufung auf eine metaphysisch verstandene Gerechtigkeit oder ein (angeblich) allgemeingültiges Rechtsempfinden – ein gewaltsamer Ausgleich zw[ischen] Individuen oder Gruppen, deren Recht (nach subjektivem Empfinden) verletzt oder deren Ehrgefühl gedemütigt wurde, herbeigeführt" werde[393]. Die englischen Wörter ‚vengeance' und ‚revenge' und die französischen Wörter ‚vengeance' und ‚revanche' sind ähnlich konnotiert[394] – Walter Dietrich spricht von einem „eindeutig negative[n] Urteil, das die zivilisierte Welt der Gegenwart von der Rache hat"[395]. Die Faktoren allerdings, die für den Psychologen Jürgen Maes das Erleben und Ausagieren von Rachegefühlen bedingen, erscheinen (paradoxerweise) als hochgradig zustimmungsfähige Werte, entspringt Rache doch 1. dem „Wunsch nach der Wiederherstellung des Selbstwertes", 2. dem „Wunsch nach der Wiederherstellung von Sicherheit" und 3. dem „Wunsch nach

---

[393] Brockhaus[19], 17, 707. Vgl. auch die bei Jürgen Ebach, „Der Gott des Alten Testaments – ein Gott der Rache?", in: ders., *Biblische Erinnerungen. Theologische Reden zur Zeit*, Bochum 1993, 81–93, 82, und Hendrik G. L. Peels, *The Vengeance of God: The Meaning of the Root NQM and the Function of the NQM-Texts in the Context of Divine Revelation in the Old Testament* (OTS 31), Leiden u.a. 1995, 2, wiedergegebenen Definitionen.

[394] Vgl. Wayne T. Pitard, „Art. Vengeance", ABD VI (1992), 786f, 786; Peels, Vengeance, 1; Ed Noort, „‚Vengeance Is Mine': Some Remarks on Concepts of Divine Vengeance and Wrath in the Hebrew Bible", in: Rainer Kessler/Patrick Vandermeersch (Hg.), *God, Biblical Stories and Psychoanalytic Understanding*, Frankfurt a.M. 2001, 155–169, 157f; Tomas Böhm/Suzanne Kaplan, *Rache. Zur Psychodynamik einer unheimlichen Lust und ihrer Zähmung*, Gießen 2009, 33f.

[395] Walter Dietrich, „Rache. Erwägungen zu einem alttestamentlichen Thema", in: ders., *„Theopolitik". Studien zur Theologie und Ethik des Alten Testaments*, Neukirchen-Vluyn 2002, 117–136, 117; vgl. Erich Zenger, „Art. Rache II. Biblisch-theologisch", LThK³ 8 (1999), 791f, 791; Stefan Volkmann, „Art. Rache III. Dogmatisch und Ethisch", RGG⁴ 7 (2004), 12f, 12f; Jörg Jeremias, „JHWH – ein Gott der ‚Rache'", in: Christiane Karrer-Grube u.a. (Hg.), *Sprachen – Bilder – Klänge (FS R. Bartelmus)* (AOAT 359), Münster 2009, 89–104, 89.

der Wiederherstellung von Gerechtigkeit"[396]. Sofern traumatisches Erleben mit der Erfahrung von Zerstörtwerden, von absoluter Unsicherheit und Ohnmacht sowie von plötzlich erfahrener Rechtlosigkeit[397] einhergeht, erweist sich die oben erwähnte enge Verknüpfung von Trauma und Rache als ausgesprochen nachvollziehbar – es erscheint gleichsam natürlich, dass Gewaltüberlebende Rachewünsche entwickeln[398].

Was die negative Einschätzung der (Praxis der) Rache angeht, dürften vor allem die ihr zugeschriebenen Momente der (willkürlichen) Selbstjustiz und der (unkontrollierbaren) Emotionalität eine entscheidende Rolle spielen, Momente, für die in einem Rechtsgefüge mit staatlichem Gewaltmonopol, in dem der oder die Geschädigte den eigenen Vergeltungsanspruch an die Gesellschaft als ganze abgibt, kein Platz ist. An die Stelle der Rachehandlung ist hier das von Gefühlen möglichst freizuhaltende Strafverfahren getreten – bzw. die Strafe selbst, die allerdings des Odiums der Rache letztlich auch nicht gänzlich enträt[399]. Dass Rachegefühle und vor allem das Ausagieren derselben heute weithin negativ bewertet werden, hat darüber hinaus wohl auch damit zu tun, dass man der Rache ein quasi natürliches, ihr inhärentes Gewaltpotential zuschreibt, das, einmal entfesselt, sich nicht mehr unterbrechen lasse und folglich in einen ins Unendliche gehenden Rachezirkel münde[400].

Die Rache*phantasie*, die sich als Imagination von der *ausgeführten* Rache erheblich unterscheidet[401], wird im Kontext der von mir zu Rate

---

[396] Jürgen Maes, „Psychologische Überlegungen zur Rache", 1994, 9–12 (Quelle: http://psydok.sulb.uni-saarland.de/volltexte/2007/908/pdf/berio76_II.pdf, Zugriff am 30.8.2011).

[397] Vgl. hierzu Jan Philipp Reemtsma, „Das Recht des Opfers auf die Bestrafung des Täters – als Problem", in: ders., *Die Gewalt spricht nicht. Drei Reden*, Stuttgart 2002, 49–83 [1999], 82f.

[398] Vgl. hierzu Ulrich Sachsse, „Rache: Destruktive Wiedergutmachung", in: Eberhard Herdieckerhoff u.a. (Hg.), *Hassen und Versöhnen. Psychoanalytische Erkundungen*, Göttingen 1990, 52–59, 54; Irwin C. Rosen, „Revenge – The Hate That Dare Not Speak Its Name: A Psychoanalytic Perspective", *JAPA* 55 (2007), 595–620, 603; Melvin R. Lansky, „Unbearable Shame, Splitting, and Forgiveness in the Resolution of Vengefulness", *JAPA* 55 (2007), 571–593, 576.

[399] Vgl. Ebach, Gott, 82f. Ebach zufolge schlägt „gerade im funktionierenden Bereich der Strafe etwas durch[], was sich von Rache kaum unterscheidet" (a.a.O., 83). Es lasse sich weder zeigen, „daß der Verurteilte durch die Tat [sic!] gebessert wird, noch daß die Tat dadurch einer Wiedergutmachung näher kommt, noch daß die Gesellschaft durch den Akt der Gefängnisstrafe geschützt wird, noch daß die Tat durch die Strafe gesühnt wird" (ebd.).

[400] Vgl. Sachsse, Rache, 56f; Maes, Überlegungen, 5f.

[401] Vgl. hierzu die Differenzierung von Rache als „innerseelische[m] Phänomen" und „gesellschaftliche[r] Realität" bei Sachsse, Rache, 54.

gezogenen Veröffentlichungen nur selten ausführlicher thematisiert[402]. In Beiträgen zum Thema ‚Rache' in der Hebräischen Bibel hingegen finden sich (explizite) Hinweise darauf, dass das Phantasieren von Rache und das In-Worte-Fassen solcher Phantasien ein Schritt zur Bewältigung erlittener Verletzungen und erfahrenen Unrechts sein kann, relativ häufig[403]. In der Traumatherapie werden Racheimaginationen (auch wenn diese, so jedenfalls mein Eindruck, selten so genannt werden) sehr gezielt eingesetzt, um gegen Täterintrojekte anzugehen, wobei häufig Bilder aus dem Reich der Märchen und Mythen evoziert werden. In diesem Kontext gilt: „Rachephantasien und -wünsche sind wichtige innerseelische Kompensationsmöglichkeiten zur Restitution bei schweren narzißtischen Kränkungen."[404]

5.2. *Trauma, Rache(phantasie), Recht*

Dass Gewaltüberlebende häufig Rache- (oder auch Vergebungs-) Phantasien entwickeln, hängt mit der zentralen Trauma-Erfahrung der Ohnmacht und des Ausgeliefertseins zusammen. Vor diesem Hintergrund lassen sich diese Phantasien als Versuche deuten, die aufgenötigte Position der Ohnmacht wenigstens in der Vorstellung überwinden und (wieder) etwas tun zu können. Viele Traumaopfer haben darüber hinaus das Gefühl, sie könnten das, was ihnen der Täter vermittels der Gewalttat auf- oder eingezwungen hat, loswerden, indem sie ihm Vergleichbares (oder Schlimmeres) antun – eine Hoffnung, die die realistische Auseinandersetzung mit dem erlittenen Schmerz nicht selten hemmt[405].

Deshalb und weil Rachewünsche und Rachebilder für die Betroffenen weitere negative Konsequenzen haben können (Scham-, Schuld- und Angstinduktion, Re-Traumatisierung), sieht Judith Herman im Aufgeben

---

[402] Maes (ders., Überlegungen, 4) nennt zwar unter den Dimensionen von Rache die „rachevollen Phantasien" und teilt diese weiter ein in „reine[] Imaginationen" und „Rachephantasien, die vertrauensvoll auf die Erfüllung des Rachewunsches durch das Schicksal oder andere Kräfte bauen", geht aber in der Folge hierauf nicht weiter ein. Böhm und Kaplan (dies., Rache, 253) halten fest, „dass die [Rache-]Fantasie sublimiert wird", während Rache eine unveränderliche Handlung sei, die Schaden anrichte und nicht sublimiert werden könne; zur (positiven) Funktion von Rachephantasien verlautet jedoch auch bei ihnen nichts.

[403] Vgl. Ebach, Gott, 92f; Erich Zenger, *Ein Gott der Rache? Feindpsalmen verstehen*, Freiburg i.Br. u.a. 1994, 152f; ders., „Gewalt überwinden. Perspektiven des Psalmenbuchs", in: Klara Butting u.a. (Hg.), *Träume einer gewaltfreien Welt. Bibel – Koran – praktische Schritte* (Erev-Rav-Hefte: Glaubenszeugnisse unserer Zeit 4), Wittingen 2001, 46–55, 54; Bail, Art. *nakam*, 2370f.

[404] Sachsse, Rache, 58.

[405] Vgl. Herman, Narben, 268; Reddemann, Imagination, 171; Böhm/Kaplan, Rache, 134.

bzw. in der Transformation der Rachephantasie – etwa in der gemeinschaftlichen Anstrengung um die Verurteilung des Täters auf juristischem
Wege – einen Schritt zum Heilwerden:

> Im Verlaufe des Trauerprozesses muß das Opfer akzeptieren lernen, daß
> die Abrechnung mit dem Täter nicht möglich ist. Während er [sic!] seinen
> Aggressionen in einer sicheren Umgebung Luft verschafft, verwandelt sich
> seine ohnmächtige Wut allmählich in eine wirkungsvollere und befriedigen-
> dere Form der Empörung: in gerechten Zorn. Dadurch wird es dem Opfer
> möglich, sich aus dem Gefängnis seiner Rachephantasien zu befreien, in
> denen er allein der Täter war; außerdem wird ihm so ein Weg eröffnet, ein
> Gefühl neuer Stärke zu erlangen, ohne daß er selbst zum Verbrecher werden
> muß. Wer seine Rachephantasien ablegt, gibt damit jedoch nicht auch seine
> Suche nach Gerechtigkeit auf, ganz im Gegenteil: Nun ist die Zeit gekom-
> men, sich wieder mit anderen Menschen zusammenzutun und gemeinsam
> den Täter für seine Verbrechen zur Rechenschaft zu ziehen[406].

Nach einer öffentlichen Verurteilung des Täters zu streben, eröffne dem
Opfer das letztendlich heilsame Gefühl, „an einer wichtigen sozialen
Handlung mitzuwirken"[407]. Auch Alexander C. McFarlane und Bessel A.
van der Kolk plädieren dafür, „Impulse der Rache dem Schiedsspruch des
Gesetzes zu unterwerfen" und „urtümliche Themen der Rache in Themen der sozialen Gerechtigkeit" zu transformieren[408]. Dadurch, dass das
staatliche Gewaltmonopol dem oder der Einzelnen die Möglichkeit zur
Rache aus der Hand nehme, werde, so die beiden Autoren weiter, „ein
System der kontrollierten Rache an den Tätern sowie ihrer Demütigung
geschaffen"[409]. Tomas Böhm und Suzanne Kaplan zufolge gelingt die aus
ihrer Sicht unabdingbar notwendige Überwindung von (traumatischen)
Rache(impulsen) durch die „Konzentration auf konstruktive Lösungen,
die Licht in das Geschehene bringen und es möglich machen, im Leben
weiterzugehen". In dieser Hinsicht paradigmatisch ist für sie Simon Wiesenthal, dessen Einsatz für Wahrheit und Gerechtigkeit im Kampf gegen
NS-KriegsverbrecherInnen „mehr [ist] als sublimierte Rache; sie ist ein
Streben nach moralischer und psychischer Reife und Entwicklung, also
eine gegen die Rachehandlung gerichtete Kraft"[410].

---

[406] Herman, Narben, 269.
[407] Herman, Narben, 301. Vgl. auch Böhm/Kaplan, Rache, 193–251.
[408] McFarlane/Kolk, Herausforderung, 64.
[409] McFarlane/Kolk, Herausforderung, 63 (Hervorhebung R.P.).
[410] Böhm/Kaplan, Rache, 205. Simon Wiesenthal selbst gab seiner Autobiographie den
Titel „Recht – nicht Rache" (ders., *Recht, nicht Rache: Erinnerungen*, Frankfurt a.M. ³1989).

Anders argumentiert Jan Philipp Reemtsma, dem zufolge für das Trauma-Opfer die Rechtssprechung nicht einfach an die Stelle der Rache(wünsche) treten kann. Der Verzicht auf Rache sei nicht zu fordern, weil es für das *Individuum* besser sei – denn Rache „[könnte] sogar ein Mittel zur Selbsttherapie nach traumatischer Verletzung sein"[411] (!) – sondern weil die *Gemeinschaft* sich keine subjektive Willkür leisten wolle:

> Der individuelle Vergeltungswunsch des Opfers muß in jeder Rechtspraxis frustriert und von jeder Straftheorie mit Näheverbot belegt werden. Fairerweise sollte demnach die staatlicherseits verhängte Strafe nicht als geläutertes Substitut der Rache ausgelobt werden. Sie ist nicht das niedrige Bedürfnis in das sozial Akzeptable transformiert. Denn der Rachewunsch ist kein niedriges Bedürfnis, es sollte (als im Individuum fortbestehender Wunsch) nicht verachtet noch geächtet werden. Und es tritt nichts an seine Stelle[412].

Für das Trauma-Opfer sei die Bestrafung des Täters keine Wiedergutmachung, sie bedeute (lediglich) die Abwendung weiteren Schadens im Sinne der von Hans Keilson beschriebenen sequentiellen Traumatisierung[413].

Doch letztlich stellt sich nicht nur im Hinblick auf die von Reemtsma vorgetragenen Überlegungen die Frage, was aus den traumatischen Rachegedanken von Gewaltüberlebenden wird. Diese Frage legt sich auch dort nahe, wo von einer prinzipiellen Transformierbarkeit von Rachewünschen in den Wunsch nach Gerechtigkeit ausgegangen wird, weil nämlich die *Bedingungen* für eine solche Transformation nicht immer gegeben sind – sei es dadurch, dass das entsprechende Rechtssystem (noch) nicht zur Verfügung steht, sei es dadurch, dass die Traumatisierten, z.B. als Kriegsgefangene, über längere Zeit in der Nähe und unter der Kontrolle der TäterInnen zu leben gezwungen sind.

Vgl. hierzu auch Peter Mertz, „Nicht Vergeltung, nicht Vergebung. Simon Wiesenthal und die Mühe um Gerechtigkeit", *LM* 30 (1991), 365–367, passim.

[411] Reemtsma, Recht, 80. Die Auffassung, dass die Bestrafung des Täters bei einem Verbrechensopfer Genugtuung auslöse und so etwas wie die soziale Sublimierung des Rachebedürfnisses auf Seiten des Opfers darstelle, bezeichnet Reemtsma als „Denkfehler" (a.a.O., 78).

[412] Reemtsma, Recht, 81. Vgl. auch Kühner, Traumata, 38.

[413] Vgl. Reemtsma, Recht, 78–83. Aus „der Pflicht des Staates, den sozialen Schaden, den ein Verbrechen anrichtet, zu begrenzen", erwächst laut Reemtsma „das Recht des Opfers auf Bestrafung des Täters" (a.a.O., 82), um dessen Begründung es dem Autor in seinem Artikel zu tun ist. Sachse hingegen hält es für noch nicht hinlänglich erwiesen, „ob durch eine angemessene Bestrafung nicht doch den Opfern oder ihren Angehörigen zumindest ein wenig Wiedergutmachung zuteil wird" (ders., Rache, 57f).

Ein wichtiger Schritt im Umgang mit traumatischen Rachephantasien scheint das Erzählen derselben in einem geschützten Rahmen zu sein, in dem sich die Betroffenen angenommen und getragen wissen. Herman, die, wie oben dargelegt, das Ablegen der Racheimpulse als notwendigen Schritt zur Intergration des Traumas erachtet, berichtet doch eindrücklich von einer gruppentherapeutischen Situation, in der die quälenden Rachegedanken einer Teilnehmerin an Intensität verlieren, nachdem „die Gruppe sie zum Gegenstand eines unterhaltsamen Wortwechsels gemacht hatte"[414], wobei sie zugleich ins Ungeheuerlich-Groteske übersteigert wurden. Die Gruppenmitglieder seien sich zunehmend bewusst geworden, „daß sie auf solche Racheakte eigentlich gar nicht angewiesen sind"[415], eine Beobachtung, die zwar von der Autorin nicht weiter gedeutet wird, die aber m.E. damit zusammenhängt, dass dem Täter in solchen – (mit-)geteilten – Imaginationen die (andauernde) Herrschaft über das Opfer abgesprochen wird. In eine ähnliche Richtung zielt der Traumatherapeut Ulrich Sachsse, wenn er zwischen destruktiver und konstruktiver Rache unterscheidet:

> Destruktive Rache beschränkt sich darauf, so stark und mächtig wie der Täter zu werden und ihm das heimzuzahlen, was er einem angetan hat – möglichst noch erheblich mehr. [...] Konstruktive Rache wächst über die Vergeltung hinaus. der [sic!] Rächer, der im Kampf mit dem Feind stärker und reifer geworden ist, besitzt am Ende die Macht zur Vergeltung. Er verzichtet aber auf Vergeltung, da er moralisch dadurch auf die Stufe des Täters sinken würde, und beschränkt sich darauf, durch seine Macht den Täter an weiterem Unrecht zu hindern[416].

5.3. *Die imaginierte Vernichtung von Täterintrojekten – eine Transformation von Racheimpulsen?!*
Im Rahmen einer Trauma-Exposition erleben, wie die folgende Sequenz einer von Sachsse vorgestellten klinischen Trauma-Expositions-Sitzung zeigt, einige PatientInnen Emotionen, die sich durchaus als Rachegefühle bezeichnen lassen. Eine 27-jährige Patientin, die als kleines Mädchen von ihrer alkoholkranken Mutter und deren Freund psychisch und physisch schwer misshandelt worden ist, äußert sich zu einer von ihr zuvor synthetisierten traumatisierenden Szene wie folgt:

---

[414] Herman, Narben, 329. Zum Ganzen vgl. a.a.O., 329–331.
[415] Herman, Narben, 331.
[416] Vgl. Sachsse, Rache, 58f.

Was jetzt mehr kommt, ist eine unheimliche Wut. Was bilden die beiden [Mutter und Freund, R.P.] sich eigentlich ein? Das war doch eine Riesensauerei. Die machen alles nur verkehrt, keiner hat sich im Griff, die lassen sich gehen, und ich werde für alles angeschuldigt wegen nichts und wieder nichts. Ich könnte diese Schnapsflasche [die in der imaginierten Szene vor der Mutter auf dem Tisch steht, R.P.] nehmen und sie meiner Mutter durchs Gesicht ziehen[417].

Während einige TherapeutInnen grundsätzlich eine aktive Umgestaltung von das Trauma auslösenden Situationen durch die PatientInnen anstreben, indem diese sich einen anderen Ausgang des Geschehens vorstellen (bedingt etwa durch das Hinzukommen einer helfenden, unterstützenden Person), hält Sachsse dies nur dann für sinnvoll, wenn der Impuls dazu von der Patientin ausgehe und wenn ersichtlich sei, dass dies für sie die beste Möglichkeit sei, die traumatisierende Situation innerlich weiterzuverarbeiten[418]. Die (Gegen-)Gewalt-Imagination dürfe das Ziel der Trauma-Synthese, das in der „Integration der abgespaltenen Fragmente in das emotional-kognitive Wachbewusstsein", nicht „in „bedingungslose[r] physische[r] Abreaktion" bestehe[419], nicht gefährden.

Häufig allerdings wird in der Traumatherapie ein anderer Weg beschritten: Die zweifellos vorhandenden archaisch-destruktiven Wünsche und Vorstellungen von Gewaltüberlebenden werden nicht in einer imaginierten ‚realen' Welt oder an imaginierten ‚realen' Personen ‚ausgelebt', sondern in einem phantasierten mythisch-märchenhaften Reich und an phantasierten dämonischen, monströsen Gestalten. Besonders oft finden solche Imaginationen in der therapeutischen Arbeit mit Täter-Introjekten Anwendung, dort also, wo es um die Auseinandersetzung mit der im Verlauf der traumatischen Situation in das Opfer eingedrungenen tyrannischen Täter-Instanz geht. Während ein solches ‚Verschlucken des Täters'[420] im Rahmen des akuten Traumas häufig überlebensnotwendig ist, ist die Folge, das dauernde ‚Besetztsein' durch den Täter[421], für die Betroffenen

---

[417] Sachsse, Beispiel, 309.
[418] Vgl. Sachsse, Beispiel, 310.
[419] Sachsse, Beispiel, 310.
[420] So die von Sachsse zur Beschreibung dieses Vorgangs gewählte Metapher (vgl. ders., Täter-Introjekte, 217).
[421] Vgl. Sachsse, Täter-Introjekte, 218f: „Wenn mein Überleben völlig abhängt von den Launen eines übermächtigen anderen, dann ist eine der letzten Überlebensstrategien, sich empathisch möglichst weitgehend in die aktuelle Befindlichkeit, in das Erleben und Denken dieses Täters einzufühlen. Wir Menschen scheinen dann aber nicht mehr in der Lage zu sein, zwischen Selbst und Objekt zu trennen [...]." Zum Täter-Introjekt vgl. ausführlich Peichl, Trauma-Landschaften, 224–269.

zumeist ausgesprochen zerstörerisch – viele von ihnen erleben das Täter-introjekt als innere Stimme, die sie zum Schweigen verdammt, ihnen Strafen androht, sie permanent diffamiert oder sie immer wieder dazu anhält, sich selbst oder andere zu verletzen[422].

Die konkreten therapeutischen Schritte bestehen darin, der Patientin die Möglichkeit anzubieten, das Täter-Introjekt als eine Art Fremdkörper im Selbst erkennen zu können, und sie bei der Identifikation desselben zu unterstützen. Im Folgenden geht es darum, diesem Fremdkörper eine (Phantasie-)Gestalt zu geben und ihn – etwa als Teufel, Monster, Dämon, bösen Riesen o.ä. – auf die ‚Innere Bühne‘[423] zu holen. Wenn diese Gestalt gefunden ist, werden Überlegungen angestellt, wie der phantasierte ‚Böse-wicht‘ unschädlich gemacht werden kann. Die PatientInnen müssen dabei nicht allein, ja, nicht einmal selbst agieren, sie können sich auch Innere Helfer erschaffen, die sie im Kampf gegen den bösen Feind beschützen und unterstützen. Erstaunlich viele der Betroffenen entscheiden sich sodann tatsächlich dafür, die Verkörperung des Täterintrojekts endgültig zu vernichten, indem sie diese etwa durch einen starken Drachen töten lassen, andere verbannen sie an einen abgelegenen Ort, so dass sie nicht mehr zurückkommen kann – der Phantasie sind hierbei keine Grenzen gesetzt[424].

Verbindet eine Patientin mit dem Täter-Introjekt auch gute Seiten – dies ist oftmals dann der Fall, wenn es sich um traumatisierende Elternteile handelt – steht mitunter zunächst im Vordergrund, diese guten Anteile aktiv abzuspalten und ihnen ebenfalls eine Personifikation im ‚inneren Theater‘ (z.B. als gute Fee, als hilfreiches sprechendes Tier) zukommen zu lassen. Dies ist eine Voraussetzung dafür, dass das Täter-Introjekt effektiv eliminiert werden kann[425].

Ziel dieser imaginativen Arbeit, oder, wie man es m.E. auch nennen kann, dieser ‚gelenkten Rachephantasie‘ auf der Inneren Bühne ist es, so formuliert Sachsse,

---

[422] Vgl. Reddemann, Imagination, 83; Sachsse, Täter-Introjekte, 222f.

[423] Zum Konzept der ‚inneren Bühne‘ oder des ‚inneren Theaters‘, das die Wahrneh-mung von und den spielerischen Umgang mit psychischen Prozessen ermöglicht, vgl. Reddemann, Imagination, 81–88; Ulrich Sachsse, „Die Arbeit auf der Inneren Bühne", in: Traumaz. Psychoth., 200f, passim.

[424] Vgl. die Darstellung der entsprechenden therapeutischen Situationen bei Redde-mann, Imagination, 83–88, sowie Sachsse, Täter-Introjekte, 222–224.

[425] Vgl. Sachsse, Täter-Introjekte, 225f. Wo traumatisierende Elternteile hingegen nur als schlecht erlebt wurden, kann es auch darum gehen, in der Phantasie einen idealen Vater oder eine ideale Mutter zu etablieren (vgl. a.a.O., 226).

das Selbst von diesen Täter-Introjekten, von diesen Fremdkörpern im Selbst so weit wie möglich zu entlasten und zu befreien. Dabei greifen wir in der Therapie auf die Mittel und Wege zurück, die aus der Geschichte der Menschheit zur Lösung solcher Probleme bekannt sind. Wir ‚utilisieren' diese allgemeinmenschlichen Selbstheilungswege. Und diese Wege sind die des Träumens, der Märchen, der Mythen und Legenden[426].

Dabei ist wesentlich, dass die PatientInnen einen Zugang finden zu ihren eigenen aggressiven Ressourcen, der durch das Trauma verschüttet sein kann – ohne Aggressivität ist auch die *imaginative* Gegenwehr gegen das Böse nicht möglich. Sofern es aber gerade um die Abgrenzung vom Täterverhalten und um das Freiwerden vom Täter-Introjekt geht, erweisen sich (Rache-)Vorstellungen, die dem Handeln des Täters oder der Täterin (zu) nahe kommen, für die Betroffenen oftmals als problematisch[427]. Schon dadurch, dass die Imagination im (Bilder-)Reich der Märchen und Mythen stattfindet, wird die real traumatisierende Situation ein Stück weit ‚draußen gehalten', die Patientin vor einer Re-Traumatisierung geschützt. Eine vergleichbare Schutzfunktion können m.E. auch die grotesk-übersteigerten Gewaltmomente haben, wie sie in manchen Imaginationen vorkommen[428].

5.4. *Rache(phantasien) in der Hebräischen Bibel*
Einen wesentlichen Anstoß für die exegetische Bearbeitung des Themas ‚Rache in der Hebräischen Bibel' gab 1976 der Bibelwissenschaftler Walter Dietrich mit seinem Artikel „Rache. Erwägungen zu einem alttestamentlichen Thema"[429]. Dietrich befasst sich zunächst mit der hebräischen

---

[426] Sachsse, Täter-Introjekte, 224.

[427] Vgl. Sachsse, Täter-Introjekte, 226f.

[428] Vgl. hierzu die folgende Sequenz einer traumatherapeutischen Sitzung bei Reddemann, Imagination, 85: „*Th*[*erapeutin*]: Schön, also Maria im blauen Mantel, das ist die ganz gute Mutter. Und die böse? *Pat*[*ientin*]: Eine Hexe, klar. *Th.*: Was geschieht nun mit der Hexe? *Pat.*: Ich möchte sie umbringen, aber ich habe Angst vor ihr. *Th.*: Gibt es Helfer in diesem Kampf? *Pat.*: Wer könnte das sein? Mir hat nie jemand geholfen. *Th.*: Jetzt, auf Ihrer inneren Bühne, können sie die Helfer erschaffen, die sie brauchen. [...] *Pat.*: Dann will ich einen Drachen haben, der Gift und Galle spuckt und sie damit umbringt. *Th.*: Ja, das klingt überzeugend. Können sie das jetzt in Ihrer Phantasie geschehen lassen? *Pat.*: Es dauert etwas, sie wehrt sich... Aber jetzt hat es geklappt. Sie ist zusammengebrochen. Jetzt liegt sie da, tot. Hoffentlich wird sie nicht wieder lebendig. *Th.*: Wie können Sie ganz sichergehen? *Pat.*: Ich muss sie noch verbrennen. Ich mache ein großes Feuer und verbrenne sie... Irgendwie tut mir das jetzt richtig gut, obwohl es doch so grausam ist."

[429] An früheren Veröffentlichungen zum Thema ‚Rache' sind zu nennen: Erwin Merz, *Die Blutrache bei den Israeliten* (BWAT 20), Leipzig 1916; Raymond H. Swartzback, „A Biblical Study of the Word ‚Vengeance' ", *Interp.* (1952), 451–457; Henry McKeating, „Vengeance Is Mine. A Study of the Pursuit of Vengeance in the Old Testament", *The Expository Times*

Wurzel נקם, die im Deutschen zumeist mit (Derivaten von) „rächen"
oder „vergelten" wiedergegeben wird, bezieht aber sodann auch solche
Wortwurzeln in seine Untersuchung ein, die häufiger parallel gebraucht
werden (z.B. פקד, ריב, שפט)[430]. Die heutige Anschauung von Rache will
er dabei gerade nicht ausblenden – sie soll ihm „Kriterien liefern für die
Klassifizierung und Bewertung des alttestamentlichen Materials, und sie
soll umgekehrt, wenn sich das ergibt, vom Alten Testament her kritisch
befragt werden"[431]. Der Autor hält zunächst drei wesentliche Beobachtungen zum ersttestamentlichen Rache-Phänomen fest[432]:

1) Rachegedanken oder -taten werden ausgelöst durch das Töten bzw.
   die Ermordung von Menschen, die Unterdrückung und Ausbeutung
   durch Mächtigere sowie religiöse Verfehlungen.
2) Bei insgesamt etwa 130 Rache-Belegen wird nur zehnmal von *vollzoge-
   ner* Rache erzählt.
3) Gott ist dreimal häufiger Subjekt von Rache als Menschen.

In der Auswertung dieses hier nur sehr holzschnittartig wiedergegebenen
Befundes deuten sich bereits all jene theologischen Interpretationslinien
an, die auch die meisten der späteren Veröffentlichungen zum Thema
‚Rache' (bzw. zu √נקם) etwa von E. Lipínski (1986), Wayne T. Pitard (1992),
Jürgen Ebach (1993), Erich Zenger (1994, 1999, 2001 und 2004), Hendrik G.
L. Peels (1995), Albrecht Lohrbächer (1999), Klara Butting (2001), Ed Noort
(2001), K. H. Singer (2001), Ulrike Bail (2006) und Jörg Jeremias (2009) durchziehen[433]. Im Folgenden nenne ich, wobei ich von den Ausführungen Diet-
richs ausgehe, vier m.E. wesentliche ersttestamentliche Rache-Aspekte,

---

74 (1963), 239–245; George E. Mendenhall, „The ‚Vengeance' of Yahweh", in: ders., *The
Tenth Generation: The Origins of Biblical Tradition*, Baltimore/London 1973, 69–104. Vgl.
hierzu Peels, Vengeance, 6f.9f.
[430] Vgl. Dietrich, Rache, 119–122.
[431] Dietrich, Rache, 117.
[432] Vgl. Dietrich, Rache, 122–124.
[433] Edouard Lipínski, „Art. נקם", ThWAT V (1986), 602–612; Pitard, Art. Vengeance;
Ebach, Gott; Zenger, Gott; ders., Art. Rache II. Biblisch-theologisch; ders., Gewalt; Erich
Zenger, „Art. Rache II. Biblisch", RGG⁴ 7 (2004), 11f; Peels, Vengeance; Albrecht Lohrbächer,
„Ist der Gott des Alten Testaments ein ‚Rachegott'?", in: Frank Crüsemann/Udo Theissmann (Hg.), *Ich glaube an den Gott Israels. Fragen und Antworten zu einem Thema, das im
christlichen Glaubensbekenntnis fehlt* (Kaiser-Taschenbücher 168), Gütersloh 1999, 45–49;
Klara Butting, „Gewalt überwinden – nicht verschweigen. Ein Plädoyer für Rachepsalmen",
in: dies. u.a. (Hg.), *Träume einer gewaltfreien Welt. Bibel – Koran – praktische Schritte* (Erev-
Rav-Hefte: Glaubenszeugnisse unserer Zeit 4), Wittingen 2001, 56–63; Noort, Vengeance;
K. H. Singer, „Art. Rache", NBL III (2001), 269f; Bail, Art. *nakam*; Jeremias, Gott. Vgl. auch

die in Bezugnahme auf das oben zum Thema *Trauma, Rache(phantasie)*, *Recht* Dargelegte jeweils thesenartig beleuchtet werden.

1) Der ersttestamentliche Ruf nach Rache ist nicht Ausdruck „einer unge-hemmten Destruktionslust", sondern hat mit dem „grundsätzlichen Postulat von Gerechtigkeit in einer Welt voll Ungerechtigkeit zu tun". Rachewünsche entstehen in „verzweifelte[n] Notsituationen", die mit der „Bedrohung der eigenen Identität und Existenz" einhergehen[434]. D.h.: *Trauma und Rache(phantasie) sind auch biblisch eng verknüpft!*

2) Im biblischen Sprachgebrauch ist Rache „meist ein rechtlich konno-tierter Begriff", der „das Eingreifen der für die Wahrung der Rechts-ordnung zuständigen (menschlichen oder göttlichen) Autorität" bezeichnet[435] – Rache ist hier also gerade kein ungeregelter, willkür-licher Akt. Dies betont auch Peels, der seine Untersuchung zur „Ven-geance of God" bewusst auf solche Texte beschränkt, die Derivate von √נקם enthalten:

> In general, the root נקם can be paraphrased as punishing, justified retribu-tion. [...] The specific dimension of נקם in comparison to other terms of retribution lies in its strong assocation with legal thought and the idea of the restoration of justice. In contrast to modern conceptions of the meaning of ‚vengeance', נקם is determined by the notion of legitimate, righteous, even necessary enactment of justice by a legitimate authority[436].

D.h.: Rache und (Gottes-)Recht gehören eng zusammen. Weder wird der Rachewunsch in einen Rechtsakt transformiert, noch besteht er gleichsam unabhängig von einem solchen Rechtsakt fort – er kommt (bzw. käme) vielmehr in der Durchsetzung der „konnektiven Gerech-tigkeit" (Jan Assmann), zur Erfüllung.

3) Das freimütige Aussprechen von Rachegedanken, wie es sich in der Hebräischen Bibel findet, lässt sich als Korrektiv gegen das (mitunter fragwürdige) Ideal der Unterdrückung und Sublimierung von Rache-wünschen begreifen[437]. Neuere Veröffentlichungen interpretieren die biblischen Äußerungen von Rache noch deutlicher als den Beginn des

---

Georg Sauer, „Art. נקם", THAT II (⁵1995 [1975]), 106–109; Fritz Stolz, „Art. Rache", TRE 28 (1997), 82–88.

[434] Dietrich, Rache, 129. Vgl. hierzu auch Zenger, Gott, 161–163; Lohrbächer, Gott, 46f; Noort, Vengeance, 163–165; Bail, Art. *nakam*, 2370.

[435] Zenger, Art. Rache II. Biblisch, 12; vgl. Jeremias, Gott, 94–96.

[436] Peels, Vengeance, 265.

[437] Vgl. Dietrich, Rache, 130f. Vgl. hierzu auch Ingo Baldermann, *Einführung in die Bibel*, Göttingen 1988, 89–91; Zenger, Gott, 152f.

Wieder-sprachfähig-Werdens von Gewaltopfern[438]. Das (sprachliche) Zum-Ausdruck-Bringen von Rache(gefühlen) ist dabei eingebettet in den und wird getragen von dem Umstand, dass diese Rache nicht *von Menschen ausgeübt*, sondern *von Gott erwartet* wird. Wenn JHWH um Rache gebeten wird, wie dies in einigen Psalmen, sei es explizit, sei es der Sache nach, geschieht[439], so bedeutet dies „in der Regel Verzicht auf eigene Rache"[440]. Die Rache JHWH anbefehlen kann aber nur, „wer zuvor selbst Rachegefühle gehegt und sich das auch eingestanden hat"[441]. D.h.: *Aufbauend auf die Idee, dass dem Aussprechen von und der Auseinandersetzung mit Rache-Impulsen etwas Heilsam-Kathartisches innewohnt, entwirft die Hebräische Bibel einen symbolisch-imaginativen Rache-Diskurs, in dem die wortwörtliche Notwendigkeit von Rache und deren Destruktivität einander vermittelt sind. Die biblischen Rache-Texte eröffnen denen, die sie hörend und lesend mitvollziehen, die Möglichkeit, sich in diese symbolisch-imaginative Rache-Kommunikation hineinzustellen.*

4) JHWH wird als Gott der Rache angerufen und gefeiert, weil er letztlich „als der einzige zuverlässige Garant dafür [erscheint], daß Unrecht nicht ungesühnt bleibt"[442]. Während – diese Tendenz lässt sich Walter Dietrich und Jörg Jeremias zufolge bei aller Unsicherheit hinsichtlich der Datierung der Texte festhalten – ältere Passagen durchaus unbefangen von *menschlicher* Rache erzählen, ordnen jüngere die Rache mehr und mehr dem *göttlichen* Verantwortungsbereich zu[443]. Dass JHWH immer mehr zur ‚Rache-Gottheit' im hier beschriebenen Sinne wurde, hängt insbesondere mit den Katastrophenerfahrungen Israels zu Beginn des 6. Jh.s v.u.Z. bzw. mit der Exilserfahrung zusammen[444]. D.h. – noch ein-

---

[438] Vgl. insbesondere Butting, Gewalt, 60–62; Bail, Art. *nakam*, 2370f.

[439] Vgl. z.B. Ps 58,11; 79,10; 94,1; 149,7 [jeweils √נקם] und hierzu Peels, Vengeance, 208–224; sowie Jer 11,20; 15,15; 20,12 [jeweils √נקם] und hierzu a.a.O., 224–233, sowie Michael Avioz, „The Call for Revenge in Jeremiah's Complaints (Jer XI–XX)", *VT* 40 (2005), 429–438, passim. Vgl. auch Ps 5,5–7; 137,7–9; 139,19–22.

[440] Dietrich, Rache, 129. Vgl. hierzu vor allem Ebach, Gott, 89f; Zenger, Gott, 140; Bail, Art. *nakam*, 2371.

[441] Dietrich, Rache, 132.

[442] Dietrich, Rache, 124.

[443] Vgl. Dietrich, Rache, 124; Peels, Vengeance, 296; Noort, Vengeance, 158–160; Jeremias, Gott, 90–92.

[444] Vgl. Dietrich, Rache, 126f; Noort, Vengeance, 163; Jeremias, Gott, 90.96.101. Vgl. auch Peels, Vengance, 296f, wo es heißt: „[I]t is possible to determine that the proclamation of the God of vengeance has a concentration especially in the major prophets and, from a historical experience, around the Babylonian captivity. Precisely in this darkest period of Israel's history, when the state, the religion and the existence of the people were shaken

mal –: *Trauma und Rache(phantasie) sind auch biblisch eng verknüpft; die ersttestamentliche Rache-Konzeption in ihrer erstaunlichen Komplexität reflektiert das mit der babylonischen Zerstörung Jerusalems 587/86 v.u.Z. verbundene individuelle und kollektive Gewalterleben Israels.*

5.5. Rache(phantasien) im Ezechielbuch

Im Ezechielbuch ist das Phänomen der Rache/Vergeltung explizit und implizit präsent – die Verbalwurzel נקם kommt, dies wurde oben bereits erwähnt, mehrere Male vor, wobei alle zwölf Belege in den Kapiteln 24 und 25 zu finden sind (24,8.8; 25,12.12.12.14.14.15.15.15.17.17). Deutlich sind, wie etwa Ronald M. Hals bemerkt, die sog. Fremdvölkerworte, vor allem die kurzen Sprüche in Ez 25,1–26,6 und die an Ägypten zu richtenden Reden (Ez 29–32), durch Rache-Strukturen geprägt[445], und auch in den Texten über das Ende des Schwerts (vgl. Ez 21,33–37) und des Gebirges Seïr (Ez 35) spielt das Moment der Rache eine herausragende Rolle. Die Gog-Perikope (Ez 38–39) hat Dereck M. Daschke als „a single, sustained revenge phantasy" bezeichnet, in der alle Themen des Buches kulminierten[446]. Vieles schließt sich dabei eng an das zu Rache(phantasien) in der Hebräischen Bibel Gesagte an, in einigen Punkten lassen sich jedoch auch ezechielische Spezifika ausmachen, auf die sich die folgenden Ausführungen konzentrieren.

Es scheint kaum ein Zufall zu sein, wenn im Ezechielbuch mit dem Begriff der Rache/Vergeltung ($\sqrt{}$נקם) ausgerechnet dort operiert wird, wo das Gericht auf der Ebene der Erzählung Realität zu werden beginnt, und wenn JHWHs Vorgehen gegen seine Stadt Jerusalem ausgerechnet in diesem Zusammenhang ein einziges Mal als ‚Rache' charakterisiert wird (Ez 24,8: לנקם נקם). Und ebenso wenig zufällig mutet es an, wenn $\sqrt{}$נקם im darauffolgenden Kapitel innerhalb weniger Verse gleich zehnmal

---

on their foundations, the prophecy of God's vengeance provided the ultimate pinpoint of light and source of hope."

[445] Vgl. Hals, Ezekiel, 179.183.

[446] Daschke, Loss, 127. Vgl. hierzu auch Reuben Ahroni, „The Gog Prophecy and the Book of Ezekiel", *HAR* 1 (1977), 1–27, 23f: „It should be noted [...] that the apparent jubilant tone at the sight of the enemy's devastation, which seems to be dominant in this Prophecy [Ez 38–39, R.P.], betrays deep emotions of anger and distress on the part of the author. [...] The bitterness due to the constant afflictions and tribulations of Israel seems to reach its climax in the Gog Prophecy in a plea for unprecedented vengeance." Ahroni hält Ez 38–39 allerdings für einen späteren, apokalyptischen Text, so dass er schlussfolgert (a.a.O., 24 [Hervorhebung R.P.]): *Any* distress or *traumatic experience* in post-exilic times, be it national or local, could easily release such an outpour of bitter human passions. This is a well-known psychological phenomenon [...]."

Verwendung findet, nun auf das Vorgehen der EdomiterInnen bzw. PhilisterInnen gegen Israel und auf Jhwhs Vorgehen gegen diese Nachbarn Judas bezogen (Ez 25,12–14.15–17). Aufgrund dieser markanten Positionierungen von √נקם dort, wo es in dramatischer Zuspitzung um „Ende und Wende [...] im Leben des Propheten, in der Geschichte des Volkes und nicht zuletzt im Aufbau des Buches"[447] geht, werden die vorhergehenden Gerichtsankündigungen gegen Jerusalem bzw. das Haus Israel gleichsam als göttliche Racheakte (im biblischen Sinne!) charakterisiert. Durch die hämmernde Wiederholung von √נקם am Anfang der sog. Fremdvölkerworte erscheinen umgekehrt dann auch das in der Folge geschilderte Verhalten der Nationen und das Vorgehen Jhwhs gegen ebendieses Verhalten unter dem Diktum der Rache. Diese drei Rachemomente (Rache Jhwhs an der/den Seinen, Rache der Nationen an Israel, Rache Jhwhs an den Nationen), darauf verweist der Umstand, dass alle drei Konstellationen an einem einzigen Tag der erzählten Zeit Erwähnung finden[448], können offenbar nur im Verbund gedacht bzw. zur Sprache gebracht werden: Wie die textliche Rache Jhwhs an Jerusalem die textliche Rache Israels an den Nationen evoziert, so entspringt der Umstand, dass von ersterer erzählt werden kann, der verschriftlichten Hoffnung darauf, dass Jhwh auch das Unrechtsverhalten der Nationen vergelten wird. Allerdings wird jeweils ein eigener Begründungszusammenhang konstruiert: Jhwhs Rache an seiner Hauptstadt wird auf das durch diese/in dieser vergossene Blut zurückgeführt, welches nicht bedeckt wurde und ‚zum Himmel schreit' (Ez 24,7f, vgl. Gen 4,10f; Lev 17,13; Ijob 16,18). Jhwhs Rache an Edom bzw. Philistäa wiederum wird an deren Rachegelüsten Israel gegenüber festgemacht (Ez 25,12.15), die jedoch kaum genauer spezifiziert werden und für die historische Referenzpunkte nur schwer zu finden sind[449]. Vielleicht soll hier zum Ausdruck kommen, dass Edom und Philistäa auf Israel projizieren, was

---

[447] Hans Ferdinand Fuhs, „Ez 24. Überlegungen zu Tradition und Redaktion des Ezechielbuches", in: Johan Lust (Hg.), *Ezekiel and His Book: Textual and Literary Criticism and their Interrelation* (BEThL 74), Leuven 1986, 266–282, 266. Vgl. auch Peels, Vengeance, 127.

[448] Vgl. die Datierung in Ez 24,1f, die sowohl das in Ez 24 als auch das in Ez 25 Gesagte zeitlich markiert.

[449] Zu Edom vgl. oben Kap. Vier, Anm. 138, sowie Bowen, Ezekiel, 157: „The form of Edom's revenge cannot be definitively determined. One possibility is that Edom welcomed or even helped the Babylonians, instead of aiding Judah [...]. What moved Edom to seek revenge against Judah is unknown." Zu den philistäischen Stadtstaaten heißt es a.a.O., 158: „By Ezekiel's day, Philistia had already suffered the destruction Jerusalem will soon experience." Vgl. hierzu auch Greenberg, Ezechiel 21–37, 166f. Denkbar ist jedoch auch, dass hier frühere Konflikte zwischen Juda und Edom bzw. den philistäischen Stadtstaaten hineinspielen.

sie selbst durch die Babylonier erlitten haben, wobei – sowohl auf Seiten Israels als auch auf Seiten Edoms und Philistäas – zum Tragen kommt, was Martin Bergmann im Hinblick auf Rachewünsche infolge von Traumatisierungen festhält:

> Ob es uns gefällt oder nicht, die natürliche Reaktion auf ein Trauma ist der Wunsch, anderen dasselbe zuzufügen – nach Möglichkeit natürlich den Tätern, aber wenn dies nicht möglich ist, dann eben anderen[450].

Auch wenn das Haus Israel sich nicht an Jhwh zu rächen vermag – es kann, gleichsam ersatzweise, Jhwh als Rächer an (potentiell) feindlich gesonnenen Mächten imaginieren. Dabei gibt das Haus Israel nicht nur seinen traumatischen Rachewünschen Raum; indem „Israel's foes are sentenced to essentially the same fate pronounced upon Israel in the first section of the book"[451], wiederholt es zugleich, mit anderen Betroffenen, die Lektion, die es selbst lernen soll: Dass Jhwh die Macht hat, „schuldhaftem" (vgl. 25,12: אשׁם√) Verhalten Einhalt zu gebieten und die Dinge – gegebenenfalls auch durch Vernichtung und Zerstörung – wieder ins Gleichgewicht zu bringen. Dieser Diskurs setzt voraus, was in ersttestamentlichen Rache-Texten weithin üblich ist (vgl. oben): dass die Rache nicht in die eigenen Hände genommen, sondern der Gottheit Israels anheimgestellt wird, indem diese als die Vergeltung Vollziehende imaginiert wird. In Ez 25,15–17 ist dies auch durchaus der Fall, in Ez 25,12–14 allerdings geschieht etwas für die Hebräische Bibel Einzigartiges: Jhwh setzt sein Volk Israel als vollstreckende Größe ein[452]. Ez 25,14 nämlich lautet:

---

[450] Bergmann, Stadien, 20.

[451] Katheryn Pfisterer Darr, „The Wall Around Paradise: Ezekielian Ideas About the Future", *VT* 37 (1987), 271–279, 274. Die von Darr benannte Vergeltungsstruktur lässt sich anhand der Wortwahl in Ez 25,12–14.15–17 besonders eindrücklich aufzeigen: Das „Herausgeschnittenwerden" (כרת√) von Mensch und Tier" etwa, das Jhwh Edom ankündigt (25,13; vgl. 25,16), hat Jhwh im Vorfeld schon Israel vorhergesagt (14,13.17.19.21; vgl. 21,8.9); Gleiches gilt für die Ansage vom Ausstrecken seiner Hand (נטה *Qal* + ידי, 25,13.16; vgl. 6,14; 14,13; 16,27 sowie 20,33.34). „Ich werde dich zur Trümmerstätte machen" (נתן *Qal* + ל + חרבה) heißt es nicht nur in 25,13 von Edom – auch dies hatte die Gottheit Israels in 5,14 bereits von Jerusalem gesagt (vgl. auch 36,4.10.33; 38,8.12). Das „Fallen durchs Schwert" (ב + חרב + נפל *Qal*) soll gleichfalls nicht nur Edom treffen (25,13), sondern gilt zuvor wiederholt dem Haus Israel bzw. Angehörigen desselben (vgl. 5,12; 6,11.12; 11,10; 17,21; 23,25; 24,21; 39,23). Einzig die mit אבד√ bezeichnete Vernichtung, die laut 25,16 den Rest der PhilisterInnen an der Meeresküste treffen soll, wird im übrigen Buchverlauf nicht von (den) IsraelitInnen, sondern lediglich von den Höhenheiligtümern auf den Bergen Israels ausgesagt; die „Erweise glühenden Zorns" (כחות חמה[ו]ת, 25,17) hingegen finden sich wortwörtlich auch in 5,15, wo sie auf die judäische Hauptstadt zielen.

[452] Vgl. Bowen, Ezekiel, 157. Vgl. hierzu auch Peels, Vengeance, 190.

(Ez 25) [14]Ich vollziehe meine Rache an Edom durch die Hand meines Volkes Israel, so dass sie an Edom handeln meinem Wutschnauben und meinem glühenden Zorn entsprechend. Und sie werden meine Rache erkennen, Ausspruch JHWHs, mächtig über allen.

Sofern die von Israel auszuführende Rache *JHWHs* Rache bleibt (zweimal נקמתי, „meine Rache"), handeln beide zwar in vollkommener Übereinstimmung; anders als in dem folgenden Wort gegen die PhilisterInnen (vgl. V17) wird Israel hier jedoch als *aktiv rächend* vorgestellt. Hier scheint sich die (Schwere der) traumatische(n) Katastrophe Bahn zu brechen; der Idealisierung des Zustands traumatischer Ohnmacht wird – und zwar von JHWH selbst – hier nun eine Absage erteilt.

Eine weitere Besonderheit der im Ezechielbuch zur Sprache gebrachten Rache ist Peels zufolge deren emotionaler Charakter[453]. Es handele sich dabei, ablesbar an den verschiedenen Zorn-Begriffen im Kontext der entsprechenden נקם-Belege (vgl. Ez 24,8: חמה; 25,14: אף, חמה; 25,17: בתוכחות חמה) um Rache „as retribution that brings satisfaction [...]. The emphasis falls upon the emotional component with which the retribution is enacted."[454] Aus psychotraumatologischer Perspektive lässt dies an die Affektstürme denken, von denen das Trauma-Opfer in der traumatischen Situation überrollt wird und die in der Folge zu nicht zu fassenden Gefühlsüberflutungen führen können. Auf semantischer Ebene haben wir es im Ezechielbuch dabei mit der Gefühlsgeladenheit *Gottes* zu tun – ein Umstand, der JHWH einmal mehr Züge von Traumatisierung verleiht.

Wie oben dargelegt, spielt das Phänomen der Rache im Ezechielbuch nicht nur im unmittelbaren Zusammenhang der Belege von √נקם eine

---

[453] Vgl. Peels, Vengeance, 267: „[T]here are various nuances or emphases in its use [the use of ‚vengeance', R.P.], e.g. with Isaiah the emphasis is usually on the ‚liberating vengeance', in the Psalms it is on the ‚juridical vengeance' and with Ezekiel it is the ‚emotional vengeance'." Ausgerechnet mit Bezug auf das Ezechielbuch, genauer auf Ez 22,30f, betont allerdings Ulrich Berges, dass es sich beim (dem Phänomen göttlicher Vergeltung nahe stehenden) göttlichen Zorn um einen JHWH in seiner Königsrolle zuwachsenden „politischen Affekt" handle, der „alles andere als ein Überbleibsel unreflektierter Leidenschaftlichkeit sei, sondern letztlich auf der hochkulturellen Idee der Gerechtigkeit beruhe". Mit Jan Assmann könne man den Zorn Gottes geradezu als „den Vorläufer der legitimen politischen Gewalt, der ‚potestas', nicht der ‚violentia' " bezeichnen (Ulrich Berges, „Der Zorn Gottes in der Prophetie und Poesie Israels auf dem Hintergrund altorientalischer Vorstellungen", *Bib.* 85 [2004], 305–330, 314). Für das Ezechielbuch allgemein gilt diese These m.E. nicht. In ihm begegnen Zorn und Vergeltung JHWHs (zumindest: auch) in ausgesprochen affektgeladener Form – als eine Möglichkeit, die Idee von der Unabwendbarkeit der traumatischen Katastrophe zu untermauern.

[454] Peels, Vengeance, 266.

Rolle; vielmehr sind m.E. alle Textpassagen, in denen Anderen als zukünftiges Schicksal angekündigt wird, was Israel erleidet oder erlitten hat, als Rache-Phantasien anzusprechen. Betroffen sind dabei recht unterschiedliche Größen, auch wird der jeweilige Rache-Wunsch (wenn überhaupt) unterschiedlich begründet. So gibt es zwei Textpassagen, in denen ein unmittelbarer Angreifer der (imaginierten) Vergeltung ausgeliefert wird, Ez 21,33–37 und Ez 38–39 – beide Texte kommen verschlüsselt daher, beide zielen m.E. auf Babylon. Eine Reihe weiterer Texte liefert verschiedene Nachbarn Judas dem Unheil aus, weil sie Israel (und damit Jhwh) aufgrund seines Geschicks verhöhnt haben (vgl. 25,1–7.8–11 [Ammon und Moab]; 26,1–6 [Tyrus]; 35,1–15 [Seïr/Edom]), während Ägypten insbesondere dafür Vergeltung angekündigt wird (29–32), dass es Israel *nicht* beigestanden hat[455]. In den ausführlichen Tyrusworten in Ez 26,7–28,19 ist ein negativer Bezug auf Israel kaum zu erkennen, weshalb diese Vergeltungspassagen den RezipientInnen zugleich die Möglichkeit bieten, das eigene Schicksal im Schicksal der gigantischen Wirtschaftsmetropole zu betrauern.

Was in den genannten Texten ins Bild gesetzt wird, entspricht erstaunlicherweise in Vielem dem, was die oben beschriebene Trauma-Arbeit auf der *Inneren Bühne* bestimmt. Immer wieder erscheinen die Israel feindlich gesonnenen Mächte nicht als konkrete, real existierende Größen, sondern chiffriert und irrealisiert: in mythologischer, metaphorischer oder symbolischer Form (vgl. Ez 21,33–37: Babel/Nebukadnezar als Schwert; 27: Tyrus als gigantisches Schiff; 28,11–19: der Fürst von Tyrus als Siegel; 29,1–6: Pharao als Nildrache; 31,1–18: Assyrien/Ägypten als ‚Weltenbaum'; Ez 32,1–16: Pharao als Löwe bzw. Seeungeheuer; Ez 38–39: Babel/Nebukadnezar als Gog von Magog). Auch wenn konkrete Züge erhalten, die Nationen weitestgehend identifizierbar bleiben[456] – es kommt m.E. deutlich zum Ausdruck, dass wir es hier mit Manifestationen des ‚verschluckten Täters' zu tun haben. Auf der textlich aufgespannten Bühne wird sodann das

---

[455] Vgl. hierzu Bowen, Ezekiel, 151f. Die „bystander role" trifft Bowen zufolge auf alle in den Fremdvölkerworten adressierten Nationen zu, die Frage nach dem Wie und Warum dieser Rolle(n) halte die Kap. 25–32 des Ezechielbuchs zusammen. Sie schreibt (a.a.O., 152): „Victims struggle with the question, ‚Why didn't anyone help me?' This seems to be the question addressed by the OAN [Oracles against the Nations, R.P.]. Why did these nations not help Jerusalem?" M.E. treffen diese Überlegungen allerdings vorrangig auf die Darstellung Ägyptens zu.

[456] In Bezug auf Babylon als herrschender Imperialmacht geht es dabei vermutlich auch um eine Unkenntlichmachung/Verschlüsselung für Außenstehende.

Freiwerden von diesen Täterintrojekten vorgestellt – und dieses geschieht (mit Ausnahme von Ez 25,14 (s.o.) nicht durch Israels Aktivwerden, sondern durch das Aktivwerden Jhwhs, der damit als eine Art kollektiver „innerer Helfer" in Szene gesetzt wird. Dadurch wird Jhwh zugleich – auch wenn man dies aufgrund seines Vorgehens gegen das eigene Volk kaum mehr für möglich hält – eindeutig auf Seiten Israels verortet! Immer wieder wird, ähnlich wie in der zeitgenössischen traumatherapeutischen Arbeit, das völlige Verschwinden, die völlige Vernichtung des Täterintrojekts imaginiert (das Tyrus-Schiff versinkt im Meer [Ez 27,26–36]; das personifizierte Schwert und der Fürst von Tyrus werden von Feuer verzehrt [21,37; 28,18f]; Pharao fährt in die Unterwelt hinab [32,17–32]; Gog und seine Horden werden [u.a.] in ein Massengrab verbannt [39,11–16]). Die *integrierende* Funktion dieser ‚Täterintrojektarbeit' kann m.E. am Verlauf des Ezechielbuchs abgelesen werden: Nach und nach findet eine Loslösung von den überflutenden Gewaltbildern statt, nach und nach werden heilvollere Szenarien vorstellbar, nach und nach macht Jhwh eine vorsichtige Wandlung von einer zornig um sich schlagenden hin zu einer ihrem Volk segnend zugewandten Gottheit durch.

* * *

F. Ez 26,1–28,26

Dieser Teil der ‚Fremdvölkersprüche', datiert „im 11. Jahr, am 1. (Tag) des Monats" (Ez 26,1), stellt eine gleich mehrfache Wiederholung des Gottesschlags an Tyrus (26,1–26; 27,1–36; 28,1–19) und Sidon (28,20–26) dar (*fragmentation*). Dabei kommen zusätzlich sowohl *regressive* Momente der Rache als auch *integrierende* Momente der Trauer zum Tragen, wobei der Schwerpunkt – anders als bei den Worten über Ägypten (Ez 29–32) – auf der Ermöglichung von Trauer liegt.

In Ez 26,7–14 nämlich wird das zerstörerische Kriegshandeln Nebukadnezars recht genau beschrieben, während Ez 26,16–18 die Reaktionen der Oberhäupter der Küstenstaaten skizziert, die des Untergangs von Tyrus ansichtig werden: Sie steigen von ihren Thronen herab, ziehen ihre Gewänder aus, kleiden sich stattdessen „in Schrecken", setzen sich zitternd auf die Erde, werden schreckensstarr und stimmen ein Klagelied über Tyrus an. Vergleichbares geschieht auch Ez 27,28–36 zufolge angesichts des plötzlichen Sturzes der – nun im Bild eines herrschaftlichen Handelsschiffes gezeichneten – einzigartigen Wirtschaftsmetropole Tyrus, wobei Kap. 27 sogar insgesamt im Genre der Totenklage (קינה) daherkommt (vgl. V2).

Kap. 28 imaginiert gleich zweimal den durch „Verstöße gegen eine universale Moral"[457] bedingten Sturz des Fürsten von Tyrus, einmal in einer stärker konkreten, einmal in einer stärker bildlichen Version; letztere wird wiederum als Totenklage (קינה) bestimmt. Umstritten ist, ob Ez 28,11–19 mit seinen Anspielungen u.a. auf Gen 1–3 und Jes 14,12 sowie seiner Erwähnung etwa des „heiligen Gottesbergs" (הר קדש אלהים, Ez 28,14; vgl. V16) und des Kerubs (כרוב, V14.16) einem bestimmten mythologischen Hintergrund zugeordnet werden kann oder ob hier, wie Moshe Greenberg meint, „[m]it Hilfe von allerlei traditionellen Stoffen [...] eine Geschichte von Hochmut oder Sünde vor dem Fall" erzählt wird[458]. Bernard Gosse hingegen hat im in Frage stehenden Textabschnitt zahlreiche Parallelen zur Darstellung Jerusalems im Ezechielbuch entdeckt[459] und deshalb die These vertreten, dass die Passage in einer ‚ursprünglicheren' Form eine Gerichtsdrohung gegen die judäische Hauptstadt darstellte, welche später den Tyrusorakeln angeglichen wurde. Er schreibt:

> Dans le récit primitif, antérieur au texte actuel, la création même de Jérusalem était mise en cause en Ez 28,11–19. Le récit actuel, lui, est celui de la chute d'un ange et concerne Tyr. Dans son état définitif, Ez 28,11–19 est à rapprocher d'Is 14[460].

Unabhängig von der Frage nach einem ursprünglichen Text allerdings öffnet sich Ez 28,11–19 durch diese Parallelen, z.B. den Hinweis auf die „vollkommene Schönheit" (V12; vgl. Ez 16,14f), auf das Schicksal Jerusalems hin, das – durch das Genre der קינה – im Schicksal von Tyrus (mit-)beklagt werden kann. Für weite Teile der Tyrusworte gilt dementsprechend, was Susanne Gillmayr-Bucher im Hinblick auf Ez 27,1–36 festgehalten hat:

> Die Offenheit der Bildsprache erlaubt den HörerInnen über Tyrus hinaus an Jerusalem zu denken, Parallelen zu ziehen und diese Stadt in die Klage über die zerstörte Schönheit assoziativ miteinzubeziehen. Die Parallele zwischen Jerusalem und Tyrus legt sich im Text durch vielfältige Anspielungen nahe. [...] In der Klage über Tyrus bekommt so assoziativ auch der Schrecken über den Untergang Jerusalems eine Stimme[461].

---

[457] Greenberg, Ezechiel 21–37, 254.

[458] Greenberg, Ezechiel 21–37, 253.

[459] Vgl. Bernard Gosse, „Ezéchiel 28,11–19 et les détournements de malédictions", *BN* 44 (1988), 30–38, 34–36.

[460] Gosse, Ezéchiel 28,11–19, 38. Vgl. auch Joyce, Ezekiel, 179.

[461] Susanne Gillmayr-Bucher, „Ein Klagelied über verlorene Schönheit", in: Alexandra Grund (Hg.), *„Wie schön sind deine Zelte, Jakob!" Beiträge zur Ästhetik des Alten Testaments* (BThSt 60), Neukirchen-Vluyn 2003, 72–99, 98f. Vgl. auch Ganzel, Descriptions, 209f.

Gleichzeitig kommt zum Ausdruck – und dies ist stärker ein Rache-Moment, das aber auch mit der bereits zu Ez 7 aufgeworfenen Frage zusammenhängt, ob Jhwh nicht auch mit anderen üblen (oder: gegenüber Israel noch übleren) Nationen in Auseinandersetzung treten müsse –, dass „Gott [...] das Gericht nicht auf Jerusalem beschränken [wird], wenn alle Völker vor ihm schuldig geworden sind"[462].

Als *regressiver* Rachetext ist auch die kurze Gerichtsankündigung gegen Sidon in Ez 28,20–23 anzusprechen, die über die sog. Plagentrias wiederum das 587/86 v.u.Z. über Jerusalem gekommene Unheil aufruft – hier werden nicht einmal mehr Gründe für das über die phönizische Stadt kommende Gericht aufgeführt. Allenfalls der aus diesem Gerichtstext in Ez 28,24–26 erwachsenden Verheißung für das Haus Israel ist ein impliziter Hinweis auf das Sidon vorgeworfene Vergehen zu entnehmen, heißt es doch in V24a: „Für das Haus Israel wird es keinen verwundenden Dorn und schmerzenden Stachel mehr geben von denen, die rings um sie herum sind, die sie verachten (√שאט)". Wie dies geschehen soll, wird in den folgenden Versen der Zusage ausgeführt:

> (Ez 28) [25]So spricht Jhwh, mächtig über allen: Wenn ich das Haus Israel aus den Völkern sammle, unter die sie zerstreut worden sind, dann erweise ich mich an ihnen als heilig vor den Augen der Nationen. Dann leben sie auf ihrer Ackererde, die ich meinem Knecht Jakob gegeben habe. [26]Und sie leben auf ihr in Sicherheit und bauen Häuser und pflanzen Weinberge. Sie leben in Sicherheit, wenn ich Rechtssprüche verwirkliche an allen, die sie von ringsum verachten (√שאט). Dann werden sie erkennen, dass ich Jhwh bin, ihre Gottheit.

Die zukünftige Sicherheit des aus den Völkern gesammelten Israel im Verheißenen Land – man könnte auch sagen: die Überwindung der traumatischen Katastrophe – wird hier an Jhwhs richtendes Handeln an den umgebenden Nationen gebunden; das Haus Israel wird dann in Sicherheit (oder: „vertrauend" [לבטח]) leben können, wenn seine Gottheit die Nachbarstaaten im Zaum hält und ihm umfassenden Schutz gewährt. Dies ist einerseits eine naiv bzw. *regressiv* anmutende Vorstellung, bei der die Verantwortung für das zukünftige Ausbleiben kriegerischer Anti-Israel-Handlungen noch dazu allein Gott anheimgestellt wird; andererseits kommen hier auch *integrierende* Züge zum Tragen, wird doch überhaupt erst einmal eingeräumt, dass die Unsicherheit Israels (auch) mit dem Verhalten der umgebenden Völker (und mit der geographischen Lage

---

[462] Greenberg, Ezechiel 21–37, 254.

Israels/Judas inmitten dieser Völker) zu tun hat – nicht (nur) mit eigener Schuld! In diesem Sinne gibt die Verheißung in Ez 28,24–26, die kaum zufällig im Zentrum der sog. Fremdvölkersprüche steht[463], wesentlichen Aufschluss über deren Funktion im Rahmen der Ezechielerzählung, welche insbesondere in der Relativierung der einseitigen Schuldzuweisungen gegen das Haus Israel besteht. Wenn das Unheil überwunden und vergleichbares Unheil in Zukunft ausbleiben soll, so die durchaus realistische Einschätzung, muss sich auch das Verhalten der Nachbarnationen verändern. Sofern sich dieses allerdings durch Israel selbst kaum beeinflussen lässt – auf der Ebene der erzählten Zeit ist Babel gerade dabei, Jerusalem zu zerschlagen! –, kann es vorläufig hilfreich sein, sich ausführlich vorzustellen, wie Jhwh diejenigen politischen Größen, die Israel „verachten", in die Schranken weist. So betrachtet, wird man die auf Israel bezogenen Heilsverkündigungen im Rahmen der ‚Fremdvölkerworte' (vgl. noch Ez 29,21) kaum als „additional in their contexts and unintegrated in the surrounding material"[464] bezeichnen können.

Vom Wortlaut her nimmt die Verheißung in V26 den auf den Belagerungskrieg gemünzten Fluch aus Dtn 28,30 auf: „[...] Du wirst dir ein Haus bauen und nicht darin wohnen. Du wirst einen Weinberg pflanzen und seine Früchte nicht genießen" (*fragmentation*), hebt ihn jedoch zugleich auf, indem sie dem Schreckensbild ein Gegenbild findet (*regression* bzw. *Stabilisierung*). Bei Jeremy D. Smoak heißt es zu Bild und Gegenbild:

> In the context of siege warfare, the imagery of the curse came to symbolize the horrors associated with a successful siege, namely, the exile of the inhabitants and the destruction of their subsistence systems. [...] [T]he relatively imprecise and vague nature of the curse's imagery allowed it to be customized and reformulated for various historical and social circumstances. This characteristic of the curse's language also allowed it to signify both concrete realities, such as exile, and more theologically abstract ideas, such as God's planting of Israel. [...] A number of exilic and postexilic texts transform the curse into a promise of return, which will be characterized by security and stability (Jer 29:5, 28; Ezek 28:26; 36:36; Isa 62:6–9; 65:21). These texts further highlight the significance of the curse and its imagery in biblical literature and point to the persistence of such imagery in the cultural discourse of ancient Israel[465].

---

[463] Vgl. hierzu Block, Ezekiel 25–48, 3–5.
[464] Joyce, Ezekiel, 180.
[465] Smoak, Houses, 34f.

G. Ez 29,1–16

Das erste Wort der insgesamt sechs bzw. sieben[466] je eigens datierten Worte gegen Ägypten stellt eine von Ezechiel weiterzugebende prophetische Gerichtsrede dar, in der zunächst Pharao, als Nildrache ins Bild gesetzt (V3–6a), und schließlich dem Land Ägypten selbst (V6b–11) Verwüstung und Zerstörung angekündigt werden, weil es für Israel „eine Stütze aus Schilfrohr" (מִשְׁעֶנֶת קָנֶה, V6b) war. Den BewohnerInnen wird eine Zerstreuung unter die Nationen angesagt, die wie die Verheerung des Landes 40 Jahre dauern soll (V12). Danach spricht Jhwh – überraschenderweise – von einer Schicksalwende für den südwestlichen Nachbarn Judas (V13), dessen Angehörige er sammeln und nach Patros bringen will. Dort werden sie ein „unbedeutendes Königreich" (מַמְלָכָה שְׁפָלָה, V14f; vgl. Ez 17,14 [von Juda]) bilden, das für Israel als potentieller Bündnispartner nicht mehr in Frage kommt (V16).

Eine weitere Begründung findet Jhwhs Vorgehen gegen Ägypten, welches in Vielem demjenigen gegen Jerusalem/Juda gleicht, in V6b-7, wo die Unzuverlässigkeit Ägyptens dem Haus Israel gegenüber heftigst angeprangert wird. Dies mutet insofern paradox an, als noch in Ez 16, 17 und 23 Jerusalem (bzw. der dort regierende König [Kap. 17]) für seine Annäherungsversuche an Ägypten massivst beschuldigt worden ist. Hier wird also – ein *integrierendes* Moment – eine im Vorfeld zu einseitige Schuldzuschreibung an Juda/Jerusalem geradegerückt: Nicht nur hat Juda sich Ägypten angedient, auch hat Ägypten Juda/Jerusalem auf seine Seite zu ziehen versucht, in der Situation der Belagerung der judäischen Hauptstadt aber keine ausreichende Unterstützung geboten oder bieten können.

Grundsätzlich aber kommen in dieser Textpassage vor allem die Elemente *fragmentation* und *regression* zum Tragen, wird doch hier sehr deutlich das eigene Ergehen, das Schicksal der Zerstreuung unter die Nationen eingeschlossen, als zukünftiges Ergehen einer feindlichen Großmacht imaginiert. Der Racheaspekt wird durch die Datierung des Ägyptenworts (Ez 29,1) noch verstärkt – dieses nämlich ereignet sich nur zwei Tage nach Nebukadnezars Angriff auf Jerusalem und hält Ägyptens diesbezügliches Versagen als Faktum fest (V6b-7), obwohl dieses auf der Ebene der erzählten Zeit noch gar nicht stattgefunden hat.

---

[466] Richtet man sich nach den Datierungen in 29,1.17; 30,20; 31,1; 32,1.17, kommt man auf sechs Worte, geht man nach den Wortgeschehensaussagen, ergeben sich aufgrund der zusätzlichen undatierten Aussage in Ez 30,1 sieben Worte.

Doch wie in den Zerstörungsszenarien das Erleben Israels gleichsam auf der Rückseite ansprechbar wird, so gilt dies auch für die von Jhwh angekündigte Schicksalswende, das Gesammeltwerden aus den Nationen, welche für die *Gola* ein (*stabilisierendes*) Hoffnungsbild bereitstellt, das allerdings mit der Erwähnung der 40 Jahre hier auf eine ferne Zukunft bezogen bleibt.

H. Ez 29,17–30,19

Im Datierungssystem des Ezechielbuchs ist diese Textpassage im 27. Jahr, im 1. Monat, am 1. Tag des Monats und damit fast 17 Jahre später angesiedelt als die vorhergehende, die in 29,1 im 10. Jahr verortet wird. Inhaltlich wird in 29,17–21 noch einmal auf die Worte gegen Tyrus in Kap. 26–28 Bezug genommen, gleichzeitig wird die Tyrusprophetie mit der Ägyptenprophetie verknüpft. Ez 30,1–19 hebt sich aufgrund der eigenen narrativen Verortung durch die Wortgeschehensaussage in V1 einerseits vom Vorhergehenden ab, lässt sich aber zugleich als Konsequenz aus dem in Ez 29,17–21 Festgehaltenen lesen. In diesem zuletzt genannten Abschnitt nämlich teilt Jhwh dem Propheten mit, dass Nebukadnezar mit seinem Heer an Tyrus schwere Arbeit (עבדה גדלה, V18) verrichtet hat, aber nicht entsprechend entlohnt worden ist, weshalb Jhwh dem babylonischen Herrscher als Entschädigung das Land Ägypten geben will, so dass dieser dort „Beute erbeuten" und „Raub rauben" kann. Ez 30,1–19 setzt diese Übergabe Ägyptens an Nebukadnezar – weiterhin als Ankündigung Jhwhs – um (vgl. insbesondere V10f). Der Schwerpunkt liegt dabei allerdings eindeutig nicht auf der Bereicherung der Babylonier durch Beute und Raub, sondern auf der völligen Verwüstung aller ägyptischen Regionen, Patros eingeschlossen (vgl. Ez 29,14), „am Tag Jhwhs" über Ägypten (vgl. Ez 30,3f). U.a. aufgrund der Rede vom göttlichen Gerichtstag steht diese Textpassage Kap. 7 und in der Erwähnung von Feuer und Schwert als Gerichtswerkzeugen darüber hinaus Kap. 21 nahe[467], so dass wir es hier einmal mehr mit einem von *fragmentation* und *regression* dominierten Rache-Text zu tun haben, der wesentliche Aspekte des Schicksals Israels, etwa auch den der Kriegsgefangenschaft (שבי, Ez 30,17f) an einer feindlichen Macht wiederholt. Eine gewisse Distanz zu Israel wird allerdings durch die in Szene gesetzte

---

[467] Vgl. Joyce, Ezekiel, 183.

Topographie der Zerstörung – insgesamt werden acht ägyptische Toponyme erwähnt, manche von ihnen mehrfach[468] – geschaffen.

Fragt man nach den historischen Umständen, so ist zunächst festzuhalten, dass es für eine Invasion Nebukadnezars in Ägypten oder gar
dessen Eroberung und Zerstörung durch die Babylonier keine zuverlässigen Quellen gibt[469]. Zuverlässig erscheint jedoch die Notiz des Josephus,
der babylonische Herrscher habe die auf einer der phönizischen Küste
vorgelagerten Insel gelegene und deshalb militärisch nur schwer nieder-
zuzwingende Hafenstadt Tyrus 13 Jahre lang belagert[470]. Vermutlich fand
diese Belagerung zwischen 585 und 573/72 v.u.Z. statt[471], war also kurz vor
dem 27. Jahr der Verschleppung Jojachins (=572/71 v.u.Z.) abgeschlossen;
anders als es die Tyrusworte des Ezechielbuchs ausmalen, endete die
Belagerung allerdings nicht mit der Eroberung und Verheerung der Han-
delsmetropole, sondern mit einer politischen Übereinkunft, welche Nebukadnezar über die kommissarische Verwaltung von Tyrus maßgeblichen
Einfluss auf die Wirtschaftspolitik in der Region sicherte[472]. Im Hinblick
auf Ez 29,17–21 beschreibt Moshe Greenberg die (geschichtliche) Situation
folgendermaßen:

> Tyrus musste sich zwar den Babyloniern ergeben, aber anscheinend erhielt
> die Stadt für ihre Kapitulation Befreiung von der sonst üblichen Plünderung
> und Zerstörung. So wurde Ezechiels entgegengesetzte Ankündigung (z.B.
> 26,3–14) nicht erfüllt[473].

Die Nicht- (oder doch sehr unvollständige) Erfüllung der Tyrussprüche aus
Kap. 26–28 wird in Ez 29,17–21 festgehalten[474], wobei der Kenntnisstand
zum Zeitpunkt des Erzählens (nach Abschluss aller erzählten Ereignisse,
d.h. *nach* 572/71 v.u.Z.) einfließt. Korrigiert wird die Tyrusverkündigung
allerdings durch eine Ankündigung, welche sich durch den Kenntnisstand
zum Zeitpunkt des Erzählens unbeeinflusst zeigt – denn die Vorhersage,

---

[468] Vgl. Block, Ezekiel 25–48, 166–170.

[469] Die Behauptung des Josephus, Nebukadnezar sei in Ägypten einmarschiert und habe
den regierenden König getötet und durch einen anderen ersetzt (Flav.Jos.Ant. X, 182),
ist vermutlich aus prophetischen Texten u.a. des Ezechielbuchs extrapoliert. Vgl. hierzu
Albertz, Exilszeit, 54f; Greenberg, Ezechiel 21–37, 288.

[470] Vgl. Flav.Jos.Ant. X, 228; Flav.Jos.Ap. I, 156.

[471] Vgl. auch Manfred Görg, „Art. Tyrus", NBL III (2001), 937–940, 938.

[472] Vgl. Albertz, Exilszeit, 55f.

[473] Greenberg, Ezechiel 21–37, 291.

[474] Vgl. hierzu Robert P. Carroll, *When Prophecy Failed: Reactions and Responses to
Failure in the Old Testament Prophetic Traditions*, London 1979, 175, wo es zu Ez 29,17–21
heißt: „[T]his oracle [...] provides clear evidence of awareness of a prediction lacking
fulfilment."

dass Nebukadnezar Ägypten als Ersatz für Tyrus erhalten würde, hat
ebenso wenig Verwirklichung erfahren wie diejenige der Eroberung und
Zerstörung von Tyrus und die anderen Ägyptenorakel!

Betrachtet man die Fremdvölkerworte des Ezechielbuchs unter dem
Aspekt des In-Erfüllung-Gehens bzw. des Nicht-in-Erfüllung-Gehens,
nimmt es sehr Wunder, dass überhaupt auf diese Art und Weise erzählt
wird – warum wurde nicht von Anfang an anders erzählt, warum wurden
die Texte nicht im Laufe der Zeit verändert, „um die irritierende Tatsache ihrer Nicht-Erfüllung zu beseitigen"[475]? Was bedeutet der Umstand,
dass so und nicht anders erzählt wurde, für das Ezechielbuch als *trauma
response* und bezogen auf die Auseinandersetzung mit der traumatischen
Katastrophe von 587/86 v.u.Z.?

Zunächst kann m.E. geschlossen werden, dass die Funktion der ezechielischen ‚Fremdvölkerverkündigung' sich nicht in der Frage nach
deren historischer Bewahrheitung bzw. Nicht-Bewahrheitung erschöpft,
ja, nicht einmal primär mit dieser Frage zu tun hat. Sofern ein großer
Teil der Worte gegen Tyrus und Ägypten sehr konkret an Nebukadnezar
hängt (vgl. Ez 26,3–14; 29,17–20; 30,10f.24f; 32,11f), wird man auch kaum
auf eine fernere Zukunft als Zeitpunkt für die Realisierung des in Ez 25–32
Angekündigten gehofft haben (können). Traumatologisch gelesen, dienen
diese Kapitel – und zwar als Literatur – im Wesentlichen dem *empowerment* Israels, wie Ez 29,21 zeigt, ein Vers, der die Konsequenzen aus der
in V17–20 formulierten Ankündigung von der Nebukadnezar zugedachten
Ersatzleistung formuliert:

> (Ez 29) ²¹An jenem Tag lasse ich dem Haus Israel ein Horn sprießen, und
> dir gebe ich ‚Mundöffnen' in ihrer Mitte. Und sie werden erkennen, dass
> ich JHWH bin.

Ziel des Geschriebenen, das im Moment des Sich-Einlassens auf die Erzählung in den Imaginationen der Hörenden bzw. Lesenden Gestalt gewinnt,
ist es dementsprechend, dass Israel Kraft – das Horn (eines Tieres) ist
ein recht unmittelbares Bild dafür[476] – und seinem Propheten Sprache
erwachse. Letzteres ist bereits Wirklichkeit geworden, hätte man doch

---

[475] Greenberg, Ezechiel 21–37, 290.
[476] Vgl. Greenberg, Ezechiel 21–37, 294, sowie die Abbildungen a.a.O., 292f. Vgl. auch
Benjamin Kedar-Kopfstein, „Art. קֶרֶן", ThWAT VII (1993), 181–189, 187f: „Der Prophet Ezechiel [...] spricht die tröstliche Verheißung aus, daß JHWH in der Nachfolge kriegerischer
Auseinandersetzungen unter den Großmächten dem Hause Israel ein Horn wachsen lassen (Ez 29,21) und ihm neue Kraft verleihen werde."

ansonsten gar keinen Zugang zu dem von ihm erzählten und nach ihm benannten Buch!

Neben dieser *regressiv*-bestärkenden Funktion erfüllen die Fremdvölkerworte *gerade als unerfüllte* die Funktion eines Korrektivs, das die *Integration* des erlittenen Unheils fördert, und zwar in doppelter Hinsicht: Zum einen stellen sie eine Entmachtung Nebukadnezars dar – auch dieser vermag, trotz ungeheurer Anstrengung, nicht einfach die ganze bekannte Welt unter seine Herrschaft zu bringen, und seine Zerstörungsmacht ist begrenzt. Zum anderen wird – durch den geschichtlichen Realismus von Ez 29,17–20 – JHWH in Distanz zum Handeln Nebukadnezars gebracht. Die über weite Strecken des Ezechielbuchs geschürte Deutung, dass die Gottheit Israels Urheberin der durch die Babylonier gewirkten kriegerischen Gewalt ist, wird dadurch punktuell in Frage gestellt, auch wenn sie – um der Wirkmächtigkeit JHWHs willen – dominant bleibt. Wichtig ist, dass die Gewaltverstrickung JHWHs nicht total wird – die Vorstellung einer sadistischen Gottheit vermag schließlich kaum zum Heilwerden von einem Trauma beizutragen. Gegen diese totale Gewaltverstrickung hilft es – paradoxerweise – auch, wenn JHWH Gewaltsszenarien in den Mund gelegt werden, die sich nicht erfüllen, und JHWH so als Größe erscheint, die (lediglich) traumatische Rache*phantasien* hat. Nur als in der Realität *nicht* erfüllte nämlich vermögen Äußerungen von Vergeltung und Rache zu einer Bearbeitung von Traumata beizutragen, die nicht auf erwiderte Gewalt hinausläuft.

I. Ez 30,20–26

Diese chronologisch (wieder) im Zeitraum der Belagerung Jerusalems verortete (vgl. V20) Gottesrede enthält einmal mehr Worte gegen Ägypten. JHWH gibt an, den Arm Pharaos gebrochen und diesen entmachtet zu haben (V21) – hier könnte noch einmal auf den gescheiterten Feldzug Pharao Hofras zugunsten des belagerten Jerusalem angespielt sein (vgl. Ez 29,6b–7)[477]. Gleichzeitig kündigt JHWH die weitere Depotenzierung Pharaos durch den König von Babylon an, dessen Arme er stärken und in dessen Hand er sein Schwert geben wird (V22–26).

Im Bild des kraftlosen, handlungsunfähigen Pharao, dem das Schwert aus den Händen gleitet und der nurmehr wie ein Durchbohrter (√חלל)

---

[477] Vgl. Greenberg, Ezechiel 21–37, 311–313; Joyce, Ezekiel, 184.

stöhnen (√נאק, V24; vgl. Ez 9,4; 24,17; 26,15 [אנק])) kann, einem Bild also, das eine *no-fight-/no-flight*-Situation widerspiegelt, wird das kollektive traumatische Erleben Israels dabei ebenso ansprechbar wie in der den ÄgypterInnen angesagten Zerstreuung unter die Nationen (V23.26) – „language normally reserved for Israel's exile"[478]. Die beschriebene Macht- und Kraftlosigkeit wird schließlich auch Israels letzten Feind, Gog von Magog, treffen (vgl. Ez 39,3), dessen Ende hier bereits vorweggenommen wird. Insgesamt sind also auch in diesem Textabschnitt *fragmentation* und *regression* wieder sehr präsent.

J. Ez 31,1–18

Ez 31, ebenfalls im Zeitraum der Belagerung Jerusalems angesiedelt (V1), stellt sich zwar als von Ezechiel an Pharao und „all seinen Prunk" zu übermittelnde Gottesrede dar (V2), besteht aber im Folgenden nur aus der Erzählung (vgl. die wiederkehrenden *Waw*-Imperfektformen) von Aufstieg (V3–9) und Fall (V10–17) der Weltmacht Assyrien, die im Bild einer ebenso prächtigen wie arroganten Libanonzeder gezeichnet ist. Erst im letzten Vers der Textpassage wird wieder auf Pharao Bezug genommen, dem die Erzählung von Aššur als warnendes Beispiel dienen soll: „Pharao und all seinem Prunk" nämlich wird es genauso ergehen, er wird – dies wird dann in Ez 32,17–32 erzählerisch umgesetzt – in die Unterwelt hinabfahren (Ez 31,18)[479]. Hauptthema der Zedern-Erzählung ist der plötzliche Fall des hochmütig gewordenen (Welt-)Herrschers (vgl. Ez 19,12: vom judäischen Weinstock; 28,17: vom König von Tyrus), ein Thema, das innerhalb der Ezechielerzählung als *trauma response* vielfältig anschlussfähig ist:

1) Auf der Ebene der erzählten Zeit liefert Ez 31 eine Erklärung dafür, warum die ägyptische Großmacht, in die Israel immer wieder Hoffnungen gesetzt hat (vgl. Ez 16; 17; 23) nicht (effektiver) gegen das Jerusalem bedrängende Babylonien eingreift bzw. eingreifen kann: Ihr (baldiger) Sturz in die Unterwelt ist längst besiegelt, und wenn sogar Assyrien gestürzt ist, das zeitweise die Vorherrschaft auch über Ägypten innegehabt hat, so ist Ägyptens (baldiger) Sturz mehr als gewiss. Auf der Ebene der Erzählzeit geht es um die *nachträgliche* Erklärung derselben

---

[478] Joyce, Ezekiel, 184.
[479] Zum Hintergrund von Ez 31 vgl. ausführlich Greenberg, Ezechiel 21–37, 317–323.

Sache – hier führt die im Hintergrund des Weltenbaumgleichnisses
stehende rationalisierende Argumentation allerdings kaum weiter,
wusste man doch darum, dass sich der tiefe Fall Ägyptens (noch) nicht
ereignet hatte.

2) Die Offenheit des Zedernbildes lässt aber noch andere Identifikatio-
   nen zu. Diejenige zwischen der prächtigen Libanonzeder mit dem
   babylonischen Herrscher Nebukadnezar dürfte besonders nahe gele-
   gen haben, rühmt der sich doch in der Wadi-Brisa-Inschrift, „auf einem
   Feldzug den Libanon, das ‚Z[eder]ngebirge‘, wieder in seine Hand
   gebracht und viel Holz gefällt und abtransportiert zu haben"[480]. Auch
   Babylonien, auch Nebukadnezar kann – dies lässt sich nach Lektüre
   von Ez 31 zumindest *denken* – plötzlich stürzen, auch diese Herrschaft ist begrenzt! Dass diese Lesart möglich ist, hängt auch damit
   zusammen, dass die Aššur fällende Macht (die Babylonier unter Nabopolassar) nicht ausdrücklich genannt, sondern von einem „Widder
   von Nationen" (אֵיל גּוֹיִם), in dessen Hand Jhwh die Zeder gab (V11),
   gesprochen wird.

3) Ez 17, wo sowohl das untergegangene als auch das zukünftige Israel
   im Bild einer Zeder gezeichnet sind, macht den Fall der Zeder in Ez 31
   einmal mehr transparent auch auf Israels eigenes Ergehen.

Kaum zufällig erinnern Aufstieg und Fall des Baumes in Kap. 31 an den
Lebensweg der Stadtfrau Jerusalem in Ez 16, die zur königlichen Braut
Jhwhs avancierte, sich überhob und zerstört wurde. Dass die ausgeführte
Metapher von Kap. 31 bei der Zerstörung des Zedernbaums nicht stehen
bleibt, sondern darüber hinaus dessen Sturz in die Unterwelt ausmalt
(V14–17), lässt sich vor diesem Hintergrund im Sinne traumatischer Todesnähe und -sehnsucht deuten. In dem imaginierten kosmischen Stillstand,
welcher mit diesem potenzierten Untergang einhergeht (vgl. vor allem
V15), ist zugleich etwas von der durch die Katastrophe von 587/86 v.u.Z.
ausgelösten traumatischen Erschütterung zu erahnen. Sofern es Jhwh ist,
der angesichts der Ereignisse diese Erschütterung zu inszenieren gedenkt,
betrifft sie ihn – nach Meinung des Textes – auch selbst!

Die oben im Sinne einer *stabilisierenden* Imagination kommentierte
Textpassage in Ez 17,22–24, in der Israel bzw. dessen Königtum als eine

---

[480] Bernhard Lang, „Art. Zeder", NBL III (2001), 1176, 1176. Die Wadi-Brisa-Inschrift selbst
ist abgedruckt in TUAT I, 405.

von Gott eingepflanzte, allen Vögeln des Himmels Nahrung, Wohnraum und Schutz gewährende Zeder gezeichnet ist, erhält mit Kap. 31, das vom Tod einer solchen Zeder erzählt (vgl. insbesondere Ez 31,6), ein negatives Gegenbild. Noch scheinen positive, dem Leben zugewandte Vorstellungen nicht (dauerhaft) tragfähig zu sein, brechen (die) Schreckensbilder immer wieder ein – auch wenn sie hier nur indirekt auf Israel gemünzt sind.

K. Ez 32,1–16

Das zuletzt Gesagte gilt auch für diesen Textabschnitt, der zwar als „Totenklage (קינה) über Pharao, den König von Ägypten" über- und unterschrieben ist (V2; vgl.V16), in dem sich Elemente des Klagelieds aber allenfalls in V2 entdecken lassen, während der Rest als Gerichtsankündigung gestaltet ist[481]. Dabei werden u.a. Motive aus Kap. 29 aufgenommen und zu grausigen Gewaltszenarien ausgebaut (Ez 32,4–6 [vgl. 29,5]; 32,13–15 [vgl. 29,11]), deren erstes in ein kosmisches Chaos mündet (vgl. Ez 32,7f). Insgesamt dominieren die Elemente der *fragmentation* und der *regression*, wobei die Textpassage eher aufgrund der Massivität der Gewalt als aufgrund einzelner Gewalttaten (diese haben eher einen ägyptenspezifischen Charakter) als Rachetext erscheint. Vereinzelt aber leuchtet in dem Ägypten angekündigten Schicksal auch hier das Schicksal Jerusalems/Judas auf, etwa in den Ansagen „Das Schwert des Königs von Babel wird über dich kommen" (V11b [vgl. 21,24f]) oder „Wenn ich das Land Ägypten schreckensstarr mache, und das Land ohne seine Fülle schreckensstarr daliegt, wenn ich alle, die in ihm wohnen, schlage, dann werden sie erkennen, dass ich JHWH bin" (V15 [vgl. 12,19f]).

Ein *integrierendes*, weil die durch die geschilderten Schrecken ausgelösten traumatischen Reaktionen festhaltendes Element ist in V9f auszumachen, wo JHWH den mit dem Fall Ägyptens einhergehenden Zusammenbruch der anderen Nationen beschreibt. Als *integrierendes* Moment kann des Weiteren auch der Umstand betrachtet werden, dass die Brutalität der Babylonier in V11b–12 (relativ) direkt benannt wird: „Das Schwert des Königs von Babel wird über dich kommen. Durch die Schwerter von Kriegshelden (גבורים) werde ich deinen Prunk zu Fall bringen, zu den gewalttätigsten Nationen (אריצי גוים) gehören sie alle".

---

[481] Vgl. Odell, Ezekiel, 401f.

L. Ez 32,17–33,20

Unter *einer* Datumsangabe (Ez 32,17) kommen in dieser Textpassage die
letzten auf Ägypten bezogenen Worte (32,17–32) und die ersten wieder an
die *Gola* zu richtenden Worte (33,1–20) zu stehen.

Ez 32,17–32 wird als durch den Propheten zu vollziehendes Wehklagen
(√נהה) bestimmt, dessen (literarische) Funktion es ist, den „Prunk Ägyptens" und die – laut Ez 32,16 für die Totenklage über Ägypten zuständigen – „Töchter der mächtigen Nationen" in die Unterwelt hinabsteigen zu
lassen (V18). Der Abschnitt stellt sich dementsprechend als imaginative
Umsetzung von Ez 31,18 dar, in dem nicht nur (der Weltenbaum) Aššur,
sondern eine ganze Reihe anderer Völkerschaften (wieder-)begegnen – als
in der Totenwelt Wohnende! Pharao und sein Kriegsheer wird, so heißt
es, bei diesen Völkerschaften liegen, die allesamt einst Schrecken im Land
der Lebenden verbreitet haben, dann aber als vom Schwert Erschlagene
ins (gemeinsame) Grab gesunken sind, teils als „Beschnittene", teils als
„Unbeschnittene", beschämt und entehrt.

Die Macht Pharaos – und die der anderen Nationen – wird schließlich
nicht nur durch diese wenig rühmlichen Aufenthaltsbedingungen nach
dem (unausweichlichen?) Kriegstod vehement in Frage gestellt, sondern
auch durch Jhwhs Aussage in V32, derzufolge es *allein* auf die Gottheit
Israels zurückzuführen ist, wenn ein Volk „Schrecken im Land der Lebenden" auszubreiten vermag. Wie in Ez 31 handelt es sich hier um eine
durch große Todesnähe geprägte Szenerie, in die sich außer den genannten noch andere – kleine wie große – Nationen einordnen lassen. U.a.
durch den wiederkehrenden Terminus „Durchbohrte" bzw. „vom Schwert
Durchbohrte" (חללים bzw. חללי־חרב, insgesamt 14 Vorkommen) nimmt
der Textabschnitt auch auf das Schicksal Jerusalems/Judas Bezug (vgl. Ez
6,4.7.13; 9,7; 11,6 [2x].7). Er kann deshalb – dies deutet auch das folgende
Zitat von Karin Schöpflin an – nicht nur *regressiv* als auf die Nachbarnationen gemünzter Rachetext, sondern auch *integrierend* als auf das eigene
Schicksal bezogener Trauer-Text gelesen werden.

> Kap. 32 bringt ab V.20 in fast jedem Vers das Stichwort [חללי־חרב] [...].
> Wenngleich in den Völkerworten nicht Jerusalem das Gericht angesagt wird,
> scheint das kriegerische Gerichtsgeschehen, das auch diese Stadt betrifft,
> darin auf. Verweist Kap. 21 auf Nebukadnezar, der sich auf den Weg nach
> Jerusalem macht, und spricht 24,2 vom Belagerungsbeginn, gibt 33,21f. letzte
> Gewißheit über den Fall der Stadt. In der Zeit, die die Völkerworte gewisser-
> maßen überbrücken, bedroht das Schwert auch Jerusalem unmittelbar und
> sucht es schließlich heim. So ist es sicher kein Zufall, daß die Komposition

die Völkersprüche so arrangiert hat, daß die Erwähnung des Schwertes, noch dazu der vom Schwert Erschlagenen, ihre höchste Dichte vor Kap. 33 erhält, wo die Katastrophe Jerusalems sich als endgültig besiegelt erweist[482].

Ez 33,1–20 besteht aus zwei Teilen, deren Thematik miteinander verwandt ist. In V1–9 werden vor allem Elemente aus Ez 3,16–21 aufgenommen – Ezechiel wird von Jhwh noch einmal als Wächter installiert, der die Aufgabe hat, ungerechte Menschen vor dem göttlichen Todesbeschluss zu warnen und hierüber auf den ins Leben führenden Weg der Gerechtigkeit zurückzubringen (V7). Das Leben des Propheten wird dabei von Jhwh an die Erfüllung, nicht an den Erfolg dieser Aufgabe geknüpft (vgl. V8f). Genauer erläutert wird das Wächteramt anhand einer durch Jhwh ausgelösten Kriegssituation (V2–6), ein deutlicher Hinweis darauf, dass Schwert, Hunger und Seuche – und damit das Element der *fragmentation* – auf der Ebene der erzählten Zeit (ca. acht Monate *nach* der Eroberung Jerusalems) nach wie vor sehr bestimmend sind. Dazu passt auch, dass in V8f die positiven Rechts-Fälle der Abkehr vom Weg der Ungerechtigkeit oder des Bleibens auf dem Weg der Gerechtigkeit (vgl. Ez 3,21) nicht benannt werden[483] – es werden einzig Fälle besprochen, die auf die göttliche Todesstrafe hinauslaufen. Die in der Beispielerzählung getätigte Aussage, dass diejenigen, die sich warnen lassen, mit dem Leben davonkommen (V5b), wird dadurch nachträglich in Zweifel gezogen.

Fraglich ist, *warum* das Wächteramt Ezechiels hier überhaupt noch einmal erläutert wird. Einerseits steht diese Aufgabe damit sowohl am Beginn des prophetischen Handelns *vor* der Belagerung, Eroberung und Zerstörung Jerusalems als auch am Beginn des prophetischen Handelns, das auf den Untergang der judäischen Hauptstadt *folgt*. Sodann könnte die Wiederholung des Wächter-Auftrags auch damit zusammenhängen, dass Ezechiel diesem aufgrund der ihm von Jhwh auferlegten Stummheit bislang nicht bzw. nur unzureichend nachkommen konnte, setzt diese doch verbale Interventionen voraus (vgl. V8: דבר√). So gesehen, käme hier also einmal mehr der (*regressive*) Gedanke der Zwangsläufigkeit zum Ausdruck, demzufolge die traumatische Katastrophe von 587/86 v.u.Z. unabwendbar war, weil Jhwh sie längst als unabwendbar beschlossen hatte. Zwar hat er auch einen Propheten eingesetzt, dessen prophetischen Handlungsspielraum jedoch (z.B. Gottesbefragung, Wächteramt) hat er von vornherein erheblich beschränkt. Das doppelte Wächtermotiv

---

[482] Schöpflin, Theologie, 53.
[483] Vgl. Joyce, Ezekiel, 191.

in Kap. 3 und Kap. 33, das viel Gewicht auf die Verantwortlichkeit des Propheten legt, bietet somit eine implizite Erklärung dafür, warum Ezechiel als *Zeuge* und *Abbildner* des Unheils sowie des Umgangs mit ihm, nicht aber als *Unterbrecher* des Unheils fungieren konnte, wie auch Robert R. Wilson festhält:

> Immediately after the prophetic watchman's call (iii 16b–21), the prophet is told to limit his activity to his house, and he is hindered from acting as a mediator [„Wächter", R.P.] for the people. These limitations on the scope of Ezekiel's prophetic office remain until the fall of Jerusalem (xxxiii 21–22), when the prophet's dumbness is removed and when presumably he may again act as an arbitrator for the people. The re-instatement of this aspect of the prophet's task is underlined not only by the note on the removal of the dumbness in xxxiii 21–22, but also by the repetition of the watchman's call in xxxiii 1–9. The editor of these verses thus indicates that from the time of Ezekiel's call to the fall of Jerusalem the prophet could speak only Yahweh's word of judgment against the city and the people. Not until after the fall was any other prophetic function possible[484].

Die neuerliche Betrauung Ezechiels mit dem Wächteramt würde allerdings wenig Sinn ergeben, würde sich damit nicht *auch* die Vorstellung verbinden, dass durch die Schuldverstrickung des Volkes ausgelöste (Kriegs-)Katastrophen *in Zukunft* unterbunden werden können. Sofern der Textabschnitt also neben die Idee der Zwangsläufigkeit auch diejenige von der Unterbrechung der Zwangsläufigkeit zu stellen vermag, enthält er neben *fragmentation* und *regression* auch ein zukunftsweisendes Moment der *reunification*.

Ez 33,10–20 knüpft vor allem an Kap. 18 an – wie dort bildet eine von JHWH zitierte Aussage des Volkes den Ausgangspunkt (Ez 33,10): „Ja, unsere Rechtsbrüche und Verfehlungen sind auf uns, durch sie verrotten wir. Wie sollten wir lebendig bleiben?" Dies kann im Sinne eines Schuldbekenntnisses oder von (angemessener) Verantwortungsübernahme gelesen werden[485]. Die gewählten Formulierungen lassen die Selbstbeschreibung jedoch (zugleich) als Schmerzens- oder Angstschrei erscheinen, der von übergroßer Bedrückung, Todesnähe und -sehnsucht sowie der Unmöglichkeit des Überlebens spricht[486] – Folgen der übergroß

---

[484] Wilson, Dumbness, 102.
[485] Vgl. Fuhs, Ezechiel, 184; Odell, Ezekiel, 415.
[486] Vgl. hierzu Block, Ezekiel 25–48, 246: „The quotation reflects the demoralized state of the exiles. All hope is gone; their faith has been crushed; the darkness is overwhelming. For the first time they admit their own guilt as the cause of their suffering. But is this confession repentance? In view of the prophet's response, it seems to be little more than

geschriebenen (bzw. übergroß empfundenen) Sündhaftigkeit oder von traumatischer Überlebensschuld. Wie in Ez 18 hat die sich anschließende Gegenrede JHWHs, die durchgängig in Rechtsterminologie gehalten ist, einen die Angesprochenen ermächtigenden, ins Handeln führenden Charakter und stellt sich damit deutlich als *reunification*-Element dar. Gerechtes Handeln, das ein Handeln gemäß den „Bestimmungen des Lebens" (חקות החיים, V15) ist, trägt nicht nur (das ist selbstverständlich) zur Verbesserung der Lebensqualität der so Behandelten bei, sondern vermag (und hierauf legt die Textpassage alles Gewicht) die so Handelnden ins Leben (zurück) zu bringen. Allen, die diesem Weg folgen, wird, unabhängig davon, was sie zuvor getan oder nicht getan haben, Befreiung von der auf ihnen lastenden Schuld bzw. den auf ihnen lastenden Schuldgefühlen zugesagt – ein stärkere *empowerment*-Strategie ist kaum vorstellbar! Die Argumentation erinnert in Vielem an das – von einem tatsächlichen Schuldiggewordensein der Traumatisierten ausgehende – Konzept der „animating guilt", das Robert J. Lifton in der therapeutischen Arbeit mit Vietnam-Veteranen entwickelt hat und „das helfen sollte, die meist lähmende Auseinandersetzung mit der eigenen Schuld umzuwandeln [...]. Lifton sah, dass er den Vietnam-Veteranen die Schuld nicht ausreden konnte, da sie auch schuldig geworden waren; es musste deshalb darum gehen, diese Schuldgefühle in etwas Lebendig-Machendes zu verwandeln, von der Lähmung ins Handeln zu kommen."[487]

M. Exkurs: Die Datumsangaben in Ez 24 bis 33

Wer die neun in den Kap. 24 bis 33 des Ezechielbuchs enthaltenen Datumsangaben (Ez 24,1; 26,1; 29,1; 29,17; 30,20; 31,1; 32,1; 32,17; 33,21) etwas eingehender studiert, wird rasch bemerken, dass hier einiges durcheinandergeraten ist. Nicht nur wird die Chronologie mehrfach verlassen; zwei Daten, das erste und das letzte Datum im Rahmen der ‚Fremdvölkerworte' (Ez 26,1; 32,17), sind zudem unvollständig und dadurch uneindeutig. Auch sind – obwohl dies vom Erzählfluss gewissermaßen suggeriert wird – nicht alle zwischen Ez 24 und Ez 33 geschilderten Ereignisse zeitlich zwischen dem Beginn der Eroberung Jerusalems (Ez 24,1) und der dem Propheten

---

a cry of pain. As in Judg. 10:10, 15, this is an appeal for relief [...]. But the last clause is the key to the entire text. The question is rhetorical, assuming a negative answer, ‚Survival is impossible.' "

[487] Kühner, Traumata, 33.

durch einen Flüchtling übermittelten Nachricht vom Fall der Hauptstadt (Ez 33,21) angesiedelt. Einen Überblick über die in Frage stehenden Datierungen gibt die folgende Tabelle:

Datum nach der Ära ‚Verschleppung Jojachins'	‚Übersetzung' in unsere Zeitrechung[488]	Unter dem Datum angesiedelte Textpassage	Zeitliche Reihen- folge der Texte	Zwischen Beginn der Belagerung und Fall der Stadt?
10. Jahr, 10. Monat, 10. Tag[489]	Januar 589/88 v.u.Z.	24,1–25,17	1.	
11. Jahr, 1. Tag des (x.) Monats	April 588/87 v.u.Z.[490]	26,1–28,26	3.	ja
10. Jahr, 10. Monat, 12. Tag	Januar 589/88 v.u.Z.	29,1–16	2.	ja
27. Jahr, 1. Monat, 1. Tag	April 572/71 v.u.Z.	29,17–30,19	10. (10.)	nein
11. Jahr, 1. Monat, 7. Tag	April 588/87 v.u.Z.	30,20–26	4.	ja
11. Jahr, 3. Monat, 1. Tag	Juni 588/87 v.u.Z.	31,1–18	5.	ja
(12. Jahr, 4. Monat, 9. Tag)	(Juli 587/86 v.u.Z.)	(Eroberung Jerusalems)		
12. Jahr, 12. Monat, 1. Tag	März 587/86 v.u.Z.	32,1–16	7. (8.)[491]	nein
12. Jahr, 15. Tag des (x.) Monats	März 587/86 bzw. April 587/86 v.u.Z.[492]	32,17–33,20	8. (6.)	nein/ja[493]

[488] Dabei ist vom Jahresbeginn im Frühjahr ausgegangen. Für Ez 40,1 werden beide Alternativen (Jahresbeginn im Frühjahr bzw. im Herbst) aufgeführt.

[489] Das Ezechielbuch nennt allerdings in Ez 24,1 das ‚offizielle' Datum, das nach den Regierungsjahren Zidkijas berechnet ist. Danach begann die Belagerung Jerusalems im 9. Jahr (Zidkijas), im 10. Monat, am 10. Tag (vgl. 2 Kön 25,1; Jer 52,4).

[490] Auf April 588/87 v.u.Z. kommt man, wenn man mit dem Codex Alexandrinus den 1. Monat ergänzt (vgl. App. BHS).

[491] Die hier in Klammern gesetzten Zahlen geben die Reihenfolge an, wenn man für Ez 32,17 von April 587/86 v.u.Z. ausgeht.

[492] Auf März 587/86 v.u.Z. kommt man, wenn man im Anschluss an Ez 32,1 den 12. Monat, auf das frühere Datum April 587/86 v.u.Z., wenn man mit LXX den 1. Monat ergänzt (vgl. App. BHS).

[493] Je nachdem, ob von März 587/86 (nein) oder von April 587/86 (ja) ausgegangen wird.

Tabelle (*cont.*)

Datum nach der Ära ,Verschleppung Jojachins'	,Übersetzung' in unsere Zeitrechung	Unter dem Datum angesiedelte Textpassage	Zeitliche Reihen- folge der Texte	Zwischen Beginn der Belagerung und Fall der Stadt?
12. Jahr, 10. Monat, 5. Tag	Januar 587/86 v.u.Z.	33,21–39,29	6. (7.)	
25. Jahr, Anfang des Jahres, 10. Tag	April bzw. September 574/73 v.u.Z.	40,1–48,35	9. (9.)	

Zunächst erinnert das zeitliche Chaos an den Zusammenbruch der allen (alltäglichen) Vollzügen zugrunde liegenden Verstehenskategorien (Zeit, Raum, Kausalität, Ich-Andere[s]-Unterscheidung), wie sie Ronald Granofsky für die moderne *trauma novel* beschrieben hat. Wo der Trauma-Roman mit diesen Verstehenskategorien bricht, zeigt er, so Granofsky, einerseits an, dass sich Traumatisches dem alltäglichen Verstehen nicht einfach einordnen lässt, nimmt aber dem Unverständlichen zugleich einen Teil seiner beängstigenden Macht, indem er ihm eine – zusammengebrochene – Form gibt. So suggerieren die in der Tabelle aufgeführten Zeitmarker einen – Erzählung ermöglichenden – logischen Rahmen, welcher, wie die traumatische Katastrophe selbst, bei näherem Hinsehen der Logik entbehrt.

Der Umstand, dass einige der gewählten Datierungen bereits in die Zeit *nach* der Eroberung Jerusalems (am 9. Tag des 4. Monats im 12. Jahr) bzw. nach dem Eintreffen der Schreckensnachricht bei den Deportierten (am 5. Tag des 10. Monats im 12. Jahr, vgl. Ez 33,21) fallen (Ez 29,17–30,19; 32,1–16 [32,17–33,20 bei ,Wahl' des 12. Monats]), lässt sich auch im Sinne der fortgesetzten Verdrängung der *eigentlichen* Katastrophe deuten, welche bereits im Blickwechsel auf die Nationen ausgerechnet mit Beginn des Belagerungszeitraums zu beobachten war. Erst einmal wird so getan, als habe es den 4. Tag des 9. Monats im 12. Jahr gar nicht gegeben – noch kann die traumatische Katastrophe dem narrativen Skript nicht (vollständiger) *integriert* werden.

Gleichzeitig kommt in Ez 24–33 nicht nur ein chronologisches Ordnungsprinzip zum Tragen – andere Prinzipien der Anordnung des Stoffs spielen ebenfalls eine wichtige Rolle. Wesentlich ist m.E. zunächst, dass all das – unabhängig von zeitlicher Abfolge und Lokalisierung – während des (nicht-erzählten) Untergangs Jerusalems erzählt wird. Die Fremdvöl-kerworte werden – dies zeigen auch die ebenfalls in diese Erzählphase fallenden, sie rahmenden Israel-Texte in Ez 24 und 33 sowie die im wahr-sten Sinne des Wortes zentrale Verheißung in Ez 28,24–26 – in Bezug auf das Ende der judäischen Hauptstadt und als ein (notwendiger) Schritt zu dessen Bewältigung weitergegeben. Hinzu kommt, dass die Erzählphase vom fortschreitenden Zusammenbruch Jerusalems auf diese Weise mit einer Vielzahl von Schreckens- und Todesbildern angefüllt wird. Da es die nicht direkt erzählte Katastrophe ist, welche in diesen Szenarien immer wieder an die Oberfläche drängt, erscheint die gewählte Anordnung (trotz der zeitlichen Unordnung) stimmig. Dass die Dichte der Schreckensbil-der in dieser Erzählpassage so hoch ist, kann gleichsam als Voraussetzung dafür gewertet werden, dass diese Bilder in kommenden Erzählabschnit-ten nach und nach in den Hintergrund treten können – auch wenn sie gelegentlich wieder einbrechen.

Der Bibelwissenschaftler Jan van Goudoever hat die These vertreten, dass die im Ezechielbuch enthaltenen Daten vor einem liturgischen Hin-tergrund verstanden werden müssen, und hat bei deren Interpretation vor allem den Monats- und Tagesangaben besondere Aufmerksamkeit gewid-met: „Even if those dates reflect history", so heißt es bei ihm, „they are in the first time, and in the first place, liturgical indications."[494] Ein Großteil der in Ez 24–33 enthaltenen Worte werde dabei mit dem Pessachfest bzw. mit der Vorbereitung auf Pessach verknüpft: Die Tyrusworte (Ez 26,1–28,26) ereignen sich, folgt man dem *Codex Alexandrinus*, ebenso wie ein Teil der Ägyptenworte (Ez 29,17–30,19) am 1. Tag des 1. Monats, der folgende Teil der Ägyptenworte (Ez 30,20–26) am 7. Tag des 1. Monats – beides Daten, an denen Ez 45,18–20 zufolge das Heiligtum für die Feier des Pessachfests gereinigt werden soll. Ez 32,1–16 ist auf den 1. Tag, Ez 32,17–33,20 (vermut-lich) auf den 15. Tag des 12. Monats datiert, Zeitpunkte, die laut Goudoever ebenfalls mit der Vorbereitung auf Pessach in Verbindung gebracht wer-den können – denkbar sei, dass Ezechiel mit einer Tradition „of comme-morating the plagues in Egypt in the month before Passover"[495] vertraut gewesen sei. So fänden sich, vor allem in den Ägyptenworten, immer wie-der Anspielungen auf die Exodustradition – auf die Plagen selbst etwa in Ez 32,2.6 (Verwandlung des Nilwassers in Blut, vgl. Ex 7,19–21) und Ez 32,7f

---

[494] Goudoever, Ezekiel, 344.
[495] Goudoever, Calendars, 82. Zum Ganzen vgl. a.a.O., 80–83.

(Finsternis, vgl. Ex 10,21–23), auf die 40-jährige Wüstenwanderung Israels nach dem Auszug in Ez 29,12f (vgl. hierzu auch oben). Noch deutlicher tritt die Pessach-Verknüpfung in der Septuaginta hervor – dort wird das Wortereignis von der Höllenfahrt Pharaos (Ez 32,17–32) auf den 15. Tag des 1. Monats und damit auf Pessach selbst verlegt (vgl. auch Ez 45,21) – nur, dass der ägyptische Herrscher und sein ganzes Heer (פַּרְעֹה וְכָל־חֵילוֹ, Ez 32,31; vgl. Ex 14,4.17; 15,4) nicht wie in Ex 14–15 ins Meer, sondern in die Unterwelt hinabsinken (√ירד, 11-mal in Ez 32,18–32; vgl. Ex 15,5).

Mit der hier gewählten festkalendarischen Verankerung gibt das Ezechielbuch Goudoever zufolge den Deportierten „an up-to-date meaning for their Passover celebration"[496]. Mir erscheint jedoch noch wesentlicher, dass die (in der Ezechielerzählung) während des Untergangs Jerusalems gesprochenen Gottesworte *überhaupt* mit der ursprünglichen Befreiungserfahrung Israels, dem Exodus, in Verbindung gebracht werden, welche in den klitternden (Verfalls-)Geschichtserzählungen in Ez 16, 20 und 23 kaum in einem positiven Sinne Erwähnung gefunden hat. Inmitten der Zerstörung – die, so eine Annahme des Ezechielbuchs, JHWH über das Haus Israel gebracht hat – wird an JHWHs rettendes Handeln erinnert (oder auch: JHWH an sein rettendes Handeln erinnert) und damit eine Art Gegenerfahrungsraum eröffnet, in den sich Hörende bzw. Lesende angesichts der gegenwärtigen Schrecken zurückziehen, in dem sie sich für eine neuerliche Begegnung mit den Schrecken rüsten können. Hanna Liss spricht von einer „liturgischen Wirklichkeit", die über die hier in Frage stehenden zeitlichen Markierungen hergestellt wird:

> It is [...] not only all about a remembrance of the Passover tradition, but the formation of liturgical reality: Prophecy becomes liturgy, the text a liturgical realization of Pharaoh's decline[497].

N. Ez 33,21–39,29

Ez 33,21f: Auf die Eröffnungsszene dieser Textpassage in Ez 33,21f, die letztere im Sinne einer Überschrift prägt, wurde bereits mehrfach hingewiesen: Im 12. Jahr, im 10. Monat, am 5. Tag – also etwa ein halbes Jahr nach der Eroberung – kommt ein aus Jerusalem Entflohener zu Ezechiel und berichtet vom Untergang der judäischen Hauptstadt. Im Zusammenhang

---

[496] Goudoever, Ezekiel, 344.
[497] Liss, Temple, 130.

dieses Ereignisses wird der Prophet durch Jhwh von seiner Sprachlosigkeit befreit. Zum ersten Mal wird hier die Zerstörung Jerusalems als Geschehenes, als Faktum festgehalten (vgl. noch Ez 40,1; 43,3), auch wenn der Blick nur indirekt – durch einen Augenzeugen – auf die Verheerung gerichtet wird. Die vorsichtige Anerkenntnis dessen, was passiert ist, bewirkt, dass Sprache neu gefunden werden, dass erzählt werden kann – und dass Ezechiel in der Folge anders und Anderes erzählen kann als bisher. Traumatologisch ist aber umgekehrt auch davon auszugehen, dass die bisherigen schreckenszentrierten Erzählversuche auch die in Ez 33,21f sich widerspiegelnde anfängliche Trauma-Synthese ermöglicht haben.

Ez 33,23–33: Der folgende, aus zwei Teilen bestehende Textabschnitt Ez 33,23–33 wird allerdings nicht, wie man vielleicht erwarten würde, durch den Aspekt der *reunification* geprägt – zunächst brechen einmal mehr *fragmentation* und *regression* wieder ein. Das Wissen um die historische Tatsache wirkt nicht *per se* befreiend. Im Gegenteil – für die Angehörigen der *Gola* dürfte dieses Wissen (auch) retraumatisierend oder neuerlich traumatisierend gewirkt haben, stellte es doch die Exilssituation erst einmal auf Dauer und zerstörte die Hoffnung auf baldige Rückkehr auch zu den Besitztümern, die man zurücklassen musste – und die nun womöglich diejenigen in Anspruch nahmen, die die Katstrophe von 587/86 v.u.Z. im Land Juda überlebt hatten. Vor diesem Hintergrund stellt sich der erste, als Gerichtsankündigung gegen die „BewohnerInnen jener Trümmerstätten" gehaltene Unterabschnitt (V23–29) als destruktive Rachephantasie gegen die in Juda verbliebenen Landsleute dar, in der dem unerträglichen, beängstigenden Gedanken, nicht/nie mehr ins Verheißene Land zurückkehren zu können, mit der Vorstellung der totalen Erstarrung des Verheißenen Landes begegnet wird. „Wenn wir nicht dort leben können", so kommt hier zum Ausdruck, „dann soll dort niemand mehr leben können, dann soll das Land eine unbewohnte und unbewohnbare Wüste[498] sein". Der ‚Mythos vom leeren Land' stellt sich hier gleichsam als ein Element des traumatischen Prozesses im Zusammenhang der Exilskatastrophe dar – und wird als solches verständlich(er). Trotz aller Pauschalitäten (vgl. etwa die willkürlich zusammengestellt anmutenden Schuldvorwürfe in V25f) operiert Ez 33,23–29 mit einer doppelten historischen Kenntnis: Zum einen wird deutlich, dass das Leben im Land weiterging, zum ande-

---

[498] Vgl. Odell, Ezekiel, 417.

ren, dass dieses Leben von (kriegerischer) Gewalt („Schwert" [V27]) und
Kriegsfolgen („wilde Tiere", „Seuche" [V27]) beeinträchtigt blieb[499].

V30–33 relativiert das heftige Wort gegen die Landsleute in der alten
Heimat ein wenig dadurch, dass nun auch die Angehörigen der Exilsgemeinschaft auf ihre Defizite angesprochen werden. Ihnen wird vorgehalten, die Worte des Propheten als ein angenehmes Unterhaltungsprogramm
aufzufassen – was eigentlich nur so zu erklären ist, dass das, was ihnen
nähergebracht werden soll, etwas vollkommen Unfassbares ist –, die
Worte aber nicht in die Tat umzusetzen (עשׂה, V31.32). Noch ist ihnen, so
wird hier deutlich, das in Ez 18 und 33,10–20 vor Augen gestellte lebens-
förderliche Handeln nicht möglich[500]. V33 („Wenn es kommt – sieh hin, es
kommt! –, werden sie erkennen, dass ein Prophet in ihrer Mitte war" [vgl.
Ez 2,5]) mutet zunächst als massive Drohung an. Es meint aber vielleicht
erst einmal nur, dass das von Ezechiel Mitgeteilte (narrative) Wirklichkeit werden wird und dass ihn das in seiner Rolle als Prophet des (Über-)
Lebens wahrnehmbar macht – ein Aspekt der etwa in Ez 37,1–14 auf der
Ebene der Erzählung seine Umsetzung erfährt.

Ez 34,1–31: Die in Ez 34 folgende Gottesrede, die in V1 ihre narrative Einbettung erfährt, hebt mit einer massiven Kritik an den Hirten Israels, d.h.
an Israels politisch Verantwortlichen, an (V2–6). Sie werden mit dem
Vorwurf konfrontiert, nur auf den eigenen Vorteil bedacht gewesen zu
sein und sich nicht um die Herde, ihr Volk bzw. das Volk Jhwhs, geküm-
mert zu haben. Jhwh verspricht, dem ein Ende zu machen und gegen die
unfähigen Hirten vorzugehen (V7–10), indem er – jedenfalls zunächst –
selbst das Hirten-Amt übernimmt und es angemessen ausfüllt (V11–22).
Dazu gehören das Zusammenbringen („aus den Völkern", V13) und -hal-
ten der Herde, die Bereitstellung guter Weide („auf Israels Bergen", V13f)
die besondere Unterstützung der verlorenen, verirrten, gebrochenen und
schwachen Herdenmitglieder sowie die Schaffung von Recht bzw. die
Konflikt-Schlichtung zwischen fettem und magerem Schaf (zwischen Arm
und Reich). Während sich Jhwh in V11–22 selbst als Hirte seines Volkes
inszeniert, kündigt er in V23f an, ihm einen „einzigen Hirten" (רעה אחד,
vgl. Ez 37,15–28), seinen Knecht David, „aufrichten" (√קום) zu wollen;
Jhwh selbst wird für die Seinen zur Gottheit werden (vgl. die Anklänge an

---

499 Vgl. Joyce, Ezekiel, 194.
500 Vgl. Greenberg, Ezechiel 21–37, 382. Greenberg stellt ebenfalls einen engen Zusammenhang zwischen den genannten Textpassagen und Ez 33,30–33 her.

die sog. Bundesformel in V24). Doch muss Letzteres nicht als Widerspruch zum Vorhergehenden begriffen werden – es kann auch als dessen Präzisierung gemeint sein[501].

Was folgt, ist das Versprechen JHWHs, ein „Friedensbündnis" (ברית שלום, V25) mit seinem Volk zu etablieren (√כרת, V25), das mit verschiedenen Zusagen für das Haus Israel einhergeht: sicheres Wohnen im Lande, Schutz vor wilden Tieren und vor den Nationen (V25.27.28); segensreiche Fruchtbarkeit, ausreichend Nahrungsmittel (V26.27.29); Befreiung aus der Hand derer, die Israel knechten (V27). Verpflichtungen auf Seiten Israels werden keine genannt – eher könnte man von einer Selbstverpflichtung JHWHs sprechen –; es wird allerdings festgehalten, dass das Gottesvolk sich sodann wirklich als solches wird begreifen können (V30, vgl. die vollständige ‚Bundesformel'): „Sie werden erkennen, dass ich, JHWH, Gott für sie und mit ihnen bin (אלהיהם אתם), und sie, das Haus Israel, sind Volk für mich – Ausspruch JHWHs, mächtig über allen." V31 führt dies in direkter Anrede noch einmal anders aus – in Worten die, was den Ausdruck der liebevollen, fürsorglichen Nähe zwischen Gott und den Seinen betrifft, im Ezechielbuch ihresgleichen suchen: „Ihr seid meine Herde, Herde meiner Weide, Menschheit (אדם)[502] seid ihr, und ich bin Gott, für euch da (אלהיכם) – Ausspruch JHWHs, mächtig über allen."

Insgesamt stellt sich Ez 34 als erstes Kapitel der Ezechielerzählung dar, in dem Gewalt, Todesnähe und -sehnsucht *nicht* deutlich dominieren – dass den Hirten Israels das Ende ihrer Machenschaften angekündigt wird, führt hier *nicht* wie im Vorfeld so oft dazu, dass die traumatische Katastrophe (und sei es als fremdes Schicksal) wiederholt wird. Trotzdem ist diese nicht vollkommen ausgeblendet – in V12 ist von einem „Tag der Wolken und der Dunkelheit" die Rede, die schutz- und hilflosen Tiere, die in V4 und V16 vor Augen gestellt werden, tragen die Merkmale von Gewaltopfern an sich, und die in V26–29 enthaltenen Zusagen lassen sich als Rückseite der im Vorfeld so häufig ausgemalten Kriegsschrecken verstehen. JHWH selbst scheint sich verändern zu wollen, sich verändert zu haben – wo vorher kaum mehr als unbändiger Zorn und der Wunsch zu zerstören erkennbar waren, werden nun Mitleid, Solidarität und Zuneigung spürbar.

---

[501] Vgl. hierzu Zimmerli, Ezechiel 2, 841–844. Vgl. auch Odell, Ezekiel, 423, wo es zu Ez 34 heißt: „The chapter is organized in a stair-step progression of ideas."

[502] Vgl. hierzu Odell, Genre, 216. Odell verknüpft die אדם-Anrede des Volkes und die בן־אדם-Anrede Ezechiels miteinander und schließt für deren Relation (ebd.): „As [בן־אדם], Ezekiel does not assume an exalted position above the exiles; rather, he models for them what it means to be [אדם]."

Jhwh beginnt, gegen den Tod und für das Leben zu handeln – bzw. wird
wieder beschreibbar als Gottheit, die solches tut. Das Heilwerden von der
traumatischen Katastrophe, welches nicht nur für Israel, sondern auch für
Jhwh notwendig ist, ist dabei überaus deutlich auch als Wiederherstellung der Beziehung zwischen diesen beiden Größen gezeichnet. Im Ganzen gesehen, wird Ez 34 somit vom Element der *reunification* dominiert,
auch wenn die einseitige Verantwortungsübernahme durch Jhwh und
die schlaraffenlandartigen Bilder gegen Ende des Kapitels durchaus als
regressive Momente – bzw. als *stabilisierende* Imaginationen – beschrieben werden können.

Ez 35,1–36,15: Nach diesem Lichtblick allerdings fallen Gewalt und Zerstörung im nächsten Erzählabschnitt (Ez 35,1–36,15) mit besonderer Heftigkeit wieder ein. Die zunächst vom Propheten an das Gebirge Seïr/Edom
zu übermittelnde Gottesrede (Ez 35,3–15) gibt sich als ein von *fragmentation* und *regression* geprägter Rachetext zu erkennen, dessen Leitwort
der Trauma-Begriff √שׁמם ist. Einmal mehr wird Israels Ergehen als dasjenige einer anderen Nation vorgestellt (zu Seïr/Edom vgl. bereits Ez 25,12–
14), wobei ein *integrierendes* Moment dieses in Sprachbilder gegossenen
Gewaltszenarios darin bestehen könnte, dass Israels eigenes Erleben der
Opferbeschuldigung (ob als Fremd- oder Selbstbeschuldigung, sei einmal
dahingestellt) hier einen Ort findet. Auffällig ist, dass aus dem Unheils-
Abschnitt gegen das Gebirge Seïr ein Heils-Abschnitt für die Berge Israels erwächst (Ez 36,1–15), welcher zugleich ein Gegenbild gegen die
Unheilsankündigungen gegen Israels Berge in Ez 6 entwirft. Fast gewinnt
man den Eindruck, als könne dieses Gegenbild (nur) deshalb entstehen,
weil Ez 35 die Ez 6 zufolge über die Berge Israels gekommenen Schrekken auf die edomitischen Berge umlenkt – für Bernard Gosse auch eine
Begründung dafür, warum dieses Fremdvölkerwort gegen Edom nicht
dem ‚Fremdvölkerzyklus' in Ez 25–32 integriert, sondern vor Ez 36,1–15
gesetzt wurde:

> Après la chute de Jérusalem et l'exil, les malédictions d'Ez 6 continuaient
> à peser sur le pays d'Israël, ses montagnes, ses collines, ses ravins et ses
> vallées. Ez 35 opère un transfert de malédiction d' Israël sur Édom. Ez 36
> peut alors appeler le pays d'Israël à un renouveau, en liaison avec le retour
> de son peuple dont il est la possession et l'héritage. Les justifications du
> retournement de Dieu contre Édom et les nations, et en faveur d'Israël,
> sont en grande partie semblables à celles que l'en rencontre au ch. 25. Mais,
> dans les chapitres 35–36, c'est surtout le problème du ‚pays' d'Israël qui est
> traité, et les chapitres 35–36 forment une unité. On comprend que, dans ces

conditions, le ch. 35 n'ait pas été inséré dans le recueil d'oracles contre les
nations d'Ez 25–32[503].

In der Folge vermag sich aber auch JHWH von seinem שׁמם-Handeln an
Israel zu distanzieren, ohne je wieder auf es zurückgreifen zu müssen, und
bestimmt sich selbst einmal mehr neu als Gottheit, die das Leben will (vgl.
Ez 36,3f.34–36) – und kann einmal mehr als solche bestimmt werden! – so
dass sich die *reunification*-Elemente zu verdichten beginnen. Ähnlich wie
in Ez 34 geht es neben dem Aspekt der Neuschöpfung/*recreation* auch
hier um die Wiederherstellung von Beziehung:

> (Ez 36) ⁹Ja, ich will zu euch! Ich wende mich euch zu, damit ihr beackert
> und bepflanzt werdet! ¹⁰Zahlreich lasse ich die Menschen auf euch sein, das
> ganze Haus Israel – alle: Die Städte werden besiedelt und die Trümmer wie-
> der aufgebaut! ¹¹[…] Ich lasse euch bewohnt sein wie in früheren Zeiten, ich
> tue euch Gutes, mehr als in euren Anfängen. […] ¹²Menschen lasse ich zu
> euch kommen, mein Volk Israel bringe ich zu euch! […]

Doch auch das Element der *regression* ist nach wie vor gegenwärtig: JHWH
kündigt an, die Beschämung, die Israel durch die Nationen erfährt, auf letztere zurückzulenken (vgl. V6f.15) – ein Rache-Moment. Gleichzeitig wird
eine neue Antwort auf die Schuldfrage versucht – die „Ackererde Israels"
wird von JHWH indirekt angeklagt, eine „Menschenfresserin" (אכלת אדם)
und „Zukunftsräuberin" (משכלת) gewesen zu sein (V12f):

> The land of Israel is portrayed as a vicious beast, with a rapacious appe-
> tite for humans, devouring […] her own population and leaving her nation
> bereft of any progeny. While the allusion is most directly to 5:13–17, the
> figure of speech also recalls the early Israelite surveyors' description of the
> land of Canaan as ,a land that devours its inhabitants' ([…] Num. 13:32)[504].

Dies nun ist eine recht sagenhafte Erklärung für die traumatische Katastrophe im Besonderen oder traumatische Erfahrungen wie Hungersnot
oder kriegerische Auseinandersetzungen im Allgemeinen. Während JHWH
in Ez 5,17 noch angekündigt hatte, selbst Hunger und wilde Tiere schik-
ken zu wollen, „dass sie dich [Jerusalem, R.P.] deiner Zukunft berauben
(√שׁכל)", so nimmt er nun das (personifizierte) Ackerland und nicht in
erster Linie dessen (vormalige) BewohnerInnen oder gar sich selbst in die

---

[503] Bernard Gosse, „Ézéchiel 35–36,1–15 et Ézéchiel 6: La désolation de la montagne de
Séir et le renouveau des montagnes d' Israël", *RB* 96 (1989), 511–517, 516f.
[504] Block, Ezekiel 25–48, 335.

Verantwortung[505]. Die tatsächlichen Täter hingegen bleiben einmal mehr ungenannt, die mythologische Erläuterung wird der realistischen Erörterung in diesem Zusammenhang vorgezogen.

Ez 36,16–37,14: In Ez 36,16–37,14, der nächsten durch die narrativen Wortgeschehensaussagen in Ez 36,16 und 37,15 abgegrenzten Erzählpassage, spricht Jнwн zunächst darüber, was ihn bewogen hat, die Exilskatastrophe über Israels Ackererde und die dort lebenden Menschen zu bringen – deren unwürdige (√אמט) Lebensweise (V17–19). Zweierlei ist dabei auffällig: Zum einen wird auf die Ausmalung von Gewalt weitestgehend verzichtet, *obwohl* das Exiltrauma Erwähnung findet. Zum anderen erfährt die Schuldfrage im Unterschied zum vorhergehenden Abschnitt nun wieder die über weite Strecken des Ezechielbuchs übliche Antwort. Gleichwohl wird im Folgenden eine Gottheit gezeichnet, die ihr Verhalten ändert, die nicht Zerstörung heraufbeschwört, sondern Leben und Lebensmöglichkeiten in Fülle hervorzubringen verspricht (V24–30), wozu *dann auch* die Auseinandersetzung mit unheilvollen Verfehlungen auf Seiten Israels gehört (V31f). Die Begründung, die das veränderte Handeln Jнwнs erfährt, ist aber anders als in Ez 34,11–31 und 36,6–15 nicht Gottes Sehnsucht nach oder Solidarität mit seinem Volk, sondern die Sorge um seinen heiligen Namen (vgl. Ez 36,20–23). Dieser nämlich wurde, so sieht es Jнwн, unter den Nationen, unter die die IsraelitInnen zerstreut wurden, in den Schmutz gezogen und verunehrt – wohl dadurch, dass man dort die Tatsache des Exils Israels als Versagen seiner Gottheit beurteilte (vgl. das in V20 aufgeführte Zitat: „Volk Jнwнs sind sie – doch aus seinem Land mussten sie heraus"). Wenn Jнwн sich entschließt, sein Volk zu sammeln, es ins Verheißene Land zurückzubringen und zu einem Leben gemäß seiner Weisung zu befähigen, so geschieht dies, wie V32 bestätigt, nicht um des Hauses Israel, sondern (einzig) um der Re-Etablierung der Heiligkeit seiner Gottheit willen.

Der Vorteil dieses Denkmodells liegt gleichsam darin, dass der Eindruck einer zu deutlichen Wandlung Jнwнs unterbunden wird; nicht aus Reue – diesen Eindruck kann man nämlich in Kap. 34 und in der ersten Hälfte von Kap. 36 durchaus gewinnen – eröffnet die Gottheit Israels neues Heil, sondern um vor den Nationen ihr Gesicht zu wahren. Aus

---

[505] Vgl. hierzu Kelle, Trauma, 475-480. Kelle gibt allerdings m.E. dem im Ezechielbuch nur vereinzelt vorkommenden Gedanken der schuldhaften Verantwortung des Landes zu viel Gewicht.

der Verheißung neuen Lebens kann somit nicht geschlossen werden, dass
JHWH das vollzogene Gericht nachträglich in Frage stellt. Doch auch,
wenn Ez 36,32 nicht sonderlich liebevoll klingt („Nicht um euretwillen
handle ich [...], das soll euch bewusst werden!"), so hat die Argumentation doch insofern eine bestechende Logik, als sie JHWH als sehr konsistent zeichnet – und dies wiederum vermag seiner Verheißung ein nicht
geringes Maß an Glaubwürdigkeit zu verleihen: JHWH *wird* das Haus Israel
mit neuen Lebens- und Handlungsmöglichkeiten ausstatten, eben weil es
(auch) für ihn überlebensnotwendig ist! Die *empowerment*-Strategie, die
bereits in Ez 11,14–21 und 18,1–32 zu beobachten war, erfährt unter Aufnahme der Rede vom neuen Herzen und von der neuen Geistkraft hier
nochmals eine Steigerung (vgl. Ez 36,26f), zumal sie mit der Zusage gesi-
cherter Lebensgrundlagen einhergeht – etwas, was nicht nur Israel aufbauen, sondern genauso gut die umliegenden Nationen beeindrucken
wird (vgl. V29f sowie V33–36). Die in V31f von JHWH an das Haus Israel
gerichteten Ansprüche allerdings scheinen zu diesem konstruktiven Szenario nicht recht zu passen:

> (Ez 36) ³¹Ihr aber sollt euch Gedanken machen über eure Lebensweise, die
> unheilvoll war, und eure Handlungen, die nicht gut gewesen sind! Entsetzt
> werdet ihr sein über euch selbst wegen eurer Schuldverstrickung, weil ihr
> verachtet habt, was heilig ist. ³²Nicht um euretwillen handle ich – Ausspruch
> JHWHs, mächtig über allen –, das soll euch bewusst werden! Errötet, schämt
> euch wegen eurer Lebensweise, Haus Israel!

Welche Rolle dieser massiven ‚Scham-Aufforderung' zukommt, soll in der
untenstehenden 6. Vertiefung, in der eine psychotraumatologische Analyse der das Ezechielbuch prägenden Themen ‚Beschämung' und ‚Scham'
unternommen wird, genauer erörtert werden.

Ausgehend von Ez 36,16–38 und im Zusammenhang der soeben zitierten Verse hat Moshe Greenberg auf das völlige Fehlen des Motivs göttlicher
Gnade und das bleibend negative Menschenbild in den Heilsankündigun-
gen des Ezechielbuchs hingewiesen: „Israel remains incorrigible to the end,
hence its restoration is not a reward. God, on his part, acts purely on his
own interest."⁵⁰⁶ Doch scheint mir dieses Votum – jedenfalls wenn es für
die gesamte Ezechielerzählung gelten soll – zu weitgehend. Ez 36,16–32 ist
m.E. als ein Erklärungsmodell unter anderen zu bewerten (und selbst in
diesen Text hat sich der *integrierende* Beziehungsgedanke ‚hineingeschli-
chen', vgl. die ‚Bundesformel' in V28) und wird von Abschnitten gerahmt,

---

⁵⁰⁶ Greenberg, Salvation, 263f.

die deutliche Hinweise auf eine Umkehr JHWHs beinhalten. In Ez 36,33–
38 ist dies neben seiner bereits erwähnten Abkehr vom שׁמם-Handeln
Gottes Zusage, „sich ersuchen zu lassen" (דרשׁ *Nif'al*, V37)[507]. Im Vorfeld
hatte es JHWH mehrfach abgelehnt, von den Exulanten befragt zu werden
(vgl. Ez 14,3.3; 20,3.31.31), nun wird das Gelingen dieser Kommunikations-
form in Aussicht gestellt – auch dies wieder ein *integrierendes* Element.
Dies gilt auch dann, wenn die Verheißungen, die allesamt mit der Rücknahme von Kriegsfolgen durch JHWH zu tun haben (Wiederaufbau dessen,
was in Trümmern liegt; Bepflanzung des verwüsteten Landes [V33–36],
Mehrung Israels zu einer „Menschenherde" [צאן־אדם, V37f]), als zu
paradiesisch (vgl. V35: גן־עדן) und deshalb eher als *stabilisierende* Imagination und nicht im Sinne einer bereits vollzogenen Trauma-*Synthese* zu
beurteilen sind.

6. Vertiefung: *Beschämung und Scham im Ezechielbuch*

Das Ezechielbuch enthält eine Fülle verschiedener Schambegriffe, doch
insbesondere das Substantiv כלמה, „Scham, Beschämung", kommt in
ihm, betrachtet man alle Belegstellen in der Hebräischen Bibel, überdurchschnittlich häufig vor[508]. Nicht nur im Rahmen der Ezechielerzählung – auch in der Symptomsprache von Traumata spielt das Phänomen
der Scham eine besondere Rolle. Insofern diese Koinzidenz m.E. keine
zufällige ist, möchte ich ihr im Folgenden ausführlicher nachgehen, wobei
die Darstellung zeitgenössischer Überlegungen zum Thema ‚Scham' am
Anfang stehen soll. Dabei beziehe ich mich vor allem auf das Schammodell
des Soziologen Stephan Marks, das mir für diese Untersuchung deshalb besonders geeignet erscheint, weil in ihm zwischen verschiedenen
Schamformen differenziert wird (6.1.). In einem zweiten Abschnitt werden

---

[507] Dies sieht auch M.Greenberg, wenn er in seinem Kommentar zu Ez 36,37f schreibt
(ders., Ezechiel 21–37, 450): „[Z]usätzlich zur neuerlichen Fruchtbarkeit des Landes, zu
Wiederaufbau und Neubesiedlung der Städte will Gott auch den Bevölkerungsverlust wieder ausgleichen. Seine Zusage (*Nif'al* der Verbalwurzel דרשׁ), für Israels Belange zu sorgen,
steht im Kontrast zu seiner entsprechenden Weigerung in 14,3 und 20,30 f."
[508] Von 30 ersttestamentlichen Vorkommen des Substantivs כלמה entfallen 13 auf das
Ezechielbuch; beim Verb כלם sind es sechs von insgesamt 38 Belegen. Weitere im Ezechielbuch zu findende Schambegriffe sind das Verb בושׁ, „sich schämen" (4 × im Ezechiel-
buch/131 × in der Hebräischen Bibel), das Substantiv בושׁה, „Scham, Beschämung" (1 ×/ 4
×), das Substantiv גדופה, „Hohn" (1 ×/2 ×), das Substantiv חרפה, „Schmähung, Schmach,
Schande, Scham" (7 ×/73 ×), das Substantiv לעג, „Hohn, Spott" (2 ×/7 ×), das Verb קוט
Nif'al, „sich ekeln" (3 ×/4 ×), das Verb קלס *Hitpa'el*, „verspotten" (1 ×/3 ×), das Substantiv
קלסה, „Spott" (1 ×/1 ×), das Substantiv שׁאט, „Verachtung" (3 ×/3 ×) und das Verb שׁאט
II, „verachten" (3 ×/3 ×).

bisherige Forschungsergebnisse zur Thematik der Scham im Ezechielbuch skizziert (6.2.), bevor die Phänomenologie von Beschämung und Scham in diesem Bereich der Schriftprophetie genauer beschrieben wird (6.3.). Ein letzter Abschnitt bietet eine Zusammenfassung und Auswertung der Ergebnisse (6.4.).

6.1. Scham – Grundlegungen

Mit Dorothea Baudy lässt sich Scham definieren als ein „zur menschlichen Grundausstattung" gehörendes „soziales Gefühl, das sich beim Gewahrwerden eines Defizits einstellt, an dem andere Anstoß nehmen könnten"[509]. Marks schildert die Phänomenologie der Scham wie folgt:

> Wenn wir uns schämen, fühlen wir uns ‚wie überfallen' oder überrascht. Wir verlieren – zumindest vorübergehend – unsere Geistesgegenwart und Selbstkontrolle; wir fühlen uns geistig wie gelähmt oder verwirrt. Wir empfinden uns als unfähig, unzulänglich, minderwertig, hilflos, schwach, machtlos, wertlos, lächerlich, gedemütigt oder gekränkt. Die Beziehung zu Mitmenschen wird schlagartig abgebrochen; unsere Aufmerksamkeit und Wahrnehmung richtet sich stark auf uns selbst[510].

Scham wird häufig als eine transkulturell vorhandene Emotion angesehen, die *allen* Menschen als Möglichkeit zukommt; dennoch sind vor allem die Anlässe, aufgrund derer Menschen sich schämen bzw. beschämt werden, historisch und (sub-)kulturell variabel[511]. Insbesondere patriarchal geprägte Kulturen sind durch erhebliche Differenzen zwischen ‚männlicher' und ‚weiblicher' Scham gekennzeichnet – was für Frauen als anständig, ehrenhaft und positiv sanktionierte Verhaltensweise gilt, z.B. Zurückhaltung, Emotionalität, Passivität, Bescheidenheit in Kleidung und Auftreten, wird als Verhalten von Männern als ‚Verweiblichung'/ ‚Verweichlichung' betrachtet und damit zum Anlass für Beschämung und Scham. Umgekehrt kann es für Frauen beschämend sein, wenn sie ‚männliche' Verhaltensweisen an den Tag legen, wenn sie etwa selbst über ihr Leben zu verfügen oder sich sexuelle Freizügigkeit(en) herauszunehmen suchen[512]. Wenn eine Frau – und sei es durch Vergewaltigung – ihre ‚Ehre'

---

[509] Dorothea Baudy, „Art. Scham I. Religionswissenschaftlich", RGG[4] 7 (2004), 861f, 861. Vgl. auch James W. Fowler, *Faithful Change: The Personal and Public Challenges of Postmodern Life*, Nashville 1996, 92; Lapsley, Shame, 150f.

[510] Marks, Scham, 37.

[511] Vgl. hierzu Anja Lietzmann, *Theorie der Scham. Eine anthropologische Perspektive auf ein menschliches Charakteristikum*, Diss. masch. Tübingen 2003, 68–73. Vgl. auch Baudy, Art. Scham, 861f; Marks, Scham, 21f.

[512] Vgl. Marks, Scham, 22–24.

in diesem Sinne verliert, bedeutet dies in Gesellschaften, in denen wie im antiken Israel ein strenger Ehre-Scham-Kodex herrscht, auch einen massiven Ehrverlust – bzw. massive Beschämung – für den Mann, (zu) dem sie gehört, d.h. für ihren Vater oder Ehemann[513]. Für das Ezechielbuch ist dies vor allem deshalb von besonderem Interesse, weil in ihm – wie oben für Kap. 16 herausgearbeitet wurde – die Erfahrung der Feminisierung im Kontext von und durch Kriegsgewalt eine herausragende Rolle spielt. Auf die Frage, ob die in Ez 16 an Jerusalem gerichteten Aufforderungen, ihre Scham/Schande auf sich zu nehmen, auf das Erlernen ,weiblichen' Sich-Schämens zielt[514], werde ich daher unten ausführlicher eingehen.

Von *Schuld* unterscheidet sich *Scham* – auch wenn es sich um miteinander verwandte Phänomene handelt – vor allem aufgrund ihres umfassenderen, generalisierten Charakters: Während Scham mit einem pauschal auf die *ganze Person* gerichteten (Negativ-)Urteil verknüpft ist (,Ich bin ein Fehler'), bezieht sich Schuld immer auf eine *bestimmte Tat* (,Ich habe diesen spezifischen Fehler gemacht')[515]. Die Kontrollinstanz liegt bei Scham eher *außen*, beschämend ist vor allem der (imaginierte) Blick der anderen; bei Schuld liegt sie *innen*, im Gewissen. Weitere Unterschiede bestehen Marks zufolge u.a. darin, dass Scham ein *Gefühl*, Schuld eine *Tatsache* umschreibt; während Scham eine *entwicklungspsychologisch frühe* Erscheinung darstellt[516], handelt es sich bei Schuld (bzw. bei Schuldanerkenntnis und -bearbeitung) um ein *entwicklungspsychologisch spätes* Phänomen. Scham ist *monologisch* auf die eigene Person bezogen – wer sich schämt, bricht den Kontakt zum Gegenüber auch körpersprachlich ab –, was die Klärung eines Schamkonflikts erheblich erschwert. Schuld hingegen hat es *dialogisch* mit dem/der/den Geschädigten zu tun – wer Schuld empfindet, kann dies denjenigen, an denen er schuldig geworden ist, bekennen, kann um *Entschuldigung* bitten und Wiedergutmachung anbieten, wodurch, wird dies gewährt, Beziehung neu möglich werden kann. *Entschämung* gibt es hingegen nicht[517].

---

[513] Vgl. Lietzmann, Theorie, 155f. Vgl. auch Fischer/Riedesser, Psychotraumatologie, 318; Hauser/Joachim, Kriegsgewalt, 420f; Marks, Scham, 24; Maier, Daughter, 125.

[514] So z.B. Lapsley, Shame, 172.

[515] Vgl. Marks, Scham, 60; Fowler, Change, 92; Lapsley, Shame, 151.

[516] Vgl. hierzu das eindrucksvolle Beispiel bei Fowler, Change, 97.

[517] Vgl. Marks, Scham, 59–61. Zu den Dimensionen von posttraumatischer Scham und posttraumatischer Schuld und deren Unterscheidung vgl. ausführlich Droždek/Turkovic/Wilson, Shame, 334–351.

Während von außen zugefügte Beschämungen die betroffenen Personen (erheblich) verletzt, erniedrigt, verohnmächtigt und mit beschädig-
tem Selbst zurücklassen, hat nicht jedes Schamphänomen *per se* etwas
mit Degradierung zu tun; auch geht nicht jeder Schamempfindung ein
gezielter Beschämungsakt voraus[518]. Marks unterscheidet sechs verschiedene Formen von Scham, die sich in drei (Gegensatz-)Paaren zur Darstellung bringen lassen – ein Scham-Element jedes Paars hat jeweils durchaus
persönlichkeitsbildende bzw. -stärkende Funktion, während das andere
jeweils darauf basiert, dass Einzelne (gezielt) herabgewürdigt werden,
was allerdings durchaus im Interesse der Gruppe oder der Gesellschaft
liegen kann. Das zwischen den beiden Scham-Elementen eines Paars
bestehende Spannungsverhältnis verdeutlicht dementsprechend eine der
wesentlichen Funktionen von Scham, nämlich die Regulierung der Relation zwischen Individuum und Kollektiv[519]:

1) *Gruppen-Scham* und *empathische Scham*: Beide beziehen sich nicht
   auf die eigene Person, sondern auf andere Personen. Während allerdings die Gruppen-Scham ein distanzierendes ‚Fremdschämen' *für* ein
   unangepasstes oder erniedrigtes Mitglied der eigenen Gruppe meint,
   beschreibt die empathische Scham ein einfühlendes, bezeugendes
   ‚Mitschämen' mit sich schämenden bzw. beschämten, gedemütigten
   Anderen[520]. Letzteres „ist eine wesentliche Voraussetzung für Gewissensbildung und Mitmenschlichkeit"[521].

2) *Intimitäts-Scham* und *traumatische Scham*: Intimitäts-Scham hat
   die Funktion, die physischen und psychischen Grenzen der eigenen
   Person – und damit deren Privatsphäre und Identität – zu schützen,
   etwa durch die Verhüllung intimer Körperregionen oder durch das
   Für-sich-Behalten persönlicher Gedanken angesichts anderer Menschen[522]. Für die Entwicklung dieser (‚gesunden'!) Intimitäts-Scham
   ist das Gelingen der frühen Eltern-Kind-Kommunikation, welche die
   verlässliche Präsenz der Bezugspersonen, das *liebevolle* Anschauen
   sowie die Wahrung der *Grenzen* des Kindes umfasst, von herausragender Bedeutung[523]. ‚Pathologische' bzw. traumatische Scham hingegen

---

[518] Vgl. hierzu Lietzmann, Theorie, 173–181.
[519] Vgl. Marks, Scham, 158–160.
[520] Vgl. Marks, Scham, 25–27.160f; Baudy, Art. Scham, 861.
[521] Marks, Scham, 161.
[522] Vgl. Marks, Scham, 27–29; Lietzmann, Theorie, 115; Baudy, Art. Scham, 861.
[523] Vgl. Marks, Scham, 38–40.

kann dadurch ausgelöst werden, dass die Intimitätsgrenzen intensiv oder wiederholt verletzt werden, etwa durch sexualisierte, sexuelle oder weitere Formen intrusiver Gewalt, Folter oder andere Übergriffe[524]. Werden Menschen in (kumulativ-)traumatischer Weise verletzt, wird ihre Intimitäts-Scham gleichsam zertrümmert – „die Betroffenen werden von einem überstarken Schutzbedürfnis beherrscht oder haben die Fähigkeit, sich zu schützen, verloren"[525]. Störungen des frühen Eltern/Bezugspersonen-Kind-Austauschs können zum Entstehen traumatischer Scham beitragen, „und zwar umso eher dann, wenn im weiteren Verlauf des Lebens zusätzliche Erfahrungen von Ohnmacht, Zurückweisung, Erniedrigung [...] oder andere traumatische Erfahrungen hinzukommen"[526].

Traumatische Scham lässt sich dementsprechend nicht nur als eine (extreme) Form von Scham, sondern auch als Trauma-Phänomen beschreiben – nahezu alle PsychotraumatologInnen rechnen Schamgefühle unter die Symptome der PTBS und verwandter Syndrome[527], wobei heftige Schamgefühle vor allem bei Opfern sexueller Gewalt oder sexueller Folter vorkommen[528]. Letzteres gilt auch für die mit der Trauma-Scham verwandten Gefühle des Ekels, des Beschmutztseins und des Entwertetseins[529]. Robert J. Lifton und Catherine Merridale haben Scham auch bei Hiroshima-Überlebenden bzw. bei Opfern des Stalinismus als zentrale Trauma-Reaktion ausgemacht, die sich vor allem auf das eigene Opfergewordensein, d.h. auf die Erfahrungen, ohmächtig gemacht und (beinahe) vernichtet worden zu sein, bezieht[530]. Auch als „Erklärung für das Nichtsprechenkönnen [...] vieler

---

[524] Vgl. Marks, Scham, 29–33.

[525] Marks, Scham, 162.

[526] Marks, Scham, 42f. Zum Ganzen vgl. a.a.O., 40–43.

[527] Vgl. Herman, Narben, 169; Huber, Trauma, 260.264; *epd Dokumentation* 25/2005: „Verantwortung für traumatisierte Flüchtlinge: Bericht der unabhängigen Kommission ‚Abschiebung kranker Flüchtlinge und ethische Verantwortung' ", 9.

[528] Vgl. Herman, Narben, 45.79–84; Kühner, Traumata, 40; Hauser/Joachim, Kriegsgewalt, 412f.429f.

[529] Vgl. Herman, Complex PTSD, 385f; Kühner, Traumata, 40; Fischer/Riedesser, Psychotraumatologie, 318.321. Fischer und Riedesser weisen darüber hinaus darauf hin, dass die durch die „Erfahrung negativer Intimität" ausgelösten Ekelreaktionen „einem Ausstoßreflex entsprechen, durch den der Körper sich von aufgenommenen Fremdstoffen, z.B. von Giften zu reinigen sucht" (a.a.O., 318).

[530] So Kühner (dies., Traumata, 41), unter Verweis auf Robert J. Lifton, *Das Ende der Welt. Über das Selbst, den Tod und die Unsterblichkeit*, Stuttgart 1994 [amerikanische Originalausgabe 1987], und Catherine Merridale, *Steinerne Nächte. Leiden und Sterben in Russland*, München 2001.

Traumatisierter werden häufig massive Schamgefühle angeführt"[531].
Die Ursache für den Zusammenhang zwischen Scham bzw. Beschämt-
werden und (Ver-)Schweigenmüssen ist dabei wahrscheinlich in neu-
robiologischen Prozessen zu suchen, wirkt doch Scham – wie jede
Form von extremem Stress – wie ein „kognitiver Schock, der höhere
Funktionen der Gehirnrinde zum Entgleisen bringt"[532], d.h. dass etwa
Gedächtnis, Sprachvermögen und Affektregulierung „im akuten psy-
chischen Aggregatzustand der Scham"[533] nicht verfügbar sind.

3) *Anpassungs-Scham* und *Gewissens-Scham*: Auch Anpassungs- und
Gewissens-Scham beziehen sich auf die eigene Person. Anpassungs-
Scham erwächst aus dem Erleben, den bestehenden Erwartungen und
Normen einer Gruppe oder Gesellschaft nicht entsprochen zu haben
oder nicht entsprechen zu können, etwa durch Verletzung von Höf-
lichkeitsregeln, ‚Versagen‘, Unzuverlässigkeit, Inkonsequenz, aufgrund
von psychischen Schwierigkeiten, sozialer ‚Schwäche‘ (z.B. Arbeits-
losigkeit) sowie nicht-konformer Gefühle oder der „Zugehörigkeit zu
einer diskriminierten Gruppe, Ethnie oder Religionsgemeinschaft"[534].
Insofern das Funktionieren jedes Kollektivs darauf angewiesen ist, dass
bestimmte Normen von seinen Mitgliedern mitgetragen werden, ist
hier allerdings noch einmal zwischen ‚natürlichen‘ und ‚erzwungenen‘
Anpassungs-Schamgefühlen zu differenzieren. Natürliche Anpassungs-
Schamgefühle entstehen dann, wenn die „Abweichung zwischen dem,
‚wie ich sein sollte‘, und dem, wie ich gehandelt habe"[535], wahrgenommen wird – dies kann für die moralische Entwicklung durchaus för-
derlich sein. Erzwungene Anpassungs-Schamgefühle hingegen sind die
Folge beschämender Erziehungspraktiken, die auf Verfehlungen von
Normen mit die ganze Person in Frage stellenden oder gar existen-
tiell bedrohenden Beschämungen (z.B. Verächtlichkeit ausdrückende
Blicke, Liebesentzug, Vorwürfe, Schläge) reagieren[536]. Besonders oft
ist oder wird der eigene Körper Quelle von Anpassungs-Scham, z.B.

---

[531] Kühner, Traumata, 40; vgl. Hauser/Joachim, Kriegsgewalt, 412.

[532] Donald Nathanson, „A Timetable for Shame", in: ders. (Hg.), *The Many Faces of
Shame*, New York 1987, 1–63, 26 (zitiert nach Marks, Scham, 67). Folge dieser neurobio-
logischen Prozesse sind die charakteristischen körperlichen, emotionalen und kognitiven
‚Scham-Reaktionen‘ wie u.a. Erröten, Schwitzen, plötzliches Zusammensacken des Kör-
pers, Beziehungsabbruch sowie überfallartiger Verlust der geistigen Fähigkeiten. Zum
Ganzen vgl. auch a.a.O., 66–69.

[533] Marks, Scham, 67.

[534] Marks, Scham, 18. Zum Ganzen vgl. a.a.O., 14–18.

[535] Marks, Scham, 54.

[536] Vgl. Marks, Scham, 54–57.

bei bestimmten Krankheiten oder körperlichen Merkmalen, wenn herrschenden Leistungs- oder Schönheitsidealen nicht entsprochen werden kann, oder bei Kontrollverlust im Hinblick auf bestimmte Körperfunktionen, so dass man von einer regelrechten ‚Körper-Scham' sprechen kann[537].

Während Anpassungs-Scham also mit der *Konformität* an ein Außen zu tun hat, geht es bei der Gewissens- oder moralischen Scham um *Integrität* dem eigenen Inneren gegenüber; zu Gewissens-Scham kommt es etwa dann, wenn Menschen nicht ihren eigenen Werten und Idealen entsprechend handeln (können), wenn sie sich materiell, politisch oder seelisch haben korrumpieren lassen, wenn (Mit-) Menschlichkeit und Zivilcourage verfehlt werden. Positiv formuliert bewirkt Gewissens-Scham eine respektvolle Haltung uns selbst und anderen gegenüber und schützt vor sündhaftem Tun[538]. Darüber hinaus sorgt sie dafür, „dass auch die Täter aus einer Gewalterfahrung beschädigt hervorgehen"[539], erinnert an unversöhnte Schuld und an die Notwendigkeit der Wiedergutmachung[540]. Da sich der Mensch mit der Entwicklung von Ich und Gewissen nicht mehr primär an von außen an ihn herangetragenen Erwartungen und Normierungen ausrichtet, sondern selbstverantwortete Entscheidungen zu treffen sucht, die auf verinnerlichte Ideale und ethische Werte gegründet sind, besteht die Gewissens-Scham zuallererst in Schamgefühlen der eigenen Person gegenüber und ist weniger eine Scham vor anderen. Gelernt wird sie mit der Gewissensbildung selbst, für welche die „Entwicklung bewußter innerer Maßstäbe des Urteils und der Fähigkeiten zu Empathie und zur Rollenübernahme"[541] von herausragender Bedeutung sind. Die Ausbildung von Empathie wiederum wird dadurch begünstigt, dass Heranwachsende mit ihren Gefühlen und Bedürfnissen geachtet und wertgeschätzt werden, d.h. auch sie hat mit dem Erleben verlässlicher, stabiler Beziehung(en) zu tun[542].

---

[537] Vgl. Marks, Scham, 18–21; Lietzmann, Theorie, 89–92.
[538] Vgl. Léon Wurmser, *Die Maske der Scham. Die Psychoanalyse von Schamaffekten und Schamkonflikten*, Berlin u.a. ³1997, 73f.
[539] Marks, Scham, 34.
[540] Vgl. Marks, Scham, 33–35.
[541] Lawrence Kohlberg, „Moralische Entwicklung", in: Wolfgang Althof (Hg.): *Lawrence Kohlberg. Die Psychologie der Moralentwicklung*, Frankfurt a.M. 2000, 7–40, 38. Vgl. auch a.a.O., 26f.
[542] Vgl. Marks, Scham, 57–59.

Schamgefühle – insbesondere solche, die durch von anderen Menschen
ausgehende Beschämungen hervorgerufen werden – können so schmerzhaft sein, dass sie, häufig auch unbewusst, abgewehrt werden. Drei Gruppen von Abwehrmechanismen lassen sich diesbezüglich unterscheiden:

1) *Einfrierende Reaktionen oder Versteck-Impulse* wie emotionale Erstarrung und sozialer Rückzug[543].

2) *Kampf-Reaktionen* wie Beschämen[544], Verachten, Zynismus, Negativis-
   mus, sekundäre Schamlosigkeit[545], Arroganz, Groll, Neid, Ressentiment,
   Trotz, Zorn und Wut[546].

---

[543] Vgl. Marks, Scham, 71–78.

[544] Lietzmann zufolge lassen sich – auch wenn sie ihre (Hinter-)Gründe haben – Beschämungen auch „generell als Machttechnik verstehen. Be-schämungen stellen Ungleichhei-
ten her: zwischen der Person, die eine andere beschämt – genauer, die über die Mittel
verfügt, bei einer anderen Person gegen deren Willen ein Schamerlebnis hervorzurufen –
und der Person, die hilflos das Schamerlebnis erleiden muß. [...] Beschämungen verfolgen
stets das ausdrückliche Ziel, entweder ein bereits bestehendes Machtverhältnis explizit
sichtbar zu machen und zu erneuern oder eine neue Machthierarchie herzustellen." (Dies.,
Theorie, 175.)

[545] Während man früher häufiger von der Schamlosigkeit oder Schamfreiheit kleiner
Kinder oder ‚archaischer Naturvölker' sprach, wird die Existenz *primärer* Schamlosigkeit
in der zeitgenössischen Philosophie und Psychologie sowohl im Hinblick auf die phylo-
genetische als auch auf die ontogenetische menschliche Entwicklung zumeist bestritten.
Menschsein, das von der Möglichkeit, Scham zu empfinden, völlig frei ist, gibt es höchstwahrscheinlich nicht – und gab es vermutlich nie (vgl. Lietzmann, Theorie, 52–57). Vielmehr ist davon auszugehen, dass scham-los nur wird, wer Scham empfinden kann bzw.
empfindet. Das Phänomen der *sekundären* Schamlosigkeit ist deshalb mit Wurmser als
„eine Reaktionsbildung gegen Scham" aufzufassen, die „als Verschiebung von Scham in
Erscheinung [tritt]" (Wurmser, Maske, 394). Menschen, die unter einengenden Intimitäts-
Schamgefühlen leiden, wehren diese etwa dadurch ab, dass sie ihre scheinbare Unabhängigkeit von Intimitäts-Schamgrenzen – im Extremfall bis hin zum Exhibitionismus – zur
Schau stellen; wer von traumatischen Schamgefühlen gequält wird, reagiert darauf möglicherweise mit der schamlosen Verletzung der Grenzen, der Intimsphäre, der Würde anderer (vgl. Marks, Scham, 87). Schamlosigkeit(en) kann/können auch (bewusst) als eine Form
des Protests gegen in einem Kollektiv herrschende Werte und Normen eingesetzt werden
(vgl. Lietzmann, Theorie, 59–62). Das völlige Fehlen von Schamaffekten ist gelegentlich
im Zusammenhang mit bestimmten neurologischen und psychischen Erkrankungen bzw.
Reaktionsbildungen zu beobachten. Auch hierbei handelt es sich um sekundäre Schamlosigkeit – sie ist entweder, wie z.B. bei der Schizophrenie oder der PTBS, als Auswirkung
von frühen und fundamentalen Verletzungen von Selbst- und Intimitätsgrenzen, oder, wie
z.B. bei Morbus Alzheimer oder im Rahmen einer (manischen) Psychose, als (intermittierende) Folge einer Grunderkrankung zu betrachten (vgl. Lietzmann, Theorie, 65f).
Die Rede von Jerusalems „Schamlosigkeit" bzw. *„shamelessness"*, wie sie viele AuslegerInnen mit Bezug auf Ez 16 verwenden (vgl. vor allem Lapsley, Shame, 160–171; dies., Bones,
145–155; Block, Ezekiel 1–24, 756; Odell, Ezekiel, 196; Maier, Daughter, 125), erscheint vor
diesem Hintergrund problematisch.

[546] Vgl. Marks, Scham, 78–95.

3) *Flucht-Impulse* wie Größenphantasien, Idealisierung, Perfektionismus und Sucht[547].

All diesen Abwehrformen ist gemeinsam, dass sie in emotionale Sackgassen bzw. in verschiedene Teufelskreise, etwa den „von Scham und Beschämung, von Scham und Delinquenz sowie von Scham und Sucht", einmünden – „die Abwehr [vermag] zwar kurzfristig von unerträglichen Schuldgefühlen zu entlasten [...], [stellt] langfristig aber nicht immer einen konstruktiven Weg dar[], mit diesem schmerzhaften Gefühl umzugehen"[548]. Letzterer kann erst dort gelingen, wo Scham bewusst wahrgenommen, zugelassen und als das, was sie ist, ausgehalten wird. Doch können Schamgefühle in aller Regel nur offenbart werden, wenn die/der Beschämte darauf vertrauen kann, dass ihre/seine Offenheit nicht zu neuerlicher Verletzung führt, d.h. es bedarf einer vertrauensvollen Beziehung, damit Schamgefühle gezeigt werden können[549].

6.2. *Scham im Ezechielbuch – Forschungsschlaglichter*

In der Kommentarliteratur zum Ezechielbuch wird, dies zeigt ein grober Überblick über die enthaltenen Analysen der für die Thematik wichtigen Textstellen Ez 6,9, 16,59–63, 20,43, 36,7, 36,31f und 43,10f, das Phänomen ‚Scham' kaum je als eigenes Thema erörtert. Dass das Motiv an den genannten Stellen weitgehend ignoriert wird, ist eher die Regel als die Ausnahme[550], auch wenn gelegentlich festgehalten wird, dass das Ezechielbuch das Aufkommen von Schamgefühlen ungewöhnlicherweise auf die Verkündigung der Wiederherstellung Israels folgen lässt[551]. Letzteres hat – wo es überhaupt interpretiert wurde – eine doppelte Deutung erfahren: Während einige AuslegerInnen hier ein ‚primitives' Gnadenverständnis erkennen zu können meinten, welches „von der evangelischen Auffassung von der herrlichen Freiheit der Kinder Gottes, die ‚ein lustig fröhlich Herz' haben (Luther) [weit entfernt]" sei[552], sahen andere in der im Ezechielbuch beschriebenen Scham eine der unermesslichen Gnade,

---

[547] Vgl. Marks, Scham, 95–100.

[548] Marks, Scham, 100.

[549] Vgl. Marks, Scham, 157.

[550] So z.B. bei Kraetzschmar, Ezechiel; Cooke, Ezekiel; Blenkinsopp, Ezekiel; Pohlmann, Hesekiel 1–19; ders., Hesekiel 20–48; Greenberg, Ezechiel 1–20; Sedlmeier, Ezechiel 1–24; Greenberg, Ezechiel 21–37.

[551] Vgl. z.B. Kraetzschmar, Ezechiel, 278; Greenberg, Ezechiel 1–20, 350.

[552] Bertholet, Hesekiel, 61 (zu Ez 16,59–63). Vgl. auch Kraetzschmar, Ezechiel, 155; Fohrer, Ezechiel, 93f.

Treue und Liebe Gottes durchaus angemessene Reaktion, die mit der Anerkenntnis menschlicher Sündhaftigkeit und Wertlosigkeit Hand in Hand gehe:

> [T]he experience of divine mercy drives true covenant people to their knees. [...] The good news of the gospel is not that ‚there must be something truly wonderful about us if he [God] can love us and accept us so readily,‘ but that there must be something truly wonderful about God! While all human beings do indeed have intrinsic dignity by virtue of their status as images of God, notions of self worth must be distinguished from ideas of worthiness. Our status as God's image provides the basis for his unique interest in us, but our fallen condition disqualifies us claiming this status as a natural right. God did not express his love in Jesus Christ in response to our worthiness, but to redeem us from our unworthiness[553]. (Daniel I. Block zu Ez 20,43f)

Eingehender mit der Schamkonzeption des Ezechielbuchs beschäftigt haben sich u.a. Jacqueline E. Lapsley und Johanna Stiebert, deren Entwürfe im Folgenden kurz vorgestellt werden sollen[554].

Lapsley legt ihrer Analyse die auf Carl Schneider zurückgehende Unterscheidung von *discretion-shame* (franz. pudeur) und *disgrace-shame* (franz. honte) zugrunde. Während *discretion-shame* als (immer auch die gesellschaftlich gewünschte Ordnung der Dinge widerspiegelndes) ‚angemessenes‘ Schamgefühl, als Gegensatz von Schamlosigkeit, schon *im Vorfeld einer Handlung* vorhanden sei und mit einem Status von *Ehre* und Achtungswürdigkeit einhergehe, trete *disgrace-shame nach einer Handlung* als schmerzhafter Bruch in der Beziehung zu sich selbst und zu anderen auf und sei mit (der Empfindung von) *Ehrverlust* verknüpft[555]. Zwar besäßen – auch wenn kulturelle Unterschiede in Rechnung zu stellen seien – Frauen und Männer *discretion-shame* und erführen *disgrace-shame*; aufgrund der engen Verknüpfung von Sexualität und Scham insbesondere

---

[553] Block, Ezekiel 1–24, 658f; vgl. auch a.a.O., 231f.520.657; ders., Ezekiel 25–48, 359. Vgl. außerdem Eichrodt, Hesekiel, 131–134.185f.352f; Zimmerli, Ezechiel 1, 371.458; ders., Ezechiel 2, 88of.1085; Fuhs, Ezechiel, 87f; Allen, Ezekiel 1–19, 248.

[554] Vgl. Lapsley, Shame, passim; dies., Bones, 129–156.177–179; Stiebert, Shame, passim; dies., Construction, 129–173; Johanna Stiebert, „The Woman Metaphor of Ezekiel 16 and 23: A Victim of Violence, or a Symbol of Subversion?", OTE 15 (2002), 200–208, passim. Vgl. auch Margaret S. Odell, „An Exploratory Study of Shame and Dependence in the Bible and Selected Near Eastern Parallels", in: K. Lawson Younger u.a. (Hg.), *The Biblical Canon in Comparative Perspective: Scripture in Context IV* (ANETS 11), Lewiston u.a. 1991, 217–233, passim; dies., „The Inversion of Shame and Forgiveness in Ezekiel 16.59–63", *JSOT* 56 (1992), 101–112, passim; dies., Ezekiel, 196. Die Ausführungen von Odell beziehen sich in erster Linie auf Ez 16,59–63 und bleiben deshalb hier unberücksichtigt.

[555] Vgl. Lapsley, Shame, 151–153; dies., Bones, 137f. Vgl. auch Maier, Daughter, 125.

im Hinblick auf die weibliche Geschlechtsrollenkonstruktion allerdings sei *discretion-shame* für die Konfiguration weiblicher Scham wesentlicher als für die männlicher. Umgekehrt sei weibliche *disgrace-shame* weitaus häufiger das Resultat sexueller Aktivitäten und Einstellungen als männliche[556]. Beide Schamformen seien für die Persönlichkeitsentwicklung von herausragender Bedeutung – nicht nur das Erleben von *discretion-shame*, auch die qualvolle, verwirrende Erfahrung von *disgrace-shame* eröffne die Möglichkeit, „that ‚identity may not only be confirmed, but shaped, enlarged, and put into perspective.' "[557]

Das Ezechielbuch rekurriere, wo es um die Entfaltung des neuen moralischen Selbst gehe, vor allem auf Scham als Empfindung der eigenen Wertlosigkeit, wie sie sich einstellt, sieht man sich plötzlich den Blicken anderer ausgesetzt[558]. Für die Schamkonzeption des Ezechielbuchs prägend seien darüber hinaus die folgenden Aspekte:

1) Entscheidend sei „the private experience of shame"[559] – es gehe um das innerliche Innewerden des Blicks der Anderen, deren aktive Beteiligung allerdings nicht vonnöten sei. In diesem Sinne verspreche JHWH, etwa in Ez 36,15, die Beschämungen durch die Nationen, die keinem didaktischen Zweck dienen und darüber hinaus auf JHWH zurückfallen, zu eliminieren. Die *disgrace-shame*, die Israel (bzw. Jerusalem) mehrfach nahegelegt werde, stelle sich als Geschenk JHWHs dar, das die sich so Schämenden von deren Selbsttäuschungen befreie, worüber es schließlich zur Wiederherstellung ihrer Beziehung mit JHWH komme[560].

2) Der in Ez 16 und 23 gezeichneten Stadtfrau Jerusalem mangele es sowohl an *discretion-shame* als auch an *disgrace-shame*, was zu massiver moralischer Verfehlung geführt habe. Um sie für ihre Schamlosigkeit zu bestrafen, werde die Frau immer neuen schamvollen Erfahrungen ausgesetzt. Dies könne allerdings kaum fruchten, da sie gar nicht in der Lage sei, Scham zu empfinden. „Only when the divine/human relationship has been restored, and Jerusalem is returned to

---

[556] Vgl. Lapsley, Shame, 152; dies., Bones, 137.
[557] Lapsley, Bones, 138 (unter Verwendung eines Zitats von Carl D. Schneider, *Shame, Exposure, and Privacy*, Boston 1977, 25); vgl. auch Lapsley, Shame, 152f.
[558] Vgl. Lapsley, Shame, 153; dies., Bones, 138f. Dass das Ezechielbuch gelegentlich mit dem (zu verinnerlichenden) Blick der Anderen arbeitet, zeigt sich etwa in Ez 16,27.37.41.57. Vgl. hierzu auch Lapsley, Shame, 162–164; Maier, Daughter, 125.
[559] Lapsley, Shame, 159.
[560] Vgl. Lapsley, Shame, 157–159, dies., Bones, 142–145.

her ‚rightful' place, [...] appropriate feelings of shame inevitably will follow."[561]

3) Über die Identifikation mit der Stadtfrau Jerusalem lege Ezechiel seinem (männlichen?)[562] Publikum eine weibliche (Konstruktion von) Scham nahe. Die Angesprochenen hätten sich in ihren politischen Allianzen und religiösen Praktiken gegenüber Jhwh treulos, unbescheiden und respektlos verhalten – nun würden sie, über die (literarische) Darstellung des beschämenden Benehmens der metaphorischen Stadtfrau, mit ihrem eigenen beschämenden Verhalten konfrontiert. „In their feeling this shame as disgrace, the people can move to possessing a sense of shame as discretion. But [...] shame as discretion is most often reserved for women."[563]

Stiebert hebt besonders hervor, dass Scham im Ezechielbuch nicht als *Voraussetzung*, sondern als *Folge* der Wiederherstellung des Hauses Israel dargestellt wird. Im Hinblick auf Ez 36,16–32 heißt es bei ihr:

> Yhwh brings the people back to their land, cleanses, feeds, renews and renders them obedient (36.24–29). It is only then, and *although humiliating circumstances* (חרפה) *have been removed* (36.30), that the people feel self-loathing (36.31) and are invited to express shame (בושו והכלמו) (36.32). These negative self-evaluations appear to be an important part of restoration, possibly an inward correlative of the external purging and cleansing[564].

Die Einschärfung von Scham gehe im Ezechielbuch eine enge Verbindung mit dem Motiv des – ethisch gewendeten – inneren Reinwerdens ein[565].

In der Folge bezieht sich Stiebert in erster Linie auf Ez 16 und 23 – vor allem in diesen Buchkapiteln würden obszöne (Sprach-)Bilder eingesetzt „to evoke the realization of defilement and shame. As sexual discharges are linked to impurity and nakedness to shame, such imagery is particularly suitable for this dual aim."[566] Geichwohl habe bislang weder ein feministisch-kritischer noch ein psychoanalytischer Ansatz die in Ez 16 und 23 gebrauchten extrem-bizarren Metaphern hinreichend verständlich

---

[561] Lapsley, Shame, 165. Zum Ganzen vgl. a.a.O., 160–171, sowie dies., Bones, 145–156.

[562] Lapsley geht davon aus, dass „Ezekiel assumes a male audience", sei doch auch „a mixed audience [...] a male audience by default" (dies., Bones, 156; vgl. dies., Shame, 172).

[563] Lapsley, Shame, 172. Zum Ganzen vgl. a.a.O., 171f; dies., Bones, 156.

[564] Stiebert, Construction, 133 (Hervorhebung R.P.). Zum Ganzen vgl. a.a.O., 132f.

[565] Vgl. Stiebert, Construction, 129–133.161.

[566] Stiebert, Construction, 161.

machen können[567], so dass weitere Erklärungsmodelle heranzuziehen seien. Ein solches sieht Stiebert im Konzept der *antilanguages*, Sprachen oder besser: Gegensprachen unterdrückter Minderheitengruppen, über die versucht würde, die bestehenden Verhältnisse mittels gewalt(tät)iger Bilder, überladener Rhetorik und grotesker Parodien radikal ‚umzusprechen‘. Weitere Kennzeichen von *antilanguages* seien eine Tendenz zum Vulgären, ‚durchtriebene‘ Wortspiele und ‚ausschweifender‘ Metapherngebrauch; darüber hinaus eigne ihnen häufig eine aufstörende, verwirrende und schockierende Wirkung sowohl in linguistischer als auch in ethischer Hinsicht[568]. In diesem Rahmen und vor dem sozialgeschichtlichen Hintergrund der Exilskatastrophe, in deren Folge die völlige ‚Verwerfung‘ der Vergangenheit sich als notwendig für die Eröffnung eines neuen Anfangs erwiesen haben könnte, lasse sich die Einschärfung von Scham im Ezechielbuch als eine Möglichkeit verstehen „to subvert and resist the values of a ruined culture and to construct an alternative counter-reality"[569].

6.3. *Beschämung und Scham im Ezechielbuch*

Das Ezechielbuch kennt – dies deutet sich bereits bei Lapsley an – verschiedene Formen von Beschämung und Scham. Diese lassen sich – schaut man etwa darauf, wer beschämt, wer sich schämt/schämen soll und wessen Beschämen bzw. wessen Scham beendet wird/werden soll – gleich fünffach differenzieren. Neben dem Versuch, die ezechielischen Schamphänomene ein Stück weit zu systematisieren, steht im Folgenden auch derjenige, diese zu den von Marks herausgearbeiteten Schamformen in Beziehung zu setzen.

1) Ez 7,18 gehört zu jenen Versen (vgl. vor allem V16–18), die die traumatischen Reaktionen der in Juda lebenden Menschen angesichts des über die „Ackererde Israels" hereinbrechenden Endes (vgl. V1) beschreiben. Wenn es in diesem Kontext heißt, dass Entsetzen (פלצות, vgl. noch Jes 21,4; Ps 55,6; Ijob 21,6) sie bedeckt und auf all ihren Gesichtern Scham (בושה) ist, dann dürfte dies am ehesten im Sinne von *traumatischen Schamgefühlen* – Resultat der gewaltförmigen Zerstörung von *Initimitäts-Scham* zu deuten sein.

---

[567] Vgl. Stiebert, Construction, 133–151.161f.
[568] Stiebert, Metaphor, 205. Vgl. auch dies., Construction, 151–161, sowie dies., Shame, 268–271.
[569] Stiebert, Construction, 162.

2) Dass Israel die Beschämung durch die Nationen (er-)tragen muss(te), wird in Ez 34,29, 36,4.6.15.30 rückblickend, d.h. im Zuge der Ankündigung, dass dieser schmachvolle Zustand von Jhwh beendet werden wird, ausgesagt. In Ez 28,24.26 – im Zusammenhang eines Drohworts an Sidon – ist davon die Rede, dass das Haus Israel von ringsum verachtet wird; hier wird den Verachtenden im unmittelbaren Kontext das Gericht Jhwhs angesagt (vgl. Ez 21,33; 25,6.15; 36,5). Von ‚ununterbrochenen‘, aus dem Munde der edomitischen und philistäischen Tochterstädte kommenden Demütigungen, die allerdings auf Jerusalem zielen, hören wir in Ez 16,57 – im Verlauf des Ezechielbuchs wird einzig den in diesem Vers ausgesprochenen Bloßstellungen nicht explizit ein (göttliches) Ende gesetzt!

Den Nationen in den Mund geschobene, gegen Israel sich richtende Beschämungen sind in Ez 25,3.8, 26,2, 35,10.12 und 36,6.20 enthalten. Fragt man nach den Konsequenzen dieser Verachtungssätze auf Seiten Israels, legt sich der Gedanke an *Anpassungsscham* nahe, die sich sowohl auf den Status unter den Nationen als auch auf den Status als Volk Jhwhs beziehen kann. Damit fallen die Beschämungen der Nationen gleichsam auf Jhwh selbst zurück. Sofern die internationalen Beschämungen Israel primär für die Erfahrungen der Niederlage, des Verlusts, der Schwäche und der Ohnmacht verhöhnen, könnte man in ihnen auch einen Mechanismus sehen, der auf die (nochmalige) Steigerung der von Israel erfahrenen *traumatischen Scham* zielt.

3) Dass die umgebenden Nationen Jerusalem beschämen, ist nicht (allein) auf die Initiative der Nationen zurückzuführen, heißt es doch mehrfach, dass die judäische Hauptstadt in den Augen der Nationen bzw. „aller Vorübergehenden" *durch das richtende Handeln Jhwhs* zu Schmach, Schande und Spott (חרפה[570]: Ez 5,14.15; 22,4; גדופה: Ez 5,15; קלסה: Ez 22,4; vgl. Ez 23,32 [לעג]) *gemacht* wird. Dies lässt sich so deuten, dass Jerusalem für diejenigen, die die judäische Hauptstadt in ihrem schreckensstarren Zustand zu Gesicht bekommen, zum Scham-Anlass[571] wird. Sofern dies bei den AugenzeugInnen nicht zur Solidarisierung mit (empathische Scham), sondern zur Distanzierung von Jerusalem bzw. vom Haus Israel und zu deren Beschämung führt,

---

[570] Vgl. hierzu Ernst Kutsch, „Art. חרף II", ThWAT III (1982), 223–229, 227f. In Wendungen, wo eine Stadt oder ein Volk חרפה oder לחרפה wird bzw. gemacht wird, wird, so Kutsch, „[חרפה] [...] geradezu zu einer Bezeichnung derer, denen ‚Schmach‘ aufliegt, die sich ‚in Schmach‘ befinden" (a.a.O., 227).

[571] Zu diesem Begriff vgl. Lietzmann, Theorie, 13–16.

scheint es sich hier um eine Art *Gruppenscham* (auf der Ebene von Stadt- bzw. Nationen-‚Verwandtschaften‘) zu handeln. Dies dürfte auch für Ez 16,27 gelten, wo davon gesprochen wird, dass die philistäischen „Stadt-Töchter" sich für das Verhalten Jerusalems schämen (כלם *Nif'al*) – und damit empfinden, was Jerusalem nicht empfindet bzw. nicht empfinden kann (vgl. auch Ez 16,57 und dazu oben).

4) Zwar wird dem Haus Israel, wie unter (2) dargestellt, immer wieder das Ende der Beschämung *durch die Nationen* angekündigt – gleichwohl aber gehören das (Er-)Tragen (vielleicht auch ‚Annehmen'!) der *eigenen* Scham (נשא כלמתם/כלמתך, vgl. Ez 16,52.52.54[63]; 39,26[572]; 44,13[573]) und das Sich-Schämen (√בוש: 16,52.63; 36,32; √כלם: 16,54.61; 36,32; 43,10.11) angesichts der *eigenen* (Un-)Taten zu den Verhaltens- bzw. Empfindungsweisen, die JHWH Jerusalem und dem Haus Israel nahe legt. Dabei geht dem Sich-Schämen in allen genannten Zusammenhängen eine Schicksalswende, näherhin die (Re-)Etablierung der (Bundes-)Beziehung zwischen Gott und Volk (vgl. z.B. Ez 16,60.62; 36,26f.28b; 39,25; 43,7.9) und die Wiederherstellung bzw. Erneuerung sicherer Lebensgrundlagen durch JHWH (vgl. Ez 36,24.28a.29f; 39,26b[574]) voraus. Ez 39,26 zufolge muss sogar der letzte Feind Israels (Gog=Nebukadnezar) endgültig fallen, bevor sich die IsraelitInnen wirklich schämen können[575]. Mindestens drei Aspekte sind hier grundsätzlich bemerkenswert: 1. Scham – jedenfalls Scham in der geforderten Form – wird/kann sich erst auf der Grundlage einer gelingenden Bundesbeziehung und der mit dieser verbundenen Segnungen einstellen; sie ist der umfassenden

---

[572] Ez 39,26a ([...] ונשו את־כלמתם ואת־כל־מעלם) wird häufig mit „Sie aber sollen ihre Schmach und alle ihre Sünde [...] vergessen" (Lutherübersetzung 1984) oder vergleichbar übersetzt (vgl. Einheitsübersetzung, BigS, NIV, NRSV). Die Konstruktion ist allerdings dieselbe wie in Ez 16,52.52.54; 44,13 – hier wie dort wird √נשא + כלמה verwendet –, so dass es kaum gerechtfertigt erscheint, sie in Ez 39,26 anders wiederzugeben als an den anderen Belegstellen.

[573] In Ez 44,13 sind die levitischen Priester Subjekt des ‚Scham-(Er-)Tragens'.

[574] In Ez 16 ist im Kontext davon die Rede, dass Jerusalem in „ihren" früheren Zustand zurückkehrt (V55), eine Formulierung, die wohl am ehesten auf die Wiederherstellung der Lebensgrundlagen (in einem umfassenden Sinne) zu deuten ist (vgl. Block, Ezekiel 1–24, 514). Im unmittelbaren Kontext von Ez 43,10.11 werden zwar Aspekte des guten Lebens im Land nicht explizit erwähnt, dieses allerdings ist gleichsam ein/das Grundthema der Kapitel 40–48.

[575] Vgl. Julie Galambush, „Necessary Enemies: Nebuchadnezzar, YHWH, and Gog in Ezekiel 38–39", in: Brad E. Kelle/Megan Bishop Moore (Hg.), *Israel's Prophets and Israel's Past (FS J. H. Hayes)* (LHBOTS 446), New York/London 2006, 254–267, 263: „Only after Gog's defeat do they feel the shame that was to accompany their restoration (39:26)."

Restauration zeitlich (und sachlich?) nachgeordnet. 2. Umgekehrt ist
zu schließen, dass sich Jerusalem und das Haus Israel in der erzählten
Zeit, d.h. in den der Zerstörung Jerusalems vorausgehenden Jahren und
Monaten sowie während der Phase des Exils nicht – zumindest nicht
in der geforderten Form – schämen können. 3. Zwar gibt es in den
jeweiligen Kontexten immer auch Momente, die mit dem Freiwerden
von Schuld und Unreinheit zu tun haben, einmal auch ist von göttlichem Erbarmen die Rede (vgl. Ez 16,63; 36,25.29.33; 39,25 [רחם√]),
doch hat offenbar – dies zeigt vor allem Ez 36,29–31 – die Genese der
richtigen Scham auch mit dem Aufhören der falschen zu tun:

> (Ez 36) ²⁹Ich befreie euch von all euren Unreinheiten. Ich rufe dem Getreide
> zu und lasse es viel werden. Hunger werde ich nicht wieder über euch brin-
> gen. ³⁰Ich mehre die Frucht der Bäume und den Ertrag des Feldes, damit ihr
> den Hohn (חרפה) der Nationen, weil ihr hungert, nicht länger hinnehmen
> müsst. ³¹Und ihr erinnert (זכר√) euch eurer unheilvollen Wege (דרכיכם
> הרעים) und eurer Taten, die nicht gut waren, und ihr empfindet Abscheu
> euch selbst gegenüber für eure Verschuldungen und eure Gräuel (ונקטתם
> בפניכם על עונתיכם ועל תועבותיכם).

In Bezug auf die Formulierung קוט *Nif'al* + בפניהם/בפניכם + ב/על/אל
die mit „sich selbst gegenüber Abscheu empfinden für/wegen" übersetzt werden kann und etwa „gleichbedeutend mit ‚sich schämen' sein
[dürfte]"⁵⁷⁶, ist im Ezechielbuch, betrachtet man die drei Belegstellen
in Ez 6,9, 20,43 und 36,31⁵⁷⁷, eine gewisse Verschiebung auszumachen,
was den Zeitpunkt der Scham-Empfindung angeht. Dieser nämlich
wird im Verlauf der Erzählung nach hinten verschoben: Zwar geht
auch in Ez 6,9 ein (bewahrendes) Handeln Jhwhs dem Gefühl der
Scham voraus⁵⁷⁸, doch stellt sich Letzteres diesem Vers zufolge bereits
in der Situation des Exils ein. Mit dem (erzählzeitlichen) Näherkom-
men der Katastrophe von 587/86 v.u.Z. jedoch – und vollends, nachdem diese geschehen ist (vgl. Ez 36) – werden (Gottes-)Erinnerung,
angemessenes Sich-Schämen und Jhwh-Erkenntnis in die Phase *nach*

---

⁵⁷⁶ Hans Schmoldt, „Art. קוט", ThWAT VI (1989), 1234–1237, 1236. Zum Ganzen vgl.
a.a.O., 1235f. Zur Synonymität von Selbstekel und Scham im Ezechielbuch vgl. auch Lapsley, Bones, 138f.

⁵⁷⁷ Eine Übersicht über Gemeinsamkeiten und Unterschiede zwischen den drei genannten Texten bietet Block (vgl. ders., Ezekiel 1–24, 232).

⁵⁷⁸ Vgl. hierzu Lapsley, Shame, 154–157. Auf die zu beobachtende Verschiebung geht
Lapsley allerdings nicht ein – ihr zufolge liegen Ez 6,9, 20,43 und 36,31 insofern auf *einer*
Ebene, als es zur Wiederentdeckung der Erinnerung und zur konsequenten Selbstverab-
scheuung kommt „only after Yahweh has brought about a definitive change in the people's
situation [...] through acts of deliverance" (a.a.O., 157).

der Rückkehr ins Land Israel verlagert. Das Sich-Schämen(-Können) erweist sich dabei gleichzeitig als ortsgebunden[579]:

(Ez 20) [42]Ihr werdet erkennen, dass ich Jhwh bin, wenn ich euch zur Acke-rerde Israels bringe, in das Land, von dem ich geschworen habe, es euren Vorfahren zu geben. [43]*Dort* erinnert ihr euch (וזכרתם־שׁם) eurer Wege und all eurer Taten, durch die ihr euch unrein gemacht habt, und empfindet Abscheu euch selbst gegenüber für all eure unheilvollen Dinge (ונקטתם בפניכם בכל־רעותיכם), die ihr getan habt.

Zweimal wird die Entstehung richtiger Scham(-Empfindungen) dar-über hinaus mit der Gabe göttlicher רוח verknüpft, einer Gabe, die das Haus Israel dazu befähigt, dass sie „[Jhwhs] Bestimmungen folgen und [Jhwhs] Recht bewahren und verwirklichen" (Ez 36,27b). Neben der Wiederherstellung des Vertrauensverhältnisses zwischen Gott und Volk Israel, dem sicheren Wohnen im eigenen Land, der Bereitstel-lung materieller Lebensgrundlagen, der Beseitigung dessen, was die Nähe zu Jhwh hemmt (טמאות, „Unreinheiten"), der Beendigung der Beschämung Israels von Seiten der גוים sowie der Ermöglichung von Erinnerung (√זכר) ist diejenige Scham, an die Israelitinnen und Israe-liten herangeführt werden sollen, also auch an den Erhalt der (spiritu-ellen) Energie gebunden, die allererst zur Lebensführung in der Tora Jhwhs bewegt (vgl. Ez 39,29).

Das hier vorgestellte Scham-Gefühl lässt sich – insbesondere im Vergleich mit den anderen im Ezechielbuch auszumachenden Scham-Formen – am ehesten im Sinne der *Gewissensscham* begreifen.

5) Nicht allein dem Haus Israel wird das (Er-)Tragen der eigenen Scham nahegelegt (נשׂא כלמה) – in Ez 32,24.25.30 und 36,7 wird dasselbe von verschiedenen Nachbarnationen gesagt. Während sich Ez 36,7 auf alle Israel beschämenden Nachbarvölker bezieht (vgl. V6), ist in Kap. 32 von den Scham-Gefühlen von Nationen, von deren Herrschern und Kriegs-helden die Rede, die in die Unterwelt hinuntergestiegen, d.h. unterge-gangen sind bzw. als längst untergegangen imaginiert werden[580]. Aššur (V22), Elam (V24), Meschech-Tubal (V26), Edom (V29) und Phönizien (V30) zeichnen das Schicksal der „lärmenden Masse Ägypten" (המון

---

[579] Vgl. Greenberg, Ezechiel 1–20, 439; ders., Ezechiel 21–37, 448f.
[580] Während Assyrien und möglicherweise Elam (vgl. Greenberg, Ezechiel 21–37, 355f) zumindest zum erzählten Zeitpunkt der Gottesrede – die in Ez 32,17 enthaltene Datierung zielt aller Wahrscheinlichkeit nach auf den 15. Tag des 12. Monats im Jahr 585 v.u.Z. – bereits untergegangen waren, hatten alle übrigen Königtümer, die in Ez 32,19–30 genannt werden, zu Beginn des 6. Jh.s v.u.Z. nach wie vor Bestand (vgl. Greenberg, Ezechiel 21–37, 351).

מצוים) vor, die Ezechiel durch die Wiedergabe der in V19–30 enthaltenen (prophetischen) Klage in die *Scheol* zu befördern beauftragt wird
(V18; vgl. V31f) – Ägypten wird die Unterwelt mit prominenten Mit-
bewohnern teilen (vgl. auch Jes 14,9–11). Jeder der paradigmatischen
Nationen wird dabei ein eigener Abschnitt gewidmet, in dem zum
Teil feste Wortverbindungen wiederholt, zum Teil Bestandteile variiert
werden[581]. Die Wendung נשא כלמה kommt zweimal in dem auf Elam
bezogenen Textteil (V24f), einmal in dem auf Phönizien bezogenen
(V30) vor, scheint aber jeweils *alle* zu meinen, die sich in der *Scheol*
befinden, heißt es doch immer: „Sie tragen ihre Scham mit den in die
Grube Hinabgefahrenen" (וישאו כלמתם את־יורדי בור). Was Elam
angeht, ist dieser Aussage jeweils ein Hinweis auf den durch diese
Nation „im Land der Lebenden" verbreiteten Schrecken (חתית) vorgeschaltet, und im Anschluss wird beide Male der ‚neue' Aufenthaltsort mit „inmitten von Durchbohrten" (בתוך חללים) angegeben. Beide
Motive finden sich – wenn auch deutlich gerafft – auch in V30b; darüber hinaus heißt es von den Phöniziern und von deren Machthabern,
sie schämten sich bzw. würden zuschanden für/wegen ihre(r) „Heldenhaftigkeit" (מגבורתם בושים)[582]. Ein weiteres wesentliches Motiv, das
mit Ausnahme des Abschnitts über Aššur (V22f) im Hinblick auf jede
Nation erwähnt wird, ist die Unbeschnittenheit der in die *Scheol* ‚Verbannten' (V24.25.26.30; vgl. 21.29) bzw. das Sich-Aufhalten(-Müssen)
unter Unbeschnittenen (V29), ein Schicksal, das auch auf die (vermutlich beschnittenen männlichen) Ägypter zukommt (V19.28.31).

Um welche Form(en) von Scham es sich hier handelt, ist nicht ganz
leicht zu eruieren. Erstaunlich ist zunächst, dass den in der Totenwelt
Befindlichen Bewusstsein, Sprechvermögen (vgl. V21) und Gefühle
wie Scham und Trost (vgl. V31) zugesprochen werden[583]; umgekehrt
formuliert scheint sich das Schamgefühl bei den Betroffenen erst *mit*
dem oder *durch* den Tod einzustellen. Letzterer nun ist der Tod auf
dem Schlachtfeld, „durchbohrt vom Schwert" (√חלל), der – zumindest

---

[581] Vgl. hierzu Block, Ezekiel 25–48, 221–225; Greenberg, Ezechiel 21–37, 348f.

[582] Viele deutschsprachige Übersetzungen geben den Text hier allerdings mit „in ihrer
Heldenkraft sind sie zuschanden geworden" (Rev. Elberfelder) oder ähnlich (Einheitsübersetzung, Lutherübersetzung 1984) wieder. בוש Qal + Präposition מן ist aber in der Regel
mit „sich schämen, beschämt sein wegen" zu übersetzen (vgl. Buber/Rosenzweig zur Stelle:
„beschämt ihres Heldentums").

[583] Vgl. Allen, Ezekiel 20–48, 137; Greenberg, Ezechiel 21–37, 349.

wenn man zu den Unterlegenen gehörte – häufig mit (Leichen-)Schändung einhergegangen sein dürfte:

Im Kampf gefallene feindliche Soldaten wurden von den Siegern nackt ausgezogen (1 Sam 31,8–9; 2 Sam 23,10), ihre Reste in Massengräbern beigesetzt (Ez 39,11–16). Im Kontrast dazu steht die ehrenvolle Behandlung der toten ‚Helden' in V 27. Wenn der Ausdruck ‚Schwerterschlagene' den Anblick nackter Leichen heraufbeschwört, wird die wiederholte Bezugnahme auf deren Unbeschnittenheit verständlich: Der Blick eines beschnittenen Betrachters wird von diesem Detail besonders angezogen[584].

Greenberg weist in diesem Zusammenhang auf ein ägyptisches Dokument hin, in welchem die Praxis, gefallenen Feinden die unbeschnittenen Penisse abzuschneiden, bezeugt ist (vgl. auch 2 Sam 18,25–27)[585], ein Kriegsgräuel, das darüber hinaus auch in den Kontext der bereits mehrfach erörterten Praxis der Feminisierung des unterlegenen ‚Verlierers' durch den übermächtigen ‚Sieger' gehört[586].

Wird der beschriebene Hintergrund des (antiken) Krieges (kritisch) mitgehört und auf das bezogen, was konkret den Untergang Elams und Phöniziens besiegelt(e), lässt sich die von den beiden Nationen zu (er-)tragende Beschämung am ehesten im Sinne von *traumatischen Schamgefühlen*, wie sie aus der massiven Verletzung der *Intimitäts-Scham* resultieren, verstehen. Dass sich „Nordprinzen und Sidonier" für/wegen ihre(r) Heldenhaftigkeit schämen, wäre dementsprechend als *Gewissens-Scham* zu begreifen, welche das eigene Kriegsgebaren kritisch in Frage stellt. Möglicherweise sind dem Text hier durchaus subtile Zweifel an der Sinnhaftigkeit des Krieges abzuspüren – und sei es nur, weil er menschliche Großtuerei beflügelt und damit die ‚Gewichtigkeit' JHWHs gefährdet[587].

---

[584] Greenberg, Ezechiel 21–37, 353.

[585] Vgl. Greenberg, Ezechiel 21-37, 352f. Das entsprechende ägyptische Dokument findet sich bei James Henry Breasted, *Ancient Records of Egypt: Historical Documents from the Earliest Times to the Persian Conquest, Volume III: The Nineteenth Dynasty*, New York 1962, 248–250.

[586] Vgl. hierzu auch Tracy M. Lemos, „Shame and Mutilation of Enemies in the Hebrew Bible", *JBL* 125 (2006), 225–241, passim. Lemos arbeitet dezidiert heraus, dass Verstümmelungen von Feinden „functioned to shame the victim or his community, and it did this in various ways: by effecting a change of status in the victim by transferring him or her from the status of ‚whole' to that of ‚blemished'; by associating them with a lower status group, namely women or animals; and lastly, by signaling the newly subjugated status of the victim and/or their community."

[587] Eine (subtile) Kritik am Krieg kommt im Ezechielbuch mehrfach vor, vor allem in Kap. 39, wo vom Verbrennen der Kriegswaffen und vom Gefressenwerden der Kriegshelden erzählt wird.

Die in Ez 32,17–32 geschilderten Scham-Affekte können jedoch auch als *Anpassungs-Schamgefühle* gedeutet werden, deren Ursache im mit dem (schändlichen) Tod im Krieg verbundenen Statusverlust und der Diskrepanz zwischen der einstigen Größe „im Land der Lebenden" (בארץ חיים, V23.24.25.26.27.32) und der Erniedrigung „ins Land der tiefsten Tiefen" (אל־ארץ תחתיות, V18.24) zu suchen ist. Es soll vielleicht zum Ausdruck gebracht werden, dass die genannten Völker bzw. deren Machthaber für sich eine ‚Potenz' in Anspruch genommen haben, die durch ihren Tod, ihr (Nicht-)Begräbnis und ihr wenig ‚ehrenhaftes' Nachleben eines Schlechteren belehrt (werden) wird – nicht zuletzt maß(t)en sie sich, indem sie im Land der Lebenden Schrecken verbreite(te)n, etwas an, das V32 zufolge letztlich allein JHWH zukommt[588]: „Ja, ich verbreite *meinen* Schrecken im Land der Lebenden, und Pharao und seine ganze Horde wird mitten unter Unbeschnittene, zu Schwertdurchbohrten gelegt – Ausspruch JHWHs, mächtig über allen."

Es deutet sich hier möglicherweise auch das an, was Marks den *„Teufelskreis[] von Scham und Beschämung"*[589] genannt hat (vgl. dazu oben). Die Beschämungen, die dem Haus Israel im Laufe seiner Geschichte immer wieder und im Rahmen der Katastrophe von 587/86 v.u.Z. zugefügt wurden, werden auf die Verursacher zurückprojiziert, diesen gleichsam (textlich) ‚an den Hals gewünscht'. Darin, dass das Beschämungshandeln JHWH vorbehalten bleibt bzw. von JHWH erhofft wird (vgl. hierzu Ez 36,6–8), liegt aber – ähnlich wie bei den der Erzählung unterliegenden Racheaffekten – eine Möglichkeit, die Spirale aus Scham und Beschämung (erzählerisch) zu unterbrechen.

6.4. ‚Richtige' und ‚falsche' Scham im Ezechielbuch – Zusammenfassung und Auswertung

Nahezu alle von Marks genannten Schamformen lassen sich im Ezechielbuch ausmachen, sie sind allerdings nicht aus dem verwendeten – diesbezüglich unspezifischen – Scham-Vokabular abzulesen, sondern nur anhand der jeweiligen Mikro- und Makrokontexte zu eruieren. Für traumatische Scham sowie Anpassungs-, Gruppen- und Gewissensscham lassen sich ohne Weiteres je mehrere Vorkommen innerhalb des Buchverlaufs benennen. Und wird in Rechnung gestellt, dass traumatische Scham dort

---

[588] Zu Übersetzung und Deutung vgl. Greenberg, Ezechiel 21-37, 361.
[589] Marks, Scham, 100 (Hervorhebung R.P.).

entsteht, wo die durch die Intimitäts-Scham gesetzten Grenzen gewaltsam zertrümmert werden, so wird man davon ausgehen können, dass auch über diese zuletzt genannte Schamform zumindest implizit gehandelt wird. Mehr noch – was in Ez 16 und 23 von der Stadtfrau Jerusalem berichtet wird, lässt sich gleichsam als eine Art Scham-Geschichte auffassen, die verdeutlicht, wie die (frühe) Erfahrung traumatischer Scham die Entwicklung von Initimitäts-Scham torpediert und zu sekundärer (!) Schamlosigkeit führen kann. Letztere ist, daran sei hier mit Marks und gegen Lapsley kurz erinnert, gerade nicht auf ein Zuwenig oder gar auf ein Fehlen, sondern auf ein Zuviel an (quälenden) Schamempfindungen zurückzuführen. In diesem Sinne erscheint die Schamlosigkeit Jerusalems, der biographisch die Induktion traumatischer Scham vorausgeht (vgl. Ez 16,3–7; 23,3.8.21), paradoxerweise gleichzeitig als Indikator für die Schwere jener traumatischen Beschämungen, denen die Hauptstadt-Frau im Zuge ihrer Zerstörung ausgesetzt wird (Ez 16,35–43; 23,22–35.46–49) – und um deren literarisch-theologische Bearbeitung es der Ezechielerzählung geht. Einzig von empathischen Schamgefühlen wird im Ezechielbuch nicht erzählt – man kann sich jedoch fragen, ob es nicht gerade diese Form von Scham ist, die bei den (idealen) RezipientInnen wachgerufen werden soll.

Doch sind nicht alle Schamformen *gleichzeitig* präsent – während die erzählte Vergangenheit und die erzählte Gegenwart des Hauses Israel von (lebenszerstörenden) traumatischen und Anpassungs-Schamgefühlen geprägt sind, soll seine erzählte Zukunft von (lebens-förderlichen und tora-gemäßen) Intimitäts- und Gewissens-Schamgefühlen gekennzeichnet sein. Ja, man kann sogar davon ausgehen, dass die zuletzt genannten Schamformen an die Stelle von traumatischer und Anpassungs-Scham treten sollen. Dazu, wie dies gelingen kann, stellt das Ezechielbuch einige fast revolutionär anmutende Überlegungen an: Dadurch, dass es das ‚richtige' Sich-Schämen Israels als zukünftiges Geschehen zeichnet, das dem neuen Exodus und der umfassenden Wiederherstellung im verheißenen Land nachgeordnet ist, zeigt es an, dass die Schamformen, die dem Leben dienlich sind, *nicht* durch diejenigen gelernt werden können, die Leben und Lebensentfaltung hindern. Auch erfährt das Haus Israel durch die Konfrontation mit immer neuen, ihm durch die Nationen zugemuteten Beschämungen noch lange nicht, was ‚richtige' Scham ist – im Gegenteil, es droht nur immer tiefer in ‚falsche' Scham hineingezogen zu werden. Hier ist m.E. die Begründung dafür zu suchen, dass JHWH dem beschämenden Gebaren der Israel umgebenden Völkerschaften das Ende ansagt, wobei auf verschiedene Strategien zurückgegriffen wird:

1) Die betreffenden Nationen werden mit Jhwhs richtendem Handeln konfrontiert (vgl. z.B. Ez 28,24–26).
2) Die betreffenden Nationen werden *selbst* bzw. *eigene* Scham tragen (vgl. Ez 36,7).
3) Jhwh, auf dessen Initiative hin Jerusalem zum Scham-Anlass geworden ist (vgl. z.B. Ez 5,14.15), entfernt die Scham-Anlässe, die die umgebenden Nationen zu beschämenden Aussagen dem Haus Israel gegenüber bewegt haben (vgl. z.B. Ez 36,30).

Muten diese Strategien auch teilweise so an, als würden sie dem oben erwähnten Teufelskreis von Scham und Beschämung in die Hände spielen, so wird eine derartige ‚Entfesselung' doch dadurch ein Stück weit unterbunden, dass neuerliche Beschämungen nicht Israelitinnen und Israeliten, sondern Jhwh anheimgestellt werden – entscheidend ist, dass die Entwürdigung des Gottesvolks, die immer auch eine Entwürdigung Jhwhs darstellt, ein Ende findet.

Dies wiederum setzt eine Veränderung in Jhwh selbst voraus – auch Jhwh muss Israel gegenüber von seinem Beschämen-Wollen ablassen, damit sein Volk lebensdienliche Schamgefühle entwickeln kann. Und nicht nur das – Jhwh muss sich wieder als die Israel zugewandte Gottheit erweisen, scheint doch auch im Ezechielbuch zu gelten: „Es bedarf [...] einer vertrauensvollen Beziehung, damit Schamgefühle überhaupt erst einmal gezeigt"[590] und schließlich durchgearbeitet werden können. Unter diesen Voraussetzungen ist es dann kaum mehr verwunderlich, dass die an das Haus Israel ergehenden Scham-Aufforderungen in solchen Textabschnitten anzutreffen sind, in denen auch die Verheißungen der Nähe Gottes ihre (relativen) Höhepunkte finden (vgl. Ez [16,59–63; 20,40–44;][591] 36,16–32; 39,25–29; 43,1–12). Der auf die erzählte Zukunft Israels bezogene Appell, sich selbst und der eigenen Geschichte offen und ehrlich ins Gesicht zu sehen (קוט *Nifʿal* + בפניהם/בפניכם, vgl. Ez 6,9; 20,43; 36,31) und das Unansehnliche/Beschämende auszuhalten (נשא כלמתם/כלמתך, vgl. Ez 16,52.52.54[63]; 39,26), wird damit an die Zusage gebunden, dass von Jhwh wohlwollend angesehen bleibt, wer sich selbst nicht mehr ansehen kann (vgl. Ez 39,29).

---

[590] Marks, Scham, 157.
[591] Ez 16,59–63 und Ez 20,40–44 stellen sich ‚verheißungstechnisch' insofern etwas anders dar, als hier – auf der Ebene der erzählten Zeit betrachtet – die Zerstörung Jerusalems noch bevorsteht.

Dass es sich bei der von den IsraelitInnen (zukünftig) zu lernenden Schamform um (eine Art) Gewissens-Scham handelt, wurde bereits mehrfach angedeutet – es soll zum Abschluss noch etwas genauer erläutert werden: Gewissens- oder moralische Scham wurde oben mit Marks bestimmt als ein auf die Integrität der eigenen Person bezogener Affekt, der – u.a. – zu (Mit-)Menschlichkeit und Zivilcourage führt, vor sündhaftem Tun schützt und gegebenenfalls zur aktiven Auseinandersetzung mit unversöhnter Schuld drängt, und zwar in selbstverantworteten Entscheidungen, die auf innere bzw. verinnerlichte Ideale und ethische Werte gegründet sind. Für das Ezechielbuch heißt dieser (Mit-)Menschlichkeit begründende und Lebensmöglichkeiten eröffnende Maßstab ‚Tora' (vgl. Ez 20,11.13.21)[592]. Die Energie, die zur Orientierung an diesem Maßstab vonnöten ist, stellt JHWH mit der Gabe göttlicher רוח zur Verfügung: „Meine Geistkraft will ich in eure Mitte (קרב) geben und euch zu Menschen machen, die meinen Bestimmungen folgen und mein Recht bewahren und verwirklichen", heißt es in Ez 36,27. Dass damit die Möglichkeit zur Entwicklung Tora-gemäßer, kollektiver und individueller[593] Gewissens-Scham mitgesetzt wird, wird erkennbar, wenn das Haus Israel nur wenige Verse später (vgl. Ez 36,31f) zur ‚scham-vollen' Auseinandersetzung mit der eigenen Vergangenheit angehalten wird. Eine entsprechende Verbundenheit von Scham und Geistbegabung bzw. Scham und Tora ist auch in Ez 39,25–29 und Ez 43,10–12 zu erkennen[594].

Dass das Ezechielbuch mit dieser (Scham-)Konzeption in erster Linie auf ‚innere Werte', d.h. auf Gottes- und Selbs*terkenntnis*, und nicht auf menschliches *Tun* zielt, wie Lapsley meint, trifft m.E. nicht bzw. nicht generell zu. Gerade Ez 36,16–32 verknüpft die Bewahrung (√שׁמר) und Verwirklichung (√עשׂה) der göttlichen Bestimmungen und des göttlichen Rechts (V27) mit der Aufforderung, sich angesichts des bisherigen Weges und bisheriger Taten zu schämen (V31f). Auch in Ez 43,10–12 gehen Tora-gemäßes Tun und Tora-gemäße Scham, von denen JHWH spricht,

---

[592] Vgl. Lapsley, Shame, 144.173, sowie Preston Sprinkle, „Law and Life: Leviticus 18.5 in the Literary Framework of Ezekiel", *JSOT* 31 (2007), 275–293, passim. Sprinkle verdeutlicht, wie Lev 18,5 („Und meine Ordnungen und meine Rechtsbestimmungen sollt ihr halten. Durch sie wird der Mensch, der sie tut, leben. Ich bin JHWH") „is alluded to various other places in Ezekiel and that its function is intertwined with various other motifs, indicating that the text played an important role in the theology of the book as a whole" (a.a.O., 276).

[593] קרב kann sowohl die Mitte bzw. das Innere des einzelnen als auch des kollektiven Körpers meinen.

[594] Vgl. hierzu auch Bowen, Ezekiel, 224–226.

nachdem er auf Weltzeit inmitten Israels Wohnung genommen hat, eine enge Verbindung ein:

> (Ez 43) [10]Du, Mensch, mache dem Haus Israel das (Tempel-)Haus bekannt – sie werden sich ihrer schuldhaften Taten schämen (√כלם) und messen die Anlage aus. [11]Und wenn sie sich all dessen, was sie getan haben (√עשׂה), schämen (√כלם), mach ihnen die Form des Hauses, seine Anlage, seine Ausgänge und Eingänge, all seine Formen und all seine Bestimmungen, all seine Formen, all seine Weisungen bekannt und schreibe sie vor ihren Augen auf. Und sie werden seine ganze Form und all seine Bestimmungen bewahren (√שׁמר), und sie verwirklichen (√עשׂה) sie. [12]Dies ist die Weisung für das Haus. Auf dem Gipfel des Berges ist all sein Gebiet ringsumher hochheilig. Schau, dies ist die Weisung für das Haus.

Sowohl in Bezug auf das Vergangene als auch in Bezug auf das Kommende ist hier vom „Machen" (√עשׂה) die Rede. Die Scham angesichts des Getanen substituiert also nicht zukünftiges Tun, vielmehr stellt sie eine Art Korrektiv dar, das für die Verwirklichung des von JHWH Gebotenen (mit-) verantwortlich zeichnet.

Etwas anders stellen sich die Dinge in Ez 16 dar – die (zukünftig) wiederhergestellte Stadtfrau scheint sich hier *einzig* mit ihrer Vergangenheit beschäftigen zu sollen; Erinnerung an das und Scham angesichts dessen, was sie getan hat, sind die ihr auferlegten Verhaltensweisen. Dass es hier (noch) nicht um ein (neues) Tätigwerden Jerusalems zu tun ist, fügt sich dem Kapitel allerdings insofern recht gut ein, als dieses die Katastrophe, die die judäische Hauptstadt 587/86 v.u.Z. ereilt hat, primär auf das männliche (!) Aktivwerden der Partnerin JHWHs zurückführt und hierin auf das Verohnmächtigungs- bzw. Feminisierungsschicksal der von der Katastrophe betroffenen EinwohnerInnen reflektiert. Insofern dabei bestimmte Klischees von Weiblichkeit zum Tragen kommen und zum Ideal erhoben werden – insbesondere Passivität und Abhängigkeit –, wäre es auch kaum verwunderlich, würde, wie Lapsley annimmt, der restaurierten Stadtfrau in diesem Zusammenhang ‚weibliche Scham' aufgebürdet. Bezieht man aber die traumatische Scham als Folge der die körperliche Integrität von Männern, Frauen und Kindern zerstörenden Gewalt, die dem Krieg inhärent und die auf der Rückseite von Ez 16 gleichsam omnipräsent ist, in die Überlegungen zu diesem Kapitel ein, ist es m.E. auch möglich, die Schamaufforderungen als Anweisung zum (Wieder-)Erlangen von schützender, (über-)lebenswichtiger *Intimitäts-Scham* zu begreifen. So gewendet, ließe sich die auf den ersten Blick einzig kleinmachend und demütigend anmutende Einschärfung von Scham hier tatsächlich auch im Sinne des *anti-language*-Konzepts (Stiebert) verstehen, bei dem es letztlich darum geht, mit den gewalttätigen Beschämungen des Krieges zu brechen und diese radikal ,um-zu-sprechen'.

* * *

Der folgende Unterabschnitt der Erzählpassage, *Ez 37,1–14*, hat insofern einen ganz besonderen Charakter, als er zunächst die – visionäre – narrative Verwirklichung des in Ez 36,26f Verheißenen darstellt (V1–10). In dem Bild vom Totental, das voller vertrockneter Gebeine liegt und damit an ein verlassenes Schlachtfeld erinnert, werden viele der im Ezechielbuch im Vorfeld ausgemalten Todesszenarien wiederholt (*fragmentation*), die potenzierte Todesrealität wird aber sodann in potenzierte Lebensfülle verwandelt. Zwar könnte man auch dies einfach für ein *regressives* bzw. *stabilisierendes* Gegenbild gegen die immer wieder präsentierten Schrekkensbilder halten; es fällt allerdings Zweierlei auf, das m.E. im Sinne von *reunification* gedeutet werden kann: Zum einen nämlich wird die Umsetzung des Zugesagten weniger durch das Handeln Jhwhs als durch das Handeln seines Propheten vorangebracht – Jhwh vermittelt die Worte, derjenige aber, der das Wiederbelebungsgeschehen von Gott bestimmt in Gang setzt, ist der exemplarische Mensch (בֶּן־אָדָם), der paradigmatische Überlebende. Dadurch, dass er mit seinen Worten die Geistkraft herbeiholt, vermittelt er den Ermordeten (הֲרוּגִים, V9) etwas, das er selbst zuvor am eigenen Leibe erfahren hat, das Erfülltwerden mit רוּחַ – und dies ermöglicht es den Angeredeten, selbst aktiv zu werden: „Und sie stellten sich auf ihre Füße" (V10bβ)[595]. Hier findet also *empowerment* auf der Ebene der Erzählung tatsächlich statt! Zum anderen wird hier – auf einer metanarrativen Ebene – *grundsätzlich* vor Augen geführt, wie solches *empowerment* funktioniert: Die Begegnung mit dem geistgefüllten prophetischen Wort ist es, die neue Lebensmöglichkeiten hervorzubringen vermag, und diese Begegnung geschieht nicht nur bei den Erzählfiguren – sie ereignet sich auch überall dort, wo Ezechiels Wort in Form seines Buches gehört und gelesen wird. Wer sich auf Ezechiels Erzählung einlässt, sich mit ihm ins Tal des Todes hineinbegibt, durch es hindurchgeht, wird – letztlich – aufgerichtet, kann sich wieder auf die eigenen Füße stellen. In diesem Sinne reflektiert der in Frage stehende Erzählabschnitt zugleich über die Wirkweise der Erzählung selbst, welche gleichsam in einer Art Trauma-Therapeutikum gesehen wird.

---

[595] Von Ezechiel heißt es hingegen im Vorfeld, dass er von רוּחַ auf seine Füße gestellt wird (vgl.Ez 2,2; 3,24).

Das reale Haus Israel freilich, dies zeigt die Fortsetzung des Unterabschnitts in Ez 37,11–14, ist nach wie vor in der erlittenen Katastrophe gefangen: „Unsere Knochen sind vertrocknet, unsere Hoffnung ist verloren, wir sind (vom Leben) abgeschnitten" – mit dieser von traumatischer Todesnähe geprägten Aussage werden die IsraelitInnen in V11 von JHWH zitiert. Die im Folgenden festgehaltene, vom Propheten zu übermittelnde Rede (V12–14), die eine göttliche Übersetzung des visionären Geschehens von der Wiederbelebung der vertrockneten Knochen darstellt, zeigt JHWH einmal mehr beweglich, veränderlich – und zugewandt. Nichts deutet hier darauf hin, dass die Gottheit nur um ihrer selbst willen oder aus Sorge um ihren heiligen Namen agiert. Auch vom schuldhaften Versagen Israels ist keine Rede – einzig die Schreckensstarre und Leblosigkeit des Gottesvolkes finden Erwähnung, und *dem* gedenkt JHWH entgegenzuwirken, indem er die Gräber der Seinen (vgl. V12.13: עַמִּי, „mein Volk") öffnet, sie aus den Gräbern heraufsteigen lässt und ins Land Israel bringt. Damit interpretiert JHWH das visionäre Geschehen einerseits konkret politisch – Ziel ist ein neuer Exodus, der den aus Babylonien Herausgeführten das Zur-Ruhe-Kommen (נוח Hifʿil B) im Verheißenen Land ermöglicht –, gleichzeitig nimmt die von ihm gewählte Metaphorik (Gräber) die traumatische Todesnähe des Volkes wahr und ernst.

Auch wenn hier einmal mehr JHWH der verantwortlich Handelnde und von einer Selbsttätigkeit der IsraelitInnen noch wenig zu spüren ist, so kommen hier doch deutlich *integrierende* Elemente zum Tragen: Zum einen wird unbedingt und positiv an die ursprüngliche Befreiungstat JHWHs, die Herausführung aus Ägypten, angeknüpft, wohingegen im Vorfeld nurmehr ein gerichtlich durchgesetzter Exodus denkbar war (vgl. Ez 20,33–38), die Geschichte Jerusalems/Israels nurmehr als Verfallsgeschichte erzählt werden konnte (vgl. Ez 16; 20; 23). Zum anderen wird – wenn auch zunächst nur vorsichtig und wenig konkret – eine *politische* Zukunftsperspektive entworfen, die insbesondere in Ez 40–48 weiter ausgestaltet wird. Und schließlich zeigt der Umstand, dass JHWH in diesem Zusammenhang so kompromisslos lebensförderlich gezeichnet ist, nicht nur *Gottes* Heil(er)werden an, sondern ist zugleich als Hinweis auf eine fortschreitende *reunification* zu bewerten: Man kann von dieser Gottheit erzählen, ohne sie (und sich!) in Szenarien totaler Gewalt und Zerstörung zu verstricken. Die zunehmende Trauma-Synthese ist auch an der Verwendung des רוח-Begriffs abzulesen, die in Ez 37,1–14 mit zehn (von insgesamt 52) Vorkommen ihren Höhepunkt innerhalb des Ezechielbuchs erreicht. Folgt man dem רוח-Motiv dem linearen Buchverlauf entsprechend, so lässt sich ein (Re-)Symbolisierungsprozess, wie er für die

Integration traumatischen Erlebens in ein individuelles oder kollektives narratives Skript notwendig ist, beschreiben. Dies geschieht in der sich anschließenden 7. Vertiefung.

7. Vertiefung: *Re-Symbolisierung am Beispiel von* רוח

7.1. *Hinführung: De-/Re-Symbolisierung und Trauma*

Der Philosophin Susanne K. Langer zufolge sind das Bedürfnis und die Fähigkeit zum Symbolisieren menschliche Charakteristika – menschliches Bewusstsein konstituiert sich ihrer Ansicht nach als ein kontinuierlicher „Prozeß der symbolischen Transformation von Erfahrungsdaten"[596], um Vorstellungen von letzteren zu gewinnen, um ihnen Bedeutung beizulegen. Dabei lassen sich diskursive Symbole in Form sprachlicher Artikulationen und Symbole in Form visueller und auditiver Repräsentationen, wie sie in Ritual, Mythos, Musik und Kunst vorkommen, unterscheiden.

Es wurde bereits darauf hingewiesen, dass ein traumatisches Ereignis die Fähigkeit des (Be-)Deutens bzw. der Symbolisierung nachhaltig stören, schädigen oder sogar zerstören und damit, so Robert J. Lifton, zur De-Symbolisierung führen kann, „a state in which one can no longer re-create [...] at least certain kinds of experience"[597].

> Nehmen wir das Beispiel einer extremen physischen Gewalteinwirkung. Ab einem gewissen ‚Abschaltpunkt' setzt eine Schockreaktion ein und damit verbunden eine Entkoppelung des Erlebens von der Situation. Es fallen folgende mentale Funktionen aus: Zeitlichkeit, Perspektivität, Symbolisierung durch Sprache und Sinngebung. Es bildet sich für diesen Teil des traumatischen Geschehens ein dauerhaftes Erlebensdefizit, als Kern eines potenziellen Strukturdefizits. Die traumatische Erfahrung verbleibt [sic!] ein hoch geladenes, von der übrigen Erfahrungswelt isoliertes Erlebnisbruchstück im Selbst. Die affektive Verknüpfung mit anderen Erfahrungen, wie z.B. einer integrierten Körpererfahrung, und die Symbolisierung sind unmöglich[598].

---

[596] Susanne K. Langer, *Philosophie auf neuem Wege. Das Symbol im Denken, im Ritus und in der Kunst*, Berlin 1965 [amerikanisches Original 1942], 51. Zum Ganzen vgl. a.a.O., 34–60; Eckard Rolf, *Symboltheorien. Der Symbolbegriff im Theoriekontext*, Berlin/New York 2006, 123–131; Inken Mädler, „,Präsentative Symbolik' und ,visuelle Metaphorik' oder: Wie symbolisieren materielle Gegenstände, an denen das Herz hängt?", in: Cornelia Richter/ Petra Bahr (Hg.), *Naturalisierung des Geistes und Symbolisierung des Fühlens. Susanne K. Langer im Gespräch der Forschung*, Marburg 2008, 43–59, 44–48.

[597] Robert J. Lifton, *The Life of the Self: Toward a New Psychology*, New York 1976, 79. Vgl. Wirtz/Zöbeli, Trauma, 133–135.

[598] Peter Geißler, „Trauma und Persönlichkeit aus der Sicht analytischer Körperpsychotherapie", Vortrag im Rahmen der 5. Dresdner Körperbild-Werkstatt am 1.11.2003, 8; vgl.

Hinzu kommt der Zusammenbruch des ebenfalls symbolisch vermittelten persönlichen Überzeugungssystems, das Menschen im Verlauf ihres
Sozialisationsprozesses in Auseinandersetzung mit den kulturellen Gegebenheiten, in denen sie leben, entwickeln und das ihnen ‚normalerweise'
hilft, Krisenhaftes und Schwieriges einzuordnen und konstruktiv zu mei-
stern[599]. Analog können durch kollektive Traumata gemeinschaftliche
Symbolsysteme etwa in den Bereichen Religion, Mythologie, Kunst oder
Dichtung bzw. Teile dieser Symbolsysteme fragmentiert werden[600].

Das traumatische Ereignis kann also dazu führen, dass einerseits diskursive und repräsentative (Be-)Deutungsträger/Symbole für die Integration
des Erlittenen nicht (neu) gefunden werden können, und dass andererseits die (Be-)Deutungsträger/Symbole, auf die sich die Betroffenen selbstverständlich bezogen haben, nicht mehr durchtragen.

Vor diesem Hintergrund lässt sich das Phänomen der De-Symbolisierung durchaus als Kern jeden Traumas begreifen; Ronald Granofsky
setzt dementsprechend das von Lifton in klinischen Studien beobachtete
Trauma-Element der *desymbolization* mit dem in eins, was er selbst in
Bezug auf den zeitgenössischen Trauma-Roman *fragmentation* nennt[601].
Das Heilwerden von einem Trauma (*Integration, reunification*) bzw. die
literarische Darstellung solchen Heilwerdens kann deshalb umfassend
auch als Re-Symbolisierungsprozess aufgefasst werden, der durch das
gemeinsame (PatientIn und TherapeutIn bzw. fiktiver Erzähler und fiktive LeserInnen) Ringen um diskursive und repräsentative Symbole für
die Schreckenserfahrungen sowie um die (Neu-)Zusammensetzung der
zertrümmerten (Be-)Deutungs-/Symbolsysteme gekennzeichnet ist[602].
Literarisch lassen sich De- und Re-Symbolisierung vor allem anhand
der Entwicklung einzelner Motive im Verlauf eines Textes zur Darstellung bringen. Umgekehrt nämlich zeigt die pure Existenz eines Stückes
Trauma-Literatur immer bereits an, dass die diskursive Re-Symbolisierung
einer traumatischen Katastrophe und damit deren Integration zumindest
ansatzweise stattgefunden hat, auch wenn das Ringen um das Finden von
Sprache gleichzeitig thematisiert sein kann.

---

auch a.a.O., 4f (Quelle: http://www.praxisverwaltung.at/akp/AKP_TabVor_FFF.asp, Zugriff
am 31.8.2011).

[599] Vgl. hierzu Wirtz/Zöbeli, Trauma, 126–136.

[600] Vgl. Bail, Sehnsucht, 9f.

[601] Vgl. hierzu Granofsky, Trauma-Novel, 110–112.

[602] Vgl. Wirtz/Zöbeli, Trauma, 145–168.

7.2. *(Traumatische) De-/Re-Symbolisierung im Ezechielbuch*

Im Ezechielbuch lassen sich eine ganze Reihe von Motiven ausmachen, die im Verlauf der Erzählung eine Entwicklung durchlaufen, welche zunächst durch De-, später durch Re-Symbolisierung geprägt ist. Hierher gehört etwa das Motiv des Essens, das zunächst dem Chaos anheimfällt und alle lebensförderlichen und gemeinschaftsstiftenden Attribuierungen einbüßt. Erst ab Kap. 34 wachsen ihm diese verloren gegangenen Bedeutungen langsam wieder zu, indem JHWH zunächst für Lebensmittel in Fülle zu sorgen verspricht (Ez 34; 36), und indem Regelungen für Gottes Essen ('Opfer') und das Essen in Gottes Nähe (Ez 42–46) sowie für die Neuverteilung des geheilten, an Lebensmitteln überfließenden Landes an die Stämme Israels festgehalten werden (Ez 47–48)[603]. Vergleichbares ließe sich etwa für die Motive des Blutes, des Wassers oder des Feuers aufzeigen, welche sich allesamt im Fortschreiten der Erzählung deutlich verändern – verweisen sie zunächst nur auf Destruktion und Chaos, werden sie nach und nach um konstruktive Momente erweitert (vgl. nur Ez 16,38 > 45,19f [Blut]; 26,19 > 47,1–12 [Wasser]; 21,1–5 > 39,9f [Feuer]).

Hier nun soll es um das Motiv der רוח gehen, das im Ezechielbuch mit 52 Belegen relativ häufig und, darauf ist in der Forschung immer wieder hingewiesen worden, in ganz unterschiedlichen Nuancierungen („Wind", „Geist", „Leben", „Sinn", „Mut", „Odem", „Seite", „Windrichtung")[604] vorkommt[605]. Für dieses Motiv legt sich eine symbolische Interpretation bzw. eine Interpretation im Sinne eines traumatischen De-/Re-Symbolisierungsprozesses ebenfalls nahe.

---

[603] Vgl. hierzu Poser, Gericht, passim.

[604] Genannt sind hier die Begriffe, mit denen die ezechielischen רוח-Vorkommen in der Lutherübersetzung 1984 wiedergegeben werden.

[605] Vgl. hierzu Zimmerli, Ezechiel 2, 1262-1265; Daniel I. Block, „The Prophet of the Spirit: The Use of *RWḤ* in the Book of Ezekiel", *Journal of Evangelical Theology* 32 (1989), 27-49, passim; Joyce, Initiative, 109-111; Helen Schüngel-Straumann, „*RÛAḤ* und Gender-Frage am Beispiel der Visionen beim Propheten Ezechiel", in: Bob Becking/Meindert Dijkstra (Hg.), *On Reading Prophetic Texts: Gender Specific and Related Studies in Memory of Fokkelien van Dijk-Hemmes* (Bibl.Interpr.S 18), Leiden u.a. 1996, 201-215, passim; Harold E. Hosch, „*RÛAḤ* in the Book of Ezekiel: A Textlinguistic Analysis", *Journal of Text and Translation* 14 (2002), 77-125, passim. In aller Regel hat man auf die Vielfalt in der Begriffsverwendung mit verstärkten Kategorisierungsbemühungen reagiert. Joyce etwa ordnet die רוח-Belege des Buches den Gruppen „wind", „breath of life", „the dynamic power of Yahweh", „the human medium of understanding", „the human medium of feeling" und „the moral will" zu. Für Helen Schüngel-Straumann ist es jedoch eine noch nicht gelöste Frage, „[w]arum der Prophet so gern und so vielseitig schillernd mit dem *rwḥ*-Begriff spielt" (dies., *Rûaḥ bewegt die Welt. Gottes schöpferische Lebenskraft in der Krisenzeit des Exils* [SBS 151], Stuttgart 1992, 63).

Ähnlich – allerdings ohne Bezugnahme auf traumatheoretische und sozialgeschichtliche Überlegungen – hat Patricia E. Kinlaw in ihrem rezeptionsästhetisch orientierten Artikel „From Death to Life: The Expanding רוח in Ezekiel" aus dem Jahr 2003 die רוח als ein sich im Laufe des Leseprozesses von Ez 1–48 erweiterndes Symbol untersucht, das von den RezipientInnen immer wieder neu mit Bedeutung gefüllt werden müsse[606]. Die im Verlauf der Auslegungsgeschichte immer wieder festgehaltene Uneindeutigkeit in der Begriffsverwendung fasst sie dabei als „the open door to meaning for the reader"[607] auf. Der zu beobachtende Bedeutungszuwachs ermögliche es, den subtilen Rhythmus der prophetischen Erzählung nachzuvollziehen.

> The expansion of the symbol pulls the audience into the drama, depicting the abandonment and destruction to the point of unbearable pain, because only after the fullness of pain can the reader fully experience the life brought by God's presence, by God's רוח [...][608].

Im Folgenden soll der hier sich andeutende Veränderungsprozess vermittels einer in den linearen Erzählverlauf des Ezechielbuchs eingebundenen kursorischen Lektüre der enthaltenen רוח-Vorkommen nachvollzogen werden, wobei der Schwerpunkt auf Ez 37,1–14, den ‚רוח-Text' des Buches, gelegt wird. Ein weiterer Abschnitt bietet ein Fazit, das die Textbeobachtungen mit psychotraumatologischen Erwägungen verknüpft.

Wenn ich dabei von (der) רוח als Symbol spreche, so meine ich damit – diese Definition wurde oben bereits verwendet – (die) רוח im Sinne eines Sprachzeichens, das das Potential hat, auf Allgemeineres, Abstrakteres innerhalb und außerhalb der Ezechielerzählung zu verweisen[609]. Dass ein Textelement überhaupt als Symbol gedeutet wird/gedeutet werden kann, hat dabei, so Gerhard Kurz, etwas mit den „Grundmaximen literarischer Hermeneutik" zu tun, „daß nämlich alle Elemente eines Textes [...], auch das beiläufigste, bedeutungsvoll sein können und daß mit dem, was in und mit dem literarischen Text gesagt wird, stets auch etwas über die Welt des Menschen, die condition humaine gesagt wird"[610]. Die symbo-

---

[606] Vgl. Pamela E. Kinlaw, „From Death to Life: The Expanding רוח in Ezekiel", *Perspectives in Religious Studies* 30 (2003), 161-172, 164-172. Zu Kinlaws methodischen Vorüberlegungen vgl. a.a.O., 161-164.
[607] Kinlaw, Death, 162.
[608] Kinlaw, Death, 172.
[609] Vgl. hierzu auch Gerhard Kurz, *Metapher, Allegorie, Symbol*, Göttingen ⁴1997 [1982], 72–77.
[610] Kurz, Metapher, 77.

lische Deutung eines Textelements könne *textintern* provoziert werden, etwa durch dessen Wiederholung oder prominente Stellung; *textextern* herausgefordert werde die symbolische Deutung, „wenn ein Textelement kulturell überlieferte Bedeutungen zitiert"[611].

7.3. Der רוח-Begriff im Ezechielbuch – ein Durchgang

Ez 1,1–3,15: Schon im Rahmen der Eröffnungsvision der Ezechielerzählung (Ez 1,4–28a) sowie im Kontext des Berufungsgeschehens (1,28b–3,15) kommt dem רוח-Motiv besondere Bedeutung zu. Als das das visionäre Geschehen initiierende Element schaut Ezechiel eine aus dem Norden kommende Sturmes-רוח, die eine große feurige Wolke vor sich her treibt (Ez 1,4), der im weiteren Verlauf die den Thron des כבוד JHWHs (V28) tragenden Lebewesen entsteigen (V5–14). Die nähere Qualifizierung der רוח durch das *nomen rectum* סערה weist dabei zunächst auf die Intensität des Wahrgenommenen hin; gleichzeitig kann sie als Andeutung eines richterlichen Erscheinens JHWHs „im Sturm" (vgl. Sach 9,14; Ijob 38,1; 40,6) gelesen werden[612]. In eine ähnliche Richtung weist auch die präpositionale Näherbestimmung „von Norden her", gehen doch im Ezechielbuch die „Heimsuchungen" Jerusalems (Ez 9,2) und der Überfall Israels durch Gog von Norden aus (38,6.15; 39,2).

Die weiteren fünf רוח-Belege im Kontext der Thronwagenvision (1,12.20.20.20.21) stehen mit der Schilderung der freien Beweglichkeit der geschauten Lebewesen bzw. der Räder an ihren Seiten im Zusammenhang. Die energetische Wirksamkeit der רוח wird dabei in V12 zunächst angedeutet und in V20f weiterführend erläutert:

> (Ez 1) [20]Wo die רוח gehen wollte, dort rollten sie [die Räder], (immer dorthin), wohin es die רוח drängte. Die Räder erhoben sich mit ihnen [den Lebewesen], denn in den Rädern war die רוח des Lebens[613]. [21]Gingen jene, rollten diese, blieben jene stehen, standen auch diese, hoben sich jene vom

---

[611] Kurz, Metapher, 78. Zum Ganzen vgl. a.a.O., 77–80.

[612] Im Ezechielbuch selbst findet der Begriff סערה – wiederum in Kombination mit רוח – nur noch in 13,11.13 Verwendung, wo er Gottes richtendes Handeln an den ‚falschen' ProphetInnen beschreibt.

[613] Block (ders., Prophet, 36f), begründet die Lesart „רוח des Lebens" an Stelle der üblicheren Wiedergabe mit „רוח des Lebewesens" damit, dass in Ez 1 nur in diesem Zusammenhang der Sing. החיה zu finden ist, während die Lebewesen sonst im Plural in Erscheinung treten, und mit der Wiederaufnahme der Formulierung in 10,17. In Ez 10 allerdings wird der Sing. החיה anders als in Ez 1 auch zur Bezeichnung der gesamten Erscheinung gebraucht (V15.20), m.E. ein Zeichen für eine intendierte Mehrdeutigkeit der Formulierung. Vgl. auch Greenberg, Ezechiel 1–20, 72.

Boden empor, erhoben sich die Räder mit jenen gemeinsam, denn in den Rädern war die רוח des Lebens.

רוח wird hier jeweils durch den Artikel bzw. das *nomen rectum* החיה determiniert, was einerseits eine bereits bestehende Bekanntheit mit dem Begriff suggerieren, andererseits als Anspielung auf ein universelles, mit רוח verbundenes Energieprinzip gelesen werden kann. Sowohl die Vorgabe der Bewegungsrichtung als auch der initiierende Impuls zu den verschiedenen Bewegungen des Thronwagens werden dabei auf (die) רוח als umfassender „locomotive power"[614] zurückgeführt. Ihr dynamischer Charakter wird durch die Verknüpfung mit finiten Verbformen, die in V2of im Unterschied zur sonstigen, durch Nominal- und Partizipialstil geprägten Schilderung dominieren, besonders hervorgehoben. Insgesamt erscheint (die) רוח zu Beginn des Erzählgeschehens als ein wirkmächtiges energetisches Phänomen – sie vermag nichts weniger, als der Gottheit Israels umfassende Mobilität zu verleihen. Die göttliche Beweglichkeit allerdings erweist sich als ausgesprochen spannungsgeladen, bleibt doch (noch) offen, wie Jhwh sie einzusetzen gedenkt – ob zu rettender oder richtender Nähe, ob zu rettender oder richtender Distanzierung.

Nachdem Ezechiel im Machtbereich des כבוד Jhwhs auf sein Angesicht gefallen ist (1,28a), hört er eine „sprechende Stimme" (1,28b), die ihn zum Aufstehen auffordert (2,1). Im selben Moment wird er von einer in ihn hineinkommenden רוח auf seine Füße gestellt, wodurch es ihm möglich wird, das Gehörte zu verstehen und die im Folgenden durch Jhwh an ihn ergehende Bestimmung aufzunehmen (2,2–3,11)[615]. Am Ende dieser ersten Beauftragungsszene wird der Prophet, in paralleler Bewegung zu dem geräuschvollen Aufstieg des כבוד Jhwhs (3,12b–13), von רוח emporgehoben und mitgenommen. „Bitter" und ‚mit vergifteter רוח' – eine Aussage, in der (die) רוח erstmals als zu einer Person gehörig gekennzeichnet ist und die oben auf die ‚Sprachvergiftung' des Propheten gedeutet wurde – gelangt er an den Ort seines Auftrags, zu den Verbannten am Kebarkanal (3,12a.14f).

Am Ende dieser ersten Erzählpassage des Buches weiß man kaum (mehr), was von (der) רוח zu halten ist: Einerseits hat sie etwas mit Gott, andererseits etwas mit dem Menschen zu tun, gleichzeitig erscheint sie als eigenständige Größe. Sie ermöglicht außergewöhnliche Mobilität sowohl was den göttlichen Thronwagen als auch was Ezechiel betrifft – und doch

---

[614] Block, Ezekiel 1–24, 97.
[615] Vgl. Konkel, Ezechiel, 237.

fällt letzterer dort, wo רוח ihn hinbringt, in traumatische Schreckensstarre, mit schwerwiegendem ‚רוח-Schaden'.

Ez 3,16–7,27: Im Anschluss an die Bestellung Ezechiels zum Wächter für
das Haus Israel (3,16–21) ist eine zweite Begegnung des Propheten mit
dem כבוד JHWHs in der Ebene geschildert (3,22–27). Wiederum stellt
רוח den niedergefallenen Propheten auf seine Füße, so dass er – wie der
כבוד – aufrecht steht (עמד; 3,23.24a). ‚Eigenständigkeit' wird Ezechiel
damit allerdings kaum vermittelt, im Gegenteil: Im Folgenden werden
ihm Isolation, Fesselung und Sprachlosigkeit angekündigt (3,24b–27).
Wieder also vermag רוח den Propheten mobil zu machen, wieder jedoch
mündet seine Mobilität in Gebundenheit.

In Ez 5 begegnet (die) רוח zum ersten Mal im Munde Gottes, und zwar
im Kontext der Jerusalems Belagerung und Zerstörung antizipierenden
prophetischen Analogiehandlungen (vgl. Ez 4,1–5,4). Ezechiel wird aufgefordert, sich seine Haare abzuscheren (5,1) und ein Drittel davon zu
verbrennen, eines mit dem Schwert zu zerhauen und eines „in die רוח"
zu streuen (V2). Letzteres wird in der sich anschließenden Interpretation
der Analogiehandlung(en) (V5–17) auf die von JHWH gewirkte Zerstreuung „aller Übriggebliebenen" (V10) bzw. eines Drittels der EinwohnerInnen,
die nicht wie die anderen durch Pest, Hunger oder Schwert umkommen
(V12), „in alle רוח" gedeutet. Das Motiv mutet dabei insofern ambivalent
an, als die Zerstreuung „in alle רוח" die einzige (vorläufige) Überlebensmöglichkeit in dem entworfenen Kriegsszenario darzustellen scheint:
Zwar bleibt für die Zerstreuten die Bedrohung durch das Schwert JHWHs
(V2.12), gleichzeitig aber eröffnet sich für einen „Rest" (vgl. V10) zeichen-
haft eine Perspektive, wenn Ezechiel angewiesen wird, einige von den
zerstreuten Haaren zu nehmen und in den Saum seines Gewandes einzubinden (V3) – eine Perspektive allerdings, die in der Deutung des Geschehens durch JHWH keinen Widerhall findet.

Ez 8,1–19,14: Im Rahmen der ersten Tempelvision (Ez 8–11) kommt dem
רוח-Motiv eine herausragende Rolle zu. רוח erscheint zunächst als das
Vehikel, das die in Ez 8–11 berichtete spirituelle Reise des Propheten
ermöglicht und beendet (8,3; 11,24), und auch für einen kurzen Zwischen-
transport Ezechiels innerhalb des Jerusalemer Tempelbezirks (11,1) zeichnet sie verantwortlich. Wie in Ez 1 kommt sie darüber hinaus als „רוח des
Lebens" in den Rädern des Thronwagens vor (10,17); als solche bewirkt
sie – auch wenn dies nur indirekt geschlossen werden kann – den Auszug
des כבוד JHWHs aus dem Tempel in Richtung Osten (10,18–22; 11,22f). Als

determinierte, Ezechiel überfallende רוח JHWHs löst sie eine gegen die fehlgeleitete רוח einer intriganten Jerusalemer Beamtengruppe gerichtete Weissagung aus (11,5), was zur Folge hat, dass einer der Beamten mit Namen Pelatja stirbt (11,13a). Dies wiederum führt zum Aufschrei des Propheten zugunsten des Rests Israels (11,13b), auf den JHWH mit einer Verheißung für die nach Babylonien Deportierten reagiert (V14–21)[616]: Gott verspricht die Gabe eines einigen Herzens und neuer רוח, welche zu einem Wandel gemäß der göttlichen Weisung und in der Nähe Gottes befähigt (V19f). Der – durch רוח – bewirkte Aufbruch des göttlichen כבוד in Richtung Osten, d.h. auf die im Exil Lebenden zu, stellt eine Bekräftigung der Verheißung dar, welche allerdings ‚auf halber Strecke‘ stehen bleibt (V23; vgl. V16). Die Fokussierung des Geschehens durch die Ich-Erzählfigur Ezechiel orientiert sich dabei insgesamt an der Bewegung des כבוד JHWHs, die Ezechiel – selbst mehrfach bewegt durch רוח, die ihre Wirksamkeit im Machtbereich des כבוד JHWHs entfaltet (vgl. 8,2f; 10,18–11,1; 11,22–24) – am eigenen Leibe mitvollzieht.

In den Kap. 12–19 tritt (die) רוח als Protagonistin auf der Erzählebene E⁰ nicht in Erscheinung; zehnmal hingegen begegnet sie im Munde JHWHs. In Ez 12,14 ist zunächst das Motiv der durch JHWH gewirkten „Zerstreuung in alle רוח" aufgenommen (vgl. 5,10.12). Hier bezieht es sich auf das Schicksal der Helfershelfer des Fürsten von Jerusalem und wird in V15 als „Zerstreuung in die Länder" konkretisiert.

In 13,3 bezeichnet der רוח-Begriff – ein weiteres Mal im Sinne eines Personanteils (vgl. 11,5) – die verfehlte Ausrichtung der törichten ProphetInnen, „die ihrer (eigenen) רוח folgen, so dass sie nichts sehen". Insgesamt besteht die Verkehrtheit der in Ez 13,1–16 angesprochenen prophetischen Gilde darin, dass sie „sich ohne Auftrag ein Wort JHWHs anmaß[t]" und „weder die schützende Mauerfunktion noch die bewahrende Wächterfunktion wahrgenommen"[617] (V5; vgl. 3,16–21; 4,1–3; 22,30; 33,1–9), sondern das Volk durch beschönigende Heilsbotschaften in die Irre geleitet hat (V10). Den ‚falschen‘ ProphetInnen wird in V10–16 der Untergang angekündigt: Die von ihnen übertünchte Mauer, Symbol ihrer irreführenden Prophe-

---

[616] Vgl. hierzu Karin Schöpflin, „The Destructive and Creative Word of the Prophet in the Book of Ezekiel", in: Hermann Michael Niemann/Matthias Augustin (Hg.), *Stimulation from Leiden: Collected Communications to the XVIIIth Congress of the International Organization for the Study of the Old Testament, Leiden 2004* (BEAT 54), Frankfurt a.M. 2006, 113–118, 113f.114, Anm. 5.

[617] Irmtraud Fischer, *Gotteskünderinnen. Zu einer geschlechterfairen Deutung des Phänomens der Prophetie und der Prophetinnen in der Hebräischen Bibel*, Stuttgart 2002, 227; vgl. Iain M. Duguid, *Ezekiel and the Leaders of Israel* (VT.S 56), Leiden u.a. 1994, 92–95.

tie, wird unter strömendem Regen, Hagelsteinen und Sturmes-רוּחַ (V11.13, vgl. 1,4) über ihnen zusammenfallen. Der Unheil hervorrufenden Heilsbotschaft, gegen die sie gerichtet ist, entsprechend verkehrt sich dabei die bislang häufig als aufrichtend und aufhebend beschriebene Wirkung der רוּחַ in ihr Gegenteil und führt zum Zusammenbruch (נפל; V12.14).

In Kap. 17 wird Ezechiel aufgefordert, den IsraelitInnen eine Fabel zu erzählen (V1–10), die – so erfährt man in der anschließenden Deutung (V11–21) – auf die politische Situation Jerusalems gemünzt ist. In 17,10 heißt es von der den König von Jerusalem/Juda (V12f) symbolisierenden Weinranke:

> (Ez 17) [10]Wenn die Ost-רוּחַ sie berührt, wird sie bestimmt vertrocknen (תִּיבַשׁ יָבֵשׁ). Auf dem Beet, auf dem sie gepflanzt ist, wird sie vertrocknen.

Das trotz des ersten Vorkommens dieser Wortverbindung determinierte *nomen rectum* הקדים weist diese רוּחַ als feste Größe aus (vgl. 19,12; 27,26), wobei wahrscheinlich an ein meteorologisches Phänomen im Sinne eines heißen, versengenden Windes zu denken ist[618]. Während die Ost-רוּחַ in der Hebräischen Bibel oft als göttliches Werkzeug gezeichnet ist (vgl. Ex 10,13; 14,21; Jes 27,8; Hos 13,15; Jona 4,8; Ps 48,8), tritt sie hier als selbsttätiges Subjekt in Erscheinung. Eine indirekte Zuweisung an JHWH erfolgt jedoch in der Interpretation der Fabel (vgl. V19–21) und in einer das Kapitel beschließenden Selbstaussage JHWHs (V24): „Den saftigen Baum kann ich vertrocknen (יבשׁ *Hif'il*) und den trockenen (√יבשׁ) Baum erblühen lassen." In der Deutung der Fabel begegnet erneut das Motiv der Zerstreuung (17,21), diesmal wieder auf die „Übriggebliebenen" (vgl. 5,10) bezogen, aber passivisch unter Verwendung des Verbs פרשׂ *Nif'al* „ausgebreitet werden" formuliert.

Die Gottesrede in Ez 18 mündet in eine Aufforderung zur Umkehr (V30–32), welche die in Ez 11,19 ergangene Verheißung aufnimmt:

> (Ez 18) [31]Werft alle Rechtsbrüche von euch [...] und macht euch ein neues Herz und eine neue רוּחַ! Warum wollt ihr sterben, Haus Israel?

Auch wenn das Gott hier in den Mund Gelegte, wie in der obigen Auslegung geschehen, im Sinne des *empowerment* begriffen wird – es bleibt

---

[618] Vgl. Block, Ezekiel 1–24, 533, der davon ausgeht, dass „Ezekiel has in mind the scorching sirocco winds that blow into Palestine from the desert, leaving all of the vegetation wilted in their wake" (vgl. Gen 41,6.23.27). Vgl. auch Sven Tengström, Tengström, Sven: „Art. רוּחַ I–VI", ThWAT VII, 385–418, 401; Frank S. Frick, „Art. Palestine, Climate of", ABD V, 119–126, 119f.

doch an dieser Stelle (und über weite Strecken) der Erzählung (noch) ungesagt, auf welche Weise solche Hinwendung vom Tod zum Leben gelingen kann; erst Ez 37,1–14 ermöglicht diesbezüglich größere Klarheit (vgl. hierzu unten). In jedem Fall aber hält Ez 18,31 das in 11,14–21 Zugesagte spannungsvoll offen, wobei die Spannung durch die in den umgebenden Reden entworfenen Schreckensszenarien fast bis ins Unerträgliche gesteigert wird.

Nach diesem mit (der) רוח verknüpften Hoffnungsschimmer[619] wird in Ez 19,12 – eingebettet in die zweiteilige Totenklage über die Oberhäupter Israels (19,1–9.10–14) – das Motiv der destruktiven Ost-רוח weiter entfaltet (vgl. 17,10). Der Vorgang der Austrocknung (יבש Hif'il), der sich wiederum auf eine Weinranke bzw. deren Frucht bezieht, wird durch die Fortführung des Verses mit התפרקו ויבשו „sie [die Früchte] wurden abgerissen und vertrockneten" präzisiert. Der plötzliche Niedergang der vormals fruchtbaren Ranke (V1of) vollzieht sich „im Zorn" (בחמה), ohne dass ein Urheber des Geschehens genannt wird. Dies lässt an den schon mehrfach erwähnten Zorn JHWHs denken, fügt sich aber auch als energetisches Phänomen in einen Kontext, in dem von der versengenden Wirkung der רוח und von verzehrendem Feuer (V12) die Rede ist.

Ez 20,1–23,49: In Kap. 20 wird mittels des רוח-Begriffs die ‚Fehlinspiration‘ der angeredeten Verbannten zum Ausdruck gebracht: Auch wenn sich „das über ihrer רוח Aufgestiegene" (העלה על־רוחכם; vgl. 11,5) – die Idee, wie andere Völker Holz und Stein anzubeten – niemals verwirklichen wird (20,32), werden sie damit als ‚Verirrte‘ charakterisiert, die sich der Leben ermöglichenden Weisung JHWHs (V11.13.21) (noch) nicht zuzuwenden vermögen. Die in Kap. 18 ergangene Aufforderung zum Aufbruch, zur Umkehr scheint sie nicht erreicht zu haben – so sehr sind sie in Starrheit und Todesnähe befangen[620]. Die Hoffnung auf eine lebendige, kreative, inspirierende Gottheit ist ihnen verloren gegangen – dem eigenen ‚Lebens‘-Gefühl entspricht nurmehr die Anbetung toter Materie.

---

[619] Vgl. Kinlaw, Death, 169.

[620] Im Kontext wird ein mit dem רוח-Begriff verwandtes Motiv etabliert, das des „lieblichen Opferdufts" (ריח; vgl. Ez 20,28; 6,13; 16,19), der zum Zeichen der neuen Beziehung zwischen JHWH und dem Volk Israel wird (vgl. Gen 8,21). In Kap. 36 hingegen, das zahlreiche Verbindungen mit Ez 20 aufweist (vgl. Rolf Rendtorff, „Ez 20 und 36,16ff im Rahmen der Komposition des Buches Ezechiel", in: Johan Lust [Hg.], *Ezekiel and His Book. Textual and Literary Criticism and Their Interrelation* [BEThL 74], Leuven 1986, 260–265, passim), wird die Neuwerdung der Beziehung durch die רוח charakterisiert.

Vorläufig zum letzten Mal begegnet (die) רוח im Kontext einer Analogiehandlung Ezechiels, der angesichts einer gegen das Land Israel gerichteten Unheilsansage (21,6–10) seufzen soll (V11). Nach dem Worüber seines
Seufzens gefragt, soll er antworten:

> (Ez 21) ¹²[...] Über eine Nachricht, die kommt! Dann schmilzt jedes Herz
> (ונמס כל־לב), und alle Hände hängen schlaff herunter, und es erlöscht jede
> רוח (וכהתה כל־רוח), und alle Schenkel triefen von Urin.

Das „Erlöschen jeder רוח" erscheint hier als Bestandteil einer alle physischen und psychischen Funktionen betreffenden *freezing*-Reaktion, wie
sie für traumatische Situationen kennzeichnend ist. Denkbar ist, dass hier
ähnlich wie in Ez 3,15 auf ein Stocken des Lebensatems gezielt ist, der
zugleich den Verlust des Sprachvermögens bedeutet. *Erzählerisch* entscheidend ist, dass der רוח-Begriff mit dieser Ankündigung – von einer
Ausnahme abgesehen (s.u.) – bis Kap. 36 aus der Erzählung verschwindet.
Was inhaltlich angesagt wird, findet so seine erzählerische und texträum-
liche Umsetzung.

*Ez 24,1–25,17; 26,1–28,26; 29,1–16; 29,17–30,19; 30,20–26; 31,1–18; 32,1–16; 32,17–
33,20*: In den zeitlich während der Belagerung, Eroberung und Zerstörung
Jerusalems angesiedelten Textpassagen (vgl. 24,1f; 33,21f) begegnet der
רוח-Begriff nur ein einziges Mal, was m.E. als erzählerische Konsequenz
aus dem „Erlöschen jeder רוח" (21,12) gedeutet werden kann. Sofern die
sog. Fremdvölkerworte in Ez 25–32 wesentlich dadurch geprägt sind, dass
anderen Nationen angetan wird, was Israel erleiden muss(te), überrascht
es kaum, dass dieser einzige רוח-Beleg die destruktive Ost-רוח meint (vgl.
17,10; 19,12)[621]. Innerhalb des Abschnitts, der als Totenklage über das Han-
delsimperium Tyrus konzipiert ist und der zunächst die ungeheure öko-
nomische Potenz des Handelsschiffes Tyrus ausführlich entfaltet (27,1–25),
heißt es plötzlich[622]:

> (Ez 27) ²⁶Über gewaltige Wasser führten dich deine Ruderer; die Ost-רוח
> zerbrach dich im Herzen des Meeres.

---

[621] Außerdem „[o]ne might speculate [...] that the Hebrew conception of the spirit was
incomprehensible to foreigners, or that it differed so radically from that of her neighbours
that it would have seemed incongruous for the prophet to speak of *rwḥ* in such contexts"
(Block, Prophet, 29).
[622] Vgl. Carol A. Newsom, „A Maker of Metaphors: Ezekiel's Oracles Against Tyre",
Interp. 38 (1984), 151-164, 157: „After a long, slow description of [...] the ship and its staffing,
Ezekiel simply takes the ship to sea and sinks it in a single, sudden verse."

Während es sich bei der abrupten Kraftentfaltung der רוח und ihrer Selbsttätigkeit um bereits vertraute Motive handelt, kommt die Verknüpfung mit dem Verb שבר Qal, „zerbrechen", nur an dieser Stelle vor. Neu ist auch, dass die Ost-רוח für den Zerstörungsprozess, der Menschen wie Güter in den Untergang (√נפל; V27.34) reißt, allein verantwortlich zeichnet[623]. Damit erreicht ihre destruktive Kraft ihren Höhe- und Endpunkt.

Ez 33,21–39,29: Erst in Ez 36,16–38, einer Gottesrede, die Vergangenheit und Zukunft Israels unter dem Aspekt der Heiligkeit des Namens JHWHs thematisiert, tritt das רוח-Motiv erneut in Erscheinung. Im Zentrum der mit der Rückführung verbundenen Verheißungen (V25–30), findet sich – diesmal in direkter Anrede an das Haus Israel – eine Wiederaufnahme von Ez 11,19f, wobei die Gabe von neuem Herzen und neuer רוח (36,26; vgl. 18,31) in Ez 36,27 um einen weiteren Aspekt ergänzt wird[624]:

> (Ez 36) ²⁷*Meine* רוח will ich in euer Inneres geben und euch (zu Menschen) machen, die in meinen Bestimmungen gehen und mein Recht bewahren und verwirklichen."

Die *neue* רוח, die zur Lebensführung in der Tora bewegt und in der sich die Erfüllung der an die Vorfahren ergangenen Landverheißung und eine neue Bundesbeziehung zwischen Gott und Volk realisieren können (V28)[625], wird hier – in göttlicher Selbstaussage – ausdrücklich als die רוח JHWHs identifiziert. Ez 36,26–28 stellt sich damit als eine (aufgrund des zwischenzeitlichen Buchverlaufs kaum mehr für möglich zu haltende) vereindeutigende Aktualisierung der in 11,19f ergangenen Verheißung *nach* der Zerstörung Jerusalems dar.

Ez 37,1–14, der Erzählabschnitt von der Wiederbelebung der trockenen Knochen, der allein zehn der 52 רוח-Vorkommen enthält, ist für die mit dem רוח-Begriff verbundene (Re-)Symbolisierung von entscheidender Bedeutung. Hier wird einerseits eine visionäre Erfüllung dessen in Szene gesetzt, was in 11,19 und 36,26f verheißen wurde, andererseits werden alle im Verlauf des Buches eröffneten רוח-Konnotationen noch einmal

---

[623] An allen anderen Stellen, an denen die רוח eine zerstörerische Wirkung entfaltet, werden im Kontext weitere destruktive Kräfte benannt (vgl. 13,11.13; 17,9f; 19,12).

[624] Ez 11,19 und 36,26 stimmen dabei fast wortwörtlich überein (vgl. Block, Ezekiel 25–48, 355); daneben sind auch das neue Leben in der Tora (11,20a/36,27b) und die Bundesformel (11,20b/36,28b) annähernd gleich formuliert.

[625] Vgl. Zimmerli, Ezechiel 2, 880.

aufgerufen und in ein über die bisherigen Ereignisse hinausweisendes Geschehen integriert.

Mit Leslie C. Allen lässt sich Ez 37,1–14 als dreifache Sequenz erfassen: Auf die Einleitung in V1a folgt zunächst die Beschreibung der physisch-substanzhaften Wiederherstellung der Knochen (V1b–8a), dann wird deren Wiederbelebung durch (die) רוח geschildert (V8b–10). In der Folge wird beides auf die Erneuerung Israels ‚übertragen' (V11–14). Jede Sequenz beginnt mit einer Negativbeschreibung und mündet in eine Positivbe-schreibung ein[626].

Einleitung (V1a): Dass Ezechiel ‚unter der Hand' und „in der רוח JHWHs" unvermittelt in die Ebene (בקעה) geführt wird, lässt in erster Linie an seine ebenfalls in der Ebene verortete Begegnung mit dem כבוד JHWHs im Kontext des Beauftragungsgeschehens denken (3,22–27); gleichzeitig werden die Anfänge der großen Visionen Ez 1,1–3,15 und Ez 8–11 sowie seine durch die רוח JHWHs erzwungene Weissagung gegen die Jerusale-mer Beamtengruppe (11,5) in Erinnerung gerufen. Das neben יצא *Hif'il* für die Ortsveränderung Ezechiels verwendete Verb נוח *Hif'il A*, „sich lagern lassen, Ruhe verschaffen" ruft Assoziationen an das richtende Handeln JHWHs auf, wurde es doch bislang nur im Kontext des im Vollzug zur Ruhe kommenden göttlichen Zorns verwendet (5,13; 16,42; 21,22; 24,13). Wie im Verlauf der Erzählung aus der anfänglichen Grabesstille, in die der Pro-phet hineinversetzt wird, neues Leben ersteht, so wandelt auch das Verb seine Bedeutung hin zum heilvoll konnotierten „Ruhen" im Land Israel (נוח *Hif'il B*, V14; vgl. Jes 14,1; Jer 27,11)[627].

Sequenz 1 (V1b–8a): Das Todesszenario, dem Ez in V1b–2 ausgesetzt und das er im Herumgehen ganz zu begreifen gezwungen ist, nimmt über das Motiv der Knochen (עצמות) Sprachbilder aus den Gerichtsszenen des Buches auf (6,5; 24,4.5.10). Dass diese Knochen „sehr zahlreich" und „sehr trocken" sind, weist auf die Endgültigkeit des „potenziert vorherrschen-den Todes"[628] hin: Niemand scheint dem Schwert (vgl. z.B. 5,2.12; 12,14; 17,21; vgl. 21,7–22) oder der durch das Adjektiv יבש aufgerufenen versen-genden Wirkung der Ost-רוח (17,10; 19,12) entronnen zu sein. Die in Ez 37,3

---

[626] Vgl. Leslie C. Allen, „Structure, Tradition and Redaction in Ezekiel's Death Valley Vision", in: Philip R. Davies/David J. A. Clines (Hg.), *Among the Prophets: Language, Image and Structure in the Prophetic Writings* (JSOT.S 144), Sheffield 1993, 127–142, 129.

[627] Vgl. hierzu auch Horst Dietrich Preuß, „Art. נוח", ThWAT V (1986), 297–307, 300–304.

[628] Siegfried Wagner, „Geist und Leben nach Ezechiel 37,1–14", ThV 10 (1979), 53–65, 55.

enthaltene Frage Gottes, „Werden diese Knochen leben?", mutet deshalb einigermaßen paradox an[629].

Wie in Kap. 11 wird Ezechiel in 37,4–6 von JHWH in das Geschehen einbezogen und zu prophetischer Rede (נבא) aufgefordert. Nach Anrede und Höraufruf (V4) soll er den trockenen Gebeinen mitteilen, dass JHWH dabei ist, רוח in sie kommen zu lassen (הנה מביא בכם רוח; V5b). Diese Partizipialkonstruktion gibt dem Geschehen einen prozesshaften Charakter; gleichzeitig ruft sie die Textstellen in Erinnerung, wo vom Kommen der רוח (1,4) bzw. von ihrem Hineinkommen in den Propheten die Rede war (2,2; 3,24). In V6a wird die Restitution der Knochen differenzierter antizipiert; mit der Gabe von Sehnen, Fleisch und Haut wird dabei eine Reihenfolge benannt, die den Verwesungsvorgang eines Menschen- oder Tierkörpers in sein Gegenteil verkehrt[630]. V6b erwähnt als vierte Phase des Rekreationsgeschehens ein weiteres Mal die Gabe von רוח, durch die Verbindung mit dem Verb נתן diesmal in Nähe zu 11,19; 36,26f formuliert, wobei das Ziel des Lebendigwerdens (vgl. V5b) um das der JHWH-Erkenntnis ergänzt wird (vgl. V13.14).

V7 zeigt an, dass die prophetische Botschaft der Erneuerung aus der illusionslosen Auseinandersetzung mit der Allgegenwart von Unheil und Tod (V2) und in unbedingter Bindung an JHWH erwächst[631]. Wie in Ez 11,13 entfaltet das Wort Ezechiels seine Wirkmächtigkeit in dem Moment, in dem es gesprochen wird (כהנבאי); während es dort zum Tod des Pelatja führte, entäußert es sich hier in einem geräuschvollen Beben, das – verwunderlicherweise – einen konstruktiven Effekt hat und die Knochen aneinander rücken lässt. Gleichzeitig erinnert der Wortlaut an Ez 2,1f, wo „sprechende Stimme" und energetisierende רוח als korrelierende Momente dargestellt wurden, so dass das Auftreten der רוח nun unmittelbar bevorzustehen scheint. Umso überraschender ist es, dass die in V8a fortgesetzte Positivbeschreibung – die physische Erneuerung der Knochen mit Sehnen, Fleisch und Haut – in eine neuerliche Negativbeschreibung mündet.

Sequenz 2 (V8b–10): Die am Beginn der zweiten Sequenz stehende Feststellung ורוח אין בהם: „Aber es war keine רוח in ihnen" kontrastiert mit der Ankündigung JHWHs in V5b und weist das dort Verheißene als noch nicht zum Ziel gekommen aus. Gleichzeitig ruft sie noch einmal das „Erlö-

---

[629] Vgl. hierzu Sabine van den Eynde, „Interpreting ‚Can these Bones Come Back to Life?' in Ezekiel 37:3: The Technique of Hiding Knowledge", *OTE* 14 (2001), 153–165, 153f; Bowen, Ezekiel, 227.

[630] Vgl. Block, Ezekiel 25–48, 376.

[631] Vgl. Wagner, Geist, 56.

schen jeder רוח" (21,12) ins Gedächtnis. Die Fortsetzung des Geschehens in V9, die in einer weiteren göttlichen Aufforderung zu prophetischer Rede besteht, stellt sich als auf die רוח bezogener Kulminationspunkt des Erzählabschnitts dar:

> (Ez 37) ⁹Er [Jhwh] sprach mich an: Rede prophetisch zu der רוח! Rede prophetisch, Mensch, und sprich zu der רוח: So spricht Jhwh, mächtig über allen: Aus den vier רוחות komm herbei, du רוח, und hauche in diese Ermordeten, dass sie lebendig werden.

Fokussierung der רוח und Intensivierung des Geschehens vollziehen sich dabei in verschiedener Hinsicht: Neben der vierfachen Erwähnung des רוח-Begriffs innerhalb eines Verses, die mit dem geforderten Kommen aus den vier רוחות übereinstimmt, zeigt sich die Intensivierung auch in dem doppelten Aufruf הנבא...הנבא (vgl. 11,4; 34,2). Gleichzeitig wird die in V5.6.8 indeterminierte רוח nun *die* רוח, die – ihrem selbsttätigen Auftreten über weite Teile des Buches gemäß – als eigenständige Größe angesprochen wird. Neu ist, dass sie „aus (den) vier רוחות" erscheinen und „in diese Ermordeten" (בהרוגים האלת) hauchen (נפח√) soll.

Ersteres trägt eine kosmische Dimension in die Erzählung hinein (vgl. 7,2) und lässt all die Stellen anklingen, wo die רוח als aus einer bestimmten Himmelsrichtung kommend näher qualifiziert wurde (Norden: 1,4; Osten: 17,10; 19,12; 27,26); es kann weiterhin als Gegenbewegung zur Zerstreuung „in alle רוח" (5,10.12; 12,14; 17,21) verstanden werden. Alle bislang mit (der) רוח verbundenen energetischen Kräfte scheinen an diesem Punkt des Erzählgeschehens konzentriert zu werden, damit das Unmögliche Wirklichkeit werden kann⁶³². Zunächst aber ruft auch die zweite an die רוח ergehende Aufforderung Assoziationen an im Vorfeld entfaltete Gerichtsszenarien auf, war doch bislang vom „Hauchen" (נפח) nur im Kontext eines von Jhwh angeblasenen vernichtenden Feuers die Rede (22,21f), während das den Zustand der Knochen/Körper bezeichnende Partizip הרוגים „Ermordete, Erschlagene" an die gewaltsame Tötung der BewohnerInnen Jerusalems im Kontext der von Jhwh initiierten Vernichtung der Stadt denken lässt (vgl. 9,6; 21,16; 23,10.47). Indem die – leiblich bereits (wieder)hergestellten – Körper (vgl. V7f) damit weiterhin als leblos charakterisiert werden, wird der Rekreationsprozess nachträglich in zwei Phasen zerdehnt⁶³³. Gleichzeitig wird die Einhauchung der רוח hierin als *das* schöpferische Prinzip herausgehoben, von dem jedes Leben abhängt

---

⁶³² Vgl. Wagner, Geist, 59f.63; Kinlaw, Death, 170f.
⁶³³ Vgl. Zimmerli, Ezechiel 2, 894f; Schöpflin, Word, 117.

(vgl. Ps 104,29f)[634]. Beide Aspekte erinnern an den in Gen 2,7 geschilderten Vorgang der Menschenschöpfung; Unterschiede bestehen allerdings darin, dass dort נשמת חיים, „Lebensatem", in Ez 37,10 die רוח eingehaucht wird, die darüber hinaus nicht direkt in Jhwh verortet wird, sondern „als etwas die ganze Welt Durchwaltendes"[635] eine relativ eigenständige Kraft bleibt. Diese Kraft entfaltet schließlich, indem Ezechiel das an sie auszurichtende Wort vermittelt (V10a), ihre belebende Wirksamkeit:

> (Ez 37) ¹⁰Da kam die רוח in sie, und sie wurden lebendig. Sie richteten sich auf ihre Füße (ויעמדו על־רגליהם) – ein sehr, sehr großes Heer (חיל גדול מאד־מאד).

Diese Formulierung erinnert erneut an 2,2; 3,24, wo Ezechiel unter Einwirkung der רוח in den Stand versetzt wurde, allerdings wird die Aufrichtung hier als selbsttätige Bewegung der neu Belebten geschildert (vgl. 11,19f; 36,26f [הלך]; 18,31!). Die Rede von dem „sehr, sehr großen Heer" setzt der Todesszenerie des Anfangs (V1b–2) eine potenzierte Lebensfülle entgegen[636]. Dadurch wird die Wirkmächtigkeit des prophetischen Wortes in der רוח Jhwhs, das hier nicht wie in Kap. 11 zum Tod, sondern vom Tod zum Leben führt, noch einmal eindrucksvoll unterstrichen. Allerdings wird die Realität des Todes dabei nicht verleugnet – gerade im Bild des Heeres bleibt sie ausgesprochen präsent. Bei Johannes Schnocks heißt es diesbezüglich:

> Die Vision lehnt sich mit ihrer Terminologie im Blick auf Tod und Leben in breiter Entsprechung zu anderen Texten des Ezechielbuches an das sprachliche Inventar von Kriegssituationen an und greift zu Extrembegriffen. ‚Tod' ist das stets gewaltsame Sterben von Kriegsopfern [...], während ‚Leben' in der Vitalität des aktionsbereiten Heeres gipfelt[637].

Sequenz 3 (V11–14): Die dritte Sequenz stellt sich als göttliche Deutung des visionären Geschehens dar. Die geschauten Ereignisse werden auf der Ebene der Beziehung zwischen Jhwh und Volk Israel nachvollzogen, wobei gleich zu Beginn „das ganze Haus Israel" und „diese Knochen" miteinander identifiziert werden (V11a). Die Negativbeschreibung wird mit

---

[634] Vgl. die fünfmalige Wiederholung der Formulierung רוח...וחייתם/ויחיו (V5.6.9.10.14), die sich refrainartig durch den Textabschnitt zieht.

[635] Zimmerli, Ezechiel 2, 895.

[636] Die Formulierung kontrastiert gleichzeitig mit 9,9, wo von der „sehr, sehr großen Schuld" (עון...גדול במאד מאד) der IsraelitInnen die Rede war.

[637] Johannes Schnocks, *Rettung und Neuschöpfung. Studien zur alttestamentlichen Grundlegung einer gesamtbiblischen Theologie der Auferstehung* (BBB 158), Bonn 2009, 210f.

einem Zitat fortgesetzt, das die anfangs geschilderte Todesfülle (V1b–2) und das Nicht-Vorhandensein der רוח (V8b) aus der Perspektive der IsraelitInnen reformuliert (V11b; vgl. 33,10):

> (Ez 37) ¹¹[…] Unsere Knochen sind vertrocknet (יבשׁ√), unsere Hoffnung ist verloren (אבד√), wir sind abgeschnitten (גזר√).

Während der erste Teil der Selbstaussage unmittelbar auf das geschaute Todesszenario Bezug nimmt, führen der zweite und dritte Teil den Zustand des leb- bzw. ‚רוח-losen' Dahinvegetierens weiter aus. Der Rede vom „Zugrundegehen der Hoffnung" am nächsten steht Ez 19,5, wo der Verlust der in einen Königssohn gesetzten Zukunftshoffnung bildhaft beklagt wird; umfassender verweist sie auf das ebenfalls durch אבד zum Ausdruck gebrachte Verschwinden der priesterlichen Tora am Tag Jhwhs (7,26; vgl. auch 12,22). Auch das im Ezechielbuch singuläre Verb גזר Nif'al, „abgeschnitten, getrennt werden", kennzeichnet nicht allein eine physisch empfundene Todesnähe, sondern einen tiefgreifenden Verlust des Gotteskontakts bis hin zu dem Gedanken, von Jhwh vergessen worden zu sein (vgl. Ps 88,6)[638]. Das Gefühl lebendigen Totseins sowie der Verlust aller Wertvorstellungen und allen Sinnerlebens, wie sie mit einem Trauma einhergehen können, sind in diesem Zitat mit Händen zu greifen.

Die sich anschließende göttliche Verheißung (V12–14), die wiederum als Aufforderung zu prophetischer Rede formuliert ist (V12a, vgl. V4.9), umfasst – entsprechend der dreigliedrigen Klage – zunächst drei Elemente, die auf Wort- und Motivebene Aspekte der Wiederbelebung der Knochen aufgreifen und sie in das Bild eines „ganz diesseitig und politisch gedacht[en]"[639] neuen Exodus hineinstellen: Die Partizipialkonstruktion „Siehe, ich bin dabei, eure Gräber zu öffnen" lässt die Zusage aus V5 anklingen, während das zweite und dritte Element, die Heraufführung aus den Gräbern und die Zurückführung ins Land Israel, unter Aufnahme der im Vorfeld verwendeten Verben עלה Hif'il (V6; vgl. V9) und בוא Hif'il (V5; vgl. V9.10) gestaltet sind[640]. Die Formulierung „als mein Volk" (עמי) erinnert an die Bundesformel, die zuvor schon zweimal mit der Verheißung

---

[638] Zu dieser Bedeutung von גזר vgl. Saul M. Olyan, „‚We Are Utterly Cut Off': Some Possible Nuances of נגזרנו לנו in Ezek 37:11", *CBQ* 65 (2003), 43–51, passim.

[639] Dieter Andresen, „Bibelarbeit zu Ezechiel 37,1–14", *Texte & Kontexte* 86 (2000), 15–30, 30. Vgl. auch Frank Crüsemann/Marlene Crüsemann, „Art. Tod", SgWB (2009), 586–589, 588.

[640] Indem diese Verben mit den Präpositionen מן und אל verknüpft werden, lassen die Formulierungen geprägte Exodus-Terminologie anklingen (vgl. Ex 3,8.17; 33,1; Num 16,13f; 20,5; Ri 2,2; Jer 2,6f).

der neuen רוּחַ verbunden war (Ez 11,20; 36,28). Das erste und zweite Element der Verheißung werden in V13b wörtlich wiederholt; bevor jedoch das dritte Element, die Hineinführung ins Land, noch einmal rekapituliert wird (V14aβ), heißt es in V14aα (vgl. V6a): „Ich gebe *meine* רוּחַ in euch, dass ihr lebendig werdet." Ähnlich wie die Restitution der vertrockneten Knochen wird damit die Restitution des Volkes in zwei Phasen zerteilt, wobei die רוּחַ jeweils als die Größe erscheint, die wirkliche Bewegung – Aufrichtung (V10) bzw. Hineinkommen ins Land Israel (V14ab) – erst initiiert und garantiert.

Bezieht die Verheißung der Rückkehr der Verbannten ihre Bestätigung so einerseits aus der Wirkmächtigkeit der רוּחַ bei der Wiederbelebung der toten Gebeine, so speist sie sich – auf der Ebene der gesamten Erzählung betrachtet – andererseits aus den wiederholt berichteten Transporten Ezechiels, die die Möglichkeit der Überwindung großer Distanzen in der רוּחַ immer wieder visionär inszenieren (vgl. Ez 3,12.14; 8,3; 11,1.24; 37,1; 43,5). Dass schließlich – erst ganz am Ende des Erzählabschnitts – diese dynamische רוּחַ als „meine רוּחַ" bzw. רוּחַ JHWHs erscheint, lässt ein letztes Mal das in 36,26f Versprochene anklingen und integriert die רוּחַ nicht allein in Gott selbst, sondern deutet – im Zusammenhang von JHWH-Erkenntnis, Neukonstituierung des Volkes (עַמִּי) und neuer Landnahme (V13f) – zugleich ihre Etablierung als Bundeszeichen oder „sign of divine ownership"[641] an, die in 39,29 weiter expliziert wird.

Zusammenfassend lässt sich das in Ez 37,1–14 um und durch die רוּחַ in Szene gesetzte Geschehen als Prozess von Kraftübertragungen beschreiben, in dessen vielschichtigem Verlauf die auf den Propheten einwirkende רוּחַ JHWHs (V1) an das gesamte Gottesvolk vermittelt und damit demokratisiert wird (V14). Ziel dieses Prozesses, in dem Ezechiel – gleichsam als Erstling der neuen Schöpfung – sowohl als Zeichenträger (vgl. 12,6.11; 24,24.27) als auch als Vermittler des Zeichens fungiert, ist dabei die Weitergabe *der* רוּחַ, die Aufrichtung (עָמַד, V10) und Hören des göttlichen Wortes ermöglicht und in den Machtbereich JHWHs hineinzieht (2,2; 3,22–27)[642].

Ez 37,1–14 enthält dabei zugleich eine – subtile – Antwort auf die Frage, wie die (idealen) RezipientInnen der Ezechielerzählung mit der von JHWH

---

[641] Block, Prophet, 46.
[642] Vgl. hierzu Robson, Word, 274, wo es heißt: „[T]he prophet [...] shows how Yahweh will make the future present, and is depicted as embodying that change, as the first human in the new creation." Vgl. auch Konkel, Ezechiel, 238: „Die Erfüllung Ezechiels mit dem Geist in 2,1–2 und 3,22–27 nimmt die in Ez 37,1–14 beschriebene Neuschöpfung vorweg."

verheißenen neuen רוח in Berührung kommen können: Wie es innerhalb des Erzählten der Prophet selbst bzw. seine Stimme ist, über die (die) רוח ihre Wirkmächtigkeit entfaltet, so kommt, wer die Erzählung hört oder liest, mit der prophetischen Stimme und über diese mit der göttlichen ‚Energie' in Kontakt. Kaum zufällig also wird die Ich-Erzählfigur Ezechiel, die über weite Strecken ‚ihres' Buches sprachlos und ohnmächtig erscheint, ausgerechnet in Ez 37,1–14 als mittelnder Sprecher der Worte Jhwhs in Szene gesetzt.

Mit der Verwandlung des Totenfeldes in eine Szenerie potenzierten Lebens rekapituliert der Textabschnitt auf engstem Raum das bisherige Geschehen des Buches, das über große Teile von der Omnipräsenz des Todes geprägt war, das aber mit der Anerkenntnis der traumatischen Katastrophe (vgl. 33,21f) eine vorsichtig-heilvolle Perspektive verbindet. Indem die Wiederbelebung der trockenen Knochen textlich als sich ereignende und durch den Propheten inkarnierte Wirklichkeit konstruiert wird[643], entfaltet Ez 37,1–14 eine ganz eigene Wirkmächtigkeit. Das Element, das diese neue Realität symbolisiert, ist die רוח, die innerhalb der drei Textsequenzen eine Entwicklung von einer indeterminierten (רוח, V5.6) über eine determinierte (הרוח, V9.9.9.10) zu einer in Jhwh verankerten Größe (רוחי, V14) durchläuft. War sie im Vorfeld eine teils freischwebende, teils – insbesondere im Munde Gottes – zerstörerische Größe, so wird sie hier „von allen Seiten" zusammengeholt, um ihre energetische Wirksamkeit ausschließlich auf die Einhauchung neuen Lebens zu konzentrieren (V9).

Nach und nach erfährt (die) רוח in Ez 37,1–14 also eine Vereindeutigung hin zu einem Symbol für das göttliche *empowerment*. In Ez 39,29, ganz am Ende der sog. Gog-Perikope, wird diese Vereindeutigung noch einmal auf den Punkt gebracht, wenn es heißt:

> (Ez 39) ²⁹Und ich werde mein Angesicht nicht mehr vor ihnen verbergen, denn ich habe meine רוח über das Haus Israel ausgegossen (שפך) – Ausspruch Jhwhs, mächtig über allen.

Lässt sich dies einerseits als neuerliche Bestätigung des in 36,26f; 37,14 Versprochenen lesen, so fällt doch zugleich der überraschend andere

---

[643] Vgl. Michael Fox, „The Rhetoric of Ezekiel's Vision of the Valley of the Bones", *HUCA* 51 (1981), 1–15, 13: „Thus within the vision proper [...], Ezekiel does not *predict* the national resurrection, he *sees* it imaged in a present event." Vgl. auch die bei Ebach, Auferstehungsvision, 123f, wiedergegebene rabbinische Auseinandersetzung um Ez 37 als „wirkliches Gleichnis".

Sprachgebrauch auf, der sich hier mit dem רוח-Begriff verbindet: Neu ist sowohl die Rede vom „Verbergen des Angesichts" (vgl. noch 39,23.24), als auch die von der „Ausgießung" der רוח „über" das Haus Israel. Mit diesen Neuformulierungen setzt V29 einen weiteren Kontrapunkt gegen die Gerichtsszenarien des Buches: Sowohl die Konnotation des göttlichen Angesichts, das bisher ausschließlich eine bedrohliche Komponente hatte[644], als auch die des Verbs שׁפך, mit JHWH als Subjekt bislang nur für das Ausgießen des Zorns (חמה) verwendet (vgl. 7,8; 9,8; 14,19; 20,8; 22,31 u.ö.), werden ins Positive verkehrt[645]. Damit lässt sich diese Aussage als endgültige Besiegelung der erneuerten Beziehung zwischen JHWH und Gottesvolk und des in 37,26 angekündigten ewigen Friedensbundes lesen.

Ez 40,1–48,35: In Ez 40–48 spielt (die) רוח insgesamt eine weniger tragende Rolle als im Kontext der übrigen Visionen und in den vorausgehenden Kapiteln des Buches. Dort, wo sie vorkommt (42,15–20; 43,5), hat sie allerdings wiederum wesentliche Bedeutung:

In Ez 42,15–20, dem „Abschlußstück des großen Meßvorganges"[646], wird die Vermessung der das Tempelgebäude umgebenden Mauer (vgl. 40,5) nach der Ost-רוח (V16), der Nord-רוח (V17), der Süd-רוח (V18) und der West-רוח (V19) geschildert, bevor es in V20 zusammenfassend heißt:

(Ez 42) ²⁰Nach den vier רוחות vermaß er ihn [den Tempelkomplex]; eine Mauer war um ihn herum, 500 Ellen lang und 500 Ellen breit, um zwischen Heiligem und Profanem zu trennen.

Auch wenn der רוח-Begriff in diesem Zusammenhang die Konnotation einer Seitenangabe annimmt, weisen diese – in der Hebräischen Bibel singulären[647] – Formulierungen doch deutlich über konventionellen Sprachgebrauch[648] hinaus, wenn sie zu den bisherigen רוח-Vorkommen des Buches in Beziehung gesetzt werden: So erinnert die hier über den רוח-Begriff zum Ausdruck gebrachte Vierdimensionalität des Messvorgangs

---

[644] Vgl. hierzu unten Anm. 741.
[645] Vgl. Ganzel, Descriptions, 209.
[646] Zimmerli, Ezechiel 2, 1067.
[647] Vergleichbar ist allein 1 Chr 9,24: „Nach den vier רוחות sollten die Torhüter stehen, nach Osten, nach Westen, nach Norden und nach Süden." Im Unterschied zu dieser Stelle fällt aber in Ez 42,16-20 die *Vermessung* der רוחות ins Auge.
[648] Vgl. Daniel Lys, *Rûach. Le souffle dans l'Ancien Testament* (EHPhR 56), Paris 1962, 166, wo es zu 42,16–20 heißt: „[...] l'emploi de notre terme ne relève plus que [...] d'une convention de langage." Vgl. auch Schüngel-Straumann, Lebenskraft, 37f; Rainer Albertz/Claus Westermann, „Art. רוח", THAT II (⁵1995 [1975]), 726–753, 729; Hosch, *RÛAḤ*, 100f.

einerseits an die uneingeschränkte Beweglichkeit des Thronwagens, der durch die רוח angetrieben wird (vgl. 1,12.20f; 10,17), andererseits an die Herbeirufung der רוח aus den vier רוחות in 37,9. Wenn nun eben diese vier רוחות vermessen werden, so werden sie damit ausdrücklich festgehalten. Als dauernde Umgrenzung des heiligen Bereichs, der im Anschluss zum ewigen Wohnsitz der Gottheit wird (43,7), reflektieren sie ein animierendes kosmologisches Prinzip, über das JHWH vom dauernden Ort seines Thrones in die gesamte Schöpfung hinausreicht[649]. Auf dem Übergang zwischen Heiligem und Profanem angesiedelt (vgl. 42,20), bleibt die רוח das für die Beziehung zwischen JHWH und Volk Israel wesentliche Element insofern, als das durch die רוח ermöglichte Leben in der Tora auch um die angemessene Differenzierung dieser beiden Bereiche weiß (22,26; vgl. 44,23; Lev 10,10).

Der letzte רוח-Beleg des Buches (Ez 43,5) weist auf die Visionen in den Kap. 1–3 und 8–11 zurück und macht deutlich, dass (die) רוח trotz der gewissen Festlegung nichts von ihrer bewegenden Kraft eingebüßt hat und weiter wirksam bleibt. Im Machtbereich des in den utopischen Tempel einziehenden כבוד fällt Ezechiel wiederum auf sein Angesicht (V4; vgl. 1,28; 3,23), wird aber von רוח emporgehoben und in den inneren Vorhof gebracht (V5, vgl. 3,12.14; 8,3; 11,1.24)[650]. Indem der Prophet auf diese Weise von רוח bewegt wird, wird er zum Augen- und Ohrenzeugen der nunmehr ewigen Präsenz JHWHs: Er sieht, wie der כבוד das Heiligtum selbst erfüllt (vgl. 10,3f; Ex 40,34f; 1 Kön 8,11) und hört eine vom Tempel ausgehende Stimme (vgl. 2,1f). Diese Stimme ruft ihn explizit als Seher des Ortes an, an dem JHWH „für immer inmitten der IsraelitInnen wohnen will" (V7), und bestimmt ihn zum (schreibenden) Vermittler des Geschauten und der im Folgenden ergehenden Weisung an das Haus Israel (V10–12). Damit steht auch diese רוח für die Rekreation des Gottesvolkes, die als ideales Wohnen im Land Israel und in der ewigen Gegenwart JHWHs visionärerzählend ermöglicht wird.

7.4. *Auswertung*

Die mit ihr verbundenen syntaktisch-semantischen Aussagen kennzeichnen (die) רוח im Ezechielbuch in erster Linie als dynamisch-energetisches

---

[649] Vgl. Tengström, Art. רוח, 402.
[650] Vgl. hierzu Bertholet, Hesekiel, 216. A.Bertholet stellt – m.W. als einziger – einen Bezug zwischen dem Auftreten des כבוד und der Einwirkung der רוח her: „Sobald sich Hes. im Bereiche des [...] כבוד befindet, ist das Agens, das seine Handlungen veranlasst, nicht mehr sein eigener Wille, sondern die übersinnliche רוח."

Phänomen, das die am Erzählgeschehen Beteiligten – etwa den כבוד JHWHs, den Propheten und schließlich das Haus Israel selbst – in Bewegung versetzt und Auf- und Umbrüche einzuleiten vermag. Was genau es mit (der) רוח auf sich hat, wird allerdings erst im Verlauf der Erzählung deutlich: Bis Kap. 20 tritt sie in immer neuen, ambivalenten Qualitäten in Erscheinung, z.B. als mobilisierende Energie in den Rädern des Thronwagens (Ez 1,12.20; 10,17), als Sturmwind, der Mauern zum Einsturz bringt (Ez 13,11.13), als Metapher für Deportation und Kriegsgefangenschaft (Ez 5,10.12; 12,14; 17,21) und als Personanteil, der in die Irre gehen (Ez 11,5; 13,3), aber auch erneuert werden kann (Ez 11,19; 18,31). Mit der Ankündigung, dass mit der Nachricht von der traumatischen Katastrophe „jede רוח erlöschen wird" (21,12), verlässt sie – bis auf eine Ausnahme, die den Gipfel des *destruktiven* רוח-Potentials darstellt (27,26) – die Bühne des Erzählgeschehens. In den weiteren Vorkommen ab Ez 36,26f entwickelt sich (die) רוח dann zu einer eindeutig *konstruktiven*, Leben ermöglichenden und erneuernden Kraft (37,1–10) und wird schließlich zum Symbol für das Leben Israels im Angesicht und in der Tora JHWHs (37,14; 39,29; 42,20). Die Ich-Erzählfigur Ezechiel erfährt destruktive wie konstruktive רוח-Wirkungen an sich selbst – רוח versetzt sie, ohne dass sie dies beeinflussen könnte, an andere Orte, lässt sie jedoch dabei ‚eherne' Grenzen und ungeheure Distanzen überwinden (3,12.14; 8,3; 11,24, 43,5), ihre eigene רוח nimmt von JHWH her Schaden (3,14), gleichzeitig richtet רוח sie auf, so dass sie zum Augen- und Ohrenzeugen für Gottes Perspektive werden kann. Durch ihr in der רוח JHWHs übermitteltes prophetisches Wort macht sie deren destruktive wie konstruktive Dynamik präsent (11,5.13; 37,1.9f). Im Verlauf der Erzählung wird Ezechiel – und mit ihm das nach ihm benannte Buch – zum Paradigma und Garanten für das von ihm geschilderte רוח-Geschehen.

In diesem Sinne erscheint es ohne Weiteres möglich und sinnvoll, im Hinblick auf die Entfaltung des רוח-Motivs im Ezechielbuch mit Kinlaw von einem sich erweiternden Symbol bzw. von einem textinternen *Symbolisierungsprozess* zu sprechen. Aus traumatologischer Perspektive spiegelt dieser Prozess gleichzeitig die zunehmende Integration der Exilskatastrophe und eines fortschreitenden *empowerment* wider; (die) רוח geht aus diesem Prozess als Symbol eines umfassenden Neuanfangs der – prophetisch vermittelten – Gemeinschaft JHWHs mit seinem Volk hervor.

Tragfähigkeit und Überzeugungskraft gewinnt dieses Symbol vor allem daraus, dass es Gegensätzliches in sich zu bergen vermag. Es braucht geraume Zeit, bis (die) רוח als (Über-)Lebenszeichen eindeutig(er) erkennbar wird; zunächst erscheint sie derart fragmentiert und chaotisiert, dass sie kaum als *eine* Größe auszumachen ist – würde nicht immer ein und dasselbe hebräische Wort verwendet. Wie hierin einmal mehr von traumatischer Sinn- und Erfahrungszersplitterung erzählt wird, so schildert Ez 37,1–14 die (Wieder-)Gewinnung einer Sinnperspektive, indem nun alle רוח-‚Fragmente' zusammengerufen und in den Dienst des *empowerment* der „Erschlagenen" (V9) bzw. der lebendig-toten Überlebenden der Katastrophe (V11) gestellt werden. Über das prophetische Wort haben nicht nur die Erzählfiguren Anteil an diesem *empowerment*, sondern alle, die dieses prophetische Wort hören und lesen. (Die) רוח steht damit auch dafür, dass es die Auseinandersetzung mit der Katastrophe braucht – und dass sie, so schmerzhaft sie ist, letztlich lohnt!

Die bisherigen Überlegungen haben in erster Linie auf eine textinterne (d.h. auf die Ezechielerzählung bezogene) symbolische Deutung des רוח-Motivs abgehoben. Es ist allerdings, darauf hat insbesondere Richard J. Sklba hingewiesen, zu vermuten, dass unter den verschiedenen von den Assyrern und Babyloniern nach Mesopotamien deportierten Gruppen bereits verschiedene „Theologies of the Spirit"[651] kursierten, dass das Ezechielbuch also auf außertextweltlich gegenwärtige „kulturell überlieferte Bedeutungen" von רוח zurückgreift. So ist damit zu rechnen, dass Überlegungen zur Verknüpfung von רוח und König- sowie ProphetInnentum, zum Wind als von Jhwh ausgehender – vom Menschen nicht zu kontrollierender – erfrischender oder versengender, aufbauender oder niederreißender Energie oder gar als göttlichem Atmen, Blasen oder Schnauben mit ‚ins Exil gingen'[652]. Auch der die Hebräische Bibel prägende anthropologische Zusammenhang, dass „die רוח der Lebensatem der Menschen [ist] und […] dennoch dauerhaft Gottes Wirken [bleibt]", dass „Menschsein […] als atmende und lebende Materie verstanden [wird] – so lange wie die רוח Gottes wirkt"[653], könnte im Ezechielbuch bereits vorausgesetzt sein. Von einem *De-Symbolisierungsprozess* wäre dann bezogen auf das dortige רוח-Motiv insofern zu sprechen, als zunächst nahezu ausschließlich destruktive oder kaum einzuordnende, verwirrende Aspekte aus dem mit (der) רוח verbundenen (Be-)Deutungspool zum Tragen kommen. Die dem Menschen verliehene רוח erscheint in jeder Hinsicht beschädigt,

---

[651] Sklba, Spirit, 9.

[652] Vgl. Sklba, Spirit, 9–12.

[653] Frank Crüsemann, „‚Nimm deine heilige Geistkraft nicht von mir': Ps 51,13 und die theologische Aufgabe von Exegese im Spannungsfeld von Religionswissenschaft und theologischer Tradition", in: Sylke Lubs u.a. (Hg.), *Behutsames Lesen* (FS C. Hardmeier) (ABG 28), Leipzig 2007, 367–381, 374. Zum Ganzen vgl. a.a.O., 373–375.

irregeleitet, von Jнwн getrennt (vgl. Ez 3,14; 11,5; 13,3; 20,32); mit der traumatischen Katastrophe erlöscht die(se) רוח ganz (vgl. Ez 21,12), bevor
sie – unter Aufhebung der auf sie bezogenen Zerstörungsmomente – als
exilisches (Über-)Lebenszeichen *re-symbolisiert* werden kann. Entfernt
erinnert dies an die von Granofsky für den modernen Trauma-Roman
beschriebene Erzähltechnik der *elemental dissolution*, bei der sowohl zur
Darstellung traumatischer Fragmentierung als auch zur Darstellung der
ursprünglichen (und neu ersehnten) Einheit des Fragmentarischen häufig
die vier Elemente Feuer, Wasser, Erde und Luft Verwendung finden.

Für die (symbolische) Auseinandersetzung mit der traumatischen
Katastrophe von 587/86 v.u.Z. bot sich das רוח-Motiv mit seiner Grundbedeutung der ‚Luft in Bewegung' wohl vor allem wegen seiner Vieldi-
mensionalität und seiner für alle am eigenen Leibe nachvollziehbaren
Erlebensnähe an. Über den רוח-Begriff lassen sich individuelle und kollektive Erfahrungen von Gewalt, Zerstörung, Tod *und* Erfahrungen des
Heilwerdens, der Wiederbelebung, des Neuanfangs ins Wort bringen. Für
das Ezechielbuch als *theologischer* Traumaliteratur nicht minder entscheidend aber ist vielleicht, dass über das רוח-Motiv göttliche und mensch-
liche/weltliche Sphäre miteinander verknüpft werden – wie die Gottheit
Israels selbst durch רוח zur bewegten Bewegerin wird, wie sie über (ihre)
רוח Welt(-Geschehen) schöpferisch in Bewegung setzt, so soll (das ist
gleichsam der wesentliche Anstoß der im Ezechielbuch übermittelten
prophetischen Stimme) auch ihr Volk durch רוח neu in Bewegung kommen – auf den Weg der Tora, auf den Weg ins Leben, auf den Weg in die
Gemeinschaft mit Jнwн. Vor diesem Hintergrund überrascht es dann auch
kaum – und das Ezechielbuch hat sicher sein Teil dazu beigetragen –, dass
רוח, wie AuslegerInnen immer wieder festgehalten haben, mit dem Exil
„zu einem theologisch wichtigen Wort"[654] bzw. Symbol wird.

*   *   *

Ez 37,15–28: In dem nun folgenden Textabschnitt, Ez 37,15–28, setzen sich
die für Ez 36,16–37,14 beschriebenen Tendenzen fort. Jнwн beauftragt den
Propheten zunächst mit einer Analogiehandlung, die anders als alle vorausgehenden Zeichenhandlungen nicht auf die Verkörperung der Belagerung, Eroberung und Zerstörung Jerusalems oder der Reaktionen darauf

---

[654] Tengström, Art. רוח, 394. Vgl. auch Sklba, Spirit, 14; Schüngel-Straumann, Lebenskraft, 33; Albertz/Westermann, Art. רוח, 728.

zielt, sondern die Wiedervereinigung ganz Israels zur Darstellung bringt (V16–20). Durch die achtmalige Wiederholung von אחד, „eins", in V16–19 (vgl. auch V22 [2x].24) wird der Einigungsgedanke in besonderer Weise hervorgehoben – dass auf Israels Bergen (vgl. Ez 36,1–15) eine ein(z)ige Nation (גוי אחד, Ez 37,22) entsteht, scheint wesentlicher zu sein als dass genau festgelegt wird, wer dazugehört. Die nach 598/97 und nach 587/86 v.u.Z. in Juda Zurückgebliebenen sowie die Angehörigen der zweiten *Gola* von 587/86 v.u.Z., die das Ezechielbuch mehrfach im Konflikt mit der ersten *Gola* von 598/97 v.u.z. gezeichnet hat, werden nämlich, obwohl man dies vielleicht erwarten würde, nicht explizit ausgenommen – eventuell ein Hinweis darauf, dass man auf die Überwindung der durch die Exilskatastrophe hervorgerufenen bzw. verstärkt zutage getretenen internen Konflikte hoffte oder doch um die Notwendigkeit der Bewältigung dieser Konflikte wusste. Ließe sich dies im Sinne eines *integrierenden* Moments deuten, so fällt gleichzeitig auf, dass Ez 37,16–20 nicht etwa auf das nördliche und das südliche Königreich Israels oder auf deren Hauptstädte Samaria und Jerusalem rekurriert, sondern auf die (Haupt-)Stämme des Nordens und des Südens, Efraim und Juda, Bezug nimmt – dahinter könnte man den (*regressiven*) Wunsch vermuten, vor die (Verfalls-?) Geschichte der beiden Königreiche zurückgehen und noch einmal ganz von vorn beginnen zu können[655].

In Ez 37,21–28 geht die Deutung der Analogiehandlung (vgl. V19f) in eine volltönende Heilsverheißung über, die – unter Wiederaufnahme von Elementen aus Ez 34,23–31 und 36,24–30 – Hörenden bzw. Lesenden ganz Israels Zukunft im Verheißenen Land vor Augen malt. Wieder wird die Wiederherstellung des aus den Nationen gesammelten Gottesvolks insbesondere als Wiederherstellung der Beziehung zwischen JHWH und den Seinen gezeichnet (vgl. die ‚Bundesformel' in V23.27). JHWH kündigt sogar an, sein Heiligtum in ihre Mitte stellen und unter ihnen wohnen zu wollen (V26bβ–27) – und ‚korrigiert' damit die Unbrauchbarmachung des Jerusalemer Tempels, die er Ez 9,7 zufolge selbst veranlasst haben will, ebenso wie seinen Auszug aus seinem angestammten Heiligtum (vgl. Ez 9,3; 10,4.18f; 11,22f). Aus Ez 34,25 wird das Stichwort des „Friedensbündnisses" (ברית שלום) aufgenommen und um den Gedanken der

---

[655] Vgl. hierzu Odell, Ezekiel, 455: „Although one might expect the names of the kingdoms of Judah and Israel instead of the[] associations of tribes and peoples, these designations of tribes instead of kingdoms may suggest that Ezekiel intends to start from the ground up, as it were, in reconstituting the house of Israel."

Dauerhaftigkeit (עולם ברית) ergänzt (Ez 37,26a). Das „auf Dauer" bleibt aber nicht auf das Bündnis an sich beschränkt, es wird auf alle Elemente der Verheißung bezogen: „Auf Dauer" werden die IsraelitInnen und ihre Kinder und Kindeskinder im Land Israel leben (V25), „auf Dauer" wird JHWHs Knecht David ihr Oberhaupt (נשׂיא, V25), „auf Dauer" wird JHWH unter ihnen gegenwärtig sein (V26b.28)[656]. Wie so viele Textpassagen des Ezechielbuchs endet auch diese mit der ‚Erkenntnisformel' – erstaunlich ist allerdings, dass hier nun auf die Erkenntnis der Nationen abgehoben wird, obwohl es vorher ausschließlich um die Gestaltung des Miteinanders Israels und seiner Gottheit ging:

> (Ez 37) [28]Und die Nationen werden erkennen, dass ich JHWH bin, Israel heiligend, wenn mein Heiligtum in ihrer Mitte sein wird – auf Weltzeit.

Dadurch also, dass JHWH seiner besonderen Nähe zu seinem auserwählten Volk auch räumlich, ortsgebunden, Ausdruck verleiht, wird er „in der Völkerwelt als der, der Israel geheiligt, d.h. für sich reserviert hat, erkannt"[657] – und dies dient letztlich nicht nur der Bewahrung der Würde JHWHs (vgl. Ez 36,16–32), sondern auch Israels Schutz vor verbalen und tätlichen Angriffen der Nachbarstaaten: Für letztere ist Israel aufgrund der von JHWH ergriffenen Maßnahmen im wahrsten Sinne des Wortes Tabu.

Während das Element der *fragmentation* in Ez 37,15–28 nur am Rande und positiv gewendet vorkommt (vgl. die vielfachen Hinweise auf die Sammlung des Hauses Israel und dessen neuerliches Wohnen im Verheißenen Land), sind die Elemente *regression* und *reunification* prägend und in enger Vermischung präsent. Einerseits wird jeglicher Veränderungsimpuls JHWH zugeschrieben (vgl. z.B. V21: „ich nehme", „ich sammle", „ich bringe"; V22: „ich mache"; V23: „ich befreie", „ich heilige") – ein *regressives* Moment –, andererseits aber kommt (dadurch) auch Israel verstärkt ins Handeln, was als *integrierendes* Moment zu deuten ist. Deutlichstes Beispiel für das (gleichwohl noch ausstehende) Aktivwerden des Volkes ist Ez 37,24b: „Sie werden meinem Recht folgen und meine Bestimmungen bewahren und verwirklichen", wohingegen es in Ez 36,27 noch hieß: „Meine Geistkraft will ich in eure Mitte geben und euch zu Menchen machen, die meinen Bestimmungen folgen und mein Recht bewahren und verwirklichen" – das in Ez 37,1–14 geschilderte transformierende *empower-*

---

[656] Vgl. Odell, Ezekiel, 456f.
[657] Zimmerli, Ezechiel 2, 915.

ment zeitigt also bereits eine gewisse Wirkung. Im Sinne von *reunifica-tion* ist des Weiteren auch der Umstand zu beurteilen, dass überhaupt ein Erwartungshorizont aufgespannt werden kann – und dass sich dieser auf ein diesseitiges politisches Gemeinwesen in der alten Heimat richtet. Gleichzeitig aber erscheint das hier Ausgemalte derart ideal und derart unerschütterlich, dass es eher als *stabilisierende*, die Idee der dauerhaf-ten Unangreifbarkeit Israels nahezu beschwörende Imagination denn als realistische/realisierbare Konzeption eines Neuanfangs zu beurteilen ist. Würde man auf den ersten Blick vielleicht zu dem Schluss kommen, dass Ez 37,15–28 bereits die (erzählerische) Bewältigung der Exilskatastrophe oder doch wesentliche Schritte hin zu dieser Bewältigung widerspiegelt, zeigt sich bei näherem Hinsehen, dass die von bleibender Einheit und durch nichts zu trübender Ordnung geprägten Bilder der traumatischen Erfahrungszersplitterung verhaftet bleiben, so dass von einer wirklichen Trauma-Synthese noch nicht gesprochen werden kann.

Ez 38,1–39,29: Mit der sog. Gog-Perikope brechen – allerdings zum letzten Mal innerhalb des Ezechielbuchs – einmal mehr Bilder von Gewalt und Zerstörung in die Erzählung ein; die im Hinblick auf Ez 37,15–28 getä-tigte Aussage, dass von einer wirklichen Trauma-Synthese noch nicht gesprochen werden kann, bestätigt sich. Erneut kommen Racheimpulse zum Tragen, die sich, wie m.E. plausibel aufgezeigt werden kann, in der mythologisch anmutenden Gestalt des Gog von Magog auf Nebukadnezar beziehen. Was Israel erlitten hat, wird nun als Schicksal des tatsächlichen Täters imaginiert, welches im Land Israel und auf Initiative JHWHs hin seinen Lauf nimmt. Dennoch – und das ist das eigentlich *integrierende* Moment an dieser Erzählpassage – handelt es sich nicht einfach um eine sich zwangsläufig aufdrängende Wiederholung der Katastrophe, sondern um eine Re-Inszenierung derselben *mit anderen Ausgängen*, die versuchs-weise nebeneinander gestellt werden (Ez 39,8–10: Verbrennen der Waffen; 39,11–16: Gog und seine Horden bekommen ein Grab; 39,17–20: Kriegshel-den und Kriegsgerät werden bei einem göttlichen Schlachtopferfest von wilden Tieren weggefressen). Während Israel beim (nie gefährdeten) Sieg JHWHs über Gog völlig inaktiv erscheint – ein *fragmentation*-Element, das die Ohnmacht der traumatischen Situation reproduziert –, ist es an der Entsorgung von (Kriegs-)Tod und (Kriegs-)Gewalt intensiv beteiligt (vgl. etwa Ez 39,12f).

Aus traumatologischer Perspektive stellt sich – dies wird in der fol-genden 8. Vertiefung detailliert gezeigt – das in Ez 38–39 Geschilderte als wesentlicher Schritt auf dem Weg hin zur *Integration* des traumatischen Unheils bzw. zur Trauma-Synthese dar. Auf der Ebene der Erzählung wird dies daran erkennbar, dass mit diesen beiden Kapiteln Land und Leute gerüstet erscheinen für die Imagination (bzw. die Vision) eines Neuanfangs, die mehr als alle Zukunftsbilder zuvor mit Gegensätzlichem umzugehen versucht und bei aller Sehnsucht nach einfachen Lösungen (theo-)politisch recht konkret zu werden vermag (Ez 40–48).

8. Vertiefung: *Re-Inszenierung der traumatischen Katastrophe mit anderen Ausgängen (Ez 38–39)*

8.1. Hinführung

Bereits 1966 deutete Emil Gottlieb Kraeling die sog. Gog-Perikope im Sinne einer Wiederholung bzw. Re-Inszenierung des babylonischen Angriffs auf Juda und Jerusalem mit anderem Ausgang:

> One may assume that the psychological basis for this whole section is *the desire to have history repeat itself but with a very different outcome.* In the past the sins of Israel made it impossible for the Lord to let it prevail over its foes. Indeed, he had to use these foes to punish Israel. But the Lord's reputation had suffered in consequence. The reestablishment of respect for himself is now his main concern. Hence he will send a foe again – this time a real northern one – and will destroy him utterly. That will be proof to the world of his sovereignty[658].

Eine solche Einschätzung fordert traumatheoretische Erwägungen zu Ez 38–39 geradezu heraus, gehört doch die Wiederholung/Re-Inszenierung bzw. der Wiederholungszwang zur Symptomsprache individueller und kollektiver Traumata. Ziel der folgenden Ausführungen ist es dementsprechend, die Gog-Perikope und in ihr enthaltene Einzelaspekte als (literarisch-traumatische) Reaktion(en) auf die Exilskatastrophe verständlich zu machen. Ein exegetischer Durchgang durch die Gog-Perikope, der auf einleitende Bemerkungen zur Erzählstruktur derselben folgt (8.2.), legt dementsprechend den Schwerpunkt auf diese anderen Ausgänge, wie sie in Ez 39,9f, 39,11–16 und 39,17–20 ins Wort gebracht sind (8.3.). Der – für meine traumatologischen Überlegungen zu Ez 38–39 zentralen – Identität der feindlichen Macht, Gog von Magog, ist sodann ein eigenes Unterkapitel gewidmet (8.4.).

---

[658] Emil Gottlieb Kraeling, *Commentary on the Prophets I*, Camden 1966, 512 (zitiert nach Lang, Prophet, 112, Hervorhebung R.P.).

8.2. *Zur Erzählstruktur von Ez 38–39*

Der Erzählabschnitt über Gog von Magog und seine Horden hebt in Ez 38,1 mit der Wortgeschehensaussage ויהי דבר־יהוה אלי לאמר an. Diese grenzt die folgende Gottesrede, die bis 39,29 reicht, von der in 37,15–28 geschilderten Zeichenhandlung(saufforderung) ab und bettet die Gog-Perikope narrativ ein, und zwar in den erzählten Zeitraum zwischen dem 5.10. des zwölften Jahrs (33,21) und dem 10.1. bzw. 10.7. des 25. Jahrs (40,1) der Verschleppung Jojachins (vgl. 1,2). Erst in 40,1 beginnt, angezeigt durch den neuerlichen Zeitmarker und einen Ortswechsel der Ich-Erzählfigur, ein neuer Erzählabschnitt.

Lässt sich also Ez 38–39 als *ein* Erzählzusammenhang von den umgebenden Kapiteln deutlich abheben, bereitet die *Unter*gliederung dieses Zusammenhangs selbst einige Schwierigkeiten. Zwar finden sich auch in Ez 38–39 die für das Ezechielbuch charakteristischen festen Wendungen – und zwar in relativer Dichte –[659], anders als im Rest des Buches allerdings, wo diese oftmals „stages of an unfolding plot" kennzeichnen, „they lack the consistency to do so here"[660]. Auch die Orientierung an den an den Propheten ergehenden Kommunikationaufforderungen (38,2.14; 39,1.17)[661] oder am Wechsel der (An-)Redeformen[662] führt, was die thematische Untergliederung der beiden Kapitel angeht, nicht wirklich weiter.

Im Folgenden gehe ich deshalb von einer stärker auf den Plot bezogenen Gliederung der beiden Kapitel aus, wie sie zuletzt Paul E. Fitzpatrick vorgeschlagen hat[663]. Die Gottesrede ist seiner Ansicht nach in drei Hauptabschnitte zu unterteilen (38,2–17; 38,18–39,8; 39,9–20), von denen jeder „describes one key player in the drama"[664] und auf die in 39,21–29 ein an die Exilierten gerichtetes (theologisches) ‚Fazit' folgt. Die sich ergebende Makrostruktur zeigt die folgende Übersicht:

---

[659] Vgl. hierzu Paul E. Fitzpatrick, *The Disarmament of God: Ezekiel 38–39 in Its Mythic Context* (CBQ.MS 37), Washington 2004, 77–81.

[660] Fitzpatrick, Disarmament, 84. Vgl. auch Bowen, Ezekiel, 233.

[661] Vgl. hierzu Allen, Ezekiel 20–48, 202–204; Fitzpatrick, Disarmament, 84, Anm. 8.

[662] Für Zimmerli allerdings ist die Unterscheidung zwischen ‚Rede an' und ‚Rede über' ein wesentliches Kriterium, in 38,1–9, 39,1–5 und 39,17–20, d.h. in (den) als Anrede an Gog bzw. an Vögel und Wildtiere gestalteten Abschnitten, den ältesten Bestand der Gog-Erzählung zu vermuten (vgl. ders., Ezechiel 2, 936–938; zur Kritik vgl. Hanns-Martin Lutz, *Jahwe, Jerusalem und die Völker. Zur Vorgeschichte von Sach 12,1–8 und 14,1–5* [WMANT 27], Neukirchen-Vluyn 1968, 65).

[663] Vgl. Fitzpatrick, Disarmament, 85. Ähnlich auch Odell, Ezekiel, 465.

[664] Fitzpatrick, Disarmament, 85.

Text	Inhalt	Hauptakteur(e)
38,1	Wortgeschehensaussage	
38,2–17	I. Gogs Aufstand gegen die Ordnung JHWHS	Gog von Magog
38,18–39,8	II. JHWHs Sieg über Gog	JHWH („Creator God of Ezekiel")
39,9–20	III. ‚Aufräumarbeiten'	Schöpfung und Geschöpfe („response of creation")
39,21–29	(Theologisches) ‚Fazit'	

Eine ganz stringente Ereigniskette ergibt sich – und das hat wiederholt zu den verschiedensten literarkritischen Operationen Anlass gegeben[665] – dabei allerdings nicht. Lassen schon die Übereinstimmungen in den an Ezechiel gerichteten Kommunikationsaufträgen in 38,2–4aα und 39,1–2aα die beiden Kapitel als eine Art Diptychon erscheinen, wobei (zunächst) der Eindruck erweckt wird, hier werde zweimal das Gleiche erzählt[666], so enthalten sowohl Hauptteil II als auch Hauptteil III Sequenzen, die rein logisch nicht aufeinander folgen können – es ist schlechterdings nicht möglich, dass die feindliche Macht in einem Chaos-Kampf-Geschehen auf der „Ackererde Israel" (38,18–23) *und* in einer Feldschlacht auf den „Bergen Israels" (39,1–5) zugrunde geht; auch kann sie nicht in einem Massengrab begraben (39,11–16) *und* von wilden Tieren aufgefressen (39,17–20) werden[667]. Diese scheinbaren Inkohärenzen müssen allerdings nicht zwingend auf sekundäres Textwachstum zurückgeführt werden (auch wenn dieses nicht grundsätzlich ausgeschlossen werden kann und soll) – denkbar ist m.E. auch, dass hier verschiedene Ausgänge ‚ausprobiert' und nebeneinander gestellt worden sind. In diesem Sinne würde sich das bereits angesprochene Phänomen der Wiederholung/Re-Inszenierung nicht nur auf den Text als Ganzen beziehen, sondern sich im Text selbst mehrfach widerspiegeln.

---

[665] Zur Auslegungsgeschichte von Ez 38–39 vgl. ausführlich Fitzpatrick, Disarmament, 1–46. Zur Geschichte der literargeschichtlichen Analyse der Gog-Perikope vgl. auch Lutz, Jahwe, 63–65; Sverre Bøe, *Gog and Magog: Ezekiel 38–39 as Pre-text for Revelation 19,17–21 and 20,7–10* (WUNT II 135), Tübingen 2001, 85f; Benedikt Otzen, „Art. גוג", ThWAT I (1973), 958–965, passim. Zuletzt hat Klein die Literar- und Redaktionsgeschichte von Ez 38–39 ausgehend von einem in 39,1–5 zu findenden „Grundwort" zu rekonstruieren versucht (vgl. dies., Schriftauslegung, 114–127).

[666] Vgl. Block, Ezekiel 25–48, 424f.

[667] Vgl. hierzu Pohlmann, Hesekiel 20–48, 523: „Mit der jetzigen Fortsetzung [...] steht man [...] vor der völlig unsinnigen Szenenfolge, daß die schon begrabenen Leichen nun noch den Wildtieren zum Opfermahl dienen sollen." Vgl. auch Fuhs, Ezechiel, 222.

Nicht allein die Integrität der Gog-Perikope selbst ist forschungsgeschichtlich höchst umstritten – dies gilt ebenso für die Frage der Zugehörigkeit von Ez 38–39* zum (bzw.: zu einem) ‚ursprüngliche(re)n‘ Ezechielbuch. Nicht wenige ExegetInnen halten die beiden Kapitel für eine (erheblich) spätere Einfügung in das Buchganze, das dadurch in seiner Aussage erheblich verändert worden sei. So heißt es etwa bei Walther Eichrodt:

> Damit [mit der Einfügung von Ez 38–39, R.P.] war freilich ein entscheidender Schritt in die Umgestaltung der alttestamentlichen Weissagung getan: was bis dahin als die endgültige Wende zum neuen Äon erschien [Ez 34–37, R.P.], erhielt nun den Charakter eines erst vorläufigen Ziels, hinter dem sich noch einmal der Ansturm der gottesfeindlichen Mächte zur Erzwingung einer letzten Entscheidung erhob. Erst hinter dieser dunklen Gewitterwolke konnte die neue Welt Gottes in ihrer endgültigen Gestalt aufsteigen [Ez 40–48, R.P.][668].

Neben komplexen literar- und redaktionsgeschichtlichen Überlegungen, in deren Zusammenhang die im Vergleich mit dem masoretischen Text abweichende Kapitelfolge (Ez 36.38–39.37.40–48) und der geringere Textumfang (es fehlt die Passage 36,23bβ–38) im griechischen Papyrus 967 eine wesentliche Rolle spielt, ist die ‚Nachträglichkeit‘ der Gog-Perikope im Buch Ezechiel immer wieder auch mit deren vermeintlich (früh apokalyptischem Charakter begründet worden[669]. Doch auch, wenn kau zu leugnen ist, dass die Gog-Erzählung einen tiefgreifenden Einfluss die (spätere) Entwicklung apokalyptischer Themen und Motive gen men hat – legt man etwa die (Standard-)Definition des Genres ‚Ap lypse‘ von John J. Collins zugrunde, so wird rasch erkennbar, das inwiefern es sich bei Ez 38–39 *nicht* um einen apokalyptischen T strengeren Sinne handelt:

> ‚Apocalypse‘ is a genre of revelatory literature with a narrative fra in which a revelation is mediated by an otherworldly being to a hu pient, disclosing a transcendent reality which is both temporal in

---

[668] Eichrodt, Hesekiel, 365f. Vgl. auch Cooke, Ezekiel, 408; Fuhs, Ezechie Geschichtskonzepte, 310; Michael Konkel, „Die zweite Tempelvision Ezechi Dimensionen eines Entwurfs", in: Othmar Keel/Erich Zenger (Hg.), *Gottesst garten. Zu Geschichte und Theologie des Jerusalemer Tempels* (QD 191), Fre 154–179, 171–175; Albertz, Exilszeit, 265; Pohlmann, Ezechiel, 119; Klein, ϟ 379f.
[669] Vgl. hierzu vor allem Ahroni, Gog Prophecy, passim. Zu den Krite dung von Ez 38–39 zur Protoapokalyptik vgl. a.a.O., 15–18; Block, Ezekie Gog, 87; Odell, Ezekiel, 466.

envisages eschatological salvation, and spatial insofar as it involves another, supernatural world[670].

Weder haben wir es in der Gog-Perikope mit einer außerweltlichen Mittlergestalt noch mit einer transzendenten Wirklichkeit im Sinne einer anderen, kommenden Weltzeit oder eines anderen, jenseitigen ‚Welt-Raums‘ zu tun[671]. Auch die in Ez 38,8.16 enthaltenen Formulierungen „nach vielen Tagen", „in künftigen Jahren" und „in künftigen Tagen", die häufig als Endzeit-Markierungen gelesen wurden und werden, vermögen kaum das Gegenteil zu belegen.

Immer wieder ist die Zugehörigkeit (von Teilen) der Gog-Perikope zur Ezechielprophetie auch mit dem Hinweis auf die hohe Dichte an Hapaxlegomena bzw. singulären Motiven in den in Frage stehenden Kapiteln begründet worden[672]. Demgegenüber hat zuletzt Paul E. Fitzpatrick eine Fülle von (spezifisch ‚ezechielischen‘) Worten und Wortverbindungen aufgeführt, die die enge Verbundenheit der Gog-Perikope mit dem Rest des Ezechielbuchs augenfällig machen[673]. Marco Nobile verweist darüber hinaus auf die engen textuellen Verbindungen zwischen Ez 32,17–32 und der Gog-Erzählung, in deren Folge letztere als Fortsetzung und Klimax der Fremdvölkerverkündigung erscheine[674]. Auch, was die Vielfalt und Dichte der verwendeten ‚formelhaften‘ Elemente sowie die Gestaltung der (geschilderten) Kommunikation auf verschiedenen Erzählebenen angeht,

---

[670] John J. Collins, „Introduction: Towards the Morphology of a Genre", *Semeia* 14 (1979), 1–20, 9. Vgl. auch die bei David Hellholm (ders., „Art. Apokalypse I. Form und Gattung", RGG⁴ 1 [1998], 585–588, 586 f) dargelegten Definitions-Kriterien.

[671] Zur Kritik vgl. auch Hals, Ezekiel, 283f; Blenkinsopp, Ezekiel, 181–183; Block, Ezekiel 25–48, 428; Bøe, Gog, 87f; Odell, Ezekiel, 466; und grundsätzlich Reinhard G. Kratz, „Art. Apokalyptik II. Altes Testament", RGG⁴ 1 (1998), 591f, 592, wo es heißt: „Die Anfänge der A[pokalyptik] liegen nicht im AT. Ähnlichkeiten in Ez, Jes 40–55, Sach 1–6 oder in spätprophetischen Fortschreibungen wie Jes 24–27, Jes 56–66 und Sach 9–14 beruhen auf Rezeption des Materials in der jüngeren Apokalyptik (z.B. Völkerkampf und -wallfahrt) und kennen das spezifische, durch den äußeren Anlaß hervorgerufene Offenbarungsproblem noch nicht."

[672] Vgl. Ahroni, Gog Prophecy, 13. Das Argument des im Vergleich zum Rest des Buches gänzlich anderen Stils wird vor allem im Hinblick auf Ez 39,23–29 als Ausscheidungsgrund angeführt (vgl. Zimmerli, Ezechiel 2, 968–970; Hossfeld, Untersuchungen, 485–493; Allen, Ezekiel 20–48, 204).

[673] Vgl. Fitzpatrick, Disarmament, 74–77; vgl. auch Daniel I. Block, „Gog and the Pouring Out of the Spirit", *VT* 37 (1987), 257–270, 262.

[674] Vgl. Marco Nobile, „Beziehung zwischen Ez 32,17–32 und der Gog-Perikope (Ez 38–39) im Lichte der Endredaktion", in: Johan Lust (Hg.), *Ezekiel and His Book: Textual and Literary Criticism and Their Interrelation* (BEThL 74), Leuven 1986, 255–259, 256f. Nobile geht es allerdings in erster Linie darum, die literarischen Verbindungslinien als Ergebnis der Endredaktion des Buches nachzuweisen (vgl. a.a.O., passim).

fügt sich Ez 38–39 dem Buchganzen ohne größere Auffälligkeiten ein. Zwar ist damit nicht der Nachweis erbracht, dass wir es bei den fraglichen Kapiteln nicht doch mit einer späteren ‚Anreicherung' bzw. mit der Arbeit einer (End-)Redaktion zu tun haben – man könnte argumentieren, es handele sich um eine gelungenge Imitation von etwas ‚Früherem'. Dennoch scheint das Gog-Stück in (detaillierter) Kenntnis des Buchganzen und als integraler Bestandteil desselben erzählt bzw. konzipiert worden zu sein – als zum Plot des Buches gehörend und für diesen wesentlich soll es deshalb im Folgenden auch betrachtet werden.

8.3. *Ein Durchgang durch die Gog-Perikope*

Hauptteil I: Gogs Aufstand gegen die Ordnung JHWHs (38,2–17): Der erste Teil der Gottesrede an/über „Gog vom Land Magog" beginnt in V2 mit der Aufforderung an den Propheten, sein Gesicht eben diesem Gog zuzuwenden (שִׂים פָּנֶיךָ אֶל) und „über"/„gegen" (עַל) ihn prophetisch zu reden. Vermittels dieser Formulierung (vgl. z.B. Ez 6,2; 13,17; 25,7) wird der Eindruck erweckt, es handele sich bei Gog um eine – zumindest auf der Ebene der Erzählung – gegenwärtige, greifbare Größe, ein Umstand, der für die Frage nach der Identität Gogs von Bedeutung ist.

In den eröffnenden Versen Ez 38,3–7 spricht JHWH Gog als obersten Befehlshaber eines bis an die Zähne bewaffneten Kriegsheers (vgl. V4) an, dessen Angehörige aus allen Bereichen der damals bekannten politischen Welt stammen[675]. Doch obwohl diese Aufzählung „delineates the ideal boundaries of the Assyrian empire"[676], so dass über sie gewissermaßen eine Weltmacht konstruiert wird, erscheint der oberste Repräsentant dieses Herrschaftsbereichs, Gog, unter vollständiger Kontrolle JHWHs, der gegen ihn vorzugehen und ihn wie einen *unterworfenen Vasallen* an Haken herumzulenken (שׁוּב√) und herauszuziehen[677] ankündigt (V3f). Die Formulierung in V7, „bereite dich vor, halte dich bereit" (הִכֹּן וְהָכֵן לְךָ), die sich hier auf die „Rüstung zum Krieg mit Geräten, Mannschaften

---

[675] Vgl. Blenkinsopp, Ezekiel, 184f; Block, Ezekiel 25–48, 435f.438–442; Pohlmann, Hesekiel 20–48, 518f; Fitzpatrick, Disarmament, 89; Odell, Ezekiel, 468. פָּרַס (V5) ist Block zufolge anders als etwa in Dan 10,1; Esra 1,1f; Est 1,3; 2 Chr 36,20 nicht mit Persien zu identifizieren. Aus Ez 27,10 und 38,5 sei vielmehr zu schließen, dass es sich bei פָּרַס um eine Tyrus und Ägypten nahestehende Handels- oder Militärmacht handelt (vgl. ders., Ezekiel 25–48, 439f).

[676] Odell, Ezekiel, 468; vgl. ARAB 2, Nr. 54, 26; Nr. 82, 41; Nr. 97, 48f; Nr. 99, 51f; Nr. 183; 101f.

[677] Vgl. hierzu die Abbildung bei Odell, Ezekiel, 468.

und Strategien"[678] bezieht (vgl. z.B. Jer 46,14; 51,12; Ez 7,14), ‚etabliert' Gog als (untergeordneten) *Agenten* der Gottheit, der aufgefordert wird, sich für eine göttliche Sendung zu wappnen.

V8f stellt sich, so Margaret S. Odell, als narrative Vorwegnahme der zukünftigen Taten Gogs dar – Gog wird sich, die Verwendung von פקד *Nif'al*, das nicht mit „aufgeboten werden", sondern mit „(beim militärischen Aufgebot) *vermisst werden*" zu übersetzen ist (vgl. z.B. Num 31,49; 2 Sam 2,30; 1 Kön 20,39), macht dies deutlich, von JHWHs Oberbefehl lossagen, um ein kürzlich von den Folgen des Krieges wiederhergestelltes Land mit Gewalt zu überziehen, um die Berge Israels und die dort (wieder) Lebenden ins Chaos (zurück) zu stürzen[679]. Anders als viele AuslegerInnen annehmen[680], geht der (neuerliche) Angriff Gogs auf Israel also auf dessen eigenen Impuls und nicht auf die Initiative JHWHs zurück!

Mit den in V8 enthaltenen Tempusmarkern „nach vielen Tagen" (מימים רבים) und „in künftigen Jahren" (באחרית השנים, vgl. auch V16) werden die angesprochenen Ereignisse als futurische gekennzeichnet. Eine ‚Endzeit' ist damit allerdings, wie John T. Willis ausgehend von Jos 23,1, wo sich מימים רבים auf eine längere Zeitspanne innerhalb des Lebens Josuas bezieht, überzeugend dargelegt hat, nicht angezeigt[681] – hier ist schlichtweg „in der Zukunft" gemeint[682]. Dass hier eher auf eine Zeitspanne von Jahrzehnten als auf eine von Jahrhunderten gezielt ist, wird auch daran erkennbar, dass Wiederherstellung und Sammlung Israels als noch nicht lange zurückliegend gezeichnet werden – Zerstörung und Verwüstung sind in den Formulierungen in V8 (vgl. V11f) nach wie vor sehr präsent: Israel, das sind „wiederbesiedelte Trümmerstätten" (חרבות נושבת, V12; vgl. V8). Auch erscheint die Restauration als noch unabgeschlossen, soll diese doch nach Ez 36,35 die Befestigung (√בצר) der Städte umfassen! Dass das Land „unbefestigt" (√פרז) ist und weder „Mauerwerk, Riegel und Torflügel" hat (38,11), spiegelt – soweit sich diesbezüglich überhaupt Aussagen machen lassen – gleichwohl ziemlich genau die Situation der vormaligen judäischen Hauptstadt zwischen 587/86 und ca. 450 v.u.Z. wider:

---

[678] Klaus Koch, „Art. כון", ThWAT IV (1984), 95–107, 101.

[679] Vgl. Odell, Ezekiel, 470f. Zur genannten Bedeutung von פקד *Nif'al* vgl. auch Gunnel André, „Art. פקד", ThWAT VI (1989), 708–723, 711.

[680] Vgl. z.B. Eichrodt, Hesekiel, 367; Zimmerli, Ezechiel 2, 950f; Allen, Ezekiel 20–48, 205; Block, Ezekiel 25–48, 442–444; Pohlmann, Hesekiel 20–48, 509.

[681] So vor allem Ahroni, Gog Prophecy, 20f.

[682] Vgl. John T. Willis, „The Expression *be'acharith hayyamin* in the Old Testament", *RestQ* 22 (1979), 54–71, passim. Vgl. auch Bowen, Ezekiel, 232: „[T]hese chapters [Ez 38–39, R.P.] are no farther in the future than any of the other passages from chapters 34–48."

„Jerusalem remained [...] undefended and unwalled until the administration of Nehemiah in the second half of the fifth century B.C."[683]. Für die Beschreibung des Zusammenlebens in Ruhe und Sorglosigkeit (הַשְׁקְטִים יֹשְׁבֵי לָבֶטַח, V11; vgl. V8) hingegen lässt sich kaum ein außertextweltlicher Referenzpunkt finden. Da gerade die Zeit nach der Rückkehr von babylonischen ExulantInnengruppen in die (spätere) Provinz Jehud (ab ca. 520 v.u.Z.) wohl durch heftige soziale Auseinandersetzungen geprägt war[684], kommt hierin vielleicht eher eine aus der Exilsperspektive formulierte Sehnsucht zum Ausdruck.

Während Ez 38,8f bereits auf die Ausführung der üblen Ideen Gogs rekurriert, gehen die folgenden Verse Ez 38,10–13 noch einmal einen Schritt zurück – sie schildern die Entstehung der unheilvollen Pläne „im Herzen" Gogs (V10) und deren Ausbreitung unter denjenigen, die sich durch Gogs Vorgehen Profit erhoffen (V13).

Der nächste Unterabschnitt, Ez 38,14–16, beginnt mit einer neuerlichen Kommunikationsaufforderung an den Propheten, die mittels der Partikel לָכֵן, „deshalb", als Schlussfolgerung aus den unheilvollen Planungen Gogs, gekennzeichnet ist. Hier erst tritt die Beziehung zwischen Jhwh und den Menschen, die Gog kriegerisch zu überfallen gedenkt, deutlicher hervor – während Gott zuvor von den „Menschen dieses Landes" (V8) und einem „Volk, aus den Nationen zusammengeholt" (V12) gesprochen hat, redet er nun gleich zweimal von „meinem Volk Israel" (V14.16)[685]. Dieser besonderen (Ver-)Bindung entspricht es, dass die Gottheit Israels den Angriff durch Gog und dessen Horden implizit als Angriff gegen ihre eigene Göttlichkeit zu interpretieren scheint (vgl. hierzu Ez 36,20). Der damit aufkeimenden Gefahr eines Gesichtsverlusts vor den Nationen jedoch gedenkt Jhwh nun entgegenzuwirken, indem er sich Gogs Plan zu eigen macht: Während in den vorhergehenden Unterabschnitten und noch in V15–16a immer wieder von Gogs *aktivem* Kommen (בוא *Qal*, V8.9.11.13.15; vgl. V18) und Hinaufziehen (עלה *Qal*, V9.10.11.16a) die Rede ist, kündigt Jhwh in V16b an, Gog zum Vorgehen gegen sein Land (עַל־אַרְצִי) veranlassen zu wollen (בוא *Hif'il*, vgl. V17b). Ziel des göttlichen Eingreifens ist V16b zufolge die Gotteserkenntnis der Nationen, welche dadurch befördert wird, dass Jhwh sich vor deren Augen an Gog als heilig erweist.

---

[683] Blenkinsopp, Ezekiel, 185; vgl. auch Julius Böhmer, „Wer ist Gog von Magog? Ein Beitrag zur Auslegung des Buches Ezechiel", *ZWTh* 40 (1897), 321–355, 351f.
[684] Vgl. Blenkinsopp, Ezekiel, 185; Kessler, Sozialgeschichte, 141–148.
[685] Vgl. Block, Ezekiel 25–48, 450.

Jнwн stellt die Annexion der Gogschen Ideen im Folgenden nicht einfach als plötzlichen Einfall dar, sondern wirft die (rhetorische?) Frage auf, ob er nicht schon vor Zeiten selbst das Herankommen-Lassen Gogs durch seine Getreuen, die ProphetInnen, habe ankündigen lassen (V17)? Über die deuteronomistisch geprägte Wendung ביד עבדי נביאי ישראל werden vor allem ersttestamentliche Texte aufgerufen, die die Katastrophe von 587/86 v.u.Z. als Konsequenz daraus zeichnen, dass Israel nicht auf die ihm von Jнwн gesandten ProphetInnen gehört hat (vgl. z.B. 2 Kön 17,23; 21,10; 24,2; Jer 7,25; 25,4). Für Odell liegt die Antwort auf die göttliche Frage in „a resounding yes-and-no"[686], was ihr zufolge damit zusammenhängt, dass hier, was Jнwнs Verhältnis zu den Nationen und zu Israel angeht, zwei einander widersprechende Konzeptionen – zum einen das der גוים als Gerichtswerkzeuge, zum anderen das der גוים als Feinde Gottes – zueinander in Beziehung gesetzt werden[687]. Möglicherweise rechnet der Text sogar mit einem *zweifachen* Überfall Gogs auf Israel: Während ein *erster*, in der Vergangenheit liegender Angriff durchaus als Erfüllung prophetischer Ankündigungen, etwa vom Kommen des Feindes aus dem Norden oder vom Kommen Babels, verstanden werden kann, hat der *zweite*, aktuelle Angriff nichts mit derartigen Ankündigungen zu tun, sondern geht einzig auf Gogs Eigenmächtigkeit und Überheblichkeit zurück. Für diese Interpretation spricht auch, dass die sich Gogs geheime Planungen zu eigen machende Gottheit zweimal vom „Herumlenken" bzw. vom „Zurück- oder Wiederbringen" Gogs redet (שוב *Pi'lel*, 38,4; 39,2).

Hauptteil II: Jнwнs Sieg über Gog (38,18–39,8): Nur vor dem Hintergrund, dass Gog aus eigenem Antrieb gegen Israel vorgeht, ist auch der überbordende Zorn Jнwнs[688] zu verstehen, der sich an dem Tag bahnbricht, an dem Gog ins Land Israel kommt (hier wieder: בוא *Qal*), und dessen Schilderung den Anfang des zweiten Hauptteils bestimmt (38,18–19a). Im Anschluss werden zwei (Alternativ-)Szenarien der Vernichtung Gogs und der ihn begleitenden Völker entworfen (38,19b–23; 39,1–8). Zusammengehalten und gerahmt werden die beiden Teile durch Hinweise auf „jenen Tag" in 38,18 (ביום ההוא) und 39,8 (הוא היום). Beide Szenarien enden darüber hinaus jeweils mit einer Aussage zum Erweis der Heiligkeit (des Namens) Jнwнs und zur Gotteserkenntnis der Nationen (38,23; 39,7).

---

[686] Odell, Ezekiel, 473.
[687] Vgl. Odell, Ezekiel, 465–467.
[688] Block sieht hier gar „expressions of anger unparalleled in the book" (ders., Ezekiel 25–48, 457).

Ez 38,19b–20 stellt das Ende Gogs zunächst im Bild eines kosmische Auswirkungen zeitigenden Erdbebens (רעש) dar[689], dessen Epizentrum die „Ackererde Israels" bildet (vgl. V19b). Gottes Zorn scheint eine Katastrophe heraufzubeschwören, die (die) Schöpfung zurücknimmt, die alles Lebendige und Festgegründete unterschiedslos ins Chaos stürzt[690]. Zwar wird dieser Eindruck in V21f dadurch relativiert, dass JHWH angibt, „gegen ihn" (Gog?) das Schwert herbeirufen (vgl. Ez 21) und „mit ihm" (Gog?) ins Gericht gehen zu wollen. Die enthaltenen Anklänge an das den ‚falschen' ProphetInnen angekündigte Vernichtungsgericht in Ez 13,11–14[691] und an die „Umkehrung" von Sodom und Gomorra („Regnen-Lassen" [מטר *Hif'il*] von „Feuer und Schwefel" [אש וגפרית]: Ez 38,22; Gen 19,24) wecken gleichwohl die Assoziation, dass Lebendigkeit und Wachstum im Land Israel dauerhaft verunmöglicht werden (vgl. z.B. Gen 13,10; Dtn 29,22; Jer 49,18; Zef 2,9). Dem entspricht es, dass Israel in dem sich in Ez 38,23 anschließenden theologischen Fazit keine Rolle spielt, weder als Volk JHWHs noch als Lebensraum dieses Volkes. JHWH wird, so hält er es abschließend fest, durch das zuvor skizzierte Tun seine Größe sowie seine Heiligkeit erweisen (גדל bzw. קדש *Hitpa'el*) und sich zu erkennen geben (ידע *Nif'al*, vgl. Ez 20,5.9; 35,11) – „vor den Augen vieler Nationen", die umgekehrt auch ihn in seiner ‚Göttlichkeit' (an-)erkennen werden (וידעו כי־אני יהוה).

Da das Schicksal Israels hier gar nicht erst in den Blick kommt oder gar angenommen werden muss, dass Israel einmal mehr (mit-)zerstört wird, erscheint das in Ez 38,18–23 entworfene Szenario aus traumatologischer Perspektive als (re-traumatisierende) Wiederholung des Unheils, das Juda bzw. Jerusalem zu Beginn des 6. Jh.s v.u.Z. getroffen hat. Die imaginierte Totalität der Vernichtung – in V21f werden insgesamt sieben Strafmaßnahmen genannt[692] –, kann dabei einerseits als impliziter Hinweis auf die ungeheure Bedrohlichkeit des hier beschriebenen Angreifers gelesen werden; andererseits verdeutlicht diese Totalität auch, wie massiv die Erschütterung durch die Exilskatastrophe empfunden werden konnte. Auf eine weitergehende Integration des Traumas kann an dieser Stelle noch nicht geschlossen werden – ähnlich wie in Ez 23 steht JHWH am Schluss

---

[689] Vgl. hierzu Brevard S. Childs, „The Enemy of the North and the Chaos Tradition", *JBL* 78 (1959), 187–198, 188–190.

[690] Vgl. die Anklänge an Gen 1,26.28 in Ez 38,20 und hierzu Bowen, Ezekiel, 234.

[691] Vgl. hierzu im Einzelnen Bernard Gosse, „La Réhabilitation des Prophètes d'Israël en Ezéchiel 38:17–23", *OTE* 10 (1997), 226–235, passim.

[692] Vgl. Block, Ezekiel 25–48, 459.

dieser Szene zwar in voller Größe (√גדל, V23), doch ohne sein Volk vor den Trümmern seines Zorns.

Erst dadurch, dass der zweite Unterabschnitt von Hauptteil II, Ez 39,1–8, JHWHs Überwältigung Gogs noch einmal ganz anders zur Darstellung bringt, eröffnet sich im Hinblick auf Israel als Volk und Lebensraum sowie auf die Beziehung zwischen der Gottheit Israel und den Ihren eine neue Perspektive.

In Ez 39,1a wird Ezechiel ähnlich wie in Ez 38,2–3a zur Übermittlung eines Gotteswortes gegen Gog aufgefordert, das mit einer generellen Kampf- und ‚Herumlenkungs'-Ansage (39,1b–2aα; vgl. 38,3b–4aα: ‚Herausforderungsformel' + √שוב) anhebt[693]. In Ez 39,2aβ–3 kündigt JHWH weitere konkrete Handlungen gegen Gog an: Er will ihn aus dem äußersten Norden hinaufziehen (עלה Hif'il) und auf die Berge Israels kommen lassen (בוא Hif'il), wo er ihm den Bogen aus der rechten Hand schlägt (נכה Hif'il) und ihm die Pfeile aus der linken Hand fallen lässt (נפל Hif'il). Anders als im vorhergehenden Unterabschnitt, wo von Gogs aktivem Vorgehen (בוא Qal) gegen Israel die Rede war, wobei gerade dieses feindselige Initiativwerden Gogs den überbordenden göttlichen Zorn heraufzubeschwören schien (38,18b–19), bestimmt JHWH nun jede von Gogs Bewegungen[694]. Was ursprünglich Gogs unheilvolles Vorhaben war, ein hinterhältiger Überfall auf das wehrlose Israel, hat JHWH hier vollends zu seinem eigenen Plan gemacht und mit Kalkül verändert, ja, entschärft: Während Gog selbst „wie das Sturmeswüten" (כשאה, V9) und „wie eine das Land verhüllende Wolke" (כענן לכסות הארץ, V9.16) heranzurollen im Sinn hatte, lässt JHWH ihn eine ausgesprochen armselige Figur abgeben, deren einzige ‚Aktivität' darin besteht „auf dem freien Feld" (על־פני השדה), am Ort der ‚Nicht-Zivilisation', zu fallen (נפל Qal, 39,5a; vgl. V4a). Anders als in Ez 38,18–23 kommt es gar nicht erst zu Kampfhandlungen, wird JHWH ohne Mühe, ohne irgendein zusätzliches Gerichtsmittel mit Gog fertig, weil JHWH dies so beschlossen hat (כי אני דברתי, V5bα). Gog erscheint nicht länger über-, sondern einzig ohnmächtig, *seine* Situation als die eines Trauma-Opfers, das weder kämpfen noch fliehen kann (*no-fight-/no-flight-*Situation).

Dass Gogs Ende damit besiegelt ist, wird daran erkennbar, dass er mit Ende von V5 und für den Rest des Kapitels nicht mehr angeredet wird. Es

---

[693] Zu den Korrespondenzen zwischen Ez 38,1–4aα und 39,1–2aα vgl. auch Block, Ezekiel 25–48, 424f.

[694] Vgl. Zimmerli, Ezechiel 2, 951; Block, Ezekiel 25–48, 461.

zeigt sich auch daran, dass JHWH sich im folgenden V6 von Gog ab- und zu dem Ort seines Herkommens, Magog, hinwendet[695]. Gegen Magog und die, die an den Küsten „vertrauensvoll" (לבטח) wohnen – eine Beschreibung, die im Vorfeld immer wieder für Israel gebraucht (38,8.11.14; vgl. 39,26) und die hier ironisch gewendet wird – will Gott ein Feuer loslassen. Von diesen Orten aus wird in Zukunft niemand mehr gegen Israel aufstehen, was freilich der (An-)Erkenntnis JHWHs bei den dort Lebenden keinen Abbruch zu tun scheint (וידעו כי־אני יהוה, V6b).

In V7 wird √ידע zum Leitbegriff, wobei, anders als in dem ähnlichen Vers 38,23, die Größe „Israel" als Gottesvolk und als Lebensraum eine wesentliche Rolle spielt – im bisherigen Verlauf des Unterabschnitts Ez 39,1–8 schien sie hingegen lediglich als Ort der Vernichtung Gogs von Interesse. Hier nun formuliert JHWH, worauf sein Handeln an Gog hinauslaufen soll: „Meinen heiligen Namen (שם קדשי) werde ich erkennbar machen (ידע Hif'il) inmitten meines Volkes Israel, ich werde meinen heiligen Namen nicht mehr entweihen (lassen) (חלל Hif'il)[696], und die Nationen werden erkennen, dass ich JHWH bin, heilig in Israel (קדוש בישראל)." Anhand der hier verwendeten Formulierungen wird (erst) deutlich, dass es JHWH (zumindest auch) um Israel zu tun ist, oder, anders gesagt, wie eng das Schicksal der Gottheit Israels und dasjenige ihres Volkes miteinander verknüpft sind: Gottes Vernichtungshandeln an Gog ist zugleich konstruktives Handeln „inmitten" (בתוך) und zugunsten der Seinen (vgl. vor allem Ez 34,24; 37,26.28), geht es doch damit einher, dass die Heiligkeit (des Namens) JHWH(s) zukünftig nicht mehr verletzt wird. Die aus Ez 36,16–38 bekannte Argumentation, derzufolge JHWH sein Volk um seines heiligen Namens willen ins Land Israel zurückführen *muss*, wird hier aufgenommen und im Hinblick auf einen Erkenntnisprozess unter den Nationen ausgebaut.

Denn was für Israel Erklärung für das eigene Ergehen und Einbettung desselben in das narrative Skript des Kollektivs sein kann (und soll) und – als ‚Nebeneffekt' – (die Hoffnung auf) das Ende des Exils und die Rückkehr ins Land begründet, dass nämlich JHWH sowohl bei der Zerstreuung

---

[695] Vgl. Böhmer, Gog, 352f.

[696] An dieser Stelle ist erstaunlicherweise JHWH selbst Subjekt des Entweihens bzw. Entweihen-Lassens seines heiligen Namens (ולא־אחל את־שם־קדשי עוד), wodurch einmal mehr eine Ambivalenz hinsichtlich der Verantwortung für die Katastrophe von 587/86 v.u.Z. eingetragen wird. Die Wörterbücher geben die Bedeutung des nur in Ez 39,7 im Sinne von „entweihen" gebrauchten Hif'ils von חלל zum Teil mit „entweihen" (Ges¹⁸, 355), zum Teil mit „entweihen lassen" (HAL³, 307) wieder.

als auch bei der Sammlung seines Volkes machtvoll und konsistent zur Wahrung der Würde seines Namens aktiv (geworden) ist, stellt sich in den Augen der Nationen völlig anders dar. Für Ammon etwa sind die Entweihung des Jerusalemer Tempels und die Verwüstung der Ackererde Israels Grund genug, sich über dieselben lustig zu machen (25,3). Die Nationen scheinen noch nicht begriffen zu haben, dass Israel „aufgrund eigener Schuld" gefangen weggeführt wurde und dass dessen Treulosigkeit Jhwh bewogen hat, sich von ihm abzuwenden und es preiszugeben (39,23)[697]. Zu eben dieser Einsicht – das deutet sich in 39,7 bereits an – gelangen die Nationen erst *nach* bzw. *durch* Jhwhs Niederschlagung Gogs, dieser (wiederkehrenden) feindlichen Macht. Für die Entstehung dieser Einsicht reicht die Rückkehr Israels ins eigene Land, die ja in Ez 38–39 als bereits Wirklichkeit geworden imaginiert wird, offenkundig nicht aus – sie allein ist noch kein Macht- bzw. Heiligkeitserweis Gottes.

Der Logik der Nationen zufolge, so die Darstellung, rehabilitiert sich Jhwh vollends erst dadurch, dass er (s)einen Erzfeind nicht irgendwo, sondern in Israel besiegt. In diesem Sinne braucht es gleichsam auch für die Gottheit Israels eine Re-Inszenierung des Geschehens mit anderem Ausgang – nur so vermag sie sich von der ihr nachgesagten Ohnmacht zu befreien. Sie bleibt dabei aufs Äußerste an Israel gebunden, sie kann – dies hebt der Wortlaut von Ez 39,7 deutlich hervor – ihre Besonderheit nur in, an und durch ‚Israel' (בישראל) oder eben gar nicht er- und beweisen.

Nach dieser vollmundigen göttlichen Proklamation wirkt der sich anschließende V8 nachgeschoben. Indem Jhwh hier noch einmal explizit festhält, dass der Tag von Gogs Ende zuverlässig eintreffen (בוא *Qal*) und sich ereignen (היה *Nif'al*) wird, wird auf den Anfang von Hauptteil II, wo „jener Tag" ebenfalls Erwähnung fand (Ez 38,18.19), zurückverwiesen. Damit erhält alles zuvor Gesagte eine abschließende Bekräftigung – der aufgezeigten Widersprüchlichkeit der beiden Vernichtungsszenarien zum Trotz.

Mit diesem phantastisch anmutenden Szenario wird – und dafür ist es wesentlich, dass die Niederschlagung Gogs *in Israel* geschieht – nicht einfach irgendein Kriegsereignis imaginiert. Vielmehr wird (auch) für die Invasion Nebukadnezars in Juda 589/88 v.u.Z. ein anderer Ausgang entwor-

---

[697] Vgl. Krüger, Geschichtskonzepte, 254f. Dass eine solche Deutung für die umgebenden Nationen (und nicht einmal für Juda selbst) kaum auf der Hand lag, betont Galambush (vgl. dies., Enemies, 257).

fen, der die (erlittenen) Verhältnisse umkehrt. Trotz eigener Passivität –
hier klingt das (traumatische) Ideal aus Ez 16 an – ist es nun nicht Israel
selbst, das ohnmächtig und hilflos fällt, sondern der bis an die Zähne
bewaffnete Aggressor, und zwar weil die mächtig(st)e Gottheit Jhwh auf
Seiten/an Stelle Israels kämpft (vgl. auch Ex 14,14). Diese Imagination setzt
nicht nur den mit den Kriegs- und Deportationsereignissen zu Beginn des
6. Jh.s v.u.Z. verbundenen Vernichtungserfahrungen eine (Über-)Lebens-
möglichkeit entgegen, sie hat zugleich etwas Zukunftsweisendes: Sollte
es noch einmal zu einem kriegerischen Überfall auf Israel kommen, wird
Jhwh noch den größten irdischen Herrscher mit Leichtigkeit beseitigen –
wenn Israel im Vertrauen auf Jhwh lebt (לבטח).

Hauptteil III: Aufräumarbeiten (39,9–20): Im dritten Hauptteil der Gog-
Perikope geht es in erster Linie darum, die Überreste Gogs, seiner Völkerschaften und seiner Kriegsmaschinerie aus der Welt zu schaffen und hierüber das Land Israel in den Status der Reinheit (טהר√, V12.14.16) (zurück)
zu versetzen. Der Abschnitt gliedert sich in drei Szenen. In Szene I (V9f)
steht die Vernichtung der Waffen im Vordergrund, während in Szene II
(V11–16) vorgestellt wird, wie Gog mitsamt seinen Hundertschaften in
einem Massengrab in Israel beerdigt wird. Szene III (V17–20) stellt eine
Alternativ-Imagination zur zweiten Szene dar, erhält Ezechiel doch nun
den Auftrag, alle aasfressenden Tiere zu einem von Jhwh bereiteten
Schlachtopfermahl zu laden, bei dem sie sich am „Fleisch von Kriegsleu-
ten" (בשׂר גבורים) und am „Blut der Fürsten der Erde" (דם־נשׂיאי הארץ,
V18) vollfressen bzw. vollsaufen dürfen. Die drei Szenarien lassen sich
thematisch somit deutlich voneinander unterscheiden, darüber hinaus
sind einzelne strukturelle Gliederungsmerkmale auszumachen. So enden
Szene I und Szene III jeweils mit der sog. Gottesspruchformel (V10.20);
Szene II enthält die Gottesspruchformel ebenfalls, allerdings nicht am
Ende, sondern in etwa in der Mitte (V13). Die Abgrenzung zwischen der
zweiten und der dritten Szene ergibt sich vor allem aufgrund der neuerlichen Kommunikationsaufforderung an den Propheten in V17, wobei nun
allerdings nicht mehr Gog die anzuredende Größe ist (vgl. 38,2.14; 39,1),
sondern die „Raubvögel" und die „Tiere des Feldes".

1) *Ez 39,9f: Hölzerne Kriegswaffen als alternative Energie:* In Ez 39,9 ist zum
   ersten Mal innerhalb der Gog-Perikope vom aktiven Handeln einer zu
   Israel gehörenden Größe die Rede: Die, die in den Städten Israels leben,
   dort überlebt haben, werden hinausziehen (יצא *Qal*; vgl. 38,4.8 [jeweils

יצא *Hif'il*]) und ein Feuer entfachen, welches sie mit hölzernen Kriegswaffen nähren. Zwar wird dies nicht ausdrücklich gesagt, sofern es
allerdings Überschneidungen zwischen den Beschreibungen der Kriegsmaschinerie Gogs (38,4f; 39,3) und den in Ez 39,9 erwähnten Waffen
gibt, dürfte es sich hierbei um dessen Kampfgeräte handeln. Einzig das
Schwert (vgl. Ez 38,8.21) wird in der sieben (!) Ausrüstungsgegenstände
umfassenden Liste nicht genannt, wohl, weil es nicht so einfach verbrannt werden kann. Bei dem die Aufzählung eröffnenden Terminus
נשק handelt es sich, stellt man den zusammenfassenden Gebrauch in
V10 in Rechnung, wahrscheinlich um einen generalisierenden (Kollek-
tiv-)Begriff für „Waffen" (vgl. auch 1 Kön 10,25; 2 Kön 10,2; Jes 22,8; Ijob
39,21). Außerdem werden Rundschild und Großschild (מגן וצנה, vgl.
Ez 38,4.5), Bogen und Pfeile (קשת וחצים, vgl. 39,3) sowie מקל־יד und
Lanze (רמח) aufgeführt. Die beiden zuletzt genannten Wörter kommen im Ezechielbuch nur hier vor – מקל־יד könnte einen Hand- oder
Schlagstock bezeichnen, parallel zur gängigen „Lanze" könnte hier aber
auch ein Speer gemeint sein[698]. Alle anderen Gerätschaften tauchen
auch außerhalb der Gog-Perikope an anderer Stelle im Ezechielbuch
auf. Außerhalb von Ez 38–39 sind laut 23,23f nur die „Babylonier und
alle Chaldäer, Pekod, Schoa und Koa, sämtliche Assyrer", d.h. ethnische
Gruppierungen des neubabylonischen Reiches[699], mit „Großschild und
Rundschild" ausgestattet, der Einsatz eines Großschilds wird darüber
hinaus explizit Nebukadnezar zugeschrieben (26,8). Als „Regenbogen"
kommt der קשת noch einmal als Vergleich für den den כבוד JHWHs
umgebenden Lichtglanz vor (1,28); Pfeile finden sich noch je einmal
bei JHWH (5,16) und wiederum bei Nebukadnezar, der sie für eine
mantische Praktik gebraucht (21,26). Eine besondere Nähe zwischen
Gog mit seinen Horden und Nebukadnezar mit seinen Truppen ergibt
sich außerdem aus Ez 39,10b: „sie plündern die sie Plündernden und
berauben die sie Beraubenden [...]" – diese Formulierung stellt sich

---

[698] Vgl. Block, Ezekiel 25–48, 466.

[699] Vgl. Greenberg, Ezechiel 21–37, 120, wo es – in Übersetzung eines hebräischen Artikels von Ran Zadok – heißt: „„[...] Die Babylonier entsprechen den Großen des Landes
Akkad auf dem Prisma [von Nebukadnezar II., R.P.]. Danach sind dort die Einheiten der
chaldäischen Stämme aufgeführt, *Puqudu* steht danach bei den aramäischen Stämmen,
anscheinend der bedeutendste unter ihnen. *Qoa* und *Schoa* waren vielleicht weder chaldäische noch aramäische Stammeseinheiten; sie sind aus keiner anderen Quelle bekannt.'
‚Sämtliche Assyrer' kann sich auf besiegte assyrische Truppen beziehen, die in den Dienst
des babylonischen Eroberers gezwungen wurden." Zum Prisma Nebukadnezars II. vgl. Eckhard Unger, *Babylon. Die heilige Stadt nach der Beschreibung der Babylonier*, Berlin/Leipzig
1931, 290f.

zunächst als Umkehrung des Gog in Ez 38,12f zugeschriebenen Ansinnens dar. Bei den übrigen Belegen von √שׁלל, „plündern", und √בזז, „(be-)rauben" im Ezechielbuch handelt es sich um kriegerische Aktivitäten, deren implizites oder explizites Subjekt am weitaus häufigsten Nebukadnezar ist (Ez 23,46; 26,5.12; 29,19; vgl. auch 7,21; 25,7; 34,8.22.28; 36,4.5)[700]. Indem hier der auf die Kriegswaffen bezogene Verbrennungsvorgang als Ausplündern und Berauben der feindlichen Macht zu stehen kommt, wird – gleichsam als Nebeneffekt – das kriegerische Beuteschema der Großmächte lächerlich gemacht.

Die Vernichtung oder Umwidmung von Kriegswaffen bis hin zur Zerstörung des Krieges selbst ist in der Hebräischen Bibel kein ganz seltenes Phänomen (vgl. Jes 2,4; Hos 2,20; Mi 4,3; Ps 46,10; 76,4 [Jdt 9,8]). Eine besondere Nähe besteht zwischen Ez 39,9f und Jes 9,4, wo es heißt (BigS): „Denn jeder Soldatenstiefel, trampelnd mit Gedröhn, und der Mantel, gewälzt in Blut, soll verbrannt werden, wird ein Fraß des Feuers." Nur im Ezechielbuch allerdings wird die Unschädlichmachung von Kriegsausrüstung als Aktivität Israels ausgesagt – an allen anderen Stellen erscheint sie als Tun JHWHs (Hos 2,20; Ps 46,10; 76,4; Jdt 9,8; zu Jes 9,4 vgl. Jes 9,6) oder als der göttlichen Rechtsprechung entspringendes Handeln der Völker (Jes 2,4; Mi 4,3). Die in Frage stehende Ezechielszene fällt auch aufgrund ihrer außergewöhnlichen Plastizität aus dem Rahmen – die Abrüstung wird nicht nur angedeutet, sondern in einen konkreten Vorgang umgesetzt, der sich durch verschiedene Inversionen auszeichnet: Wurde zuvor das Feuer selbst eine Art Kriegswaffe, die immer wieder auch Israels Existenz bedrohte (vgl. z.B. Ez 5,4; 10,2; 15,7; 16,41; 21,3; 24,10 u.ö.), so dient es nun zur Zerstörung von Zerstörungswerkzeugen. Dabei zeigt die siebenjährige Brenndauer (39,9b) sowohl das ungeheure Zerstörungspotential dieser Waffen – und damit Gogs und seiner Völkerschaften – als auch die Gründlichkeit an, mit der gegen dieses Potential vorgegangen wird. In der Zahl sieben (שׁבע) klingt gleichzeitig die *Shiva*, die in der jüdischen Tradition übliche Trauerphase von sieben Tagen an (vgl. Gen 50,10; 1 Sam 31,13; 1 Chr 10,12; Jdt 16,24; Sir 22,12) – mit dem Feuer wird

---

[700] Die ähnlichen Formulierungen in Jer 30,16 und Hab 2,7f beziehen sich – auf der Ebene des Endtextes – ebenfalls (primär) auf das, was die Babylonier Israel angetan haben (vgl. hierzu Fischer, Jeremia 26–52, 132f, bzw. Lothar Perlitt, *Die Propheten Nahum, Habakuk, Zephanja* (ATD 25,1), Göttingen 2004, 69–72).

gleichsam eine intensive, sieben *Jahre* dauernde Auseinandersetzung mit dem menschlichen Gewaltpotential entfacht[701].

Eine weitere Verkehrung deutet sich in V10a an, wo davon die Rede ist, dass die Bewohnerinnen und Bewohner der Städte Israels sich nicht mehr um die Beschaffung von Brennholz kümmern müssen, unterhalten sie doch das Feuer mit vormaligen Kampfgerätschaften. Zwar wird dies nicht explizit gesagt, doch klingt dieser Hinweis so, als könnte das Feuer aus Kriegsgeräten gleichsam als alternative Energiequelle zum Kochen und Heizen genutzt werden. Ähnlich wie bei der Umschmiedung von Schwertern zu Pflugscharen (vgl. Jes 2,4; Mi 4,3) würde damit etwas, das auf die Vernichtung von Leben und Lebendigkeit zielt, umgewendet in etwas Lebensförderliches[702]. Ins Gegenteil verkehrt wird damit auch der totale Brennstoffmangel während der Zeit des Belagerungskriegs, wie er sich in Ez 4,12–15 widerspiegelt.

2) *Ez 39,11–16: Gog und seine Horden enden im Massengrab*: Zwar geht es auch in Ez 39,9f um die Entsorgung von Kriegsüberresten; das Frei- oder Reinwerden des Landes von diesen Rückständen spielt dabei aber noch keine besondere Rolle. Dies ändert sich in V11–16 – gleich dreimal ist hier vom „Reinigen des Landes" die Rede (√טהר, V12.14.16). Besonderes Gewicht fällt darüber hinaus auf die Gründlichkeit und Planmäßigkeit der Reinigungsmaßnahmen, die in diesem Fall nicht sieben Jahre, sondern (jedenfalls zunächst, V12; vgl. V14) sieben Monate andauern. Der wesentliche Unterschied zum vorhergehenden Unterabschnitt besteht allerdings darin, dass hier nicht länger von der Beseitigung der Kriegs*ausrüstung*, sondern von Beseitigung der Krieger *selbst* gesprochen wird.

Die Textpassage beginnt in V11 mit einem neuerlichen Hinweis auf „jenen Tag" (היום ההוא) und knüpft damit an Ez 38,10.14.18.18.19; 39,8 an. Jhwh kündigt an, Gog an eben jenem Tag eine Grabstätte in Israel

---

[701] Vgl. hierzu auch Daschke, Loss, 128.

[702] Hier kommt eine andere Konzeption zum Tragen als im Deuterojesajabuch, wo es bezogen auf die Zion gefährdende Kriegsmaschinerie der Nationen heißt (Jes 54,15–17, BigS): „Schaut, wenn jemand angreift, dann kommt es nicht von mir. Wer dich angreift, wird wegen dir fallen. ¹⁶Schaut, ich habe die geschaffen, die Metall verarbeiten, die Glut im Feuer anfachen und Waffen schmieden nach ihrem Können. Ich habe Verderben geschaffen, um zu vernichten. ¹⁷Jede Waffe, die gegen dich geschmiedet wird, wird scheitern [...]". Joseph Blenkinsopp schreibt bezogen auf diese Verse (ders., *Isaiah 40–55* [AncB 19A], New York u.a. 2002, 366): „[T]he poet foresees that attacks on Jerusalem will continue but that they will no longer be the expression of the deity's anger. On the contrary, Yahveh will see that the city is equipped to defend itself by the production of weapons in the smithy and the intervention of the Destroyer [...]."

(מְקוֹם־שָׁם[703] קבר בישראל) bereiten zu wollen, das „Tal der Toten" (גי
העברים), das auch – je nach Übersetzung des Wortes המון – „Tal des
(Heer-)Haufens[704] bzw. des Gepränges[705] Gogs" (גיא המון גוג) genannt
werden wird. Die Lage und der Hinweischarakter dieses Ortes sind
umstritten; V11 selbst lokalisiert ihn „östlich des Meeres", wobei mit
dem nicht näher bestimmten Meer im Ezechielbuch in aller Regel das
Mittelmeer gemeint ist[706]. In גיא המון גוג klingt das גיא הנם, das Hinnom-Tal, Ort des Molech-,Opfers' und verbotener Begräbnisrituale, an;
גי העברים, „Tal der ‚Hinübergegangenen'", kann als Namensvariante
zum Hinnom-Tal aufgefasst werden. Dies und der Umstand, dass Gogs
Grabstätte mit einer Stadt namens המונה in Verbindung gebracht wird
(V16), wobei המון in Ez 5,7, 7,11.12.13.14 und 23,42 für das in Jerusalem
‚produzierte' Chaos steht, deutet Margaret S. Odell zufolge darauf hin,
dass mit den Ortsangaben auf die (vormalige) judäische Hauptstadt
und deren unmittelbare Umgebung gezielt ist[707]. Dass das „Totental",
wie es in V11 außerdem heißt, allen „Hinübergegangenen" den Weg
versperrt (√חסם), könnte dann meinen, dass die berüchtigte Grab-
schlucht durch die Gogschen Überreste derart blockiert wird, „that
it can no longer be used for subsequent burials"[708] (vgl. 2 Kön 23,14;
Jer 7,32; 19,11).

Dies könnte bedeuten, dass Jerusalem letzten Endes (vgl. 48,35!)
eine nach Ez 16 und 23 (vgl. auch 5,5–17; 33,21–29 u.ö.) kaum mehr
für möglich gehaltene Transformation durchmacht, für die die Gog-
Perikope und insbesondere Ez 39,11–16 von besonderer Wichtigkeit
sind. Einerseits nämlich wird die Jerusalemer Unordnung noch einmal ins Gedächtnis gerufen bzw. assoziiert, andererseits wird mit den

---

[703] Die Übersetzung von Septuaginta (τόπον ὀνομαστόν) und Vulgata (*locum nominatum*)
scheint auf die (leichtere) Lesart מְקוֹם־שָׁם, „namhafter Ort", „Denkmal", zurückzugehen.
Der masoretische Text stellt vermutlich einen „asyndetically crafted dependent clause" an
Stelle des zu erwartenden Wortlauts מקום אשר שם, „ein Ort, wo/an dem" dar. Vgl. Block,
Ezekiel 25–48, 466, Anm. 33.

[704] So z.B. Zimmerli, Ezechiel 2, 922.

[705] So z.B. Eichrodt, Hesekiel, 363.

[706] Vgl. Margaret S. Odell, „The City of Hamonah in Ezekiel 39:11–16: The Tumultuous
City of Jerusalem", *CBQ* 56 (1994), 479–489, 485, Anm. 22; Block, Ezekiel 25–48, 469. 469,
Anm. 48.

[707] Vgl. Odell, City, 481–486. Vgl. auch Zimmerli, Ezechiel 2, 965f, Block, Ezekiel 25–48,
468–470; Francesca Stavrakopoulou, „Gog's Grave and the Use and Abuse of Corpses in
Ezekiel 39:11–20", *JBL* 129 (2010), 67–84, 80.

[708] Odell, City, 486; vgl. auch Block, Ezekiel 25–48, 469.

systematischen Aufräumarbeiten ein *neues, konstruktives* Verhalten
Israels in Szene gesetzt (V12f).

> Unlike the inhabitants of chap. 5, who differed from their neighbors only by
> being worse, the people described in 39:11–16 typify their distinctiveness by
> assiduously cleansing the land. The city of Hamonah is now the site where
> God's power and the people's obedience meet. The stage is thus set for the
> transformation of Jerusalem into the city of divine presence[709].

Indem es die Überreste des Gogschen Chaos in der Versenkung verschwinden lässt, tut das Haus Israel mindestens Viererlei: (1) Es entledigt sich seines Erzfeinds, indem es ihm einen begrenzten (!) Ort
gibt. (2) Es handelt der Weisung JHWHs entsprechend, derzufolge
auch Menschen, die kapitale Verbrechen begangen haben und mit der
Todesstrafe bestraft worden sind, baldmöglichst – noch am Tag ihres
Todes – begraben werden müssen (Dtn 21,22f[710]; vgl. auch Jos 8,29; 10,26f
u.ö.). Den göttlichen Ankündigungen in Ez 11,20, 36,27 und 37,24 entsprechend ist das Haus Israel jetzt (erst!?) in der Lage, JHWHs „Bestimmungen zu folgen und sein Recht zu bewahren und zu verwirklichen".
(3) Israel handelt damit anders als es selbst behandelt wurde. In Ez
6,5 nämlich hatte JHWH angekündigt: „Die Leichen Israels lege ich vor
ihre Götzen. Eure Knochen streue ich rings um eure Altäre", und dem
Schlachtfeldszenario in Ez 37,1–14 zufolge haben die „Ermordeten"
(V9) kein Grab bekommen, sondern wurden einfach liegengelassen
(vgl. auch 16,39; 24,3–14), „was als Zeichen der Ehrlosigkeit (Jes 14,19
Jer 22,19), als Folge militärischer Niederlage (Ps 79,2) oder einer göttlichen Strafsanktion (Dtn 28,26 Jes 34,3) gewertet wird"[711]. Dem oder der
Verstorbenen wird damit die letzte Achtung verweigert, ihm oder ihr
bleibt kein (Gedenk-)Ort – die unbestatteten Leichen werden zum Fraß
von wilden Tieren und Aasgeiern (vgl. Dtn 28,26; 1 Sam 17,44.46; 2 Sam
21,10; Ez 39,17–20 [!] u.ö.) oder zum Dünger für den Ackerboden (vgl.
Jer 8,1–3; 16,4; 25,33). Insofern das vorweggenommene Handeln Israels
Gog und Genossen eine derartige letzte Entwürdigung erspart, wird,
so lässt sich schließen, zugleich ein anderer Ausgang für das Schicksal
Israels imaginiert. Bedenkt man, dass die Überlebenden einer (Kriegs-)

---

[709] Odell, City, 489.

[710] Im Talmud wird Dtn 21,22f zur Begründung dafür herangezogen, dass – in aller
Regel – *jeder* Mensch noch am Todestag zu beerdigen ist (bSanh 46a). Vgl. hierzu auch Jeffrey H. Tigay, *Deuteronomy/*דברים (The JPS Torah Commentary), Philadelphia 1996, 198.

[711] Manfred Görg, „Art. Begräbnis", NBL I (1991), 262–264, 263f. Vgl. auch Stavrakopoulou, Gog's Grave, 69.71–76.

Katastrophe wie der von 587/86 v.u.Z. die Tötung der zu ihnen gehörenden Menschen ‚besser' be- und verarbeiten können, wenn sie um
deren Gräber wissen[712], handelt es sich hierbei um einen Ausgang,
dessen Trauma(tisierungs)-Potential etwas geringer ist als die Israel
im Ezechielbuch zugeschriebenen Erfahrungen[713]. (4) Israel macht
das Land „rein" und schafft damit die Voraussetzung für die Ankunft
des göttlichen כבוד (vgl. Ez 43,1–5). Wie die (von Jʜᴡʜ angeordnete!)
Entwürdigung des Tempelareals durch menschliche Leichen vormals
letzter Anstoß für Gottes Verlassen desselben war (vgl. 9,1–7; 10,4.18f;
11,22f) und der Umstand, dass, aufgrund der baulichen Nähe zwischen
Königspalast und Haus Jʜᴡʜs, die Leichname von Angehörigen des
Königshauses in die göttliche Sphäre ‚eindringen' konnten, Jʜᴡʜs vernichtenden Zorn heraufbeschwor (so im Rückblick Ez 43,7b–9[714]; vgl.
auch 23,38), so bereitet nun die systematische Reinigung des Landes
den Boden für die ewige Präsenz der Gottheit inmitten Israels, wie sie
in Ez 40–48 ihre Umsetzung findet[715].

Der Reinigungsvorgang selbst ist als zweiphasiger vorgestellt:
Zunächst begräbt das Haus Israel bzw. das *gesamte* Volk des Landes (עם הארץ), und zwar eine ganze „Monatswoche" lang (39,11–13),
wiederum ein impliziter Hinweis auf Gogs ungeheure militärische

---

[712] So David Becker in einem Vortrag zum Thema „Trauma in Post-Konflikt-Gesellschaf-
ten" am 30. Januar 2009 in Marburg. Vgl. auch Susana Navarro García, „Den Tod erinnern, um weiterleben zu können", in: medico international (Hg.), *Die Gewalt überleben:
Psychosoziale Arbeit im Kontext von Krieg, Diktatur und Armut*, Frankfurt a.M. 2001, 37–42,
passim. Für die Hebräische Bibel vgl. Klara Butting, *Prophetinnen gefragt. Die Bedeutung
der Prophetinnen im Kanon aus Tora und Prophetie* (Erev-Rav-Hefte: Biblisch-feministische
Texte 3), Wittingen 2001, 147–156.

[713] Stavrakopoulou sieht demgegenüber in der Entsorgung Gogs und seiner Horden in
einem Massengrab auch einen „abuse of corpses" (dies., Gog's Grave, 76 u.ö.). Sie weist
darauf hin, dass „the graves of the defeated enemy can also play territorial roles in contexts
of warfare and colonialism" (a.a.O., 78). Betrachte man Ez 39,11–16 vor diesem Hintergrund,
„the pile of corpses buried in the valley takes on the form of a mortuary monument, mar-
king the defeat of Israel's invading enemy and asserting Yhwh's territorial claim on the
land" (ebd.).

[714] Vgl. hierzu Michael Konkel, *Architektonik des Heiligen. Studien zur zweiten Tempel-
vision Ezechiels* (BBB 129), Berlin/Wien 2001, 73f: „Da in vorexilischer Zeit Tempel- und
Palastbereich direkt aneinandergrenzten (43,8), hatte der Tod eines Königs in seinem
Haus die Verunreinigung des Tempels zur Folge. [...] Es ist weder notwendig, an eine
Verunreinigung durch Königsgräber zu denken, die gerade nicht in unmittelbarer Nähe
des Tempelbereichs lagen, noch an Gedenkstelen für die verstorbenen Könige, noch an
Totenopfer."

[715] Zu diesem Zusammenhang vgl. auch Num 35,34: „Das Land, in dem ihr wohnt, darf
nicht unrein werden (תטמא), denn ich wohne in seiner Mitte. Ja, ich bin Jʜᴡʜ, wohnend
inmitten der Israelitinnen und Israeliten."

‚Potenz' – und auf die noch viel größere Macht Jhwhs, der diesen Feind wie nichts hinweggefegt hat (vgl. 39,1–8). Zugleich wird damit auch auf die unheimliche Todesrealität angespielt, die mit Gog und dessen Horden in Israel Einzug gehalten hat[716], und auf die Intensität, mit der die Bevölkerung Israels durch ihre Aufräumarbeiten dieser Todesrealität entgegenzuwirken sucht. Obwohl das Haus Israel nach wie vor mit ‚Todesmaterie' befasst ist, scheint es sich nun, wie in Ez 18,31f geboten, dem Leben wieder zuwenden zu können. Mit dieser Hinwendung zum Leben, in der die Katastrophe gleichsam aufbewahrt, aufgehoben ist, könnte es auch zusammenhängen, dass eben jener Tag, an dem Jhwh sich als gegenwärtig erweist (כבד Hif'il), auch dem begrabenden Volk selbst „zum Namen" bzw. zum Ruhm gereicht (והיה להם לשם, V13). Hierin scheint sich noch einmal eine Transformation anzukündigen – wo es im Vorfeld um den Namen bzw. den Ruhm als menschliche Größe ging, war immer davon die Rede, dass die Stadtfrau Jerusalem mit der ihr von Gott beigelegten Berühmtheit nicht adäquat umzugehen wusste, ihren Ruf in den Schmutz gezogen hat (Ez 16,14.15; 23,10). In 22,5b heißt es mit Bezug auf die „Blutstadt" (vgl. V2): „Der Name (השם) ist unrein geworden (√טמא), und deine Bestürzung (מהומה)[717] ist gewaltig." Die hierin aufscheinenden (Wort-)Verbindungen untermauern noch einmal die oben dargelegte These von Odell, derzufolge in Ez 39,11–16 auf Jerusalem angespielt und die Umbenennung der Stadt in Ez 48,35 (ebenfalls שם!) vorbereitet wird.

Die zweite Phase des Reinigungsvorgangs (Ez 39,14–16) soll nach Ablauf von sieben Monaten beginnen und von dauerhaft dafür ausgewählten Personen (אנשי תמיד) durchgeführt werden. Nun geht es offenbar darum, die weniger offensichtlichen menschlichen Überreste ausfindig zu machen, was ein systematisches Durchsuchen (√חקר) des Landes erforderlich macht (V14). Sobald die Beauftragten einen Menschenknochen entdecken, sollen sie den Fundort mit einem Steinmal

---

[716] Vgl. Zimmerli, Ezechiel 2, 966: „Sieben Monate lang werden die Leichen begraben. Wenn eine so lange Räumungsarbeit […] erforderlich ist, wie unermeßlich muß die Zahl der Gefallenen gewesen sein." Vgl. auch Ahroni, Gog Prophecy, 16. Stavrakopoulou (vgl. dies., Gog's Grave, 79) deutet die zeitliche Umfänglichkeit der Aufräumarbeiten als Verweis auf die Größe des Landes im Rahmen einer „territorial agenda".

[717] Das Substantiv מהומה leitet sich zwar von √הום, nicht, wie המון, von √המה ab. Die Wurzeln המה, הום, המם und נהם sind aber nahe verwandt. Sie „gehen möglicherweise auf eine zweiradikalige Wurzel onomatopoetischen Charakters zurück, die mit hm ein unartikuliertes Durcheinander von akustischen und optischen Eindrücken beschreibt" (Arnulf H. Baumann, „Art. המה", ThWAT II [1977], 444-449, 444).

(צֹיוּן) markieren – für das Begräbnis selbst sind die Totengräberinnen und Totengräber (המקברים) zuständig (V15).

Wie die erste Phase (V13) endet auch die zweite mit dem Hinweis auf einen ‚Namen' (V16): „Auch der Name einer Stadt lautet ‚Hamona' ", was, wie oben besprochen, als Hinweis auf Jerusalem aufgefasst werden kann. Wird der folgende Satz וטהרו הארץ mit Odell adversativ aufgefasst und mit „Sie aber reinigen das Land" wiedergegeben[718], so erschließt sich der ‚Wendepunkt-Charakter' von Ez 39,11–16 an deren Schluss noch einmal besonders eindringlich:

> Although the city has acquired a pejorative name because of the abominations of its former inhabitants, the eschatological inhabitants will no longer contribute to this reputation. Instead, they will get a new name for themselves as an obedient people who purify the land (cf. 39:13). Not only do the people get a new name for themselves: Jerusalem also receives a new name. When Jerusalem is renamed at the end of chap. 48, the sentence structure echoes that of 39:16. The one noteworthy difference between the two sentences is the insertion of *miyyôm* in 48:35: ‚And the name of the city *from that day*, is Yahweh is there.' The new name in 48:35 implies, of course, that the city had gone by another name until that time. In Ezekiel's imaginative world, the name Hamonah would be a suitable antonym to Yahweh-shammah. Because of their *hāmôn*, Jerusalem's inhabitants had defiled the land and forced God's departure from the city. Not until the land was cleansed could the city receive a new name[719].

3) *Ez 39,17–20: Gog und seine Horden werden durch wilde Tiere aus der Welt geschafft*: Die dritte Entsorgungsszene, in der wilde Tiere eingeladen werden, sich über die Überreste der Gogschen Horden herzumachen, unterscheidet sich von den beiden vorhergehenden zunächst dadurch, dass sie nicht Rede JHWHs *über*, sondern von Ezechiel weiterzugebende *An*rede ist, wie sie im bisherigen Verlauf der Kap. 38–39 nur an Gog gerichtet wurde (vgl. 38,3–13.14–17; 39,1–8) und nun den „Vögeln – allem Geflügelten – und allen Tieren des Feldes" (ה לצפון כל-כנף ולכל חית שֹדה) zu übermitteln ist. Über diese Formulierung, in der Elemente aus Ez 39,4 fast wortwörtlich anklingen (לעיט צפור כל-כנף וחית השֹדה), wird Ez 39,17–20 nicht nur an den zweiten (39,1–8), sondern auch an den ersten Unterabschnitt (38,18–23) von Hauptteil II zurückgebunden, wo (u.a.) von der Erschütterung der „Vögel des Himmels und der Tiere des Feldes" (עוף השֹמים וחית השֹדה, V20) die Rede war.

---

[718] Vgl. Odell, City, 488.
[719] Odell, City, 488.

Gleichzeitig stellen sich die in Frage stehenden Verse als Alternativ-Imagination zu 39,11–16 und 39,9f dar. Für V11–16 ist dies
offensichtlich – das Liegenlassen des im Krieg getöteten, besiegten
Feindes, das gleichsam zwangsläufig dessen Auslieferung an aasfressende Tiere bedeutet, ist in der Hebräischen Bibel wesentliches Gegenbild zum Begraben auch von Feinden[720]. Gegenmodell zum Verbrennen
von Kriegswaffen in 39,9f ist 39,17–20 insofern, als sich das Gefressenwerden nicht nur auf die Kriegführenden, sondern mit den „Pferden
und Streitwagen" (ורכב סוס, V20) auch auf (schweres) militärisches
Gerät bezieht.

Der Unterabschnitt 39,17–20 hat insgesamt die Form „of an official
invitation to special guests to attend a grand banquet hosted by
Yahweh"[721]. Im Hintergrund steht – insofern sind diese Verse auch
kaum ohne das Vorhergehende bzw. Teile desselben zu verstehen – die
Transformation des mit Gefallenen überfüllten Schlachtfelds „auf Israels Bergen" (vgl. 39,4f) in ein gigantisch-skurriles Schlachtopfer(mahl)
(זבח) „auf Israels Bergen" (vgl. V17). Eine ähnliche Umwendung deutet
sich auch in Ez 29,5 und 32,4–6 mit Bezug auf Ägypten an (vgl. auch
Jes 34,5–7; Jer 46,10; Zef 1,7f). Nur in Ez 39,17–20 allerdings wird das
zugrunde liegende Sprachbild so drastisch übersteigert und derart ins
Groteske ausgezogen[722]. Fast gewinnt man den Eindruck, als solle der
Textabschnitt geradezu dazu auffordern, sich dem in ihm phantasierten Grauen ganz auszusetzen, es – und den Umstand, dass hier nicht,
wie über weite Strecken des Buches, Israel selbst, sondern Israels Erzfeind betroffen ist – gewissermaßen voll auszukosten. Dafür spricht
die je dreifache Wiederholung der Aufforderung zu bzw. Verheißung
von Essen (אכל Qal, V17.18.19) und Trinken (שתה Qal, V17.18.19) und
die Betonung des Rauschhaften, wie sie durch die in V19 verwendeten Substantive שׂבעה, „Sättigung", und שׁכרון, „Trunkenheit" und die
nochmalige Verwendung von ‎√שׂבע in V20 zum Tragen kommt. Gro-

---

[720] Vgl. Stavrakopoulou, Gog's Grave, 75: „[T]he exposure of corpses in the wilderness
places the dead beyond the realm and reach of social order, represented by the city, the
cultivated field, and the tomb itself. The vast distance of the abandoned dead from the
mortuary cult is powerfully attested in their corpses being consumed by animals and birds:
unlike the dead in their tombs, who receive libations and offerings, the dead exposed in
the wilderness will not be fed, but will be food."

[721] Block, Ezekiel 25–48, 473.

[722] Vgl. hierzu Cooke, Ezekiel, 421: „Perhaps the idea of Jahveh's sacrifice was taken from
Is. 34[6], Jer 46[10], Zeph. 1[7.8]; but here it is greatly magnified." Zum Ganzen vgl. auch Dubach,
Trunkenheit, 176–179.

tesk-faszinierend erscheint diese Schlachtopfermahlzeit aber vor allem deshalb, weil in ihr die normalen Vollzüge eines solchen Opfermahls vollends auf den Kopf gestellt sind: Jhwh (*nicht*: ein Priester) schlachtet (√זבח *Qal*, V17.19) fremde Menschen (*nicht*: ausgewählte Tiere), um aasfressende (d.h. kultisch unreine) Kreaturen (*nicht*: die menschliche Gemeinde/Gemeinschaft) an seinen (Altar-)Tisch (שלחן, V20; vgl. 44,16) zu laden[723]. Und mehr noch – die Opferanteile, die, auch Ez 44,7.15 zufolge (vgl. Lev 3,16f; 7,23–25), in jedem Fall der Gottheit vorbehalten bleiben müssen, „Fett" (חלב, V19) und „Blut" (דם, V17.18.19), werden dabei explizit zum Verzehr freigegeben!

Das von Jhwh angebotene Menü wird dabei immer wieder etwas anders umschrieben: Zunächst (V17) ist lediglich von „Fleisch" (בשׂר) und „Blut" die Rede, in V18a heißt es dann konkreter „Fleisch von Kriegshelden" (בשׂר גבורים) und „Blut der Fürsten der Erde" (דם־נשׂיאי הארץ), Formulierungen, die den Eindruck erwecken, es gehe hier nicht mehr allein um Gog und seine Völkerschaften, sondern um alle, die auf Erden (kriegerische) Macht beanspruchen. Erst der Hinweis auf „Pferd und Streitwagen" (סוס ורכב) in 39,20 bindet das in dieser Passage Gesagte wieder explizit an das Vorhergehende zurück (vgl. 38,4.15).

V18b, „Widder, Lämmer und Böcke, Stiere[724] und Baschan-Mastkälber [sind] sie alle" lässt sich gleich dreifach lesen: Sofern alle diese Tiere bis auf die כרים, was vermutlich „männliche Lämmer" meint[725], zu Opferzwecken verwendet werden (können), ist zum einen zum Ausdruck gebracht, dass bei *diesem* Schlachtopfer die zuvor erwähnten „Kriegshelden" und „Fürsten" als – geeignete – Opfermaterie fungieren. Zum zweiten ist festzuhalten, dass es sich nicht um irgendwelche (Opfer-)Tierbezeichnungen handelt, sondern um „animal designations for nobility"[726] bzw. für politisch Mächtige und Verantwortliche, eine Charakterisierung, die insbesondere auf die „Widder" (אילים) zutrifft (vgl. Ez 17,13; 32,21; 34,17) – in Ez 31,11 wird Nebukadnezar „Widder der Nationen" (איל גוים) genannt. Den כרים wird besondere Erlesenheit

---

[723] Vgl. Block, Ezekiel 25–48, 475f, ähnlich auch Zimmerli, Ezechiel 2, 954.

[724] Vgl. auch Jer 50,27 und dazu Fischer, Jeremia 26–52, 584: „Damit [den Stieren, R.P.] könnten reale Tiere gemeint sein, doch wenden Jes 34,7 [...], Ez 39,18 und Ps 22,13 dieses Wort im Pl. auf Menschen, jeweils Feinde an. Dabei suggeriert die Wahl eines starken Tieres auch für Jene Kraft und Macht, sodaß vor allem an die Verantwortlichen und Einflußreichen in Babel zu denken ist. Sie sind ,niederzumachen' [...] und sollen wie Moabs auserlesene Jugend in 48,15 ,zur Schlachtung hinuntersteigen'."

[725] Vgl. Ges[18], 569.

[726] Block, Ezekiel 25–48, 476; vgl. auch Zimmerli, Ezechiel 2, 953f.

zugeschrieben (vgl. Dtn 32,14; 1 Sam 15,9; Am 6,4), und auch die „Baschan-Mastkälber" haben die Konnotation von Güte und Luxus, ist doch die Baschan genannte Hochebene östlich des Sees Gennesaret „durch ihren Reichtum an Weidegebiet [...], an Eichen [...] und bes[onders] gut genährtem Vieh [...] zu sprichwörtlicher Berühmtheit gelangt"[727]. Eine dritte Lesart ergibt sich aufgrund der Verwendung des Begriffs כר im Ezechielbuch, wird dieser doch in Ez 4,2 und 21,27 in der Bedeutung „Rammbock, Mauerbrecher" gebraucht, bezeichnet also ein im Belagerungskrieg eingesetztes Angriffsgerät (vgl. Abb. 1) – nicht nur „Pferde und Streitwagen" (vgl. V20), auch die spezifische Maschinerie des Belagerungskriegs soll Ez 39,17–20 zufolge vertilgt werden.

Zuvor allerdings, in V19, spricht JHWH nurmehr abstrakt vom „Fett" und „Blut" „meines Schlachtopfers, das ich für euch schlachte" und an dem sich die tierischen Gäste sättigen bzw. berauschen sollen. Dass innerhalb des Ezechielbuchs das Stichwort שכרון, „Rausch", nur in Ez 23,33 und 39,19 Verwendung findet, kann als Hinweis darauf verstanden werden, dass Ez 39,17–20 gleichsam als ‚Anti-Anti-Bankett' zu Oholibas Schluckenmüssen des Trauma-Bechers in Ez 23,32–34 formuliert ist[728]. Damit würde hier, ähnlich wie in V11–16, noch einmal subtil auf Jerusalem angespielt. Auch wäre zu überlegen, ob es nicht an beiden Stellen um ein und dasselbe Rauschmittel geht, das Oholiba auf Geheiß des ‚Gastgebers' JHWH sich einzuverleiben gezwungen war, das aber nun ins Reich der Unzivilisation verbannt wird: Nebukadnezar und seine babylonischen Völkerschaften bzw. deren grausame Kriegsgewalt.

Auch wenn in Ez 39,17–20 ein makaber anmutendes Schauspiel inszeniert bzw. imaginiert wird, ja, das Moment des Grotesk-Makabren den Textabschnitt vollkommen zu bestimmen scheint, bleibt doch festzuhalten, das wir es hier nicht einfach mit einem ‚Gewalt-produziert-Gegengewalt-Modell' zu tun haben: *Menschen* sind in das hier geschilderte Fressen überhaupt nicht (jedenfalls nicht als TäterInnen) involviert, so dass diesem trotz (oder eher: wegen?) der übersteigerten Anthropomorphisierung etwas äußerst Irreales innewohnt. Hier wie auch in V11–16 – so möchte ich die Szenerie aus psychotraumatologi-

---

[727] Manfred Görg, „Art. Baschan", NBL I (1991), 248f, 249.

[728] Vgl. auch Jer 51,38–40, wo es, unter Verwendung ähnlicher Bilder (ebenfalls) darum geht, dass Babylonien nun selbst zuteil wird, was es anderen angetan hat (zur Stelle vgl. Severin Grill, „Der Schlachttag Jahwes", *BZ* NF 2 [1958], 278–283, 279; Fischer, Jeremia 26–52, 617; Pierre J.P. van Hecke, „Metaphorical Shifts in the Oracle Against Babylon [Jeremiah 50 – 51]", *SJOT* 17 [2003], 68–88, 84).

scher Perspektive deuten – sind Schreckensbilder und Schreckenserfahrungen des Krieges aufgenommen und in Sprache gefasst worden[729],
die sich immer wieder aufdrängten – etwa im Hinblick auf die eigenen
Toten, die man nicht begraben konnte und um deren Gräber man nicht
wusste. Während in Ez 39,11–16 diese Bilder und Erfahrungen bearbeitet werden, indem der feindlichen Macht ein Begräbnisort imaginiert
wird (und sei es, um das Land zu ‚de-kontaminieren‘), werden diese in
Ez 39,17–20 *ad extremum* ausgemalt, und zwar – das ist der besondere
Nebeneffekt – so, dass es nie wieder zu solchen Bildern und Erfahrungen kommen kann. Die Horrorszenarien des Krieges werden also nicht
verdrängt, sondern in Worte umgesetzt, mittels derer sie gleichzeitig
ein für alle Mal ‚wegerzählt‘ werden können. Darin, dass diese Kriegs-
ausgänge J HWH selbst in den Mund gelegt werden, könnte einmal
mehr ein Umdenken, eine Wende (in) der Gottheit Israels angedeutet sein. Vielleicht liegt dem auch (implizit) die Vorstellung zugrunde,
dass nicht nur Israel, sondern auch J HWH etwas zu bearbeiten hat, sich
an etwas ‚abarbeitet‘, ein Moment, das auch für den letzten Abschnitt
der Gog-Perikope, Ez 39,21–29, prägend ist.

Theologisches Fazit (39,21–29): Das Ende der Gog-Perikope in Ez 39,21–29
ist unter AuslegerInnen der am meisten umstrittene Abschnitt derselben.
Der im Vergleich zum Vorhergehenden (vermeintlich) ganz andere Charakter dieser Verse ließ und lässt viele bezweifeln, dass diese ursprünglich zur Gog-Erzählung hinzugehörten, wobei keine Einigkeit besteht, wo
genau der Einschnitt vorzunehmen ist: Einige lassen die Gog-Thematik
mit V20 enden[730], andere sehen in V21f deren (redaktionellen) Abschluss[731],
wieder andere finden das Ende in V24[732]. Die Vielzahl der Vorschläge hängt
dabei wohl auch damit zusammen, dass die Beurteilung des Abschnitts
auch für die Rekonstruktion des ursprünglichen Textbestands und der
ursprünglichen Reihenfolge der Kapitel des Ezechielbuchs von Bedeutung
ist. Im Papyrus 967, der für die Septuaginta-Tradition (mit)entscheidend
ist, kommt die Gog-Perikope – und damit Ez 39,21–29 – unmittelbar vor
Ez 37,1–14, dem Abschnitt über die Wiederbelebung der Totengebeine,

---

[729] Vgl. hierzu Fitzpatrick, Disarmament, 99: „It is worthy to note that it was the actual
battle field which became the table for the sacrificial meal in the account.“
[730] Vgl. z.B. Zimmerli, Ezechiel 2, 968; Hals, Ezekiel, 279f.
[731] Vgl. z.B. Fuhs, Ezechiel, 222f; Allen, Ezekiel 20–48, 208; Klein, Schriftauslegung, 114.
[732] Vgl. z.B. Herrmann, Ezechiel, 251; Eichrodt, Hesekiel, 370; Pohlmann, Hesekiel 20–48,
514–518.

zu stehen[733]; gleichzeitig wird nicht selten vermutet, ein älteres Ezechielbuch habe den Abschnitt über Gog gar nicht enthalten (was aber nicht
zwingend auch auf Ez 39,21–29 zutreffen muss). Je nachdem, welchem
Ansatz man hier folgt, kann man etwa zu dem Schluss kommen, V21–29
(oder Teile davon) seien sekundär eingefügt worden, um die (jüngere)
Gog-Perikope in den Gesamtzusammenhang des Ezechielbuchs zu integrieren, oder annehmen, V21–29 (oder Teile davon) stellten ältere Text-
bestände dar, die einem ‚Ur-Ezechielbuch' noch ohne die Gog-Perikope
angehörten[734].

Auch, was seine (Gliederungs-)Struktur betrifft, ist der in Frage stehende Textabschnitt schwer zu fassen; einzig V25 enthält mit dem
anfänglichen לכן, „deshalb", ein (schwaches) Unterteilungssignal, das das
Folgende (V25–29) als Konsequenz aus dem Vorhergehenden (V21–24)
markiert. Dabei liegt der inhaltliche Schwerpunkt in V21–24 auf einem
Wahrnehmungsprozess *der Nationen* (vgl. V21b.23f), wie er sich aus der
Vergegenwärtigung JHWHs (V21a) ergibt; dass auch Israel etwas lernt, wird
nur beiläufig erwähnt (V22). In V25–29 geht es demgegenüber vornehmlich um Veränderungen *für das Haus Israel*, wie sie JHWH „jetzt" (עתה,
V25) einzuleiten gedenkt, auch wenn diese vor den Augen der Nationen stattfinden[735]. Verknüpft und aufeinander bezogen sind V21–24 und
V25–29 u.a. durch die Referenz auf das Verbergen des göttlichen Angesichts jeweils am Ende des Unterabschnitts (V24.29; vgl. auch V23), durch
das (mehrmalige) Vorkommen der sog. (erweiterten) Erkenntnisformel
(V22.23.28) sowie durch die je doppelte Erwähnung des „Hauses Israel"
(בית ישראל, V22.23.25.29).

Werden die beiden Teilabschnitte in ihrem Verhältnis zu Ez 38,1–39,20
betrachtet, legt sich allerdings, darauf hat etwa Karl-Friedrich Pohlmann
verwiesen, der Schluss nahe, dass in Ez 39,21–24 und Ez 39,25–29 völlig
unterschiedliche oder gar widersprüchliche Konzeptionen zum Tragen
kommen: V21f nämlich enthält mit der Erwähnung von JHWHs Gegenwär-

---

[733] Vgl. hierzu Lust, Ezekiel 36–40, passim; Johan Lust, „The Spirit of the Lord, Or the
Wrath of the Lord? Ez 39,29", EThL 78 (2002), 148–155, 149f; Hector M. Patmore, „The
Shorter and the Longer Texts of Ezekiel: The Implications of the Finds from Masada and
Qumran", JSOT 32 (2007), 231–242, passim; Ashley S. Crane, *Israel's Restoration: A Textual-
Comparative Exploration of Ezekiel 36–39* (VT.S 122), Leiden/Boston 2008, 207–264; Klein,
Schriftauslegung, 60–65.

[734] Zur Auslegungsgeschichte von Ez 39,21–29 vgl. auch den knappen Forschungsüber-
blick bei Block, Gog, 258–261.

[735] Vgl. Hals, Ezekiel, 279f; Block, Ezekiel 25–48, 479f; Ka Leung Wong, „The Masoretic
and Septuagint Texts of Ezekiel 39,21–29", EThL 78 (2002), 130–147, 131f.

tig-Werden unter den Nationen (נתתי את־כבודי בגוים, V21; vgl. 39,13), von der Verwirklichung der göttlichen Rechtsordnung (V21) und vom Wirksamwerden der göttlichen Hand „an ihnen" (בהם, V21) sowie mit dem Hinweis auf „jenen Tag" (היום ההוא, V22; vgl. 38,10.14.18.19; 39,11) recht deutliche Rückbezüge auf das Vorhergehende. Hinzu kommt der Hinweis auf Israels vormalige „Unreinheit" (טמא√, V24), der mit dessen intensivem Einsatz für das Reinwerden des Landes in V11–16 (טהר√) kontrastiert. Durch diese Referenzen auf Ez 38,1–39,20 scheint die Erkenntnis der Nationen wie die Erkenntnis Israels in V21–24 an Gottes erfolgreiches Vorgehen gegen Gog gebunden und in die Zukunft verlagert zu werden, wohingegen beider Erkenntnis in V25–29 an die (in der Gog-Perikope bereits vorausgesetzte!) Rückführung des Gottesvolkes gekoppelt wird[736]. Durch לכן, „deshalb", und עתה, „jetzt" (V25), erscheint die Ereignisfolge hier doppelt ‚ver-rückt': unmittelbar bevorstehende Ereignisse (V25–29) werden als Konsequenz aus zukünftig(er)en Ereignissen (V21–24) präsentiert![737]

Man mag hier einmal mehr an die für den zeitgenössischen Trauma-Roman charakteristische Aussetzung von ‚eigentlich' unhintergehbaren Verstehenskategorien (z.B. ‚Zeit', ‚Raum') denken. Dadurch wie auch durch das Nebeneinander alternativer Szenarien und die bizarr-phantastische Anlage derselben – man kann hier durchaus von Fiktionalitätssignalen sprechen –, gibt sich die Gog-Perikope als fiktionales Erzählstück zu erkennen, dem es nicht um die *Abbildung* von zukünftiger Wirklichkeit zu tun ist, sondern um Veränderungen im „Jetzt" (V25) des Erzählens. Dass es in erster Linie um ein für die Zeit des Erzählens relevantes (Kommunikations-)Geschehen geht, ist auch aus den vier Redeaufträgen an den Propheten zu ersehen (38,2.14; 39,1.17), die das zu Schildernde in die (jeweilige) Gegenwart hineinholen[738].

---

[736] Pohlmann (vgl. ders., Hesekiel 20–48, 514–518) schließt daraus, dass nur Ez 39,21–24 noch zur Gog-Perikope hinzuzuziehen sei, wohingegen, 39,25–29*, die Textanordnung der Septuaginta in Papyrus 967 vorausgesetzt, als ursprüngliche Weiterführung von 36,16–23aα, einer Passage, die die Wiederherstellung von Jhwhs heiligem Namen zum Thema hat, vor 37,1–14 zu begreifen sei. Ähnlich auch Klein, Schriftauslegung, 112–114.

[737] Vgl. hierzu auch Böhmer, Gog, 340: „Die nicht geringe Inconcinnität bleibt bestehen, dass zuerst von einem Ereignis die Rede sein soll, welches lange Jahre nach der Beendigung des Exils stattfinden werde, und dann plötzlich von einer viel näheren Zukunft ausgesagt wird, ohne dass irgend der Unterschied der Zeiten erhellt, der doch für Ezechiel wichtig genug gewesen sein müsste."

[738] Vgl. Böhmer, Gog, 341: „Ezechiel lässt durchblicken, worauf es ihm ankommt, nicht auf die Zeit der Verherrlichung, die einst in ferner Zukunft einmal nach Gog's Vernichtung

Vor diesem Hintergrund stellt sich der Zusammenhang von Ez 38,1–
39,24 und Ez 39,25–29 folgendermaßen dar: *Weil* in Ez 38,1–39,24 verheißen
wird, dass Israels (letzter) Feind durch Jhwhs entschiedenes Eingreifen
zugunsten seines Volkes zugrunde geht, *deshalb* kann Jhwh in Ez 39,25–
29 auch den (baldigen) neuen Exodus seines Volkes zusagen. *Weil* in Ez
38,1–39,24 ein anderer, auf der (positiven) Wirkmächtigkeit Jhwhs beru-
hender Ausgang der Katastrophe imaginiert wird, *deshalb* gewinnt nicht
nur die Vorstellung von der Rückführung Israels an Überzeugungskraft,
sondern auch die Idee der kontinuierlichen Wirkkraft Gottes – sowohl,
was die (geschehene) Zerstreuung als auch was die (ersehnte) Sammlung
des Hauses Israel betrifft (39,28).

Gleichzeitig ist zu erwägen, inwiefern nicht auch die Formulierung von
Rache-Impulsen, die in Ez 38–39 unzweifelhaft auszumachen sind, und die
Verbalisierung grausiger Kriegserlebnisse, die sich als ,das eingeschlossene
Andere' der in der Gog-Perikope enthaltenen Horror-Szenarien annehmen
lassen, die Entwicklung von dauerhaft tragfähigen Perspektiven in 39,25–
29 mitbedingen. Dies gilt insbesondere für Jhwhs Reden über sich selbst
bzw. das in diesen Versen vermittelte Gottesbild – eine vergleichbar ,reue-
volle' Schilderung der göttlichen Zuwendung zu seinem Volk Israel findet
man im gesamten Buch nicht noch einmal. In den gewählten Formulierungen, welche die Zusicherung göttlichen Erbarmens (√רחם, V25)[739], die
,Rückkehrgarantie' für jeden und jede Einzelne (V28b)[740], die dauernde
Zuwendung des Segen spendenden göttlichen Angesichts (V29a)[741] sowie

---

in Israel anheben werde, sondern vielmehr ausschließlich auf die Rückkehr aus Babel und
das Glück der sich unmittelbar anschliessenden neuen Zeit."

[739] √רחם kommt im Ezechielbuch ansonsten nur noch in 20,26 vor, wo das Substantiv
רחם in der Bedeutung „Mutterleib" verwendet ist. √חמל, „Mitleid haben, schonen", und
√חוס, „sich erbarmen, schonen", finden vor Ez 39,25 in verneinter Form Verwendung, um
Jhwhs ,Gerichtshärte' seinem Volk gegenüber zu kennzeichnen (vgl. Ez 5,11; 7,4.9; 8,18;
9,5.10).

[740] In Ez 20,33–38 hingegen wurde noch das Bild eines zwischen Herausführung aus den
Nationen und Wiedereinzug ins Land Israel zwischengeschalteten Läuterungsgerichts in
der „Wüste der Völker" (V35) mit Aussonderung der Abtrünnigen (V38) gezeichnet, das in
Ez 39,28 vergessen scheint.

[741] Im bisherigen Buchverlauf hatte das göttliche Angesicht ausschließlich eine bedrohliche Konnotation. Nur einmal begegnet im Vorfeld die Vorstellung, dass Jhwh das Angesicht abwendet (סבב *Hif'il*), um Israel seinen Feinden auszuliefern (7,22). Wenn Jhwh
das Angesicht auf jemanden setzt (שׂים ב), so ist damit eine Bewegung im Kontext des
richtenden Handelns gemeint, die einen tödlichen Ausgang nimmt (14,8; 15,7f) und die die
heilvolle Zuwendung des göttlichen Angesichts, wie sie etwa im aaronitischen Segen erbe-
ten wird (vgl. Num 6,25f), in ihr Gegenteil verkehrt. Wird in Ez 39,23.24.29 vom Verbergen
(סתר) des Angesichts Jhwhs gesprochen, so knüpft dies an die Stellen der Hebräischen
Bibel an, wo über dieses Motiv der Verlust der zuwendenden, schützenden Präsenz der

die (geschehene!) Ausgießung der göttlichen Geistkraft (V29b)[742] umfassen, bleiben die vorausgegangenen Gerichtsszenarien gleichsam ‚kontrapunktisch' präsent. Die Wende, die durch die vorgestellten anderen Ausgänge sowie durch die ‚ausgesprochene Rache' offenbar auch in JHWH selbst heraufgeführt worden ist, erscheint dadurch besonders markant. Vor diesem Hintergrund muss die hier zum Tragen kommende ‚andere' Sprache nicht als Hinweis auf den sekundären Charakter der in Frage stehenden Verse betrachtet werden – dass neue Worte gefunden werden, ist m.E. eher als literarisches Signal für die durch die Gog-Imagination(en) eingeleitete Wende zu beurteilen. Das nochmalige Hindurchgehen durch die traumatische Katastrophe – eine überlegene Großmacht greift Israel an –, in das die Vorstellung eines Eingreifens JHWHs zugunsten Israels (vgl. vor allem Ez 39,1–8) und eines ‚pazifistischen' Aufbruchs Israels (vgl. vor allem Ez 39,9f.11–16) eingearbeitet werden, setzt ein neues Sprechen-können über JHWH, sein Volk und die Verbundenheit zwischen beiden aus sich heraus![743]

Dass damit insgesamt der Eindruck einer weitergehenden Integration der traumatischen Katastrophe entsteht, lässt sich psychotraumatologisch mit darauf zurückführen, dass über die Gestalt des Gog von Magog eine Auseinandersetzung mit deren irdischen Verursachern stattfindet. Aus diesem Grund soll die Identität Gogs im folgenden Abschnitt eingehender beleuchtet werden.

8.4. *Auseinandersetzung mit dem Täter?! Zur Identität Gogs von Magog*

Im Zusammenhang der fortlaufenden Auslegung von Ez 38–39 wurde mehrfach auf für die Identifizierung des Gog von Magog wesentliche Aspekte bzw. auf die darstellerische Nähe zwischen Gog und Nebukadnezar hingewiesen. Im Folgenden sollen diese Aspekte noch einmal

---

Gottheit und die Auslieferung an Todesmächte zum Ausdruck gebracht wird (vgl. z.B. Dtn 31,17; Jes 54,8; Jer 33,5; Ps 13,2; 69,18, 88,15; 143,7). Als auf die Formulierungen in 39,23.24.29 vorausweisender Sprachgebrauch kann Ez 36,9 gelesen werden, wo JHWH verspricht, sich den Bergen Israels zuzuwenden (פנה).

[742] Nur an dieser Stelle ist von der Ausgießung (√שפך) der göttlichen רוח die Rede – im Vorfeld war es immer der göttliche Zorn (חמה), der ausgeschüttet wurde (vgl. z.B. Ez 7,8; 14,19; 22,22).

[743] Vgl. Bowen, Ezekiel, 236f. Bowen deutet die ‚neue Sprache' in Ez 39,21–29 nicht, wie ich es hier versucht habe, im Rahmen einer zunehmenden (narrativen) Integration des Traumas, sondern im Sinne eines Bruchs zwischen Israels Vergangenheit und Israels Zukunft (a.a.O., 237): „The language at the end of this unit sharply contrasts with Ezekiel's previous language. This rhetorically demonstrates that Israels's future is a radical break from its past; it even requires new language." Vgl. auch Ganzel, Descriptions, 208–210.

aufgenommen, ergänzt, systematisiert und unter Bezugnahme auf verschiedene Forschungspositionen ausgewertet werden. Dabei kommt dem im Jahr 2006 erschienenen Aufsatz von Julie Galambush: „Necessary Enemies: Nebuchadnezzar, YHWH, and Gog in Ezekiel 38–39" für meine eigene Antwort auf die Frage nach der Identität Gogs besondere Bedeutung zu.

Gog von Magog in der Auslegungsgeschichte: Im Verlauf der Auslegungsgeschichte, die hier nur schlaglichtartig dargestellt werden kann, hat man die Identität „Gogs aus dem Land Magog" (גוג ארץ המגוג, Ez 38,2)[744] wiederholt zu bestimmen versucht – und ist zu äußerst disparaten Ergebnissen gelangt. Galambush umschreibt die – prekär anmutende – Forschungslage wie folgt:

> The identity of Gog, the foe from the north in Ezek 38–39, forms a most peculiar sort of interpretive crux. To the extent that consensus may be said to exist, the consensus is that Gog's identity cannot be determined, but remains „forever shrouded in mystery." The reason given for this mystery is Gog's status as a transhistorical or semi-mythological figure, a reflex of ancient traditions of the chaos monster or a symbol of the ultimate evil over which God will one day triumph. But while most scholars are agreed that Gog does not represent any known or knowable enemy of the sixth century B.C.E., a second consensus acknowledges that in light of the evidence, Gog *should* be precisely such a known enemy of Judah[745].

Viele AuslegerInnen versuchen dementsprechend, „Gog" und „Magog" mit antiken (historischen) Gestalten oder Nationen ineinszusetzen; seltener werden die beiden Namen symbolisch oder als kodierte Referenzen auf Juda bzw. Israel feindlich gegenüberstehende Völkerschaften oder Mächte aufgefasst[746]. Dabei spielt auch die Einordnung der anderen in Ez 38,2 (Meschech, Tubal), 38,5f (Paras, Kusch, Put, Gomer, Bet-Togarma) und 38,13 (Saba, Dedan, Tarschisch) genannten Völkerschaften eine besondere Rolle.

Am prominentesten ist wohl die Lesart, die in Gog den legendären König Gyges von Lydien in Kleinasien erkennt – ein Vorschlag, der wahr-

---

[744] Zu dieser Namenskombination vgl. einführend Bøe, Gog, 89–91. Auffällig ist der bei Eigennamen unübliche Gebrauch des Artikels in המגוג – der dadurch entstehende Gleichklang zwischen גיא המון גוג (Ez 39,15) und ארץ המגוג ist Odell zufolge kaum zufällig.

[745] Galambush, Enemies, 254 (unter Verwendung eines Zitats von Katheryn Pfisterer Darr, „The Book of Ezekiel: Commentary and Reflections", in: Leander Keck [Hg.], *The New Interpreter's Bible, Vol. 6*, Nashville 2001, 1073–1607, 1512).

[746] Vgl. Zimmerli, Ezechiel 2, 940–942; Otzen, Art. גוג, 961f; Bøe, Gog, 91.

scheinlich auf Franz Delitzsch zurückgeht[747]. Sofern Gyges Regierungszeit
(ca. 685–650 v.u.Z.) sich allerdings nicht mit den im Ezechielbuch angesprochenen Zeiträumen berührt und es keinen Hinweis darauf gibt, dass
Lydien Juda zu irgendeinem Zeitpunkt tatsächlich bedroht hat, lässt sich
diese Deutung nur aufrechterhalten, wenn Gyges im Sinne eines ‚unei-
gentlichen' Namens, etwa als Name der von Gyges begründeten Dynastie
oder als „Chiffre für einen sagenhaften Großherrscher, der über das Vielerlei an bedrohlichen Mächten des Nordens am Rande der damals bekannten Welt gebietet", aufgefasst wird[748].

Darüber hinaus hat man Gog u.a. mit einem in den Annalen Aššurbanipals
erwähnten, in einer nördlich von Assyrien gelegenen Region lokalisierten
Prinzen Gâgi, mit Alexander dem Großen und mit Antiochus IV. Epipha-
nes identifiziert – Versuche, die ein Zuviel an (unsicheren) Hypothesen
voraussetzen und die deshalb kaum Zustimmung gefunden haben[749].

„Magog" wurde, den Erwähnungen in Gen 10,2 und 1 Chr 1,5 entsprechend, wo Magog als Ahne einer ganzen Nation fungiert, als Referenz sowohl auf die Skythen als auch auf die Lyder verstanden[750], wobei
Ersteres auf der heute kaum mehr vertretenen Hypothese vom sog. Sky-
thensturm[751], Letzteres, wie dargelegt, auf der ebenfalls nicht unproblema-
tischen Ineinssetzung von Gog mit Gyges von Lydien basiert – auch diese
Ansätze sind also mit erheblichen Unsicherheiten behaftet.

Kaum weiter trägt das Unterfangen, „Gog" vom sumerischen Begriff
gūg, „Finsternis" herzuleiten und ihn als symbolische Verkörperung einer
dunklen Macht zu verstehen[752]. Auch der Versuch von Michael C. Astour,
die Gog-Prophetie als Aktualisierung eines alten babylonischen Lehrge-
dichts zu begreifen, welches Ezechiel „by introducing [...] names of his
own time, or recent past, pertaining to the Anatolian scene: Gog, Magog
[...]"[753] modernisiert habe, vermag m.E. nicht zu überzeugen – die Übereinstimmungen zwischen den beiden Texten erweisen sich letztlich als zu

---

[747] Vgl. Friedrich Delitzsch, *Wo lag das Paradies? Eine biblisch-assyriologische Studie, mit zahlreichen assyriologischen Beiträgen zur biblischen Länder- und Völkerkunde und einer Karte Babyloniens*, Leipzig 1881, 246.

[748] Zimmerli, Ezechiel 2, 942. Vgl. hierzu auch Blenkinsopp, Ezekiel, 183f; Block, Ezekiel 25–48, 436; Bøe, Gog, 91–93; Pohlmann, Hesekiel 20–48, 518f.

[749] Zu diesen und weiteren Identifizierungsmöglichkeiten für Gog und zu den jeweiligen Kritikpunkten vgl. Bøe, Gog, 93–95.

[750] Vgl. Bøe, Gog, 95–97.

[751] Vgl.Hermann-Josef Stipp, „Art. Skythen", NBL III (2001), 621, 621.

[752] Vgl. Zimmerli, Ezechiel 2, 940f; Bøe, Gog, 97.

[753] Michael C. Astour, „Ezekiel's Prophecy of Gog and the Cuthean Legend of Naram-
Sin", *JBL* 95 (1976), 567–579, 576. Zum Ganzen vgl. a.a.O., passim; Bøe, Gog, 97.

allgemein, auch wenn beide von Invasionen aus dem äußersten Norden (‚Anatolien') handeln.

Gog von Magog – Verkörperung Babyloniens: Eine – ausgesprochen nahe-liegende – Identifikationsmöglichkeit hat allerdings bislang kaum die gebührende Beachtung gefunden: Die zwischen Gog und Nebukadnezar und zwischen Magog und Babylonien. Obwohl diese Lesart Galambush zufolge schon wegen des sonstigen Fehlens eines (expliziten) ‚Fremdvöl-kerworts' gegen Babylonien im Ezechielbuch (vgl. hingegen Jes 13–14; 47; Jer 50–51) die allerwahrscheinlichste sei, „most scholars continue to pre-fer mystery, seeing in Gog a nebulous, transhistorical enemy of YHWH"[754]. Allenfalls andeutungsweise hat man diese Identifikation vorgenommen – sogar häufiger, als Galambush angibt –, detailliert ausgearbeitet wurde sie allerdings nicht[755]. Dabei gibt es – über das *argumentum e silentio* des ansonsten nicht vorhandenen Babel-Wortes hinaus – eine ganze Reihe von Aspekten, die für die Identifizierung von Gog mit Nebukadnezar und Magog mit Babylonien anzuführen sind und die im Folgenden aufgelistet und erläutert werden sollen:

1) Angesprochen wird eine in der erzählten Zeit *gegenwärtige* (vgl. 38,2–7; 39,1), aus verschiedenen Völkerschaften ‚zusammengewürfelte' Großmacht (vgl. 23,23) – es erscheint plausibel, hier an die Babylonier zu denken.

2) Sofern der Plot des Ezechielbuchs auf die vollständige Wiederher-stellung der Heiligkeit JHWHs in Israel und vor den Augen der Natio-nen zielt, erscheint JHWHs Sieg über die Größe, die Israel besiegt hat, gleichsam notwendig – nur so wird ‚nachgewiesen', dass JHWH Nebu-kadnezar gegenüber nicht selbst ohnmächtig war, sondern die ganze

---

[754] Galambush, Enemies, 255. Vgl. auch Böhmer, Gog, 321–333.

[755] Vgl. hierzu schon Heinrich Ewald, *Die Propheten des Alten Bundes. 2. Ausgabe in drei Bänden. 2. Band: Jeremja und Hézéqiel mit ihren Zeitgenossen,* Göttingen 1868, 529–531 (Zitat a.a.O., 529f): „Weil die Heiden [die Chaldäer] jetzt glauben bloß durch ihre eigne kraft und willkühr Israel zerstört und verbannt zu haben: so müssen sie nach der über allen schwebenden höhern nothwendigkeit einst schwer diesen irrthum büßen, indem sie aufs neue [...] vernichten wollen und es so leicht zu können glauben wie das erstemal, aber unter der gänzlich verschiedenen lage schrecklich getäuscht werden [...]." Vgl. auch Böhmer, Gog, passim; Johannes Meinhold, *Einführung in das Alte Testament. Geschichte, Literatur und Religion Israels,* Gießen 31932 [1919], 268; Hals, Ezekiel, 284; Henry McKea-ting, *Ezekiel* (OTGu), Sheffield 1995 [1993], 121f; Odell, Ezekiel, 470. Ansatzweise nehmen auch Zimmerli, Ezechiel 2, 946; Lang, Prophet, 109f (vgl. auch ders., Ezechiel, 134), und Blenkinsopp, Ezekiel, 181, diese Deutungsrichtung auf.

Zeit über souverän agiert und den babylonischen Herrscher lediglich als sein ‚Gerichtswerkzeug' an Israel eingesetzt hat[756].

3) Wird die Gog-Perikope als Re-Inszenierung der in die Exilskatastrophe mündenden babylonischen Angriffe auf Juda und Jerusalem 598/97 bzw. 587/86 v.u.Z. aufgefasst, so lässt sich diese als eine Art Wendepunkt im Plot des Ezechielbuchs plausibel begreifen, der für die Eröffnung neuer Perspektiven für das ‚Haus Israel' von kaum zu überschätzender Bedeutung ist[757]. Dass wir es in Ez 38–39 mit einer Re-Inszenierung von bereits Dagewesenem zu tun haben, ist explizit an den Vorkommen von √שוב, „zurückkehren, wiederkehren (lassen)", zu erkennen: „This is not Gog's first campaign against Israel[758]." Auch der Umstand, dass der (letzte) Kampf zwischen Gog und Gott auf den Bergen bzw. der Ackererde Israels stattfindet (vgl. 38,8.20.21; 39,2.4.17 bzw. 38,18.19.20) spricht dafür, werden doch damit Orte aufgerufen, die im bisherigen Buchverlauf von kriegerischen Angriffen (der Babylonier) betroffen waren und durch diese Angriffe gezeichnet sind (vgl. z.B. 6,2f; 35,12; 36,1–5 bzw. 7,2; 21,7f; 25,3).

4) Der Ez 38–39 innewohnende Wiederholungscharakter ergibt sich auch dadurch, dass Gog mit Worten beschrieben wird, die im Vorfeld zur Bezeichnung Nebukadnezars und seiner Truppen dienten[759]: Beide kommen aus dem (äußersten) Norden (vgl. 23,24 LXX; 26,7; 38,6.15; 39,2). Beide befehligen eine „Horde" (קהל, vgl. 16,40; 23,24.46.47; 26,7; 32,3; 38,6.9.15.22) und „viel Volk"/„viele Völker" (vgl. 26,7; 38,6.9.15.22) bzw. eine Horde „aus vielen Völkern" (vgl. 32,3). JHWH lässt beide „aufsteigen" (עלה *Hifʿil*, 26,3; 39,2; vgl. auch 16,40; 23,46). Beider Ziel wird im Ezechielbuch mit „Rauben" (√בזז) und „Plündern" (√שלל) angegeben (vgl. 23,46; 26,5.12; 29,19; 38,12f; 39,10). Sofern Gog und die Seinen in Ez 38–39 gar nicht zum Rauben und Plündern kommen, es aber in 39,10 heißt, die in den Städten Israels Wohnenden plünderten

---

[756] Vgl. Galambush, Enemies, 255–258. Dass Nebukadnezar bzw. die Babylonier über weite Strecken des Ezechielbuchs als JHWHs militärische Verbündete gegen Israel fungieren, spricht, dies zeigt auch das Jeremiabuch, nicht gegen die aufgeführte Argumentation (a.a.O., 257f): „In Jeremiah, Nebuchadnezzar is first brought in as YHWH's ‚servant' to devastate Judah, but then punished for his ‚iniquity' in ‚making the land an everlasting waste' (Jer 25:8–14; cf. 50:18)."

[757] Vgl. Lang, Prophet, 112: „Indes scheint die Gog-Perikope doch eher ein Text zu sein, der Hoffnung provozieren will [...]. Voraussetzung dieser Hoffnung ist offenbar der Wunsch, die (babylonische) Überrollung Palästinas möge sich, nun aber mit anderem Ausgang, wiederholen.

[758] Galambush, Enemies, 259; vgl. auch Cooke, Ezekiel, 408.

[759] Zum Folgenden vgl. Galambush, Enemies, 259. Vgl. auch Odell, Ezekiel, 470.

nun ihre Plünderer, kann sich diese Aussage nur auf ein früheres Beutemachen beziehen – explizites oder implizites Subjekt dieser kriegerischen Aktivität ist aber im Ezechielbuch außerhalb der Gog-Perikope
zuallermeist Nebukadnezar (vgl. hierzu oben). Beide sind – dies
wurde ebenfalls oben dargestellt – (zumindest teilweise) mit denselben Waffen ausgerüstet. Beide haben (zumindest teilweise) dasselbe
militärische Gerät: „Pferde" (סוסים) werden im Ezechielbuch nur den
Assyrern (23,6.12), den babylonischen Völkerschaften (vgl. 23,23), vor
allem dem Tyrus bestürmenden Nebukadnezar (26,7.10.11), und Gog
und seinen Truppen (38,4.15; 39,20) zugeschrieben[760]. „Streitwagen"-
Besitz (רכב koll.) wird nur in Bezug auf die babylonischen Gruppierungen (23,24) bzw. auf Nebukadnezar und seine Truppen (26,7.10)
sowie auf Gog (39,20) erwähnt. פרשים – damit können „Reiter" oder
„Pferdegespanne" gemeint sein – gibt es ebenfalls nur bei den Assyrern
(23,6.12), beim König von Babylon (26,7.10) und bei Gog (38,4).

5) Gog ähnelt nicht nur dem Nebukadnezar des Ezechiel-, sondern auch
dem des Jeremiabuchs[761]: Eine Fülle wortwörtlicher Überschneidungen
gibt es zwischen der Gog-Perikope und Jer 49,28–33, einem Abschnitt
in dem JHWH Nebukadnezar zum Kriegszug gegen Kedar und Hazor
auffordert. In V30–32 heißt es (BigS):

> (Jer 49) ³⁰[...] Nebukadnezzar, der König von Babel, hat gegen euch einen
> Entschluss gefasst und Pläne gegen euch geschmiedet (√חשב, vgl. Ez 38,10).
> ³¹Auf, zieht (עלה Qal + על/אל, vgl. Ez 38,16) gegen das sorglose Volk, das in
> Sicherheit wohnt (√ישב + לבטח, vgl. Ez 38,8.11.14; 39,6.26) [...]. – Sie haben
> weder Tür noch Riegel (לא־דלתים ולא־בריח, vgl. Ez 38,11) und wohnen
> allein. ³²Ihre Kamele werden zur Beute (לבז, vgl. Ez 38,12f; 39,10), ihr ganzes
> Vieh zum Raub (לשלל, vgl. Ez 38,12f; 39,10). [...].

Zwischen den Babelworten in Jer 50–51 un Ez 38–39 lassen sich ebenfalls jede Menge Übereinstimmungen im Vokabular und in der Metaphorik ausmachen: Babels Niederlage soll „in jenen Tagen" (בימים
ההמה, Jer 50,4.20) stattfinden, während der Fall Gogs auf „jenen Tag"
terminiert ist (ביום ההוא). Dem Zusammenbruch Babels werden, ähnlich wie dem Gogs in Ez 38,18–23, kosmische Dimensionen zugeschrie-

---

[760] Ägypten wird man zwar, so heißt es in Ez 17,15, um Kriegsleute und Pferde bitten,
doch von dort wird keine entsprechende Hilfe für Israel kommen. Ez 27,14 zeichnet Bet-
Togarma (vgl. Ez 38,6) als auf Pferde spezialisierte Handelsmacht (neben Reitpferden
[סוסים] werden hier Gespannpferde [פרשים] und Maultiere [פרדים] erwähnt). Vgl. auch
noch Ez 23,20.

[761] Zum Folgenden vgl. auch Galambush, Enemies, 260.

ben; die Erde wird beben (Jer 50,46; 51,29), die Mauern Babels stürzen ein, die Zerstörung gleicht der Sodoms und Gomorras (50,40). Zwar ruft Jhwh hier keine blutrünstigen Tiere herbei, damit sie sich am Blut von Kriegshelden berauschen können, doch kündigt er an, er werde die babylonische Führung derart betrunken machen, dass sie nicht mehr aufwacht (vgl. 51,39.57), und sie „wie Lämmer zum Schlachten hinabführen, wie Widder und Böcke" (51,40; vgl. Ez 39,18). Auffällig ist, dass die Momente der Rache und der Re-Inszenierung, die im Ezechielbuch eher unterschwellig ‚mitlaufen', im Jeremiabuch gleichsam explizit thematisiert werden (vgl. Jer 50,15.28; 51,6.11.24.35f.49.56)[762].

Vor diesem Hintergrund lässt sich Ezechiels Schilderung des Endes von Gog und dessen Horden mit Galambush als „reworked version of Jeremiah's depiction of Nebuchadnezzar's" auffassen. „Any claim that Ezekiel includes ‚no oracles against the Babylonians' must take into account his clear use of Jeremiah's anti-Babylonian oracles to describe Yhwh's defeat of his worst enemy."[763] Will man keine literarische Abhängigkeit unterstellen, kann man zumindest vermuten, dass das Jeremia- und das Ezechielbuch aus einem gemeinsamen Pool an ‚Anti-Babylon-Motiven' schöpfen.

6) Ein Vergleich zwischen Ez 38–39 und Jes 13–14, einer Textpassage, die wohl ursprünglich auf Assyrien zielte und redaktionell auf Babylonien bezogen wurde, vermag die Existenz eines solchen Motiv-Pools noch wahrscheinlicher zu machen (vgl. z.B. die Vorkommen von √רעש, „beben", עברה, „Zorn", und אף, „Wutschnauben", in Jes 13,13 und Ez 38,18f, oder von ירכתי צפון, „äußerster Norden", in Jes 14,13 und Ez 38,6.15; 39,2)[764]. Gosse beschreibt die Korrespondenzen zwischen den beiden Textabschnitten grundsätzlich wie folgt:

En Ez 38–39, Gog monte contre les montagnes d'Israël, pour être finalement victime des forces cosmiques agissant contre le territoire-même d'Israël. Or en Is 13 le Jour du Seigneur' est conçu en fonction du désastre de 587, même s'il est étendu à toute la terre et finalement présenté comme s'appliquant de manière particulière à Babylone. Ainsi le désastre subi par Israël apparaît, d'une manière ou d'une autre, comme prolongé contre Babylone et Gog. On peut également rapprocher les allusions au désastre de Sodome en Ez

---

[762] Vgl. hierzu Peels, Vengeance, 181: „The lengthy prophecy concerning the fall of Babylon in Jer. 50–51 is entirely dominated by the theme of divine retribution." Zum Ganzen vgl. a.a.O., 181–187.

[763] Galambush, Enemies, 260.

[764] Vgl. Gosse, Réhabilitation, 231.

38:22, de Is 13:19: ‚Et Babylone, la perle des royaumes, le superbe joyau des Chaldéens, sera comme Sodome et Gomorrhe dévastées par Dieu[765].'

Nimmt man die oben genannten Jeremia-Stellen noch einmal mit hinzu, ergibt sich ein immer dichter werdendes intertextuelles Gewebe vom Ende Nebukadnezars und der Weltmacht ‚Babel', in dessen ‚Muster' sich Vieles aus Ez 38–39 ohne Weiteres einfügt.

7) bschnitt, der, wie unter Punkt (5) gezeigt, Ez 39,17–20 nahesteht, wird „Babel" (בבל) mit dem Decknamen „Scheschach" (ששך) belegt (vgl. auch Jer 25,26)[766]. Gebildet ist dieser Code-Name nach dem sog. *Atbasch*-Verfahren, bei dem die Stellung der Buchstaben im *Alef-Bet* umgekehrt wird: Der erste Buchstabe wird durch den letzten ersetzt, der zweite durch den vorletzten (hier: ב durch ש) usw. Das ל von בבל, elftletzter Buchstabe, erhält als Entsprechung כ, den elften Buchstaben des hebräischen Alphabets[767]. Georg Fischer zufolge will diese Namensverdrehung „eine Verkehrung der Existenz und Bedeutung aussagen. Was Babel ist, wird so völlig verändert."[768] In der Auslegungsgeschichte wurde wiederholt darauf hingewiesen, dass sich hinter den in Ez 38–39 zu findenden Namen „Magog" und „Gog" eine ähnliche Verschlüsselung verbergen könnte – an die Stelle der Buchstaben von בבל seien die im *Alef-Bet* jeweils folgenden Buchstaben getreten (גגמ), dann sei die Reihenfolge der Buchstaben verkehrt worden, so dass man schließlich מגג erhalten habe. Dieser Lesart ist allerdings mit Hinweis auf die lange zweite Silbe in מָגוֹג im Unterschied zur kurzen zweiten Silbe in בָּבֶל widersprochen worden. Letztere ist aber, darauf hat schon Julius Böhmer aufmerksam gemacht, das Ergebnis der masoretischen Vokalzuweisung – dem akkadischen Namen *Babili/Babilu* könnte eine lang gesprochene zweite Silbe durchaus entsprechen, hinzu kommt, dass sich so ein ‚normales' hebräisches Wort ergibt (vgl. z.B. מָקוֹם, מָצוֹר, מָבוֹא)[769].

Der Name „Gog" (גג) wäre sodann als Ableitung von „Magog" zu begreifen, welche sich durch Auslassung der ersten Silbe ergab. Sofern

---

[765] Gosse, Réhabilitation, 231.

[766] Über das Sprachbild vom Trinkenmüssen des Trunkenheit hervorrufenden Bechers korrespondiert Jer 25,15–29 mit dem ‚Anti-Bankett' in Ez 23,32–34 und mittelbar auch mit dem ‚Anti-Anti-Bankett' in Ez 39,17–20.

[767] Vgl. Georg Fischer, *Jeremia 1–25* (HThKAT), Freiburg i.Br. u.a. 2005, 753, Anm. 12, wo es heißt: „Diese Technik kryptographischen Schreibens ist in Mesopotamien ab dem 7. Jahrhundert v.Chr. belegt […]."

[768] Fischer, Jeremia 1–25, 753.

[769] Vgl. Böhmer, Gog, 347–349.

im „ganzen alten Testament [. . .] kein Fall wieder vor[kommt], in dem
ein Land und sein Fürst solch ähnlich lautende Namen haben", dürften
„Ezechiel's Zeitgenossen an dieser auffälligen sprachlichen Erscheinung [kaum] unachtsam vorübergegangen" sein[770] – die Künstlich-
keit der Namensgebung erscheint offenkundig. Sie könnte m.E. noch
einen tieferen, in der bisherigen Forschung meines Wissens noch nicht
erwogenen Sinn haben: Dem „Gog (גג) von Magog (מגוג)" nämlich entspricht der ‚Bel (בל) von Babel (בבל)'; „Bel" aber ist „der bedeutendste
Beiname des Marduk"[771], der höchsten babylonischen Gottheit! Dass
der Gleichklang von „Babel" und „Bel" durchaus Anlass zu Wortspiele-
reien bot, zeigen Jer 50,2 und vor allem 51,44a[772], ein (Teil-)Vers, der aus
dem Kontext der Kodierungsstelle in Jer 51,41 stammt und der zu dem
zu passen scheint, was in JHWH Ez 38–39 über Gog von Magog äußert
(BigS): „Ich [JHWH, R.P.] werde den Bel von Babel (בל בבבל) zur Verantwortung ziehen und das Verschlungene seinem Maul entreißen."

Vor diesem Hintergrund erscheint JHWHs Auseinandersetzung mit
Gog nicht mehr länger nur als Konflikt zwischen JHWH und der *Weltmacht* Babel, sondern als Kampf zweier *Gottheiten*, in dem sich JHWH
gegen Bel als siegreich erweist.

In diesem Sinne mutet Ez 38–39 fast wie eine Umkehrung des
(Chaos-)Kampfes zwischen Bel/Marduk und Tiamat an, auf den im
Enuma Elisch u.a. die (Re-)Organisation des Kosmos (aus dem Leich-
nam der Tiamat) sowie der Bau der Stadt Babylon und des Haupt-
heiligtums Esagila, der Wohnung Bels/Marduks, folgt[773]. Auf die auf
der Hand liegenden Parallelen zwischen Chaoskampf-Mythos und Ez
38–48 hat man in der exegetischen Forschung bereits hingewiesen,
wobei allerdings kein *bestimmter* mythologischer Bezugstext genannt

---

[770] Böhmer, Gog, 349f.

[771] Manfred Görg, „Art. Bel", NBL I (1991), 265f, 265; vgl. auch W. Röllig, „Art. Marduk",
NBL II (1995), 706f, 706.

[772] Darüber hinaus wird Bel in der Hebräischen Bibel noch in Jes 46,1 erwähnt. Vgl.
auch EpJer 40 (vgl. JSHRZ III/2 [1975], 183–192); AddDan, Bel et Draco, 1–22 (vgl. JSHRZ
I/1 [1973], 82–84).

[773] Vgl. die Zusammenfassungen des *Enuma Elisch* in TUAT III, 565–569, sowie bei
Thomas Podella, „Der ‚Chaoskampfmythos' im Alten Testament", in: Manfred Dietrich/
Oswald Loretz (Hg.), *Mesopotamica – Ugaritica – Biblica* (*FS K. Bergerhof*) (AOAT 232),
Neukirchen-Vluyn 1993, 283–329, 290f. Eine Übersetzung des *Enuma Elisch* (W. G. Lam-
bert) findet sich in TUAT III, 569–602 (zum Kampf zwischen Bel/Marduk und Tiamat vgl.
insbesondere a.a.O., 585–587). Zum Thema ‚Schöpfung und Erhaltung der Schöpfung als
Chaoskampfgeschehen' vgl. Othmar Keel/Silvia Schroer, *Schöpfung. Biblische Theologien
im Kontext altorientalischer Religionen*, Göttingen 2002, 123–131, sowie Podella, Chaoskampfmythos, passim.

und (deshalb?) keine explizite Verbindung zwischen Gog und Bel/ Marduk hergestellt wurde[774]. Doch legt es sich m.E. nahe, bereits hier an diese Verbindung zu denken, wenn berücksichtigt wird, dass Ez 40–48 ebenfalls mit der Relation JHWH – Marduk zu spielen scheint: Die große Vision vom neuen Tempel, in den JHWH zur ewigen Präsenz in Israel einzieht, schaut Ezechiel „am Anfang des Jahres, am 10. Tag des Monats" (Ez 40,1), und damit (so jedenfalls eine mögliche Deutung) an einem Tag, der nach dem assyrisch-babylonischen Kalender den Höhepunkt des babylonischen Neujahrsfests (*akītu*-Fest) im Monat *nisānu* darstellt. An diesem Tag des Fests nämlich weilen alle Gottheiten des Reiches (in Form ihrer Statuen) in Babylon, um der obersten Gottheit Marduk im außerhalb der Stadtmauern liegenden Neujahrfesthaus ihre Ehrerbietung zu erweisen[775]. Dem Ezechielbuch zufolge allerdings bricht JHWH „an eben diesem Tag" (aus Babylon – zumindest aus Richtung Osten, vgl. Ez 43,1–5) auf, um in seinem Tempel in Israel Wohnung zu nehmen, wodurch die sich im babylonischen Neujahrfest aussprechenden religiösen und politischen Herrschaftsansprüche *ad absurdum* geführt werden[776]. Und noch etwas anderes ist bemerkenswert: Wenn in Ez 38–39 ein ‚verkehrtes' Chaoskampfgeschehen zwischen JHWH und Bel/Marduk in Szene gesetzt wird, so hat dies in der Rezitation des *Enuma Elisch* am 4. Tag des babylonischen Neujahrsfests[777], also im Vorfeld der großen Prozession, eine vielleicht nicht ganz zufällige Entsprechung.

Thomas Podella zufolge – und das macht den angesprochenen Zusammenhang für die Thematik dieser Studie noch einmal anders interessant, wird das Thema ‚Chaoskampf' als wirkliches Kampfgeschehen nicht dort virulent, wo es um die Vorbereitung der *creatio*

---

[774] Vgl. Niditch, Ezekiel 40–48, 220–223; Fitzpatrick, Disarmament, 103–112.181–192. Fitzpatrick (a.a.O., 105) verweist indes auf die Parallelen zwischen Gog und Tiamat: „Like his counterparts from the earliest, Gog embodies the power of chaos and disintegration; with Tiamat he is threat to the order of creation."

[775] Vgl. hierzu Konkel, Datum, 60–63; Annette Zgoll, „Königslauf und Götterrat. Struktur und Deutung des babylonischen Neujahrsfestes", in: Erhard Blum/Rüdiger Lux (Hg.), *Festtraditionen in Israel und im Alten Orient* (VWGTh 28), Gütersloh 2006, 11–80, 39f.

[776] Vgl. Konkel, Datum, 63; ders., Architektonik, 245f; Oswald Loretz, „Das Neujahrsfest im syrisch-palästinischen Regenbaugebiet. Der Beitrag der Ugarit- und Emar-Texte zum Verständnis biblischer Neujahrstradition", in: Erhard Blum/Rüdiger Lux (Hg.), *Festtraditionen in Israel und im Alten Orient* (VWGTh 28), Gütersloh 2006, 81–110, 89, Anm. 28.

[777] Vgl. TUAT II, 2, 215–217; Podella, Chaoskampfmythos, 299f; sowie Zgoll, Königslauf, 23–25.47–60.

prima geht, sondern dort, wo „ein (erneutes) Eingreifen JHWHs gegen aktuelle Feinde/Gegner erwartet wird"[778]:

> Das Chaoskampfmythologem ist demnach fest situiert in Kontexten, *wo kollektive Notzeiten sprachlich bewältigt werden.* Das heißt hier, Not und Feinde werden im religiösen Symbolsystem dämonisiert und personalisiert, *so daß man mit ihnen ,umgehen' und die Notlage einer Lösung zuführen kann*[779].

Dies erinnert – m.E. kaum zufällig – in Vielem an die therapeutische Imaginationsarbeit mit Täterintrojekten, die, wie oben dargestellt, häufig im Reich der Märchen und Mythen angesiedelt ist.

8) Michael Konkel hat darauf aufmerksam gemacht, dass der Vorschaltung von Ez 38–39 vor Ez 40–48 diejenige von Ez 7 vor Ez 8–11 korrespondiert[780]: Der ersten Tempelvision, in deren Verlauf JHWH aus dem entwürdigten Heiligtum auszieht, geht mit Ez 7 eine Beschreibung vom „Tag des Endes" voran, den JHWH über die Ackererde Israels zu bringen gedenkt, sich dabei „fremder" (זרים, V21), „frevlerischer" (רשעים, V21), „verbrecherischer" (פריצים, V22) Menschen und der „übelsten Völkerschaften" (רעי־גוים, V24) bedienend. Konkel zufolge zielt diese Ankündigung auf JHWHs Aufbietung der Nationen ,allgemein'[781], sowohl der Plot des Ezechielbuchs als auch das in Ez 7 zur Beschreibung der Angreifenden verwendete Vokabular lassen allerdings darauf schließen, dass dort die Babylonier gemeint sind. Wenn nun aber die Gog-Perikope in Ez 38–39, Voraussetzung für den in Ez 40–48 erzählten Wiedereinzug der göttlichen Gegenwart in den neu geordneten und geheiligten Tempel, das Gegenstück zum Trauma-Szenario in Ez 7 darstellt, und hierfür spricht u.a. die Rede vom „(kommenden) Tag"[782], so erscheint es gleichsam nur konsequent, in beiden Angriffsszenarien Nebukadnezar bzw. die Babylonier am Werke zu sehen.

9) Ein letzter Aspekt, der für die Identifikation von Gog mit Nebukadnezar spricht und auf den ebenfalls Galambush aufmerksam gemacht hat, soll noch angesprochen werden: Gog wird in Ez 38,2 und 39,1 nicht –

---

[778] Podella, Chaoskampfmythos, 319. Als paradigmatische Texte für das Motiv ,Wende der Not als Chaoskampf' bespricht Podella Jes 51,9f (im Kontext von Jes 51,1–52,12); Ps 74; 89; Ijob 26,8ff (vgl. a.a.O., 303–310).

[779] Podella, Chaoskampfmythos, 319 (Hervorhebung R.P.).

[780] Vgl. Konkel, Tempelvision, 173f.

[781] Vgl. Konkel, Tempelvision, 173.

[782] Vgl. Ez 7,7.10.12.19; 38,10.18.18.19; 39,8.11.13.22. Auch die Bezugnahme auf das göttliche Angesicht und dessen segensreiche (!) Zuwendung stellt eine Nähe zwischen Ez 7 und Ez 38–39 her (vgl. 7,22; 39,23.24.29).

so wird allerdings gemeinhin übersetzt – „Oberfürst von Meschech und Tubal", sondern „Fürst des Oberhaupts von Meschech und Tubal" (נשׂיא רוֹש מֶשֶׁךְ וְתֻבָל) genannt. Hier könne sich, so Galambush, insofern ein Hinweis auf Nebukadnezar verbergen, als dieser die Hegemonie über die so bezeichnete Region in Ostanatolien beansprucht habe, wobei er bzw. seine Gesandten in einem Konflikt zwischen den in den Jahren 590–585 v.u.Z. um das besagte Gebiet kämpfenden Lydern und Medern vermittelte(n):

> Nebuchadnezzar's or his emissary's role in the so-called Treaty of the Battle of the Eclipse either recognized or formalized Babylonian hegemony in the region. The title, ‚ruler over the head of Meshech and Tubal,' would certainly have fit Nebuchadnezzar following the year 585; it might, in fact, have been a very timely way of describing his recent activities in Anatolia[783].

Warum verschlüsselt? Fasst man den in den neun Unterpunkten dargelegten Befund nun zusammen, so ergibt sich Folgendes: Die in den Gog-Kapiteln verwendete Terminologie sowie Position und Funktion dieser Kapitel im Plot des Ezechielbuchs sprechen deutlich dafür, dass Gog und Nebukadnezar identifiziert werden können, ja, dass diese Identifikation sogar intendiert ist.[784] Gog steht dabei weniger für den babylonischen Herrscher *in personam*, sondern ist Repräsentant des babylonischen Imperiums – und rückt sogar in die Nähe der obersten Gottheit des Reiches, Bel/Marduk.

Gegen diese Identifikation scheint nun, zumindest auf den ersten Blick, der Umstand zu sprechen, dass sich die zu Beginn von Ez 38 geschilderte Situation Israels als Umsetzung der in Ez 34–37 enthaltenen Verheißungen ausnimmt, zu der ein neuerliches Aufgeschrecktwerden durch eine feindliche Angriffsmacht kaum passen will – u.a. aus diesem Grund hat man Ez 38–39 häufig als spätere Einfügung in das Ezechielbuch bestimmt. Konkel etwa nimmt an, Ez 38–39 sei der zweiten Tempelvision in Ez 40–48 nach der Errichtung des ‚Zweiten' Jerusalemer Tempels vorangestellt worden, um den (idealeren) Ezechieltempel in einen eschatologischen Raum zu transferieren, so dass er die „Funktion eines kritischen Korrektivs der

---

[783] Galambush, Enemies, 261. Zum Ganzen vgl. a.a.O., 26of. Von der lydisch-medischen Auseinandersetzung berichtet auch Herodot (Hdt. I, 74). Vgl. auch John L. Myres, „Gog and the Danger from the North in Ezekiel", *PEQ* 64 (1932), 213–219, passim; Astour, Prophecy, 570f; Wiseman, Babylonia, 235.242–244.

[784] Vgl. Galambush, Enemies, 261f.

Kultpraxis des zweiten Tempels" dauerhaft erfüllen konnte[785]. Gegen diese Argumentation spricht jedoch – über die Darstellung Gogs im Bilde eines ‚historischen', nicht eines eschatologischen Feindes hinaus – m.E. Zweierlei: Zum einen enthalten die fraglichen Kapitel keinen zwingenden Hinweis darauf, dass das in ihnen Geschilderte in einer ‚fern(st)en Zukunft' oder gar in einer ‚Endzeit' angesiedelt ist, zum anderen muss auch fraglich erscheinen, ob Ez 38,1–9 wirklich mit einer vollständigen (erzählten) Erfüllung der vorausgehenden Heilsansagen rechnet. Das hier geschilderte Volk erscheint merkwürdig identitätslos[786]; auch hat das Land weder einen davidischen Herrscher (vgl. 34,23f; 37,24f) noch erfreut es sich überbordender Fruchtbarkeit, wie dies in Ez 34,26f und 36,30.35 verheißen wurde. „In fact, these promises are fulfilled only *after* Gog's destruction, in the vision of restoration of Ezek 40–48[787]." Auch die göttlichen Versprechen spiritueller, moralischer und kultischer Erneuerung haben zum Zeitpunkt der Gogschen Attacke noch keine (vollständige) Verwirklichung gefunden – die Auseinandersetzung mit eigenen Verantwortlichkeiten und die Erkenntnis der Göttlichkeit Jhwhs jedenfalls stehen nach wie vor aus (39,27f, vgl. 16,59–63; 20,40–44; 36,31f), die Ausgießung der רוח wird erst *im Anschluss an* die Erzählung von der Zerschlagung Gogs als verwirklicht *berichtet* (vgl. 39,29). Die vollständige Wiederherstellung des Hauses Israel wie der „Gewichtigkeit" (√כבד) Jhwhs wird erst denk- und erzählbar, wenn diejenigen, die sich in den politischen bzw. kriegerischen Ereignissen zu Beginn des 6. Jh.s v.u.Z. als vermeintlich gewichtiger erwiesen haben als die Gottheit Israels, Nebukadnezar samt seinen Truppen sowie die Gottheit, die sie gesandt hat, ins Grab gesunken oder anderweitig aus der Welt geschafft worden sind – zumindest fiktional.

Wenn Ez 38–39 nur derart verschlüsselt von der babylonischen Großmacht spricht, so hängt dies vermutlich mit der politischen Situation zusammen, in der sich Angehörige der Exulantengruppen in Babylonien solches erzählten, erzählen mussten:

> Ezekiel is prophesying in Babylonia, where such oracles, if they had come to public notice, would doubtless have involved the prophet in immediate and serious trouble. What more likely, then, than that the land of Gog is a cypher for Babylon itself, and the prophecies of Gog's destruction a heavily coded message predicting the demise of the Babylonian power? This cannot,

---

[785] Konkel, Tempelvision, 175; vgl. auch Eichrodt, Hesekiel, 365f; Krüger, Geschichtskonzepte, 310; Pohlmann, Ezechiel, 119.

[786] Vgl. Odell, Ezekiel, 465.

[787] Galambush, Enemies, 263. Zum Ganzen vgl. a.a.O., 262–265.

of course, be proved. If it could be proved by us, now, in the twentieth century, it could have been proved then, in the sixth, with the aforementioned
unwelcome results[788].

Die (Namens-)Kodierung hat Henry McKeating zufolge also damit zu
tun, dass es in der/zur Erzählzeit des Ezechielbuchs hätte gefährlich
sein können, offen gegen die Babylonier und deren König der Könige zu
polemisieren (was gleichzeitig den Schluss nahelegt, dass die Babylonier
zum Zeitpunkt der Entstehung des hier Erzählten noch nicht von der
weltpolitischen Bühne verschwunden waren, dass also das hier Erzählte
[bzw. weite Teile davon] vor 539 v.u.Z., vielleicht sogar noch während der
Regierungszeit Nebukadnezars [605–562 v.u.Z.] entstanden ist). Eine solche Verschlüsselung macht allerdings umgekehrt nur Sinn, wenn sie von
eingeweihten, zur eigenen Gruppe gehörenden ZeitgenossInnen *deko-
diert* werden konnte. Zwar kann, da hat McKeating recht, die Selbigkeit
von Gog und Nebukadnezar nicht, oder doch nicht im Sinne einer Formel bewiesen werden – dass sie für die die Ezechielerzählung Hörenden
bzw. Lesenden auf der Hand lag, ist m.E. mehr als wahrscheinlich. Dies
gilt umso mehr, als die erste Hälfte des 6. Jh.s v.u.Z. außer Nebukadnezar II. keinen anderen realexistierenden Weltherrscher kannte. Dass die
Bezugnahme auf Babylonien verstanden wurde und „noch längere Zeit
nach Ezechiel bekannt war", ist jedenfalls für Böhmer sehr wahrscheinlich, „weil nämlich einzig in sein [Ezechiels, R.P.] Buch keine Einschaltung
einer Weissagung gegen Babel gemacht worden ist, wie sie doch im Buch
Jesaja und Jeremia sich so reichlich finden"[789].

Wenn die Ineinssetzung von Gog und Nebukadnezar im 20. und 21. Jh.
kaum mehr (nach)vollzogen worden ist, so ist dies, so Galambush, weniger auf die Uneindeutigkeit der enthaltenen Hinweise als vielmehr auf
(theologische) Vorannahmen zurückzuführen, welche die (jüngere) Auslegungsgeschichte von Ez 38–39 prägten und prägen. Zum einen nämlich
erscheine die Gog-Perikope unverständlich bzw. überflüssig, wo Ezechiel
bzw. dem Ezechielbuch die Annahme einer einzigen, omnipotenten Gottheit, Jhwh, unterstellt werde.

---

[788] McKeating, Ezekiel, 121f. Vgl. auch Böhmer, Gog, 333–337; Meinhold, Einführung,
268; Galambush, Enemies, 258f. Galambush verweist zur Erläuterung auf das Konzept
der „Hidden Polemic" von Yairah Amit (vgl. dies., „The Sixth Century and the Growth of
Hidden Polemics", in: Oded Lipschits/Joseph Blenkinsopp [Hg.], *Judah and the Judeans in
the Neo-Babylonian Period*, Winona Lake 2003, 135–151, passim). Vgl. auch Keel, Geschichte,
834: „Explizit wird Babel nie genannt. Wahrscheinlich war es nicht möglich, die Besatzungsmacht in Texten, die öffentlich waren, explizit zu nennen."
[789] Böhmer, Gog, 355.

Only in a polytheistic context (like Ezekiel's) do the actions of Nebuchadnezzar (or Marduk) have a real effect on the honor and reputation of Israel's God. The theological dynamic underlying the book of Ezekiel, that in order to vindicate his name Yhwh must destroy both Israel and then Nebuchadnezzar, becomes less and less meaningful as it is interpreted in a cultural context of monotheism[790].

Zum anderen sei die historische oder historisierende Lesart, nach der Gog mit Nebukadnezar identifiziert werden kann, durch die Annahme überdeckt worden, bei Ez 38–39 handele es sich um einen apokalyptischen oder proto-apokalyptischen Text, was – wie oben gezeigt wurde, kaum zutreffend – in erster Linie an den zeitlichen Markierungen in Ez 38,8.16 festgemacht wird. Gog sei in diesem Zusammenhang gleichsam zu einer ‚transhistorischen' Größe mutiert[791].

Werden traumatheoretische Überlegungen bzw. Überlegungen aus dem Bereich der Trauma-Literatur in die Analyse einbezogen, so öffnet sich die fragliche Textpassage noch einmal neu und anders so, dass das Chaotische, Groteske und Absurde nicht zwingend als trans- oder unhistorisch abgetan werden muss, sondern als fiktionale Antwort auf die Katastrophe von 587/86 v.u.Z. betrachtet werden kann. Diese Antwort ist im Rahmen einer (literarischen) Trauma-Reaktion durchaus plausibel zu machen; als ‚Anderes' geschichtlicher Ereignisse birgt sie dabei zugleich Momente geschichtlicher Wahrheit in sich.

* * *

O. Ez 40–48

Ronald Granofsky zufolge kann die repetierende Abbildung des Traumas im Verlauf der *trauma response* schließlich dazu führen, dass dieses seinen (narrativen) Ort findet – dies sei der Grund dafür, dass „many trauma novels end with a return to verisimilitude and contingent reality after having dwelt for some time in a deranged or symbolic world". Nur gelegentlich ende ein Trauma-Roman „with the accommodation of our world to otherworldly reality instead of the other way around"[792]. Die Ezechielerzählung wählt – und das hängt vor allem mit ihrer Exilsperspektive zusammen – in ihren Schlusskapiteln diesen selteneren Weg in die

---

[790] Galambush, Enemies, 266. Zum Ganzen vgl. a.a.O., 266f.
[791] Vgl. Galambush, Enemies, 267.
[792] Granofsky, Trauma Novel, 18.

„andersweltliche Wirklichkeit": Sie entwirft, gekleidet in die Vision des Propheten, einen *u-topos*, der *so* nur im Text Bestand haben und aufgesucht werden kann.

Dabei nimmt die letzte große Schauung des Buches den Propheten mit auf eine spirituelle Reise ins Land Israel, wo er „etwas wie die Konstruktion einer Stadt" (40,2) schaut. Von einem Mann mit einem Messstab (40,3) wird Ezechiel durch einen Tempelkomplex geführt, beobachtet die Vermessung der einzelnen Gebäudeteile (40,5–42,20) und wird anschließend Zeuge des Einzugs des כבוד JHWHs in das Heiligtum (43,1–5). Eine vom Tempel ausgehende Stimme identifiziert das Heiligtum als ewigen Thronsitz JHWHs inmitten Israels (43,6–9) und fordert Ezechiel auf, den IsraelitInnen Maße und Einrichtung des Heiligtums und die im folgenden ergehende „Tora des Tempels" (43,13–46,24) (schreibend) mitzuteilen (43,10–12). Anschließend wird er an einem dem Tempel entspringenden Fluss entlanggeführt, dessen lebendigmachendes Wasser Fruchtbarkeit und Prosperität des Landes garantiert (47,1–12). Diese erzählende Passage mündet in eine (Gottes-)Rede über die Grenzen des neu zu verteilenden Landes (47,13–23), die Landzuteilung an die zwölf Stämme (48,1–29) sowie die Tore der Stadt (48,30–35).

Wiederum (vgl. Ez 37,1–10) stellt das hier Geschilderte die erzählerische Umsetzung von etwas zuvor Verheißenem dar: Es geht um die narrative Verwirklichung des in Ez 34,23–31 und 37,21–28 versprochenen Friedensbündnisses, welches, nimmt man beide Texte zusammen, durch das dauerhaft *sichere* Wohnen der IsraelitInnen und ihrer Nachkommen im Verheißenen Land, die Bereitstellung des fundamental Lebensnotwendigen (Nahrung und Wohnung), die weltzeitliche Installierung eines davidischen Staatsoberhaupts und die ewige Präsenz JHWHs inmitten seines Volkes bestimmt ist (vgl. auch Ez 20,39–44). Die an Gen 2,8–10 erinnernde Tempelquellenpassage in Ez 47,1–12 stellt sich gleichsam als Illustration von Ez 36,35a dar, wo es heißt: „Dann werden sie [alle Vorübergehenden, R.P.] sagen: Dieses Land, das schreckensstarr dalag, ist wie der Garten Eden geworden."[793] Die Nationen und die von ihnen ausgehende Gefährdung Israels spielen indes in Ez 40–48 überhaupt keine Rolle (mehr) – ein deutlicher Hinweis darauf, dass das hier Beschriebene kaum von dieser Welt sein kann.

Dass es sich bei Ez 40–48 um eine Utopie handelt, die sich noch dazu als passender Schluss der Ezechielerzählung ausnimmt, ist in der Forschung

---

[793] Vgl. Bowen, Ezekiel, 263.

allerdings äußerst umstritten[794]. Traumatologisch könnte man das, was hier ins Wort gebracht ist, als (kollektive) Imagination eines „sicheren Ortes" beschreiben – freilich eine von priesterlicher Theologie geprägte Imagination! Ausgemalt wird eine Topographie, die JHWH vor Verletzungen durch die Angehörigen seines Volkes und das Gottesvolk vor Verletzungen durch seine Gottheit geschützt sein lässt. Beide Seiten haben ihre Lebensbereiche – JHWH hat seinen (verschlossenen! [vgl. Ez 44,1–3]) Tempel, die Angehörigen der Stämme Israels haben ihre genau vermessenen Landesparzellen (vgl. Ez 47,13–48,35)[795]; die schrittweise Annäherung an das (Aller-)Heilig(st)e ist strengstens geregelt und jeweils nur ausgewählten Personen vorbehalten. Vor dem Hintergrund der Betrachtung des Ezechielbuchs als Trauma-Literatur, die sich m.E. auch im gegebenen Zusammenhang als äußerst fruchtbar erweist, soll deshalb der Frage nach dem literarischen Charakter des sog. Verfassungsentwurfs[796] und nach dessen (literarischer) Funktion ein letzter vertiefender Abschnitt gewidmet werden.

9. Vertiefung: *Ez 40–48 als literarische Raumdarstellung und als priesterlich geprägte Imagination eines „sicheren Ortes"*

9.1. *Ez 40–48 als genuiner Bestandteil der Ezechielerzählung*

Dass die Kapitel Ez 40–48 als genuiner Bestandteil des Ezechielbuchs und als Fortsetzung von Ez 1–39 betrachtet werden können[797], zeigt sich nicht allein an den oben genannten Verbindungen zu verschiedenen vorausgehenden Heilsverheißungen des Buches, als deren Umsetzung sich erstere darstellen. Es lässt sich auch mit dem *mythic pattern* begründen, welches einen Bogen von Ez 38 bis Ez 48 spannt, sowie mit den Verbindungslinien, die zwischen allen Visionstexten des Buches bestehen: So ist Ez 40–48 sowohl als Umkehrung und Transformation von Ez 1,4–28a als auch von Ez 8–11 zu begreifen – an die Stelle von Kategorienaufgabe und -verlust

---

[794] Vgl. hierzu den Überblick bei Pohlmann, Ezechiel, 131–144.

[795] Vgl. hierzu die Abbildung bei Block, Ezekiel 25–48, 711.

[796] Der Begriff „Verfassungsentwurf" für die Kap. 40–48 des Ezechielbuchs geht zurück auf Alfred Bertholet (vgl. ders., *Der Verfassungsentwurf des Hesekiel in seiner religionsgeschichtlichen Bedeutung. Habilitationsvorlesung*, Freiburg i.Br./Leipzig 1896, IIIf.3 u.ö.). In gewisser Weise impliziert diese Charakterisierung allerdings von vornherein die Umsetzung des hier Beschriebenen in der außertextweltlichen Wirklichkeit, weshalb er in Folge vermieden wird.

[797] Vgl. hierzu auch Blenkinsopp, Ezekiel, 193–195.

(Ez 1) treten eindeutige Kategorisierungen und Grenzziehungen[798], und während in Ez 8–11 vom Auszug des כבוד JHWHs aus dem Jerusalemer Tempel in Richtung Osten berichtet wird (vgl. 10,18–22; 11,22f), schildert Ez 40–48 den (Wieder-)Einzug der göttlichen Gegenwart in das utopische Heiligtum – aus Richtung Osten (vgl. 43,1–5). Nancy R. Bowen zufolge fungiert darüber hinaus Ez 47,1–12 „as a corollary to the vision of the valley of dry bones (37:1–14)"[799], welche die in Ez 37 herbeigerufene neue Lebendigkeit auf das ganze Land ausweite[800].

Die zeitliche Markierung in Ez 40,1 fügt das Folgende in das Datierungssystem nach der ‚Ära Jojachin' und damit zugleich in den Plot des Buches ein:

> (Ez 40) ¹Im 25. Jahr unserer Verschleppung, am Anfang des Jahres (bzw. an *Rosch-haSchana*), am 10. Tag des Monats, im 14. Jahr, nachdem die Stadt geschlagen worden war, an eben diesem Tag [...].

Es handelt sich um eine Zeitangabe, die ausgesprochen vieldeutig ist, vor allem, wenn sie im Verbund mit derjenigen in Ez 1,1f betrachtet wird. U.a. die folgenden Interpretationsmöglichkeiten sind in Erwägung zu ziehen[801]:

1) Setzt man das 25. Jahr unserer Verschleppung – gemeint ist die *Gola* des Jahres 598/97 v.u.Z., der auch König Jojachin angehörte (vgl. Ez 1,2) – in unsere Jahreszahlen um, so ergibt sich das Jahr 573/72 v.u.Z.

2) Wenn – was sehr häufig geschieht – das 30. Jahr in Ez 1,1 auf das Lebensalter des Priester(sohn)s Ezechiel bezogen wird, so liegt die erste Vision in dem Jahr, in dem er seinen Dienst am Jerusalemer Heiligtum begonnen hätte. Die letzte große Vision 20 Jahre später würde dementsprechend in sein 50. Lebensjahr und damit auf den Zeitpunkt fallen, an dem Priester sich von ihrem Dienst zurückzogen (Num 4,3 u.ö.).

3) Nur im Jobeljahr fällt Neujahr – *Rosch-haSchana* – auf den zehnten Tag des ersten bzw. siebten Monats (je nachdem, ob die Monatszäh-

---

[798] Vgl. hierzu Nielsen, Call, 99: „The prologue is characterized by various kinds of category transgressions [...]. In Ezekiel 40–48, the new temple signals the opposite: order and stability." Vgl. auch a.a.O., 109–112.

[799] Bowen, Ezekiel, 263.

[800] Gemeinsam ist den vier Visionen des Ezechielbuchs darüber hinaus auch, dass in ihnen jeweils das Berührtwerden durch die Hand JHWHs und das Bewegtwerden durch (göttliche) רוח eine besondere Rolle spielen (vgl. Ez 1,3; 2,2; 3,12.14; 8,1–3; 11,1.24; 37,1; 40,1; 43,5).

[801] Zum Folgenden vgl. Konkel, Datum, passim; Liss, Temple, 127–132.

lung im Frühjahr oder im Herbst beginnt), d.h. auf Jom Kippur (vgl.
Lev 25,8–10: an Jom Kippur wird das Jobeljahr ‚ausgerufen')[802]. In diesem Sinne würde sich die zweite Tempelvision Ezechiels an einem Tag
potenzierter Befreiung ereignen. Das „Jahr der Befreiung" (שְׁנַת הַדְּרוֹר,
vgl. Lev 25,10) wird in Ez 46,17 explizit erwähnt.

4) Der zehnte Tag des *ersten* Monats ist dem Josuabuch zufolge der Tag
des Durchzugs durch den Jordan und des Einzugs ins Verheißene Land
(Jos 4,19). Im Kontext des Pessachfests spielt dieser Termin eine Rolle
als Tag, an dem die Pessachlämmer ausgewählt werden (Ex 12,3–5).
Insofern weist die Datierung auch auf das Exodusgeschehen aus
Ägypten hin.

5) Nach dem assyrisch-babylonischen Kalender stellt der zehnte Tag des
ersten Monats *nisānu* den Höhepunkt des babylonischen Neujahrsfests (*akītu*-Fest) dar.

Am ehesten lassen sich die genannten Deutungsmöglichkeiten vielleicht
unter dem Stichwort der ‚Zeitschwelle' (bzw. der ‚Schwellenzeit'), die den
Übergang in neue Lebensräume und -möglichkeiten markiert, zusammenfassen. Das Licht, in das die Vision in Ez 40–48 durch die polyva-
lente Zeitangabe an ihrem Anfang gerückt wird, ist gleichwohl ein äußerst
schillerndes, und schon das ist m.E. als Hinweis darauf zu werten, dass
wir es hier mit *literarischer* Raumdarstellung und weiterhin mit fiktionaler
Textualität zu tun haben.

9.2. *Zur Struktur des Textes*

Auch die Struktur der Kapitel Ez 40–48 verweist auf deren fiktionale Literarizität. Mit Michael Konkel lassen sich grob fünf Abschnitte ausmachen,
die eine chiastische Struktur aufweisen und gleichzeitig einer Bewegung
von innen nach außen folgen: Auf die Vermessung des neuen Tempels
in 40,1–42,20 (A) folgt in 43,1–12 die Rückkehr des כבוד (B). Im Zentrum
kommen die Weisungen und Satzungen des Tempels zu stehen (C, 43,13–
46,24). Abschnitt B' umfasst die Schilderung der wunderbaren Tempelquelle (47,1–12), und Abschnitt A' enthält die Beschreibung des neuen
Landes und dessen Verteilung an die Stämme Israels (47,13–48,35)[803].

---

[802] Vgl. hierzu Staubli, Levitikus, 185; Jacob Milgrom, *Leviticus 23–27: A New Translation
with Introduction and Commentary* (AB 3B), New York u.a. 2000, 2164f.
[803] Vgl. Konkel, Architektonik, 23.

Dass es sich um ein äußerst kunstvoll aufgebautes Textgebäude handelt, wird deutlich, geht man vor dem Hintergrund dieser Grobstruktur weiter ins Detail. Hier lassen sich wiederum chiastische und parallele Strukturen ausmachen; auch der Wechsel zwischen Innen und Außen spielt weiterhin eine Rolle[804]. Im Folgenden werden nicht alle Einzelheiten, sondern lediglich einige Besonderheiten der diffizilen Struktur von Ez 40–48 benannt:

1) Mit Ez 40,1–4 und 48,30–35 weist die zweite Tempelvision eine Rahmenkonstruktion auf, in der jeweils eine/die Stadt und (ein) Stadttor(e) erwähnt werden[805]. Obwohl die Stadt innerhalb des utopischen Landes eher eine Randposition einnimmt, indem sie etwa nicht mehr den Tempel beherbergt, sondern räumlich von ihm getrennt wird und als profaner Bereich gilt, umschließt die Stadt mit dem (neuen) Namen „Jhwh ist dort" (48,35) alle anderen architektonischen und geographischen Größen *texträumlich*.

2) Insgesamt neunmal wechselt der von der Botengestalt geleitete Prophet während des Rundgangs durch das Tempelareal zwischen Außen und Innen hin und her (vgl. 40,5; 41,4; 42,15–20; 43,5; 44,1.4; 46,21; 47,1.2). Der letzte Standpunkt Ezechiels ist das Ufer des Tempelflusses in Ez 47,6f, wo die Ich-Erzählfigur auch ein letztes Mal ein eigenes Erleben in 1. Pers. Sing. schildert. Die Lesenden verlassen sie mit dem Blick auf die wunderbaren Bäume am Ufer des Tempelflusses mit ihren zur Heilung dienenden Blättern und ihren nie ausgehenden Erstlingsfrüchten (vgl. 47,7.12).

3) Das kompositorische Zentrum des Textes (45,1–8), in dem es um die Landabgabe für Jhwh geht, behandelt zugleich das Zentrum des Landes.

4) Der Altar, der als Symbol für die Gemeinschaft von Jhwh und Volk Israel genau im Zentrum des quadratischen Tempelareals steht, wird im Zentrum des Vermessungsabschnitts A (40,1–42,20) neben dem Allerheiligsten (41,4) kurz erwähnt (40,47). Im zentralen Textabschnitt C (43,13–46,24) stehen die den Altar betreffenden Maßangaben und Weisungen sodann, ähnlich wie im Bundesbuch (vgl. Ex 20,22–26), in Kopfstellung (Ez 43,13–27).

---

[804] Vgl. hierzu Konkel, Architektonik, 24–27.

[805] Weitere Stichworte, die in beiden Abschnitten vorkommen, sind יום („an eben diesem Tag" [40,1]; „von diesem Tag an" [48,35]) und שמה („dort", „dorthin" [40,1; 48,35]).

9.3. *Schlaglichter der Forschungsgeschichte*

In seinem 1841 erschienenen Ezechielkommentar schrieb Heinrich Ewald, dass Ez 40–48 eine „priesterlich-ängstliche farbe trägt und gedanken äußert die dem übrigen buche völlig fremd sind"[806]. In dieser Aussage erscheinen die Merkmale vorgezeichnet, die die Auslegungsgeschichte dieser Kapitel wesentlich prägten: Die Marginalisierung von Ez 40–48 auf der einen Seite, die Abwertung von Ez 40–48 als durch „kleinliche[], von ängstlicher Sorge um Abgrenzung und Ausgrenzung getragene[] kultische[] Bestimmungen"[807] geprägter Textpassage auf der anderen Seite. Während die Marginalisierung darauf beruhte und beruht, dass Ez 40–48 als vom Rest des Buches deutlich unterschiedener Anhang oder aber als Abweichung von der Norm der Priesterschrift und des Pentateuch betrachtet wurde und wird, hat die Abwertung mit der aus dem 19. Jh. bis heute nachwirkenden Dichotomie von Prophetie und Gesetz zu tun, wie sie etwa bei Julius Wellhausen zu finden ist[808].

In diesem antijudaistischen Modell bildet Ez 40–48 gleichsam „die Wasserscheide [...] zwischen der reinen und wahren Religion des alten Israel und dem als rigorose Gesetzesreligion verstandenen Judentum"[809]. Und dieses Modell zeitigt insofern bis heute noch eine Wirkung, als die Dichotomie von Prophetie und Gesetz nach wie vor als Kriterium der Literarkritik herangezogen wird: So schreibt z.B. Walther Zimmerli in seinem großen Kommentar aus dem Jahr 1969 das, was ihm an Ez 40–48 ‚zu kultisch' erscheint, einer späteren Hand zu, und umgekehrt ist es seiner Ansicht nach der (vermeintlich) unkultische Charakter etwa von Ez 47,1–12, der diesen Textabschnitt als „echt prophetische[] Redeweise"[810] kennzeichnet.

---

[806] Zitiert nach Konkel, Architektonik, 9.

[807] Fuhs, Ezechiel, 258.

[808] Vgl. Julius Wellhausen, *Prolegomena zur Geschichte Israels*, Berlin/Leipzig ⁶1927 [1878], 419f; Konkel, Architektonik, 9f.

[809] Konkel, Architektonik, 10.

[810] Zimmerli, Ezechiel 2, 1123. Vgl. hierzu auch a.a.O., 1191, wo es heißt: „Wer von [...] 46 19–24 in den Zusammenhang von 47 1–12 hinübertritt, wird unmittelbar die andere Welt empfinden, in die er damit eintritt. [...] [I]n 47 1–12 [ist] nichts mehr von der engen Sorge um die rechte Abstufung der Heiligkeitsgrade [...] zu erkennen. [...] Dafür ist in voller Unbekümmertheit berichtet, daß das im innersten Heiligkeitsbereich durch die Heilig-keitsfülle des Hochheiligen gekräftigte Wasser aus dem Heiligen heraus in das verdorrte und versalzte Gebiet rätselvoller Verfluchtheiten hinausrinnt, ohne daß im leisesten etwas von ritueller Abschirmung des aus dem Heiligen kommenden Baches angedeutet wäre." Ähnlich positioniert sich auch der katholische Bibelwissenschaftler Fuhs, bei dem es, ebenfalls mit Bezug auf Ez 47,1–12 heißt (ders., Ezechiel, 258 – teilweise bereits im Haupt-text zitiert): „Welch ein Gegensatz zu den peniblen und kleinlichen, von ängstlicher Sorge

Forschungsgeschichtlich höchst umstritten ist die zweite Tempelvision auch deshalb, weil sie – trotz der vorgestellten kunstvollen Komposition – nicht einfach als Text aus einem Guss behauptet werden kann. Vieles spricht dafür, dass Ez 40–48 eine wie auch immer geartete Entstehungsgeschichte hat. Ein Konsens ist hier nicht im Blick – während die AnhängerInnen des von Moshe Greenberg geprägten holistischen Ansatzes diese Kapitel in ihrer Gesamtheit auf einen im 6. Jh. v.u.Z. in Babylonien wirkenden historischen Propheten Ezechiel zurückführen wollen[811], machen VertreterInnen eines Schichtenmodells eine Vielzahl von Bearbeitungsschichten aus[812].

Paul M. Joyce hat sich demgegenüber in einem kürzlich erschienen Artikel einmal mehr für eine Datierung des Ganzen ins 6. Jh. v.u.Z. ausgesprochen. Er schreibt:

> There is nothing that unambiguously refers to events after the sixth century. [...] Moreover, the fact that Ezekiel's vision is so divergent from the restoration reality strongly suggests that it predates it [...]. If the Second Temple had already been inaugurated, it would have been difficult to write in this way; the account would surely have been accommodated to the new reality[813].

Letztlich hat die Frage nach der Datierung – darauf hat vor allem Hanna Liss hingewiesen – mehr mit Ideologie als mit Exegese zu tun, ein Umstand, der auch für die mit der zeitlichen Einordnung des Textes zusammenhängende Frage nach dessen Zielrichtung gilt[814]. Denn wer Ez 40–48 als Ganzes in die tempellose Zeit einordnet, bevor die Möglichkeit des Tempelneubaus überhaupt am Horizont erschien, sieht hier in der Konsequenz ein utopisches oder eschatologisches Programm, das keine

---

um Abgrenzung und Ausgrenzung getragenen kultischen Bestimmungen (44–46). Sie sind ein Rückfall in die alten Fehler und zeigen keine neue Gotteserkenntnis."

[811] Vgl. Moshe Greenberg, „The Design and Themes of Ezekiel's Program of Restoration", *Int.* 38 (1984), 181–208, 181–189.208; Block, Ezekiel 25–48, 494f.

[812] Rudnig etwa kommt auf insgesamt mindestens 13 Bearbeitungsschichten (vgl. ders., Studien, 373f). Ein – allerdings gemäßigtes – Schichtenmodell hat zuletzt auch Konkel entworfen. Sein Modell umfasst eine *Grundschicht* („Schau des neuen Tempels und Rückkehr des Kabod": 40,1–43,12*): exilisch, nach 562 v.u.Z., eine *1. Fortschreibung* („Programmschrift einer Restauration unter dem Davididen der Heilszeit": 44,1–3; 36,1–3.8–10.12; 47,1–12; 47,13–48,29*): (spät-)exilisch, in Reaktion auf die Eroberung Babylons durch Kyros (539 v.u.Z.), sowie eine *2. Fortschreibung* („Xenophobie und zadokidische Halacha"): persische Zeit, kaum vor 450 v.u.Z. Vgl. ders., Architektonik, 225–348.

[813] Joyce, Temple, 146f.

[814] Vgl. Liss, Temple, 122–127.

Umsetzung fand und scheiterte[815]. Bei einer späteren Datierung hingegen kann der sog. Verfassungsentwurf (in Teilen) auch als ein solcher begriffen werden, sei es als Gegenentwurf zum Entwurf des Serubbabel-Tempels oder als Kritik am bereits in Betrieb genommenen Zweiten Tempel[816]. (Mit-)entscheidend dafür, wie die Frage nach der Funktion von Ez 40–48 beantwortet wird, ist jedoch auch die Genre-Bestimmung, die man den in Frage stehenden Kapiteln zukommen lässt. Gegen die häufig vertretene Annahme, wir hätten es hier (bzw. beim Grundbestand des sog. Verfassungsentwurfs) mit einem Bauplan zu tun[817], hat zuletzt Franziska Bark die entscheidenden Argumente zusammengefasst:

> [D]er Auftrag, nur die Proportionen des Grundrisses zu messen, sowie die Identifikation des Textes als Vision, das Fehlen der vertikalen Maßangaben und der [sic!] Betonung des Territorialen, sowie [...] die symbolischen Zahlen oder der kosmische Symbolismus des Textes, – sie alle sprechen dagegen, dass die Verfasser einen detaillierten Bauplan oder eine Karte für das postexilische Israel intendierten[818].

---

[815] Vgl. hierzu vor allem Jürgen Ebach, *Kritik und Utopie. Untersuchungen zum Verhältnis von Volk und Herrscher im Verfassungsentwurf des Ezechiel (Kap. 40–48)*, Diss. masch. Hamburg 1972, passim. Ebach führt einen Grundbestand von Ez 40–48 auf Ezechiel zurück und datiert die utopische Gesamtkonzeption in die Exilszeit, fehlte doch „in der nachexilischen Zeit [...] die Freiheit der utopischen Planung" (a.a.O., 247). Vgl. auch Greenberg, Design, 208 („Whereever Ezekiel's program can be checked against subsequent events it proves to have had no effect. The return and resettlement of post-exilic times had nothing in common with Ezekiel's vision"); Albertz, Exilszeit, 282 („Natürlich hat sich nur ein geringer Teil dieses radikalen Reformkonzeptes nach 520 v.Chr. verwirklichen lassen. Manches ging so weit über die Realität hinaus [...], daß es von vornherein keine Realisisierungschance hatte").

[816] Vgl. hierzu vor allem Konkel, Architektonik, 349–357. Konkel zufolge ist es „nicht mehr möglich, Ez 40–48 als utopischen Entwurf der Exilszeit [...] zu verstehen. [...] Die zweite Fortschreibung [vgl. hierzu oben Anm. 812, R.P.] – und damit die Gesamtkomposition Ez 40–48 – ist als kritisches Korrektiv der am zweiten Tempel geübten Kultpraxis zu verstehen."

[817] Zimmerli (ders., Ezechiel 2, 1240) etwa spricht in Bezug auf die „Kernelemente" von Ez 40–48 von einer „Grundriß-Planskizze der Gesamt-Tempelanlage", und bei Rudnig heißt es (ders., Studien, 134): „In der golaorientierten Fassung von Ez 40–42 liegt nicht weniger als ein Bauvorschlag für den Zweiten Tempel vor!" Vgl. auch Konkel, Architektonik, 262, wo es heißt: „Das utopische Moment in Ez 40–42 dürfte geringer anzusetzen sein, als in der neueren Forschung vermutet. Obwohl kein expliziter Baubefehl ergeht, kann weder gesagt werden, daß dieser Tempelplan nie auf Umsetzung bedacht war, noch daß nichts davon bei Bau des zweiten Tempels umgesetzt wurde."

[818] Bark, Heiligtum, 159; vgl. auch Kalinda Rose Stevenson, *The Vision of Transformation: The Territorial Rhetoric of Ezekiel 40–48* (SBL.DS 154), Atlanta 1996, 3–7. Vgl. auch Eichrodt, Hesekiel, 382f. Laut Eichrodt wird in Ez 40–42 ein von JHWH geschaffener Tempel vor Augen gemalt, für den „keine menschlichen Erbauer in Frage kommen" (a.a.O., 382).

Vor diesem Hintergrund eröffnet sich eine weitere Interpretationslinie, die
Ez 40–48 und die dort beschriebenen bzw. von Ezechiel erlebten Räumlichkeiten nicht im Sinne von außertextweltlich – wann auch immer –
umzusetzenden Entwürfen begreift, sondern sie als Räumlichkeiten *im
Text* wahr- und ernstzunehmen versucht. Dabei wird dann auch stärker
nach Ez 40–48 als Bestandteil des Plots des Ezechielbuchs gefragt. Zu den
frühen VertreterInnen dieser Linie ist Susan Niditch zu rechnen, wenn sie
beispielsweise schreibt:

> On one level, Ezekiel's vision *is* the building, *is* the cosmos, as the mandala
> in each of its orders is a cosmos. The vision's images, reported in words,
> form pillars and courtyards, and constitute a world[819].

Stephen S. Tuell bezeichnet Ez 40–42, d.h. die Erzählpassagen von der
Vermessung des Tempels, als „verbal icon" und erläutert dies wie folgt:

> The reader of the text is able to experience what the prophet experienced
> [...]. [...] Ezekiel's temple description functions as a ‚verbal icon‘ [...], by
> which a people who had thought themselves separated from God could
> experience and celebrate the divine presence[820].

So ermöglicht es der *erzählte* Raum den Hörenden bzw. Lesenden, die mit
Ezechiel ‚mitgehen‘, den Tempel und die Nähe JHWHs zu erfahren – in
tempelloser und gottferner Zeit. Der damit gesetzten Spur soll im Folgenden genauer nachgegangen werden. Bevor ich mich jedoch ausführlicher
mit der Frage auseinandersetze, warum in Ez 40–48 Texträumlichkeiten
entworfen werden, die in der außertextweltlichen Realität keine Entsprechung haben (können), sollen zunächst einige Charakteristika der in der
Abschlussvision des Ezechielbuchs in Szene gesetzten Textgebäude und
Textlandschaften benannt werden.

9.4. *Besonderheiten der Texträumlichkeit von Ez 40–48*
Jonathan Z. Smith zufolge, der der zweiten Tempelvision des Ezechielbuchs in seiner Monographie *To Take Place: Towards Theory in Ritual* aus
dem Jahr 1987 ein eigenes Kapitel gewidmet hat[821], „there are four homolo-

---

[819] Niditch, Ezekiel 40–48, 213.

[820] Steven S. Tuell, „Divine Presence and Absence in Ezekiel's Prophecy", in: Margaret
S. Odell/John T. Strong (Hg.), *The Book of Ezekiel: Theological and Anthropological Perspectives* (SBL.SS 9), Atlanta 2000, 97–116, 110.

[821] Vgl. John Z. Smith, *To Take Place: Toward Theory in Ritual*, Chicago/London 1987,
47–73.

gous ideological maps in Ezekiel 40–48"[822]. Diese „vier ideologischen Karten" sind m.E. gut geeignet, um einen Überblick über die Charakteristika der umfänglichen Erzählpassage zu bekommen – als eine erste Standortbestimmung sollen sie deshalb im Folgenden kurz vorgestellt werden. Im Anschluss werden sodann weitere wesentliche Aspekte benannt, die bei Smith unberücksichtigt bleiben. Am Ende des Unterabschnitts stehen Überlegungen zur möglichen Intention der zweiten Tempelvision des Ezechielbuchs.

Map 1: Prägend für Ez 40–48 ist zunächst die Dichotomie ‚heilig/ profan' (Ez 40,1–44,3), die mit einer Hierarchie der Macht einhergeht. Zwar ist gemäß der „Tora des Tempels" das ganze Gebiet auf dem Gipfel des Berges heilig (43,12), der heiligste Ort allerdings befindet sich in der Mitte: der Ort des Thronens JHWHs (vgl. 43,7) – dementsprechend ist JHWH, wie Kalinda Rose Stevenson es ausdrückt, „the only power holder", während alle anderen „power subjects in YHWH's territory" sind[823]. Unterscheidungen werden vor allem durch vertikale Aspekte (die Zahl der Stufen nimmt zu, je näher man der Mitte kommt) und durch Aspekte der Verengung (die Eingänge werden immer schmaler) hervorgehoben. Nur die zadokidischen Priester dürfen ins Heiligtum hinein, um dort Dienst zu tun, die Sphäre der Leviten ist vor dem Heiligtum, rund um den Altar bzw. im inneren Vorhof, das ‚einfache' Volk darf sich nur im äußeren Vorhof aufhalten. Alle heiligen Handlungen finden auf einer von West nach Ost bzw. Ost nach West verlaufenden zentralen Achse statt[824]. Die Macht des „Fürsten" (נשיא) wird deutlich begrenzt, gegenüber dem königlichen Gott JHWH einerseits, gegenüber den Priestern andererseits[825].

Map 2: Prägend ist weiterhin die Dichotomie ‚rein/unrein', welche zugleich eine Statushierarchie begründet (Ez 44,4–31): „Fremde" (בני־נכר) haben den Tempel entweiht/unrein gemacht und werden deshalb von ihm ausgeschlossen, und während die zadokidischen Priester aufsteigen, werden die Leviten „aufgrund der abscheulichen Taten, die sie verübt haben" (44,13) degradiert[826]. Insgesamt wird eine Zugangshierarchie

---

[822] Smith, Place, 56.

[823] Stevenson, Vision, 78.

[824] Smith spricht in diesem Zusammenhang von „three zones of relative sacrality" (ders., Place, 59). Je weniger heilig die Zonen sind, desto unschärfer wird die Erzählung im Hinblick auf die entsprechenden Maßangaben (vgl. Bark, Heiligtum, 143).

[825] Vgl. Smith, Place, 56-62. Zur Begrenzung der Macht des נשיא vgl. auch Stevenson, Vision, 109-123; Albertz, Exilszeit, 278.

[826] Anders hingegen Rodney K. Duke, „Punishment or Restoration? Another Look at the Levites of Ezekiel 44.6–16", *JSOT* 40 (1988), 61–81, passim; Stevenson, Vision, 66–78.

entsprechend der Reinheit der kultisch Handelnden hergestellt, die in der jeweils erlaubten Nähe zum Zentrum ihre Entsprechung hat (s.o.)[827].

Map 3: Darüber hinaus wird ein System territorialer Unterscheidung (wiederum anhand der Dichotomie ‚heilig/profan') und Verteilung etabliert, in dem allen ihr topographischer Ort zugewiesen wird (Ez 45,1–8; 47,13–48,35). Bei der Landverteilung an die Stämme, denen schematisch jeweils ein zwar nicht gleich großer, jedoch ausreichend großer Streifen an Erbbesitz zugedacht wird, wird die Nordreich-Südreich-Unterscheidung einerseits zum Ausdruck gebracht, andererseits vom heiligen Zentrum aus nivelliert, indem der Juda-Streifen nördlich, der Benjamin-Streifen südlich des Zentrums zu liegen kommt. Der Tempel als ‚geschlossener' Ort JHWHs (vgl. Ez 44,1f und hierzu unten) liegt inmitten des Landbesitzes der zadokidischen Priester, darüber liegt der Landstreifen der Leviten (beide Ländereien gehören JHWH). Der Tempel ist also von heiligem Raum umgeben und geschützt. Die Stadt ist davon abgetrennt; sie ist „profan" (חל, 48,15), wird aber an späterer Stelle mit den 12 Toren im Sinne einer Tempelstruktur beschrieben (48,30–35). Das Land des Prinzen liegt weit entfernt an den Außenseiten der ganzen Konstruktion[828].

Map 4: Schließlich wird ein – einmal mehr auf der Unterscheidung ‚rein/unrein' aufbauendes – Ritualmodell festgeschrieben, um ‚ungebührliche' Vermischungen zu verhindern (Ez 46). Zu ihm gehört etwa, dass der Zugang zum und die Wege im Tempelareal für den Prinzen sowie die LaiInnen genau geregelt werden. Zudem wird festgelegt, dass sich beide nur für rein(e) kultische Zwecke im Tempelareal aufhalten dürfen[829].

Auf den ersten Blick scheinen die vorgestellten Grenzziehungen, Hierarchisierungen und Kategorisierungen allesamt darauf zu zielen, die in das utopische Heiligtum einziehende Gottheit Israels bzw. deren heiligen Namen vor einer Entweihung zu schützen, ja, eine solche für alle Zukunft zu verhindern. Bei genauerem Hinsehen gilt diese Schutzfunktion jedoch auch für das Volk und dessen (politisches) Oberhaupt, die vor der tödlichen ‚Verstrahlung' durch JHWH abgeschottet werden (müssen). Gleichwohl wird darüber reflektiert, wie das Land und die in ihm Wohnenden Anteil an JHWHs lebendigmachender Energie bekommen. Vornehm-

---

Beide gehen davon aus, dass hier nicht von einer Degradierung der Leviten die Rede sei, vielmehr gehe es um die (Wieder-)Zuweisung bestimmter Aufgaben an die Gruppe der Priester und die Gruppe der Leviten und zwar „in a manner that would make defilement of the holy place more difficult" (Duke, Punishment, 72).

[827] Vgl. Smith, Place, 62–65.
[828] Vgl. Smith, Place, 65–70.
[829] Vgl. Smith, Place, 70f.

lich geschieht dies in Ez 47,1–12, einer Textpassage, die Smith aufgrund einer „quite different ideological perspective that cannot be homologized to the other maps" von vornherein aus seinen Überlegungen ausklammert. Bei Ronald M. Hals heißt es zu diesen Versen über die heilende Tempelquelle:

> In contrast to a strong stress in preceding sections on protecting the people from the life-threatening dimension of Yahweh's holiness, the focus now turns abruptly to the life-enhancing dimension of what the temple has to set forth.

Der Kontakt der im Tempel gegenwärtigen Gottheit mit ihrem Land und Volk Israel bleibt auch in Ez 47,1–12 ein begrenzter, indirekter: Das heilende Wasser fließt unter der Schwelle des Tempelhauses hindurch in Richtung Osten. Der laut V1 zunächst in den Innenhof des Tempels geführte Prophet und die ihn begleitende Botengestalt müssen, so V2, einen Umweg durch das äußere Nordtor und entlang der oben erwähnten Mauer nehmen, um den weiteren Verlauf des Wassers erkunden zu können – das äußere Osttor wurde, nachdem Jhwh durch dieses Tor in den Tempel eingezogen war, dauerhaft verschlossen (Ez 44,1f). Ez 47,1–12 hebt diese Abgrenzungen nicht auf, sondern ruft sie durch den beschriebenen Umweg in Erinnerung. Unter Bewahrung der getroffenen Grenzziehungen wird aber gleichwohl eine von Jhwh ausgehende wunderbare Lebens(mittel)fülle ins Wort gebracht.

Ganz ähnlich ist es bei der bereits erwähnten ‚Mauer aus רוּחַ', die den Tempelkomplex umgibt (42,15–20): Als eine Art energetische Grenze zwischen „heilig und profan" schützt sie Gottheit und Menschheit voreinander, steht jedoch gleichzeitig dafür, dass Jhwh vom Ort seines Thrones aus in alle Himmelsrichtungen schöpferisch tätig ist.

Kalinda Rose Stevenson hat darüber hinaus darauf hingewiesen, dass der quadratische Altar, der in seiner Anlage mit dem quadratischen Allerheiligsten korreliert, das eigentliche Zentrum des gesamten, konzentrisch angelegten Systems aus Tempelhaus, „Abgabe" (תרומה, vgl. Ez 48,20) und Land bildet, und schreibt dazu:

> This focus on the Altar expresses the understanding that societal and cosmic well-being need more than the presence of YHWH. There is also need for the means of cleansing the society and cosmos from the effects of impurity. This is the function of the altar at the concentric center of the holy Place, the Portion, and the land[830].

---

[830] Stevenson, Vision, 41; vgl. auch Bark, Heiligtum, 146–150.

Die zweite Tempelvision räumt damit nicht allein den Möglichkeiten der
Auseinandersetzung mit und der Beseitigung von Schuld den zentralsten
Ort ein, sondern rückt, allem Trennenden zum Trotz, die (Re-)Etablie-
rung der Gemeinschaft zwischen Israels Gottheit und ihrem Volk in den
Mittelpunkt:

> Although the provisions for the offerings in 44:13–17 refer to atonement, it
> would be a misconception to say that these sacrifices are solely intended
> to atone for human sin. Even the sin offering ([חטאת]) does not, strictly
> speaking, atone; rather, it purifies the temple from impurities accruing to it
> because of human sin. Provision is made for the annual purification of the
> temple, and sin offerings are specified for the festivals, sabbaths, and new
> moons (but not for the daily offerings); thus it is obvious that sin will con-
> tinue to be a part of Israelite experience. The other offerings suggest other
> modes of divine and human interaction in sacrifice: the cereal and burnt
> offerings convey Israel's allegiance to Yahweh, while the offerings of well-
> being provide the occassion for rejoicing in Yahweh's presence. Altogether,
> these sacrifices signify the restoration of the relationship between Yahweh
> and people (43:27)[831].

Die Intention der beschriebenen territorialen Rhetorik der zweiten Tempelvision ist sowohl Stevenson als auch Bark zufolge „die Veränderung der
Gesellschaft Israels [...], und zwar durch die Art und Weise, in welcher
diese Vision räumlich organisiert ist"[832].

> Ezekiel 40–48 is the work of a visionary who changes the society of post-
> exilic Israel by changing access to space. The concern is not to provide a
> building plan for a building but to restructure the society from pre-exilic
> monarchy to a post-exilic temple society without a human king[833].

Bei diesem gesellschaftlichen Umbau würde es – der Anlage des Ezechielbuchs entsprechend – dann auch und vor allem darum gehen, eine
zukünftige Wiederholung der traumatischen Katastrophe von 587/86
v.u.Z. zu unterbinden. Zwar mag dieser Wunsch den in Ez 40–48 geschilderten Verhältnissen unterliegen – Bowen hat jedoch, m.E. sehr zu Recht,
darauf aufmerksam gemacht, dass

---

[831] Odell, Ezekiel, 516–518. Zur Etablierung von Sühne und Vergebung in priester(schrift)
lichen Texten als „notwendige Folge der Verarbeitung des Exils [...] und der Schuld, die
zu ihm führte" vgl. auch Crüsemann, Tora, 360–374 (Zitat a.a.O., 360).

[832] Bark, Heiligtum, 160.

[833] Stevenson, Vision, 160.

Ezekiel's imagined safe space does not offer a viable answer to the question of ‚what if the catastrophe happens again.' Absolute control and total perfection are unattainable, so they cannot prevent trauma from happening[834].

In diesem Sinne kann es, wie Liss betont, einen Tempel wie den in Ez 40–48 beschriebenen einzig im fiktionalen Text geben – der textweltliche Tempel trete, so schreibt sie, an die Stelle des außertextweltlichen:

> Only the ‚literary temple' guarantees that the place and its holiness will never be violated again. Only within literary fiction the difference between the holy and the profane, the clean and the unclean can be upheld in such a way that the *kābôd* can ‚reside among the people of Israel forever' (43:7). The literary account [...] replaces reality, taking place in the realm of history, by a reality in the realm of the text[835].

Warum aber wird hier ein Textraum entworfen, den es demzufolge in der außertextweltlichen Wirklichkeit gar nicht geben kann – oder soll? Auf diese Frage hat Bowen mit dem Stichwort „imagined safe place" einen interessanten Antwortimpuls gegeben, der im nächsten Unterabschitt weiterverfolgt werden soll.

9.5. *Ez 40–48 als Imagination eines „sicheren Ortes"*

Die zweite Tempelvision des Ezechielbuchs nämlich erinnert in Manchem an das Konzept des „sicheren Ortes", das in der Behandlung von Traumaopfern sowohl während der Stabilisierungsphase als auch im Rahmen der Trauma-Synthese eine herausragende Rolle spielt. Diese traumatherapeutische Übung, die wahrscheinlich von sehr alten kulturellen bzw. religiösen Heilpraktiken herrührt[836], zielt darauf, dass die Betroffenen Bilder eines Schutzraums entwickeln, der vor negativen Einflüssen sicher sowie für schädigende Personen unzugänglich ist und den sie imaginativ aufsuchen können, wenn sie erneut von Bildern und Empfindungen des Schreckens überfallen werden. An diesen Ort können außerdem *Innere Helfer* phantasiert werden, „liebevolle und unterstützende Wesen [...], die einen nie im Stich lassen und gute Ratgeber sind"[837]. Wichtig ist dabei, dass der „sichere Ort" kein realer ist, da ein realer Ort nie wirklich sicher sein kann,

---

[834] Bowen, Ezekiel, 270.

[835] Liss, Temple, 143.

[836] Vgl. Reddemann, Imagination, 12.42.

[837] Reddemann, Imagination, 46. Zum Ganzen vgl. auch a.a.O., 40–48, sowie Christian Stadler, „Von Sicheren Orten und Inneren Helfern. Elemente von Psychodramatherapie mit traumatisierten Menschen", *Zeitschrift für Psychodrama und Soziometrie* 1 (2002), 177–186, passim; Sachsse, Imaginationsübungen, 231–240.

und dass er wirklich absolut sicher ist – auf die den „sicheren Ort" umgebenden Grenzen wird deshalb oftmals besonderes Augenmerk gelegt[838]. Als hilfreiche Wesen sollen keine real existierenden Menschen vorgestellt werden – diese sind nie nur gut –, sondern Gestalten aus dem Reich der Märchen, Mythen und Legenden[839]. Ein wesentliches Ziel dieses Imaginationsverfahrens liegt in der Wiedererlangung des lebensnotwendigen (inneren) Sicherheitsgefühls, das durch das Trauma beeinträchtigt oder zerstört worden ist. Darüber hinaus geht es auch darum, den überfallartig auftauchenden Schreckensbildern aus der traumatischen Situation etwas entgegenzusetzen und dies als eine Wahl- und Handlungsoption zu erkennen, die aus dem ohnmächtigen Ausgeliefertsein an die erlittenen Gewaltszenarien herausführen kann. Ein weiteres Ziel besteht darin, (wieder) unterscheiden zu können zwischen ‚Nur-gut' und ‚Nur-schlecht', zwischen hilfreich und schädlich, zwischen Lebensförderlichem und Lebensbedrohlichem – und so der durch das Trauma bedingten Beschädigung dieser in früher Kindheit entwickelten Diskriminationsfähigkeit entgegenzuwirken. Man könnte diesbezüglich auch von der Re-Installierung von durch die erlittene Gewalt durcheinandergeratenen Kategorien sprechen, deren Existenz Voraussetzung für die Begegnung mit kontingenter Wirklichkeit ist.

Wie eine solche Imagination aussehen kann, zeigt der Psychotherapeut Klaus Krippner, der vor allem in schwierigen Therapiephasen etwa mit dem Imaginationsmotiv „Tempel der Stille" arbeitet. Die Imagination einer Patientin zu diesem Motiv gibt er wie folgt wieder:

> Ich sehe einen *Tempel* in einem Wassergarten, da steht der *Tempel mittendrin.* Ich muss ganz langsam *hineingehen,* um *alles wahrzunehmen.* Es gibt ganz viele *Bachläufe,* über *Steine* und *Stufen,* das *Wasser* ist *ganz sauber.* Ich bin ganz allein. In der *Mitte* steht ein *Tempel,* er sieht aus wie eine Pagode. Ich *schaue* mir *alles ganz genau* an. [...] Ich bin schon *im Inneren. Mittendrin* ist ein rundes Wasserbecken, aus dem in der *Mitte* ein gleichmäßig *feiner Strahl* läuft. Es sieht alles so festlich aus. Der Tempel sieht innen anders aus als außen. Es ist eher ein maurischer Tempel, aber auch mit europäischen Einflüssen. In der Mitte ist er offen und bildet einen *Innenhof.* Außenrum kann man schön laufen. Es ist alles leicht und offen. Der *Garten* erinnert an einen Klostergarten. Der Boden bildet ein florales Muster in Blau-, Grün- und Weißtönen, es passt alles sehr gut zusammen. *Da kann man bleiben,* es ist einfach nur schön. Ich habe mich auf eine Steinbank gesetzt und [mir] eine *Orange* geholt. [...] Das *Wasser* ist zum *Nicht-Sattsehen.* Alles zusammen,

---

[838] Vgl. Sachsse, Imaginationsübungen, 232–234; Kahn, Methode, 50.
[839] Vgl. Stadler, Elemente, 182; Sachsse, Imaginationsübungen, 238f; Kahn, Methode, 50.

das Wetter, die *Sonne* ist zum Verweilen schön. Da braucht sich nichts zu verändern. Da geht's mir gut[840].

M.E. lässt sich auch die zweite Tempelvision des Ezechielbuchs als Imagination eines „sicheren Ortes" lesen. Nicht nur die motivlichen Übereinstimmungen zwischen der Imagination der Patientin und Ez 40–48 sprechen dafür – auch, dass wir es hier mit einem Ort zu tun haben, den es so nur im (fiktionalen) Text geben kann, und dass dieser Ort – bis auf die Ich-Erzählfigur, die himmlische Botengestalt und JHWH – unbevölkert erscheint[841], lassen sich in diesem Sinne deuten. Hinzu kommt die Wiederherstellung von ‚zusammengebrochenen' kategorialen Differenzierungen (heilig/profan, rein/unrein, vgl. hierzu Ez 22,26; 44,23), die vor allem im Vergleich mit der Eröffnungsvision in Ez 1,4–28a in den Vordergrund tritt, sowie die ausgesprochene Betonung der Grenzen des Ortes bzw. einzelner Bereiche des Ortes sowie die Massivität dieser Grenzen. Fast gewinnt man den Eindruck, als seien strikte Grenzziehungen bzw. strikte Übergangsbestimmungen das eigentliche Thema der großen ezechielischen Schlussvision. Hierher passt, was in der Auslegung von Ez 40–48 immer wieder als ‚Gesetzlichkeit' gebrandmarkt wurde – als Struktur setzende und Halt gebende Ordnung, die vor dem plötzlichen Abgleiten in das traumatische Chaos bewahrt. Hierher passt auch der verwunderliche Umstand, dass das in Ez 40–42 ins Bild gesetzte Tempelareal innere und äußere Tore hat, die, wie Bowen festhält, an befestigte Stadttore erinnern:

> The inner gates are as imposing as the outer gates; they are also 25 by 50 cubits (40:28, 33, 36). First Kings 6 mentions no gates to the Temple. What Ezekiel describes, in contrast, are typical six-room structures found as *city* gates in Iron Age cities such as Hazor, Megiddo, and Gezer [...]. Militarily, walls and gates function defensively to protect the city's inhabitants by separating them from attacking enemies. [...] So why does the Temple area resemble a fortified city or gated community[842]?

Es bleibt allerdings zu berücksichtigen, dass wir es in Ez 40–48 nicht mit einer in therapeutischer Praxis angewandten, sondern mit einer erzählten

---

[840] Klaus Krippner, „Der geistig-spirituelle Aspekt in der Traumatherapie mit der KiP", in: U. Bahrke/W. Rosendahl (Hg.), *Psychotraumatologie und Katathym-imaginative Psychotherapie*, Lengerich 2001, 100–107, 104. Die Kursivierungen weisen auf Elemente hin, die ähnlich auch in Ez 40–48 vorhanden sind.

[841] Vgl. hierzu Liss, Temple, 137: „Apart from the prophet, only the ‚man' is on the mountain and at the places the prophet is brought to. There are no other human beings there, no guardians at the gates (the niches of the gate are empty), no priests in the courts, in the kitchens, at the altar … The house, the whole area is completely deserted: a ghost town."

[842] Bowen, Ezekiel, 242; vgl. auch Liss, Temple, 134f; Bark, Heiligtum, 150f.

Imagination zu tun haben, die Bestandteil des Plots des Ezechielbuchs und damit eines Stücks antiker Literatur ist. Des Weiteren handelt es sich um eine von priesterlicher Theologie geprägte Imagination, die sich zwar als ‚Schau' eines Individuums gibt, aber gleichwohl mit einem kollektiven, transgenerationalen Anspruch daherkommt. Dementsprechend geht die in Frage stehende biblische Textpassage nicht einfach in der vorgestellten traumatherapeutischen Konzeption auf, manches bleibt in dieser Hinsicht erklärungsbedürftig, außergewöhnlich.

Schwierig erscheint vor allem die Rolle Jhwhs. Anders als in den Klagepsalmen, wo, wie Frank Crüsemann formuliert hat, „Gott [...] als der sichere Ort, an den die Beter flüchten[843]" angesprochen wird, ist es dem Ezechielbuch zufolge die Gottheit Israels höchstselbst, die einen „sicheren Ort" nötig hat. Die Sicherheit Gottes (zu hören als *Genitivus subjectivus* [in/mit Sicherheit existierend] und als *Genitivus objectivus* [Sicherheit gebend]) nämlich ist es gerade, die dem Ezechielbuch im Zusammenhang der Gewalterfahrungen der Exilskatastrophe zutiefst fraglich geworden ist. Die zweite Tempelvision knüpft das Moment der Sicherheit deshalb nicht direkt an Jhwh selbst, sondern an die entworfene Architektur und Landschaft mit ihren diversen Grenzziehungen. Über diese wird – einerseits – Gott vor den Menschen geschützt. Andererseits aber werden auch die Menschen vor jener gewaltverstrickten Gottheit abgeschirmt, die das Ezechielbuch über weite Strecken gezeichnet hat.

In diesem Sinne lässt sich Ez 40–48 sowohl als Sicherheits-Imagination einer traumatisierten Gottheit als auch als Sicherheits-Imagination eines traumatisierten Kollektivs betrachten, wobei aber der Schutz vor den realen Tätern, dem babylonischen Heer, keine Rolle spielt. Vielmehr geht es darum, dass Jhwh (wieder) mit denen zusammenkommt, die er für die an seinem Trauma Schuldigen hält, und das Volk Israel (wieder) in der Nähe dessen leben kann, den es als denjenigen (an-)erkennen soll, der diese Katastrophe wirkmächtig über es gebracht hat (vgl. hierzu Ez 39,25–29; 43,7–11). Diese paradoxe Konstruktion ist theologisch notwendig, damit beide Seiten aneinander festhalten können; gleichzeitig ist sie für beide Seiten hochproblematisch, weil sie Jhwh als Gewalttäter zeichnet und dem Volk unerträglich große Schuld aufbürden muss. Es hat den Anschein, als reagiere die zweite Tempelvision auf diese theologischen Probleme, indem sie Bilder dafür entwirft, wie Land und Leute mit der lebensförderlichen göttlichen Energie in Berührung kommen können,

---

[843] Crüsemann, Gewalt, 265.

ohne mit Gottes lebensbedrohlichen Dimensionen konfrontiert zu werden (vgl. 42,15–20; 47,1–12 und hierzu oben), und indem sie vermittels
der (Opfer-)Bestimmungen für Alltags- und Festzeiten nicht nur Möglichkeiten der Auseinandersetzung mit und der Ausräumung von Schuld in
Szene setzt, sondern auf rituell vermittelte Möglichkeiten verweist, die
ersehnte Gemeinschaft mit Jhwh in der Gemeinschaft des Opfermahls
vorwegnehmend zu feiern (vgl. 43,18–27; 45,18–25; 46,4–7.11–15).

* * *

Doch auch wenn sich – und dass dies eine Option ist, dürfte deutlich
geworden sein – die zweite Tempelvision als Imagination eines „sicheren
Ortes" begreifen lässt – Zeichen für eine gelungene Trauma-Synthese ist
dies noch nicht. So notwendig Bilder der Sicherheit auf dem Weg zum
Heilwerden von einem Trauma sind: Als nur gute – und damit der kon-
tingenten Wirklichkeit widersprechende – *Gegen*bilder vermögen sie die
für das Moment der *reunification* wesentliche Vereinigung des Gegensätzlichen nicht zu leisten[844]. Und auch aus inhaltlichen Gründen mag es fraglich erscheinen, ob in Bezug auf Ez 40–48 von einer (fortgeschrittenen)
Integration des Traumas gesprochen werden kann. So schreibt Bowen mit
Bezug auf die gottesdienstlichen Bestimmungen in Ez 45,1–46,24:

> Sacrifices and offerings for sin, guilt, purification and atonement seem to
> result from hypervigilance, an increased state of watchfulness, which is sym-
> ptomatic of PTSD[845].

Dass das Unheil von 587/86 v.u.Z. in Ez 40–48 nur gelegentlich – und
meistens indirekt in seinen vermeintlichen Ursachen – Erwähnung findet
(vgl. z.B. Ez 40,1; 43,3.7–11; 44,6–13; 45,9; 46,18), ist ebenfalls kaum als Zeichen einer gelungenen Trauma-Synthese zu werten – kennzeichnend für
letztere wäre eher, dass die Katastrophe benannt werden kann, ohne dass
es zu (textlicher) Re-Traumatisierung kommt. An vielen Stellen bleibt das
visionär Geschaute untergründig von tiefgehender Unsicherheit geprägt.
Hinter der laut Liss immer wieder auszumachenden priesterlichen Angst

---

[844] Auch traumatherapeutisch gehört die Imagination des „sicheren Ortes" in die Stabilisierungsphase, welche der Trauma-Synthese vorausgeht und in aller Regel vorausgehen
muss, soll letztere überhaupt möglich werden. Vgl. hierzu auch Geißler, Trauma, 13f, wo
es heißt: „Allerdings können [...] das Anknüpfen an sichere Orte, Hilfsintrojekte und kon-
fliktfreie Situationen [...] nicht nur Ressourcenzustände des Patienten anregen, sondern
auch kompensatorische Rettungsfantasien verstärken, die letztlich aber an traumakom-
pensatorische Rettungsillusionen anschließen und somit im Dienste der Abwehr stehen."
[845] Bowen, Ezekiel, 257.

vor der Entwürdigung des Heiligen[846] etwa ist dabei unschwer die tiefsitzende Angst vor der Wiederkehr der Katastrophe zu erahnen – immer wieder schließlich wurde Ersteres im Verlauf der Ezechielerzählung als wesentlicher Grund für JHWHs zerstörerisches Wüten genannt. Die massive Präsenz des Rein-unrein-Paradigmas könnte zudem darauf schließen lassen, dass die mit dem Trauma verbundene (Selbst-)Stigmatisierung im Sinne eines Sich-Schuldig- oder Wertlos-Fühlens nach wie vor sehr prägend ist[847].

Regressiv mutet auch der Umgang mit der von der traumatischen Katastrophe von 587/86 v.u.Z. vorrangig betroffenen Größe, mit Jerusalem, an. Zwar erinnern die Lage der Stadt südlich eines hohen Berges und manches andere deutlich an die judäische Hauptstadt (vgl. 40,2) – „Jerusalem" wird aber, wie auch „Zion" in Ez 40–48 nicht mehr erwähnt, die imaginierte Stadt erhält in Ez 48,35 den (neuen) Namen „JHWH ist hier" (יהוה שׁמה). So bleibt letztlich offen, ob die in Ez 38–39 sich andeutende Transformation der Stadt ,tatsächlich' für möglich erachtet wird – vielleicht ist hier auch die implizite Aufforderung herauszulesen, das heillos verlorene Jerusalem endlich zu vergessen (vgl. Ps 137,5)[848]? Tuell hingegen deutet den Befund in einem Sinne, der gut zur Konzeption des „sicheren Ortes" passt, soll doch der in deren Rahmen imaginierte möglichst kein realer Ort sein:

> [H]ere as elsewhere in his prophecy, Ezekiel is cutting the imagery associated with Zion free from its historical and political referent in favor of the mythic image of Zion as Eden, the home of God[849].

---

[846] Vgl. Liss, Temple, 141–143.

[847] Vgl. hierzu Dorothea Erbele-Küster/Elke Tönges, „Art. Reinheit / Unreinheit", SgWB (2009), 471–475, 471f, wo es heißt: Der Begriff der Reinheit, der „nichts mit Hygiene [...] zu tun [hat]", „ist [...] in erster Instanz ein funktionaler Begriff zur Bewertung der Kultfähigkeit", „[s]ekundär diente er dann der Qualifizierung des moralischen Zustands". An anderer Stelle macht Dorothea Erbele-Küster darauf aufmerksam, dass nicht zuletzt im Ezechielbuch „Moral- und Reinheitsvorschriften" gelegentlich „Hand in Hand [gehen]" (dies., „Geschlecht und Kult. ,Rein' und ,Unrein' als genderrelevante Kategorien", in: Irmtraud Fischer u.a. [Hg.], *Tora* [Die Bibel und die Frauen: Eine exegetisch-kulturgeschichtliche Enzyklopädie 1.1], Stuttgart 2010, 347–374, 359, zum Ganzen vgl. a.a.O., 350–363). Zum Rein-unrein-Paradigma und dessen identitätsstiftender Funktion vgl. außerdem Rainer Kessler, „Identität und Fremdheit und das Rein-unrein-Paradigma", *EvTh* 68 (2008), 414–429, passim.

[848] Vgl. Galambush, Jerusalem, 147-157; Odell, Ezekiel, 525; Bowen, Ezekiel, 266.

[849] Steven S. Tuell, „The Rivers of Paradise: Ezekiel 47:1–12 and Genesis 2:10–14", in: William P. Brown/S. Dean McBride Jr. (Hg.), *God Who Creates* (*FS W. S. Towner*), Grand Rapids/Cambridge 2000, 171–189, 174. Vgl. auch Block, Ezekiel 25–48, 503f.

Bleibt das Ezechielbuch also letztlich beim Trauma stehen? Teils ja, teils nein. Denn trotz der genannten *regressiv* erscheinenden Elemente, die dem traumatischen Geschehen weitgehend verhaftet bleiben, lassen sich in Ez 40–48 auch zahlreiche *integrierende* bzw. *reunification*-Momente ausmachen, welche vor allem damit zusammenhängen, dass (neue) Möglichkeiten der Begegnung zwischen Jhwh und seinem Volk ins Leben gerufen werden.

Die Gesamtkonzeption beruht dabei allerdings, wie bei den genannten *regressiven* Aspekten erkennbar, auf der Annahme, dass Jhwh Täter bzw. Initiator des Unheils war – in Ez 40–48, wo die Nationen keine Erwähnung mehr finden, tritt dies noch deutlicher hervor als im Rest der Erzählung, wo sich die tatsächlichen Täter hin und wieder in den Vordergrund schieben. Unabhängig davon, für wie utopisch oder andersweltlich man das in den Schlusskapiteln des Ezechielbuchs Geschilderte halten mag – daran, wie die Beziehung zwischen der Gottheit Israels und ihrem Volk dargestellt wird, lässt sich deshalb ansatzweise ablesen, wie weit die Auseinandersetzung mit der Katastrophe, wie weit die Trauma-Synthese fortgeschritten ist. In Ez 40–48 sind diesbezüglich vor allem die folgenden Erzählelemente wesentlich:

1) Zwar bekommt Jhwh einen nahezu perfekt geschützten Raum zugeschrieben, er bleibt jedoch nicht vollkommen abgeschottet: Über eine ‚Mauer aus Geistkraft' (Ez 42,15–20) und über den vom Heiligtum ausgehenden Tempelfluss (Ez 47,1–12) wirkt er lebensförderlich in alle Welt hinaus, stellt Heilmittel für Pflanzen, Tiere und Menschen zur Verfügung. Im Hinblick auf diese beiden Textpassagen kann ohne Weiteres von einer – laut Granofsky für das Strukturelement der *reunification* wesentlichen – Versöhnung des Gegensätzlichen gesprochen werden. Ansonsten scheint es, zumindest auf den ersten Blick, in Ez 40–48 immer wieder darum zu gehen, Göttliches und Menschliches bzw. Weltliches voneinander zu separieren, um nur nicht Jhwhs Heiligkeit zu verletzen. *Letztlich* aber zielt auch dies auf Vergemeinschaftung, ist als Antwortversuch auf die Frage, wie Gott ein Ort der Welt, wie die Welt ein Ort Gottes sein kann[850], zu begreifen.

---

[850] Zu diesen Formulierungen vgl. die in BerR LXVIII wiedergegebene rabbinische Diskussion zu Gen 28,11 sowie Magdalene L. Frettlöh, „Trinitarische Wohngemeinschaft. Ha-maqom – die geräumige Gottheit", in: dies., *Gott, wo bist Du? Kirchlich-theologische Alltagskost*, Band 2 (Erev-Rav-Hefte: Biblische Erkundungen 11), Wittingen 2009, 79–97, 85–89.

2) Die Gabe der „Tora des (Tempel-)Hauses" (Ez 43,12–46,18) und der
Weisungen über die Grenzen des Landes und dessen Verteilung an die
Stämme (Ez 47,13–48,29) dienen nicht nur der Bewahrung der inszenierten „Architektonik des Heiligen"[851] mit ihrer Ordnungsstruktur,
sondern zielen zugleich darauf, das Gottesvolk zu einem lebensförderlichen Handeln zu bewegen (*empowerment*, vgl. Ez 18; 33,10–20). Die
aktuellen Bestimmungen wiederholen dabei nicht einfach die vorexili-
sche Ordnung – vermittels des einzigen Gesetzeskorpus außerhalb des
Pentateuch[852] wird vielmehr ein neues Wertesystem etabliert:

> One might think of Ezekiel conceiving this restoration as a recapitulation of
> the preexilic order. But that would be far from the mark. The temple is con-
> ceived according to a new torah, ‚the torah of the temple' (Ezek 43:12)[853].

Rückblickend zeigt die Notwendigkeit dieser Neuorientierung gleichsam noch einmal die Heftigkeit der Erschütterung *vormals* in Geltung
stehender Grundüberzeugungen durch die traumatische Katastrophe
an. Dass Selbst-, Welt- und Gottesverständnis nun – u.a. durch die
Gabe von neuer Weisung (bzw. die neue Gabe von Weisung) – reor-
ganisiert und restituiert werden können, ist umgekehrt ein Hinweis
darauf, dass die Traumata von 598/97 und 587/86 v.u.Z. bereits eine
weitergehende Integration erfahren haben.

3) Es geht nicht einfach darum, sich imaginativ an einen Ort zu versetzen,
an dem alles gut ist (darum geht es *auch*), sondern darum, den so vorgestellten Raum imaginativ zu gestalten – als eine Art theo-politisches
Gemeinwesen. Besonderes Gewicht wird dabei auf die Führungskräfte
des Gemeinwesens, die Priester und den Fürsten, gelegt. Sie, die nach
Meinung des Ezechielbuchs im Vorfeld der Katastrophe in ihren Funktionen versagt haben (vgl. vor allem Ez 7,26f; 22,26 [Priester]; 17; 19;
22,6.27; 34,1–10 [Fürst]), bekommen neu Verantwortung zugewiesen
(vgl. vor allem Ez 44,23f [Priester]; 45,9f [Fürst]), wobei die Macht des
Fürsten im Vergleich zu den realen Machtverhältnissen der vorexili-

---

[851] Vgl. hierzu den vollständigen Titel der Monographie von Konkel (ders., Architektonik).

[852] Vgl. hierzu auch Rita Levitt Kohn, „‚With a Mighty Hand and an Outstretched Arm':
The Prophet and the Torah in Ezekiel 20", in: Stephen L. Cook/Corrine L. Patton (Hg.),
Ezekiel's Hierarchical World: Wrestling With a Tiered Reality (SBL.SS 31), Atlanta 2004, 159–
168, 166: „Ezek 40–48 is the only body of legislation in the Hebrew Bible not placed in the
mouth of Moses."

[853] David L. Petersen, „Creation and Hierarchy in Ezekiel: Methodological Perspectives
and Theological Prospects", in: Stephen L. Cook/Corrine L. Patton (Hg.), *Ezekiel's Hierarchical World: Wrestling With a Tiered Reality* (SBL.SS 31), Atlanta 2004, 169–178, 176.

schen Zeit deutlich eingeschränkt wird[854]. Dem „Volk des Landes" (עַם הָאָרֶץ), d.h. den „freien und grundbesitzenden, rechts-, kult- und wehrfähigen Vollbürger[n]"[855], denen in Ez 22,29 gewalttätiges Handeln an den wirtschaftlich Schwachen vorgeworfen wird, wird in Ez 40–48 nur die Aufgabe der Anbetung Jhwhs zugedacht (vgl. Ez 46,3.9). Einzig die Gruppe der ProphetInnen, die – mit Ausnahme des exemplarischen Propheten Ezechiel – im Vorfeld ebenfalls eine völlig negative Bewertung erfährt (vgl. Ez 13; 22,25.28), findet, wohl in Reaktion auf die imaginierte Heils*wirklichkeit*, in Ez 40–48 keine Erwähnung mehr. Ezechiel selbst bleibt freilich bis Ez 47,12 präsent – als idealer Prophet *und* als idealer Priester, der er, „Sohn des Priesters Busi" (Ez 1,3) in seiner großen Abschlussvision paradoxerweise doch noch werden kann/ könnte: „He cannot sacrifice, but he ends up in the place of the high priest."[856]. Sowohl für die Ich-Erzählfigur als auch für diejenigen, die sich im Hören bzw. Lesen an den ausgemalten *u-topos* begeben, eröffnen sich damit vielfältige – mitunter überraschende – Gestaltungsspielräume. Das Empfinden von Ohnmächtigkeit und Erstarrung, das zur traumatischen Symptomsprache gehört, wird darin – literarisch – überwunden.

4) Indem die zweite Tempelvision in Vielem als Gegenbild zur ersten Tempelvision des Ezechielbuchs entworfen wird, wird die (u.a.) in Ez 8–11 geschilderte traumatische Katastrophe nicht einfach verdrängt, sondern mitgenommen. In der ‚Rückkehr' Jhwhs aus Richtung Osten (Ez 43,1–5) etwa bleibt Jhwhs Auszug aus dem Jerusalemer Heiligtum (10,18–22; 11,22f) gegenwärtig[857]. Über die in Ez 47,6 noch einmal gestellte Frage „Hast du gesehen, Mensch?" (8,12.14.17) werden die ‚Tempelgräuel' noch einmal aufgerufen, die vormals den göttlichen Zorn heraufbeschworen haben, gleichzeitig wird in den jeweiligen Anschauungen die Transformation vom tödlichen Chaosraum zum Schöpfungsraum manifest[858]. In manchen Punkten findet gar noch eine weitergehende Integration statt: So wird etwa das nach Ez 8,5–17 furchtbarste dieser Gräuel, die Anbetung der Sonne, darin aufgehoben,

---

[854] Vgl. Albertz, Exilszeit, 276–282.

[855] Kessler, Staat, 110.

[856] Patton, Priest, 89. Vgl. auch Daschke, Loss, 130.

[857] Die Formulierung „um zu zerstören" (לְשַׁחֵת, 43,3) weist zudem explizit „zurück auf 9,8, wo der Prophet das Gerichtsgeschehen in einem Aufschrei als Zerstörung des Restes Israels interpretiert" (Konkel, Architektonik, 76).

[858] Vgl. Odell, Ezekiel, 520.

dass nun Jhwh selbst Züge einer Sonnengottheit annimmt (43,2)[859].
Das „Blutvergießen", das Jerusalem immer wieder vorgeworfen wird
(vgl. z.B. 9,9), das es zur „Blutstadt" (vgl. z.B. 24,6.9) gemacht und mit
der Katastrophe von 587/86 v.u.Z. selbst getroffen hat (vgl. z.B. 5,17;
16,38), wird nicht einfach dem Vergessen anheimgestellt – es bleibt in
den mit Blut zu vollziehenden Restituierungs-Ritualen am utopischen
Tempel präsent (vgl. 43,18.20; 45,19)[860]. Vielleicht ist in diesen Ritualen
gar eine Möglichkeit kollektiven Gedenkens an die Opfer von Krieg
und Gewalt(herrschaft) angelegt.

5) Das Ezechielbuch, wie ideal auch immer seine große Schlussvision
erscheinen mag, weiß darum, dass nicht alles geheilt wird, dass Jhwh
nicht einfach alles heil macht – dass es aber die Möglichkeit gibt,
dass Unheiles, Zerstörtes, Verwundetes transformiert und/oder anders
betrachtet werden kann. Erstaunlicherweise ist es die (besonders utopisch anmutende) Erzählpassage vom Tempelfluss (Ez 47,1–12), in der
dieser Aspekt explizit zum Ausdruck kommt. Während die Botengestalt, die dem Propheten das von ihm Geschaute verbal erläutert
(V8–12), zunächst auf die unglaubliche Lebens- und Heilungspotenz
des vom Tempel ausgehenden Wassers abhebt (V8–10), geht sie in V11
auf das Unheilbare ein:

> (Ez 47) [11]Seine sumpfigen Stellen und seine Tümpel jedoch werden nicht
> geheilt werden. Sie sind zur Salzgewinnung bestimmt[861].

Traumatologisch gesprochen kommt hier die Einsicht zum Tragen,
dass eine endgültige Auflösung des Traumas ebenso wenig möglich
ist wie eine vollständige Genesung. Ein ganz wesentlicher Schritt zum
Heilwerden ist allerdings getan, wenn es gelingt, „das Trauma in ein
neu aufgebautes, eigenes Wertesystem zu integrieren"[862] – doch bleibt
solche Integration ein lebenslanger Prozess, der vor Einbrüchen nicht
gefeit ist. Auch darum scheint das Ezechielbuch implizit zu wissen,
schreibt es doch dem sicheren u-topos eine dauerhaft heilkräftige Flora
zu (47,12): Das Laub der Bäume zu beiden Seiten des Tempelflusses

---

[859] Vgl. Konkel, Architektonik, 264f.

[860] Vgl. hierzu auch Galambush, Jerusalem, 152: „Blood, which so defiled the interior of
the female ‚temple,' is also present within the new temple, but now only its life-bearing
power is operative, and that under the control of Yahweh's priests."

[861] Salz (מלח) wiederum spielt sowohl gesundheitlich als auch im Kult (Ez 43,24) eine
wesentliche Rolle. Vgl. hierzu auch Hermann Eising, „Art. מלח", ThWAT IV (1984), 911–913,
passim.

[862] Herman, Narben, 305. Zum Ganzen vgl. a.a.O., 303–306.

„wird nicht welken, und ihre Früchte werden kein Ende nehmen, jeden Monat werden sie erste Früchte tragen [...], und ihre Früchte werden als Speise dienen und ihre Blätter als Heilmittel". Kaum zufällig ist der Blick auf diese Bäume die letzte persönliche Wahrnehmung, welche die Ich-Erzählfigur Ezechiel schildert (vgl. 47,7) – ein Blick, der sich damit auch den RezipientInnen des Buches eröffnet, freilich erst, nachdem sie sich mit dem Propheten durch eine Unzahl von Schreckenszenarien ,hindurchgeschaut' haben. Der letzte Blick des Buches – und dies könnte man als eine Art Lesefrucht aus dessen Lektüre bezeichnen – richtet sich auf Heilsames und weiß doch zugleich darum, dass noch längst nicht alles heil (geworden) ist.

KAPITEL SIEBEN

SCHLUSSBETRACHTUNG: DAS EZECHIELBUCH IN TRAUMA-T(HE)OLOGISCHER PERSPEKTIVE

Vermittels der durchgeführten Untersuchungen hoffe ich gezeigt zu haben, dass sich das Ezechielbuch mit guten Gründen als Trauma-Literatur lesen lässt, und dass diese Lesart nicht nur das ein oder andere Verstehensproblem zu lösen, sondern mitunter auch neuen Sinn aus der Ezechielerzählung zu bergen vermag. Im Folgenden geht es mir nicht allein darum, die Ergebnisse meiner Studie zusammenzufassen. Vielmehr sollen auch die Charakteristika der *biblischen* Trauma-Literatur ‚Ezechielbuch' und der spezifisch *theologische* Gehalt, wie er sich aus meiner Herangehensweise an die Ezechielerzählung ergibt, pointiert zur Sprache gebracht werden. Im Wesentlichen orientiere ich mich dabei an den in Kap. Drei vorgestellten traumatheoretischen Grundlagen in ihren unterschiedlichen Facetten.

Abschnitt A. beleuchtet zunächst die Präsenz der individuellen Trauma-Phänomenologie im Ezechielbuch, wohingegen in Abschnitt B. die in ihm zur Sprache kommenden kollektiven Trauma-Phänomene in den Blick genommen werden. Unter Bezugnahme auf den im Kontext des *literary trauma theory* wesentlichen Begriff des Zeugnisses widmet sich Abschnitt C. der Frage, inwiefern die Ezechielerzählung fiktionale und geschichtlich relevante Literatur *zugleich* sein kann. In Abschnitt D. greife ich noch einmal auf die in der Einleitung dieser Studie benannten Befremdlichkeiten des Buches zurück, wobei ein besonderes Augenmerk auf die Gewaltverstrickheit Gottes gelegt wird.

A. Die Präsenz der Phänomenologie des individuellen Traumas im Ezechielbuch

Orientiert man sich an der in Kap. Drei, A., 3.4. vorgestellten Kriteriologie des Komplexen Psychotraumatischen Belastungssyndroms, so fällt auf, dass nahezu alle von Judith Herman aufgeführten Elemente im Ezechielbuch präsent sind, mitunter sogar tragende Rollen spielen. Ein Durchgang durch die zugrunde gelegten Kriterien bzw. Symptomgruppen verdeutlicht dies:

1) *Unterworfensein unter totalitäre Kontrolle über einen längeren Zeitraum*: Die das Ezechielbuch nach eigener Aussage prägenden
   geschichtlichen Ereignisse sind die Belagerung, Eroberung und Zerstörung Jerusalems in den Jahren 589/88–587/86 v.u.Z. auf der einen,
   die Zwangsumsiedlung(en) von Kriegsgefangenen und deren Leben-
   Müssen im Exil nach 598/97 v.u.Z. auf der anderen Seite. Beide Ereig-
   niskomplexe dürften – dies ist unschwer vorstellbar – für die von
   ihnen betroffenen JudäerInnen bzw. JerusalemerInnen ein längerfristi-
   ges Unterworfensein unter die gewaltvolle Reglementierung durch das
   babylonische Militär- bzw. Herrschaftssystem bedeutet haben. Sowohl
   der antiken Belagerungskriegs- als auch der antiken Massendeportati-
   ons-Praxis wohnt, dies wurde in Kap. Vier, B. dieser Studie ausführlich
   dargelegt, ein erhebliches traumatogenes Potential inne.

2) *Veränderungen der Affektregulation*: Das Thema Affektregulation
   kommt im Ezechielbuch auf unterschiedliche Weise zum Tragen.
   Besonders augenfällig ist die erstaunliche Emotionalität JHWHs, die
   sich u.a. im (nicht länger unterdrückbaren) Zorn der Gottheit Ausdruck verschafft (vgl. z.B. Ez 5,13; 24,13f). „Zorn" und „Vergeltung"
   JHWHs erscheinen im Ezechielbuch deutlich stärker affektgeladen als
   in anderen biblischen Büchern[1]. Weil – so erzählt es Ez 20,25f – JHWH
   an seinem auserwählten Volk, das ihm die (An-)Erkenntnis immer
   wieder verweigert hat, abgrundtief verzweifelte, ging er sogar so weit,
   den Seinen tödliche Weisungen vorzuschreiben[2].

   Auch auf Seiten Israels lassen sich überbordende, unkontrollierbar
   erscheinende Affekte beobachten – etwa das als ‚zwanghaft' und ‚uner-
   sättlich' gezeichnete sexuelle Begehren der Stadtfrau Jerusalem[3] ist
   hier zu nennen. Hinzu kommen das selbstverletzende Verhalten der
   metaphorischen Stadtfrau, wie es in Ez 23,34 von JHWH angekündigt
   wird, sowie die in Ez 5,1 und Ez 21,13–22 sich andeutenden Selbstver-
   letzungstendenzen des Propheten, der Opfer und Täter gleichermaßen verkörpert[4]. In einigen der dem Haus Israel in den Mund gelegten
   Zitate kommt darüber hinaus eine depressiv bis apathisch anmutende
   Stimmungslage zum Ausdruck[5].

---

[1] Vgl. oben Kap. Sechs, E., 5. Vertiefung.
[2] Vgl. oben Kap. Fünf, B., 4.
[3] Vgl. Ez 16 und 23 und hierzu oben Kap. Sechs, C., 2. Vertiefung und D., 4. Vertiefung.
[4] Vgl. oben Kap. Sechs, D., 3. Vertiefung.
[5] Vgl. Ez 18,2; 33,10; 37,11 und hierzu oben Kap. Sechs, C., L. und N., 7. Vertiefung.

3) *Bewusstseinsveränderungen*: Insbesondere einige derjenigen Erzählpassagen des Ezechielbuchs, die gemeinhin der Kategorie ‚prophetischer Visionsbericht' zugeordnet werden, lassen sich aus traumatologischer Perspektive als Widerspiegelungen des plötzlichen *Überfallenwerdens mit Schreckensbildern* lesen (vgl. z.B. Ez 1,4–28a; 8–11; 21,13–22; 37,1f)[6]. *Dissoziative Momente* deuten sich, wie in Kap. Sechs, D., 4. Vertiefung dargelegt, in der Becherszene in Ez 23,31–34 an. ‚Spaltendes' kommt darüber hinaus auch dort zum Ausdruck, wo der Blick der Erzählfiguren plötzlich wechselt – etwa, wenn Ezechiel nicht länger auf das Massaker an den EinwohnerInnen Jerusalems schaut, sondern unvermittelt den göttlichen Thron(-Wagen) in Augenschein nimmt (Ez 9–10). Die wesentliche Frage, ob in der Stadt jemand von dem ‚Gerichtskommando' (9,1f) verschont bleibt bzw. der Verschonung für Wert befunden wird (vgl. 9,4–6), bleibt so unbeantwortet[7]. Einen plötzlichen Perspektivenwechsel nimmt aber auch Jhwh selbst an der Wende vom 24. zum 25. Kap. des Ezechielbuchs und damit in dem Moment vor, in dem sich die Belagerung, Eroberung und Zerstörung Jerusalems erzählerisch zu realisieren beginnt (Ez 24,1f) – einmal noch kündigt er das Ende der judäischen Hauptstadt in dem besonders grausigen Sprachbild des mitsamt der enthaltenen Fleischmahlzeit verbrannten Kochkessels an (Ez 24,3–13), dann aber nimmt er nicht länger ‚seine' Stadt, sondern die umgebenden Völkerschaften ins Visier (Ez 25–32)[8]. Man könnte dies dahingehend lesen, dass Jhwh selbst die Jerusalem zugefügte Zerstörung *in ihrer Tatsächlichkeit* nicht auszuhalten vermag (oder ist es Ezechiel, der als Ich-Erzählfigur für die Auswahl der in die Ezechielerzählung integrierten [Wort-]Ereignisse verantwortlich zeichnet?) – jedenfalls wird das Ende Jerusalems so nur indirekt erzählt: es wird, wieder und wieder, antizipiert (Ez 4–24), und, im Nachhinein, als Faktum festgehalten (Ez 33,21f).

Gleichwohl kreist das Buch nahezu ausschließlich um die Zerstörung der judäischen Hauptstadt. Die Kapitel Ez 1–24 lassen sich als geradezu permanente *Wiederholung* des Endes Jerusalems in immer neuen, stetig heftiger werdenden Sprachbildern begreifen und beschreiben[9]. Auch die sog. Fremdvölkersprüche in Ez 25–32, welche die Erzählung von der Tatsächlichkeit der Zerstörung des Zion ‚ersetzen', bleiben der

---

[6] Vgl. oben Kap. Sechs, A., C. und D., 3. Vertiefung.
[7] Vgl. oben Kap. Sechs, C.
[8] Vgl. oben Kap. Sechs, E.
[9] Vgl. oben Kap. Sechs, A. bis D.

Wiederholung des traumatischen Geschehens verhaftet, indem nun den Juda umgebenden Nationen mitunter sogar wortwörtlich angekündigt wird, was Jerusalem der Logik des Plots entsprechend während der in diesen Kapiteln erzählten Zeit widerfährt[10]. Und auch in den heilvolleren Kapiteln ab Ez 33 bricht die traumatische Katastrophe – sei es als eigene, sei es als fremde – noch einige Male wiederholend ein[11].

4) *Veränderungen der Selbstwahrnehmung*: Mehrfach schildert das Ezechielbuch *Hilflosigkeit und Handlungsunfähigkeit* als unmittelbare Reaktionen derjenigen, auf die die Katastrophe der Belagerung und Zerstörung Jerusalems unaufhaltsam zurollt[12]. Der das Schicksal des Hauses Israel am eigenen Leibe vor- und nachvollziehende Prophet wird von traumatischer Schreckensstarre, von Sprachlosigkeit und Gebundensein getroffen. Über weite Strecken erscheint er passiv, hilflos an Gottes Handeln mit und an ihm ausgeliefert – er *erleidet* seine Geschichte, die für die Geschichte seiner VolksgenossInnen steht[13]. Auch die im Exil Lebenden werden als ohnmächtig, verloren und lebendig-tot geschildert, wie etwa die ihnen in Ez 33,10 von JHWH in den Mund gelegte Selbstbeschreibung zeigt: „Ja, unsere Verfehlungen haben uns eingeholt, in ihnen verlieren wir uns – wie sollten wir lebendig bleiben?" (vgl. auch Ez 4,17; 37,11). Das in Ez 18,2 wiedergegebene Sprichwort „Die Eltern essen saure Trauben, und den Kindern werden die Zähne stumpf" zielt ebenfalls (zumindest auch) auf Gefühle der Ohnmacht und der Handlungsunfähigkeit oder die Empfindung, keinen Einfluss auf die eigene Lebensgestaltung zu haben[14]. Zu nennen ist in diesem Zusammenhang des Weiteren die paradox anmutende Idealisierung traumatischer Passivität, wie sie für Ez 16 festgehalten wurde[15].

Nach Meinung des Ezechielbuchs ist die anders nicht mehr zu tilgende *Schuld* des Hauses Israel der wesentliche Auslöser für das Kommen der Exilskatastrophe bzw. dafür, dass JHWH die Exilskatastrophe über die Seinen gebracht hat – die Schuld Israels dient dementsprechend als Begründung bzw. als Rechtfertigung der Bestrafung durch

---

[10] Vgl. oben Kap. Sechs, E. bis L.

[11] Vgl. Ez 33,23–29; 35,1–15; 38–39 und hierzu oben Kap. Sechs, N.

[12] Vgl. z.B. Ez 7,13–18; 21,11f und hierzu oben Kap. Fünf, B., 3. und Kap. Sechs, D., 3. Vertiefung.

[13] Vgl. oben Kap. Sechs, A., 1. Vertiefung.

[14] Vgl. oben Kap. Sechs, C.

[15] Vgl. oben Kap. Sechs, C., 2. Vertiefung.

Gott. So einfach bleibt es indes nicht – bei näherem Hinsehen erweist sich der ezechielische Schulddiskurs als ausgesprochen widersprüchlich: An manchen Stellen wird Israels Schuld generalisiert und groß gemacht, so dass sie dem Ausmaß der Katastrophe entspricht (vgl. z.B. Ez 7,2–4.5–9; 20,7f). An anderer Stelle hingegen heißt es, dass das Schwert JHWHs Ungerechte *und* Gerechte vernichten wird (bzw. vernichtet hat) (Ez 21,6–12; vgl. auch 21,1–5) – hier kommt das Wissen darum zum Ausdruck, dass es *unschuldige* Opfer gegeben hat[16].

In Ez 16 wird Jerusalems (schuldhaftes) Versagen auf ihre ‚schlechte‘ Herkunft zurückgeführt, hinzu kommt das initiale Trauma der Aussetzung, von dem sie sich, trotz aller Bemühungen JHWHs, nie ganz erholen konnte – ein Stück weit wird Jerusalem damit aus der Verantwortung genommen. Anders in dem in mancher Hinsicht ähnlichen Kap. 23: Für das dort berichtete initiale Trauma, die sexuellen Übergriffe der Ägypter auf die Stadt-Schwestern Ohola und Oholiba, werden – eine typische *blaming-the-victim*-Strategie – die Opfer selbst verantwortlich gemacht[17].

An anderen Stellen des Buches wiederum findet sich eine durchaus differenzierte Sozialkritik, in der zum Teil auch einzelne Gruppen der Führungsschicht auf ihre unterschiedlichen Verantwortlichkeiten angesprochen werden (vgl. z.B. Ez 11,1–13; 18; 22,1–16.23–31; 34). Ez 21 erzählt von JHWHs unermesslichem Zorn auf den „Fürsten Israels" (vgl. vor allem V30–32) bei gleichzeitig vorsichtig sich andeutender Solidarität mit seinem ‚Eigentumsvolk‘ (vgl. V17)[18].

Unterschieden wird an manchen Stellen auch zwischen der ‚Sündhaftigkeit‘ der ersten *Gola* und der der 598/97 und 587/86 v.u.Z. in Juda/Jerusalem Zurückgebliebenen – die 598/97 v.u.Z. Deportierten werden gelegentlich etwas milder beurteilt (vgl. z.B. Ez 11,14–21; 14,22f; 33,24–29), wobei diese Differenzierung gegen Ende der Erzählung allerdings an Bedeutung verliert. In anderen Zusammenhängen bricht sich hingegen etwas Bahn, was man aufgrund der Durchmischung von Schuld-, Todesnähe- und Ausweglosigkeitsaussagen im Sinne von *Überlebensschuld* auf Seiten der Exilsgemeinschaft interpretieren kann (vgl. Ez 4,17; 7,16; 18,2; 33,10; 37,11).

---

[16] Vgl. auch Ez 9,6, wo [die] Kriegsopfer aus der Zivilbevölkerung genannt werden, und oben Kap. Fünf, B., 3. und Kap. Sechs, D., 4. Vertiefung.

[17] Vgl. oben Kap. Sechs, C., 2. Vertiefung und D., 4. Vertiefung.

[18] Vgl. oben Kap. Sechs, C., 3. Vertiefung.

Insgesamt spiegelt das Ezechielbuch ein Doppeltes wider: Ein traumatisches, fast irrational zu nennendes Schuldempfinden auf der einen, ein differenzierte(re)s, am Maßstab der Tora Jhwhs orientiertes Nachdenken über Schuld und Verantwortung vor allem der gesellschaftlichen Eliten auf der anderen Seite. Ersteres erscheint dominanter und lässt sich mit dem bei Trauma-Überlebenden häufig anzutreffenden Phänomen in Verbindung bringen, dass es erträglicher ist, sich in Bezug auf das Erlittene schuldig zu fühlen (und sich damit einen letzten Rest Selbsttätigkeit zu bewahren), als ohnmächtig ausgeliefert (gewesen) zu sein.

Im Sinne eines versprachlichten *Wertlosigkeits- oder Stigmatisierungsempfindens* lässt sich die im Ezechielbuch besonders prominente Rede von Reinheit und Unreinheit deuten, die starke moralische Beiklänge hat[19]. Auch die Verheißungen, dass Jhwh die zurückkehrenden Kriegsgefangenen mit reinem Wasser waschen und an Herz und Geist ,operieren' wird, damit ihnen die Neuorientierung an der göttlichen Weisung allererst möglich wird (Ez 11,19f; 36,25–27), können in diese Richtung gelesen werden.

Die Themen *Scham und Beschämung* sind, wie oben in Kap. Sechs, N., 6. Vertiefung dargestellt, im Ezechielbuch ebenfalls recht prominent. Mehrfach ist davon die Rede, dass das Haus Israel sich (zukünftig) angesichts der eigenen Taten schämen wird (vgl. z.B. Ez 16,59–63; 36,31f; 43,10–12), was auf die Ausbildung einer an der göttlichen Weisung orientierten Gewissens-Scham zielen könnte. Voraussetzung hierfür ist nicht allein die Wiederherstellung Israels und der Bundesbeziehung zwischen Jhwh und seinem Volk, sondern auch das Aufhören demütigender Schamformen, vor allem der traumatischen Scham, der das Haus Israel durch Jhwh bzw. durch die (von Jhwh beauftragten) Nationen ausgesetzt war. In diesem Sinne kündigt die – auch in dieser Hinsicht sich entwickelnde – Gottheit Israels gegen Ende der Erzählung mehrfach an, dass Israels Beschämung durch die Nationen ein Ende finden wird (vgl. Ez 34,29; 36,4–7.15), und manchen Nationen sagt sie den Untergang gerade deshalb an, weil sie Israel (und damit auch Jhwh selbst) angesichts der Katastrophe beschämt oder verhöhnt haben (vgl. Ez 25,1–26,6; 28,24–26; 35).

5) *Veränderungen in der Wahrnehmung des Täters*: In der Frage nach dem Täter tritt die Besonderheit des Ezechielbuchs als biblisch-theologischer

---

[19] Vgl. oben Kap. Sechs, O.

Trauma-Literatur besonders prominent hervor. Die gesamte Erzählung ist ein einziges Plädoyer dafür, Jhwh als Urheber der traumatischen Katastrophe von 587/86 v.u.Z. anzuerkennen. Wiederholt wird deutlich gemacht, dass Nebukadnezar nur Werkzeug in der Hand der Gottheit Israels ist (vgl. z.B. Ez 29,17–20). *Eigentlich* verantwortlich für die Katastrophe, *eigentlicher* Täter ist nach Darstellung des Buches nicht der babylonische Herrscher, sondern Jhwh. *Diesen* Täter soll das Haus Israel nach Meinung des Ezechielbuchs ‚schlucken', *ihn* soll es in Emotionen, Gedanken und Taten verstehen und nach *seiner* Weisung das eigene Leben gestalten lernen. Was in Bezug auf den wirklichen Täter/die wirkliche Täterin im traumatischen Prozess nicht selten geschieht, dass nämlich der Täter/die Täterin sich in das Innenleben des Opfers ‚einschleust', es totalitär besetzt hält und bestimmt (*Täterintrojekt*), wird hier als von den (idealen) RezipientInnen zu internalisierende Botschaft vor Augen gestellt! Der menschliche Täter, die babylonische Weltmacht, wird dadurch entmachtet; umgekehrt wird ein machtvoller göttlicher Täter ‚kreiert', den die RezipientInnen des Buches unbedingt als solchen begreifen sollen. Vermittels dieser Diskursstrategie wird der fremde, unberechenbare weltliche Täter durch einen ‚eigentlich' vertrauten, nicht willkürlichen (vgl. Ez 18,25.29; 33,17.20) ersetzt – hat man es mit Jhwh als Täter zu tun, wird man künftige Katastrophen dadurch verhindern können, dass man gemäß der göttlichen Weisung lebt. Es geht aber um noch mehr: (Nur) dadurch, dass die Gottheit Israels im Bild der Täterin gezeichnet wird, ist es möglich, angesichts der traumatischen Katastrophe an ihr festzuhalten – wäre das Ende Jerusalems ohne ihr Zutun gekommen, wäre sie damit als nicht (länger) existent bzw. als gegenüber den Babyloniern ohnmächtig erwiesen. Dass beides nicht der Fall ist, macht die Ezechielerzählung schließlich noch einmal positiv explizit, indem sie in einer letzten Re-Inszenierung des Traumas Jhwhs ‚kurzen Prozess' mit dem in mythologischer Einkleidung daherkommenden Repräsentanten Babylons imaginiert (Ez 38–39)[20].

Über die soeben beschriebene Strategie, Jhwh als machtvollen Täter auszumalen, schafft das Ezechielbuch darüber hinaus (fiktionale) Räume für *Rache und Vergebung*: Dadurch, dass Jhwh in die Rolle des ‚potenten' Täters einrückt, wird es möglich, sich *Jhwhs* Rache an Israels symbolischen wie tatsächlichen Feinden vorzustellen. Indem den Nachbarnationen in der Vorstellung – und zwar von Jhwh – angetan

---

[20] Vgl. oben Kap. Sechs, E., 5. Vertiefung und N., 8. Vertiefung.

wird, was Juda/Jerusalem selbst erleiden muss (vgl. Ez 21,33–37; 25–32; 35), wird auch das eigene Schicksal versuchsweise in Worte gefasst, werden erste Schritte auf dem Weg der Auseinandersetzung mit dem Geschehenen eröffnet. Dass dies ein primäres Anliegen der im Ezechielbuch enthaltenen Rache-Texte ist, zeigt sich u.a. daran, dass sich diese als Schrift gewordene Täterintrojektarbeit lesen lassen[21]. Die sog. Gog-Perikope in Ez 38–39[22] lässt sich ebenfalls als Rachephantasie begreifen, der insofern besondere Bedeutung zukommt, als sie in mehrfacher Hinsicht andere Ausgänge des Angriffs Gogs (bzw. der Babylonier) auf Israel ins Szene setzt: Nicht nur endet der feindliche Ansturm mit der von JHWH heraufgeführten Niederlage des feindlichen Angreifers (Ez 38,1–8), auch werden – unter aktiver Beteiligung des Hauses Israel – Tod und Krieg aus der Welt (bzw. aus dem Land) geschafft (Ez 39,9–20). Und nicht zuletzt verhält sich das Haus Israel auch darin anders, als es ihm Ez 37,1f zufolge selbst ergangen ist – es sorgt dafür, dass alle Überreste Gogs in ihre Grabstelle finden (Ez 39,11–16). Vermittels dieser anderen Ausgänge, die als Hinweis auf eine zunehmende Integration der traumatischen Katastrophe verstanden werden können, wird innerhalb der Ezechielerzählung die Möglichkeit eines visionären Neubeginns im Verheißenen Land eröffnet (Ez 40–48)[23].

Vergebung(s-Phantasien) spielt (spielen) im Ezechielbuch eine weit weniger prominente Rolle als Rache(-Phantasien). Vergebung wird nicht in Bezug auf die menschlichen Vollstrecker der Katastrophe, sondern in Bezug auf das eigene Kollektiv imaginiert – und zwar nicht als menschliche, sondern als göttliche Tat (vgl. z.B. Ez 16,59–63; 20,40–42; 39,25–29).

6) *Veränderungen in den sozialen Beziehungen*: Mehrfach schildert das Ezechielbuch eine deutliche *Beziehungslosigkeit* der von der herankommenden Katastrophe Betroffenen – besonders eindrücklich ist dies etwa in Ez 4,17, wo es von den belagerten JerusalemerInnen heißt: „So werden ihnen Brot und Wasser fehlen, und die beieinander leben, werden nichts als Leere empfinden und sich verlieren in ihrer Schuldverstrickung" (vgl. auch 7,16). Das Phänomen der Vereinzelung lässt sich auch in Ez 14,12–20 und 24,21.25 erkennen, Stellen, an denen davon die

---

[21] Vgl. oben Kap. Sechs, E., 5. Vertiefung.
[22] Vgl. oben Kap. Sechs, N., 8. Vertiefung.
[23] Vgl. oben Kap. Sechs, O. mit 9. Vertiefung.

Rede ist, dass angesichts der Jerusalem überrollenden Kriegsereignisse nurmehr das eigene Leben gerettet werden kann bzw. dass „Söhne und Töchter" in der Stadt zurückgelassen werden müssen. In der Situation des Untergangs sind den Deportierten darüber hinaus die – auch der gemeinschaftlichen Vergewisserung dienenden – Trauerrituale (durch Jhwh) verwehrt[24].

Für weite Teile des Ezechielbuchs prägend ist der Aspekt der *Todes-nähe*. Der Bezug auf den Tod und die Toten erscheint über weite Strecken intensiver als der auf das Leben und die Lebenden. „[D]eath imagery permeates the first twenty-four chapters of Ezekiel"[25], und auch im weiteren Buchverlauf werden die (im Krieg) Getöteten und Ermordeten immer wieder in den Blick genommen (vgl. z.B. Ez 37,1–14; 39,11–16.17–20; 43,7–9).

Die Ezechielerzählung in ihrer Gesamtheit lässt sich als literarischer Prozess der *Suche nach einer rettenden Instanz*, genauer noch des Versuchs der Re-Etablierung Jhwhs als richtender und rettender Instanz betrachten. Vor allem in den oben genannten Rache-Texten geht es immer wieder darum, dass die Gottheit Israels – anders als dies realiter geschehen ist – ihr Volk vor den (verbalen) Attacken feindlicher Mächte schützen, sich diesen Mächten als überlegen erweisen wird (vgl. Ez 25,1–26,6; 28,20–26; 35,1–15). Ez 38–39 entwirft eine Szenerie, die der des babylonischen Angriffs auf Juda/Jerusalem in den Jahren 589/88–587/86 v.u.Z. ähnelt – und lässt Jhwh den (babylonischen) Feind mit leichter Hand besiegen[26]. Ez 29–32 zufolge wird Jhwh, so die Imagination, zukünftig vor allem gegen Ägypten massiv vorgehen, das Juda/Jerusalem im Zusammenhang des tatsächlichen Angriffs nicht (wirksam) geholfen hat[27]. Die Sehnsucht nach einer rettenden Instanz ist aber auch in den Wiederherstellungs- und Heilsverheißungen des Buches greifbar. Häufig wird dabei alle restaurierende Aktivität auf Gott ‚projiziert' – Jhwh sammelt, bringt zurück, reinigt, gibt körperlich-geistige Erneuerung, sorgt für ausreichend Nahrung, den Wiederaufbau der Städte und die Mehrung der Bevölkerung (vgl. Ez 36,24–30.33–38; vgl. auch 34,11–31; 36,6–15) –, während die menschliche Seite weitestgehend passiv bleibt bzw. mit der reflektierenden Aufarbeitung des Geschehenen befasst ist (Ez 36,31f). Das Haus Israel

---

[24] Vgl. Ez 24,15–24 und hierzu oben Kap. Sechs, E.
[25] Garber, Ezekiel, 227.
[26] Vgl. oben Kap. Sechs, N., 8. Vertiefung.
[27] Vgl. oben Kap. Vier, A., 3.4.

selbst wird erst nach und nach etwas ‚tatkräftiger‘ (vgl. Ez 37,21–28; 39,9–16), wobei die in Ez 37,1–10 durch den Menschen (!) Ezechiel vermittelte Gabe der רוח eine entscheidende Rolle zu spielen scheint[28]. Im Erzählverlauf jedenfalls wird die visionäre Rückkehr ins Land Israel (erst) möglich, nachdem das Gottesvolk (s)einen Beitrag zur Rettung des Landes beigetragen hat.

Bevor das Ezechielbuch JHWH als *rettende* Instanz in Erscheinung treten lässt, legt es alles Gewicht darauf, die Gottheit Israels als *die* Täterin der Exilskatastrophe bzw. als *richtende* Instanz ‚aufzubauen‘. Auf paradoxe Art und Weise steigert dies das Hoffnungspotential der Erzählung: Wenn JHWH als Richter derart wirkmächtig handeln konnte (und kann), so wird er dies auch als Retter können. Wer also JHWH als Täter der Kriegs- und Deportationsereignisse 598/97 und 589/88–587/86 v.u.Z. anerkennt, darf darauf vertrauen, dass er sich auch als ‚Täter‘ einer umfassenden Wiederherstellung Israels erweisen wird[29].

7) *Veränderungen des Wertesystems*: Implizit spricht die *Erschütterung* all dessen, was im Vorfeld der Katastrophe von 587/86 v.u.Z. allgemeine Überzeugung Israels war, aus nahezu jedem Vers des Ezechielbuchs. Die Erzählung als Ganze stellt sich untergründig als verzweifeltes Ringen um die Frage nach der Geschichtswirksamkeit und Zugewandtheit JHWHs dar, die dem Haus Israel angesichts der Zerstörung des göttlichen Wohnortes auf dem Zion, des Verlusts des Verheißenen Landes, der Eigenstaatlichkeit und des Königtums zutiefst fragwürdig geworden sind.

Vor allem die 598/97 und 587/86 v.u.Z. nach Babylonien deportierten JudäerInnen und JerusalemerInnen dürften die Ereignisse von 587/86 v.u.Z. als massive *Zerstörung des Davor* empfunden haben, vermutlich auch ein Teil derjenigen, die in Juda zurückblieben bzw. als Flüchtlinge bald nach Juda zurückkehrten. Im Ezechielbuch wird diese Zerstörung vor allem in den geschichtsklitternden Erzählungen (Ez 16; 20; 23) augenfällig, Texten, in denen die Geschichte Israels/Jerusalems als Verfallsgeschichte neu erzählt wird[30]. Israel/Jerusalem wird dabei als von Vornherein ‚schlecht‘ und lernunfähig bzw. -unwillig

---

[28] Vgl. oben Kap. Sechs, N., 7. Vertiefung.
[29] Vgl. hierzu Schöpflin, Theologie, 355: „Was in Bezug auf das angekündigte Unheil und dessen Eintreten gilt – welches faktisch-historischen Anhalt hat –, darf der Leser sich auch von dem gegenüber der Gerichtsverkündigung vageren Heilsansagen erhoffen, die der Schlußteil des Buches ihm bietet.“
[30] Vgl. hierzu oben Kap. Sechs, D., 4. Vertiefung.

geschildert – nicht einmal die frühen Jahre in Ägypten gelten dem Ezechielbuch mehr als eine Zeit der Unschuld, und selbst auf den Exodus
und die Gabe der Tora, in anderen Traditionsbereichen *die* Befreiungs-
erfahrungen Israels, fallen hier dunkle Schatten. ‚Positiv' leistet diese
Form der Geschichtsschreibung die Einordnung der aktuellen Katastrophe in einen kausalen Zusammenhang und bietet so eine – wenn
auch kaum zureichende – Verstehensmöglichkeit für das Unverständ-
liche an. Nicht zuletzt können die ezechielischen Geschichtserzählungen auch als eine Form von traumatischer kollektiver Identitätsstiftung
betrachtet werden.

Um das Vertrauen in die Wirksamkeit Gottes und in die Wirksamkeit
Israels wiederherzustellen, verschriftlicht die Ezechielerzählung auch
über die gerade besprochenen Kapitel hinaus Gedanken und Ideen,
die in psychotraumatologischer wie in theologischer Perspektive mitunter neue Probleme mit sich bringen: Indem JHWH als Täter stilisiert
wird, wird eine Interpretationsstrategie zur Anwendung gebracht,
„[that] runs the risk of being read as the punishments of a sadistic
God"[31]. Die Schuld Israels wird mehrfach so irreal groß gemacht, dass
der *blaming-the-victim*-Mechanismus gleichsam mit Händen zu greifen
ist. Dass diese Probleme im Hinblick auf Gottes- und Menschenbild
dennoch in Kauf genommen werden, zeigt einmal mehr an, wie grund-
stürzend die Ereignisse von 587/86 v.u.Z. für einen Teil des Kollektivs
Israel waren.

B. Kollektive Trauma-Phänomene im Ezechielbuch

Auch wenn der Begriff des kollektiven Traumas, darauf wurde in der Einleitung zu Kap. Drei, B. verwiesen, umstritten ist – auf die Darstellung des
Ezechielbuchs ist er m.E. in besonderer Weise anwendbar. Einerseits nämlich schildert die Ezechielerzählung individuelle und kollektive Dimensionen von Trauma in enger Verknüpfung, andererseits lässt sie sich als
auf ein (nationales) Katastrophenereignis bezogener Erinnerungsprozess
beschreiben, der auf die (Neu-)Formierung *kollektiver* Identität zielt. Das
Ezechielbuch beschreitet also beide in Kap. Drei, B. vorgestellten (Denk-)
Wege, sowohl denjenigen vom individuellen zum kollektiven Trauma
(und umgekehrt)[32] als auch denjenigen vom kollektiven Gedächtnis zum

---

[31] Smith-Christopher, Abu Ghraib, 157.
[32] Vgl. oben Kap. Drei, B., 1.

kollektiven Trauma (und umgekehrt)[33]. Beiden (Denk-)Wegen soll im Folgenden unter Bezugnahme auf die in Kap. Sechs durchgeführten Analysen noch einmal nachgegangen werden.

1. Individuelles und kollektives Trauma im Ezechielbuch

1.1. Allgemeines

Die Verknüpfung von individuellem und kollektivem Trauma kommt im Ezechielbuch in verschiedener Hinsicht zum Tragen[34]. So wird das – gemeinschaftlich relevante – Trauma der Belagerung, Eroberung und Zerstörung Jerusalems mehrfach im Bild eines Beziehungs- und damit eines individuellen Traumas zur Darstellung gebracht[35]. Das Schicksal, das der metaphorischen Stadtfrau Jerusalem zustößt, verweist damit nicht nur auf die gemeinschaftlichen Folgen des babylonischen Angriffs von 589/88–587/86 v.u.Z., sondern auch auf die traumatischen Auswirkungen des Kriegsgeschehens auf individueller, konkret-körperlicher Ebene.

Die wesentliche Schnittstelle für die Verbindung von kollektivem und individuellem Trauma ist Ezechiel selbst: Als exemplarischer Einzelner wird er gleich zweimal von direkten traumatischen Schlägen getroffen[36], wobei seine traumatischen Reaktionen diejenigen seiner Landsleute sowie der Stadt Jerusalem bzw. der Ackererde Israels als ‚Kollektivkörpern' beim Kommen der Exilskatastrophe antizipieren (Ez 3,15: Schreckensstarrwerden [√שׁמם][37]; Ez 24,16f: keine Trauerrituale). Die dem Propheten von Jhwh aufgetragenen Analogiehandlungen (vgl. z.B. Ez 4,1–5,4; 12,1–16; 21,11f) und die ihm aufgezwungenen Schreckensbilder (vgl. z.B. Ez 8–11; 37,1f) brechen das kollektive Katastrophenereignis ebenfalls immer wieder auch auf die Ebene des Einzelschicksals, der einzelnen von der Gewalt des Krieges getroffenen Körper hinunter.

Die Ich-Perspektive der Erzählfigur Ezechiel, die das Buch mit der Ausnahme von Ez 1,2f vollständig durchzieht[38], drängt den Hörenden bzw. Lesenden Ezechiels traumatisches Erleiden auf, nötigt zur Identifizierung – und stellt umgekehrt Einzelnen, die Ähnliches erlitten haben, Möglichkeiten zur Verfügung, ihr Schicksal in eine von anderen geteilte

---

[33] Vgl. oben Kap. Drei, B., 2.
[34] Vgl. oben Kap. Fünf, B., 2., Punkt 6.
[35] Vgl. vor allem Ez 16 und 23 und hierzu oben Kap. Sechs, C., 2. Vertiefung und D., 4. Vertiefung.
[36] Vgl. Ez 2,8b-3,3; 24,16f und hierzu oben Kap. Sechs, A., 1. Vertiefung und E.
[37] Vgl. oben Kap. Fünf, B., 4.
[38] Vgl. oben Kap. Fünf, 1., 3.2.

Geschichte einzubetten. Was die Anredeformen angeht, wechselt das Ezechielbuch stetig und manchmal auf engstem Raum zwischen „Du" und
„Ihr" hin und her und stellt damit immer wieder das individuelle als kollektives und das kollektive als individuelles Betroffensein von den Kata-
strophenereignissen vor Augen[39]. Das Gesagte gilt auch für die heilvolle(re)
n Momente des Buches: Die ‚Erneuerungszusagen' lassen sich sowohl mit
Bezug auf die individuellen wie auch auf den kollektiven geschundenen
Körper hören (vgl. z.B. die Rede von der Gabe eines neuen Herzens und
neuer רוח in Ez 11,19f und 36,26f). Die Ich-Erzählfigur Ezechiel somatisiert
nicht allein das Trauma, sondern auch Momente des Heilwerdens und
des (re-)empowerment und bildet darin das Paradigma für die (idealen)
RezipientInnen (z.B. in ihrem Aufgerichtetwerden durch רוח [Ez 2,2; 3,24,
vgl. 37,10][40], in ihrem Blick auf die heilenden Früchte [Ez 47,7.12])[41]. Was
die Anredeformen angeht, dominiert dabei der Plural, wobei die Rede
über die Angehörigen des Hauses Israel (3. Pers. Pl., vgl. z.B. Ez 34,23–31;
36,37f; 39,25–29) neben der direkten Ansprache steht (2. Pers. Pl., vgl. z.B.
Ez 36,22–36; 37,12–14). Die Anrede in 2. Pers. Sing. findet sich im hinteren
Teil des Ezechielbuchs nur in der kurzen Rede an die „Ackererde Israels"
in Ez 36,12b-15[42], die im fraglichen Zusammenhang zwischen kollektivem
Körper und eigenständiger mythologischer Personifikation changiert (vgl.
auch Ez 16,59–63).

Vermittels der soeben beschriebenen Strategien eröffnet die Ezechielerzählung ihren RezipientInnen die Möglichkeit, sich als Teil eines
traumatisierten Kollektivs zu begreifen. Gleichzeitig formiert sie dieses
traumatisierte Kollektiv allererst dadurch, dass sie bestimmte Deutungen der Katastrophe explizit und implizit nahe legt, andere implizit und
explizit ausschließt. Dabei schleichen sich gelegentlich auch Widersprüche ein, welche vor allem mit der Schuldfrage zusammenhängen. Das
traumatisierte Kollektiv, das das Ezechielbuch denen, die es hören und
lesen, ‚vor-schreibt', ist in erster Linie eine Deutungsgemeinschaft. Wer
sich der hier gebotenen kollektiven Deutung der Katastrophe anzuschlie-
ßen vermag (und gerade die gebotenen Widersprüchlichkeiten eröffnen

---

[39] Vgl. z.B. Ez 5,5–17: auf Jerusalem bezogenes „Du" und auf die EinwohnerInnen bezogenes „Ihr" im Wechsel; Ez 22: auf die Stadt bezogenes „Du" in V3–16, auf das Haus Israel
bezogenes „Ihr" in V19–22.
[40] Vgl. oben Kap. Sechs, N., 7. Vertiefung.
[41] Zu Ezechiel als paradigmatischem ‚Körperzeichen' vgl. auch Ez 12,6.11; 24,24.27
(מופת).
[42] Vgl. oben Kap. Sechs, N.

diesbezüglich einigen Spielraum), findet mit der Ezechielerzählung ein
narratives Skript, dem sich auch die je eigene Leidensgeschichte integrieren lässt.

1.2. Traumatische Prozesse auf der Ebene des Kollektivs „Haus Israel"

Da das Ezechielbuch die Geschichten der Einzelnen und die Geschichte
des Hauses Israel in sehr starkem Maße miteinander ,ver-spricht', ist es
nicht immer einfach, zwischen der individuellen traumatischen Symptomsprache und den traumatischen Prozessen auf kollektiver Ebene zu
unterscheiden. So sind viele der oben beschriebenen Trauma-Phänomene
immer wieder im Hinblick sowohl auf Einzelne (z.B. Ezechiel, JHWH) als
auch auf Kollektive (z.B. Haus Israel, Nationen) und nicht zuletzt auf
zwischen beiden changierende Größen (z.B. die Stadtfrau Jerusalem)
auszumachen. Gleichwohl soll im Folgenden der Versuch unternommen
werden, einzelne der im Ezechielbuch sich abzeichnenden kollektiven
traumatischen bzw. trauma-bearbeitenden Vorgänge noch einmal gebün-
delt hervorzuheben. Als Grundlage dafür dient das oben in Kap. Drei, B.,
1.2. Dargestellte.

Was die auch den kollektiven Umgang mit traumatischen Katastrophen kennzeichnende *Dialektik von Auseinandersetzung und Abwehr*
angeht, stellt sich das Ezechielbuch kaum als Ausnahme von der Regel dar.
Zwar – dies zeigt bereits die Existenz der Erzählung – geht hier ein Kollektiv die Auseinandersetzung mit der Exilskatastrophe an, innerhalb der
Erzählung jedoch kommen immer wieder Mechanismen zum Tragen, die
die Katastrophe auf Distanz halten oder doch zu halten versuchen. Hierher gehört vor allem der Umstand, dass das eigentliche Schreckensereignis nicht wirklich erzählt wird – auch wenn es immer wieder antizipiert,
symbolisch vermittelt und nachträglich als Faktum festgehalten wird.
Interessant ist in diesem Zusammenhang auch der nach 572/71 v.u.Z.
anzusiedelnde Zeitpunkt des Erzählens[43]. Erzählt wird damit frühestens
15 Jahre nach dem zentralen Katastrophenereignis von 587/86 v.u.Z., was
im Sinne einer *Latenzzeit* aufgefasst und dahingehend gedeutet werden
könnte, dass die Exilsgemeinschaften – wie zeitgenössische traumatisierte
Kollektive auch – eine längere Stabilisierungsphase brauchten, ehe sie die
Auseinandersetzung mit dem Erlittenen angehen konnten.

Trotzdem spiegelt das Ezechielbuch ein implizites Wissen um die Notwendigkeit einer solchen Auseinandersetzung und um die Gefahr des

---

[43] Vgl. oben Kap. Fünf, A., 3.4.

lähmenden, lebenzerstörenden *Weiterwirkens von massiven Unheilserfahrungen über Generationen hinweg* wider – das 18. Kapitel des Buches mit seinem Ausgangspunkt bei den sprichwörtlichen sauren Trauben, die die Eltern essen und die die Zähne der Kinder stumpf machen (V2), macht dies anschaulich[44].

Angela Kühner verweist im fraglichen Zusammenhang darauf, dass traumatisierte Kollektive nicht selten dazu neigen, die *erlittene Gewalt an anderen zu wiederholen*, sobald sich die Gelegenheit bietet, und nennt hierfür das Bedürfnis nach Rache, den Wunsch nach Wiedergewinnung von Macht und Kontrolle sowie das Phänomen der Re-Inszenierung als mögliche Erklärungsmodelle. Das Ezechielbuch enthält eine Reihe von Texten, die sich als *literarische* Wiederholungen erfahrener Gewalt an anderen lesen lassen und die ich in meinem Buchdurchgang sowohl als verschriftlichte Rachephantasien als auch als Re-Inszenierungen der Exilskatastrophe gedeutet habe (vgl. etwa Ez 21,33–37; 25–32; 35,1–15; 38–39)[45]. Dabei allerdings wird nicht das eigene Kollektiv als aktiv handelnd imaginiert[46], sondern JHWH (bzw. Nebukadnezar als von JHWH eingesetztes ‚Werkzeug‘ [vgl. Ez 26,7–12; 29,17–20; 30,10f]), während das Haus Israel ‚stille bleibt‘ (vgl. Ex 14,14). Dies wiederum führt (auch dies auf der Ebene der Erzählung!) zur Wiedergewinnung von Macht und Kontrolle – und zwar weniger auf Seiten der traumatisierten Gemeinschaft, für die, jedenfalls zunächst, (die traumatische) Passivität zum Ideal erhoben wird[47], als auf Seiten der Gottheit Israels. Deren Re-Etablierung oder Re-Inthronisierung – und zwar *angesichts* der Kriegs- und Deportationsereignisse zu Beginn des 6. Jh.s v.u.Z. – erweist sich damit als das zentrale Anliegen des Ezechielbuchs. Dass dieses nahezu alles auf die Wiederherstellung der umfassenden Herrschaft(lichkeit) JHWHs konzentriert, hängt vermutlich auch damit zusammen, dass die traumatisierte(n) Exilsgemeinschaft(en), bei denen der Ursprung der Ezechielerzählung zu suchen ist, jedenfalls in den ersten Jahrzehnten nach der Deportation selbst kaum Möglichkeiten hatten, das zerstörte Davor aus eigener Kraft zurückzugewinnen. In diesem Sinne erwartet das Ezechielbuch die Erneuerung der erschütterten und zerbrochenen Gemeinschaftswerte (des religiösen Symbolsystems/ des zentralen Heiligtums, des Verheißenen Landes, der Eigenstaatlichkeit

---

[44] Vgl. oben Kap. Sechs, C.

[45] Vgl. oben Kap. Sechs, F. bis L.

[46] Eine Ausnahme bildet Ez 25,14, wo das ezechielische Rache-Konzept gleichsam aus dem Ruder zu laufen scheint. Vgl. hierzu oben Kap. Sechs, E., 5. Vertiefung.

[47] Vgl. vor allem Ez 16 und hierzu oben Kap. Sechs, C., 2. Vertiefung.

und des Königtums) von Jhwh und ringt um ihn als den, der diese Werte (allein) zu garantieren vermag.

Die visonär-imaginative Re-Etablierung dieser Werte geht dabei eine enge Verbindung mit der *Wiederherstellung von Sicherheit* ein, die Kühner zufolge bei kollektiven traumatischen Erschütterungen häufig das zentrale gemeinschaftliche Anliegen ist. In diesem Sinne erscheint das utopische Gemeinwesen, das in Ez 40–48 entworfen wird, auch und vor allem als „sicherer Ort", an dem die Gottheit und die Stämme Israels ihre je abgegrenzten (Schutz-)Räume haben, dessen strikt gesetzte Grenzen jedoch im Hören und Lesen des fiktionalen Textes ohne Weiteres überwunden werden können, ohne sich neuerlichen Gefahren auszusetzen[48].

Dass dieses Neue überhaupt in den Bereich des Vorstellbaren treten kann, entspringt der Ezechielerzählung zufolge der *kollektiven Anerkenntnis von Schuld*. Immer wieder wird die Gemeinschaft des Hauses Israel ‚schuldig geschrieben', auch wenn es diesbezügliche Differenzierungsversuche gibt: Stellenweise erscheinen die Angehörigen der ersten *Gola* ‚unschuldiger' als die 598/97 und 587/86 v.u.Z. in Jerusalem/Juda Zurückgebliebenen (vgl. Ez 11,14–21; 14,22f; 33,23–29), stellenweise wird zwischen den Vergehen der politisch, wirtschaftlich und religiös Einflussreichen und den unter diesen Vergehen leidenden Angehörigen des einfachen Volkes unterschieden (vgl. Ez 11,1–13; 18; 19; 21,17; 22,1–16.23–31; 34). Es steht zu vermuten, dass hier tatsächliche gesellschaftliche Konflikte der ausgehenden Königs- und der beginnenden Exilszeit (z.B. schärfer werdende soziale Gegensätze, Auseinandersetzungen um die Besitztümer von Kriegsgefangenen, politische Kontroversen) im Hintergrund stehen. Gewichtiger allerdings, vor allem gegen Ende der Erzählung, ist die Tendenz, das Haus Israel und seine Schuld über alle Maßen zu verallgemeinern (vgl. z.B. Ez 36,31f; 39,21–29; 43,7–11). Aus dieser Schuldzuweisung, die gleichzeitig eine den (idealen) RezipientInnen nahe gelegte kollektive Schuldübernahme ist, entsteht im Ezechielbuch neuer Handlungs- oder, vorsichtiger formuliert: Vorstellungsspielraum. Traumatologisch hängt dies damit zusammen, dass hierüber auf Seiten des Hauses Israel – nun doch – die Kontrolle über das Geschehene ein Stück weit (zurück-)gewonnen wird. ‚Trauma-theologisch' geht es um noch mehr: Schuldig spricht man sich schließlich nicht gegenüber den Babyloniern, sondern gegenüber Jhwh, für den die Schuld des Hauses Israel als Nachweis seines machtvollen richterlichen Agierens im Zusammenhang der Exilskatastrophe

---

[48] Vgl. oben Kap. Sechs, O. mit 9. Vertiefung.

fungiert. Paradoxerweise ‚überlebt' die Gottheit Israels dieses auch für sie traumatische Schreckensereignis gleichsam durch das Schuldeingeständnis ihres Volkes. (Nur) dadurch hat sie – und hat die Gemeinschaft zwischen ihr und dem Volk Israel – eine Zukunft. Dies gilt umgekehrt auch für das literarische Volk Israel des Ezechielbuchs und seine Beziehung zu JHWH: Dadurch, dass es sich an JHWH und dessen Weisungen gescheitert inszeniert, re-etabliert es nicht nur seine Gottheit als diejenige, die die Geschichte und Geschicke ihres Volkes und der Völker lenkt. Gleichzeitig entledigt sich Israel dadurch der Macht, durch die es tatsächlich in Angst und Schrecken versetzt worden ist – schließlich muss und wird JHWH die wiedergewonnene Souveränität dadurch erweisen, dass er diejenigen, die ihn vermeintlich besiegt haben, dem Untergang preisgibt[49].

Über den Weg der traumatischen Schuldübernahme vermag die Ezechielerzählung schließlich auch der Vorstellung einer gelingenden Bundesbeziehung und eines Gemeinwesens, das dieser Beziehung entspricht, (textlichen) Raum zu geben und diese Vorstellung ‚durchzutragen'. Realistisch, politisch-irdisch gebunden ist dieses utopische Gemeinwesen auch und vor allem darin, dass es mit der Möglichkeit neuerlichen Schuldigwerdens rechnet – deshalb werden Grenzen gezogen, werden Rituale zur Bearbeitung von Schuld vorgestellt, wird den politisch Mächtigen die Verwirklichung von Recht und Gerechtigkeit eingeschärft (vgl. Ez 45,9–12). Trotz der Angst, trotz der Unsicherheit und Unbehaustheit, die aus diesem visionären Gesellschaftsentwurf ebenfalls immer wieder spricht[50], macht die Ezechielerzählung damit einmal mehr deutlich, wie viel sie der (theologischen) Auseinandersetzung mit den Traumata der Zerstörung Jerusalems und des Exils zutraut: Nicht weniger als das Überleben Gottes und seiner Erwählung von Menschen, die Gott zur Verwirklichung erfüllten, gerechten und heilvollen Lebens auf Erden braucht.

2. *Kollektives Gedächtnis und kollektives Trauma im Ezechielbuch*

In Kap. Drei, B., 2. wurden verschiedene Verstehensmodelle zum Zusammenhang von kollektivem Gedächtnis und kollektivem Trauma vorgestellt. Im Folgenden soll der Frage nachgegangen werden, inwiefern diese unabhängig von der Ezechielprophetie entworfenen[51] Konzeptionen für

---

[49] Vgl. Ez 38–39 und hierzu oben Kap. Sechs, N., 8. Vertiefung.
[50] Vgl. oben Kap. Sechs, O. mit 9. Vertiefung.
[51] Sowohl Assmann (vgl. oben Kap. Drei, B., 2.1.) als auch Volkan (vgl. oben Kap. Drei, B., 2.2.) beziehen sich zwar – der eine mehr, der andere weniger – auf das babylonische

das Ezechielbuch fruchtbar gemacht werden können – und ob umgekehrt das Ezechielbuch etwas für diese Konzeptionen austrägt.

2.1. Das Ezechielbuch als Baustein im kontrapräsentischen Gedächtnis Israels

Jan Assmann zufolge ist das kulturelle Gedächtnis Israels durch eine besondere Form kollektiver Erinnerung, die „kontrapräsentische Erinnerung", geprägt, als deren „Gründungslegende und ‚Urszene'" ihm die Erzählung von der Auffindung des Buches und der durch diesen Buchfund ‚ausgelösten' sog. Joschijanischen Reform in 2 Kön 22–23 gilt[52]. Die biblische Schrift, auf die er in seinen Überlegungen zum kontrapräsentischen Gedächtnis Israels in der Folge immer wieder Bezug nimmt, ist dementsprechend das Deuteronomium. M.E. aber hätte Assmann das Ezechielbuch durchaus zur Bekräftigung wie zur Differenzierung seiner Erwägungen heranziehen können. Denn nicht nur ist Letzteres über sein Datierungssystem ebenfalls mit der Joschijanischen Reform verknüpft[53], auch weist es in mancher Hinsicht ähnliche Erinnerungsstrukturen wie die von Assmann herausgearbeiteten auf: Auch das Ezechielbuch entspringt „der Not des babylonischen Exils" – der Text gibt sich als Erzählung einer nach 598/97 v.u.Z. nach Babylonien verschleppten, traumatisierten judäischen Gemeinschaft. Auch dem Ezechielbuch ist das Gedenken – und zwar das außerhalb Israels angesiedelte Gedenken – an Jerusalem ein zentrales Anliegen; weite Teile der Erzählung kreisen um die judäische Hauptstadt.

Inhaltlich allerdings erscheint dieses Gedenken vielschichtiger, als es Assmann für das Deuteronomium festhält. U.a. die Geschichtserzählungen in Ez 16, 20 und 23 machen deutlich, dass die Erinnerungsfiguren, welche dem Deuteronomium zufolge „die Identität des Gottesvolkes Israel als Identität außerhalb des Landes, losgelöst vom eigenen Territorium" formieren (z.B. Exodus, Wüstenwanderung, Gabe der Tora) und die es während der Existenz im Verheißenen Land festzuhalten gilt, ihre identitätsstiftende Kraft eingebüßt haben. Mehrfach wird in diesen Kapiteln festgehalten, dass Jerusalem sich nicht, nicht richtig oder aber an die

---

Exil bzw. auf die Zerstörung des Jerusalemer Tempels 587/86 v.u.Z., gehen dabei allerdings nicht auf das Ezechielbuch ein. Eine Stelle aus dem Ezechielbuch, Ez 20,36–38, findet bei Assmann lediglich als Beispiel für ‚monotheistische Säuberungsbestrebungen' in der Regierungszeit des Joschija Erwähnung (vgl. ders., Gedächtnis, 226).

[52] Vgl. oben Kap. Drei, B., 2.1. Alle hier aufgeführten, nicht extra ausgewiesenen Zitate wurden oben schon einmal verwendet; die entsprechenden Nachweise finden sich dort.

[53] Vgl. oben Kap. Fünf, A., 3.5.

falschen Dinge erinnert hat (√זכר, Ez 16,22.43; 23,19.27) und angemessenes Erinnern, ähnlich wie ein angemessenes Sich-Schämen, erst (wieder)
lernen muss, was aber wiederum die Wiederherstellung Israels bzw. der
Bundesbeziehung zur Voraussetzung hat (vgl. Ez 16,61.63; 20.43; vgl. 6,9;
36,31)[54].

Bezogen auf das Erinnern während der Existenz im Exil mag man
sich fragen, ob das Ezechielbuch seinen RezipientInnen ein Erinnern
des *lebensweltlichen* Ortes Jerusalem nahe bringen will – dessen (breiten
Raum einnehmende) Darstellung jedenfalls ist eher geeignet, diesen Ort
vergessen zu machen. Anders als das (Verheißene) Land des Deuteronomiums, „[...] ein gutes Land, mit Flussläufen, Quellen und Grundwasser,
das in den Tälern und im Gebirge hervorquillt, ein Land voller Weizen
und Gerste, voller Weinstöcke, Feigen- und Granatbäume, ein Land der
Olivenbäume und des Honigs, ein Land, in dem du dein Brot nicht in
Armut essen musst und es dir nicht an irgendetwas mangelt [...] (Dtn
8,7–9, BigS), ein Land, das mit diesen positiven freilich auch ‚verführeri-
sche' Seiten hat (vgl. z.B. Dtn 8,10–20), ist die im Ezechielbuch gezeichnete judäische Hauptstadt, ist aber auch das Land/die Ackererde Israel
in ihrem Ist-Zustand kaum als überzeugender Hoffnungsgrund für die im
Exil Lebenden vorstellbar. Wer *dieses* Jerusalem erinnert, hat allenfalls ein
Negativbeispiel, einen durch soziale und kultische Vergehen, durch Krieg
und Kriegsgräuel zerstörten Ort, hat gescheiterte (Bundes-)Geschichte
vor Augen, wer an *dieses* Land Israel denkt, begegnet Schreckensstarre
und Tod. Dem Ezechielbuch zufolge ist die Katastrophe von 587/86 v.u.Z.
so einschneidend, dass sie (die Erinnerung an) den lebensweltlichen Ort
Jerusalem auf Dauer, (die Erinnerung an) das Land/die Ackererde Israel
zumindest zeitweilig völlig besetzt hält. Aus psychotraumatologischer
Perspektive könnte man diesbezüglich von einem kollektiven traumatischen Gedächtnis sprechen[55].

Doch bleibt das Ezechielbuch dabei nicht stehen – vielmehr entwirft
es eine besondere Form der kontrapräsentischen oder „utopischen Erinnerung", die sich auf einen *visionären* Raum kapriziert. So wird zunächst
imaginiert, wie das Land Israel von Tod und Krieg frei wird (vgl. Ez
38–39), um dann ein in diesem Land (vgl. Ez 40,2) liegendes ‚Jerusalem'
zur Anschauung zu bringen, das allerdings mit dem lebensweltlichen Ort

---

[54] Zum Ganzen vgl. oben Kap. Sechs, C., 2. Vertiefung; D., 4. Vertiefung und N., 6.
Vertiefung.
[55] Vgl. oben Kap. Drei, A., 3.3. und B., 2.2.

Jerusalem strukturell nur wenig gemeinsam und einen ‚neuen‘ Namen (vgl. Ez 48,35) hat. Ein literarischer Tempel tritt damit an die Stelle des real zerstörten, eine literarische Haupt-Stadt ersetzt die real in Trümmern liegende – und beide sind, vorausgesetzt, man hat Zugang zur Schrift, von *allen* lebensweltlichen Orten aus aufsuchbar, können zu Orten der Gottesbegegnung werden. Beide sind, vorausgesetzt jemand bewahrt die Schrift, vor göttlicher und menschlicher Vernichtung geschützt[56].

Die in Ez 40–48 angelegte utopische Erinnerung enthält eine doppelte Möglichkeit: Sie bietet denen, die ihr Davor verloren haben, ein Stück ‚neue Heimat‘ in den Räumen des Textes – und damit dies gelingt, muss solcher Text-Raum ein „sicherer Ort" sein[57]. Gleichzeitig aber geben die, die sich hörend und lesend in diesem Text-Raum bewegen, den utopischen Text-Orten ein Stück Heimat in der Welt. Die Verheißung, dass gemeinschaftliches Leben an *konkreten lebensweltlichen Orten* Wirklichkeit werden kann, wird dadurch offengehalten.

Vor diesem Hintergrund erscheint es mir angemessen, das Ezechielbuch als weiteren Baustein im kontrapräsentischen Gedächtnis Israels, wie es Assmann beschrieben hat, zu begreifen. Eine Besonderheit des ezechielischen Erinnerns ist dabei darin zu sehen, dass es seinen Ausgangspunkt bei einem traumatisch heimgesuchten Gedächtnis nimmt, das, in einem intensiven Auseinandersetzungsprozess um das, was nicht mehr ist, und das, was noch nicht ist, letztlich in ein utopisches Gedächtnis transformiert wird. Das traumatische Andere dieses utopischen Gedächtnisses – das Vernichtete, Zerstörte, von Krieg und Tod Durchsetzte – wird in diesem Prozess nicht ausgestoßen, sondern mitgenommen. Dies aber muss – so paradox dies klingen mag – die im utopischen Erinnern gründende lebendig machende Hoffnung[58] nicht in Frage stellen. Die Lektüre des Ezechielbuchs jedenfalls könnte vielmehr die Vermutung nahe legen, dass die solchem Erinnern entspringende Hoffnung wirkmächtiger und

---

[56] Vgl. hierzu auch Michaela Geigers Überlegungen zur Bedeutung des „Ortes, den JHWH erwählen wird" innerhalb der dtn Raumkonzeption (dies., *Gottesräume. Die literarische und theologische Konzeption von Raum im Deuteronomium* (BWANT 183), Stuttgart 2010, 265–278.326–330).

[57] Vgl. oben Kap. Sechs, N., 9. Vertiefung.

[58] Vgl. hierzu Assmann, Gedächtnis, 227, wo es heißt (Hervorhebung R.P.): „Mit Hilfe dieser Mnemotechnik haben die Juden es verstanden, […] die Erinnerung an ein Land und an eine Lebensform, die zu ihrer jeweiligen Gegenwart in schärfstem Widerspruch standen, *als Hoffnung lebendig zu erhalten* […]."

tragfähiger ist als eine, „die in keinen Bezugsrahmen jeweiliger Gegen-
wartserfahrungen Anhalt und Stütze findet"[59].

2.2. Die Exilskatastrophe als Chosen Trauma (Vamik D. Volkan)? –
Der Beitrag des Ezechielbuchs

Die Frage, ob es sich bei der Exilskatastrophe, wie sie im Ezechielbuch
(re-)präsentiert wird, um ein „gewähltes Trauma" im Sinne der in Kap.
Drei, B., 2.2. vorgestellten Überlegungen von Vamik D. Volkan handelt, ist
nicht ganz leicht zu beantworten[60]. Zwar scheint es durchaus um ein Ereignis zu gehen, „das dazu führte, daß eine Großgruppe durch eine andere
Gruppe schwere Verluste hinnehmen mußte, dahin gebracht wurde, daß
sie sich hilflos und als Opfer fühlte und eine demütigende Verletzung
miteinander zu teilen hatte"; auch scheinen, betrachtet man etwa die im
Ezechielbuch enthaltenen Verknüpfungen zwischen individuellem und
kollektivem Trauma, die Auswirkungen dieses Ereignisses „eine Verbindung zwischen der Psychologie des einzelnen und jener der Gruppe" zu
schmieden. Des Weiteren – dies habe ich in Kap. Drei, B., 2.1. aufzuzeigen
versucht – kann man durchaus davon sprechen, dass die Exilskatastrophe
in der jüdischen Tradition über die Jahrhunderte wirksam geblieben ist.
Sie ist wesentlicher Inhalt des kulturellen Gedächtnisses Israels und wird
als solcher (rituell) gepflegt, hat sich dabei mit anderen geschichtlichen
Ereignissen (z.B. der Zerstörung des Tempels im Jahr 70) verbunden, die
sie deutet und durch die sie umgekehrt gedeutet wird. Nicht zuletzt, und
auch dies würde für die Charakterisierung der Exilskatastrophe als *chosen
trauma* sprechen, mutet diese zumal im Ezechielbuch „als eine Art Reservoir rasch aktivierbarer kollektiver Affekte" an – die enthaltenen Rache-
Texte[61] scheinen hier eine besonders deutliche Sprache zu sprechen.

Allerdings – und hier werden die Übereinstimmungen mit den Überlegungen Volkans fraglich – ist im Hinblick auf die Ereignisse von 587/86
v.u.Z. und die (Be-)Deutungsgeschichte, die diese Ereignisse im Laufe
der Jahrhunderte immer wieder aus sich herausgesetzt haben, m.E. nicht
von einem *unbearbeiteten* oder von einem transgenerationell *verschobe-*

---

[59] Assmann, Gedächtnis, 227. Assmann definiert mit diesen Worten den von Gerd Thei-
ßen übernommenen Begriff des Kontrapräsentischen. Die Definition erscheint mir aber
insofern problematisch, als Menschen sich auf etwas, das in einem bestimmten Zusammenhang nicht auf irgendeine Weise (und sei es als ‚bloß Gedachtes', als Verneintes oder
Zerstörtes) präsent ist, kaum erinnernd beziehen können.

[60] Alle in diesem Abschnitt aufgeführten, nicht extra ausgewiesenen Zitate wurden
oben in Kap. Drei, B., 2.2. schon einmal verwendet; die entsprechenden Nachweise finden
sich dort.

[61] Vgl. oben Kap. Sechs, E., 5. Vertiefung.

nen Trauma zu reden. Vielmehr hat man immer wieder versucht – und verschiedene biblische Schriften, unter ihnen das Ezechielbuch, sind als direkte oder indirekte Spiegelungen solchen Versuchens zu begreifen – sich mit diesen Ereignissen auseinanderzusetzen und sie hierüber der Geschichte Gottes mit seinem Volk und den Völkern einzuschreiben. Auf diesem Wege ist die Exilskatastrophe für das jüdische Volk identitätsstiftend oder zumindest -prägend geworden – und ist es zum Teil bis heute. Anders als die Zerstörung Babylons 689 v.u.Z. durch den assyrischen Herrscher Sanherib, mit der noch der letzte babylonische König Nabonid (556–539 v.u.Z.) die Vernichtung assyrischer Städte und Heiligtümer rechtfertigte[62], oder die von Volkan als Beispiel herangezogene Schlacht auf dem Amselfeld (1389), deren Rezeption eine kaum zu überschätzende Rolle für die Mobilisierung der serbischen Nationalbewegung unter Slobodan Milošević ab dem Jahr 1989 spielte, wurden die Geschehnisse von 587/86 v.u.Z. im weiteren Verlauf der Geschichte Israels bzw. des jüdischen Volkes meines Wissens nicht dazu benutzt, kollektive politische oder kriegerische Prozesse in Gang zu setzen.

M.E. ist dies in erster Linie der besonderen Form der *literarisch-theologischen* Bearbeitung des grundstürzenden kollektiven Traumas, wie sie die Ezechielerzählung bezeugt, geschuldet. Innerhalb dieses außergewöhnlichen Bearbeitungsprozesses nämlich wird die traumatische Katastrophe zur Angelegenheit zwischen Israel und seiner Gottheit Jhwh, der alle Macht zugeschrieben wird; der weltliche Täter wird dadurch entmachtet, die Katastrophe ein Stück weit aus der Weltgeschichte ‚herausgesprengt‘. Indem Israel die Schuld an den Kriegs- und Deportationsereignissen zu Beginn des 6. Jh.s v.u.Z. zugeschrieben wird (bzw. indem es selbst sich die Schuld zuschreibt), tritt es aus der Rolle des Opfers heraus und bestätigt Jhwh in seinem Täter-Sein. Die (gleichwohl notwendige!) Rache an den weltlichen Tätern wird als göttliche Sache imaginiert – und Gott darin einmal mehr Gelegenheit gegeben, seine Überlegenheit zu bekräftigen[63]. Ziel dieser literarisch-theologischen ‚Verschiebungen‘ ist es, ‚Sinn zu machen‘ – und zwar dort, wo einzig Sinnloses, Unerträgliches, Unfassbares ist.

Man mag sich, etwa im Zusammenhang traumatherapeutischer Überlegungen, fragen, ob solche Sinn-Zuschreibung zulässig ist[64]. Und doch ist es m.E. nicht unwahrscheinlich, dass dieses Sinn zuschreibende literarisch-

---

[62] Vgl. oben Kap. Vier, A., 2.1.
[63] Vgl. oben Kap. Fünf, B., 3.4.
[64] Vgl. hierzu Garber, Ezekiel, 226. Garber bezieht sich auf Äußerungen von Terry des Pres, demzufolge es ein Kennzeichen ‚echter‘ Überlebensliteratur ist, „that pain […] is […]

theologische Fingieren zur Bewältigung, zum Überleben von kollektiven menschengemachten Katastrophen beitragen kann – und zwar zu einer Bewältigung, die aus den Spiralen von Hass und Gewalt heraus- oder zumindest nicht tiefer in sie hineinführt. Man mag sich weiterhin fragen, ob der Preis für diese Bewältigung – ein problematisches Menschen –, ein problematisches Gottesbild – nicht zu hoch ist. Doch in seinen – die Sinnstiftung unterbrechenden – Inkonsistenzen und Widersprüchen hält das Ezechielbuch diesbezüglich paradoxe ‚Denkauswege' bereit. Dass es etwa von einer traumatisierten Gottheit erzählt und für diese Verständnis zu wecken versucht oder dass es das Handeln der Stadtfrau Jerusalem als Folge (früh-)kindlicher Traumatisierung skizziert, lässt sich in diesem Zusammenhang als Korrektiv gegen die Verabsolutierung eines ‚zu sinnvollen' Erklärungsmusters begreifen.

Vor diesem Hintergrund soll in Bezug auf das *Chosen-Trauma*-Konzept abschließend Folgendes festgehalten werden: Auch wenn Volkan selbst darauf verweist, dass die Zerstörung des Jerusalemer Tempels 587/86 v.u.Z. auf orthodoxer Seite „immer noch […] als das auserwählte Trauma der Juden" betrachtet wird, tragen seine Überlegungen m.E. wenig für das Verstehen der literarischen Auseinandersetzung mit der Exilskatastrophe, wie sie das Ezechielbuch widerspiegelt, aus. Dies hängt meiner Ansicht nach damit zusammen, dass Volkans Interesse eher auf solche Traumata gerichtet ist, die Jahrzehnte oder Jahrhunderte *unbearbeitet* im kollektiven Gedächtnis einer Gemeinschaft ‚schlummern' und die zu einem bestimmten Zeitpunkt, bewusst oder unbewusst, ‚geweckt werden', um das in ihnen liegende affektive Potential identitätsstiftend zu verzwecken, etwa um kriegerische Bewegungen anzustoßen. Kollektive Traumata, für die es Versuche gemeinschaftlicher Bearbeitung gegeben hat oder gibt bzw. jene Bearbeitungsversuche selbst hat Volkan hingegen weniger im Blick. Zwar können – und das Ezechielbuch zeigt dies recht deutlich – auch solche Traumata zur Identitätsstiftung einer Gruppe herangezogen werden und wären somit als *chosen traumas* im Sinne der Volkanschen Definition zu betrachten. Da allerdings der Begriff des *chosen trauma* allein über das ‚Wie' solcher Identitätsstiftung wenig aussagt, erscheint er in Anwendung auf die Exilskatastrophe, wie sie im Ezechielbuch zum Tragen kommt, letztlich kaum weiterführend.

---

represented as senseless", während „the act of attributing guilt to the survivors silences the survivor's authority".

C. Das Ezechielbuch als fiktionales Zeugnis vom ‚Anderen der Geschichte'

Im Folgenden soll das Ezechielbuch noch einmal als in erster Linie *literarischer* Bearbeitungsversuch der Exilskatastrophe von 587/86 v.u.Z. fokussiert werden, wobei ich mich vor allem von den in Kap. Drei, C. vorgestellten Überlegungen zur Erzählbarkeit des Traumas leiten lasse. Ein erster Abschnitt (1.) liefert eine Zusammenschau der wichtigsten sprachlich-narratologischen Gestaltungsmittel, die im Ezechielbuch für das In-Worte-Fassen der Unheilserfahrungen Verwendung finden[65]. In Abschnitt 2. wird nach dem Verhältnis von Trauma und Geschichte bzw. ‚Historizität' in der fiktionalen Ezechielerzählung gefragt, während Abschnitt 3. die Bedeutung des Zeugnis-Begriffs für diese biblische Schrift beleuchtet.

1. *Das Ezechielbuch als fiktionale Trauma-Literatur*

Wie ich in Kap. Fünf, A. zu zeigen versucht habe, lässt sich das Ezechielbuch, nimmt man es in seiner literarischen Anlage ernst, ohne Weiteres als fiktionale Erzählung lesen. Bei näherem Hinsehen sind vielfältige narrative Signale und Strukturen auszumachen, die eine solche Lesart nicht nur ermöglichen, sondern sogar nahe legen. Von besonderer Bedeutung ist in diesem Zusammenhang, dass das Ezechielbuch *alle* (Wort-)Ereignisse, auch diejenigen, denen zufolge die Belagerung, Eroberung und Zerstörung Jerusalems noch bevorsteht (Ez 1–23), als *vergangene* (Wort-)Ereignisse präsentiert, von denen nach 572/71 v.u.Z. erzählt wird[66]. Dies lässt erkennen, dass die Ezechielerzählung keine ‚Ankündigungsliteratur', deren unheilvolle ‚Vorhersagen' nicht unbedingt hätten eintreffen müssen, sondern Literatur der Auseinandersetzung mit geschehenem Unheil sein will – Literatur der Auseinandersetzung mit dem kollektiven Trauma der Exilskatastrophe von 587/86 v.u.Z., Trauma-Literatur.

Nicht zuletzt im Titel dieser Studie habe ich den Begriff der Trauma-Literatur selbstverständlich verwendet. Einigen KulturwissenschaftlerInnen allerdings gilt der Text bzw. die Existenz desselben als „das Ende des Traumas"[67]. Wo Text ist, so die Begründung, könne kein Trauma (mehr)

---

[65] Vgl. oben Kap. Drei, C., 4.

[66] Vgl. oben Kap. Fünf, A., 3.4.

[67] Diese Position war beispielsweise auf der Tagung „Cultural Voices of a Fragmented Nation: War, Trauma, and Remembrance in Contemporary Iraq" vom 11.–13. Dezember

sein – der Text hebe die dem Trauma inhärente Unfass- und Unsagbarkeit und damit das Trauma selbst auf. Muss dies nicht auch für das Ezechielbuch gelten, zumal dieses – jedenfalls auf den ersten Blick – den Eindruck macht, „straff [] durchorganisiert[]"[68] und in sich geschlossen zu sein? M.E. entkräftet die durchgeführte Untersuchung diesen Einwand und vermag darüber hinaus zu zeigen, dass die Bezeichnung Trauma-Literatur im Falle des Ezechielbuchs – und damit sogar für ein *antikes* Schriftstück – nicht nur möglich, sondern sinnvoll und weiterführend ist. Das Ezechielbuch nämlich spiegelt an keiner Stelle – auch nicht in seinen Schlusskapiteln 40–48[69] – die Exilskatastrophe als *bewältigte* Katastrophe wider, vielmehr stellt sie sich von Anfang bis Ende als ein auf diese Katastrophe bezogener Bearbeitungs- bzw. Bewältigungs*versuch* dar. Zwar nehmen, wie oben in Kap. Fünf, C., 2. dargestellt, die die zunehmende Integration des Traumas anzeigenden *reunification*-Elemente im Verlauf der Erzählung zu, gleichzeitig aber bleiben die Elemente *fragmentation* und *regression* erhalten, wenn auch in schwächer werdender Form. Alle drei Strukturelemente, die Ronald Granofsky zufolge den modernen Trauma-Roman prägen, sind somit im gesamten Buchverlauf in gegenseitiger Durchdringung präsent. Dadurch ergibt sich der Eindruck, dass ein gewisses Maß an Integration vorhanden sein muss, um sich dem Fragmentierenden des Traumas aussetzen zu können, während umgekehrt solche Aussetzung eine zunehmende Integration zu bewirken vermag. Die regressiven bzw. stabilisierenden Momente wirken gleichsam in doppelter Hinsicht: Sie helfen, die fragmentierenden Elemente abzufedern, und bereiten (damit) gleichzeitig den Boden für eine zunehmende *reunification*[70].

Das Ezechielbuch kann auch deshalb als Trauma-Literatur verstanden werden, weil es das für Traumata kennzeichnende paradoxe Verhältnis von der Unmöglichkeit des Erzählens auf der einen, der Notwendigkeit des Erzählens auf der anderen Seite[71] explizit und implizit thematisiert. Es tut dies vermittels der besonderen Inszenierung seines Narrators, der Ich-Erzählfigur Ezechiel, die erzählt, obwohl sie von JHWH sprachlos gemacht wird, und die damit nicht nur das klassische Bild des Erzählers, sondern

---

2008 im Zentrum für Nah- und Mitteloststudien (CNMS) der Universität Marburg recht präsent.

[68] Schmid, Propheten, 361. Zum Ganzen vgl. a.a.O., 361–364.

[69] Vgl. oben Kap. Sechs, O. mit 9. Vertiefung.

[70] Vgl. oben Kap. Fünf, C., 1.

[71] Vgl. oben Kap. Drei, C., 1.

auch das klassische Bild des Propheten durchkreuzt[72]. Dass erzählt wird, ohne richtig zu erzählen – dieses Bild ergibt sich trotz des gehobenen, mitunter auch poetischen Stils der Ezechielprophetie auch aufgrund der vielen wiederkehrenden Wendungen[73] und der sehr komplexen Erzähl-/ Redeebenen-Struktur[74]. Während beides in erster Linie darauf zielt, jedes gesprochene Wort als Wort JHWHs ,herauszugeben' und ihm als solchem besonderes Gewicht zu verleihen[75], erzeugt es zugleich eine merkwürdige Abständigkeit und Uneigentlichkeit und macht die Unzulänglichkeit der (menschlichen) Sprache angesichts der unsäglichen Ereignisse sinnfällig[76]. Insgesamt wird der Eindruck erzeugt, dass allein das göttliche Sprechen noch – wenn auch nicht uneingeschränkt – funktioniert: Würde JHWH nicht sein Wort geschehen lassen, bliebe es still, bliebe die Katastrophe unbesprochen, hätte Ezechiel nichts zu erzählen.

Die Figurenkonstellation der Ezechielerzählung reflektiert diese Verhältnisse – während JHWH als in seinem דבר Handelnder in Szene gesetzt ist, erscheint der (paradigmatische) Mensch (Ezechiel) über weite Strecken (nur) rezeptiv. Wo Andere, seien es Angehörige des Hauses Israel oder der umgebenden Nationen, als anwesend gedacht werden, sprechen diese in aller Regel nicht selbst, sondern werden von Gott zitiert (vgl. z.B. Ez 8,12; 9,9; 33,10). Die ezechielische Erzählfigurenkonstellation bildet damit einen Aspekt der Botschaft des Buches, dass nämlich JHWH der in Gericht und Heil (einzig) aktiv Handelnde ist, während das (frühere) Aktiv-Sein-Wollen Israels jedenfalls in weiten Teilen der Erzählung zutiefst problematisiert wird[77], noch einmal auf einer anderen Ebene ab.

Des Weiteren dienen die verschiedenen Wiederholungsmuster auf sprachlicher und inhaltlicher Ebene auch dazu, traumatische Intrusionssymptome in Erzählung umzusetzen, beispielsweise das immer wieder sich ereignende Überfallen-Werden mit den Bildern des Schreckens, Rachephantasien[78] und das Phänomen der Re-Inszenierung[79]. Als traumatische ,Bildüberfälle' können auch die in Ez 1–3, 8–11 und 37,1–10 geschilderten

---

[72] Vgl. oben Kap. Sechs, A., 1. Vertiefung.
[73] Diese wurden zum Teil in den entsprechenden Textzusammenhängen kurz beleuchtet, vgl. z.B. oben Kap. Sechs, C., 2. Vertiefung.
[74] Vgl. oben Kap. Fünf, A., 3.1.
[75] Vgl. hierzu auch Schöpflin, Theologie, 124–126; Jobling, Approach, 209.
[76] Vgl. oben Kap. Fünf, B., 3.3.
[77] Vgl. z.B. Ez 16 und hierzu oben Kap. Sechs, C., 2. Vertiefung.
[78] Vgl. z.B. Ez 25,1–26,6; 29–32 und hierzu oben Kap. Sechs, E., 5. Vertiefung.
[79] Vgl. z.B. Ez 38–39 und hierzu oben Kap. Sechs, N., 8. Vertiefung.

Visionen und nicht zuletzt einige der exzessiv-realistischen ‚Sprachbilder-fluten'[80] gewertet werden.

Traumatische Konstriktionssymptome, die mit der überlebensnotwendigen Abwehr des Traumas zu tun haben (z.B. Erstarren, Dissoziation), werden vor allem vermittels der immer wieder vorkommenden Verbalwurzel שׁמם und deren Entwicklung im Verlauf des Buches ‚behandelt'[81], gelegentlich auch durch plötzliche Wechsel des Erzählerblicks (vgl. z.B. Ez 9,2–10,1) oder dadurch, dass Jhwh dem Propheten plötzlich Anderes zu sehen oder zu hören gibt (vgl. z.B. Ez 24,15–27 und 25,1–17). Gelegentlich laufen die Worte Jhwhs auch ins Leere, Chaotische, wodurch einerseits die Unaussprechlichkeit des Geschehens, andererseits die affektive (traumatische) Entgleisung Jhwhs zum Ausdruck gebracht wird[82].

Von den von Ronald Granofsky beschriebenen Merkmalen der zeitgenössischen *trauma novel*[83] ist nicht nur die charakteristische *fragmentation-regression-reunification*-Struktur auf das Ezechielbuch übertragbar – dies gilt vielmehr für nahezu alle der von Ronald Granofsky herausgearbeiteten Kennzeichen.

So findet auch in der Ezechielerzählung die Auseinandersetzung mit der traumatischen Katastrophe immer wieder symbolvermittelt statt, etwa über das Erleben der prophetischen Ich-Erzählfigur. Aus der Perspektive des paradigmatischen Überlebenden – auch dies ist typisch für Trauma-Romane – schildert Ezechiel, wie er (von Jhwh) traumatisiert wird, aber auch Momente des Heilwerdens erfährt, und bildet darin das Schicksal seiner Landsleute und des Verheißenen Landes ab. Immer wieder wird das Ergehen des Hauses Israel auch anhand von mehr oder weniger ausgeführten Metaphern zur Darstellung gebracht, so etwa im Bild eines nutzlosen Rebholzes, das verbrannt wird (Ez 15), oder im Bild eines Schmelzofens, in dem Metalle geschmolzen werden (Ez 22,17–22)[84]. In Ez 16 und 23 begegnet die erzählte Metapher der Stadtfrau Jerusalem, die (von Jhwh) entblößt und mit (sexueller) Gewalt überzogen wird. Ronald Granofsky zufolge setzt solche symbolvermittelte Auseinandersetzung nicht nur den traumatisch fraktionierten Prozess der Symbolisierung

---

[80] Vgl. z.B. Ez 21,13–22 und hierzu oben Kap. Sechs, D., 3. Vertiefung.
[81] Vgl. oben Kap. Fünf, B., 4.2.
[82] Vgl. z.B. Ez 21,30–32 und hierzu oben Kap. Sechs, D., 3. Vertiefung.
[83] Vgl. oben Kap. Drei, C., 4.
[84] Vgl. oben Kap. Sechs, D.

wieder in Gang, sondern ermöglicht auch eine relativ geschützte Konfrontation mit den Schreckensereignissen.

Im Ezechielbuch indes liegen die Dinge m.E. etwas anders. Immer wieder mischen sich hier mit kriegerischer Gewalt zusammenhängende ‚Realia' in die Metaphorik (z.B. das *stripping* von Kriegsgefangenen; Vergewaltigung als systematisch eingesetzte Kriegswaffe an Soldaten und Zivilbevölkerung; die Selbstverletzungen einer mit Kriegsgräueln konfrontierten Frau), so dass die Metaphorik von der Realität des Krieges eingeholt und überrollt wird. Hier bricht sich ein Phänomen Bahn, das ich oben als „Hyperrealisierung" oder als „exzessiven Realismus" bezeichnet habe[85] – und das sich vielleicht als eine Art Indikator für die Fragmentierungskraft der in Frage stehenden Kriegsereignisse zu Beginn des 6. Jh.s v.u.Z. begreifen lässt. Obwohl das Ezechielbuch die eigentliche Katastrophe, die Belagerung, Eroberung und Zerstörung Jerusalems in den Jahren 589/88 bis 587/86 v.u.Z. nur indirekt zur Sprache bringt, stellt es vermittels der Hyperrealisierung eine kaum mehr erträgliche Nähe zu den Ereignissen und deren zerstörerischen Folgen für die betroffenen Menschen her.

Als weiteres Merkmal des modernen Trauma-Romans nennt Ronald Granofsky die Zentralität der Thematik des Bezeugens. Zwar kommt der entsprechende hebräische Terminus (√עוד) im Ezechielbuch nicht vor, durchaus zutreffend für die Ezechielerzählung aber ist eine „pervasive literal and metaphorical emphasis on vision, looking, or eyes", die laut Ronald Granofsky mit diesem Merkmal verbunden ist (vgl. nur Ez 8,5–17; 47,6).

Wie es in zeitgenössischen *trauma novels* häufig der Fall ist, wird auch im Ezechielbuch das Motiv des Essens symbolisch bzw. (re-)symbolisierend eingesetzt, wobei Ezechiels Essen-Müssen der Schriftrolle (Ez 2,8b-3,3) den Ausgangs-, sein Blick auf die nie ausgehende Speise, die in den Erstlingsfrüchten an den Bäumen zu beiden Seiten des paradiesischen Stroms besteht (Ez 47,12), den Schlusspunkt einer das ganze Buch durchziehenden ‚Essens-Spur' bildet[86].

Auch die ebenfalls charakteristische Infragestellung oder ‚Chaotisierung' grundlegender Verstehenskategorien wie Zeit, Raum, Kausalität und

---

[85] Besonders augenfällig wird dieses Phänomen, wenn die entsprechenden Stellen des Ezechielbuchs mit ähnlichen (möglicherweise als bekannt vorauszusetzenden) Stellen des Jeremiabuchs verglichen werden, so Ez 2,8b-3,3 mit Jer 15,16 (vgl. oben Kap. Sechs, A., 1. Vertiefung), Ez 16 mit Jer 3,6–13, sowie Ez 23,31–34 mit Jer 25,15–29 und 51,7–10 (vgl. oben Kap. Sechs, D., 4. Vertiefung).

[86] Vgl. oben Kap. Sechs, A., 1. Vertiefung.

Unterscheidung Ich – Anderes lässt sich im Ezechielbuch beobachten: Die Eingangs- und die Schlussvision des Buches in Kap. 1 und Kap. 40–48 können einander unter den Überschriften ‚Zusammenbruch von Kategorien' und ‚Wiederherstellung von Kategorien' gegenübergestellt werden[87], und während der Zeit der Belagerung, Eroberung und Zerstörung Jerusalems (Ez 24,1–33,20) kommt jede Zeitrechnung, jede Chronologie ins Wanken[88]. Umgekehrt erfolgt die Re-Etablierung von Verstehen(skategorien) nicht nur durch die Etablierung von Grenzziehungen und Trennungen, etwa von heilig und profan oder rein und unrein (vgl. nur Ez 22,26 mit Ez 44,23), sondern auch dadurch, dass neue Kausalzusammenhänge entwickelt werden. Immer wieder etwa wird der Versuch unternommen, das unfassbare Ausmaß der Katastrophe mit der unfassbaren ‚Sündhaftigkeit' des Hauses Israel bzw. Jerusalems zu begründen – oder aber mit dem unermesslichen Zorn Jhwhs, der sich, nachdem Gott ihn immer wieder unterdrückt hat, nun doch Bahn brechen muss[89]. Ez 16 und 23 schließlich führen das ‚Versagen' Jerusalems auf ein im (frühsten) Kindesalter erlittenes initiales Trauma zurück[90]. Dass diese verschiedenen Erklärungsmodelle bei näherem Hinsehen nicht gut miteinander vereinbar sind, hält den Zusammenbruch von Sinn trotz allen Ringens um Verstehen auf einer anderen Ebene fest.

Ein letztes hier zu besprechendes Merkmal des Trauma-Romans, das von Ronald Granofsky aufgeführt wird, ist das der *elemental dissolution*. Zentral ist dabei die Beobachtung, dass zeitgenössische AutorInnen für die Darstellung traumatischer Zusammenbrüche immer wieder auf das traditionelle Modell der Vier Elemente zurückgreifen, obwohl heute über 100 Elemente bekannt sind. Ronald Granofsky führt dies darauf zurück, dass sich vermittels des ‚alten' Konzepts nicht nur die Fragmentierung, sondern auch die urspüngliche Einheit des Fragmentarischen in besonderer Weise zur Sprache bringen lasse. Es wäre anachronistisch, das Ezechielbuch auf dieses Merkmal hin untersuchen zu wollen – was allerdings auffällt, ist, dass in ihm alle vier ‚Elemente' auf zerstörerische Art und Weise in Erscheinung treten und schließlich einer lebensförderlichen Bestimmung zugeführt bzw. re-symbolisiert werden:

---

[87] Vgl. oben Kap. Sechs, A. und O.
[88] Vgl. oben Kap. Sechs, M.
[89] Vgl. oben Kap. Fünf, B., 3.4.
[90] Vgl. oben Kap. Sechs, C., 2. Vertiefung und D., 4. Vertiefung.

,Element'	nicht lebensförderlich bzw. zerstörerisch wirksam	lebensförderlich bzw. in ursprünglicher Bestimmung wirksam
Feuer (אֵשׁ)	z.B. Ez 5,4; 15,7; 16,41; 21,3; 22,21.31; 30,14; 38,22	Ez 39,9f [91], (Brandgaben im utopischen Tempel, vgl. z.B. 43,24.27; 45,23.25)
Wasser (מִים)	z.B. Ez 13,11.13 (jeweils:„strömender Regen"); 27,34; 26,19; 38,22 („strömender Regen"	Ez 34,26 (Fruchtbarkeit bringender Regen); 47,1–12
Erde (אדמה, ארץ)	z.B. Ez 12,19f; 19,13; 25,3; 36,12–15; 38,19f	Ez 34,27; 36,12–15; 47,13–48,29 (Neuverteilung des fruchtbaren Landes)
Luft (רוח) [92]	z.B. Ez 5,10.12; 17,10; 27,26	Ez 37,1–14; 39,29

Diese der sog. *elemental dissolution* ähnelnde Darstellungsform des Eze-chielbuchs kann als Teil der symbolvermittelten Auseinandersetzung mit den Schreckensereignissen begriffen werden – immer wieder wird das Unheil so nicht als menschengemachte, sondern als Natur- (bzw. als ,über-natürliche') Katastrophe in Szene gesetzt. Damit wird ihr wiederholt das Merkmal der Unabwendbarkeit, der Zwangsläufigkeit und nicht zuletzt der massiven, alle(s) unterschiedslos treffenden Vernichtung eingeschrie-ben. Wohnt schon diesem zuletzt genannten Aspekt ein (hyper-)realer Zug inne, so gilt dies sicherlich auch im Hinblick auf die Zerstörung der natürlichen Umwelt und den Verlust der (natürlichen) Lebensgrundlagen, wie sie im Zuge von Belagerungskriegen häufig vorkamen[93]. Die Bilder der Wiederherstellung knüpfen an die Ambivalenz der ,Elemente' an, denen ein tödliches Potential innewohnt, ohne die aber umgekehrt Leben nicht möglich ist. In diesem Sinne erscheinen sie in besonderer Weise geeignet, das „Geheimnis des Überlebens" der Exilskatastrophe erfahrungsnah zur Sprache zu bringen.

2. Zum Verhältnis von Trauma und Geschichte im Ezechielbuch

Auch wenn das Ezechielbuch gelegentlich mit auch in anderen Quellen zu findenden historischen Daten und Fakten operiert (etwa der Deportation

---

[91] Vgl. oben Kap. Sechs, N., 8. Vertiefung.
[92] Zur רוח vgl. ausführlich oben Kap. Sechs, N., 7. Vertiefung.
[93] Vgl. oben Kap. Vier, B., 3.1. und 3.2.

Jojachins 598/97 v.u.Z. und der Zerstörung Jerusalems 587/86 v.u.Z.)[94] –
(Real-)Geschichtsschreibung oder Historiographie ist es nicht (und will es
m.E. nicht sein!). Eher – und das soll im Anschluss kurz erläutert werden –
lässt sich die Ezechielprophetie als ein Versuch begreifen, das vergessene
„Andere der Geschichte", als das Manfred Weinberg das Trauma bezeichnet hat[95], festzuhalten. Das Ezechielbuch versucht, das Unaussprechliche
ins Wort zu bringen, das dem Gedächtnis Unverfügbare zu erinnern – und
dies gelingt ihm, weil es nicht faktual berichtet, sondern fiktional erzählt[96].
Es muss deshalb die dem Trauma inhärente Dialektik zwischen Schweigen
und Aussprechen, zwischen Abwehr und Auseinandersetzung nicht auflö-
sen, sondern hebt Dialektik und Widersprüchlichkeit bis zum Schluss in
sich auf. In diesem Sinne etwa bleibt Ezechiel auch dann noch weitestgehend stumm, als seine Zunge von Jhwh gelöst worden ist[97]. In diesem
Sinne auch bleibt der gigantische Entwurf vom neuen Tempel der Entwurf
eines „sicheren Ortes", der sich nur im Text – und auch dort nur visionär
bzw. imaginativ – bereisen lässt[98]. Vermittels des Textes allerdings stehen
die in der Ezechielerzählung vollzogenen Wege und Bewegungen *allen*
Hörenden und Lesenden offen, die darüber (sekundäre) ZeugInnen einer
Erkenntnis werden, die die Nicht-Erzählbarkeit vernichteten Lebens *und*
das Geheimnis des Überlebens und der Überwindung von Todesstruktu-
ren umfasst[99]. Eine Passage, die diesbezüglich besonders eindrücklich ist,
ist m.E. Ez 37,1–14 – ein Abschnitt, der sich gleichsam als Wiederholung
der ‚großen Erzählung' in konzentrierter Form erweist[100].

Die Frage, wie nah die Ezechielerzählung den (historischen) Ereignissen steht, auf die es Bezug nimmt, vermag ich auch nach intensiver
Beschäftigung mit dem Geschilderten nur vorsichtig – oder uneindeutig –
zu beantworten. Was die *zeitliche* Nähe betrifft, erscheint mir der von der
Erzählung suggerierte Erzählzeitpunkt durchaus plausibel: Dieser muss,
so die Fiktion, nach 572/71 v.u.Z. und gleichzeitig zu Lebzeiten des Ich-
Erzählers Ezechiel liegen, der 574/73 v.u.Z., zum Zeitpunkt der Vision vom
utopischen Tempel sein 50. Lebensjahr erreicht. Der Erzählzeitpunkt wäre
somit zwischen 572/71 (*terminus post quem*) und ca. 540 v.u.Z. (*terminus*

---

[94] Vgl. oben Kap. Vier, A.
[95] Vgl. oben Kap. Drei, B., 2.2.
[96] Vgl. oben Kap. Fünf, A., 2. und 3.
[97] Vgl. oben Kap. Fünf, A., 3.4.
[98] Vgl. oben Kap. Sechs, O., 9. Vertiefung.
[99] Vgl. oben Kap. Drei, C., 3.
[100] Vgl. oben Kap. Sechs, N., 7. Vertiefung. Vgl. auch Ez 38–39 und hierzu oben Kap.
Sechs, N., 8. Vertiefung.

ante quem) anzusetzen[101]. Die Zeitspanne ca. 570 bis ca. 540 v.u.Z. aber ist m.E. auch als Entstehungszeitraum des Buches *in seiner Grundanlage* keineswegs unwahrscheinlich. „There are", so schreibt Paul M. Joyce in seinem im Jahr 2007 erschienenen Kommentar bezogen auf eine Datierung des Ezechielbuchs ins 6. Jh. v.u.Z.,

> in fact many factors that lend credibility to the sixth-century setting. The historical circumstances [...] broadly reflect what is known of the sixth century from extra-biblical sources such as the Babylonian Chronicle [...]. The issues addressed by the book fit with the period and appear to reflect the situation of national loss associated with it. Moreover, by the end of the sixth century, reality will have taken over from aspiration in many respects (with regard, for example, to temple or monarchy), and many expectations will have been falsified by historical developments [...]. The work coheres with other biblical evidence for the sixth century, including the reassessment of issues of divine action and human or national responsibility [...]. [...] Furthermore, with regard to the language of the book, the studies by Hurvitz (1982) and Rooker (1990) show persuasively that the language is best described as belonging to the ,transition' between Classical Biblical Hebrew and Late Biblical Hebrew, which would fit the sixth century. Cumulatively, the case for staying with the sixth-century setting that the book claims for itself is overwhelming[102].

M.E. legt sich die Datierung der Ezechielerzählung ins 6. Jh. v.u.Z. – und zwar tendenziell eher in die Mitte als ans Ende dieses Jahrhunderts – auch auf der Grundlage der durchgeführten traumatologischen Analyse nahe. Von besonderem Gewicht ist dabei der Umstand, dass die traumatische Katastrophe auch am Ende der Erzählung noch nicht vollständig integriert erscheint, obwohl bereits eine über viele Kapitel reichende literarische Auseinandersetzung mit den Ereignissen stattgefunden hat. Nach wie vor braucht es die Imagination eines „sicheren Ortes", auch wenn sich diese mit der visionären Vorstellung eines Neuanfangs verbindet (Ez 40–48) – ein Hinweis darauf, dass die Bilder des Schreckens (wie es ja auch in Ez 33,21–39,29 mehrfach der Fall ist) noch immer wieder einbrechen können. Aus psychotraumatologischer Perspektive ‚muss' es

---

[101] Vgl. oben Kap. Fünf, A., 3.4. und 3.5.

[102] Joyce, Ezekiel, 4, unter Bezugnahme auf Avi Hurvitz, *A Linguistic Study of the Relationship between the Priestly Source and the Book of Ezekiel: A New Approach to an Old Problem* (CRB 20), Paris 1982, 154f, und Mark F. Rooker, *Biblical Hebrew in Transition: The Language of the Book of Ezekiel* (JSOT.S 90), Sheffield 1990, 177–181. Vgl. auch Ronald E. Clements, „The Chronology of Redaction in Ezekiel 1–24", in: Johan Lust (Hg.), *Ezekiel and His Book: Textual and Literary Criticism and their Interrelation* (BEThL 74), Leuven 1986, 283–294, 294; Albertz, Exilszeit, 264; Joyce, Temple, 146f.

sich bei diesem Entwurf um Räumlichkeiten handeln, die es (so) nur im fiktionalen Text geben kann, so dass man auch auf diesem ‚Denk-Umweg' in eine faktisch tempellose Zeit, d.h. in die Jahre 587/86 bis längstens 520 v.u.Z., gewiesen wird[103]. Vor dem Hintergrund der durchgeführten traumatologisch-literarischen Untersuchungen ist es des Weiteren nahe liegend, die oftmals als spät(er)e Erweiterungen betrachteten Textpassagen Ez 38–39 und Ez 40–48 als (in weiten Teilen) genuine Bestandteile des Ezechielbuchs zu betrachten – und zwar aufgrund der jeweils besonderen Funktion, die ihnen im Rahmen der Auseinandersetzung mit der traumatischen Katastrophe zukommt[104]. Schließlich spricht auch der Umstand, dass die Rache an Nebukadnezar bzw. die Re-Inszenierung seines Angriffs auf Juda (Ez 38–39; vgl. 21,33–37) unbedingt erzählt werden muss, dass aber diese Erzählung verschlüsselt stattfindet, für einen (historischen) Erzählzeitpunkt vor 539 v.u.Z., d.h. zu einem Zeitpunkt, an dem die Babylonier noch nicht von der geschichtlichen Bühne abgetreten waren.

Mehr noch als alles andere aber ist es die aus der Ezechielerzählung sprechende ‚gefühlte Nähe' zu den Schreckensereignissen, die mich für eine Datierung in die Zeitspanne ca. 570 bis ca. 540 v.u.Z. plädieren lässt. Die Entstehung eines ‚traumatisierten Textes', der (die) Auswirkungen von Kriegsgewalt in ihren kollektiven wie individuellen Dimensionen derart tiefgehend festhält, ist m.E. nur vorstellbar, wenn in ihn die Stimmen von direkt und indirekt Betroffenen eingeflossen sind. Auch wenn bezüglich der zeitlichen Nähe zu den im Ezechielbuch eingespielten historischen Daten und Fakten über Vermutungen letztlich nicht hinauszukommen ist – die Ich-Erzählfigur Ezechiel jedenfalls erscheint, nicht zuletzt in ihrer eigenen exemplarischen Betroffenheit, in solidarischer Verbundenheit mit ihren Gewalt leidenden VolksgenossInnen. Deren hungernden, dürstenden, zitternden, vergewaltigten und verohnmächtigten Körpern ist kaum näher zu kommen, als dies der Prophet im Erzählen seiner Geschichte tut[105]. Vor diesem Hintergrund ist es m.E. durchaus plausibel, den abstrakten Autor bzw. einzelne Angehörige der ‚abstrakten AutorInnengruppe'[106]

---

[103] Vgl. hierzu Liss, Temple, 141–143.

[104] Vgl. oben Kap. Sechs, N., 8. Vertiefung und O., 9. Vertiefung.

[105] Vgl. Ez 2,8b-3,3 und hierzu oben Kap. Sechs, A., 1. Vertiefung. Vgl. auch die Analogiehandlungen in Ez 4,1–5,4 (und hierzu oben Kap. Sechs, B.), 12,1–16.17–20 (und hierzu oben Kap. Sechs, C.), sowie 21,11f (und hierzu oben Kap. Sechs, D., 3. Vertiefung).

[106] Der „abstrakte Autor" ist Schmid zufolge (ders., Narratologie, 50) „das Bild des Urhebers [eines literarischen Werks, R.P.], wie er sich in seinen schöpferischen Akten zeigt". Dieses Bild hat „eine zweifache, objektive und subjektive Grundlage" – es ist „im Werk enthalten […] und [wird] durch den Leser rekonstruiert". Der abstrakte Autor ist vom

des Ezechielbuchs als Traumaopfer oder als unmittelbare AugenzeugInnen der traumatischen Ereignisse von 598/97 und 589/88–587/86 v.u.Z. und damit als ÜbermittlerInnen einer besonderen – gleichsam ‚rückseitigen‘ – geschichtlichen Realität[107] anzusprechen.

3. Das Ezechielbuch als Zeugnis-Literatur

Im Zusammenhang der literarischen Trauma-Theorie kommt der Thematik des Bezeugens wesentliche Bedeutung zu: In Kap. Drei, C., 2. wurde dargelegt, wie diejenigen, die sich als ZuhörerInnen von Trauma-Überlebenden zur Verfügung stellen, in einen Prozess der (sekundären) Zeugenschaft hineingezogen werden, in dem sie als Mitwissende und Mitfühlende eines schuldbehafteten Wissens gefordert sind. In Abschnitt C., 3. desselben Kapitels habe ich Überlegungen von Dori Laub und Martina Kopf vorgestellt, denen zufolge sich auch Hörende und Lesende fiktionaler Texte in ein solches (sekundäres) Bezeugungsgeschehen verstricken, worüber ihnen die Struktur (unverfügbarer) traumatischer Erinnerung zugänglich gemacht werden kann. Inwiefern sich auch das Ezechielbuch als Zeugnisliteratur begreifen lässt, *wer* in ihm *was wie für wen* bezeugt, darum soll es in den folgenden Ausführungen gehen. Am Anfang steht dabei ein Blick auf die ‚Bezeugungsverhältnisse‘ innerhalb der Erzählung bzw. unter den Erzählfiguren (3.1.), in einem weiteren Abschnitt wird die (sekundäre) Zeugenschaft der (idealen) RezipientInnen der Erzählung erörtert (3.2.).

3.1. Augenzeugenschaft innerhalb der Ezechielerzählung

Wie der intensive Rückgriff auf das Wortfeld ‚Sehen‘ im zeitgenössischen Trauma-Roman die Bedeutsamkeit der Zeugnis-Thematik widerspiegelt, so lässt sich diese im Ezechielbuch gut an den (reichlichen) Vorkommen des Wortes עַיִן, „Auge", ablesen. Nicht nur entfallen 70 der insgesamt 866 ersttestamentlichen Belege dieses Lexems auf die Ezechielerzählung[108], besonders häufig (31 von insgesamt 107 ersttestamentlichen Belegen) ist darüber hinaus der Gebrauch von לְעֵינֵים, „vor den Augen", einer geprägten Wendung, die „Augenzeugenschaft und damit Gegenwart" umschreibt[109].

---

konkreten Autor, der „reale[n] historische[n] Persönlichkeit, de[m] Urheber des Werks", zu unterscheiden (a.a.O., 49).

[107] Vgl. oben Kap. Drei, A., 1.

[108] Zur Wortstatistik vgl. die Tabelle bei Ernst Jenni, „Art. עין 1.-3.", THAT II (⁵1995 [1975]), 259–266, 260.

[109] Franz Josef Stendebach, „Art. עין", ThWAT VI (1989), 31–48, 40.

Betrachtet man die Belegstellen von לעינים im Einzelnen, lassen sich, bezogen auf die ezechielischen Erzählfiguren, die folgenden Konstellationen von Augenzeugenschaft ausmachen:

1) Das Haus Israel soll zum Augenzeugen der von Ezechiel durchzuführenden Analogiehandlungen (Ez 4,12; 12,3.3.4.4.5.6.7; 21,11; 37,20) bzw. seines Aufschreibens (43,11)[110] werden;
2) im Rahmen der ersten Tempelvision wird Ezechiel zum Augenzeugen für Ereignisse, die Jhwh ihn sehen lässt (Ez 10,2.19; vgl. auch 8,5; 40,4; 44,5)[111];
3) Jhwhs (auf-)richtendes Handeln an Israel ereignet sich angesichts der Augenzeugenschaft der Nationen (Ez 5,14; 20,9.9.14.14.22.41; 28,25; 36,23; 38,16.23; 39,27; vgl. auch 16,41; 22,16; 39,21 [hier √ראה]);
4) wenige Ereignisse finden vor den Augen einer eher unspezifischen breiteren Öffentlichkeit statt (Ez 5,14; 28,18; 36,34).

Auffällig ist, dass Jhwh und sein Prophet auf völlig unterschiedlichen Ebenen agieren: Jhwh ringt in erster Linie um sein Ansehen *bei den Nationen*, Ezechiel hingegen hat *seinem Volk* die konkret-körperlichen Auswirkungen der Exilskatastrophe zu bezeugen. Es springt außerdem ins Auge, dass Jhwh allein Ezechiel zum direkten Augenzeugen seines Handelns macht, während die Angehörigen des Hauses Israel nicht als direkt Sehende angesprochen werden. Die Zeugenschaft des Gottesvolkes tritt in der Ezechielerzählung einzig als prophetisch vermittelte in Erscheinung: Nur durch Ezechiel – denn nur zu ihm spricht und an ihm handelt Jhwh direkt – kommt Gottes Sache, Gottes דבר bei den Seinen an. Ezechiel ist gleichsam der einzige Zeuge Jhwhs; er führt dem Gottesvolk Jhwhs Überleben vor Augen.

An Ezechiel hängt dabei nicht nur die Übermittlung des göttlichen Fühlens und Denkens, sondern zugleich die Wiederherstellung der zutiefst gestörten Beziehung zwischen Israel und seiner Gottheit, für welche die beiderseitig starr gewordenen Blicke ein Ausdruck sind: Jhwh scheint nicht zu glauben, die Blicke seines Volkes, die er auf Andere(s) gerichtet sieht (Ez 6,9; 20,7f.24; 33,25; vgl. 22,26; 23,27), je wieder auf sich ziehen zu können, während sich umgekehrt das Haus Israel *von Gott* ungesehen wähnt (Ez 9,9; vgl. 8,12). Ein neues Sehen ist in dieser Situation nicht

---

110 Vgl. oben Kap. Fünf, A., 3.4.
111 Vgl. oben Kap. Fünf, A., 3.2.

möglich – Jhwh untermauert dies, indem er beschließt, bei seinem ver-
härteten Blick zu bleiben (Ez 5,11; 7,4.9; 8,18; 9,10; vgl. 9,5)[112]. In dieser ‚Krise
der Zeugenschaft' ist es die – ihm von Gott zugemutete – Aufgabe des
Propheten, das Trauma Gottes und die Traumata seiner VolksgenossInnen
in und mit (s)einem Leib zu bezeugen. Doch nicht nur das – in seinem
Bewegt- und Aufgerichtetwerden durch רוח bezeugt er, auch dies konkret-körperlich, zugleich die Überwindung der Schreckensstarre, um Gott
und Volk einander wieder näher zu bringen und gegenseitiges Vertrauen
neu zu eröffnen. Mit der Gog-Perikope scheint sich dies – ansatzweise –
zu verwirklichen: In neuer Sprache verspricht Jhwh die Schicksalswende
für „Jakob", welche nicht nur in der Rückführung *aller* (je) Deportierten
ins Verheißene Land, sondern auch in einem neuen *Sehen* Jhwhs besteht,
der sein *Angesicht* künftig nicht mehr vom Haus Israel abwenden wird
(Ez 39,25–29)[113]. Die auf die Gog-Perikope folgende Vision in Ez 40–48
schließlich kann als Imagination einer erneuerten ‚Wohngemeinschaft'
betrachtet werden, die allerdings den traumatisch erhöhten Sicherheits-
bedürfnissen auf beiden Seiten Rechnung trägt[114].

Welche Rolle spielt in diesen Zusammenhängen die im Ezechielbuch
wiederholt beschworene Augenzeugenschaft der Völker? Markant ist
zunächst, dass diese mit der Gog-Perikope endet, anders als die Augenzeugenschaft Ezechiels (vgl. Ez 40,4; 44,5) und die Augenzeugenschaft
des Hauses Israel, welche sich auf Ezechiels Schreiben (und damit auf das
nach ihm benannte Buch!) bezieht (vgl. Ez 43,11). Wo etwas לעיני הגוים
geschieht, geht es inhaltlich zumeist um die „Gewichtigkeit" (√כבד)
Jhwhs, die sich in seinem Handeln *an Israel* erweist, was wiederum die
Anerkenntnis Jhwhs bei den Nationen selbst (vgl. Ez 36,23; 38,16.23; 39,21–
23) wie beim Haus Israel (vgl. Ez 20,41; 22,16; 28,25f; 39,21–23; 39,27f[115])
befördern soll. Doch scheinen die גוים – und dies verwundert kaum –
in dem, was an historischen ‚Fakten' vor Augen liegt, die Gottheit Israels gerade *nicht* am Werke zu sehen. Wenn jemand sich als wirkmächtig
erwiesen hat, so nicht etwa Jhwh, sondern die Gottheit der Babylonier,
Marduk/Bel, dem man die Eroberung und Zerstörung Jerusalems und die
damit in Zusammenhang stehende Erbeutung von Kriegsgefangenen und
wertvollem Material wohl selbstverständlich zurechnete. Selbst eine Rück-

---

[112] Vgl. oben Kap. Sechs, D.
[113] Vgl. oben Kap. Sechs, N., 8. Vertiefung.
[114] Vgl. oben Kap. Sechs, O., 9. Vertiefung.
[115] An dieser Stelle lässt sich der Erkenntnisprozess sowohl auf die Nationen als auch
auf Israel beziehen.

kehr von Deportierten und einen (nationalen) Neubeginn Israels hätten die Nationen wohl kaum zwangsläufig auf Jhwh zurückgeführt. Und dies gilt keineswegs allein für die Völker – vielmehr begegnet in deren Position der tiefe Zweifel der von der traumatischen Katastrophe betroffenen Angehörigen des Hauses Israel selbst. Was allein diesen Zweifel (und zwar auf beiden Seiten) ausräumen könnte, wäre, wenn Jhwh seine Niederlage (bzw. die Niederlage Judas/Jerusalems) in einen Sieg über Marduk/Bel (bzw. Nebukadnezar/die Babylonier) verwandeln könnte. Vermittels der Gog-Perikope macht die Ezechielerzählung dies *imaginativ* möglich und knüpft *daran* die Erkenntnis, dass Jhwh in den Deportationen mächtig am Werke und als Gottheit Israels stets gegenwärtig war – und weiterhin sein wird, etwa wenn er die Seinen aus den Exilen von allen Enden der Erde sammelt und ins Verheißene Land zurückbringt (vgl. Ez 39,21–23.27f).

Die Augenzeugenschaft der Nationen dient, so lässt sich dieser Befund zusammenfassen, letztlich dazu, dass Jhwh zum wirkmächtigen Täter der Exilskatastrophe werden kann – Jhwh braucht ein *internationales* Forum, um sein Agieren in der Geschichte Israels, die immer auch die Geschichte (s)eines Volkes inmitten anderer Nationen ist, zu erweisen. Letztlich aber hängt der Ezechielerzählung zufolge Jhwhs Gott-Sein nicht an der (An-)Erkenntnis der Völker, sondern an der (An-)Erkenntnis seines erwählten Volkes Israel (vgl. Ez 39,22)[116]. Wenn dennoch wiederholt auf die Erkenntnis der Nationen verwiesen wird, so dient dies in erster Linie dazu, Israel an die rechte Erkenntnis heranzuführen: Was die Nationen begreifen können, sollte doch Israel erst recht begreifen! Dass es bei der internationalen Augenzeugenschaft nicht um ein ‚kulturelles' Miteinander geht, zeigt sich daran, dass die Nationen nach dem imaginierten Sieg Jhwhs, in den Kapiteln 40–48, nicht mehr vorkommen, obwohl es doch gerade im Kontext eines neuen Gesellschaftsentwurfs auch um sie gehen müsste – wäre dieser Entwurf tatsächlich auf außertextweltliche Umsetzung bedacht. Letztlich zentral ist der Ezechielerzählung, dass Jhwh als Gottheit Israels ‚überlebt' und dass das Haus Israel in seiner Gesamtheit (wieder) zum Zeugen Jhwhs zu werden vermag.

---

[116] Gleichzeitig – und das ist für die (biblische) Frage nach dem Verhältnis zwischen Israel und den Völkern nicht unwesentlich – lässt sich dies auch dahingehend deuten, dass die Anerkennung Jhwhs durch die Nationen die Gotteserkenntnis Israels zu unterstützen und darüber die Beziehung zwischen der Gottheit Israels und ihrem Volk zu stärken vermag. Umgekehrt macht die Ezechielerzählung ebenfalls deutlich, dass die Nationen Gottes- bzw. Jhwh-Erkenntnis nur im Blick auf Israel bzw. auf Jhwhs Handeln an Israel – und niemals unabhängig davon – erlangen können.

3.2. *(Sekundäre) Zeugenschaft bei den (idealen) RezipientInnen des Ezechielbuchs*

Die Frage, ob das Ezechielbuch seine RezipientInnen in einen Prozess der (sekundären) Zeugenschaft verstrickt und dem entsprechend als ‚Zeugnisliteratur' verstanden werden kann, ist mit der Frage nach dessen (idealen) RezipientInnen unabdingbar verknüpft. Narratologisch betrachtet ist der ideale Rezipient als eine der beiden ‚Hypostasen' des abstrakten Lesers das einem Text zu entnehmende Bild dessen, „der das Werk auf eine der Faktur optimal entsprechende Weise versteht und jene Rezeptionshaltung und Sinnposition einnimmt, die das Werk ihm nahe legt"[117].

Die ideale Rezipientin der Ezechielerzählung ist, dies wurde schon mehrfach angedeutet, diejenige Leserin, die sich mit der Ich-Erzählfigur Ezechiel möglichst vollständig identifiziert und Ezechiels Wort (bzw. der nach ihm benannten Schrift) die gleiche Haltung entgegenbringt, wie sie der Prophet dem erweist, was ihm von JHWH her entgegenkommt. Dieser Identifikationsprozess erfährt im Ezechielbuch selbst eine erzählerische Umsetzung, wenn Ezechiel die Aufrichtung durch רוח, die er am eigenen Leibe erfahren hat, an die das Haus Israel verkörpernden trockenen Knochen weitergibt (Ez 37,1–14)[118]. Dass der Prophet *Primus inter Pares* ist, ist auch an der Anrede „Mensch" (בֶּן־אָדָם) erkennbar. Immer wieder spricht JHWH Ezechiel, den er zum Vor-Zeichen (und Vor-Bild) für das Haus Israel bestimmt hat (vgl. Ez 24,24), so an, macht aber wiederholt deutlich, dass solche ‚Menschwerdung' für das ganze Haus Israel vorgesehen ist (vgl. auch Ez 36,37.38):

> (Ez 34) [30]Sie werden erkennen, dass ich, JHWH, Gott für sie und mit ihnen bin, und sie, das Haus Israel, sind Volk für mich – Ausspruch JHWHs, mächtig über allen. [31]Ihr seid meine Herde, Herde meiner Weide, *Menschheit* (אָדָם) seid ihr, und ich bin Gott, für euch da – Ausspruch JHWHs, mächtig über allen.

Nicht zuletzt ermöglicht (und erleichtert) die durchgehende Form der Ich-Erzählung die Identifikation der einzelnen HörerInnen bzw. LeserInnen mit dem Protagonisten des Buches. Wie Ezechiel aber sollen die idealen RezipientInnen in erster Linie ZeugInnen sein – ZeugInnen nicht allein der Exilskatastrophe und der mit dieser verbundenen individuellen und kollektiven Schrecken, sondern ZeugInnen für *Gottes Perspektive* auf diese

---

[117] Schmid, Narratologie, 69. Mit „Faktur" scheint Schmid in diesem Zusammenhang die ‚Machart' des literarischen Werks zu meinen. Vgl. auch oben Kap. Fünf, Anm. 126.

[118] Vgl. oben Kap. Sechs, N., 7. Vertiefung.

Katastrophe und schließlich für die (von Gott) eröffneten Möglichkeiten des Heilwerdens. Die idealen RezipientInnen werden dementsprechend nicht nur ZeugInnen des Traumas Judas/Jerusalems, sie bezeugen zugleich das *Trauma Gottes*, das Trauma seiner abgrundtiefen Verlassenheit, in der die Exilskatastrophe nach Maßgabe des Ezechielbuchs ihren Ursprung hat[119]. Wer sich im Lesen des Ezechielbuchs mit dessen Ich-Erzählfigur identifiziert, wird somit nicht nur zum Zeugen des Überlebens Ezechiels und des Hauses Israel, dessen Traumata Ezechiel verkörpert, sondern auch des Überlebens JHWHs, für das der Prophet *innerhalb* des Erzählgeschehens der einzige Zeuge ist. Umgekehrt erscheint damit das Überleben JHWHs *außerhalb* des Erzählgeschehens als abhängig von der (sekundären) Zeugenschaft der (idealen) RezipientInnen – eine Denkfigur, die an eine rabbinische Diskussion im Anschluss an Jes 43,12 erinnert:

> Es heisst Jes. 43,12: ‚Ich verkündigte und rettete und that es kund, und kein Fremder war unter euch, und ihr seid meine Zeugen, spricht der Ewige und ich bin Gott.' [...] R. Simeon ben Jochai hat gelehrt (hat diese Stelle dahin erklärt): Wenn ihr meine Zeugen seid, bin ich der Ewige, wenn ihr aber nicht meine Zeugen seid, so bin ich, wenn man so sagen darf, nicht der Ewige. (PesK XII,6)[120]

Ähnlich wie dies Kopf für moderne Trauma-Literatur beschrieben hat, stellt somit die Ezechielerzählung die Beziehung, in der ein für alle Seiten heilsames Erzählen möglich ist, allererst her. In diesem Sinne auch wirkt sie nicht nur durch das, was in ihr geschieht, sondern mehr noch durch das, was sie geschehen macht: Inmitten des Traumas – das Schreckensstarrwerden Ezechiels steht am Anfang – entwirft sie einen narrativen Raum, in dem diejenigen, die sich auf den intendierten Identifikationsprozess einlassen, nicht nur der Unsäglichkeit vernichteten Lebens, sondern auch dem Widerstand gegen Vernichtung, den noch der verzweifeltste Sprechversuch in sich birgt, begegnen. Die ‚Grenzwertigkeit' dieses narrativen Geschehens wird dabei in erster Linie dadurch festgehalten, dass das Ereignis, um dessentwillen erzählt wird, die Belagerung, Eroberung und Zerstörung Jerusalems, gar nicht ‚richtig' dargeboten wird. Als Beispiel für die Dialektik traumatischen Erzählens hingegen lassen sich einmal mehr die beiden schon oben erwähnten ‚Essens-Stellen' anführen, die der

---

[119] Vgl. vor allem Ez 6,9 und 16,42f und hierzu oben Kap. Sechs, B. und C., 2. Vertiefung.

[120] Vgl. auch Douwe J. van der Sluis u.a., *Alle Morgen neu. Einführung in die jüdische Gedankenwelt anhand eines der wichtigsten jüdischen Gebete:* שמונה עשרה *oder Achtzehngebet* (Erev-Rav-Hefte: Israelitisch denken lernen 7), Knesebeck 2005, 49f.

Erzählung einen Rahmen geben: Während der Prophet zu Beginn eine nicht nur seine Sprache ‚verbitternde' Schriftrolle schlucken muss (2,8b-3,3.14f)[121], ist sein letzter Blick auf die Bäume an den Ufern des Tempelflusses gerichtet, an denen neben den Heilung fördernden Blättern jeden Monat neu Erstlingsfrüchte wachsen (Ez 47,7.12). So darf Ezechiel ganz zum Schluss – eine Frucht der langwierigen Auseinandersetzung (mit Jhwh)? – noch etwas Süßes und Heilsames zumindest mit den Augen verschlingen[122].

Zum Zeugen oder zur Zeugin des im Ezechielbuch in Szene gesetzten geschichtlich-theologischen Wissens kann nicht nur werden, wer die Ereignisse von 598/97 und 589/88–587/86 v.u.Z. realiter miterlebt hat. Im Gegenteil – auch wenn sich die Ezechielerzählung einem Auseinandersetzungsprozess von Überlebenden dieser Ereignisse verdankt, so versucht sie doch gerade, *alle* Angehörigen des Hauses Israel in den Prozess der *fiktionalen* Auseinandersetzung mit diesen Ereignissen hineinzuholen. Sie tut dies etwa dadurch, dass sie das erzählende Ich die Schreckensstarre Israels ‚am Leibe tragen lässt' (Ez 3,15), dass sie die Zerstörung des Tempels mit Ezechiels Verlust seiner Frau in eins setzt (Ez 24,15–24) oder dass sie die Zerschlagung Jerusalems in immer neuen Bildern der Vernichtung zur Darstellung bringt. Darüber nämlich ergeben sich auch für nicht unmittelbar betroffene Hörende und Lesende jede Menge Anknüpfungspunkte – bzw. Punkte an denen diese emotional gepackt werden. Die Perspektive Jhwhs indes, mit der die Ezechielerzählung ‚operiert', ist sowohl für die unmittelbar als auch für die mittelbar von der Exilskatastrophe Betroffenen neu.

So betrachtet, konstituiert sich das „Haus Israel", von dem die Ezechielerzählung immer schon spricht, erst im Verlauf ihrer (idealen) Rezeption: Alle, die die Ezechiel vor Augen geführte Trauma-Perspektive Gottes bezeugen, gehören zu diesem ‚Haus', unabhängig davon, ob sie Nachkommen von Angehörigen der Nordreichs-Deportationen, Angehörige der *Gola* von 598/97 oder von 587/86 v.u.Z., in Juda Zurückgebliebene oder im Laufe der Zeit dorthin zurückkehrende Flüchtlinge sind – zunächst vorgenommene diesbezügliche Differenzierungen verlieren im Verlauf des Ezechielbuchs deutlich an Gewicht[123].

---

[121] Vgl. oben Kap. Sechs, A., 1. Vertiefung.
[122] Vgl. oben Kap. Sechs, O.
[123] Vgl. Ez 37,15–28 und hierzu oben Kap. Sechs, N.

Auch außerhalb der Geschichts-‚Rückblicke‘ in den Kap. 16, 20 und 23 wird die Geschichte Israels im Ezechielbuch (oder besser: vermittels des Ezechielbuchs) damit noch einmal ‚umerzählt‘: Identität und Beständigkeit Israels erscheinen nicht länger an die vormals gültigen Marker, sondern (einzig) an die Exilskatastrophe gebunden: Israel entsteht gleichsam neu – aus denen, die mit der Massivität der Schrecken das Ausmaß der Verletzung Jhwhs bezeugen, aus denen, die das Geschehene als richtendes Handeln Jhwhs auf sich nehmen, um so das Überleben der Gottheit Israels und ihres Volkes zu verbürgen.

Es mag sich hierbei um eine ‚große Erzählung‘ einer nicht allzu großen Gruppe handeln – das Maß der Vereinnahmung (das kritischen RezipientInnen der Erzählung kaum verborgen bleiben dürfte) ist m.E. einmal mehr zurückzuführen auf das Maß der Erschütterung, die die Exilskatastrophe hervorgebracht hat.

D. Noch einmal: Das Ezechielbuch verwunde(r)t

Am Schluss dieser Studie soll ein nochmaliger Blick auf die in der Einleitung skizzierten Wunderlichkeiten des Ezechielbuchs stehen. Die in Kap. Sechs durchgeführten Analysen, in denen ich sowohl die Erzählung in ihrer Gesamtheit als auch besonders relevante Einzelpassagen und – phänomene beleuchtet habe, dürften deutlich gemacht haben, dass viele der genannten Merkwürdigkeiten vor dem Hintergrund von (literarischen) Trauma-Konzepten verständlich(er) werden. Dies gilt etwa für die verschiedenen Wiederholungs- und Vergeltungsstrukturen und für den sonderbaren Umstand, dass der von der Gottheit Israels berufene Prophet von ebendieser Gottheit gewaltsam seiner Sprache beraubt wird. Letztlich wird man auch das im Ezechielbuch gezeichnete Gottes- und Menschenbild, das in der Einleitung ausdrücklich problematisiert wurde, als traumatisch bezeichnen können: Dass Jhwh immer wieder als Gewalttäter inszeniert wird (bzw. sich selbst als solcher inszeniert), ist mittelbare, auf literarischen Deutungsprozessen beruhende Folge der traumatischen Katastrophe von 587/86 v.u.Z. bzw. der mit dieser Katastrophe verbundenen individuellen und kollektiven Gewalterfahrungen. Auf menschlicher Seite gilt dies ähnlich vor allem für die inhärent erscheinende Sündhaftigkeit des Hauses Israel und dessen scheinbare Unfähigkeit zu toragemäßem, lebensförderlichem Handeln. Die ezechielische ‚Gottes- und Menschenrede‘ erweist sich indes – so paradox dies klingen mag – bei näherem Hinsehen trotz aller Schwierigkeiten als durchaus konstruktiv, als nicht nur traumatisch, sondern auch als heilsam. Diesen Heilung befördernden Momenten genauer auf die Spur zu kommen – darum soll es im Folgenden gehen. Meine Ausführungen verstehe ich dabei auch als ein Plädoyer dafür, die Ezechielerzählung und die in ihr reflektierten Möglichkeiten der Bearbeitung traumatischen Erlebens in theologische, kirchliche und gesellschaftliche Trauma-Diskurse einzubringen.

Damit die Theo- und Anthropologie des Ezechielbuchs ihre Tragfähigkeit entfalten kann, ist es m.E. wesentlich, sich die folgenden Aspekte (noch einmal) klarzumachen:

1) Das Ezechielbuch präsentiert sein Menschen- und Gottesbild als zeitgebundene Bilder: Die Ich-Erzählfigur Ezechiel erzählt von einer Katastrophenzeit, und innerhalb der Erzählung spricht JHWH in und von einer Zeit der Katastrophe – die Datierungen des Buches machen dies unmissverständlich deutlich.

2) Sowohl JHWH als auch Israel machen im Verlauf der Erzählung Entwicklungen durch – dafür gibt es eine ganze Reihe von Indizien. Imaginativ vermag sich Israel schließlich – nach JHWHs Sieg über das mythologisch verschlüsselte Babel – aus der traumatischen Starre zu lösen und beginnt, Gottes lebensförderlicher Weisung entsprechend, gegen Krieg und Tod anzuarbeiten (vgl. Ez 39,9–16). JHWH nimmt letztlich Abstand von strafendem Handeln und (traumatischer) Raserei und begreift, dass diese ihm nicht die ersehnte Gewichtigkeit verleihen. Zeichen hierfür sind etwa die Veränderungen in JHWHs שׂמם- und רוח-Handeln, als weiteres Indiz ist die ‚neue Sprache' in Ez 39,21–29 zu nennen. Auch wenn die gelieferte Begründung für JHWHs Sinneswandel selbstbezogen anmutet (vgl. Ez 36,16–38) – im Ergebnis bleibt festzuhalten, dass JHWH zugunsten seines Volkes eingreifen und für Verhältnisse sorgen will, in denen die Seinen ein Leben in Sicherheit und Fülle haben. Damit erweist sich die im Ezechielbuch gezeichnete Gottheit als „in höchstem Maße veränderlich" (Martin Luther)[124] und ‚beweglich' – der kaum beschreibbaren Mobilität ihres Thronwagens entsprechend (vgl. Ez 1; 10).

---

[124] Martin Luther, *Der Brief an die Römer* (D. Martin Luthers Werke. Kritische Gesamtausgabe 56), Weimar 1938, 234, 1: „Deus est mutabilis quam maxime." Vgl. hierzu auch Friedrich-Wilhelm Marquardt, *Eia wärn wir da – eine theologische Utopie*, Gütersloh 1997, 440–467; Jan-Dirk Döhling, *Der bewegliche Gott. Eine Untersuchung des Motivs der Reue Gottes in der Hebräischen Bibel* (HBS 61), Freiburg i.Br. u.a. 2009, 3f.

3) Was im Ezechielbuch geschrieben steht, ist keine Abbildung von Realität – und war dies, das jedenfalls ist meine Überzeugung, auch für die Menschen des 6. Jh.s v.u.Z. nicht. Das Ezechielbuch konfrontiert vielmehr mit einem fiktionalen Deutungsprozess kollektiver und individueller traumatischer Erfahrungen, die mit Nebukadnezars kriegerischen Angriffen auf Juda/Jerusalem 598/97 und 589/88–587/86 v.u.Z. in Zusammenhang stehen. Dass es sich um Deuteprozesse handelt, ist in der Erzählung selbst zum Ausdruck gebracht: Jhwh redet mit dem Propheten über die Katastrophe und gibt sie ihm – als visionäre, nicht als tatsächliche Wirklichkeit – im Vorfeld zu schauen, die tatsächlichen Kriegsereignisse bleiben (als Ereignisse auf der Erzählebene E⁰) unerzählt. Wo ‚Faktisches' angeprochen wird, ist Jhwh (weitestgehend) außen vor (vgl. Ez 24,1f; 33,21).

Vor diesem Hintergrund möchte ich in Bezug auf die ‚literarische Theanthropologie'[125] des Ezechielbuchs und deren Gewaltverstricktheit Folgendes festhalten:

1) Die Ezechielerzählung stößt dazu an, erlittene Gewalt nicht zu verschweigen, sondern auszusprechen oder aufzuschreiben. Dass es in der Ezechielerzählung einzig Jhwh ist, der über Zerstörung und Vernichtung redet, widerspricht dem nicht – denn letztlich ist es die prophetische Erzählfigur Ezechiel, die Jhwh in dieser Hinsicht zu Wort kommen lässt. Sie stellt den RezipientInnen Jhwh als eine Gottheit vor, die menschliche Gewalt(-Erfahrungen) übernimmt, in sich aufnimmt und deshalb auf diese ansprechbar ist – auch und insbesondere dort, wo Vernichtung dominiert. Indem Ezechiel Jhwh Unaussprechliches denken und sagen lässt, entsteht Raum für das auf menschlicher Seite Undenk- und Unsagbare.
2) Die Ezechielerzählung (er)findet der traumatischen Katastrophe von 587/86 v.u.Z. eine Geschichte. *Dass* es eine solche sinngebende Geschichte gibt, erscheint im Hinblick auf Überleben und Neuanfang stellenweise wichtiger als *die Inhalte*, welche die Geschichte transportiert – *das Erzählen selbst* ist Angehen gegen traumatische Erstarrung, Vernichtung und Tod.
   Doch werden, geht man den Weg der Ich-Erzählfigur Ezechiel von Anfang bis Ende mit, auch inhaltlich erstaunliche Perspektiven

---

[125] Zu diesem Begriff vgl. Kap. Fünf, A., 2.3.

geboten: Erstarrung, Vernichtung und Tod, die im Verlauf des Textes
noch immer wieder einbrechen, haben nicht das allerletzte Wort –
auch wenn der in Ez 40–48 entworfene utopische Raum auf die Katastrophe bezogen bleibt. Dadurch, dass das Haus Israel als über die
Maßen schuldig und JHWH als strafender Täter in Szene gesetzt werden, wird gegen die zerstörerische Willkür des Traumas angeschrieben.
Es wird zum Ausdruck gebracht, dass die Katastrophe kein Zufall, kein
unabwendbares Schicksal war, sondern sich daraus erklärt, dass Israel
die lebensförderlichen göttlichen Weisungen nicht oder nicht genü-
gend beachtet hat. Der Zukunft vernichtenden Angst, dass vergleichbares Unheil sich jederzeit wieder ereignen kann, soll damit die Spitze
genommen werden – durch Orientierung an der (ergänzten) Tora
JHWHs (vgl. Ez 43,13–46,24) kann solches Übel zukünftig verhindert
werden. In diesem Sinne ersetzt also die Ezechielerzählung traumatische Ohnmacht zunächst durch (traumatisches) Schuldempfinden,
um damit das Engagement für Gottes lebendig machende Weisung zu
begründen.

3) Ezechiel bzw. der Ezechielerzählung ist schon häufig vorgeworfen worden, das Bild einer lieblosen, unbarmherzigen, egoistischen Gottheit
zu zeichnen[126]. Dieser Eindruck – der sich m.E. bei näherem Hinsehen
nicht in dieser Eindeutigkeit bestätigt – ist gleichsam dem Umstand
geschuldet, dass die soeben vorgestellte literarische Strategie ein möglichst konsistentes und konsequentes Gottesbild erfordert. Würde
etwa das Motiv der Reue Gottes expliziter gemacht, würde dadurch,
wie etwa das Ende der Jona-Erzählung zeigt, ein Moment eingetragen,
das als Unberechenbarkeit gedeutet werden könnte[127] (vgl. Ez 18,25.29;
33,17.20) – dies aber würde die auf die Überwindung der traumatischen Erstarrung ausgerichtete Argumentation empfindlich stören.
Dass auch die Gottheit des Ezechielbuchs zwischen den Eigenschaften
der Gerechtigkeit und denen der Barmherzigkeit schwankt, und damit
auf das Moment der Reue bezogen bleibt[128], kommt eher indirekt, auf

---

[126] Vgl. hierzu Schwartz, View, 55: „Ezekiel [...] promises that the exiles of Israel will be
gathered up and brought to the land of Canaan, there to live in prosperity forevermore, but
not once does he speak of this as an act of mercy, compassion, forgiveness, deliverance,
redemption, kindness, joy, faithfulness to the covenant, reconciliation, or consolation."

[127] Vgl. hierzu Döhling, Gott, 429–484.

[128] Vgl. hierzu Döhling, Gott, 517–529. Döhling (a.a.O., 529) macht darauf aufmerksam,
dass die Reue nicht zu den Eigenschaften JHWHs gehört, sondern diesen gegenübersteht.
So beschreibe die Reue „Gottes Bewegung zwischen den beiden in sich spannungsvol-
len und unaufgebbaren Eigenschaftspolen der Gerechtigkeit und Liebe. Zwischen ihnen

sehr subtile Art und Weise zum Tragen: Anders als im Deuterojesaja-
oder im Jeremiabuch (vgl. z.B. Jes 54,7–10; Jer 31,19f) *spricht* Gott seine
Veränderung *nicht aus*, sondern *spricht anders* und gibt anderes zu
schauen. Darin, dass JHWH seine Strategie ändern und Israel wieder
herstellen ‚muss' (vgl. Ez 36,16–38), macht schließlich auch das Ezechielbuch deutlich, dass vernichtende Vergeltung mit Gottes Wesen
ebenso wenig vereinbar ist wie der Verzicht auf jene Vergeltung, die
den Armen, Elenden und Verachteten endlich zu ihrem Recht ver-
hilft[129]. JHWH existiert auch dem Ezechielbuch zufolge (nur) in der
Spannung zwischen Gerechtigkeit und Barmherzigkeit – würde diese
Spannung einseitig aufgelöst, sei es in die eine, sei es in die andere
Richtung, wäre JHWH, auch und insbesondere im Zusammenhang
der traumatischen Katastrophe, nicht mehr glaub-würdig. Die Rede
von einer nur barmherzigen Gottheit wäre angesichts des erlittenen
Unheils zynisch, diejenige von einer nur gerechten Gottheit vollkommen perspektivlos.

4) Dass Gottes Eigenschaften der Gerechtigkeit in der Ezechielerzählung
dennoch zumeist obenauf liegen, entspricht der Wirklichkeit der Vernichtung und unterstreicht einmal mehr die Nähe der Erzählung zu
den traumatischen Geschehnissen. Gleichzeitig entspricht das Bild der
richtenden Gottheit der traumatischen Überlebensschuld des Hauses
Israel, für das Tod und Vernichtung die letzten bestimmenden Realitäten zu sein scheinen (vgl. Ez 18,2; 33,10; 37,11). Es scheint so, als seien
es gerade die dunklen Seiten Gottes, die ihn die dunkelsten menschlichen Empfindungen – bis hin zur Ablehnung unerträglich gewordenen Lebens – festhalten lassen[130]. Selbst der – ihm als Gottheit, die das
Leben will (vgl. Ez 18,32), zutiefst widerstreitenden – Todessehnsucht
gibt JHWH also einen Ort in sich selbst.

5) Macht man sich klar, dass es ‚eigentlich' die Babylonier waren, die das
Unheil über Juda/Jerusalem gebracht haben (was auch das Ezechielbuch sehr genau weiß [vgl. z.B. Ez 24,1f]), so erstaunt die Ezechielerzählung umso mehr. Denn im Rahmen des fiktionalen Erzählprozesses

---

eröffnet sie Möglichkeiten der Vermittlung und beschreibt diese Vermittlung als Möglichkeit zwischen Gott und Mensch."

[129] Vgl. hierzu Klara Butting, „Wie lieb ist der liebe Gott? Von den dunklen Seiten
Gottes", in: dies., *Der das Licht und die Finsternis schuf. Glauben heute: biblisch – politisch –
spirituell* (Erev-Rav-Hefte: Biblische Erkundungen 9), Wittingen 2007, 75–86, 77–79.

[130] Vgl. hierzu Magdalene L. Frettlöh, „Aber man schafft es doch nicht immer", *JK* 71/2
(2010), 44f, passim.

übernehmen sowohl Jhwh als auch das Haus Israel eine Verantwortung, die ihnen *de facto* nicht zukommt, Jhwh, indem er als Täter, Israel, indem es als (allein) schuldig inszeniert wird. Dies dient, wie im Verlauf dieser Studie mehrfach festgehalten wurde, dem Überleben Jhwhs wie dem Überleben der Beziehung zwischen der Gottheit Israels und ihrem Volk. Dass so erzählt wird, bewirkt jedoch noch mehr – auch die Hoffnung, dass an der Verwandlung und Überwindung bestehender Gewaltverhältnisse gearbeitet werden kann, überlebt! Zeichen dafür ist der Entwurf eines utopischen Raums, welcher die Weisung Jhwhs (Ez 43,13–46,24) schützend umschließt. Vermittels der – in mancher Hinsicht fragwürdigen – doppelten Verantwortungsübernahme widerspricht die Ezechielerzählung damit einem Fatalismus, der die durch menschliche Gewalt geschlagenen Wunden für unausweichlich und unabänderlich hält.

6) Auch wenn in Bezug auf Jhwh der Täter-Diskurs und in Bezug auf das Haus Israel der ‚Sündhaftigkeits‘-Diskurs dominieren – das Ezechielbuch verabsolutiert diese Denkwege nicht, sondern gibt begrenzten Raum auch für Gegenstimmen, die immerhin erahnen lassen, wie heftig um den Sinn der traumatischen Katastrophe gerungen wurde. So wird nicht nur von der Schuld Israels erzählt, es wird etwa auch festgehalten, dass das Unheil Schuldige und Unschuldige, Ungerechte und Gerechte vernichtet hat (vgl. Ez 21,1–5.6–10). Auch, was das Täter-Sein Jhwhs angeht, schleichen sich Widersprüche ein, in Ez 24,14 etwa in Form einer grammatischen Inkongruenz, die plötzlich die Wirkmächtigkeit der Babylonier hervorhebt[131]. Das sog. Schwertlied in Ez 21,13–22 entwirft das Bild einer alle niedermetzelnden Waffe, über die die Gottheit Israels, auch wenn sie angibt, das Gericht entfesselt zu haben (vgl. Ez 21,10), nicht mehr verfügen zu können scheint[132]. Die eindrücklichste Gegenrede gegen den Täter-Diskurs allerdings betrifft weniger Jhwhs Tun an sich, sondern die Gründe, denen Jhwhs Tun entspringt – es sind jene Textpassagen, die Jhwh in die Nähe des Traumas rücken. Sie zeigen Jhwh als einen Gott, der nicht länger souverän für Gerechtigkeit eintritt und *deshalb* sein Gericht kommen lässt,

---

[131] In Ez 24,14 spricht Jhwh in Ich-Form von seinem richtenden Handeln, dann heißt es plötzlich: „Gemäß deinem Wandel und deinen Taten richten sie dich (שְׁפָטוּךְ).“ Die Übersetzungen korrigieren zumeist in die 1. Pers. Sing. (שְׁפַטְתִּיךְ, vgl. App. BHS). Zum Ganzen vgl. Leslie C. Allen, „Ezekiel 24:3–14: A Rhetorical Perspective", CBQ 49 (1987), 404–414, 405.

[132] Vgl. oben Kap. Sechs, D., 3. Vertiefung.

sondern der so abgrundtief verletzt ist, dass er nur noch verletzen kann, kaputt zu machen sucht, was ihn kaputt macht[133]. Dies bestätigt den auf das Haus Israel bezogenen Schulddiskurs – denn woran Gott zerbrochen ist, ist, wie es etwa in Ez 6,9 heißt, dessen Treulosigkeit –, gleichzeitig wird diesem Schulddiskurs widersprochen, indem dem richtenden Handeln JHWHs eine traumatische Emotionalität und damit der Charakter des Grenzenlosen, Unkontrollierbaren zugeschrieben wird. Ein Zeichen dafür sind die von JHWH verhängten ‚tödlichen' Weisungen (Ez 20,25f), die nicht nur für die göttliche Ver(w)irrung stehen, sondern gleichzeitig anzeigen, dass Israel die verlässliche Ordnung für ein lebensdienliches Verhalten genommen oder doch durcheinandergeraten ist (vgl. Ez 20,11.21). Auf sehr subtile Art und Weise wird damit der Empfindung Raum gegeben, dass das erlittene Unheil derart schwerwiegend ist, dass es durch kein Verhalten auf Seiten Israels bedingt sein oder gerechtfertigt werden kann (vgl. hierzu auch Ps 44); die Aussagen, dass Juda/Jerusalem ‚nur' getroffen hat, was es selbst getan hat[134], werden dadurch in Frage gestellt. Gleichzeitig aber könnte das Erzählen vom Trauma Gottes in doppelter Weise auf die Herstellung von Nähe zwischen der Gottheit Israels und den fiktiven LeserInnen zielen: Zum einen nämlich wird bei den Angehörigen des Hauses Israel um Verständnis für das Agieren JHWHs geworben, indem Israels traumatisches Leiden nun auch für Gott reklamiert wird. Zum anderen aber kommt darin auch die Gottheit Israels den Ihren wieder sehr nah, geht in die menschlichen Abgründe ein, wodurch umgekehrt zum Ausdruck gebracht wird, dass Israel letztlich auch an und in diesen Abgründen auf das Verständnis seiner Gottheit trauen darf. Der auf seinem Thronwagen hochherrschaftlich einherfahrende JHWH erweist sich nicht zuletzt darin als ein zutiefst menschlicher Gott (vgl. auch Ez 1,26!).

7) Das Trauma Gottes, wie die Ezechielprophetie es skizziert, besteht in Gottes Verlassensein – JHWH will und kann nicht ohne sein Volk, ohne Menschen sein. Der wesentliche Strang der Erzählung, der sich darum dreht, den durch die Katastrophe von 587/86 v.u.Z. traumatisierten Angehörigen des Hauses Israel ihre Gottheit zu bewahren und neu gegenwärtig zu machen, wird begleitet durch einen weiteren Erzählfaden, der sich darum spinnt, der (traumatisierten) Gottheit Israels die

---

[133] Vgl. z.B. Ez 16,42f und hierzu oben Kap. Sechs, C., 2. Vertiefung.
[134] Vgl. z.B. Ez 7,3.4.8.9 und hierzu oben Kap. Fünf, B., 3.4., Punkt 5.

Menschen (wieder) zu finden, die sie zur Bewahrung ihrer Lebendigkeit braucht. In diesem Sinne eröffnet das Ezechielbuch einen narrativen Raum, in dem (die Folgen) göttliche(r) und menschliche(r)
Gewalt angesichts JHWHs zur Sprache kommen und bearbeitet werden
können. Dieser Erzähl-Raum lebt von einer doppelten Hoffnung: Dass
solche literarisch-theologische Auseinandersetzung zur Überwindung
von Destruktivität und Gewalt und von deren traumatischen Konsequenzen – auf menschlicher wie auf göttlicher Seite – beitragen kann.
Und dass Gott – letztlich doch – ‚gewichtig' (√כבד) genug ist, um in
sich aufzuheben, was für Menschen unerträglich ist, und Worte hat für
das, was Menschen nur mehr schweigen lässt.

BIBLIOGRAPHIE

Ackroyd, Peter R. *Exile and Restoration. A Study of Hebrew Thought of the Sixth Century BC*, London 1968.

Adams, Robert McCormick. *Heartland of Cities: Surveys of Ancient Settlement and Land Use on the Central Floodplain of the Euphrates*, Chicago/London 1981.

Ahroni, Reuben. „The Gog Prophecy and the Book of Ezekiel", *HAR* 1 (1977), 1–27.

Albertz, Rainer. *Die Exilszeit. 6. Jahrhundert v. Chr.* (BE 7), Stuttgart u.a. 2001.

——. „Die Zerstörung des Jerusalemer Tempels 587 v. Chr. Historische Einordnung und religionspolitische Bedeutung", in: Johannes Hahn (Hg.), *Zerstörungen des Jerusalemer Tempels. Geschehen – Wahrnehmung – Bewältigung* (WUNT 147), Tübingen 2002, 23–39.

——. *Religionsgeschichte Israels in alttestamentlicher Zeit, erster und zweiter Teilband* (GAT 8), Göttingen 1992.

Albertz, Rainer/Westermann, Claus. „Art. רוח", THAT II (⁵1995 [1975]), 726–753.

Albright, William Foxwell. „King Joiachin in Exile", *BA* 5/4 (1942), 49–55.

——. *The Biblical Period from Abraham to Ezra*, New York/Evanston 1963 [1949].

Allen, Leslie C. *Ezekiel 1–19* (WBC 28), Nashville 1994.

——. *Ezekiel 20–48* (WBC 29), Nashville 1990.

——. „Ezekiel 24:3–14: A Rhetorical Perspective", *CBQ* 49 (1987), 404–414.

——. „Structure, Tradition and Redaction in Ezekiel's Death Valley Vision", in: Philip R. Davies/David J. A. Clines (Hg.), *Among the Prophets: Language, Image and Structure in the Prophetic Writings* (JSOT.S 144), Sheffield 1993, 127–142.

——. „The Rejected Sceptre in Ezekiel XXI 15b, 18a", *VT* 39 (1981), 67–71.

——. „The Structure and Intention of Ezekiel I", *VT* 43 (1993), 145–161.

Améry, Jean. „Tortur", in: ders., *Jenseits von Schuld und Sühne. Bewältigungsversuche eines Überwältigten*, Stuttgart ⁶2008 [1966], 46–73.

Amit, Yairah. „The Sixth Century and the Growth of Hidden Polemics", in: Oded Lipschits/Joseph Blenkinsopp (Hg.), *Judah and the Judeans in the Neo-Babylonian Period*, Winona Lake 2003, 135–151.

Anderson, Gary A. *A Time to Mourn, a Time to Dance: The Expression of Grief and Joy in Israelite Religion*, Pennsylvania 1991.

André, Gunnel. „Art. פקד", ThWAT VI (1989), 708–723.

André-Salvini, Béatrice. „Das Erbe von Babylon", in: Joachim Marzahn/Günther Schauerte (Hg.), *Babylon: Wahrheit. Eine Ausstellung des Vorderasiatischen Museums*, Berlin 2008, 29–37.

Andresen, Dieter. „Bibelarbeit zu Ezechiel 37,1–14", *Texte & Kontexte* 86 (2000), 15–30.

Ardjomandi, Mohammad E./Streeck, Ulrich: „Migration – Trauma und Chance", in: Karin Bell u.a. (Hg.), *Migration und Verfolgung. Psychoanalytische Perspektiven*, Gießen 2002, 37–52.

Assmann, Jan. *Das kulturelle Gedächtnis. Schrift, Erinnerung und politische Identität in frühen Hochkulturen*, München ⁵2005 [1992].

Astour, Michael C. „Ezekiel's Prophecy of Gog and the Cuthean Legend of Naram-Sin", *JBL* 95 (1976), 567–579.

Avioz, Michael. „The Call for Revenge in Jeremiah's Complaints (Jer XI–XX)", *VT* 40 (2005), 429–438.

Backhaus, Franz-Josef/Meyer, Ivo. „Das Buch Jeremia", in: Erich Zenger u.a.: *Einleitung in das Alte Testament* (KStTh 1,1), Stuttgart ⁶2006 [1995], 452–483.

Bahrani, Zainab. *Rituals of War: The Body and Violence in Mesopotamia*, New York 2008.

Bail, Ulrike. „Art. *nakam* (hebr.) – rächen, vergelten, ahnden; *nekama* (hebr.) – Vergeltung, Rache", in: dies. u.a. (Hg.), *Bibel in gerechter Sprache*, Gütersloh 2006, 2370f.

——. „*Die verzogene Sehnsucht hinkt an ihren Ort*". Literarische Überlebensstrategien nach der Zerstörung Jerusalems im Alten Testament, Gütersloh 2004.

——. *Gegen das Schweigen klagen. Eine intertextuelle Studie zu den Klagepsalmen Ps 6 und Ps 55 und der Erzählung von der Vergewaltigung Tamars*, Gütersloh 1998.

——. „Hautritzen als Körperinszenierung der Trauer und des Verlustes im Alten Testament", in: Jürgen Ebach u.a. (Hg.), *„Dies ist mein Leib" – Leibliches, Leibeigenes und Leibhaftes bei Gott und den Menschen* (Jabboq 6), Gütersloh 2006, 54–80.

Bal, Mieke. *Narratology: Introduction to the Theory of Narrative*, Toronto u.a. ²1999 [1994].

Baldermann, Ingo. *Einführung in die Bibel*, Göttingen 1988.

Balentine, Samuel E. „Traumatizing Job", *RExp* 105 (2008), 213–228.

Bar-Efrat, Shimon. *Wie die Bibel erzählt. Alttestamentliche Texte als literarische Kunstwerke verstehen*, Gütersloh 2006.

Bark, Franziska. *Ein Heiligtum im Kopf der Leser. Literaturanalytische Betrachtungen zu Ex 25–40* (SBS 218), Stuttgart 2009.

Barstad, Hans M. *The Myth of the Empty Land: A Study in the History and Archaeology of Judah During the ‚Exilic' Period* (SO 28), Oslo 1996 (wieder abgedruckt in: ders., *History and the Hebrew Bible: Studies in Ancient Israelite and Ancient Near Eastern Historiography* (FAT 61), Tübingen 2008, 90–134).

Barth, Karl. *Einführung in die evangelische Theologie*, Zürich 1962.

Barwinski Fäh, Rosmarie. „Trauma, Symbolisierungsschwäche und Externalisierung im realen Feld", *Forum der Psychoanalyse* 17 (2001), 20–37.

Baudy, Dorothea. „Art. Scham I. Religionswissenschaftlich", RGG⁴ 7 (2004), 861f.

Bauer, Hans/Leander, Pontus. *Historische Grammatik der hebräischen Sprache des Alten Testaments, Teil I: Einleitung, Schriftlehre, Laut- und Formenlehre*, Hildesheim 1922.

Bauks, Michaela. „Kinderopfer als Weihe- oder Gabeopfer – Anmerkungen zum *mlk*-Opfer", in: Markus Witte/Johannes F. Diehl (Hg.), *Israeliten und Phönizier. Ihre Beziehungen im Spiegel der Archäologie und der Literatur des Alten Testaments und seiner Umwelt* (OBO 235), Fribourg/Göttingen 2008, 233–251.

——. „Opfer, Kinder und *mlk*. Das Menschenopfer und seine Auslösung", in: Armin Lange/K. F. Diethard Römheld (Hg.), *Wege zur Hebräischen Bibel. Denken – Sprache – Kultur. In memoriam Hans-Peter Müller* (FRLANT 228), Göttingen 2009, 215–232.

Baumann, Arnulf H. „Art. אבל", ThWAT I (1973), 46–50.

——. „Art. המה", ThWAT II (1977), 444–449.

Baumann, Gerlinde. „Das göttliche Geschlecht. JHWHs Körper und die Gender-Frage", in: Hedwig-Jahnow-Forschungsprojekt (Hg.), *Körperkonzepte im Ersten Testament. Aspekte einer Feministischen Anthropologie*, Stuttgart 2003, 220–250.

——. *Gottesbilder der Gewalt im Alten Testament verstehen*, Darmstadt 2006.

——. *Liebe und Gewalt. Die Ehe als Metapher für das Verhältnis JHWH – Israel in den Prophetenbüchern* (SBS 185), Stuttgart 2000.

Baumgart, Norbert Clemens. „Das zweite Buch der Könige", in: Erich Zenger (Hg.), *Stuttgarter Altes Testament. Einheitsübersetzung mit Kommentar und Lexikon*, Stuttgart ³2005 [2004], 619–669.

Bechmann, Ulrike. „Die kriegsgefangene Frau (Dtn 21,10–14)", *BiKi* 60 (2005), 200–204.

Becker, David. „Wenn die Gesellschaft in der Psychoanalyse durchbricht: Zum Umgang mit Traumata in Theorie und Praxis", Vortrag zum Symposium „Das Schweigen der Psychoanalyse im öffentlichen Raum" am 1.12.2001 in Berlin.

Becker, Joachim. „Erwägungen zur ezechielischen Frage", in: Lothar Ruppert u.a. (Hg.), *Künder des Wortes* (FS J. Schreiner), Würzburg 1982, 137–149.

Becking, Bob. „Does Exile Equal Suffering? A Fresh Look at Psalm 137", in: ders./Dirk Human (Hg.), *Exile and Suffering: A Selection of Papers Read at the 50th Anniversary Meeting of the Old Testament Society of South Africa OTWSA / OTSSA, Pretoria August 2007* (OTS 50), Leiden/Boston 2009, 183–202.

——. „Exile and Forced Labour in Bêt Har'oš: Remarks on a Recently Discovered Moabite Inscription", in: Gershon Galil u.a. (Hg.), *Homeland and Exile (FS B. Oded)* (VT.S 130), Leiden/Boston 2009, 3–12.

Bell, Pam/Bergeret, Isabel/Oruč, Lilijana. „Women From the Safe Haven: The Psychological and Psychiatric Consequences of Extreme and Prolonged Trauma on Women from Srebrenica", in: Steve Powell/Elvira Durakovic-Belko (Hg.), *Sarajevo 2000: The Psychological Consequences of War: Results of Empirical Research From the Territory of Former Yugoslavia, Presentations From a Symposium held at the Faculty of Philosphy in Sarajevo, July 7 and 8, 2000*, 32–36 (Quelle: http://psih.org/2000e.pdf, Zugriff am 16.8.2011).

Bell, Pam/Oruč, Lilijana/Spratt, Kevin. „The Effects of War Trauma in Bosnian Female Civilians: A Study Description", in: Steve Powell/Elvira Durakovic-Belko (Hg.), *Sarajevo 2000: The Psychological Consequences of War: Results of Empirical Research From the Territory of Former Yugoslavia, Presentations From a Symposium held at the Faculty of Philosphy in Sarajevo, July 7 and 8, 2000*, 37–41 (Quelle: http://psih.org/2000e.pdf, Zugriff am 16.8.2011).

Berges, Ulrich. „Das Jesajabuch als literarische Kathedrale. Ein Rundgang durch die Jahrhunderte", *BiKi* 61 (2006), 190–197.

——. „Der Zorn Gottes in der Prophetie und Poesie Israels auf dem Hintergrund altorientalischer Vorstellungen", *Bib.* 85 (2004), 305–330.

——. *Jesaja 40–48* (HThKAT), Freiburg i.Br. u.a. 2008.

Bergmann, Claudia D. „ ‚We Have Seen the Enemy, and He Is Only a »She«‘: The Portrayal of Warriors as Women", in: Brad E. Kelle/Frank Ritchel Ames (Hg.), *Writing and Reading War: Rhetoric, Gender, and Ethics in Biblical and Modern Contexts* (SBL.SS 42), Atlanta 2008, 129–142.

Bergmann, Martin. „Fünf Stadien in der Entwicklung der psychoanalytischen Trauma-Konzeption", *Mittelweg 36* 5/2 (1996), 12–22.

Berlejung, Angelika. *Die Theologie der Bilder. Herstellung und Einweihung von Kultbildern in Mesopotamien und die alttestamentliche Bilderpolemik* (OBO 162), Fribourg/Göttingen 1998.

——. „Geschichte und Religionsgeschichte ‚Israels': Historischer Abriss", in: Jan Christian Gertz (Hg.), *Grundinformation Altes Testament. Eine Einführung in Literatur, Religion und Geschichte des Alten Testaments*, Göttingen ³2009 [2006], 89–192.

——. „Gewalt ins Bild gesetzt. Kriegsdarstellungen auf neuassyrischen Palastreliefs", *BiKi* 60 (2005), 205–211.

Bernhardt, Karl-Heinz. „Art. ברא III.", ThWAT I (1973), 774.

Berquist, Jon L. *Judaism in Persia's Shadow: A Social and Historical Approach*, Minneapolis 1995.

——. *Surprises By the River: The Prophecy of Ezekiel*, Eugine 1993.

Bertholet, Alfred: *Das Buch Hesekiel* (KHC 4), Freiburg i.Br. u.a. 1897.

——. *Der Verfassungsentwurf des Hesekiel in seiner religionsgeschichtlichen Bedeutung. Habilitationsvorlesung*, Freiburg i.Br./Leipzig 1896.

Betlyon, John W. „Neo Babylonian Military Operations Other Than War in Judah and Jerusalem", in: Oded Lipschits/Joseph Blenkinsopp (Hg.), *Judah and the Judeans in the Neo-Babylonian Period*, Winona Lake 2003, 263–283.

Beuken, Willem A. M. „Art. שׁבב", ThWAT VII (1993), 1306–1318.

——. *Jesaja 13–27* (HThKAT), Freiburg i.Br. u.a. 2007.

Bickerman, Elias J. „The Babylonian Captivity", CHJud 1 (1984), 342–358.

Bleibtreu, Erika. „Grisly Assyrian Records of Torture and Death", *BArR* 17 (1991), 52–61.75.

Blenkinsopp, Joseph. *Ezekiel* (Int.), Louisville 1990.

——. *Isaiah 40–55* (AncB 19A), New York u.a. 2002.

Block, Daniel I. „Gog and the Pouring Out of the Spirit", *VT* 37 (1987), 257–270.

——. „Text and Emotion: A Study in the ‚Corruptions' in Ezekiel's Inaugural Vision (Ezekiel 1:4–28)", *CBQ* 50 (1988), 418–442.

——. *The Book of Ezekiel: Chapters 1–24* (NIC.OT), Grand Rapids 1997.

——. *The Book of Ezekiel: Chapters 25–48* (NIC.OT), Grand Rapids 1998.

——. „The Prophet of the Spirit: The Use of *RWḤ* in the Book of Ezekiel", *Journal of Evangelical Theology* 32 (1989), 27–49.

Bobert, Sabine. „Trauma und Schuld: Fremder Schuld geopfert sein", *WzM* 56 (2004), 421–435.

Böckler, Annette M. „Das Judentum entsteht im Babylonischen Exil. 26 Jahrhunderte jüdisches Leben zwischen Euphrat und Tigris", *WUB* 10/3 (2005), 48–53.

Bodendorfer, Gerhard (=Langer, Gerhard). „Gott und Völker im Kontext von Exil und Leidbewältigung", *Jud.* 57 (2001), 162–181.

Bøe, Sverre. *Gog and Magog: Ezekiel 38–39 as Pre-text for Revelation 19,17–21 and 20,7–10* (WUNT II 135), Tübingen 2001.

Bohleber, Werner. „Die Entwicklung der Traumatheorie in der Psychoanalyse", *Psyche* 9/10 (2000), 797–839.

——. „Kriegskindheiten und ihre lebenslangen seelischen Folgen", in: Hartmut Radebold u.a. (Hg.), *Kindheiten im Zweiten Weltkrieg. Kriegserfahrungen und deren Folgen aus psychohistorischer Perspektive*, Weinheim/München 2006, 51–59.

——. „Trauma, Trauer und Geschichte", in: Burkhard Liebsch/Jörn Rüsen (Hg.), *Trauer und Geschichte* (Beiträge zur Geschichtskultur 22), Köln u.a. 2001, 131–145.

Böhm, Tomas/Kaplan, Suzanne. *Rache. Zur Psychodynamik einer unheimlichen Lust und ihrer Zähmung*, Gießen 2009.

Böhmer, Julius. „Wer ist Gog von Magog? Ein Beitrag zur Auslegung des Buches Ezechiel", *ZWTh* 40 (1897), 321–355.

Bosshard-Nepustil, Erich. *Vor uns die Sintflut. Studien zu Text, Kontexten und Rezeption der Fluterzählung Genesis 6–9* (BWANT 165), Stuttgart 2005.

Bowen, Nancy R. *Ezekiel* (Abingdon Old Testament Commentaries), Nashville 2010.

Brainin, Elisabeth/Ligeti, Vera/Teicher, Samy. „Psychoanalytische Überlegungen zur Pathologie der Wirklichkeit", in: Hans Stoffels (Hg.), *Terrorlandschaften der Seele. Beiträge zur Theorie und Therapie von Extremtraumatisierungen*, Regensburg 1994, 54–71.

Breasted, James Henry. *Ancient Records of Egypt: Historical Documents from the Earliest Times to the Persian Conquest, Volume III: The Nineteenth Dynasty*, New York 1962.

Bron, Bernhard. „Zur Psychopathologie und Verkündigung des Propheten Ezechiel. Zum Phänomen der prophetischen Ekstase", *Schweizer Archiv für Neurologie, Neurochirurgie und Psychiatrie* 128 (1981), 21–31.

Brongers, Hendrik A. „Der Zornesbecher", in: J. G. Vink u.a. (Hg.), *The Priestly Code and Seven Other Studies* (OTS 15), Leiden 1969, 177–192.

Broome, Edwin C. „Ezekiel's Abnormal Personality", *JBL* 65 (1946), 277–292.

Brownlee, William H. „Ezekiel's Parable of the Watchman and the Editing of Ezekiel", *VT* 28 (1978), 392–408.

Budde, Karl. „Zum Eingang des Buches Ezechiel", *JBL* 50 (1931), 20–41.

Butting, Klara. „Gewalt überwinden – nicht verschweigen. Ein Plädoyer für Rachepsalmen", in: dies. u.a. (Hg.), *Träume einer gewaltfreien Welt. Bibel – Koran – praktische Schritte* (Erev-Rav-Hefte: Glaubenszeugnisse unserer Zeit 4), Wittingen 2001, 56–63.

——. *Prophetinnen gefragt. Die Bedeutung der Prophetinnen im Kanon aus Tora und Prophetie* (Erev-Rav-Hefte: Biblisch-feministische Texte 3), Wittingen 2001.

——. „Selig der, der dich spüren lässt, was du uns angetan hast. Der Zorn Gottes und die Gewalt der Menschen", *Schlangenbrut* 76 (2002), 10–13.

——. „Wie lieb ist der liebe Gott? Von den dunklen Seiten Gottes", in: dies., *Der das Licht und die Finsternis schuf. Glauben heute: biblisch – politisch – spirituell* (Erev-Rav-Hefte: Biblische Erkundungen 9), Wittingen 2007, 75–86.

Caquot, A.: „Art. דשׁ", *ThWAT* II (1977), 135–139.

Carroll, Robert P.: „Clio and Canons", *Bibl.Interpr.* 5 (1997), 300–323.

——. „The Myth of the Empty Land", *Semeia* 59 (1992), 79–93.

——. *When Prophecy Failed: Reactions and Responses to Failure in the Old Testament Prophetic Traditions*, London 1979.

——. „Whorusalamin: A Tale of Three Cities As Three Sisters", in: Bob Becking/Meindert Dijkstra (Hg.), *On Reading Prophetic Texts: Gender Specific and Related Studies in Memory of Fokkelien van Dijk-Hemmes* (Bibl.Interpr.S 18), Leiden u.a. 1996, 62–82.

Carter, Charles E. *The Emergence of Yehud in the Persian Period: A Social and Demographic Study* (JSOT.S 294), Sheffield 1999.

Caruth, Cathy. „Recapturing the Past: Introduction", in: dies. (Hg.), *Trauma: Explorations in Memory*, Baltimore/London 1995, 151–157.

——. *Unclaimed Experience: Trauma, Narrative, and History*, Baltimore 1996.

Carvalho, Corrine L. (=Patton, Corrine L.). „Putting the Mother Back in the Center: Metaphor and Multivalence in Ezekiel 19", in: John J. Ahn/Stephen L. Cook (Hg.), *Thus Says the Lord* (*FS R. R. Wilson*) (LHBOTS 502), New York/London 2009, 208–221.

Cazelles, Henri. „Art. הלל III", ThWAT II (1977), 441–444.

Chapman, Cynthia R. „Sculpted Warriors: Sexuality and the Sacred in the Depiction of Warfare in the Assyrian Palace Reliefs and in Ezekiel 23:14–17", *lectio difficilior* 1/2007 (http://www.lectio.unibe.ch).

——. *The Gendered Language of Warfare in the Israelite-Assyrian Encounter* (HSM 62), Winona Lake 2004.

Childs, Brevard S. „The Enemy of the North and the Chaos Tradition", *JBL* 78 (1959), 187–198.

Chroniques Mésopotamiennes. Présentées et traduites par Jean-Jaques Glassner (La Roue à Livres), Paris 1993.

Clements, Ronald E. „Art. זכר", ThWAT II (1977), 593–599.

——. „The Chronology of Redaction in Ezekiel 1–24", in: Johan Lust (Hg.), *Ezekiel and His Book: Textual and Literary Criticism and their Interrelation* (BEThL 74), Leuven 1986, 283–294.

Cogan, Mordechai. „ 'Ripping Open Pregnant Women' in Light of an Assyrian Analogue", *JAOS* 103 (1983), 755–757.

——. *The Raging Torrent: Historical Inscriptions From Assyria and Babylonia Relating to Ancient Israel*, Jerusalem 2008.

Cogan, Morton. „A Technical Term for Exposure", *JNES* 27 (1968), 133–135.

Collins, John J. „Introduction: Towards the Morphology of a Genre", *Semeia* 14 (1979), 1–20.

Conrad, Edgar. *Reading the Latter Prophets: Toward a New Canonical Criticism* (JSOT.S 376), London/New York 2003.

Coogan, Michael D. *The Old Testament: A Historical and Literary Introduction to the Hebrew Scriptures*, New York/Oxford 2006.

Cook, Stephen L. „The Speechless Suppression of Grief in Ezekiel 24:15–27: The Death of Ezekiel's Wife and the Prophet's Abnormal Response", in: John J. Ahn/Stephen L. Cook (Hg.), *Thus Says the Lord* (*FS R. R. Wilson*) (LHBOTS 502), New York/London 2009, 222–233.

Cooke, George A. *The Book of Ezekiel* (ICC 20), Edinburgh 1951 [1936].

Crane, Ashley S. *Israel's Restoration: A Textual-Comparative Exploration of Ezekiel 36–39* (VT.S 122), Leiden/Boston 2008.

Crüsemann, Frank. „Der Gewalt nicht glauben. Hiobbuch und Klagepsalmen – zwei Modelle theologischer Verarbeitung traumatischer Gewalterfahrungen", in: ders. u.a. (Hg.), *Dem Tod nicht glauben* (*FS L. Schottroff*), Gütersloh 2004, 251–268.

——. *Die Tora. Theologie und Sozialgeschichte des alttestamentlichen Gesetzes*, Gütersloh ²1997 [1992].

——. „Essen und Erkennen (Gen 2 f.). Essen als Akt der Verinnerlichung von Normen und Fähigkeiten in der hebräischen Bibel", in: Michaela Geiger u.a. (Hg.), *Essen und Trinken in der Bibel* (*FS R. Kessler*), Gütersloh 2009, 85–100.

——. „ 'Nimm deine heilige Geistkraft nicht von mir': Ps 51,13 und die theologische Aufgabe von Exegese im Spannungsfeld von Religionswissenschaft und theologischer Tradition", in: Sylke Lubs u.a. (Hg.), *Behutsames Lesen* (*FS C. Hardmeier*) (ABG 28), Leipzig 2007, 367–381.

Crüsemann, Frank/Crüsemann, Marlene. „Art. Tod", SgWB (2009), 586–589.

Crüsemann, Frank/Oeming, Manfred/Wagener, Ulrike: „Art. Friede / Krieg", SgWB (2009), 170–176.

Culler, Jonathan. *Literaturtheorie. Eine kurze Einführung*, Stuttgart 2002 [amerikanisches Original 1997].

Dandamaev, Muhammad A. „Neo-Babylonian and Achaemenid State Administration in Mesopotamia", in: Oded Lipschits/Manfred Oeming (Hg.), *Judah and the Judeans in the Persian Period*, Winona Lake 2006, 373–398.

———. „Neo-Babylonian Society and Economy", CAH² III/2 (1991), 252–275.

———. *Slavery in Babylonia: From Nabopolassar to Alexander the Great (626–331 BC)*, DeKalb 1984.

Darr, Katheryn Pfisterer. „The Book of Ezekiel: Commentary and Reflections", in: Leander Keck (Hg.), *The New Interpreter's Bible, Vol. 6*, Nashville 2001, 1073–1607.

———. „The Wall Around Paradise: Ezekielian Ideas About the Future", *VT* 37 (1987), 271–279.

Daschke, Derek M. „Desolate Among Them: Loss, Fantasy, and Recovery in the Book of Ezekiel", *American Imago* 56.2 (1999), 105–132.

Davis, Ellen F. *Swallowing the Scroll: Textuality and the Dynamics of Discourse in Ezekiel's Prophecy* (JSOT.S 78), Sheffield 1989.

Day, Linda. „Rhetoric and Domestic Violence in Ezekiel 16", *Bibl.Interpr.* 8 (2000), 205–230.

Day, Peggy L. „A Prostitute Unlike Women: Whoring as Metaphoric Vehicle for Foreign Alliances", in: Brad E. Kelle/Megan Bishop Moore (Hg.), *Israel's Prophets and Israel's Past (FS J. H. Hayes)* (LHBOTS 446), New York/London 2006, 167–173.

———. „Adulterous Jerusalem's Imagined Demise: Death of a Metaphor in Ezekiel XVI", *VT* 50 (2000), 285–309.

———. „The Bitch Had it Coming to Her: Rhetoric and Interpretation in Ezekiel 16", *Bibl. Interpr.* 8 (2000), 231–254.

Delalic, Enida. „Das Trauma in der Erzählung", *psychosozial* 26/1 (2003), 27–38.

Delitzsch, Friedrich. *Wo lag das Paradies? Eine biblisch-assyriologische Studie, mit zahlreichen assyriologischen Beiträgen zur biblischen Länder- und Völkerkunde und einer Karte Babyloniens*, Leipzig 1881.

Dietrich, Manfred/Loretz, Oswald. „Die Trauer Els und Anats (KTU 1.5 VI 11–22. 31 – 1.6 I 5)", *UF* 18 (1986), 101–110.

Dietrich, Walter. „Rache. Erwägungen zu einem alttestamentlichen Thema", in: ders., „*Theopolitik". Studien zur Theologie und Ethik des Alten Testaments*, Neukirchen-Vluyn 2002, 117–136.

Dijk-Hemmes, Fokkelien van. „The Metaphorization of Woman in Prophetic Speech: An Analysis of Ezekiel 23", in: Athalya Brenner (Hg.), *A Feminist Companion to the Latter Prophets* (The Feminist Companion to the Bible 8), Sheffield 1995, 244–255.

Diller, Carmen. „‚Du füllst mir reichlich den Becher...' Der Becher als Zeichen der Gastfreundschaft am Beispiel von Ps 23", in: dies. u.a. (Hg.), *‚Erforsche mich, Gott, und erkenne mein Herz!' (FS H. Irsigler)* (ATSAT 76), St. Ottilien 2005, 81–104.

Dobbs-Allsopp, Frederick W./Linafelt, Tod. „The Rape of Zion in Lamentations 1:14", *ZAW* 113 (2001), 77–81.

Döhling, Jan-Dirk. *Der bewegliche Gott. Eine Untersuchung des Motivs der Reue Gottes in der Hebräischen Bibel* (HBS 61), Freiburg i.Br. u.a. 2009.

Dohmen, Christoph. „‚In weiter Ferne, so nah!' Ezechiel – Prophet für das Exil", *WUB* 10/3 (2005), 43–47.

Dommershausen, Werner. „Art. חלל", ThWAT II (1977), 972–981.

Donner, Herbert. *Geschichte des Volkes Israel und seiner Nachbarn in Grundzügen, Teil 2: Von der Königszeit bis zu Alexander dem Großen* (GAT 4/2), Göttingen ⁴2008 [1987].

Dothan, Trude. Another Female Mourning Figurine from the Lachish-Region, *ErIs* 11 (1973), 120f.

——. *The Philistines and Their Material Culture*, Jerusalem 1982.

Droysen, Johann Gustav. *Historik*. Historisch-Kritische Ausgabe von Peter Leyh, Band 1, Stuttgart/Bad Canstatt 1977.

Droždek, Boris. „The Rebirth of Contextual Thinking in Psychotraumatology", in: ders./John P. Wilson (Hg.), *Voices of Trauma: Treating Psychological Trauma Across Cultures*, New York 2007, 1–25.

Droždek, Boris/Turkovic, Silvana/Wilson, John P. „Posttraumatic Shame and Guilt: Culture and the Posttraumatic Self", in: John P. Wilson (Hg.), *The Posttraumatic Self: Restoring Meaning and Wholeness to Personality*, New York/London 2006, 333–368.

Dubach, Manuel. *Trunkenheit im Alten Testament: Begrifflichkeit, Zeugnisse, Wertung* (BWANT 184), Stuttgart 2009.

Duguid, Iain M. *Ezekiel and the Leaders of Israel* (VT.S 56), Leiden u.a. 1994.

Duke, Rodney K. „Punishment or Restoration? Another Look at the Levites of Ezekiel 44.6–16", *JSOT* 40 (1988), 61–81.

Ebach, Jürgen. „Der Gott des Alten Testaments – ein Gott der Rache?", in: ders., *Biblische Erinnerungen. Theologische Reden zur Zeit*, Bochum 1993, 81–93.

——. „Ezechiel isst ein Buch – Ezechiel ist ein Buch", in: ders., *„Iss dieses Buch!", Theologische Reden 8* (Erev-Rav-Hefte: Biblische Erkundungen 10), Wittingen 2008, 11–24.

——. „Ezechiels Auferstehungsvision (Ez 37)", *BiKi* 55 (2000), 120–126.

——. *Genesis 37–50* (HThKAT), Freiburg i.Br. u.a. 2007.

——. *Kritik und Utopie. Untersuchungen zum Verhältnis von Volk und Herrscher im Verfassungsentwurf des Ezechiel (Kap. 40–48)*, Diss. masch. Hamburg 1972.

——. *Noah. Die Geschichte eines Überlebenden* (Biblische Gestalten 3), Leipzig 2001.

——. „Ruach – Wind, Atem, Gotteskraft, Geist(in). Auch ein Beitrag zur Frage nach Bewußtsein und Selbstbewußtsein und über die Schwierigkeit, ich zu sagen", in: ders., *Vielfalt ohne Beliebigkeit. Theologische Reden 5*, Bochum 2002, 153–170.

——. *Streiten mit Gott. Hiob, Teil 1: Hiob 1–20* (Kleine Biblische Bibliothek), Neukirchen-Vluyn 1995.

——. „Vom Werden eines (Heiligen) Buches", in: ders., *Vielfalt ohne Beliebigkeit. Theologische Reden 5*, Bochum 2002, 230–248.

Edelman, Diana. „What If We Had No Accounts of Sennacherib's Third Campaign or the Palace Reliefs Depicting His Capture of Lachish?", *Bibl.Interpr.* 8 (2000), 88–103.

Ehrlich, Arnold B. *Die Propheten. Mikra Ki-Peschuto III. Die Schrift nach ihrem Wortlaut. Scholien und kritische Bemerkungen zu den heiligen Schriften der Hebräer*, Berlin 1901 (Hebr.).

——. *Randglossen zur Hebräischen Bibel. Textkritisches, Sprachliches und Sachliches, Fünfter Band: Ezechiel und die Kleinen Propheten*, Hildesheim 1968 [Reprografischer Nachdruck der Ausgabe Leipzig 1912].

Eichrodt, Walther. *Der Prophet Hesekiel* (ATD 22), Göttingen 1978 [1966].

Eising, Hermann. „Art. מלח", ThWAT IV (1984), 911–913.

Elgavish, David. „The Division of the Spoils of War in the Bible and in the Ancient Near East", *ZAR* 8 (2002), 242–273.

Eltrop, Bettina. „Ver-rückte Welten", *BiKi* 60 (2005), 129.

epd Dokumentation 25/2005. „Verantwortung für traumatisierte Flüchtlinge: Bericht der unabhängigen Kommission ‚Abschiebung kranker Flüchtlinge und ethische Verantwortung'".

Eph'al, Israel. „Nebukadnezzar the Warrior: Remarks on his Military Achievements", *IEJ* 53 (2003), 178–191.

——. „On Warfare and Military Control in the Ancient Near Eastern Empires: A Research Outline", in: Hayim Tadmor/Moshe Weinfeld (Hg.), *History, Historiography and Interpretation: Studies in Biblical and Cuneiform Literature*, Jerusalem 1983, 88–106.

——. „The Western Minorities in Babylonia in the 6th–5th Centuries B.C.: Maintenance and Cohesion", *Or.* 47 (1978), 74–90.

——. *The City Besieged: Siege and Its Manifestations in the Ancient Near East* (Culture and History of the Ancient Near East 36), Leiden/Boston 2009.

Erbele-Küster, Dorothea. „*Geschlecht* und Kult. ‚Rein‘ und ‚Unrein‘ als genderrelevante Kategorien", in: Irmtraud Fischer u.a. (Hg.), *Tora* (Die Bibel und die Frauen: Eine exegetisch-kulturgeschichtliche Enzyklopädie 1.1), Stuttgart 2010, 347–374.

Erbele-Küster, Dorothea/Tönges, Elke. „Art. Reinheit / Unreinheit", SgWB (2009), 471–475.

Erdle, Birgit R. „Die Verführung der Parallelen. Zu Übertragungsverhältnissen zwischen Ereignis, Ort und Zitat", in: Elisabeth Bronfen u.a. (Hg.), *Trauma. Zwischen Psychoanalyse und kulturellem Deutungsmuster*, Köln u.a. 1999, 27–50.

Erikson, Kai. „Notes on Trauma and Community", in: Cathy Caruth (Hg.), *Trauma: Explorations in Memory*, Baltimore/London 1995, 183–199.

Erken, Ruth/Traue, Harald C. „Das Trauma eines tibetanischen Migranten", *psychosozial* 26/1 (2003), 89–97.

Erll, Astrid. „Art. Maurice Halbwachs", MLLK (³2004), 243f.

Ermann, Michael. Wir Kriegskinder. Rundfunkvortrag im Südwestrundfunk im November 2003 (Quelle: http://www.warchildhood.net/html/_wir_kriegskinder_.html, Zugriff am 10.10.2011).

Ewald, Heinrich. *Die Propheten des Alten Bundes. 2. Ausgabe in drei Bänden, 2. Band: Jeremja und Hézéqiel mit ihren Zeitgenossen*, Göttingen 1868.

Ewers, Hans-Heino u.a. (Hg.). *Erinnerungen an Kriegskindheiten. Erfahrungsräume, Erinnerungskultur und Geschichtspolitik unter sozial- und kulturwissenschaftlicher Perspektive*, Weinheim/München 2006.

Eynde, Sabine van den. „Interpreting ‚Can these Bones Come Back to Life?‘ in Ezekiel 37:3: The Technique of Hiding Knowledge", *OTE* 14 (2001), 153–165.

Fabry, Heinz-Josef/Ringgren, Helmer. „Art. מרר", ThWAT V (1986), 16–20.

Faist, Bettina. „An Elamite Deportee", in: Gershon Galil u.a. (Hg.), *Homeland and Exile* (*FS B. Oded*) (VT.S 130), Leiden/Boston 2009, 59–69.

Fales, Frederick M. „Remarks on the Neirab Texts", *OA* 12 (1973), 131–142.

Faulde, Cornelia. *Wenn frühe Wunden schmerzen. Glaube auf dem Weg zur Traumaheilung*, Mainz 2002.

Felman, Shoshana. „Camus' The Plague, or A Monument of Witnessing", in: dies./Dori Laub, *Testimony: Crises of Witnessing in Literature, Psychoanalysis, and History*, New York/London 1992, 93–119.

Finegan, Jack. „The Chronology of Ezekiel", *JBL* 69 (1950), 61–66.

Finsterbusch, Karin. „The First-Born between Sacrifice and Redemption in the Hebrew Bible", in: dies. u.a. (Hg.), *Human Sacrifice in Jewish and Christian Tradition* (Numen Book Series 112), Leiden/Boston 2007, 87–108.

Fischer, Georg. *Jeremia 1–25* (HThKAT), Freiburg i.Br. u.a. 2005.

——. *Jeremia 26–52* (HThKAT), Freiburg i.Br. u.a. 2005.

Fischer, Gottfried/Riedesser, Peter: *Lehrbuch der Psychotraumatologie*, München/Basel ³2003.

Fischer, Irmtraud. *Gotteskünderinnen. Zu einer geschlechterfairen Deutung des Phänomens der Prophetie und der Prophetinnen in der Hebräischen Bibel*, Stuttgart 2002.

——. *Rut* (HThKAT), Freiburg i.Br. u.a. 2001.

Fitzpatrick, Paul E. *The Disarmament of God: Ezekiel 38–39 in Its Mythic Context* (CBQ.MS 37), Washington 2004.

Flavius Josephus. *Against Apion*, Translation and Commentary by John M. G. Barclay, Leiden/Boston 2007.

——. *Judean Antiquities 8–10*, Translation and Commentary by Christopher T. Begg & Paul Spilsbury, Leiden/Boston 2005.

Fludernik, Monika. *Einführung in die Erzähltheorie*, Darmstadt 2006.

Fohrer, Georg. *Die Hauptprobleme des Buches Ezechiel* (BZAW 72), Berlin 1952.

——. *Ezechiel* (HAT 13), Tübingen 1955.

Forster, Edgar. „Kriegserfahrung, Identität und Geschlecht. Beiträge zur Theorie und Praxis der Arbeit mit Flüchtlingen – Ein Forschungsbericht", *psychosozial* 26/1 (2003), 131–135.

Forti, Tova. „Bee's Honey – From Realia to Metaphor in Biblical Wisdom Literature", *VT* 56 (2006), 327–346.

Fowler, James W. *Faithful Change: The Personal and Public Challenges of Postmodern Life*, Nashville 1996.

Fox, Michael. „The Rhetoric of Ezekiel's Vision of the Valley of the Bones", *HUCA* 51 (1981), 1–15.

Fraisl, Bettina. „Trauma. Individuum, Kollektiv, Kultur", in: dies. /Monika Stromberger (Hg.), *Stadt und Trauma. Annäherungen – Konzepte – Analysen*, Würzburg 2004, 19–39.

Freißmann, Stephan. *Trauma als Erzählstrategie*, Magisterarbeit Konstanz 2005 (Quelle: http://kops.ub.uni-konstanz.de/volltexte/2007/2302/pdf/Freissmann_Mag.pdf, Zugriff am 11.8.2011).

Frettlöh, Magdalene L. „Aber man schafft es doch nicht immer", *JK* 71/2 (2010), 44f.

——. „Trinitarische Wohngemeinschaft. Ha-maqom – die geräumige Gottheit", in: dies., *Gott, wo bist Du? Kirchlich-theologische Alltagskost, Band 2* (Erev-Rav-Hefte: Biblische Erkundungen 11), Wittingen 2009, 79–97.

Freud, Sigmund. „Trauer und Melancholie" [1917], in: ders., *Psychologie des Unbewußten*, Frankfurt a.M. 2000, 193–212.

Frick, Frank S. „Art. Palestine, Climate of", ABD V, 119–126.

Friebel, Kelvin G. *Jeremiah's and Ezekiel's Sign-Acts: Rhetorical Nonverbal Communication* (JSOT.S 283), Sheffield 1999.

Fuchs, Gisela. „Das Symbol des Bechers in Ugarit und Israel. Vom ‚Becher der Fülle' zum ‚Zornesbecher'", in: Axel Graupner u.a. (Hg.), *Verbindungslinien* (FS W. H. Schmidt), Neukirchen-Vluyn 2000, 65–84.

Fuhs, Hans Ferdinand. „Art. גָּעַל", ThWAT II (1977), 47–50.

——. „Art. הרג", ThWAT II (1977), 483–494.

——. „Ez 24. Überlegungen zu Tradition und Redaktion des Ezechielbuches", in: Johan Lust (Hg.), *Ezekiel and His Book: Textual and Literary Criticism and their Interrelation* (BEThL 74), Leuven 1986, 266–282.

——. *Ezechiel* (NEB.AT 7), Würzburg 1984.

Furtwängler, Jürgen P. „Historischer Abriss der Psychotraumatologie – eine Geschichte der Kriegstraumatisierungen", in: Manfred Zielke u.a. (Hg.), *Das Ende der Geborgenheit? Die Bedeutung von traumatischen Erfahrungen in verschiedenen Lebens- und Ereignisbereichen: Epidemiologie, Prävention, Behandlungskonzepte und klinische Erfahrungen*, Lengerich 2003, 163–169.

Gadd, Cyrill J. „The Harran Inscriptions of Nabonidus", *AnSt* 8 (1958), 35–92.

Gafney, Wilda C. *Daughters of Miriam: Women Prophets in Ancient Israel*, Minneapolis 2008.

Galambush, Julie. *Jerusalem in the Book of Ezekiel: The City as Yahweh's Wife* (SBL.DS 130), Atlanta 1992.

——. „Necessary Enemies: Nebuchadnezzar, YHWH, and Gog in Ezekiel 38–39", in: Brad E. Kelle/Megan Bishop Moore (Hg.), *Israel's Prophets and Israel's Past* (FS J. H. Hayes) (LHBOTS 446), New York/London 2006, 254–267.

——. „The Northern Voyage of Psammeticus II and Its Implications for Ezekiel 44.7–9", in: Lester L. Grabbe/Alice Ogden Bellis (Hg.), *The Priests in the Prophets: The Portrayal of Priests, Prophets and Other Religious Specialists in the Latter Prophets* (JSOT.S 408), London/New York 2006 [2004], 65–78.

Galil, Gershon. *The Chronology of the Kings of Israel an Judah* (SHCANE 9), Leiden u.a. 1996.

Galling, Kurt. *Studien zur Geschichte Israels im persischen Zeitalter*, Tübingen 1964.

Ganzel, Tova. „The Descriptions of the Restoration of Israel in Ezekiel", *VT* 60 (2010), 197–211.

Garber, David G. „Traumatizing Ezekiel, the Exilic Prophet", in: J. Harold Ellens/Wayne G. Rollins (Hg.), *Psychology and the Bible: A New Way to Read the Scriptures, Volume Two: From Genesis to Apocalyptic Vision*, Westport/London 2004, 215–235.

García, Susana Navarro. „Den Tod erinnern, um weiterleben zu können", in: medico international (Hg.), *Die Gewalt überleben: Psychosoziale Arbeit im Kontext von Krieg, Diktatur und Armut*, Frankfurt a.M. 2001, 37–42.

Garfinkel, Stephen. „Another Model for Ezekiel's Abnormalities", *JANES* 19 (1989), 39–50.

Garscha, Jörg: *Studien zum Ezechielbuch. Eine redaktionskritische Untersuchung von 1–39* (EHS.T 23), Bern/Frankfurt a.M. 1974.

Geiger, Michaela. *Gottesräume. Die literarische und theologische Konzeption von Raum im Deuteronomium* (BWANT 183), Stuttgart 2010.

Geißler, Peter. „Trauma und Persönlichkeit aus der Sicht analytischer Körperpsychotherapie", Vortrag im Rahmen der 5. Dresdner Körperbild-Werkstatt am 1.11.2003 (Quelle: http://www.praxisverwaltung.at/akp/AKP TabVor_FFF.asp, Zugriff am 31.8.2011).

Geller, Jay. „Art. Trauma", in: A. K. M. Adam (Hg.), *Handbook of Postmodern Biblical Interpretation*, St. Louis 2000, 261–267.

Gemünden, Petra von. „Methodische Überlegungen zur historischen Psychologie exemplifiziert am Themenkomplex der Trauer in der Bibel und ihrer Umwelt", in: Bernd Janowski/Kathrin Liess (Hg.), *Der Mensch im Alten Israel. Neuere Forschungen zur alttestamentlichen Anthropologie* (HBS 59), Freiburg i.Br. u.a. 2009, 41–68.

Genette, Gérard. *Die Erzählung*, München 1994.

Gerstenberger, Erhard S./Schuol, Monika. „Art. Deportationen", SgWB (2009), 85f.

Gese, Hartmut. *Der Verfassungsentwurf des Ezechiel (Kap. 40–48) traditionsgeschichtlich untersucht* (BHTh 25), Tübingen 1957.

Geva, Hillel. „Western Jerusalem at the End of the First Temple Period in Light of the Excavations in the Jewish Quarter", in: Andrew G. Vaughn/Ann E. Killebrew (Hg.), *Jerusalem in Bible and Archaeology: The First Temple Period* (SBL.SS 18), Atlanta 2003, 183–208.

Gillmayr-Bucher, Susanne. „Ein Klagelied über verlorene Schönheit", in: Alexandra Grund (Hg.), *„Wie schön sind deine Zelte, Jakob!" Beiträge zur Ästhetik des Alten Testaments* (BThSt 60), Neukirchen-Vluyn 2003, 72–99.

——. „Inanspruchnahme mit ‚Haut und Haar' ", *BiKi* 60 (2005), 136–138.

——. „Und es gab keinen Antwortenden. Einseitige direkte Rede in biblischen Erzählungen", *PzB* 15 (2006), 47–60.

Glazov, Gregory Y. *The Bridling of the Tongue and the Opening of the Mouth in Biblical Prophecy* (JSOT.S 311), Sheffield 2001.

Goldmann, Stefan. „Statt Totenklage Gedächtnis. Zur Erfindung der Mnemotechnik durch Simonides von Keos", *Poetica* 21 (1989), 43–66.

Gordon, Pamela/Washington, Harold C. „Rape as a Military Metaphor in the Hebrew Bible", in: Athalya Brenner (Hg.), *A Feminist Companion to the Latter Prophets* (The Feminist Companion to the Bible 8), Sheffield 1995, 308–325.

Görg, Manfred. „Art. Baschan", NBL I (1991), 248f.

——. „Art. Begräbnis", NBL I (1991), 262–264.

——. „Art. Bel", NBL I (1991), 265f.

——. „Art. Tyrus", NBL III (2001), 937–940.

Gosse, Bernard. „Ezéchiel 28,11–19 et les détournements de malédictions", *BN* 44 (1988), 30–38.

——. „Ézéchiel 35–36,1–15 et Ézéchiel 6: La désolation de la montagne de Séir et le renouveau des montagnes d'Israël", *RB* 96 (1989), 511–517.

——. „La Réhabilitation des Prophètes d'Israël en Ezéchiel 38:17–23", *OTE* 10 (1997), 226–235.

Goudoever, Jan van. *Biblical Calendars*, Leiden ²1961.

——. „Ezekiel sees in Exile a New Temple-City at the beginning of a Jobel Year", in: Johan Lust (Hg.), *Ezekiel and His Book: Textual and Literary Criticism and their Interrelation* (BEThL 74), Leuven 1986, 344–349.

Granofsky, Ronald. *The Trauma Novel. Contemporary Symbolic Depictions of Collective Disaster*, (American University Studies, Series III: Comparative Literature 55), New York u.a. 1995.

Grayson, Albert Kirk. „Assyrian Civilization", CAH² III/2 (1991), 194–228.

Greenberg, Moshe. *Ezechiel 1–20* (HThKAT), Freiburg i.Br. u.a. 2001.

——. *Ezechiel 21–37* (HThKAT), Freiburg i.Br. u.a. 2005.

——. „Salvation of the Impenitent Ad Majorem Dei Gloriam: Ezek 36:16–32", in: Jan Assmann/Guy G. Stroumsa (Hg.), *Transformation of the Inner Self in Ancient Religion* (SHR 83), Leiden u.a. 1999, 263–272.

——. „The Design and Themes of Ezekiel's Program of Restoration", *Int.* 38 (1984), 181–208.

——. „What are valid Criteria for Determining Inauthentic Matter in Ezekiel?", in: Johan Lust (Hg.), *Ezekiel and His Book: Textual and Literary Criticism and their Interrelation* (BEThL 74), Leuven 1986, 123–135.

Greenfield, Jonas C. „Lexicographical Notes I", *HUCA* 29 (1958), 203–228.

Greßmann, Hugo. *Der Ursprung der israelitisch-jüdischen Eschatologie*, Göttingen 1905.

Grill, Severin. „Der Schlachttag Jahwes", *BZ* NF 2 (1958), 278–283.

Gunneweg, Antonius H. J. *Geschichte Israels bis Bar Kochba* (ThW 2), Stuttgart u.a. 1972.

Habel, Norman. „The Form and Significance of the Call Narratives", *ZAW* 77 (1965), 297–323.

Hackhausen, Winfried. „Die Bedeutung des Posttraumatischen Belastungssyndroms (PTBS) für die Sozialmedizin und die medizinische Rehabilitation", in: Manfred Zielke u.a. (Hg.), *Das Ende der Geborgenheit? Die Bedeutung von traumatischen Erfahrungen in verschiedenen Lebens- und Ereignisbereichen: Epidemiologie, Prävention, Behandlungskonzepte und klinische Erfahrungen*, Lengerich 2003, 42–52.

Hahn, Scott Walker/Bergsma, John Sietze. „What Laws Were ,Not Good'? A Canonical Approach to the Theological Problem of Ezekiel 20:25–26", *JBL* 123 (2004), 201–218.

Halperin, David J. *Seeking Ezekiel: Text and Psychology*, University Park 1993.

Hals, Ronald M. *Ezekiel* (FOTL 19), Grand Rapids 1989.

Haran, Menahem. „Book-Scrolls in Pre-Exilic Times", *JJS* 33 (1982), 161–173.

Hardmeier, Christof. *Textwelten der Bibel entdecken. Grundlagen und Verfahren einer textpragmatischen Literaturwissenschaft der Bibel*, Gütersloh 2003.

Hartenstein, Friedhelm. *Die Unzugänglichkeit Gottes im Heiligtum. Jesaja 6 und der Wohnort JHWHs in der Jerusalemer Kulttradition* (WMANT 75), Neukirchen-Vluyn 1997.

——. „Kulturwissenschaften und Altes Testament – Themen und Perspektiven", *VF* 54 (2009), 31–42.

Hasel, Michael G. „Assyrian Military Practices and Deuteronomy's Law of Warfare", in: Brad E. Kelle/Frank Ritchel Ames (Hg.), *Writing and Reading War: Rhetoric, Gender, and Ethics in Biblical and Modern Contexts* (SBL.SS 42), Atlanta 2008, 67–81.

Hauser, Monika/Joachim, Ingeborg. „Sind die Folgen sexualisierter Kriegsgewalt zu behandeln? Über die Arbeit mit kriegstraumatisierten Frauen und Mädchen in Kriegs- und Krisengebieten", in: Manfred Zielke u.a. (Hg.), *Das Ende der Geborgenheit? Die Bedeutung von traumatischen Erfahrungen in verschiedenen Lebens- und Ereignisbereichen: Epidemiologie, Prävention, Behandlungskonzepte und klinische Erfahrungen*, Lengerich 2003, 409–434.

Hauthal, Janine. „Art. Imaginär", MLL (³2007), 342.

Hecke, Pierre J. P. van. „Metaphorical Shifts in the Oracle Against Babylon (Jeremiah 50–51)", *SJOT* 17 (2003), 68–88.

Heine, Heinrich. *Sämtliche Schriften*, hg. v. K. Briegleb, München ²1985.

Hellholm, David. „Art. Apokalypse I. Form und Gattung", RGG⁴ 1 (1998), 585–588.

Henke, Suzette A. *Shattered Subjects: Trauma and Testimony in Women's Life-Writing*, Basingstoke u.a. 1998.

Herman, Judith. „Complex PTSD: A Syndrome in Survivors of Prolonged and Repeated Trauma", *Journal of Traumatic Stress* 5 (1991), 377–391.

——. *Die Narben der Gewalt. Traumatische Erfahrungen verstehen und überwinden* (Konzepte der Psychotraumatologie 3), Paderborn ²2006 [amerikanische Originalausgabe 1992].

Herodot. *Geschichten und Geschichte I, Buch 1–4*, übersetzt von Walter Marg, Zürich/München 1973.

——. *Geschichten und Geschichte II, Buch 5–9*, übersetzt von Walter Marg, Zürich/München 1983.

Herrmann, Johannes. *Ezechiel* (KAT XI), Leipzig/Erlangen 1924.

Herrmann, Klaus. „,An den Wassern Babels saßen wir' – Babylon aus der Sicht des Judentums", in: Joachim Marzahn/Günther Schauerte (Hg.), *Babylon: Wahrheit. Eine Ausstellung des Vorderasiatischen Museums*, Berlin 2008, 527–548.

Hillesum, Etty. *Das denkende Herz. Die Tagebücher von Etty Hillesum 1941–1943*, hrsg. und eingeleitet von J. G. Gaarlandt, Reinbek bei Hamburg ¹⁷2003.

Hinckeldey, Sabine von/Fischer, Gottfried. *Psychotraumatologie der Gedächtnisleistung. Diagnostik, Begutachtung und Therapie traumatischer Erinnerungen*, München/Basel 2002.

Hirsch, Mathias. „Art. Schuld und Schuldgefühl", in: Wolfgang Mertens/Bruno Waldvogel (Hg.), *Handbuch psychoanalytischer Grundbegriffe*, Stuttgart ³2008, 671–677.

Hobbs, Thomas R. *A Time For War: A Study of Warfare in the Old Testament* (OTSt 3), Wilmington 1989.

Hölscher, Gustav. *Hesekiel – Der Dichter und das Buch. Eine literarkritische Untersuchung* (BZAW 39), Gießen 1924.

Homans, Peter. *The Ability to Mourn*, Chicago 1989.

Hooper, Charlotte. „Masculinities in Transition: The Case of Globalization", in: M. H. Marchand/A. S. Runyan (Hg.), *Gender and Global Restructuring: Sightings, Sites, and Resistances*, London/New York 2000, 59–73.

Horatschek, Annegreth. „Art. Imaginäre, das", MLLK (³2004), 282f.

Hosch, Harold E. „*RÛAḤ* in the Book of Ezekiel: A Textlinguistic Analysis", *Journal of Text and Translation* 14 (2002), 77–125.

Hossfeld, Frank-Lothar. „Das Buch Ezechiel", in: Erich Zenger u.a.: *Einleitung in das Alte Testament* (KStTh 1,1), Stuttgart ⁶2006 [1995], 489–506.

——. *Untersuchungen zu Komposition und Theologie des Ezechielbuches* (fzb 20), Würzburg 1977.

——. /Zenger, Erich: *Psalmen 101–150* (HThKAT), Freiburg i.Br. u.a. 2008.

Huber, Michaela. *Multiple Persönlichkeit. Überlebende extremer Gewalt*, Frankfurt a.M. 1995.

——. *Trauma und die Folgen. Trauma und Traumabehandlung: Teil 1*, Paderborn 2003.

Hulster, Izaak J. de. „Imagination: A Hermeneutical Tool for the Study of the Hebrew Bible", *Bibl.Interpr.* 18 (2010), 114–136.

Hurvitz, Avi. *A Linguistic Study of the Relationship between the Priestly Source and the Book of Ezekiel: A New Approach to an Old Problem* (CRB 20), Paris 1982.

Husain, Syed Arshad. „Posttraumatic Stress Reactions in the Children and Adolescents of Sarajevo during the War", in: Steve Powell/Elvira Durakovic-Belko (Hg.), *Sarajevo 2000: The Psychological Consequences of War: Results of Empirical Research From the Territory of Former Yugoslavia, Presentations From a Symposium held at the Faculty of Philosphy in Sarajevo, July 7 and 8, 2000*, 140–148 (Quelle: http://psih.org/2000e.pdf, Zugriff am 16.8.2011).

Iser, Wolfgang. „Akte des Fingierens. Oder: Was ist das Fiktive im fiktionalen Text?", in: Dieter Henrich/Wolfgang Iser (Hg.), *Funktionen des Fiktiven*, München 1983, 121–151.

——. *Das Fiktive und das Imaginäre. Perspektiven literarischer Anthropologie*, Frankfurt a.M. 1993 [1991].

——. „Das Imaginäre: kein isolierbares Phänomen", in: Dieter Henrich/Wolfgang Iser (Hg.), *Funktionen des Fiktiven*, München 1983, 479–486.

——. „Die Wirklichkeit der Fiktion. Elemente eines funktionsgeschichtlichen Textmodells der Literatur", in: Rainer Warning (Hg.), *Rezeptionsästhetik. Theorie und Praxis*, München ²1979 [1975], 277–324.

——. *Fingieren als anthropologische Dimension der Literatur* (Konstanzer Universitätsreden 175), Konstanz 1990.

——. *Prospecting: From Reader Response to Literary Anthropology*, Baltimore 1989.

Jahnow, Hedwig. *Das hebräische Leichenlied im Rahmen der Völkerdichtung* (BZAW 36), Gießen 1923.

Janssen, Enno. *Juda in der Exilszeit. Ein Beitrag zur Frage der Entstehung des Judentums* (FRLANT 69), Göttingen 1956.

Jaspers, Karl. „Der Prophet Ezechiel. Eine pathographische Studie", in: ders., *Rechenschaft und Ausblick. Reden und Aufsätze*, München 1951, 95–106 [1947].

Jenni, Ernst. „Art. עין 1.–3.", THAT II (⁵1995 [1975]), 259–266.

——. *Die hebräischen Präpositionen Band 1: Die Präposition Beth*, Stuttgart 1992.

Jeremias, Jörg: „Das Proprium der alttestamentlichen Prophetie", *ThLZ* 119 (1994), 483–494.

——. *Die Propheten Joel, Obadja, Jona, Micha* (ATD 24/3), Göttingen 2007.

——. „JHWH – ein Gott der ‚Rache' ", in: Christiane Karrer-Grube u.a. (Hg.), *Sprachen – Bilder – Klänge (FS R. Bartelmus)* (AOAT 359), Münster 2009, 89–104.

Jeßing, Benedikt. „Art. Symbol", MLL (³2007), 744.

Joachim, Ingeborg. „Sexualised Violence in War and Its Consequences", in: medica mondiale (Hg.), *Violence against Women in War: Handbook For Professionals Working With Traumatised Women*, Frankfurt a.M. ²2008 [2005], 63–110.

Joannès, Francis. „Von der Verzweiflung zum Neuanfang. Das Leben der Deportierten in Babylonien", *WUB* 10/3 (2005), 26–29.

——/Lemaire, André. „Trois tablettes cunéiformes à l'onomastique ouest-sémitique", *Transeuphratène* 17 (1999), 17–33.

Jobling, David. „An Adequate Psychological Approach to the Book of Ezekiel", in: J. Harold Ellens/Wayne G. Rollins (Hg.), *Psychology and the Bible: A New Way to Read the Scriptures, Volume Two: From Genesis to Apocalyptic Vision*, Westport/London 2004, 203–213.

Jones, Serene. *Trauma and Grace: Theology in a Ruptured World*, Louisville 2009.

Jonker, Louis. „The Exile as Sabbath Rest: The Chronicler's Interpretation of the Exile", in: Bob Becking/Dirk Human (Hg.), *Exile and Suffering: A Selection of Papers Read at the 50th Anniversary Meeting of the Old Testament Society of South Africa OTWSA / OTSSA, Pretoria August 2007* (OTS 50), Leiden/Boston 2009, 213–229.

Jost, Renate. „Debora in der neuen Welt", in: Frank Crüsemann u.a. (Hg.), *Dem Tod nicht glauben (FS L. Schottroff)*, Gütersloh 2004, 269–292.

Joyce, Paul M. *Divine Initiative and Human Response in Ezekiel* (JSOT.S 51), Sheffield 1989.

——. *Ezekiel: A Commentary* (LHBOTS 482), New York/London, 2007.

——. „Synchronic and Diachronic Perspectives on Ezekiel", in: Johannes C. de Moor (Hg.), *Synchronic or Diachronic? A Debate on Method in Old Testament Exegesis* (OTS 34), Leiden u.a. 1995, 115–128.

——. „Temple and Worship in Ezekiel 40–48", in: John Day (Hg.), *Temple and Worship in Biblical Israel*, London/New York 2007 [2005], 145–163.

Kahn, Gabriele. „Das Innere-Kinder-Retten – eine Methode der imaginativen Traumatherapie", *Trauma & Gewalt* 1 (2008), 48–52.

Kaiser, Otto. „Art. חרב", ThWAT III (1982), 164–176.

——. *Einleitung in das Alte Testament. Eine Einführung in ihre Ergebnisse und Probleme*, Gütersloh ⁵1984 [1969].

Kaiser, Peter. *Religion in der Psychiatrie. Eine (un)bewusste Verdrängung?*, Göttingen 2007.

Kalmanofsky, Amy. „Israel's Baby: The Horror of Childbirth in the Biblical Prophets", *Bibl. Interpr.* 16 (2008), 60–82.

Kamionkowski, S. Tamar. *Gender Reversal and Cosmic Chaos: A Study on the Book of Ezekiel* (JSOT.S 368), Sheffield 2003.

——. „‚In Your Blood Live' (Ezekiel 16:6): A Reconsideration of Meir Malul's Adoption Formula", in: Kathryn F. Kravitz/Diane M. Sharon (Hg.), *Bringing the Hidden to Light (FS S. A. Geller)*, Winona Lake 2007, 103–114.

——. „The Savage Made Civilized: An Examination of Ezekiel 16.8", in: Lester L. Grabbe/Robert D. Haak (Hg.), *‚Every City shall be Forsaken': Urbanism and Prophecy in Ancient Israel and the Near East* (JSOT.S 330), Sheffield 2001, 124–136.

Kaufmann, Yehezkel. *The Religion of Israel: From Its Beginnings to the Babylonian Exile*, Chicago 1960.

Kedar-Kopfstein, Benjamin. „Art. קרן", ThWAT VII (1993), 181–189.

——. „Art. מתק", ThWAT V (1986), 112–117.

Keefe, Alice A. „Rapes of Women/Wars of Men", *Semeia* 61 (1993), 79–97.

Keel, Othmar. *Die Geschichte Jerusalems und die Entstehung des Monotheismus, Teil 1 und 2* (OLB IV, 1–2), Göttingen 2007.

——. *Die Welt der altorientalischen Bildsymbolik und das Alte Testament. Am Beispiel der Psalmen*, Zürich u.a. ³1980 [1972].

——. *Jahwe-Visionen und Siegelkunst. Eine neue Deutung der Majestätsschilderungen in Jes 6, Ez 1 und 10 und Sach 4* (SBS 84/85), Stuttgart 1977.

——. „Merkwürdige Geschöpfe", *BiKi* 60 (2005), 139–144.

——. /Schroer, Silvia: *Schöpfung. Biblische Theologien im Kontext altorientalischer Religionen*, Göttingen 2002.

Kelle, Brad E. „Dealing with the Trauma of Defeat: The Rhetoric of the Devastation and Rejuvenation of Nature in Ezekiel", *JBL* 128 (2009), 469–490.

——. „Wartime Rhetoric: Prophetic Metaphorization of Cities as Female", in: ders./Frank Ritchel Ames (Hg.), *Writing and Reading War: Rhetoric, Gender, and Ethics in Biblical and Modern Contexts* (SBL.SS 42), Atlanta 2008, 95–111.

Kern, Paul Bentley. *Ancient Siege Warfare*, Bloomington 1999.

Kessler, Rainer. *Die Ägyptenbilder der Hebräischen Bibel. Ein Beitrag zur neueren Monotheismusdebatte* (SBS 197), Stuttgart 2002.

——. „‚Gesetze, die nicht gut waren' (Ez 20,25) – eine Polemik gegen das Deuteronomium", in: Friedhelm Hartenstein u.a. (Hg.), *Schriftprophetie (FS J. Jeremias)*, Neukirchen-Vluyn 2004, 253–263.

——. „Identität und Fremdheit und das Rein-unrein-Paradigma", *EvTh* 68 (2008), 414–429.

——. *Micha* (HThKAT), Freiburg i.Br. u.a. 1999.

——. *Sozialgeschichte des alten Israel. Eine Einführung*, Darmstadt ²2008.

——. *Staat und Gesellschaft im vorexilischen Juda. Vom 8. Jahrhundert bis zum Exil* (VT.S 47), Leiden u.a. 1992.

Kessler, Rainer/Omerzu, Heike. „Art. Bevölkerungsverhältnisse/-politik", SgWB (2009), 52–55.

Kiefer, Jörn. *Exil und Diaspora. Begrifflichkeit und Deutungen im antiken Judentum und in der Hebräischen Bibel* (ABG 19), Leipzig 2005.

King, Leonard W. (Hg.). *Bronze Reliefs From the Gates of Shalmaneser, King of Assyria B.C. 860–825*, London 1915.

Kinet, Dirk. *Geschichte Israels* (NEB.AT.E 2), Würzburg 2001.

Kinlaw, Pamela E. „From Death to Life: The Expanding רוח in Ezekiel", *Perspectives in Religious Studies* 30 (2003), 161–172.

Kittel, Rudolf. Biblia Hebraica, Stuttgart ³1937.

Klamroth, Erich. *Die wirtschaftliche Lage und das geistige Leben der jüdischen Exulanten in Babylon*, Königsberg 1912.

Klein, Anja. *Schriftauslegung im Ezechielbuch. Redaktionsgeschichtliche Untersuchungen zu Ez 34–39* (BZAW 391), Berlin/New York 2008.

Klostermann, August. „Ezechiel. Ein Beitrag zu besserer Würdigung seiner Person und seiner Schrift", *ThStKr* 50 (1877), 391–439.

Knauf, Ernst Axel. „Wie kann ich singen im fremden Land? Die ‚babylonische Gefangenschaft' Israels", *BiKi* 55 (2000), 132–139.

Koch, Klaus. „Art. כון", ThWAT IV (1984), 95–107.

—— „Art. ניחוח", ThWAT V (1986), 442–445.

Kohlberg, Lawrence. „Moralische Entwicklung", in: Wolfgang Althof (Hg.), *Lawrence Kohlberg. Die Psychologie der Moralentwicklung*, Frankfurt a.M. 2000, 7–40.

Köhlmoos, Melanie. „In tiefer Trauer. Mimik und Gestik angesichts von Tod und Schrekken", in: Andreas Wagner (Hg.), *Anthropologische Aufbrüche. Alttestamentliche und interdisziplinäre Zugänge zur historischen Anthropologie* (FRLANT 232), Göttingen 2009, 381–394.

Kohn, Rita Levitt. „‚With a Mighty Hand and an Oustretched Arm': The Prophet and the Torah in Ezekiel 20", in: Stephen L. Cook/Corrine L. Patton (Hg.), *Ezekiel's Hierarchical World: Wrestling With a Tiered Reality* (SBL.SS 31), Atlanta 2004, 159–168.

Kolk, Bessel A. van der. „Trauma und Gedächtnis", in: ders. u.a. (Hg.), *Traumatic Stress: Grundlagen und Behandlungsansätze. Theorie, Praxis und Forschung zu posttraumatischem Streß sowie Traumatherapie*, Paderborn 2000, 221–240.

——/McFarlane, Alexander C. „Trauma – ein schwarzes Loch", in: dies. u.a. (Hg.), *Traumatic Stress: Grundlagen und Behandlungsansätze. Theorie, Praxis und Forschung zu posttraumatischem Streß sowie Traumatherapie*, Paderborn 2000, 27–45.

——/McFarlane, Alexander C./Weisaeth, Lars. „Vorwort der Originalausgabe", in: dies. (Hg.), *Traumatic Stress: Grundlagen und Behandlungsansätze. Theorie, Praxis und Forschung zu posttraumatischem Streß sowie Traumatherapie*, Paderborn 2000, 11–19.

Konkel, Michael. *Architektonik des Heiligen. Studien zur zweiten Tempelvision Ezechiels* (BBB 129), Berlin/Wien 2001.

——. „Das Datum der zweiten Tempelvision Ezechiels (Ez 40,1)", *BN* 92 (1998), 55–70.

——. „Die zweite Tempelvision Ezechiels (Ez 40–48). Dimensionen eines Entwurfs", in: Othmar Keel/Erich Zenger (Hg.), *Gottesstadt und Gottesgarten. Zu Geschichte und Theologie des Jerusalemer Tempels* (QD 191), Freiburg i.Br. 2002, 154–179.

——. „Ezechiel – Prophet ohne Eigenschaften. Biographie zwischen Theologie und Anthropologie", in: Christian Frevel (Hg.), *Biblische Anthropologie. Neue Einsichten aus dem Alten Testament* (QD 237), Freiburg i.Br. u.a. 2010, 216–242.

——. „Paradies mit strengen Regeln. Die Schlussvision des Ezechielbuches (Ez 40–48)", *BiKi* 60 (2005), 167–172.

Kopf, Martina: „A Voice Full of Unremembered Things: Literarische Darstellung sexueller Gewalt in Yvonne Veras Roman *Under the Tongue*", *Stichproben: Wiener Zeitschrift für kritische Afrikastudien* 2/4 (2002), 1–21.

——. *Trauma und Literatur. Das Nicht-Erzählbare erzählen – Assia Djebar und Yvonne Vera*, Frankfurt a.M. 2005.

Koselleck, Reinhart. „Kriegerdenkmale als Identitätsstiftungen der Überlebenden", in: Odo Marquard/Karl-Heinz Stierle (Hg.), *Identität*, München 1979, 255–275.

Kraeling, Emil Gottlieb. *Commentary on the Prophets I*, Camden 1966.

Kraetzschmar, Richard. *Das Buch Ezechiel* (HAT III, 3/1), Göttingen 1900.

Kramer, Sven. „Art. Holocaust-Literatur", MLL (³2007), 324f.

Kratz, Reinhard G. „Art. Apokalyptik II. Altes Testament", RGG⁴ 1 (1998), 591f.

Kraus, Hans-Joachim. *Psalmen 2. Teilband: Psalmen 60–150* (BK XV/2), Neukirchen-Vluyn ⁵1978 [1961].

Krippner, Klaus. „Der geistig-spirituelle Aspekt in der Traumatherapie mit der KiP", in: U. Bahrke/W. Rosendahl (Hg.), *Psychotraumatologie und Katathym-imaginative Psychotherapie*, Lengerich 2001, 100–107.

Kronholm, Tryggve. „Art. נתק", ThWAT V (1986), 719–723.

Krüger, Thomas. *Geschichtskonzepte im Ezechielbuch* (BZAW 180), Berlin/New York 1989.

Krystal, Henry. „Trauma and Aging: A Thirty-Year Follow-Up", in: Cathy Caruth (Hg.), *Trauma: Explorations in Memory*, Baltimore/London 1995, 76–99.

Kühlewein, Ernst. „Art. זנה", THAT I (⁵1994 [1971]), 518–520.

Kühner, Angela. *Kollektive Traumata – Annahmen, Argumente, Konzepte. Eine Bestandsaufnahme nach dem 11. September*, Berlin 2002.

Kurz, Gerhard. *Metapher, Allegorie, Symbol*, Göttingen ⁴1997 [1982].

Kutsch, Ernst. „Art. חרף II", ThWAT III (1982), 223–229.

——. „‚Trauerbräuche' und ‚Selbstminderungsriten' im Alten Testament", in: K. Lüthi u.a., *Drei Wiener Antrittsreden* (ThSt[B] 78), Zürich 1965, 25–37.

Kutzer, Mirja. „Die Gegenwelt des Erfundenen. Fiktionale Texte als Medium biblischer Verheißung", *PzB* 15 (2006), 25–46.

Kvasnica, Brian. „Shifts in Israelite War Ethics and Early Jewish Historiography of Plundering", in: Brad E. Kelle/Frank Ritchel Ames (Hg.), *Writing and Reading War: Rhetoric, Gender, and Ethics in Biblical and Modern Contexts* (SBL.SS 42), Atlanta 2008, 175–196.

Lämmert, Eberhard. *Bauformen des Erzählens*, Stuttgart 1955.

Lamott, Franziska. „Das Trauma als symbolisches Kapital. Zu Risiken und Nebenwirkun-
    gen des Trauma-Diskurses", *psychosozial* 26/1 (2003), 53–62.
Lang, Bernhard. „Art. Zeder", NBL III (2001), 1176.
——. *Ezechiel. Der Prophet und das Buch* (EdF 153), Darmstadt 1981.
——. „Ezechiel: Ort, Zeit und Botschaft des Propheten", *BiKi* 60 (2005), 130–135.
——. *Kein Aufstand in Jerusalem. Die Politik des Propheten Ezechiel* (SBB), Stuttgart ²1981.
Langer, Gerhard (=Bodendorfer, Gerhard). „Herrlichkeit als kābōd in der hebräischen Bibel –
    mit einem Schwerpunkt auf dem Pentateuch", in: Rainer Kampling (Hg.), *Herrlichkeit.
    Zur Deutung einer theologischen Kategorie*, Paderborn u.a. 2008, 21–56.
Langer, Susanne K. *Philosophie auf neuem Wege. Das Symbol im Denken, im Ritus und in der
    Kunst*, Berlin 1965 [amerikanisches Original 1942].
Lansky, Melvin R. „Unbearable Shame, Splitting, and Forgiveness in the Resolution of Ven-
    gefulness", *JAPA* 55 (2007), 571–593.
Lapsley, Jacqueline E. „A Feeling for God: Emotions and Moral Formation in Ezekiel 24:15–
    27", in: M. Daniel Carroll R./dies. (Hg.), *Character Ethics and the Old Testament: Moral
    Dimensions of Scripture*, Louisville/London 2007, 93–102.
——. *Can These Bones Live? The Problem of the Moral Self in the Book of Ezekiel* (BZAW
    301), Berlin/New York 2000.
——. „Shame and Self-Knowledge: The Positive Role of Shame in Ezekiel's View of the
    Moral Self", in: Margaret S. Odell/John T. Strong (Hg.), *The Book of Ezekiel: Theological
    and Anthropological Perspectives* (SBL.SS 9), Atlanta 2000, 143–173.
Lau, Israel M. *Wie Juden leben. Glaube – Alltag – Feste*, Gütersloh 1988.
Laub, Dori. „Eros oder Thanatos? Der Kampf um die Erzählbarkeit des Traumas", *Psyche*
    9/10 (2000), 860–894.
——. „From Speechlessness to Narrative: The Cases of Holocaust Historians and of Psych-
    iatrically Hospitalized Survivors", *Literature and Medicine* 24 (2005), 253–265.
——. „Truth and Testimony: The Process and the Struggle", in: Cathy Caruth (Hg.), *Trauma:
    Explorations in Memory*, Baltimore/London 1995, 61–75.
——. „Zeugnis ablegen oder Die Schwierigkeiten des Zuhörens", in: Ulrich Baer (Hg.),
    Niemand zeugt für den Zeugen. Erinnerungskultur nach der Shoah, Frankfurt a.M. 2000,
    68–83.
Launderville, Dale F. *Spirit and Reason: The Embodied Character of Ezekiel's Symbolic Thin-
    king*, Waco 2007.
Lemos, Tracy M. „Shame and Mutilation of Enemies in the Hebrew Bible", *JBL* 125 (2006),
    225–241.
Levey, Samson H. „The Date of Targum Jonathan to the Prophets", *VT* 21 (1971), 186–196.
——. *The Targum of Ezekiel: Translated, with a Critical Introduction, Apparatus and Notes*
    (The Aramaic Bible 13), Collegeville 1987.
Lietzmann, Anja. *Theorie der Scham. Eine anthropologische Perspektive auf ein menschliches
    Charakteristikum*, Diss. masch. Tübingen 2003.
Lifton, Robert J. *The Life of the Self: Toward a New Psychology*, New York 1976.
——. *Das Ende der Welt. Über das Selbst, den Tod und die Unsterblichkeit*, Stuttgart 1994
    [amerikanische Originalausgabe 1987].
Lipínski, Edouard. „Art. נקם", ThWAT V (1986), 602–612.
——. „Se Battre La Cuisse", *VT* 20 (1970), 495.
Lipschits, Oded. *The Fall and Rise of Jerusalem: Judah under Babylonian Rule*, Winona Lake
    2005.
Lipton, Diana. „Early Mourning? Petitionary Versus Posthumous Ritual in Ezekiel XXIV",
    VT 56 (2006), 185–202.
Liss, Hanna. „„Describe the Temple to the House of Israel': Preliminary Remarks on the
    Temple Vision in the Book of Ezekiel and the Question of Fictionality in Priestly Litera-
    tures", in: Ehud Ben Zvi (Hg.), *Utopia and Dystopia in Prophetic Literature* (Publications
    of the Finnish Exegetical Society 92), Göttingen 2006, 122–143.
——. „Kanon und Fiktion. Zur literarischen Funktion biblischer Rechtstexte", *BN* 121
    (2004), 7–38.

Lohfink, Norbert. „Art. כעס", ThWAT IV (1984), 297–302.

——. „Enthielten die im Alten Testament bezeugten Klageriten eine Phase des Schweigens?", VT 12 (1962), 260–277.

Lohrbächer, Albrecht. „Ist der Gott des Alten Testaments ein ‚Rachegott'?", in: Frank Crüsemann/Udo Theissmann (Hg.), Ich glaube an den Gott Israels. Fragen und Antworten zu einem Thema, das im christlichen Glaubensbekenntnis fehlt (Kaiser-Taschenbücher 168), Gütersloh 1999, 45–49.

Loretz, Oswald. „Das Neujahrsfest im syrisch-palästinischen Regenbaugebiet. Der Beitrag der Ugarit- und Emar-Texte zum Verständnis biblischer Neujahrstradition", in: Erhard Blum/Rüdiger Lux (Hg.), Festtraditionen in Israel und im Alten Orient (VWGTh 28), Gütersloh 2006, 81–110.

Lust, Johan. „Ezekiel 36–40 in the Oldest Greek Manuscript", CBQ 43 (1981), 517–533.

——. „The Spirit of the Lord, Or the Wrath of the Lord? Ez 39,29", EThL 78 (2002), 148–155.

Luther, Martin. Der Brief an die Römer (D. Martin Luthers Werke. Kritische Gesamtausgabe 56), Weimar 1938.

Lutz, Hanns-Martin. Jahwe, Jerusalem und die Völker. Zur Vorgeschichte von Sach 12,1–8 und 14,1–5 (WMANT 27), Neukirchen-Vluyn 1968.

Lys, Daniel. Rûach. Le souffle dans l'Ancien Testament (EHPhR 56), Paris 1962.

Maarsingh, Berend. „Das Schwertlied in Ez 21,13–22 und das Erra-Gedicht", in: Johan Lust (Hg.), Ezekiel and His Book: Textual and Literary Criticism and their Interrelation (BEThL 74), Leuven 1986, 350–358.

Mädler, Inken. „ ‚Präsentative Symbolik' und ‚visuelle Metaphorik' oder: Wie symbolisieren materielle Gegenstände, an denen das Herz hängt?", in: Cornelia Richter/Petra Bahr (Hg.), Naturalisierung des Geistes und Symbolisierung des Fühlens. Susanne K. Langer im Gespräch der Forschung, Marburg 2008, 43–59.

Maes, Jürgen. „Psychologische Überlegungen zur Rache", 1994 (Quelle: http://psydok.sulb.uni-saarland.de/volltexte/2007/908/pdf/berio76_II.pdf, Zugriff am 30.8.2011).

Maier, Christl M. Daughter Zion, Mother Zion: Gender, Space, and the Sacred in Ancient Israel, Minneapolis 2008.

Malul, Meir. „Adoption of Foundlings in the Bible and Mesopotamian Documents. A Study of Some Legal Metaphors in Ezekiel 16:1–7", JSOT 46 (1990), 97–126.

Mare, W. Harold. The Archaeology of the Jerusalem Area, Grand Rapids 1987.

Marks, Stephan. Scham – die tabuisierte Emotion, Düsseldorf 2007.

Marquardt, Friedrich-Wilhelm. Eia wärn wir da – eine theologische Utopie, Gütersloh 1997.

Marzahn, Joachim. „Die Arbeitswelt – Wirtschaft und Verwaltung, Handel und Profit", in: ders./Günther Schauerte (Hg.), Babylon: Wahrheit. Eine Ausstellung des Vorderasiatischen Museums, Berlin 2008, 231–276.

Martinez, Matias/Scheffel, Michael. Einführung in die Erzähltheorie, München ⁶2005 [1999].

Masson, M. „[צפירה] (Ezéchiel VII 10)", VT 37 (1987), 301–311.

Mathys, Hans-Peter. Liebe deinen Nächsten wie dich selbst. Untersuchungen zum alttestamentlichen Gebot der Nächstenliebe (Lev 19,18) (OBO 71), Fribourg/Göttingen 1986.

Mayer, Günter. „Art. דבר", ThWAT II (1977), 133–135.

——. „Art. כוס", ThWAT IV (1984), 107–111.

Mayer, Walter. „Die Zerstörung des Jerusalemer Tempels 587 v. Chr. im Kontext der Praxis von Heiligtumszerstörungen im antiken Vorderen Orient", in: Johannes Hahn (Hg.), Zerstörungen des Jerusalemer Tempels. Geschehen – Wahrnehmung – Bewältigung (WUNT 147), Tübingen 2002, 1–22.

Mazar, Eilat/Mazar, Benjamin. Excavations in the South of the Temple Mount: The Ophel of Biblical Jerusalem (Qedem 29), Jerusalem 1989 (Hebr.).

McConville, J. Gordon. Deuteronomy (Apollos Old Testament Commentary 5), Leicester/Downers Grove 2002.

McFarlane, Alexander C./Kolk, Bessel A. van der. „Trauma und seine Herausforderung an die Gesellschaft", in: Bessel A. van der Kolk u.a. (Hg.), Traumatic Stress: Grundlagen und

Behandlungsansätze. Theorie, Praxis und Forschung zu posttraumatischem Streß sowie Traumatherapie, Paderborn 2000, 47–69.

——/Yehuda, Rachel. „Widerstandskraft, Vulnerabilität und der Verlauf posttraumatischer Reaktionen", in: Bessel A. van der Kolk u.a. (Hg.), *Traumatic Stress: Grundlagen und Behandlungsansätze. Theorie, Praxis und Forschung zu posttraumatischem Streß sowie Traumatherapie*, Paderborn 2000, 141–167.

McKane, W. „Poison, Trial by Ordeal and the Cup of Wrath", *VT* 30 (1980), 474–492.

McKeating, Henry. *Ezekiel* (OTGu), Sheffield 1995 [1993].

—— „Vengeance Is Mine. A Study of the Pursuit of Vengeance in the Old Testament", *The Expository Times* 74 (1963), 239–245.

Meermann, Rolf. „Combat Stress und seine kurz- und langfristigen Folgen", in: Manfred Zielke u.a. (Hg.), *Das Ende der Geborgenheit? Die Bedeutung von traumatischen Erfahrungen in verschiedenen Lebens- und Ereignisbereichen: Epidemiologie, Prävention, Behandlungskonzepte und klinische Erfahrungen*, Lengerich 2003, 182–193.

Mein, Andrew. *Ezekiel and the Ethics of Exile*, Oxford/New York 2001.

Meinhold, Johannes. *Einführung in das Alte Testament. Geschichte, Literatur und Religion Israels*, Gießen ³1932 [1919].

Meissner, Bruno. *Babylonien und Assyrien, Erster Band*, Heidelberg 1920.

Mendenhall, George E. „The ‚Vengeance' of Yahweh", in: ders., *The Tenth Generation: The Origins of Biblical Tradition*, Baltimore/London 1973, 69–104.

Merridale, Catherine. *Steinerne Nächte. Leiden und Sterben in Russland*, München 2001.

Mertz, Peter. „Nicht Vergeltung, nicht Vergebung. Simon Wiesenthal und die Mühe um Gerechtigkeit", *LM* 30 (1991), 365–367.

Merz, Erwin. *Die Blutrache bei den Israeliten* (BWAT 20), Leipzig 1916.

Metz, Christian. *Essais sur la signification au cinéma*, Paris 1968.

Metzger, Martin. *Grundriß der Geschichte Israels*, Neukirchen-Vluyn ⁶1983 [1963].

Meyer, Ivo. „Art. שָׁמֵם", ThWAT VIII (1995), 241–251.

Meyer, Rudolf. *Hebräische Grammatik*, Berlin/New York 1992.

Meyers, Carol. „Engendering Ezekiel: Female Figures Reconsidered", in: Chaim Cohen u.a. (Hg.), *Birkat Shalom* (FS S. M. Paul), Volume 1, Winona Lake 2008, 281–297.

Michel, Andreas. *Gott und Gewalt gegen Kinder im Alten Testament* (FAT 37), Tübingen 2003.

Michel, Diethelm. „Das Ende der ‚Tochter der Streifschar' (Mi 4,14)", *ZAH* 9 (1996), 196–198.

Milgrom, Jacob. *Leviticus 23–27: A New Translation with Introduction and Commentary* (AncB 3B), New York u.a. 2000.

Milosavljević, Branko/Turjačanin, Vladimir. „Socio-Demographic Characteristics of Children and their Experience of War-Related Trauma", in: Steve Powell/Elvira Durakovic-Belko (Hg.), *Sarajevo 2000: The Psychological Consequences of War: Results of Empirical Research From the Territory of Former Yugoslavia, Presentations From a Symposium held at the Faculty of Philosphy in Sarajevo, July 7 and 8, 2000*, 180–183 (Quelle: http://psih.org/2000e.pdf, Zugriff am 16.8.2011).

Mischkowski, Gabriela. „Sexualised Violence in War – A Chronicle", in: medica mondiale (Hg.), *Violence against Women in War: Handbook For Professionals Working With Traumatised Women*, Frankfurt a.M. ²2008 [2005], 15–62.

Moers, Gerald. „Fiktionalität und Intertextualität als Parameter ägyptologischer Literaturwissenschaft. Perspektiven und Grenzen der Anwendung zeitgenössischer Literaturtheorie", in: Jan Assmann u.a. (Hg.), *Literatur und Politik im pharaonischen und ptolemäischen Ägypten* (Bibliothèque d'Études 127), Kairo 1999, 37–52.

——. *Fingierte Welten in der ägyptischen Literatur des 2. Jahrtausends v.Chr. Grenzüberschreitung, Reisemotiv und Fiktionalität* (Probleme der Ägyptologie 19), Leiden u.a. 2001.

Moran, William L. „Gen 49,10 and Its Use in Ez 21,32", *Bib.* 39 (1958), 405–425.

Moser, Maria Katharina. *Opfer zwischen Affirmation und Ablehnung. Feministisch-ethische Analysen zu einer politischen und theologischen Kategorie* (Studien der Moraltheologie 34), Wien/Münster 2007.

Moughtin-Mumby, Sharon. *Sexual and Marital Metaphors in Hosea, Jeremiah, Isaiah, and Ezekiel* (OTM), Oxford/New York 2008.

Müller-Neuhof, Bernd. „Geographie und Geschichte", in: Joachim Marzahn/Günther Schauerte (Hg.), *Babylon: Wahrheit. Eine Ausstellung des Vorderasiatischen Museums*, Berlin 2008, 38–50.

Müllner, Ilse. *Gewalt im Hause Davids. Die Erzählung von Tamar und Amnon (2 Sam 13,1–22)* (HBS 13), Freiburg i.Br. u.a. 1997.

——. „Zeit, Raum, Figuren, Blick. Hermeneutische und methodische Grundlagen der Analyse biblischer Erzähltexte", *PzB* 15 (2006), 1–24.

Myres, John L. „Gog and the Danger from the North in Ezekiel", *PEQ* 64 (1932), 213–219.

Nathanson, Donald. „A Timetable for Shame", in: ders. (Hg.), *The Many Faces of Shame*, New York 1987, 1–63.

Neef, Hans-Dieter. *Arbeitsbuch Hebräisch. Materialien, Beispiele und Übungen zum Biblisch-Hebräisch*, Tübingen 2003.

Negoită, A. „Art. הגה", ThWAT II (1977), 343–347.

Neumann, Birgit. „Art. Trauma und Literatur", MLLK (³2004), 669f.

Newsom, Carol A. „A Maker of Metaphors: Ezekiel's Oracles Against Tyre", *Interp.* 38 (1984), 151–164.

Newsome, James D. *By the Waters of Babylon: An Introduction to the History and Theology of the Exile*, Atlanta 1979.

Niditch, Susan. „Ezekiel 40–48 in a Visionary Context", *CBQ* 48 (1986), 208–224.

Nielsen, Kirsten. „Ezekiel's Visionary Call as Prologue: From Complexity and Changeability to Order and Stability?", *JSOT* 33 (2008), 99–114.

Niethammer, Lutz. „Diesseits des ‚Floating Gap'. Das kollektive Gedächtnis und die Konstruktion von Identität im wissenschaftlichen Diskurs", in: Kristin Platt/Mirhan Dabag (Hg.), *Generation und Gedächtnis. Erinnerungen und kollektive Identitäten*, Opladen 1995, 25–50.

Nobile, Marco. „Beziehung zwischen Ez 32,17–32 und der Gog-Perikope (Ez 38–39) im Lichte der Endredaktion", in: Johan Lust (Hg.), *Ezekiel and His Book: Textual and Literary Criticism and Their Interrelation* (BEThL 74), Leuven 1986, 255–259.

Noort, Ed. „‚Vengeance Is Mine': Some Remarks on Concepts of Divine Vengeance and Wrath in the Hebrew Bible", in: Rainer Kessler/Patrick Vandermeersch (Hg.), *God, Biblical Stories and Psychoanalytic Understanding*, Frankfurt a.M. 2001, 155–169.

Noth, Martin. *Geschichte Israels*, Göttingen ⁹1981 [1950].

Nünning, Ansgar. „Art. Fiktionssignale", MLLK (³2004), 182f.

——. „Art. Gedächtnis, kulturelles", MLLK (³2004), 218f.

O'Connor, Kathleen M. „A Family Comes Undone (Jeremiah 2:1–4:2)", *RExp* 105 (2008), 201–212.

Oates, Joan. „The Fall of Assyria (635–609 B.C.)", CAH² III/2 (1991), 162–193.

Oded, Bustenay. „Israelite and Judean Exiles in Mesopotamia", in: Gershon Galil/Moshe Weinfeld (Hg.), *Studies in Historical Geography and Biblical Historiography Presented to Zecharia Kallai*, Leiden u.a. 2000, 91–103.

——. „Judah and the Exile", in: John H. Hayes/J. Maxwell Miller (Hg.), *Israelite and Judaean History*, London 1977, 435–488.

——. *Mass Deportations and Deportees in the Neo-Assyrian Empire*, Wiesbaden 1979.

——. „Observations on the Israelite/Judaean Exiles in Mesopotamia During the Eigth-Sixth Centuries BCE", in: K. van Lerberghe/A. Schoors (Hg.), *Immigration and Emigration Within the Ancient Near East (FS E. Lipiński)* (OLA 65), Leuven 1995, 205–212.

Odell, Margaret S. „An Exploratory Study of Shame and Dependence in the Bible and Selected Near Eastern Parallels", in: K. Lawson Younger u.a. (Hg.), *The Biblical Canon in Comparative Perspective: Scripture in Context IV* (ANETS 11), Lewiston u.a. 1991, 217–233.

——. *Ezekiel* (Smyth & Helwys Bible Commentary 16), Macon 2005.

——. „Genre and Persona in Ezekiel 24:15–24", in: dies./John T. Strong (Hg.), *The Book of Ezekiel: Theological and Anthropological Perspectives* (SBL.SS 9), Atlanta 2000, 195–219.

——. „The City of Hamonah in Ezekiel 39:11–16: The Tumultuous City of Jerusalem", *CBQ* 56 (1994), 479–489.

——. „The Inversion of Shame and Forgiveness in Ezekiel 16.59–63", *JSOT* 56 (1992), 101–112.

——. „You Are What You Eat: Ezekiel and the Scroll", *JBL* 117 (1998), 229–248.

Olyan, Saul M.: *Biblical Mourning: Ritual and Social Dimensions*, Oxford 2004.

——. „Honor, Shame, and Covenant Relations in Ancient Israel and Its Environments", *JBL* 115 (1996), 201–218.

——. „‚We Are Utterly Cut Off': Some Possible Nuances of נגזרנו לנו in Ezek 37:11", *CBQ* 65 (2003), 43–51.

Oppenheim, A. L. „‚Siege Documents' from Nippur", *Iraq* 17 (1955), 69–89.

Ott, Katrin. *Die prophetischen Analogiehandlungen im Alten Testament* (BWANT 185), Stuttgart 2009.

Otto, Eckart. „Art. שׁער", ThWAT VIII (1995), 358–403.

Otto, Stefan. „Auf der virtuellen Couch. Gewaltopfer beschreiben in einem ‚Lebenstagebuch' ihre Erlebnisse", *Frankfurter Rundschau* 65, Nr. 144 (25.06.2009), 15.

Otzen, Benedikt. „Art. גוג", ThWAT I (1973), 958–965.

Patmore, Hector M. „The Shorter and the Longer Texts of Ezekiel: The Implications of the Finds from Masada and Qumran", *JSOT* 32 (2007), 231–242.

Patton, Corrine L. (=Carvalho, Corrine L.). „Priest, Prophet, and Exile: Ezekiel as a Literary Construct", in: Stephen L. Cook/dies. (Hg.), *Ezekiel's Hierarchical World: Wrestling With a Tiered Reality* (SBL.SS 31), Atlanta 2004, 73–89.

——. „Priest, Prophet and Exile: Ezekiel as a Literary Construct", *SBL.SP* 2000, 700–727.

——. „‚Should Our Sister Be Treated Like a Whore?' A Response to Feminist Critiques of Ezekiel 23", in: Margaret S. Odell/John T. Strong (Hg.), *The Book of Ezekiel: Theological and Anthropological Perspectives* (SBL.SS 9), Atlanta 2000, 221–238.

Pearce, Laurie E. „New Evidence for Judeans in Babylonia", in: Oded Lipschits/Manfred Oeming (Hg.), *Judah and the Judeans in the Persian Period*, Winona Lake 2006, 399–411.

Peels, Hendrik G. L. *The Vengeance of God: The Meaning of the Root NQM and the Function of the NQM-Texts in the Context of Divine Revelation in the Old Testament* (OTS 31), Leiden u.a. 1995.

Peichl, Jochen. *Die inneren Trauma-Landschaften. Borderline – Ego-State – Täter-Introjekt*, Stuttgart 2007.

Pennebaker, James W./Banasik, Becky. „On the Creation and Maintenance of Collective Memories: History as Social Psychology", in: ders. u.a. (Hg.), *Collective Memory of Political Events: Social Psychological Perspectives*, Mahwah 1997, 3–19.

Perlitt, Lothar. *Die Propheten Nahum, Habakuk, Zephanja* (ATD 25,1), Göttingen 2004.

Peteet, Julie M. „Transforming Trust: Dispossession and Empowerment among Palestinian Refugees", in: E. Vakentine Daniel/John C. Knudsen (Hg.), *Mistrusting Refugees*, Berkeley 1995, 168–186.

Petersen, David L. „Creation and Hierarchy in Ezekiel: Methodological Perspectives and Theological Prospects", in: Stephen L. Cook/Corrine L. Patton (Hg.), *Ezekiel's Hierarchical World: Wrestling With a Tiered Reality* (SBL.SS 31), Atlanta 2004, 169–178.

Pettinato, Giovanni. *Semiramis. Herrin über Assur und Babylon*, München 1991 [italienisches Original 1985].

Pham, Xuan Huong Thi. *Mourning in the Ancient Near East and the Hebrew Bible* (JSOT.S 302), Sheffield 1999.

Pilch, John J. „Ezekiel – An Altered State of Consciousness Experience. The Call of Ezekiel: Ezekiel 1–3", in: Philip F. Esler (Hg.): *The Old Testament in its Social Context*, Minneapolis 2006, 208–222.

Pitard, Wayne T. „Art. Vengeance", ABD VI (1992), 786f.

Podella, Thomas. „Der ‚Chaoskampfmythos' im Alten Testament", in: Manfred Dietrich/Oswald Loretz (Hg.), *Mesopotamica – Ugaritica – Biblica FS K. Bergerhof*) (AOAT 232), Neukirchen-Vluyn 1993, 283–329.

——. „Ein mediterraner Trauerritus", *UF* 18 (1986), 263–269.

Pohlmann, Karl-Friedrich. *Das Buch des Propheten Hesekiel (Ezechiel) Kapitel 1–19* (ATD 22/1), Göttingen 1996.

——. *Das Buch des Propheten Hesekiel (Ezechiel) Kapitel 20–48* (ATD 22/2), Göttingen 2001.

——. *Ezechiel. Der Stand der theologischen Diskussion*, Darmstadt 2008.

——. *Ezechielstudien. Zur Redaktionsgeschichte des Buches und zur Frage nach den ältesten Texten* (BZAW 202), Berlin/New York 1992.

Poser, Ruth. „‚Das Gericht geht durch den Magen'. Die verschlungene Schriftrolle und andere Essensszenarien im Ezechielbuch", in: Michaela Geiger u.a. (Hg.), *Essen und Trinken in der Bibel (FS R. Kessler)*, Gütersloh 2009, 116–130.

——. „Vergelt's Gott? Überlegungen zur Grenz-Wertigkeit biblischer Rachetexte", in: *JK* 68/2 (2007), 13–15.

Preuß, Horst Dietrich. „Art. נוח", ThWAT V (1986), 297–307.

Rabinowitz, L. I. „Art. Tribes", EJ 15 (1972), 1003–1006.

Rad, Gerhard von. *Theologie des Alten Testaments, Band II: Die Theologie der prophetischen Überlieferungen Israels*, München ⁷1980 [1960].

Radebold, Hartmut. „Kriegskindheiten in Deutschland – damals und heute", in: ders. u.a. (Hg.), *Kindheiten im Zweiten Weltkrieg. Kriegserfahrungen und deren Folgen aus psychohistorischer Perspektive*, Weinheim/München 2006, 15–25.

Rambo, Shelly. „Saturday in New Orleans: Rethinking the Holy Spirit in the Aftermath of Trauma", *RExp* 105 (2008), 229–244.

Reddemann, Luise. *Imagination als heilsame Kraft. Zur Behandlung von Traumafolgen mit ressourcenorientierten Verfahren* (Leben lernen 141), Stuttgart ⁹2003 [2001].

——. „Trauer und Neuorientierung: ‚Es ist was es ist' ", in: Traumaz. Psychoth., 311–321.

——. „Trauma und Imagination" (Quelle: http://www.traumhaus-bielefeld.de/dl/imagin .pdf, Zugriff am 17.8.2011).

Reemtsma, Jan Philipp. „Das Recht des Opfers auf die Bestrafung des Täters – als Problem", in: ders., *Die Gewalt spricht nicht. Drei Reden*, Stuttgart 2002, 49–83 [1999].

——. „‚Trauma' – Aspekte der ambivalenten Karriere eines Konzepts", *Sozialpsychiatrische Informationen* 33/2 (2003), 37–43.

Rendtorff, Rolf. „Ez 20 und 36,16ff im Rahmen der Komposition des Buches Ezechiel", in: Johan Lust (Hg.), *Ezekiel and His Book. Textual and Literary Criticism and Their Interrelation* (BEThL 74), Leuven 1986, 260–265.

Renz, Thomas. *The Rhetorical Function of the Book of Ezekiel* (VT.S 76), Leiden u.a. 1999.

Ricœur, Paul. „Stellung und Funktion der Metapher in der biblischen Sprache", in: ders./ Eberhard Jüngel, *Metapher. Zur Hermeneutik religiöser Sprache*, München 1974, 45–70.

Riedesser, Peter. „Belastende Kriegserfahrungen in der Kleinkindzeit", in: Hartmut Radebold u.a. (Hg.), *Kindheiten im Zweiten Weltkrieg. Kriegserfahrungen und deren Folgen aus psychohistorischer Perspektive*, Weinheim/München 2006, 37–50.

Ringgren, Helmer. „Art. ספק", ThWAT V (1986), 109f.

——. „Art. שׁמן", ThWAT VIII (1995), 251–255.

Rinke, Stefanie. „Körper und Medien. Spuren des Traumas bei Emmy Hennings und Irmgard Keun", in: Fraisl, Bettina/Monika Stromberger (Hg.), *Stadt und Trauma. Annäherungen – Konzepte – Analysen*, Würzburg 2004, 281–296.

Robson, James. *Word and Spirit in Ezekiel* (LHBOTS 447), New York/London 2006.

Rolf, Eckard. *Symboltheorien. Der Symbolbegriff im Theoriekontext*, Berlin/New York 2006.

Röllig, W. „Art. Marduk", NBL II (1995), 706f.

Rooker, Mark F. *Biblical Hebrew in Transition: The Language of the Book of Ezekiel* (JSOT.S 90), Sheffield 1990.

Rose, Martin. *5. Mose Teilband 2: 5. Mose 1–11 und 26–34. Rahmenstücke zum Gesetzeskorpus* (ZBK.AT 5), Zürich 1994.

Rosen, Irwin C. „Revenge – The Hate That Dare Not Speak Its Name: A Psychoanalytic Perspective", *JAPA* 55 (2007), 595–620.

Rosenberg, Joel. „Jeremiah and Ezekiel", in: Robert Alter/Frank Kermode (Hg.), *The Literary Guide to the Bible*, London 1987, 184–206.

Rosner, Rita/Gavranidou, Maria. „Psychische Erkrankung als Folge von Flucht und Vertreibung", in: Manfred Zielke u.a. (Hg.), *Das Ende der Geborgenheit? Die Bedeutung von traumatischen Erfahrungen in verschiedenen Lebens- und Ereignisbereichen: Epidemiologie, Prävention, Behandlungskonzepte und klinische Erfahrungen*, Lengerich 2003, 386–408.

Rudnig, Thilo A. *Heilig und Profan. Redaktionskritische Studien zu Ez 40–48* (BZAW 287), Berlin/New York 2000.

Ruiz, Jean-Pierre. „An Exile's Baggage: Toward a Postcolonial Reading of Ezekiel", in: Jon L. Berquist (Hg.), *Approaching Yehud: New Approaches to the Study of the Persian Period* (SBL.SS 50), Atlanta 2007, 117–135.

Runions, Erin. „Why Girls Cry: Gender Melancholia and Sexual Violence in *Boys Don't Cry* and Ezekiel 16", in: George Aichele/Richard Walsh (Hg.), *Screening Scripture: Intertextual Connections Between Scripture and Film*, Harrisburg 2002, 188–212.

Rüterswörden, Udo. „Art. שׂרך", ThWAT VII (1993), 882–891.

———. *Das Buch Deuteronomium* (NSK.AT 4), Stuttgart 2006.

Sachsse, Ulrich. „Die Arbeit auf der Inneren Bühne", in: Traumaz. Psychoth., 200f.

———. „Die Beobachter-Technik", in: Traumaz. Psychoth., 278f.

———. „Die Bildschirm-Technik (Screen-Technik)", in: Traumaz. Psychoth., 279–288.

———. „Die therapeutische Beziehung", in: Traumaz. Psychoth., 184–192.

———. „Ein klinisches Beispiel", in: Traumaz. Psychoth., 299–311.

———. „Imaginationsübungen", in: Traumaz. Psychoth., 228–243.

———. „Rache: Destruktive Wiedergutmachung", in: Eberhard Herdieckerhoff u.a. (Hg.), *Hassen und Versöhnen. Psychoanalytische Erkundungen*, Göttingen 1990, 52–59.

———. „Sei Borderline!", in: Traumaz. Psychoth., 192–195.

———. „Selbstverletzendes Verhalten", in: Traumaz. Psychoth., 80–91.

———. *Selbstverletzendes Verhalten: Psychodynamik – Psychotherapie. Das Trauma, die Dissoziation und die Behandlung*, Göttingen ⁷2008 [1994].

———. „Stabilisierung", in: Traumaz. Psychoth., 198–200.

———. „Täter-Introjekte und Opfer-Introjekte: Fremdkörper im Selbst", in: Traumaz. Psychoth., 216–228.

———. „Trauma-Synthese durch Trauma-Exposition: Allgemeines zur Wirksamkeit und zum therapeutischen Vorgehen", in: Traumaz. Psychoth., 264–272.

Said, Edward W. „The Mind of Winter: Reflections on Life in Exile", *Harper's Magazine* September 1984, 49–55.

Sals, Ulrike. *Die Biographie der „Hure Babylon". Studien zur Intertextualität der Babylon-Texte in der Bibel* (FAT II 6), Tübingen 2004.

Sasse, Markus. *Geschichte Israels in der Zeit des Zweiten Tempels. Historische Ereignisse – Archäologie – Sozialgeschichte – Religions- und Geistesgeschichte*, Neukirchen-Vluyn 2004.

Sauer, Georg. „Art. נקם", THAT II (⁵1995 [1975]), 106–109.

Scharbert, Josef. „Art. ספד", ThWAT V (1986), 901–906.

Schmid, Konrad. „Hintere Propheten (Nebiim)", in: Jan Christian Gertz (Hg.), *Grundinformation Altes Testament. Eine Einführung in Literatur, Religion und Geschichte des Alten Testaments*, Göttingen ³2009 [2006], 313–412.

Schmid, Wolf. *Elemente der Narratologie* (Narratologia 8), Berlin/New York 2005.

Schmidt, Uta. *Zentrale Randfiguren. Strukturen der Darstellung von Frauen in den Erzählungen der Königebücher*, Gütersloh 2003.

Schmitt, Hans-Christoph. *Arbeitsbuch zum Alten Testament. Grundzüge der Geschichte Israels und der alttestamentlichen Schriften*, Göttingen 2005.

Schmitt, John J. „Psychoanalyzing Ezekiel", in: J. Harold Ellens/Wayne G. Rollins (Hg.), *Psychology and the Bible: A New Way to Read the Scriptures, Volume Two: From Genesis to Apocalyptic Vision*, Westport/London 2004, 185–201.

Schmitz, Barbara. „Die Bedeutung von Fiktionalität und Narratologie für die Schriftauslegung", in: Heinz-Günther Schöttler (Hg.), *„Der Leser begreife!" Vom Umgang mit der Fiktionalität biblischer Texte*, Berlin 2006, 137–149.

Schmoldt, Hans. „Art. עַל", ThWAT VI (1989), 79–83.

———. „Art. פָּשַׁע", ThWAT VI (1989), 787–791.

———. „Art. קוּט", ThWAT VI (1989), 1234–1237.

Schneider-Flume, Gunda. *Grundkurs Dogmatik. Nachdenken über Gottes Geschichte*, Göttingen 2004.

Schneider, Carl D. *Shame, Exposure, and Privacy*, Boston 1977.

Schnocks, Johannes. *Rettung und Neuschöpfung. Studien zur alttestamentlichen Grundlegung einer gesamtbiblischen Theologie der Auferstehung* (BBB 158), Bonn 2009.

Schöpflin, Karin. *Theologie als Biographie im Ezechielbuch. Ein Beitrag zur Konzeption alttestamentlicher Prophetie* (FAT 36), Tübingen 2002.

———. „The Destructive and Creative Word of the Prophet in the Book of Ezekiel", in: Hermann Michael Niemann/Matthias Augustin (Hg.), *Stimulation from Leiden: Collected Communications to the XVIIIth Congress of the International Organization for the Study of the Old Testament, Leiden 2004* (BEAT 54), Frankfurt a.M. 2006, 113–118.

Schroer, Silvia. *Die Samuelbücher* (NSK.AT 7), Stuttgart 1992.

Schulte, Hannelis. „Beobachtungen zum Begriff der Zônâ im Alten Testament", *ZAW* 104 (1992), 255–262.

———. *Dennoch gingen sie aufrecht. Frauengestalten im Alten Testament*, Neukirchen-Vluyn 1995.

Schulz, Hermann. *Das Todesrecht im Alten Testament. Studien zur Rechtsform der Mot-Jumat-Sätze* (BZAW 114), Berlin 1969.

Schunck, Klaus-Dietrich. „Art. חֵמָה", ThWAT II (1977), 1032–1036.

———. „Art. רָגַם", ThWAT VII (1993), 345–347.

———. „Der Becher Jahwes: Weinbecher – Taumelbecher – Zornesbecher", in: Axel Graupner u.a. (Hg.), *Verbindungslinien* (FS W. H. Schmidt), Neukirchen-Vluyn 2000, 323–330.

Schüngel-Straumann, Helen. *Rûaḥ bewegt die Welt. Gottes schöpferische Lebenskraft in der Krisenzeit des Exils* (SBS 151), Stuttgart 1992.

———. „*RÛAḤ* und Gender-Frage am Beispiel der Visionen beim Propheten Ezechiel", in: Bob Becking/Meindert Dijkstra (Hg.), *On Reading Prophetic Texts: Gender Specific and Related Studies in Memory of Fokkelien van Dijk-Hemmes* (Bibl.Interpr.S 18), Leiden u.a. 1996, 201–215.

Schwalm, Helga. „Art. Autobiographie", MLL (³2007), 57–59.

———. „Art. Autobiographischer Roman", MLL (³2007), 59.

Schwartz, Baruch J. „Ezekiel's Dim View of Israel's Restoration", in: Margaret S. Odell/John T. Strong (Hg.), *The Book of Ezekiel: Theological and Anthropological Perspectives* (SBL. SS 9), Atlanta 2000, 43–67.

———. „The Ultimate Aim of Israel's Restoration in Ezekiel", in: Chaim Cohen u.a. (Hg.), *Birkat Shalom* (FS S. M. Paul), Volume 1, Winona Lake 2008, 305–319.

Schweizer, Harold. „To Give Suffering a Language", *Literature and Medicine* 14 (1995), 210–221.

Schwyn, Irène. „Kinderbetreuung im 9.–7. Jahrhundert. Eine Untersuchung anhand der Darstellungen auf neuassyrischen Reliefs", *lectio difficilior* 1/2000 (http://www.lectio .unibe.ch).

Sedlmeier, Franz. *Das Buch Ezechiel. Kapitel 1–24* (NSK.AT 21/1), Stuttgart 2002.

———. „Transformationen. Zur Anthropologie Ezechiels", in: Andreas Wagner (Hg.), *Anthropologische Aufbrüche. Alttestamentliche und interdisziplinäre Zugänge zur historischen Anthropologie* (FRLANT 232), Göttingen 2009, 203–233.

Seebass, Horst. „Art. נָפַל", ThWAT V (1986), 521–531.

Seidel, Bodo. „Ezechiel und die zu vermutenden Anfänge der Schriftreligion im Umkreis der unmittelbaren Vorexilszeit Oder: Die Bitternis der Schriftrolle", *ZAW* 107 (1995), 51–64.

Seidl, Theodor. *‚Der Becher in der Hand des Herrn': Studie zu den prophetischen ‚Taumelbecher'-Texten* (ATSAT 70), St. Ottilien 2001.

———. „Der ‚Moloch-Opferbrauch' ein ‚rite de passage'? Zur kontroversen Bewertung eines rätselhaften Ritus im Alten Testament", *OTE* 20 (2007), 432–455.

Seitz, Christopher R. *Theology in Conflict: Reactions to the Exile in the Book of Jeremiah* (BZAW 176), Berlin/New York 1989.

Selz, Gebhard J. „Das babylonische Königtum", in: Joachim Marzahn/Günther Schauerte (Hg.), *Babylon: Wahrheit. Eine Ausstellung des Vorderasiatischen Museums*, Berlin 2008, 105–138.

Shay, Jonathan. „Learning About Combat Stress From Homer's Ilias", *Journal of Traumatic Stress* 4 (1991), 561–579.

Shields, Mary E. „Multiple Exposures: Body Rhetoric and Gender in Ezekiel 16", in: Athalya Brenner (Hg.), *Prophets and Daniel* (The Feminist Companion to the Bible, Second Series 8), Sheffield 2001, 137–153.

Shiloh, Yigal. *Excavations at the City of David, I.* (Qedem 19), Jerusalem 1984.

Singer, K. H. „Art. Rache", NBL III (2001), 269f.

Sklba, Richard J. „ ‚Until the Spirit from on High Is Poured out on Us' (Isa 32:15): Reflections on the Role of the Spirit in the Exile", CBQ 46 (1984), 1–17.

Sluis, Douwe J. van der u.a. *Alle Morgen neu. Einführung in die jüdische Gedankenwelt anhand eines der wichtigsten jüdischen Gebete:* שמונה עשרה *oder Achtzehngebet* (Erev-Rav-Hefte: Israelitisch denken lernen 7), Knesebeck 2005.

Smith, John Z. *To Take Place: Toward Theory in Ritual*, Chicago/London 1987.

Smith-Christopher, Daniel L. *A Biblical Theology of Exile*, Minneapolis 2002.

——. „Ezekiel in Abu Ghraib: Rereading Ezekiel 16:37–39 in the Context of Imperial Conquest", in: Stephen L. Cook/Corrine L. Patton (Hg.): *Ezekiel's Hierarchical World: Wrestling With a Tiered Reality* (SBL.SS 31), Atlanta 2004, 141–157.

——. „Reassessing the Historical and Sociological Impact of the Babylonian Exile", in: James M. Scott (Hg.), *Exile: Old Testament, Jewish, and Christian Conceptions* (JSJ.S 56), Leiden u.a. 1997, 7–36.

Smoak, Jeremy D. „Building Houses and Planting Vineyards: The Early Inner-Biblical Discourse on an Ancient Israelite Wartime Curse", *JBL* 127 (2008), 19–35.

Snijders, Lambertus A. „Art. נהר", ThWAT V (1986), 281–291.

Soggin, Alberto J. *Einführung in die Geschichte Israels und Judas. Von den Ursprüngen bis zur Geschichte Bar Kochbas*, Darmstadt 1991.

Solomon, Zahava. „Jüdische Überlebende in Israel und im Ausland", *Mittelweg 36* 5/2 (1996), 23–37.

——/Laror, Nathaniel/McFarlane, Alexander C. „Posttraumatische Akutreaktionen bei Soldaten und Zivilisten", in: Bessel A. van der Kolk u.a. (Hg.), *Traumatic Stress: Grundlagen und Behandlungsansätze. Theorie, Praxis und Forschung zu posttraumatischem Streß sowie Traumatherapie*, Paderborn 2000, 117–127.

Spaller, Christina. *„Die Geschichte des Buches ist die Geschichte seiner Auslöschung..."* *Die Lektüre von Koh 1,2–11 in vier ausgewählten Kommentaren* (ExuZ 7), Münster 2001.

Sprinkle, Preston. „Law and Life: Leviticus 18.5 in the Literary Framework of Ezekiel", *JSOT* 31 (2007), 275–293.

Stadler, Christian. „Von Sicheren Orten und Inneren Helfern. Elemente von Psychodramatherapie mit traumatisierten Menschen", *Zeitschrift für Psychodrama und Soziometrie* 1 (2002), 177–186.

Stager, Lawrence E. „Ashkelon and the Archaeology of Destruction: Kislev 604 BCE", ErIs 25 (1996), 61*–74*.

Stähli, Hans-Peter. „Art. עבר", THAT II (⁵1995 [1975]), 200–204.

Staubli, Thomas. *Das Image der Nomaden im Alten Israel und in der Ikonographie seiner sesshaften Nachbarn* (OBO 107), Fribourg/Göttingen 1991.

——. *Die Bücher Levitikus, Numeri* (NSK.AT 3), Stuttgart 1996.

Stavrakopoulou, Francesca. „Gog's Grave and the Use and Abuse of Corpses in Ezekiel 39:11–20", *JBL* 129 (2010), 67–84.

——. *King Manasseh and Child Sacrifice: Biblical Distorsions of Historical Realities* (BZAW 338), Berlin/New York 2004.

Steck, Odil Hannes. „Aufbauprobleme in der Priesterschrift", in: Dwight R. Daniels u.a. (Hg.), *Ernten, was man sät (FS K. Koch)*, Neukirchen-Vluyn 1991, 287–308.

Stendebach, Franz Josef. „Art. עִיר", ThWAT VI (1989), 31–48.

Stern, Ephraim. „The Babylonian Gap", *BArR* 26/6 (2000), 45–51.76.

Stevenson, Kalinda Rose. *The Vision of Transformation: The Territorial Rhetoric of Ezekiel 40–48* (SBL.DS 154), Atlanta 1996.

Stiebert, Johanna. „Shame and Prophecy: Approaches Past and Present", *Bibl. Interpr.* 8 (2000), 255–275.

——. *The Construction of Shame in the Hebrew Bible: The Prophetic Contribution* (JSOT.S 346), Sheffield 2002.

——. *The Exile and the Prophet's Wife: Historic Events and Marginal Perspectives*, Collegeville 2005.

——. „The Woman Metaphor of Ezekiel 16 and 23: A Victim of Violence, or a Symbol of Subversion?", *OTE* 15 (2002), 200–208.

Stipp, Hermann-Josef. „Art. Skythen", NBL III (2001), 621.

Stolz, Fritz. „Art. Rache", TRE 28 (1997), 82–88.

——. „Art. כעס", THAT I (⁵1994 [1971]), 838–842.

——. „Art. שׁמם", THAT II (⁵1995 [1975]), 970–974.

——. „Rausch, Religion und Realität in Israel und seiner Umwelt", *VT* 26 (1976), 170–186.

Strauß, Hans. *Hiob 2. Teilband: 19,1–42,17* (BK XVI/2), Neukirchen-Vluyn 2000.

Swartzback, Raymond H. „A Biblical Study of the Word ‚Vengeance'", *Interp.* 6 (1952), 451–457.

Sweeney, Marvin A. „The Assertion of Divine Power in Ezekiel 33:21–39:29", in: ders., *Form and Intertextuality in Prophetic and Apocalyptic Literature* (FAT 45), Tübingen 2005, 156–172.

Tellenbach, Hubertus. „Ezechiel: Wetterleuchten einer ‚Schizophrenie' (Jaspers) oder prophetische Erfahrung des Ganz-Anderen", *Daseinsanalyse* 4 (1987), 227–236.

Tengström, Sven. „Art. רוח I–VI", ThWAT VII, 385–418.

Terrien, Samuel. „Ezekiel's Dance of the Sword and Prophetic Theonomy", in: Richard D. Weis/David M. Carr (Hg.), *A Gift of God in Due Season (FS J. A. Sanders)* (JSOT.S 225), Sheffield 1996, 119–132.

Thistlethwaite, Susan Brooks. „‚You May Enjoy the Spoil of Your Enemies': Rape as a Biblical Metaphor for War", *Semeia* 61 (1993), 59–75.

Thompson, John Arthur. *The Book of Jeremiah* (NIC.OT), Grand Rapids 1980.

Thompson, Thomas L. „The Exile in History and Myth: A Response to Hans Barstad", in: Lester L. Grabbe (Hg.), *Leading Captivity Captive: ‚The Exile' as History and Ideology* (JSOT.S 278), Sheffield 1998, 101–118.

Tigay, Jeffrey H. *Deuteronomy/דברים* (The JPS Torah Commentary), Philadelphia 1996.

Törnkvist, Rut. *The Use and Abuse of Female Sexual Imagery in the Book of Hosea: A Feminist Critical Approach to Hos 1–3*, Uppsala 1998.

Tuell, Steven S. „Divine Presence and Absence in Ezekiel's Prophecy", in: Margaret S. Odell/John T. Strong (Hg.), *The Book of Ezekiel: Theological and Anthropological Perspectives* (SBL.SS 9), Atlanta 2000, 97–116.

——. „The Rivers of Paradise: Ezekiel 47:1–12 and Genesis 2:10–14", in: William P. Brown/S. Dean McBride Jr. (Hg.), *God Who Creates (FS W. S. Towner)*, Grand Rapids/Cambridge 2000, 171–189.

Uehlinger, Christoph. „‚Bauen wir uns eine Stadt und einen Turm...!'", *BiKi* 58 (2003), 37–42.

——/Müller Trufaut, Susanne. „Ezekiel 1, Babylonian Cosmological Scholarship and Iconography: Attempts at Further Refinement", *ThZ* 57 (2001), 140–171.

UN Refugee Agency (UNHCR). „2009 Global Trends: Refugees, Asylum-seekers, Returnees, Internally Displaced and Stateless Persons", Juni 2010 (Quelle: http://www.unhcr.org/cgi-bin/texis/vtx/search?page=search&docid=4c11fobe9&query=2009%20Global%20Trends, Zugriff am 10.10.2011).

Unger, Eckhard. *Babylon. Die heilige Stadt nach der Beschreibung der Babylonier*, Berlin/ Leipzig 1931.

Ussishkin, David. *The Conquest of Lachish by Sennacherib* (Publications of the Institute of Archaeology 6), Tel Aviv 1982.

Utzschneider, Helmut. *Das Heiligtum und das Gesetz. Studien zur Bedeutung der sinaitischen Heiligtumstexte (Ex 25–40; Lev 8–9)* (OBO 77), Fribourg/Göttingen 1988.

——. *Micha* (ZBK.AT), Zürich 2005.

——. *Michas Reise in die Zeit. Studien zum Drama als Genre der prophetischen Literatur des Alten Testaments* (SBS 180), Stuttgart 1999.

——/Nitsche, Stefan A. *Arbeitsbuch literaturwissenschaftliche Bibelauslegung. Eine Methodenlehre zur Exegese des Alten Testaments*, Gütersloh 2001.

Veerkamp, Ton. „Den Text aus den Verhältnissen, nicht die Verhältnisse aus dem Text entwickeln", in: *Neue Exegese. Materialheft*, Stuttgart 1978, 19f.

Veijola, Timo. *Das 5. Buch Mose. Deuteronomium, Kapitel 1,1–16,17* (ATD 8,1), Göttingen 2004.

Vetter, Dieter. „Art. ראה", THAT II (⁵1995 [1975]), 692–701.

Vogt, Ernst. „Der Nehar Kebar: Ez 1", *Bib.* 39 (1958), 211–216.

——. „Die Lähmung und Stummheit des Propheten Ezechiel", in: Hans Joachim Stoebe u.a. (Hg.), *Wort – Gebot – Glaube (FS W. Eichrodt)* (AThANT 59), Zürich 1970, 87–100.

——. *Untersuchungen zum Buch Ezechiel* (AnBib 95), Rom 1981.

Vanderhooft, David S. „Babylonian Strategies of Imperial Control in the West: Royal Practice and Rhetoric", in: Oded Lipschits/Joseph Blenkinsopp (Hg.), *Judah and the Judeans in the Neo-Babylonian Period*, Winona Lake 2003, 235–262.

——. *The Neo-Babylonian Empire and Babylon in the Latter Prophets* (HSM 59), Atlanta 1999.

Volkan, Vamik D. *Blutsgrenzen. Die historischen Wurzeln und die psychologischen Mechanismen ethnischer Konflikte und ihre Bedeutung bei Friedensverhandlungen*, Bern u.a. 1999.

——. *Das Versagen der Diplomatie. Zur Psychoanalyse nationaler, ethnischer und religiöser Konflikte*, Gießen ³2003 [1999].

——. „Großgruppenidentität und auserwähltes Trauma", *Psyche* 9/10 (2000), 931–953.

——. „Vorwort: Identitätsverlust – Migration und Verfolgung", in: Karin Bell u.a. (Hg.), *Migration und Verfolgung. Psychoanalytische Perspektiven*, Gießen 2002, 13–36.

——/Julius, Demetrios A./Montville, Joseph V. (Hg.). *The Psychodynamics of International Relationships, Volume 1: Concepts and Theories*, Lexington 1990.

Volkmann, Laurenz. „Art. New Historicism", MLLK (³2004), 494–497.

Volkmann, Stefan. „Art. Rache III. Dogmatisch und Ethisch", RGG⁴ 7 (2004), 12f.

Wagner, Siegfried. „Art. דרש", ThWAT II (1977), 313–329.

——. „Art. יגה", ThWAT III (1982), 406–412.

——. „Geist und Leben nach Ezechiel 37,1–14", *ThV* 10 (1979), 53–65.

Wallis, Gerhard. „Art. שדה", ThWAT VII (1993), 709–718.

Warning, Rainer. „Der inszenierte Diskurs. Bemerkungen zur pragmatischen Relation der Fiktion", in: Dieter Henrich/Wolfgang Iser (Hg.), *Funktionen des Fiktiven*, München 1983, 183–206.

Washington, Harold C. „Violence and the Construction of Gender in the Hebrew Bible: A New Historicist Approach", *Bibl.Interpr.* 5 (1997), 324–363.

Wazana, Nili. „Are Trees of the Field Human? A Biblical War Law (Deuteronomy 20:19–20) and Neo-Assyrian Propaganda", in: Mordechai Cogan/Dan'el Kahn (Hg.), *Treasures on Camels Humps (FS I. Eph'al)*, Jerusalem 2008, 274–295.

Weidner, Ernst F.. „Jojachin, König von Juda, in babylonischen Keilschrifttexten", in: *Mélanges Syriens offerts à Monsieur René Dussaud, Tome II*, Paris 1939, 923–935.

Weigel, Sigrid. „Télescopage im Unbewußten. Zum Verhältnis von Trauma, Geschichtsbegriff und Literatur", in: Elisabeth Bronfen u.a. (Hg.), *Trauma. Zwischen Psychoanalyse und kulturellem Deutungsmuster*, Köln u.a. 1999, 51–76.

——. *Topographien der Geschlechter. Kulturgeschichtliche Studien zur Literatur*, Reinbek bei Hamburg 1990.

Weinberg, Joël P. „Demographische Notizen zur Geschichte der nachexilischen Gemeinde in Juda", *Klio* 54 (1972), 45–59.

——. „The Babylonian Conquest of Judah: Some Additional Remarks to a Scientific Consensus", *ZAW* 118 (2006), 597–610.

Weinberg, Manfred. „Trauma – Geschichte, Gespenst, Literatur – und Gedächtnis", in: Elisabeth Bronfen u.a. (Hg.), *Trauma. Zwischen Psychoanalyse und kulturellem Deutungsmuster*, Köln u.a. 1999, 173–206.

Weinfeld, Moshe. *Social Justice in Ancient Israel and in the Ancient Near East*, Jerusalem/Minneapolis 1995.

Weippert, Manfred. „Art. Sarkophag, Urne, Ossuar", BRL (²1977), 269–276.

——. *Historisches Textbuch zum Alten Testament* (GAT 10), Göttingen 2010.

Weissbach, F. H. „Esagila und Etemenanki nach den keilschriftlichen Quellen", in: F. Wetzel/ders., *Das Hauptheiligtum des Marduk in Babylon, Esagila und Etemenanki*, Leipzig 1938, 37–85.

Wellhausen, Julius. *Prolegomena zur Geschichte Israels*, Berlin/Leipzig ⁶1927 [1878].

Wengst, Klaus. *Ostern – ein wirkliches Gleichnis, eine wahre Geschichte. Zum neutestamentlichen Zeugnis von der Auferweckung Jesu*, München 1991.

Wenzel, Peter. „Art. Gattung, literarische", MLLK (³2004), 209f.

Westermann, Claus/Albertz, Rainer. „Art גלה", THAT I (⁵1994 [1971]), 418–426.

White, Hayden. *Figural Realism: Studies in the Mimesis Effect*, Baltimore 1999.

Wiesenthal, Simon. *Recht, nicht Rache: Erinnerungen*, Frankfurt a.M. ³1989.

Wilkie, J. M. „Nabonidus and the Later Jewish Exiles", *JThS* NS 2 (1951), 36–44.

Willi, Thomas. „Leviten, Priester und Kult in vorhellenistischer Zeit. Die chronistische Optik in ihrem geschichtlichen Kontext", in: Beate Ego u.a. (Hg.), *Gemeinde ohne Tempel/Community without Temple. Zur Substituierung und Transformation des Jerusalemer Tempels und seines Kults im Alten Testament, antiken Judentum und frühen Christentum* (WUNT 118), Tübingen 1999, 75–98.

Willis, John T. „The Expression be'acharith hayyamin in the Old Testament", *RestQ* 22 (1979), 54–71.

Wilson, John P. *Trauma, Transformation and Healing: An Integrative Approach to Theory, Research, and Post-Traumatic Therapy*, New York 1989.

——. „The Lens of Culture: Theoretical and Conceptual Perspectives in the Assessment of Psychological Trauma and PTSD", in: ders./Catherine So-kum Tang (Hg.), *Cross-Cultural Assessment of Trauma and PTSD*, Berlin 2007, 3–30.

Wilson, Robert R.: „An Interpretation of Ezekiel's Dumbness", *VT* 22 (1972), 91–104.

——. „Prophecy in Crisis: The Call of Ezekiel", *Interp.* 38 (1984), 117–130.

Wirtz, Ursula/Zöbeli, Jürg. „Das Trauma der Gewalt – Der Tod des Sinns?", in: dies., *Hunger nach Sinn. Menschen in Grenzsituationen – Grenzen der Psychotherapie*, Zürich 1995, 114–168.

Wiseman, Donald J. „Babylonia 605–539 B.C.", CAH² III/2 (1991), 229–251.

—— *Chronicles of Chaldaean Kings (626–556 B.C.) in the British Museum*, London 1956.

Witte, Bernd. „Kulturelles Gedächtnis und Geschichtsschreibung im Judentum", in: Gert Kaiser (Hg.), *Jahrbuch der Heinrich-Heine-Universität Düsseldorf 2001*, Düsseldorf 2001, 266–278.

Wolf, Werner. „Art. Metatext und Metatextualität", MLLK (³2004), 453f.

Wolff, Hans Walter. *Anthropologie des Alten Testaments*, Gütersloh ⁷2002 [1973].

——. *Dodekapropheton 3: Obadja und Jona* (BK XIV/3), Neukirchen-Vluyn 1977.

Wong, Ka Leung. „The Masoretic and Septuagint Texts of Ezekiel 39,21–29", *EThL* 78 (2002), 130–147.

Wright, Jacob L. „Warfare and Wanton Destruction: A Reexamination of Deuteronomy 20:19–20 in Relation to Ancient Siegecraft", *JBL* 127 (2008), 423–458.

Wurmser, Léon. *Die Maske der Scham. Die Psychoanalyse von Schamaffekten und Scham-konflikten*, Berlin u.a. ³1997.

Yadin, Yigael. *The Art of Warfare in Biblical Lands in the Light of Archaeological Discovery*, Jerusalem 1963.

Yee, Gale A. *Poor Banished Children of Eve: Woman as Evil in the Hebrew Bible*, Minneapolis 2003.

Younger, K. Lawson. „The Deportations of the Israelites", *JBL* 117 (1998), 201–227.

Zadok, Ran. *The Jews in Babylonia During the Chaldean and Achaeminian Periods According to the Babylonian Sources*, Haifa 1979.

Zakovitch, Yair. „An den Flüssen Babels." Psalm 137 – Erinnerung im Schatten des Traumas (Hebr.), in: Zipporah Talshir u.a. (Hg.), *Homage to Shmuel: Studies in the World of the Bible* (*FS S. Ahituv*), Jerusalem 2001, 184–204.

Zenger, Erich. „Art. Rache II. Biblisch", RGG⁴ 7 (2004), 11f.

——. „Art. Rache II. Biblisch-theologisch", LThK³ 8 (1999), 791f.

——. „Das Buch Amos", in: ders. (Hg.), *Stuttgarter Altes Testament. Einheitsübersetzung mit Kommentar und Lexikon*, Stuttgart ³2005 [2004], 1756–1773.

——. „Das Zwölfprophetenbuch", in: ders. u.a., *Einleitung in das Alte Testament* (KStTh 1,1), Stuttgart ⁶2006, 517–586.

——. „Die Psalmen", in: ders. (Hg.), *Stuttgarter Altes Testament. Einheitsübersetzung mit Kommentar und Lexikon*, Stuttgart ³2005 [2004], 1036–1219.

——. „Eigenart und Bedeutung der Prophetie Israels", in: ders. u.a., *Einleitung in das Alte Testament* (KStTh 1,1), Stuttgart ⁶2006, 417–426.

——. *Ein Gott der Rache? Feindpsalmen verstehen*, Freiburg i.Br. u.a. 1994.

——. „Gewalt überwinden. Perspektiven des Psalmenbuchs", in: Klara Butting u.a. (Hg.), *Träume einer gewaltfreien Welt. Bibel – Koran – praktische Schritte* (Erev-Rav-Hefte: Glaubenszeugnisse unserer Zeit 4), Wittingen 2001, 46–55.

Zgoll, Annette. „Königslauf und Götterrat. Struktur und Deutung des babylonischen Neu-jahrsfestes", in: Erhard Blum/Rüdiger Lux (Hg.), *Festtraditionen in Israel und im Alten Orient* (VWGTh 28), Gütersloh 2006, 11–80.

Zimmerli, Walther. „Die Botschaft des Propheten Ezechiel", in: ders., *Studien zur altte-stamentlichen Theologie und Prophetie. Gesammelte Aufsätze Band II* (TB 51), München 1974, 104–134.

——. *Ezechiel 1. Teilband. Ezechiel 1–24* (BK XIII/1), Neukirchen-Vluyn 1969.

——. *Ezechiel 2. Teilband: Ezechiel 25–48* (BK XIII/2), Neukirchen-Vluyn 1969.

Zwickel, Wolfgang/Lichtenberger, Achim. „Art. Belagerung", SgWB (2009), 41–44.

——. „Art. Waffen / Befestigung", SgWB (2009), 626–633.

BIBELSTELLENREGISTER

Genesis

Gen 1–3	491
Gen 1,26	579 Nr. 690
Gen 1,28	579 Nr. 690
Gen 2,4–3,24	118 Nr. 222
Gen 2,7	558
Gen 2,8–10	612
Gen 4,10f	486
Gen 6–9	309
Gen 6,11–13	309
Gen 7,11	344
Gen 8,21	552 Nr. 620
Gen 8,21f	310
Gen 9	344
Gen 9,9–17	310
Gen 9,21	452
Gen 10,2	601
Gen 11,1–9	217
Gen 12,11	380
Gen 12,14	380
Gen 13,10	579
Gen 15,1	271 Nr. 85
Gen 15,13	271 Nr. 83
Gen 16,1	387 Nr. 127
Gen 16,13	376
Gen 17,2	380 Nr. 109
Gen 17,6	380 Nr. 109
Gen 17,20	380 Nr. 109
Gen 19,24	579
Gen 19,33–35	452
Gen 21,3	387 Nr. 127
Gen 21,15	375 Nr. 89
Gen 21,21	443
Gen 24,21	380 Nr. 110
Gen 24,26	387 Nr. 127
Gen 24,40	380 Nr. 110
Gen 24,42	380 Nr. 110
Gen 24,47	379 Nr. 107
Gen 24,56	380 Nr. 110
Gen 25,3	387 Nr. 127
Gen 29,17	380
Gen 29,34	387 Nr. 127
Gen 34	189, 317, 399 Nr. 163
Gen 34,29	200
Gen 35,7	397
Gen 38,9	378 Nr. 103
Gen 38,15	378 Nr. 103
Gen 39,2	380 Nr. 110
Gen 39,3	380 Nr. 110
Gen 39,4f	149 Nr. 114
Gen 39,6	380
Gen 39,23	380 Nr. 110
Gen 40,11	450
Gen 40,13	450
Gen 40,21	450
Gen 41,6	551 Nr. 618
Gen 41,23	551 Nr. 618
Gen 41,27	551 Nr. 618
Gen 41,34	149 Nr. 114
Gen 41,42	378f
Gen 45,19	443
Gen 47,15	443
Gen 47,19	312
Gen 49,10	420, 427
Gen 50,10	585

Exodus

Ex 1,7	380 Nr. 109
Ex 2,1–10	376 Nr. 92
Ex 2,23	363
Ex 3,7	363
Ex 3,7f	376
Ex 3,8	559 Nr. 640
Ex 3,14	418
Ex 3,17	559 Nr. 640
Ex 7,19–21	508
Ex 10,13	551
Ex 10,19	393
Ex 10,21–23	509
Ex 11,5	398
Ex 12	363
Ex 12,3–5	617
Ex 12,12	376
Ex 12,23	376
Ex 13,12	324
Ex 14–15	440 Nr. 285, 509
Ex 14,4	509
Ex 14,14	653
Ex 14,17	509
Ex 14,21	551
Ex 15,4f	509
Ex 15,14	404
Ex 15,23	351
Ex 16,32	347 Nr. 14
Ex 20,2	444
Ex 20,22–26	618

Ex 20,26 — 397
Ex 28,42 — 397
Ex 32,18–32 — 509
Ex 33,1 — 559 Nr. 640
Ex 33,19 — 376
Ex 33,22 — 376
Ex 34,6 — 376
Ex 36,5 — 448 Nr. 305
Ex 40,34f — 563

Leviticus
Lev 2,1–16 — 379
Lev 2,4 — 380
Lev 2,11 — 380
Lev 2,12 — 348 Nr. 19
Lev 3,16f — 593
Lev 7,23–25 — 593
Lev 9,1–21 — 357
Lev 10,10 — 563
Lev 17,13 — 486
Lev 18 — 397
Lev 18,5 — 539 Nr. 592
Lev 19,28 — 461, 467 Nr. 384
Lev 20 — 397
Lev 20,9–15 — 377 Nr. 98
Lev 20,10 — 400, 402 Nr. 174
Lev 21,1–3 — 470
Lev 21,1b-4 — 467 Nr. 384
Lev 21,5 — 461, 467 Nr. 384
Lev 22,24 — 439 Nr. 279, 464 Nr. 370
Lev 25,8f — 282
Lev 25,8–10 — 617
Lev 25,9 — 281
Lev 26 — 311 Nr. 191
Lev 26,13 — 240
Lev 26,14–45 — 167
Lev 26,23–43 — 400f
Lev 26,25f — 170 Nr. 191
Lev 26,29 — 175
Lev 26,31 — 387 Nr. 126
Lev 27,26 — 324

Numeri
Num 3,13 — 324
Num 4,3 — 282, 616
Num 4,23 — 282
Num 4,30 — 282
Num 5,11–31 — 451
Num 6,25 — 598 Nr. 741
Num 13,22 — 514
Num 14,41 — 380 Nr. 110
Num 16,13f — 559 Nr. 640
Num 20,5 — 559 Nr. 640
Num 24,8 — 455 Nr. 337

Num 31,10 — 403
Num 31,11 — 200
Num 31,49 — 576
Num 35,34 — 589 Nr. 715

Deuteronomium
Dtn 4,2 — 91 Nr. 127
Dtn 5,6 — 444
Dtn 6,6–9 — 91 Nr. 127
Dtn 8,3 — 347 Nr. 14
Dtn 8,7–9 — 657
Dtn 8,8–10 — 379
Dtn 8,10–20 — 657
Dtn 8,16 — 347 Nr. 14
Dtn 9,13–21 — 356
Dtn 9,22–29 — 356
Dtn 11,10f — 240
Dtn 11,18 — 91 Nr. 127
Dtn 11,20f — 91 Nr. 127
Dtn 12–26 — 133
Dtn 12,32 — 91 Nr. 127
Dtn 14,1 — 461, 467 Nr. 384
Dtn 16,3 — 91 Nr. 127
Dtn 16,12 — 91 Nr. 127
Dtn 16,16f — 324
Dtn 17,16 — 134 Nr. 62
Dtn 18,10 — 324 Nr. 222, 425 Nr. 241
Dtn 18,14 — 425 Nr. 241
Dtn 20,10f — 173
Dtn 20,14 — 194, 200
Dtn 20,19f — 173, 203 Nr. 314
Dtn 21,10–14 — 189, 194
Dtn 21,22f — 183 Nr. 240, 588
Dtn 22,20f — 402 Nr. 174
Dtn 22,22 — 400, 402 Nr. 174
Dtn 22,23f — 402 Nr. 174
Dtn 23,6 — 393
Dtn 26,7 — 363
Dtn 27,2–8 — 91 Nr. 127
Dtn 28 — 198 Nr. 297
Dtn 28,15–68 — 167
Dtn 28,25–68 — 400f
Dtn 28,26 — 588
Dtn 28,29 — 380 Nr. 110
Dtn 28,30 — 202, 493
Dtn 28,52–57 — 175
Dtn 29,22 — 579
Dtn 31,17 — 599 Nr. 741
Dtn 31,19–21 — 91 Nr. 127
Dtn 32,13 — 349
Dtn 32,14 — 594
Dtn 32,24 — 351
Dtn 32,25 — 169
Dtn 32,32f — 351f

Josua
Jos 4,19   617
Jos 8,28   312
Jos 8,29   183 Nr. 240, 588
Jos 10,26   183 Nr. 240
Jos 10,26f   588
Jos 23,1   576

Richter
Ri 2,2   559 Nr. 640
Ri 5,30   194, 200
Ri 9,8   271 Nr. 83
Ri 9,52   403
Ri 10,10   505 Nr. 486
Ri 10,15   505 Nr. 486
Ri 11,35f   347
Ri 16,9   464
Ri 16,12   464
Ri 16,21   398
Ri 19   189, 317, 399 Nr. 163

1 Samuel
1 Sam 1,11   376
1 Sam 2,27   397
1 Sam 4,9   186 Nr. 254
1 Sam 5,9   271 Nr. 84
1 Sam 10,16   271 Nr. 83
1 Sam 14,8   397
1 Sam 15,9   594
1 Sam 16,12   380
1 Sam 17,42   380
1 Sam 17,44   588
1 Sam 17,46   588
1 Sam 18,11   190
1 Sam 19,10   190
1 Sam 20,33   190
1 Sam 22,8   397
1 Sam 24,5   190
1 Sam 25,3   380
1 Sam 25,36f   452
1 Sam 26,7   439 Nr. 279
1 Sam 26,7f   190
1 Sam 30,1   403
1 Sam 30,3   403
1 Sam 30,14   403
1 Sam 31,13   585
1 Sam 31,8f   402, 535

2 Samuel
2 Sam 1,10   51
2 Sam 2,30   576
2 Sam 10,1–11,1   191
2 Sam 11,11–13   452
2 Sam 12,3   450

2 Sam 12,13–23   469 Nr. 386
2 Sam 12,30   379 Nr. 107
2 Sam 13   189, 317–319, 399
                    Nr. 163
2 Sam 13,1   380
2 Sam 13,1–22   189 Nr. 257, 312f
2 Sam 13,19   460
2 Sam 13,20   312–318, 350
2 Sam 13,28   452
2 Sam 14,15   404
2 Sam 18,25–27   535
2 Sam 19,1   404
2 Sam 19,6f   396 Nr. 156
2 Sam 21,10   588
2 Sam 22,16   397
2 Sam 23,10   402, 535

1 Könige
1 Kön 1,3f   380
1 Kön 4,6   148 Nr. 110
1 Kön 5,15   396 Nr. 156
1 Kön 5,25   379
1 Kön 6,11   271 Nr. 85
1 Kön 7,2–12   414
1 Kön 7,15–47   143f
1 Kön 8,11   563
1 Kön 9,8   312
1 Kön 10,17   414
1 Kön 10,21   414
1 Kön 10,25   584
1 Kön 11,28   149 Nr. 114
1 Kön 12,4   240
1 Kön 12,9–11   240
1 Kön 12,14   240
1 Kön 14,9   447 Nr. 303
1 Kön 16,9   148 Nr. 110
1 Kön 17,12   379
1 Kön 17,14   379
1 Kön 17,16   379
1 Kön 18,28   461
1 Kön 18,29   461 Nr. 362
1 Kön 18,31   271 Nr. 85
1 Kön 18,46   271 Nr. 84
1 Kön 19,11   376
1 Kön 20,39   576

2 Könige
2 Kön 3,15   271 Nr. 84
2 Kön 6,24–7,20   166f
2 Kön 6,25   174 Nr. 211, 175
2 Kön 6,27–29   175
2 Kön 7,2   344
2 Kön 8,7–15   196
2 Kön 8,12   195f, 402

2 Kön 8,13	196
2 Kön 10,2	584
2 Kön 10,5	148 Nr. 110
2 Kön 14,25	380
2 Kön 14,27	380
2 Kön 15,14	196
2 Kön 15,16	195f, 402
2 Kön 15,18–20	196
2 Kön 15,29	218
2 Kön 17	167
2 Kön 17,5f	170, 195
2 Kön 17,6	218
2 Kön 17,23	578
2 Kön 17,24	218
2 Kön 17,24–41	217
2 Kön 18,11	218
2 Kön 18,13f	132
2 Kön 18,27	173, 175
2 Kön 18,31f	173
2 Kön 19,2	148 Nr. 110
2 Kön 21,1–18	132
2 Kön 21,10	578
2 Kön 21,19–26	132
2 Kön 22	281
2 Kön 22–23	90, 281 Nr. 116, 656
2 Kön 22–25	122
2 Kön 22,2	132
2 Kön 22,8–10	282
2 Kön 23,10	388
2 Kön 23,14	587
2 Kön 23,25	132
2 Kön 23,26f	132
2 Kön 23,29–25,30	167
2 Kön 23,29f	134
2 Kön 23,31–35	134
2 Kön 24	221f, 281
2 Kön 24–25	215
2 Kön 24,1	130, 135
2 Kön 24,2	136f, 578
2 Kön 24,3f	132
2 Kön 24,10	227
2 Kön 24,10–17	136f
2 Kön 24,12	220 Nr. 377
2 Kön 24,13	400
2 Kön 24,14	221, 223 Nr. 393
2 Kön 24,14f	396
2 Kön 24,14–16	220f, 228
2 Kön 24,15	136
2 Kön 24,17	137
2 Kön 24,20	138
2 Kön 25	176, 201
2 Kön 25,1	93, 280 Nr. 115, 281, 506 Nr. 489
2 Kön 25,1–3	170
2 Kön 25,1–21	139–145, 403
2 Kön 25,3	176, 199
2 Kön 25,3f	363
2 Kön 25,4	176, 195 Nr. 282, 402
2 Kön 25,6	129
2 Kön 25,7	420
2 Kön 25,8	92, 199, 220 Nr. 377
2 Kön 25,9	403
2 Kön 25,10	363, 401
2 Kön 25,11	220, 396
2 Kön 25,12	137, 143, 177, 223
2 Kön 25,13–17	400, 402
2 Kön 25,20	129
2 Kön 25,21	129, 220, 396
2 Kön 25,22–26	145–152, 156
2 Kön 25,25	93, 220
2 Kön 25,27	230 Nr. 421
Jesaja	
Jes 1,21–26	433
Jes 1,7	403
Jes 2,4	585f
Jes 2,10	381
Jes 2,12	381
Jes 2,19	381
Jes 5,13	167
Jes 5,14	381
Jes 5,20	167, 351
Jes 5,25	176
Jes 6,3	426 Nr. 245
Jes 7,20	466
Jes 9,4	585
Jes 9,6	585
Jes 9,19	175
Jes 13	605
Jes 13–14	303, 602, 605
Jes 13,1–14,27	197
Jes 13,7f	186 Nr. 254
Jes 13,13	605
Jes 13,16	189, 196
Jes 13,19	606
Jes 14	491
Jes 14,1	555
Jes 14,9–11	534
Jes 14,12	491
Jes 14,13	605
Jes 14,19	588
Jes 15,2f	419
Jes 19,16	186 Nr. 254, 190
Jes 20,2	191
Jes 20,3f	397f
Jes 20,4	20, 191
Jes 21,4	529
Jes 22,15	148 Nr. 110

Jes 22,4	351
Jes 22,8	414, 584
Jes 24–27	574 Nr. 671
Jes 24,18	344
Jes 24,2	300 Nr. 154
Jes 26,21	397
Jes 27,4	351
Jes 27,8	551
Jes 28,5	303
Jes 28,7–13	452
Jes 30,14	455 Nr. 336
Jes 32,10f	404
Jes 32,12	460
Jes 33,8	312
Jes 34,3	588
Jes 34,5–7	592
Jes 34,7	593 Nr. 724
Jes 35,2	381
Jes 36,12	73, 175
Jes 36,16f	173
Jes 38,17	447 Nr. 303
Jes 40–55	167, 218 Nr. 367, 574 Nr. 671
Jes 40,5	397
Jes 43,12	677
Jes 46,1	607 Nr. 772
Jes 47	602
Jes 47,2	191, 193
Jes 47,2f	397f
Jes 47,3	193
Jes 47,6	240
Jes 51,1–52,12	609 Nr. 778
Jes 51,9f	609 Nr. 778
Jes 51,17	450, 455
Jes 51,17–23	325, 451, 453f
Jes 51,20	454 Nr. 332
Jes 51,22	450, 453, 455
Jes 52,14	312
Jes 54,1	315, 316 Nr. 200
Jes 54,3	315
Jes 54,7–10	683
Jes 54,8	599 Nr. 741
Jes 54,8f	310
Jes 54,15–17	586 Nr. 702
Jes 56–66	574 Nr. 671
Jes 56,3–5	190 Nr. 269
Jes 62,4	315
Jes 62,6–9	493
Jes 65,21	493
Jes 66,24	176

Jeremia

Jer 2,6f	559 Nr. 640
Jer 2,15	323

Jer 2,20	464
Jer 3,6–13	436, 666 Nr. 85
Jer 4–6	167
Jer 4,8	419
Jer 4,9	312
Jer 4,10	169
Jer 5,5	464
Jer 5,22	391 Nr. 138
Jer 7,4	139
Jer 7,25	578
Jer 7,32	587
Jer 8,1–3	588
Jer 9,14	347 Nr. 14
Jer 11,20	484 Nr. 439
Jer 13,18–27	398
Jer 13,20–27	193
Jer 13,22	191, 193
Jer 13,26	191, 193
Jer 14,12	170 Nr. 191
Jer 14,16	176
Jer 15,15	484 Nr. 439
Jer 15,16	257, 666 Nr. 85
Jer 16,4	588
Jer 16,6	461, 465 Nr. 373, 466
Jer 16,7	450
Jer 19,9	175, 347 Nr. 14
Jer 19,11	587
Jer 20,12	484 Nr. 439
Jer 21,5	410
Jer 21,7	170 Nr. 191
Jer 21,9	170 Nr. 191
Jer 22,13–15	134 Nr. 65
Jer 22,19	588
Jer 23,7f	444
Jer 23,15	347 Nr. 14
Jer 24,10	170 Nr. 191
Jer 25,4	578
Jer 25,15	450, 455
Jer 25,15f	453 Nr. 328
Jer 25,15–29	325, 450, 453, 606 Nr. 766, 666 Nr. 85
Jer 25,16	223, 456
Jer 25,17	450
Jer 25,18	450, 455 Nr. 335
Jer 25,26	606
Jer 25,27	453 Nr. 328, 454
Jer 25,28	450
Jer 25,28f	455
Jer 25,29	453 Nr. 328
Jer 25,33	588
Jer 27,2–8	139
Jer 27,3	139
Jer 27,8	170 Nr. 191
Jer 27,9	139

Jer 27,11	139, 555	Jer 40,11	155 Nr. 138
Jer 27,12f	139	Jer 41,1–2	93
Jer 27,13	170 Nr. 191	Jer 41,1–3	220
Jer 27,14	139	Jer 41,5	461, 465f
Jer 27,16f	139	Jer 42,17	170 Nr. 191
Jer 28,1–4	139	Jer 42,22	170 Nr. 191
Jer 28,10f	139	Jer 44,13	170 Nr. 191
Jer 28,14	139	Jer 44,28	444
Jer 29,1	238 Nr. 463	Jer 46,2–12	128 Nr. 36
Jer 29,1–20	167	Jer 46,10	592
Jer 29,2	220	Jer 46,14	576
Jer 29,3	138	Jer 47,3–5	184 Nr. 245
Jer 29,5	493	Jer 47,5	461, 465f
Jer 29,17	170 Nr. 191	Jer 48,15	593 Nr. 724
Jer 29,18	170 Nr. 191	Jer 48,37	461, 464–466
Jer 30,5–7	186 Nr. 254	Jer 49	604
Jer 30,8	464	Jer 49,3	419, 461, 465f
Jer 30,16	585 Nr. 700	Jer 49,7–22	155 Nr. 138
Jer 31,19	419, 460	Jer 49,12	450f, 455
Jer 31,19f	683	Jer 49,13	455 Nr. 335
Jer 31,29	246	Jer 49,18	579
Jer 32,24	170 Nr. 191, 176	Jer 49,28–33	604
Jer 32,36	170 Nr. 191	Jer 49,30–32	604
Jer 33,5	599 Nr. 741	Jer 50–51	604f, 602
Jer 34	155 Nr. 138	Jer 50,2	607
Jer 34,6	592 Nr. 722	Jer 50,4	404 Nr. 182, 604
Jer 34,8–22	143	Jer 50,15	605
Jer 34,17	170 Nr. 191	Jer 50,20	604
Jer 34,21f	141, 176	Jer 50,27	593 Nr. 724
Jer 34,22b	315	Jer 50,28	605
Jer 35,5	450	Jer 50,31f	307 Nr. 180
Jer 37,1–43,7	140, 147	Jer 50,37	186 Nr. 254, 190
Jer 37,5	140, 176	Jer 50,40	605
Jer 37,11	140, 176	Jer 50,46	605
Jer 37,13f	141 Nr. 92	Jer 51,6	605
Jer 37,15f	141	Jer 51,7	450f, 453f, 456
Jer 37,21	140, 176	Jer 51,7–10	451, 666 Nr. 85
Jer 38,2	170 Nr. 191	Jer 51,11	605
Jer 38,6	141, 375 Nr. 89	Jer 51,12	576
Jer 38,9	140, 176	Jer 51,22	169
Jer 38,19	141 Nr. 92	Jer 51,24	605
Jer 38,23	141	Jer 51,29	605
Jer 39	167, 176, 215	Jer 51,30	186 Nr. 254, 190
Jer 39–41	328	Jer 51,32	403
Jer 39,1–10	139–145, 403	Jer 51,35f	605
Jer 39,2	195 Nr. 282, 402	Jer 51,38–40	594 Nr. 728
Jer 39,5	129	Jer 51,39	605
Jer 39,6	129	Jer 51,41	607
Jer 39,8	403	Jer 51,44a	607
Jer 39,9	220	Jer 51,49	605
Jer 39,10	143	Jer 51,56	605
Jer 40,1–6	148 Nr. 111	Jer 51,57	605
Jer 40,6–12	143	Jer 51,59	138
Jer 40,7–41,18	145–152, 156	Jer 52	176, 215, 221

Jer 52,3	138	Ez 1,28b-3,15	276, 547
Jer 52,4	93, 281, 280 Nr. 115, 506	Ez 2,1	548
Jer 52,4–30	139-145, 403	Ez 2,1f	556, 560 Nr. 642, 563
Jer 52,6	176	Ez 2,1–3,15	353 Nr. 36
Jer 52,7	176, 195 Nr. 282, 402	Ez 2,2	33, 285, 556, 558, 560,
Jer 52,9	129		616 Nr. 800, 651
Jer 52,10	129	Ez 2,2–3,11	548
Jer 52,12	92, 220 Nr. 377	Ez 2,3–7	2
Jer 52,13	403	Ez 2,4	350
Jer 52,14	401	Ez 2,5	276 Nr. 98, 511
Jer 52,15	220	Ez 2,5–7	346 Nr. 12
Jer 52,15f	143	Ez 2,6	276 Nr. 98
Jer 52,16	177	Ez 2,7	276 Nr. 98, 278, 350
Jer 52,17–23	402	Ez 2,8	276 Nr. 98, 346 Nr. 12
Jer 52,26	129	Ez 2,8–3,3	2, 15, 23, 32, 49, 257,
Jer 52,27	220, 129		278, 294, 313, 445, 650
Jer 52,28	220 Nr. 377		Nr. 36, 666, 678
Jer 52,28–30	167, 219, 220 Nr. 377, 221	Ez 2,8–3,15	38 Nr. 128
Jer 52,29	220	Ez 2,10	23, 277 Nr. 101
Jer 52,29f	221 Nr. 384	Ez 2,14	678
Jer 52,30	150, 220	Ez 3–23	339
		Ez 3,1	278, 350
Ezechiel		Ez 3,3	454
Ez 1	549, 616, 667, 680	Ez 3,4	278
Ez 1–3	563, 664	Ez 3,4–11	2, 23
Ez 1–7	40, 283	Ez 3,9	276 Nr. 98
Ez 1–23	662	Ez 3,10	276 Nr. 98
Ez 1–24	334, 641	Ez 3,10f	346 Nr. 12
Ez 1,1	13 Nr. 7, 15, 253, 266,	Ez 3,11	278, 350, 396 Nr. 157
	274 Nr. 95, 280–282,	Ez 3,12	33, 353, 548, 560, 563f,
	286, 291, 396 Nr. 157		616 Nr. 800
Ez 1,1f	305, 616	Ez 3,12f	13, 285 Nr. 124, 548
Ez 1,1–3	167, 269–273, 284	Ez 3,14	30, 33, 44, 271 Nr. 86,
Ez 1,1–3,15	16, 345f, 555		560, 563f, 566, 616
Ez 1,1–3,21	38		Nr. 800
Ez 1,1–3,27	33	Ez 3,14f	2, 313, 350–354, 362,
Ez 1,1–23,49	284		445, 548
Ez 1,2	220, 280–282, 291, 396	Ez 3,15	12, 30, 45, 49 Nr. 180,
	Nr. 157, 571		167, 234, 281, 284, 291f,
Ez 1,2f	286, 650		316, 319, 332, 359, 396
Ez 1,3	30, 33, 266, 351, 616		Nr. 157, 455, 553, 650,
	Nr. 800, 635		678
Ez 1,4	272, 547, 441, 556	Ez 3,15f	305
Ez 1,4–28	15, 33, 283, 285 Nr. 124,	Ez 3,16	283 Nr. 121
	547, 615, 629, 641	Ez 3,16–21	39f, 42, 49, 356, 319,
Ez 1,5–14	547		503f, 549f
Ez 1,10	15	Ez 3,16b-27	39
Ez 1,12	547, 563f	Ez 3,17–21	38 Nr. 128
Ez 1,18	15	Ez 3,18	356
Ez 1,20f	547f, 563f	Ez 3,20	356
Ez 1,24	15	Ez 3,22	30, 271 Nr. 86
Ez 1,26	685	Ez 3,22–24	30
Ez 1,26–28	13	Ez 3,22–27	11, 21, 26, 30, 33, 35,
Ez 1,28	30, 547f, 563, 584		38–42, 48f, 549, 555, 560

Ez 3,23	30, 284, 285 Nr. 124, 549, 563
Ez 3,24	33, 36, 285, 549, 353, 556, 558, 651
Ez 3,24–27	12, 40, 549
Ez 3,24–4,8	15
Ez 3,25	12, 36, 45, 356
Ez 3,25–27	2, 16, 45 Nr. 161, 352
Ez 3,25f	36f, 319, 354
Ez 3,26	38, 40, 276 Nr. 98, 355
Ez 3,26f	36, 45, 278, 319, 350
Ez 3,27	276 Nr. 98, 355
Ez 4–5	2, 298, 359
Ez 4–23	333
Ez 4–24	641
Ez 4,1	276
Ez 4,1–3	16, 26, 294, 550
Ez 4,1–5,4	294, 549, 650, 671 Nr. 105
Ez 4,1–8	12, 356
Ez 4,2	169 Nr. 188, 594
Ez 4,4–8	36f, 43, 45, 320, 354, 356f
Ez 4,8	2, 16, 319
Ez 4,9–11	176
Ez 4,9–12	320, 359
Ez 4,9–17	16, 293, 321
Ez 4,10f	13
Ez 4,12	673
Ez 4,12–15	176, 586
Ez 4,14	278 Nr. 109
Ez 4,16	320
Ez 4,16f	176, 359, 455
Ez 4,17	642f, 646, 469
Ez 5	549
Ez 5,1	375, 466, 549, 640
Ez 5,1–17	26
Ez 5,1–4	16, 354, 356, 417
Ez 5,2	549,555
Ez 5,3	549
Ez 5,3–4a	334 Nr. 230
Ez 5,4	403, 585, 668
Ez 5,5–17	549, 587, 651 Nr. 39
Ez 5,6	422
Ez 5,7	587
Ez 5,9	427
Ez 5,10	549–551, 557, 564, 668
Ez 5,11	355, 390, 466, 598 Nr. 739, 674
Ez 5,12	170 Nr. 191, 176, 294, 487 Nr. 451, 549f, 555, 557, 564, 668
Ez 5,13	351, 555, 640
Ez 5,13–17	514
Ez 5,14	487 Nr. 451, 530, 538, 673
Ez 5,15	320, 327, 351, 487 Nr. 451, 530, 538
Ez 5,16	584
Ez 5,16f	176
Ez 5,17	170 Nr. 191, 294, 514, 636
Ez 6	295, 513
Ez 6,1–14	294
Ez 6,2	575
Ez 6,2f	279, 603
Ez 6,3	386
Ez 6,4	320, 502
Ez 6,5	312, 320, 386, 555
Ez 6,7	502
Ez 6,8–10	334 Nr. 230
Ez 6,9	357, 361, 525, 532, 538, 657, 673, 685
Ez 6,11	2, 13, 16, 170 Nr. 191, 294, 307, 356, 487 Nr. 451
Ez 6,11f	176 Nr. 219
Ez 6,12	170 Nr. 191, 294, 487 Nr. 451
Ez 6,13	502, 552 Nr. 620
Ez 6,14	321, 329, 332, 487 Nr. 451
Ez 7	296-311, 409, 412f, 415, 423, 425, 429, 492, 495, 609
Ez 7-9	309
Ez 7,2	557, 603
Ez 7,2-4	643
Ez 7,3	685 Nr. 134
Ez 7,4	375, 674, 685 Nr. 134
Ez 7,4-9	355, 598 Nr. 739
Ez 7,5-9	643
Ez 7,6f	295
Ez 7,7	609 Nr. 782
Ez 7,8	410, 455 Nr. 334, 562, 599 Nr. 742, 685 Nr. 134
Ez 7,9	375, 674, 685 Nr. 134
Ez 7,10	609 Nr. 782
Ez 7,11	587
Ez 7,12	587, 609 Nr. 782
Ez 7,12-27	293
Ez 7,13f	587
Ez 7,13-18	642 Nr. 12
Ez 7,14	576
Ez 7,15	170 Nr. 191, 294, 375 Nr. 90
Ez 7,15-19	176 Nr. 219
Ez 7,16	643, 646
Ez 7,17	416

Ez 7,18	529
Ez 7,19	429 Nr. 259, 609 Nr. 782
Ez 7,21	585, 609
Ez 7,22	598 Nr. 741, 609
Ez 7,23	422
Ez 7,24	609
Ez 7,26	415, 559
Ez 7,26f	634
Ez 7,27	320f
Ez 8–11	23f, 30, 285, 292, 294, 298, 549, 555, 563, 609, 615, 616, 641, 650, 664
Ez 8,1	30, 238, 271 Nr. 86, 281, 284, 296
Ez 8,1–3	355, 616 Nr. 800
Ez 8,1–11,24	16
Ez 8,2f	550
Ez 8,2–4	285 Nr. 124
Ez 8,3	30, 353, 549, 560, 563f, 284
Ez 8,5	673
Ez 8,5–17	635, 666
Ez 8,5–18	19
Ez 8,6	361 Nr. 59
Ez 8,7–12	25
Ez 8,7–13	15
Ez 8,9	307, 361 Nr. 59
Ez 8,10	276
Ez 8,11	635
Ez 8,12	635, 664, 673
Ez 8,13	361 Nr. 59
Ez 8,14	635
Ez 8,15	361 Nr. 59
Ez 8,17	409, 635
Ez 8,18	355, 375, 598 Nr. 739, 674
Ez 9	309 Nr. 185, 415
Ez 9–10	641
Ez 9,1f	641
Ez 9,1–7	589
Ez 9,2	547
Ez 9,2–10,1	665
Ez 9,3	285 Nr. 124, 567
Ez 9,4	308, 499
Ez 9,4–6	641
Ez 9,5	674, 598 Nr. 739
Ez 9,6	169, 310, 557, 643 Nr. 16
Ez 9,7	502, 557
Ez 9,8	30, 278 Nr. 109, 319, 410, 419, 455 Nr. 334, 562, 635 Nr. 857
Ez 9,9	380 Nr. 109, 558 Nr. 636, 636, 664, 673
Ez 9,10	375, 405, 598 Nr. 739, 674
Ez 10	680
Ez 10,2	446 Nr. 302, 585, 673
Ez 10,3f	563
Ez 10,4	285 Nr. 124, 567, 589
Ez 10,6	446 Nr. 302
Ez 10,8–17	283
Ez 10,13	446 Nr. 302
Ez 10,17	547 Nr. 613, 549, 563f
Ez 10,18f	567, 589
Ez 10,18–20	285 Nr. 124
Ez 10,18–22	549, 616, 635
Ez 10,18–11,1	550
Ez 10,19	673
Ez 11	556, 558
Ez 11,1	30, 257, 353, 459, 560, 563, 616 Nr. 800
Ez 11,1–13	294, 643, 468, 654
Ez 11,1–21	246
Ez 11,2	307
Ez 11,4	557, 616 Nr. 800
Ez 11,4f	279
Ez 11,5	550, 552, 555, 564, 566
Ez 11,6f	502
Ez 11,10	487 Nr. 451
Ez 11,12	361, 422
Ez 11,13	257, 268, 278 Nr. 109, 419, 556, 550, 564
Ez 11,14–21	1, 293, 334, 516, 550, 552, 643, 654
Ez 11,16	550
Ez 11,16f	279
Ez 11,19	551, 554, 556, 564
Ez 11,19f	550, 554, 558, 644, 651
Ez 11,20	378 Nr. 105, 554 Nr. 624, 560, 588
Ez 11,21	405
Ez 11,22f	285 Nr. 124, 549, 567, 589, 616, 635
Ez 11,22–24	550
Ez 11,23	550
Ez 11,24	30, 284, 353, 396 Nr. 157, 549, 560, 563f
Ez 11,25	268, 279 Nr. 109, 283, 396 Nr. 157
Ez 12	26
Ez 12–19	550
Ez 12,1–7	264
Ez 12,1–16	2, 294, 356, 650, 671 Nr. 105
Ez 12,2	276 Nr. 98
Ez 12,3	276 Nr. 98, 396, 673
Ez 12,3–7	16

Ez 12,4   396 Nr. 157, 673
Ez 12,5   673
Ez 12,6   2, 273, 278, 319, 560, 651
           Nr. 41, 673
Ez 12,7   268, 396 Nr. 157, 673
Ez 12,8–11 2
Ez 12,9   276 Nr. 98
Ez 12,11   2, 273, 278, 319, 396
           Nr. 157, 560, 651 Nr. 41
Ez 12,11–13 304
Ez 12,13   425
Ez 12,14   550, 555, 557, 564
Ez 12,15   550
Ez 12,16   170 Nr. 191, 176 Nr. 219,
           292, 294
Ez 12,17   13
Ez 12,17–20 2, 293f, 321–323, 359,
           671 Nr. 105
Ez 12,18   45, 405
Ez 12,18f 176 Nr. 219
Ez 12,19   327, 455
Ez 12,19f 501, 668
Ez 12,20   332
Ez 12,21–25 247
Ez 12,22   559
Ez 12,25   276 Nr. 98
Ez 12,26–28 247
Ez 13   635
Ez 13,1–16 172 Nr. 198, 247, 550
Ez 13,2   279
Ez 13,3   550, 564, 566
Ez 13,5   39, 550
Ez 13,6   425 Nr. 241
Ez 13,9   271 Nr. 86, 277 Nr. 101,
           425 Nr. 241
Ez 13,10   420 Nr. 221, 550
Ez 13,10–16 550f
Ez 13,11   547 Nr. 612, 551, 554
           Nr. 623, 564, 668
Ez 13,11–14 579
Ez 13,12   551
Ez 13,13   547 Nr. 612, 551, 554
           Nr. 623, 564, 668
Ez 13,14   396, 399, 401, 551
Ez 13,17   575
Ez 13,17–23 388
Ez 13,23   293, 425 Nr. 241
Ez 14,1   47, 238 Nr. 463
Ez 14,1–11 409
Ez 14,3   355, 517
Ez 14,4   355
Ez 14,7   355
Ez 14,8   598 Nr. 741
Ez 14,10   357

Ez 14,11   293, 357, 378 Nr. 105
Ez 14,12–20 310, 646
Ez 14,12–23 322, 415
Ez 14,13   176 Nr. 219, 487 Nr. 451
Ez 14,14   583
Ez 14,15f 327
Ez 14,17   487 Nr. 451
Ez 14,19   410, 455 Nr. 334, 487
           Nr. 451, 562, 599 Nr. 742
Ez 14,21   176 Nr. 219, 170 Nr. 191,
           294, 487 Nr. 451
Ez 14,21–23 292
Ez 14,22f 221, 246, 643, 654
Ez 15   295, 665
Ez 15,1–8 203
Ez 15,7   372, 585, 668
Ez 15,7f   332, 598 Nr. 741
Ez 15,8   294, 322, 327, 329
Ez 16   2, 16, 19, 29, 54, 193,
           283, 294, 354, 410, 428,
           434–445, 471, 494, 499f,
           509, 519, 524 Nr. 545,
           527f, 537, 540, 542, 583,
           587, 640 Nr. 3, 642f,
           648, 650 Nr. 35, 653
           Nr. 47, 656, 664 Nr. 77,
           665, 667, 679
Ez 16,1–43 435
Ez 16,2   361 Nr. 59
Ez 16,3   429 Nr. 259
Ez 16,3–5 374–376
Ez 16,3–14 381–384
Ez 16,3–34 266
Ez 16,6   429 Nr. 259
Ez 16,6f   376f
Ez 16,6–14 435
Ez 16,8   438, 443 Nr. 296
Ez 16,8–14 377–381
Ez 16,9   429 Nr. 259
Ez 16,13   348
Ez 16,14   590
Ez 16,14f 491
Ez 16,15   590
Ez 16,15–34 384–394
Ez 16,19   347 Nr. 14, 348, 552
           Nr. 620
Ez 16,20f 20
Ez 16,22   361 Nr. 59, 429 Nr. 259,
           657
Ez 16,27   487 Nr. 451, 527 Nr. 558,
           531
Ez 16,35–43 395–406
Ez 16,36   20
Ez 16,37   193, 527 Nr. 558

Ez 16,38	351, 545	Ez 18,24	361 Nr. 59
Ez 16,39	588	Ez 18,25	418, 645, 682
Ez 16,40	603	Ez 18,29	418, 645, 682
Ez 16,41	527 Nr. 558, 585, 668, 673	Ez 18,30–32	551
		Ez 18,31	551f, 554, 558, 564
Ez 16,42	351, 555	Ez 18,32	306, 683
Ez 16,42f	685 Nr. 133	Ez 19	634, 654
Ez 16,43	657	Ez 19,1	323
Ez 16,44–58	372, 435	Ez 19,1–9	552
Ez 16,45–51	266	Ez 19,4	425
Ez 16,47–51	361 Nr. 59	Ez 19,5	559
Ez 16,52	531, 538	Ez 19,7	322f, 327
Ez 16,54	531, 538	Ez 19,8	425
Ez 16,55	531 Nr. 574	Ez 19,10–14	203, 552
Ez 16,57	397, 527 Nr. 558, 530f	Ez 19,11	420
Ez 16,58	361 Nr. 59	Ez 19,12	499, 551–555, 557
Ez 16,59–63	1, 334 Nr. 230, 372, 435,	Ez 19,13	240, 668
	438, 525, 526 Nr. 554,	Ez 20	283, 368, 409–412, 428,
	538, 611, 644, 646, 651		435, 509, 542, 648, 656,
Ez 16,60	531		679
Ez 16,60–63	293	Ez 20,1	47, 238 Nr. 463, 281,
Ez 16,61	531, 657		355, 413
Ez 16,61–63	390	Ez 20,3	238 Nr. 463, 355, 517
Ez 16,62	438, 531	Ez 20,5	579
Ez 16,62f	372	Ez 20,5–29	266
Ez 16,63	352, 531f, 538, 657	Ez 20,7f	441 Nr. 288, 673
Ez 17	494, 499f, 634	Ez 20,8	562
Ez 17,1	372	Ez 20,9	579, 673
Ez 17,1–10	203, 551	Ez 20,11	539, 552, 685
Ez 17,1–21	247	Ez 20,13	367, 539, 552
Ez 17,3–8	266	Ez 20,14	673
Ez 17,9f	554 Nr. 623	Ez 20,18–26	323
Ez 17,10	551–553, 555, 557, 668	Ez 20,21	367, 539, 552, 685
Ez 17,11–21	551	Ez 20,22	673
Ez 17,12	276 Nr. 98	Ez 20,24	673
Ez 17,12–15	266	Ez 20,25f	323f, 640, 685
Ez 17,12–21	425	Ez 20,26	332f, 598 Nr. 739
Ez 17,13	593	Ez 20,27	323
Ez 17,14	494	Ez 20,28	409, 552 Nr. 620
Ez 17,15	604 Nr. 760	Ez 20,29	386
Ez 17,17	176, 402	Ez 20,30f	517 Nr. 507
Ez 17,19–21	551	Ez 20,31	324, 355, 517
Ez 17,20	304, 410 Nr. 194, 425	Ez 20,32	361, 552, 566
Ez 17,21	487 Nr. 451, 551, 555,	Ez 20,32–44	334 Nr. 230
	557, 564	Ez 20,33	487 Nr. 451
Ez 17,22–24	1, 203, 293, 334, 500	Ez 20,33–38	542, 598 Nr. 740
Ez 17,24	372, 551	Ez 20,34	487 Nr. 451
Ez 18	415, 504f, 511, 552, 634,	Ez 20,36–38	656 Nr. 51
	643, 654	Ez 20,39–44	435, 612
Ez 18,1–32	516	Ez 20,40–44	1, 293, 441 Nr. 288, 538,
Ez 18,2	246, 640 Nr. 5, 642f,		611, 646
	683	Ez 20,41	673f
Ez 18,13	361 Nr. 59, 377 Nr. 98	Ez 20,42f	533
Ez 18,20–24	2	Ez 20,43	357, 525, 532, 538, 657

Ez 20,43f	526	Ez 22,17–22	294, 665
Ez 20,44	307, 413	Ez 22,18	378 Nr. 105
Ez 21	26, 412, 495, 502, 579, 643	Ez 22,19–22	651 Nr. 39
Ez 21–23	674	Ez 22,21	668
Ez 21,1–4	203	Ez 22,21f	557
Ez 21,1–5	294, 545, 643, 684	Ez 22,22	429 Nr. 259, 599 Nr. 742
Ez 21,1–12	414–417	Ez 22,23–31	643, 654
Ez 21,3	295, 585, 668	Ez 22,25	635
Ez 21,5	319	Ez 22,26	563, 629, 634, 667, 673
Ez 21,6–10	553, 684	Ez 22,27	634
Ez 21,6–12	643	Ez 22,28	425 Nr. 241, 635
Ez 21,7f	603	Ez 22,29	422, 635
Ez 21,7–22	555	Ez 22,30	550
Ez 21,8	295, 487 Nr. 451	Ez 22,30f	488
Ez 21,8f	2	Ez 22,31	405, 429 Nr. 259, 562, 668
Ez 21,9	487 Nr. 451	Ez 23	2, 16, 19, 29, 54, 193, 283, 294, 325, 354, 368, 397, 428, 434f, 494, 499, 509, 527f, 537, 542, 579, 587, 640 Nr. 3, 643, 648, 650 Nr. 35, 656, 665, 667, 679
Ez 21,10	684		
Ez 21,11	16, 45, 553, 673		
Ez 21,11f	2, 13, 293f, 351 Nr. 29, 415, 460, 642 Nr. 12, 650, 671 Nr. 105		
Ez 21,12	553, 556, 564, 566		
Ez 21,13–22	2, 417–424, 640f, 665 Nr. 80, 684	Ez 23,2–21	266
Ez 21,16	557	Ez 23,4	378 Nr. 105
Ez 21,17	460, 643, 654	Ez 23,6	604
Ez 21,17–22	356	Ez 23,8	385
Ez 21,19	13	Ez 23,10	193, 557, 590
Ez 21,22	555	Ez 23,12	604
Ez 21,23–31	434 Nr. 269	Ez 23,14	276
Ez 21,23–32	294	Ez 23,17	377 Nr. 101
Ez 21,23–37	424–430	Ez 23,19	657
Ez 21,24f	501	Ez 23,20	604 Nr. 760
Ez 21,26	584	Ez 23,22–27	325
Ez 21,27	169 Nr. 188, 594	Ez 23,22–35	329
Ez 21,29	397, 534	Ez 23,23	325, 602, 604
Ez 21,30–32	643, 665 Nr. 82	Ez 23,23f	584
Ez 21,33	530	Ez 23,24	427, 603f
Ez 21,33–37	293, 485, 489, 646, 653, 671	Ez 23,25	487 Nr. 451
Ez 21,34	425 Nr. 241	Ez 23,25f	181 Nr. 233
Ez 21,36	455 Nr. 334	Ez 23,27	657, 673
Ez 21,37	490	Ez 23,29	193
Ez 22	433f, 651 Nr. 39	Ez 23,31–34	325, 445–467, 641, 666 Nr. 85
Ez 22,1f	413	Ez 23,32	530
Ez 22,1–16	643, 654	Ez 23,32–34	354, 594, 606 Nr. 766
Ez 22,3–16	651 Nr. 39	Ez 23,33	329, 594
Ez 22,4	530	Ez 23,34	325, 640
Ez 22,4–13	429 Nr. 259	Ez 23,36	361 Nr. 59
Ez 22,5b	590	Ez 23,37	20
Ez 22,6	634	Ez 23,37–44	266
Ez 22,10f	397, 399	Ez 23,38	589
Ez 22,16	673f	Ez 23,42	379 Nr. 107, 587
		Ez 23,46	585, 603

Ez 23,47	402 Nr. 174, 403, 557, 603	Ez 25,1–28,23	292
Ez 24–33	505	Ez 25,2–7	326
Ez 24,1	93, 281, 505–509	Ez 25,3	320, 396 Nr. 157, 530,
Ez 24,1f	1, 291, 294, 326, 351		582, 603, 668
	Nr. 29, 413, 415, 435,	Ez 25,6	530
	445, 486 Nr. 448, 553,	Ez 25,7	575, 585
	641, 681, 683	Ez 25,8	530
Ez 24,1–14	294, 468f	Ez 25,8–11	489
Ez 24,1–25,17	339, 506	Ez 25,12	485–487
Ez 24,1–33,20	284, 292, 667	Ez 25,12–14	155 Nr. 138, 486f, 513
Ez 24,2	277, 431, 502	Ez 25,14	485, 487f, 490, 653 Nr.
Ez 24,3	276 Nr. 98		46
Ez 24,3–13	641	Ez 25,15	485f, 530
Ez 24,3–14	16, 358, 588	Ez 25,15–17	486f
Ez 24,4f	555	Ez 25,17	485, 488
Ez 24,6	636	Ez 26	446 Nr. 302
Ez 24,7f	486	Ez 26–28	327, 333, 339, 409, 495f
Ez 24,8	485, 488	Ez 26,1	281f, 505–509
Ez 24,9	636	Ez 26,1–6	472, 489
Ez 24,10	555, 585	Ez 26,1–28,26	506, 508
Ez 24,13	555	Ez 26,2	530
Ez 24,13f	640	Ez 26,3	603
Ez 24,14	375, 684	Ez 26,3–14	496f
Ez 24,15–24	2, 16, 20, 24, 227, 264,	Ez 26,4	401
	284, 291f, 326, 354–356,	Ez 26,5	585, 603
	469–471, 647 Nr. 24,	Ez 26,6	375 Nr. 90
	678	Ez 26,7	402, 446 Nr. 302, 603f
Ez 24,15–27	13, 665	Ez 26,7–10	446
Ez 24,16	381 Nr. 112	Ez 26,7–12	653
Ez 24,16f	294, 650	Ez 26,7–14	294
Ez 24,17	499	Ez 26,7–28,19	489
Ez 24,18	18, 47, 268, 278	Ez 26,8	375 Nr. 90, 419, 446
	Nr. 109		Nr. 302, 584
Ez 24,20	268, 278 Nr. 109	Ez 26,9	401
Ez 24,21	229, 381 Nr. 112, 416, 487	Ez 26,10	402, 446 Nr. 302, 604
	Nr. 451, 646	Ez 26,11	419, 604
Ez 24,24	2, 267, 273, 278, 319,	Ez 26,12	401, 585, 603
	355, 560, 651 Nr. 41,	Ez 26,15	499
	676,	Ez 26,16	312, 320f, 327, 378, 499
Ez 24,25	37, 416, 646	Ez 26,16f	317 Nr. 206, 326
Ez 24,25–27	2, 11, 12, 21, 30, 35–41,	Ez 26,17f	292
	43, 45, 278, 319, 352,	Ez 26,19	195 Nr. 282, 545, 668
	471f	Ez 27	489
Ez 24,27	2, 16, 273, 278, 319, 350,	Ez 27,1–25	553
	560, 651 Nr. 41	Ez 27,3	380
Ez 25	333, 339, 429	Ez 27,3–27	292
Ez 25–32	1, 27, 283, 292, 295,	Ez 27,4	380
	334, 472, 489 Nr. 455,	Ez 27,10	381, 575 Nr. 675
	497, 513, 553, 641, 646,	Ez 27,11	380
	653	Ez 27,14	604 Nr. 760
Ez 25,1–7	428, 489	Ez 27,17	348, 379
Ez 25,1–17	284, 472f, 665	Ez 27,25	317 Nr. 206
Ez 25,1–26,6	485, 644, 647, 664	Ez 27,26	551, 553, 557, 564, 668
	Nr. 78	Ez 27,26–36	490

Ez 27,27	554
Ez 27,30	419
Ez 27,30f	351
Ez 27,32–36	292
Ez 27,34	554, 668
Ez 27,35	312, 320, 326f
Ez 28,7	380
Ez 28,11–19	489
Ez 28,12	380
Ez 28,12–19	292
Ez 28,17	380, 499
Ez 28,18	673
Ez 28,18f	490
Ez 28,19	317 Nr. 206, 320, 326f
Ez 28,20–26	647
Ez 28,23	294
Ez 28,24	530
Ez 28,24–26	334, 508, 538, 644
Ez 28,25	673
Ez 28,25f	492, 674
Ez 28,26	530
Ez 29	501
Ez 29–32	327, 331, 333, 485, 489, 490, 664 Nr. 78
Ez 29–35	339
Ez 29,1	281f, 505–509
Ez 29,1–6	489
Ez 29,1–16	339, 506
Ez 29,1–32,32	292
Ez 29,5	375 Nr. 90, 501, 592
Ez 29,9	327, 332
Ez 29,10	327
Ez 29,11	501
Ez 29,12	327
Ez 29,12f	509
Ez 29,14f	327
Ez 29,17	274, 281, 505–509
Ez 29,17–20	282, 645, 653
Ez 29,17–30,19	339, 506–508
Ez 29,19	585, 603
Ez 29,21	352, 493, 497
Ez 29,32	647
Ez 30,1	494 Nr. 466
Ez 30,4	401
Ez 30,7	327
Ez 30,7f	294, 332
Ez 30,10	298
Ez 30,10f	653
Ez 30,10–12	294, 307
Ez 30,10–13	312
Ez 30,10–19	327, 329
Ez 30,11f	298
Ez 30,12	322, 327
Ez 30,13	444 Nr. 298
Ez 30,14	327, 668
Ez 30,15	455 Nr. 334
Ez 30,16	195 Nr. 282, 402
Ez 30,20	281f, 494 Nr. 466, 505–509
Ez 30,20–26	339, 506, 508
Ez 30,24f	497
Ez 31	292, 502
Ez 31,1	281, 494 Nr. 466, 505–509
Ez 31,1–18	203, 339, 489, 506
Ez 31,3	380
Ez 31,7–9	380
Ez 31,11	593
Ez 31,18	502
Ez 32	533
Ez 32,1	281, 494 Nr. 466, 505–509
Ez 32,1–16	283, 339, 489, 506–508
Ez 32,2	508
Ez 32,2–16	292
Ez 32,3	603
Ez 32,4	375 Nr. 90
Ez 32,4–6	592
Ez 32,6–8	508f
Ez 32,9	409
Ez 32,10	327
Ez 32,11f	497
Ez 32,15	322, 327, 332
Ez 32,17	281, 282, 339, 494 Nr. 466, 505–509, 533 Nr. 580
Ez 32,17–32	190 Nr. 269, 283, 490, 502f, 509, 536, 574
Ez 32,17-33,20	506-508
Ez 32,18	534, 536
Ez 32,18–32	292
Ez 32,19	534
Ez 32,19–30	533 Nr. 580, 534
Ez 32,21	593
Ez 32,21–29	533–536
Ez 32,30	533f
Ez 32,31	509
Ez 32,31f	534
Ez 32,32	536
Ez 33	642
Ez 33–39	334
Ez 33,1–9	362, 550
Ez 33,1–20	39f, 503–505
Ez 33,1–22	39
Ez 33,2	364 Nr. 65
Ez 33,4f	377 Nr. 98
Ez 33,10	242, 366, 559, 640 Nr. 5, 642f, 664,683

Ez 33,10–20	511, 634	Ez 35,3	321
Ez 33,11	307	Ez 35,4	332
Ez 33,12	364 Nr. 65	Ez 35,7	318 Nr. 208, 321
Ez 33,17	364 Nr. 65, 418, 645, 682	Ez 35,9	332
Ez 33,20	339, 418, 645, 682	Ez 35,10	530
Ez 33,21	281–283, 291f, 328, 396	Ez 35,11	579
	Nr. 157, 505–509, 571,	Ez 35,12	320, 332, 530, 603
	681	Ez 35,15	320, 329, 332
Ez 33,21f	11f, 18, 21, 24, 30, 35–46,	Ez 36	330, 333, 339, 532, 545,
	264f, 278, 293f, 319, 326,		552 Nr. 620
	355, 472, 502, 504, 509f,	Ez 36,1	330
	553, 561, 641	Ez 36,1–5	603
Ez 33,21–29	587	Ez 36,1–15	293
Ez 33,21–39,29	339, 507, 670	Ez 36,3	318 Nr. 207
Ez 33,21–48,35	284	Ez 36,3f	329 Nr. 224, 330
Ez 33,22	2, 16, 30, 40, 271 Nr. 86,	Ez 36,4	320, 453, 487 Nr. 451,
	278, 350, 352f		530, 585
Ez 33,23–29	1, 246, 327, 328, 642	Ez 36,4–7	644
	Nr. 11, 654	Ez 36,5	530, 585
Ez 33,23–33	334, 510f	Ez 36,6	530, 533
Ez 33,23–39,29	293	Ez 36,6–8	536
Ez 33,24–29	643	Ez 36,6–15	647
Ez 33,25	673	Ez 36,7	331, 525, 533, 538
Ez 33,27	294, 375 Nr. 90	Ez 36,8	203
Ez 33,28	321, 329	Ez 36,8f	240
Ez 33,28f	294, 327, 333	Ez 36,8–11	331
Ez 33,29	321, 329, 332	Ez 36,9	599 Nr. 741
Ez 33,30–33	47, 247, 364 Nr. 65	Ez 36,9–12	514
Ez 34	545, 643, 654	Ez 36,10	487 Nr. 451
Ez 34–37	573, 610	Ez 36,11	332
Ez 34,1–10	634	Ez 36,12–15	331, 651, 668
Ez 34,1–31	511–513	Ez 36,13	383 Nr. 117
Ez 34,2	557	Ez 36,15	527, 644
Ez 34,5	375 Nr. 90	Ez 36,16–23a	597 Nr. 736
Ez 34,8	375 Nr. 90, 585	Ez 36,16–32	332, 528, 538f
Ez 34,11–31	647	Ez 36,16–38	293, 554, 581, 680, 683
Ez 34,17	593	Ez 36,16–37,14	515–517, 541-543
Ez 34,22	585	Ez 36,18	410
Ez 34,23–31	293, 612, 651	Ez 36,20	530, 577
Ez 34,23f	611	Ez 36,22–36	651
Ez 34,24	581	Ez 36,23	673f
Ez 34,25	567	Ez 36,23bβ–38	573
Ez 34,26	668	Ez 36,24	531
Ez 34,26f	240, 611	Ez 36,24–29	528
Ez 34,27	203, 240, 668	Ez 36,24–30	647
Ez 34,28	585	Ez 36,25	532
Ez 34,29	240, 530, 644	Ez 36,25–27	644
Ez 34,30f	676	Ez 36,25–28	24
Ez 34,31	285	Ez 36,25–30	554
Ez 35	1, 155 Nr. 138, 295, 328,	Ez 36,26	366f, 554
	330f, 333, 485, 644, 646	Ez 36,26f	367, 531, 554, 556, 558,
Ez 35,1–15	293f, 334, 489, 642		560f, 564, 651
	Nr. 11, 647, 653	Ez 36,26–28	554
Ez 35,1–36,15	330 Nr. 225, 513–515	Ez 36,27	533, 539, 554, 588

Ez 36,28	378 Nr. 105, 531, 554, 560	Ez 37,24f	611
Ez 36,29f	240, 531	Ez 37,25–28	24
Ez 36,29–31	532	Ez 37,26	562
Ez 36,30	203, 528f, 538, 611	Ez 37,28	568
Ez 36,31	307, 357, 532, 538, 657	Ez 38–39	1, 283, 295, 303 Nr. 169,
Ez 36,31f	516, 525, 539, 611, 644, 647, 654		446, 485, 489, 570, 642 Nr. 11, 645–647, 653,
Ez 36,32	528, 531		655 Nr. 49, 657, 664
Ez 36,33	487 Nr. 451, 532		Nr. 79, 669 Nr. 100, 671
Ez 36,33–36	331	Ez 38–48	607
Ez 36,33–38	647	Ez 38,1	571
Ez 36,34	673	Ez 38,1–8	646
Ez 36,34–36	329f, 339	Ez 38,1–39,23	293, 569f
Ez 36,35	576, 611f	Ez 38,2–17	575–578
Ez 36,35f	240, 401	Ez 38,4	402, 446 Nr. 302
Ez 36,36	257 Nr. 30, 332, 493	Ez 38,5	575 Nr. 675
Ez 36,37	676	Ez 38,6	547, 603
Ez 36,37f	651	Ez 38,8	283, 487 Nr. 451
Ez 36,38	676	Ez 38,12	487 Nr. 451
Ez 37	616	Ez 38,15	547, 603
Ez 37,1	30, 271 Nr. 86, 284, 353, 355, 564, 616 Nr. 800	Ez 38,16	673f
Ez 37,1f	30, 641, 646, 650	Ez 38,18f	351
Ez 37,1–8a	555f	Ez 38,18–39,8	578–583
Ez 37,1–10	16, 267, 285, 564, 612, 648, 664	Ez 38,19f	668
		Ez 38,22	410 Nr. 194, 668
Ez 37,1–14	264f, 292–294, 332, 345, 353, 367, 546, 552,	Ez 38,23	673f
	554–561, 565, 588, 595,	Ez 39	535 Nr. 587, 674
	597 Nr. 736, 616, 647,	Ez 39,1–5	572 Nr. 665
	668f, 676	Ez 39,2	547
Ez 37,3	278 Nr. 109	Ez 39,3	499
Ez 37,7	268, 278 Nr. 109	Ez 39,4f	375 Nr. 90
Ez 37,8b–10	556–558	Ez 39,7	581f
Ez 37,9	556, 563, 565	Ez 39,9	446 Nr. 302
Ez 37,9f	564	Ez 39,9f	545, 583–586, 668
Ez 37,10	268, 278 Nr. 109, 558, 651	Ez 39,9–16	648, 680
		Ez 39,9–20	583–595, 646
Ez 37,11	242, 366, 559, 565, 640 Nr. 5, 642f, 683	Ez 39,11–16	490, 535, 586–591, 646f
		Ez 39,17	375 Nr. 90
Ez 37,11–14	558–560	Ez 39,17–20	358, 591–595, 647
Ez 37,12	285	Ez 39,19	454, 594
Ez 37,12–14	285, 651	Ez 39,21	673
Ez 37,14	564	Ez 39,21–23	674f
Ez 37,15–28	566–569, 571, 678 Nr. 123	Ez 39,21–29	595–600, 654, 680
		Ez 39,22	675
Ez 37,16	277	Ez 39,23	396, 487 Nr. 451, 562
Ez 37,18	364 Nr. 65	Ez 39,23–29	574 Nr. 672
Ez 37,20	277 Nr. 101, 673	Ez 39,24	562
Ez 37,21–28	612, 648	Ez 39,25	531f
Ez 37,23	378 Nr. 105	Ez 39,25–29	538f, 630, 646, 651, 674
Ez 37,24	588	Ez 39,26	531, 538
		Ez 39,27f	673–675
		Ez 39,28	396
		Ez 39,29	533, 560–562, 564, 668

Ez 40	616
Ez 40–48	1, 16f, 24, 257, 274, 277
	Nr. 104, 282, 285, 292,
	332, 334, 343, 410, 542,
	562, 570, 573, 589,
	608–611, 646, 654, 658,
	663, 667, 670f, 674f, 682
Ez 40,1	30, 58, 271 Nr. 86, 281f,
	286, 396 Nr. 157, 506
	Nr. 488, 510, 571, 608
Ez 40,1–3	355
Ez 40,1–48,35	339, 507
Ez 40,2	284f, 292, 657
Ez 40,4	276, 355, 673f
Ez 40,5	257, 562
Ez 40,5–42,20	276
Ez 40,15	257
Ez 42–46	545
Ez 42,15–20	562
Ez 42,20	563
Ez 43,1–5	589, 608
Ez 43,1–7	274
Ez 43,1–9	30, 276
Ez 43,1–12	285, 293, 538
Ez 43,3	30, 344 Nr. 9, 510
Ez 43,4	563
Ez 43,5	30, 353, 560, 562–564
Ez 43,7	531, 563
Ez 43,7–9	589, 647
Ez 43,7–11	654
Ez 43,8	589 Nr. 714
Ez 43,9	531
Ez 43,10	277 Nr. 103, 531
Ez 43,10f	276, 525
Ez 43,10–12	275, 539f, 563, 644
Ez 43,11	355, 531, 673f
Ez 43,12	277, 411
Ez 43,13–46,24	682, 684
Ez 43,24	668
Ez 43,27	668
Ez 44,1–3	30
Ez 44,4	30, 274f
Ez 44,5	276, 277 Nr. 102, 673f
Ez 44,5f	275
Ez 44,6	276 Nr. 98
Ez 44,7	593
Ez 44,10	357
Ez 44,12	357
Ez 44,13	531
Ez 44,15f	593
Ez 44,23	563, 667
Ez 45,1–8	277 Nr. 104
Ez 45,5f	278

Ez 45,9	422
Ez 45,9–12	655
Ez 45,18f	281
Ez 45,18–20	508
Ez 45,19f	545
Ez 45,20	281
Ez 45,21	509
Ez 45,23	668
Ez 45,25	668
Ez 46,14	379
Ez 47–48	545
Ez 47,1–12	30, 278, 293, 545, 668
Ez 47,6	666
Ez 47,6f	274
Ez 47,7	203, 284, 353, 651, 678
Ez 47,8–12	274
Ez 47,12	203, 353, 360, 651, 666,
	678
Ez 47,13–23	275
Ez 47,13–48,29	668
Ez 48	591
Ez 48,1–29	275
Ez 48,30–35	275
Ez 48,35	274, 587, 590, 591, 658

Hosea
Hos 2	193
Hos 2,12	193
Hos 2,16	410
Hos 2,20	585
Hos 4,11	452
Hos 7,1	397
Hos 7,5	351, 452
Hos 7,14	419
Hos 10,13b–15	196 Nr. 289
Hos 10,14	195f
Hos 11,4	347 Nr. 14
Hos 12,2	379
Hos 12,10	444
Hos 13,1–14,1	197
Hos 13,4	444
Hos 13,15	551
Hos 14,1	195f, 402

Joel
Joel 1,13	419
Joel 2,1	404
Joel 2,7–9	172 Nr. 196
Joel 3,4	393
Joel 4,19	155 Nr. 138

Amos
Am 1,13	195, 402

Am 1,14f   196
Am 3,4   323
Am 5,17   376
Am 6,4   594
Am 6,7   167
Am 7,9   312

Jona
Jona 1,1   253
Jona 4,8   551

Micha
Mi 1,6   397
Mi 1,8   191, 194, 419
Mi 1,16   396
Mi 2,9   381
Mi 4,3   585f
Mi 4,8–10   465
Mi 4,11   193
Mi 4,13   465
Mi 4,14   461, 465, 468 Nr. 384
Mi 7,11   391 Nr. 138

Nahum
Nah 1,13   464
Nah 2,8   398, 456, 460
Nah 3,4–13   397f
Nah 3,5   191
Nah 3,5f   193
Nah 3,8–17   197
Nah 3,10   196f
Nah 3,13   186 Nr. 254, 190 Nr. 489

Habakuk
Hab 2,7f   585 Nr. 700
Hab 2,15   351, 454
Hab 2,15–17   451 Nr. 317
Hab 2,16   451, 453
Hab 2,17   232 Nr. 431
Hab 3,9   344
Hab 3,16   404

Zefanja
Zef 1,7f   592
Zef 2,9   579

Sacharja
Sach 1–6   574 Nr. 671
Sach 7,2–14   147 Nr. 106
Sach 8,18f   147 Nr. 106
Sach 8,19   93
Sach 9–14   574 Nr. 671
Sach 9,14   547

Sach 10,10   444
Sach 11,9   175
Sach 14,2   189

Maleachi
Mal 1,2–5   155 Nr. 138
Mal 3,10   344
Mal 3,21   439 Nr. 280

Psalmen
Ps 5,5–7   484 Nr. 439
Ps 8,6   381
Ps 10,14   376
Ps 11,6   450
Ps 13,2   599 Nr. 741
Ps 16,5f   450
Ps 18,8   404
Ps 18,16   397
Ps 19,11   348f
Ps 21,6   381
Ps 22,13   593 Nr. 724
Ps 22,14   347
Ps 22,16   455 Nr. 336
Ps 23,5   450
Ps 31,8   376
Ps 32,4   271 Nr. 84
Ps 44   685
Ps 45   382
Ps 45,3–5   381
Ps 45,15   378
Ps 46,10   585
Ps 48,3   380
Ps 48,8   551
Ps 50,2   380
Ps 55,6   529
Ps 58,5   351
Ps 58,11   484 Nr. 439
Ps 66,6   393
Ps 69,18   599 Nr. 741
Ps 71,9   375 Nr. 89
Ps 74   609 Nr. 778
Ps 75,9   450, 455
Ps 76,4   585
Ps 79,2   588
Ps 79,10   484 Nr. 439
Ps 80,6   347 Nr. 14
Ps 80,18   271 Nr. 84
Ps 81,17   347 Nr. 14, 349
Ps 88,5f   315 Nr. 197
Ps 88,6   559
Ps 88,15   599 Nr. 741
Ps 89   609 Nr. 778
Ps 90,9   350
Ps 90,16   381

Ps 94,1	484 Nr. 439
Ps 96,6	381
Ps 98,2	397
Ps 104,1	381
Ps 104,29f	558
Ps 105,29	393
Ps 106,44	376
Ps 107,14	464
Ps 111,3	381
Ps 116,13	450
Ps 119,103	348f
Ps 119,53	376
Ps 137	93, 167, 197, 242
Ps 137,1	234
Ps 137,5	91, 632
Ps 137,7	155 Nr. 138
Ps 137,7–9	484 Nr. 439
Ps 137,8	197 Nr. 294
Ps 137,9	196
Ps 139,19–22	484 Nr. 439
Ps 140,4	351
Ps 143,7	599 Nr. 741
Ps 145,5	381
Ps 145,12	381
Ps 149,7	484 Nr. 439

Ijob

Ijob 2,8	455 Nr. 336, 464
Ijob 2,11–3,1	317 Nr. 206
Ijob 2,13	350
Ijob 6,4	351f
Ijob 7,11	351
Ijob 12,6	404 Nr. 182
Ijob 12,17	191, 194
Ijob 12,19	191, 194
Ijob 16,18	486
Ijob 18,20	317 Nr. 206
Ijob 21,5	319 Nr. 209
Ijob 21,6	529
Ijob 21,33	349 Nr. 22
Ijob 24,20	349
Ijob 26,8f	609 Nr. 778
Ijob 26,10	391 Nr. 138
Ijob 36,18	351
Ijob 37,2	350
Ijob 38,1	547
Ijob 38,10	391 Nr. 138
Ijob 39,21	584
Ijob 40,6	547
Ijob 40,10	381
Ijob 41,22	455 Nr. 336

Sprichwörter

Spr 5,4	351

Spr 7,18	377 Nr. 101
Spr 8,29	391 Nr. 138
Spr 23,31	450
Spr 26,26	397
Spr 27,7	351
Spr 31,22	379
Spr 31,25	381

Lied der Lieder

Hld 1,2	377 Nr. 101
Hld 1,4	377 Nr. 101
Hld 4,10	377 Nr. 101
Hld 4,11	349
Hld 5,1	377 Nr. 101
Hld 7,13	377 Nr. 101

Rut

Rut 2,12	378 Nr. 102
Rut 3,9	378 Nr. 102

Klagelieder

Klgl 1–5	122, 167
Klgl 1,1	26
Klgl 1,2	396 Nr. 156
Klgl 1,3	26, 93 Nr. 136, 167
Klgl 1,5	167
Klgl 1,6	381
Klgl 1,8	193
Klgl 1,10	193
Klgl 1,11	26, 177
Klgl 1,13	317 Nr. 206
Klgl 1,16	317 Nr. 206
Klgl 1,18	26, 167
Klgl 2,8	26
Klgl 2,11f	177
Klgl 2,12	26
Klgl 2,14	397
Klgl 2,15	380
Klgl 2,16	347
Klgl 2,19f	175
Klgl 2,21	26
Klgl 3,7	26
Klgl 3,11	317 Nr. 206
Klgl 3,15	351
Klgl 3,46	347
Klgl 4,3–5	177
Klgl 4,4–10	26
Klgl 4,9f	175
Klgl 4,20	155 Nr. 138
Klgl 4,21	193, 450f, 454
Klgl 4,22	397
Klgl 5	328
Klgl 5,9	26
Klgl 5,10	177

Klgl 5,11   189
Klgl 5,11–13   399
Klgl 5,13   398

Ester
Est 1,3   575 Nr. 675
Est 1,11   380
Est 2,3   149 Nr. 114
Est 2,7   380

Daniel
Dan 8,27   316, 319
Dan 10,1   575 Nr. 675

Esra
Esra 1,1f   575 Nr. 675
Esra 2,59   234
Esra 5,5–9   238 Nr. 463
Esra 6,7f   238 Nr. 463
Esra 6,14   238 Nr. 463
Esra 8,15   234
Esra 8,17   234
Esra 8,21   234
Esra 8,31   234
Esra 9,3   316, 319
Esra 9,3–5   317 Nr. 206
Esra 9,4   316, 319

Nehemia
Neh 2,13–15   142
Neh 7,4   158
Neh 7,61   234
Neh 9,26   447 Nr. 303
Neh 11,1   158

1 Chronik
1 Chr 1,5   601
1 Chr 9,24   562 Nr. 647
1 Chr 10,12   585
1 Chr 10,8f   402
1 Chr 16,27   381
1 Chr 20,2   379 Nr. 107
1 Chr 23,3   282

2 Chronik
2 Chr 19,2   396 Nr. 156
2 Chr 28,15   191
2 Chr 31,5   348 Nr. 19
2 Chr 34–36   122
2 Chr 36   167, 208
2 Chr 36,10   220
2 Chr 36,17   169
2 Chr 36,20   240 Nr. 473, 575 Nr. 675
2 Chr 36,29   220

Judit
Jdt 9,8   585
Jdt 16,24   585

Sirach
Sir 22,12   585

Lukasevangelium
Lk 1,1–4   273

Apostelgeschichte
Apg 1,1   273

SACHREGISTER

Alptraum (-träume), 66, 77, 103 Nr. 207, 115, 262

Analogiehandlung(en), prophetische, 176, 191, 356, 360, 363, 403, 414, 417, 424, 469, 549, 553, 566f, 650, 671 Nr. 105, 673

antilanguage, 247, 529, 540f

Babylonische Chronik(en), 126, 127, 128, 129 Nr. 40.41, 130 Nr. 46, 135 Nr. 70, 136 Nr. 73, 137 Nr. 78.79.80.81, 138, 184 Nr. 246, 201 Nr. 306.308.309, 215 Nr. 358.359.360

Bauprojekt(e) Nebukadnezars, 212, 231, 242

Begräbnis, 467 Nr. 384, 536, 586–591, 595

Bel, 607f, 610, 674

Belagerungskrieg, 7, 124, 145, 159, 163 Nr. 171, 165f, 169–207, 244, 295, 365, 401f, 407, 421, 424f, 432, 446, 493, 586, 594, 640, 668

Berufung Ezechiels, 39, 49, 50, 313, 319, 344

Bevölkerungsverhältnisse in Juda, 157f, 222f

blaming the victim/Opferbeschuldigung, 26, 72, 209, 316, 320, 325, 330, 333, 372, 407, 440, 454, 456, 472, 513, 643, 649

Botenformel, 266 Nr. 62, 296, 395, 418, 436, 445, 449

Chosen Trauma, 98–102, 242, 659–661

Datierung des Ezechielbuchs, 669–672

Datumsangaben des Ezechielbuchs, 58, 256, 269–273, 274, 279–284, 286, 341, 424 Nr. 236, 486 Nr. 448, 494, 495, 505–509, 533, Nr. 580, 616f, 656, 680

David/davidischer Herrscher, davidische Monarchie, 133, 141 Nr. 95, 146, 148, 379–381, 420 Nr. 223, 427, 434 Nr. 269, 511, 568, 611, 614, 620 Nr. 812

Deportationszug (-züge), 123 Nr. 8, 221, 222, 224–229

Dissoziation, 70f, 77, 115, 288 Nr. 127, 305, 445–467, 665

Durst, 176, 359

Ehre, 2, 382, 518f, 526

Erinnerung, traumatische, 68, 102–105, 108, 113, 672

Erkenntnisformel, 297, 298, 308, 331, 332, 372, 568, 596

Erzählen, 66f, 102, 105–119, 254, 261f, 265 Nr. 61, 273, 276, 278, 283, 304f, 343, 440, 445f, 478, 484, 510, 542, 611, 664, 671, 677, 681, 685

Erzähleröffnung, 269–273

erzählte Zeit, 265f, 283, 286, 291, 319, 370, 432, 469, 472, 486, 493, 494, 499, 503, 532, 538 Nr. 591, 602, 642

Erzählung, fiktionale, 105–119, 249–288, 662–679

Erzählzeit, 265f, 286, 344, 432, 470, 499, 612

Fesselung/Gebundensein, 2, 12, 18, 20f, 26, 35–43, 45, 47, 48f, 225f, 360, 464, 549, 642

Fiktionalitätssignal(e), 256f, 287, 597

Flucht, 25, 62, 70, 96, 128, 132, 139, 154, 160, 201, 205, 207, 223, 243, 244, 247, 298, 314, 444, 525

Folter, 67, 73, 111 Nr. 195, 113f Nr. 207, 166, 184, 204f, 244, 521

fragmentation, 119, 334–339, 663, 665

Fremdvölkerwort(e), 1, 283f, 295, 327, 428f, 433, 472, 485f, 489 Nr. 455, 490, 493, 497f, 505, 508, 513, 553f, 574, 602, 641

Fruchtbaum (-bäume), 166, 173, 202f, 353, 532, 618, 636f, 657, 666, 678

Gedächtnis, kontrapräsentisches, 79, 90–95, 656–659

Gedächtnis, traumatisches, 67f, 98, 657

Gedalja, 93, 145–152, 220, 230 Nr. 421, 241 Nr. 476

Gegenwart Gottes, 24, 95, 267, 285, 563, 568, 590, 596, 609, 616, 625, 675, 685

Geheimnis des Überlebens, 112, 114, 262, 293, 668, 669

Geistkraft, 345, 362, 366f, 516, 539, 541, 543–566, 568, 599, 633

Gerichtsankündigung, verschlüsselte, 370, 412, 429, 489, 610–613, 671, 680

Geschichtsschreibung, traumatische, 52, 102–105, 158f, 648f, 668–672

Gewaltverstricktheit, göttliche, 9, 415, 639, 681–686

Gog (von Magog), 1, 295, 446 Nr. 302, 485, 489, 490, 499, 531, 547, 561, 569, 570–613, 646, 674f

Gola, erste, 39f, 42, 167, 220f, 241, 246,
280–282, 291, 364, 368, 410, 433, 567, 616,
643, 654, 678
Gola, zweite, 42, 220f, 241, 246, 368, 567,
678
Gottesbild des Ezechielbuchs, 598f, 661,
679–686

Heilung, 43, 63, 65, 71, 76, 79, 81, 105, 110,
273, 288, 290, 336, 353, 458, 481, 618, 636,
678, 680
Hunger, 140, 145, 170, 173–177, 180, 184, 203,
228, 240, 244f, 294, 298, 320, 321, 322,
358 Nr. 50, 359, 364, 415, 503, 514, 532,
549, 671

Imagination, 111f, 227, 258, 261f, 339, 342,
369, 422, 474f, 478–481, 497, 500, 513,
517, 569f, 583, 592, 599, 609, 615–631,
647, 670, 674
Informationsverarbeitung, traumatische,
67f
Inkonsistenz(en), 2, 41, 43, 257, 342f, 661
Integration, 67, 75–78, 97, 106, 108, 119, 290,
295, 337f, 360 Nr. 55, 367, 369f, 408, 470,
479, 498, 543f, 564, 570, 579, 599, 631,
634–636, 646, 663
Intrusion, 66, 69, 115, 262 Nr. 51, 290, 302,
458, 664

Jerusalem
– Archäologie Jerusalems, 122, 143,
152–154, 178, 201
– Belagerung Jerusalems, 25, 92, 135–137,
139–145, 154, 274, 277 Nr. 105, 283, 351
Nr. 29, 359, 413, 415, 465, 468, 498, 499,
506 Nr. 489
– Eroberung Jerusalems, 139–145, 241
Nr. 476, 291, 403, 425, 503, 505–507
– Zerstörung Jerusalems1, 37, 40, 58,
92–94, 139–145, 147, 150, 152–154, 156f,
159, 208, 220f, 242 Nr. 477, 246, 278,
284, 287, 288 Nr. 127, 292, 294f, 305, 311,
335 Nr. 231, 355, 359, 360, 370, 391, 403,
407, 414 Nr. 202, 423f, 427, 431, 445f, 472,
485, 503, 510, 532, 538 Nr. 591, 553f,
566, 640–642, 650, 655, 662, 666f, 669,
674, 677
Jojachin, 136f, 167, 215, 220f, 229–231, 246,
270, 272, 274, 280–282, 291, 296, 396
Nr. 157, 496, 506f, 571, 616, 669
Jojakim, 128 Nr. 36, 134–136, 323
Joschija, 131–134, 135, 137, 148, 280–282, 391,
656

Kebarkanal, 167, 234, 267, 270, 284, 291f,
319, 548
Keilschriftdokument(e), 168f, 216 Nr. 362,
220, 229 Nr. 416, 230f, 235–238
Kind(er) im Belagerungskrieg, 141, 145,
174f, 177, 180, 187, 194–198, 204, 206f, 215,
222, 224, 229, 245, 309 Nr. 185, 365f, 540,
642, 653
‚Kinderopfer', 324f Nr. 222, 388, 587
Klagefigurine(n), 461–463
Knochen, 180, 267f, 321, 455 Nr. 337, 542,
554–561, 588, 590, 676
kollektives Gedächtnis, 79f, 84, 86–105,
176, 290, 321, 407, 431, 636, 649,
655–661
kollektives Trauma, 5, 6, 25, 27, 28, 52, 74,
78–105, 114, 116f, 119, 124, 162, 165, 183,
198, 247, 293–295, 320, 333, 407, 467f Nr.
384, 471, 485, 499, 544, 566, 570, 639,
649–661, 662, 671, 679, 681
Konstriktion, 66, 69, 115, 290, 299, 458, 470,
665
Körper, 2, 189, 294f, 297, 313, 316f, 319–321,
325, 332f, 354f, 359, 381, 396, 399, 405,
414 Nr. 202, 419, 421, 447, 454, 456,
457–467, 522f, 540, 557, 650f, 671, 673f
Kriegsführung, assyrische und babylonische,
163, 165, 211, 371
Kriegsführung, psychologische, 172, 203
Nr. 314
Kriegsgefangene(r), 27, 58, 166, 168, 181,
189, 191–193, 196, 199, 205, 207–249, 264,
291, 328, 359, 398f, 431, 477, 640, 644,
654, 666, 674
Kriegsgräuel, 169–207, 225, 243, 245, 294,
364, 402, 435, 446, 535, 657, 666

Latenz, 68, 83–85, 115, 652

Marduk, 123f, 215, 232, 607f, 610, 613,
674f
Massendeportation(en), 123, 159, 165, 167,
194 Nr. 280, 205, 207–248, 640
Metapher/Metaphorik, 29, 46, 47, 48, 53,
98, 117, 172 Nr. 198, 186 Nr. 254, 187, 188
Nr. 258, 193f, 197 Nr. 293, 209, 240 Nr.
473, 294, 316, 323, 344, 348, 349 Nr. 23,
354 Nr. 40, 358, 363, 365, 370, 371–409,
435–467, 479 Nr. 420, 489, 500, 528, 529,
542, 564, 604, 640, 650, 665f
Migration, 7, 244–248

Nachträglichkeit, 68, 115
Nacktheit, 191f, 373, 378, 395–400, 451

Name Gottes, 133, 323, 325, 332, 333, 418, 515, 542, 554, 578, 581f, 597 Nr. 736, 613, 624

Nebukadnezar II., 1, 58, 92f, 101, 127–131, 135–158, 164, 168, 184, 215, 218–223, 227, 229–233, 277 Nr. 105, 283, 298, 307, 325, 327, 351 Nr. 29, 412f, 419, 423f, 426–432, 445f, 468, 489, 490, 494–498, 500, 502, 531, 569, 582, 584f, 593f, 599–613, 645, 653, 671, 675, 681

Neujahrsfest, Babylonisches, 281, 608, 617

Ohnmacht, 66, 70, 71, 73f, 86, 94, 107, 115, 197, 242, 245, 268, 290, 298, 314, 317, 318, 338, 357, 366, 384, 386, 390, 407f, 446, 471, 474f, 488, 521, 530, 569, 582, 635, 642, 682

Phänomenologie des individuellen Traumas, 65–75, 639–649

Pharao, 149 Nr. 114, 379, 489f, 494, 498f, 501f, 509, 536

Plünderung(en), 137, 139, 144, 178 Nr. 223, 188, 191, 194f, 199–203, 204, 215, 227, 391 Nr. 139, 401, 436, 446, 496, 581f, 603f

Posttraumatisches Belastungssyndrom/ Posttraumatische Belastungsstörung, 4, 24–27, 61, 63f, 66f, 69, 75, 110 Nr. 191, 205, 207, 394, 521, 524 Nr. 545

Priester(-schaft), 1, 13, 22, 139, 144, 212, 238, 252, 270, 272, 282, 289, 296, 354, 357, 379, 397, 433, 467 Nr. 384, 470, 531 Nr. 573, 593, 616, 623f, 634f

Rache(-phantasie), 73, 74, 86, 100, 116, 123, 183, 197, 242, 327f, 331, 333f, 336f, 339, 342, 412, 429f, 432, 472, 473–490, 492, 494f, 498, 501f, 510, 513f, 536, 569, 598f, 605, 645–647, 653, 659f 664, 671

Re-Inszenierung, 21, 71, 86, 98, 115, 295, 342, 390, 459, 467, 569, 570–613, 645, 653, 664, 671

Re-Symbolisierung, 116, 337, 341, 360 Nr. 55, 542, 543–566

Re-Traumatisierung, 65, 71, 74, 416, 475, 481, 510, 579, 631

regression, 119, 334–339, 663, 665

Reinheit/Unreinheit, 299, 344 Nr. 8, 532f, 583, 597, 624, 632 Nr. 847, 644

Reliefs, neuassyrische, 27, 165f, 171, 173 Nr. 207, 179–181, 182, 183 Nr. 240, 184, 188, 190 Nr. 269, 191, 192, 194–196, 198 Nr. 296, 212 Nr. 340, 224f, 398

reunification, 119, 334–339, 663, 665

Sanherib, 123f, 131f, 139, 142, 165, 178 Nr. 223, 179, 181, 183 Nr. 240, 190, 201 Nr. 307, 212 Nr. 340, 215 Nr. 356, 219, 391, 660

Scham, 70–74, 83f, 115, 190, 193, 290, 299, 367, 372, 382, 454, 459, 475, 516, 517–543, 644, 657

Schicksal(e) der Deportierten, 207–248

Schreckensbild(er), 77, 166, 262, 369f, 411, 417, 432, 493, 501, 508, 595, 628, 641, 650

Schriftrolle, 2, 23, 32, 49, 277 Nr. 101, 278f, 342, 345–360, 445, 455, 666, 678

Schuld, 2, 65 Nr. 25, 72f, 81, 83f, 87 Nr. 107, 110, 115, 204, 289, 290, 298f, 305, 307f, 320, 325, 345, 357, 361, 367, 380 Nr. 109, 397, 405–407, 409, 412, 415, 425f, 431f, 447, 453, 468, 475, 493, 505, 519, 523, 532, 539, 558 Nr. 636, 582, 626, 630f, 642–644, 649, 654f, 660, 684f

Schwert(-metaphorik), 26, 170, 175, 179, 190, 245, 294, 298, 321f, 328, 364, 402, 405, 412, 413–433, 441, 446, 453 Nr. 328, 466, 485, 487 Nr. 451, 489f, 495, 498, 501–503, 511, 534–536, 549, 555, 579, 584, 586, 643, 684

Sicherer Ort, 77, 94, 288 Nr. 128, 615–631, 632, 654, 658, 669f

Sicherheit, 76f, 80 Nr. 83, 85, 205, 300, 473, 492, 604, 628, 630f, 654, 674, 680

Situation der in Juda Verbliebenen, 42, 142, 145–152, 177, 178, 223, 246, 291, 293, 328, 367f, 510, 567, 643, 654, 678

Sklave/Sklavin, 143, 189 Nr. 264, 210, 213, 235 Nr. 446, 236, 398

Sozialgeschichte/sozialgeschichtliche Bibelauslegung, 4, 7, 12, 28, 34, 42, 44, 46f, 50, 52–54, 58, 160, 163, 254, 328, 371, 457, 529, 546

Sprachlosigkeit/Verstummen, 2, 11, 20f, 24, 30, 33, 35–43, 48f, 265, 278f, 293, 315, 357, 510, 549, 642

Stadtfrau, 19, 191, 193f, 294, 371–409, 435–467, 500, 527f, 537, 540, 590, 640, 650, 652, 661, 665

Strafe, 2, 23, 26, 72, 81, 136, 141, 146, 150, 179 Nr. 227, 183, 185, 193, 196, 202, 204, 214, 223, 242, 306f, 368f, 371, 393, 395f, 400–407, 426f, 433, 436, 438, 441, 446f, 449f, 453, 455, 459, 467, 474, 477, 480, 503, 527, 579, 588, 642, 680, 682

Tamar, 288, 312–318, 319, 350

Täter-Opfer-Beziehung, 65 Nr. 25, 73f, 77 Nr. 74, 116, 644–646

Täterintrojekt, 73 Nr. 59, 459, 475, 478–481, 490, 609, 645f

Tel Abib, 167, 234f, 284, 291f

Tempelzerstörung, 23f, 79, 92–95, 101, 123f, 142–145, 201f, 220, 241 Nr. 476, 264, 283, 354, 362, 469–471, 567, 582, 589, 655f Nr. 51, 658f, 661, 678

Textraum, 94, 277, 553, 618, 622, 627

Tod, 13, 18, 37f Nr. 128, 45, 64, 74, 89f, 117, 183, 203–205, 223, 264, 268 Nr. 75, 291, 298, 309 Nr. 185, 315 Nr. 197, 374f, 377 Nr. 98, 389, 06, 446, 462, 469–471, 501, 513, 534, 536, 552, 554–561, 566, 569, 646f, 657f, 680–683

Todesnähe, 74, 90, 115, 289, 333, 366, 374, 390, 398, 459, 502, 504, 512, 542, 552, 559, 643, 647

Tora, 91 Nr. 127, 281, 324, 396, 470, 533, 537, 539, 554, 559, 563f, 566, 614, 623, 634, 644, 649, 656, 682

Totenklage, 326, 349f, 490f, 501f, 552f

Trauer, 21–24, 61, 76, 92 Nr. 134, 93 Nr. 136, 99 Nr. 151, 100, 145f, 191, 292, 300, 321, 350, 354f, 370, 419, 421, 423, 431f, 457–467, 469f, 490, 502

trauma novel (Trauma-Roman), 116–119, 358, 507, 613, 665–668

trauma response, 119, 290, 334–339

Trauma-Behandlung, 59 Nr. 7, 61, 69, 75–78, 79, 108, 162, 262 Nr. 51, 288 Nr. 128, 411, 475, 477, 479, 481, 627–629

Trauma-Exposition, 76, 78, 336, 478

Trauma-Synthese, 76–78, 337f, 342, 412, 479, 510, 517, 542, 569f, 627, 631, 633

Traumatisierung Gottes, 295, 320, 356, 362, 409, 423f, 430, 488, 630, 661, 685f

U-topos/Utopie, 19, 91, 257, 274f, 284f, 292, 563, 614, 616, 618, 620f, 624, 633, 635f, 654f, 657f, 668f, 682, 684

Überlebensschuld, 61, 72, 299, 365, 505, 643, 683

Vergeltung, 1, 124, 136 Nr. 74, 197f, 327, 473–490, 498, 640, 679, 683

Vision, 1, 13, 15f, 24, 34, 44f, 50, 115, 117, 264f, 270f, 274, 280, 282, 284f, 292, 309 Nr. 185, 332, 342f, 344, 345f, 355, 362f, 367, 541f, 547, 549, 554–561, 562f, 570, 608–611, 613–637, 641, 646, 648, 655, 657, 665, 667, 669f, 673f, 681

Weisung, göttliche, 2, 43, 133f, 183 Nr. 240, 189, 275–277, 323f, 366f, 515, 540, 550, 552, 563, 588, 617f, 634, 640, 644f, 655, 680, 682, 684

Weitergabe von Traumata, 82f, 98–102, 659–661

Wiederholung, 2, 7of, 86, 88, 114, 124, 289, 301, 302, 304, 335, 360, 362, 364f, 369, 412, 429, 433, 459, 472, 486, 490, 503, 547, 558 Nr. 634, 567, 569, 570–613, 626, 641f, 653, 664, 669, 679.

Wiederholungszwang, 71, 335, 570

Wortgeschehensaussage, 271f, 296, 330 Nr. 225, 369, 370, 372, 413, 417, 424, 436f, 494 Nr. 466, 495, 515, 571f

Zeugenschaft, 110–114, 254, 672–679

Zidkija, 137–141, 145, 148, 23of, 280 Nr. 115, 323, 420, 425f, 506 Nr. 489

Zion, 142 Nr. 99, 150, 158, 178, 241f, 316 Nr. 200, 378, 38of, 586 Nr. 702, 632, 641, 648

Zivilbevölkerung, 169, 177, 178, 179, 185, 294, 309 Nr. 185, 363 Nr. 62, 407, 643 Nr. 16, 666

Zornbecher(-metaphorik), 325, 354, 435, 445–467, 594, 606 Nr. 766, 641